Stadtkreis und Landkreise des Regierungsbezirks Freiburg

- Ortenaukreis
- Rottweil
- Emmendingen
- Schwarzwald-Baar-Kreis
- Tuttlingen
- Freiburg i. Br.
- Breisgau-Hochschwarzwald
- Konstanz
- Lörrach
- Waldshut

D1755214

Die Naturschutzgebiete im Regierungsbezirk Freiburg

Die Naturschutzgebiete im Regierungsbezirk Freiburg

Herausgegeben vom Regierungspräsidium Freiburg

Bearbeitet von der Bezirksstelle für Naturschutz und Landschaftspflege Freiburg

Jan Thorbecke Verlag
1998

Herausgegeben vom Regierungspräsidium Freiburg in Zusammenarbeit mit der
Bezirksstelle für Naturschutz und Landschaftspflege Freiburg

Mit Unterstützung der Stiftung Naturschutzfonds

und der Landkreise des Regierungsbezirks Freiburg sowie der Stadt Freiburg

Die Deutsche Bibliothek – CIP-Einheitsaufnahme

Freiburg <Breisgau, Regierungsbezirk>:
Die Naturschutzgebiete im Regierungsbezirk Freiburg / hrsg. vom Regierungspräsidium Freiburg. Bearb. von der Bezirksstelle für Naturschutz und Landschaftspflege Freiburg. – Sigmaringen: Thorbecke, 1998
ISBN 3-7995-5171-9

© 1998 by Jan Thorbecke Verlag GmbH & Co., Sigmaringen

Alle Rechte vorbehalten. Ohne schriftliche Genehmigung des Verlages ist es nicht gestattet, das Werk unter Verwendung mechanischer, elektronischer und anderer Systeme in irgendeiner Weise zu verarbeiten und zu verbreiten. Insbesondere vorbehalten sind die Rechte der Vervielfältigung – auch von Teilen des Werkes – auf photomechanischem oder ähnlichem Wege, der tontechnischen Wiedergabe, des Vortrags, der Funk- oder Fernsehsendung, der Speicherung in Datenverarbeitungsanlagen, der Übersetzung und der literarischen oder anderweitigen Bearbeitung.

Lektorat: Peter Donié, Sigmaringen
Herstellung: Norbert Brey, Sigmaringen

Dieses Buch ist aus säurefreiem Papier hergestellt und entspricht den Frankfurter Forderungen zur Verwendung alterungsbeständiger Papiere für die Buchherstellung.

Gesamtherstellung: Kösel GmbH & Co., Kempten
Printed in Germany · ISBN 3-7995-5171-9

Inhalt

6	Geleitwort	162	Breisgau-Hochschwarzwald
7	Grußwort	248	Emmendingen
9	Vorwort	281	Freiburg
11	Zur Benutzung dieses Buches	296	Konstanz
13	Einführung	402	Lörrach
17	Geologische Entwicklungsgeschichte	440	Ortenaukreis
49	Die Naturräume und ihre Vegetation	486	Rottweil
99	Ein Beitrag zur Fauna der einzelnen Naturräume	502	Schwarzwald-Baar-Kreis
		538	Tuttlingen
117	Naturschutzgebiete gestern und heute – ein geschichtlicher Rückblick	576	Waldshut
		629	Literaturhinweise
137	Naturschutzgebiete – ein zeitgemäßes Naturschutzinstrument?	632	Autoren
		632	Fotografen und Bildnachweis
153	Was Sie schon immer über Naturschutzgebiete wissen wollten …	634	Naturschutzgebiete im Regierungsbezirk Freiburg (Liste)

Geleitwort

An der Schwelle zum nächsten Jahrtausend blickt alle Welt nach vorne und rüstet sich zum Start in das nächste Jahrhundert des vor uns liegenden Zeitalters.

Gleichermaßen berechtigt ist aber auch der Blick zurück auf das in der Vergangenheit Geleistete. Als Vorsitzende der Stiftung Naturschutzfonds Baden-Württembergs begrüße ich es sehr, daß die Regierungspräsidien des Landes Bilanz ziehen über die Naturschutzgebiete, die in den vergangenen 60 bis 70 Jahren ausgewiesen, gepflegt und unterhalten wurden. So weit reicht die Geschichte der durch die Rechtsverordnung ausgewiesenen Naturschutzgebiete in Deutschland zurück. Viele der bedeutendsten Naturschutzgebiete in unserem Lande stammen aus jener Zeit. Aber erst in den Jahren nach 1980 war es möglich, Schutzgebiete in größerer Zahl auszuweisen. Derzeit haben wir landesweit über 900 Naturschutzgebiete, rund ein Viertel davon im Regierungsbezirk Freiburg. Mit über einem Drittel der Naturschutzfläche des Landes liegen hier zugleich viele der größten und bedeutendsten Schutzgebiete.

Die Naturschutzgebiete in Baden-Württemberg sind Kleinodien in unserer Landschaft, auf die wir stolz sind und die wir vorzeigen können. Deshalb ist es richtig, sie in der ansprechenden Form eines Bildbandes der Öffentlichkeit vorzustellen und die Bevölkerung über ihre Existenz und ihre Bedeutung zu unterrichten. Dabei werden nicht Schönheit und Eigenart der Naturschutzgebiete dargestellt, auch die Notwendigkeit des Schutzes mit den erforderlichen Hinweisen für das richtige Verhalten kommt zum Ausdruck. Das Buch über die Naturschutzgebiete im Regierungsbezirk Freiburg soll dazu beitragen, daß die Bevölkerung sich noch stärker der Verantwortung für den Schutz und den Erhalt dieser ökologisch besonders wertvollen Lebensräume unserer heimischen Tier- und Pflanzenwelt bewußt wird.

Es gehört zu den vornehmsten Aufgaben der Stiftung Naturschutzfonds, Maßnahmen der Aufklärung, Ausbildung und Fortbildung zur Erhaltung der natürlichen Umwelt zu fördern. Deswegen unterstützt die Stiftung Naturschutzfonds die Herausgabe der Bildbände der Regierungspräsidien über die Naturschutzgebiete unseres Landes, um nicht nur inhaltlich, sondern auch gestalterisch ansprechende Bücher zu ermöglichen, die in der Bevölkerung Verständnis und Sympathie für das Anliegen des Naturschutzes wecken und festigen.

Gerdi Staiblin
Ministerin für den Ländlichen Raum
Vorsitzende der Stiftung Naturschutzfonds

Grußwort des Herausgebers

Mit weit über 200 Naturschutzgebieten – darunter so bekannte und schöne wie der Feldberg, der Belchen, die Wutachschlucht, das Wollmatinger Ried oder der Taubergießen – steht der Regierungsbezirk Freiburg im Blickpunkt des Naturschutzes. Die große Anzahl ist zugleich Spiegelbild der großen ökologischen Vielfalt, des besonderen Reizes und der hervorragenden Schönheit von Natur und Landschaft in unserer Region. Der Freiburger Regierungsbezirk ist nicht nur am Bodensee, im Schwarzwald, am Kaiserstuhl oder entlang des Rheins ungewöhnlich reich an wertvollen Lebensräumen für Tiere und Pflanzen. Fast überall finden wir auch abwechslungsreiche, naturnahe Erholungslandschaften und von bäuerlicher Tätigkeit geprägte, stets lebendige Kulturlandschaften.

Es ist mir eine große Freude, jetzt gemeinsam mit der Bezirksstelle für Naturschutz und Landschaftspflege Freiburg einen anspruchsvollen Bildband über alle Naturschutzgebiete im Regierungsbezirk Freiburg herausgeben zu können. Mit diesem Werk möchte ich der interessierten Öffentlichkeit, den Bürgern und Gästen jedes Naturschutzgebiet unserer Region in seiner Eigenart und Schönheit vorstellen, aber auch Belastungen und Konflikte nicht verschweigen. In den einleitenden Kapiteln können sich die Leser über die Entwicklung und die Geschichte des Naturschutzes, der Geologie, der Tier- und Pflanzenwelt und über andere wichtige Fragen zu unseren Naturschutzgebieten informieren.

Das Regierungspräsidium Freiburg setzt seit vielen Jahren mit der Ausweisung von neuen Naturschutzgebieten wichtige Akzente in der Naturschutzpolitik des Landes. Dabei arbeitet mein Haus mit den Gemeinden, den Naturschutzverbänden und den Nutzern der Landschaft in Land- und Forstwirtschaft erfolgreich zusammen. Heute stehen mit rund 26000 ha fast drei Prozent des Freiburger Regierungsbezirkes unter besonderem Naturschutz. Dies ist landesweit der höchste Flächenanteil.

Besonders danken möchte ich der Bezirksstelle für Naturschutz und Landschaftspflege Freiburg und deren Leiter, Herrn Dr. Jörg-Uwe Meineke, für die stets gute fachliche Beratung und die qualifizierte Vorbereitung der Naturschutzgebiete. Ebenso danke ich den Mitarbeitern meines Naturschutzreferates, voran seinem engagierten Leiter, Herrn Job von Witzleben, für die konstruktive und ausgewogene Arbeit bei den komplizierten Verfahren zur Ausweisung von neuen Naturschutzgebieten.

Für die finanzielle Unterstützung dieses Bildbandes bin ich der Stiftung Naturschutzfonds beim Ministerium Ländlicher Raum, den Landkreisen des Regierungsbezirks sowie der Stadt Freiburg dankbar. Nur so ist es möglich gewesen, das vorliegende Werk mit einer hervorragenden Ausstattung zu einem günstigen Preis herauszugeben. Mein Dank gilt auch den

Autoren für ihre sachkundigen Beiträge und den Bildautoren für die freundliche und unentgeltliche Bereitstellung der vielen brillanten Bilder.

Ich bin überzeugt, daß diese umfassende Darstellung der Naturschutzgebiete im Regierungsbezirk Freiburg genauso viel Anklang findet wie der Band über die Naturschutzgebiete im Bezirk Tübingen. Zum Ende meiner Amtszeit wünsche ich mir, daß die Ausweisung von ökologisch besonders hochwertigen Flächen als Naturschutzgebiete erfolgreich weitergeführt wird. Damit erfüllen wir nicht nur den gesetzlichen Auftrag zum Schutz unserer natürlichen Lebensgrundlagen, sondern werden auch unserer gemeinsamen Verantwortung für eine lebenswerte Zukunft gerecht.

Dr. Conrad Schroeder
Regierungspräsident

Vorwort

Ein Buch wie dieses ist nicht unproblematisch. Täuscht es durch seine Aneinanderreihung noch verbliebener Naturschönheiten nicht über den kritischen Zustand von Natur und Landschaft hinweg?

Werden hiermit unverantwortlich noch mehr Besucher in ohnehin bereits überlastete empfindliche Gebiete gelockt?

Wir haben uns diese Fragen natürlich gestellt. Dennoch steht die Berechtigung dieser Veröffentlichung für uns außer Zweifel:

Nur, wer sich des Wertes und der Empfindlichkeit der Landschaft bewußt ist, hat Verständnis für den personellen, materiellen und finanziellen Aufwand, den Naturschutz erfordert und ist selbst bereit, Rücksicht zu nehmen.

Die Bürger haben ein Anrecht darauf, Natur, die mit ihren Steuergeldern geschützt und gepflegt wird, auch kennenzulernen. Daß dieser Anspruch seine Grenzen haben muß, wo empfindliche Lebensräume durch den Besuch von Schutzgebieten mit seinen Begleiterscheinungen beeinträchtigt werden, wollen wir auch mit diesem Buch deutlich machen.

In den großen, weithin bekannten Naturschutzgebieten gibt es mittlerweile umfangreiche Besucherlenkungsmaßnahmen und Öffentlichkeitsarbeit, einige werden hauptamtlich betreut. Bei weniger bekannten Objekten haben wir uns hinsichtlich verschiedener denkbarer »Werbeeffekte« Zurückhaltung auferlegt, wofür wir um Verständnis bitten. Wir wollten keinen Führer für »Spezialitätensucher« machen, dennoch werden auch anspruchsvolle Naturfreunde tiefergehende Hinweise auf bemerkenswerte Tier- und Pflanzenarten oder herausragende Landschaftsaspekte finden, wo wir dies für vertretbar hielten.

Auch die Naturschutzverwaltung muß ihre Arbeit legitimieren. In diesem Sinne wollen wir einen umfassenden Überblick über Erreichtes geben.

Verbrauch und Nivellierung von Landschaft haben ein nie gekanntes Ausmaß erreicht. Auch in Naturschutzgebieten treten Qualitätsverluste ein. Mit weiteren Verlusten müssen wir rechnen, allein schon aufgrund nicht ausschließbarer negativer Einflüsse oder zu geringer Größe der Gebiete.

Trotz dieser Mängel muß man die Kritiker der Schutzgebietsausweisungen fragen, wie die hier dokumentieren Landschaftsbereiche heute aussähen, hätte man sie nicht besonders geschützt. Vergleiche zeigen sehr drastisch, daß Substanzverluste außerhalb geschützter Gebiete wesentlich dramatischer ablaufen als in ihnen.

Trotz allem können wir als Ergebnis unserer Beobachtung der Gebiete feststellen, daß sie ihre Schutzfunktion im wesentlichen erfüllen und vielfach sogar Verbesserungen erreicht wurden. Wenn dies so bleiben soll, dürfen die vergleichsweise bescheidenen finanziellen Mittel für die Biotoppflege allerdings nicht weiter verringert werden.

Wir danken allen, die beim Zustandekommen dieses Buches seit 1995 geholfen haben; man kann sie hier nicht insgesamt aufzählen. Neben den Autoren, die ihre Beiträge oft in der Freizeit ehrenamtlich erarbeiteten – sind dies insbesondere die Stiftung Naturschutzfonds beim Ministerium Ländlicher Raum und andere Förderer.

Ohne die uneigennützigen Bildautoren, namentlich das Ehepaar Dr. Kurt und Helga Rasbach, aber auch die vielen anderen Bildlieferanten, den Einsatz der »nervenstarken Redakteurinnen« Bärbel Koch, Friederike Tribukait und Susanne Schreiber sowie die sorgfältigen Schreibarbeiten von Erika Hohwieler und Babette Meier könnten wir dieses Werk nicht in der vorliegenden Ausstattung übergeben. Martina Wiegartner verdanken wir die Tuschezeichnungen.

Besonders danken wir Herrn Norbert Brey vom Jan Thorbecke Verlag für die stets angenehme und hilfreiche Zusammenarbeit.

Alle, die dem Naturschutz im Regierungsbezirk ehrenamtlich oder beruflich verbunden sind, finden in diesem Buch auch Erfolge ihrer Bemühungen wieder. Wir widmen es dem scheidenden Regierungspräsidenten Dr. Conrad Schroeder und seinen Vorgängern. Er setzte in seiner Amtszeit 72 Naturschutzgebiete mit fast 100 Quadratkilometer Fläche fest, so daß in unserem Regierungsbezirk, der zu den landschaftlich vielfältigsten Regionen Deutschlands gehört, nun fast drei Prozent der Fläche unter besonderem Schutz stehen.

Auch zukünftig sind weitere Naturschutzgebietsausweisungen und verstärkt die dauernde innere Konsolidierung der Gebiete notwendig.

Die Mitarbeiterinnen und Mitarbeiter der Bezirksstelle für Naturschutz und Landschaftspflege Freiburg freuen sich auf die weiter gute Zusammenarbeit mit den Kolleginnen und Kollegen der höheren Naturschutzbehörde unter ihrem Leiter Job von Witzleben.

Dr. Jörg-Uwe Meineke
Landeskonservator
Leiter der Bezirksstelle für Naturschutz und Landschaftspflege Freiburg

Zur Benutzung dieses Buches

Der Beschreibung der 237 Naturschutzgebiete in bebilderten Einzelbeiträgen geht ein allgemeiner Textteil voraus, der Sie über Landschaftsgeschichte, Pflanzen- und Tierwelt sowie die Geschichte des behördlichen Naturschutzes und die rechtlichen Grundlagen zur Ausweisung eines Naturschutzgebiets informiert. Die dabei erwähnten Schutzgebiete können Sie unter ihrem jeweiligen Namen bei den Einzelbeschreibungen nachschlagen oder – sofern sie nur als Nummer im laufenden Text, z.B. »(169)«, aufgeführt sind – in der NSG-Liste im Anhang dieses Buches. Die Beschreibungen der Gebiete erfolgen in alphabetisch geordneten Stadt- und Landkreisen, darin ebenfalls alphabetisch. Jeder Kreis stellt sich dabei in Form einer Übersichtskarte mit den markierten und numerierten Schutzgebieten vor. Greifen Sie auch hier auf die NSG-Liste im Anhang zurück, wo Sie den jeweiligen Namen erfahren.

Vor jeder Schutzgebietsbeschreibung erhalten Sie in Form eines Datenblocks einen kurzen, informativen Überblick über Zugehörigkeit zu Gemeinde, Gemarkung und Naturraum, über Verordnungsjahr, Größe und die entsprechende Topographische Karte (1:25000), auf der Sie das Gebiet finden, wenn Sie es besuchen möchten. Naturräume, Stadt- und Landkreise des Regierungsbezirks Freiburg finden Sie auf dem vorderen Vorsatz dieses Buches im Überblick.

Zu guter Letzt haben wir für Sie eine kleine Literaturliste zusammengestellt, in der Sie neben schutzgebietsbezogenen Angaben auch Hinweise auf Grundlagenwerke und weiterführende Literatur finden.

Die Naturschutzgebiete des Regierungsbezirks Freiburg im Breisgau

von Otti Wilmanns

Einführung

Der Regierungsbezirk Freiburg bildet den Südwestzipfel Deutschlands. Er reicht vom tiefsten Punkt am Rhein bei Helmlingen mit 125 m ü. NN bis auf den höchsten außeralpinen Berg der Bundesrepublik, den Feldberg mit 1493 m ü. NN, vom Oberrhein im Westen bis zur Hohen Schwabenalb. Dies macht verständlich, daß sich hier eine solche Fülle verschiedener Lebensräume und Lebensgemeinschaften findet, wie wohl nirgends sonst auf derart kurze Entfernung. Rund 2,9 Prozent der Fläche stehen in Form von Naturschutzgebieten unter strengem Schutz, nicht gerechnet die große Zahl meist punktueller Einzelobjekte als Naturdenkmale. Hier also haben die Ziele, die im Naturschutzgesetz verankert sind, Priorität. Meist findet weiterhin eine Bewirtschaftung statt, meist muß sie es sogar; aber sie ist den Schutzzielen untergeordnet. Dies ist zweifellos eine gute Bilanz – Grund genug, einem weiteren Personenkreis die Gebiete vorzustellen und zur Beschäftigung damit anzuregen; kein Grund freilich ist es, angesichts der Situation unserer belebten Umwelt, in den Bemühungen um weitere Schutzgebiete nachzulassen, wiewohl der Einsatz dieses wirk-

Blick vom Kandelwald im Schwarzwald in die Rheinebene mit dem Kaiserstuhl (hinten der Vogesenkamm) – eine Abfolge verschiedenster Naturräume auf engstem Raum.

samsten Instrumentes des Naturschutzes ein mühsamer und zeitaufwendiger Prozeß ist und wiewohl es heutzutage auch noch andere Möglichkeiten, vor allem den Vertragsnaturschutz gibt. Wenn man mit der Unterschutzstellung eine langfristige Bindung an die »Nutzung Naturschutz« eingeht, wird man sich selbst und anderen die grundsätzlichen Ziele und Argumente vorlegen müssen, denn diese bestimmen die Auswahl der Gebiete, die Begründung gegenüber der Öffentlichkeit und die weitere Behandlung, sei es die freie Entwicklungsmöglichkeit, sei es die Pflege.

Aufgabe und Begründung des Naturschutzes

»Naturschutz ist eine soziokulturelle Aufgabe, deren Hauptziel darin besteht, die historisch gewachsene landschaftliche und organismische Vielfalt zu bewahren. Zielobjekte dieser Bestrebungen sind die wildlebenden Pflanzen und Tiere mit ihren Lebensgemeinschaften, Lebensräumen und allgemeinen Lebensgrundlagen.« Diese klare Aussage stammt von dem Schweizer Biologen und Naturschützer H. WILDERMUTH (1991). Nur so ist die im Bundesnaturschutzgesetz (1992) juristisch formulierte Forderung »die Lebensgrundlagen des Menschen nachhaltig zu sichern«, erfüllbar. Die dem angemessene und derzeit einzige Methode ist der Schutz einschließlich einer erhaltenden Pflege von Landschaftsteilen, die ohne einen solchen ihre bisherige Eigenart verlieren würden; es ist also das Instrument des Gebietsschutzes.

Es gibt eine Reihe von Begründungen für diese Aufgabe, die einerseits für den Staat obligatorisch ist, andererseits von vielen Menschen als persönliche Pflicht betrachtet wird. Die verschiedenen Argumente sind für den Einzelnen zwar durchaus von unterschiedlichem Gewicht; in ihrer Gesamtheit aber sind sie maßgebend für alle konkreten Schutzvorhaben und seien daher in diesem Buch vorangestellt.

1. Ethisches Argument
Es steht in der Macht des modernen Menschen, die Natur irreversibel zu zerstören und damit über Sein oder Nichtsein aller anderen Arten auf Erden zu entscheiden. Wir anerkennen es als eine Forderung der Ethik, das Recht auf Leben auch der nichtmenschlichen Organismen zu achten. Dies gilt unabhängig von Nützlichkeitserwägungen (vgl. auch Argument 3). Der biblische Auftrag des »Herrsein über alle anderen Lebewesen« ist – wie sprachlich nachweisbar – nicht im Sinne einer rigorosen Willkür und totalen Nutzung, sondern als väterliche Verantwortung und damit Fürsorge zu verstehen. Die Erhaltung von Arten ist auf Dauer nur in ihrem angestammten Lebensraum möglich. Zoos, Gärten und Genbanken sind nur in seltensten und speziell gelagerten Fällen eine Lösung.

2. Theoretisch-wissenschaftliches Argument
Die Elemente der Natur, seien es Arten, Lebensgemeinschaften oder Landschaften als Ganzes, sind Gegenstand unseres Erkenntnisstrebens, vor allem der Bio- und Geowissenschaften. Sehr viele Probleme sind prinzipiell nur in langfristig ungestörten Gebieten als solche erkennbar und studierbar, nicht in Laboratorien. Beispiele sind das Zusammenleben von Pflanzen und Tieren in Gemeinschaften (Biozönosen), die Dynamik von Populationen und Pflanzengesellschaften, sind Phänologie und Vogelzug. Beispiele, die sowohl Biologie als auch Geowissenschaften betreffen, sind Grundwasser-Neubildung, Auenentwicklung u.v.a. Dabei wird die Bedeutung eines Gebiets umso größer sein, je stärker in der Problematik verschiedene Wissenszweige verknüpft sind, je übergreifender der Zusammenhang, je komplexer der Gegenstand ist. Die Erhaltung von Mooren, deren Pollen- und Großreste sie zu Zeugen der Vergangenheit werden lassen, oder der Schutz der siedlungsgeschichtlich bedeutenden Steppenheide der Schwäbischen Alb sind da ganz unmittelbar naturschutzrelevante Beispiele.

3. Pragmatisches Argument
Die Menschheit benötigt die sogenannten Naturgüter (natural ressources) zum Leben und Überleben. Dies gilt besonders für erschöpfbare Quellen, wie es Pflanzen- und Tierarten sind. Am bekanntesten ist die Bedeutung von Wildformen unserer Kulturpflanzen, welche ein reiches genetisches Potential für die Einkreuzung von Genen, z.B. zur Erhöhung von

Schädlingsresistenzen, besitzen. Es gilt keineswegs nur für Drittweltländer; bei uns bemühen sich Forstleute gegenwärtig die noch verbliebenen Schneebruch-resistenten Walzenfichten der Schwarzwald-Kare zu erhalten und aus ihren Samen Nachwuchs heranzuziehen. Hiermit wird zugleich unterstrichen, daß der Schutz nicht nur irgendwo einer bestimmten Art zuteil werden muß, sondern daß auch niederen systematischen Einheiten, etwa Lokalrassen in verschiedenen Landstrichen, Aufmerksamkeit gebührt.

4. Anthropobiologisches Argument
Der Mensch (zumindest gilt dies für viele Menschen) erlebt in einer in sich harmonischen, freien Landschaft unmittelbare innere Bereicherung; sie geht weit über ein bloßes ästhetisches Vergnügen hinaus. Zum Identitätsbewußtsein der Person gehört auch die Bindung an eine beständige Heimatlandschaft. Und schließlich wird das physische Bedürfnis nach Ausgleich und Anregung in der Natur umso stärker, je naturferner das Leben des Menschen wird. Man wird hier einwenden, daß gerade in Naturschutzgebieten diese äußere individuelle Freiheit eingeschränkt sei – in der Tat, so ist es. Aber das Erlebnis eines Hochmoors oder eines blühenden Trespenrasens wird bald zunichte gemacht sein, wenn Regeln und Einschränkungen nicht beachtet werden. Es ist sicher nicht einfach, hier das rechte Maß zu finden.

5. Historisch-kulturelles Argument
Es ist eng mit den vorigen verknüpft. Naturschutz bezieht sich keineswegs nur auf Landschaften oder Landschaftsteile, die bisher vom Menschen wenig berührt worden sind, sondern auch auf die durch Jahrhunderte bäuerlicher Tätigkeit geprägten Kulturlandschaften. Diese sind oft strukturell reich gegliedert und biologisch mannigfaltig – oder waren es doch bis vor kurzem. Sie bilden als Naturdokumente bewahrenswerte Zeugnisse unserer Geschichte der letzten Jahrzehnte bis Jahrhunderte. Beispiele sind hierfür die Weidfeld-Landschaft des »Präger Gletscherkessels« (126), das »Irndorfer Hardt« (196), der »Taubergießen« (155). Hier sind die Schutzbestimmungen selbstverständlich lockerer; Fördermaßnahmen der öffentlichen Hand sind hier angebracht und oft auch notwendig, um den vollen Wert solcher Landschaften zu bewahren. Daß dieser (5.) Aspekt verstärkt zu bedenken ist, betont NOHL (1996); er fordert einen »auch kulturwissenschaftlich orientierten Naturschutz«, der »Landschaft im Sinne menschlicher Lebenswelt« thematisiert. Der vom Schwäbischen Heimatbund alljährlich verliehene Kulturlandschaftspreis zielt in diese Richtung.

Zur Auswahl und Bewertung von Schutzgebieten

Die Aufgaben und zugleich Ziele des Naturschutzes sind auch maßgebend für die Auswahl von Gebieten, die möglichst in ihrem bisherigen Zustand erhalten werden sollten. Eine ganze Reihe von Kriterien bestimmen über den Wert und damit auch unter Umständen darüber, welchem Gebiet Priorität zukommt – nach der jeweils gültigen wissenschaftlichen Auffassung und nach der jeweiligen Wertsetzung der Allgemeinheit. Zu diesen Kriterien gehören als wichtigste:

– Mannigfaltigkeit der Lebensräume (Biotope) und damit der typischen Lebensgemeinschaften (Biozönosen); oft jedoch nicht zwingend, ist dies zugleich Zeichen für hohen Artenreichtum, denn manche Biotope sind gerade bei besonders guter Ausbildung nur von wenigen Spezialisten zu besiedeln, etwa echte, ungestörte Hochmoore;
– Seltenheit von Lebensraum und Lebewelt in einem Naturraum;
– Repräsentativität, womit gemeint ist: für den Naturraum oder die Region in charakteristischer Ausbildung;
– Bedeutung als biologische Ressource, z.B. als Lebensraum von bedrohten Arten allgemein wie auch etwaiger potentieller Nutzpflanzen;
– Bedeutung als Dokument der Natur- und Kulturgeschichte, damit der Entwicklung der Erdoberfläche, der Entwicklung von Pflanzen- und Tierwelt in einem größeren Raum und der Entwicklung der Lebens- und Wirtschaftsweisen in dieser Landschaft;

- Bedeutung für die Landschaftsökologie; damit ist die fördernde Beziehung zu anderen Landschaftsteilen gemeint, eine ökosystemare Wirkung, wie sie z.B. Auen entfalten, die bei Hochwasser überflutet werden und so Rückhaltespeicher bilden;
- Erlebniswert; eine Eigenschaft, die deutlich über eine von vielen Menschen gesuchte Schönheit im Sinne von Harmonie und Ästhetik hinausgreift und auch Bewußtsein und Erkennen der Naturgewalten einschließt.

Es ist selbstverständlich, daß außer diesen (substantiellen) Kriterien in der Praxis noch ganz andere Gesichtspunkte wichtig sind oder entscheidend sein können: Formeller Schutz hängt ja auch von den organisatorischen, juristischen und finanziellen Möglichkeiten ab (vgl. Beitrag von MEINEKE und SEITZ).

Wer die einzelnen Schutzgebiete gründlich kennt, wird zu der Auffassung kommen, daß jedes von ihnen gleichsam ein Unikat ist, wenn sie sich auch alle gewissen Grundtypen von Lebensräumen und Lebensgemeinschaften (Ökosystemen) zuordnen lassen, z.B. Flußauen, Hochmooren, von Felsen beherrschten Standorten, Schafweiden mit ihren Weidbäumen und Gebüschen, ihren Pfaden, Tränken und anderen »Mosaiksteinen« (vgl. Beitrag von MEINEKE und SEITZ). Jedes in sich mosaikartig gegliederte Gebiet hat aber einerseits seine eigenen natürlichen Faktoren wie Klima, Gestein und Boden und andererseits seine eigene Geschichte, zu der in erster Linie die frühere Tätigkeit des Menschen gehört. Angesichts der Vielfalt der Rahmenbedingungen für die heutige Lebewelt ist wohl kein Schutzgebiet durch ein anderes voll zu ersetzen und damit keines »eigentlich überflüssig«.

Zum besseren Verständnis des Charakters der Naturschutzgebiete im Regierungsbezirk Freiburg im Breisgau soll im folgenden zunächst ein Überblick über die natürlichen Voraussetzungen »Gestein, Geomorphologie und Klima« gegeben werden; deren Zusammenspiel bestimmte und bestimmt noch heute die sogenannten »Naturräume« (s. S. 49 und Karte auf der Umschlaginnenseite). Diese vielfach den uns vertrauten Landschaften entsprechend, waren seit jeher nur für bestimmte Lebewesen und Lebensgemeinschaften, ebenso nur für bestimmte Kulturen und Nutzungsweisen geeignet, die ihr charakteristisches Bild prägen; dies gilt auch für ihre Schutzgebiete.

LITERATUR

KÜNKELE, S., HEIDERICH, E. & ROHLF, D. (1994): Naturschutzrecht für Baden-Württemberg. – 6. Aufl. 220 S. Kohlhammer, Stuttgart.
NOHL, W. (1996): Halbierter Naturschutz. – Natur u. Landschaft 71: 214–219.
PLACHTER, H. (1991): Naturschutz. – 463 S. Fischer, Stuttgart.
WILDERMUTH, H. (1991): Libellen und Naturschutz – Standortanalyse und programmatische Gedanken zu Theorie und Praxis im Libellenschutz. – Libellula 10: 1–35.
WILDERMUTH, H. (1991): Lebensraum Wasser, 184 S. Schroedel. Hannover.
WILMANNS, D. & K. DIERSSEN (1979): Kriterien des Naturschutzwertes, dargestellt am Beispiel mitteleuropäischer Moore. – Phytocoenologia 6: 544–558.

Geologische Entwicklungsgeschichte
von Horst Genser

»In einer Reise von Freiburg über den Schwarzwald zum Bodensee drängen sich mehr schöne, ausdrucksvolle Bilder als irgendwo sonst auf deutschem Boden.« Mit diesem Satz beginnt der bekannte Geologe Hans Cloos in seinem Buch »Gespräch mit der Erde« ein Kapitel über unser Gebiet. Weiter schreibt er dann: »Hundert Kilometer im Raum werden fünfhundert Jahrmillionen in der Zeit«.

Die Entwicklung während dieses gewaltigen Zeitabschnitts soll in groben Zügen erläutert werden (Abb. 1).

Oberrheingraben (= Oberrhein-Tiefland)

Beginnen wir mit der Betrachtung im Westen des Regierungsbezirks.

Im Westen ist unser Raum von Weil am Rhein im Süden bis zur Nordgrenze bei Rheinau nördlich von Kehl durch den Oberrheingraben geprägt (Abb. 2). Infolge von Dehnungsvorgängen in der Erdkruste begann er im Alt-Tertiär (Eozän) einzubrechen und senkte sich über viele Millionen Jahre um fast 4000 m ein. Ein schlauchartiges Meer drang in den Graben vor, und mächtige Sedimentserien setzten sich im Tertiär ab, darunter auch Salze. Nur durch Bohrungen auf Erdöl und durch den Bergbau auf Salz wurde uns der Untergrund bekannt.

Quartäre Sedimente

Im Quartär – der Formation, in der wir jetzt leben – lagerte das Flußsystem des Rheins bis 200 m mächtige Schotter auf den vorher genannten tertiären Sedimenten ab. Der in zahllose Arme aufgefächerte Strom überschotterte das Gebiet zwischen Vogesen und Schwarzwald. Das Quartär ist zu Beginn geprägt durch den mehrmaligen Wechsel von Eis(= Kalt)zeiten und Warmzeiten, die alle in die Zeit des Pleistozän (= Eiszeitalter oder Diluvium) fallen. Die unterschiedlichen Klimaverhältnisse spiegeln sich auch in der Wasserführung der Fließgewässer wider. In den Kaltzeiten führen die Flüsse wenig Wasser. Sie können daher keine umfangreichen Geröllmassen transportieren und lagern folglich Kies und Sand in den Flußbetten ab. In den Warmzeiten schmelzen die gewaltigen Eismassen, z.B. in den Alpen, ab, die Flüsse führen viel Wasser und schneiden sich in die vorher abgelagerten Schotter ein; sie erodieren. Dadurch kommen die Terrassen am Rhein zustande (Abb. 3). Sie können also den jeweiligen Eis- bzw. Warmzeiten zugeordnet werden. Die »Älteren Deckenschotter« entsprechen der Günzeiszeit, die »Jüngeren Deckenschotter« der Mindeleiszeit. Es folgen die Hochterrasse (Rißeiszeit) und die Niederterrasse (Würmeiszeit). Die Niederterrassenkante springt uns als markante Stufe südlich von Neuenburg ins Auge und wird auch als »Hochgestade« bezeichnet (Abb. 4).

In vielen Gruben gewinnt man Kies und Sand für Bauzwecke. Aufgelassene Kiesgruben mit angeschnittenem Grundwasser, Verlandungszonen und steilen Abbauwänden können Flora und Fauna Ersatzlebensräume bieten (Abb. 5).

Seit der Rheinkorrektion durch Tulla und erst recht seit dem Bau des Rhein-Seiten-Kanals sind die natürlichen hydrogeologischen Verhältnisse im und um den Rhein gravierend gestört und führten durch Grundwasserabsenkung zu erheblichen Veränderungen in Flora und Fauna.

Einzig das Taubergießengebiet (155) vermittelt noch abgeschwächt den Eindruck der ehemaligen Auenlandschaft. Hier und an wenigen

Geologische Entwicklungsgeschichte

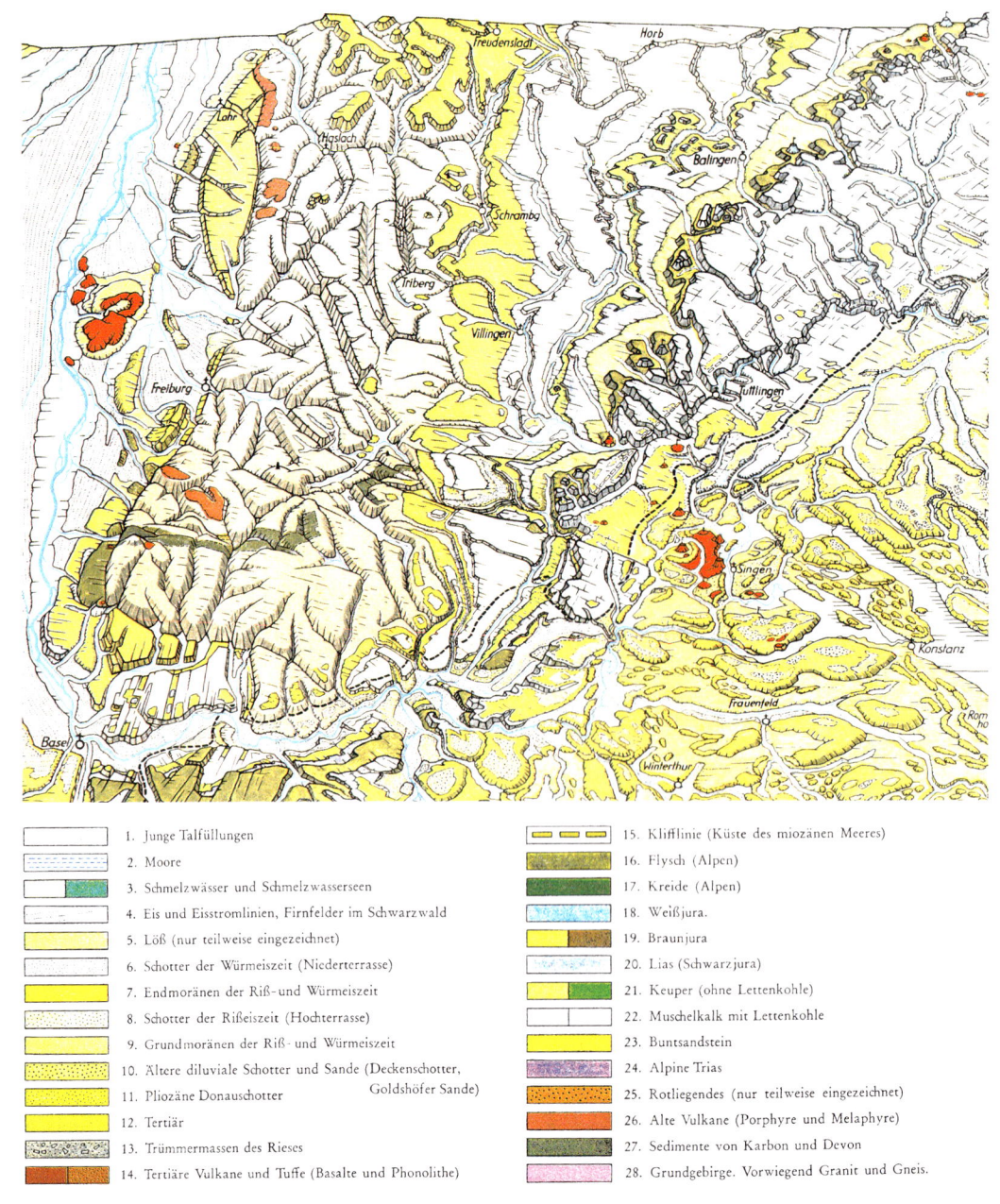

1. Junge Talfüllungen
2. Moore
3. Schmelzwässer und Schmelzwasserseen
4. Eis und Eisstromlinien, Firnfelder im Schwarzwald
5. Löß (nur teilweise eingezeichnet)
6. Schotter der Würmeiszeit (Niederterrasse)
7. Endmoränen der Riß- und Würmeiszeit
8. Schotter der Rißeiszeit (Hochterrasse)
9. Grundmoränen der Riß- und Würmeiszeit
10. Ältere diluviale Schotter und Sande (Deckenschotter, Goldshöfer Sande)
11. Pliozäne Donauschotter
12. Tertiär
13. Trümmermassen des Rieses
14. Tertiäre Vulkane und Tuffe (Basalte und Phonolithe)
15. Klifflinie (Küste des miozänen Meeres)
16. Flysch (Alpen)
17. Kreide (Alpen)
18. Weißjura.
19. Braunjura
20. Lias (Schwarzjura)
21. Keuper (ohne Lettenkohle)
22. Muschelkalk mit Lettenkohle
23. Buntsandstein
24. Alpine Trias
25. Rotliegendes (nur teilweise eingezeichnet)
26. Alte Vulkane (Porphyre und Melaphyre)
27. Sedimente von Karbon und Devon
28. Grundgebirge. Vorwiegend Granit und Gneis.

1 Reliefkarte der Südwestecke Baden-Württembergs; aus: WAGNER, G. & A. KOCH (1961).

anderen Stellen findet man auch noch »Gießen«, d.h. schüttungsreiche Grundwasseraustritte, deren Wasser von den Schwarzwaldhöhen stammt (z.B. das »Blaue Loch« im genannten Schutzgebiet). In den Kaltzeiten kam es im Rheintal zur Ablagerung von Löß – einem Windsediment – und zum Aufwehen von Sanddünen. Fallwinde aus den vereisten Alpenregionen konnten während dieser Zeiten aufgrund der schütteren oder gar fehlenden Vegetation aus Schottern oder Moränen das Feinmaterial ausblasen und an anderer Stelle wieder als Löß ablagern. Dieser weist einen beträchtlichen Gehalt (20 bis 25 Prozent) an

Kalziumkarbonat (CaCO$_3$) auf. Große Teile des Lösses fielen wieder der späteren Abtragung zum Opfer oder wurden, wo sie erhalten blieben, zum Großteil durch die Niederschläge entkalkt (Lößlehm). Im Bereich der sog. »Mengener Brücke« östlich des Tunibergs ist Löß im Oberrheingraben noch in auffälliger Mächtigkeit vorhanden (s. Vorbergzone S. 20).

Neben Löß und Sand prägten die niedrigen Temperaturen in eisfreien Gebieten (vergleichbar mit der heutigen Tundra) durch Frostsprengung die Oberfläche freiliegender Gesteine (Abb. 6).

Bedeutsam für die Vegetation ist die chemische Zusammensetzung der quartären (Schotter-)Ablagerungen im Oberrheingraben. Die Kiese und Sande entstammen überwiegend dem alpinen Raum. Bei den gut gerundeten Geröllen (bis 25 cm Größe) erreichen die alpinen Kalksteine den hohen Anteil von 40 bis 50 Prozent der Geröllzusammensetzung. Der dominierende Kalkgehalt der Schotter ist darauf zurückzuführen. An den Mündungen der aus dem Schwarzwald kommenden Gewässer stoßen Schwemmkegel vor und verzahnen sich mit den alpinen Ablagerungen. Der Geröllinhalt solcher Schwemmkegel setzt sich ausschließlich aus den kristallinen Gesteinen des Schwarzwälder Grundgebirges (siehe dort) zusammen.

Die Wasserdurchlässigkeit der unverfestigten Schotter, ihr hoher Kalziumkarbonat-Anteil und die geringen Niederschlagssummen in der Rheinebene (Colmarer Trockeninsel, rund 500 mm) führen zu extrem trockenen Standorten. Von Basel bis Breisach verstärkt die beträchtliche Absenkung des Grundwasserspiegels vorgenannte Fakten.

Wir leben jetzt in einer Warmzeit (Holozän oder Alluvium), in der Stufe des Postglazials, die vor ungefähr 10 000 Jahren einsetzte. Die Wiederbesiedlung der ehemals eisbedeckten bzw. dauergefrorenen Gebiete durch die Flora können wir durch Pollenanalyse in Mooren und Seenablagerungen nachvollziehen. Die Auen unserer Fließgewässer entwickelten sich im Alluvium.

2 Schematisches und überhöhtes geologisches Querprofil durch Oberrheingraben und Vorbergzone südlich Freiburg i. Br.

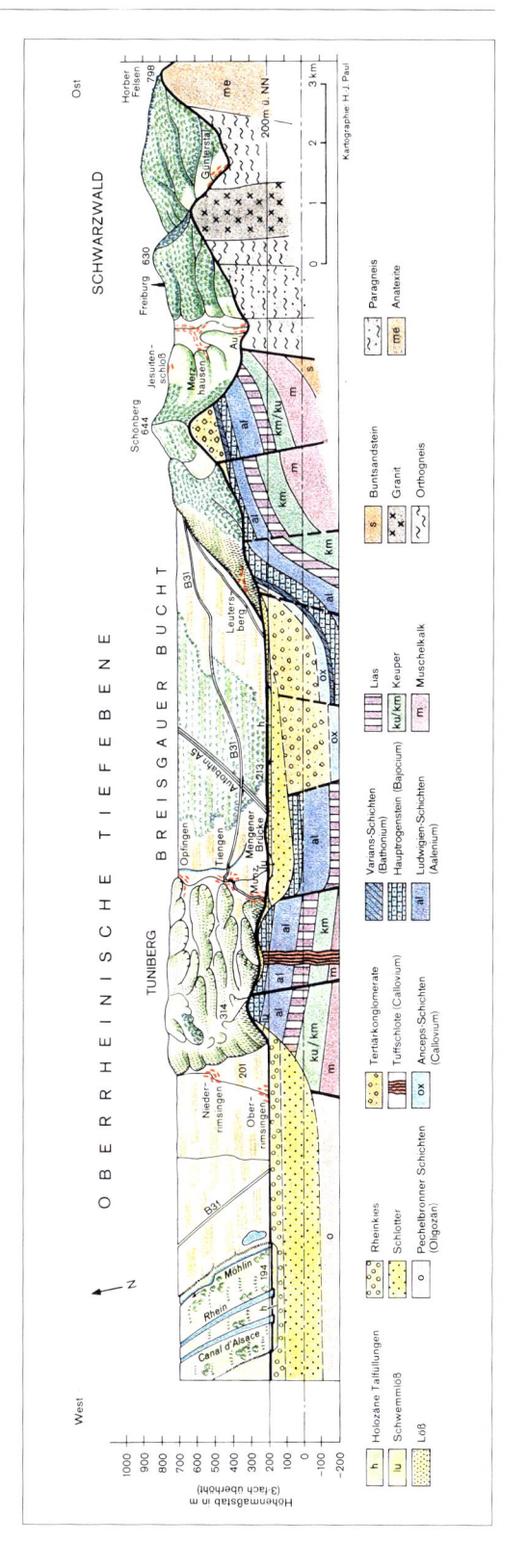

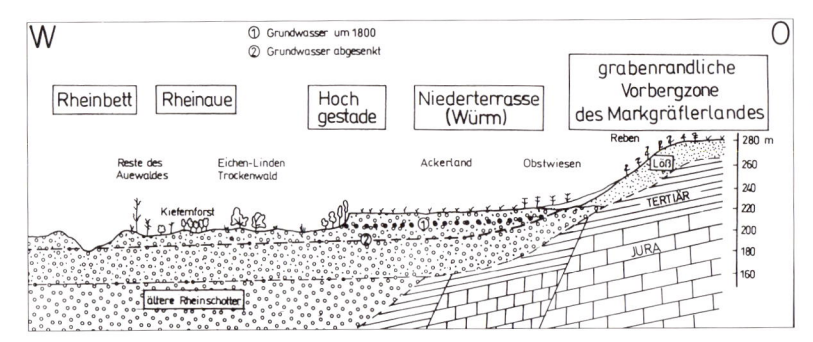

3 Schematisches und stark überhöhtes Profil durch Rheinebene und randliche Vorbergzone südlich Neuenburg.

4 Blick auf die Terrassenkante der Niederterrasse, das Hochgestade südlich Neuenburg. Die Rheinaue wird heute dort landwirtschaftlich genutzt.

Vorbergzonen

Nähert man sich dem Ostrand der Oberrheinebene, so fallen dem Beobachter markante Steilkanten am Fuß des Schwarzwaldes (Markgräfler Land, Emmendinger Vorberge) oder einzelne, heraustretende Berge mittlerer Höhe, z.B. der Schönberg, ins Auge. Sie unterscheiden sich auch schon in der Landnutzung von der Oberrheinebene. Seit 100 Jahren bezeichnet man dieses Gebiet als »Vorbergzone«, ein gut verständlicher Begriff, liegen diese Hügel, Berge und Landschaften doch vor den höheren Schwarzwaldbergen. Die o. g. Vorbergzonen stellen hängengebliebene Staffelschollen dar, deren Baustil, Lagerungsformen und Breite sehr unterschiedlich sind. Die Gesteine der Vorbergzone erlauben uns Aussagen über das ehemalige Deckgebirge zwischen Schwäbischer Alb und Westvogesen, das uns sonst im Graben unter tertiären und quartären Schichten verborgen ist. Die Abfolgen der Sedimentgesteine des Deckgebirges reichen von (wenig) PERM (Rotliegendes) über TRIAS (Buntsandstein, Muschelkalk, Keuper) bis in den JURA (Lias, Dogger und wenig Malm). Zahlreiche Vorberge tragen eine Krone aus hartem Tertiärkonglomerat. Die Gerölle bestehen aus Gesteinen des Deckgebirges (vor allem Jura), die im Tertiär (Oligozän) von Flüssen aus dem Hochgebiet des Schwarzwaldes auf Schollen am Rand des Oberrheingrabens geschüttet wurden. Die Neigung der Sedimentfolgen wechselt von nahezu horizontaler Lagerung bis zu unterschiedlich steilen Kippungen zum Graben, d.h. nach Westen hin.

Östlich der Vorbergzonenstaffeln trennt die sog. »Randverwerfung« die sedimentären Vorbergzonen vom kristallinen Grundgebirge des Schwarzwaldes ab. Die Sprunghöhe dieser östlichen Grabenrandverwerfung, die eine grabenwärts einfallende Abschiebung darstellt, weist unterschiedlichste Beträge auf.

Normalerweise beschränken sich die Vorbergzonen auf den Randbereich des Grabens. Aufgrund dieser Position sollte man sie als »grabenrandliche Vorbergzonen« ansprechen. Im Raum um Freiburg heben sich auch noch im Grabeninneren Vorbergschollen über die Schotterebene des Oberrheingrabens heraus. Ihre tektonische Lage im Grabenbereich rechtfertigt, sie als »grabeninnere Vorbergzonen« zu bezeichnen (z.B. Ostteil des Kaiserstuhls, Nimberg, Lehener Berg, Tuniberg, »Honigbuck« (56), Bienger Berg, Krozinger Berg).

Am geologischen Aufbau der grabenrandlichen und grabeninneren Vorbergzonen beteiligen sich die bereits zuvor genannten Sedimentgesteinsabfolgen (Abb. 7). Die Ausbildung der Schichten in Trias und Unterjura paßt sich in groben Zügen der Ausbildung in Süddeutschland an (Abb. 12). Ab Mitteljura (Dogger und Malm) herrschen hier in Südbaden, wie auch in der Nordschweiz und dem Elsaß, besondere Sedimentationsbedingungen. Hervorzuheben sind die Eisenoolithe des Unteren Dogger, vor allem aber der bis 60 m mächtige Kalkoolith des sog. »Hauptrogensteins« und die Ablagerungen des Malm am »Isteiner Klotz« (127) (Abb. 8 und 9).

Bedeutsamer für die Fragestellung in diesem Buch sind jedoch die Ausdehnung und Lagerung der Vorbergzonen, da sie z.B. auf die Vegetation großen Einfluß haben.

Im äußersten Süden (von Lörrach bis Kandern) spricht man nicht von der Grabenrandverwerfung, sondern von der sog. »Rheintalflexurzone« bzw. den »Lörracher Flexurschollen« (Abb. 10). Unter Flexur versteht man eine S-förmige Verbiegung der Gesteine. Die Begründung für diesen Ausdruck ist darin zu sehen, daß beidseits der Verwerfung Sedimente des Deckgebirges anstehen. Im Süden zwischen Rhein und Wiese ist es östlich der Flexur der Muschelkalk des Dinkelberges, weiter nördlich vorwiegend das Rotliegende und der Buntsandstein der sog. »Weitenauer Vorberge«. Ebenfalls

5 Kiesgrube »Kapellengrien« bei Rheinweiler (südlicher Oberrheingraben). Gut sortierte und geschichtete Kiese. In den darüberliegenden feinkörnigen Lockersedimenten Nisthöhlen von Uferschwalben.

Geologische Entwicklungsgeschichte

ZEIT-ALTER	MILL. JAHRE	
ERD-NEUZEIT (KÄNOZOIKUM)	2	*QUARTÄR
ERD-NEUZEIT (KÄNOZOIKUM)	65	TERTIÄR
ERD-MITTELALTER (MESOZOIKUM)	135	KREIDE
ERD-MITTELALTER (MESOZOIKUM)	190	JURA
ERD-MITTELALTER (MESOZOIKUM)	230	TRIAS
ERD-ALTERTUM (PALÄOZOIKUM)	280	PERM
ERD-ALTERTUM (PALÄOZOIKUM)	350	KARBON
ERD-ALTERTUM (PALÄOZOIKUM)	405	DEVON
ERD-ALTERTUM (PALÄOZOIKUM)	435	SILUR
ERD-ALTERTUM (PALÄOZOIKUM)	500	ORDOVIZIUM
ERD-ALTERTUM (PALÄOZOIKUM)	570	KAMBRIUM
ERD-URZEIT	3 MILLIARDEN JAHRE	PRÄKAMBRIUM

*Quartär nicht maßstäblich

6 Bienger Berg. An der Basis ostfallender Hauptrogenstein (Dogger) der grabeninneren Vorbergzone. Über der kompakten Oberkante des Kalksteins durch Frost plattiger Zerfall des Gesteins, der in einen periglazialen Scherbenboden übergeht. Mit äolisch abgelagertem »jüngerem Löß« endet das Profil.

7 Erdgeschichtliche Tabelle.

Teil der Vorbergzone ist der westlich der Flexur gelegene Isteiner Klotz, eine von Brüchen und Gräben durchzogene Jurascholle. Große Teile des Isteiner Klotzes bauen sich aus sehr reinen Kalksteinen des Weißen Jura auf. Trockenes, warmes Klima hier am Südende des Grabens (Burgundische Pforte) und die verkarsteten Kalksteine bieten wärmeliebenden Pflanzen und Tieren einen günstigen Lebensraum (127).

Während der langen festländischen Periode der Kreide und des Alttertiärs entwickelten sich auf der verkarsteten Malmoberfläche Verwitterungsprodukte, deren dunkelrote Bolus- oder Bohnerztone als fossile Böden gedeutet werden können. Sie kommen recht mächtig am Isteiner Klotz und im Markgräfler Hügelland vor (Abb. 11 bzw. Abb. 199 auf Seite 420).

An Brüchen herausgehobene, schmale Schollen sind heute als Kalkfelsenschwellen im Altrhein sichtbar (z.B. Isteiner Schwellen).

Nach Norden folgt bis Badenweiler das *Markgräfler Hügelland* oder die Kanderner Vorbergzone. Sie erreicht eine beachtliche Breite von rund zehn Kilometern, die auf die Lagerung der Schichten zurückgeht. In nächster Nähe der Grabenrandverwerfung sind die Sedimente in einem schmalen Bereich sehr stark nach Westen geneigt, um dann weiter

Vorbergzonen 23

8 Nimberg bei Hugstetten, ehemaliger Steinbruch. Eisenoolithischer Kalkstein des Unteren Doggers (sog. »Doggererz«). Das sedimentäre Eisenerz wurde am Schönberg bei Freiburg und am Kahlenberg bei Ringsheim abgebaut.

9 Riedlingen im Markgräflerland. Ehemaliger Steinbruch in den mächtigen oolithischen Kalksteinen des Doggers, dem Hauptrogenstein.

10 Schloß Rötteln bei Lörrach. Gegenwärtiges, steiles Abbiegen tertiärer Schichten in der sog. »Rheintalflexurzone«.

11 Kleinkems. Auf den hellen Weißjura-Kalksteinen liegen dunkelrote »fossile Böden«, die sich unter tropisch festländischen, warmfeuchten Klimabedingungen in Kreide und ältestem Tertiär entwickelten. Darin kommen »Bohnerze« als kleine Eisenkonkretionen vor. Die geschichteten Kalksteine über dem roten Boluston gehören schon dem Tertiär (Eozän) an.

12 Auf der Südseite des Schönbergs im NSG »Berghauser Matten« (4) kommt es durch den 80 m mächtigen Opalinuston des Unteren Doggers zu Rutschungen unter der Grasnarbe. Streuobstwiesen charakterisieren diesen Bereich nahe der Berghauser Kapelle mit dem Kienberg im Hintergrund.

westlich abrupt flach auszustreichen. Am Grabenrand stehen daher steil geneigter Buntsandstein und Muschelkalk an, während weiter westlich die schwach nach Westen geneigte Tafel oberflächlich aus Juragesteinen (Lias und Dogger) und Tertiär besteht. Die geringe morphologische Neigung der Vorbergzone nach Westen entspricht dem schwachen Einfallen der Schichten. Bis südlich Badenweiler reicht das breite Markgräfler Hügelland mit Grünland, Äcker und Streuobstwiesen.

Nördlich davon ändern sich die tektonischen Verhältnisse deutlich. In der *Staufen-Sulzburger Vorbergzone* fallen die Gesteine steil zum Graben hin ein. Da an der Randverwerfung zunächst weiche Sedimente (Keuper, z. T. Lias) ausstreichen, räumte die Erosion sie leichter aus. Die harten Doggerschichten dagegen ragen als einzelne schmale, isolierte Berge heraus, die häufig eine mehr oder weniger mächtige Kappe aus hartem Tertiärkonglomerat tragen, das sie zusätzlich vor Abtragung schützt (»Kastelberg« (19) (Abb. 36 auf Seite 206), Fohrenberg und Staufener Schloßberg.

Am Schönberg, mit 644 m ü. NN der höchste Berg der gesamten Vorbergzone, ändert sich der tektonische Baustil nur wenig. Die Lagerung der Schichten wird etwas flacher, wodurch wieder ein breiter Ausstrich zustande kommt. An seinem Aufbau sind die gesamte Trias, große Teile des Jura und das Tertiär beteiligt. Der Gipfelbereich aus Tertiärkonglomerat liegt in einem schmalen Grabenbruch (Reliefumkehr). Die starke tektonische Zerstückelung dokumentiert sich in zahlreichen Tuffschloten.

13 Bei Heimbach in der Emmendinger Vorbergzone. Der Bausandstein des Mittleren Buntsandsteins diente als Werkstein. Die hohen Wände – heute Brutplätze für Falken – gehen auf den Abbau des Gesteins für das Freiburger Münster zurück.

Im Raum Freiburg existiert oberflächlich keine Vorbergzone, die Schotter grenzen direkt an das kristalline Grundgebirge; die sog. »Freiburger Bucht« springt daher bogenförmig ein.

Erst im Raum Emmendingen schiebt sich zwischen Randverwerfung und Rheinebene wieder eine flachgelagerte Vorbergzone ein. Sie ist überwiegend aus Buntsandstein (Abb. 13), untergeordnet aus Muschelkalk, einzelnen Juraschollen und Tertiär aufgebaut. Diese *Emmendinger-Lahrer Vorbergzone* zieht sich nach Norden über Lahr hinaus hin. Weiter nördlich treten nur noch ganz schmale Späne von Vorbergschollen auf.

Gehen wir vom Grabenrand im Raum Freiburg in westlicher Richtung, so erheben sich dort einzelne Berge, wenn auch zum Teil nur wenige Meter bis Zehnermeter über die Schotterflur heraus: Die *grabeninnere Vorbergzone*. Der Nimberg, der Ost-Kaiserstuhl, der Lehener Berg, der kleine unauffällige »Honigbuck« (56) im Mooswald, der langgestreckte Tuniberg und im Süden der Bienger und Krozinger Berg. Überwiegend sind Juragesteine, insbesondere der Kalkoolith des Hauptrogensteins, am Aufbau beteiligt. Oft ist die Tektonik durch einen mächtigen Lößmantel, vor allem am Tuniberg, verschleiert. Dort und am Bienger Berg neigen sich die Schichten nicht zum Graben hin, sondern fallen schwach nach Osten ein.

Der Gesteinsuntergrund und die daraus entstandenen Böden bestimmen die Landnutzung und die Vegetation (vgl. Beitrag von WILMANNS, S. 60). Im Markgräfler Hügelland, der Staufen-Sulzburger Vorbergzone und am Schönberg werden auf Kalksteinen des Jura

14 Riegel am Kaiserstuhl unterhalb der Michaelskapelle. Auf dem kompakten Hauptrogenstein des Mittleren Doggers liegt in großer Mächtigkeit kaltzeitlich abgelagerter Löß. Darin zeigen sich verbraunte Bodenhorizonte, die auch innerhalb der Kaltzeiten auf wärmere Epochen schließen lassen.

und des Tertiär häufig Reben angebaut. Äcker und Wiesen mit Obstbäumen gedeihen auf den feuchteren und tiefgründigeren Substraten von Lias und Keuper. Die höchsten Bereiche der Vorberge, meistens aus den harten, oolithischen Kalksteinen des Dogger, dem Hauptrogenstein und dem verbackenen, schwer verwitternden Tertiärkonglomerat, tragen Wald, der oft durch Verkarstung zu sehr trockenen Standorten führt, z.B. der »Kastelberg« (19). Die Vorberge des Grabenrandes erhielten durch die Aufblasung der eiszeitlichen kalkhaltigen Lösse eine zusätzliche Zufuhr an Kalziumkarbonat. Die starken Winde im tiefergelegenen Grabeninneren hüllten die Schollen der dortigen Vorbergzonen mit zum Teil mehr als zehn Meter mächtigen Lößablagerungen ein; besonders stark den Tuniberg und den Ost-Kaiserstuhl (vgl. Beitrag von WILMANNS, S. 61). Im trockenen bis kalten Klima der Eiszeiten kam es im Periglazialgebiet – dem Bereich ohne Eisbedeckung, aber mit niedrigen Temperaturen (= Permafrostgebiet) – zur Bildung von Frostschutt- oder Scherbenböden, z.B. am Bienger Berg (Abb. 6), speziell auf Hauptrogenstein. Aber auch innerhalb der Kaltzeiten gab es zum Teil mehrfach wärmere Perioden, die zur Entwicklung von Böden (Braunerden) führten. Die Abb. 14 zeigt mächtige Lößablagerungen über Hauptrogenstein. Innerhalb der kaltzeitlich abgelagerten Löße bildeten sich mehrere verbraunte Bodenhorizonte wie beispielsweise hier unter der Michaelskapelle bei Riegel.

Der Löß kann durch Auswaschung entkalken. Das Kalziumkarbonat scheidet sich tiefer im Profil als Konkretion (Lößkindel) oder bankförmig wieder aus. Die positiven Aspekte der Lößüberdeckung bestehen nicht nur darin, daß das Windsediment Kalziumkarbonat enthält, sondern auch in seiner Fähigkeit, infolge der geringen Korngröße (Schluff-Fraktion) die Feuchtigkeit lange speichern zu können. Neben den grabeninneren Vorbergzonen findet sich der Löß in unterschiedlicher Mächtigkeit auch auf den quartären Sedimenten im Graben (Mengener Brücke).

In der Emmendinger Vorbergzone spiegelt die Landnutzung den Untergrund in eindrucksvoller Weise wider. Auf den silikatischen Sandsteinen des Mittleren Buntsandstein stockt Wald, die tonreichen Partien des Oberen Buntsandstein tragen aufgrund ihrer Feuchtigkeit Wiesen, während auf den trockeneren Muschelkalkflächen Reben, Obstbäume und Ackerflächen zu finden sind.

Soweit in der Vorbergzone Kalkgesteine auftreten (Muschelkalk, Dogger, Malm und untergeordnet Tertiär), zeigen sie fast alle Auflösungserscheinungen durch kohlendioxidhaltiges Wasser (= Verkarstung). Der später zu erwähnende rezente (= heutige) Karst – im Dinkelberg, auf der Baar und in der Schwäbischen Alb – muß vom fossilen Karst unterschieden werden. Fossiler Karst ist heute nicht mehr in Tätigkeit und beweist, daß in aktiven Zeiten ein Großteil des Wassers unterirdische Wege eingeschlagen hat. Die zahlreichen Fließgewässer aus den niederschlagsreichen Schwarzwaldhöhen versickerten zunächst in den Kalksteinen der Vorbergzonen und flossen dann zum großen Teil in deren Hohlräumen unterirdisch ab, bis sie den nächsten tiefergelegenen oberirdischen Wasserlauf (Vorfluter) erreichten.

Für die Karstlösungsformen spielen die tektonische Beanspruchung (Klüfte, Verwerfungen etc.), die Schichtung und der Chemismus des Gesteins eine ausschlaggebende Rolle. Auch die Ausdehnung des Kalksteinareals nimmt Einfluß auf die Karstformen. Großflächige Gebiete vermögen viel Wasser aufzunehmen, und die Wasserführung erzeugt mannigfaltige Karstformen.

Als morphologische Lösungsformen sieht man erweiterte Spalten und Klüfte, die häufig senkrecht stehen, aber bei geneigter Lagerung vermag das aktive Wasser auch längs der Schichtfugen anzugreifen und sie auszuweiten bzw. aufzulösen. An Aufschlußwänden finden sich oft rundliche Öffnungen, horizontale Röhren oder kleine Höhlen.

Sogenannte »Karstwassermarken« entstehen, wenn das lösende Wasser längere Zeit auf dem gleichen Niveau verharrt. Eine durch Auflösung entstandene Hohlkehle oder Rille zeigt den ehemaligen Wasserspiegel an.

Kalksinterbildungen sind häufig anzutreffen, große Höhlen hingegen selten.

Für Oberfläche und Vegetation ist die Verkarstung sehr bedeutungsvoll, bedingt sie doch große Trockenheit durch raschen Wasserabfluß in den Karsthohlräumen. Zahlreiche Gebiete mit Halbtrockenrasen und Trockenrasen gehen auf die Verkarstung zurück. Das gleiche Erscheinungsbild trifft man auch beim Kaiserstuhl auf Vorkommen aus grobkörnigem Karbonatit an, einem magmatischen Karbonatgestein.

Vulkanismus

Besondere Aufmerksamkeit muß dem *Vulkanismus* gewidmet werden, der häufig mit dem Aufreißen von Störungen im Zuge der Grabenbildung einhergeht. Auf solchen Schwächezonen der Erdkruste konnte sich das Magma den Weg zur Oberfläche bahnen und als Ergußgestein (= Vulkanit) erkalten. Als größeres zusammenhängendes Vulkangebiet präsentiert sich die tief abgetragene Vulkanruine des Kaiserstuhls mit ihrem zentralen Teil (darin auch das magmatische Karbonatgestein, der Karbonatit) und dem Kranz aus Tephrit im Süden, Westen und Norden. Dazu kommt im Nordwesten das Gebiet des »Limberges« (47) mit dem Ergußgestein Limburgit und im Südwesten die Tephritvorkommen von Breisach. Neben basischen Ergußgesteinen hatten und haben die Phonolithstöcke von Niederrotweil (33) und vom Fohberg bei Bötzingen als Hartsteinvorkommen auch wirtschaftliche Bedeutung.

Die vulkanische Tätigkeit spielte sich im Zeitraum von vor 18–13 Millionen Jahren ab. Eine ungeheure Vielfalt von vulkanischen

15 Berghauser Kapelle am Schönberg bei Freiburg. Schlotfüllung eines ovalen Tuffschlots, der heute im Niveau des Unteren Doggers angeschnitten ist.

Gesteinen findet sich hier, von denen nur der Tephrit, der Limburgit, der Phonolith und die Besonderheit des Karbonatits erwähnt seien. Die vulkanischen Gesteine treten nur an wenigen Stellen oberflächlich in Erscheinung. Beispiele hierfür sind der Achkarrer Schloßberg, der Ihringer Fohrenberg, der »Limberg« (47) und der Karbonatit des »Badberges« (1). Ansonsten verbirgt ein mächtiger Lößmantel, bedingt durch die Lage des Kaiserstuhls inmitten des Oberrheingrabens, die darunter liegenden Gesteine. Dieses breite und hohe Hindernis setzte die Geschwindigkeit der das Staubsediment Löß tragenden Winde so weit herab, daß der Staub nicht mehr getragen werden konnte, sich ablagerte und den Kaiserstuhl zwischen 30 bis 50 m hoch einhüllte. Die wenigen, noch erhaltenen Lößhohlwege erlauben Einblicke in die Lößlagen.

Hingewiesen werden muß nochmals auf die vulkanologische Besonderheit des Karbonatits. Es handelt sich um ein vulkanisches Karbonatgestein (Kalziumkarbonat). Früher führte das Gestein den Namen »kontaktmetamorpher Marmor«, da man glaubte, seine Entstehung durch Metamorphose (= thermische Umwandlung) von Kalksteinen der Trias und des Jura herleiten zu müssen. Dies um so mehr, als tatsächlich tertiäre Kalksteine metamorph umgewandelt wurden (Gewann Rüttenen nordöstlich vom Paß Vogelsang). Inzwischen weiß man, daß der Karbonatit vulkanischer Entstehung ist.

Das grobkörnige Gestein im weiteren Bereich des Badberges – erstaunlicherweise ohne Lößauflage – trägt nur eine dünne Bodenauflage, da die geringen Niederschlagsmengen im Kalkstein rasch versickern und für eine Bodenentwicklung nicht zur Verfügung stehen. Diese geologischen Verhältnisse bilden die Grundlage für die dort vorkommenden Halbtrocken- und Trockenrasen im Naturschutzgebiet »Badberg« (1). Es sei nochmals darauf hingewiesen, daß der Ost-Kaiserstuhl nicht auf vulkanische Entstehung zurückgeht, sondern den Rest einer Vorbergzone darstellt, die aus tertiären und jurassischen Gesteinen aufgebaut ist.

"Tuffschlot Maleck"

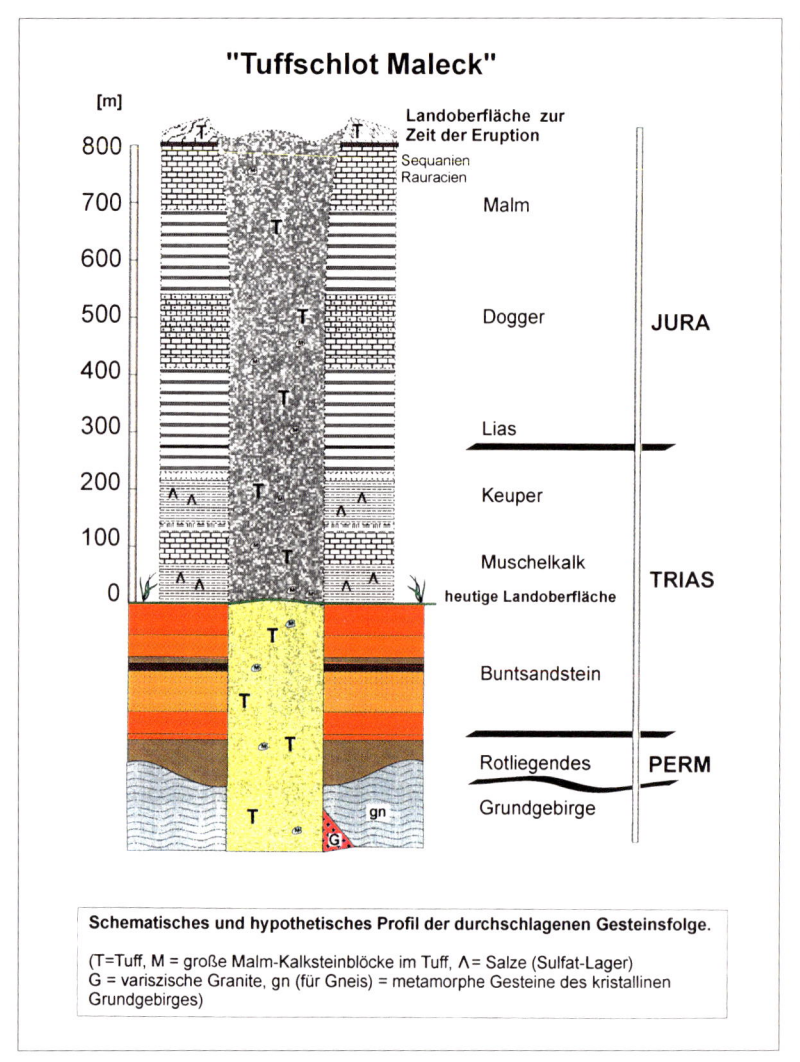

Abb. 16 Profil des Malecker Tuffschlots auf einer Lehrtafel bei Maleck – Ortsteil von Emmendingen.

Schematisches und hypothetisches Profil der durchschlagenen Gesteinsfolge.
(T=Tuff, M = große Malm-Kalksteinblöcke im Tuff, Λ = Salze (Sulfat-Lager)
G = variszische Granite, gn (für Gneis) = metamorphe Gesteine des kristallinen Grundgebirges)

Vulkanische Ereignisse spielten sich aber nicht nur im Kaiserstuhl ab. In der Vorbergzone und im Schwarzwald kann man eine Vielzahl von *Tuffschloten* (Schönberg, Tuniberg, Maleck u.a.), Basaltgängen (Schönberg, »Berghauser Matten« (4), Grube Englematt) und Basaltschloten (Mahlberg) finden. Ihre Altersdatierung weist zum Teil auf ältere Einstufungen als Miozän hin, wie etwa Oberkreide. Die in den Tuffen der Schlotfüllungen vorkommenden Gesteinsbruchstücke des durchschlagenen Gebirges erlauben Aussagen über die Landoberfläche zur Zeit der vulkanischen Tätigkeit (Abb. 15 und 16).

Weitenauer Vorberge und Dinkelberg

Östlich der von Kandern bis Basel verlaufenden »Rheintalflexurzone« (s. S. 21) treffen wir eine große tektonisch eingegrenzte Scholle aus Sedimentgesteinen an. Im Norden setzt eine Südost-Nordwest von Kandern bis über Hausen hin verlaufende Verwerfung Sediment gegen Schwarzwälder Grundgebirge ab. Die Ostbegrenzung bildet die N-S-gerichtete Wehratal-Störung, die mit einer morphologisch auffälligen Steilstufe das Sediment vom Kristallin des Hotzenwaldes trennt. Die Wehratal-Störung

17 Die Sandsteine des Rotliegenden der Weitenauer Vorberge sind an der Wiese bei Schopfheim gut aufgeschlossen.

18 Gut gebankte verkarstungsfähige Kalksteine des Muschelkalks bei Haagen.

übernimmt hier die Funktion der Randverwerfung. Der Nordteil der großen Scholle bis zur Wiese im Süden wird als »*Weitenauer Vorberge*« bezeichnet und besteht aus Rotliegendem und Buntsandstein (Abb. 17). Südlich der Wiese bis zum Rhein reicht der *Dinkelberg*, dessen Oberfläche überwiegend vom Oberen Muschelkalk eingenommen wird. Der Dinkelberg ist gegenüber den Weitenauer Vorbergen durch eine in etwa dem Wiesetal folgende Ost-West verlaufende Verwerfung tektonisch abgesetzt. In den Dinkelberg sind mehrere schmale Gräben eingesenkt, in denen sich Keuper und sogar noch Lias erhalten haben. Die Nord-Süd gerichteten Gräben lassen sich südlich des Rheins bis in den Tafeljura verfolgen.

Die Scholle der Weitenauer Vorberge und des Dinkelberges hat, eingeklemmt zwischen Rheintalflexur und Wehratal-Störung, die Hebung des Schwarzwaldes nur in geringerem Umfang mitgemacht. Infolgedessen blieb auf dem kristallinen Untergrund des Schwarzwaldes das Deckgebirge vom Rotliegenden, über den Buntsandstein bis zum Muschelkalk und in den Gräben sogar Keuper und Lias erhalten (Abb. 18).

Der Dinkelberg ist geprägt durch rezente Karstformen, deren Phänomene sich an vielen Beispielen belegen lassen. Die aktive Verkarstung im Dinkelberg setzt einen tiefer gelegenen Vorfluter voraus. Erst als sich der Hochrhein unter das Niveau des Muschelkalks im Dinkelberg eingeschnitten hatte, entwickelte sich die Verkarstung. Die Erscheinungsbilder des bedeckten Karstes können überall, besonders aber im tektonisch beanspruchten Ostteil beobachtet werden. Trockentäler, Schlucklöcher, Flußschwinden, Dolinen (besonders auffällig und zahlreich im Dolinenfeld von Kürnberg) und das seltene Phänomen eines episodisch auftretenden Karstsees, des flächenhaften Naturdenkmals Eichener See, zeigen den aktiven Karst. In der Schauhöhle von Hasel können große Hohlräume, Sinterbildungen, Tropfsteine und vor allem der Höhlenfluß bewundert werden. Die schmale enge Tscham-

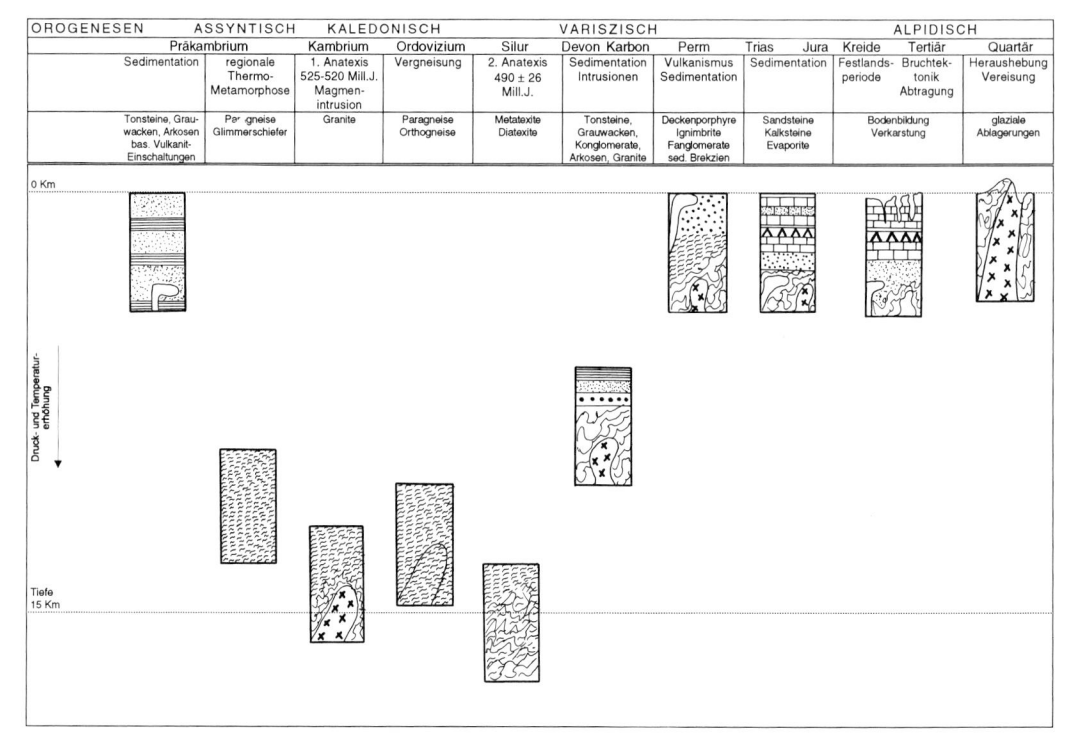

19 Schema der geologischen Entwicklungsgeschichte des Schwarzwalds.

berhöhle am Rhein kann als Beispiel für eine Klufthöhle dienen.

In den Weitenauer Vorbergen überwiegt auf den Sandsteinen der Wald, nur auf tonigem Ausgangsgestein (vorwiegend Rotliegendes) ist eine bescheidene Landwirtschaft möglich. Der Dinkelberg, aus Karbonatgestein, ist stärker von Landwirtschaft geprägt.

Schwarzwald

Kristallines Grundgebirge

Östlich der Randverwerfung des Oberrheingrabens setzt das sog. »*Kristalline Grundgebirge*« ein. Unter diesem Oberbegriff sind Einheiten zusammengefaßt, die altersmäßig und nach ihrer Bildungs- bzw. Entwicklungsgeschichte aus verschiedenen Gesteinen aufgebaut sind.

Die Altersabfolge der Gesteine im Bereich des Hohen und Mittleren Schwarzwaldes sei kurz vom Älteren zum Jüngeren hin aufgezeigt.

Prävariszisches Grundgebirge
Im *Präkambrium* (älter als 570 Millionen Jahre) kam es zur Ablagerung umfangreicher und mächtiger Sedimentgesteinsserien und zu vulkanischen Ablagerungen. Diese Gesteine bildeten das Ausgangsmaterial für Paragneise, die im Rahmen der (assyntischen) Gebirgsbildung durch eine Thermometamorphose (in etwa 15 km Tiefe, 680 °C und einem Druck bis 5 kbar) zustandekamen. Neben Metamorphose erzeugten weitere Druck- und Temperaturerhöhungen eine Anschmelzung (1. Anatexis) der Gesteine.

Unter Metamorphose ist die Umwandlung von Gesteinen bei erhöhten Druck- und Temperaturbedingungen zu verstehen, die normalerweise zu einer Schieferung der Gesteine führt; daher bezeichnete man früher solche Gesteine recht treffend als »Kristalline Schiefer«. Im weiteren erdgeschichtlichen Ablauf drangen dann vor 520 ± 15 Millionen Jahren während der kaledonischen Gebirgsbildung, im Kambrium und Ordovizium granitische Schmelzen ein. Auch diese Gesteine unterlagen wieder einer neuerlichen Umprägung (Vergneisung). Nach relativ kurzer Zeit (vor 490 Millionen Jahren) erfolgte eine weitere Umbildung, die sog. »2. Anatexis«.

Da sich all diese komplexen Ereignisse und Umbildungen vor der für unseren Raum wichtigen variszischen Gebirgsbildung, d.h. der Orogenese während Devon, Karbon und Perm, abspielten, bezeichnet man alle diese Gesteinsvorkommen als »prävariszisches Grundgebirge«.

Von der Altersstellung und der Beanspruchung her muß das »variszische Grundgebirge« deutlich von den vorgenannten »prävariszischen« Gesteinen abgegrenzt werden (Abb. 19).

Variszisches Grundgebirge
Im Devon und Unterkarbon lag der heutige Schwarzwald unter Meeresbedeckung, und es kam zu mariner Sedimentation, die uns in der Badenweiler-Lenzkircher-Zone erhalten ist. Die sog. »älteren Granite« drangen ein (= Intrusion) und wurden durch Gebirgsbildung deformiert (ältere Granite).

Mit der Hebung kam es im höheren Unterkarbon zur Bildung von limnischen (= Süßwasser) und terrestrischen (= festländischen) Sedimenten und zur nochmaligen Intrusion von Graniten, die aber tektonisch nicht mehr deformiert wurden (jüngere Granite).

Im Oberkarbon setzten sich bei der Geroldseck und bei Diersburg-Berghaupten Sedimente mit Kohlen ab, die einst auch bergmännisch abgebaut wurden. Wieder intrudierten (Zweiglimmer-)Granite.

Im höheren Oberkarbon war der Schwarzwald Festland und unterlag der Abtragung, wodurch die Überdeckung der Tiefengesteine (Granite) entfernt und diese freigelegt wurden.

Während der Zeit vom Devon bis Karbon wurden in Faltungsphasen die Gesteinsabfolgen zum variszischen Gebirge zusammengeschoben.

Die Abtragungs- und Schuttmassen des emporgehobenen Gebirges finden wir als Rotliegendes (Perm) wieder. Es weist größere Mächtigkeit in den sog. »Trögen« auf, ist sonst aber nur geringmächtig vertreten. Bruchtektonik des versteiften Gebirges führte im Rotliegenden zum Zerbrechen des variszischen Gebirges. Verwerfungen und Spalten rissen auf. Von För-

20 Permische Porphyrdecken bei Schweighausen (Pflingsteck).

derspalten an solchen Brüchen ausgehend lebte die vulkanische Tätigkeit wieder auf. Quarzporphyrdecken, Porphyrtuffe und Ignimbrite überziehen heute große Bereiche (Münstertal, Schweighausen, Geroldseck) (Abb. 20).

Vollständigkeitshalber seien noch die mit den magmatischen Erscheinungen verbundenen Erzgänge im Grundgebirge erwähnt.

Aus den Ausführungen über das kristalline Grundgebirge des Schwarzwaldes geht die wichtige Erkenntnis hervor, daß alters- und entstehungsmäßig unterschiedlichste Gesteine an dessen Aufbau beteiligt sind.

Für die Pflanzenwelt ist die mineralische und chemische Zusammensetzung der Gesteine wichtig, denn aus den Gesteinssubstraten haben sich aufgrund des Klimas in der Nacheiszeit unsere verschiedenartigen Böden entwickelt (ein extremes Beispiel liefern die Kalksilikatfelse der »Utzenfluh« (138).

Trotz der variablen Gesteinstypen im kristallinen Grundgebirge können wir für die metamorphen Gesteine (Gneise, Anatexite, Diatexite etc.), die klastischen Sedimente (= Trümmergesteine wie Konglomerate, Sandsteine etc.) und auch für die Ergußgesteine (Porphyr, Porphyrtuff etc.) die verallgemeinernde Bezeichnung silikatisches Ausgangsmaterial begründet verwenden. Feldspäte (Plagioklase, Orthoklas), Glimmer, Quarz und weitere vorkommende Minerale sind Silikate, d.h. Verbindungen, in denen Silizium und Sauerstoff einen hohen Anteil haben und so die Benennung *silikatisch* rechtfertigen. Da für die Bodenentwicklung aus Gesteinen das Relief, die Niederschläge und die Temperatur eine Rolle spielen, treffen wir trotz der relativ einheitlichen silikatischen Ausgangssubstrate eine große Palette verschiedenartiger Böden an.

Im *Nordschwarzwald* tritt das kristalline Grundgebirge (Nordschwarzwälder Granitmasse) nur auf der Westseite an der Oberfläche auf. Die zum Rhein strebenden Flüsse schnitten sich dort tief ein. Weiter östlich verschwindet das Grundgebirge unter dem auflagernden Buntsandstein.

21 Blick in das glaziale Trogtal von St. Wilhelm. Im Hintergrund der Feldberg, von dem sich der Eisstrom in das Tal vorschob.

Hohe Niederschläge (bis 2000 mm) und niedrige Jahresmitteltemperaturen führten zu Staunässe auf tonigen Schichten des Oberen Buntsandsteins.

Die grasbewachsenen, gehölzarmen Flächen, die sog. »Grinden«, bedingten die Bezeichnung Grindenschwarzwald (vgl. Beitrag von WILMANNS, S. 74). Auf stauendem tonigen Untergrund und in Senken kam es zu Versauerung und schließlich Moorbildung, spätestens nach der Rodung der Wälder im Mittelalter.

Auch der basenarme, quarzreiche Buntsandstein muß als »silikatisches Ausgangssubstrat« bezeichnet werden.

Durch tiefgehende Verwitterung an Klüften des Granits türmen sich besonders im mittleren und nördlichen Schwarzwald die »Wollsäcke« auf, z.B. in der Umgebung des »Günterfelsen und Umgebung« (176) u.a. Unter der häufig im Granit, aber auch im Gneis beobachtbaren Verwitterungsform ist die »Vergrusung« zu nennen. Struktur bzw. Gefüge der Granite oder Gneise bleibt erhalten; das Gestein ist durch die Verwitterung aber zersetzt und daher sehr weich, »es sandet ab«.

Quartäre Eiszeiten

Neben den silikatischen Ausgangsgesteinen prägen die *quartären Eiszeiten* die Morphologie des Schwarzwaldes durch ihre Erosions- und Sedimentationsvorgänge in auffälliger Weise. Während für die älteren quartären Eiszeiten bis jetzt keine Beweise erbracht werden konnten, zeugen bescheidene Relikte (z.B. Erratiker = große vom Eis transportierte Findlinge) von der weiten Verbreitung der Rißeiszeit im Südschwarzwald.

Das möglicherweise reliefarme Gebiet überzog eine Eiskappe, aus der keine Felspartien herausragten, die Moränenmaterial hätten liefern können.

Grundmoränen finden sich deshalb nur selten. Vielleicht war sie mangels fehlender Obermoräne nur geringmächtig ausgebildet.

22 Endmoränenwall »In der Kluse« bei Menzenschwand; durch den Albgletscher während einer Stillstandsphase abgelagert.

Im Süden, im Hotzenwald, kamen sich Schwarzwaldeis und Alpeneis sehr nahe. Es entstanden Eisstauseen, in deren Schmelzwasserdelten sich Schwarzwald- und Alpenmaterial vermischten.

Das *Würmeis* erreichte auch im Südschwarzwald bei weitem nicht die Ausdehnung des Rißeises. Die Schneegrenze lag ungefähr bei 1000 m. Im Feldberg-Herzogenhorn-Gebiet lag das Zentrum der Vereisung. Von dort gingen über 20 km lange Talgletscher aus. In anderen flachen Gebieten, z.B. um den Schauinsland, kam es zu keinen größeren Bewegungen der Eiskappen.

Im niedrigeren mittleren Schwarzwald und im Nordschwarzwald kam es zu einer Hochflächen-Verfirnung und zur Bildung vieler Kare durch kleine Hängegletscher (145). Die steile Karrückwand ist häufig nordostexponiert mit Wächten, Schnee-Einwehungen von Südwesten und geringer Sonneneinstrahlung an dieser Wand. Das Eis vermochte in der weichen Buntsandsteinüberdeckung des Nordschwarzwaldes leichter die Karwände zu erodieren als im härteren kristallinen Grundgebirge des Südschwarzwaldes.

Im *Südschwarzwald* ist die gesamte Palette glazialer Erosions- und Sedimentationsformen erhalten. Ob erstere schon in der Rißeiszeit angelegt wurden, ist schwer zu entscheiden. Die Erosion durch Gletscher hobelte in der Würmeiszeit Trogtäler (Bärental, Wiesetal) (Abb. 21) aus, in denen sich nach dem Rückgang des Eises Seen bildeten (z.B. Titisee). Die Hohlformen der Kare entstanden auch im Grundgebirge. Teilweise sind sie noch oder wieder mit Wasser gefüllt (u.a. Feldsee, Nonnenmattweiher), teilweise sind sie verlandet; erwähnenswert sind besonders die zahlreichen Moore im Hotzenwald (vgl. Beitrag von WILMANNS, S. 77). In den letzten Jahren wurden Torfe und Seesedimente untersucht und lieferten wichtige Daten zur glazialen und nacheiszeitlichen Vegetationsgeschichte.

Rundhöcker mit Gletscherschliffen (Zastler

Loch, bei Schönau), Firnmulden und Transfluenzen vervollständigen das Erosionsbild. Eine Besonderheit im Südschwarzwald stellt der »Präger Gletscherkessel« (126) dar. Nicht weniger als sechs kleinere Gletscher vereinigten sich dort und räumten den Kessel aus, da sie vom großen Wiesetal-Gletscher am Abfluß gehindert wurden.

An *Akkumulationsformen* fallen Seiten- und Endmoränen auf, von denen die Wälle bei Menzenschwand die morphologisch auffälligsten sind (Abb. 22). Sanderflächen, Deltaschichtung in Stauseen und Nachweis von Transfluenzen, d.h. Überfließen des Eises über trennende Wasserscheiden in andere Talnetze vervollständigen die glaziale Serie. Auch hierbei konnte es zur Seebildung kommen (z.B. Toteislöcher, Seen im Transfluenzbereich). Ein solch verlandetes Gewässer ist das Transfluenzmoor »Rotmeer« (28) (s. Abb. 54 auf Seite 228). Gestaffelte Endmoränenwälle im Bärental lassen die Rückzugsstadien der letzen Vereisung bis zum Feldseestand sehr gut erkennen.

»Gletscher«mühlen bildeten sich nicht durch Eis, sondern entstanden durch Schmelzwasser unter dem Eis. Einziges Beispiel im Schwarzwald ist das flächenhafte Naturdenkmal »Wooggumpen« im Schwarzenbächle (Hotzenwald).

Im Schwarzwald kommen an einigen steilen (30°) Hängen Blockmeere oder Blockhalden vor. Unter periglazialen Klimaverhältnissen (d.h. unterhalb der Schneegrenze bei Dauerfrost und Waldfreiheit in Kaltzeiten) zerlegte die tiefgreifende Frostwirkung Gneise und Granite in grobe Blöcke. Das bei der Verwitterung gebildete Feinmaterial zwischen den Blöcken wurde in späteren wärmeren und feuchteren Klimaperioden ausgewaschen. Blockmeere und Blockhalden gehören zu den waldfreien Sonderstandorten, wie sie häufig am »Belchen« (122) anzutreffen sind. Oft finden sich dort nur Flechten und als Eiszeitrelikte geltende Farne.

Große Teile von weniger steilen Hangbereichen überzieht ein lehmig-steiniger Schutt, wahrscheinlich aus dem Periglazial, auf dem sich die auch am Hang mächtigen Böden entwickelt haben. Schutthalden aus eckigen Gesteinsbruchstücken bilden sich aber auch unterhalb freiexponierter Felsen und Felsrippen (Abb. 23). Auf den heute noch aktiven Schuttströmen gelingt es der Vegetation nicht, Fuß zu fassen, folglich kommt es auch dort zu waldfreien Standorten (z.B. Zastler, Höllental bei Posthalde).

Flußgeschichte

In die Würm-Eiszeit fallen bedeutende flußgeschichtliche Ereignisse, die auf das Eiszeitalter und die starke Hebung vor allem des Südschwarzwaldes im Quartär zurückzuführen sind. Bis kurz nach dem Höhepunkt der letzten Eiszeit flossen die Schmelzwässer auf einer schwach geneigten Hochfläche nach Osten ab. Die Gutach-Wutach, die als »Feldberg-Donau« einmal der längste Quellfluß der Donau war, nahm den Weg über die nur schwach nach Osten geneigte danubische Altlandschaft des Hochflächen-Schwarzwaldes. In diesem Abflußregime lagerte die Feldberg-Donau als riesiges Schmelzgewässer des Bärental-Gletschers in ihrem Talboden Kiese und Sande ab, die heute bis zu 120 m hoch über dem Flußbett im Wutach- und Gutachtal erhalten sind. Anhand der Geröllzusammensetzung kann man sie über Achdorf bis ins breite Aitrachtal nachweisen.

Die Donau und Rhein trennende niedrige Wasserscheide im Raum Achdorf verlor durch die rückwärts einschneidende Erosion der Ur-Wutach, einem Nebenfluß des damaligen Rheins, (heute untere Wutach) immer mehr an Breite. Bei starker Wasserführung könnte es in dem stark aufgeschotterten Feldberg-Donautal bei Achdorf zu einem Überfließen der Wasserscheide gekommen sein, wodurch das Wasser der Feldberg-Donau in das tiefer gelegene Ur-Wutachtal stürzte. Das große Gefälle der Ur-Wutach führte zu weiterem starken rückwärtigen Einschneiden und erzeugte eine beeindruckende Fluß-Erosionslandschaft, die Wutachschlucht, deren Talsohle heute 180 m unter dem alten Talboden der Feldberg-Donau liegt (Abb. 24). Je nach Gesteinsart zeigt das Tal der Wutach (mit Gauchach und Haslach) eine vielgestaltige Morphologie. Aus dem

23 Die rhenanische Tiefenerosion schafft extrem steile Talwände, an deren Hang Schutthalden entstehen. Ihre schüttere oder fehlende Vegetation zeigt die auch heute noch anhaltende Bewegung des Schuttmaterials an; Scheibenfelsen im Zastler Tal.

engen Abschnitt der Grundgebirgsschlucht kommt man in die Muschelkalkschlucht, deren harte Kalksteine in oft senkrechten Wänden zum Fluß abfallen. Bei der Gauchachmündung verbreitert sich das Tal, sobald die weichen tonigen Sedimente des Keupers durchflossen werden. Bei Jurastratigraphen bekannt und geschätzt sind die Rutschungen, Abbrüche und Stürze in den tonig-mergeligen Ablagerungen des Lias und des Doggers (Abb. 27). Von Fossilsammlern werden immer wieder die natürlichen Anrisse des Lias im Aubächle, einem kleinen Zufluß der Wutach bei Aselfingen aufgesucht.

Die geologische Situation wird aber zusätzlich dadurch kompliziert, daß die Wutach in einem tektonischen Graben, der Bonndorfer Grabenzone verläuft. Nur so ist es möglich, daß südlich von Achdorf auf gleicher Höhe mit dem Jura in den »Wutachflühen« (237) wieder der Muschelkalk ansteht.

In mehreren Schautafeln im Naturschutzgebiet »Wutachschlucht« (36) werden dem Besucher die komplizierten Entstehungsbedingungen der Flußanzapfung an Blockbildern gut erläutert und nahegebracht. Bei Auskünften und Führungen leistet die »Wutach-Rangerin« gerne Unterstützung.

In morphologisch krassem Gegensatz zur danubischen Altlandschaft steht der durch die rheinische Tiefenerosion geprägte Westabfall des Schwarzwaldes, der als »Kamm-Schwarzwald« bezeichnet wird. Sein Name leitet sich von den vielen Bergkämmen ab, die zwischen den sich tief einschneidenden Flüssen stehen geblieben sind.

Auch zum Hochrhein hin mußten sich die Gewässer durch die Hebung des Schwarzwal-

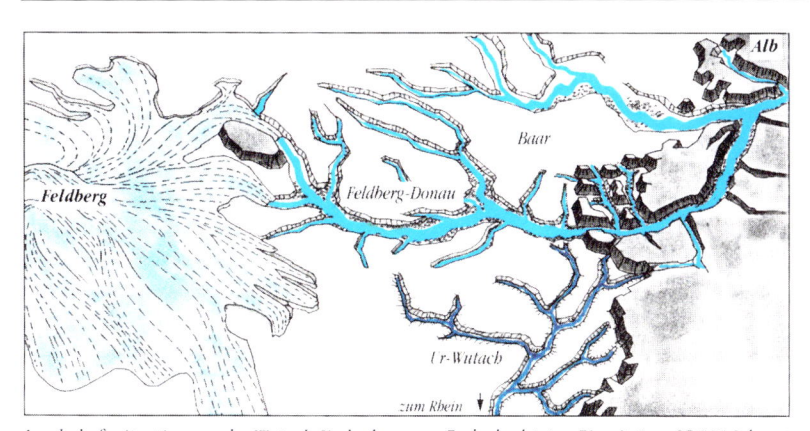

24 Flußgeschichte der Wutachablenkung. Graphiken aus dem Faltblatt »Naturschutzgebiet Wutachschlucht« der BNL Freiburg.

Landschaftssituation vor der Wutach-Umlenkung am Ende der letzten Eiszeit (vor 25.000 Jahren)

Stadien der Umlenkung

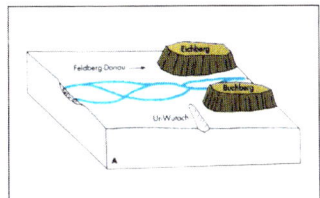

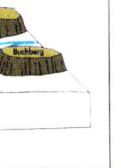

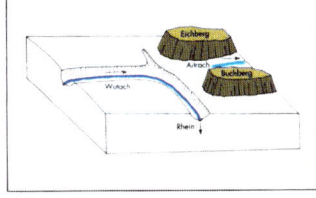

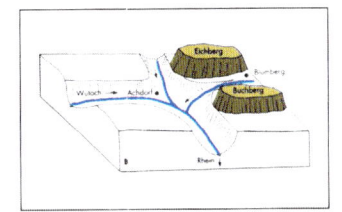

Frühe Eiszeit *Späte Eiszeit* *Heute*

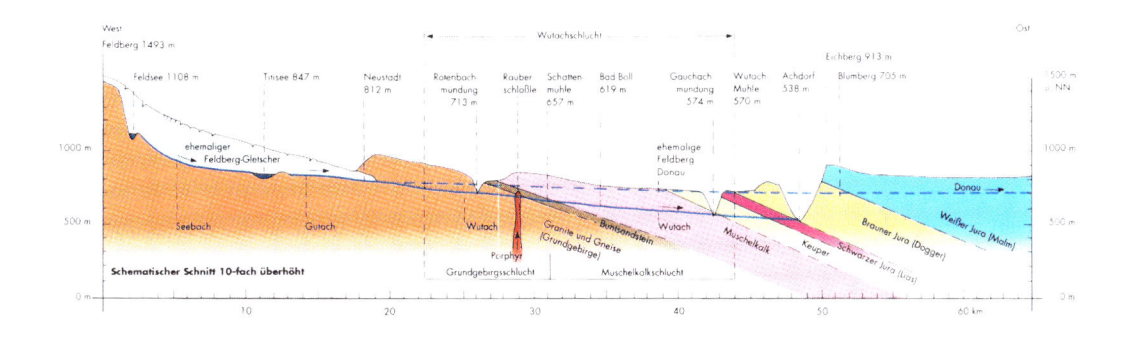

des auf den erheblich tiefergelegenen Vorfluter Rhein einstellen. Sie durchschneiden daher in Schluchten (z.B. Alb, Schlücht) den Hotzenwald bzw. die Südabdachung des Schwarzwaldes.

Auf dem südlichen Hochflächenschwarzwald läßt sich die alte danubische Richtung der »Abdachungsflüsse« noch recht gut erkennen, wenn auch zum Teil nur im Oberlauf.

Der häufig zitierte »Kampf um die heutige Wasserscheide« betrifft nicht die Rhein-Donau-Wasserscheide – sie liegt jetzt nordöstlich des Langenordnachtals –, sondern es soll damit das Übergreifen und Erobern der rhenanischen Tiefenerosion auf die danubische Altlandschaft zum Ausdruck gebracht werden, deren Flußläufe jetzt den Südschwarzwald zum Hochrhein hin entwässern und damit den zum Oberrhein entwässernden Flüssen das Wasser »abgraben«.

Das Süddeutsche Schichtstufenland

Die Zeit nach der variszischen Gebirgsbildung war geprägt durch Abtragung, Einebnung, d.h. Einrumpfung des Gebirges und beginnende Sedimentation. Das *Unterrotliegende* füllte zunächst nur Senken des Gebirges auf, während das *Oberrotliegende* auf das Grundgebirge übergreift.

Mit dem Rotliegenden endet das Erdaltertum (= Paläozoikum). Die beiden folgenden Systeme des Erdmittelalters, früher »Formationen« genannt, die Trias und der Jura, beherrschen mit ihren Schichtfolgen den süddeutschen Raum und bauen das *Süddeutsche Schichtstufenland* auf (Abb. 25).

Das Erdmittelalter (= Mesozoikum) beginnt mit der TRIAS. Schon äußerlich zeigt sich eine Unterteilungsmöglichkeit in drei gut trennbare Einheiten, die zum Namen »Trias« (= Dreiheit) führten. Die Beschränkung der typischen Dreigliederung auf Mitteleuropa rechtfertigt die Bezeichnung »Germanische Trias« im Gegensatz zur andersartigen »Alpinen Trias«.

Der Buntsandstein-Schwarzwald

Die Abfolge beginnt mit den meist rot gefärbten Ablagerungen des *Buntsandsteins*, dessen Sandsteine und Konglomerate überwiegend von Fließgewässern geschüttet wurden. Trockenere Perioden mit starkem Windeinfluß und festländischen Bedingungen lassen sich durch fossile Böden (die sog. »violetten Horizonte«), Windkanter (vom Sand kantig geschliffene Gerölle), Austrocknungserscheinungen und Dünen nachweisen. Daß der Südschwarzwald, auch zu Beginn des Buntsandsteins noch Abtragungsgebiet war, zeigt sich durch Fehlen älterer Buntsandsteinschichten bzw. durch geringere Mächtigkeit derselben (Hotzenwald, Wutachgebiet). Erst jüngere Schichtglieder des Buntsandsteins greifen auf länger existierende Abtragungsgebiete über. Die Auflagerungsfläche des Buntsandsteins ist in manchen Bereichen schon im Perm entstanden, in anderen erst innerhalb des Buntsandsteins. Man bezeichnet sie deshalb als »permo-triadische Auflagerungsfläche«. Die Mächtigkeiten nehmen von Süden nach Norden zu und schwellen vom Südschwarzwald (mit 20 m) auf 150–200 m weiter nördlich an.

Die Ablagerungen des überwiegend aus Quarzkörnchen zusammengesetzten Buntsandsteins zählen geologisch noch zum Schwarzwald. Die Berechtigung dazu liegt im basenarmen, silikatischen Ausgangsmaterial. Die Landnutzung schließt sich aufgrund dessen dem kristallinen Schwarzwald mit überwiegend Fichtenstandorten an.

Wutachgebiet, Baar und Obere Gäue

Gegen Ende des Buntsandsteins war das Gebiet wieder von einem Meer bedeckt.

Auf den oberen, schon mehr tonigen Buntsandstein folgt der *Muschelkalk*. In einer flachen Meeressenke mit einer reichen Lebewelt

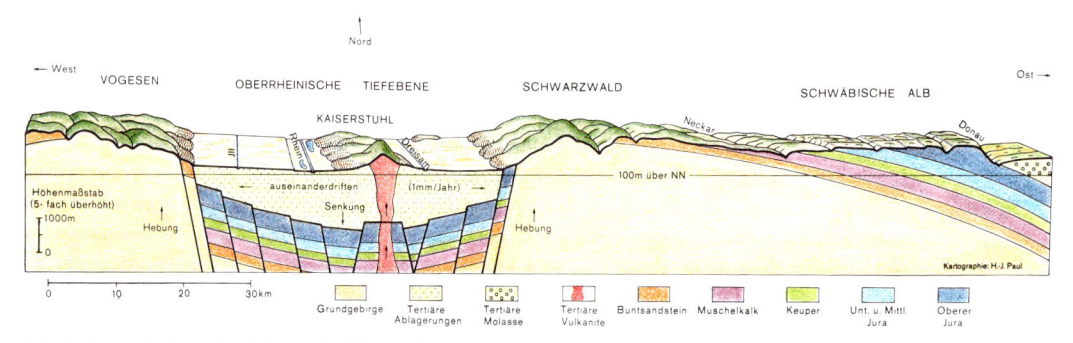

25 Schematisches überhöhtes Profil von den Vogesen bis zur Schwäbischen Alb.

26 Bei Göschweiler brach im April 1954 im Muschelkalk eine große Doline ein. Sie zeigt den immer noch wirksamen Vorgang der Verkarstung an.

(auch Muscheln, daher der Name) setzten sich Kalksteine, Dolomite und Mergel ab. Durch starke Verdunstung des zeitweilig abgeschnürten Meeres fielen Salzgesteine (= Evaporite oder Eindampfungsgesteine) aus dem Meerwasser aus (z.B. Steinsalz, Anhydrit). Die Salze des Mittleren Muschelkalkes werden wirtschaftlich genutzt; einerseits durch Bergbau, am Hochrhein jedoch durch Auslaugung (Sole).

Vor allem die Kalksteinlagen des Oberen Muschelkalkes unterliegen der Verkarstung, d.h. der Auflösung des Kalziumkarbonats ($CaCO_3$) durch kohlendioxidhaltiges Wasser. Einsturztrichter, Dolinen (Abb. 26), Trockentäler, Flußversickerungen und Höhlen beweisen den noch aktiven Karst. Die Kalksteine im Untergrund der Baar zeigen diese Lösungsvorgänge in eindrücklicher Weise. Tritt das unterirdisch fließende, kalte Karstwasser an Stauhorizonten am Hang wieder aus, erwärmt es sich an der Luft, Kohlendioxid entweicht und wird dem Karstwasser durch Pflanzen (besonders Moose, vgl. Beitrag von WILMANNS, S. 81) zusätzlich entzogen; es bilden sich Süßwasserkalke oder Travertine. Die Wutachschlucht bietet für solche Ausfällungserscheinungen zahlreiche Beispiele. Die unterirdisch fließenden Karstwässer können auch wieder direkt aus Höhlungen im Gestein austreten. Dies ist in der Wutachschlucht an mehreren Stellen gut zu beobachten. Verkarstungserscheinungen treten in den Karbonatgesteinen des Juras ebenfalls auf und sollen dort nochmals angesprochen werden.

Die unterschiedliche Landnutzung an der Grenze Buntsandstein/Muschelkalk springt besonders an der Ostabdachung des Schwarzwaldes ins Auge. Auf den »Magerstandorten« des Mittleren Buntsandsteins dominieren noch Fichten, auf den Karbonaten des Muschelkalkes herrschen Wiesennutzung und Ackerbau vor. Der Bereich Rötenbach/Göschweiler kann als Musterbeispiel hierfür gelten. Obwohl durch den schmalen Ausstrich des Muschelkalkes in der Baar und wenig nördlich davon keine Gäuflächen wie weiter im Nordosten entstehen konnten, treffen wir auch hier oberflächlich das typische Erscheinungsbild einer Muschelkalklandschaft an. Nur geringmächtige Böden konnten sich entwickeln, im Frühjahr »wachsen« durch die Frosthebung die Kalksteinbrocken aus dem Ackerboden heraus. Auch in der Baar trug man im Frühjahr die Steine auf Steinriegeln zusammen, die in Jahrhunderten beträchtliche Höhen erreichten und mit Hecken überwuchsen.

Nach Nordosten verbreitet sich der Ausstrich des Muschelkalks rasch. Verantwortlich dafür ist die geringe Neigung – das Einfallen – der Schichten gegenüber der Baar (s.u.). Dort weisen die Sedimente infolge der stärkeren Heraushebung des angrenzenden Südschwarzwaldes ein größeres Einfallen und damit eine schmalere oberflächliche Verbreitung auf.

Gleiches gilt für die Abfolge des Keupers. Die aufgefächerten breiten Flächen aus Muschelkalk und Keuper nordöstlich der Baar werden als »Oberer Gäu« bezeichnet. Die auf den oben erwähnten Steinriegeln aus Muschelkalk wachsenden Schlehenhecken verliehen dem Gebiet auch den Namen »Heckengäu«.

Auffälligste Schichtstufe der Weitung des Oberen Gäus bildet der widerstandsfähige Trochitenkalk des Oberen Muschelkalks. Der Neckar schnitt sich erst seit dem jüngeren Pleistozän durch die harten Kalksteine des Oberen Muschelkalks zum Teil bis in den Unteren Muschelkalk hinunter ein. Heute nicht mehr umflossene Umlaufberge mit verlassenen Flußschlingen und aktiv gestaltete Umlaufberge charakterisieren den Oberlauf des Neckars (»Neckarburg« (165), Hohenstein) und seines Nebenflusses Schlichem (166).

Die Salz- und Gipsauslaugungen in den evaporitischen Gesteinen des Mittleren Muschelkalks und des Gipskeupers führen zu Störungen in den Lagerungsverhältnissen. Besonders auffällig treten die Beeinflussungen durch Quellung und Auslaugung im Bereich des Gipskeupers an der Autobahn A 81 ins Auge.

Gänzlich andere Sedimentgesteine bauen den *Keuper* auf. Unverkennbar sind die bunten (rot, grün, violett, grau) tonig-mergeligen bröckeligen Sedimente. Im Unteren und Mittleren Keuper stießen von Norden schüttend Sandstein-Deltas nach Süden vor: der Lettenkeupersandstein und der Schilfsandstein. Im Mittleren Keuper kam es zu Beginn wieder zur Bildung von Evaporiten, den Sulfatgesteinen Anhydrit und Gips. Straßenschäden durch Volumenvergrößerung bei Feuchtigkeit treten immer wieder auf, z.B. an der A 81 zwischen Rottweil und Sulz. (Wutachgebiet). Evaporite und andere Tonmergel des Keupers sind deshalb auch ein gefürchteter Baugrund. In der Landschaft fällt welliges und rutschendes Gelände häufig auf (Dögginger Steige). Bis vor einiger Zeit baute man noch im Wutachgebiet (Posthalde, Wutachmühle) Gips ab. Die Keupergesteine führen zu tonigen Böden, häufig mit Staunässe (Donaueschinger Ried). Der marine obere Keuper leitet zu den ausschließlich marinen Ablagerungen des JURA über.

Jura der Westalb

Er beginnt mit dem *Schwarzen Jura* oder dem *Lias*. Blaugraue bis graue Tone und Mergel herrschen vor, denen sich einzelne Kalksteinbänke zwischenschalten. Da kaum künstlich angelegte Gruben und Steinbrüche vorhanden sind, ist man auf wenige natürliche Anrisse angewiesen. Bei Jurastratigraphen erfreuen sich Rutschungen und Abbrüche entlang Wutach und ihrer Nebenflüsschen (Aubächle bei Mundelfingen und Aselfingen, Schleifebächle bei Blumberg) größter Beliebtheit. Das tiefe Einschneiden der Wutach nach der Anzapfung erzeugt immer wieder steile nachstürzende offene Hänge. Rutschungen machen Straßen unpassierbar, und Ortschaften können oft nur auf großen Umwegen erreicht werden.

Der *Braune Jura* oder *Dogger* bekam seinen Namen aufgrund von Eisenverbindungen in einzelnen Schichten. Die Abfolge beginnt allerdings noch mit den schwarzgrauen, fast 100 m mächtigen rutschgefährdeten Tonen, dem Opalinuston (Schönberg, Wutachtal, Kadelburg). In Südbaden standen Eisenoolithe einige Zeit im Abbau (Schönberg, Kahlenberg). Bekannt sind die natürlichen Anrisse im Dogger des Eichbergs bei Aachdorf (Abb. 27).

Interessante Verhältnisse, besonders auch

27 Natürliche Anrisse und Abstürze in den z.T. tonigen Schichten des Doggers am Eichberg.

für die Landschaftsgestaltung, herrschten im *Weißen Jura* oder *Malm*, an dem der Regierungsbezirk im Osten nur einen verhältnismäßig kleinen Anteil hat. Im Malm überwiegen gebankte Kalk- und Mergelsteine (z.B. die Wohlgebankten Kalksteine des Malm beta). Die hellgelbe Farbe der Kalksteine führte zum berechtigten Namen Weißer Jura. Neben der geschichteten, sog. »Normalfazies« breiteten sich zunächst im Klettgau, Randen, dann auch in der Westalb schon im Unteren Malm massige Schwammriffe und untergeordnet Korallenriffe aus, die sog. »Riff-Fazies« oder ungeschichtete Massenkalk-Fazies. Diagenetische Vorgänge (= Gesteinsbildung aus den wasserhaltigen Ablagerungen) wandelten die Schwammriffe (im Schwäbischen »Schwammstotzen«) zu Dolomit (Kalzium-Magnesium-Karbonat) um. Die im Donautal östlich von Tuttlingen aus den Talwänden aufleuchtenden hellen Felsen nahmen diese Entwicklung. Viele von ihnen stehen unter Schutz, z.B. der »Stiegelesfels« (202), aber auch die Errichtung des Naturparks Obere Donau würdigt die Schönheit der felsenreichen Landschaft in und um das Donautal.

Der Albtrauf erreicht in der Westalb (Hohe Schwabenalb) mit 800 bis 1000 m ü. NN seine größte Höhe, der Zeugenberg Lemberg mißt sogar 1015 m. Der Weißjura Beta bildet dort die Stirn der Albhochfläche. Die geschichtete schwammfreie Normalfazies (z.T. bis in den Weißjura Zeta reichend) mit ihren Verebnungsflächen bildet die Schichtflächenalb. Nehmen die ehemaligen Schwammriffe neben der Normalfazies zu, erhält die Hochfläche einen flachkuppigen, welligen Charakter. Die Erosion hat heute wieder das alte submarine Relief mit den härteren Riffkalken und der weicheren Normalfazies herausmodelliert, so daß man von Kuppenalb spricht. Die Verkarstung ließ breite Trockentalwannen, Dolinen und Höhlen entstehen (s.u. »Flußgeschichte und Verkarstung«; vgl. Beitrag von WILMANNS, S. 84).

Eine weitere morphologische Ausgestaltung der Alb erzeugte die Abrasionsfläche des von

Süden anbrandenden Molassemeeres. Die Küstenlinie bildet manchmal in den Malmkalken einen auffälligen Geländeknick und wird als »Klifflinie« bezeichnet. Die durch Brandung aberodierten, eingeebneten Teile der Alb führen zurecht den Namen Flächenalb (bis in den Weißjura Zeta). Die heutige unterschiedliche Höhenlage der Klifflinie (bei Tuttlingen 850 m ü. NN) verdeutlicht die stärkere Kippung in der Westalb durch die junge Heraushebung des Südschwarzwaldes.

Wie eingangs erwähnt, bauen Trias und Jura die süddeutsche Schichtstufenlandschaft auf. Das im Schwäbischen und Fränkischen breit ausgedehnte Schichtstufenland weist bei uns durch besondere geologische Gegebenheiten spezielle Züge auf.

Die Bildung eines Schichtstufenlandes kann nur unter bestimmten Voraussetzungen vor sich gehen. Primär müssen die Gesteine (hier Trias und Jura) unterschiedlich gegen die Verwitterung beständig sein (abwechselnd weiche und harte Gesteine), weiter müssen sie geneigt oder gekippt sein, und Fließgewässer müssen zu ihrer morphologischen Gestaltung beitragen. Solche Voraussetzungen sind in Süddeutschland erfüllt. Im Wechsel von hart und weich spricht man von Stufen- und Flächenbildnern. Die Neigung braucht nur wenige Grad zu betragen. In Süddeutschland sind dies normalerweise drei bis fünf Grad Einfallswinkel nach Südosten. Bei der Ostabdachung des Südschwarzwaldes herrschen jedoch andere geologische Bedingungen vor. Die Schichten weisen dort einen viel stärkeren Neigungswinkel auf, der uns die gesamte Abfolge von Trias und Jura auf kurze Distanz (östlich von Neustadt bis Geisingen) präsentiert. Die stärkere Neigung der Schichtung kommt durch die gewaltige Hebung des Südschwarzwaldes im Zuge der Rheingrabentektonik zustande. Südschwarzwald und ebenso die Südvogesen sind durch eine starke Aufbeulung des Erdmantels (Manteldiapir) unter der Erdkruste hoch herausgehoben. Die Schichten auf der Ostabdachung des Südschwarzwaldes erfuhren daher eine stärkere Kippung als weiter nördlich auf der Ostabdachung von mittlerem Schwarzwald, Nordschwarzwald oder Odenwald. Der oftmals angegriffene Ausdruck Hochschwarzwald besteht also zurecht, da er auf extreme geologische Vorgänge im Untergrund zurückzuführen ist. Ein weiterer Grund für die schnelle Aufeinanderfolge von Trias- und Jura-Schichtstufen liegt auch in der häufig geringeren Mächtigkeit der Schichten im Südwesten als weiter im Osten und Nordosten. Dort (z.T. schon im Landkreis Rottweil) konnten aufgrund der flacheren Lagerung und mächtiger Schichtfolgen breite Flächen (siehe die Gäuflächen im Muschelkalk) entstehen.

Flußgeschichte und Verkarstung

Geologisch bedeutsame Ereignisse zur *Flußgeschichte* und *Verkarstung* lassen sich auf dem kurzen Abschnitt der Donau vom Zusammenfluß der Quellbäche Brigach und Breg bis vor Beuron erkennen.

Der Oberlauf der Donau zeigt zahlreiche Wiesenmäander, die man besonders schön vom Wartenberg aus sieht. Ihre Entstehung läßt sich aus der Aufschotterung und der damit verbundenen Reduzierung der Fließgeschwindigkeit erklären. Die östlich folgenden harten Kalksteine des Weißen Juras boten der fluvialen Erosion größeren Widerstand und führten im Hinterland zur Sedimentation der Flußfracht (Kiesgruben). Hoher Grundwasserstand und stauender Untergrund ließen dort auch Niedermoore entstehen (vgl. Beitrag von WILMANNS, S. 81). Abrupt ändert sich die Morphologie der Donautallandschaft beim Eintritt in die harten Weißjurakalke.

Geht man der flußgeschichtlichen Entwicklung der Donau nach, so stößt man auf Donauschotter pliozänen Alters (Jungtertiär), die sich am Südrand der Alb als sog. »Alte Donauschotter« in Relikten finden lassen. Die Heraushebung und Kippung Süddeutschlands zwang die Donau im Jungpliozän und Altpleistozän zum stärkeren Eintiefen. Teilweise »rutschte« die Donau an dem durch die Hebung stärker einfallenden Südrand der Alb ab oder sie schnitt sich allmählich (vom Jungpleistozän bis heute) aktiv in die harten Weißjura-Ablagerungen ein. Dadurch entstand zwischen Tuttlingen und Sigmaringen wohl einer der schönsten Talzüge Süddeutschlands. Die hell aus den bewaldeten Talhängen herausleuchtenden, vielfach dolomitisierten Schwammstotzen prägen diese canyonartige Flußlandschaft (Knopfmacherfels, »Stiegelesfels« (202)). Umlaufberge zeigen aufgrund des geringen Gefälles den Zwang zur natürlichen Laufverkürzung der Donau.

Der *Karst* im Weißen Jura der Schwäbischen Alb weist zwei Stockwerke auf. Das untere im Weißen Jura Beta ist vom oberen im Weißen Jura Delta bis Zeta durch die schwer durchlässigen Mergel des Weißen Jura Gamma getrennt.

Bekanntestes Beispiel für Verkarstung ist die Donau-Versickerung bei Immendingen-Fridingen. Die Verschluckung im Donaubett erfolgt in den Bankkalken des Weißen Jura in 652 m ü. NN. Das Wasser steigt durch den schwer durchlässigen Gamma-Mergel auf und tritt nach einem unterirdischen Lauf von zwölf Kilometer am Aachtopf in 475 m Höhe wieder aus. Der Aachtopf gilt mit maximal 10000 l/sek als schüttungsreichste Karstquelle Deutschlands.

Neben Flußversickerungen, Trockentälern und Dolinen kennzeichnen Höhlen (Kolbinger Höhle) das Karstgebirge der Schwäbischen Alb.

Randen und Klettgau

Südwestlich des Bergzugs »Länge« zwischen Donau- und Aitrachtal setzt sich der Untere und Mittlere Weißjura fort. Als auffällige Kante zieht die Weißjura Beta-Stufe weiter nach Südwesten und begrenzt das Wutachtal. Die Landschaft, die zum großen Teil in den Kanton Schaffhausen fällt, trägt die Bezeichnung *Randen*. Während man bei der Alb vom Albtrauf spricht, bezeichnet man im alemannischen Sprachbereich die Weißjura-Stufe als »Randen«. Die Berge des Randen-Plateaus tragen häufig in ihrem Namen die Bezeichnung Randen. Der Hohe Randen erreicht immerhin 924 m ü. NN, Schloß Randen und Langer Randen um die 900 m und der Siblinger Randen rund 800 m.

Der Weiße Jura unterscheidet sich nicht von der zuvor besprochenen Ausbildung der Westalb. Sein Ende findet der Randen an der breiten »Klettgau Rinne«, eine im jüngeren Würmglazial verlassene Schmelzwasserrinne des damaligen Rheins. Südlich der Klettgau Rinne setzt der Weißjura wieder ein. In der als »Kleiner Randen« bezeichneten Landschaft fällt der Sporn des »Küssaberges« (222) mit der Küssaburg besonders auf. Mit den verkarsteten Weißjura- Kalksteinen (unter Halbtrockenrasen) findet hier die Weißjura-Schichtstufe ihr Ende. Von der Küssaburg schweift der Blick von der Schwäbischen Alb über das Schichtstufenland, den Randen, den Klettgau bis weit in die Schweiz hinein.

Westlich davon folgen rasch der Dogger und Lias (sog. »Donau-Rhein-Zug«), und an der Wutachmündung steht wieder der Muschelkalk an. Nach Südosten tauchen die Juraschichten ab, und es legen sich Molassebildungen (= tertiäre Schuttsedimente aus den Alpen, s. u.) auf. Untere Süßwassermolasse, Obere Meeresmolasse mit der Juranagelfluh (s. u.) und vereinzelt obere Süßwassermolasse bedecken die Südostabdachung. Daran schließt sich das Rafzer Feld an, eine würmeiszeitliche Schotterebene mit Rheinterrassen, in der das Naturschutzgebiet »Nacker Mühle« (224) liegt. Dort wird in zahlreichen Gruben Kies gewonnen.

Hegau und Bodensee

Der *Hegau*, im Südwesten durch den Randen begrenzt, bildet nach Osten mit dem westlichen Bodensee eine Einheit.

Der Weiße Jura, insgesamt 400 m mächtig, liegt in der Schwäbischen Ausbildung vor. Er reicht, wie auf der Schwäbischen Alb, vom Weißjura alpha bis zeta.

Überlagert wird er von Molassen, die im Laufe des Tertiärs (Oberes Oligozän bis Obermiozän) im Vorland des sich bildenden Alpengebirges in einer sog. »Vor- oder Saumtiefe« abgelagert wurden. In diesem sich einsenkenden Raum längs der gesamten Alpen sedimentierten z. T. wenig verfestigte Sande, Konglomerate und Mergel. Das Zentrum des Beckens mit seiner größten Tiefe lag nahe am Alpenrand, im Hegau treffen wir eine randliche Ausbildung an. Zweimal wurden Meeresüberflutungen durch Süßwasserbildungen abgelöst. Über Unterer Meeresmolasse (UMM), folgt die

28 Ehemaliger Steinbruch am Höwenegg. Über den Basalt, z.T. säulig ausgebildet, legt sich vulkanischer Tuff.

Untere Süßwassermolasse (USM), darauf die Obere Meeresmolasse (OMM), darüber die Obere Süßwassesrmolasse (OSM).

In der USM kam als nördliche Randfazies der Ablagerungen die »Ältere Juranagelfluh« zum Absatz, ein grobes, gut gerundetes Konglomerat, das überwiegend aus Weißjura-Geröllen besteht. In der OMM vertritt der sog. »Randengrobkalk« die Randfazies. Er fand als Werkstein Verwendung und besteht aus Steinkernen und Schalen von Schnecken und Muscheln.

Der *Albstein,* ein weißer bis roter Krusten- oder Knollenkalk verdankt seine Entstehung dem damaligen Wüstenklima, als er aus verdunstendem Porenwasser ausgeschieden wurde. Nähert man sich dem Einsenkungsgebiet, stößt man auf die bis 200 m mächtige Beckenfazies, gelbe bis graugrüne Sandsteine, die Heidenlöcher-Schichten. Beiderseits des Überlinger Sees bilden sie hohe Steilwände.

In der Zeit der OSM transportierten Fließgewässer in mehreren Rinnen, die in die Albsteinfläche eingeschnitten waren, Gerölle in die Graupensandrinne. Wenn sich die Geröllzusammensetzung der einzelnen Rinnen auch unterscheidet, überwiegen doch jeweils Gerölle aus Kalkstein (Muschelkalk, Lias, Dogger und Malm). Die Konglomerat-Schichten werden als »Jüngere Juranagelfluh« bezeichnet; sie erreicht z.B. im NW am Hohenstoffeln 400 m Mächtigkeit und überschüttete später große Flächen, nimmt aber nach Südosten ab. Die Juranagelfluh ist für die Oberflächengeologie aufgrund ihrer großen Verbreitung von Bedeutung. An die »Randfazies« schließen sich im Becken die Haldenhofmergel, Glimmersande und die Steinbalmensande an. Am Schiener Berg folgt eine bis 40 m mächtige Schichtfolge aus Mergellagen, Tuff, Grobsand und Konglomerat, die sog. »*Öhninger Schichten*«. Sie sind durch Funde von Blattresten und anderen Versteinerungen in den Öhninger Kalken der ehemaligen Steinbrüche bekannt. In den sehr feinkörnigen Mergeln und

Kalksteinen, in einem Maarsee abgelagert, fand man über 800 Insekten- und 2000 Pflanzenarten. Dazu kommen Skelette von Riesensalamandern, die zunächst (1726) für einen »in der Sintflut umgekommenen Menschen« gehalten wurden.

In das Obermiozän fällt der Beginn der vulkanischen Tätigkeit im Hegau, die acht Millionen Jahre anhalten sollte (bis ins Pliozän, d.h. 15–17 Millionen Jahre vor heute). Schlote und Krater warfen zunächst vulkanische Lockerprodukte in Form von Tuffen und Tuffbrekzien aus. Die gewaltigen Fördermengen, die 30 km³ erreichten, überzogen wie eine Decke das Land und wurden daher »Deckentuffe« genannt. Diese Deckentuffe waren das bedeutendste vulkanische Ereignis im Hegau und sind heute nach Abtragung z.T. noch 100 m mächtig.

Sinterkalke (»Travertine«) stehen wahrscheinlich mit dem Deckentuff-Vulkanismus in Verbindung. Der rötliche Riedöschinger Travertin wurde als eine »fossile Geysir-Ablagerung« im nördlichen Hegau bezeichnet.

Die höchsten Kegelberge des Hegaus entstanden nach den Deckentuff-Eruptionen und waren vor 12–8,5 Millionen Jahren aktiv. Wartenberg, »Höwenegg« (195), »Hohenhewen« (89), »Hohenstoffeln« (91), und Neuhewen sind basaltgefüllte Schlote und stehen für die oftmals sog. »Basaltreihe« (westliche Reihe). Früher als »Basalt« bezeichnet, werden sie heute aufgrund des Mineralbestandes »Olivin-Nephelinite« genannt. Die säulige Absonderung der Ergußgesteine machte sie für die Hartsteinindustrie interessant. Heute stehen die meisten Vorkommen unter Schutz.

Zeitlich nach den Olivin-Nepheliniten kam es zur Förderung von Hornblendetuff in dem 1 km Durchmesser aufweisenden Krater südöstlich des Höwenegg (Abb. 28).

In die jüngste vulkanische Phase (vor 9,5–7 Millionen Jahren) werden die Phonolithe gestellt. Der dunkelgraue Phonolith tritt am »Hohenkrähen« (90), »Hohentwiel« (92), »Mägdeberg« (97), Staufen und Gönnersbohl auf (östliche oder Phonolithreihe). Die Phonolithe drangen wahrscheinlich in die Deckentuffe und Sedimente (Molasse) ein und erstarrten unter dieser Überdeckung. Die für den Hegau so charakteristischen (Basalt- und Phonolith-)Kegelberge präparierte die Erosion heraus. Die morphologisch heraustretenden schlanken Berge zeigen nur die harte Schlotfüllung der Vulkanruinen, die meist noch an ihrem Fuß von einem Tuffmantel umgeben sind. Häufig wurde der Tuffmantel an der Südostseite der Phonolithschlote vom Eis erodiert. Bestes Beispiel hierfür ist der Hohentwiel, an dessen Nordseite ein dicker Tuffmantel die Schlotfüllung umgibt, während die Südostseite steil abfällt.

Die ursprüngliche Oberfläche soll eventuell nur auf einem Niveau von 900 m ü. NN gelegen haben, d.h. rund 100 m höher als der heutige Gipfelbereich. Daraus folgt eine unwesentliche Abtragung seit der vulkanischen Tätigkeit.

Herzynisch streichende Störungszonen durchziehen den Hegau und verbinden Bodenseeverwerfungen mit der Bonndorfer Grabenzone.

Aus dem *Quartär* müssen die rißeiszeitlichen Grundmoränen und die weit verbreiteten Ablagerungen der Würmeiszeit erwähnt werden. Grundmoräne, Endmoränen und von Schmelzwasser abgelagerte Kiesfelder dienen als Grundwasserspeicher und Kieslagerstätten.

Der Rheingletscher reichte während des Maximalstandes der Würmeiszeit bis auf die Jurahochflächen. Beim Abschmelzen des Eises, das in zahlreichen Phasen vor sich ging (neun Eisstände sind bekannt) flossen die Schmelzwässer zwischen Gletscher und Jurahöhen als Ströme am Eisrand nach Südwesten zum Hochrhein. Im tiefergelegenen Hegau- und Bodenseebecken bahnten sich die fluvioglazialen Wässer in vielen kleinen und großen Schmelzwasserrinnen ihren Weg. In verlandenden Becken der Eisstauseen und des Bodensees kam es zum Absatz von mächtigen Bänder- bzw. Beckentonen, die wieder von Kiesen zugeschottert wurden. Toteislöcher und aufgestautes Wasser durch die Bändertone unter den Kiesfeldern führten zu Feuchtgebieten (vgl. Beitrag von WILMANNS, S. 93).

Zur morphologischen Gestaltung der heutigen Landschaft trug schon ein nach Norden, bzw. nach Nordosten gerichtetes Gewässernetz (Aare-Donau, Alpenrhein) im Mittelpliozän bei, welches das Gebiet großflächig entwässerte.

Im oberen Pliozän bahnte sich die Aare ihren Weg durch das Hochrheingebiet.

Westlich des 60 km langen Obersees trennt sich der Bodensee in zwei Becken, den Überlinger See und den durch Bodanrück, Schiener Berg und Reichenau getrennten Untersee mit Gnadensee und Zellersee. Im Untersee sind die Seekreide-Sedimente erwähnenswert, die durch Aufarbeitung von pflanzlichen Inkrustationen und von Onkoiden (»Schneggli«) entstanden sind.

Fluviale und glaziale Erosion sind für die Gestaltung des Bodensees verantwortlich.

Im westlichen Bodensee und am Schienerberg wirkte kräftige fluviale Erosion, die durch die Umlenkung des Alpenrheins verstärkt wurde. Zusammenfluß von Alpenrhein und Hochrhein vergrößerte die Wasserführung erheblich und intensivierte die Erosion. Die fluvialen Erosionsrinnen wurden später durch den Rheingletscher verbreitert und vertieft, was zu den steilen Hängen des Bosenseebeckens führte. Nordweststreichende Verwerfungen im westlichen Bodensee und im Hegau lassen zudem eine tektonische Anlage des Überlinger Sees vermuten.

Dem Leser dürfte trotz der gerafften, sehr kurzen Darstellung der eingangs erwähnte Satz von der Überbrückung von vielen hundert Millionen Jahren auf eine relativ kurze Distanz klar geworden sein.

Im Regierungsbezirk Freiburg läßt sich die Erdgeschichte vom Präkambrium über die verschiedenen Erdzeitalter bis in die heutige Zeit fast lückenlos verfolgen. Intensive erdinnere, tektonische und vulkanische Aktivitäten der Erdkruste spielten sich in unserem Bereich ab; vom Einbruch eines großen kontinentalen Grabens über gewaltige Absenkungen und Heraushebungen des Schwarzwaldes bis zu den unterschiedlichsten vulkanischen Aktivitäten im Kaiserstuhl und im Hegau.

Die zahllosen Ausbildungsformen der Gesteine führten unter den verschiedensten Klimabedingungen, vor allem während der Kalt- und Warmzeiten im Quartär zu einer Vielfalt von Lebensräumen. Standortseigenschaften in Abhängigkeiten vom Gesteinsuntergrund aufzuzeigen, war das Anliegen dieses Kapitels.

Die Naturräume und ihre Vegetation

von Otti Wilmanns

Allgemeines

Der Regierungsbezirk Freiburg umfaßt ganz oder teilweise neun sogenannte naturräumliche Haupteinheiten, die ihrerseits in nicht weniger als 26 Untereinheiten zu gliedern sind. Als naturräumliche Einheit werden Landstriche bezeichnet, die man nach ihrer natürlichen Ausstattung, d.h. nach Gestein, Geländegestalt, Boden und Klima, als größere (und dann in sich noch heterogene) oder kleinere Einheiten zu betrachten pflegt. Wo sie sich markant vom Nachbargebiet absetzen, tragen sie seit jeher eigene Namen, etwa Kaiserstuhl, Hegau, Baar; andere werden mit offensichtlichen geographischen Kunstnamen bezeichnet, wie Alb-Wutach-Gebiet, Bodenseebecken, Hegaualb (s. Karte der Naturräume auf dem vorderen Vorsatz). Ihre natürliche Ausstattung bedingt, daß sie – früher weit stärker als heute – für bestimmte Nutzungen, etwa Weinbau, Spargelkulturen, Wiesen oder Weiden, Laub- oder Mischwald, besonders geeignet oder auch ungeeignet sind; denn wenn auch einerseits die land- und forstwirtschaftlichen Möglichkeiten der jüngsten Zeit (z.B. anorganische Düngung, Be- und Entwässerung) und andererseits die internationalen Handelssituationen inzwischen die Wahl der Kulturen wesentlich bestimmen, so setzen doch die natürlichen Gegebenheiten Grenzen, die nicht dauerhaft überschritten werden können. Über die Ausstattung mit wirtschaftsbedingten Pflanzen und Pflanzengesellschaften hinaus sind vor allem die ursprünglichen Lebensgemeinschaften der naturräumlichen Einheiten ganz verschieden: Moore und Röhrichte, Schutthalden und Felsfluren, Bruch-, Auen- und Trockenwälder und die ursprünglich vorherrschenden Wälder der »normalen« sowie der »mittleren« Standorte. Dies zeigt sich auch deutlich in der Verteilung der Schutzgebiete nach Zahl, Größe und Beschaffenheit (vgl. Beitrag von MEINEKE und SEITZ).

Wenn im folgenden Pflanzenarten und Gemeinschaften bestimmter Pflanzenarten (Pflanzengesellschaften s.u.) im Vordergrund stehen, so hat dies gute Gründe: Sie spiegeln die Summe der Faktoren am deutlichsten wider, denn sie können als Individuen sich nicht – wie die meisten Tiere – anpassen, indem sie ihren »Standort« wechseln. Weiter sind sie unmittelbar und oft in ihrer Gesamtheit erfaßbar, wogegen von den beweglichen und oft verborgen lebenden Tieren nur wenige Gruppen, am ehesten Vögel, verhältnismäßig leicht und rasch erkennbar sind und viele Gruppen überhaupt dem Spezialisten vorbehalten bleiben müssen. Und schließlich ist entscheidend wichtig: Pflanzen bestimmen ihrerseits die für Tiere lebensnotwendigen Gegebenheiten, die Requisiten – Nahrung und Struktur des Lebensraums. Oft, wenn nicht meistens werden dabei mehrere Kleinlebensräume, wie sie die einzelnen Pflanzengesellschaften bieten, benötigt. Diese müssen, da ja auch die Beweglichkeit der Tiere nicht unbegrenzt ist, in gewisser Nähe zueinander, am besten benachbart liegen. Nur dann können tages- und jahreszeitliche Wanderungen durchgestanden werden, wie sie etwa manche Spinnen zwischen Wald, vorgelagertem Strauchmantel, Hochstaudensaum und freiem Trespenrasen ausführen (D. HEUBLEIN 1982) oder wie es für die Erdkröten jedem Autofahrer geläufig ist. Eines der sprechendsten Beispiele bietet der selten gewordene Hochmoor-Gelbling, ein Schmetterling, dessen Raupen streng auf die Blättchen der Rauschbeere als Nahrung spezialisiert sind. Der Falter aber würde in deren Hochmoorgesellschaften, die arm an Blumen sind, verhungern; er ist auf »bunte« Niedermoore, Magerrasen oder extensiv genutzte Wiesen in der nahen Umgebung angewiesen.

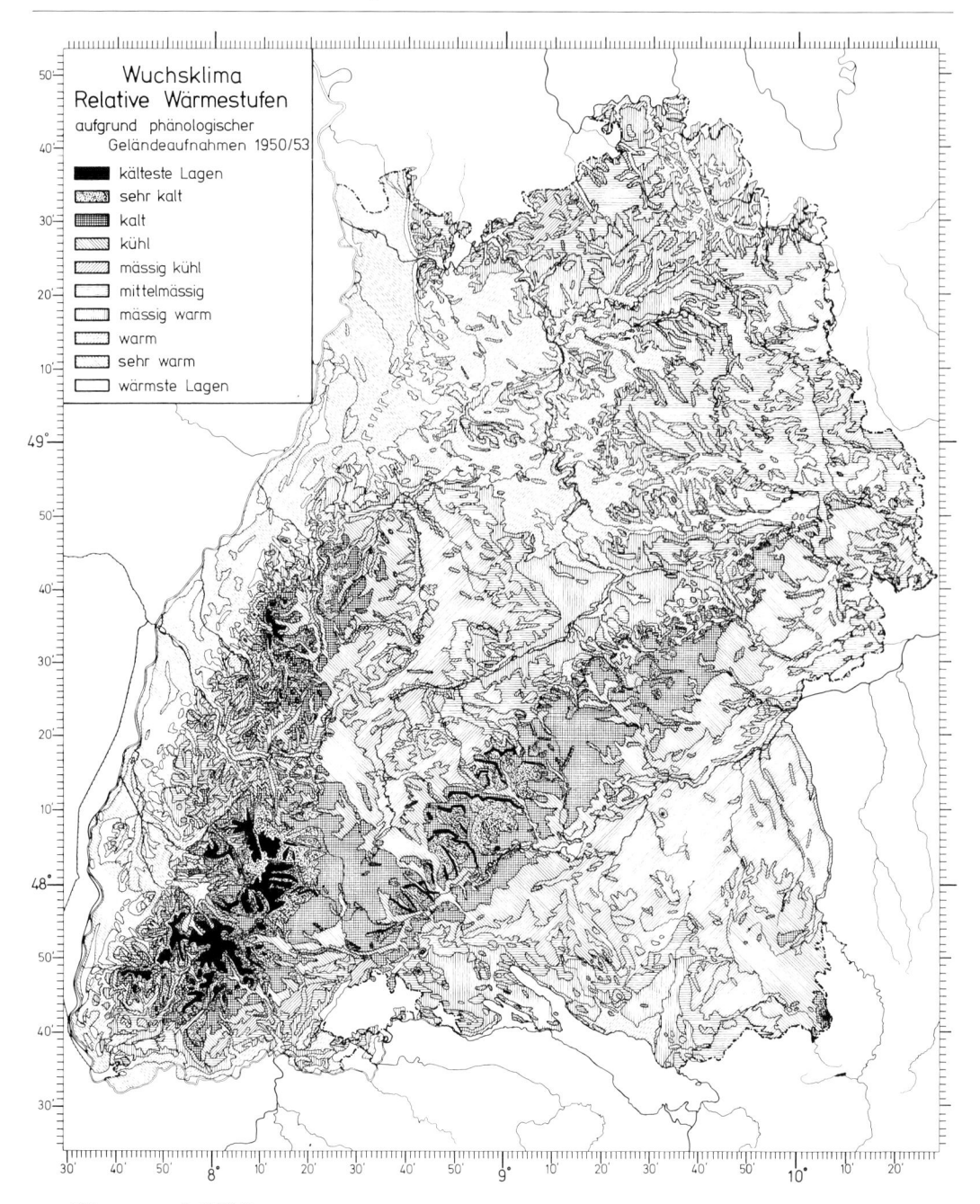

**Wuchsklima
Relative Wärmestufen**
aufgrund phänologischer
Geländeaufnahmen 1950/53

- kälteste Lagen
- sehr kalt
- kalt
- kühl
- mässig kühl
- mittelmässig
- mässig warm
- warm
- sehr warm
- wärmste Lagen

aus: HÖLZINGER, J. (1981)

Dies zeigt, daß der Naturschutz sein Bemühen nicht nur auf den einzelnen Bestand – und sei er botanisch noch so wertvoll – richten kann, sondern daß seine Aufmerksamkeit dem gesetzmäßigen Muster von Beständen gelten muß, d.h. dem als Mosaik oder zoniert angeordneten sogenannten Gesellschaftskomplex. Oft ist dies selbstverständlich: z.B. bei Mooren mit ihren Bulten und Schlenken oder bei Felsen und Mauern mit ihren Spalten, Bändern und Kronen, in anderen Fällen ermöglichen nur »heterogene« und damit mannigfal-

Allgemeines 51

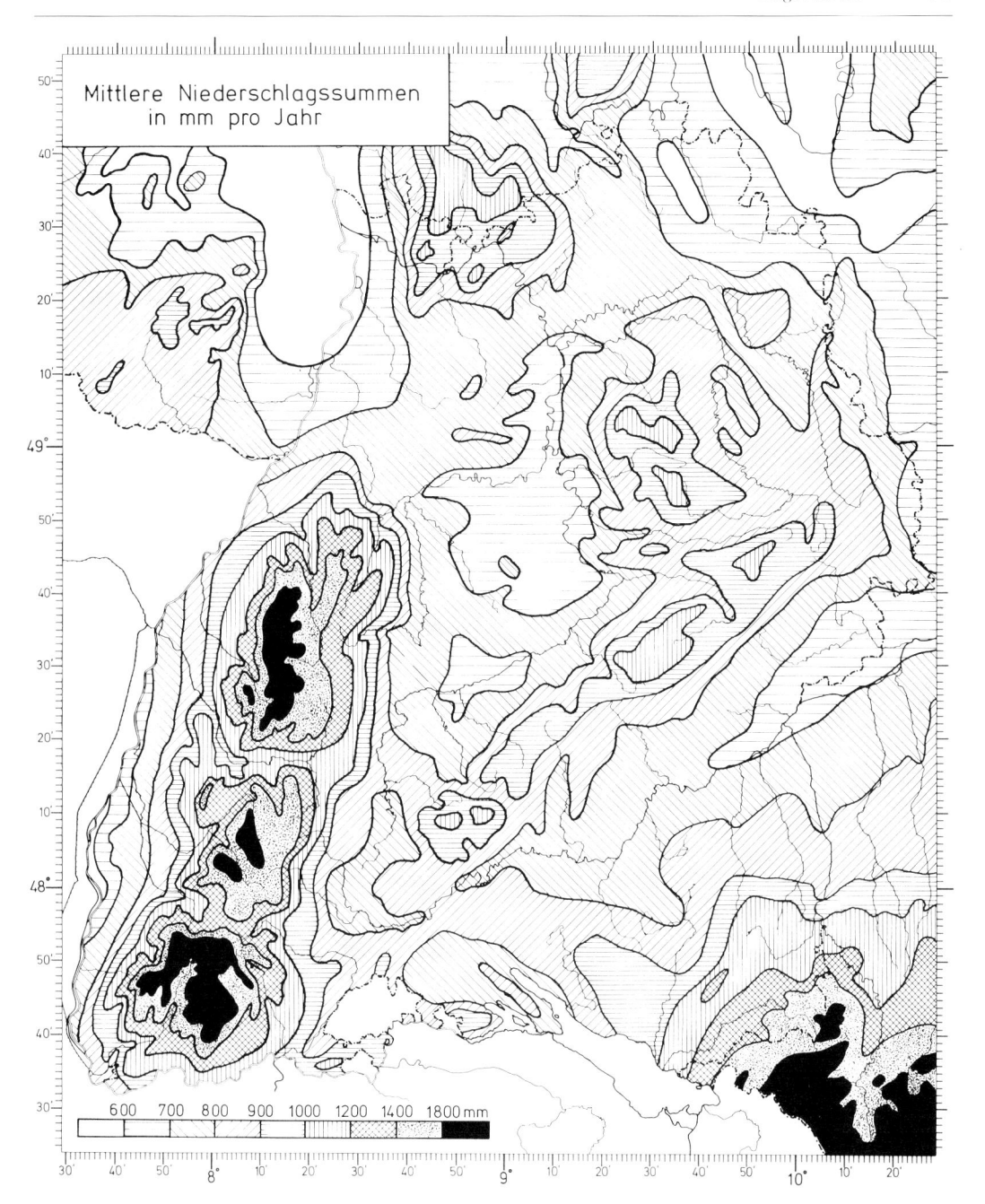

Mittlere Niederschlagssummen in mm pro Jahr

600 700 800 900 1000 1200 1400 1800 mm

aus: HÖLZINGER, J. (1981)

tige und ausreichend große Schutzgebiete das Überleben z.B. des Hochmoor-Gelblings oder revierbildender Standvögel, z.B. des Haselhuhns. Solche Vegetationskomplexe gilt es von seiten der pflanzensoziologischen Botanik zu erfassen und so für Zoologie und Naturschutz wertvolle Daten aufzubereiten (z.B. SCHWABE-BRAUN 1980, WEIDEMANN 1995). Ein letzter Grund für die »Dominanz« der Botanik muß noch bedacht werden: Man kann die Tausende von Arten an Kleintieren, die von uns meist gar nicht in der Kürze der Zeit auffindbar sind, die unzähligen Pilzarten und Mikroorganismen nur erhalten, wenn ein genügend breites Spektrum an Pflanzengesellschaften erhalten bleibt, denn dieses stellt ein eben solches an Kleinlebensräumen dar. Dazu gehören keineswegs nur gut definierbare und pflanzensoziologisch klar beschriebene Bestände, sondern auch die vielen Übergangsstadien und durch Bewirtschaftung verschieden strukturierte Bestände, etwa Sukzessionsflächen von Extensivweiden. Eine Zusammenarbeit von Botanikern und Zoologen und Verständnis für die jeweilige Sichtweise des Kollegen, wie es im Naturschutz schon häufig praktiziert wird, ist in der Tat wesentlich und kommt auch in den Gebietsbeschreibungen zum Ausdruck.

Eine gute Grundlage für die Verständigung und ein gutes, weil ökologisch aussagekräftiges Bezugssystem ist das System der Pflanzengesellschaften. Wie pflanzliche und tierische Individuen nach ihrer genetischen Verwandtschaft zu Arten zusammengefaßt werden können, diese zu Gattungen, diese zu Familien u.s.w., so gilt dies auch für einander ähnliche Pflanzenbestände, die eine sich wiederholende Zusammensetzung aus Pflanzenarten besitzen und daher ähnliche Standorte besiedeln: Sie werden als Pflanzengesellschaften bezeichnet und lassen sich aufgrund gleicher »Merkmale« klassifizieren, die nicht in der Genetik, sondern im Aufbau aus bestimmten Arten liegen. Dabei spielen sehr feine Unterschiede des Standorts (d.h. der Gesamtheit der Umweltfaktoren), der Bewirtschaftung und der Geschichte eine Rolle. Wir benutzen in diesem Buch oft eine etwa der Gattung entsprechende Einheit der Pflanzengesellschaften, nämlich die Assoziation, die also eine ziemlich große standörtliche Spanne hat und in der Wissenschaft wie in der Praxis der Landwirtschaft, der Forstwirtschaft und des Naturschutzes noch viel feiner unterteilt werden muß. Viele dieser Namen sind recht geläufig; sie sind meist aus den Namen von zwei bezeichnenden Arten und mit der Endung -etum gebildet, wobei die zweite eine vorherrschende und den Lebensraum auch für Tiere prägende Pflanzenart zu sein pflegt. Genauere Information findet man in den Lehrbüchern der Vegetationskunde oder Pflanzensoziologie von ELLENBERG (1997) und WILMANNS (1998). Die Namen der Pflanzen und Pflanzengesellschaften folgen OBERDORFER (1994).

Oft wird im folgenden auf Boden und Landschaftsgestalt Bezug genommen; diese wiederum sind nur aus der Erdgeschichte zu verstehen; daher möchten wir auf deren vertiefte Darstellung im Beitrag »Geologische Entwicklungsgeschichte« von GENSER (Seiten 17 bis 48 verweisen).

LITERATUR

ELLENBERG, H. (1996): Vegetation Mitteleuropas und der Alpen. – 5. Aufl., S. Ulmer, Stuttgart.
HEUBLEIN, D. (1982): Die epigäische Spinnenfauna eines Wald-Wiesen-Ökotons. Untersuchungen zum Randeffekt (Edge Effect). -Inaugural-Dissertation, Freiburg i. Br.
MÜLLER, S. et al. (1967): Süddeutsche Waldböden im Farbbild. – Schriftenr. Landesforstverwaltung B.-W. 23. 250 S. Stuttgart.
OBERDORFER, E. (1994): Pflanzensoziologische Exkursionsflora. – 7. Aufl. 1050 S. Ulmer, Stuttgart.
SCHWABE-BRAUN, A. (1980): Eine pflanzensoziologische Modelluntersuchung als Grundlage für Naturschutz und Planung: Weidfeldvegetation im Schwarzwald, – Urbs et Regio 18, 212 S. Kassel.
WEIDEMANN, H.J. (1995): Tagfalter. – 2. Aufl. 659 S. Naturbuch Verlag, Augsburg.
WILMANNS, O. (1988): Zur Nutzung pflanzensoziologischer Daten bei zoozönologischen Untersuchungen. – Mitt. bad. Landesver. Naturkd. u. Naturschutz N. F. 14: 547–556.
WILMANNS, O. (1998): Ökologische Pflanzensoziologie, – 6. Aufl. 405 S., Quelle & Meyer, Heidelberg, Wiesbaden.

Einige Klimadaten

Hierzu geben die Wärmestufen- und Niederschlagskarte Auskunft. Wie bei der Geologie ist freilich zu bedenken, daß solche Karten nur die große Gesamtsituation wiedergeben können, daß wesentliche Differenzierungen (wie Expositionsunterschiede, Tal- und Hangklimate) und erst recht die vegetationsbedingenden und -bedingten Mikroklimate das Bild mannigfach modifizieren. Deutlicher stellt sich dies schon in der Wärmestufenkarte (S. 50) dar, die aufgrund der phänologischen Entwicklung vieler Kultur- und Wildpflanzen entworfen worden ist. Während die Temperaturen im großen und ganzen den Höhenlagen entsprechen, vom Weinbauklima der Tieflagen bis zum subalpin getönten der Hochschwarzwaldgipfel, ist die Niederschlagsverteilung asymmetrisch (Niederschlagskarte, S. 51): Die Niederschlagbringenden westlichen Luftmassen haben sich bei ihrem ersten Anstieg vom Atlantik her, am Vogesenkamm, bereits teilweise abgerechnet; beim Abstieg in die Oberrheinebene erwärmen sie sich, die relative Luftfeuchte und damit die Regenwahrscheinlichkeit sinken: Breisach hat mit rund 600 mm Jahresniederschlag nur wenig mehr als die westlichere Colmarer Trockeninsel, wo er unter 500 mm sinken kann. Der Stau am Schwarzwaldrand führt erneut zum Aufstieg, zur Wolkenbildung und einem starken Niederschlagsgradienten: rund 1900 mm am Feldberg. Entsprechendes wiederholt sich beim Absinken der Luft über den östlichen Schwarzwald hinunter in die Baar-Mulde mit ihren »sibirischen« Wintern und beim erneuten Anstieg zum Trauf der Schwäbischen Alb.

LITERATUR

HÖLZINGER, J. (1981): Die Vögel Baden-Württemberg. Band 4 (Folienkarten); Stuttgart.

Markgräfler und Offenburger Rheinebene

Es gibt wenige Großlandschaften im außeralpinen Mitteleuropa, in denen ökologisch derart verschiedene Lebensgemeinschaften vorkommen wie im Oberrheingraben zwischen Basel und Mainz, einer Talung von rund 300 km Länge und bis zu 40 km Breite, mit warmtrockenem Klima (Jahresmitteltemperatur 9° bis 10°C, Niederschlagsmittel zwischen 600 und 800 mm). Dies gilt auch für den zum Regierungsbezirk Freiburg gehörenden rechtsrheinischen Südteil zwischen Weil und Rheinau (nördl. Kehl). (Es gilt auch, wenn man die in der offziellen naturräumlichen Gliederung einbezogene Vorbergzone mit dem Kaiserstuhl ausschließt, wie wir es hier tun.) Und doch gehören diese Einzellandschaften nach ihrer Entstehung zusammen, denn Geländegestalt und Ausgangsmaterial der Böden sind direkt oder indirekt durch die Tätigkeit des Rheins entstanden. Seit Menschengedenken bereitet der Strom sowohl Chancen als auch Probleme; seit eineinhalb Jahrhunderten und sicher auch in Zukunft trägt der Mensch entscheidend und aktiv dazu bei. Daher ist die Vegetation mit ihrer Tierwelt als Ausdruck der Standortsbedingungen hier besonders schwer zu verstehen und man muß recht weit ausholen; dies geschieht auf S. 57.

Das heutige Bild

Der südliche Teil zwischen Weil und Breisach besteht aus zwei verschieden gearteten Längsstreifen: im Westen unmittelbar an den Rhein anstoßend die Niederung als ehemalige Aue, östlich anschließend die Niederterrasse, die mit einem mehrere Meter hohen Steilabfall beginnt, dem Hochgestade, das besonders in der Neuenburger Gegend auffällt. In der heute ausgetrockneten, also gleichsam »fossilen« Aue, die auch als Altaue bezeichnet wird, hat sich innerhalb der letzten gut 100 Jahre eine reiche, interessssante Trockenvegetation entwickelt – nicht ohne Raubbau; denn an Stelle der heutigen Trockenrasen, Trockengebüsche, Reste alter Auen-Baumarten, Kiefernforsten, Kiesgruben-Pioniergesellschaften und der Dammvegetation könnten auch Stieleichen-Winterlinden-Trockenwälder mit einzelnen Flaum-Eichen hier stocken (16, 27, 29, 125, 128, 137). Die Niederterrasse dagegen wurde immer als Acker- oder Grünland genutzt und ist gegenwärtig bis hinüber zur Vorbergzone des Schwarzwaldes eine ziemlich ausgeräumte, von Maisfeldern bestimmte Ackerlandschaft.

Östlich von Tuniberg und Kaiserstuhl springt der Schwarzwald zurück und flankiert die Freiburger Bucht. In ihr ragt zwischen grundwasserbeeinflußten Wäldern eine kleine, lößbedeckte Scholle mit »buntem« Bauernwald, das Naturschutzgebiet »Honigbuck« (56), empor. In diesem Gebiet (Freiburger Bucht) haben Dreisam und Elz, die im Schwarzwald noch weit stärkeres Gefälle und damit tüchtige Transportkraft hatten und ha-

1 Blick in einen verlichteten, feuchten Eichen-Hainbuchenwald im Mooswald bei Vörstetten. Eine dichte Decke der Seegras-Segge (*Carex brizoides*) ist für solche Standorte bezeichnend; man hat die Blätter früher gemäht und daraus Seile und Matratzenfüllungen hergestellt. Einzelne kräftige Stämme, hier der Stiel-Eiche, zwischen vielen jüngeren, lassen noch die ehemalige Mittelwaldnutzung erkennen.

ben, Schotter und Sand abgesetzt. Der Grundwasserstand in diesen Schwemmkegeln war hoch und ist es gelegentlich noch, weil der Kaiserstuhl den unterirdisch nach Nordwesten ziehenden Grundwasserstrom staut. Das Gelände trägt, wo die Pflanzendecke nicht verändert wird, Erlen-Eschenwälder mit Traubenkirsche (Pruno-Fraxinetum mit *Prunus padus*) im Wechsel mit grundfrischen Eichen-Hainbuchenwäldern (Stellario-Carpinetum) (Abb. 1) und an sumpfig-staunassen Stellen selten gewordene Erlenbruchwälder (Carici-Alnetum); eines der hervorragenden Beispiele dafür ist das Naturschutzgebiet »Gaisenmoos« (55). Dieses Gebiet war schon immer weit weniger siedlungsfreundlich als die Umgebung ohne Grundwassereinfluß; so wurden denn die alemannischen Orte auf »-ingen« nur auf trockenem Grund im Umfeld dieses Mooswaldes (was Sumpf- oder Moorwald bedeutet) gegründet. Heute verwischen sich diese Unterschiede, doch sind sie durchaus noch erkennbar.

Ähnlich ist die Situation weiter nördlich im östlichen Teil der Offenburger Rheinebene; hier zieht sich vor der Vorbergzone eine Randsenke entlang, in welcher der Rhein weniger stark aufgeschottert hat und wo die Unterläufe von Elz, Schutter, Kinzig, Rench und nördlicheren Nebenflüssen z.T. bis heute hohe Grundwasserstände bewirken. Die halbkugeligen Gebüsche von Asch-Weiden (*Salix cinerea*) lassen es schon vom Zug und von der Autobahn aus erkennen. Die ehemals ausgedehnten Wiesen sind großflächig Äckern gewichen. Umso höher ist das große Naturschutzgebiet »Elzwiesen« (39) einzuschätzen, in dem die früher weit verbreitete sommerliche Bewässerung heute noch durchgeführt wird und ein Wiesenvogel-Schutzgebiet entstanden ist; es kommt nicht nur der größten erhaltenen Brachvogel-Population des Oberrheinlandes zugute, sondern auch Kiebitz und anderen Wiesenbrütern sowie als Jagdgebiet z.B. Greifvögeln und Schleiereule. Hier werden die Wiesen nicht mehr zu Ackerland umgebrochen, was eine naturschutzfachlich gezielte Bewirtschaftung möglich macht.

Die jüngste Karte der Schutzgebiete des Landes Baden-Württemberg schließlich zeigt eine Häufung von Naturschutzgebieten im westlichen Streifen der Offenburger Rheinebene, d.h. der Rheinaue etwa ab Weisweil (s. Landkreise Emmendingen und Ortenaukreis). Diese »lebt« noch und hat weithin naturnahe Vegetation; schon deshalb haben ihre Schutzgebiete (49, 139, 143, 147, 148, 149, 155) hohe Bedeutung als Modelle für Renaturierungsvorhaben (s.u.). (Das rheinnahe Gebiet zwischen Weisweil und Breisach bildet eine Übergangszone zur »fossilen« Aue). Hier finden noch gelegentlich ungelenkte Überflutungen statt, eben Charakteristikum von Flußauen als dem Gelände zwischen dem Flußbett und der absoluten Überschwemmungsgrenze. So gibt es noch Stellen mit einer geradezu lehrbuchmäßigen Abfolge von Pflanzengesellschaften in Abhängigkeit vom Spiegel des strömenden Grundwassers: Wasserpflanzengesellschaften, die ihrerseits wieder äußerst differenziert sind – ufernahes Röhricht, oft mit verschiedenen Großseggenrieden –, dann etwa 20–80 cm über dem Mittleren Hochwasserspiegel Weichholzauenwald (Salicetum albae) mit vorherrschender Silber-Weide (*Salix alba*) und als höchste eigentliche Auenwaldstufe ein Hartholzauenwald (Querco-Ulmetum) mit Stiel-Eiche (*Quercus robur*), Esche (*Fraxinus excelsior*) und Feld- und Flatter-Ulme (*Ulmus campestris* und *U. effusa*). Ältere Individuen der Feld-Ulme gibt es freilich derzeit nicht mehr, weil sie dem Ulmen-Sterben, einer durch einen parasitischen Pilz hervorgerufenen Welke-Krankheit, zum Opfer gefallen sind. Solche Auenwälder in ihrer alten Ausbildung, in guter Qualität also, sind in der baden-württembergischen Rheinaue zwischen Weil und südlich Karlsruhe, wo sich die Aue ändert, nur noch auf ca. 0,3 Prozent ihrer ursprünglichen Fläche erhalten, wie Untersuchungen von HÜGIN (1981) ergaben. Dies beweist, daß man auch in diesem vielfach noch »urig« anmutenden Gebiet keinesfalls mehr ursprünglichen Wald vor sich hat. Silber-Weiden sind erstaunlich überschwemmungsfest: Ihre Wuchsorte können bis zu 300 Tage im Jahr überflutet sein, vorausgesetzt, das Wasser ist in Bewegung und damit nicht allzu sauerstoffarm. Wo es sich dagegen um rückgestautes Wasser handelt, sterben diese Bäume ab, wie man im Naturschutzgebiet »Taubergießen« sehen kann. Auch die Hartholzauenarten Stiel-Eiche, Feld- und Flatter-Ulme ertragen noch vier bis fünf Monate Überflutung innerhalb der Vegetationsperiode von April bis Oktober; dagegen tolerieren auenfremde Arten wie Berg- und Spitz-Ahorn (*Acer pseudoplatanus* und *A. platanoides*) und die Buche (*Fagus sylvatica*) eine Überflutung nur über wenige Tage. Auch dies ist bei etwaigen Renaturierungen zu bedenken.

Aus der Struktur der Wälder läßt sich noch einiges über ihre Geschichte ablesen. Reine Niederwälder mit Hieb im Abstand von fünf bis zehn Jahren, gibt es nicht mehr. Diese Betriebsart war früher in Rheinnähe üblich, da man aus den Ruten Faschinen herstellte, das sind Reisigbündel zur Uferbefestigung. Wohl aber gibt es viele Bestände mit wenigen Altbäumen, aber dichter Strauchschicht, oft auch mit jüngeren Kernwüchsen unter dem Kronendach; es sind ehemalige Mittelwälder. Bei ihnen blieben einzelne Überhälter als Bauholzlieferanten oder – vor allem Eichen – als Mastbäume für die Viehweide stehen, das schwache Holz aber wurde in regelmäßigem Umtrieb von etwa 15–35 Jahren geschlagen. Ein Bild davon gewinnt man z.B. im Bannwald »Hechtsgraben« innerhalb des Naturschutzgebiets »Rheinniederung Wyhl-Weisweil« (49) (Abb. 2). Im Vergleich dazu wird die Monotonie der gepflanzten Pappelhybriden- und Ahorn-Bestände recht deutlich; zu recht erstrebt man heute naturnahe Wälder und orientiert sich dabei an den verbliebenen wenig veränderten Beständen.

Die Rheinhochwässer haben eine grundsätzlich andere Wirkung auf Standorte und Pflanzen als aufsteigendes Grundwasser: Sie bringen Nährstoffe mit und »düngen« damit; sie »bewässern« den Wald regelmäßig, periodisch, gerade im Sommer als Folge der Schneeschmelze; nach starken Regenfällen kann das episodisch zu allen Jahreszeiten stattfinden; das Wasser sickert von oben ein, so daß der Boden noch lange Zeit Atemluft für Wurzeln und Bodenlebewesen führt. Im Kiesuntergrund

Die besonderen hydrographischen Verhältnisse der Oberrheinaue haben nicht nur eine große Zahl, sondern auch ganz verschiedene Typen von Gewässern mit verschiedenartigen Biozönosen zur Folge: stehende, langsam und rasch fließende Wasserläufe, dauernde oder zeitweise austrocknende (deren Betten »Schluten« heißen), saubere oder mit Schadstoffen belastete, Quellbäche und Altrheinarme, natürliche und angelegte, technisch regulierbare Teiche und seenartige Buchten mit spontanem Wechsel des Wasserstandes. Am interessantesten sind Quelltöpfe und Gießen. Quelltöpfe sind einige Meter tiefe, kesselartige Löcher, von früheren Rheinarmen ausgekolkt, in denen Grundwasser austritt, nachdem es vom Schwarzwald her Kiese des Untergrundes über Kilometer hin durchströmt hat. Es ist zwar kalkreich, sonst aber extrem rein und damit für Pflanzen extrem nährstoffarm und, weil ohne Turbulenzen, auch arm an Sauerstoff. Man blickt in eine blaue Tiefe, in der eine dünne Decke seltener, hochspezialisierter Bakterien leben kann; im Wasser darüber gibt es sogenannte Grundrasen von empfindlichen Armleuchteralgen. Die Temperaturen schwanken im Jahreslauf nur um wenige Grad, etwa zwischen 8° und 12°C (kalt-stenotherm). Daß sich eine große Zahl solcher Quelltöpfe, sogenannter »Blaulöcher«, bilden konnte, ist ein europaweit einmaliges Phänomen! Fast muß man ergänzen: gewesen. Denn sehr viele sind bereits irreversibel zerstört. Nach dem Gesagten ist es selbstverständlich, daß solche Ökosysteme äußerst sensibel sind; sie vertragen weder Wasserbewegung etwa durch Paddeln oder gar Tauchen, noch darf ober- oder unterirdisch Fremdwasser hinzutreten, ganz zu schweigen von Dünger, etwa um Angelerfolg zu haben. Wo solch reines Grundwasser über das Kiesgeröll abfließt, spricht man von Gießen. Auch sie sind mit »anspruchsvollen« Pflanzen bewachsen, z.B. der krustigen Rotalge *Hildenbrandtia rivularis*, allerdings nur, solange nicht der Charakter des Gewässers durch Zuleitung von Rheinwasser verdorben wird.

Selbstverständlich ist es, daß unter den geschilderten Bedingungen eine reiche und faszinierende Tierwelt lebt (vgl. Beitrag von KNOCH). Dank der Fachschaft für Ornithologie

2 Das Naturschutzgebiet »Rheinniederung Wyhl-Weisweil« mit dem »Bannwald Hechtsgraben« liegt in der heute noch von Wasserläufen durchzogenen Aue im Bereich der Schlingenlösung bei Weisweil. Es wird aber nicht mehr überflutet; das zeigt schon die junge Buche (vorne rechts). Bär-Lauch (*Allium ursinum*) überzieht große Flächen und zeigt den Nährstoffreichtum des Auebodens an. Die Pionierbaumarten wie Birke und Zitter-Pappel (im Vordergrund) brechen als erste zusammen. Alter Efeu klettert bis in die Kronen seiner Trägerbäume hinauf, was nur bei der hier hohen Luftfeuchtigkeit, den milden Wintern und in lichten Beständen möglich ist. Da die Wälder nicht pflegend durchforstet wurden, sind viele Bäume krummschäftig. So sind hier innerhalb weniger Jahrzehnte Waldbilder entstanden, wie man sie sich auch für die höher gelegene ehemalige Aue vorstellen darf.

sickert es überdies rasch in die Tiefe, Luft strömt nach. Im Boden wird ein guter Teil Wasser gespeichert, wird produktiv von der Vegetation genutzt, und – was gegenwärtig von besonderem Interesse ist – es verringert sich der Abfluß aus dem Gebiet und damit die Hochwassergefahr für die Unterlieger stromabwärts.

Südlicher Oberrhein beim Naturschutzbund ist vor allem die Vogelwelt gut bekannt; auch den Libellen und den Schmetterlingen hat man etliche grundlegende Studien gewidmet. Sie alle belegen den hohen Wert nicht nur der »lebenden«, sondern auch der »fossilen« Aue am Oberrhein.

Dies wird auch dadurch dokumentiert, daß ein großer Teil der Rheinniederung zwischen Basel und Karlsruhe zur Deklaration als Feuchtgebiet von internationaler Bedeutung (RAMSAR-Gebiet) vorgesehen ist, auch und insbesondere für den Schutz von Wat- und Wasservögeln.

Ereignisse aus der Vergangenheit und zukünftige Probleme

Man fragt sich, weshalb Pflanzen- und Tierwelt sowie die Nutzbarkeit der Aue ein und desselben Flusses derart verschieden sind, genauer: geworden sind. Hier spielen Geschichte und Boden zusammen.

Die Transportkraft eines Flusses steigt mit seiner Wassermenge und seiner Fließgeschwindigkeit, letztere steigt wiederum mit dem Gefälle und sinkt mit der Reibung, also mit der Form des Flußbetts. Der Rhein hatte jeweils in den Eiszeiten im südlichen Teil der Oberrheinebene grobes Geröll aufgeschüttet, gegen Norden zu allmählich feinkörnigeres Material; in den Warmzeiten, so auch heutzutage nach der Würmeiszeit, wurde jeweils ein neues Bett ausgefegt. Dieses war in unserem Gebiet mehrfach gabelartig verzweigt und vernetzt, im Norden (etwa ab Höhe Karlsruhe) mäandrierte der Strom wegen des geringeren Gefälles. Alte Karten zeigen in Baden 2218 Inseln! Die kleineren wurden immer wieder verlagert, größere blieben; Breisach lag zur Römerzeit linksrheinisch, dann auf einer Insel, erst ab dem 12. Jahrhundert rechtsrheinisch. Je nach Gefälle lagerte sich in den einzelnen Armen feineres Material ab, das heute noch als eingeschaltete Linsen oder als Deckschichten auf dem Kies ein viel pflanzengünstigeres Substrat bietet als das grobe, kein Wasser speichernde Geröll. Durch diese Umlagerungen wurde auch eine Abdichtung des Untergrundes, wie sie heutzutage z.B.

an Dämmen auftritt, verhindert; Pflanzen aus den Alpen konnten sich hier und da – als sogenannte Alpenschwemmlinge – ansiedeln, z.B. die Tamariske (*Myricaria germanica*). Das alte Relief mit seinen Köpfen (z.B. Ochsenkopf), Gründen (z.B. Salmengrund) und den »Grien« genannten Kiesflächen (z.B. Totengrien) ist gegenwärtig noch gut erkennbar. Die Sanddorn-Gestrüppe haben sich heute noch nicht von ihren alten Insel-Wuchsorten entfernt! Auf den Inseln konnte man das Vieh weiden lassen, Brenn- und Faschinenholz gewinnen; etwa die Hälfte des Geländes soll auf diese Weise nutzbar gewesen sein. Die Fischerei blühte, wie viele alte Geschichten von mächtigen Aalen und Hechten, aber auch das Vorkommen von brütenden Seeadlern bezeugen. Allerdings gab es auch verheerende Hochwässer; das Hochgestade wurde angerissen, die dort kettenförmig aufgereihten Dörfer gefährdet, weggerissen oder – im Norden – überflutet; bis 20 m tiefe Kolke konnten vom Strom ausgefegt werden, wie die »Blaulöcher« bezeugen. Die Schiffahrt war ebenso schwierig wie das Überqueren des »aufgefaserten« Stroms. Die Bewohner von Rhinau im Elsaß konnten gerade wegen der Sommer-Hochwässer ihre Wiesen im rechtsrheinischen »Taubergießen« (155) oft wochenlang nicht erreichen und nur zeitlich versetzt mähen, daher konnten sich eben dort Reste der alten, mageren (d.h. ertragsschwachen) Wiesen mit ihrer reichen Kleintierwelt erhalten.

In vier Etappen wurden verschiedenartige wasserbautechnische Veränderungen vorgenommen, eine fünfte ist dadurch notwendig geworden. Wie sie zweckmäßigerweise vorzunehmen sei, wird zur Zeit diskutiert. Um Hochwassergefahren zu bannen, wurde die oft genannte Korrektion (Rektifizierung) nach den Plänen des badischen Obristen und Wasserbauingenieurs Johann Godfried Tulla († 1828) durchgeführt, in der nördlichen Oberrheinebene beginnend und nach Süden fortschreitend – in unserem Gebiet von 1840 bis 1876, wo der letzte Arm bei Istein abgeschnürt wurde. Man ging von der an sich richtigen Überlegung aus, daß man die Geschwindigkeit des Flusses steigern müsse, um eine stärkere Tiefenerosion und damit eine Absenkung auch des Grundwasserspiegels in der Umgebung zu erzielen.

So wurde das Gefälle gesteigert, indem man den Lauf zwischen Basel und Kehl um 15 Prozent verkürzte; dazu verringerte sich die Reibung, weil die vielen Seitenarme nunmehr wegfielen. Der Rhein wurde also in ein einheitliches, festes, von Dämmen begleitetes Bett gezwungen; bei starken Hochwässern konnte er noch in die alte Aue austreten, die sogenannte Tulla-Aue; diese war in etwa einem Kilometer Entfernung von einem weiteren, dem Tulla-Damm, gegen das Kulturland abgegrenzt. Dieser beherbergt heutzutage streckenweise, z.B. im Taubergießen, eine artenreiche Pflanzen- und Tierwelt, zumal die Krone nach zwei entgegengesetzten Seiten schräg abfällt und so auf kleinstem Raum mikroklimatisch gegensätzliche Standorte »angeboten« werden; Heuschrecken z.B. reagieren sehr deutlich darauf. So lohnt es sich, die Mahd der Dammabschnitte darauf abzustellen und gezielt zeitlich und räumlich zu staffeln.

Die erwarteten Folgen traten in der Tat binnen kurzem ein – allerdings übermäßig, so daß die Lage am Ende des 19. Jahrhunderts bereits ins Negative umschlug: Die Sohlenerosion ging im ohnehin gefällstarken Südteil oberhalb von Breisach so intensiv vonstatten, daß das Grundwasser um fünf bis zehn Meter sank und von den Bäumen damit nicht mehr erreicht werden konnte. 50–100 000 Obstbäume starben; von den Auwaldbäumen blieben einige junge mit noch anpassungsfähigem Wurzelsystem an Stellen mit Lehmschichten als karge Relikte erhalten; noch heute sieht man einzelne Pappeln und Weiden, die aber wahrscheinlich nur noch vegetativ, nicht mehr aus Samen aufkommen. Der Wasserhaushalt für die Pflanzen ist hier in der »fossilen«, der Markgräfler Rheinaue, außerordentlich angespannt, weil der Kies kein Niederschlagswasser speichern kann. Das Schlagwort »Versteppung« ist absolut fehl am Platz, denn weder das Klima entspricht dem der Steppen mit ihren kalten Wintern, noch handelt es sich um Steppenböden, die sich gerade durch Humusreichtum und Tiefgründigkeit auszeichnen. Daß ein solches Gelände nicht sinnvoll kultiviert wurde, sondern extensive Weide, ungeregelte Holznutzung, auch die Kriegswirren darüber hingingen, ist verständlich. Allmählich wurde Kiesgewinnung lukrativ. Daß die Kiefern-Pflanzungen hier standortsfremd sind, macht schon ihre Schädlingsanfälligkeit deutlich; sie springt auch dem Laien ins Auge, wenn man ihn auf die krummen Äste, die durch den Fraß des Posthornwicklers entstanden sind, aufmerksam macht. Kleinflächig läßt sich erkennen, daß die natürliche Waldgesellschaft unter den heutigen Standortsbedingungen ein Linden-Hainbuchen-Stieleichenwald ist, in den die Flaum-Eiche soeben einwandert.

Nach der Tulla-Korrektion war die Schiffahrt immer noch beeinträchtigt, weil der Strom immer wieder Sand- und Kiesinseln aufwarf und, obwohl diese von Pionier-Weiden erobert wurden, auch wieder wegriß und umlagerte. Daher wurde eine Regulierung (Max Honsell 1907–1937) durchgeführt, indem auf beiden Seiten Buhnen gebaut und so ein starker Stromstrich in der Mitte erzeugt wurde.

Die dritte Etappe der Eingriffe zielte auf Elektrizitätsgewinnung: Als Folge des Versailler Vertrages wurde im Elsaß der Rhein-Seiten-Kanal (Grand Canal d'Alsace) als Betonrinne mit den vier Staustufen von Kembs (1932) bis Vogelgrün (1959) gebaut. Im alten Bett, als sogenannter Restrhein, müssen nur mindestens 20 m^3/sec. verbleiben – ein minimaler Anteil des Mittels von 1000–1200 m^3/sec. Da bei Hochwasser jedoch noch reißende Fluten hier entlangschießen, gibt es auch noch gelegentlich Ufer-Pionierpflanzen, z.B. im »Kapellengrien« (128) (Abb. 3). Ein weiteres Absinken des Grundwasserstandes in der Umgebung war die Folge, die sich zwar auf die Vegetation gar nicht mehr auswirken konnte, wohl aber auf die Wasserspenden der Brunnen.

Um solche Folgen im Bereich nördlich von Breisach zu vermeiden, wurde hier, obwohl sich der Rhein wegen des geringen Gefälles ohnehin nicht wesentlich eingetieft hatte, die sogenannte Schlingenlösung eingeführt. Dabei fließt der Rhein auf knapp der Hälfte der Strecke im Tulla-Honsell-Bett; im übrigen zweigen, eine Art Öse bildend, zwischen Breisach und Straßburg vier Seitenkanäle ab, in denen das Wasser (1400 m^3/sec) gestaut und am Ende die Fallenergie zur Elektrizitätsgewinnung genutzt wird; Schiffe passieren die Staustufen in Schleusen. Die oberste, bei Marckolsheim, wurde 1960, die unterste, bei

3 Der Restrhein bei Kleinkems führt Hochwasser; daß dieses schon im Rückgang begriffen ist, zeigt das weit höher erhaltene »Genist«, die von den elastischen Silberweiden zusammen mit Müll abgefangenen Pflanzenreste. Die flußbegleitenden Hochstauden sind niedergedrückt, aber auch gedüngt worden.

Straßburg, 1970 in Betrieb genomen. Mittels eines Systems von Wehren und Schwellen sowie von durchlaufenden Gewässerzügen (dem sogenannten Altrheinverbund), in denen die ehemaligen Gießen nun mit Rheinwasser aufgefüllt und damit zerstört wurden, konnte zwar der mittlere Grundwasserstand im großen und ganzen gehalten werden. Dennoch ist die Änderung des gesamten Auen-Ökosystems tiefgreifend, denn die enormen Wasserstandsschwankungen mit ihren düngenden Überflutungen entfallen; die fehlenden Umlagerungen des Kieses führen zu verringertem horizontalem Wassereintrag. Kurz: es fehlt die Dynamik.

Aus dem allem ist das ernste wasserbauliche Problem der Gegenwart entstanden: die Hochwassergefahr für die Städte flußabwärts ab Karlsruhe, wobei die Situation für Mannheim-Ludwigshafen und Köln am prekärsten ist. Die beiden entscheidenden Punkte sind folgende:

1. Die Abflußmenge ist insgesamt gestiegen, weil die zur Versickerung geeignete Überflutungsfläche, der sogenannte Retentionsraum, extrem eingeschränkt wurde; nach Dister (1986) betrug der Auenverlust zwischen Basel und Iffezheim zwischen 1955 und 1970 mit rund 130 km^2 etwa 60 Prozent.
2. Die Abflußgeschwindigkeit ist extrem gesteigert worden; daher rücken die Hochwasserspitzen von Rhein und Neckar zeitlich eng zusammen. Benötigte die Hochwasserwelle zwischen Basel und Maxau im Jahr 1955 noch 65 Stunden, so sind es heute nur noch 30.

Damit kann es zu früher unmöglichen Spitzenhochwässern kommen; eine unvorstellbare Wassermenge von schätzungsweise 360 Millionen m^3 muß unschädlich gemacht werden! Eine Lösung kann daher nicht in einer bloßen Rückhaltung und Abflußverzögerung in gigantischen »Löchern« in der Landschaft liegen, für die es im übrigen keine dauerhaft lebensfähige Vegetation gäbe. Vielmehr muß Auenraum, in welchem zugleich Grundwasser angereichert wird, gewonnen werden. Ökologisch verträglich wäre es, einen Teil der Aue nördlich von Breisach dem Strom »zurückzugeben« und überflutbar zu machen. Im Rahmen des »Integrierten Rhein-Programms« des Landes

Baden-Württemberg sind zwei umdeichte Probeflächen, sogenannte Polder bei Altenheim südlich von Kehl angelegt worden; hier hat sich bereits eine auentypische Dynamik als Folge von Probeflutungen eingestellt. Um die zur Überflutung benötigte Fläche zu erhalten, müßten freilich weite Teile der nun schon anderweitig mit Beschlag belegten alten Aue in neuer Weise genutzt werden: Man gewänne Sicherheit für die Unterlieger und man gewänne große Flächen eines Lebensraums, der europaweit zu den bedrohtesten und seltensten gehört.

LITERATUR

Dister, E. (1986): Hochwasserschutzmaßnahmen am Oberrhein. Ökologische Probleme und Lösungsmöglichkeiten. – Goewiss. in uns. Zeit.
Hügin, G. (1981): Die Auenwälder des südlichen Oberrheintals. – Ihre Veränderung und Gefährdung durch den Oberrheinausbau. – Landschaft u. Stadt 13: 78–91.
Hügin, G. (1982/1990): Die Mooswälder der Freiburger Bucht – Wahrzeichen einer alten Kulturlandschaft gestern – heute ... morgen? – Beih. Veröff. Natursch. Landschaftspflege B.-Württ. 29, 88 S. + Anhang v. 1. und 2. Aufl.
Landesstelle für Natur- und Landschaftspflege Baden-Württemberg (Hrsg.) (1974): Das Taubergießengebiet, eine Rheinauenlandschaft. – Die Natur- und Landschaftsschutzgebiete Baden-Württembergs 7, 644 S. Ludwigsburg.
Westermann, K. & G. Scharff (1988): Auen-Renaturierung und Hochwasserrückhaltung am südlichen Oberrhein. – Naturschutzforum 1/2: 95–158.

Die Vorbergzone des Schwarzwaldes

Zwischen Schwarzwald und Oberrheinebene zieht sich ein bis 15 km breiter Streifen Landes von rund 200 bis rund 650 m ü. NN entlang, der zwar räumlich vermittelt, aber von gänzlich anderer Art ist und der sich auf geologischen Karten als buntes Mosaik darstellt: der Rand des Oberrheingrabens. Tektonisch gehört auch der Kaiserstuhl zu dieser Vorbergzone; der abweichende Charakter seiner Vegetation läßt es jedoch günstiger erscheinen, ihn als eigene Einheit zu betrachten.

In der Vorbergzone stehen Gesteine aus allen bei uns vertretenen Epochen des Erdmittelalters vom Buntsandstein über Muschelkalk, Keuper und die drei Jura-Abteilungen sowie Tertiär an, die jüngeren stärker im Südteil, die älteren stärker im Nordteil. Von Westen her hat sich eine Lößdecke darüber gelegt, die schwarzwaldwärts allmählich zum Schleier wird. Entsprechend mannigfaltig sind Hangneigungen, Mikroklima und Böden. Diesen geologischen »Flickenteppich« überlagern die gegen Osten in steilem Gradienten ansteigenden Niederschläge von etwa 700 mm/a am Fuß der Vorberge auf über 1000 mm in den höheren Teilen. Das Gebiet gehört überdies in den tieferen Lagen zu den wärmsten Deutschlands mit Jahresmitteltemperaturen von 9° bis über 10°C (Badenweiler 9,2°C, Freiburger Stadtklima über 10°C). Dabei sind die der Ebene nahen unteren zehn bis 15 m allerdings häufig von der Temperaturumkehr im Graben betroffen. Das warmfeuchte und wintermilde Klima in Hanglagen wird ganz unmittelbar anschaulich durch die prächtig gedeihenden Exoten im Schloßpark von Badenweiler: Ginkgo, Paulownia, Araucarien mit Zapfenbildung u.a.. Auch die Häufigkeit der Schmerwurz (*Tamus communis*), einer submediterran-atlantisch verbreiteten Art aus der sonst tropischen Familie der Dioscoreaceen, ist bezeichnend. Kein Wunder, daß sich in dem seit der Altsteinzeit bewohnten Gebiet auch eine ganze Kette von Spuren römischer Siedlungstätigkeit, Bäder eingeschlossen, findet.

Entsprechend vielseitig waren und sind die Möglichkeiten der land- und forstwirtschaftlichen Nutzung: An das Rebland im niedrigeren Westteil schließen sich die Obstwiesen, die dank ihrer Hochstämme oft noch Streuwiesencharakter haben, und in ebenen Lagen Ackerland an. Schließlich folgen Wälder, die in die des Gneis-Schwarzwaldes übergehen. Viele verraten noch durch ihren Strauchreichtum und eingesprengte Lichtbaumarten ihre ehemalige Nutzung als Bauernwald; nicht immer ist ganz klar, wo dies Folge des für Waldwuchs ungünstigen Standortes und wo es menschlicher Einfluß ist; gelegentlich kann man beobachten, wie sich heutzutage die Buche durchzusetzen beginnt. Diese findet oder fände im Gebiet großflächig gute Wuchsbedingungen; die Waldmeister-Buchenwälder (Galio-Fagetum) des Hochfirsts südlich von Freiburg z.B. gehören mit 35 bis 40 m Höhe zur wirtschaftlichen Spitzenklasse. Charakteristisch für die südliche Vorbergzone, die den Kern des Markgräfler Landes bildet, ist auch eine der dortigen Hauptrebsorten: der Gutedel, der auf knapp der Hälfte der 3100 ha Rebfläche angebaut wird und eben dieses feuchtwarme Klima und nicht zu kalkarme Böden braucht, wenn er Qualität bringen soll. Wenn gegenwärtig das Markgräfler Land überregional als »Toskana Deutschlands« gerühmt wird, um den Fremdenverkehr zu fördern, so ist das nicht ganz unberechtigt.

Der Naturschutz tut sich schwer, in einem Gebiet, das fast keine extremen und damit wirtschaftlich uninteressanten Standorte aufweist, Schutzgebiete durchzusetzen, die ja nicht nur Parzellen mit Raritäten, sondern auch die Mannigfaltigkeit des Lebensmosaiks bewahren helfen sollen. Dennoch ist vieles gelungen, gerade in den letzten Jahren. Das bekannteste der Naturschutzgebiete ist der »Isteiner Klotz« (127), der, obschon durch früheren Steinbruchbetrieb, durch Militäranlagen und Sprengungen beeinträchtigt, immer noch zu den in doppeltem Sinne herausragenden Flächen zählt mit seiner Xerothermvegetation und dem gegen Norden anschließenden Waldmosaik, aber auch mit der das eigentliche Schutzgebiet flankierenden Rebflur und dem kontrastierenden Ausblick auf den wirtschaftlich potenten Verdichtungsraum Basel – Weil – Lörrach. Erfreulich ist es, daß mehrfach größere Teile der Kulturlandschaft geschützt werden konnten, nicht nur die am meisten gefährdeten »Splitter« der Landschaft: Magerrasen mit Hecken und Bauernwald im »Jennetal« (18), Feuchtwiesen mit Streuobstwiesen, Feldgehölzen, Lößwänden und anderen Kleinlebensräumen in den Schutzgebieten (150) und (154). Zu ihnen treten vom Menschen beeinflußte, aber in ihrer Artenverbindung dennoch – auch wissenschaftlich – wertvolle Wälder und an ihrer Stelle durch Mahd entstandene, orchideenreiche Halbtrockenrasen; z.B. Flaumeichenwäldchen, in denen die Flaum-Eiche meist nur als Bastard auftritt, Eichen-Hainbuchenwälder, in denen selten sogar der Speierling (Sorbus domestica) wächst, und wechseltrockene Kiefernwäldchen, in denen die Wald-Kiefer vermutlich ursprünglich vorkommt (17, 19, 35, 121, 136). Ein beispielhafter »Lebensraum aus Menschenhand«, ein Sekundärbiotop also, ist der dreiteilige »Steinbruch Ehrleshalden« (50), der zwischen einer Deponie (Kahlenberg) und dem Stadtrand von Herbolzheim eingeklemmt ist und dennoch verborgen im kleinterrassierten Rebgebiet liegt. Nicht durch Rekultivierungsmaßnahmen beeinträchtigt, ist es – ganz wörtlich – ein Aufschluß, der es ermöglicht, einen Blick in die sonst von Boden und Pflanzendecke verhüllte Erdkruste zu werfen und der mit seinen verwirrenden Brüchen und wechselnden Schichten eine unmittelbare Vorstellung vom Schollenmosaik der Vorbergzone bietet. Hoch ist auch die Strukturvielfalt, denn zu Löß- und Felswänden kommt recht geschlossenes Pioniergesträuch mit vielen Lianenarten, wie es sonst in der durchkultivierten Landschaft meist nur als Gehölzfleck oder schmale Hecke existiert.

LITERATUR

BOGENRIEDER, A. & M. BÜHLER (1991): Zwischen Beharren und Wandel – Pflanzengesellschaften unter dem Einfluß des wirtschaftenden Menschen. – In: A. Hoppe (Herausg.): Das Markgräflerland: Entwicklung und Nutzung einer Landschaft. Ber. Naturforsch. Ges. Freiburg i. Br. 81: 25–64.

Kaiserstuhl

Es ist mit knapp 100 km² die kleinste der von uns unterschiedenen naturräumlichen Einheiten; eine Insel, die mit 557 m ü. NN aus der hier 200 m hohen Oberrheinebene emporragt. All jene Züge, die ihre Eigenart und Wertschätzung bedingen, lassen sich letzten Endes zum einen aus der submediterranen Tönung des Geländeklimas, zum anderen aus der kleinbäuerlichen Nutzung dieses seit der Jungsteinzeit besiedelten Gebiets verstehen.

Die Lage noch im Lee der Vogesen, aber schon im Stau des Schwarzwaldes bewirkt die recht geringen Niederschläge von rund

4 Über die Hälfte der Fläche des Kaiserstuhls ist dem Rebbau gewidmet; vorne rechts sind es die neuen Großterrassen am Nordfuß des Totenkopfes bei Alt-Vogtsburg; oben links um Schelingen liegt der »alte Kaiserstuhl« mit seinen schmalen Terrassen an steilen Hängen und mit Magerrasen, heute großflächig geschützt. Dazwischen lagert der Badbergrücken, dessen Teppich von frischgrünen zwischen graugrünen Wiesen die gestaffelte Pflegemahd bezeugt. Am Südhang haben sich, von Waldkernen ausgehend, Trockengebüsche ausgedehnt. Die farbliche Scheckung geht auf ein Mosaik verschiedener Pflanzengesellschaften und -arten zurück.

700 mm bis gut 800 mm/a (letzteres in der Höhe und im Osten). Die Luftströmungen aus SSW durch die Burgundische Pforte zwischen Schweizer Jura und Vogesen und die hohe Sonneneinstrahlung oberhalb der kaltluft- und nebelreichen Ebene führen zu sommerwarmem und wintermildem »Rebklima«. Dazu kommt aber das ausgeprägte Relief, das sich in den letzten Jahrmillionen entwickelt hat, weil die anstehenden magmatischen Gesteine gegen Verwitterung und Abtrag widerstandsfähig sind. An der Bodenoberfläche südexponierter Steilhänge, z.B. im Naturschutzgebiet »Badberg« (1) kann man mit bis zu 70 °C rechnen!

Das »Gesicht« des Kaiserstuhls freilich bestimmt in erster Linie der Mantel aus Löß, der ihn zu gut 80 Prozent bedeckt. Dieser eiszeitliche Flugstaub, der bei unversehrtem Kalkskelett standfest ist, kann leicht verstürzen, indem Gehölzwurzeln, die in Klüften wachsen, ganze Schollen absprengen; sobald seine ursprüngliche Struktur, z.B. an Großböschungen, zerstört ist, wird er leicht durch Wind und Wasser erodiert. So prägten sich alte Wege, die wie Baumgeäst von den Dörfern in die Rebflur, auf Äcker und Wiesen und in die Wälder führten, als Hohlwege aus. Von ihnen sind nur noch Reste erhalten, doch konnten sie als Zeugnisse der Geschichte und als mannigfaltige, fein mosaikartig gegliederte Lebensräume heute in ihrer Gesamtheit unter Schutz gestellt werden, darunter der wohl eindruckvollste Hohlweg Deutschlands, die Eichgasse bei Bickensohl (flächenhaftes Naturdenkmal).

Soll Löß als Acker oder Rebflur genutzt werden, so müssen schon mäßig geneigte

Hänge terrassiert werden. 5400 ha der Fläche des Kaiserstuhls wird von Rebgelände (einschließlich Straßen und Großböschungen) eingenommen; die Reben stocken meist auf Lößterrassen, von Ausnahmen wie dem Achkarrer Schloßberg abgesehen. In den zwei Jahrzehnten von 1960 bis 1980 hat der Kaiserstuhl sein »Gesicht« dramatisch verändert: die Kleinterrassen, wie man sie heute beispielsweise noch an der südexponierten Seite des Schelinger Tals sieht, mußten Großterrassen weichen. Davon unabhängig hat sich auch der Rebunterwuchs geändert, denn heute werden die meisten Gassen gemäht und gemulcht (d.h. die Grünmasse bleibt liegen) und nicht mehr gefräst oder gar gehackt, wodurch die charakteristische Rebkrautvegetation mit Weinbergslauch (*Allium vineale*), Traubenhyazinthe (*Muscari racemosum*) und anderen Zwiebelgewächsen, aber auch die Einjährigen-Decke stark beeinträchtigt wurden. Ihrem völligen Verschwinden ist nicht mit der Ausweisung von üblichen Naturschutzgebieten zu begegnen, sondern nur mit Bewirtschaftungsverträgen (vgl. Beitrag von MEINEKE und SEITZ).

Wälder stocken fast nur auf dem hufeisenförmigen Rücken des Kaiserstuhls und setzen sich überwiegend aus kleinparzelliertem Privatwald (rund die Hälfte) und Körperschaftswald zusammen. Es sind größtenteils verschiedene Typen von Buchenwald- und Eichen-Hainbuchenwald-Gesellschaften, die lange Zeit nicht mehr genutzt wurden und daher reich an Totholz sind. Oft sieht man ihnen noch die frühere Übernutzung an, denn man verwertete auch die Laubstreu als Einstreu für die Viehställe und schlug im Abstand weniger Jahre Brennholz, wie es in waldarmen Gebieten allgemein üblich war. Besondere Bedeutung kommt den letzten Flaumeichenwäldern zu. Sie leben an den trockensten der noch von Bäumen besiedelbaren Standorte (6, 7, 47) und sind der Ausklang der submediterranen Wälder, die einen Gürtel nördlich des eigentlichen Mittelmeergebietes bilden. Gegenwärtig nur noch in isolierten Flecken erhalten, müssen sie einstmals auch bei uns in einem geschlossenen Band oder gar großflächig vorgekommen sein. Heute sind sie Relikte, Zeugen einer wärmeren Klimaperiode, der Postglazialen Wärmezeit, die ihren Höhepunkt 9000 bis 6000 Jahre vor der Gegenwart hatte. Die Waldstücke sind bis in die 20er Jahre dieses Jahrhunderts als Niederwälder mit zehn- bis 25jähriger Umtriebszeit genutzt worden; damals waren sie sicher lichter als heute und manche Art, die – wie Diptam (*Dictamnus albus*) – jetzt nur an aufgelichteten Stellen oder am Waldrand vorkommt, durchsetzte sie. Es ist durchaus ein Problem des Naturschutzes, wenn entschieden werden muß, ob man einen »Krüppelwald« nach altem Muster oder einen gut entwickelten Wald am Spezialstandort außerhalb seines geschlossenen Verbreitungsgebiets erhalten möchte. In allerletzter Zeit gewinnen solche »Auslieger« besonderes (auch wirtschaftliches) Interesse, weil wir allen Grund haben, ihr Erbgut zu bewahren, das von dem im Schwerpunktgebiet abweicht.

Den biologischen und damit auch naturschutzfachlichen Höhepunkt des Kaiserstuhls stellen wohl die Trockenrasen mit ihren Entwicklungsstadien dar. Diese und ähnliche Pflanzengesellschaften des Graslandes, z.B. auch die der Weidfelder im Schwarzwald (s. S. 74), spielen bei den Bemühungen um Unterschutzstellung und Pflege eine so große Rolle, daß an dieser Stelle die auch später immer wieder benutzten Namen erläutert werden sollen.

Von Gräsern und krautigen Pflanzen bestimmte Bestände und Gesellschaften pflegt man auch als »Rasen« zu bezeichnen und meint damit nicht so sehr kurzgeschorene Sportrasen u. ä., sondern vor allem Wiesen und Weiden. Will man deren zeitweise angespannten Wasserhaushalt zum Ausdruck bringen, so kann man von Trockenrasen sprechen und bei diesen wieder die Artenverbindungen der flachgründig-felsigen, südexponierten Hänge als Volltrockenrasen bezeichnen, die von den deutlich etwas besser gestellten Halbtrockenrasen unterschieden werden. Wenn diese reich an Aufrechter Trespe (*Bromus erectus*) sind und weitere typische Arten auftreten, werden sie als Xero- bzw. Mesobrometen bezeichnet. Es können aber auch beweidete und daher an Trespe arme Bestände, z.B. der Enzian-Schillergrasrasen (Gentiano-Koelerietum) zur Gruppe der Halbtrockenrasen gehören. Der Ausdruck Xerothermvegetation bezieht sich allgemein auf Pflanzengesellschaften warm-trockener Standorte und kann auch Wälder, Felsspaltengesellschaften u. ä. umfassen. Will man nicht den Wasserhaushalt, sondern den kargen Ertrag von Grasland betonen, so spricht man von Magerrasen, definiert als Bestände/Gesellschaften, deren Massenertrag gemessen als Heu-Trockenmasse nicht über 35 dt/ha/a liegt (eine produktionskräftige, sogenannte Fettwiese kann das vierfache erreichen). Magerrasen können auf Kalkböden vorkommen (z.B. Mesobrometen) oder auf Silikatböden (z.B. die Borstgrasrasen des Schwarzwaldes). Erhalten bleiben sie nur bei extensiver Nutzung, d.h. ohne oder mit nur schwacher Düngung. Zu intensiver Nutzung gehört dagegen eine ertragsmaximierende Düngung, oft verbunden mit dem Anbau von Hochleistungssorten und präventivem Biozideinsatz.

Die Trockenrasen bilden im Kaiserstuhl noch ein selten großes, nahezu geschlossenes Gebiet im zentralen Kaiserstuhl, dazu einzelne kleine Reste. Es sind pflanzen- und tierartenreiche Lebensgemeinschaften, die ihre Entstehung der alten Landbewirtschaftung unter submediterranen Klimabedingungen an den flachgründigen Hängen verdanken. Gar nicht oder nur gelegentlich mit Thomasmehl (Phosphat und Kali enthaltend) gedüngt, wurden sie in unregelmäßigen Abständen im Hoch- oder Spätsommer gemäht, fielen dann mit dem Erlöschen die Viehhaltung brach und damit der spontanen Entwicklung anheim; zum allergrößten Teil wäre hier nämlich Waldwuchs möglich. So bilden diese Magerrasen mit eingesprengten felsigen Standorten, Gebüschflecken, Waldstücken, Böschungen und Pfaden ein Gesellschafts- und Lebensraum-Mosaik, das einerseits durch Gestein, Boden, Lokalklima bedingt ist, andererseits von der früheren Bewirtschaftung und dem Beginn der Brachezeit. Am ausgedehntesten sind die Trespenrasen der nicht ganz extremen Stellen, die Mesobrometen, beherrscht von den Horsten der Aufrechten Trespe (*Bromus erectus*) zusammen mit einer Fülle buntblühender Kräuter wie Esparsette, Wiesen-Salbei, Hufeisen- und Wundklee, Karthäuser-Nelke, mehrere Glockenblumen-Arten und viele andere, nicht zuletzt zahlreiche Ragwurz- und Knabenkraut-Arten. An den felsig-flachgründigsten Stellen gibt es Xerobrometen, für die Federgräser, Zwerg-Sonnenröschen und andere Seltenheiten bezeichnend sind. Ihre Vorkommen sind, selbst innerhalb des Kaiserstuhls, voneinander so weit getrennt, daß ein Artenaustausch zwischen ihnen offenbar so gut wie unmöglich ist; was an einer Stelle erloschen ist, kommt nicht wieder. Hierüber gibt es neue Untersuchungen, die beweisen, was zunächst nur beobachtet und erschlossen wurde. Die heute als Relikte zu verstehenden Arten müssen also in der Vergangenheit eingewandert sein. In der Tat müssen dort aber schon zur Zeit der Ablagerung des Löß, also während der Würmeiszeit vor mehr als 15000 Jahren, Pflanzen existiert haben, sonst wäre nicht erklärbar, daß die lockeren Partikel von Pflanzenwurzeln gehalten worden sind. Zwar wissen wir nicht genau, welche Arten dies gewesen sind, aber es gibt unter den Magerrasenpflanzen eine ganze Reihe, deren heutiger Verbreitungsschwerpunkt im kontinentalen Südosteuropa, ja in den Steppen des südlichen Sibirien liegt, die also nicht nur hohe Sommertemperaturen zu ihrer Entwicklung brauchen, sondern auch tiefe Wintertemperaturen ertragen. Zu diesen kontinentalen Arten gehören Grauscheidiges Federgras (*Stipa joannis*), Sand-Fingerkraut (*Potentilla arenaria*), Großes Windröschen (*Anemone sylvestris*) u.a. Die meisten Arten, deren Verbreitung in Mitteleuropa ausklingt, haben jedoch einen Schwerpunkt im nördlichen Grenzbereich des Mediterrangebietes, d.h. im submediterranen Gürtel, wie Zwerg-Sonnenröschen (*Fumana procumbens*), Affen-Orchis (*Orchis simia*), Spinnen-Ragwurz (*Ophrys sphecodes*), oder sie kommen sowohl in den Steppen als auch im submediterranen Gebiet vor, wie Haar-Pfriemengras (*Stipa capillata*) u.v.a. Für diese Arten läßt sich eine Einwanderung in der schon erwähnten nacheiszeitlichen Wärmezeit annehmen, als die Wälder insgesamt noch lichter waren als heute, als außerdem schon bäuerliche Siedler tätig waren, sich ein Wegenetz entwickelte und Haustiere als »Transporteure« in Frage kamen. Die Ausbreitungsmöglichkeiten waren also anders und besser als gegenwärtig, wo Pflanzen und wohl auch Tiere allenfalls entlang der Autobahnen oder an

Ufer- und anderen Böschungsanrissen rasch wandern können – abgesehen von größeren und sehr flugfähigen Arten.

Über die allmähliche Veränderung von Trespenrasen, wie sie ohne menschliche Bewirtschaftung abläuft, d.h. die natürliche Sukzession, wissen wir seit einigen Jahren recht gut Bescheid. Daß große Flächen auch ohne Pflege nach wie vor gebüschfrei bleiben, liegt daran, daß Vögel als deren hauptsächliche Samenausbreiter sich fast nur dort niederlassen, wo bereits ein Strauch steht. So wachsen zwar um einen »Startpunkt« herum weitere Sträucher verschiedener Arten heran, das Gebüsch wird immer »bunter«, schließlich kommen auch Waldpflanzen hinzu; dazwischen aber bleiben viele Hektar frei, auch ohne Mahd oder Beweidung. Nur die Schlehen rücken aus eigener Kraft in geschlossener Front vor, da sie aus den Wurzeln austreiben. Bei Haseln spielen Mäuse die Hauptrolle der Ausbreitung, welche die Nüsse in ihre Bauten über wenige Zehnermeter verschleppen (können). Aber auch in den Rasen selbst spielen sich in sehr unterschiedlicher Geschwindigkeit Veränderungen ab, wenn die Mahd unterbleibt: Es bildet sich eine Streudecke, durch die niederwüchsige, meist frühblühende Rosettenpflanzen benachteiligt und schließlich verdrängt werden können; hingegen setzen sich hochwüchsige, meist erst im Sommer blühende Arten stärker durch, z.B. Kalk-Aster (*Aster amellus*) und Haarstrang-Arten (*Peucedanum cervaria* und *P. oreoselinum*). Ein solcher Artenwechsel ist für viele Insekten durchaus günstig, da das Nahrungsangebot verlängert wird. Notwendig ist jedoch, die verschiedenen Entwicklungsstadien der Vegetation zu erhalten und dadurch für alle Arten Überdauerungsgebiete zu sichern; dies gelingt nur mittels sorgfältig abgestimmter Pflegemaßnahmen (vgl. Beitrag von MEINEKE und SEITZ).

LITERATUR

WILMANNS, O., WIMMENAUER, W., FUCHS, G., RASBACH, H. & K. (1989): Der Kaiserstuhl – Gesteine und Pflanzenwelt. – 3. Aufl. 244 S. Ulmer Stuttgart.

Hochrheintal und Dinkelberg

Das Hochrheintal zieht sich als zwei bis vier Kilometer breite Niederung von Schaffhausen bis Basel. Der Rhein hat sich in seine eiszeitlich abgelagerten Schotter eingegraben. Zwischen Hauenstein und Säckingen umgreift er den südlichsten Schwarzwald, den Hotzenwald; stromabwärts liegt zwischen Hochrhein und Wiese-Unterlauf das tektonisch zerstückelte, Nord-Süd-ziehende und von geologischen Gräben durchsetzte Dinkelberg-Plateau. Es bildet in Fortsetzung des Schwarzwaldes die Südwestecke der süddeutschen Gebirge. Ein Band von Industriezentren, Gewerbe- und Siedlungsgebieten und Hauptverkehrsstraßen zieht sich durch das restliche Bauernland; viel Raum für ungestörte Natur bleibt da nicht. Zwei Eigenschaften des Doppelnaturraums (Hochrheintal–Dinkelberg) sind jedoch in unserem Zusammenhang bemerkenswert, eine hydrologische und eine klimatologische.

Der Rheinstrom hat hier noch fast das Gefälle eines Oberlaufs – oberhalb der Aaremündung sind es durchschnittlich 0,85‰; wo das Wasser harte Schichten durchsägt hat und im Flußbett Stromschnellen entstanden sind, kann das Gefälle bis 1,5‰ betragen. An einer solchen Stelle liegt das Naturschutzgebiet »Kadelburger Lauffen« (218). Es ist ein äußerst mannigfaltiges Gebiet, das einerseits ein bedeutsames Vogel-Rastgebiet enthält (das auch den nahe gelegenen Aare-Stausee einschließt); andererseits stehen oberhalb der kiesigen Steilufer felsige Muschelkalkhänge mit sehr naturnaher Xerothermvegetation an (s. S. 63). Selten kann man eine so lebendige Vorstellung von ursprünglichen Standorten und Wandermöglichkeiten in natürlichen Stromtälern im Bergland erwerben.

Das zweite Charakteristikum des Raums betrifft nur dessen westlichen Teil. Von der Burgundischen Pforte zwischen Vogesen und Schweizer Jura dringen regelmäßig warme Luftströmungen ein; ein »Ast« schwenkt von Südwest nach Osten um, allerdings mit Immissionen angereichert, und regnet sich rasch am Dinkelberg und Schwarzwald ab. Die Niederschläge liegen zwischen 850 und 1000 mm/a, die Jahresmitteltemperaturen zwischen 9° und

10 °C, die Januarmittel über dem Gefrierpunkt. Das Gebiet hat also submediterrane Tönung. Diese spiegelt sich in der Vegetation wider, wenn auch der früher großflächige Rebbau zurückgegangen ist.

Einige aussagekräftige Gehölze gibt es hier, welche im Schweizer Jura gegen Südwesten zusehends häufiger werden: Der Schneeballblättrige Ahorn (*Acer opalus*), den man nur in einer Handvoll Exemplaren auf bundesdeutschem Boden findet, leuchtet schon im zeitigen Frühjahr mit seinen gelben Blütenständen vor den anderen Bäumen aus den noch graurroten Kronen des umgebenden Seggen-Buchenwaldes hervor. Er stockt hier an der Nordgrenze seines Areals (123). Die ebenfalls submediterrane Flaum-Eiche (*Quercus pubescens*) greift etwas weiter aus (z.B. am Isteiner Klotz und am Büchsenberg, auch an der Mosel); sie tritt hier waldbestimmend auf. Namengebend für das Naturschutzgebiet am Grenzacher Horn (123) ist der hier wilde Buchsbaum (*Buxus sempervirens*), der auf basenreichen, trockenen Böden dank unterirdischer Ausläufer derartig dichte Gestrüppe bilden kann, daß die Naturverjüngung anderer Gehölze verhindert wird. Er dürfte an den ihm so zusagenden Standorten am südlichen Dinkelberg einheimisch sein, da man auch früher zum »Buchsen« in den Wald ging und die Triebe dann als Palmsonntagsstrauß geweiht oder als Zierpflanzen verkauft wurden. In den eingerissenen Schluchten am Südabfall des Dinkelberges gibt es die subatlantisch-submediterrane Hirschzunge (*Phyllitis scolopendrium*) in einem der reichsten (oder gar dem reichsten?) Vorkommen in Deutschland (132). Im geplanten Naturschutzgebiet »Buhrenboden« kommt noch der pflanzengeographisch verwandte, submediterran-atlantische Lorbeerblättrige Seidelbast (*Daphne laureola*) vor, ein Strauch, aus dessen Ilex-ähnlich glänzenden, dabei wintergrünen Blättern man schon auf seine geringe Winterfestigkeit schließen kann; auch diese Pflanze wächst hier nahezu an der Nordostgrenze ihres Areals.

LITERATUR

Landesanstalt für Umweltschutz Baden-Württemberg (Hrsg.) (1979): Der Buchswald bei Grenzach (Grenzacher Horn). – Die Natur- und Landschaftsschutzgebiete Baden-Württembergs 9. 462 S. Karlsruhe.

Schwarzwald

Einführung

Mit einer Länge von 166 km (vom Durlacher Turmberg bis Bad Säckingen) und rund 6000 km² Flächengröße bildet der Schwarzwald gleichsam das Rückgrat des deutschen Südwestens; etwa drei Viertel davon gehören zum Regierungsbezirk Freiburg. Erst allmählich im Laufe des Mittelalters, also spät, besiedelt, macht er seinem alten Namen Svarzwald (in verschiedenen Schreibweisen) auch heute noch Ehre: mit einer durchschnittlichen Bewaldung von 66 Prozent (zum Vergleich: ganz Deutschland rund 30 Prozent), dessen »Schwärze« heute allerdings durch Überbetonung des Nadelholzes verstärkt ist. Andererseits bekommt er aber durch die weiten Grünlandflächen im insgesamt immer noch dünn besiedelten Gebirge einen gleichsam lichten und freundlichen Zug. Auch einige Superlative – gemessen an den anderen deutschen Mittelgebirgen – hat der Schwarzwald aufzuweisen: Der Feldberg im Südteil ist mit 1493 m ü. NN der höchste außeralpine Berg; der Ruhestein im Nordteil hat mit 2094 mm (Durchschnitt der Jahre 1931–1960) die höchsten gemessenen Niederschläge außerhalb der Alpen; und daß am Fuß eines Gebirges Rebfluren gedeihen, in knapp 20 km Luftlinienentfernung aber subalpine Pflanzengesellschaften leben, diese Erscheinung findet man zwar auch drüben in den Vogesen, dann aber erst wieder in den Zentralalpen. Die zu erwartende Vielfalt an Lebensräumen wird durch eine Rahmenbedingung eingeengt: Der Schwarzwald besitzt keine Kalkgesteine und entsprechende Böden; man läßt ihn definitionsgemäß mit der Buntsandstein-Muschelkalk-Grenze im Norden, Osten und Süden und mit der geologisch »bunten« Vorbergzone im Westen enden. Daß es punktuell dennoch einige als Kalkzeiger bekannte Arten gibt, hat man seit langem bemerkt und kann es seit einigen Jahren auch erklären (vgl. 138); leicht beobachtbare Beispiele sind Aurikel (*Primula auricula*) und Grüner Streifenfarn (*Asplenium viride*) am Hirschsprung.

Die Naturräume

Die naturräumliche Ausstattung und Gliederbarkeit in fünf Haupteinheiten wird letztlich durch die erdgeschichtliche Entwicklung verständlich; sie wird daher eingehend im Beitrag zur geologischen Entwicklungsgeschichte von GENSER dargestellt (zu Landschaftsgeschichte und Böden siehe auch grundsätzlich S. MÜLLER et al. 1967). Sie ist ja auch für das heutige Relief und damit für die differenzierten Klimaverhältnisse maßgeblich; über diese orientieren die Karten auf den Seiten 50 und 51. Dies alles bestimmt wiederum die natürliche Vegetation und die Bewirtschaftungsmöglichkeiten. So gilt es, die Wirtschaftsgeschichte zu berücksichtigen, wenn man das reiche heutige Inventar an Pflanzengesellschaften mit ihrer Tierwelt verstehen will. Nicht von ungefähr liegen die beiden größten Naturschutzgebiete des Landes Baden-Württemberg im Schwarzwald: »Feldberg« (12) mit 4226 ha und »Gletscherkessel Präg« (126) mit 2855 ha.

Ein grundsätzlicher Überblick ergibt sich, wenn man das Gebirge dreidimensional betrachtet.

1. Vertikaldifferenzierung

Von einem »Grundgebirgsstockwerk« aus Gneisen, Graniten und einigen anderen paläozoischen Gesteinen, das im Laufe des Erdmittelalters von Sedimentgesteinen bedeckt wurde, sind infolge der Hebung und Schrägstellung des späteren Schwarzwaldes die Sedimentgesteine weitgehend, aber nicht völlig abgetragen worden.

2. Nord-Süd-Differenzierung

Im Norden ist die Buntsandsteindecke mit heute nährstoffarmen Böden erhalten geblieben; in der Mitte und im Süden entspricht dagegen die alte Sedimentauflagerungsfläche etwa auch der heutigen Oberfläche und bestimmt das Relief und die Böden. Eine Mulde im Kinziggebiet hat auch eine klimatische »Einbuchtung« zur Folge; sie bildet zugleich den geeigneten Übergang über das Gebirge mit der Bundesstraße 33/294 von Offenburg nach Freudenstadt, zur Römerzeit von Offenburg nach Rottweil. Der am stärksten gehobene Südteil ist am stärksten und sichtbarsten eiszeitlich überformt worden.

3. West-Ost-Differenzierung

Wo auch immer man den Schwarzwald überquert von West nach Ost oder umgekehrt, der plötzliche landschaftliche Umschlag zwischen den jungen, tief eingegrabenen Tälern der gefällstarken Rheinnebenflüsse und ihrer Nebenbäche und den breiten, flachen Tälern der zur Donau ziehenden Flüsse ist eindrucksvoll. Mit dem Relief ist auch ein krasser klimatischer Wechsel verbunden: Rasch ansteigende und hohe Niederschläge im Westen in Luvlage, die leewärts der höchsten Gipfel allmählich abnehmen: Freiburg-Botanischer Garten 944 mm, Schauinsland 1585 mm, Hofsgrund 1791 mm, Hinterheubronn am Fuß des Belchens 1919 mm, Hinterzarten 1265 mm, Neustadt 1210 mm, Lenzkirch 1119 mm, Schramberg 1083 mm (alle Zahlen bezogen auf die Periode 1931–1960; aus TRENKLE & VON RUDLOFF (1980). Im gefällschwachen, muldenreichen Osten fließt auch die durch nächtliche Ausstrahlung entstandene Kaltluft nur zögernd ab, ganz im Gegensatz zu den Westtälern und vor allem den Steilhängen. Temperaturumkehr mit Nebel in den Tälern und strahlender Sonne auf den Höhen ist die bekannte Folge. Alles zusammen bewirkt, daß der westliche Schwarzwald subatlantisch getönt ist, der östliche kontinentale Züge hat: Reiche Vorkommen von Stechpalme (*Ilex aquifolium*) und Rotem Fingerhut (*Digitalis purpurea*) sind in den westlichen Buchenwäldern häufig – auf die östlichen Täler beschränkt sind nordisch-kontinentale Arten wie Lorbeer-Weide (*Salix pentandra*) und Grau-Erle (*Alnus incana*). Vor allem aber spiegelt sich dies in den Wäldern, sofern sie einigermaßen naturnah aufgebaut sind: Im Westen sind es Buchen- und Buchen-Tannenwälder (Luzulo-Fagetum und Galio-Fagetum); in den Hochlagen kann der Berg-Ahorn die Führung übernehmen (Aceri-Fagetum). Gegen Osten gewinnt im Naturwald die Tanne immer mehr an Gewicht, während die Buche zurücktritt (Luzulo-Abietetum, Galio-Abietetum); Fichte und Kiefer gehören durchaus in die Baumartenverbindung, ohne daß es sich um Spezialstandorte handeln müßte (Vaccinio-Abietetum), wenn auch die Fichte heute überrepräsentiert ist und die Buche nicht derart vertreten wäre.

Dadurch ergeben sich folgende fünf naturräumliche Einheiten (s. Karte auf dem vorderen Vorsatz, ihre Abgrenzung wird nicht ganz einheitlich gehandhabt): Im Norden bis zur Kinzig-Murg-Forbach-Wasserscheide ist es die Einheit »Grindenschwarzwald und Enzhöhen«; »Grinde« ist ein Ausdruck für »Kopf«, aber auch »Ausschlag am Kopf« und meint hier die voneinander isolierten, ziemlich flachen Buntsandsteinrücken mit lückenhaftem Waldbewuchs (s.u.). Im Nordwesten ist es bis zur Kinzig-Rench-Wasserscheide die Einheit »Nördlicher Talschwarzwald« (was nicht heißt, daß es andernorts keine Täler gäbe). Von beiden ist hier nur ein Zipfel zu betrachten, doch gehören die großartigen Gebiete »Schliffkopf« (152) und »Hornisgrinde-Biberkessel« (145) mit ihren so typischen Hochflächen-Vermoorungen und Karen sowie »Gottschlägtal-Karlsruher Grat« (142) noch dazu. Südlich schließt die Einheit »Mittlerer Schwarzwald« an; sie umfaßt im wesentlichen die Einzugsgebiete von Kinzig und Elz und reicht im Westteil bis zum Dreisambecken und Höllental. Der kontinental-danubische Ostteil um Schonach/Furtwangen wird umgangsprachlich auch als Mittlerer Schwarzwald geführt; von den natürlichen Grundlagen her ist er aber doch abweichend geartet und gleicht landschaftlich dem Schluchsee-Schwarza-Gebiet der Einheit »Südöstlicher Schwarzwald«. Hier herrschen Granite vor, Gneise sind oft vertreten, die »armen« Standorte auf Mittlerem Buntsandstein bilden indessen nur noch ein schmales Band im Gegensatz zum nordöstlichen Schwarzwald. Der eigentliche Mittelschwarzwald ist ein stärker land- als forstwirtschaftlich genutztes Gebiet, dessen ganze Struktur, Landschaftsbild wie Vegetation, von geschlossenen Einzelhöfen, den Hofgütern, bestimmt wird. So ist es verständlich, daß auch hier nur ziemlich wenige »klassische« Naturschutzgebiete liegen (3, 38, 41, 46, 52, 141, 144); ein großzügig zugeschnittenes Schutzgebiet, das den neuartigen Typ der schonend genutzten bäuerlichen Kulturlandschaft repräsentiert, ist das Natur- und Landschaftsschutzgebiet »Rohrhardsberg-Obere Elz« (182), das Ende 1997 als 900. Naturschutzgebiet von Baden-Württemberg ausgewiesen wurde. Den Höhepunkt in doppeltem Sinne bildet dann die Einheit »Hochschwarzwald«. Dazu zählt der einerseits von Westen und Süden her rhenanisch geprägte, andererseits vom eiszeitlichen Formenschatz bestimmte Südwestteil des Schwarzwaldes mit Feldberg (1493 m), Herzogenhorn (1415 m), Belchen (1414 m) und Spießhörnern (1349 m). Grund- und Endmoränen, Zungenbeckenseen (Titisee, Schluchsee), von Gletschern geformte Täler (besonders schön das Tal der Menzenschwander Alb und der oberen Wiese sowie der obere Teil des Höllentals vor dem Hirschsprung, bei welchem der Gletscher endete), Kare (besonders das Feldseekar und der Kar-Embryo des Herzogenhorns) und steile, abgeschliffene Felswände mit abwitternden Blockhalden (etwa bei Präg) sind Zeugen der würmzeitlichen Gletscher. Übertiefungen und abdichtendes Moränenmaterial waren gute Voraussetzungen für die Entstehung von Mooren. Dazu kommen heute noch klimatisch bedingte Erscheinungen, die standortsprägend wirken: Schneewächten, Lawinen, gleichmäßig kalte Quellen – kurz: eine Fülle von Sonderstandorten, die die besondere Bedeutung des Südschwarzwaldes und die große Zahl seiner Schutzgebiete (30!) erklären.

Noch ein Wort zum Namen »Hotzenwald«, der oft benutzt wird, aber nicht für eine naturräumliche Einheit gilt. Er liegt südlich des Feldberggebietes ab Höhe Todtmoos – St. Blasien zwischen Wiese- und Schlüchttal als ein Teil des Hoch- und des Südöstlichen Schwarzwaldes. Es war ursprünglich der Name für ein historisch definiertes Gebiet, nämlich die alte Grafschaft Hauenstein, ähnlich wie dies für die Namen Breisgau, Baar und Hegau gilt, die auch naturräumlich uneinheitliche Gebiete mit wechselnden geschichtlichen Grenzen und entsprechend schwieriger Definition bezeichnen.

Über bezeichnende Vegetationstypen des Schwarzwaldes soll im folgenden Genaueres berichtet werden.

Zur Waldvegetation

Die eben genannten Waldgesellschaften sind an die »mittleren«, also nicht nur von Spezialisten besiedelbaren Standorte in den verschiedenen Teilgebieten des Schwarzwaldes angepaßt. Es ist uns meist kaum möglich, festzulegen, wie das exakte Mengenverhältnis der Baumarten wäre, wenn der Mensch dieses nicht beeinflußt hätte – er hat es überall, und sei es durch das früher frei im Wald herumstreifende Weidevieh. Unsere Vorstellungen davon beruhen auf verschiedenen Quellen: Auf Pollenfunden in Mooren aus der Zeit vor der Besiedlung des betreffenden Gebietes, auf dem ökologischen Zeigerwert der Strauch- und Krautarten des Unterwuchses, auf Beobachtungen des Verhaltens der Baumarten unter verschiedenen Standortbedingungen und in Konkurrenz zueinander, ihrer Verjüngungskraft und ihrer Widerstandsfähigkeit gegen Schädlinge. Solchen Studien dienen die von den Landesforstverwaltungen festgelegten Naturwaldreservate, in Baden-Württemberg Bannwälder genannt (dazu BÜCKING et al. 1994). Von diesen gibt es zur Zeit im Schwarzwald 27; die meisten sind zugleich als Naturschutzgebiet ausgewiesen, zum Beispiel »Hornisgrinde-Biberkessel« (145), »Zweribach« (52), »Bannwald Konventwald« (3), »Flüh«, »Feldseewald« (in 12) und »Berauer Halde«. Sie haben in der Tat hohen Wert nicht nur für wissenschaftliche Studien und deren Umsetzbarkeit in die waldbauliche Praxis, sondern auch als kaum mehr beeinflußte, vielseitige und daher selten gewordene Lebensräume. Wesentlich ist ihr »Angebot« an Kleinstandorten, vor allem für gefährdete Pilze und Moose, Heerscharen von Insekten, Vögel und Kleinsäuger: stehende und liegende tote Stämme in unterschiedlichen Stadien der Vermorschung, Lücken, die durch der spontanen Zusammenbruch alter Stämme, durch Windwurf, Eisbruch oder andere Ereignisse entstanden sind. Ihre biologischen Folgen lassen sich im aufgeräumten Wirtschaftswald nicht einmal mittelfristig studieren.

Hier soll noch auf einige charakteristische Waldtypen aufmerksam gemacht werden, die für Kenner und für Naturfreunde allgemein besondere Aussagekraft haben – wenn man ihre »Sprache« nur lesen kann. Einige »berichten« von speziellen Lebensbedingungen (Gruppe 1), andere sind Zeugen von früheren Wirtschaftsweisen (Gruppe 2). Den Abschluß bilden die eindrucksvollen Plenterwälder.

Gruppe 1:
An sehr kalten Hängen oder in entsprechenden Kaltluftmulden auf zugleich vernäßten und ziemlich nährstoffarmen Mineralböden kann die Fichte zu natürlicher Vorherrschaft gelangen; selbst sie gedeiht hier nur schlecht, andere Baumarten aber gar nicht oder in einzelnen Kümmerexemplaren, z.B. die Moor-Birke; am Absturz des Seebuck zum Feldsee (12) gibt es z.B. solche Peitschenmoos-Fichtenwälder (Bazzanio-Piceetum). Sie können auch manche Moore randlich begleiten, so ist es z.B. am »Hinterzartener Moor« (14); sie treten dann in Kontakt mit den Moorkiefernwäldern, die noch weiter auf die Torfböden ausgreifen (s. S. 79).

Als Gegenpol kann man die Traubeneichen- und die seltenen Kiefernwälder (Betulo-Quercetum petraeae, Leucobryo-Pinetum) an trocken-warmen, felsig-flachgründigen Standorten ansehen (z.B. 233). Sie lassen verständlicherweise viele lichtliebende Arten im Unterwuchs zu, wogegen die gewohnten Waldpflanzen ganz zurücktreten; es sind gleichsam »Steppenheidewälder auf Silikat« (vgl. Schwäbische Alb). Wahrscheinlich haben hier manche Pflanzen und Tiere, etwa Ästige Graslilie (*Anthericum liliago*) und Salomonssiegel (*Polygonatum odoratum*) auch zu Zeiten großräumig geschlossener Bewaldung eine Heimat und später Ausbreitungskerne gehabt.

Wo die Hänge feinerdereicher und dazu bewegt sind, die Buche also kein übermäßiger Konkurrent mehr ist, gibt es Schluchtwälder (im weiteren Sinne): An den trockeneren Stellen sind es nach Artenreichtum und Blüten bunte Ahorn-Lindenwälder (Aceri-Tilietum) mit allen drei Ahorn-Arten und beiden Linden-Arten (z.B. 233, auch 36); in luftfeucht-kühler Lage, oft wörtlich gegenüber, wachsen Wälder mit Esche, Berg-Ahorn, Berg-Ulme, Sommer-Linde

5 Das obere Kirnachtal bietet ein Beispiel für die breiten, gefällsschwachen Täler des Südöstlichen Schwarzwaldes, hier mit Naßwiesen, die von Spitzblütiger Binse (*Juncus acutiflorus*) bestimmt werden. Typischer Bach- und Flußbegleiter ist die Lorbeer-Weide, allerdings meist mit der Bruch-Weide bastardiert, so auch hier. Fichten beherrschen heute die sanften Hänge und die Verebnungen.

und – je nach Boden – Geißbart (*Aruncus sylvestris*), Silberblatt (*Lunaria rediviva*) oder Frühlingsgeophyten wie den Lerchensporn-Arten (*Corydalis*) (Aceri-Fraxinetum i.w.S.) (207); an einem Wuchsort kommt sogar das Schneeglöckchen (*Galanthus nivalis*) wild (oder nach Verwilderung eingebürgert?) vor (232).

Die Gebirgs-Auenwälder unterscheiden sich deutlich von jenen der Rheinaue (s. S. 55). Nur wenige Bestände gibt es von Grauerlen-Auenwäldern (Alnetum incanae) mit ihrem eindrucksvollen Unterwuchs von Hochstauden, z.B. Blauem Eisenhut (*Aconitum napellus*) und sogar Alpen-Heckenrose (*Rosa pendulina*); sie sind schneedruck- und überschwemmungsfest und kommen im Schwarzwald nur noch als kurze Waldstreifen in Kaltluft-sammelnden Tälern vor (z.B. im Seebachtal außerhalb der »Feldberg«-Schutzgebietsgrenzen). Die üblichen landschaftsprägenden »Galeriewälder« (Stellario-Alnetum) unserer Schwarzwaldflüsse bauen Schwarz-Erle, Esche und Bruch-Weide (*Salix fragilis*) zusammen mit montanen Hochstauden wie Wald-Knautie (*Knautia dipsacifolia*) und Eisenhutblättrigem Hahnenfuß (*Ranunculus aconitifolius*) auf; gelegentlich krümmt sich sogar die subalpine Grün-Erle (*Alnus viridis*) aus dem Halbschatten heraus über Fluß oder Bach. Ihr Aspekt pflegt rasch zu wechseln, denn die Bestände werden heute noch mittelwaldartig genutzt und leiten damit zur zweiten Gruppe über: Die Strauchschicht wird im Abstand einiger Jahre geschlagen, dazwischen bleiben aber gut gewachsene Stämme, die einmal Wertholz ergeben können, stehen; auf Dauer halten sich nur die oben genannten Baumarten in schönen Individuen, z.B. im Naturschutzgebiet »Gletscherkessel Präg« (126).

Gruppe 2:
Für den Mittleren Schwarzwald geradezu typisch, sind durchgewachsene, also nicht mehr als solche genutzte Niederwälder von

6 Im »Haselbosch« an den Hängen der oberen Elz. Lockeres Gesträuch, unterbrochen von kleinen Lichtungen, ist der Lebensraum des Haselhuhns, das als Nahrung besonders Kätzchen und andere Knospen und dazu Deckung und Wetterschutz braucht.

Hasel, Eiche und – nur im Westen in der Nähe der Rebflur – Eßkastanie (*Castanea sativa*). Das Alter ihrer Stämme zeigt, daß sie meist bis Anfang dieses Jahrhunderts noch im Abstand von etwa zehn bis 25 Jahren geschlagen worden sind. Sie sind damit »lebende Dokumente« jener Zeit, als der Wald den Hofbauern so gut wie alles Lebensnotwendige außer der Nahrung selbst lieferte (Abb. 6). Haselruten waren geeignet zur Herstellung von sogenannten Wieden für die Flößerei: sie wurden gedämpft, anschließend gedreht und dann zum »Binden« mächtiger Stämme zu Flößen und zum »Stricken« der kurzen Einzelflöße zu langen, kombinierten Flößen (nach dem Prinzip der zum Eisenbahnzug verbundenen Waggons) benutzt. Die Flößerei war einer der bedeutendsten Erwerbszweige im mittleren und nördlichen Schwarzwald; im südlichen wurden dagegen Stämme und Scheiterholz hauptsächlich lose »getriftet«. Der Anbau von Trauben-Eichen diente der Gerbstoffgewinnung zur Herstellung von Leder. Die Borke bekam den höchsten Gehalt an Gerbstoffen an warm-trockenen Standorten; so stocken die Eichen noch heute an steilen Südhängen, z.B. der Kinzig und ihrer Nebenflüsse sowie der Elz. Eßkastanien-Stockausschläge sind so schlank und geradwüchsig, daß sie gute Rebstecken abgeben. Die leicht zersetzliche Laubstreu war als Dünger für die Reben begehrt, freilich dem Wald-Ökosystem damit entzogen. Ein solches Streurechen war im grünland- und stroharmen Rebgebiet bis zu Anfang dieses Jahrhunderts allgemein verbreitet. Die Humus- und Nährstoff-Verluste werden ohne menschliches Zutun erst nach mehreren Jahrzehnten sichtbar ausgeglichen.

Nicht nur mächtige Stämme als Bauholz für die Schwarzwaldhäuser, als Grubenholz für den Bergbau und als Floßholz für den Verkauf bis nach Holland hinunter waren notwendig; man benötigte Brenn- und Geschirrholz, Zaun- und Wagenholz, Holz zur Herstellung der leicht

7 und 8 Auf dem Langeckhof im Zweribachgebiet/Mittlerer Schwarzwald wird heute noch die Schneitelwirtschaft gepflegt. Das Bildpaar zeigt mehrere im Herbst 1986 geschneitelte Eschen unmittelbar nach dem Rückschnitt der Kronen (15.10.1986) und ein Jahr später am Ende der folgenden Vegetationsperiode (20.10.1987). Bereits im ersten Jahr nach dem Rückschnitt treiben die Bäume wieder kräftig aus. In wenigen Jahren werden ihre Kronen wieder zusammenschließen und können dann erneut als Laubfutter und Brennholz genutzt werden.

transportierbaren Holzkohle, zur Aschenbrennerei und Glaserzeugung, Bäume zur Harz- und Pechgewinnung und manches andere. Auch krumme Schäfte und Äste pflegte man durchaus direkt zu verarbeiten, z.B. säbelwüchsige Birken zu Schlittenkufen. Man kann noch heute mit geübtem Blick Hunderte von ehemaligen Meilern mit Holzkohlebröckchen im Boden finden und daraus die damalige Baumartenzusammensetzung an diesem Ort analytisch erschließen.

Die Wälder dienten aber auch flächendeckend zur Viehweide. Da die Tiere, vor allem die dadurch verrufenen Geißen, dem Jungwuchs arg zusetzten, wurden die Wälder immer lichter, schlechtwüchsiger und waren schließlich infolge all der übermäßigen Nutzungen weithin zerstört. Das Erste Badische Forstgesetz von 1833 und spätere Anordnungen brachten eine allmähliche Wende. Das heutige geschlossene Waldkleid ist also erst etwa 100 bis 150 Jahre alt. Umso eindrucksvoller sind eingesprengte mächtige Überhälter im Bestand (z.B. 5, 12, 52) oder freistehende Weidbuchen (126, Wiedener Bereich) (zu ihrer Entstehung s. SCHWABE & KRATOCHWIL 1987). Gelegentlich sieht man noch in und außerhalb von Beständen am Wuchs der alten »Recken«, daß sie früher geschneitelt worden sind, d.h. die Äste abgeschlagen, um das getrocknete Laub im Winter zu verfüttern (z.B. auf der »Platte«, Abb. 7 und 8). Solche Bestände pflegen ohne Pflanzung spontan entstanden zu sein. Auch die abwechslungsreichen, ziemlich jungen, lockeren Mischbestände aus Hasel, Birke, Espe, Weide, Fichte, auch Esche, Hainbuche, Buche, randlich Holunder, Grün-Erle, selbst Wacholder im Gebiet der oberen Elz sind natürlich frei aufgekommen. Eben sie, die auf nicht mehr befahrenen Weidfeldern entstanden sind, spielen eine wichtige Rolle als Lebensraum des Haselhuhns (vgl. Beitrag von KNOCH).

Unter den Bildern des modernen und ertragreichen Wirtschaftswaldes müssen die Plenterwälder hervorgehoben werden, die es im Hotzenwald, im Südöstlichen und im Nordschwarzwald in nicht zu kleinen Beständen gibt (besonders eindrucksvoll in der Umgebung von NSG 214 und 217). Die hier natürlichen Baumarten Tanne, Buche, Fichte und z.T. Kiefer mit unterschiedlicher Schattenfestigkeit sind besonders geeignet für diese waldbaulich anspruchsvolle Betriebsform eines Hochwaldes: Hier wachsen Bäume verschiedenen Alters und verschiedener Höhe auf engem Raum miteinander im gleichen, dadurch stufig aufgebauten Bestand, weil jeweils nur einzelne alte Stämme herausgeschlagen und geerntet werden und in diesen kleinen Lücken junge Kernwüchse von selbst nachrücken. Plenterwälder haben viele Vorteile: sie haben sich als Folge ihrer weniger einseitigen Struktur als katastrophenresistenter erwiesen, wobei wohl die gleichmäßige Durchwurzelung und das höhere Angebot an Kleinstandorten eine Rolle spielen; sie lassen größere Flexibilität in der Holzentnahme zu und, was gerade im Gebirge mit seinem kleinflächigen Standortswechsel wesentlich ist – es werden ganz von selbst die jeweils am besten angepaßten Individuen ausgelesen.

Weidfelder

Wenn gegenwärtig oft davon die Rede ist, man dürfe den Schwarzwald nicht über das heutige Maß hinaus aufforsten oder auch (was sicher seltener wäre) spontan verwalden lassen, so haben viele Diskutanten vermutlich Freiland von der Art extensiv oder gar nicht mehr genutzter Weiden vor Augen, wie sie etwa die Feldbergkuppe einnehmen; man nennt sie hierzulande Weidfelder. Vielleicht erinnert sich manch einer auch an die sich spät entwickelnden, bunten Gebirgswiesen, die heute sehr selten geworden und allenfalls über Vertragsnaturschutz (oder Förderung von »Ökologischem Landbau«) erhaltbar sind. Denn als lohnend gilt derzeit das Intensivgrünland. Darunter fallen meist mit Schwemmist und Phosphat gedüngte, zur Silagegewinnung frühzeitig und häufig gemähte, an Arten verarmte Wiesen und gedüngte Koppelweiden. Weidfelder heben sich von der sonstigen Vegetation schon auf die Ferne hin ab, denn sie sind nie so recht grasgrün und darin den Schafweiden auf der Schwäbischen Alb ähnlich, sondern eher graugrün durch offenen Boden, Steine und tote Blätter von Borstgras (*Nardus stricta*) und Schaf-Schwingel (*Festuca ovina*), auch braunrot durch Heidekraut (*Calluna vulgaris*), gelb getupft, wenn Besenginster (*Sarothamnus scoparius*), Flügel-Ginster (*Genista sagittalis*) und Arnika (*Arnica montana*) blühen, mit weißen Flecken von Bärwurz (*Meum athamanticum*), Schafgarbe (*Achillea millefolium*) und Sand-Labkraut (*Galium harcynicum*), mit rosa Schimmer durch blühendes oder fruchtendes Straußgras (*Agrostis tenuis*) u.v.m. (Abb. 9). Dazu treten Adlerfarn-Herden und Heidelbeer-Decken, Steinrasseln und Felsblöcke, Steinriegel und alte Mauern, Brombeerflecken, quellige Stellen, Birkenwäldchen, Weidbuchen, Fichtenanflug – dies nicht alles am gleichen Ort, aber von großem Struktur- und Artenreichtum, oft allerdings nur noch auf kleinen Flächen neben Intensivgrünland oder als Streifen an frischen Aufforstungen oder an Wald- und Wegrändern entwickelt. Wo große Flächen erhalten sind, sind sie landschaftlich beeindruckend, eben »typisch Schwarzwald« (12, 126, 223) (Abb. 10). Beobachtungen und exakte pflanzensoziologische Kartierungen im Vergleich zur Nachkriegszeit (KERSTING 1991) zeigen, daß – wie bei den Kalkmagerrasen – im wesentlichen drei Gefährdungsursachen die Weidfelder dezimieren oder stark verändern: Düngung, Aufforstung und freie Vegetationsentwicklung, also Sukzession, wobei letztere über lange Jahre hin positiv wirken kann, es aber zu prüfen gilt, wann man eingreifen muß, ehe die Entwicklung in Richtung Wald unumkehrbar wird.

Es gibt im Schwarzwald drei Typen von Weidfeldern, die sich nach Flora (sicherlich auch Fauna), Entstehung und Verbreitung unterscheiden (SCHWABE-BRAUN 1980), wofür Klima und Wirtschaftsgeschichte ursächlich sind: In den Hochlagen von Feldberg-Herzogenhorn und Belchen, gegen Kandel und Rohrhardsberg ausklingend, kommt die Schweizer-Löwenzahn-Borstgrasweide (Leontodonto-Nardetum) vor; sie enthält Eiszeitrelikte, gehört also zum subalpinen Vegetationsmosaik (s. u.). Unterhalb von etwa 1200 m gibt es die Flügelginsterweide (Festuco-Genistetum sagittalis) im ganzen Hochschwarzwald und oberhalb etwa 900 m auch im Mittleren und Südöstlichen Schwarzwald. Darunter jedoch liegt das Gebiet, in dem der Besenginster (die Ramse) die Weidfelder als Sarothamno-Nardetum kennzeichnet (Abb. 12). Ursache für die deutliche Trennung der beiden letztgenannten ist die frühere Bewirtschaftung: Im größten Teil des Südschwarzwaldes waren und sind die ausgedehnten Weidfelder Genossenschafts- oder Gemeindeeigentum; die Bauern, deren Grundbesitz erbrechtlich durch Realteilung hier zerstückelt und auf die Erben verteilt wurde, schickten ihr Vieh, früher in bunt gemischten Herden, mit dem angestellten Hirten, dem Herder, auf die Gemeinschaftsweide, verallgemeinernd auch als Allmendweide bezeichnet. Im Mittleren und in Teilen des Südöstlichen Schwarzwaldes mit Anerbenrecht ging der Hof an einen einzigen Erben, meist den jüngsten Sohn, geschlossen über. Hier war das Weidfeld kleiner; es diente, wie auch lange Zeit der Wald, zugleich als Ackerreserve und wurde im Abstand von etwa zehn bis 25 Jahren gebrannt. Als Brennmaterial dienten die mühsam ausgehackten (»geschorbten«) und getrockneten Rasensoden, zusammen mit Gestrüpp, vor allem Besenginster; nach dem Brennen dieser sog. Bergreute, dem »Rüttifüre«, säte man Roggen in den mit der Asche angereicherten Boden ein, konnte im Folgejahr noch Kartoffeln, vielleicht sogar noch Hafer anbauen; dann überließ man die Fläche wieder der freien Entwicklung, aber unter dem Zahn des Viehs. Die Reutbergwirtschaft bezog sich auf den Wechsel von Wald (Waldreute) und Acker; dieses »Rüttibrennen« gründete sich auf das Reisig z.B. von Schäleichenwald, Haselbosch oder Weidewäldchen. Das Brennen wurde noch ganz vereinzelt bis in die 50er Jahre ausgeübt.

Die Lebensweise der jeweils charakteristischen Arten der Weidfeldtypen spiegelt die Nutzungsweisen ihres Umfeldes wider: Der Besenginster, der vom Vieh verschmäht wird, beginnt im Alter von drei Jahren zu blühen und erreicht nur etwa zwölf Jahre; seine Samen können im Boden mit Sicherheit 80 Jahre, wahrscheinlich länger ruhen und dabei lebensfähig bleiben; unter günstigen Bedingungen, wozu auch darüberhuschendes Feuer gehört, keimen sie aus. Eine ähnliche Samenbank bilden auch Roter Fingerhut (*Digitalis purpurea*), Kleiner Sauerampfer (*Rumex acetosella*) und Pillen-Segge (*Carex pilulifera*); auch Brombeeren und Adlerfarn (*Pteridium aquilinum*),

9 Im Weidfeld von Ibach/Hotzenwald leuchtet weithin der vom Vieh als Futter verschmähte Flügel-Ginster (*Genista sagittalis*); den Tieren stehen jedoch viele andere Pflanzenarten zur Verfügung, hier z.B. Felsen-Labkraut (*Galium harcynicum*), Geschlängelte Schmiele (*Deschampsia flexuosa*) und junge Heidelbeertriebe (*Vaccinium myrtillus*). Wacholder und Fichten sind weidefest, Buchen nur dann, wenn sich Besatz und Verbiß in Grenzen halten. Dann können die eindrucksvollen Weidbuchen-Individuen heranwachsen (s. Abb. 11).

10 Die Hinterwälder sind die kleinste deutsche Rinderrasse; eine ausgewachsene Kuh ist etwa 1,20 m hoch und wiegt etwa 400 kg. Seit Jahrhunderten sind sie von den Schwarzwaldbauern auf Klettertüchtigkeit und Nutzung des rauhfaserreichen Futters an den Hängen ausgelesen worden; sie sind langlebig und erzielen, gemessen an ihrer Größe, hohe Milchleistungen. Sie kommen gegenwärtig nur noch mit gut 4000 Tieren im Südschwarzwald vor; man bemüht sich sehr um die Erhaltung dieser Rasse, u.a. auch durch Förderung der regionalen Vermarktung.

die auf den Weidfeldern des Mittelschwarzwaldes sehr häufig sind, werden durch Feuer gefördert, da ihre Knospen im Boden geschützt liegen, sie aber von dem Nährstoffschub profitieren. Dagegen sind der Flügel-Ginster mit seinen oberirdischen Legtrieben und Arnika mit ihren offenen Rosetten feuerempfindlich; mögen sie gelegentlich einen Brand überstehen – jahrhundertelange Reutbergwirtschaft merzt sie aus.

Im Nordschwarzwald gibt es auf den Grinden eine Vegetation, die eine entfernte Ähnlichkeit mit der der Weidfelder hat: Sie ist offen, ist durch extensive Bewirtschaftung über Jahrhun-

11 Der nur noch selten anzutreffende, in Maßen vom Vieh befressene Weidbuchen-Jungwuchs wird »Kuhbusch« genannt. Erst nach einigen Jahrzehnten ist der junge Baum dem Maul der Rinder so weit entwachsen, daß mehrere Äste der Stämme in die Höhe streben und, miteinander verwachsend, die charakteristischen Weidbuchen bilden können.

12 Die Ramse (*Sarothamnus scoparius*) prägt die meisten Weidfelder im Mittleren Schwarzwald, im Frühjahr goldgelb blühend, sonst als düstergrüne »Besen«. Oft bilden die Sträucher auch nur schmale Streifen an den Weg- und Waldrändern zwischen heutigem intensiver genutztem Grünland und dunklen Fichtenforsten – kulturgeschichtliche Zeugen für die ehemals riesige Ausdehnung der Weidfelder.

derte hin entstanden und hat die Tendenz zur Sukzession in Richtung Wald; sie prägt in ihrer Großflächigkeit und prächtigen Herbstfärbung und zusammen mit den eingestreuten Legföhren-Gebüschen (145, 152) die dortige Erholungslandschaft: die sogenannte Bockser-Vegetation. Die ehemals locker bewaldeten Grinden nutzten die Bauern aus den östlichen und westlichen Tälern als Sommer-Viehweiden; sie brannten den Wald, sie mähten die Freiflächen, um Futter und Streu zu gewinnen, ungeregelt, wie es eben die standörtlichen Verhältnisse mit den anmoorigen, nährstoffarmen Böden ergaben. Durch den Nährstoffentzug und infolge der hohen Niederschläge – ähnlich wie im perhumiden Schottland – verarmten die Böden noch stärker, sie vernäßten weiter, so daß es sogar zu lokaler Torfbildung und damit Vermoorung kam. Diese suchte man später durch Entwässerungsgräben rückgängig zu machen, um die Fichte zu begünstigen. Anschaulich schildern BARTSCH & BARTSCH (1940) die schwer durchschaubare Situation in den 30er Jahren. Es gab gelegentlich gemähte, ziemlich trockene Pfeifengras-Borstgrasrasen (Molinia coerulea-Nardus stricta-Gesellschaft), dazwischen Heide-Anmoorflächen (Sphagno compacti-Scirpetum germanici) mit der »Missenbürste« (*Tricho-

phorum cespitosum ssp. *austriacum*) und der Sparrigen Binse (*Juncus squarrosus*) sowie Torfböden mit Scheidigem Wollgras (Eriphoro-Trichophoretum cespitosi). Das gibt es auch heute noch, wenn auch in anderen Flächenverhältnissen. Wo nämlich nicht gemäht wurde und wird, setzen sich die Zwergsträucher durch: Heidekraut (*Calluna vulgaris*) an trockenen, Moorbeere (*Vaccinium uliginosum*) an feuchthumosen Stellen. Pioniergehölze, heute verstärkt aufkommend, sind hier Karpaten-Moorbirke (*Betula pubescens* ssp. *carpatica*) und Vogelbeere (*Sorbus aucuparia*), die niederliegende Form der Moor-Kiefer (*Pinus rotundata* var. *pseudopumilio*) und Fichte. Die Gehölze lassen sich leicht durch Schlag als Pflegemaßnahme zurückhalten; schleichend und bei oberflächlichem Zusehen unbemerkt ist jedoch die verdrängende Wirkung des Pfeifengrases oder Bocksergrases, das durch seine Streu Torfmoose und Flechten leicht, Zwergsträucher allmählich unterdrückt. Will man schon nicht mehr mähen, so bietet sich anstelle von Feuer, das *Molinia* fördert, eine Beweidung durch Schafe oder anspruchslose Rinderrassen an. Diese Alternative wird zur Zeit getestet.

Moore

Der Schwarzwald gehört heute zu den an lebenden Mooren reichsten Landschaften Deutschlands. Moore bestehen aus (mindestens teilweise) torfbildender Vegetation; Torf bildet sich, wenn Wasser pflanzliche Reste so anhaltend durchtränkt, daß diese infolge von Sauerstoffmangel nur unvollständig abgebaut werden und man ihre Struktur und Herkunft noch erkennen kann. Der Moor-Reichtum ist angesichts der hohen Niederschläge bei niedrigen Temperaturen und vieler wasserstauender Geländesenken in den montanen Lagen einleuchtend, ebenso die Schwerpunkte einerseits im Nördlichen Schwarzwald auf Buntsandstein, andererseits im Hochschwarzwald, speziell im Hotzenwald, soweit dieser würmeiszeitlich vergletschert war und mit schlecht durchlässiger Grundmoräne überzogen ist. Zwar sind es bei uns nicht die ehemals riesigen, heute aber sämtlich zerstörten Moore Nordwestdeutschlands, doch sind sie sowohl zahlreich als auch vielfältig differenziert. (Das einst größte und offenbar schönste Moor des Schwarzwaldes, das Schluchseemoor, wurde 1930 total vernichtet als der See in diesem Zungenbecken über ihm aufgestaut und der aufschwimmende Torf entfernt wurde).

Haupttorfbildner sind zahlreiche Torfmoosarten mit verschiedenen ökologischen Ansprüchen; sie alle speichern kapillar Wasser, u. U. bis zum 25fachen ihres Trockengewichts. Dies geschieht innerhalb von zarten, toten Zellen, in den eiförmig-hohlen Blättchen und in ihrem »Geäst«. Dieser lockere Bau der Pflanzen erklärt das »Ausbleichen« bei Trockenheit durch die entstehende Totalreflexion des Lichtes, er erklärt auch die Trittempfindlichkeit solcher Moosdecken. Unversehrt wachsen sie um einige Millimeter pro Jahr in die Höhe, sterben basal ab und werden durch ihr eigenes Gewicht allmählich zu Torf zusammengepreßt; unter günstigen Bedingungen kann dessen Zuwachs einen Millimeter pro Jahr erreichen.

Im Torf erhalten sich wegen des Sauerstoffmangels Pollenkörner und manche anderen Pflanzenreste sehr gut; aus ihnen läßt sich vom Kenner mit Vorsicht auf die umgebende Vegetation zum Zeitpunkt der Entstehung der betreffenden Torfschicht schließen. Dies bedingt die hohe wissenschaftliche Bedeutung von Mooren als »Archiven der Vergangenheit«. Ihre Wasserspeicherkraft verzögert und verringert den Wasserabfluß und mildert dadurch Hochwässer; darin liegt ihre landschaftsökologische Bedeutung. Ihre eigenartige, vielfach hochangepaßte Lebewelt wäre schon als solche Grund genug für den Schutz von Mooren als Lebensraum. Vor allem Hochmoore sind eine eindrucksvolle »Welt für sich« und immer wieder ein Erlebnis.

Ein wörtlich tiefgreifender und weltweit auffindbarer Unterschied besteht im Nährstoffhaushalt zwischen den Nieder- und den Hochmooren. Im ersten Falle bringt das den Torf durchsickernde Wasser Ionen aus dem Mineralboden in den Wurzelbereich mit; dieser sogenannte minerotrophe Standort ist offenbar nicht allzu schwierig zu bewältigen, wie die zahlreichen Arten in typischen Niedermooren zeigen. Je höher die Torfdecke wird, desto geringer wird der Einfluß von Mineralbodenwasser, desto größer der Anteil an Regenwasser, das in aller Regel äußerst nährstoffarm ist – auch heute noch –, benötigen die Pflanzen doch neben stickstoffhaltigen Ionen Kalium, Calcium, Magnesium und Phosphat. Ist das Moor hoch genug über den Mineralbodenwasserspiegel hinauf gewachsen, wobei es oft etwas gewölbt ist, so ist es ausschließlich auf Ionen-Zufuhr aus Niederschlägen und Staubeintrag angewiesen; wenn Teile eines Moors nur von Regenwasser ernährt werden (ombrotraphent sind), handelt es sich definitionsgemäß um ein Hochmoor. Es sind keine exklusiven Hochmoorpflanzen bekannt; wer es hier schafft, hat jedoch weniger Konkurrenten. Die Ericaceen mit Mykorrhiza (d.h. in den Wurzeln lebende und sie umspinnende Pilze, welche die Ionen-Aufnahme fördern), z.B. Moor- und Moosbeere (*Vaccinium uliginosum, Vaccinium oxycoccos*), Scheiden-Wollgras (*Eriophorum vaginatum*) und Sonnentau (*Drosera rotundifolia*), die Torfmoose *Sphagnum magellanicum* und *fuscum* u.a. sind typische Arten. Jedes Hochmoor hat also ein Niedermoor-Stadium durchlaufen; randlich bleibt der minerotraphente Charakter erhalten. Hier wachsen Mineralbodenwasserzeiger wie Schnabel-Segge (*Carex rostrata*), Pfeifengras (*Molinia coerulea*), Schmalblättriges Wollgras (*Eriophorum angustifolium*), Sumpf-Veilchen (*Viola palustris*), Geflecktes Knabenkraut (*Dactylorhiza maculata*) u.v.a. Zu der heiklen Nährstoffversorgung kommen erschwerend für die Hochmoorbewohner extreme Temperaturschwankungen mit angespanntem Wasserhaushalt hinzu: Da sie meist in Kaltluft-sammelnden Senken liegen, können sogar in mittleren Höhenlagen sommerliche Nachtfröste mit Reifbildung auftreten (so im Blindensee-Moor gemessen); tagsüber kann die Einstrahlung auf dunklem Torf zu Temperaturen und Verdunstungswerten wie in Trockenrasen führen.

Es lassen sich, wie in der großen Monographie von B. & K. DIERSSEN (1984) dargestellt, nach Entstehung und Erhaltungszustand, nach Wasser- und Nährstoffhaushalt, nach Pflanzenarten und -gesellschaften eine Reihe von Moortypen unterscheiden. Dabei kommen jeweils eine Reihe von Pflanzengesellschaften im Komplex vor, von denen wir nur einzelne nennen. Die gesamte Spanne im Schwarzwald sei hier unter Hinweis auf einige Beispiele verdeutlicht.

Am häufigsten sind kleine Niedermoore von wenigen Hektaren an sickernassen Hängen oder in Tälchen, wie sie auch nahe landwirtschaftlichen Nutzflächen vorkommen können; sie sind freilich leicht entwässerbar, werden vom Vieh be- und zertreten und sind kaum wirksam schützbar. Bei guter Ausbildung wachsen hier Sumpf-Herzblatt (*Parnassia palustris*), Fettkraut (*Pinguicula vulgaris*), Brötchen-Segge (*Carex panicea*), Floh-Segge (*Carex pulicaris*) und andere etwas anspruchsvollere Arten (Parnassio-Caricetum pulicaris) (210). In den Hochlagen des Feldberg-Gebietes (12) treten Eiszeitrelikte des subalpinen Komplexes hinzu, so Alpenhelm (*Bartsia alpina*) und Dorniger Moosfarn (*Selaginella selaginoides*). Bei geringerer Nährstoffzufuhr ist ein solches Niedermoor monotoner; es wächst dann ein Braunseggensumpf (Caricetum fuscae) mit reichlich Sumpf-Veilchen (*Viola palustris*), Grau-Segge (*Carex curta*) und Hunds-Straußgras (*Agrostis canina*) (211). Ein weiterer Moortyp sind Schwing-Decken in einigen Karseen. Sie entstehen dadurch, daß Pflanzen mit Rhizom wie Fieberklee (*Menyanthes trifoliata*) und Schnabel-Segge (*Carex rostrata*) ins freie Wasser vorwachsen und andere sich auf dem »Netzwerk« ansiedeln, auch Torfmoose; wird der Wasserspiegel durch Stau angehoben, können schwimmende Decken entstehen (133). Daß solche noch Mineralbodenwasser-Zeiger haben, ist einsichtig. Sie können aber schon eine gegliederte Oberfläche haben, wie man dies am Südrand des Feldseemoors und im Scheibenlechtenmoos (12) am Farbspiel beobachten kann: Bulte mit dunkelrotem Torfmoos und (hier besonders große) gekrümmte Schlenken dazwischen mit dunkelgrüner Blumenbinse (*Scheuchzeria palustris*) und bläulicher Schlamm-Segge (*Carex limosa*). Bult-Schlenken-Systeme findet man auch in den Hochmooren bis in etwa 1000 m ü. NN. Außerdem können auf ihnen an nicht allzu nassen Stellen, also besonders ringförmig am Abfall des Moors zum Mineralboden hin, noch aufrecht wachsende Moor-Kiefern, Spirken genannt (*Pinus rotundata* var. *arborea*), leben; ist das

Moor etwas anentwässert oder schon stark über den Grundwasserspiegel hinausgewachsen, kann sich ein geschlossener Moorkiefernwald bilden (Vaccinio-Pinetum rotundatae); es sind die Spirkenfilze (z.B. 216, 217, 235). Oberhalb von 1000 m ü. NN verschwinden ziemlich rasch Schlenken und Spirken; Wollgras- und Missenbürsten-Horste bestimmen das Bild (145, 152) (Eriophoro-Trichophoretum cespitosi). Im Südöstlichen Schwarzwald sind Waldmoore mit der Wald-Kiefer (*Pinus sylvestris*) als vorherrschender Baumart nicht selten; die Torfauflage ist hier schwach; für solche im Nördlichen Schwarzwald als Missenwälder bezeichneten Bestände ist frühere Streugewinnung bekannt. Die Grindenmoore mit der Missenbürste hatten wir oben bereits als Sondertyp erwähnt.

»Subalpine Inseln« – Klima und Vegetation der höchsten Lagen

Eine in doppeltem Wortsinne herausragende Stellung nehmen die Gebiete Feldberg (1493 m) – Herzogenhorn (1415 m) und Belchen (1414 m) ein; das gilt für ihre Landschafts-, Natur- und Kulturgeschichte ebenso wie für ihre Standortsökologie und ihren Erlebniswert, sommers wie winters. Dies hängt mit dem subalpinen Charakter der Gipfelregionen zusammen: zwar sind diese keineswegs von Natur aus baumfrei (wie es definitionsgemäß eine alpine Stufe wäre), wohl aber hat der Wald, einmal abgeholzt, Schwierigkeiten wiederaufzukommen, und überdies gibt es viele Spezialstandorte, die niemals Wald getragen haben und auch keinen tragen werden, solange keine dramatischen Klimaänderungen auftreten. Dies eben ist die Charakteristik der subalpinen Stufe. Daß in Lawinenbahnen, an schneefrei geblasenen Kanten, in Kaltwasserquellfluren, in Sümpfen und Mooren, auf den durch Bodenfließen entstandenen buckeligwulstigen Hängen, aber auch an den Steilwänden der Kare niemals seit dem Rückzug der letzten Gletscher schattender Wald wuchs, bezeugen Relikte, »Überbleibsel« der Eiszeit. Diese hatten in den unvergletscherten Tieflagen überleben können; mit der allmählichen Erwärmung seit etwa 15000 Jahren und der gestaffelten Einwanderung von Baumarten starben sie als lichtbedürftige Arten dort unter der Beschattung aus; nur solche Populationen, welche die eisfrei gewordenen Gebiete rechtzeitig erreichen konnten, überlebten. Vor etwa 6000 Jahren waren die Sommer 2–3°, die Winter 0,5–1°C wärmer als gegenwärtig, der Wald also auch in den Hochlagen »besser dran« als heute; nur Spezialisten unter den »Krautigen« konnten sich an jenen licht gebliebenen Standorten halten, als Wanderrelikte. Funde von wenig veränderten Resten von Lebewesen in Gletschertonen und Mooren (Subfossilien) beweisen diese Zusammenhänge. Für schlecht bewegliche Tiere gilt dasselbe wie für Pflanzen: eine Einwanderung ist heutzutage nicht möglich. Wenn freilich Vogelarten wie Zitronengirlitz und Wasserpieper auf die subalpinen Lagen beschränkt sind, so liegt dies an dem ihnen heute zusagenden Lebensraum; ihre Populationen brauchen sich nicht erhalten zu haben, sie haben sich mit hoher Wahrscheinlichkeit erst angesiedelt, nachdem der Mensch die freien Kuppen geschaffen hatte.

Ein ganzes Bündel von Ursachen ist maßgebend für den subalpinen Charakter der höchsten Schwarzwaldgebiete (dazu ausführlich in: Der Feldberg, 1982): die Heraushebung von Feldberg und Belchen als Horste innerhalb des aufgedomten Gebirges; die Lage in nicht allzu großem Abstand vom Atlantik und im direkten Einflußbereich der zum Aufstieg gezwungenen und Niederschläge bringenden Westwinde, wobei freilich die ozeanische Tönung geringer ist als in den Vogesen; dazu kommt eine Geländegestalt sowohl mit sturmexponierten Kuppen als auch mit einem zum Rhein abfallenden felsigen Steilrelief. So liegen die Temperaturen bei der Wetterstation auf dem Gipfel wenig über 3°C (im Jahresdurchschnitt), die Niederschläge um 1800 mm (je nach Meßzeitraum darüber oder darunter, zu den Klimadaten s. HAVLIK (für 1951–1970) in: Der Feldberg, 1982). An 43 Prozent der Tage mit Niederschlag in dieser Periode fiel dieser ganz oder teilweise in Form von Schnee. Ingesamt waren es im Durchschnitt sechs Meter in Form von lockerem Neuschnee! Diese Mächtigkeit erreicht eine Decke natürlich niemals bei uns, weil immer wieder ein Teil verdunstet und sich der alternde Schnee setzt. Ein wesentliches Element sind auch die Stürme, die jederzeit Orkanstärke (>32,6 m/sec) erreichen können. Im Feldberggebiet mißt man mit mehr als 200 km/h die weitaus höchsten Windgeschwindigkeiten in Mitteleuropa außerhalb der Alpen. Im Winter verlagern sie den Lockerschnee: dadurch kommen einerseits Aperstellen zustande, besonders ausgeprägt auf dem Baldenweger Buck, andererseits entstehen leeseits Wächten und Lawinen, deren Bahnen mit typischem Vegetationsmosaik bis in das geschlossene Waldgebiet hinabreichen können. Auf Schneeanreicherung während der Eiszeiten wird auch die Entstehung von Karen zurückgeführt.

Daß wir uns zumindest in der Nähe der Kampfzone des Waldes befinden, läßt sich beobachten: In Mulden, in denen der Schnee nur langsam taut, sieht man oft an Jungfichten und an den gepflanzten, aber allmählich verschwindenden Latschen scheinbar verklebte, braune Pakete toter Nadeln; ihr Aussehen hat der Schwarze Schneeschimmel (*Herpotrichia juniperi*) bewirkt. Auf der Höhe gibt es einseitig belastete sogenannte Fahnenfichten, die offensichtlich ums Überleben kämpfen: hier hat starke Sonneneinstrahlung im Spätwinter die Nadeln erwärmt und dadurch Wasserverluste hervorgerufen, welche die Bäumchen nicht aus dem noch kalten Boden ersetzen konnten – das Phänomen der Frosttrocknis. Im Schutz älterer Bäume kommen junge denn auch viel leichter hoch. Als Anpassung an starken Schneefall sind schmal-pyramidenförmige Fichten-Populationen (Walzenfichten) entstanden, deren kurze Äste dem Druck eher gewachsen sind; diese genetisch eigenständigen, lokalen Rassen (Genotypen, Ökotypen) sucht man heutzutage auch aus wirtschaftlichen Gründen zu erhalten. In den Lawinenbahnen werden Gehölze, die sich nicht elastisch zu Boden drücken lassen, vernichtet; das Schluchtweiden-Gebüsch (Salicetum appendiculatae) ist daran angepaßt. Aber auch schon der sich setzende Schnee übt dabei am Steilhang schrägen Druck auf Pflanzen mit senkrechtem Stamm aus; deren »Säbelwuchs« zeigt, daß sie »noch einmal davon gekommen« sind. Die hier wachsenden sommergrünen Hochstauden benötigen gerade diese bodenfrischen Standorte; sie haben nachweislich die Eiszeit in den tieferen Lagen überdauert, sind aber nicht eigentlich Relikte, denn sie sind heute auch im Waldgebiet an lichten Stellen oberhalb von etwa 1000 m ü. NN weit verbreitet.

Die Weidefelder der Höhen unterscheiden sich von denen der tieferen Lagen (s.o.) durch Glazialrelikte wie den seltenen Alpen-Bärlapp (*Diphasium alpinum*) und Gold-Fingerkraut (*Potentilla aurea*). Benannt werden sie nach dem Schweizer oder Pyrenäen-Löwenzahn und dem weide- und trittfesten Borstgras (Leontodonto-Nardetum). Beide waren sicher eiszeitlich schon in Südwestdeutschland heimisch und haben unter dem Einfluß des Menschen ihr Areal ausgedehnt. Weidepflanzen konnten mit den Herden ja besonders leicht vertragen werden. Zu dem subalpinen Gesellschaftsmosaik gehören weiter moosreiche Quellfluren und Quellsümpfe mit dem »Kaltwasserspezialisten« Eis-Segge (*Carex frigida*), Moore mit dem Alpenhelm (s.o.) und Felsspalten, z.B. mit dem außerhalb der Alpen nur hier in wenigen Exemplaren vorkommenden *Erigeron gaudinii*. Relikte leben schließlich auch im Feldsee: die Brachsenkräuter *Isoetes lacustris* und *I. echinosporum*; die weich-borstlichen Blätter des erstgenannten kann man am Ausfluß des Feldsees (und an der Schiffslände des Titisees) finden.

Diese kurze Darstellung beinhaltet selbstverständlich nicht alles Wichtige; doch kann sie zeigen, daß Eingriffe im subalpinen Bereich besonders ernst zu nehmen sind, wenn nicht unannehmbar sind, denn sie sind unumkehrbar und zerstören Unwiederbringliches.

LITERATUR

Bartsch, J. & M. (1940): Vegetationskunde des Schwarzwaldes. – Reihe Pflanzensoziologie 4, 229 S. Fischer, Jena.

Bücking, W., W. Ott & W. Püttmann (1994): Geheimnis Wald. Waldschutzgebiete in Baden-Württemberg. – 191 S. DRW-Verlag, Leinfelden-Echterdingen.

Dierssen, B. & K. (1984): Vegetation und Flora der Schwarzwaldmoore. – Beih. Veröff. Naturschutz Landschaftspflege Bad.-Württ. 39, 512 S.

Kersting, G. (1991): Allmendweiden im Südschwarzwald – eine vergleichende Vegetationskartierung nach 30 Jahren. – Ministerium für Ländlichen Raum, Ernährung, Landwirtschaft und Forsten Baden-Württemberg (Hrsg.), 117 S. Stuttgart.

Landesanstalt für Umweltschutz Baden-Württemberg (Hrsg.) (1982): Der Feldberg im Schwarzwald – Subalpine Insel im Mittelgebirge. – Die Natur- und Landschaftsschutzgebiete Baden-Württembergs 12. 526 S. Karlsruhe. Darin: Bogenrieder, Harlik, Liehl, Oberdorfer, Osche et al.

Landesanstalt für Umweltschutz Baden-Württemberg (Hrsg.) (1989): Der Belchen – Geschichtlich-naturkundliche Monographie des schönsten Schwarzwaldberges. – Die Natur- und Landschaftsschutzgebiete Baden-Württembergs 13. 1320 S. Karlsruhe.

LIEHL, E. & W.D. SICK (1980): Der Schwarzwald. Beiträge zur Landeskunde. – Veröff: Alemann. Institut Freiburg i. Br. 573 S. Kondordia Verlag, Bühl/Baden. Darin: Trenkle & v. Rudloff, Brückner, Wilmanns.

SCHWABE, A. & A. KRATOCHWIL (1987): Weidbuchen des Wälderviehs. – Beih. Veröff. Natursch. Landschaftspflege Bad.-Württ. 49: 1–120.

SCHWABE-BRAUN, A. (1980): Eine pflanzensoziologische Modelluntersuchung als Grundlage für Naturschutz und Planung: Weidfeldvegetation im Schwarzwald. Urbs et Regio 18, 212 S. Kassel.

WILMANNS, O. (1995): Die Eigenart der Vegetation im Mittleren Schwarzwald als Ausdruck der Bewirtschaftungsgeschichte. – Mitt. Bad. Landesver. Naturkd. u. Naturschutz N.F. 16: 227–249.

Alb-Wutach-Gebiet, Baar und Obere Gäue (südlichster Zipfel)

Der Streifen zwischen Schwarzwald und Schwäbischer Alb ist im Gegensatz zu diesen beiden Gebirgen ein vergleichsweise reliefarmes, welliges, intensiv landwirtschaftlich genutztes Gelände. Es war schon vormittelalterlich besiedelt und bietet auf den ersten Blick wenig, das schutzbedürftig und -würdig wäre – abgesehen von einem Glanzpunkt: dem letzten südwestdeutschen Wildfluß, der Wutach, in ihrer Schlucht und mit den Wutachflühen. Doch wäre ein solches Urteil falsch, wie schon die Zahl von 34 Naturschutzgebieten (Stand: Ende 1997) beweist. Das Zentrum dieser Landschaft bildet die weite Mulde der Baar mit der breiten, oft überschwemmten Aue der großzügig mäandrierenden Donau unterhalb von Donaueschingen, einem wichtigen Vogelrastgebiet. Diese Baar-Hochmulde ist ein berüchtigtes Sammelbecken der von den Höhen abfließenden Kaltluft; in Villingen können Temperaturen von −30 °C unterschritten werden! Gegen Norden wird das Klima ein wenig, gegen Süden deutlich milder, bis schließlich in Nähe des Hochrheins sogar Rebbau möglich ist.

Der geologische Untergrund wird von der Schichtenfolge Muschelkalk, Keuper, Schwarzer und Brauner Jura gebildet; es wird also ganz verschiedenes und in Ost-West-Richtung rasch wechselndes Ausgangsmaterial für die Bodenbildung bereitgestellt. Im Süden drängen sich die Schichten auf einer Entfernung von etwa zehn Kilometern dicht zusammen, nach Norden spreizen sie sich fächerartig auf. Als deutliche Schichtstufe hebt sich nur die des Muschelkalks ab. Mehrfach sind in diesem Schichtpaket Mergel und Tone enthalten, die eine Voraussetzung für Wasserstau und Moorbildung bieten; diesem Umstand verdanken »Birken-Mittelmeß« (170), »Plattenmoos« (181), in dessen Moor die in Deutschland nahe vor dem Aussterben stehende nordisch-kontinentale Strauchbirke (*Betula humilis*) lebt, und »Schwenninger Moos« (183) ihre Entstehung. In allen wurde verständlicherweise Torf gestochen, obwohl es keine eigentlichen, nur vom Regenwasser ernährten Hochmoore waren. Dabei wurden Teile entwässert, bäuerliche Torfstiche entstanden; vom Rand her konnten Nährstoffe eingetragen werden. Es sind also keine unberührten, wohl aber biologisch mannigfaltige Moore. Auch als »Archiven der Vergangenheit« kommt ihnen Bedeutung zu, da sich ihr subfossiler Polleninhalt auswerten läßt. Dieser erlaubte denn auch den pauschalen Schluß auf ursprüngliche Wälder mit Tanne, Buche, Fichte und eingesprengter Kiefer in der Umgebung der Baar-Moore.

Das im ganzen ausgeglichene Relief geht auf eine lange Landschaftsgeschichte zurück. Die Urdonau hatte im Tertiär ein riesiges Einzugsgebiet, das vom Mittleren Schwarzwald bis in die Alpen reichte. Das Tal des vom Feldberggebiet herabziehenden Quellastes ist heute noch gut zu verfolgen: es verläuft in der Senke oberhalb der heutigen, geologisch viel jüngeren Wutachschlucht, tritt durch die »Blumberger Pforte«, die von Eichberg und Buchberg flankiert wird, in die Schwäbische Alb ein und mündet bei Kirchen-Hausen ins heutige Donautal. Wie dieser ehemalige Oberlauf der Donau, die »Feldbergdonau« zum Ober- und Mittellauf des heutigen Systems Seebach-Gutach-Wutach wurde, ist ein fesselndes Stück Flußgeschichte Südwestdeutschlands und wird im Beitrag »Geologische Entwicklungsgeschichte« von GENSER in diesem Buch geschildert. In vegetationskundlichem Zusammenhang ist wichtig, daß das Tal zwischen Kappel-Gutachbrücke und Grimmelshofen tief eingeschnitten und – mit Ausnahme des Abschnitts um das »Wutach-Knie« – sogar eng und steilwandig ist; das gesamte Gebiet pflegt man als »Wutachschlucht« zu bezeichnen. »Die Wutachschlucht ist ein Naturphänomen ersten Ranges.« Mit diesen Worten beginnt E. LIEHL die Monographie der Wutach (1971/1988). Es ist der letzte Fluß der deutschen Mittelgebirge, der – trotz gewisser Einbußen, vor allem starker Wasserentnahme – seinen Charakter als Wildfluß mit hoher Dynamik auf nicht weniger als 30 km Länge in einer geologisch »jugendlichen« Schlucht mit naturnaher Vegetation erhalten hat. Eine Reihe von Ursachen bewirkt gemeinsam die landschaftsökologische Eigenart: der geologische Aufbau aus einer wechselnden Folge von Gesteinen, von Kalk, Dolomit, Mergel, Gips, Ton, im obersten Teil Gneis; die noch heute rutschenden Hänge und verstürzenden Wände; die Verkarstung mit Schwund und Austritt von kalkreichem Wasser; das starke Gefälle mit Auf- und Abbau von Inseln; und nicht zuletzt die hohe Luftfeuchtigkeit am Grund der Schlucht und an den steilen Schatthängen.

Dies alles spiegelt sich in der rasch wechselnden, aber nichtsdestoweniger gesetzmäßigen Pflanzendecke, die sich grundsätzlich von jener der umgebenden Hochmulde unterscheidet. Die Vegetationskarte von 1956–1958 im Maßstab 1:25000 (Blatt Lenzkirch) der Autoren Lang und Oberdorfer, die der Monographie beigegeben ist, und die Beschreibung der Schluchtvegetation selbst belegen dies. Sie belegen aber auch einerseits die Monotonisierung großer Teile der Hochfläche, der die Naturschutzverwaltung mittels Bewirtschaftungsverträgen entgegenwirkt, andererseits die Kontinuität des Schluchtmosaiks als ganzem – trotz kurzfristiger und kleinflächiger Dynamik (Abb. 13). In der Wutachaue wechseln Herden von Pestwurz (*Petasites hybridus*) auf grobem, bewegtem, noch überflutetem Geröll mit solchen von Rohr-Glanzgras (*Phalaris arundinacea*) auf feinerem Substrat im Strömungsschatten ab; etwas höher gesellt sich die Masken-Distel (*Carduus personata*) hinzu. Wenn die Entwicklung der Pflanzendecke (die Sukzession) fortschreiten kann, stellt sich ein Grauweiden-Pionierwald ein, der wiederum

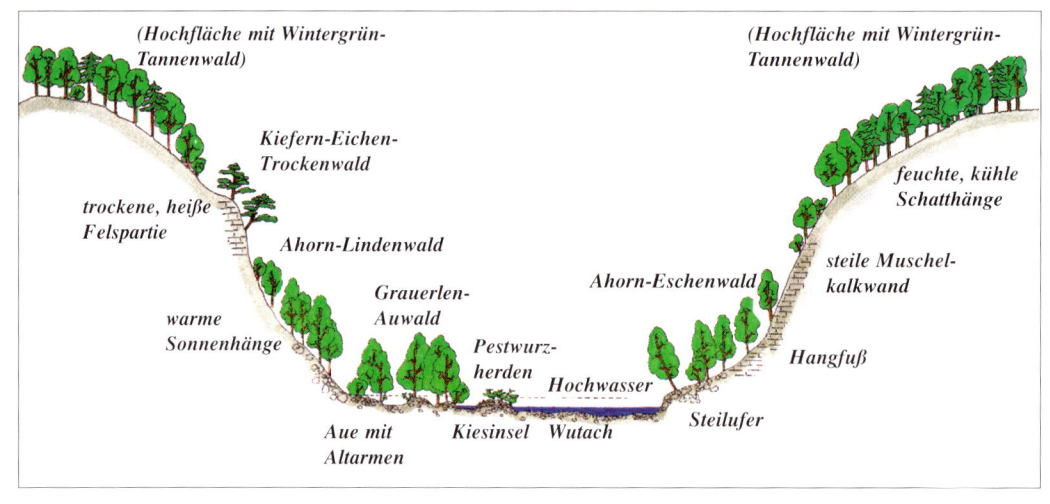

13 Vegetationskundlicher Querschnitt durch die Muschelkalkschlucht der Wutach.

von Grauerlenwald (Alnetum incanae) abgelöst wird. An den Unterhängen gibt es mehrere Ausbildungen des Ahorn-Eschenwaldes (Aceri-Fraxinetum im weiteren Sinne): Nicht konsolidierten Kalkschutt zeigt das Silberblatt (*Lunaria rediviva*) an; der Geißbart (*Aruncus dioicus*) besiedelt tonreiche Rutschhänge; Lerchensporn-Arten (*Corydalis* ssp.), Märzenbecher (*Leucojum vernum*) und andere Frühjahrsblüher kommen auf weniger bewegtem, humusreichem Lockerboden vor. Blasenfarn (*Cystopteris filix-fragilis*) und der seltene Grüne Streifenfarn (*Asplenium viride*) charakterisieren die Spaltengesellschaft der in diese Wälder eingestreuten Felsblöcke. Das wärmeliebende Gegenstück ist der Spitzahorn-Sommerlindenwald (Aceri-Tilietum), ein ungemein artenreicher Wald, der mit weiteren Lichtbaumarten auf bewegten, meist tonreichen Südhängen stockt. Den ökologischen Mittelbereich nehmen Kalk-Tannen-Buchenwälder ein (Hordelymo-Fagetum).

Immer wieder entstehen in der Schlucht spontan durch Abbrüche und Rutschungen Sonderstandorte, die eine Vorstellung vermitteln, wo in der Urlandschaft bei uns »Nicht-Waldarten« leben konnten; ein Beispiel sind die Mergel-Blößen, auf denen als Pionier der nach seinem gegenwärtigen Hauptlebensraum benannte Acker-Schachtelhalm (*Equisetum arvense*) auftritt. Daß Sonderstandorte seit Jahrtausenden existiert haben, beweisen einige Glazialrelikte (s. S. 80): z.B. auf Felsbändern mit tonreichem und durchsickertem Substrat in Nordlage das Alpen-Maßliebchen (*Aster bellidiastrum*), in luftfeuchten Spalten die Zwerg-Glockenblume (*Campanula cochleariifolia*) und in südexponierten Kalkfelsspalten der Trauben-Steinbrech (*Saxifraga paniculata*). Unübertrefflich reich ist schließlich die Moosvegetation; darunter sind Gesellschaften, die zur Gesteinsbildung beitragen, wie man gerade hier an vielen kleinen Tuff-Flecken und wenigen mächtigen Tuff-Nasen bemerken kann. Es geschieht dort, wo regelmäßig, wenn auch nicht dauernd, kalkreiches Wasser austritt; dieses hat zuvor infolge eines hohen Gehaltes an Kohlendioxid Kalk aus dem Gestein in leicht lösliches Bikarbonat umgewandelt und aufgenommen. Wird ihm bei Austritt an die Luft wieder Kohlendioxid entzogen, so fällt Kalk als Kalktuff aus. Dazu tragen Pflanzen bei (durch die Aufnahme von Kohlendioxid für die Photosynthese), sofern sie die Überrieselung und die Umhüllung eines Teils ihrer Blätter mit einem »Kalktuff-Panzer« vertragen; eben das ist am ehesten bei den Charaktermoosen dieser Kalk-Quellfluren der Fall.

Auch im Nordteil unseres Gebiets macht sich die junge Flußgeschichte bemerkbar: Im Naturschutzgebiet »Schlichemtal« (166) hat sich die aus dem Alb-Vorland kommende Schlichem in den Muschelkalk eingeschnitten unter Bildung einer etwa einen Kilometer langen Klamm. Bei der Ruine Irslingen hat sie einen prächtigen Umlaufberg geschaffen, indem ein Mäander schließlich abgeschnürt wurde; man sieht den Vorgang förmlich vor sich, weil sich gerade hier der alte und der neue Talboden als waldfreies Weidegelände vom bewaldeten Umlaufberg abheben. Auch im Naturschutzgebiet »Neckarburg« (165) sind zwei prächtige Umlaufberge geschützt.

Den dritten Typ von Naturschutzgebieten im Naturraum bilden Flächen, welche die alte, zu hoher Mannigfaltigkeit führende bäuerliche Wirtschaftsweise bezeugen: Schafweiden mit Enzian-Schillergras-Rasen (Gentiano-Koelerietum) (bes. 179, 184), gemähte Halbtrockenrasen (Mesobrometum) mit ihrem Umfeld (z.B. 22, 227) und orchideenreiche Wälder (bes. 173, 223). Diese letzteren werden hier genannt, weil es sich mit einiger Sicherheit um ehemals durchweidete Wälder, stellenweise wohl auch um sehr alte Aufforstungen ehemaliger Ackerflächen, jedenfalls um bäuerlich genutztes Land handelt. Unter solchen Bedingungen siedelt sich – das konnte man in anderen Gegenden nachweisen – Frauenschuh (*Cypripedium calceolus*) an. Offenbar sagen gerade diese Böden seinem Wurzelpilz zu. In unseren Fällen sind die Wälder auch an weiteren Orchideen-Arten reich; ob sich für diese der gleiche ursächliche Zusammenhang zeigen läßt, ist offen und eine interessante wissenschaftliche Frage, zu deren Lösung solche Schutzgebiete beitragen können.

Ein vorzügliches Beispiel für die wissenschaftliche Bedeutung eines Naturschutzgebiets für die Vorgeschichte und die Entstehung von Pflanzengesellschaften bietet das »Tannhörnle« (184) bei Villingen, eine mit prächtigen Weide-Eichen, locker stehenden Kiefern und Gebüsch bestandene, heute noch gelegentlich befahrene Schafweide, an der randlich auch Pfade mit Huf- und Motorradspuren entlangziehen. Dieses Gelände liegt etwa einen halben Kilometer entfernt von einem keltischen Grabhügel (Tumulus), als Magdalenenberg bekannt. Da dessen antiker Durchmesser nicht weniger als 100 m betrug, mußte er für einen mächtigen Herrscher, einen »Fürsten« errichtet worden sein; die Bauzeit betrug 19–20 Jahre! Die Grabkammern, datierbar auf 550 v. Chr., also auf die Eisenzeit, wurden unter anderem mit einer Packung von Rasensoden glockenförmig überdeckt, deren ursprünglicher Bewuchs sich so vorzüglich erhalten hat, daß sich diese sogenannten Subfossilien noch mikroskopisch analysieren ließen. Alle identifizierten Blütenpflanzenarten kommen heute noch in der Umgebung vor, fast alle am Tannhörnle! Von den dort pflanzensoziologisch erfaßten Arten ließ sich wiederum die Hälfte auch auf den eisenzeitlichen Soden entdecken. Die aus den Subfossilien rekonstruierbaren Pflanzengesellschaften entsprechen den heutigen so klar, daß man daraus auf das hohe Alter unserer Magerrasen schließen kann. Schon damals also wurden Teile der Baar ähnlich vom Menschen geformt wie bis in die Gegenwart. Die Nicht-Nachweisbarkeit von Schafweide-»Unkräutern« wie Enzian-Arten (*Gentiana* ssp.) und Zypressen-Wolfsmilch (*Euphorbia cyparissias*) läßt darauf schließen, daß man damals gemischte Herden hatte, die gleichmäßig abfraßen. Sogar aktuelle Störungen der Pflanzendecke finden nachweislich eine Parallele, nämlich in den Störungen auf der vorgeschichtlichen Baustelle zur Errichtung des Tumulus; damit sei freilich nicht einem »Wildwest« im Schutzgebiet das Wort geredet, sondern die feine Reaktion der Pflanzengesellschaften auf Eingriffe veranschaulicht.

LITERATUR

REICHELT, G. (1972): Die Baar. Wanderungen durch Landschaft und Kultur. – 256 S. Neckar-Verlag Villingen.

SAUER, K. F. J. & SCHNETTER, M. im Auftrag des Badischen Landesvereins für Naturkunde und Naturschutz (Hrsg.) (1971/88): Die Wutach – Naturkundliche Monographie einer Flußlandschaft. Die Natur- und Landschaftsschutzgebiete Baden-Württembergs 6. 575 S. Freiburg.

WILMANNS, O. (1997): Zur Geschichte der mitteleuropäischen Trockenrasen seit dem Spätglazial – Methoden, Tatsachen, Hypothesen. – Phytocoenologia 27: 213–233.

Schwäbische Alb

Unverkennbar ist das Bild der Schwäbischen Alb, nähert man sich ihr von Norden oder von Westen: Sie schwingt sich mit waldlosem, sanft geneigtem Fuß und einem bewaldeten Steilhang um 200 bis über 300 m empor, ein Profil ähnlich einer Schlittenkufe bildend, z. B. zwischen Spaichingen mit 660 m ü. NN und dem Dreifaltigkeitsberg mit 985 m ü. NN, zwischen Zollhaus-Blumberg mit 700 m ü. NN und dem Eichberg mit 914 m ü. NN. Dagegen ist die Südostgrenze eher »verschwommen«. Dies entspricht der geologischen Situation: gegen die Ostabdachung des Schwarzwaldes hin bildet die Weißjurastufe, eben unsere Alb als »Dach« den sogenannten Alb-Trauf; gegen das Alpenvorland hin fallen die Schichten ein und tauchen unter die tertiären Meeresablagerungen. Bei Tuttlingen (deutlicher auf der Ulmer Alb) sieht man heute noch ein Kliff mit Bohrmuschellöchern als Zeichen der Brandung dieses Meeres. Die Mauer der Alb löst sich bei näherem Zusehen in viele Täler, Hänge, Felswände und -türme, damit auch verschiedene Standorte auf. Ihre eindruckvollste Gestalt erreicht sie erst jenseits der Grenzen des Regierungsbezirks Freiburg, der von der rund 200 km langen Schwäbischen Alb, die vom Hochrhein bis zum Rieskessel reicht, ein gutes Viertel umfaßt. Schon hier ist jedoch die ganze Mannigfaltigkeit der Formen und damit der Lebensräume erreicht, weil auch das Durchbruchstal der Donau traufähnliche Züge besitzt (Abb. 14). »Durchgebrochen« ist der Fluß hier nicht eigentlich; vielmehr floß der ursprünglich mächtige Strom, dessen Einzugsgebiet mit der Aare als Nebenfluß weit in die Alpen reichte, bereits über die Juraschichten, ehe diese geho-

14 Gute Einblicke in das tief eingeschnittene felsige Durchbruchstal der Donau erhält man vom Eichfelsen bei Irndorf. Der Fluß wird beidseitig von hohen Weißjurafelsen mit den berühmten Steppenheidestandorten begleitet.

ben und schräg gestellt wurden; er hielt mit der allmählichen Hebung Schritt, indem er sich einschnitt. Das breite Donautal und die mächtigen Mäander, die das Durchbruchstal als ganzes bildet, bezeugen, welch wasserreicher Fluß hier über Millionen von Jahren aktiv war. Das heutige hauptsächlich oberhalb von Möhringen und unterhalb von Fridingen versinkende Flüßchen bewirkt freilich kaum mehr etwas; Dynamik herrscht dagegen am Trauf. Die Alb »ruht« gleichsam auf tonig-mergeligen Schichten des oberen Braunjura (Ornatenton) und des untersten Weißjura (Alpha-Tone und Mergel). Beide neigen zu Rutschungen, und die auflagernden Beta-Kalke, die »Wohlgeschichteten Kalke« rutschen mit senkrechten Abbrüchen nach. Die Alb sei »ein Koloß mit tönernen Füßen«, schrieb GRADMANN in seinem Buch »Pflanzenleben der Schwäbischen Alb«. Wo die weichen Schichten ausgewaschen werden, kann es zu Verstürzungen kommen, die sich zuvor als »Höllenlöcher« andeuten. Dies alles geht zwar nach menschlichem Maß langsam, geologisch aber rasch vor sich; man schätzt aufgrund geologischer Indizien, daß die Alb um durchschnittlich einen Zentimeter im Jahrtausend zurückweicht. Diese Dynamik schafft eine Fülle von ökologisch einzigartigen Lebensräumen, weil immer wieder Stellen entstehen, an denen der sonst übermächtige Wald zurückgedrängt wird.

Den südwestlichen Albanteil gliedert man zwar in vier naturräumliche Einheiten; doch sind diese einander ökologisch so ähnlich, daß wir sie hier zusammenfassen wollen. Der Randen bildet den Teil zwischen Hochrhein und Buchberg als dem südlichen »Pfeiler« der »Blumberger Pforte« und ist überwiegend Schweizer Staatsgebiet. Es schließt die Baaralb mit ihren verebneten Hochflächen an; der gleichen Einheit wird auch das felsige Donautal zwischen Mühlheim und Inzigkofen angeschlossen. Zwischen Tuttlingen und Spaichingen vermittelt ein breites, verkehrsgünstiges Tal zwischen Donau- und Neckarland, die vorgezeichnete Grenze zur Hohen Schwabenalb; zu dieser gehört der Lemberg, der mit 1015 m ü. NN der höchste, aber nicht sonderlich hervorstehende Punkt der Schwäbischen Alb ist. Diese Prim-Faulenbach-Furche ist das Tal eines uralten Donau-Nebenflusses; heute wird sie von einer flachen Wasserscheide gequert, die der Fahrradfahrer sehr wohl, nicht aber der Kraftwagenfahrer bemerkt: die heutige Europäische Hauptwasserscheide; auf ihr ist das »Dürbheimer Moos« (189) entstanden. Die Oberflächenformen der Hohen Schwabenalb spiegeln die Geologie: Wo die »Wohlgeschichteten Kalke« mit ihren regelmäßigen Mergellagen und Klüften den Untergrund bilden, ist sie verebnet; wo aber das Gestein aus vorzeitlichen Schwammriffen stammt, bildeten sich Kuppen; denn diese wuchsen ungeschichtet am Meeresgrund, zuerst als einzelne Kuppeln, später – also geologisch höher, in Weißjura Delta und Epsilon – geschlossen, aber einen unregelmäßigen Meeresgrund erzeugend. Auch sie bilden an Talkanten senkrecht abwitternde Wände, die aber in sich nicht die glatten und damit pflanzenfeindlichen Oberflächen der Beta-Kalke liefern. Den Südosten unseres Gebiets schließlich, wo das Tertiärmeer zu einem gewissen Ausgleich der Geländeformen geführt hat, bildet die Hegaualb.

Daß diese Oberflächenformen einerseits entstehen, weil sie herauspräpariert werden konnten und sich andererseits erhalten konnten, liegt an der Geschichte der Alb: Die Tatsache, daß wir aus der auf die Weißjurazeit folgende Kreidezeit keinerlei Gesteine in Südwestdeutschland haben, führt zu dem Schluß, daß das Gebiet Festland war. Seit der Ablagerung der Sedimente, die wir heute als Weißjura-Gesteine vor uns haben, konnten also Verwitterung und Abtrag und damit Geländegestaltung stattfinden; das ist: seit 140 Millionen Jahren. Dies geschah zunächst unter dem Einfluß eines mächtigen Stromsystems. Der Prozeß verlangsamte sich allerdings, weil die Alb allmählich verkarstete. Wo im unelastischen Kalkgestein durch die tektonischen Bewegungen Klüfte entstanden waren, sickerte und sickert heute noch Wasser ein. Wo es auf einer undurchlässigen Gesteinsschicht gestaut wird, meist erst in einigen Zehnern oder gar Hunderten von Metern Tiefe, fließt es, dem Schichtenfallen folgend, ab und bildet ein tiefliegendes Karstwassersystem. Wo dieses angeschnitten wird, treten Karstquellen wie der Aachtopf zutage. Hier fällt dann ein hoher Teil des zuvor als Bikarbonat gelösten Kalkes als Kalktuff (Travertin) aus (s. S. 83). Im Bäratal wird dieser Kalktuff heute noch gewonnen; früher war es ein begehrter Baustein, wie man an vielen Bahnhöfen im Donautal sehen kann. Zeugen des sich allmählich in die Tiefe absenkenden Karstwasserspiegels sind die vielen heute trockenen Täler auf der Hochalb, die zeitweilig trockenfallenden Oberläufe mancher Tälchen (z.B. des Schäfertals), auch die Höhlen in den Felsen der Donauseite (z.B. des Laibfelsens im NSG 202): bei ihnen tut man einen Blick in das alte Flußsystem im Inneren des Gebirges. Wenn an den Höhlendecken am lichtoffenen Rande, aber ohne jeglichen Regenzufuhr Pflanzen wachsen – meist sind es Streifenfarne –, so beweisen diese, daß auch gegenwärtig auf Klüften Wasser absinkt und sie wie auch benachbarte Blaualgen ernährt. Die Trockentäler auf der Höhe zeichnen noch das alte oberirdische Flußnetz nach und konservieren die alte Landoberfläche; ein schönes Beispiel ist das »Simonstal« (200).

Klima und Böden

Der Name »Hohe Schwabenalb« ist ein geographischer Kunstausdruck; die Hochfläche selbst heißt hier seit jeher »(Großer) Heuberg« oder »Rauhe Alb« und wird auch drastisch als »Schwäbisch-Sibirien« charakterisiert. Dabei gilt sie nicht nur als besonders kalt, sondern – wie die gesamte Alb – auch als besonders trocken. Was ist daran? Die Niederschlagskarte (S. 51) zeigt die allgemeinen Gesetzmäßigkeiten: Der Schwarzwald im Westen hat einen Großteil der Wolken bereits zum Abregnen gebracht, ehe die Luftmassen beim Aufstieg zur Alb sich noch einmal abkühlen; die Niederschläge steigen daher nicht mehr in gleichem Maße wie dort; immerhin werden 1000 mm/a in Traufnähe erreicht; zur Donau hin sinken sie auf unter 800 mm/a. Dies ist nicht besonders wenig, zumal dann nicht, wenn man die

Jahrestemperaturen von durchschnittlich rund 7 °C bedenkt. Die übliche Temperaturabnahme mit der Höhe ist auf der Alb auch nicht anders als im mitteleuropäischen Durchschnitt. Der »sibirische« Charakter erklärt sich daraus, daß die Siedlungen seit jeher und selbstverständlich in den Mulden angelegt wurden, wo der Boden ein wenig gründiger und der Baugrund nicht ganz so felsig waren, wo man auch einen gewissen Windschutz hatte, wo sich allerdings auch die Kaltluft sammelte. So sank das Quecksilber im berüchtigt-kalten Februar 1929 in den »Frostlöchern« Böttingen auf −30,4 °C und (weiter im Osten) Trochtelfingen auf −33,2 °C wogegen man in Freudenstadt −26,4 °C und in Schömberg am Albfuß −27,0 °C maß.

Trockenvegetation ist in der Tat typisch für die Alb; dies nicht, weil das Grundwasser als Karstwasser unerreichbar wäre – grundwasserabhängige Pflanzengesellschaften sind ja bei uns überhaupt ziemlich selten. Vielmehr bildet sich aus dem verwitternden Kalkgestein nur sehr langsam Boden; etwas rascher geht es bei Mergeln. Bei der Zersetzung von Kalkgestein unter dem Einfluß von Klimafaktoren und Lebewesen wird der überwiegende Teil des Gesteins gelöst und versickert mit Wasser; nur der Rückstand, also die unlöslichen Teile des alten Sedimentes, besonders Ton- und Quarzpartikel, kann zur Bodenbildung beitragen. Je reiner das Kalkgestein, desto geringer ist dieser Anteil also. Aus fünf Zentimeter Kalkgestein mit 7 Prozent Verwitterungsrückstand bildet sich etwa ein Zentimeter Boden eines Kalkverwitterungslehms; das dauert schätzungsweise etwa 3000 Jahre! Wenn daher die Feinerde eines Bodens erst einmal von Wasser oder Wind vertragen worden ist, wie das spontan bei schütterer Vegetation geschehen kann, z.B. eiszeitlich, so wird er in überschaubaren Zeiträumen nicht wiederhergestellt. Unter menschlichem Einfluß passiert das leicht und oft; davon berichtet schon der Pfarrer JEREMIAS HÖSLIN in seiner »Beschreibung der Wirtembergischen Alp (1798, S. 103): »Daß die Steine wachsen, wird wohl niemand in einigen Zweifel ziehen, wer nur halbweg darauf Achtung geben will.« (Er deutete dies allerdings alchemistisch.) Die bezeichnenden Lesesteinhaufen und Steinriegel der Kalkgebiete sind ebenso beredte Zeugen wie die steinigen Ackerböden der Alb, die sogenannten Fleinsböden. Unter Wald hat sich die Feinerde sicher besser erhalten; da aber dort auch Waldweide und Mahd stattgefunden haben, muß man zumindest an Hängen ebenfalls mit Erosion rechnen. Umgekehrt konnten entkalkte Lehme in weite Senken und in Dolinen eingewaschen werden, was z.B. die bodenkundliche Sonderstellung des »Irndorfer Hardts« (196) bewirkt.

Die heutige Kulturlandschaft im Überblick

Scharf ist der Gegensatz zwischen der Vegetation der Hochflächen einerseits und den Steilhängen an Trauf und Tälern und in Schluchten andererseits. – Die Steilhänge sind bewaldet und dies vielfach mit sehr naturnahen Wäldern, wie man es besonders schön im großen Naturschutzgebiet »Buchhalde-Oberes Donautal« (188) und beim Ausblick von Laib- und »Stiegelsfelsen« (202) erleben kann. Freilich sind an weniger jähen Hängen Fichtenforsten eingestreut, die wegen ihrer Anfälligkeit gegen Trockenheit und Pilzbefall und ihrer Eintönigkeit heute nicht mehr erwünscht sind. Die Felswände, -türme, -nasen werden von Steppenheide besiedelt; sie bietet einen der Glanzpunkte der Alb (s.u.). Die Hochflächen sind hier im Südwestteil der Alb schon vormittelalterlich besiedeltes Bauernland, dessen Nutzflächen vielfach noch den Charakter der alten bäuerlichen Kulturlandschaft tragen. Dies macht ihre landschaftliche Eigenart und damit auch den Wert als Erholungslandschaft aus. Waldwuchs ist hier von Natur aus überall möglich; ursprünglich waren es Buchenwälder, die – in anderen Ausbildungen – auch an Steilhängen vorgeherrscht haben müssen und es ohne menschlichen Einfluß auch heute bei freier, freilich Jahrhunderte währender Sukzession tun würden. Es ist gelungen, einige der »Charaktergebiete« ziemlich großflächig zu erhalten: als Mosaik von Äckern und artenreichen Bergwiesen mit Steinriegeln und schattenden Einzelbäumen das Naturschutzgebiet »Simonstal« (200), als Holzwiesen das »Irndorfer Hardt« (196) und als ausgedehnte Schafweide die Gebiete vom »Kraftstein«

(198). Für Schafweiden ist meistens der strenge Schutz eines Naturschutzgebiets mit Betretungsverbot fehl am Platze; so gibt es viele, die nur als Landschaftsschutzgebiete ausgewiesen sind; das »Getüpfel« auf der Karte der Natur- und der Landschaftsschutzgebiete Baden-Württembergs auf dem Heuberg (s. Landkreis Tuttlingen), auch auf der Reutlinger und der Ehinger Alb betrifft überwiegend solche. Dennoch bedürfen sie der Pflege, wenn sie nicht im Laufe der natürlichen Entwicklung durch Verbuschung und Veränderung der Grasnarbe die alte Eigenart verlieren sollen (s. BEINLICH & PLACHTER, 1995). Ohne scharfe Schafbeweidung geht es nicht, denn Mahd ist kein Ersatz, wirkt sie doch ganz anders als der Zahn der Tiere. Schafe verbeißen die ihnen »wohlschmeckenden« Pflanzen bis zur Bodenoberfläche und lassen andere, z.B. die bitter schmeckenden Enzian-Arten, unberührt stehen. Nur so bleibt der Enzian-Schillergrasrasen (Gentiano-Koelerietum) erhalten. Aber auch ein gewisses Maß an Gehölzen gehört dazu: Im Schutz alter Wacholder pflegen sich »von selbst«, durch Vögel oder Mäuse eingetragen, andere Sträucher und auch Bäume, z.B. Mehlbeeren (*Sorbus aria*) anzusiedeln. Sie bieten vielen Tieren Nahrung und Unterschlupf und bereichern den beobachtenden Menschen.

Wälder

Wenn die Buche auch von Gradmann als »Königin der Alb« unter den Bäumen bezeichnet wird, so gibt es doch auch Standorte, die so sehr vom Mittelbereich abweichen, daß dort andere natürliche Waldgesellschaften leben. Sie sind so klar von Lokalklima und Boden, also von Himmelsrichtung und Hangneigung abhängig, daß man, wenn diese gesetzmäßige Verknüpfung erkannt ist, schon nach der topographischen Karte mit guter Treffsicherheit voraussagen kann, wo man welche Arten und Gesellschaften finden wird. Diese Wälder haben einen so eigenständigen Charakter, daß sie seit langem neben ihren wissenschaftlichen auch volkstümliche Namen tragen. Der »Kleebwald« (in seinem Namen steckt das Wort »Kliff«) wächst am Hangfuß dort, wo sich herabrieselnde Feinerde angereichert hat;

Esche, Berg-Ahorn und Berg-Ulme sind die Hauptbaumarten. Wo der Unterboden selbst in leichter Bewegung ist, tritt die Buche zurück oder fehlt gänzlich (Abb. 15). Dies ist nun der Lebensraum für eine Fülle von Frühblühern, so Märzenbecher (*Leucojum vernum*), Lerchensporn-Arten (*Corydalis cava* und *solida*), Gelbe Anemone (*Anemone ranunculoides*), selten auch Blaustern (*Scilla bifolia*), zusammen mit Aronstab (*Arum maculatum*) und anderen Mullbodenzeigern; diese frühe Entwicklung, bei der mit den Blättern auch schon die Blüten erscheinen, wird ihnen durch reichlich Reservestoffe in Knollen, Zwiebeln oder Rhizomen ermöglicht. So nutzen sie die lichtökologisch günstige Zeit vor der Belaubung der Bäume und ziehen dann bald ein. Im Juni kann man allenfalls noch Früchte mit Samen finden, falls diese nicht schon von Ameisen gesammelt und vertragen sind. Statt dessen pflegen hier jetzt dichte Herden von Bingelkraut (*Mercurialis perennis*) oder Geißfuß (*Aegopodium podagraria*) mit einigen anderen Nährstoffbedürftigen (auch Brennesseln) zu wachsen. Allzu enge Ansprüche an das Mikroklima stellen diese Pflanzen nicht; wo es jedoch ausgesprochen kühl und luftfeucht wird, besonders in nordwärts ziehenden Engtälern (z.B. im Wolferstal) unmittelbar unterhalb hoher Felsen und in Einschnitten mit Kaltluftstau (z.B. im Finstertal) stocken eigentliche Schluchtwälder auf Grobschutt; Mondviole oder Silberblatt (*Lunaria rediviva*, mit winterlich silbernen Fruchtresten) ist die zuerst auftauchende Kennart, gern zusammen mit Gelbem Eisenhut (*Aconitum vulparia*); dann treten Gelappter Schildfarn (*Polystichum lobatum*) und schließlich Hirschzunge (*Phyllitis scolopendrium*) hinzu, das alles im Mosaik mit üppigen Moosdecken der Felsen. Oft sind die Stämme säbelwüchsig, weil sie im Jugendzustand, als sie noch nicht tief verankert waren, ge- und verrutscht sind, die Schrägstellung dann aber wieder durch senkrechtes Wachstum ausgleichen konnten. Das gelingt der Buche kaum; wenn sie in diesen Schluchtwäldern (Phyllitido-Aceretum) einmal spärlich vorkommt, weist das auf gewachsenen Fels als ruhenden Wurzelgrund hin.

An steilen, südexponierten und daher überdurchschnittlich trockenen Standorten bleibt

15 Erste Frühjahrsblüher in den Wäldern der »Rauhen Alb« sind Märzenbecher (*Leucojum vernum*); es sind charakteristische Pflanzen der »Kleebwälder«, der Ahorn-Eschenwälder auf lockeren, bewegten, humusreichen Kalkschuttböden. Am frühesten entwickeln sie sich in südwestwärts geneigten Beständen, hier am Hangfuß im Lippachtal.

die buchenbeherrschte Baumschicht lockerer und läßt viele lichtbedürftige Strauch- und Krautarten zu: es ist der Strauch- oder Seggen-Buchenwald (Carici-Fagetum), in dem sich schon Eichen, Feld-Ahorn (*Acer campestre*) und andere Nebenbaumarten behaupten können, oft Zeugen ehemaliger bäuerlicher Nutzung mit Waldweide. Wo dann die Buche nur noch krüppelhaft oder gar nicht mehr gedeiht, was auf der Alb nur kleinflächig der Fall ist, kommen lichtwarme, lockere Eichen- oder Kiefernbestände vor, fast schon nicht mehr als Wald zu bezeichnen. Sie gehören zum Mosaik der berühmten Steppenheide, der ein eigenes Kapitel gewidmet werden soll (s. u.). Die »durchschnittlichen« Wälder der Hänge (Waldgersten-Buchenwälder, Hordelymo-Fagetum) sind denen der Hochfläche ziemlich ähnlich. Am Trauf ist von Natur aus die Weiß-Tanne (*Abies alba*) eingestreut, die leider hier, im nebelreichen Staubereich der aufsteigende Luftmassen, stark unter Immissionen zu leiden hat.

Von TH. MÜLLER wurden sogar sehr kleinflächige natürliche Fichtenwaldflecken auf oberflächlich versauerten Böden in Hangmulden mit »Kellerklima« entdeckt. Ähnlich ist auch das Vorkommen prächtiger Fichten (*Picea abies*) zusammen mit Birken (*Betula pendula* und *B. pubescens*), im »Irndorfer Hardt« (196) zu verstehen, wo die Buche am Grunde der Kaltluft-»Schüsseln« fehlt und am Rande leicht von Spätfrösten gebräunt wird; hier besitzen umgekehrt eine Reihe von Arten mit nordisch-subarktischem Areal eine Exklave. Ganz anders zu bewerten sind freilich die über »Christbaumgröße« hinausgehenden, standortsfremden Aufforstungen der neueren Zeit auf Normalstandorten, meist auf brachgefallenen Wiesen.

Steppenheide

Seit ROBERT GRADMANN 1898 (damals noch schwäbischer Stadtpfarrer, später Professor der Geographie in Erlangen) sein Buch »Das

Pflanzenleben der Schwäbischen Alb« veröffentlicht hat (5. Auflage postum als Nachdruck 1992!), wissen wir um Bedeutung und Wert der Steppenheide, dieser schönen, mannigfaltig aufgebauten Felsvegetation am Trauf, am Donaudurchbruch und an den Hangkanten einiger Seitentäler. Gradmann schrieb: »Zu den reizvollsten Überraschungen einer Albwanderung zählt unstreitig der Augenblick, wo der Fuß aus dem Dunkel des Hochwalds hinaustritt auf eines der frei vorspringenden und schroff abstürzenden Felsenhäupter des Steilrands. ... Hier, auf dem Scheitel und an den Flanken der altersgrauen Felsen, in ihren Ritzen und Spalten, auf ihren Bändern und Vorsprüngen wohnt zugleich eine Pflanzengesellschaft, die durch ihre edle Eigenart, durch die bewundernswürdige Organisation, mit der sie der schwierigen Lebenslage sich anzupassen versteht, und nicht zuletzt durch die Schönheit und den Reichtum ihrer Formen und Farben unsere Aufmerksamkeit in hohem Maße verdient. Schon die Tatsache, daß wir hier wirklich ein Stück jungfräulicher Natur vor uns haben, an die noch keine Menschenhand gerührt hat, übt einen ganz besonderen Reiz nicht bloß auf das Empfinden des kulturmüden Menschen; sie behält ihren Wert auch vor der vollkommen nüchternen Naturbetrachtung.« Freilich ist auch die Steppenheide menschlichem Einfluß nicht völlig entzogen: Daß viele sie sehen und kennenlernen wollen, ist legitim und erfreulich; so müssen einige geeignete Stellen zugänglich sein und bleiben, etwa Knopfmacher-, Eich-, Laibfels und der Aussichtsfels bei der Kolbinger Höhle, wenn auch Trittfolgen unvermeidlich sind. Schäden durch Fraß, Tritt, Nässen und Kot ausgesetzter Gemsen, die sich gerade hier »heimisch« fühlen, wären freilich vermeidbar. Schäden durch Kletterer sind evident; hier prallen die Meinungen, in welchem Umfang man sie tolerieren müsse, hart aufeinander. Dabei geht es nicht ausschließlich um Pflanzen, sondern auch um die Tierwelt der Felsbiotope: Wanderfalken und Kolkraben, deren Krächzen seit einigen Jahren wieder ebenso zur Steppenheide gehört wie das Spiel der Dohlen. Daß ziehende Nebel, offenbar immissionsbeladen, uralte Kiefernvorkommen schädigen, ist bedrückend, aber derzeit kaum zu ändern.

Steppenheide ist ein gleichsam feinkörniges Mosaik, dessen Bausteine verschiedene Pflanzengesellschaften sind, denn diese reagieren auf das kleinflächige Mosaik der Standortsbedingungen. Es ist keine wirre, gar zufällige Mischung von Arten, die alle irgendwie an eine warmtrockene (xerotherme) Umwelt angepaßt sind, sondern ein mit guter Beobachtung und Messungen durchaus auflösbares und zu verstehendes Gefüge. Die betreffenden Gesellschaften wiederholen sich in gesetzmäßiger Weise; sie sind räumlich geordnet und bleiben sich in überschaubarer Zeit gleich, wenn nichts ge- oder zerstört wird. Es ist einer der ganz wenigen Lebensräume Mitteleuropas, wo es heute noch eine natürliche, durch Trockenheit bedingte Waldgrenze gibt!

Erstbesiedler am bloßen Fels sind Blaualgen und Flechten. Letztere können sogar durch Lösen des Kalkes ins Gestein eindringen; nadelstichfeine Poren zeigen die Stellen an, wo einmal ihre Fruchtkörperchen saßen, die mittlerweile herausgewittert sind. Auffallend wird dieser Flechtenbewuchs als leuchtend gelber Überzug des Gesteins da, wo unterhalb von Horsten eine »Düngung« durch Vogelkot stattfand. Mit winzigen Mengen an Verwitterungsmaterial oder Staub in Haarrissen können Pioniermoose bereits ihr Dasein fristen. An Stellen, wo sich in den Polstern aus ihren eigenen abgestorbenen Trieben, aus Staub, aus Gesteinsverwitterungsrückständen einige Millimeter Rohboden nicht nur bilden, sondern auch halten, können sich Mauerpfeffer-Arten (bes. *Sedum album*) ansiedeln. Sie gehen mit dem in ihren dicklichen Blättern gespeicherten Wasser äußerst sparsam um und tragen ihrerseits zur Sammlung von Rohboden bei. Auch wenige Einjährige, die bereits im Vorfrühling keimen, die Frühlingsfeuchte zur Entwicklung nutzen und im Mai/Juni bereits aussamen, haben damit eine Lebensstrategie für solche Extremstandorte entwickelt, z.B. das Kelch-Steinkraut (*Alyssum alyssoides*). Je nach Neigung und unter Umständen jahrtausendelanger Entwicklungsdauer gibt es dann Kleinstandorte für die auffälligeren Gesellschaften: Es sind feine Gesteinsspalten, in denen sich Verwitterungsmaterial angereichert hat, so daß dort Spaltenbewohner wie Felsen-Hungerblümchen

(*Draba aizoides*), Niedriges und Hasenohr-Habichtskraut (*Hieracium humile* und *bupleuroides*), Trauben-Steinbrech (*Saxifraga paniculata*) und Kugelschötchen (*Kernera saxatilis*) leben können, Alpenpflanzen also. Diese Arten, deren nächste Vorkommen meist erst im Schweizer Jura und den Alpen in etwa 100 km Entfernung liegen, müssen sich seit der letzten Eiszeit an diesen lichten, weil waldfreien Standorten gehalten haben und dementsprechend Glazialrelikte sein. Dazu mußten die Felspartien so groß sein, daß auch nach Felsstürzen jeweils einzelne »Siedlungen« erhalten blieben; denn größere Barrieren in Form von Wald oder Wiesen können sie nicht überwinden. Aus breiter gewordenen Spalten brechen, meist an der oberen Kante der Felsen, Sträucher hervor, das Felsenbirnen-Gesträuch (Cotoneastro-Amelanchieretum) mit Felsenbirne (*Amelanchier ovalis*), Felsenmispel (*Cotoneaster integerrima*), Vorposten von Mehlbeere (*Sorbus aria*), auch Wacholder (*Juniperus communis*). Letzterer hat sich mit Hilfe von Vögeln von solchen Urstandorten auf die Schafweiden als seinen heutigen Hauptlebensraum ausbreiten können. Hier muß tatsächlich mehr Wurzelsubstrat zur Verfügung stehen; wenn man Glück hat und ein Felsbrocken herabbricht, kann man es nachprüfen. Auf Felsbändern mit etwas Feinerde leben Felsen-Nägele (*Dianthus gratianopolitanus*), deren rosa Blüten im Juni zwischen den blaugrauen Blättern des Bleichen Schwingels (*Festuca pallens*) leuchten; beide Pflanzen haben wachsüberzogene und damit – in Grenzen – vor unkontrollierten Wasserverlusten geschützte Blätter. Der Schutz durch Haarüberzüge und ähnliches »Rüstzeug« begegnet einem auch bei vielen anderen Arten, weshalb die Steppenheide niemals das frische Grün einer Wiese aufweist. Auf den Felskuppen können die Lebensbedingungen noch ein wenig besser werden: dann entwickeln sich Trockenrasen mit Erd-Segge (*Carex humilis*), Grauem Löwenzahn (*Leontodon incanus*), Küchenschelle (*Pulsatilla vulgaris*) und vielen anderen Arten. Solche Stellen sind standörtlich auch nicht völlig homogen, hier können sich die ersten hochwüchsigen Arten einfinden. Sie bilden bei mehr Boden noch als xerotherme Hochstaudenfluren den Kern der Steppenheide, wie es GRADMANN bereits andeutete, TH. MÜLLER dann (1962) klar darstellte (Abb. 16). Hirschwurz (*Peucedanum cervaria*), Laserkraut (*Laserpitium latifolium*) und Heilwurz (*Seseli libanotis*), Blutroter Storchschnabel (*Geranium sanguineum*) und Schwalbwurz (*Vincetoxicum officinale*), Salomonssiegel (*Polygonatum officinale*), Purpur-Klee (*Trifolium rubens*) und viele andere sind bezeichnende Arten, die hier saumbildend und prägend den Sommeraspekt bestimmen. Diesem Hirschwurzsaum (Geranio-Peucedanetum) sind auch Trockenrasenpflanzen beigemischt, weil die Bodenverhältnisse ja immer ein wenig differieren; auf schweren Tonen können Färberscharte (*Serratula tinctoria*) und Heil-Ziest (*Stachys officinalis*) hinzutreten. Diese und andere feine Reaktionen bewirken, daß man bei gleichem Grundcharakter der Steppenheide immer wieder über ein neues Bild staunt.

Schließlich können an geeigneten Stellen Bäume einen lockeren Schirm bilden, so licht, daß die Steppenheidearten zum großen Teil noch überleben, aber sich auch erste Waldpflanzen halten können. Stiel-, Trauben- und Übergangsformen zur Flaum-Eiche (*Quercus robur, Q. petraea, Q. pubescens*) und Wald-Kiefer (*Pinus sylvestris*) sind die entscheidenden Baumarten, zu denen Els- und Mehlbeere (*Sorbus torminalis* und *S.aria*) treten können. Besonders eindrucksvoll und auch wissenschaftlich wichtig sind dabei die Fels-Föhren- (=Kiefern-)wälder, wie sie z.B. am Stiegeles- und am Knopfmacherfels wachsen; es handelt sich um eine eigene bodenständige Kiefernrasse. Wald- und Berg-Kiefern sind recht früh nach dem Rückzug der Gletscher im Spät- und frühen Postglazial eingewandert und haben sich unter den derzeitigen Klimabedingungen gegenüber den wettbewerbsstärkeren Laubbäumen nur an den für diese unzugänglichen Standorten gehalten. Dies gilt auch für eine Reihe von Kennarten unserer Fels-Kiefernwälder, so Reckhölderle (*Daphne cneorum*) und Scheiden-Kronwicke (*Coronilla vaginalis*), auch sie sind »Überbleibsel«; die Gesellschaft ist der Reliktföhrenwald (Coronillo-Pinetum) der Schwäbischen Alb und des Schweizer Jura. Am Fuß der Baaralb gibt es floristisch nahe

16 Den Kern der Steppenheide bilden verschiedene Hochstaudengesellschaften, wie sie an naturnahen Waldrändern auch gleichsam als Säume vor den Strauchmänteln wachsen. Eine solche Situation ist im Bild gezeigt. Derartige Säume von Hochstauden, die an lichte, warme und trockene Standorte gebunden sind, haben sich im Laufe von Jahrhunderten entwickelt; einmal zerstört, ist ihre Neubildung heutzutage so gut wie unmöglich. – Auf dem Bild blühen Berg-Kronwicke (*Coronilla coronata*) und Blut-Storchschnabel (*Geranium sanguineum*), Schwarzwerdender Geißklee (*Cytisus nigricans*) und Schwalbwurz (*Vincetoxicum hirundaria*); etwas später kommen dann allgemein blühende Doldenblütler und Compositen hinzu, so daß für blütenbesuchende Insekten mannigfaltiger Art bis in den Herbst hinein Nahrung angeboten wird.

verwandte Bestände auf ehemaligen Schafweiden, die dort wohl im Laufe späterer Zeiten von sehr kleinen Reliktstandorten aus und unter dem Einfluß von Schafen als Samentransporteuren entstanden sind (169, 177). Steppenheide selbst entwickelt sich jedoch auf Schlag- oder Rodungsflächen des angrenzenden Waldes oder auf zuvor landwirtschaftlich genutzten Flächen nicht, allenfalls Fragmente, die freilich durchaus biologisch wertvoll sein können und dann der Pflege bedürfen – im Gegensatz zur echten Steppenheide.

Die wissenschaftliche Bedeutung der Steppenheide für Geographie, Siedlungsgeschichte und Vegetationskunde beruht auf der Entdeckung Gradmanns, daß die frühzeitig, in Neolithikum oder Bronzezeit dauerhaft besiedelten Landschaften in Süddeutschland sich mit den Steppenheide-Gebieten decken; natürlich nicht auf den Felsen, sondern in jenen Landschaften auf beackerbaren Böden. Die Frage nach diesem Zusammenhang ist seither immer wieder Gegenstand fruchtbarer Diskussionen.

LITERATUR

GRADMANN, R. (1988/1992): Das Pflanzenleben der Schwäbischen Alb. – 1./5. Aufl. 1. Bd. d. 5. Aufl. 469 S. + Anhang. Schwäb. Albverein, Stuttgart.
MÜLLER, TH. (1962): Die Saumgesellschaften der Klasse Trifolio-Geranietea sanguinei. – Mitt. Flor. -soziolog. Arbeitsgemeinschaft. N.F. 9: 65–140.
BEINLICH, B. & H. PLACHTER (Herausg.) (1995): Ein Naturschutzkonzept für die Kalkmagerrasen der Mittleren Schwäbischen Alb (Baden-Württemberg): Schutz, Nutzung und Entwicklung. – Beih. Veröff. Naturschutz Landschaftspflege Bad.-Württ. 83, 520 S. Darin: – S. Fischer et al., – Wilmanns & A. Sendtko.

Bodenseebecken und Hegau

Wir fassen hier den Bodensee mit einer Fläche von 359 km^2 samt seiner Uferzone und dem ihn umgebenden Hügelland, die Niederung des Flüßchens Aach und schließlich das sogenannte Vulkankegel-Bergland zusammen, ein großes Gebiet, das im Norden an die Schwäbische Alb und im Osten an das Alpenvorland grenzt. Letzteres schildern wir hier nicht eigens, denn es gehören nur Zipfel des Jungbzw. Altmoränengebietes mit je einem Naturschutzgebiet zum Regierungsbezirk Freiburg (108, 115). Auch interessiert hier nur der westliche Teil des Bodenseebeckens.

Relief, Mannigfaltigkeit der Böden, mildes Klima und zahlreiche stehende und fließende Gewässer – dies alles sind Faktoren, die schon früh und bis in die Gegenwart den Menschen angezogen haben; so wurde die Landschaft zu einer der am stärksten vom Menschen geprägten oder überformten – im positiven, wie im negativen Sinne, denn mit der Siedlungsfreundlichkeit der Natur stieg auch die Siedlungsdichte mit allen ihren Konsequenzen. So soll ein Überblick über diese Entwicklung vorausgeschickt werden.

Zur Geschichte

Schon seit der ausgehenden Würm-Eiszeit muß der Mensch, der offenbar dem weichenden Eis folgte, Vegetation und Tierwelt beeinflußt haben. Etwa 12 000 Jahre alt sind die Knochenfunde von Ren, Mammut und anderen jagdbaren Tieren der paläolithischen Rentierjäger, die man in einer Höhle des Petersfelsen (bei Bittelbrunn an der Nordgrenze des Hegaus) 1927 entdeckte; es ist bis heute eine der reichsten altsteinzeitlichen Fundstätten in Deutschland. Seither hat der Mensch das Gebiet nicht mehr verlassen, wenn auch nicht hier, sondern in Lößgebieten die ersten Neolithiker als Bauern seßhaft wurden. Am Ufer des Bodensees entwickelten sich in dichter Kette Pfahlbausiedlungen, die bis heute zu den klassischen Forschungsstätten der Archäologie gehören; auch ihrer Erhaltung kommt die Unterschutzstellung von Uferstrecken zugute. Bronze- und eisenzeitliche Funde erlauben auf Siedlungskontinuität zu schließen, bis das Gebiet in der Römerzeit ins Licht der Geschichte tritt: Konstanz wurde bei einem römischen Kastell, das wohl auf dem Münsterberg stand, als civitas constantia gegründet. Ortsnamen mit der Endung -ingen zeigen ein Hauptsiedlungsgebiet der Alemannen an. Sicher war nicht der ganze Raum gleichmäßig erschlossen; erst 724 begann mit der Landung des Wandermönchs Pirmin die Erschließung der »Reichen Owe« und mit der Gründung des Klosters in Mittelzell die Entwicklung zu einem Zentrum mittelalterlicher Kultur. Eine ganze Kette von Burgen, heute Ruinen, auf den zuvor genannten Vulkanbergen ebenso wie am Steilabfall des Bodanrücks zwischen Bodman und Konstanz demonstriert eindrucksvoll die Intensität der mittelalterlichen Besiedlung. Schon im 9. Jahrhundert begann der Bau der Burg auf dem Hohentwiel, die später zu einer der größten Festungen Deutschlands ausgebaut wurde. Sie widerstand fünf Belagerungen im Dreißigjährigen Krieg und den Angriffen in den Franzosenkriegen und wurde niemals erobert; 1801 wurde sie geschleift. Ihre Geschichte wird in einem Museum mit Lehrpfad am Berg so lebendig dargestellt, daß man sich mit wenig Phantasie ein Bild von den Verhältnissen im Hegau und den Wirkungen auf die Vegetation machen kann. Ähnlich dürfte es in anderen Teilen Deutschlands zugegangen sein. So sei dies hier stellvertretend für viele Gebiete kurz dargestellt.

Vor allem waren die Wälder betroffen, die ja schon seit dem Neolithikum den Äckern, Weiden und später Wiesen hatten weichen müssen. Der Hohentwiel ist auf alten Stichen ein fast kahler Buckel; sein urwüchsig anmutender Wald an der Südflanke ist indessen das Ergebnis spontaner Wiederansiedlung und Entwicklung von standortsgemäßen Baumarten, hier von Spitzahorn-Lindenwald. Daß die Bauern ihr Vieh in die Wälder trieben, war seit Urzeiten allgemeiner Brauch. »... in Breitenwirkung und Andauer ist keine Maßnahme des Menschen mit der extensiven und den Wald einbeziehenden Weidewirtschaft zu vergleichen, und zwar weltweit« – so schreibt H. ELLENBERG in seinem Standardwerk »Vegetation Mitteleuropas mit den Alpen« (5. Aufl. 1996). Wenn dadurch der Jungwuchs verbissen und schließlich

17 Blick auf den Hegau von der Höhe nördlich von Engen nach Süden. Von rechts nach links: hinten der Hohenstoffeln, davor der Hohenhewen; in der Mitte der charakteristisch rechteckige Umriß der Festung Hohentwiel mit der westlichen Schulter aus Deckentuff; ganz links der Spitzkegel des Hohenkrähen mit Burg. Hinter ihnen liegt der Bodensee verborgen. In der Ferne rechts das Berner Oberland; in der Mitte die Churfirsten, anschließend der zweigipfelige Säntis.

vernichtet wurde, so war das bis ins 19. Jahrhundert hinein, ehe man ernsthaft unter Holzmangel zu leiden hatte, nur erwünscht, da die Baumbestände dadurch lichter und krautreicher wurden. Für Freilandpflanzen war die Situation günstig, ihre Ausbreitung war leichter möglich, wozu besonders der Samentransport durch die weitziehenden Schafherden beitrug (s. Schwäbische Alb). Lichtbedürftige Gehölze und vor allem solche, die aus dem Stock austreiben können, wurden relativ gefördert; heute noch sind sie in alten Bauernwäldern stärker repräsentiert als im üblichen schlagweisen Hochwald. Holz für Geräte aller Art war lebensnotwendig – es mußten keineswegs gerade gewachsene Stämme von Bauholz-Qualität sein. Brennstoff bot das Reisig aus den ramponierten Wäldern oder – je nach Landstrich – Torf aus den dazu anentwässerten (teilentwässerten) Mooren. Die Entnahme von Laubstreu aus den Wäldern als Einstreu in die Ställe, welche es seit der Eisenzeit gab, hatte vor allem auf ohnehin nährstoffarmen Böden nachhaltige Folgen. Den Äckern kam der Nährstoff-Transfer zugute; sie waren dennoch mit Sicherheit reich an Unkräutern, von denen viele heutzutage zu den Rote-Liste-Arten gehören. Streulieferanten waren außerdem Seggenbestände und wechselnasse Wiesen; damals wichtig und wertvoll als Nutzflächen, sind sie heute ebenso schutzwürdig wie schutzbedürftig und bei Pflege auch schutzfähig.

Mit der Industrialisierung, hier vor allem Maschinenbau, Textilverarbeitung und Nahrungsmittelproduktion, spielten die alten Nutzungen der Landschaft eine immer geringere Rolle. Andererseits stellen Tourismus, Sport und Erholungsverkehr heutzutage zwangsläufig andere Ansprüche. Es gilt, ein neues Gleichgewicht zu finden, eine gerade hier schwere Aufgabe. Denn der Landkreis Konstanz übertrifft schon hinsichtlich seiner Bevölkerungsdichte (201 bis 400 Einwohner pro km^2) die angrenzenden Kreise mit 101–200 EW/km^2, wobei der Fremdenverkehr am und um den größten deutschen See sowie der Durchgangsverkehr in West-Ost- und in Nord-Süd-Richtung nicht einmal berücksichtigt sind.

Klima, Landschaftsgestalt und Pflanzendecke

Die Karte der Naturschutzgebiete zeigt eine Häufung mittelgroßer und kleiner Gebiete im Doppelnaturraum (Bodenseebecken-Hegau); sie gehören ganz verschiedenen Typen an, sind von botanischer, zoologischer und geologischer Bedeutung; zu ihnen zählen sowohl alte »klassische« Schutzgebiete, wie das »Wollmatinger Ried« (118) aus der Frühzeit des

Naturschutzes, als auch »junge« aus diesem Jahrzehnt wie das »Binninger Ried« (59). Der Hintergrund dieser Gesamtsituation sei im folgenden dargestellt.

Das Klima ist großräumig ein optimales Obstbauklima. Im unmittelbaren See-Umfeld (mittl. Seespiegelhöhe 395 m ü. NN) liegen die Jahresmitteltemperaturen zwischen 7° und 8°C, im Hegau etwas darunter. Während auf der Reichenau soeben noch Rebbau möglich ist, reicht der Hohenstoffeln, mit 832 m ü. NN der höchste Vulkankegel des Hegaus, in die montane, d.h. die Bergwaldstufe hinauf. Die Niederschläge im westlichen Teil des Bodenseebeckens liegen zwischen 700 und 900 mm/a und steigen gegen die Alpen rasch an (Konstanz, 405 m ü. NN, 775 mm, 8,7 °C). Der See selbst wirkt zwar als herbstlicher Wärmespeicher; es sammelt sich aber auch die von den umgebenden Bergen herabfallende Kaltluft in den entsprechenden nebelreichen Niederungen.

Wie rasch der geologische Untergrund wechselt, aus der geologischen Karte schon im Maßstab 1:50000 ersichtlich, bestimmten einerseits lebhafte tektonische Vorgänge im Tertiär und andererseits die Vergletscherungen in der Riß- und vor allem in der Würmeiszeit mit ihren Rand- und Folgeerscheinungen. Wir stellen hier die dadurch entstandenen Formenelemente der Erdoberfläche vor, denn eben sie bestimmen die Lebensräume der charakteristischen Pflanzengesellschaften des Gebietes.

Die Molasse, der verfestigte Abtragungsschutt der aufsteigenden Alpen, kann sandig, mergelig oder tonig entwickelt sein und horizontweise wechseln; dann wechselt auch die Bodenqualität und deren Wirkung auf die Pflanzen. Besonders interessant sind jene Stellen, wo über stauenden Horizonten kalkreiches Wasser austritt: Hier sind Kalkquellsümpfe und -moore entstanden (Primulo farinosae-Schoenetum ferrugineae), z.B. am Schiener Berg (85) und am »Mindelsee« (98). In dieser Gesellschaft leben trotz der geringen Meereshöhe Pflanzenarten der subalpinen Stufe als offenkundige Eiszeitrelikte, so Mehl-Primel (*Primula farinosa*) und Alpen-Maßliebchen (*Aster bellidiastrum*). Das heißt, hier müssen stark vernäßte und daher waldfreie Stellen mindestens kleinflächig dauerhaft existieren haben. Außerdem gibt es aber Wuchsorte, wo die Bestände ohne Mahd verfilzen, so daß sich auf Dauer nur sehr konkurrenzkräftige Arten halten, die ohnehin trivial sind; auch können an manchen Stellen Bäume über das Sämlingsstadium hinaus aufwachsen und die umgebende Pflanzendecke so sehr beschatten, daß die empfindlichen Relikte verschwinden. Eine besondere Bedeutung haben Molasse-Sandsteine als Felsbildner. Sie sind am eindrucksvollsten bei Sipplingen entwickelt, mit natürlichen Kiefernwäldchen und wärmeliebenden Gebüschen und Säumen.

Auch der Hegau-Vulkanismus hat indirekte Folgen: An den in rund 13 Millionen Jahren durch Abtragung freigelegten und angewitterten Basalt- und Phonolithfelsen und auf deren Abwitterungshalden sind Lebensräume für Besiedler von Felsspalten, -bändern und -schuttfluren entstanden. Diese Arten konnten von solchen Urstandorten aus dann auf ähnliche, aber anthropogene Standorte übergreifen. So findet man besonders schöne Pflanzen des Niedrigen Habichtskrauts (*Hieracium humile*) an Mauern der Festungsruine Hohentwiel. Diese Art sowie Trauben-Steinbrech (*Saxifraga paniculata*) und das jetzt verschollene Felsen-Hungerblümchen (*Draba aizoides*) sind oder waren seltene Zeugen früherer Kaltzeiten im Hegau, denn sie leben oder lebten hier in den letzten Jahrtausenden völlig isoliert von ihrem Hauptareal und auch von den Reliktstandorten auf der Schwäbischen Alb (s. S. 91). Bei den Schutthalden der harten Phonolithe stellte sich schon in der Frühzeit der Vegetationsforschung die Frage nach ihrer Waldfähigkeit; würden ihre lichtbedürftigen Schildampferfluren (Rumicetum scutati) verschwinden? Hier und an einigen anderen Stellen am Hohentwiel wurden daher schon 1930 die ältesten heute noch existierenden Dauerbeobachtungsflächen für die Vegetationsdynamik angelegt (s. MÜLLER 1966). Von Interesse ist auch der Rücken aus Deckentuff im Westen des Twiel-Vulkanitpfropfens. Dessen steiler Südhang ist so warmtrocken (xerotherm), daß sich Rebbau lohnt und oberhalb Trockenrasen gedeihen. Ein leuchtend blaublühender Zwergstrauch siedelt hier an offenen Stellen, besonders an Rutschböschungen: der Ysop (*Hyssopus officinalis*), ein Burggartenflüchtling (sub)mediterraner Herkunft, der hier eine ähnliche Rolle spielt wie dort der Rosmarin. Aus einer anderen Richtung und ohne direktes Zutun des Menschen ist der Zottige Spitzkiel (*Oxytropis pilosa*) mit einigen anderen kontinentalen Arten vorgedrungen; er wächst hier an der Westgrenze seines Areals.

Ein Charakteristikum des Gebiets ist sein relativer Reichtum an Mooren und Röhrichten (beides auch »Riede« oder »Rieder« genannt) – noch, denn die meisten der einst lebenden Moore sind total zerstört. Daß sie sich einst hier entwickeln konnten, liegt an den vielen Hohlformen des Geländes. Wo Grundwasser oder in anderen Fällen auch Stauwasser lange Zeit und dabei ohne Sauerstoffzufuhr oberhalb der Bodenoberfläche steht, werden abgestorbene Pflanzenteile nur allmählich und teilweise, nicht vollständig zersetzt; es kommt zur Torfbildung. Ihre Existenz verdanken die Geländesenken letztendlich dem würmeiszeitlichen Rheingletscher. Er schürfte die bereits angelegte Senke des heutigen Bodensees bis zu einer Maximaltiefe von 252 m aus; auch der Mindelsee ist ein solches wassergefülltes Zungenbecken des Würmgletschers. Auf dem Bodanrück und nördlich des Überlinger Sees im Linzgau wird die Landschaft bestimmt von Drumlins (300–500 m langen und 20–40 m hohen Hügeln aus Grundmoränenmaterial) zwischen denen vernäßte und vermoorte Senken liegen. Solche waren die geomorphologische Voraussetzung z.B. für die Entstehung des »Bussenrieds« (74), des »Bündtlisrieds« (73) und des »Winterrieds« (117). Kleinere Hohlformen sind die Toteislöcher (Sölle): Wo ein Eisbrocken liegen blieb, während seine Umgebung eingeschottert wurde, hinterließ er nach dem Abschmelzen ein abflußloses Loch mit einem Durchmesser von einigen Metern bis (selten) mehreren hundert Metern. In Toteislöchern liegen die Moore »Dohlen im Wald« (77) und wahrscheinlich die »Buchenseen« (71). Daß es auch in der Aach-Niederung zu Torfbildung und natürlich zur Entwicklung nicht vertorfter Naßböden und einer entsprechenden Vegetation gekommen ist, liegt daran, daß die Aach vom Wasser der versinkenden Donau gespeist als (größte deutsche) Karstquelle zutage tritt. Sie durchfließt großflächig die in ihrem Tal lagernden eiszeitlichen Schotter und bildet dabei hoch anstehendes Grundwasser. Schließlich gehört die Uferzone des Bodensees selbst zu den vom Wasser geprägten Lebensräumen – freilich in anderer Weise.

Die umfassende Untersuchung der Moore des westlichen Bodenseegebiets von A. GRÜTTNER (1990) ergab (unter Einschluß der Moore des benachbarten Linzgaus im Alpenvorland) eine bedrückende Bilanz: von 516 ehemaligen Moorflächen mit ihrem moortypischen Gesellschaftsmosaik sind nur noch 4 Prozent sehr gut, also ungestört vorhanden, weiteren 5 Prozent kann das Prädikat »gut« erteilt werden; 72 Prozent aber sind zerstört, ohne moortypische Gesellschaften. Statt dessen werden die Flächen land- oder forstwirtschaftlich genutzt, dienen sie der Müll- und Schuttablagerung, sind sie mit Siedlungen oder Sportanlagen überbaut, ist der Grundwasserspiegel abgesenkt durch Quellfassungen in der Umgebung oder ist anderes geschehen. Torfsignaturen auf Karten und tiefschwarze Böden im Gelände geben dann letzte Hinweise. Diese Eingriffe, von denen bisher nur wenige Moore verschont geblieben sind, haben ganz andere Folgen als die frühere, jahrhundertealte Nutzung, die im ganzen zu einer biologischen Bereicherung der Landschaft führte: Bäuerliche Torfstiche, wo man kleinflächig und von Hand bis ins 20. Jahrhundert Brennstoff gewann und die Mahd von Röhricht und Großseggenriedern, die oft mit der Entstehung wertvoller Pfeifengras-Streuwiesen (Molinieten) mit Schwalbwurz-Enzian (*Gentiana asclepiadea*) oder Knollen-Kratzdistel (*Cirsium tuberosum*) einherging. Einstreumaterial für die Viehställe sollte trocken und saugfähig sein; wo nicht genügend Stroh anfiel, waren die im Spätherbst abgestorbenen Triebe hochwüchsiger Gräser und Seggen willkommen; obwohl ungedüngt, gaben sie dauerhaft hohe Massenerträge, weil die wesentlichen Nährstoffe zur Zeit der Mahd im Herbst oder Winter bereits in die unterirdischen Organe zurückgezogen und dort für den Austrieb im folgenden Jahr gespeichert waren. Außerdem entstanden zwischen den Horsten Lücken für konkurrenzschwache Arten wie Mehl-Primel (*Primula farinosa*),

Natternzunge (*Ophioglossum vulgatum*), Wohlriechender Lauch (*Allium suaveolens*), Fleischrotes Knabenkraut (*Dactylorhiza incarnata*) u.a. Jahrelange Versuche, Streuwiesen, die durch starke Düngung und mehrmalige Mahd ramponiert waren, in ihrem Artenreichtum wiederherzustellen, schlugen fehl und werden immer fehlschlagen, weil die bedrohten Arten, wenn einmal verschwunden, nicht wieder auftauchen können, da sie kein Samenreservoir im Boden bilden – eben einer der Gründe für ihre Gefährdung.

Entsprechend der unterschiedlichen Lage im Gelände sind auch die Standortbedingungen recht variabel und damit die Moorvegetation, die niemals nur aus einer einzigen Gesellschaft, sondern stets aus einem gesetzmäßig aufgebauten und nicht leicht durchschaubaren Komplex besteht. In allen Fällen handelt es sich um Niedermoore, die mäßig mit Nährstoffen versorgt sind. Echte Hochmoore, die definitionsgemäß nur von Niederschlagswasser ernährt werden, können sich im zwar ziemlich regenreichen, aber doch warmen Bodenseegebiet nicht bilden; es kommt vorher zu Wachstumsstillstand (s. Schwarzwald). Ein ziemlich weit entwickeltes Moor, auf dem sich bereits Wald-Kiefern (*Pinus sylvestris*) ansiedeln konnten, ist das »Winterried« (117). Oft macht sich der unterirdische Eintrag von Nährstoffen aus umliegenden Äckern und Wiesen durch das Vorkommen der hohen Bulte von Steif-Segge (*Carex elata*) bei starken Wasserstandsschwankungen (z.B. 86) oder von Rispen-Segge (*Carex paniculata*) (z.B. 88) bemerkbar. Zu den in ganz Deutschland gefährdeten Gesellschaften gehören Fadenseggen-Rieder (Caricetum lasiocarpae) (z.B. 75, 76) und Erlenbruchwälder (z.B. 96).

Als jüngstes vegetationswirksames Formelement müssen die tief eingerissenen Tobel (= Wildbachtäler, z.B. Marienschlucht) genannt werden. Sie sind erst spät- und nacheiszeitlich entstanden und »leben« noch heute. Ihre steilen, leicht nachrutschenden Hänge verhindern intensive menschliche Eingriffe, so daß sie noch Edellaubwälder verschiedener Feuchtestufen tragen: Bergahorn-Eschen-Ulmen-Schluchtwälder, Kleebwälder mit Frühlingsgeophyten (s. Schwäbische Alb) und Riesenschachtelhalm-reiche Bacheschenwälder. Unter Naturschutz stehen der Hödinger und der Spetzgarter Tobel (beide gehören jetzt zum Regierungsbezirk Tübingen).

Der Bodensee selbst mit seiner Uferzone bot und bietet stellenweise noch Glanzlichter der mitteleuropäischen Pflanzen- und Tierwelt, nicht nur in dem mit Europa-Diplom ausgezeichneten »Wollmatinger Ried« (118). Der See ist hinsichtlich Substrat (Kies, Sand und Ton in wechselnden Verhältnissen) und Wasserreinheit selbstverständlich nicht einheitlich; das spiegelt sich, wie LANG (1973/90) geklärt hat, in seinen Pflanzengesellschaften wider. So gibt es unter den Wasserpflanzen einerseits »Schmutzfinken« wie den Teichfaden (*Zannichellia palustris* ssp.), an anderen Stellen dagegen Arten der Armleuchteralgen (*Characeae*), die an sauberes Wasser gebunden sind. Da in den 60er Jahren immer deutlicher wurde, daß die Funktion des Bodensees als Trinkwasserspeicher und -lieferant bis in den Stuttgarter Ballungsraum zusehends durch Stoffeinträge gefährdet wurde, suchte man diese durch forcierten Kläranlagenbau einzudämmen – mit Erfolg, wie Chemie und Biologie des Sees beweisen. Unter einem anderen Gesichtspunkt sind die Nixenkraut-Arten (*Najas intermedia*, *N. flexilis* und – sehr selten – *N. minor*) bemerkenswert: Diese Pflanzen sind Zeugen einer nacheiszeitlichen Wärmeperiode, in der sie sich auch in heute für sie zu kühlen Gewässern ausbreiten konnten; im Bodensee dagegen haben sie sich erhalten.

Auch die Röhrichte und Großseggengesellschaften der Uferzonen sind vom Nährstoffgehalt des Substrats abhängig. Gelegentlich, z.B. an dem Damm, der aus der Insel Reichenau eine Halbinsel gemacht hat, sieht man gleichsam zerstückeltes Schilf-Röhricht (*Phragmitetum australis*), bei Niedrigwasser mit Halmstümpfen dazwischen; hier hat sogenanntes Schilfsterben stattgefunden. Dieses geht vermutlich nicht auf Eutrophierung zurück, sondern auf mechanische Zerstörung durch Schiffswellenschlag, Uferbauten, Bootsschneisen und nicht zuletzt sommerliche Extremhochwässer, verbunden mit Kälte und Sturm, denen diese Pflanze tropischer Abstammung nicht gewachsen war (s. OSTENDORP 1993).

Eine große Kostbarkeit des Bodensees ist durch menschliches Handeln in einer belasteten Erholungslandschaft in den letzten Jahrzehnten stark beschädigt worden und nur noch in Fragmenten erhalten: die Strandschmielen-Gesellschaft (Deschampsietum rhenanae). Sie ist angepaßt an eine Standortsökologie, wie sie nur an den Voralpenseen verwirklicht ist: Die Schneeschmelze in den Alpen führt hier zu sommerlichen Hochwässern zwischen Mai und Oktober; dies bedeutet eine scharfe Auslese unter den Uferpflanzen. Speziell am Bodensee haben sich eiszeitlich drei nur hier vorkommende (endemische) Sippen aus weiter verbreiteten Arten herausdifferenziert, die dies ertragen, obwohl sie in dieser »Unterwasserzeit« nicht assimilieren können: die Strandschmiele (*Deschampsia rhenana*) mit Brutknospen im Blütenstand, ferner eine Form des Roten Steinbrechs (*Saxifraga oppositifolia* ssp. *amphibia*) und eine besondere Form der Alpen-Grasnelke (*Armeria purpurea*); ob das Bodensee-Vergißmeinnicht (*Myosotis rehsteineri*) hier oder an einem der Schweizer Seen entstanden ist, läßt sich nicht sagen, ist aber auch nicht wesentlich. Steinbrech und Grasnelke sind am Bodensee verschollen; die Uferzonen sind gerade im Hinblick auf diese Pflanzengesellschaft und ihre Erhaltung so gründlich geprüft worden, daß man damit rechnen muß, daß diese beiden Sippen völlig ausgestorben sind. Die niederwüchsigen Pflanzen des Deschampsietum können schon bei einer sehr geringen Veränderung ihrer Umwelt von anderen leicht überwachsen werden: wenn sie von Getreibsel überdeckt werden, wenn andere Arten durch Nährstoffzufuhr gestärkt werden, wenn auf ihnen gegrillt wird, wenn sie zertreten werden, von direkter Zerstörung durch Uferbauten und Überbauung ganz zu schweigen. Das Deschampsietum rhenanae, der Strandschmielenrasen, zeigt Probleme des Naturschutzes wie im Brennglas auf: Es ist möglich, die letzten und fragmentarischen, aber dennoch aussagekräftigen Reste zu erhalten, wenn die Allgemeinheit es ernsthaft will, wenn also ihr Wert erkannt ist, allerdings nur dann, wenn eine gewisse Enthaltsamkeit gewährleistet ist.

LITERATUR

Gerber, H. (Herausg.) (1970): Der Hegau. Landschaft zwischen Rhein, Donau und Bodensee. – Wanderbücher des Schwarzwaldvereins Bl. 3, 221 S. Rombach, Freiburg i. Br.

Grüttner, A. (1990): Die Pflanzengesellschaften und Vegetationskomplexe der Moore des westlichen Bodenseegebietes. – Diss. Bot. 157, 323 S. + Anhang.

Landesanstalt für Umweltschutz Baden-Württemberg (Herausg.) (1983): Der Mindelsee bei Radolfzell – Monographie eines Naturschutzgebietes auf dem Bodanrück. – Die Natur- und Landschaftsschutzgebiete Baden-Württembergs 11. 797 S. Karlsruhe.

Lang, G. (1973/1990): Die Vegetation des wetlichen Bodenseegebietes. – Reihe Pflanzensoziologie 17, 1. Aufl., 451 S.; 2. Aufl. als Nachdruck + Anhang, 462 S. Fischer, Jena.

Müller, Th. (1966): Vegetationskundliche Beobachtungen im Naturschutzgebiet Hohenwiel. – Veröff. Landesst. Naturschutz u. Landschaftspflege Bad. Württ. 34: 14–61.

Ostendorp, W. (1993): Seeuferzerstörung und Seeuferrenaturierung in Mitteleuropa. – 269 S. Fischer. Stuttgart.

Ein Beitrag zur Fauna der einzelnen Naturräume
von Dieter Knoch

Entsprechend der Vielfalt des Klimas, der Geologie, der Geomorphologie und der Vegetation ist die Fauna des Regierungsbezirkes Freiburg überaus reich entwickelt und von Kontrasten geprägt. So reicht die Palette verschiedener Lebensräume vom tief gelegenen Rhein mit seinen einmaligen Auenwäldern über die Niederterrasse und die von Wärme und Löß geprägten Vorberge samt Kaiserstuhl bis hinauf zum knapp 1500 m hohen Feldberg, der bereits subalpine Züge aufweist. Interessant ist aber auch ein Vergleich zwischen der atlantisch getönten Westseite des Schwarzwaldes mit der kontinental beeinflußten Ostseite, die zwischen Hochrhein, oberer Donau und westlichem Bodensee faunistisch wertvolle Einzellandschaften umfaßt.

Die heutige Fauna ist das Ergebnis vielfacher Fluktuationen und Einwanderungen, die seit dem Ende der letzten Eiszeit vor etwa 10000 Jahren in unserem Raum stattgefunden haben. Aufgrund der geographischen Lage am Schnittpunkt verschiedener Einwanderungswege und der großen Klimaunterschiede sind zentraleuropäische Arten mit Verbreitungsschwerpunkt in Mitteleuropa artenreich vertreten. Von besonderem Interesse sind wärmeliebende Arten, die am Oberrhein, Hochrhein und im Bereich der Südwestalb günstige Lebensräume vorgefunden haben, in erster Linie mediterrane und submediterrane Arten, die über die Burgundische Pforte bei uns eingewandert sind. Daneben spielen auch Arten östlicher Herkunft eine Rolle, die, aus eurasischen Steppengebieten stammend, über die obere Donau die Trockengebiete östlich des Schwarzwaldes erreicht haben. Die höheren Lagen des südlichen und mittleren Schwarzwaldes, teilweise auch der Schwäbischen Alb, bergen eine Fülle von Tierarten, deren heutiges Areal ähnlich wie bei Pflanzen disjunkt, d.h. in räumlich oft weit auseinanderliegende Teilareale aufgetrennt ist. Zu ihnen zählen Arten aus der Arktis oder den Alpen, die seit der Eiszeit an wenigen Extremstandorten der Mittelgebirge überdauert haben. Sie sind im eigentlichen Sinn Eiszeitrelikte. Andere Arten sind erst nach der Eiszeit mit dem Eindringen der Fichte aus dem Osten in unsere Breiten eingewandert. Ihr Vorkommen ist heute auf eine nördliche Nadelwaldzone (Taiga) und ein südliches Areal im Nadelwaldgürtel der Mittelgebirge und Alpen aufgeteilt.

Viele Tiere verdanken ihre heutigen Lebensräume dem Menschen und seinen Wirtschaftsformen. Es sind dies Arten, welche einerseits die offene Landschaft von Feldflur und Weide benötigen, andererseits aber auch an städtische Siedlungen gebunden sind. Allerdings mußten viele Tiere dem siedelnden Menschen weichen. Die in neuester Zeit stattfindenden Eingriffe in Natur und Landschaft gehen mit einem massiven Arten- und Individuenschwund einher.

Im folgenden sollen jeweils exemplarisch einige typische Vertreter der Fauna vorgestellt werden. Es versteht sich von selbst, daß aus der ungeheuren Artenvielfalt der wirbellosen Tiere und hier wiederum der Insekten nur eine verschwindend kleine Auswahl markanter und leicht kenntlicher Arten erwähnt werden kann.

Schwarzwald

Bis zum Jahr 1000 war der Schwarzwald, abgesehen von klimabegünstigten Tallagen, weitgehend siedlungsfrei und dicht bewaldet. Hier konnten daher viele Tierarten, vor allem solche, die der menschlichen Verfolgung ausgesetzt waren, ein Rückzugsgebiet finden. Mit der nachfolgenden Besiedlungswelle und den mit ihr verbundenen Nutzungen (Weidewirtschaft, Ackerbau, Köhlerei, Glasherstellung) waren auch ihre Tage gezählt. Dies gilt vor allem für die Großsäuger. Letzte Hinweise auf den Braunbären stammen aus dem 16. Jahrhundert. Am 20.8.1586 wurde bei einer Jagd am Feldberg ein Jungbär eingefangen. In der Südalb kam 1590 noch ein Braunbär zur Strecke. In der Baar und Baaralb wurden im gleichen Zeitraum noch sechs Abschüsse von Wölfen vermerkt. Auch wird von Wild berichtet, das vom Luchs gerissen wurde. Aller Wahrscheinlichkeit nach wurden Bär und Luchs im 17. Jahrhundert, der Wolf im 18. Jahrhundert ausgerottet. Ein »Dinggerichtsprotokoll« aus dem Jahr 1649 führt für die Jagd in Oberried (Feldberggebiet) noch Schußgelder für den Wolf, jedoch nicht mehr für den Luchs an.

Seit Jahren setzt sich eine »Luchsinitiative« für die Wiedereinbürgerung des Luchses im Schwarzwald ein, doch haben Bedenken der Jäger und Landwirte ein solches Vorhaben bislang verhindert. Es gibt jedoch glaubhafte Beobachtungen des Luchses aus neuerer Zeit, wobei offenbleibt, ob es sich um Gefangenschaftsflüchtlinge oder eingewanderte Tiere aus den schweizerischen Populationen des Juras oder der Alpen handelt. Im 19. Jahrhundert wurde schließlich auch der Rothirsch im Schwarzwald ausgerottet. Der letzte Rothirsch des ursprünglichen Stammes soll 1851 bei Menzenschwand im Feldberggebiet geschossen worden sein. Doch wurden bis zum Jahr 1900 immer wieder vereinzelt Rothirsche im Schluchseegebiet erlegt. In den 40er Jahren wurde die Wiedereinbürgerung des Rotwildes in einem großen Gatter südlich des Schluchsees vorbereitet. Bei Kriegsende im Frühjahr 1945 wurden etwa 70 Tiere, die von einer Population des Erzgebirges abstammten, in die Freiheit entlassen. Sie begründeten den heutigen Bestand im Raum Schluchsee – St. Blasien, breiteten sich aber auch im gesamten Schwarzwald aus. Um Waldschäden gering zu halten, erfolgt die Hege nur in genau begrenzten Rotwildgebieten, wie zum Beispiel im Nordschwarzwald und im Raum Schluchsee – St. Blasien, wo das Wild relativ standorttreu ist und traditionelle Brunftplätze entstanden sind.

Zu einer weiteren Einbürgerung kam es, als 1935 bis 1939 Gemsen im Feldberggebiet ausgesetzt wurden. Zwar belegen einzelne Abschüsse und Beobachtungen, daß Gemsen immer wieder einwanderten und zeitweise kleinste Bestände bildeten. Doch erst die Aussetzung von 21 Tieren aus der Steiermark mit ähnlichen Standortverhältnissen wie im Schwarzwald (»Waldgams«) begründeten einen lebensfähigen Bestand, der sich in der Folgezeit stark ausbreitete. Heute verteilen sich die Gemsen auf die Hangbereiche von Feldberg, Herzogenhorn und Belchen sowie auf die steilen nach Westen und Süden verlaufenden Schwarzwaldtäler. Auch in der Südwestalb hat sich die Gemse inzwischen etabliert. Leider verursachen die Gemsen schwere Tritt- und Verbißschäden an Bäumen, Sträuchern und der sensiblen Flora von Felssimsen und Schutthalden. Eine regelmäßige und nicht zu knappe Bestandsregulierung durch Abschuß ist daher auch im Interesse des Naturschutzes erforderlich.

Weniger erfolgreich verliefen Versuche, das Murmeltier im Südschwarzwald heimisch zu machen. Zwischen 1954 und 1957 wurden im Feldberggebiet zwölf Murmeltiere ausgesetzt. Nach anfänglichem Erfolg brach die kleine Population vermutlich aufgrund menschlicher Störungen bald zusammen. Ob einzelne Tiere irgendwo überlebt haben, ist bis heute ungewiß, aber wenig wahrscheinlich.

Zum Tierbestand fast aller Höhenlagen gehören die allbekannten Arten Reh, Feldhase, Rotfuchs, Dachs, Baummarder und Wildschwein. Über die Verbreitung von Kleinsäugern im Schwarzwald gibt es nur lückenhafte Kenntnisse. Als typischen Schwarzwaldbewohner darf man den Gartenschläfer bezeichnen, der gerne Waldhütten und Meisennistkästen aufsucht. An laubholzreichen sonnigen Südlagen wurden auch Haselmaus und Siebenschläfer bis in Höhen von 1000 m nachgewiesen. Aus dem Feldberggebiet sind in jüngster Zeit Funde und Fänge der Alpenspitzmaus bekannt geworden. Die wenig bekannte und montan verbreitete Schabrackenspitzmaus (*Sorex coronatus*) ist im Feldberg- und Belchengebiet mehrfach gefunden worden und scheint dort nicht selten zu sein. Die Lebensbedingungen für Fledermäuse werden mit zu-

1 Das Auerhuhn – hier ein Hahn bei der Bodenbalz – ist als Kulturflüchter auf ruhige, nadelholzreiche Wälder höherer Lagen angewiesen.

nehmender Höhenlage im Schwarzwald ungünstiger. Wichtige Winterquartiere sind aber die zahlreichen Bergwerksstollen im Bereich Belchen, Badenweiler, Schauinsland und Kinzigtal.

Ein ausgesprochen typischer Bewohner alpiner Lebensräume ist der Wasserpieper, der innerhalb Deutschlands nur die Alpen und den Südschwarzwald besiedelt. Am Feldberg, Belchen und Herzogenhorn bevorzugt er die kühlen und lange schneebedeckten Nordostflanken mit ihren Wächtenkesseln und Lawinenbahnen, nimmt aber bei entsprechendem Populationsdruck auch die übrigen Gipfelbereiche an. Nirgendwo sonst in Mitteleuropa lassen sich Wasser-, Wiesen- und Baumpieper nebeneinander singend und balzend beobachten, weil sich die Reviere teilweise überlappen. Der Zitronengirlitz ist ebenfalls ein Charaktervogel des Schwarzwaldes. Er bewohnt die Kammlagen und liebt Waldränder und die lockeren Fichtenbestände in der Kampfzone der höheren Gipfel. Der klirrende, oft im Flug vorgetragene Gesang ist im Mai und Juni zu hören und erinnert stark an die Strophen des ihm nahe verwandten Girlitzes. Der Zitronengirlitz ist auf die Alpen, Pyrenäen und einige südwesteuropäische Gebirge beschränkt und erreicht im Schwarzwald und in den Vogesen die Nordgrenze seiner Verbreitung. Ähnliche Habitatansprüche hat die Ringdrossel, welche die Nadelmischwälder der höheren Berge (oberhalb 1100 m) aber auch ostseitige Moorrandlagen (oberhalb 900 m) bewohnt. Die südliche Rasse, zu der die Schwarzwaldvögel gehören, kommt noch in den Alpen, im Bayrischen Wald, im Harz, in der Rhön und im Thüringer Wald vor.

Der Schwarzwald beherbergt auch etliche Vogelarten mit nordisch-montaner Verbreitung.

2 Eine Kostbarkeit des Südschwarzwaldes ist die Zippammer. Obwohl ihre Habitate, felsige Bergmatten und Extensivweiden, immer seltener werden, hat sich am Belchen und im oberen Wiesental eine kleine Population halten können.

schwarzwald. Die in Deutschland nur in den Alpen und im Bayrischen Wald vorkommende Art war noch im letzten Jahrhundert seltener Brutvogel des Nordschwarzwaldes. Es wird vermutet, daß Waldsterben, Borkenkäferkalamitäten und die Einrichtung von Bannwäldern den Anteil an Totholz erhöht und somit eine Wiederansiedlung ermöglicht haben.

Auch zwei weitere Arten, die im vorigen Jahrhundert ausgerottet wurden, sind bei uns wieder eingewandert. Es ist dies der Kolkrabe, der erstmals 1962 im Gebiet brütete und heute in kaum einem der felsreichen Täler fehlt. Ebenso hat der Uhu den Sprung von der Schwäbischen Alb, wo er schon seit Jahrzehnten wieder Fuß gefaßt hat, in den Südschwarzwald geschafft und ist im Begriff, seine alten Brutfelsen wieder zu erobern. Von der dritten felsbrütenden Vogelart, dem Wanderfalken, ist ähnlich Positives zu berichten. Nachdem der Bestand in den 50er und 60er Jahren fast auf den Nullpunkt gesunken war, ist er heute im Regierungsbezirk Freiburg dank umfangrei-

In allen Höhenlagen ist der Tannenhäher heimisch. Auf fichtenreiche Nadelmischwälder der Hochlagen und der Schwarzwaldostabdachung beschränkt ist das Auerhuhn, dessen Bestände in den letzten Jahrzehnten sehr abgenommen haben. Ähnliche Ansprüche stellt der Rauhfußkauz, dessen dunkle Rufreihen in lauen Märznächten zu vernehmen sind. Seine Bruthöhlen verdankt er dem Schwarzspecht, der diese vorzugsweise in alten Buchen, im Ostschwarzwald in Kiefern zimmert. Auch der Sperlingskauz, dessen Vorkommen in den 50er und 60er Jahren fast erloschen war, hat sich wieder erholt und besiedelt heute urwüchsige Nadelwälder im südlichen und mittleren Schwarzwald.

Einen erfreulichen, fast sensationellen Zugewinn unserer heimischen Avifauna brachte die Wiederansiedlung des Dreizehenspechtes. Seit 1982 wurden Einzelvögel im Feldberggebiet gesichtet. 1990 schließlich gelang der erste Brutnachweis. Seither mehren sich Beobachtungen und Brutnachweise in den Hochlagen zwischen Belchen und Schluchsee. Inzwischen gelang auch der erste Brutnachweis im Nord-

3 Die Aspis-Viper (*Vipera aspis*) besitzt kein Zick-Zack-Band wie die Kreuzotter, sondern dunkle Querstreifen. Die südwesteuropäische Art ist wärmeliebend und bewohnt nur wenige, zum Hochrhein führende Schluchttäler.

cher Schutzmaßnahmen wieder auf etwa 80 Paare angestiegen.

Bedrohlich abgenommen hat das Haselhuhn, ohne daß dafür konkrete Ursachen bekannt wären. Das bevorzugte Habitat besteht einmal aus beerstrauchreichen Nadelmischwäldern, zum anderen aus dichten, deckungsreichen Laubwaldbeständen. Eine der letzten kleinen Populationen existiert im mittleren Schwarzwald zwischen Elz und Kinzig, wo natürliche Sukzessionen auf ehemaligen Weiden und Reutbergen günstige Voraussetzungen für das Überleben der Art bieten. Hier wurden in Zusammenarbeit von Forst- und Naturschutzbehörden Schutz- und Forschungsprogramme für das Haselhuhn entwickelt.

Die Avifauna des Schwarzwaldes enthält auch südeuropäische Elemente wie den Berglaubsänger und die Zippammer. Während der Berglaubsänger lichte, südexponierte und trockene Laubwälder in den Tälern von Schwarza, Schlücht und Wutach bewohnt, ist die Zippammer auf steinige und felsige Matten im Gebiet um den Belchen, das obere Wiesental und das Feldberggebiet beschränkt. Am Südhang des Belchen erreicht sie in ca. 1200 m die höchsten Brutplätze in Deutschland. Zu den charakteristischen Vögeln feuchter Wiesen und Weidfelder gehören Wiesenpieper und Braunkehlchen. Auf trockenen Weiden reichen die Brutvorkommen des Neuntöters bis in Höhen von 1000 m. Steinschmätzer und Heidelerche, die hier ebenfalls heimisch waren, sind seit etwa 20 Jahren verschwunden.

Die Reptilienfauna des Schwarzwaldes ist zwar artenarm, weist aber einige wenige Besonderheiten auf. Zu ihnen zählt die Kreuzotter, die hier oft in ihrer schwarzen Form vorkommt und Höllenotter genannt wird. Sie benötigt offenes Gelände, sonnige Steinwälle, Felsriegel und auch Feuchtbiotope. Am Hochrhein ist von Süden her die Jura- oder Aspisviper in einige felsreiche Schwarzwaldtäler vorgedrungen. Dieses Vorkommen ist für Deutschland einmalig. Trotz räumlicher Nähe ist eine Überlappung der beiden Schlangenarten nicht beobachtet worden. Von den ebenfalls wenigen Amphibienarten des Schwarzwaldes verdient die Geburtshelferkröte Erwähnung. Sie benötigt Felsgelände, Steingeröll und kleine Laichgewässer als Lebensraum und nimmt gerne alte Steinbrüche an. Die stärksten Populationen des Landes befinden sich in mittleren Lagen des Südschwarzwaldes.

Nicht nur Wirbeltiere, sondern auch zahlreiche wirbellose Tiere, vor allem Insekten, haben im Schwarzwald ein isoliertes Vorkommen und gehören zum Kreis nordisch oder alpin verbreiteter Arten. Wegen ihrer geringen Größe und oft versteckten Lebensweise sind unsere Kenntnisse über sie noch sehr lückenhaft und nur bei einzelnen Gruppen etwas fundierter. Als extrem kalte und nasse Lebensräume, die an die arktische Tundra erinnern, gelten unsere Hochmoore. In Höhenlagen zwischen 900 und 1100 m treten sie gehäuft im Raum Feldberg, Hinterzarten, Schluchsee und Ibach-Todtmoos auf. Erstaunliche Anpassungen an die kalten, nährstoffarmen »Schlenken« zeigen die Arktische Smaragdlibelle (*Somatochlora arctica*), die Hochmoor-Mosaikjungfer (*Aeshna subarctica*), die Alpen-Mosaikjungfer (*Aeshna coerulea*) und die Alpen-Smaragdlibelle (*Somatochlora alpestris*), die zu den Großlibellen zählen. Bis zum Schlüpfen der Libelle benötigen die Larven oft mehrere Jahre.

Auch unter den Schmetterlingen gibt es »Moorspezialisten«. Ihre Larven sind auf besondere Hochmoorpflanzen angewiesen. Am bekanntesten ist der Hochmoor-Gelbling (*Colias palaeno*), dessen Raupen die Rauschbeere als Nahrungspflanze benötigen. Dies gilt auch für den in wenigen Hochmooren nachgewiesenen Hochmoor-Bläuling (*Vacciniina optilete*). Auf Moosbeeren als Larvennahrung ist der Hochmoor-Perlmutterfalter (*Boloria aquilonaris*) angewiesen. Moorrandbereiche mit Niedermoorcharakter und feuchte Moorwiesen besiedelt der Randring-Perlmutterfalter (*Proclossiana eunomia*). Beide Perlmutterfalterarten gelten als typische Eiszeitrelikte.

Ein Großteil der Tagfalter ist auf nektarliefernde Blumen und somit auf Wiesen und Weiden, Waldränder und Felspartien angewiesen. Einer der schönsten und bekanntesten Tagfalter ist der Apollo (*Parnassius apollo*), eine wärmeliebende Gebirgsart, die im Höllental, im oberen Wiesental (Utzenfluh) und im Schwarzatal vorkam, seit Jahrzehnten aber verschollen ist. Ursachen dafür sind unter

4 Der Apollo-Falter (*Parnassius apollo*), früher im Südschwarzwald nicht selten, ist heute leider ausgestorben. Bis 1983 kam er noch an besonnten Bahndämmen im Höllental vor, wo dieses Bild entstand. Vermoosung der Dämme und wohl auch übertriebenes Sammeln sind für das Verschwinden verantwortlich.

anderem Gehölzsukzessionen auf felsigen Weiden, wodurch die als Raupenfutter unentbehrliche Weiße Fetthenne (*Sedum album*), aber auch wichtige Nektarblumen für den Falter verschwanden. Viele Falterarten, die früher weiter verbreitet waren, finden auf den bisher noch nicht so intensiv genutzten Weidfeldern und Magerrasen höherer Schwarzwaldlagen ein letztes Refugium. Zu ihnen zählen Vertreter der Gattung Feuerfalter (*Lycaena*) wie der Dukaten-Feuerfalter (*Lycaena virgaureae*) und der Violette Feuerfalter (*Lycaena alciphron*).

Aber auch das Fehlen bestimmter Arten kann Rückblicke auf die Landschaftsgeschichte eröffnen: Einige der »echten Gebirgsarten« der Tagfaltergattung Mohrenfalter (*Erebia*), die in einer Vielzahl von Arten und Unterarten die Matten und Geröllfelder der Alpen bewohnt, konnten sich nach Ende der waldfreien Tundrenzeit in den Kammlagen der Vogesen, des Harzes und des Bayerischen Waldes, nicht aber im Schwarzwald halten. Die Wiederbewaldung muß also im Schwarzwald trotz seiner Höhe durchgreifender als in anderen Mittelgebirgen erfolgt sein und seine heute offenen Grinden und Gipfel blieben diesen Schmetterlingen später unerreichbar. Im Schwarzwald kommt allerdings wie auch in den höheren Waldstufen der Alpen, der Vogesen und des Thüringer Waldes der Gelbbindige Mohrenfalter (*Erebia meolans*) vor, der zur ökologischen Gilde der Bergwaldbewohner gehört.

Auch ein Blick auf andere Insektengruppen lohnt sich. So kann man auf der Pestwurz und auf Hochstauden eine außeralpin nur im Schwarzwald und neuerdings auch in der Baar nachgewiesene Feldheuschrecke antreffen, die Alpine Gebirgsschrecke (*Miramella alpina*). In subalpinen Borstgrasrasen und Flügelginsterweiden leben Reliktpopulationen des vom Aussterben bedrohten Gebirgsgrashüpfers (*Stauroderus scalaris*), dessen Hauptverbreitungsgebiet ebenfalls in den Alpen liegt. Riesengroß ist auch die Zahl der im Schwarzwald nachgewiesenen Käferarten. Im Belchengebiet wurden ca. 1350, im Wutachgebiet über 1400 Käferarten beobachtet. Im gesamten Schwarzwald dürften es 1500 bis 2000 Arten sein. Im Feldberg- und Belchengebiet sind viele nordisch und alpin verbreitete Arten heimisch. Man findet sie bevorzugt an Stellen mit ganzjährig kühlem Lokalklima, so in den Karmulden, den Toteislöchern, an nord- und ostexponierten Hängen, in kühlen Quellbereichen der Bäche und in den subalpinen Hochstaudenfluren.

5 Die Alpine Gebirgsschrecke (*Miramella alpina*) ist außerhalb der Alpen nur im Schwarzwald heimisch. Sie bevorzugt Feuchtwiesen, Pestwurzbestände und subalpine Hochstaudenfluren.

Sehr auffällig wegen seiner Fraßspuren auf den Blättern des Alpendosts (*Adenostyles alliariae*) und anderer Hochstauden ist der 1 cm große, blaugrün schillernde Alpenblattkäfer (*Chrysochloa alpestris*). Zusammen mit einigen ähnlichen, subalpin verbreiteten Arten bewohnt er die hochstaudenreichen Bergmischwälder und die Säume mit der Roten Pestwurz entlang der Schwarzwaldbäche. Weniger auffällig, aber eine typisch alpin verbreitete Art ist *Nebria gyllenhali*, ein ca. 1 cm großer, schwarz glänzender Laufkäfer, der unter Steinen entlang kühler Wasserläufe lebt. Er war schon länger vom Zastler Loch und Rinken (Feldberg) bekannt und konnte neuerdings auch für den Belchen nachgewiesen werden. Die Art ist in der Tundra und den nördlichen Berggebieten zirkumpolar verbreitet. In Deutschland ist außerhalb der Alpen nur der Hochschwarzwald von ihm besiedelt.

Eine Besonderheit der Wirbellosen-Fauna stellt der Badische Riesenregenwurm (*Lumbricus badensis*) dar. Der im Ruhezustand 30 cm, ausgestreckt etwa 60 cm lange, 1 cm dicke und 30 bis 35 g schwere Wurm bewohnt saure Nadelwälder des Südschwarzwaldes. Die Art ist nur aus diesem Raum bekannt und ist somit eine echte badische Spezialität.

Kaiserstuhl

Nur etwa 30 km entfernt vom Feldberg, der »subalpinen Insel« im Schwarzwald, liegt in der Oberrheinebene der Kaiserstuhl, das kleine Vulkangebirge, das man wegen seines Klimas, seiner besonderen Flora und Fauna als »submediterrane Insel« in der Oberrheinebene bezeichnen könnte. Wichtige Voraussetzungen für die vielfältige Fauna sind einmal die Halbtrocken- und Volltrockenrasen im Zentralkaiserstuhl, der Löß mit seinen Hohlwegen und Böschungen und die Trockenwälder, welche die höheren Lagen auf meist lößfreien Vulkanböden einnehmen. Trotz massiver Ausdehnung der Rebfluren und der Anlage von Großterrassen in den 60er und 70er Jahren sind dank einer wirkungsvollen Naturschutzpolitik, die in letzter Minute noch ausreichend große Schutzflächen sichern konnte, wichtige Refugien für die einmalige Pflanzen- und Tierwelt – hier vor allem die Insektenfauna – erhalten worden.

Besondere Säugetiere lassen sich für das kleine Gebirge kaum anführen. Lediglich bei den Fledermäusen, von denen bisher 19 Arten in Südbaden und hier wieder schwerpunktartig im wärmebegünstigten Oberrheingraben nachgewiesen wurden, ist die Langflügelfledermaus

Ein Beitrag zur Fauna der einzelnen Naturräume

6 Der auffällig bunt gefärbte Bienenfresser stößt aus seiner südeuropäischen Heimat immer wieder nach Mitteleuropa vor. Seit einigen Jahren ist er regelmäßiger Brutvogel im Kaiserstuhl.

ganzen Kaiserstuhl verteilt, was sie weniger störanfällig macht. Da sie ihre Brutröhren in senkrechten Löß- und Lehmwänden anlegen, bieten sich im Kaiserstuhl optimale Möglichkeiten an. Charakteristische Vogelart der Rebberge, sofern sie an Gebüsch, Terrassenvegetation, Obstbäume oder Feuchtgräben angrenzen, ist das Schwarzkehlchen. Wiedehopf und Steinkauz sind stark zurückgegangen.

Eine Kaiserstühler Kostbarkeit ist die Smaragd-Eidechse, die wegen ihrer Größe und der intensiven Grünfärbung auffällt. Sie bewohnt trocken-heiße Hänge und besitzt hier das einzige Vorkommen in Baden-Würtemberg. Die ebenfalls aus dem Mittelmeerraum stammende Mauereidechse bevorzugt steiniges Gelände. Sie bewohnt Ruinen, Steinmauern und Felsbereiche in Südlage. Ihr Vorkommen reicht vom Kaiserstuhl über den Isteiner Klotz bis zum Hochrhein.

Berühmt ist der Kaiserstuhl wegen seiner reichhaltigen Insektenfauna. Hier ist an erster Stelle die Gottesanbeterin (*Mantis religiosa*), (*Miniopterus schreibersi*) zu erwähnen, die im vorigen Jahrhundert bei Breisach bekannt war und 1952 bei Sasbach wiederentdeckt wurde. Leider ist das Vorkommen dieser mediterran verbreiteten und für Deutschland einmaligen Art 1958 wieder erloschen. Eine weitere Art ist die Wimperfledermaus (*Myotis emarginatus*), deren Fundplätze in Südbaden dicht an der nördlichen Verbreitungsgrenze der Art in Mitteleuropa liegen.

Eine erfreuliche Entwicklung kann für die Avifauna festgehalten werden: Seit 1990 ist der exotisch gefärbte Bienenfresser, ein Charaktervogel südlicher Lößlandschaften, wieder Brutvogel im Kaiserstuhl. Nachdem im vorigen Jahrhundert (1873 bis 1888) bei Bickensohl eine größere Brutkolonie vorkam, die wegen menschlicher Eingriffe wieder aufgegeben wurde, gab es 1964 einen einzelnen Brutnachweis. Seit 1980 mehrten sich Beobachtungen einzelner Vögel, bis dann 1990 sieben Bruten entdeckt wurden. Bis 1997 nahm der Brutbestand auf ca. 50 Paare zu. Anders als sonst brüten die Vögel nicht in Kolonien, sondern einzeln oder in kleinen Gruppen über den

7 Der Fächerfühler-Sackträger (*Ptilocephala plumifera*), ein mediterraner Nachtfalter, besiedelt im Kaiserstuhl felsdurchsetzte Südhänge mit spärlicher Vegetation (Volltrockenrasen). Die kurzlebigen Männchen fliegen nur im Sonnenschein.

8 Die große, lebhaft grün und blau gefärbte Smaragdeidechse (*Lacerta viridis*) bewohnt besonnte und südexponierte Böschungen und Waldränder im Kaiserstuhl.

die große Fangschrecke aus dem Mittelmeerraum, zu nennen. Mit geübtem Auge kann man sie trotz ihrer guten Tarnung immer wieder auf Grashalmen oder im niederen Gebüsch entdecken, wie sie mit ihren zu mächtigen Fangapparaten umgestalteten Vorderbeinen auf Beute lauert. Die am Oberrhein auch in anderen Trockengebieten immer wieder auftretende Art hat nur hier dauerhafte Habitate, fehlt dagegen in der Baar und auf der Schwäbischen Alb. Ihre Beute im Flug erhaschen die »Schmetterlingshafte«, die im Kaiserstuhl mit zwei Arten vertreten sind (*Ascalaphus libelluloides* und *A. longicornis*). Sie ähneln sowohl Schmetterlingen als auch Libellen, gehören aber zu den Netzflüglern. Die erstgenannte Art ist auch am Isteiner Klotz, an der Utzenfluh (Südschwarzwald), am Hohentwiel und in der Steppenheide der Südwestalb beheimatet. Zur gleichen Gruppe gehören die häufigeren Ameisenlöwen (*Myrmeleon formicarius* und *Euroleon europaeus*), deren Larven im trockenen Lößsand, gerne unter überhängenden Lößwänden, kreisförmige Fangtrichter bauen, die dem Fang von Ameisen dienen. Bei einer spätsommerlichen Wanderung über den Badberg im Zentralkaiserstuhl kann man der Blauflügeligen Ödlandschrecke (*Oedipoda caerulescens*) begegnen. Bei ihren kurzen Flugstrecken leuchten ihre Hinterflügel blau auf.

Die großen Flächen mit Halbtrockenrasen – heute meist unter Naturschutz gestellt und zum Zweck der Offenhaltung gepflegt – haben eine große Bedeutung für Schmetterlinge, Wildbienen und andere Hautflügler. So wurden auf einer 0,4 ha großen Untersuchungsfläche 56 tagfliegende Schmetterlingsarten und 132 Wildbienenarten festgestellt. Für die Bienen sind das 25 Prozent aller bisher in Deutschland festgestellten Arten. Von den 309 im Gesamtkaiserstuhl nachgewiesenen Wildbienenarten sind zehn Arten auf den Kaiserstuhl beschränkt; weitere fünf Arten haben hier ihren Verbreitungsschwerpunkt.

Von besonderer Bedeutung sind die typischen Lößwände der Hohlwege und Terrassen, weil viele Grabwespen und Wildbienen darin ihre Brutröhren bauen. Obwohl im Kaiserstuhl viele der früher so interessanten Böschungen der Rebumlegung zum Opfer fielen oder durch hohen Biozid- und Düngereinsatz verarmt sind, hat sich in den Halbtrockenrasen des Zentralkaiserstuhls eine erstaunliche Fülle blütenbesuchender Insekten erhalten. Man führt dies darauf zurück, daß die Rasengesellschaften im Lauf vieler Jahre »versaumt« sind, d.h. daß wegen des Ausbleibens der jährlichen Mahd Pflanzen aus benachbarten Waldsäumen und Heckenrändern eingewandert sind und so für einen zweiten spätsommerlichen Blühaspekt sorgen. – Aus der Fülle typischer Schmetterlinge seien drei Nachtfalter erwähnt, die an den heißesten, locker bewachsenen Südhängen mit Volltrockenrasen vorkommen. Es ist dies der ca. 15 mm große Fächerfühler-Sackträger (*Ptilocephala plumifera*), dessen kurzlebige Männchen nur bei Sonnenschein ihre Suchflüge nach begattungsbereiten Weibchen durchführen. Zu den Eulenfaltern zählen der Hellgraue und der Dunkelgraue Goldastermönch (*Cucullia dracunculi* und *C. xeranthemi*). Ihre Raupen ernähren sich von der Gold-Aster (*Aster linosyris*), die nur in steiler Südlage größere Bestände bildet. Alle drei Arten sind in Baden-Württemberg nur aus dem Kaiserstuhl bekannt.

Wie wichtig der Kaiserstuhl auch für Heuschrecken ist, zeigen neuere Untersuchungen. Danach sind von 66 in Baden-Württemberg nachgewiesenen Heuschreckenarten 43 im Kaiserstuhl festgestellt worden, darunter sehr viele wärmeliebende Arten südlicher Herkunft. Allerdings ist hier seit Jahren ein deutlicher Artenschwund zu verzeichnen. Unter den Schnecken ist die Turmschnecke (*Zebrina detrita*) besonders typisch für die Kaiserstühler Trockenrasen. Im Gegensatz zu anderen Arten weicht sie der großen Bodenhitze aus, indem sie sich in luftiger Höhe an Gräser und Kräuter heftet. Als mediterrane Art gilt die Große Walddeckelschnecke (*Pomatia elegans*), die warme Laubwälder bewohnt und – für Landschnecken eine Besonderheit – ihr Gehäuse mit einem Deckel verschließen kann.

9 Die turmförmige Schnecke *Zebrina detrita* ist typisch für Kalktrockenrasen. An heißen Tagen sucht sie die oberen, luftigen Bereiche von Gräsern und Kräutern auf.

Oberrheinebene und Vorberge des Schwarzwaldes

In der durch intensive Landwirtschaft, ein dichtes Siedlungs- und Verkehrsnetz geprägten Landschaft am Oberrhein sind bemerkenswerte Tiervorkommen naturgemäß auf mehr oder weniger extensiv genutzte Landschaftsteile beschränkt, also auf Wiesen, Streuobstbestände, Trockengebiete der Vorberge und Wälder. Die für Deutschland einmalige Klimagunst des Oberrheingrabens ermöglichte vielen Tierarten, ihr Verbreitungsareal nach Norden auszudehnen. Beispiele hierfür sind Schwarzstirn- und Rotkopfwürger, die bis in die 60er Jahre schwerpunktartig die Oberrheinebene besiedelten. Der Schwarzstirnwürger ist in den letzten Jahrzehnten ganz aus Baden-Württemberg verschwunden, der Rotkopfwürger hat mit wenigen Brutpaaren überdauert, doch gibt es für den kleinen Bestand kaum noch Überlebenschancen. Auch der Raubwürger, der zwar kein typischer Südländer ist, aber auch wie die beiden anderen Arten halboffenes Gelände, vor allem Streuobstwiesen und Hecken bevorzugt, ist fast ganz aus dem Oberrheingebiet verschwunden. Sehr stark zurückgegangen sind auch die Arten Wiedehopf und Wendehals mit ähnlichen Habitatansprüchen.

Erfreulich ist dagegen, daß sich im Markgräfler Hügelland eine kleine Population der ebenfalls wärmeliebenden Zaunammer gehalten hat. Die südwesteuropäisch verbreitete Art erreicht in Süddeutschland die Nordgrenze ihrer Verbreitung. Wie sehr man auch das Verschwinden mancher an der nördlichen Verbreitungsgrenze stehenden Tierart bedauern muß, so gibt es doch auch immer wieder Neuzugänge und Einwanderungen, die sich weder aus dem Klima noch aus menschlich bedingten Veränderungen der Landschaft erklären lassen. Sie weisen darauf hin, daß die nacheiszeitlichen Wanderungsbewegungen noch bis in unsere Zeit andauern. Beispiele hierfür sind die Wacholderdrossel und die Türkentaube, die seit Mitte dieses Jahrhunderts aus dem Nord- bzw. Südosten bei uns eingewandert sind. Karmingimpel und Birkenzeisig zeigen eine ähnliche Tendenz und könnten Südbaden bald erreicht haben. Eine große Überraschung für die Ornithologen war 1955 das Erscheinen des in südeuropäischen Gebirgen beheimateten Alpenseglers in Freiburg. Die heute auf über 50 Paare angewachsene Population gilt als nördlichster Vorposten in Europa. Seit einigen Jahren sind Neuansiedlungen aus Mülhausen/Elsaß, Waldshut und Emmendingen bekannt geworden. Fast sensationell ist die Neuansiedlung des Orpheusspötters in Südbaden. 1983 wurde der erste Brutnachweis bei Weil am Rhein erbracht. In den Folgejahren breitete er sich nach Norden aus und hat heute etwa Breisach erreicht. Die Einwanderung über Rhônetal, Südwestschweiz und Burgundische Pforte ist in diesem Fall gut belegt.

In der Vorbergzone zwischen Offenburg und Basel gibt es im Bereich der Weinberge und Obstbaumwiesen immer wieder Lößterrassen und Hohlwege, aber auch Kalkmagerrasen und trocken-warme Laubwälder, so zwischen Lahr und Emmendingen, am Schönberg südlich Freiburg, im Markgräflerland und auf den Jurakalken am Isteiner Klotz. Ähnlich wie im Kaiserstuhl, wenn auch meist kleinflächig, beherbergen diese Standorte viele wärmeliebende Tierarten aus der Gruppe der Schmetterlinge, Heuschrecken, Wildbienen, Käfer und Wanzen. Herausragend ist hier der Isteiner Klotz, dessen Insektenfauna näher untersucht wurde. Viele der dort heimischen Pflanzen und Tiere haben in der trockenen Rheinniederung zwischen Basel und Breisach einen neuen Lebensraum gefunden. Hier trifft man Arten, die dem intensiven Weinbau in den Vorbergen weichen mußten oder neu eingewandert sind. So häufen sich hier seit einigen Jahren Beobachtungen des Brombeer-Perlmutterfalters (*Brenthis daphne*), der bisher nur aus dem elsässischen Trockengebiet bei Colmar bekannt war und nun erstmals sein Areal auf die rechte Rheinseite ausgedehnt hat. Auch der Hundsbraunwurz-Mönch (*Cucullia caninae*), eine mediterrane Nachtfalterart, ist neu zugewandert und erreicht hier vorpostenartig gerade noch Deutschland.

In einigen Flußniederungen der oberrheinischen Tiefebene sind noch größere Wiesengebiete mit einer wertvollen Avifauna erhalten. Es handelt sich um die Niederungen von

Dreisam, Elz, Schutter, Kinzig, Kammbach und Rench. Charaktervogel dieser Wiesenlandschaft ist der Große Brachvogel, dessen Brutbestand mit ca. 64 Paaren (1994) zu den größten in Baden-Württemberg zählt. Noch vor etwa 20 Jahren war der Bestand mit ca. 150 Brutpaaren mehr als doppelt so hoch. Die rapide Abnahme ist eine Folge der Umwandlung von Wiesen in Maisäcker, intensiver Bewirtschaftung ackerbaulich genutzter Flächen, Entwässerungsmaßnahmen und damit einhergehendem Nahrungsmangel. Eine ähnlich negative Entwicklung ist auch bei anderen typischen Wiesenvögeln zu beobachten. Weißstorch, Rebhuhn, Wachtel, Kiebitz, Grauammer und Braunkehlchen sind alarmierend zurückgegangen. Bekassine, Wiesenweihe, möglicherweise auch der Wachtelkönig sind ganz verschwunden. Naturnah bewirtschaftete Feuchtwiesen in Mittelbaden sind auch wichtige Rückzugsräume für zwei Kostbarkeiten der Insektenfauna. So findet man hier noch den seltenen Großen Feuerfalter (*Lycaena dispar*) und letzte Habitate der Sumpfgrille (*Pteronemobius heydenii*). In

10 In Feuchtwiesen der Oberrheinebene hat der Große Feuerfalter (*Lycaena dispar*) einen Verbreitungsschwerpunkt. Großblättrige Ampferarten dienen der Raupe als Nahrung.

11 Der Dohlenkrebs (*Austropotamobius pallipes*), ein naher Verwandter des Flußkrebses und als eigene Art bisher kaum bekannt, ist in neuerer Zeit in Bächen bei Freiburg und Emmendingen nachgewiesen worden.

einigen Bächen der mittelbadischen Rheinebene lebt noch die seltene, vom Aussterben bedrohte Kleine Flußmuschel (*Unio crassus*). Die bis 6 cm große Muschel war früher häufig, ist aber wegen ihrer Empfindlichkeit gegenüber Nitraten in weiten Teilen Baden-Württembergs ausgestorben. Derzeit laufen Schutzprogramme des Regierungspräsidiums, der Bezirksstelle für Naturschutz und Landschaftspflege und des Naturschutzfonds des Ortenaukreises an mit dem Ziel, die Lebensräume dieser Muschel zu erhalten.

Entlang der Autobahn und in der Rheinaue entstanden seit der Jahrhundertmitte zahlreiche Kiesgruben. Ein Großteil ist rekultiviert und enthält Baggerseen, andere sind noch in Betrieb. An den Baggerseen entstanden neue Lebensstätten für Wasservögel und Libellen. Sie stellen wichtige Ersatzlebensräume für die ehemaligen Gewässer dar, die entlang des Rheins verschiedenen Ausbaumaßnahmen zum Opfer gefallen sind. Die vegetationsfreien Brachflächen noch im Betrieb befindlicher Kieswerke bieten dem Flußregenpfeifer und der Kreuzkröte geeigneten Lebensraum. Die steilen Kies- und Lehmwände ermöglichen der Uferschwalbe, hier ihre Brutröhren anzulegen. Im Rahmen avifaunistischer Geländearbeiten wurde 1995 bei Wyhl eine Steilwand mit etwa 1800 beflogenen Brutlöchern entdeckt. Die Kolonie zählt zu den größten in Mitteleuropa.

Rhein und Rheinauen

Zwischen Kaiserstuhl im Süden und der Acherniederung im Norden haben sich trotz Absinkens der Grundwasserstände infolge des Rheinausbaus noch wertvolle Auenbereiche erhalten, die einmalig für Mitteleuropa sind. Kernstück ist das Naturschutzgebiet »Taubergießen« mit Auenwäldern, Altrheinarmen und Quellflüssen (»Gießen«) sowie das neu entstandene, südlich anschließende Naturschutzgebiet »Rheinniederung Wyhl-Weisweil«. Die Wasserflächen von Altrhein, Kanal, Staustufen, Baggerseen und Altrheinarmen bilden einen wichtigen Rast- und Überwinterungsbiotop, der internationale Bedeutung hat. Tausende von Wasservögeln bevölkern im Winter die Wasserflächen. Es sind überwiegend Enten, Gänse, Hauben- und Zwergtaucher, Zwerg- und Gänsesäger, seltener auch Zwerg- und Singschwäne. Seit etwa 20 Jahren ist auch der Kormoran am südlichen Oberrhein ein häufiger Wintergast. Der auf 1400 Exemplare angestiegene Winterbestand (1996) veranlaßte Fischer und Angler, den Abschuß der Vögel wie überall im Lande durchzusetzen. In den Rheinauen gibt es aber auch bemerkenswerte Brutvögel. Neben der häufigen Stock- und Reiherente brüten hier noch Krick- und Schnatterente in wenigen Paaren. 1996 gelang sogar erstmals ein Brutnachweis des Gänsesägers. Entlang der verschiedenen Gewässer sind Bläß- und Teichhuhn, Wasserralle, Zwerg- und Haubentaucher typische Brutvögel. In den fischreichen Gewässern erreicht auch der Eisvogel landesweit größte Brutdichten. In den teils noch sehr naturnahen Auenwäldern sind für Baden-Württemberg einmalige Brutbestände der Nachtigall, Turteltaube, Weidenmeise, des Pirols und des Grau-, Mittel- und Kleinspechtes nachgewiesen worden.

Die verschiedenen stehenden und fließenden Gewässer der Rheinauen beherbergen auch eine artenreiche Libellenfauna. Relativ häufig an Fließgewässern kann man hier die Gebänderte Prachtlibelle und die Blauflügel-Prachtlibelle (*Calopteryx splendens* und *C. virgo*) beobachten. Die Gemeine Keiljungfer (*Gomphus vulgatissimus*), eine Art, die in Deutschland als »vom Aussterben bedroht« und in Baden-Württemberg als »stark gefährdet« eingestuft wird, hat am Oberrhein einen Verbreitungsschwerpunkt. Nach neuesten Untersuchungen ist die Gemeine Keiljungfer, die den anderen Gebieten Südbadens völlig fehlt, hier noch gut vertreten. Die gezielte Suche nach Larven und ihren Hüllen (Exuvien) brachte am Rhein nördlich von Basel auch Nachweise der in Deutschland extrem seltenen Grünen Keiljungfer (*Ophiogomphus cecilia*) und der westmediterranen Gelben Keiljungfer (*Gomphus simillimus*).

Flußsysteme wie der Rhein mit seinen Seitengewässern sind häufig die ersten Anlaufziele für neu einwandernde oder verschleppte Tiere. Bei den Säugern sind dies die Bisamratte, die seit über 100 Jahren bei uns heimisch ist, und der in jüngerer Zeit immer häufiger zu beobachtende, etwa doppelt so große Nutria (Sumpfbiber). Beide sind Nagetiere und stammen aus Nordamerika. Es ist möglich, daß der linksrheinisch angesiedelte echte Biber eines Tages auf der baden-württembergischen Seite wieder heimisch wird, zumal auch auf der rechten Rheinseite immer wieder einzelne Exemplare gesichtet werden. Auch die Muscheln, die in unseren Altwässern durch die Flußmuschel (*Unio spec.*) und die Teichmuschel (*Anodonta spec.*) vertreten sind, haben durch neue Zuwanderer Konkurrenz erhalten. Die in den 50er Jahren erstmals am Oberrhein entdeckte Dreiecksmuschel (*Dreissena*) ist zwischenzeitlich schon am Bodensee angelangt. Erst in den 90er Jahren hat die Körbchenmuschel (*Corbicula fluminea* und *C. fluviatilis*) den Oberrhein erobert.

Baar und Südwestalb

An der Ost- und Südostflanke des Schwarzwaldes, zwischen Hochrhein und oberer Donau, zeigen die Landschaften Alb-Wutach-Gebiet, Hegau, Baar, Südwestalb und Obere Gäue hinsichtlich des kontinentalen Klimas, des vorherrschenden Kalkuntergrundes und zahlreicher Wärmeinseln viele faunistische Gemeinsamkeiten. Stellvertretend für diesen Raum werden hier schwerpunktartig einige Tierarten der Baar und der Südwestalb erwähnt.

Die Hochfläche der Baar ist offen und landwirtschaftlich genutzt. Äcker, Wiesen und stellenweise Heckensäume entlang von Steinwällen prägen das Bild. Sehr tierartenreich sind naturgemäß die Wiesengesellschaften der feuchten und trockenen Standorte. Besonders vogelreich sind die Moore, Feuchtgebiete und Naßwiesen der Riedbaar. Charakteristischer Greifvogel der offenen Baar ist der Rotmilan. Im Bereich größerer Feuchtwiesen und Moore trifft man das Braunkehlchen noch regelmäßig an. Seltener sind schon Wiesenpieper und Grauammer. Auch die Wachtel hat hier noch zahlreiche Reviere. Unregelmäßig ist das Vorkommen der Wiesenralle (Wachtelkönig). Großer Brachvogel und Bekassine sind seit

Jahren verschwunden. Neu angesiedelt hat sich in Kiesgruben der Flußregenpfeifer. Die offenen Wasserflächen zwischen Donaueschingen und Gutmadingen, bestehend aus Donau, Riedseen und Unterhölzer Weiher, sind wichtige Rast- und Überwinterungsgebiete für Wasservögel. Neben Krick-, Tafel-, Reiher- und Schnatterenten überwintern hier traditionell Pfeifenten, Gänsesäger und neuerdings Kormorane. Leider sind die bekannten Überwinterungsplätze der Saatgans – bedingt durch vielerlei Störungen und Eingriffe – heute verwaist.

Zu den interessantesten Naturlandschaften Süddeutschlands zählt die Wutachschlucht. Die vielfältige Pflanzen- und Tierwelt beruht auf dem Wechsel von Grundgebirge (im oberen Teil) und Muschelkalk (im mittleren und unteren Teil) sowie auf dem Kontrast zwischen trocken-warmen Südlagen und feucht-kühlen Nordhängen. Die markanten Felsbereiche, in Südlage oft gesäumt von der typischen »Steppenheideflora« finden ihre großartige Fortsetzung an den Weißjurafelsen im oberen Donautal. Hier stehen den klassischen Felsbrütern Wanderfalke, Uhu, Kolkrabe und Dohle zahlreiche Höhlen und Nischen für ihr Brutgeschäft zur Verfügung. In den 50er und 60er Jahren entstand in der Wutachschlucht sogar eine kleine Brutpopulation des Gänsesägers.

12 Der Schwarze Apollo (*Parnassius mnemosyne*), früher zwischen Schwarzwald und Südwestalb recht häufig, bewohnt heute nur noch einige Wiesentäler im Bereich der oberen Donau. Es wird vermutet, daß der mit Weißlingen leicht zu verwechselnde Schmetterling übersehen wird und vielleicht doch noch mit unbekannten Vorkommen zu rechnen ist.

13 Der prächtige, bis 4 cm große Alpenbock (*Rosalia alpina*) ist in südeuropäischen Gebirgen und Teilen der Alpen beheimatet. Im oberen Donautal und in der Schwäbischen Alb erreicht er die Nordgrenze seiner Verbreitung.

Störungen durch Wanderer und Kanufahrer haben diesem Vorstoß leider ein frühzeitiges Ende gesetzt. Trockene, locker mit Eichen und Kiefern bewachsene Südhänge, oft im Kontakt zu Felsbereichen oder Felsschutthalden, bieten dem Berglaubsänger ideale Habitate. Mit ihrem Brutareal, das vom Südschwarzwald über die Baar bis in die Schwäbische Alb hineinzieht, erreicht die Art die Nordgrenze ihrer Verbreitung in Mitteleuropa und zugleich den größten Abstand vom geschlossenen, alpinen Verbreitungsgebiet. Daß die Naturhöhlen im Muschelkalk auch Fledermäusen als Winterquartier dienen, ist durch den Nachweis vieler, auch seltener Arten belegt. In allerneuester Zeit ist hier sogar eine für Südbaden neue Art, die Große Bartfledermaus (*Myotis brandti*) entdeckt worden. Reich vertreten sind naturgemäß Insekten. Käfer, Schmetterlinge, Fliegen und Mücken, aber auch Schnecken und Muscheln sind für das Wutachgebiet gut untersucht. Es fällt auf, daß sich hier, je nach den lokalklimatischen Gegebenheiten, nordische und alpine Arten ebenso einfinden wie Vertreter der mediterranen Fauna.

Werfen wir einen Blick auf die kalk- und wärmeliebenden Rasengesellschaften des Gebiets wie Wacholderheiden mit Schafbeweidung, extensiv bewirtschaftete, einmal im Jahr gemähte Halbtrockenrasen oder von Natur aus waldfreie Felshänge (»Steppenheiden«). Viele Arten, bekannt vom Kaiserstuhl und den Wärmegebieten am Oberrhein wie der »Schmetterlingshaft« (*Ascalaphus libelluloides*), trifft man auch hier wieder an. Andere Arten sind nur auf der Baar und der Schwäbischen Alb heimisch und fehlen dem Oberrheingebiet. Zu ihnen zählen das Bergkronwicken-Widderchen (*Zygaena fausta*), das Skabiosen-Grünwidderchen (*Adscita montana*), dessen Vorkommen über den Klettgau bis zum Hochrhein reicht, der Kreuzenzian-Ameisen-Bläuling (*Maculinea rebeli*) und der Storchschnabel-Bläuling (*Eumedonia eumedon*). Eine vom Aussterben bedrohte, auf wenige Moorstandorte der Riedbar beschränkte Schmetterlingsart ist der Blauschillernde Feuerfalter (*Lycaena helle*). Etwas frischere Wiesenstandorte in Waldrandlage bevorzugt der Schwarze Apollo (*Parnassius mnemosyne*). Er war früher zwischen Wutach und Baaralb nicht selten, ist heute aber nur noch in einigen wenigen Nebentälern der oberen Donau anzutreffen.

Von den Heuschrecken, die landesweit stark zurückgehen, kann man die Wanstschrecke (*Polysarcus denticauda*) und den sehr seltenen Feldgrashüpfer (*Chorthippus apricarius*) als Besonderheiten der Baar und der Südwestalb bezeichnen.

Schließlich beherbergen südexponierte Hangbuchenwälder an der oberen Donau den Alpenbock (*Rosalia alpina*) einen unserer schönsten und mit 4 cm Körperlänge größten Käfer. Die wärmeliebende Käferart steht hier an der Nordwestgrenze ihrer Verbreitung. Der seltene Käfer benötigt abgestorbene Buchenstämme zur Anlage der Bruthöhlen und ist deshalb auf extensiv bewirtschaftete, totholzreiche Buchenwälder angewiesen.

Westlicher Bodensee

Mit seiner großen Wasserfläche und den teilweise noch intakten Uferbereichen stellt der Bodensee einen einmaligen Naturraum dar. Im Rahmen dieses Beitrags soll der Blick auf den

Untersee beschränkt bleiben. Dieser flache und sehr nährstoffreiche Seeabschnitt gehört aus avifaunistischer Sicht zu den bedeutendsten Rast- und Brutplätzen in Mitteleuropa. Kernzonen sind neben der freien Wasserfläche das Wollmatinger Ried, die Halbinsel Mettnau, das Radolfzeller Aachried und der nahe gelegene Mindelsee. Wertvolle Biotope wie Teiche, Moore, Feuchtwiesen, Bäche und Streuobstwiesen auf dem Bodanrück kommen hinzu und bereichern die Vielfalt der Landschaft und ihre Fauna. Früher und stärker als in den anderen Landesteilen prallten am Bodensee Interessen der Wirtschaft und des Naturschutzes aufeinander. Der schon in der Nachkriegszeit mächtig aufkommende Tourismus führte zu ausuferndem Wachstum der Städte, Siedlungen, Straßen und Freizeiteinrichtungen. Der zunehmende Bade- und Bootsbetrieb bedrohte auch die Ruhe- und Schutzzonen. Mangels ausreichender Kläranlagen war der See als Trinkwasserreservoir bedroht. Der ohnehin schon nährstoffreiche Untersee war in Gefahr umzukippen. Auch die traditionelle »Belchenschlacht«, der massenhafte Abschuß von Bläßhühnern und überwinternden Enten war mit den modernen Grundsätzen des Naturschutzes nicht mehr vereinbar.

Es war ein Glücksfall, daß der behördliche Naturschutz in dieser Zeit massive Unterstützung von Naturschutzverbänden und privaten Organisationen erhielt. Pionierarbeit leisteten hier die Ornithologische Arbeitsgemeinschaft Bodensee (OAB), der Naturschutzbund Deutschland (NABU) und der Bund für Umwelt und Naturschutz Deutschland (BUND). Heute arbeiten sie mit vielen Verbänden aller Anrainer-Länder im Bodensee-Umweltschutzprojekt zusammen und bilden den Umweltrat Bodensee. Die Naturschutzverbände begnügten sich nicht mit der Einrichtung von Naturschutzgebieten, deren Dichte im Bodenseegebiet besonders hoch ist. Sie verbesserten die Qualität der Schutzgebiete auch durch Renaturierungsmaßnahmen wie Schaffung von Teichen und Wasserzonen im Schilf, Bau von Brutflößen für Seeschwalben und dergleichen. Von großer Bedeutung war und ist auch der Ankauf schützenswerter Flächen von staatlicher und privater Seite. Wie wichtig auch eine effektive Öffentlichkeitsarbeit ist, zeigen die drei Naturschutzzentren, die von den Naturschutzverbänden (NABU und BUND) im Raum Konstanz-Radolfzell unterhalten werden.

Eine große Aufwertung erhielt der westliche Bodenseeraum dadurch, daß die weltweit renommierte Vogelwarte Rossitten nach dem zweiten Weltkrieg aus dem russisch besetzten Ostpreußen nach Radolfzell verlegt wurde. Die Vogelwarte Radolfzell hat seither wichtige Grundlagenforschung auf dem Gebiet des Vogelzugs geleistet. Bekannt sind die international organisierten Fangprogramme auf der Halbinsel Mettnau, die exakte Erkenntnisse über den erschreckenden Rückgang vieler Singvogelarten erbrachten und sich auch auf die praktische Naturschutzarbeit am Bodensee auswirkten. Durch die enge Nachbarschaft der Vogelwarte Radolfzell, der Universität Konstanz und der vor Ort tätigen Verbände und Behörden ergeben sich beste Voraussetzungen und Chancen für gemeinsame Projekte der Freilandforschung und des Naturschutzes.

Betrachten wir nun einige charakteristische Brutvögel der Uferzonen, Schilfwälder und Riede. Dem Besucher fallen auf der freien Wasserfläche am ehesten Bläßhühner, Stockenten, Haubentaucher und Höckerschwäne auf. Sie gehören zu den häufigsten Brutvögeln. Seltener ist schon der Zwergtaucher und – eine Besonderheit am Bodensee – der Schwarzhalstaucher. Im Uferbereich der Schilf- und Riedgebiete gibt es größere Brutkolonien der Lachmöwe; auf meist künstlichen Inseln und Flößen brütet die Flußseeschwalbe. Am Untersee liegen die wohl größten Brutplätze der Kolbenente in Deutschland. Aber auch Reiher-, Tafel-, Krick-, Knäk- und Löffelente gehören zum Brutbestand. Sie profitieren von den künstlich angelegten Weihern und Wasserzonen auf der Halbinsel Mettnau und im Wollmatinger Ried. Zu den typischen Greifvögeln der Schilflandschaft gehört die Rohrweihe. Im Frühherbst ist der Baumfalke zu beobachten, wenn er Riesenschwärme der Rauchschwalbe, die im Schilf übernachtet, bejagt. – Die großen Schilfwälder bieten einigen interessanten Singvögeln Brutmöglichkeit. Neben den häufigen Arten Teichrohrsänger und Rohrammer sind dies der schon sehr selten gewordene Drosselrohrsänger und neuerdings der aus dem Osten zugewanderte Rohrschwirl. Seit den siebziger Jahren gehören auch Beutel- und Bartmeise zu den regelmäßigen Schilfbewohnern. Die Bartmeise, die sich im Winter von Schilfsamen ernährt und daher sehr standortstreu ist, besitzt hier die einzigen Brutplätze in Südbaden. In den mehr offenen, nicht so sehr vom Schilf beherrschten Riedwiesen sind Bekassine, Kiebitz und Schafstelze bemerkenswerte Brutvögel.

Seine internationale Bedeutung verdankt der Bodensee nicht nur dem Brutvogelbestand, sondern vielmehr seinem Standort am Nordrand der Alpen, wo sich wichtige Zugstraßen, die von Nordosteuropa nach Südwesten führen, bündeln. Viele Vogelarten, vor allem Singvögel und Watvögel nutzen den See als Rastplatz; anderen, vor allem Schwimmvögeln, dient er als Winterquartier.

Die zeitweise trocken fallenden Schlickflächen sind optimale Nahrungsgründe für durchziehende und rastende Watvögel (Limikolen). Die Liste von über 50 nachgewiesenen Arten reicht von der Uferschnepfe bis zum Alpenstrandläufer und vom Grünschenkel bis zum Säbelschnäbler. – Die größten Vogelmassen bestehen jedoch aus überwinternden Schwimmvögeln, wobei Enten, Taucher, Säger, Gänse und Schwäne das Hauptkontingent bilden. Der durch Einleitung von Abwässern mitbedingte Nährstoffreichtum des flachen Untersees begünstigte die enorme Zunahme pflanzlichen und tierischen Planktons. Dies führte wiederum zur Massenvermehrung der eingewanderten Dreiecksmuschel und vieler Fischarten. Davon profitierten die Wasservögel, deren Winterbestände sich zeitweise vervielfachten, bis sich auch hier ein Gleichgewicht einstellte. Die übervollen Muschelbänke nutzen in erster Linie Bläßhühner, Reiher- und Tafelenten; den Fischreichtum nutzen Haubentaucher, Gänsesäger und Kormorane.

Eine Besonderheit in der Fischfauna des Untersees und des Mindelsees ist der Wels oder Weller, ein bis 2,60 m langer und bis 90 kg schwerer Grundfisch, dessen breitgeformtes Maul durch abstehende Barteln gekennzeichnet ist.

14 Die seltene Bartmeise (Männchen) ist am langen Schwanz, der zimtfarbenen Oberseite und dem schwarzen Bartstreifen zu erkennen. Der in Europa nur lückenhaft verbreitete Vogel brütet seit den 70er Jahren regelmäßig in den Schilfwäldern des Wollmatinger Riedes.

LITERATUR (Auswahl)

Badischer Landesverein für Naturkunde und Naturschutz e.V. (Hrsg.) (1933): Der Kaiserstuhl. – Eine Naturgeschichte des Vulkangebirges am Oberrhein. Freiburg.
BELLMANN, H. (1993): Heuschrecken beobachten, bestimmen. 3. Aufl.. Naturbuch-Verlag Augsburg.
BERNAUER, A. & H. Jacoby (1994): Bodensee – Naturreichtum am Alpenrand. – Naturerbe-Verlag Jürgen Resch Überlingen.
DETZEL, P. (1992): Heuschrecken und ihre Verbreitung in Baden-Württemberg. – Arbeitsblätter zum Naturschutz Nr. 19, LfU Karlsruhe.
EBERT, G. (Hrsg.) (1991–1997): Die Schmetterlinge Baden-Württembergs. Bd. 1–6. Ulmer Verlag Stuttgart.
Fachschaft für Ornithologie Südlicher Oberrhein im Naturschutzbund Deutschland e.V. (Hrsg.)

(1995–1996): Naturschutz am südlichen Oberrhein. BD. I, H. 1 u. 2/3. Freiburg.
GEHRING, H. (1991): Quantitative Brutvogelerfassung im Schwarzwald-Baar-Kreis 1987. – Schr. d. Baar 37:77–112. Donaueschingen.
HÖLZINGER, J. (1981–1997): Die Vögel Baden-Württembergs. – Bd. 1, 3.2, 4, 5, 7.1. Ulmer Verlag Stuttgart.
KRATOCHWIL, A. & A. SCHWABE (1984): Trockenstandorte und ihre Lebensgemeinschaften in Mitteleuropa: Ausgewählte Beispiele. Universität Tübingen.
LfU (Hrsg.) (1966): Der Isteiner Klotz. – Rombach Verlag Freiburg.
LfU (Hrsg.) (1971, 1988): Die Wutach. – Naturkundliche Monographie einer Flußlandschaft. Freiburg/Karlsruhe.
LfU (Hrsg.) (1974): Das Taubergießengebiet, eine Rheinauenlandschaft. Ludwigsburg.
LfU (Hrsg.) (1982): Der Feldberg im Schwarzwald. Subalpine Insel im Mittelgebirge. Karlsruhe.
LfU (Hrsg.) (1987): Die Amphibien und Reptilien Baden-Württembergs. – Beih. Veröff. Natursch. u. Landschaftspfl. Bad. Württ., 41. Karlsruhe.
LfU (Hrsg.) (1989): Der Belchen. Geschichtlich-naturkundliche Monographie des schönsten Schwarzwaldberges. Karlsruhe.
LfU (Hrsg.) (1995): Großmuscheln. Lebensweise, Gefährdung und Schutz. – Arbeitsblätter zum Naturschutz, 21. Karlsruhe.
SCHUSTER, S. et al. (1983): Die Vögel des Bodenseegebiets. Stuttgart.
STOLL, H. (1948): Wald und Waldnutzung im Feldberggebiet. In: Der Feldberg im Schwarzwald. Freiburg.
WESTRICH, P. (1990): Die Wildbienen Baden-Württembergs. 2. Aufl. Ulmer Verlag Stuttgart.
ZINKE, F. & G. REICHELT (1976): Die Riedbaar – ihre Biotope und ihr Bestand bedrohter Vögel. – Schr. d. Baar 31:14–52. Donaueschingen.

Naturschutzgebiete gestern und heute – ein geschichtlicher Rückblick

von Gerhard Fuchs

Mühevoller Anfang

Naturschutz zählt zu den jüngeren staatlichen Aufgaben. Seine Geschichte reicht nicht annähernd soweit in die Vergangenheit zurück wie etwa die von Medizin oder Baukunst. Erste Anfänge datieren zwar in einigen Sonderfällen schon Jahrhunderte zurück, doch entsprangen diese meist den augenblicklichen Vorstellungen eines einzelnen Landesherren. In der Bevölkerung fehlte für eine positive Resonanz oder gar fördernde Initiative jede Voraussetzung. Natur wurde überwiegend als einschränkender, ja bedrohender Faktor im menschlichen Leben wahrgenommen. Verheerenden Naturereignissen, wie Unwettern, Überschwemmungen oder Massenvermehrungen schädlicher Insekten konnte man kaum wirksam begegnen. Hungersnöte waren oft deren Folge. Da es auch an Kenntnissen von naturwissenschaftlichen Zusammenhängen mangelte, blieben noch so gut gemeinte, aus heutiger Sicht sogar gebotene Schutzvorschläge ohne Erfolg. Oft führten ja auch Eingriffe in die Natur nicht zu erkennbaren Schäden. Ganz im Gegenteil! So ließen die ausgedehnten Rodungen im Mittelalter vielfältige neue Lebensräume entstehen mit verbesserten Lebensbedingungen für Pflanzen mit hohem Lichtbedarf. Dem als düster und Gefahr bringend empfundenen Wald folgte die sonnige Blumenwiese.

Gegen Ende des 18. Jahrhunderts leiteten die Erfindungen der Dampfmaschine und der Spinnmaschine tiefgreifende gesellschaftliche Umwälzungen ein, die wir heute als industrielle Revolution bezeichnen. Gleichzeitig begann die Entfaltung der Naturwissenschaften und der Aufstieg des Bürgertums. Neue naturwissenschaftliche Erkenntnisse führten bald zu der Überzeugung, daß der Naturnutzung durch die Menschen erkennbare, z.T. sogar enge Grenzen gesetzt sind. Die Aufforderung »Zurück zur Natur« drückte die aufkommende Sorge um die Zerstörung menschlicher Lebensgrundlagen aus. Sie fand ihren sinnfälligen Ausdruck auch im Landschaftspark englischer Prägung. Bedeutende Beispiele dafür aus jener Zeit des Umbruchs gibt es zwischen Oberrhein und Bodensee nicht. Schwarzwald, Hegau und Bodenseeraum zeichnete damals eine vielfältige, ungestörte Natur aus, nicht aber große Siedlungen und Industriegebiete. So fehlte es auch an überzeugenden Gründen für Schutz und Gestaltung der Natur. Die vorausgehenden, über Jahrhunderte andauernden politischen Spannungen am Rhein ließen auch keine wesentliche Änderung dieser Situation erwarten. Die großen Auswanderungswellen in der Mitte des letzten Jahrhunderts geben auch Zeugnis von den kargen Lebensbedingungen der Menschen in jener Zeit. So wird verständlich, daß die Heimatschutzbewegung nach 1830 im äußersten Südwesten Deutschlands keine erkennbaren Erfolge beim Flächenschutz hinterließ, anders als in den großen deutschen Teilstaaten. Dort entstanden z.B. 1832 südlich von Bonn das Naturschutzgebiet Drachenfels und 1852 im Harz das ausgedehnte Naturdenkmal Teufelsmauer. Wahrscheinlich handelte es sich in diesen Fällen um Reaktionen auf Naturzerstörungen im mitteldeutschen Industriegürtel.

Naturzerstörung gab es indessen auch im Südwesten Deutschlands. Die steilen Molassefelsen am Bodensee bei Überlingen mit den Heidenhöhlen mußten der Eisenbahn weichen, ohne daß aus der Bevölkerung ein Aufschrei der Empörung zu vernehmen war. Dasselbe galt für den Bau der Eisenbahn am Isteiner Klotz oder im Höllental bei Freiburg. Als Ursache dafür müssen wir die verbreitete materielle Armut unter den Menschen in jener Zeit vermuten. Bei aller Liebe zur Heimat wollten sie doch nicht auf ein besseres, gesicherteres Leben verzichten. Heimatverbundenheit war eine die Gesellschaft prägende Kraft, aber nicht die einzige. Schließlich gab es in Deutschland genügend Beispiele für zunehmenden Wohlstand nach dem Bau neuer Verkehrswege und als Folge davon durch Ansiedlung von Gewerbe und Industrie.

Die wachsende Bedeutung Deutschlands nach der Reichsgründung 1871 förderte die Heimatschutzidee ganz wesentlich. Die Menschen waren stolz auf ihr Land, auf ihre Heimat. Das schloß die Natur in ihrer jeweiligen landschaftlichen Ausprägung mit ein. Deshalb fand die Einrichtung von Nationalparks in den USA nach 1872 auch in Baden großes Interesse. Ihre Gründung löste sogar in der Zweiten Badischen Kammer Debatten darüber aus, ob dieses Beispiel Nachahmung verdiene. Wiederholte Aussprachen, in denen sich insbesondere der Abgeordnete Rebmann für die Einrichtung von Naturschutzgebieten einsetzte, führten zu dem einmütigen Beschluß, daß im steilen Abschluß des Zastler Tals zum Schutz von Pflanzen und Tieren ein Reservat entstehen sollte. Umgesetzt wurde das Votum aber nie. Dafür war die Zeit offenbar noch nicht reif. Das wird auch aus der Reaktion deutlich, die 1904 die Forderung des Schwarzwaldvereins nach amtlichem Schutz von Naturdenkmalen auslöste. Daraufhin wies das zuständige Ministerium die ihm nachgeordneten Bezirksämter an, Pflanzenschutzgebote zu erlassen. Diese blieben inhaltlich weit hinter der Anregung des Schwarzwaldvereins zurück. Man versteht dieses aus heutiger Sicht zögerliche Vorgehen besser, wenn man die Äußerung zweier kompetenter Zeitgenossen zu diesem Thema berücksichtigt. Meigen und Schlatterer, beide Mitglied im Vorstand des Badischen Landesvereins für Naturkunde, beurteilten damals die Lage des Naturschutzes wie folgt: »Vieles fällt dem wirtschaftlichen Bedürfnis zum Opfer, das ist unvermeidlich. Um so mehr aber ist es unsere Pflicht, alles zu erhalten und zu schützen, bei dem wirtschaftliche Gesichtspunkte keine oder nur eine geringe Bedeutung haben«. Mit einigem Recht kann man dem entgegenhalten, was nicht begehrt und deshalb nicht gefährdet ist, bedarf auch keines Schutzes. Kein Landwirt wird z.B. ein Hochmoor ohne Aussicht auf wirtschaftlichen Gewinn mit großem Arbeitsaufwand entwässern. Die Autoren wollten wohl ausdrücken, daß noch so begründete Wünsche zum Schutz der Natur gegen wirtschaftliche Interessen nicht durchsetzbar waren.

Ganz wirkungslos blieben die insbesondere von der Schulverwaltung geförderten Bemühungen aber auch nicht. Einige Gemeinden, darunter die um den Feldberg gelegenen, erließen Pflanzenschutz-Verordnungen. Schlatterer berichtete 1911, daß aufgrund einer solchen kurz zuvor erlassenen Verordnung jemand zu drei Tagen Haft verurteilt wurde, weil er Wurzeln des Gelben Enzians ausgegraben und feilgehalten hatte. Die Wirkung solcher nach dem Polizeigesetz erlassenen Verordnungen war dennoch eng begrenzt, vor allem weil sie nicht den Schutz eines Gebiets hinsichtlich der darin wirkenden ökologischen Faktoren und des gesamten Arteninventars zuließen.

Bestand vor dem Ersten Weltkrieg noch Hoffnung auf Einrichtung rechtlich gesicherter Naturschutzgebiete, so mußte jeder Einsichtige erkennen, daß in den Notzeiten nach Kriegsende nicht einmal eine vage Aussicht auf Erreichen dieses Ziels bestand. Wie hoffnungslos die Lage des Naturschutzes in jener Zeit war, berichtete 1919 der Vorstand des Badischen Landesvereins für Naturkunde und Naturschutz (1913 erhielt der Vereinsname den Zusatz »Naturschutz«): »Die Not ist so groß, daß man überall danach trachtet, jedes Fleckchen Erde besser auszunutzen, die Moore und alles Ödland unseres Landes auszubeuten und urbar zu machen. Die Beschaffung von Nahrungs- und Brennstoffen drängt alle ideellen Bestrebungen mit Gewalt zurück. Wir hoffen aber sehnlichst, daß die Kultivierung nicht soweit getrieben werden muß, um unsere Naturdenkmäler verschwinden zu lassen«. Man darf davon ausgehen, daß die Autoren die damalige Lage zutreffend und ohne Übertreibung darstellten. Sie zogen für sich daraus die Konsequenz, ihre früher wiederholt geäußerten Forderungen nach Schaffung von Naturschutzgebieten nicht zu erneuern. Statt dessen wollten die Vereinsmitglieder zunächst systematische Untersuchungen auf botanischem und zoologischem

Der Reichsstatthalter als Vorsitzender der Landesplanungsgemeinschaft Baden zeigte nur wenig Verständnis für den Schutz der Natur (vgl. S.12).

Abschrift

Landesplanungsgemeinschaft Baden

Der Reichsstatthalter
als Vorsitzender

Karlsruhe, den 3. November 1936
Erbprinzenstr. 15

Auf Schreiben vom 5.9.1936
Nr. B 5113

Naturschutzgebiete
h i e r
Mindelsee

I. An das
Bad. Finanz- und Wirtschaftsministerium,
Abt. für Landwirtschaft u. Domänen,
K a r l s r u h e

Der Herr Reichsstatthalter hat am 26. Oktober 1936 den Mindelsee bei Radolfzell besichtigt.

Seine Zustimmung zur Erklärung als Naturschutzgebiet hat der Herr Reichsstatthalter zunächst zurückgestellt, um zuvor noch die folgenden Fragen zu klären:

1.) Wie tief muß der See abgesenkt werden, um die anschließenden versumpften Wiesen zu entwässern und nutzbar zu machen?
2.) Wie hoch werden die Kosten der Absenkung und der Nutzbarmachung geschätzt?
3.) Wieviel ha Kulturland werden hierdurch gewonnen?
4.) Sind Querprofile des Sees vorhanden, aus denen die Uferneigung und die Tiefe des Sees beurteilt werden können?
5.) Kommt ein ganzes Ablassen des Sees in Frage?
6.) Wieviele ha Kulturland könnten dabei gewonnen werden und welche Kosten entstehen schätzungsweise?

II. Nachricht hiervon zur einstweiligen Kenntnisnahme:

Herrn
Minister des Kultus und Unterrichts
K a r l s r u h e
Schloßplatz

Die endgültige Stellungnahme des Herrn Reichsstatthalters zur Erklärung des Mindelsees als Naturschutzgebiet muß noch etwas zurückgestellt werden.

Im Auftrag:

gez.: Unterschrift

Gebiet durchführen, um zu einem späteren, erfolgversprechenden Zeitpunkt auf der Grundlage der dann vorliegenden Erkenntnisse doch noch ein Naturschutzgebiet am Feldberg durchzusetzen. Um wirtschaftlichen »Gegenargumenten« vorzubeugen, konzentrierte man die angekündigten Bemühungen auf den sehr steilen, durch Holzabfuhrwege nicht erschließbaren oberen Teil des St. Wilhelmer Tals, den »Napf«.

So düster jene Zeit allen am Naturschutz Interessierten erscheinen mußte, es gab doch auch einige ermutigende Lichtblicke. So lehnte die Badische Regierung damals den Bau einer acht Meter hohen Staumauer am Feldsee ab, mit deren Hilfe elektrische Energie gewonnen werden sollte. Dasselbe Schicksal widerfuhr einem Stauseeprojekt im Hinterzartener Moor.

Ähnliche Erfahrungen liegen aus der Zeit nach dem Zweiten Weltkrieg vor, z.B. mit dem in der Verordnung für das Naturschutzgebiet Feldberg vorgesehenen Verbot der Schafbeweidung. Mit Wissen und Billigung des Badischen Landwirtschaftsministeriums weideten dort mehrere große Schafherden über einige Jahre.

Der aufgezeigte Zusammenhang zwischen

wirtschaftlicher Lage und Naturschutz wurde auch in der Folgezeit bezüglich seiner generellen Gültigkeit bestätigt: Immer, wenn der Lebensstandard der Bevölkerung sank, gab es Bemühungen, dafür einen Ausgleich durch neue Eingriffe in die Natur zu erreichen. Gegenwärtig ist zu beobachten, daß selbst bei noch steigendem Bruttosozialprodukt, aber einer wachsenden Zahl von Beschäftigungslosen, derartige Wirkungen ausgelöst werden. Umgekehrt gilt, daß die größten Fortschritte für den Naturschutz in Zeiten wirtschaftlicher Prosperität fielen. So verdanken wir die Badische Artenschutz-Verordnung von 1927 dem wirtschaftlichen Aufschwung in der Mitte der 20er Jahre. Mit der 1928 beginnenden wirtschaftlichen Depression war kein Fortschritt mehr zu erzielen.

Wenn die erwähnten Beobachtungen in ihrer Wirkung verallgemeinert werden können, so muß man für den Naturschutz schwere Zeiten voraussagen. Der technische Fortschritt setzt derzeit viel schneller Arbeitskräfte frei als neue Arbeitsplätze entstehen können. Gesellschaftliche Organisationsbemühungen, die dieses Problem lösen oder entscheidend mildern können, sind nicht erkennbar.

Obwohl es in Baden vor 1935 keine durch Rechtsverordnung gesicherten Naturschutzgebiete geben konnte, erscheint dieses Wort in älteren Veröffentlichungen und sogar auf Landkarten. Den Grund dafür finden wir in der Tatsache, daß der Begriff »Naturschutzgebiet« nicht eindeutig definiert oder gar geschützt war. Es blieb jedem Eigentümer überlassen, seine Grundstücke als Naturschutzgebiet zu bezeichnen oder die einmal ausgesprochene Widmung zurückzuziehen. Er konnte auf Pflanzen und Tiere Rücksicht nehmen oder das unterlassen. Es verwundert deshalb nicht, wenn fast alle derartigen Naturschutzgebiete im öffentlichen Eigentum standen. Auf dem größten Teil solcher Flächen stockte Wald; sie hatten ihre Bezeichnung von der Forstverwaltung erhalten. Diese Tatsache soll nicht zu dem Trugschluß verleiten, die Spitze der Landesforstverwaltung wäre den Zielen des Naturschutzes im besonderen Maß verbunden gewesen. Aus den Akten über die Entstehung des Naturschutzgebiets »Wutachschlucht« geht hervor, daß gerade durch eine solche zu nichts verpflichtende Erklärung Einwirkungen einer anderen Behörde auf die Waldbewirtschaftung vorsorglich abgewehrt werden sollten. Gleichgerichtete Äußerungen kann man aus dem Verfahren zur Einrichtung des Naturschutzgebiets »Buchswald Grenzach« entnehmen. Auch Schutzanordnungen nach dem Polizeistrafgesetz wurden stets erst dann verkündet, wenn der Nutzungsberechtigte dem zuvor zugestimmt hatte. Die Wirkung eines solchen Schutzes erstreckte sich deshalb auch in der Praxis nicht auf Grundstücke im Privateigentum.

Viele Naturschützer hatten sich von der Weimarer Verfassung vom 11.08 1919 den langersehnten Durchbruch zum Schutz naturwissenschaftlich bedeutsamer Flächen erhofft. In ihrem Artikel 150 heißt es: »Die Denkmäler der Kunst, der Geschichte und der Natur sowie der Landschaft genießen den Schutz und die Pflege des Staates.« Dieser Verfassungssatz enthält kein unmittelbar anwendbares Recht. Die Länder hätten ihn durch Verabschiedung spezieller Naturschutzgesetze ausfüllen müssen. Das aber taten nur wenige deutsche Länder, unter denen Baden aber fehlte.

Langsam setzte sich deshalb die Überzeugung durch, daß in Baden weder aufgrund eines neuzuschaffenden Landesnaturschutzgesetzes noch durch Beschluß der Badischen Regierung für die landeseigenen Grundstücke Naturschutzgebiete entstehen würden. Der Badische Landesverein für Naturkunde und Naturschutz beschloß deshalb, Grundstücke mit besonders erhaltenswertem Arteninventar in ihrem schützenswerten Bestand durch Ankauf zu sichern. Die dafür verfügbaren Eigenmittel und Spenden ermöglichten immerhin, einige Wiesen am Schönberg bei Freiburg zu erwerben. Leider gingen wesentliche Teile davon vor dem Zweiten Weltkrieg für die Einrichtung eines Truppenübungsplatzes verloren. Die so erzielten Erfolge waren im Hinblick auf die Größe des gesteckten Ziels eher bescheiden.

Zusammenfassend ist festzustellen, daß die Bemühungen zur Schaffung von Naturschutzgebieten vor 1935 hauptsächlich aus folgenden Gründen scheiterten:

1. Ungünstige Rahmenbedingungen und gering

ausgeprägter Durchsetzungswille unter Politikern
2. Mangel an hinreichenden Rechtsgrundlagen
3. Verbreitete Armut unter der ländlichen Bevölkerung und damit eingeschränkte Verfügbarkeit über land- und forstwirtschaftlich genutzte Grundstücke
4. Fehlende Einsicht in ökologische Sachverhalte und Zwänge unter Betroffenen und Behörden
5. Konkurrenzverhalten etablierter Behörden

Erster Durchbruch: das Reichsnaturschutzgesetz von 1935

Zu Beginn unseres Jahrhunderts nahmen Eingriffe in die Natur an Zahl und Schwere erheblich zu. Um sich über deren Folgen ein besseres Urteil bilden zu können, richtete die Badische Regierung zu ihrer Beratung die »Zentralstelle für Naturschutz« ein. Zunächst übernahm der Badische Landesverein für Naturkunde und Naturschutz die damit verbundenen Pflichten auf ehrenamtlicher Basis. Der Arbeitsumfang überstieg bald die Möglichkeiten eines Ehrenamtes. Deshalb verpflichtete die Badische Regierung 1927 die Staatlichen Naturkundlichen Sammlungen, diese Aufgabe wahrzunehmen. Der erste Schritt zu einem mit hauptamtlichen Fachkräften besetzten Beratungsorgan des Landes war damit getan. Gleichzeitig wuchs auch der Arbeitsanfall bei den entscheidenden Behörden, den Bezirksämtern und dem Ministerium der Justiz, des Kultus und Unterrichts. Das anwachsende Arbeitsvolumen war u.a. durch die Planungen für die Kraftwerksgruppe des Schluchseewerks und die Diskussion um ein Naturschutzgebiet im Bereich der Wutachschlucht bedingt. Die sich dabei offenbarenden geringen Durchsetzungsmöglichkeiten für den Schutz von Landschaften machte den Mangel an einer tragfähigen gesetzlichen Grundlage besonders deutlich.

Das Jahr 1935 brachte für den Naturschutz den lang ersehnten Durchbruch. Endlich verabschiedete der Gesetzgeber am 26.06.1935 mit dem Reichsnaturschutzgesetz eine für das ganze damalige Deutsche Reich gültige Regelung des Naturschutzrechts.

30 Jahre unermüdlicher Einsatz hatten endlich zum Ziel geführt. In diesem Zeitraum waren freilich die beharrlichsten Förderer und Mahner der ersten Jahre schon verstorben. Neben vielen anderen waren dies die Abgeordneten der Zweiten Badischen Kammer Rebmann und Pfefferle, die Botaniker Meigen und Oltmans, der Geologe Schnarrenberger sowie der langjährige Schriftführer des Badischen Landesvereins für Naturkunde und Naturschutz Schlatterer.

Das neue Gesetz sah nicht nur die Einrichtung von Naturschutzgebieten vor, sondern verlangte zudem in seinem zweiten Abschnitt funktionsfähige Naturschutzbehörden. Die Hoffnung vieler Naturfreunde, es könnten nun, vielleicht schon über Nacht, alle jene Naturschutzgebiete entstehen, die sie in den vergangenen Jahrzehnten gefordert hatten, wurde dennoch enttäuscht. Bevor das neue Gesetz angewendet werden konnte, waren zunächst eine ergänzende Durchführungsverordnung und Verwaltungsvorschriften abzuwarten. Diese bestimmten, daß jeder Schutzerklärung ein kompliziertes, zeitaufwendiges Verfahren vorausgehen mußte. Als Verfahrensunterlagen verlangte der Verordnungsgeber u.a. ein ausführliches Gutachten mit detaillierten Angaben über die Schutzwürdigkeit der fraglichen Grundstücke, eine genaue Grenzbeschreibung, möglichst auch eine Landkarte mit dem vorgesehenen Grenzverlauf sowie die Anhörung der betroffenen Eigentümer und der in ihrer Zuständigkeit berührten Behörden. Schon das Einzeichnen der Grenzen eines geplanten Naturschutzgebietes in Landkarten, oft in mehr als 30facher Ausführung, verursachte bei den damals geringen technischen Möglichkeiten einen erheblichen Aufwand.

Nach größeren Mühen erhielt die erste Verordnung nach neuem Recht schließlich am 24.02.1937 allgemeine Verbindlichkeit. Ihr Gültigkeitsbereich erstreckte sich über die Gipfel des Feldbergmassivs. Eigentlich hätte es der von der Rheinebene und vielen Schwarzwaldbergen gleichermaßen deutliche sichtbare Belchengipfel sein sollen. Eine Einigung darüber war aber mit den beteiligten Gemeinden nicht zu erzielen. Vielleicht wäre es für das Ansehen der jungen Naturschutzbehörden besser gewesen, die notwendige Rechtsverordnung für das Naturschutzgebiet »Belchen« auch gegen starken Widerstand durchzusetzen, als unbedingt einen Konsens erreichen zu wollen. Rechtlich bestanden die Voraussetzungen dafür, sah doch das Reichsnaturschutzgesetz in seinem Paragraphen 24 sogar entschädigungsfreie Rechtsbeschränkungen vor.

Schon damals begrenzten oft nicht fehlende Rechtsvorschriften die Aktivitäten der Naturschutzbehörden, sondern deren politische Durchsetzbarkeit. Der Reichsstatthalter als Landesplanungsinstanz wurde in Schutzgebietsverfahren wegen seiner politischen Einwirkungsmöglichkeiten und wegen seiner begrenzten Aufgeschlossenheit für Fragen des Naturschutzes gefürchtet. Gesetze und Instanzen änderten sich seither, die Grundproblematik blieb den Naturschützern aber erhalten.

Es stellt sich hier die berechtigte Frage, nach welchen Kriterien die einzelnen Naturschutzgebiete überhaupt ausgewählt wurden. Zunächst ist auf den Gesetzestext zu verweisen. Es heißt in § 4 Abs. 1 Reichsnaturschutzgesetz wie folgt: »Naturschutzgebiete im Sinne dieses Gesetzes sind bestimmt abgegrenzte Bezirke, in denen ein besonderer Schutz der Natur in ihrer Ganzheit (erdgeschichtlich bedeutsame Formen der Landschaft, natürliche Pflanzenvereine, natürliche Lebensgemeinschaften der Tierwelt) oder in einzelnen ihrer Teile (Vogelfreistätten, Vogelschutzgehölze, Pflanzenschonbezirke und dgl.) aus wissenschaftlichen, geschichtlichen, heimat- und volkskundlichen Gründen oder wegen ihrer landschaftlichen Schönheit oder Eigenart im öffentlichen Interesse liegt.«

Bei der praktischen Durchführung hielt man sich bis heute im wesentlichen an dieselben Beurteilungsmaßstäbe, wenn auch mit unterschiedlichen Schwerpunkten. Dies waren:
1. Naturwissenschaftliche oder landschaftliche Bedeutung
2. Gefährdung
3. Durchsetzbarkeit

Die Reihenfolge der Bearbeitung bestimmten bisher in erster Linie die Kriterien Schutzwert und Gefährdung. Der Grund dafür ist leicht einzusehen. Was an Arten und Lebensräumen untergeht, etwa durch Wasserentzug in einem Feuchtgebiet, ist in der Regel für immer verloren.

Nicht in jedem Fall bedeutet die Ausweisung eines Naturschutzgebiets auch verläßlichen Schutz für die in seinen Grenzen lebenden Organismen. Ein behördliches Verfahren kann nämlich menschliche Neugier überhaupt erst wecken. Örtlich durch Besucher verursachte Störungen vermögen z.B. Vögel zu veranlassen, ihren Brutplatz aufzugeben. Der Schutzgrund kann dadurch gänzlich entfallen.

Verantwortungsbewußte Sachbearbeiter der Naturschutzbehörden hatten deshalb auch stets zu bedenken, ob eine Schutzerklärung dem gesteckten Ziel letztlich wirklich dient. Es gab deshalb durchaus sehr schützenswerte Flächen, die den Behördenvertretern lange Zeit bekannt waren und die dennoch keinen offiziellen Schutzstatus erhielten. Dieser Schutz durch Verschweigen kann heute nur noch empfohlen werden, wenn sich die fraglichen Grundstücke im Staatseigentum befinden. Das Risiko zerstörend wirkender Eingriffe ist auch wegen der dafür leicht verfügbaren, relativ billigen Mittel zu groß geworden.

Die ersten Naturschutzgebiete entstehen: die Zeit zwischen 1935 und 1945

Während des gesamten Zeitraums gab es zwar gesetzliche Grundlagen zur Einrichtung von Naturschutzgebieten, doch waren diese nicht immer anwendbar. Bis 1937 fehlte es an Durchführungsregelungen und nach 1939, mit Kriegsbeginn, wurden die meisten Mitarbeiter zum Wehrdienst eingezogen. Ab 1943, nachdem die damalige Regierung den »totalen Krieg« ausgerufen hatte, ruhte die Arbeit des staatlichen Naturschutzes gänzlich. Erst nach 1945 begann die Arbeit wieder unter sehr schwierigen äußeren Umständen und mit erheblich reduziertem Personal. Leider war auch ein wesentlicher Teil des Inventars und der Akten als Folge des Kriegs verloren gegangen.

Die ersten Naturschutzgebiete entstehen: die Zeit zwischen 1935 und 1945

Nr. 4
Amtsblatt
des Badischen Ministeriums des Kultus und Unterrichts
Herausgegeben vom Ministerium des Kultus und Unterrichts.

Ausgegeben **Karlsruhe**, den 24. Februar 1937

Inhalt.
Verordnung über das Naturschutzgebiet Feldberg in den Bezirksämtern Neustadt im Schwarzwald, Freiburg im Breisgau und Schopfheim.

Verordnung
über das Naturschutzgebiet Feldberg in den Bezirksämtern Neustadt im Schwarzwald, Freiburg im Breisgau und Schopfheim.

Auf Grund der §§ 4, 12 Absatz 2, 13 Absatz 2, 15 und 16 Absatz 2 des Reichsnaturschutzgesetzes vom 26. Juni 1935 (Reichsgesetzblatt Teil I S. 821) sowie des § 7 Absatz 1 und 5 der Durchführungsverordnung vom 31. Oktober 1935 (Reichsgesetzblatt Teil I S. 1275) wird mit Zustimmung der obersten Naturschutzbehörde folgendes verordnet:

§ 1
Das Naturschutzgebiet Feldberg in den Bezirksämtern Neustadt im Schwarzwald, Freiburg im Breisgau und Schopfheim wird mit dem Tage der Bekanntgabe dieser Verordnung in das Reichsnaturschutzbuch eingetragen und damit unter den Schutz des Reichsnaturschutzgesetzes gestellt.

§ 2
1) Das Schutzgebiet hat eine Gesamtgröße von etwa 3250 ha und umfaßt Grundstücke der Gemarkungen Hinterzarten, Bärental, Neuglashütten, Menzenschwand, Bernau, Brandenberg, Todtnau, Todtnauberg, Geschwend, St. Wilhelm, Zastler. Eine genaue Aufzeichnung der betroffenen Grundstücke und Grundstücksteile nebst Eigentümerverzeichnis ist dieser Verordnung als Anlage A und B beigefügt.

2) Die Grenzen des Schutzgebiets sind in eine Karte 1 : 25 000 rot eingetragen, die bei der obersten Naturschutzbehörde niedergelegt ist. Die inmitten des rot umrandeten Gebiets gelegene schwarz umrandete Fläche bildet einen geschützten Landschaftsteil im Sinne der §§ 5 und 19 des Reichsnaturschutzgesetzes; sie ist in das Naturschutzgebiet nicht einbezogen. Weitere Ausfertigungen der Karte befinden sich bei der Reichsstelle für Naturschutz in Berlin, bei der höheren Naturschutzbehörde in Karlsruhe, bei dem Geschäftsführer der Landesnaturschutzstelle in Karlsruhe, bei den unteren Naturschutzbehörden in Neustadt im Schwarzwald, Freiburg-Land und Schopfheim, beim Herrn Reichsstatthalter in Baden — Landesplanungsgemeinschaft — in Karlsruhe, bei dem Ministerium des Innern in Karlsruhe, bei der Abteilung für Landwirtschaft und Domänen, der Abteilung für Wasser- und Straßenbau sowie der Forstabteilung des Finanz- und Wirtschaftsministeriums in Karlsruhe.

§ 3
Im Bereich des Schutzgebiets ist verboten:

a) Pflanzen zu beschädigen, auszureißen, auszugraben oder Teile davon abzupflücken, abzuschneiden oder abzureißen,

b) freilebenden Tieren nachzustellen, sie mutwillig zu beunruhigen, zu ihrem Fang geeignete Vorrichtungen anzubringen, sie zu fangen oder zu töten oder Puppen, Larven, Eier oder Nester und sonstige Brut- und Wohnstätten solcher Tiere fortzunehmen oder zu beschädigen, unbeschadet der berechtigten Abwehrmaßnahmen gegen Kulturschädlinge oder sonst lästige blutsaugende Insekten,

c) Pflanzen oder Tiere einzubringen,

d) Feuer anzumachen, Abfälle wegzuwerfen oder das Gelände auf andere Weise zu beeinträchtigen,

e) Bodenbestandteile abzubauen, Sprengungen oder Grabungen vorzunehmen, Schutt oder Bodenbestandteile einzubringen oder die Bodengestalt einschließlich der natürlichen Wasserläufe oder Wasserflächen auf andere Weise zu verändern oder zu beschädigen,

f) Bild- oder Schrifttafeln anzubringen, soweit sie nicht auf den Schutz des Gebietes hinweisen,

g) Bauwerke jeder Art, Straßen, Wege, Eisenbahnen, Hoch-, Niederspannungs- und Telegraphenleitungen zu errichten oder wesentlich zu verändern.

§ 4
1) Unberührt bleibt die rechtmäßige Ausübung der Forstwirtschaft, der Jagd, der Fischerei und die Weidebenutzung für Rindvieh in dem bisherigen Umfang.

2) In besonderen Fällen können Ausnahmen von den Vorschriften im § 3 von mir nach Benehmen mit der Landesnaturschutzstelle genehmigt werden.

§ 5.
Wer den Bestimmungen des § 3 zuwiderhandelt, wird nach §§ 21 und 22 des Reichsnaturschutzgesetzes und den §§ 15 und 16 der Durchführungsverordnung hierzu bestraft.

§ 6
Diese Verordnung tritt mit ihrer Bekanntgabe im Amtsblatt des Badischen Ministeriums des Kultus und Unterrichts in Kraft.

Karlsruhe, den 11. Februar 1937.
Der Minister des Kultus und Unterrichts als höhere Naturschutzbehörde
In Vertretung
Frank

Nr. E 1275

Die Schutzgebietsverordnung des ersten Naturschutzgebiets Baden-Württemberg, dem NSG »Feldberg«.

Im Zeitraum zwischen 1935 und 1945[1] entstanden 36 Naturschutzgebiete. Sie sind folgenden Typengruppen zuzuordnen:

Feucht- gebiete/ Gewässer		Trocken- rasen/ -wälder		Wald- gesell- schaften		Geolog. Objekte		Fels-/ Schutt- fluren		Subalpine/ hochmont. Vegetation		Summe	
17	47%	8	22%	5	14%	3	8%	2	6%	1	3%	36	100%

In dieser Zusammenstellung fallen Feucht- und Trockengebiete mit zusammen gut zwei Dritteln aller geschützten Objekte besonders auf. Ursächlich dafür war die Gefährdung schützenswerter Pflanzen und Tiere durch drohende intensivere land- oder forstwirtschaftliche Nutzung. Das gilt vor allem für Feuchtgebiete. Viele davon wurden seinerzeit mit dem Ziel vermehrter Erzeugung von Nahrungsmitteln melioriert. Dabei wirkte auch der Reichsarbeitsdienst mit, eine Organisation, deren Mitglieder zu gemeinnütziger Arbeit verpflichtet waren. Die zunehmende Verwendung mineralischer Dünger und ihr negativer Einfluß auf naturnahe Pflanzengesellschaften spielte ebenfalls eine wichtige Rolle. Zu dieser Gruppe von Schutzgebieten zählte u.a. der Mindelsee, die Buchenseen, das Schwenninger- und Hinterzartener Moor. Beim Waldbau wurde die Verwendung nicht heimischer Baumarten befürchtet und damit auch die Verdrängung schützenswerter Bodenvegetation. Bei den Gebieten mit Schutzgrund »Waldgesellschaften« stand die Sicherung der Bodenvegetation im Vordergrund der Bemühungen. Dazu zählte u.a. ein an Orchideen reicher Wald auf der Baar und ein schon früher durch eigene Erklärung der Forstverwaltung zum Naturschutzgebiet bestimmter Waldbestand. Unter den ersten Naturschutzgebieten waren auch solche, um die sich Naturschützer schon seit Jahrzehnten bemüht hatten. In diesen Fällen war die Schutzverordnung auch Anerkennung für eine hart erstrittene Leistung und gleichzeitig Ansporn für die künftige Naturschutzarbeit. Dazu gehörten u.a. der Feldberg, das Wollmatinger Ried, die Halbinsel Mettnau, die Wutachschlucht und der Hohentwiel.

Der naturräumlichen Verteilung nach ergibt sich für die ersten Naturschutzgebiete ein Schwerpunkt im Schwarzwald mit über 40 Prozent, ein zweiter am Bodensee mit 19 Prozent (Näheres zur naturräumlichen Verteilung der Naturschutzgebiete siehe Beitrag von MEINEKE/SEITZ). Diese beiden Zahlen kann man mit der Flächengröße der Naturräume und den damals beachteten Prioritätskriterien bei der Ausweisung von Schutzgebieten erklären. Die Tatsache, daß Mitglieder von Naturkundevereinen in Freiburg und Konstanz gute Vorarbeiten geleistet hatten, mag als weitere Erklärung dienen. Im Gegensatz dazu werden Vorbergzone und Kaiserstuhl von nur je einem Naturschutzgebiet repräsentiert. Intensive landwirtschaftliche Nutzung, begünstigt durch Lößböden und niederschlagsreiches, mildes Klima, hatte in der Vorbergzone nur wenig schützenswerte Lebensräume verschont. Dem gegenüber lagen die Verhältnisse im Kaiserstuhl anders. Dort gab es viele extensiv genutzte Flächen mit reichem Arteninventar, das 1933 eingehend in dem Buch »Der Kaiserstuhl« dokumentiert wurde. Büchsenberg und Badberg enthielt sogar schon die Liste schützenswerter Naturdenkmäler von 1912. Tatsächlich leiteten die Naturschutzbehörden auch 1938 Schutzverfahren für diese Gebiete ein. Bereits ein Jahr später lagen die fraglichen Flächen nahe der Kampflinie am Rhein. Der für die Durchführung der Schutzverfahren zuständige Landrat berichtete damals seiner vorgesetzten Behörde folgendes: »Es ist nicht abzusehen, wie bald das in Aussicht genommene Naturschutzgebiet unter feindlichen Beschuß kommen und wie es dann aussehen wird, so daß ich unter den gegebenen Verhältnissen davon abgesehen habe und auch ferner absehen möchte, Weiteres zu unternehmen.«

---

[1] Maßgeblich für die zeitliche Zuordnung ist das Datum der Rechtskraft der jeweils gültigen Verordnung.

Die folgenden Kriegsereignisse rechtfertigten diesen Pessimismus nicht. Dennoch konnten die fast abgeschlossenen Schutzverfahren nicht zu Ende geführt werden, da die Behörden ihre Tätigkeit immer weiter einschränkten. Erst nach dem Krieg, als wieder geordnete Verhältnisse herrschten, entstanden weitere Naturschutzgebiete im Kaiserstuhl. Der Badberg erhielt dieses Prädikat erst 57 Jahre, nachdem er 1912 als schutzwürdiges Naturdenkmal von Schlatterer erwähnt worden war. Auch in diesem Zusammenhang zeigt sich, daß Notzeiten für die Menschen den Schutz der Natur behindern oder gar lähmen.

Naturschutzgebiete aus der Zeit des Wiederaufbaus zwischen 1946 und 1959

Nach den bisherigen Ausführungen verwundert es nicht zu erfahren, daß die Bilanz für die 14 Jahre zwischen 1946 und 1959 recht mager ausfällt. Die Notjahre nach dem Krieg und die entbehrungsreiche Zeit des Wiederaufbaus ließen in der Bevölkerung nur wenig Verständnis für Schutz und Pflege der Natur aufkommen. Enttäuschte Ideale taten ein übriges, das Trachten nach Konsum und Wohlstand noch zu verstärken. Das Reichsnaturschutzgesetz galt nach der Rechtssprechung des Bundesverwaltungsgerichts als frei vom Ungeist der vorausgegangenen Jahre, doch blieb die Durchsetzung neuer Naturschutzgebiete äußerst schwierig. Deshalb griff man auch zunächst diejenigen Verfahren wieder auf, die bei Kriegsbeginn schon einen weit fortgeschrittenen Stand erreicht hatten.

Die emotionale Bedeutung des Belchens in der Bevölkerung führte wohl zu dem Entschluß, das Verfahren zu seinem Schutz als erstes wieder aufzugreifen, auch wenn die Akten aus der Vorkriegszeit darüber wenig ermutigende Besprechungsprotokolle enthielten. Zwar erklärten die Bürgermeister aus der Umgebung des Belchens, sie hielten den Berg wegen seiner »Schönheit und Einzigartigkeit« als Naturschutzgebiet für geeignet, doch lehnten sie alle notwendigen Regelungen zum Schutz seiner Natur ab. Insbesondere legte man Wert auf den Bau einer Straße vom Wiedener Eck zum Belchengipfel, auf die Zulassung von Hochbauten sowie von Düngung und Entwässerung aller landwirtschaftlich genutzten Flächen. Schließlich forderte die Forstverwaltung, sämtliche mit Wald bestandenen Flächen aus dem geplanten Schutzgebiets auszuklammern. Dem versuchten die Naturschutzbehörden dadurch zu entsprechen, daß sie die forstliche Bewirtschaftung von den geplanten Regelungen freistellten. Die grundsätzliche Ablehnung aller Festlegungen im Sinne des Naturschutzes, soweit sie Wald betrafen, wird aus der Stellungnahme des zuständigen Forstamts deutlich. Es schrieb in seiner Stellungnahme, die Nutzung der Wälder unterläge »trotz Nichtberührung der forstlichen Belange zweifelsohne einer Beschränkung.« Diese Äußerung bestätigte die konsequente Ablehnung von Naturschutzgebieten im Wald durch die Forstverwaltung, wie sie schon seit den 20er Jahren in der Diskussion um ein Naturschutzgebiet in der Wutachschlucht deutlich geworden war. Schließlich unterstützten auch die zuständigen Landräte den Widerstand aus den Gemeinden. Die Aufforderung der höheren Naturchutzbehörde an ein Landratsamt, es möge den Fortgang des Schutzverfahrens beschleunigen, verschwand unbearbeitet in den Akten mit dem Vermerk: »Ist hier nicht notwendig«. Wie schon nach dem Ersten Weltkrieg traten auch nach 1945 die Anliegen des Naturschutzes deutlich erkennbar hinter die materiellen Interessen der Bevölkerung zurück. Deshalb gibt es auch nur wenige neue Naturschutzgebiete aus der unmittelbaren Nachkriegszeit in Südbaden. Unter diesen genoß der Belchen nach der Schutzverordnung von 1949 den unzulänglichsten Schutz.

Die enttäuschenden Erfahrungen aus dem einzigen zwischen 1945 und 1950 abgeschlossenen Schutzverfahren hatten die Naturschutzbehörden zur Vorsicht gemahnt. Sie beschränken sich deshalb bei den folgenden Schutzgebietsprojekten auf solche Grundstücke, deren Nutzung auch zukünftig keinen gewinnbringenden Ertrag versprachen: mit vertretbarem Aufwand nicht zu entwässernde Moore und ein nicht erschließbares, sehr steiles und enges Flußtal. Das waren 1951 das Fohrenmoos, das Brunnmättlemoos und das Tiefenhäuser Moor sowie 1953 der Schneeglöckchenstandort Buch. Auch die wenigen in diesem Jahrzehnt noch folgenden Schutzgebiete erlaubten keine rentable Nutzung. Soweit das überhaupt vorstellbar war, fiel diese unter Freistellungsklauseln.

Bei den gegebenen Rahmenbedingungen, zu denen auch die unzulängliche Personalausstattung gehörte, war nicht mehr zu erwarten. (Im damaligen Land Südbaden gab es nur eine hauptamtliche Fachkraft für den behördlichen Naturschutz). Weitere Bemühungen, so mußte man befürchten, hätten zu einem ähnlich unbefriedigenden Ergebnis geführt wie im Fall des Belchens.

Schließlich ist auch noch ein weiterer Grund für das kärgliche Ergebnis zu erwähnen. Schon früh erkannte die Naturschutzverwaltung, daß sich bald nach dem Wiederaufbau des größten Teils der im Krieg zerstörten Städte die Bautätigkeit in die freie Landschaft verlagern würde. Deshalb räumte man oft auch neuen großen Landschaftsschutzgebieten Vorrang vor Naturschutzgebieten ein. So sollte vor allem in den Fremdenverkehrsgebieten am Bodensee und im Hochschwarzwald einer die Landschaft verunstaltenden Bebauung vorgebeugt werden. Zahl und Fläche der Landschaftsschutzgebiete nahmen in wenigen Jahren erheblich zu. Ein jähes Ende dieser Bemühungen brachte 1961 das neue Bundesbaugesetz. Es bestimmte in seinem § 5 Abs. 6, daß mit Rechtskraft eines Bebauungsplans alle seiner Durchführung entgegenstehenden Regelungen des Landschaftsschutzes außer Kraft treten würden. Der kleine Rettungsanker, den der Halbsatz bot, »sofern dem nicht überwiegende Belange des Landschaftsschutzes entgegenstehen,« blieb in der Praxis ohne spürbare Wirkung. Zu groß war der gesellschaftliche Stellenwert von Wohnraum. Die Verlagerung von Zuständigkeiten auf die Ebene der unteren Naturschutzbehörden minderte in den 70er Jahren die Gestaltungskraft des Landschaftsschutzes noch weiter.

Als Folge davon konzentrierten sich die Schutzbemühungen auf Naturschutzgebiete. Von den 14 in diesem Zeitabschnitt neu eingerichteten Naturschutzgebieten lagen sieben im Schwarzwald. Dazu zählten hauptsächlich die schon erwähnten, nicht meliorierbaren Moore. Biologisch außerordentlich wichtig und zum Glück wirtschaftlich uninteressant waren einige andere Gebiete, von denen folgende Erwähnung verdienen: der orchideenreiche Lindenberg auf Gemarkung Stühlingen, der Büchsenberg im Kaiserstuhl und die Hornspitze auf der Höri, ein verlandeter Uferstreifen am Bodensee mit großer Bedeutung als Brut- und Überwinterungsgebiet zahlreicher Wasservögel.

Die 14 neuen Naturschutzgebiete gehören zu folgenden Typengruppen:

Feuchtgebiete/ Gewässer		Trockenrasen/ -wälder		Waldgesellschaften		Fels-/ Schuttfluren		Subalpine/ hochmont. Vegetation		Schutz von Tieren		Summe	
7	50%	2	14,5%	2	14,5%	1	7%	1	7%	1	7%	14	100%

Eine Zeit des Umbruchs, 1960–1969

Der Wiederaufbau nach dem Krieg und die Wohnungsnot gingen zu Ende. Breite Volksschichten konnten an nie zuvor gekanntem Wohlstand teilhaben. Vollbeschäftigung garantierte zunehmendes Einkommen. Langsam aber wuchs auch die Sorge, es könnte bald aufgezehrt sein, was uns die Natur an Möglichkeiten gewährt. Besonders unter der Jugend verbreitete sich diese Überzeugung. Wachsende Zukunftsangst erhielt in den unruhigen Monaten des Jahres 1968 so immer neue Nahrung. Das waren herausfordernde Signale für den

Naturschutz. Leider war die staatliche Naturschutzverwaltung personell noch immer so kärglich ausgestattet, daß sie den Anforderungen der Zeit kaum gewachsen war.

Sichtbaren Ausdruck seines Wohlstandes sah der Bürger u. a. in seinem Auto und dessen Gebrauch. Die reizvollsten Landschaften wurden geradezu überrollt: die höchsten Berge des Schwarzwaldes und die Bodenseeufer. In den Sommermonaten quollen die Zeltplätze über. Jeder drängte auf kürzestem Weg zum Platz mit der schönsten Aussicht oder zum Wasser. Den ständig wachsenden Vegetationsschäden auf den Berggipfeln und an den Ufern folgte der Abtrag des Erdreichs. Verstärkt wurde dies durch die schnelle Zunahme der Wohnbevölkerung. Ausweitung der Baugebiete, vor allem in Ufernähe, waren die Folge. Zur selben Zeit verunsicherten die Verwaltungsgerichte die Naturschutzbehörden durch enge Auslegung der gesetzlichen Regelungen für Landschaftsschutzgebiete.

Da es unvertretbar erschien, wesentliche Teile der naturnahen Uferzonen für Bau- und Erholungszwecke freizugeben, entstand der Plan, den wichtigsten Uferabschnitten den Status von Naturschutzgebieten mit wesentlich verschärften Verboten gegenüber den bis dahin in Landschaftsschutzgebieten geltenden, zu verleihen. Dieser kühne Entschluß ist maßgeblich dem damaligen Landrat des Landkreises Konstanz, Dr. Seiterich, zu verdanken. Er hatte auch die Hauptlast der oft harten, nicht selten persönlichen Angriffe der Betroffenen in den Anhörungsverfahren zu tragen.

Die Einheimischen erkannten bald auch die Vorzüge der neuen Naturschutzgebiete. Auswärtige dagegen, die ihre oft teuer erworbenen Grundstücke am Seeufer hauptsächlich an Wochenenden zur Freizeitgestaltung nutzten, beantragten die ersten Normenkontrollverfahren in der Geschichte des südbadischen Naturschutzes. Der Verwaltungsgerichtshof Baden-Württemberg wurde angerufen zu prüfen, ob die Behörden ihren gesetzlichen Auftrag mit der jeweils erlassenen Rechtsverordnung überschritten hatten. Der Ausgang der Verfahren war völlig offen, zumal es damals in Deutschland kein einziges Naturschutzgebiet gab, das nur wegen seiner landschaftlichen Schönheit geschützt worden war. Eine Verordnung wurde bestätigt, die andere aufgehoben.

Die Begründungen der Gerichtsbeschlüsse gaben den Behörden Maßstäbe für die Behandlung künftiger Fälle an die Hand. So erarbeitete die Bezirksstelle für Naturschutz und Landschaftspflege Südbaden sofort nach den ersten Verfahren ein Gutachten, das u.a. die Verordnung für das Naturschutzgebiet Bodenseeufer auf den Gemarkungen Hegne und Reichenau auch aus Gründen des Schutzes von Pflanzen und Tieren rechtfertigte. Obwohl die landschaftliche Situation mit der zwischen Markelfingen und Allensbach vergleichbar war, wo die ebenfalls auf landschaftliche Schönheit gestützte Schutzverordnung aufgehoben worden war, fand die erweiterte Begründung nun Bestätigung durch das Gericht. Wenig später prüfte dasselbe Gericht die Gültigkeit der Schutzverordnung für das Bodenseeufer auf den Gemarkungen Litzelstetten und Dingelsdorf. Obwohl hier einige Grundstücke nicht mehr als schutzwürdig erschienen, bestätigten die Richter die Gültigkeit der dortigen Schutzverordnung, weil der landschaftliche Eindruck insgesamt noch das Kriterium »besondere landschaftliche Schönheit« erfüllte.

Mit seinen Beschlüssen hatte das Gericht nun hinreichende Beurteilungsmaßstäbe gegeben. Alle weiteren Anträge auf Überprüfung der Rechtmäßigkeit von Verordnungen für Naturschutzgebiete am Bodensee blieben erfolglos.

Der anfangs so heftig abgelehnte Schutz der Bodenseeuferlandschaft findet heute auch in den Gemeinden allgemeine Anerkennung als wichtiger Beitrag zur Sicherung der sehr geschätzten Erholungslandschaft um den Bodensee.

Von den insgesamt 26 in diesem Jahrzehnt neu geschaffenen Naturschutzgebieten verdient auch der Badberg im Kaiserstuhl besondere Erwähnung. Seine Schutzwürdigkeit begegnete nie dem leisesten Zweifel, und doch war er seiner Zeit Rekordhalter, was die Dauer der Anstrengungen für die Schutzverordnung betrifft. Es vergingen 57 Jahre seit der ersten Forderung nach seinem Schutz im Jahre 1912 bis zur Rechtskraft der endgültigen Verordnung 1969. Die Ursachen dafür waren vielfältig: mangelnde Rechtsgrundlagen, die Wirren des letzten Kriegs, vielleicht auch fehlender Durchsetzungswille einiger Behördenvertreter sowie schließlich Planungen und Eingriffe der Flurbereinigungsbehörden. Den letzten Anstoß, den lange diskutierten Schutz endlich zu verwirklichen, gab nicht das Projekt eines Kurhotels in der Nähe des Badlochs, sondern die schnell voranschreitende Umgestaltung der Kaiserstuhllandschaften zu Großterrassen für den Weinbau. Galt der Badberg zunächst wegen der dort herrschenden Trockenheit als weniger interessant für den Weinbau, so belehrte die wachsende Nachfrage nach Kaiserstühler Wein und, dadurch ausgelöst, die schnelle Ausdehnung der Anbauflächen jeden Sorglosen eines Besseren. Nachdem die Flurbereinigungsbehörde Teile der schützenswerten Fläche hatte planieren lassen und auch private Winzer diesem Beispiel folgten, trieb das Regierungspräsidium Südbaden das schon eingeleitete Verfahren voran. Es wies dann auch alle Einwendungen gegen das Veränderungsverbot der dortigen Halbtrockenrasen zurück und setzte die Schutzverordnung in Kraft.

Die Erfahrungen aus dem Verfahren zum Schutz des Badbergs zeigten, daß die künftige landwirtschaftliche Bodennutzung im Kaiserstuhl unkalkulierbare Risiken für Grundstücke mit schützenswerter Pflanzen- und Tierwelt mit sich bringen konnte. Die Bezirksstelle für Naturschutz und Landschaftspflege Südbaden begann dort bald danach mit der exakten Erfassung aller schützenswerten Flächen. Die sich langsam verbessernde Personalausstattung und höhere Sachmittelzuweisungen in den Haushalten ermöglichten die erste Inventarisierung einer ganzen Landschaft. Auf dieser Grundlage entstanden bald eine Reihe neuer Naturschutzgebiete und flächenhafter Naturdenkmale. Gegen Ende des Jahrzehnts zeichnete sich eine Änderung der allgemeinen Umweltpolitik ab, die der Ausweisung von Naturschutzgebieten förderlich werden sollte.

Im Zeitraum zwischen 1960 und 1969 verbesserte sich die Schutzgebietsbilanz um 27 Gebiete. Diese verteilen sich auf folgende Typengruppen:

Feuchtgebiete/ Gewässer		Trockenrasen/ -wälder		Waldgesellschaften		Geolog. Objekte		Landschaftsbildschutz		Summe	
5	18,5%	10	37%	4	15%	1	3,5%	7[2]	26%	27	100%

Allgemeiner Wohlstand – Naturschutz gewinnt an Bedeutung, 1970–1979

Der Umbruch in der landwirtschaftlichen Bodennutzung setzte sich fort. Ziel war u. a., die Erträge pro Flächeneinheit weiter zu steigern. Verbessertes Saatgut, wirksamer Maschineneinsatz und konsequente Anwendung von Pestiziden waren die wesentlichen Voraussetzungen dafür. Die typischen, früher weit verbreiteten Ackerwildkräuter aber wurden an die Grenze ihres regionalen Aussterbens gebracht.

Als Beispiele dafür seien die durch schöne Blüten auffallenden Arten genannt: Kornrade, Acker-Rittersporn und Flammen-Adonisröschen. Für wirksamen Schutz war es schon zu spät, zumal die meisten Samen der Ackerwildkräuter nicht sehr lange im Boden überdauern. Der Klatschmohn mit seinen ölhaltigen Samen muß hier wohl als Ausnahme gelten. Erste Überlegungen zur Einrichtung von Ackerwildkraut-Naturschutzgebieten scheiterten auch aus finanziellen Gründen. Schließlich hätte jeder

---

[2] Davon wurde später eine Verordnung aufgehoben.

davon betroffene Landwirt Anspruch auf Schadensersatz gehabt. Deshalb versuchte man, auf Randstreifen weniger, noch artenreicher Äcker die Bewirtschafter gegen Entschädigung zu extensiver Nutzung zu verpflichten. Es bleibt abzuwarten, ob dadurch einige Arten vor dem Erlöschen bewahrt werden können.

Offenbar galten intensivere Nutzungsformen in der Landwirtschaft auch weiterhin als wesentliche Gefährdungsfaktoren. Von den geschützten Flächen waren wieder mehr als 60 Prozent Feucht- oder Trockengebiete. Diese Zahl ist, verglichen mit anderen Dezenien, eher als gering einzuschätzen. Grund dafür ist der hohe Anteil an Schutzgebieten mit Waldbeständen. Dies ist auf den Vorschlag der Landesforstverwaltung zurückzuführen, fünf Bannwälder als Beitrag zum Europäischen Naturschutzjahr 1970 als Naturschutzgebiete rechtlich zu sichern.

Auch die beiden anderen neu ausgewiesenen Naturschutzgebiete in Wäldern entstanden aus begründeter Sorge vor Schäden durch intensivere Landnutzung. Dies war einmal das Naturschutzgebiet Limberg auf Gemarkung Sasbach im nördlichen Kaiserstuhl. Hauptgrund des Schutzes waren naturnahe Laubwaldgesellschaften. Zu erwähnen ist ein kleiner Flaumeichenwald im Südwesten. Dies ist ein kärglicher Rest eines größeren Bestandes, der dem Weinanbau zum Opfer fiel. Leider stürzte dazu noch ein Stück davon in den davor liegenden, aufgelassenen Steinbruch. Auf den weiter nach Westen exponierten Flächen stockt ein Seggen-Winterlindenwald. Solche Wälder sind auch nur noch selten anzutreffen, da die meisten ebenfalls gerodet und die Flächen sodann mit Reben bepflanzt oder anderweitig landwirtschaftlich genutzt wurden. Am Beispiel des Limbergs wurde einmal mehr deutlich, wie wichtig die rechtzeitige Sicherung erhaltenswerter Lebensräume ist. Die Bergkuppe mit ihrem Flaumeichenwald galt zunächst als ungefährdet und deshalb auch als weniger schutzbedürftig. Wesentliche Teile davon erzielten dann bei einer Versteigerung gegen alle Erwartungen einen sehr hohen Preis. Aus Rentabilitätsgründen erschien es dann den neuen Eigentümern geboten, weit mehr des Flaumeichenbestandes als ursprünglich geplant mit Reben zu bepflanzen. Nur mit Hilfe eines bestandskräftigen Naturschutzgebiets hätte dies seinerzeit verhindert werden können.

Ein anderes Schutzgebiet nördlich von Engen ist unter dem Namen »Ramberg-Rehletal« bekannt. Der Eigentümer pflanzte unter dem lichten Schirm des dortigen Kiefernwaldes in engem Verband Fichten. Die so bewirkte Beschattung des Bodens hätte den alljährlich blühenden Bestand an Frauenschuh (*Cypripedium calceolus*) sicher vernichtet. Aufgrund der Schutzverordnung konnten weitere Pflanzungen unterbunden und die vorhandenen Fichten zum größten Teil entfernt werden. Nachdem das Land Baden-Württemberg die Grundstücke im zentralen Bereich des Schutzgebiets erworben hatte, gilt das Vorkommen als gesichert.

Die Bilanz der 70er Jahre brachte insgesamt 31 neue Naturschutzgebiete. Das ist gegenüber dem vorausgegangenen Zeitabschnitt eine deutliche Steigerung. Nach ihren Hauptmerkmalen geordnet, fallen die neuen Naturschutzgebiete unter folgende Typengruppen:

Feucht- gebiete/ Gewässer		Trocken- rasen/ -wälder		Wald- gesell- schaften		Geolog. Objekte		Subalpine/ hochmont. Vegetation		Schutz von Tieren		Summe	
11	35%	8	26%	7[3]	23%	2	6,5%	1	3%	2	6,5%	31	100%

---

[3] Zwei Verordnungen davon wurden später aufgehoben, da die Gebiete mit dem Naturschutzgebiet »Feldberg« vereinigt wurden.

»Gute Zeiten«, 1980–1989

Etwa seit Mitte der 70er Jahre wurde bei uns ein Wandel gesellschaftlicher Werte deutlich. Die Befriedigung der Grundbedürfnisse der Bevölkerung: Nahrung, Wohnraum, Freizeit waren ungefährdet. Neben der sozialen Sicherung erreichte die Umweltvorsorge einen hervorragenden Platz in der Wertehierarchie. Da Naturschutz dem breiten Fächer der Umweltvorsorge zugeordnet wurde, fanden Forderungen zur Bewahrung der Natur auch mehr Resonanz. Dennoch blieben die alten Konfliktfelder erhalten, neue kamen hinzu. Hier sei an die Bodennutzung und an Freizeitaktivitäten erinnert. Das erforderte konkret die Ausweisung weiterer Naturschutzgebiete vor allem im Komplex der Feuchtbiotope. Ferner mußte der Besucherlenkung größere Aufmerksamkeit gewidmet werden. Schließlich nahm auch die Pflege der Naturschutzgebiete ständig an Bedeutung zu.

Was sich schon in den 70er Jahren deutlich abgezeichnet hatte, drängte jetzt zum Handeln. Mit neuen Naturschutzgebieten allein war der immer wieder beklagte Rückgang von Arten und Lebensraumtypen nicht zu stoppen. Landwirte gaben in großem Umfang die Bewirtschaftung bis dahin extensiv genutzter Flächen auf. Gerade diese sind Lebensraum vieler bei uns lebender Arten. Aufforstungen, gefördert mit erheblichen Zuschüssen durch die Europäische Gemeinschaft, den Bund und das Land, waren die Alternative oder massive Düngung. Das Artenspektrum schrumpft in beiden Fällen. Nun ist die Begründung von Naturschutzgebieten allein kein Allheilmittel gegen Lebensraumveränderungen. Personell und finanaziell hinreichend ausgestattete Naturschutzbehörden müssen die geschützten Grundstücke kontrollieren und unerwünschten Entwicklungen entgegenwirken. Während der Etat an Sachmitteln in erfreulichem Umfang erhöht wurde, traf das für die Personalausstattung nicht zu. Waren für die Bestandserhebungen in der Natur zusätzliche Leistungen auf dem Weg über Werkverträge zu beschaffen, konnten die Verwaltungsbehörden den für mehr Naturschutzgebiete erforderlichen Arbeitsaufwand nicht mehr leisten. Die zeitlich befristete Anstellung von Juristen mit dem Ziel, Rückstände abzubauen, brachte dann erhebliche Erfolge. Die Zahl der neu ausgewiesenen Naturschutzgebiete verdoppelte sich. Dennoch blieben Zahl und Fläche der geschützten Gebiete noch immer hinter dem Erforderlichen zurück.

Als Ausweg bot sich zunächst an, den Arten- und Biotopschutz auf einem neuen Weg zu fördern und zwar mit Hilfe von Biotoppflegeprogrammen. Da extensiv genutztes Dauergrünland in seinem Bestand besonders schnell und stark schrumpfte, erarbeitete die Bezirksstelle für Naturschutz und Landschaftspflege Freiburg für daran gebundene Biotoptypen Pflegeprogramme. Grundlage dafür waren die für diesen Zweck überarbeiteten und ergänzten Ergebnisse der Biotopkartierung. Auf freiwilliger Basis und, soweit gerechtfertigt, gegen Entschädigung nutzten Landwirte ihre artenreichen Wiesen und Weiden fortan in einer den Zielen des Naturschutzes förderlichen Art.

Die Sorge um den Verlust von Feuchtgebietsbiotopen bestimmte wiederum die Arbeitsstrategie für neue Naturschutzgebiete. In fast der Hälfte aller neuen Schutzgebiete bildeten sie den Hauptschutzgrund und zwar in 28 von 59 Fällen. Diese waren über den ganzen Regierungsbezirk verstreut mit Schwerpunkten in den Räumen Bodensee und Hegau mit je 7, gefolgt vom Schwarzwald mit 5 Objekten. Als nächst kleinere Gruppe folgen Trockenbiotope. Es waren 16 oder 27 Prozent. Hier bildete die insgesamt arm mit schützenswerten Flächen ausgestattete Vorbergzone des Schwarzwaldes mit 5 Gebieten den Schwerpunkt vor dem Kaiserstuhl mit 4.

Verteilung der neuen Naturschutzgebiete auf Typengruppen:

Feucht- gebiete/ Gewässer		Trocken- rasen/ -wälder		Wald- gesell- schaften		Geolog. Objekte		Fels-/ Schutt- fluren		Schutz von Tieren		Summe	
28	47%	16	27%	4	7%	8	14%	1	2%	2	3%	59	100%

3 In manchen Bereichen des Belchengipfels ist die Vegetationsdecke infolge der Trittbelastung durch die zahlreichen Besucher vollständig zerstört.

4 Die zerstörte Vegetation regenerierte sich auf abgesperrten Flächen erst nach vielen Jahren.

Hohe Sozialausgaben bei sinkenden Steuereinnahmen – Stagnation und Einschränkung von Naturschutz, 1990–1997

Der Zusammenhang zwischen den gesellschaftlichen Rahmenbedingungen und den Wirkungsmöglichkeiten zum Schutz der Natur sollte sich auch in diesem Zeitabschnitt wieder erweisen. Mit zunehmendem Sparzwang beim Landeshaushalt schmolz auch der Etat der Naturschutzverwaltung. Besonders betroffen waren kostenintensivere Aktivitäten, vor allem der Ankauf von Grundstücken mit wichtigem Biotop- und Arteninventar und die Überprüfung der Naturschutzgebiete.

Wenn die Zahl der neuen Naturschutzgebiete dennoch erheblich zunahm, dann dank den dafür geleisteten Vorarbeiten. Bald aber werden sich die Auswirkungen des Zwangs zum Sparen in den Arbeitsergebnissen voll auswirken.

Einen Vergleich mit den Notzeiten nach den beiden Weltkriegen lassen die Rahmenbedingungen indessen nicht zu. Damals herrschte Hunger im Land, so daß jeder geeignete Flecken Erde zur Ernte von Feldfrüchten genutzt werden mußte. Heute beklagen Landwirtschaftsfunktionäre dagegen den Überfluß an Nahrungsmitteln.

Langfristig gesehen bleibt aber die Ausweisung weiterer Naturschutzgebiete nur dann sinnvoll, wenn sie durch Pflege in schützenswertem Zustand gehalten werden können. Für die meisten Schutzgebiete gilt diese Feststellung ohne Einschränkung. Sie repräsentieren nicht das Ende einer natürlichen Entwicklung, sondern einen bestimmten Zustand in Sukzessionsreihen. Diesen garantierte früher die traditionelle bäuerliche Arbeit, die heute in zunehmendem Umfang durch Biotoppflege ersetzt werden muß. Die immer wieder zu hörende Behauptung, der Etat für Pflegearbeiten sei hoch, weil die von staatlichen Stellen durchgeführten Arbeiten erheblich teurer seien, als wenn diese von bäuerlichen Betrieben ausgeführt würden, entbehrt jeder Grundlage. Im Regierungsbezirk Freiburg wurden stets nur solche Flächen von Landesbediensteten bearbeitet, die Landwirte wegen unzulänglicher Ausrüstung nicht pflegen konnten. Wiederholt vorgenommene Kostenvergleiche erwiesen keinen Vorteil für private Unternehmer beim Einsatz unter gleichen Bedingungen.

Der prozentuelle Anteil der neuen Schutzgebiete innerhalb der Typengruppen blieb im Rahmen enger statistischer Streuung vergleichbar mit denen der zuvor geschützten Gebiete. Von den zwischen 1990 und 1997 neu eingerichteten 71 Naturschutzgebieten waren fast die Hälfte Feuchtgebiete oder Gewässer und gut ein Drittel Trockenrasen oder Trockenwälder. Die Sorge um das Erlöschen seltener Lebensräume und Arten als Folge intensiver Bodennutzung gab, wie auch in den früheren Jahren, dafür den Hauptgrund.

Die 70 neuen Naturschutzgebiete sind folgenden Typengruppen zuzuordnen:

Feuchtgebiete/ Gewässer		Trockenrasen/ -wälder		Waldgesellschaften		Geolog. Objekte		Fels-/ Schuttfluren		Schutz von Tieren		Summe	
35	49%	24	34%	2	3%	2	3%	2	3%	6	8%	71	100%

Zusammenfassung und Schluß

Die folgende Tabelle gibt einen Überblick über alle im heutigen Regierungsbezirk Freiburg zwischen 1937 und 1997 geschaffenen Naturschutzgebiete, gegliedert nach Beginn der Rechtskraft und Zugehörigkeit zu einer Typengruppe, die jeweils wichtigster Schutzgrund war.

Mit 43 Prozent aller Naturschutzgebiete nimmt die Typengruppe Feuchtgebiete und Gewässer den ersten Rang ein. Auffallend ist dabei die hohe statistische Stetigkeit über den gesamten Untersuchungszeitraum. Danach muß deren Gefährdung über die dokumentierten 60 Jahre konstant hoch gewesen sein. Mit deutlichem Abstand folgen die Trockenrasen und -wälder mit 29 Prozent. Diese Zahl besagt aber nicht, daß den Trockenbiotopen bei der Auswahl der Naturschutzgebiete eine geringere Bedeutung zugemessen wurde oder sie weniger gefährdet waren. Vielmehr kommen sie im Regierungsbezirk Freiburg wegen der ausgedehnten Gebiete mit kühlerem Klima in den Hochlagen von Schwarzwald und Alb nur seltener vor. Die jeweils auf ihre gesamten Vorkommen bezogenen Prozentwerte dürften nahe beieinanderliegen. Die Häufigkeit beider Gruppen mit zusammen fast drei Viertel aller Schutzgebiete ist mit deren potentieller Gefährdung durch intensive Bodennutzung oder Bewaldung zu erklären. Relativ hoch erscheint auch der Anteil von Waldgesellschaften als Schutzgrund mit zehn Prozent. Dieser bezieht sich aber überwiegend auf die Bodenvegetation. Regelungen zur Waldnutzung konnte es seit Inkrafttreten des Grundgesetzes der Bundesrepublik Deutschland während der Gültigkeit des Reichsnaturschutzgesetzes aus Rechtsgründen nicht geben.

Die in einem Naturschutzgebiet lebenden Organismen bedingen neben erdgeschichtlich bedeutsamen Objekten und Landschaften von besonderer Schönheit oder Eigenart in der Regel die Schutzwürdigkeit eines Areals. Unsere Kenntnis über die ökologischen Ansprüche der bei uns heimischen Arten wuchs in den vergangenen Jahrzehnten. Dies gilt insbesondere für deren gegenseitige Abhängigkeiten und für ihre Ansprüche an die Mindestgröße ihres Lebensraums. Wenn auch diesbezüglich keine exakten Aussagen möglich sind, wurde doch klar, daß viele der älteren Naturschutzgebiete zu eng abgegrenzt sind. Um die Naturschutzgebiete langfristig zu sichern, mußten deren Grenzen nach dem heutigen Wissensstand neu, und das heißt in vielen Fällen weiter, gezogen werden.

Ein anderer Grund für die Neufassung einer Schutzverordnung kann im Ergebnis jüngerer Untersuchungen mit bis dahin unbekannten Ergebnissen liegen.

Verkündung der Schutz- verordnung	Summe der neuen NSG	Feucht- gebiete/ Gewässer		Trocken- rasen/ -wälder		Waldgesell- schaften		Geolog. Objekte		Fels-/ Schutt fluren		Subalpine/ hochmont. Vegetation		Land- schaftsbild- schutz		Schutz von Tieren	
1935–1945	36	17	47%	8	22%	5	14%	3	8%	2	6%	1	3%	0	0%	0	0%
1946–1959	14	7	50%	2	14,5%	2	14,5%	0	0%	1	7%	1	7%	0	0%	1	7%
1960–1969	27	5	18,5%	10	37%	4	15%	1	3,5%	0	0%	0	0%	7	26%	0	0%
1970–1979	31	11	35%	8	26%	7	23%	2	6,5%	0	0%	1	3%	0	0%	2	6,5%
1980–1989	59	28	47%	16	27%	4	7%	8	14%	1	2%	0	0%	0	0%	2	3%
1990–1997	71	35	49%	24	34%	2	3%	2	3%	2	3%	0	0%	0	0%	6	8%
Summe	238[5]	103	43%	68	28,5%	24	10%	16	7%	6	2,5%	3	1%	7	3%	11	5%
Aufgehoben	4[6]	1				2								1			
Bestand	**234**	**102**	**43%**	**68**	**29%**	**22**	**9%**	**16**	**7%**	**6**	**2,5%**	**3**	**1%**	**6**	**2,5%**	**11**	**5%**

---

[4] Die Prozentzahlen beziehen sich jeweils auf die Summe in Spalte 2.
[5] Die geringfügigen Abweichungen zu den Zahlen im Beitrag von MEINEKE und SEITZ sind darauf zurückzuführen, daß hier das Jahr der Verkündung im Gesetzblatt zugrundegelegt wird (nicht das Datum der Verordnung).
[6] Von den vier aufgehobenen Naturschutzgebieten wurde eines im Rahmen eines Normenkontrollverfahrens aufgehoben (s. S. 127), drei wurden mit dem NSG Feldberg (neu) vereinigt.

5 Die Belchensüdseite mit dem Hochkelch war noch in den 30er Jahren durch flächendeckende Beweidung fast waldfrei. Die aufkommenden Bäume und Sträucher wurden immer wieder zurückgedrängt (Aufnahme um 1930).

6 In den letzten Jahrzehnten kamen die Gehölze durch nachlassende Beweidung immer stärker auf, so daß nun Teilbereiche der Belchensüdseite dicht mit Bäumen und Sträuchern bewachsen sind. Da viele seltene Tier- und Pflanzenarten auf eine offene Landschaft angewiesen sind, sind heute Pflegemaßnahmen erforderlich, um eine weitere Bewaldung zu verhindern (Aufnahme 1988).

Schließlich gibt es auch Biotoptypen, die vor 60 Jahren noch weit verbreitet waren, heute aber recht selten geworden sind. Auch deren Vorkommen galt es bei Neuabgrenzungen von Naturschutzgebieten zu berücksichtigen.

Insgesamt wurden bisher 31 ältere Verordnungen für Naturschutzgebiete neu bearbeitet und nach dem vorgeschriebenen Verfahren rechtlich gesichert. Die Tabelle auf dieser Seite gibt darüber näheren Aufschluß.

Verkündung der Schutzverordnung	Summe der neuen NSG	Davon bisher neu gefaßt		Im Zeitraum von Spalte 1 neu gefaßt	
1935–1945	36	15	42%	0	0%
1946–1959	14	4	29%	0	0%
1960–1969	27	5	19%	2	7%
1970–1979	31	5	16%	5	16%
1980–1989	59	2	3%	10	17%
1990–1997	71	0	0%	14	20%
Summe	238	31	13%		

Von Ausnahmen abgesehen ergab sich in den ersten 20 Jahren nach Rechtskraft neuer Schutzverordnungen keine Notwendigkeit für deren Neufassung (vgl. Spalten 3 und 4). Dann aber stieg der prozentuale Anteil mit zunehmendem Alter stetig an. Eine enge Korrelation zwischen Alter und Überarbeitung schließen Zufälligkeiten aus, etwa die jeweils verfügbare Arbeitskraft. Als ungefährer Anhaltspunkt kann der Erneuerungsbedarf mit einem Prozent pro Jahr angenommen werden, wobei die ersten zwanzig Gültigkeitsjahre der jeweils aktuellen Schutzverordnung unberücksichtigt bleiben. Unterstellt man, daß dieser Trend anhält, so ist abzusehen, daß der Arbeitsaufwand dafür erheblich ansteigen wird. Bei gleichem Personalansatz muß sich die Überarbeitung älterer Naturschutzgebiete einschneidend zu Lasten der Ausweisung neuer Schutzgebiete auswirken.

Eines der wichtigsten Anliegen des Naturschutzes war und ist es, die Arten der heimischen Pflanzen- und Tierwelt zu erhalten. Dieses Ziel ist nur zu erreichen, wenn die dafür geeigneten Lebensräume fortbestehen. Die Landnutzung in früherer Zeit entsprach diesem Erfordernis in weitem Maß, so daß Naturschutz deshalb auch nicht erforderlich war. Mit fortschreitender Intensivierung der Bodennutzung begann das buntgemischte Mosaik von Lebensräumen in seiner Vielfalt zu verarmen. Rentabler Maschineneinsatz setzte Uniformierung der Produktionsflächen voraus. Schließlich führte die Verwendung moderner Agrarchemie zu fast totalen Monokulturen. Gentechnisch veränderte Nutzpflanzen werden den Gegensatz zwischen modern genutzten Grundstücken und naturnahen Extensiv-Nutzflächen weiter verschärfen. Den Zuwachs an Erträgen pro Flächeneinheit wird der jetzt schon gesättigte Markt für Agrarprodukte nicht mehr aufnehmen können. Es werden also auch Flächen aus der Bewirtschaftung aussscheiden, die, sich selbst überlassen oder durch planmäßige Aufforstung, in der Regel zu Wald werden. Die Vielfalt an Biotoptypen wird so in den meisten Gebieten weiter gemindert werden. Daraus können unübersehbare ökologische Risiken entstehen, Patentrezepte dagegen bieten sich nicht an. In bescheidenem Umfang, und soweit die Voraussetzungen dafür vorliegen, kann die Schaffung und Pflege von Naturschutzgebieten einen Beitrag zur Milderung der Intensivierungsfolgen leisten. Dies muß jetzt während des Umwandlungsprozesses erfolgen. Wenn Wald diese Flächen schon erobert haben wird, ist es zu spät. Für die einst anzutreffende Vielfalt an Lebensräumen und Organismen bleibt dann kein Raum mehr. Das Erfordernis, naturnahe Lebensräume zu erhalten, war deshalb auch noch nie so aktuell wie gegenwärtig.

Was in den letzten 60 Jahren mit der Begründung von Naturschutzgebieten geleistet wurde, verdient Anerkennung. Die bisher ausgewiesenen Naturschutzgebiete genügen aber weder an Zahl noch an Vielfalt der darin vorhandenen Biotoptypen und Arten den nach heutigem Kenntnisstand zu stellenden Mindestanforderungen. Nur wenige Naturschutzgebiete verfügen auch über die notwendige Größe, um ihren Bestand an Arten auf Dauer zu gewährleisten. Wo geringe Siedlungsdichte, relativ extensive Landnutzung und Biotopvielfalt das erlauben, sollten künftig großräumige Naturschutzgebiete geschaffen werden.

Dafür gibt es nur noch wenige Möglichkeiten in den Hochlagen des Schwarzwaldes. Daneben verdienen alle Landschaften besondere Aufmerksamkeit, in denen es noch ausreichend Flächen mit vielfältigem Arten- und Biotopinventar gibt. Das gilt vor allem für die intensivierungsfähigen Wiesenlandschaften der Oberrheinebene und auf Kalksteinverwitterungsböden. Darauf muß die Aufmerksamkeit künftig vorzugsweise gelenkt werden. Das aber kann nur erfolgreich sein, wenn genügend Personal und Sachmittel dafür zur Verfügung stehen. Die Größe der Aufgabenstellung und der Gesetzesauftrag, der heimischen Pflanzen- und Tierwelt ausreichende Lebensräume zu erhalten, rechtfertigen diesen Einsatz.

Jede Art ist ein Beispiel dafür, wie Leben auf der Erde möglich ist, ein Dokument von Schöpfung. Es ist unsere Pflicht, sie und damit die Vielfalt des Lebendigen zu bewahren. Naturschutzgebiete sind ein Mittel dazu.

Naturschutzgebiete – ein zeitgemäßes Naturschutzinstrument?

von Jörg-Uwe Meineke und Bernd-Jürgen Seitz

Bevor wir auf die im Titel aufgeworfene »Kardinalfrage« eingehen, wollen wir versuchen, einige häufig gestellte Fachfragen zu Naturschutzgebieten zu beantworten (zu den rechtlichen Grundlagen siehe Beitrag von VON WITZLEBEN):

Was ist ein Naturschutzgebiet?

Im Naturschutzgesetz von Baden-Württemberg ist das Naturschutzgebiet die höchste Schutzkategorie für Gebiete »in denen in besonderem Maße der Schutz von Natur und Landschaft ... erforderlich ist«. Nach § 21 dieses Gesetzes können Naturschutzgebiete aus verschiedenen Gründen ausgewiesen werden, meist steht aber der Schutz von Lebensräumen (Biotopen) seltener und gefährdeter Tier- und Pflanzenarten im Vordergrund.

Die gebräuchliche Abkürzung für Naturschutzgebiet, die hier auch verwendet werden soll, ist »NSG«.

Wieviele Naturschutzgebiete gibt es im Regierungsbezirk Freiburg[1]?

Ende März 1998 (Redaktionsschluß) waren es 237 Naturschutzgebiete mit einer Fläche von insgesamt rund 27000 ha, das sind etwa 2,9 Prozent der Regierungsbezirksfläche. Dies ist der höchste Flächenanteil unter den vier Regierungsbezirken; insgesamt waren zu diesem Zeitpunkt in Baden-Württemberg ca. 2 Prozent der Landesfläche als Naturschutzgebiete ausgewiesen. In den folgenden statistischen Auswertungen wird der Stand Ende 1997 zugrundegelegt.

Wie entwickelte sich Anzahl und Fläche der Naturschutzgebiete im zeitlichen Verlauf?

Zur Geschichte des Naturschutzes und der Naturschutzgebiete ist im Beitrag von FUCHS viel Interessantes nachzulesen, so daß hier nur wenige »Eckpunkte« und Daten aufgeführt werden sollen:

Das älteste Naturschutzgebiet Baden-Württembergs ist gleichzeitig das größte und höchste: Der Feldberg im Schwarzwald. Er wurde 1937 mit einer Fläche von 3250 ha als NSG ausgewiesen. Bis zum Zweiten Weltkrieg wurden neben einigen kleinen, meist wegen des Vorkommens seltener Pflanzenarten zu schützenden Flächen auch eine Reihe größerer, weithin bekannter Gebiete wie Ir(re)ndorfer Hardt, Halbinsel Mettnau, Mindelsee, Wollmatinger Ried, Schliffkopf, Wutachschlucht, Schwenninger Moos und Hohentwiel als Naturschutzgebiete ausgewiesen. Bis 1942, also innerhalb von sechs Jahren, wurden immerhin 36 Naturschutzgebiete mit einer Gesamtfläche von knapp 6800 Hektar begründet, was ziemlich genau einem Viertel der heutigen NSG-Fläche entspricht.

Nach dem Krieg war es wieder ein Schwarzwaldgipfel, der Belchen, der 1949 für den Neubeginn der NSG-Ausweisungen stand. Es folgte eine lange Phase (bis 1960), in der nur relativ wenige und zudem kleine Naturschutzgebiete ausgewiesen wurden, in erster Linie Moore.

---

[1] Der Regierungsbezirk Freiburg besteht in seiner heutigen Form seit der Verwaltungsreform 1973 und umfaßt Teile der ehemaligen Regierungsbezirke Südbaden und Südwürttemberg-Hohenzollern.

Erst 1961 verwirklichte man mit sieben Naturschutzgebieten am Bodenseeufer (ca. 800 ha) wieder ein größeres Projekt.

Insgesamt wurden in den 50er Jahren lediglich 13, in den 60er Jahren 22 Naturschutzgebiete ausgewiesen, die bis auf das oben erwähnte Gebiet alle eine Fläche von weniger als 100 Hektar umfaßten, häufig (20 Gebiete) sogar unter 10 Hektar.

Auch in den 70er Jahren riß man mit 30 neuen Naturschutzgebieten (davon 15 in den Jahren 1978/79) »keine Bäume aus«. Immerhin kamen in dieser Zeit so bedeutende Gebiete wie die Wutachflühen und der Taubergießen hinzu.

Fast die doppelte Anzahl brachten mit 59 Gebieten die 80er Jahre. Dies hing – wie auch schon die Steigerung Ende der 70er Jahre – vor allem damit zusammen, daß man bei der Naturschutzverwaltung zusätzliche Fachkräfte einstellte. So konnte man seit den 80er Jahren auch zunehmend Verordnungen und Abgrenzungen »alter« Naturschutzgebiete überarbeiten und den geänderten Verhältnissen anpassen (z.B. Wollmatinger Ried, Mettnau, Mindelsee, Wutachschlucht; siehe Beitrag von FUCHS).

Eine neue Höchstzahl erreichte man in den 90er Jahren (1990–97) mit 68 Gebieten in nur acht Jahren. Fast noch bemerkenswerter ist der Flächenzuwachs: Seit 1990 wuchs die Gesamtfläche der Naturschutzgebiete im Regierungsbezirk Freiburg um über 10000 Hektar. Neben der Erweiterung der Naturschutzgebiete Feldberg und Belchen um jeweils etwa 1000 ha trugen insbesondere die Ausweisung des Naturschutzgebiets »Gletscherkessel Präg« (südlich des Feldbergs) mit einer Fläche von über 2800 ha und die seit 1996 im Umfeld des Rohrhardsbergs ausgewiesenen Gebiete mit zusammen ca. 1500 ha zu dieser Steigerung bei.

Die zeitliche Entwicklung soll hier nochmals anhand einer Grafik veranschaulicht werden:

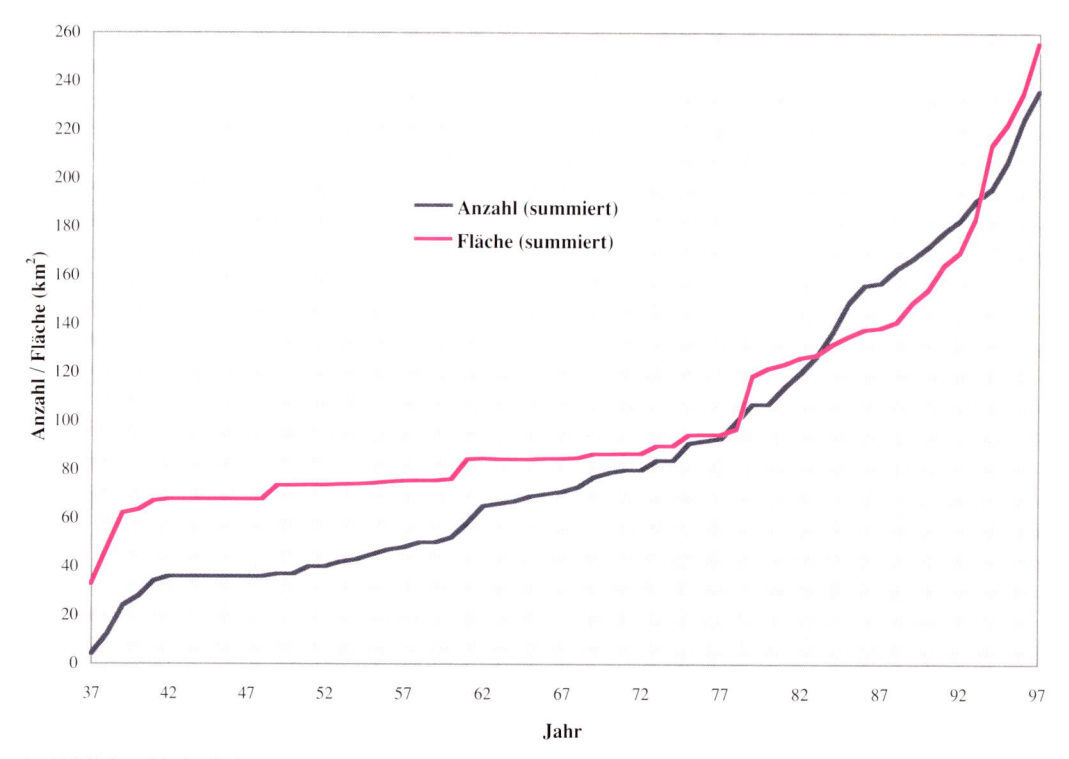

1 Zeitlicher Verlauf der Anzahl und Fläche der Naturschutzgebiete im Regierungsbezirk Freiburg. Der beeindruckende Anstieg soll nicht darüber hinwegtäuschen, daß die Naturschutzgebiete heute weniger als drei Prozent der Gesamtfläche des Regierungsbezirks ausmachen.

Was wird in Naturschutzgebieten geschützt?

Im Vordergrund stehen Lebensräume, die eine besonders hohe Anzahl gefährdeter Arten aufweisen bzw. die durch Nutzungsänderung oder andere Einflüsse besonders gefährdet sind, was häufig eng miteinender gekoppelt ist.

Da der genaue Anteil verschiedener Biotoptypen nicht für alle Naturschutzgebiete ermittelt werden kann, wurden die Gebiete für eine grobe Auswertung folgenden Haupttypen zugeordnet:

- **Ho** Hochlagengebiete mit eiszeitlich geprägten Oberflächenformen; Mosaik aus Magerweiden, Mooren, naturnahen Wäldern, Felsen u.a.; Vorkommen von Glazialrelikten
- **S** Seen der tieferen Lagen mit ihren Verlandungszonen
- **Fl** Flüsse der tieferen Lagen mit Begleitvegetation (Auenwälder u.a.); hierzu auch Kiesgruben als Sekundärlebensräume
- **Fm** Flachmoor-Naßwiesen-Komplexe
- **Hm** Hochmoore (bzw. dystrophe Moore) und mit ihnen verbundene Lebensräume
- **Fe** Offene Fels- oder Trockenstandorte mit angrenzender Saum-, Gebüsch- und Waldvegetation (»Steppenheide«); hierzu auch Steinbrüche
- **MK** Magerrasen in Kalkgebieten mit Begleitvegetation
- **MS** Magerrasen in Silikatgebieten mit Begleitvegetation
- **Ku** Vielfältige Kulturlandschaften nicht-extremer Standorte, u.a. mit (Streuobst-) Wiesen, Hecken, z.T. auch Äckern.
- **W** Wälder nicht-extremer Standorte

Entsprechend dem hauptsächlichen Schutzziel ordnen wir jedes Naturschutzgebiet einem dieser Typen zu. Die folgende Grafik ermöglicht eine grobe Orientierung bezüglich ihrer Verteilung:

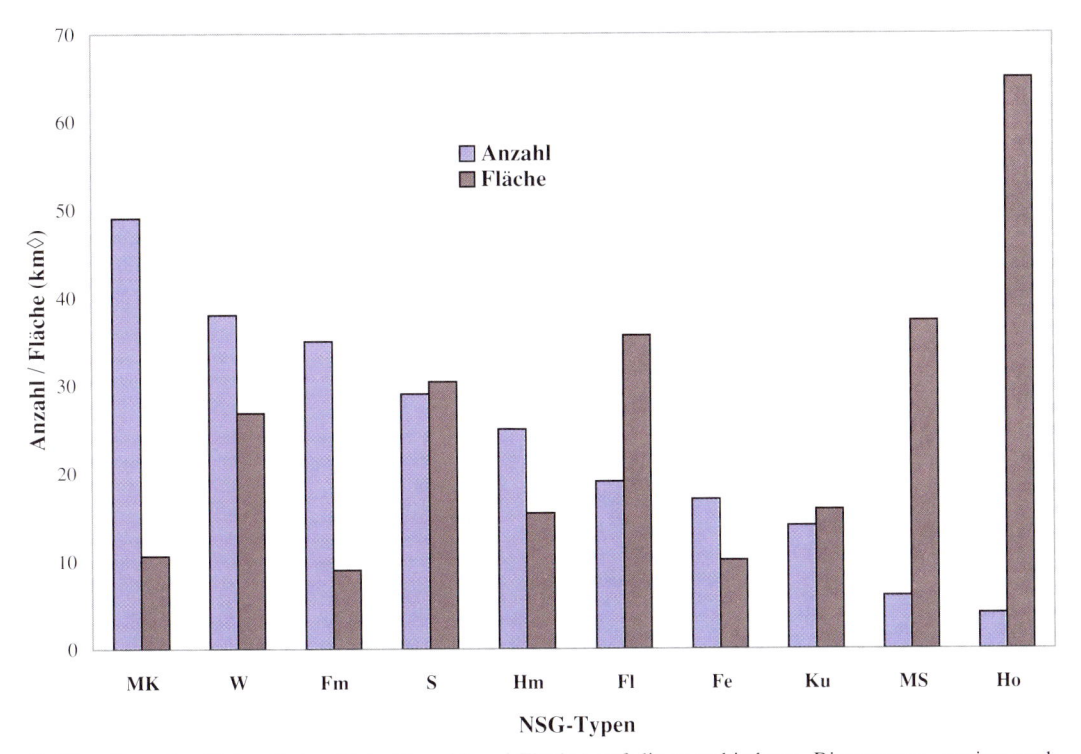

2 Verteilung der Naturschutzgebiete (Anzahl und Fläche) auf die verschiedenen Biotoptypen, sortiert nach abnehmender Anzahl; hierbei wurde jedes Schutzgebiet nur einem Haupttyp zugeordnet.

Häufigster Biotoptyp unter den Naturschutzgebieten sind die Kalkmagerrasen, vom Flächenanteil nehmen jedoch die Silikatmagerrasen und »Hochlagengebiete« die Spitzenposition ein – in erster Linie durch die großflächigen Naturschutzgebiete im (Süd-)Schwarzwald.

Die Gefährdungssituation und damit Schutzbedürftigkeit eines Biotoptyps kann sich im Lauf der Zeit auch ändern, was eine Schwerpunktverschiebung bei der Ausweisung von Naturschutzgebieten bewirkt. So rückten z.B. die noch recht großflächigen Magerweiden des Südschwarzwalds erst seit Anfang der 80er Jahre stärker in das Interesse des Naturschutzes, als man ihren schleichenden Rückgang durch Nutzungsaufgabe und (seltener) Intensivierung erkannte (SCHWABE-BRAUN 1980, Ministerium für Ländlichen Raum, Ernährung, Landwirtschaft und Forsten Baden-Württemberg 1991).

Betrachtet man den zeitlichen Verlauf der Ausweisung der verschiedenen NSG-Typen (Abb. 3), so ergeben sich einige interessante Entwicklungen: In den ersten 20 Jahren (1937 bis 1957) wurden überdurchschnittlich viele Hochmoore unter Schutz gestellt, während man Flachmoor-Wiesen-Komplexe erst in den letzten zwei bis drei Jahrzehnten stärker berücksichtigte. Vielfältige Kulturlandschaften »mittlerer« Standorte sowie Silikatmagerrasen (in der Regel Weidfelder) traten erst nach 1970 als Naturschutzgebiete auf, da sie vorher nicht als besonders gefährdet galten (s. o.). Der deutliche Schwerpunkt beim Typ »Seen der Tieflagen« zwischen 1958 und 1967 ist auf die Verordnungen am Bodenseeufer im Jahr 1961 zurückzuführen. Der Anteil der »normalen« Wälder ging im letzten Jahrzehnt deutlich zurück, während die Ausweisung von Flußauen zunahm. Keine eindeutige Tendenz läßt sich in bezug auf Kalkmagerrasen und Felsbereiche bzw. Steppenheide erkennen.

Wie verteilen sich die Naturschutzgebiete auf die verschiedenen Naturräume?

Ein Blick auf die Karten in diesem Buch zeigt, daß die Naturschutzgebiete alles andere als gleichmäßig verteilt sind und auch deren

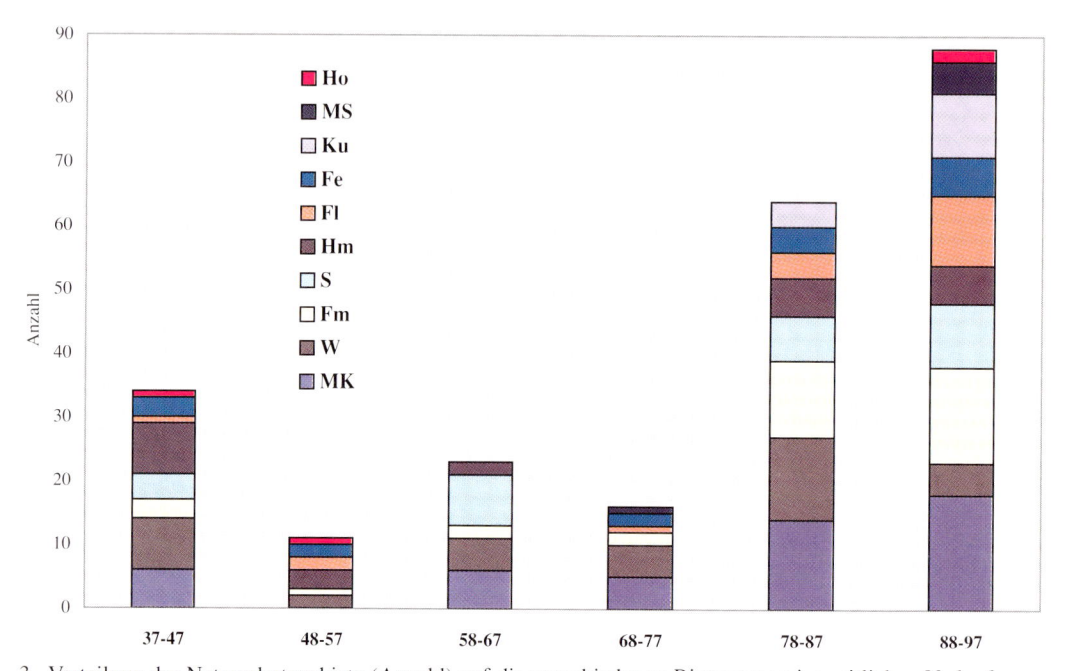

3 Verteilung der Naturschutzgebiete (Anzahl) auf die verschiedenen Biotoptypen im zeitlichen Verlauf.

Größe in den verschiedenen Regionen sehr unterschiedlich ist: Man erkennt sofort die Häufungen im Südschwarzwald und am Bodensee, in geringerem Ausmaß im Kaiserstuhl, am mittleren Oberrhein und auf der Schwäbischen Alb. Auch größere »Löcher« fallen auf, z.B. in den Gäulandschaften zwischen Schwarzwald und Alb sowie in weiten Bereichen der Oberrheinniederung.

Dies läßt sich mit den unterschiedlichen Standortbedingungen in den verschiedenen Naturräumen erklären, gekoppelt mit der Nutzungsgeschichte dieser Gebiete. Auf die Gründe im einzelnen soll hier nicht eingegangen werden (siehe hierzu die Beiträge von GENSER und WILMANNS). Die hier verwendete Gliederung entspricht im wesentlichen den naturräumlichen Haupteinheiten (IV. Ordnung) der »Naturräumlichen Gliederung Deutschlands«, wobei kleine oder nur zu geringem Teil im Regierungsbezirk liegende Einheiten zusammengefaßt wurden; folgende 20 Einheiten wurden unterschieden (hier in der Reihenfolge ihres Flächenanteils am Regierungsbezirk):

HS Hochschwarzwald
MS Mittlerer Schwarzwald
OR Offenburger Rheinebene
SöS Südöstlicher Schwarzwald
AW Alb-Wutach-Gebiet
BA Baar
OG Obere Gäue
SV Schwarzwald-Vorberge
BO Baar-Alb und Oberes Donautal
FB Freiburger Bucht
HA Hegau-Alb und Randen
BB Bodenseebecken
NS Nördlicher Schwarzwald
MR Markgräfler Rheinebene
HE Hegau
HR Hochrheingebiet (einschl. Dinkelberg)
OH Oberschwäb. Hügelland und Donau-Ablach-Platten
HSa Hohe Schwabenalb
SAv Südwestliches Albvorland
Kai Kaiserstuhl

fett: Naturraum liegt ausschließlich im Regierungsbezirk Freiburg
kursiv: Naturraum liegt überwiegend im Regierungsbezirk Freiburg

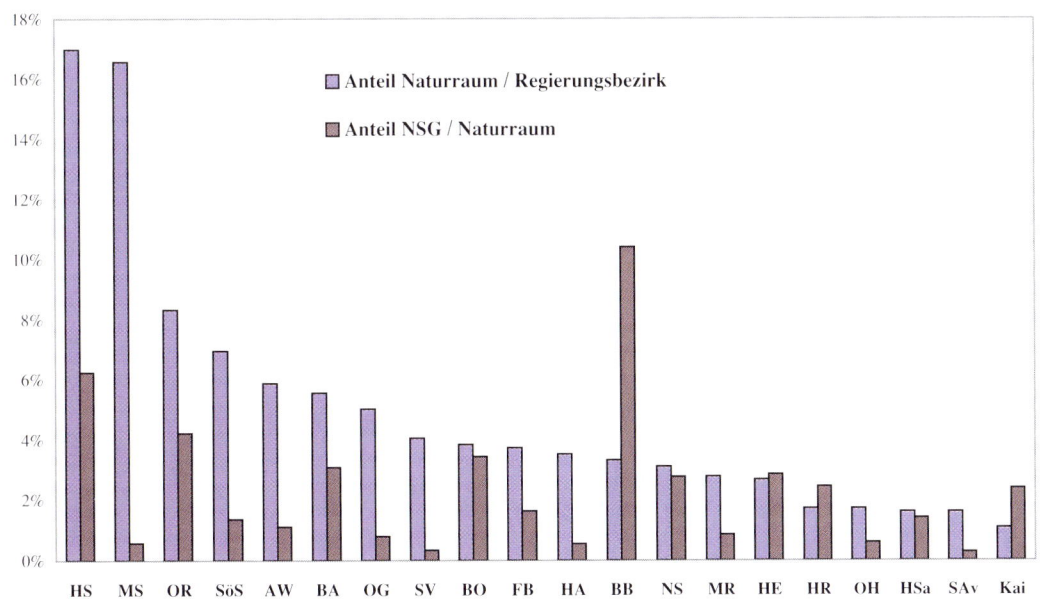

4 Flächenanteile der Naturschutzgebiete in den verschiedenen Naturräumen im Vergleich zum Flächenanteil der Naturräume am Regierungsbezirk Freiburg.

Abb. 4 zeigt den prozentualen Anteil der Naturräume am Regierungsbezirk Freiburg – hiernach richtet sich die Reihenfolge – und den prozentualen Anteil der Naturschutzgebiete am jeweiligen Naturraum.

Von den Naturräumen, die zu wesentlichen Teilen im Regierungsbezirk Freiburg liegen, gibt es prozentual im Bodenseebecken (10,6 Prozent), hinsichtlich der absoluten Fläche im Hochschwarzwald (fast 10000 ha, 6,2 Prozent) den höchsten Anteil an Naturschutzgebieten. An dritter Stelle folgt (sowohl prozentual als auch absolut) die Offenburger Rheinebene (3300 ha, 4,2 Prozent) mit den Schutzgebieten in der Rheinaue (z.B. Taubergießen). Den Kaiserstuhl würden viele beim prozentualen Anteil weiter vorne vermuten, er liegt aber mit 2,4 Prozent erst an 9. Stelle!

Was die Anzahl an Naturschutzgebieten betrifft, liegen wie beim Flächenanteil Bodensee, Hochschwarzwald und Offenburger Rheinebene an der Spitze, danach folgen Hegau und Kaiserstuhl.

Einen auffallend geringen Anteil an Naturschutzgebieten haben unter den überwiegend im Regierungsbezirk liegenden Naturräumen der Mittlere und Südöstliche Schwarzwald, das Alb-Wutach-Gebiet, die Hegau-Alb (einschl. Randen) sowie die Markgräfler Rheinebene.

Wie verteilen sich die Naturschutzgebiete auf die Kreise?

Da die Kreisgrenzen keine »natürlichen«, sondern politische Grenzen darstellen, hängen Verteilung und Flächenanteil der Naturschutzgebiete in den 9 Landkreisen und dem Stadtkreis Freiburg im wesentlichen von deren Anteilen an den verschiedenen Naturräumen ab. So haben z.B. Kreise mit großen Flächen in den Naturräumen Hochschwarzwald (Landkreise Lörrach, Waldshut und Breisgau-Hochschwarzwald) oder Bodenseebecken (Landkreis Konstanz) eine größere Anzahl und Fläche aufzuweisen als solche, die z.B. weitgehend in der Gäulandschaft zwischen Schwarzwald und Schwäbischer Alb liegen (z.B. Landkreis Rottweil).

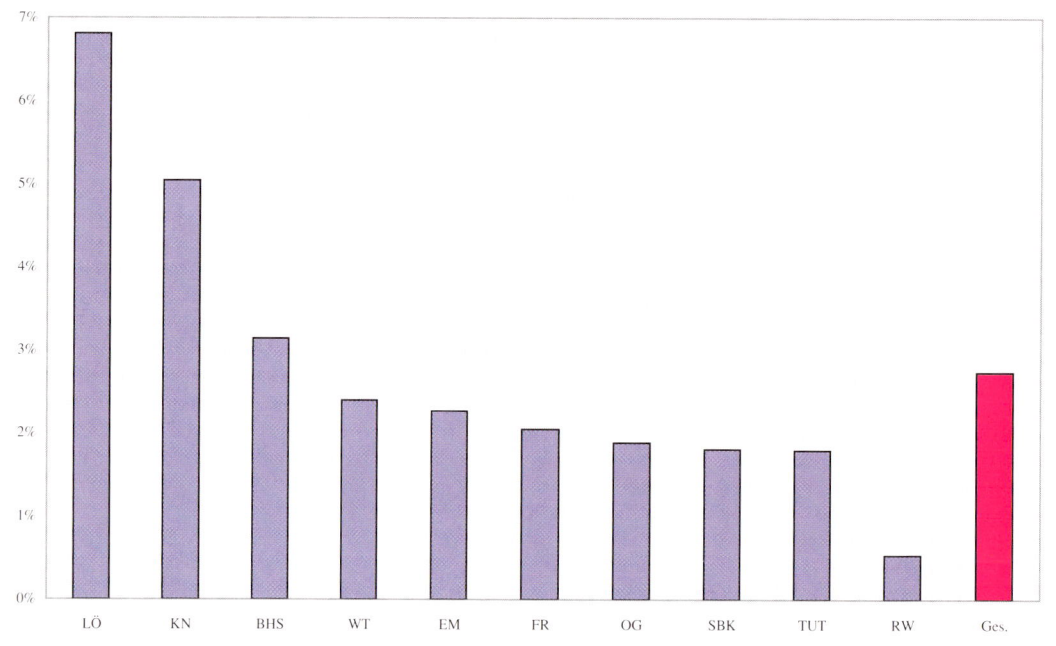

5 Prozentualer Anteil der Naturschutzgebiete an der Fläche der 10 Kreise des Regierungsbezirks Freiburg (im Vergleich dazu der Flächenanteil am gesamten Regierungsbezirk). LÖ=Lörrach, KN=Konstanz, BHS=Breisgau-Hochschwarzwald, WT=Waldshut, EM=Emmendingen, FR=Stadtkreis Freiburg, OG=Ortenaukreis, SBK=Schwarzwald-Baar-Kreis, TUT=Tuttlingen, RW=Rottweil, Ges.=Regierungsbezirk Freiburg.

Wie groß sind Naturschutzgebiete bzw. wie groß sollten sie sein?

Das größte Naturschutzgebiet des Regierungsbezirks ist der »Feldberg«, an dem drei Landkreise (Breisgau-Hochschwarzwald, Waldshut und Lörrach) beteiligt sind, mit über 4200 ha bzw. 42 km^2, das kleinste der »Palmenbuck« bei Bräunlingen im Schwarzwald-Baar-Kreis mit weniger als 0,3 ha. Die durchschnittliche Größe der Naturschutzgebiete im Regierungsbezirk Freiburg beträgt immerhin über 100 ha! Häufig wird bemängelt, die Naturschutzgebiete seien für einen wirksamen Biotop- und Artenschutz zu klein. In vielen Fällen mag dies heute auch zutreffen, als pauschale »Abwertung« kann dies jedoch so nicht stehenbleiben. Auf der einen Seite gibt es Lebensräume wie Hochmoore, Felsbereiche, Trockenrasen usw., die oft von Natur aus kleinflächig sind und von intensiv genutzten oder völlig andersartigen Flächen umgeben sind. Auch wünschenswerte Pufferzonen lassen sich hier nicht beliebig ausweisen, wenn dadurch z.B. Eigentumsrechte massiv berührt werden. Die Größe eines Naturschutzgebiets hängt auch stark vom Schutzzweck ab: Geht es z.B. »nur« um den Wuchsort einer seltenen Pflanzenart, reicht unter Umständen bereits eine relativ kleine Fläche, um ein autonomes Vorkommen zu sichern.

Seit das Naturschutzgesetz für Baden-Württemberg im Jahr 1976 in Kraft getreten ist, gibt es für Gebiete mit einer Fläche von bis zu 5 ha Größe das Instrument des »Flächenhaften Naturdenkmals« (s. S. 148), so daß solch kleine Flächen seither nur noch in wenigen Fällen als Naturschutzgebiete ausgewiesen werden.

Es muß auch bedacht werden, daß die bäuerlich genutzte Kulturlandschaft bis vor wenigen Jahrzehnten in vielen Gebieten noch weitgehend intakt war und die Naturschutzgebiete häufig in einem günstigen Umfeld lagen. Erst die zunehmende Verinselung dieser Gebiete durch Nutzungsintensivierung, Flächenversiegelung u.a. führte zur heutigen Situation, in der viele Naturschutzgebiete tatsächlich zu klein sind, um z.B. Tierpopulationen dauerhaft zu sichern. Neuere Erkenntnisse der Populati-

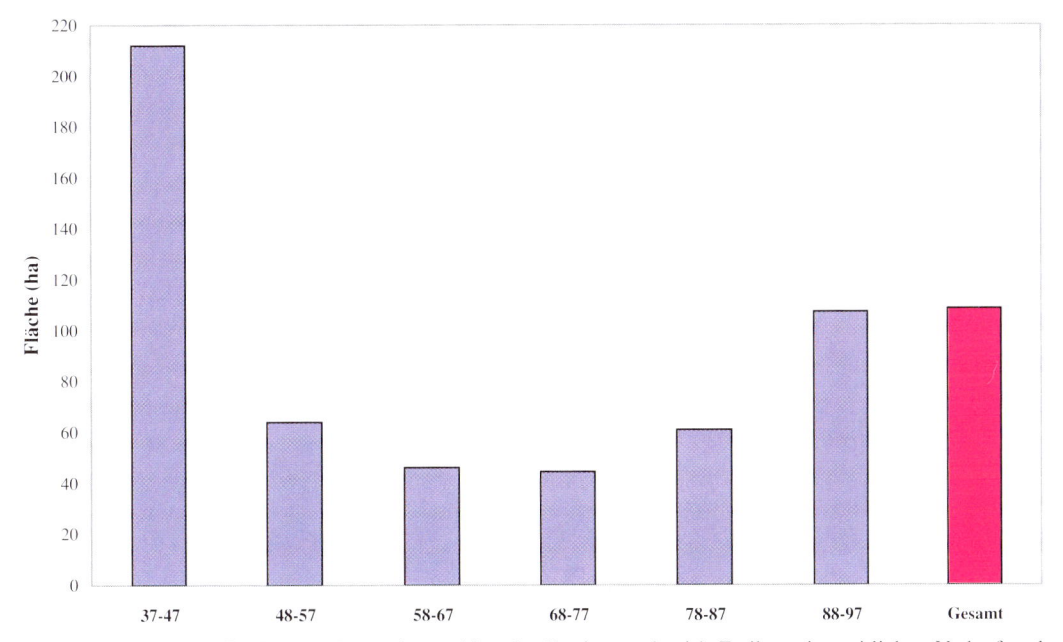

6 Durchschnittliche Größe der Naturschutzgebiete im Regierungsbezirk Freiburg im zeitlichen Verlauf und insgesamt.

onsbiologie ermöglichen inzwischen auch Aussagen über die notwendige Flächengröße für überlebensfähige Populationen verschiedener Tierarten. Damit nahm die durchschnittliche NSG-Größe deutlich zu, insbesondere in den letzten beiden Jahrzehnten. Die hohe Durchschnittsgröße in der Anfangszeit hängt damit zusammen, daß einige große Gebiete wie Feldberg, Schliffkopf, Wollmatinger Ried und Wutachschlucht sehr stark ins Gewicht fallen (s. Abb. 6).

Interessant ist es, Abb. 1 (S. 138) unter dem Aspekt der zeitlichen Entwicklung der Größe von Naturschutzgebieten anzuschauen, da die Schnittpunkte der beiden Linien einer Durchschnittsgröße von 100 Hektar (1 km^2) entsprechen. Durch die großen Gebiete am Anfang verläuft die Flächenlinie lange Zeit über der Anzahl, d.h. deutlich über 100 ha. Nach dem Zweiten Weltkrieg werden zunächst überwiegend kleine Gebiete ausgewiesen, so daß sich die Linien immer mehr annähern und Ende der 70er Jahre schließlich schneiden. Danach kreuzen sich die Linien noch zweimal, bevor die Durchschnittsfläche in den 90er Jahren wieder über 100 Hektar liegt.

Teilt man die Naturschutzgebiete in Größenklassen ein (Abb. 7), ergibt sich ein deutlicher Schwerpunkt bei einer Flächengröße von 10 bis 50 ha (90 Gebiete); 63 Gebiete sind kleiner als 10 ha, 62 liegen zwischen 50 und 250 ha und 18 sind über 250 ha groß (davon fünf über 1000).

Warum müssen Naturschutzgebiete gepflegt werden?

Eine kardinale Funktion der Naturschutzgebiete war und ist es, den gesetzlichen (und damit gesellschaftlichen, jedoch nicht naturgegebenen) Auftrag der *Lebenstättensicherung für wildlebende Tiere und Pflanzen* zu erfüllen. Die heute banale Tatsache, daß man sich hierbei nicht darauf beschränken kann, Standorte vor direkter Beseitigung zu schützen sowie die Entnahme von Pflanzen und Tieren zu verhindern, wurde erst erstaunlich spät in aller Konsequenz erkannt. Bis auf wenige Sonderstandorte sind die gesamte offene Landschaft und in viel durchgreifenderem Ausmaß als oft angenommen auch die Wälder nutzungsgeprägt.

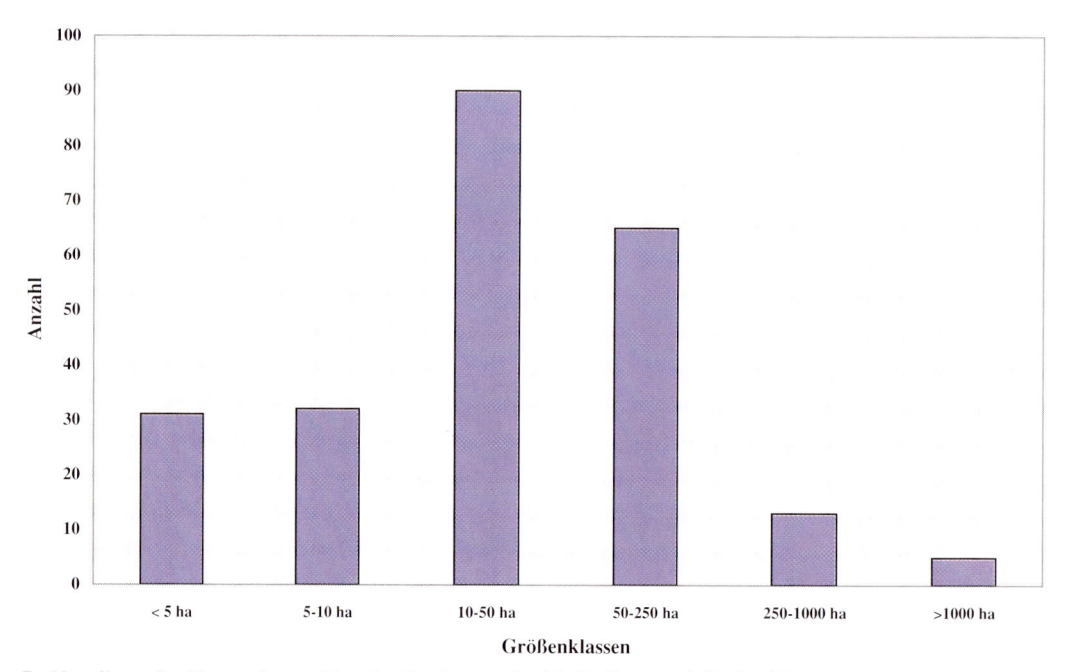

7 Verteilung der Naturschutzgebiete im Regierungsbezirk Freiburg auf Größenklassen.

Natürliche Faktoren, die bei uns offene Strukturen schaffen, wie z.B. Erosion (Flußdynamik, Bergstürze usw.), Brände, zyklische Insektenkalamitäten, Beweidungswirkungen großer Wildtierherden, Biberbauten usw. werden bis heute weitestgehend unterbunden. Der paradoxe Effekt ist, daß eine unübersehbare Zahl von Arten, die diese Strukturen besiedelten, in unserer Landschaft heute nur noch als Begleiter menschlicher Einflüsse vorkommen, obwohl die Bedingungen einer »Urlandschaft« ihnen potentiell durchaus Lebensrecht ließen. Nachdem also die sogenannten »Primärlebensräume« beseitigt wurden, haben wir die Aufgabe, die Arten, die dank der menschlich bedingten Entstehung von »Sekundärlebensräumen« weiter existieren oder erst einwandern konnten, durch geplanten Naturschutz zu erhalten. Zum Glück kommen allerdings die meisten Arten nach wie vor auch in der heutigen »Normallandschaft« zurecht.

Für die Naturschutzgebiete werden daher »Pflege- und Entwicklungspläne« aufgestellt. Nach möglichst genauer Feststellung des aktuellen »Inventars« werden die Maßnahmen geplant, die notwendig sind, um die definierten Schutzziele zu erreichen. Diese innere Konsolidierung der Schutzgebiete ist um so wichtiger, als die umgebende Landschaft oft einer beschleunigten Entwertung unterworfen ist. Auf die damit verbundene Problematik wird weiter unten noch eingegangen.

Auch wenn Organisation und Geld für eine optimale Pflege und Überwachung der Natur-

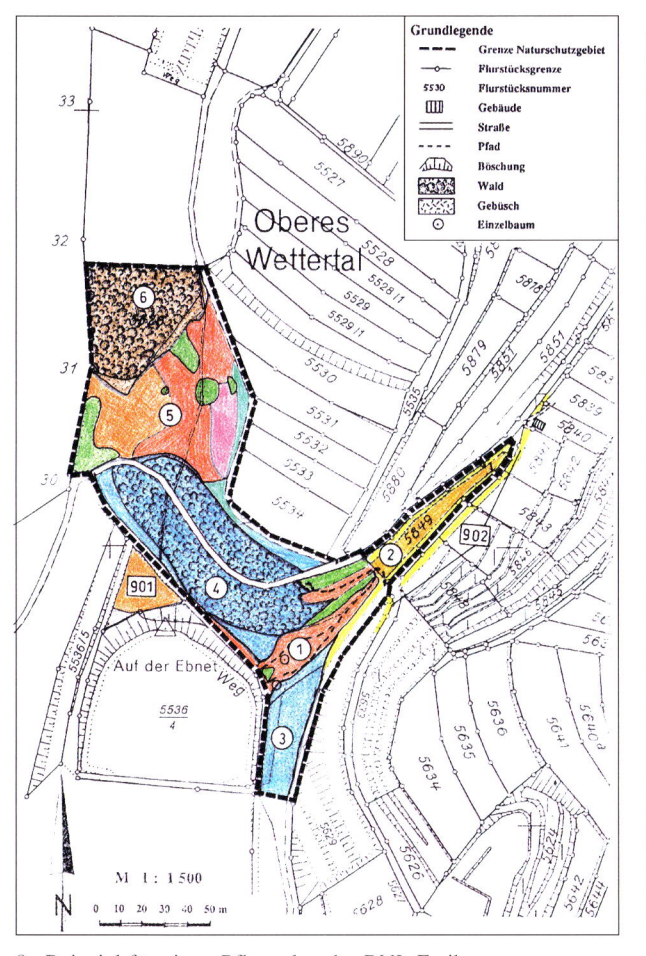

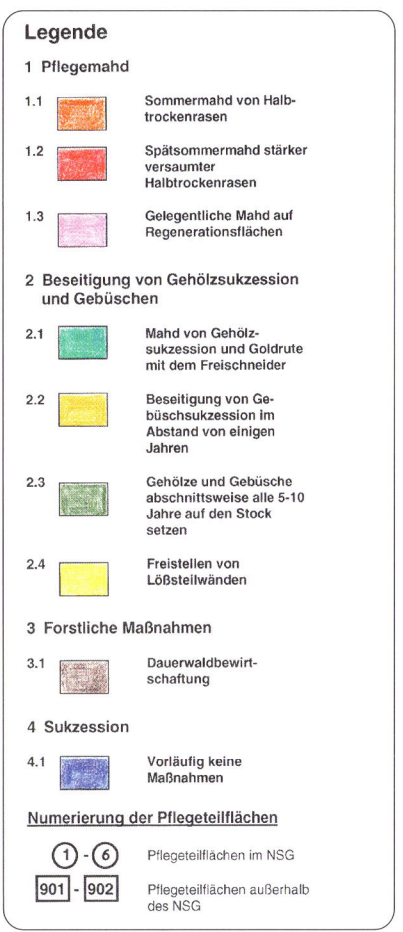

8 Beispiel für einen Pflegeplan der BNL Freiburg.

9 Die Biotoppflege – hier im Kaiserstuhl – ist harte Arbeit.

schutzgebiete in unserem Regierungsbezirk wie überall in Deutschland nicht ausreichen, so können wir doch feststellen, daß für rund die Hälfte der Naturschutzgebiete Pflegepläne bestehen, die mit erheblichem Aufwand verwirklicht werden. Diese Aufwendungen steigen mit der Zahl der Schutzgebiete, aber auch mit dem Trend der Landwirtschaft, unrentabel werdende Nutzungen aufzugeben.

Die Biotoppflege in den Naturschutzgebieten wird also von der Bezirksstelle für Naturschutz und Landschaftspflege (BNL) geplant, koordiniert und z.T. auch mit dem eigenen Pflegetrupp durchgeführt; die meisten Arbeiten erfolgen durch ehrenamtliche Naturschutzhelfer, Landwirte im Rahmen des Vertragsnaturschutzes und Amtshilfe anderer Verwaltungen (Forst, Liegenschaft, Gemeinden).

Im Rahmen der Pflege- und Entwicklungspläne werden auch Langzeitbeobachtungen eingerichtet, um die Effizienz des Naturschutzgebietes und der durchgeführten Maßnahmen zu garantieren.

Müssen Sie leider draußen bleiben? – Besucherinformation und -lenkung

Man könnte der Auffassung sein, daß der Mensch in Naturschutzgebieten nur stören kann und daher möglichst draußenbleiben sollte. Dies ist sicherlich der falsche Ansatz. Nach dem Motto: »Man schützt nur, was man kennt und liebt« haben Naturschutzgebiete auch die Aufgabe, der Bevölkerung die Natur nahezubringen – dies gilt umso mehr, als viele »Objekte« fast nur noch in Naturschutzgebieten betrachtet werden können. Auch heute sind etliche Naturschützer noch der Auffassung, Geheimhaltung sei der beste Schutz. Für extrem seltene und gefährdete Arten mag das wohl stimmen, nicht jedoch für eine Vielzahl von Tieren und Pflanzen, die man unter Beachtung bestimmter Regeln ohne schlechtes Gewissen anschauen bzw. beobachten kann. Hier spielt die Information der Besucher eine große

Rolle, wie sie heute zumindest in den größeren und bekannteren Naturschutzgebieten üblich ist. Für einige Naturschutzgebiete gibt es Broschüren oder Faltblätter, die im Literaturhinweis aufgeführt sind.

Für die Besucherbetreuung und andere Aufgaben stellte man in großen und stark frequentierten Naturschutzgebieten sogenannte »hauptamtliche Naturschutzwarte« ein, besser unter dem Namen »Ranger« bekannt. Im Regierungsbezirk Freiburg ist dies in den Naturschutzgebieten Feldberg, Wutachschlucht und Schliffkopf (das überwiegend im Regierungsbezirk Karlsruhe liegt) der Fall. Auch die *Naturschutzzentren* dienen in erster Linie der Besucherinformation, aber auch der Betreuung von Schutzgebieten. Im Regierungsbezirk Freiburg findet man bisher nur eines der sechs unter Beteiligung des Landes eingerichteten Naturschutzzentren. Es liegt am Ruhestein im Schwarzwald und hat einige große Schutzgebiete des Nordschwarzwalds (Schliffkopf, Hornisgrinde u. a.) unter seiner Obhut. Der Naturpark Obere Donau wird vom Naturschutzzentrum in Beuron (im Regierungsbezirk Tübingen) betreut. Ein weiteres Naturschutzzentrum ist am Feldberg vorgesehen.

Auch die Naturschutzverbände richten Zentren ein, insbesondere im Zusammenhang mit der Betreuung von Naturschutzgebieten, die sie vom Land übertragen bekamen. Eindeutiger Schwerpunkt ist hier das Bodenseegebiet, in dem sich die Naturschutzzentren Möggingen (BUND), Mettnau und Wollmatinger Ried (beide NABU) befinden.

10 Besucherinformation im NSG »Feldberg«. Dritter von rechts: der »Feldberg-Ranger« Achim Laber.

Gibt es weitere Schutzgebietsformen nach dem Naturschutzgesetz?

Ja; das baden-württembergische Naturschutzgesetz sieht außer den Naturschutzgebieten folgende Schutzgebietsformen vor (rechtliche Grundlagen siehe Beitrag von VON WITZLEBEN):

Naturdenkmale können entweder Flächen bis 5 ha (flächenhafte Naturdenkmale) oder Einzelschöpfungen der Natur (Naturgebilde) sein, deren Schutz und Erhaltung erforderlich ist. Flächenhafte Naturdenkmale sind bezüglich ihrer Rechtsverordnung mit Naturschutzgebieten vergleichbar und können daher auch dem Schutz gefährdeter Tier- und Pflanzenarten dienen; im Gegensatz zu Naturschutzgebieten werden sie von der unteren Naturschutzbehörde bei den Landratsämtern ausgewiesen.

Naturgebilde sind z.B. Felsen, Höhlen, Wasserfälle und seltene, historisch bedeutsame oder wertvolle Bäume oder Baumgruppen. Im Regierungsbezirk Freiburg gibt es insgesamt knapp 1700 Naturdenkmale, davon sind ungefähr 500 flächenhaft.

Landschaftsschutzgebiete werden in erster Linie ausgewiesen, um »Vielfalt, Eigenart und Schönheit der Natur und Landschaft zu erhalten« oder »ihren besonderen Erholungswert für die Allgemeinheit zu erhalten« [§ 22 NatSchG (Naturschutzgesetz)]. Zugang sowie die ordnungsgemäße Bewirtschaftung land- und forstwirtschaftlicher Grundstücke werden im allgemeinen nicht eingeschränkt. Landschaftsschutzgebiete sind meist großflächiger als Naturschutzgebiete, die Regelungen sind aber weniger streng, da sie nicht dem Schutz gefährdeter Tier- und Pflanzenarten, sondern der Erhaltung des »Landschaftsbilds« dienen. Landschaftsschutzgebiete werden wie Naturdenkmale von den Landratsämtern ausgewiesen. Derzeit sind rund 18 Prozent der Fläche des Regierungsbezirks Landschaftsschutzgebiete.

Neben den »normalen« Landschaftsschutzgebieten gibt es noch die sogenannten »abhängigen« oder »dienenden« Landschaftsschutzgebiete. Sie werden immer zusammen mit einem Naturschutzgebiet ausgewiesen und dienen zu dessen Sicherung vor negativen Außeneinflüssen (Pufferzone). Dieses Instrument wird in jüngerer Zeit immer häufiger eingesetzt und hat sich bewährt. Z. B. kann damit der Grünland-Umbruch in der Umgebung von Naturschutzgebieten verhindert werden.

Naturparke sind großräumige Gebiete, die nach einem fachlichen Entwicklungsplan (Naturparkplan) als vorbildliche Erholungslandschaften zu entwickeln und zu pflegen sind.

Vorbildlich heißt hier unter anderem, daß die Ziele und Grundsätze des Naturschutzes und der Landschaftspflege zu beachten sind. Naturparke dienen in erster Linie der Erhaltung vielfältiger Kulturlandschaften, was sich u.a. in der Förderung eines umweltverträglichen Tourismus, einer naturverträglichen Land- und Forstwirtschaft, der Vermarktung regionaler Produkte und einer gezielten Öffentlichkeitsarbeit niederschlagen kann. In Baden-Württemberg gibt es bisher fünf Naturparke mit einer Gesamtfläche von knapp 350 000 ha. Bisher liegt nur ein Teil des Naturparks »Obere Donau« im Regierungsbezirk Freiburg, aber derzeit wird im Südschwarzwald der mit knapp 300 000 Hektar größte Naturpark des Landes geplant.

Geschützte Grünbestände sind z.B. Grünflächen, Parkanlagen, Baumgruppen, Schutzpflanzungen oder Gehölze im besiedelten und freien Bereich, die aus unterschiedlichen Gründen schutzwürdig sind. Zuständig für die Ausweisung sind seit neuerem die Gemeinden, die jedoch leider wenig Gebrauch von diesem Instrument machen.

Nicht durch Rechtsverordnung, sondern (seit 1992) direkt durch das sogenannte Biotopschutzgesetz geschützt sind die **besonders geschützten Biotope,** nach dem betreffenden Paragraphen auch 24a-Biotope genannt. Unter diesen Schutz fallen z.B. Moore und andere Feuchtgebiete, naturnahe Gewässer mit Begleitvegetation, Trocken- und Magerrasen, Gebüsche und naturnahe Wälder trockenwarmer Standorte, natürliche Felsbildungen und Blockhalden, Höhlen, Dolinen sowie Feldgehölze,

Trockenmauern und Steinriegel. Die landesweite Kartierung dieser Biotope ist derzeit im Gang.

Aufgrund von Hochrechnungen ermittelte die Landesanstalt für Umweltschutz, daß der Anteil der *rechtlich gesicherten Naturschutzflächen* – dies beinhaltet Naturschutzgebiete, flächenhafte Naturdenkmale, 24a-Biotope und die nach dem Landeswaldgesetz ausgewiesenen Bann- und Schonwälder sowie Waldbiotope – bei *ca. fünf Prozent der Landesfläche* liegt.

Wie steht es mit dem Naturschutz außerhalb von Schutzgebieten?

Die Schutzgebiete und der gesetzliche Biotopschutz leisten zwar einen wesentlichen Beitrag zur Erhaltung gefährdeter Tier- und Pflanzenarten, reichen aber angesichts der zunehmenden Veränderung unserer Kulturlandschaft nicht aus. Die »Roten Listen« werden trotz steigender Zahl und Fläche geschützter Bereiche immer länger. Naturschutz kann sich daher nicht alleine auf Schutzgebiete beschränken. »Naturschutz außerhalb von Schutzgebieten« war auch das Motto des Europäischen Naturschutzjahrs 1995. Zu diesem Anlaß wurde das 10jährige Bestehen des sogenannten »*Biotoppflegeprogramms*« begangen, einer Konzeption zum Schutz und zur Pflege von Biotopen vorwiegend außerhalb von Schutzgebieten. Auf der Grundlage von Kartierungen der BNL werden in erster Linie Landwirten Verträge angeboten, in denen ein Entgelt für eine naturschutzgerechte Pflege der Flächen vereinbart wird. Die Vertragsdauer beträgt fünf bis zehn Jahre, eine Verlängerung ist jedoch wünschenswert und konnte bisher auch immer in Aussicht gestellt werden. Die Vergütung der Maßnahmen richtet sich nach dem Arbeitsaufwand und liegt (für Grünland) derzeit bei durchschnittlich 700 DM pro Hektar und Jahr. Das Land übernimmt bis zu 70 Prozent der Kosten, den Rest teilen sich in der Regel Landkreis und Gemeinde. Inzwischen konnten auf einer Gesamtfläche von über 3000 ha Pflegeverträge mit einem jährlichen Kostenvolumen von mehr als zwei Mio. DM abgeschlossen werden.

Anfangs waren es vor allem die stark im Rückgang begriffenen feuchten oder mageren Wiesen und Weiden (Grünland), für die solche Pflegeverträge angeboten wurden, später kamen Streuobstwiesen, Wiesenbäche und -gräben und Weinberge mit seltenen Zwiebelgewächsen hinzu. Die meisten Verträge beinhalten jedoch nach wie vor die Pflege von Grünland.

Untersuchungen zur Erfolgskontrolle des Biotoppflegeprogramms ergaben eine sehr positive Bilanz. Besonders hervorzuheben ist die Tatsache, daß einige Biotoptypen – wie z.B. artenreiche Magerwiesen – in erheblichem Umfang gesichert werden konnten und außerhalb von Naturschutzgebieten inzwischen fast nur noch auf Vertragsflächen existieren (Nowak & Schulz 1995).

Naturschutzkonzeptionen – neue Wege im Naturschutz

Um die verschiedenen Instrumente des Naturschutzes auf größerer Fläche gezielt und differenziert einzusetzen, entwickelte die BNL seit Ende der 80er Jahre für verschiedene Gebiete sogenannte »*Naturschutzkonzeptionen*«. Das erste dieser Projekte war die Naturschutzkonzeption »Rohrhardsberg und Umgebung«. Mit finanzieller Unterstützung durch die Stiftung Naturschutzfonds Baden-Württemberg wurden Vegetation, Vogelwelt und ausgewählte Insektengruppen auf einer Fläche von rund 15 000 Hektar gründlich untersucht, um Hinweise für notwendige Schutz- und Pflegemaßnahmen zu erhalten. In den für den Naturschutz besonders wichtigen Bereichen wurden inzwischen mehrere Naturschutzgebiete ausgewiesen (NSG 44, 45, 48, 178, 182). Das »Herzstück« der Konzeption, das Natur- und Landschaftsschutzgebiet »Rohrhardsberg-Obere Elz« (s. S. 526), wurde im Dezember 1997 als 900. Naturschutzgebiet des Landes Baden-Württemberg feierlich unterzeichnet.

Die Ausweisung von Naturschutzgebieten war jedoch nur *ein* Aspekt der Konzeption; weitere Ziele waren u.a. der Abschluß von Pflegeverträgen mit den ortsansässigen Landwirten sowie die Umsetzung wichtiger Pflegemaßnahmen, z.B. zugunsten des vom Aussterben bedrohten Haselhuhns. Ein wichtiges Anliegen ist außerdem die Öffentlichkeitsarbeit bzw. die Beteiligung der Bevölkerung. So fand das *1. Yacher Symposium* unter dem Thema »Der Wandel in der Landschaft« im Europäischen Naturschutzjahr 1995 viel Beachtung. In einer darauf aufbauenden »Zukunftswerkstatt« wurden die Wechselwirkungen des Naturschutzes mit anderen Belangen wie Landwirtschaft, Forstwirtschaft und Tourismus beleuchtet und Vorschläge für zukunftsfähige Projekte erarbeitet.

Weitere Naturschutzkonzeptionen mit unterschiedlichen Ansätzen und Schwerpunkten gibt es z.B. im Hotzenwald, im Belchengebiet, in der Oberrheinebene, am Hochrhein (Klettgau), am Bodensee und auf der Schwäbischen Alb.

Sind Naturschutzgebiete noch zeitgemäß?

Oft kommt der Einwand, der »verordnete Naturschutz« sei nicht mehr zeitgemäß, vertragliche Vereinbarungen seien moderner und flexibler. Allein auf freiwilliger Basis kann jedoch der gesetzliche Auftrag, der freilebenden Tier- und Pflanzenwelt angemessene Lebensräume zu erhalten und dem Aussterben einzelner Arten wirksam zu begegnen (§ 1 des Naturschutzgesetzes) nicht erfüllt werden.

Naturschutzgebiete sind auch kein starres, unwandelbares Instrument: Bewertung, Auswahl, Begründung und spätere Behandlung von Naturschutzgebieten sind von der jeweiligen Epoche abhängig (vgl. Beiträge von FUCHS und WILMANNS). In dieser Hinsicht sind ältere Naturschutzgebiete oft im doppelten Sinn »Denkmale«, zeigen sie uns durch ihr Vorhandensein und ihre Entwicklung doch auch, was man jeweils als schützenswert befand und ob die notwendigen Maßnahmen dafür erkannt und durchgeführt wurden.

Der Wandel im Umgang mit dem Instrument Naturschutzgebiet wird deutlich, wenn man ihre Lage in der Landschaft, ihren Typ, ihre Größe und ihre Anzahl bis heute betrachtet (s.o.):

1. Die Schutzgebiete mußten größer werden. Der Trend geht vom reagierenden Schutz der Sonderbildungen oder spektakulärer Arten zum präventiven Schutz ganzer Landschaftskomplexe mit ihren vielfältigen ökologischen und ökonomischen Verflechtungen (»dynamischer Ansatz«).
2. Der Kriterienkomplex »Repräsentativität« wird stärker gewichtet, nachdem Biotopkartierung und generell landeskundliche Durchforschung ein systematischeres Vorgehen ermöglichen. Unsere Fachplanung stößt allerdings auch hier auf die Schwierigkeit jeder Landschaftsplanung, nämlich die fehlende Durchsetzbarkeit fachlicher Forderungen.
3. Die früher »im Kielwasser« der nach heutigen Maßstäben extensiv betriebenen Landnutzung »automatisch« erzeugte und erhaltene vielfältige bäuerliche Kulturlandschaft wird mit ihrem Inventar selbst zum Objekt des Naturschutzes. Moderne Intensivlandwirtschaft erzeugt landschaftliche Nivellierung und Artenschwund, auch wenn manche Interessenvertreter dies immer noch zu verschleiern versuchen.

Der beschleunigte Nutzungswandel zwingt dazu, verstärkt Landschaftsteile mit noch betriebenen Extensivnutzungen unter Schutz zu stellen. Diese Ausweisungen erfolgen zum einen vermehrt in den aus standörtlich-historischen Gründen großflächig erhaltenen »rückständigen« Gegenden, sowie in den von landwirtschaftlicher Intensivierung besonders betroffenen Gunstlagen. Hier treten die stärksten Konflikte mit der Landwirtschaft auf.
4. Bessere Kenntnis ökosystemarer Zusammenhänge, wissenschaftliche Neugier, Neubewertung unbeeinflußter Prozesse einschließlich der Gehölzsukzession und nicht zuletzt die Kosten der Biotoppflege führen – wenn auch in Grenzen – zur Ausweisung sogenannter »Prozeßschutzgebiete« ähnlich den Bannwaldfestsetzungen im Forstrecht.
5. Die Anforderungen an Auswahl, Ausweisung und weitere Behandlung der Naturschutzgebiete sind immer strenger geworden:
Je mehr Ansprüche an den Freiraum gestellt werden, desto höhere Anforderungen muß bereits die Begründung der Schutzwürdigkeit und Schutzbedürftigkeit und damit der

Rechtmäßigkeit der Ausweisung erfüllen. Staatliches Handeln wird gerade auch in diesem Bereich nicht klaglos hingenommen. Zu den »klassichen« Konfliktfeldern treten hier in den letzten Jahrzehnten vor allem die verschiedenen neuen Formen »aggressiver« Feizeitnutzung.

Erfüllen Naturschutzgebiete ihre Aufgabe?

Trotz der skizzierten Modernisierung und Anpassung des Instruments Naturschutzgebiet müssen wir feststellen, daß die Bestände der freilebenden Tiere und Pflanzen im Land insgesamt, aber – und das hier besonders wichtig – auch in Naturschutzgebieten abnehmen. Andererseits gibt es auch gegenläufige Trends. Manche Arten sind auch aus gut betreuten Gebieten verschwunden, und dabei handelt es sich nicht nur um solche, deren individueller Aktionsradius von vornherein über das Schutzgebiet hinausreicht. Hieraus darf man allerdings keine generelle Ablehnung des Instruments NSG ableiten. Naturschutzgebiete sind aufgrund vieler Belege relativ gesehen sogar außerordentlich effizient. Nach Unterlagen der Landesanstalt für Umweltschutz existieren in Baden-Württemberg in Naturschutzgebieten, z.T. nur noch hier

– 34 Prozent aller Populationen besonders gefährdeter Pflanzenarten
– 36 Prozent der Vorkommen bedrohter Vögel
– 57 Prozent aller Populationen besonders gefährdeter Wildbienen-Arten
– 37 Prozent aller Populationen besonders gefährdeter Schmetterlingsarten

11 Arche Noah in der Produktionslandschaft: das NSG »Elzwiesen« konnte im Rahmen einer Flurneuordnung erhalten werden.

Dabei haben Naturschutzgebiete im Land nur zwei Prozent Flächenanteil!

Unter den momentanen gesellschaftlichen Rahmenbedingungen ist eine optimale flächendeckende Berücksichtigung der Naturschutzbelange überhaupt nicht möglich. Hierzu bedürfte es weitreichender Änderungen der Technik und Ökonomie der Landnutzung, die zwar als politische Forderung (und Absichtserklärung) auf der Tagesordnung stehen, von deren Verwirklichung aber noch nichts Durchgreifendes zu sehen ist.

Die Funktion der Naturschutzgebiete als Lebensstätten ist schließlich – wenngleich die wichtigste – nur eine ihrer Aufgaben. Langfristig müssen Zahl, Fläche und Qualität noch stark gesteigert werden.

Der Naturschutz kann sich natürlich nicht auf dieses Instrument beschränken, für den Schutz der Funktionen des Naturhaushaltes kann der klassische Naturschutz ohnehin keinen wesentlichen Beitrag leisten. Selbst die Aufgaben des Biotop- und Artenschutzes können über Naturschutzgebiete nicht voll abgedeckt werden. Daher gibt es flankierende und verknüpfende Instrumente und Programme, wie das System der von vornherein nach Naturschutzgesetz geschützten Biotope, die nach dem Waldgesetz verordneten Waldschutzgebiete, das Programm zur Umsetzung der Grundlagenwerke zum Artenschutz, Programme zum Erwerb naturschutzwichtiger Grundstücke durch die öffentliche Hand oder seiner Bezuschussung sowie vor allem die großflächigen Projekte des Vertragsnaturschutzes mit Landwirten auch außerhalb von Naturschutzgebieten. Ein Beispiel hierfür ist das im Regierungsbezirk Freiburg mit Pilotfunktion entwickelte Biotoppflegeprogramm (s. o.).

Wir stellen abschließend fest, daß Naturschutzgebiete unter den heutigen Rahmenbedingungen die tragende – wenngleich nicht einzige – Säule des staatlichen Naturschutzes zur Erfüllung des gesetzlichen Auftrags der Sicherung der Vorkommen freilebender Tiere und Pflanzen sowie herausragender Landschaftsteile mit ästhetischer oder wissenschaftlicher Bedeutung sind. Die segregierende Vorgehensweise ist dabei aus der Vielfältigkeit der Landschaft selbst sowie den von der Gesellschaft gesetzten Normen und Zuständigkeiten vorgegeben. Wir hoffen, daß mit dieser »Arche-Noah-Strategie« soviel Potential wie möglich erhalten werden kann, damit auch in unserer Landschaft Evolution und Wiederausbreitung möglich bleiben.

Daß Naturschutzgebiete ihre Funktionen – wenn auch nicht optimal – erfüllen, steht angesichts der Gegenüberstellung mit den Entwicklungen, die die ungeschützte Nachbarschaft nehmen mußte, wohl außer Frage. Als plakative Beispiele seien nur die Elzwiesen in der Rheinebene (Abb. 11), die Trockenrasen im Kaiserstuhl, die geschützten Abschnitte des Bodenseeufers und die gepflegten Heiden der Schwäbischen Alb genannt.

Was Sie schon immer über Naturschutzgebiete wissen wollten ...

von Job von Witzleben

Die wichtigsten rechtlichen Informationen in Form von »Frage und Antwort«

Was ist eigentlich ein Naturschutzgebiet...? Warum wird es geschützt...? Was ist dort verboten...?

Diese und andere rechtliche Fragen zu unseren Naturschutzgebieten werden immer wieder gestellt.

Hier sind die wichtigsten Informationen zu Naturschutz und Recht zusammengestellt.

Grundsätzliche Fragen zu Naturschutzgebieten

Was ist eigentlich ein Naturschutzgebiet?

Ein Naturschutzgebiet ist ein rechtsverbindlich festgesetztes Gebiet, in dem Natur und Landschaft besonders geschützt sind. Dies ist nach § 21 des Naturschutzgesetzes für Baden-Württemberg (NatSchG) in besonderem Maße erforderlich
– wegen der Vielfalt, Eigenart oder Schönheit der naturhaften Ausstattung
– zur Erhaltung von Lebensgemeinschaften oder Lebensstätten bestimmter Tier- und Pflanzenarten
– aus wissenschaftlichen, ökologischen, naturgeschichtlichen, landeskundlichen oder kulturellen Gründen.

Warum schützt man diese Gebiete?

Naturschutzgebiete sind besonders wertvolle Teile unserer Natur und Landschaft. Sie sind nach § 1 NatSchG als Lebensgrundlage und Erholungsraum des Menschen so zu schützen, zu pflegen, zu gestalten und zu entwickeln, daß
– die Leistungsfähigkeit des Naturhaushaltes
– die Nutzungsfähigkeit der Naturgüter (Boden, Wasser, Luft, Klima, Tier- und Pflanzenwelt)
– die Vielfalt, Eigenart und Schönheit von Natur und Landschaft
nachhaltig gesichert werden.

1 Das Wollmatinger Ried – eines der schönsten Naturschutzgebiete im Regierungsbezirk Freiburg

Der freilebenden Tier- und Pflanzenwelt sind dabei angemessene Lebensräume zu erhalten. Außerdem ist dem Aussterben einzelner Tier- und Pflanzenarten wirksam zu begegnen.

In welcher Form wird ein Gebiet unter Naturschutz gestellt?

Jedes Naturschutzgebiet wird durch eine förmliche Rechtsverordnung unter Naturschutz gestellt. Regelmäßig gehören auch Karten dazu, in denen vor allem die Grenzen des Naturschutzgebiets eingetragen sind. Die Naturschutzverordnung wird vom Regierungspräsidium als höherer Naturschutzbehörde erlassen.

Was steht in einer Naturschutzverordnung?

Die Naturschutzverordnung enthält alle wichtigen Vorschriften über das Naturschutzgebiet, z.B.:
– die Erklärung zum Naturschutzgebiet und den Namen des Gebiets
– die Größe und die Lage des Naturschutzgebiets
– den wesentlichen Schutzzweck und die wichtigsten ökologischen Besonderheiten
– die allgemein nicht erlaubten Handlungen
– die konkret nicht erlaubten Handlungen
– die grundsätzlich zulässigen Handlungen
– die notwendigen Schutz- und Pflegemaßnahmen
– die Möglichkeit von Befreiungen von Verboten der Verordnung
– die Ordnungswidrigkeiten und das Datum des Inkrafttretens.

Was ist in einem Naturschutzgebiet erlaubt und zulässig?

Jeder hat grundsätzlich ein Recht auf Erholung in der freien Natur und Landschaft und damit auch in Naturschutzgebieten. Dieses Recht kann jedoch in der Naturschutzverordnung oder durch andere Vorschriften eingeschränkt werden.

Zulässig ist regelmäßig auch die schon bisher rechtmäßig ausgeübte Nutzung der Grundstücke und der bestehenden Einrichtungen und zwar in der bisherigen Art und im bisherigen Umfang. Dazu gehören auch die Instandhal-

2 Naturschutzgebiete – Erholungsraum oder Parkplatz? (Besucherandrang am Belchen)

tung und die Instandsetzung solcher Einrichtungen.

Was ist allgemein in einem Naturschutzgebiet nicht erlaubt?

In einem Naturschutzgebiet sind allgemein alle Handlungen verboten, die zu einer Zerstörung, Veränderung oder nachhaltigen Störung im Schutzgebiet oder seines Naturhaushalts oder zu einer Beeinträchtigung der wissenschaftlichen Forschung führen oder führen können.

Was ist konkret in einem Naturschutzgebiet nicht erlaubt?

Diese allgemein nicht erlaubten Handlungen werden in der Naturschutzverordnung durch einen Katalog von näheren Regelungen konkretisiert. Sie ergänzen die allgemein verbotenen Handlungen.

So können insbesondere z.B. folgende Handlungen konkret verboten sein:
– Tiere oder Pflanzen einzubringen
– Pflanzen zu zerstören
– wildlebende Tiere zu stören oder zu töten
– bauliche Anlagen zu errichten
– Wege anzulegen
– die Wege zu verlassen
– die Nutzung der Grundstücke zu ändern
– zu zelten oder Feuer zu machen
– Abfälle zu lagern oder Lärm zu machen
– usw.

Sind Land- und Forstwirtschaft, Jagd oder Fischerei uneingeschränkt zulässig?

Grundsätzlich gehören die fachgerechte land- und forstwirtschaftliche Bodennutzung sowie die Ausübung der Jagd und der Fischerei zu den zulässigen Handlungen. Für diese Tätigkeiten gelten die Verbote der Verordnung regelmäßig nicht, wenn sie in der bisherigen Art und im bisherigen Umfang und insgesamt ordnungsgemäß erfolgen.

3 Ohne Verbote geht es nicht ...

Können Land- und Forstwirtschaft bzw. Jagd oder Fischerei trotzdem eingeschränkt werden?

Je nach dem Schutzzweck des Naturschutzgebiets können einzelne Regelungen für die Bodennutzung, für die Bewirtschaftung von Grünland, für die Düngung oder für die Beweidung aufgenommen werden. Auch nähere Maßgaben für die naturnahe Bewirtschaftung des Waldes oder für die naturschonende Ausübung von Jagd oder Fischerei sind rechtlich möglich.

Bekommt der Eigentümer oder Pächter hierfür eine Entschädigung oder einen finanziellen Ausgleich?

Grundsätzlich sind solche Einschränkungen der Nutzung aus Gründen des Naturschutzes nicht entschädigungspflichtig, weil kein Grundeigentum entzogen wird. Es wird vielmehr der Inhalt des Grundeigentums näher bestimmt. Dies ist im Rahmen der Sozialbindung des Eigentums (vgl. Artikel 14 des Grundgesetzes) entschädigungslos zu dulden.

In Baden-Württemberg kann darüber hinaus der Eigentümer oder Pächter in bestimmten

Fällen einen finanziellen Ausgleich bekommen, insbesondere für Nutzungsbeschränkungen aus Gründen des Naturschutzes oder für sonstige ökologische Leistungen.

Wann gibt es einen finanziellen Ausgleich aus Gründen des Naturschutzes?

Hier geht es um den sogenannten »Vertragsnaturschutz«. Dabei werden mit den Eigentümern oder Pächtern der Grundstücke entsprechende Verträge abgeschlossen. Man nennt sie Bewirtschaftungsverträge oder Pflegeverträge. Für ökologische Nutzungsbeschränkungen oder für landschaftspflegerische Arbeiten erhält der Landwirt eine finanzielle Ausgleichsleistung, die sich nach dem Inhalt und nach der Dauer des Vertrags richtet.

Gibt es Ausnahmen von den Vorschriften in der Naturschutzverordnung?

In besonderen Fällen kann das Regierungspräsidium als höhere Naturschutzbehörde und zugleich als Verordnungsgeber eine Befreiung von den Vorschriften der Naturschutzverordnung erteilen. Dies ist insbesondere möglich, wenn überwiegende öffentliche Belange die Befreiung erfordern oder der Vollzug der Bestimmung zu einer offenbar nicht beabsichtigten Härte führen würde und die Abweichung mit den öffentlichen Belangen vereinbar ist.

Fragen zum Verfahren bei der Ausweisung von Naturschutzgebieten

Wer plant eigentlich neue Naturschutzgebiete?

Die Ausweisung von ökologisch besonders hochwertigen Flächen als Naturschutzgebiete ist ein gesetzlicher Auftrag, der von der Naturschutzverwaltung des Landes zu erfüllen ist.

NATURSCHUTZ IN BADEN-WÜRTTEMBERG

Wer ist bei uns die Naturschutzverwaltung?

Der amtliche Naturschutz sind bei uns die Naturschutzbehörden und die Naturschutzfachbehörden.
 Naturschutzbehörden sind
– das Ministerium als oberste Naturschutzbehörde
– die Regierungspräsidien als höhere Naturschutzbehörden
– die Landratsämter und in den Stadtkreisen die jeweilige Stadt als untere Naturschutzbehörden.

Die fachliche Beratung dieser Naturschutzbehörden obliegt
– für das Ministerium der Landesanstalt für Umweltschutz in Karlsruhe (LfU)
– für die Regierungspräsidien als höhere Naturschutzbehörden den Bezirksstellen für Naturschutz und Landschaftspflege (Bezirksstellen oder BNL)
– für die unteren Naturschutzbehörden den ehrenamtlich tätigen Beauftragten für Naturschutz und Landschaftspflege (Naturschutzbeauftragte).

Wer ist für die Ausweisung von Naturschutzgebieten zuständig?

Zuständig für das Verfahren und für den Erlaß von Rechtsverordnungen für Naturschutzgebiete ist das Regierungspräsidium als höhere Naturschutzbehörde nach §§ 21, 48 und 58 NatSchG. Die fachliche Vorbereitung und Beratung liegen dabei bei der Bezirksstelle für Naturschutz und Landschaftspflege, die auch das Fachpersonal hat.

Was sind die fachlichen Kriterien für ein geplantes Naturschutzgebiet?

Bei der Auswahl der künftigen Naturschutzgebiete werden vor allem folgende naturschutzfachliche Kriterien berücksichtigt:
– Naturnähe
– Seltenheit der Biotope und Arten
– Alter und Ersetzbarkeit von Biotopen
– Artenvielfalt und Arteninventar
– Repräsentanz für Biotoptyp und Naturraum
– Bedeutung als Lebensstätte für gefährdete Arten
– Vernetzbarkeit mit anderen Biotopen
– Grad der Gefährdung

Wer sucht die neuen Naturschutzgebiete aus?

Das Regierungspräsidium und die Bezirksstelle für Naturschutz und Landschaftspflege (Fachbehörde) sind von Amts wegen tätig. Sie stimmen sich über die Prioritäten bei der Ausweisung von Naturschutzgebieten ab. Dabei werden Anregungen von privater Seite, insbesondere auch von Naturschutzverbänden, berücksichtigt.

Wie erfährt man etwas von einem geplanten Naturschutzgebiet?

Bereits im Rahmen der Vorbereitung des Schutzgebietsverfahrens und somit möglichst frühzeitig informiert das Regierungspräsidium bzw. die Bezirksstelle die Gemeinden sowie die hauptsächlich berührten öffentlichen Stellen und Verbände über das geplante Naturschutzgebiet und nimmt Anregungen entgegen.

Das förmliche Verfahren zur Ausweisung eines Naturschutzgebiets beginnt nach § 59 NatSchG mit der Anhörung der berührten Behörden, öffentlichen Planungsträgern und Gemeinden sowie der betroffenen Verbände.

Danach wird der Verordnungsentwurf mit Karten öffentlich ausgelegt. Die öffentliche Auslegung wird vorher amtlich bekanntgemacht mit dem Hinweis, daß Bedenken und Anregungen vorgebracht werden können.

Was kann man gegen ein geplantes Naturschutzgebiet vorbringen?

Zu dem Verordnungsentwurf können dann die Bürger, die Behörden, die Gemeinden und die Verbände Stellung nehmen und alle ihre Bedenken und Anregungen vorbringen.

Das Regierungspräsidium als Verordnungsgeber und als Bündelungs- und Koordinierungsbehörde prüft abschließend alle im Verfahren eingegangenen Stellungnahmen und vorgetragenen Bedenken und Anregungen. Dabei werden die jeweiligen öffentlichen und privaten Belange sorgfältig gegeneinander und untereinander abgewogen. Abschließend fertigt das Regierungspräsidium die endgültige Fassung der Naturschutzverordnung.

Wo kann man die gültige Naturschutzverordnung einsehen?

Die Naturschutzverordnung wird im Gesetzblatt Baden-Württemberg verkündet und ist dort abgedruckt. Außerdem wird die Verordnung mit den Karten beim Regierungspräsidium und bei der jeweiligen unteren Naturschutzbehörde (Landratsamt bzw. Stadtkreis) zur kostenlosen Einsicht niedergelegt.

Fragen zu Pflege und Betreuung und zu den Naturschutzverbänden

Wer kümmert sich eigentlich um die Naturschutzgebiete?

- Zunächst sind die Naturschutzbehörden für die Pflege, die Betreuung und auch für die Überwachung der Schutzgebiete zuständig.
- Dann sind es die Fachbehörden, vor allem die Bezirksstellen für Naturschutz und Landschaftspflege, die meist im Rahmen von Pflege- und Entwicklungsplänen die notwendigen ökologischen Arbeiten und Maßnahmen veranlassen.
- Sodann gibt es den ehrenamtlichen und den hauptamtlichen Naturschutzdienst, die jeweils im Auftrag der Naturschutzbehörden tätig sind.
- Der ehrenamtliche Naturschutzdienst ist damit beauftragt, Besucher der freien Landschaft und der Naturschutzgebiete über die Vorschriften zum Schutz der Natur und der Landschaft zu informieren und die Einhaltung dieser Bestimmungen mit dem Ziel zu überwachen, ihre Verletzung zu verhüten und Schäden für Natur und Landschaft abzuwenden.
- Der hauptamtliche Naturschutzdienst (auch »Ranger« genannt) hat neben diesen Aufgaben ein bestimmtes Naturschutzgebiet zu betreuen und deren Besucher über die Besonderheiten und Gefährdungen zu informieren.
- Außerdem gibt es viele sonstige für den Naturschutz tätige Personen wie z.B. Landwirte im Rahmen des Vertragsnaturschutzes, Mitarbeiter anderer Verwaltungen wie Forst, Liegenschaft und Gemeinden sowie die Pflegetrupps der Bezirksstellen, die sich in vielfältiger Weise um die Pflege und die Erhaltung der Naturschutzgebiete bemühen.
- Weiterhin kann jeder Besucher eines Naturschutzgebiets durch sein Verhalten und durch die notwendige Rücksichtnahme dazu beitragen, das Gebiet vor Beeinträchtigungen oder Störungen zu schützen.
- Eine ganz wichtige Unterstützung für den amtlichen Naturschutz ist die Mitwirkung der privaten und ehrenamtlichen Naturschutzverbände. Eine große Bedeutung haben dabei die nach § 29 BNatSchG und § 51 NatSchG staatlich anerkannten Naturschutzverbände.

Welche Naturschutzverbände sind staatlich anerkannt?

Derzeit gibt es in Baden-Württemberg folgende rechtsfähige und anerkannte Naturschutzverbände:
- Landesnaturschutzverband (LNV)
- Bund für Umwelt und Naturschutz Deutschland (BUND)
- Naturschutzbund Deutschland (NABU)
- Schwarzwaldverein
- Schwäbischer Albverein
- Arbeitsgemeinschaft der Naturfreunde
- Landesfischereiverband
- Landesjagdverband
- Schutzgemeinschaft Deutscher Wald

Welche Rechte haben die anerkannten Naturschutzverbände?

Den anerkannten Verbänden ist im Rahmen ihrer Mitwirkung und Beteiligung insbesondere
- Gelegenheit zur Äußerung sowie
- Gelegenheit zur Einsicht in die einschlägigen Sachverständigengutachten zu geben
und zwar vor allem
- bei der Vorbereitung von Verordnungen und Satzungen im Bereich Naturschutz
- vor Befreiungen von Verboten und Geboten,

6 In vielen Naturschutzgebieten werden die Besucher mit solchen Tafeln über die Besonderheiten informiert.

die zum Schutz von Naturschutzgebieten erlassen sind
– in Planfeststellungsverfahren über Vorhaben, die mit Eingriffen in Natur und Landschaft verbunden sind.

Außerdem kann den Naturschutzverbänden nach § 51 NatSchG auf Antrag in bestimmtem Umfang die Betreuung von Naturschutzgebieten übertragen werden.

Abschließende Fragen

Gibt es außer den Naturschutzgebieten noch andere Formen von Schutzgebieten?

In Baden-Württemberg gibt es noch folgende Schutzkategorien:

– *Landschaftsschutzgebiete (§ 22 NatSchG)*
  Dies sind Gebiete, in denen ein besonderer Schutz der Natur und Landschaft erforderlich ist, um
  1. die Leistungsfähigkeit des Naturhaushaltes zu gewährleisten oder wiederherzustellen,
  2. die Nutzungsfähigkeit der Naturgüter zu erhalten oder zu verbessern,
  3. die Vielfalt, Eigenart oder Schönheit der Natur und Landschaft zu erhalten oder
  4. ihren besonderen Erholungswert für die Allgemeinheit zu erhalten, zu steigern oder wiederherzustellen.

– *Naturdenkmale (§ 24 NatSchG)*
  Dies sind Gebiete mit einer Fläche bis zu fünf Hektar (flächenhafte Naturdenkmale) oder Einzelbildungen der Natur (Naturgebilde), deren Schutz und Erhaltung erforderlich ist
  1. aus wissenschaftlichen, ökologischen, naturgeschichtlichen, landeskundlichen oder kulturellen Gründen,
  2. zur Sicherung von Lebensgemeinschaften oder Lebensstätten bestimmter Tiere und Pflanzen oder
  3. wegen ihrer Eigenart, Seltenheit oder landschaftstypischen Kennzeichnung.

– *Naturparke (§ 23 NatSchG)*
  Dies sind großräumige Gebiete, die als vorbildliche Erholungslandschaften zu entwickeln und zu pflegen sind und die

1. sich überwiegend durch Vielfalt, Eigenart und Schönheit von Natur und Landschaft auszeichnen
2. sich wegen ihrer Naturausstattung für die Erholung größerer Bevölkerungsteile besonders eignen und
3. nach den Grundsätzen und Zielen der Raumordnung und Landesplanung bestimmt werden.

– *Geschützte Grünbestände (§ 25 NatSchG)*
Dies sind innerhalb der Ortsteile oder in den Randzonen z.B.
 – Grünflächen oder Grünzonen, Parkanlagen, Einzelbäume, Baumreihen, Alleen oder Baumgruppen
 – im besiedelten und freien Bereich z.B. Schutzpflanzungen und Schutzgehölze, deren Bestandserhaltung
1. zur Sicherung des Naturhaushalts, der Naherholung oder von Lebensstätten der Tier- und Pflanzenwelt
2. zur Belebung, Gliederung oder Pflege des Orts- oder Landschaftsbildes
3. aus landeskundlichen oder kulturellen Gründen

von besonderer Bedeutung ist.
Solche Grünbestände können durch Satzung der Gemeinde unter Schutz gestellt werden (geschützte Grünbestände).
Außerdem können die Gemeinden den Baumbestand außerhalb des Waldes ganz oder teilweise durch eine »Baumschutzsatzung« unter Schutz stellen.

– *Besonders geschützte Biotope (§ 24a NatSchG)*
Diese sogenannten § 24a-Biotope sind bereits unmittelbar durch das Gesetz unter Schutz gestellt.
Dazu gehören z.B. Moore, Sümpfe, Auwälder, Streuwiesen, Röhrichte und Riede, naturnahe Bach- und Flußabschnitte, Quellbereiche, naturnahe Uferbereiche und Flachwasserzonen, Wacholderheiden, Trocken- und Magerrasen, Gebüsche und naturnahe Wälder an trockenwarmen Standorten, offene Felsen, Block- oder Geröllhalden, Höhlen, Dolinen, Feldhecken, Feldgehölze, Hohlwege, Trockenmauern und Steinriegel, alle jeweils in der freien Landschaft.

7 Das Ökomobil – das »rollende Naturschutzlabor« der Bezirksstelle für Naturschutz und Landschaftspflege Freiburg.

Woran erkenne ich ein Naturschutzgebiet in der Natur?

Die meisten Naturschutzgebiete werden an den wichtigsten Zugängen mit einem amtlichen Kennzeichen – dies ist bei uns ein dreieckiges Schild mit grünem Rand, einem schwarzen Adler in der Mitte und der Aufschrift »Naturschutzgebiet« – beschildert. Öfters werden auf kleinen Hinweistafeln kurze Informationen über Besonderheiten oder über besondere Vorschriften in diesem Naturschutzgebiet gegeben.

Wo erhalten die Besucher mehr Informationen?

In fast allen großen und häufig besuchten Naturschutzgebieten gibt es verschiedene Einrichtungen zur Information der Besucher wie z.B. Informationstafeln, zusätzliche Hinweisschilder an besonderen Stellen, auch gibt es Broschüren und Faltblätter usw. Außerdem werden in vielen Naturschutzgebieten Führungen und Exkursionen angeboten. Weitergehende Informationen gibt es auch beim amtlichen Naturschutz, bei den privaten Naturschutzverbänden und bei den Gemeinden. Schließlich kann für Gruppenveranstaltungen das sogenannte »Ökomobil« eingeladen werden. Dies ist ein »rollendes Naturschutzlabor«, das die Bezirksstellen für Naturschutz und Landschaftspflege interessierten Gruppen, insbesonders Schülern, vor Ort anbieten.

Was kann jeder persönlich für die Naturschutzgebiete tun?

Bei jedem Besuch in einem Naturschutzgebiet kann jeder selbst sehr viel durch ein naturfreundliches und rücksichtsvolles Verhalten zum Schutze dieser wertvollen Lebensräume beitragen.

Jede aktive Mithilfe und Unterstützung des amtlichen und privaten Naturschutzes ist ein positiver Beitrag zum Schutz unserer natürlichen Lebensgrundlagen und zeigt unsere gemeinsame persönliche Verantwortung für eine umweltgerechte Zukunft.

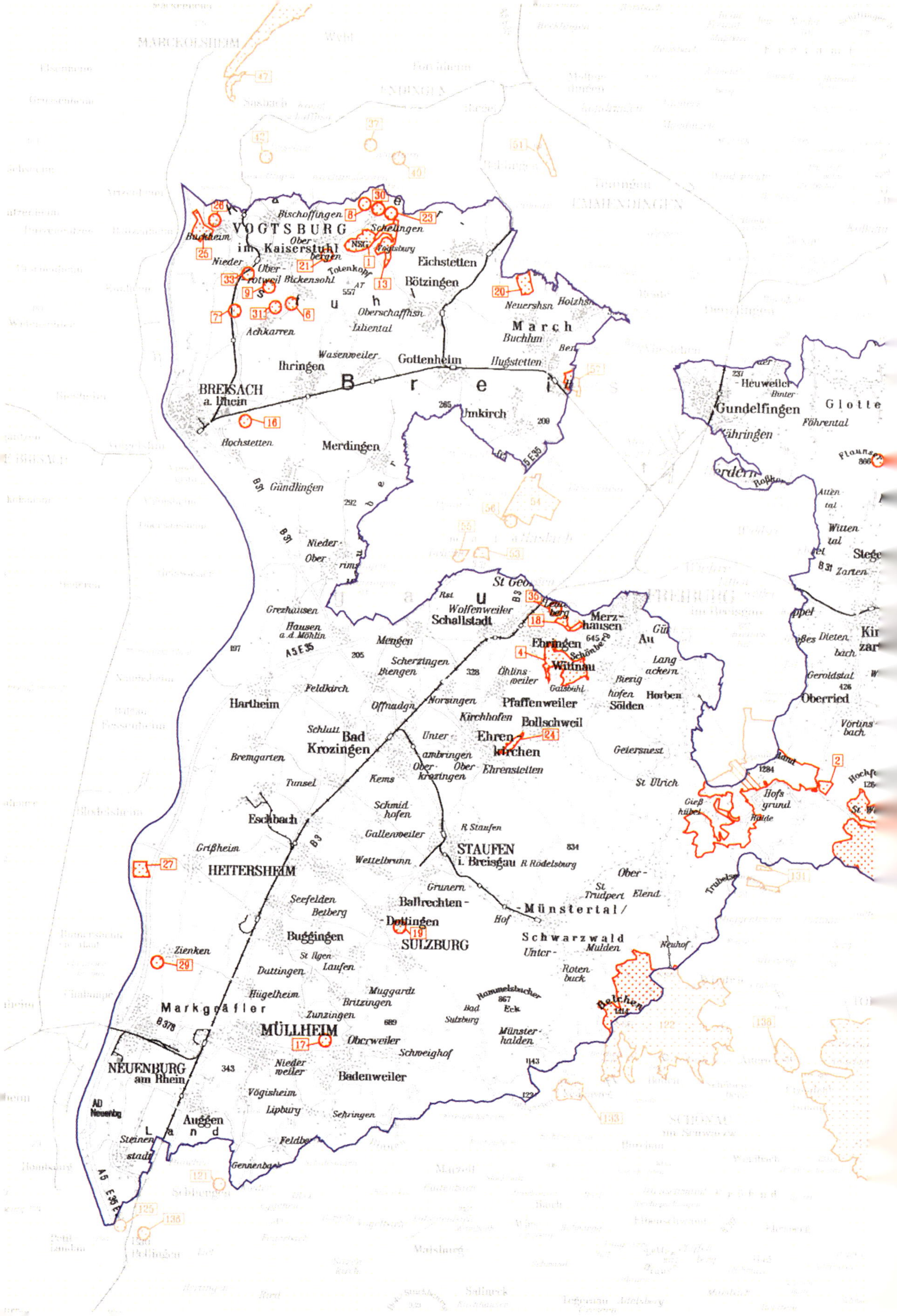

VOGTSBURG
im Kaiserstuhl
Bischoffingen
Schelingen
Burkheim
Nieder
Ober-
rotweil
Bickensohl
Oberbergen
Totenkopf
557
Eichstetten
Bötzingen
Oberschaffhsn
Lilental
Achkarren
Neuershsn
Holzhsn
March
Buchhm
Ihringen
Wasenweiler
Gottenheim
Hugstetten
BREISACH
a. Rhein
Breisgau
265
Umkirch
209
Hochstetten
Merdingen
Gündlingen
292
Nieder-
Ober-
rimsingen
St Georgen
Schallstadt
Wolfenweiler
Grezhausen
Hausen
a.d.Möhlin
Mengen
Scherzingen
Biengen
205
197
A5 E35
Merzhausen
Ebringen
Wittnau
Schönberg
645
Au
Langackern
Bierighofen
Sölden
Horben
Öhlinsweiler
Pfaffenweiler
Feldkirch
Hartheim
Offnadgn
Norsingen
Kirchhofen
Bollschweil
Ehrenkirchen
Schlatt
Bad
Krozingen
Unterambringen
Oberkrozingen
Ober-
Ehrenstetten
Geiersnest
St Ulrich
Bremgarten
Tunsel
Kems
Schmidhofen
Gallenweiler
Eschbach
Grißheim
HEITERSHEIM
Wettelbrunn
STAUFEN
i. Breisgau
R Staufen
R Rödelsburg
834
Ober-
St Trudpert
Elend
Grunern
Ballrechten-
Dottingen
Seefelden
Betberg
Buggingen
SULZBURG
Münstertal/
Schwarzwald
Hof
Unter-
Mulden
Neuhof
Zienken
St Ilgen
Laufen
Duttingen
Hügelheim
Muggardt
Britzingen
Zunzingen
Markgräfler
Land
B 378
MÜLLHEIM
Oberweiler
Schweighof
689
Hammelsbacher Eck
867
Bad Sulzburg
Münsterhalden
Rotenbuck
Belchen
Niederweiler
NEUENBURG
am Rhein
343
1143
Vögisheim
Badenweiler
AD Neuenbg
Lipburg
Sehringen
Auggen
Steinenstadt
Feldberg
Gennenbach
A5 E35
B31
B3
Gundelfingen
Heuweiler
Glotter
Föhrental
Zähringen
FREIBURG
Wittental
Zarten
Stegen
Oberried
Geroldstal
Vörlinsbach
Dietenbach
Hofsgrund
Gießhübel
1284
Trubelsbach
MARCKOLSHEIM
EMMENDINGEN
SCHÖNAU

Landkreis Breisgau-Hochschwarzwald

Bannwald Faulbach

Landkreis: Breisgau-Hochschwarzwald
Gemeinde: Oberried
Gemarkung: St. Wilhelm
Naturraum: Hochschwarzwald
Geschützt seit 1975
Größe: 20 Hektar
Top. Karte: 8013 Freiburg Südost

Das Naturschutzgebiet »Bannwald Faulbach« liegt südlich von Oberried bei der Mündung des St. Wilhelmer Talbaches in die Brugga. Es weist in einer Höhenlage zwischen 650 und 920 m ü. NN block- und felsüberlagerte, west-, südwest- bis südexponierte Steilhänge auf. Sie bilden den Ausgang des St. Wilhelmer Tals, eines eiszeitlich geprägten Trogtales nördlich der Feldbergkuppe. Der muldenförmige Talgrund geht in konkavem Schwung in die steilen Trogwände über. Ausgangsgesteine für die Blockschutthalden sind Orthogneise, die aufgrund ihrer Klüftung zu großblockigem Zerfall neigen (LIEHL 1980).

Auf den westexponierten Steilhängen oberhalb der Brugga stocken naturnahe, überwiegend aus Tanne, Fichte und Buche aufgebaute Waldgesellschaften. Die strukturreichen Altbestände weisen einen hohen Anteil an stehendem und liegendem Totholz auf und bieten somit Lebensraum für viele Vogel- und Insektenarten. Zahlreiche mit Heidelbeeren bewachsene Felsnasen prägen das Gebiet, am Hangfuß türmen sich moosüberzogene Blockhalden, deren Entstehung eiszeitlich bedingt ist. Das periglaziale Klima hatte häufige Frostwechsel zur Folge, was zu Spaltenfrost und Frostsprengungen führte. An der Grenze zwischen Fels und Gletschereis waren diese Vorgänge besonders intensiv: das helle Eis reflektierte die Sonnenstrahlen und die dunklen Gesteine wurden erwärmt. Oberhalb des Eises lockerten sich die durch den Gletscher steil angeschnittenen Felswände durch Spaltenfrost, wodurch sie instabil wurden und große Felsblöcke losgesprengt wurden. Diese donnerten zu Tale, sammelten sich am Hangfuß und entwickelten sich allmählich zu Blockhalden.

Das subatlantisch getönte Schwarzwaldklima mit seinen hohen, relativ gleichmäßigen

1 Das NSG »Bannwald Faulbach« bleibt vollkommen der natürlichen Entwicklung überlassen.

Jahresniederschlägen und geringen Temperaturschwankungen wirkt sich günstig auf die Entwicklung einer reichhaltigen Moosflora aus (LÜTH 1990).

An den o. g. Steilhängen oberhalb des St. Wilhelmer Talbaches haben sich im Naturraum seltene naturnahe Waldgesellschaften ausgebildet. Hierzu zählen der Heidelbeer-Buchenwald, der Hainsimsen-Traubeneichen-Wald und der Ahorn-Eschen-Blockwald.

Der Heidelbeer-Buchenwald kommt auf mäßig trockenen bis trockenen, oberflächig versauerten Standorten an sonnenexponierten Hängen vor. Die sehr schwachwüchsigen Buchen-Bestände sind meist einschichtig aufgebaut. Die artenarme Krautschicht besteht aus säureliebenden Bodenpflanzen wie Heidelbeere (*Vaccinium myrtillis*), Heidekraut (*Calluna vulgaris*) und Weißer Hainsimse (*Luzula luzuloides*), die einen ausgeprägten Trockenmoder (podsolige Braunerde) erzeugen.

Trockene Felsrippen werden von lichten Hainsimsen-Traubeneichenwäldern gesäumt. Charakteristisch sind die sehr schwachwüchsigen, dominierenden Traubeneichen, daneben kommen Buche, Mehl- und Vogelbeere vor. Die Krautschicht bilden verschiedene Habichtskrautarten, Heidekraut, Tüpfelfarn, Moose und Erdflechten. Auf blocküberlagerten, frischeren Standorten wachsen kleinflächig Ahorn-Eschen-Blockwälder.

Das Naturschutzgebiet ist mit seinen ca. 20 ha Teil eines 1994 auf 77,8 ha erweiterten Bannwaldes. Bewirtschaftungsmaßnahmen sind hier nicht zulässig. Wesentlicher Schutzzweck in der Bannwalderklärung ist die Beobachtung der natürlichen Entwicklung von montanen Bergmischwaldgesellschaften in felsdurchsetzten Steillagen verschiedener Expositionen.

Besucherhinweis: Auf einem schmalen Pfad können Sie das Naturschutzgebiet mit seinen verschiedenen Waldgesellschaften, den Felsnasen und den Blockhalden durchwandern. Im naturnahen Bannwald sind Trittsicherheit und gute Kondition unbedingt erforderlich. Mit querliegenden Bäumen muß gerechnet werden. Ein schöner Blick bietet sich von der »Hohen Brücke« aus, wo das St. Wilhelmer Tal ins Hauptal mündet. *B. Hüttl*

Bannwald Konventwald

Landkreis: Breisgau-Hochschwarzwald
Gemeinde: Stegen
Gemarkung: Eschbach
Naturraum: Mittlerer Schwarzwald
Geschützt seit 1975
Größe: 17 Hektar
Top. Karte: 7913 Freiburg Nordost

Wandert man von den Hochflächen um St. Peter nach Freiburg, durchquert man auf seinem Weg hinab ins Breisgau ausgedehnte Wälder. Auf halber Strecke befindet sich das Naturschutzgebiet »Bannwald Konventwald«. Es liegt in große Mischwälder eingebettet an den Süd- und Südosthängen des 865 m hohen Flaunsers. Der Konventwald ist ein Schutzgebiet, das weder durch besondere Pflanzenvorkommen noch durch eine herausragende Landschaft von sich reden macht. Vielmehr ist es ein eher unscheinbares Waldstück, das den »normalen« Waldtyp des westlichen, zur Oberrheinebene abfallenden Schwarzwaldes repräsentiert. Der Name des Konventwaldes geht auf seinen ehemaligen Besitzer zurück: Als Klosterwald war er in Besitz des Convents von St. Peter; erst durch die Säkularisation im vorigen Jahrhundert ging er in Staatsbesitz über. Seit seiner Ausweisung als Bannwald unterliegt er keinerlei Nutzung. Vielmehr dient er der wissenschaftlichen Forschung, die an seinem Beispiel die ungestörte, vom Menschen weitgehend unbeeinflußte Waldentwicklung zum »Urwald von morgen« studieren will. Die Forstliche Versuchs- und Forschungsanstalt in Freiburg hat zu diesem Zweck eine umfangreiche Meßstation im Naturschutzgebiet eingerichtet.

Den geologischen Untergrund des Konventwaldes bilden die sogenannten »Paragneise«. Dieses Silikatgestein verwittert gut und hinterläßt einen vergleichsweise nährstoffreichen, für die Pflanzen gut zu durchwurzelnden Boden. Trotz der oft steilen Hänge ist er im Bannwald recht tiefgründig. Nur auf den etwas erhöhten Rücken ist er etwas dünner, während in den Mulden des Gebiets das Bodenmaterial angereichert ist. Der Boden ist dort deshalb merklich mächtiger.

Im Konventwald haben wir einen montanen, ca. 140jährigen Buchen-Tannenwald aus Naturverjüngung vor uns. Die südexponierten Hänge, die sich über die breiten Geländerücken erstrecken, sind weitgehend von Buchenwald bedeckt. Die Tanne ist zwar diesen Beständen beigemischt, taucht aber am häufigsten im sogenannten Unterstand auf, wo der schattenertragende Nadelbaum über Jahrzehnte unter dem Kronendach der Buchen verharren kann. Nur abschnittsweise übernimmt er einen größeren Anteil an der Baumschicht. Durch den flachgründigen Boden ist der Standort recht trocken. Dieser ist spärlich mit krautigen Pflanzen bedeckt, die alle die Tendenz zur Herdenbildung haben. Insbesondere der Wald-Schwingel (*Festuca altissima*) bildet an den raren Sonnenplätzen unter dem ansonsten geschlossenen Laubdach dichtere Vegetationsflecken aus. Im Gegensatz dazu steht der

Sauerklee (*Oxalis acetosella*); er bevorzugt als zartes Pflänzchen die schattigeren Bereiche, die nur selten von Sonnenstrahlen überstrichen werden.

In den oberen Abschnitten des Naturschutzgebiets bleibt der Waldboden über weite Abschnitte völlig ohne schützende Vegetationsdecke, auch fehlt die schwer zersetzbare Buchenstreuauflage – sie wird aus den vergleichsweise exponierten Stellen weggeweht. Hier haben wir, gemessen an der Wuchsleistung der Buche, die schlechteste Standortvariante des Konventwaldes vor uns. Die Draht-Schmiele (*Avenella flexuosa*), ein herdenbildendes Waldgras mit schmalen, leicht glänzenden Halmen, und die Weiße Hainsimse (*Luzula luzuloides*) gehören zu den wenigen Arten, die auf dem armen, vielleicht durch eine weit zurückliegende Weidenutzung verhagerten Waldboden ihr Auskommen finden.

Der nach Osten orientierte Hang dagegen ist schattiger und besitzt einen deutlich frischeren Boden. Vor allem am Unterhang hält das zur Oberfläche drängende Grundwasser den tiefgründigen Boden ganzjährig feucht, so daß unter dem dichten Schirm der Buchen und Tannen eine besser entwickelte Bodenvegetation vorhanden ist. Die jährlich anfallende Laub- und Nadelstreu wird wegen der günstigen Bedingungen besser abgebaut und die darin enthaltenen Nährstoffe den Pflanzen wieder zur Verfügung gestellt. Goldnessel (*Lamium galeobdolon*), Aronstab (*Arum maculatum*), Hexenkraut (*Circaea lutetiana*), Waldmeister (*Galium odoratum*), Rühr-mich-nicht-an (*Impatiens noli-tangere*) und Breitblättriger Dornfarn (*Dryopteris dilatata*) zeigen die guten Standortbedingungen an. Gruppen von Fuchs' Greiskraut (*Senecio fuchsii*) schließlich wachsen an den etwas verlichteten Stellen, besonders dann, wenn die Lücken zwischen den Baumkronen über einige Jahre beständig sind. Dies ist jedoch nicht häufig der Fall, weil beim Ausfall eines Baumes dessen Nachbarn durch vermehrtes Wachstum ihrer Äste den Zwischenraum bald wieder schließen. Zahlreich ist der Buchenjungwuchs, der sich abschnittsweise zu einer dichten Schicht zusammenschließt. Seltener ist die Tannenverjüngung, die unter dem Verbiß durch den hohen Wildbestand zu leiden hat; ein Hinweis darauf, daß nicht alle Vorgänge im Bannwald vom Menschen völlig unbeeinflußt stattfinden und deshalb »natürlich« sind.

Im Wald verteilt befindet sich überall Totholz. Es ist jedoch nicht sehr häufig, da der Wald noch nicht seine »Altersphase« erreicht hat. Das meiste geht wohl auf Blitzeinschläge, Eisbruch und Sturmwurf zurück. Von abgebrochenen Bäumen steht oft nur ein morscher, teils zerfetzter Stamm, in dessen Holz die madensuchenden Spechte zahlreiche Löcher gehackt haben und Pilze ihre Fruchtkörper ausbilden. Am Boden liegen die herabgefallenen Gipfelstücke, oft überzogen von einem Moos- oder Flechtenteppich. Ein aufmerksamer Beobachter kann alle möglichen Zerfallsstufen des frischen, hellfarbigen, noch festen Holzes bis hin zum dunkelbraunen, mürben, leicht zerbröselnden Material beobachten.

Im Bannwald gibt es eine breite Hangmulde. Hier tritt in kleineren Quellen Grundwasser an die Oberfläche, durchsickert den Boden und sammelt sich schließlich in einem kleinen Bächlein. An diesen feuchteren Standorten gedeihen die Frühjahrsblüher Bär-Lauch (*Allium ursinum*), Frühlings-Scharbockskraut (*Ficaria verna*) und Hohler Lerchensporn (*Corydalis cava*). Sie nutzen die ersten warmen Tage des Frühlings zum Wachstum und haben ihren jährlichen Lebenszyklus bereits abgeschlossen, wenn die Laubbäume ihr Blätterdach entfalten. Die großkronigen Buchen, zu denen sich hier auch der Berg-Ahorn gesellt, stehen recht weit voneinander entfernt, so daß der Eindruck eines hallenartigen Waldes entsteht. Vor allem die schuttreiche Sohle der Hangmulde wird von den Bäumen gemieden. An ihrem Grunde fließt in einer engen Rinne ein kleiner Bach. Er hat sich im beweglichen Schutt bereits in einige Arme aufgeteilt. Auf dem groben Material wachsen im dunklen Schatten der hochgewachsenen Bäume Hänge-Segge (*Carex pendula*), Gegenblättriges Milzkraut (*Chrysosplenium oppositifolium*), Wald-Sternmiere (*Stellaria nemorum*) und Waldziest (*Stachys sylvatica*).

P. Lutz

Berghauser Matten

Landkreis: Breisgau-Hochschwarzwald
Gemeinde: Ebringen
Gemarkung: Ebringen
Naturraum: Freiburger Bucht
Geschützt seit 1996
Größe: 150 Hektar
Top. Karte: 8012 Freiburg Südwest

Das Naturschutzgebiet »Berghauser Matten« liegt in der Schönberggruppe zwischen Ebringen im Nordwesten und Wittnau im Osten in einer Höhenlage von 320 bis 510 m ü. NN. Es weist überwiegend Grünland auf, daneben einige Waldbereiche sowie Gebüsche. Das Gebiet umfaßt vor allem den ehemaligen Standortübungsplatz der französischen Streitkräfte um die malerisch gelegene Berghauser Kapelle sowie den Oberhang des Kienbergs.

In einem kleineren westlichen Teil des Gebiets stehen auf der Westscholle des Schönbergs Tertiärkonglomerate an. Der übrige Bereich liegt – durch eine Verwerfung getrennt – auf der Ostscholle und besteht vorwiegend aus Juragesteinen. Die weichen Opalinustone des Braunjura haben dabei zu Verebnungen geführt, die auch Rutschungsgebiete beinhalten. An kleineren Stellen bilden härtere Schichten aus dem Schwarzjura und auch aus dem Keuper (Trias) den Untergrund. Sie bewirken eine stärkere Geländeneigung. Eine ehemalige Tongrube ist dabei für die Geologen sehr interessant, da in ihr die Grenze zwischen Schwarz- und Braunjura besonders gut ausgeprägt ist.

Durch das Nebeneinander verschiedener geologischer Schichten haben sich sehr vielfältige Vegetationstypen eingestellt. Die Skala reicht von Halbtrockenrasen bis zu Schilfröhrichten oder Herden des Riesen-Schachtelhalms (*Equisetum telmateia*) an quelligen Stellen, wo wasserstauende Schichten angeschnitten sind. In der ehemaligen Tongrube befinden sich sogar zwei beim Abbau entstandene Tümpel.

Das Grünland wird sehr unterschiedlich bewirtschaftet. In weniger geneigtem und vor allem nicht welligem Gelände wird Wiesennutzung betrieben. Zum Teil handelt es sich dabei um magere, nicht oder kaum gedüngte Wiesen, zum Teil wurde in letzter Zeit jedoch auch stärker mit Gülle gedüngt. Die Bereiche mit welligem Relief werden mit Schafen beweidet. Steiles Gelände wird ebenfalls mit Schafen beweidet oder sporadisch zur Pflege gemäht. Zum Teil reicht die bisherige Nutzung oder Pflege jedoch nicht mehr aus, das Gebiet offenzuhalten. Einzelne Zentren sind deshalb schon stärker verbuscht oder sind gar in der Sukzession zum Buschwald fortgeschritten. Ganz im Osten befindet sich eine kleine Rinderweide.

Halbtrockenrasen kommen vor allem am Kienberg vor. Sie sind sehr blumenbunt und enthalten z.B. Schopfige Kreuzblume (*Polygala comosa*), Karthäuser-Nelke (*Dianthus carthusianorum*), Gewöhnliches Sonnenröschen (*Helianthemum nummularium*) oder verschiedene Orchideenarten wie Hundswurz (*Anacamptis pyramidalis*), Ohnsporn (*Aceras anthropophorum*) oder Bienen- und Hummelragwurz (*Ophrys apifera* und *O. holosericea*). Im beweideten Bereich haben u.a. Hügel-Meister (*Asperula cynanchica*), Feld-Thymian (*Thymus pulegioides*), Kriechende Hauhechel (*Ononis repens*) oder Weiße Brunelle (*Prunella laciniata*) ihren Schwerpunkt.

Die weitaus umfangreichsten Flächen werden von Glatthaferwiesen unterschiedlichster Ausprägung eingenommen, wobei die nicht oder kaum gedüngten Salbei-Glatthaferwiesen auf meist mäßig trockenen Standorten die schönsten sind. Im Laufe des Jahres fallen z.B. Arznei-Schlüsselblume (*Primula veris*), Kleines Knabenkraut (*Orchis morio*) und Brand-Knabenkraut (*Orchis ustulata*) sowie Wiesen-Salbei (*Salvia pratensis*) besonders ins Auge. Bei etwas stärkerer Düngung sind typische Glatthaferwiesen, hier vor allem mit dem Knolligen Hahnenfuß (*Ranunculus bulbosus*), ausgebildet.

Auf frischeren Standorten und noch stärkerer Düngung kommen Glatthaferwiesen mit Wiesen-Fuchsschwanz (*Alopecurus pratensis*) vor. Vor allem von diesem Wiesentyp, aber sogar von Salbei-Glatthaferwiesen aus haben sich aufgrund übermäßiger Gülledüngung in den letzten zehn Jahren leider sehr artenarme Wiesen mit Vielblütigem Lolch (*Lolium multiflorum*) herausgebildet.

Besonders im weiteren Bereich um die Berghauser Kapelle steht in den Wiesen eine große

2 Streuobstwiese unterhalb der Berghauser Kapelle mit Blick auf den Kienberg.

Zahl von Obstbäumen, v. a. Kirschbäume, die die Landschaft besonders zur Blütezeit äußerst reizvoll machen. Hauptsächlich in dem vom übrigen ehemaligen Standortübungsplatz durch einen Wald getrennten Gewann »Riedmatt« im Süden des Gebiets kommen auf feuchten bis nassen Standorten Kohldistel-Glatthaferwiesen oder Kohldistelwiesen vor. Neben der Kohldistel (*Cirsium oleraceum*) sind hier die großen Dolden der Wald-Engelwurz (*Angelica sylvestris*) besonders auffällig. In den Kohldistelwiesen befindet sich im übrigen der einzige Bestand des Breitblättrigen Knabenkrauts (*Dactylorhiza majalis*) im Gebiet.

An quelligen Stellen treten in verschiedenen Bereichen Hochstaudenfluren nasser bis feuchter Standorte mit Mädesüß (*Filipendula ulmaria*), dem großblütigen Zottigen Weidenröschen (*Epilobium hirsutum*), dem Gewöhnlichen Gelbweiderich (*Lysimachia vulgaris*) und dem Blut-Weiderich (*Lythrum salicaria*) auf. Auch Großseggenriede mit der Sumpf-Segge (*Carex acutiformis*) kommen vor, außerdem – wie bereits erwähnt – Schilfröhrichte (*Phragmites australis*) und Herden des Riesen-Schachtelhalms. Letzterer treibt im Frühjahr zuerst bräunliche, unverzweigte Sprosse, die in einer großen Sporenähre enden. Die Sommertriebe sind verzweigt und besitzen Chlorophyll; die dicken Sproßachsen erscheinen trotzdem weißlich. Während die fertilen Frühjahrstriebe bald zusammenbrechen, sterben die sterilen Sommertriebe erst im Spätjahr ab.

Wo trockeneres Grünland brachgefallen ist oder nur noch unregelmäßig genutzt wird, hat sich inzwischen eine sogenannte Saumvegetation eingestellt. Charakteristisch sind z.B. der Hirsch-Haarstrang (*Peucedanum cervaria*), ein Doldengewächs, die violett blühende Kalk-Aster (*Aster amellus*), die (einheimische) Gewöhnliche Goldrute (*Solidago virgaurea*) oder der Weiden-Alant (*Inula salicina*), ein goldgelber Korbblütler.

Sogar Trittrasen können seltene Pflanzen enthalten. Beispiele hierfür sind einige Stellen im Gebiet, wo der Erdbeer-Klee (*Trifolium fragiferum*) mit seinen filzigen, rötlich gefärbten, aufgeblasenen Fruchtkelchen wächst. Er wird u. a. von dem ebenfalls nicht gerade allerorten vorkommenden Kleinen Tausendgüldenkraut (*Centaurium pulchellum*) begleitet.

Bereits von weitem fallen oberhalb der Straße von Ebringen nach Wittnau große Gebüschbereiche auf. Es sind – neben einigen Weidengebüschen – vor allem Ligustergebüsche mit Schlehe, Liguster, Rotem Hartriegel und Hunds-Rose, z.T. auch mit Feld-Ahorn oder Feld-Ulme. Bei den Wäldern im Südteil sind vor allem die Eichen-Hainbuchenwälder interessant, die hier wohl meist aufgrund einer ehemaligen Nutzung als Nieder- oder Mittelwald (alte Bauernwälder) aus Buchenwäldern oder Buchen-Tannenwäldern hervorgegangen sind. Eichen und Hainbuchen werden im Gegensatz zu Tannen oder Buchen gefördert, wenn die Bäume von Zeit zu Zeit auf den Stock gesetzt werden. Beide Ursprungsgesellschaften sind jedoch auch heute noch im Gebiet vertreten, wobei im Seggen-Buchenwald z.B. die Orchideenarten Rotes und Weißes Waldvögelein (*Cephalanthera rubra* und *C. damasonium*) sowie Nestwurz (*Neottia nidus-avis*) vorkommen.

Die Tierwelt ist wegen der Vielzahl von Vegetationstypen sehr artenreich vertreten. Ganz besonders zu erwähnen ist die hohe Dichte der Neuntöter, die in den (Dorn-) Hecken brüten. Von Bäumen, Gebüschen oder Hecken durchsetztes Grünland ist auch das Bruthabitat z.B. von Dorngrasmücke, Wendehals, Fitis, Grauschnäpper und Baumpieper.

Vor allem in den Tümpeln der ehemaligen Tongrube laichen verschiedene Amphibienarten, die im Sommer in den umgebenden Wiesen und Wäldern leben. An selteneren Reptilien ist die Schling- oder Glattnatter zu erwähnen.

Die Zahl der Heuschreckenarten ist beachtlich hoch. Seltenere Arten sind z.B. das Weinhähnchen (*Oecanthus pellucens*), der Buntbäuchige Grashüpfer (*Omocestus ventralis*) oder die Lauchschrecke (*Parapleurus alliaceus*), außerdem die Gottesanbeterin (*Mantis religiosa*), eine Fangschreckenart. Ihre in Ruhestellung angewinkelten Vorderbeine schnellen blitzschnell hervor, wenn ein Beutetier naht, ergreifen es und halten es mit Hilfe von dornartigen Fortsätzen fest.

3 Der Buntbäuchige Grashüpfer (*Omocestus ventralis*), ein Bewohner kurzrasiger Schafweiden.

Wesentlicher Schutzzweck ist die Erhaltung der Schönberghänge um die Berghauser Kapelle aufgrund der geologischen und geomorphologischen Reichhaltigkeit, einer vielfältigen Vegetation mit gut ausgeprägten Vegetationseinheiten und des Vorkommens einer großen Anzahl von seltenen und gefährdeten Tier- und Pflanzenarten. Außerdem dient das Gebiet als Forschungsobjekt vor allem für die Geologie und Biologie, wobei auch das Fortschreiten der Sukzession berücksichtigt werden soll.

Die Berghauser Matten sind ein bekanntes Naherholungsgebiet vor allem für die Bewohner der nahegelegenen Großstadt Freiburg. Um den Besucherverkehr besser regulieren zu können, darf z.B. das Grünland nur in der näheren Umgebung der Berghauser Kapelle frei betreten werden, natürlich auch nur außerhalb der Vegetationszeit. Über die Einhaltung dieser und weiterer Vorschriften mit ähnlicher Zielrichtung wachen zur Hauptsaison speziell eingesetzte Naturschutzwarte, die außerdem auch die Besucher informieren können.

Um die Grundlage für die Schutzwürdigkeit zu erhalten, ist z.B. der Umbruch von Grünland oder das Düngen mit Gülle verboten. Eine gute Voraussetzung für die Einhaltung dieser Vorgabe ist, daß die Gemeinde Ebringen den gesamten ehemaligen Standortübungsplatz mit Unterstützung durch das Land für Naturschutzzwecke gekauft hat. Es ist zu hoffen, daß auf längere Sicht auch an Arten verarmtes Grünland wieder blumenbunter wird.

W. Kramer

Bisten

Landkreis: Breisgau-Hochschwarzwald
Gemeinde: Hinterzarten
Gemarkung: Hinterzarten
Naturraum: Hochschwarzwald
Geschützt seit 1975
Größe: 114,2 Hektar
Top. Karten: 8014 Hinterzarten, 8114 Feldberg

Das Naturschutzgebiet »Bisten« liegt westlich von Hinterzarten an der Südflanke des oberen Höllentals in einer Höhenlage von 960 bis 1210 m ü. NN. Das Bistengebiet, welches ursprünglich ein danubisches Seitental der Gutach darstellte, wurde nachträglich von einem Eisstrom überformt. Als die rheinischen Erosionstäler sich eintieften, wurde das Bistenkar vom Höllental abgetrennt und liegt somit heute mehr als 200 Meter über der Sohle des Höllentals. Geomorphologisch wird der Bisten als sogenanntes »Durchgangskar« bezeichnet. Der flache, ca. 250 m breite Talboden ist an allen Seiten von mehr oder weniger steilen Hängen umgeben, die sich ihrerseits ca. 180 Meter über den Talboden erheben (MEINIG 1977). Grundmoränenmaterial, Schutt- und Moränenwällen überlagern den Talgrund.

Am Talboden bildete sich ein Mosaik aus extensiv genutztem Grünland, Flachmoorgesellschaften, Hochstaudenfluren und Feldgehölzen mit Lebensraum für zahlreiche schützenswerte Pflanzenarten. Die Nordost-Exposition, Geländemorphologie und Höhenlage des Gebiets bedingen besondere lokalklimatische Verhältnisse, die das Vorkommen einiger Hochlagen-Arten und von Glazialrelikten ermöglichen (STEINER & BUCHWALD 1991). So besitzt der Alpenhelm (*Bartsia alpina*), eine charakteristische Art basenreicher Flachmoore, im Naturschutzgebiet Bisten sein tiefstes Vorkommen im Schwarzwald.

In der Senke mit ihren unterschiedlich mächtigen Moränenablagerungen und vermoorten Böden entwickelten sich unter Einwirkung des Menschen folgende Pflanzenge-

4 Vegetationsmosaik im NSG »Bisten«.

sellschaften: Auf der flachen Sohle und kleinflächig an durchrieselten Hangpartien im Osten haben sich je nach Basenreichtum verschiedene Flachmoorgesellschaften ausgebildet: Braunseggensümpfe sind typisch für torfige, kalk- und basenarme Standorte, wie sie im Nordosten der Senke vorkommen. Neben der namengebenden Braun-Segge (*Carex fusca*) kommen u.a. die Stern-Segge (*Carex echinata*), die Grau-Segge (*Carex canescens*), das Schmalblättrige Wollgras (*Eriophorum angustifolium*) und das Sumpf-Veilchen (*Viola palustris*) vor. Auf basenreichem, torfigem und kalkfreiem bis kalkarmen Substrat zeigt das Herzblatt-Braunseggenried den Übergang zu den Kalkflachmooren an. Charakteristische Pflanzenarten sind hier die Grün-Segge (*Carex demissa*), die Floh-Segge (*Carex pulicaris*), das Herzblatt (*Parnassia palustris*), das Gewöhnliche Fettkraut (*Pinguicula vulgaris*) und das Breitblättrige Knabenkraut (*Dactylorhiza majalis*). Eine Besonderheit ist das Vorkommen des Alpenhelms (*Bartsia alpina*), der im nordseitigen, kühl-feuchten Bistenkar noch geeignete Lebensbedingungen findet.

Der Davallseggensumpf kommt im Schwarzwald bevorzugt entlang von Bächen in Hangmooren oder in kleinen Mulden vor, die ganzjährig naß sind und ständig mit basenreichem Wasser durchflossen werden (DIERSSEN & DIERSSEN 1984). Im Bisten sind zwei kleine Flächen am Waldrand und in der Mitte der Talsenke anzutreffen. Neben der Davall-Segge (*Carex davalliana*) kennzeichen v.a. das Breitblättrige Wollgras (*Eriophorum latifolium*) und Moose wie das Kalkquell-Spaltzahnmoos (*Fissidens adiantoides*) und das Kreisförmige Sichelmoos (*Drepanocladus revolvens*) diese Pflanzengesellschaft.

Das Schnabelseggenried setzt sich je nach Bewirtschaftungsintensität und Standort aus verschiedenen Arten zusammen. Es hebt sich durch die grau-grüne Farbe der Schnabel-Segge (*Carex rostrata*) deutlich von der Umgebung ab. Kleinflächige Bestände dieses Großseggenrieds findet man im Bisten am Rand der feuchten Birkenwäldchen, größere Vorkommen im Südosten der Senke in enger Verzahnung mit angrenzenden Hochstaudenfluren und Herzblatt-Braunseggensümpfen.

5 Die Stern-Narzisse (*Narcissus exsertus*) ist streng geschützt.

Verschiedene Ausbildungen von Naß- und Streuwiesen bzw. Fettwiesen und -weiden werden als Wirtschaftsgrünland genutzt. Zu den ersteren gehören die Silikatbinsenwiesen, die Waldbinsenwiesen, die Quellstaudenfluren und die Mädesüßfluren, die teilweise kleinflächig miteinander verzahnt sind. Blumenbunte Storchschnabel-Goldhaferwiesen entstanden durch ein- bis zweischürige Mahd und einer kurzen Nachweide im Frühherbst. Wenn man hier wie fast überall die traditionelle Bewirtschaftung aufgibt und die Wiesen zunehmend als Weideland nutzt, entwickeln sich die Goldhaferwiesen immer mehr in Richtung der Weidegesellschaften. Borstgrasrasen sind am Rand von Flachmooren in fragmentarischer Ausbildung anzutreffen. Das dominante Borstgras (*Nardus stricta*) wird durch eine extensive Rinderbeweidung gefördert. Bei Düngung oder sehr intensiver Beweidung wird es von schnellerwüchsigen Arten verdrängt.

Die steilen Karwände im Bisten sind teilweise mit seltenen, naturnahen Waldgesellschaften bestockt. Insbesondere die nordexponierte Rückwand und die Übergänge zu den im Osten und Westen angrenzenden Flanken weisen tannen- und buchenreiche Altbestände an felsüberlagerten Steilhängen auf. Die artenarme Bodenvegetation besteht aus typischen Säurezeigern wie Wald-Hainsimse (*Luzula sylvatica*), Weiße Hainsimse (*Luzula luzuloides*) und Draht-Schmiele (*Avenella flexuosa*). Leider sind diese Altbestände auch stark vom Waldsterben gezeichnet.

Im Westen des Schutzgebiets ist oberhalb der Unteren Büstenwaldstraße ein naturnaher Hainsimsen-Buchenwald ausgebildet. Der sehr schöne Altbestand wird von der Buche dominiert, Tanne und Fichte sind vereinzelt beigemischt. Die Bodenvegetation ähnelt der des Tannen-Buchenwaldes, ist jedoch noch artenärmer. Fichtenreiche Wirtschaftswälder dominieren an den west- und ostexponierten, etwas weniger steilen Karhängen. In dem von drei Teilkaren gebildeten Talschluß des Bisten entspringen mehrere Quellbäche, die das Schutzgebiet durchfließen und vereint als Wasserfall ins Höllental hinabstürzen. Sie werden von naturnahen Hochstaudenfluren, Eschen, Erlen und Weidengebüschen begleitet.

Der Antrag auf Unterschutzstellung wurde damit begründet, daß es sich beim Büstengebiet um ein eiszeitliches, nachträglich überformtes Kar von modellmäßiger Form handelt, das infolge seiner nordseitigen Lage ein ausgeprochenes Rückzugsgebiet zahlreicher seltener Glazialpflanzen sei (LIEHL 1967). Da das Gebiet bereits 1844 in Staatsbesitz übergegangen war, entfiel seit dieser Zeit die intensive landwirtschaftliche Nutzung. Offensichtlich wurde es in großen Teilen niemals künstlich gedüngt, so daß die wertvollen Standorte besonders gut erhalten blieben (LIEHL 1967), ebenso wie der noch vorhandene naturnahe, tannen- und buchenreiche Mischwald. Gefährdet war das Gebiet Anfang der 70er Jahre u. a. durch Überlegungen, Hinterzartens Mülldeponie an die Stelle der wertvollsten Pflanzenstandorte zu verlegen. Dies konnte zum Glück durch die Ausweisung als Naturschutzgebiet verhindert werden.

Ein von der Bezirksstelle für Naturschutz und Landschaftspflege Freiburg erarbeiteter, detaillierter Pflegeplan regelt die extensive Beweidung sowie Zeitpunkt und Turnus der Mahd, um die wertvollen Pflanzenbestände zu erhalten. Die naturnahen Wälder werden vom Forstamt Titisee-Neustadt weiterhin naturnah bewirtschaftet, in den fichtenreichen Beständen werden Mischbaumarten wie Buche, Tanne und Bergahorn gefördert.

Besucherhinweis: Eine schöne Rundwanderung beginnt an der Straße von Hinterzarten nach Alpersbach. Im Bereich Bisten zweigt ein Forstweg nach Süden ab und führt über den Fürsatzplatz, die Obere Büstenwaldstraße, vorbei am Mühlemichelshäusle zurück Richtung Hinterzarten. Sie können so einen Großteil des Naturschutzgebiets durchwandern und erhalten dabei Blicke auf die offenen Grünlandbereiche, die geomorphologisch interessanten Karwände und Felsaufschlüsse und die naturnahen Waldgesellschaften. Zudem können Sie die herrliche Aussicht über das Höllental hinweg Richtung Breitnau genießen. Halten Sie sich bei Ihrer Wanderung bitte an das Wegegebot. *B. Hüttl*

Bitzenberg

Landkreis: Breisgau-Hochschwarzwald
Gemeinde: Vogtsburg im Kaiserstuhl
Gemarkung: Bickensohl
Naturraum: Kaiserstuhl
Geschützt seit 1983
Größe: 2,7 Hektar
Top. Karte: 7911 Breisach am Rhein

Ähnlich wie das Naturschutzgebiet »Schneckenberg« ist auch der »Bitzenberg« Bestandteil der Kuppenlandschaft des südwestlichen Kaiserstuhls. Sein aus dem vulkanischen Ergußgestein Tephrit aufgebauter Untergrund ist nur in kleinen Bereichen von einer dünnen Lößdecke überzogen. Entblößte Felspartien, Flaumeichenbestände und Trockenrasenbereiche ergeben ein vielfältiges geologisches und botanisches Mosaik, das Bitzenberg und Schneckenberg zu besonders wertvollen Schutzgebieten dieser naturräumlichen Einheit macht.

6 Der Hügel-Klee (*Trifolium alpestre*) ist eine Säurezeiger und wächst bevorzugt im Waldsaum.

7 An der Oberkante des kleinbäuerlichen Steinbruchs gedeihen wärmeliebende Saumarten.

Der Bitzenberg ist einer der letzten Flaumeichenstandorte, der diesen Gehölzen unter den heutigen Voraussetzungen noch ideale Lebensbedingungen bieten kann. Nur an trockenen und sehr warmen Steilhängen und Felsköpfen kann die Flaum-Eiche mit den Ansprüchen von Hainbuche und Trauben-Eiche konkurrieren, ohne von ihnen verdrängt zu werden. Der Flaumeichenwald des Schutzgebiets wurde einst als Niederwald genutzt, was sich anhand seines lichten Bestandes und dem entsprechenden lichtbedürftigen Unterwuchs nachvollziehen läßt. Zwischen Flaum-Eiche, Elsbeere (*Sorbus torminalis*), Mehlbeere (*Sorbus aria*),

Breitblättriger Mehlbeere (*Sorbus x latifolia*), der Mischform beider zuvor genannter Arten, Holz-Apfel (*Malus sylvestris*) und Winter-Linde (*Tilia cordata*) gedeihen Diptam (*Dictamnus albus*), Kamm-Wachtelweizen (*Melampyrum cristatum*), Purpur-Klee (*Trifolium rubens*), Hügel-Klee (*Trifolium alpestre*), Salomonssiegel (*Polygonatum odoratum*) und Rauher Alant (*Inula hirta*), letzterer auf einem der wenigen Standorte im Kaiserstuhl und in der Oberrheinebene. Mit der Aufgabe des Waldes zur Brennholznutzung wird sich der jetzt noch lückige Flaumeichenbestand allmählich in einen dichten geschlossenen Wald umwandeln und die oben genannten Blütenpflanzen nach und nach verdrängen.

Kleine Bereiche an der Westseite des Schutzgebiets tragen durch menschliche Nutzung entstandene artenreiche Trockenrasen, auf denen Feld-Mannstreu (*Eryngium campestre*) mit der schmarotzenden Amethyst-Sommerwurz (*Orobanche amethystea*) gedeiht und zur Herbstzeit die goldgelb blühende Gold-Aster (*Aster linosyris*) ins Auge fällt. B. Koch

8 Diptam (*Dictamnus albus*) im Saum des Flaumeichenwaldes im NSG »Büchsenberg«.

Büchsenberg

Landkreis: Breisgau-Hochschwarzwald
Gemeinde: Stadt Vogtsburg im Kaiserstuhl
Gemarkung: Oberrotweil
Naturraum: Kaiserstuhl
Geschützt seit 1955
Größe: 11,8 Hektar
Top. Karte: 7911 Breisach am Rhein

Das Naturschutzgebiet »Büchsenberg« wurde ausgewiesen, um einen der schönsten deutschen Flaumeichenwälder mit Diptam zu erhalten.
Der 281 m hohe Büchsenberg befindet sich am Westrand des Kaiserstuhls, wo das Vulkangebirge als wald- und rebbedeckte Kuppenlandschaft steil zur Rheinebene hin abfällt.

Erste Vorstöße zur Unterschutzstellung des Büchsenberg-Westhanges wurden schon 1938 unternommen, doch seine Ausweisung als Naturschutzgebiet erfolgte erst im Jahr 1955. Grund für diese Verzögerung war neben dem Ausbruch des Zweiten Weltkriegs, die intensive Nutzung des Steinbruchs am Fuße des Berges. Für die dort gebrochenen Steine bestand bis in die Zeit des Kriegs ein großer Bedarf. Sie wurden zum Hausbau, als Pflastersteine und als Schotter verwendet. Allerletzte Sprengungen erfolgten Anfang der 50er Jahre, als man Steine für Ausbesserungsarbeiten am Breisacher Münsterberg benötigte.

Heute gewährt der große Steinbruch interessante Einblicke in die wechselhafte vulkanische Entstehungsgeschichte des Kaiserstuhls, die vor ca. 15 Millionen Jahren im Miozän begann. Man erkennt hier mehrfach übereinandergelagerte Lavaströme und Tuffschichten. Ihre Abfolge ist das Ergebnis einer intensiven vulkanischen Tätigkeit, bei der Lavaergüsse mit Aschenregen und Schlackenwürfen abwechselten.

Während der vegetationsarmen Kaltzeiten des Quartärs wurden die vulkanischen Gesteine schließlich von einer Lößschicht unterschiedlicher Mächtigkeit überdeckt. Es entstanden kalkhaltige Böden, deren Nährstoffe die Pflanzen aufgrund geringer Niederschlagsmengen schlecht aufnehmen können – eine gute Voraussetzung für die Entwicklung einer interessanten Vegetation.

Das Naturschutzgebiet »Büchsenberg« beherbergt einen der beiden letzten, großflächi-

9 Der Steinbruch am Büchsenberg. Rötlich: Tephrit-Tuffbreccien, grau: Leucittephrit-Lavaströme, umgeben von Flaumeichenwald.

gen Flaumeichenwälder des Kaiserstuhls. (Ein weiterer befindet sich im Naturschutzgebiet »Bitzenberg«, ein dritter – am Limberg – fiel bis auf kleine Reste dem Weinbau zum Opfer.)

Aufgrund seiner Lage im trockenwarmen Südwest-Kaiserstuhl auf einem sonnseitigen Hang ist es verständlich, daß gerade am Büchsenberg Flaumeichenwald gedeiht – eigentlich eine Waldgesellschaft der submediterranen Zone.

In Deutschland kommen Flaumeichenwälder nur an wenigen trockenheißen Sonderstandorten vor, nämlich an der Trockenheitsgrenze des Waldes überhaupt. Man nimmt an, daß diese Bestände Reste von Wäldern sind, die sich hier in der nacheiszeitlichen Wärmezeit ansiedelten und heute von konkurrenzkräftigeren Baumarten, wie z.B. der Buche auf diese Extremstandorte zurückgedrängt wurden.

Die Flaum-Eiche besitzt am Büchsenberg ihr größtes flächenmäßig zusammenhängendes Vorkommen in Südwestdeutschland. Zusammen mit Feld-Ahorn, Mehlbeere und Elsbeere baut sie eine fünf bis zwölf Meter hohe Baumschicht auf.

Die heutige Holzartenzusammensetzung der Wälder im Naturschutzgebiet ist nicht nur auf die Standortverhältnisse, sondern auch auf die ehemalige forstliche Nutzung zurückzuführen. Der Büchsenberg wurde zunächst (ab 1855) als Niederwald bewirtschaftet. Die Waldfläche wurde dazu in 16 Parzellen aufgeteilt, von denen jährlich eine vollständig abgeholzt und der Aufwuchs als Brennholz genutzt wurde. Die Wiederbewaldung erfolgte über Stockausschläge. Bald schon wurden zusätzlich geeignete Einzelbäume (z.B. Eiche) stehengelassen, sie dienten als Bauholz und als Mastbäume bei der Waldweide (Mittelwaldnutzung). Nachdem der Bedarf an Brennholz stark zurückgegangen war, stellte man die Niederwaldnutzung am Büchsenberg im Jahr 1932 endgültig ein. Seither wachsen die aus Stockausschlägen hervorgegangenen Flaumeichen-Buschwälder zu immer stärker schließenden Beständen durch.

Unter ihrem mehr oder weniger lichten Kronendach hat sich eine artenreiche Strauch- und Krautvegetation entwickelt. Es gedeihen hier zahlreiche wärmeliebende und lichtbedürftige Pflanzen, die ihren eigentlichen Verbreitungsschwerpunkt – wie die *Flaum-Eiche* – im Mittelmeergebiet oder aber in den kontinentalen Steppengebieten haben. Man findet beispielsweise Arznei-Schlüsselblume (*Primula veris* ssp. *canescens*), Blauroten Steinsamen (*Lithospermum purpurocaeruleum*), Blasenstrauch (*Colutea arborescens*), Kamm-Wachtelweizen (*Melampyrum cristatum*), Purpur-Knabenkraut (*Orchis purpurea*), Straußblütige Wucherblume (*Chrysanthemum corymbosum*) und Strauchwicke (*Coronilla emerus*).

Insbesondere im Saum des Flaumeichenwaldes, aber auch an lichten Stellen im Wald selbst gedeiht eine weitere Besonderheit des Büchsenbergs, der Diptam (*Dictamnus albus*), eine bis zu ein Meter hoch werdende Staude, die zur selben Pflanzenfamilie wie die Zitrusgewächse (Rutaceae) gehört.

Der Diptam entwickelte sich besonders üppig auf den kahlen, lichten Stellen, die früher im Zuge der Niederwaldbewirtschaftung immer wieder geschaffen wurden und baute hier eine der größten Diptampopulationen Baden-Württembergs auf. Heute zieht sich diese Pflanze aus den nicht mehr genutzten, immer dunkler werdenden Wäldern langsam zurück, da ihr die kleinstandörtlichen Bedingungen nicht mehr zusagen.

Um die Diptampopulation zu erhalten, ist es daher wichtig, daß lichte Saumbereiche durch geeignete Pflegemaßnahmen – z.B. durch Entbuschung oder durch Entnahme von Einzelbäumen – erhalten werden. Da aber andererseits Flaumeichenwälder bei uns eine Seltenheit sind und über ihre Entwicklung bisher wenig bekannt ist, werden auch in Zukunft große Teile des Naturschutzgebiets von einer Pflege unberührt bleiben.

Besucherhinweis: Von dem Besucherparkplatz vor dem Steinbruch ausgehend kann das Naturschutzgebiet entlang eines 2,5 km langen Naturlehrpfads erkundet werden. Der Rundweg führt an den schönsten Bereichen des Naturschutzgebiets vorbei. Informationstafeln erläutern die Besonderheiten des Gebiets. *F. Staub*

Dachslöcher Buck

Landkreis: Breisgau-Hochschwarzwald
Gemeinde: Stadt Vogtsburg im Kaiserstuhl
Gemarkung: Schelingen
Naturraum: Kaiserstuhl
Geschützt seit 1985
Größe: 6,4 Hektar
Top. Karte: 7812 Kenzingen

Auf dem Dachslöcher Buck, einem in das Degental bei Schelingen hineinragenden Bergrücken, finden sich in Süd-, West- und Ostexposition verschiedene Ausbildungen der Trespen-Halbtrockenrasen mit einer Vielzahl seltener Pflanzenarten. Zwischen den Wiesenparzellen stockende Gebüsche, Flaumeichenwäldchen und Strauch-Buchenwälder strukturieren die Hänge vielseitig und ermöglichen die Ausbildung artenreicher Säume an ihrem Rand.

Dort, wo am südlichen Ende des Bergrückens in steiler Südexposition die subvulkanitischen Gesteine direkt an der Oberfläche anstehen, finden sich Arten der Volltrockenrasen in der schon lange brachliegenden Wiese. Es sind Gewöhnliche Kugelblume (*Globularia punctata*), Zarter Lein (*Linum tenuifolium*), Blaugrünes Labkraut (*Galium glaucum*), Berg-Gamander (*Teucrium montanum*) und die Gold-Aster (*Aster linosyris*), die im Spätsommer solche brachliegenden Steilhänge in ein gelbes Blütenmeer verzaubert. Primär waldfrei ist dieser Standort nicht, wie randlich vordringende Flaum-Eichen, Wald-Kiefern, Mehlbeerbäume und leider auch Robinien zeigen. Wir haben es hier also noch nicht mit einem echten Volltrockenrasen, sondern mit einer besonders trockenen Ausbildung der Halbtrockenrasen zu tun.

Auf weniger stark geneigtem Hang und in West- oder Ostexposition werden die Rasengesellschaften deutlich blumenbunter. Es handelt sich um den typischen Halbtrockenrasen, den vor allem das Vorkommen zahlreicher Orchideenarten auszeichnet. Im Dachslöcher Buck sind dies Affen-Knabenkraut (*Orchis simia*), Brand-Knabenkraut (*Orchis ustulata*), Hummel-Ragwurz (*Ophrys holosericea*) und in manchen Jahren große Bestände von Riemen-

10 Die typische Ausbildung des Halbtrockenrasens mit Futter-Esparsette (*Onobrychis viciifolia*), Wundklee (*Anthyllis vulneraria*) und Karthäuser-Nelke (*Dianthus carthusianorum*).

zunge (*Himantoglossum hircinum*). Dazu gesellen sich viele weitere Arten, so die drei Schmarotzer Weiße Sommerwurz (*Orobanche alba*), Gamander-Sommerwurz (*Orobanche teucrii*) und Labkraut-Sommerwurz (*Orobanche caryophyllacea*), deren auffällige bräunliche Blütenstände überall zwischen den Gräsern zu erkennen sind. Jede dieser Sommerwurz-Arten hat ihre spezifische Wirtspflanze, auf deren Wurzeln sie schmarotzt und Wasser und Nährstoffe entnimmt. Die Bestimmung der Sommerwurz-Arten ist schwierig und erfolgt am sichersten über die Wirtspflanze. Besonders bunt sind die stärker versaumten Ausbildungen der Gesellschaft, die nur im Abstand von mehreren Jahren gemäht werden. Hier finden sich neben den genannten Arten in größerer Zahl auch spätblühende, sogenannte »Saumarten« wie Blut-Storchschnabel (*Geranium sanguineum*), Purpur-Klee (*Trifolium rubens*), Büschel-Glockenblume (*Campanula glomerata*) oder Hundswurz (*Anacamptis pyramidalis*).

Die Halbtrockenrasen des Dachslöcher Bucks und des angrenzenden – ebenfalls hoch-

11 Der Westliche Scheckenfalter (*Mellicta parthenoides*) ist in der Oberrheinebene heute auf einige Fundorte im Kaiserstuhl beschränkt. Man findet ihn u. a. im NSG »Dachslöcher Buck«.

Ebnet

Landkreis: Breisgau-Hochschwarzwald
Gemeinde: Stadt Vogtsburg im Kaiserstuhl
Gemarkung: Oberrotweil
Naturraum: Kaiserstuhl
Geschützt seit 1985
Größe: 1,6 Hektar
Top. Karte: 7911 Breisach am Rhein

Das Naturschutzgebiet »Ebnet« liegt etwa einen Kilometer südlich des Ortsteils Oberrotweil der Stadt Vogtsburg im Kaiserstuhl im Sattelbereich zwischen dem Steingrubenberg und dem Schneckenberg. Es umfaßt den obersten Rand zweier zirkusartiger Talschlüsse, im Norden zum Wettertal, im Osten zum Oberen Ellenbuch. Während auf der talwärts anschließenden Terrasse Wein angebaut wird, finden sich im Naturschutzgebiet Halbtrockenrasen und ein wärmegetönter Buschwald. Die Rasen- und Saumgesellschaften des nur rund 1,6 ha großen Gebiets sind außerordentlich reich an gefährdeten und geschützten Pflanzenarten. Besonders erwähnenswert ist das Vorkommen der großen Zahl von Orchideenarten. So findet sich hier einer der wenigen Standorte des Dingel (*Limodorum abortivum*) in Deutschland. Diese stattliche Orchidee enthält kaum Blattgrün und trägt nur wenige violette Blüten. Die Pflanze parasitiert auf den Pilzen in ihren Wurzeln (der sogenannten »endotrophen« Mykorrhiza). Andere schützenswerte Knabenkräuter sind das Brand-Knabenkraut (*Orchis ustulata*), das Affen-Knabenkraut (*Orchis simia*) und die Hundswurz (*Anacamptis pyramidalis*). Die Halbtrockenrasen sind aber auch Lebensraum zahlreicher gefährdeter, thermophiler Tierarten. Zu nennen ist beispielsweise der schöne Libellen-Schmetterlingshaft (*Libelloides coccajus*) oder die seltene Smaragd-Eidechse (*Lacerta viridis*).

An den Steilhängen und auf einem kleinen Lößsporn grenzen Trockengebüsche mit Übergang zum Flaumeichenwald an die Halbtrockenrasen. Die Steilwände der den Sporn begrenzenden Lößhohlwege sind weitgehend vegetationsfrei, nur Flechten- und Moosgesellschaften können hier noch siedeln. Umso vielfältiger ist die Lebensgemeinschaft des

gradig schutzwürdigen – Barzentals sind Ende Mai/Anfang Juni Fluggebiet des Libellen-Schmetterlingshaftes (*Libelloides coccajus*), eines auffällig gefärbten Netzflüglers. Gleich bunten, gelbschwarzgemusterten, mittelgroßen Faltern schwirren sie im Sonnenschein durch die warme Luft und wirken – ihrem deutschen Namen entsprechend – «schmetterlingshaft». Sie machen Jagd auf kleinere Insekten, die im Flug gefangen werden. Verschwindet die Sonne hinter einer Wolke, lassen sich auch die Schmetterlingshafte unverzüglich auf einem Grashalm nieder. Die ebenfalls räuberische Larve, die ähnlich wie die des Ameisenlöwen aussieht, lebt im grusigen Boden. Ihre Beute sind kleine Bodentiere, die sie mit spitzen Kieferzangen erdolcht und aussaugt.

F. Kretzschmar

12 Der Dingel (*Limodorum abortivum*) hat im NSG »Ebnet« einen seiner wenigen Standorte in Südwestdeutschland.

»Lößwand-Ökosystems«. Einige der tierischen Lößwandbewohner verraten sich durch kleine Löcher in der Wand. Verschiedene Wildbienen, Weg-, Falten- und Grabwespenarten legen nämlich hier ihre Bruthöhlen an. Nachdem die Larven geschlüpft sind, bleiben die Brutstollen als Löcher in der Lößwand erkennbar.

Trotz der geringen Größe beherbergt das Naturschutzgebiet »Ebnet« eine Vielfalt von gefährdeten Biotoptypen. Für zahlreiche Tierarten ist es außerdem in der intensiv genutzten Weinberglandschaft des westlichen Kaiserstuhls ein wichtiger Trittsteinbiotop.

F. Kretzschmar

Erlenbruckmoor

Landkreis: Breisgau-Hochschwarzwald
Gemeinde: Hinterzarten
Gemarkung: Hinterzarten
Naturraum: Hochschwarzwald
Geschützt seit 1942
Größe: 17,5 Hektar
Top. Karte: 8114 Feldberg

Das Naturschutzgebiet »Erlenbruckmoor« trug früher auch die Bezeichnung »Keßlermoos«. Es liegt ca. einen Kilometer südlich von Hinterzarten in würmeiszeitlich geprägter Umgebung. In dem vom Feldberggletscher ausgehobelten Becken bildete die Sedimentation von Glazialtonen eine gute Voraussetzung für die Moorbildung.

Das Erlenbruckmoor liegt in ca. 930 m ü. NN auf dem Sattel zwischen Seebachtal und Hinterzartener Becken und entwässert nach beiden Talseiten. Das subatlantisch beeinflußte Klima mit hohen Jahresniederschlägen von 1265 mm und einer Jahresdurchschnittstemperatur von 5,9 °C. begünstigt die Moorbildung. Durch die Ablagerung von abgestorbenen Pflanzenteilen und durch nach oben wachsende Torfmoospolster entwickelte sich ein Verlandungsmoor.

Im zentralen Hochmoorbereich kam die Moorentwicklung wegen der Austrocknung zum Stillstand. Es dominieren Heidekraut (*Calluna vulgaris*) und Scheidiges Wollgras (*Eriophorum vaginatum*). Moosbeere (*Vaccinium oxycoccos*), Rosmarinheide (*Andromeda polifolia*) und Rauschbeere (*Vaccinium uliginosum*) gesellen sich dazu, vom Rand her wandern zunehmend Spirken ein. Nur noch an wenigen sehr nassen Stellen wachsen die typischen Arten der Bultgesellschaften – Torfmoospolster (*Sphagnum*) und Sonnentau (*Drosera rotundifolia*) – weiter.

Insbesondere in den alten Torfstichen haben sich Übergangsmoorgesellschaften entwickelt. Die nicht austrocknenden Schlenken bieten Lebensraum für zahlreiche, ans Wasser angepaßte Tier- und Pflanzenarten. Es dominieren die eng miteinander verzahnten Gesellschaften des Schnabel- und des Schlammseggenrieds. Außer den namengebenden Sauergräsern kom-

13 Das Erlenbruckmoor wurde bereits 1942 als NSG ausgewiesen. Es zählt damit zu den ältesten Naturschutzgebieten im Regierungsbezirk Freiburg.

men u.a. die Blasenbinse (*Scheuchzeria palustris*), der Fieberklee (*Menyanthes trifoliata*) und der Rundblättrige Sonnentau vor. Weitere Zwischenmoor-Gesellschaften sind das Fadenseggen-Ried und die nährstoffarme Ausbildung des Schnabelseggenrieds.

Dort, wo die Vegetation den Kontakt zum mineralreichen Grundwasser noch nicht verloren hat, entwickelte sich ein reiches Mosaik aus verschiedenen Flachmoorgesellschaften. Sind die Quellen basenreich, kommt der im Schwarzwald recht seltene Davallseggensumpf vor. Als ausgeprägte Basenzeiger sind die namengebende Davall-Segge (*Carex davalliana*), das Fettkraut (*Pinguicula vulgaris*) und die Floh-Segge (*Carex pulicaris*) anzutreffen. An basenarmen Stellen wächst der an saure Standorte angepaßte Braunseggensumpf.

Die zentrale, offene Hochmoorfläche wird zum Moorrand hin von einem gut ausgebildeten Spirkenwaldgürtel umschlossen. Nur im Übergangsbereich zu den Fichtenwäldern mischen sich einzelne Fichten oder Birken unter die Spirken hinzu. Die Krautschicht wird überwiegend aus der Rauschbeere (*Vaccinium uliginosum*) gebildet, in trockeneren Bereichen gesellt sich die Heidelbeere (*Vaccinium myrtillus*) dazu. In den echten Fichtenwäldern zeigen Torfmoos-Polster den moorigen Standort an.

Im Südwesten des Schutzgebietes hat sich auf quelligem, nassen Standort ein sehr naturnaher Fichten-Karpatenbirken-Bruchwald entwickelt. Die nordisch-kontinental verbreitete Karpaten-Birke bestimmt im lichten Stand das Bild, hinzu treten Fichte und Waldkiefer sowie vereinzelt die Spirke. Die üppige Strauchschicht wird aus Faulbaum, verschiedenen Weidenarten und jungen Fichten gebildet. Wirtschaftswälder aus vorherrschender Fichte sind im Süden des Schutzgebiets anzutreffen.

14 Die Frühe Adonislibelle (*Pyrrhosoma nymphula*), die bereits ab Ende April fliegt, kommt recht häufig an Moortümpeln, wie dem Erlenbruckmoor, und kleinen Weihern, aber auch an langsam fließenden Gräben und Bächen vor. Die Abbildung zeigt ein Weibchen.

In der potentiellen natürlichen Vegetation hätten hier Buchen und Tannen größere Anteile.

Das vielgestaltige Vegetationsmosaik im »Erlenbruckmoor« bietet sowohl schützenswerten Pflanzenarten als auch hochspezialisierten, seltenen Tierarten wertvollen Lebensraum. Besonders für boreal-alpin verbreitete Moorlibellen und einige Moorschmetterlingsarten ist das Schutzgebiet von herausragender Bedeutung.

Da die Verordnung von 1942 noch keinen Schutzzweck enthielt, formulierte die Bezirksstelle für Naturschutz und Landschaftspflege Freiburg 1982 in einer Stellungnahme folgenden, wesentlichen Schutzzweck: Erhaltung des »Erlenbruckmoors« als Lebensraum für zahlreiche, z.T. vom Rückgang oder Aussterben bedrohte Pflanzen- und Tierarten sowie als Landschaftsteil von besonderer Eigenart und Schönheit.

Bis in jüngster Zeit erfolgte Entwässerungen am Rande und außerhalb des Naturschutzgebiets beeinträchtigen vor allem die hochwertigen Flachmoorbereiche und in begrenztem Umfang auch die angrenzenden Moorwälder. Ziel sollte hier eine Extensivierung der Bewirtschaftung unter Verzicht auf eine Unterhaltung der Drainagen sein. Einigungen müßten auf privatrechtlichen Wege erfolgen; der Ankauf hochwertiger Flächen durch das Land, wie bereits teilweise geschehen, würde der Erhaltung des Moors wesentlich entgegenkommen.

Besucherhinweise: Einen guten Überblick über das Schutzgebiet und die durch den Feldberggletscher entstandenen Geländeformen erhalten Sie, wenn Sie von Hinterzarten Richtung Altenvogtshof wandern. Bitte betreten Sie das Moor aber auf keinen Fall: Störungen der Tierwelt und eine direkte Schädigung der empfindlichen Vegetationsdecke und der bodenbewohnenden Tiere (z.B. Larven der Moorlibellen) wären die Folge. Seien Sie ein echter Naturfreund und halten Sie sich an die Vorgaben der Verordnung!
B. Hüttl

Eschengrundmoos

Landkreis: Breisgau-Hochschwarzwald
Gemeinde: Hinterzarten
Gemarkung: Hinterzarten
Naturraum: Hochschwarzwald
Geschützt seit: 1984
Größe: 41,5 Hektar
Top. Karte: 8114 Feldberg

Das Naturschutzgebiet »Eschengrundmoos« liegt zwischen Hinterzarten und Feldberg in einer durch die Würmeiszeit geformten Talmulde des Hochschwarzwaldes in einer Höhe von 998 bis 1065 m ü. NN. Die Spuren der Vereisung sind im Gebiet um das »Eschengrundmoos« noch heute deutlich sichtbar. Abgeschliffene Rundhöcker, ausgedehnte Moränenwälle und -ablagerungen sowie ein mächtiges Hochmoor im Südosten des Schutzgebiets, das in einer mit Glazialtonen gefüllten Mulde in die Höhe wuchs, geben Zeugnis von

15 Im Nordosten des Naturschutzgebiets liegt der Mathisleweiher.

der ehemaligen Vergletscherung. Die Talfüllungen aus torfigen Auelehmen im Westen des Schutzgebiets sind jünger.

Aufgrund seines vielgestaltigen Mosaiks aus Flach- und Hochmoorkomplexen, basenreichen Quellaustritten und ökologisch wertvollen Moor- bzw. Bruchwäldern bietet es Lebensraum für zahlreiche schützenswerte Tier- und Pflanzenarten. Innerhalb der Schutzgebietsgrenzen liegt am Nordostrand der ca. zwei Hektar große Mathislesweiher, der durch einen Damm im Osten aufgestaut wird.

Das Eschengrundmoos wurde durch frühere Entwässerungsmaßnahmen stark gestört. Um weitere negative Einflüsse zu verhindern, stellte man es am 19.3.1982 als geplantes Naturschutzgebiet einstweilig sicher. Den endgültigen Schutzstatus erhielt es dann Ende 1984 nach einigen Diskussionen über Verbote, zulässige Handlungen und seine Größe. Diese wurde letztendlich von 47 Hektar auf 41,5 Hektar reduziert. Die Universität stimmte der Einbeziehung ihres Grundstücks zu, nachdem sie die Garantie erhalten hatte, es auch weiterhin zu Forschungs- und Ausbildungszwecken nutzen zu können. Der Gemeinde Hinterzarten sollte gewährleistet werden, daß sie bestehende Wege und Loipen wie bisher unterhalten und instandsetzen dürfe. Eine bestehende Klärschlamm-Deponie wurde zunächst bis 1985 mit einer Ausnahmegenehmigung weiterbetrieben und dann geschlossen.

In der Schutzgebietskarte sind die eigentlichen Moorbereiche gesondert dargestellt. Innerhalb dieser Grenzen sind jegliche Entwässerungsmaßnahmen verboten, außerhalb sind Drainagen zur Sicherung der weiteren forstwirtschaftlichen Nutzung zulässig. Aufgrund der einstweiligen Sicherstellung konnte man bereits Anfang der 80er Jahre mit Wiedervernässungsmaßnahmen in den zentralen Hochmoorbereichen beginnen. Sehr positiv wirkte sich der Einbau von kleinen Staudämmen in die Gräben aus. Das Forstamt entfernte eine Fichtenaufforstung sowie eingewanderte Fichten. Der Ankauf von ca. 7,5 ha ehemaligen Privatbesitzes im Hochmoorkernbereich durch das Land erleichterte diese Maßnahmen. Durch die Wiedervernässung und der folgenden gezielten Entwicklungsplanung kam man der Erhaltung der moortypischen Vegetation und der Förderung offener Moorbereiche ein großes Stück näher. Das »Eschengrundmoos« gehört deshalb trotz der früheren Entwässerungsmaßnahmen zu den vielfältigsten und größten Moorgebieten des höheren Schwarzwaldes, was auch im Schutzzweck der Verordnung zur Geltung kommt.

Im zentralen Hochmoorbereich befinden sich mehrere offene, basenarme Hoch- und Übergangsmoorflächen mit Bult- und Schlenkenvegetation. Die Bulten werden von Torfmoosen (*Sphagnum*) dominiert, weitere kennzeichende Arten sind die Rosmarinheide (*Andromeda polifolia*), die Moosbeere (*Vaccinium oxycoccos*) und der Rundblättrige Sonnentau (*Drosera rotundifolia*). Massenbestände des weißen Schnabelrieds nehmen in den mesotrophen Schlenken des waldfreien Zentrums wieder größere Flächen ein. In den trockeneren Bereichen kommt Spirkenwald mit überwiegend Heidel- und Rauschbeere in der Krautschicht vor.

Auf quelligen Flachmoorpartien stehen Karpatenbirken-Bruchwälder, die meist eng mit natürlichen Moorfichtenwäldern verzahnt sind. In dem lichten Wald dominiert die Birke. In der Krautschicht gedeihen an nassen Standorten Arten der bodensauren Flachmoore, besonders die Schnabel-Segge (*Carex rostrata*). Überwiegend auf Naß- und Anmoorgleyen stocken Moorfichtenwälder, die im Eschengrundmoos eines der wenigen natürlichen Vorkommen im Schwarzwald besitzen. Eine kleine nasse Fläche nordöstlich des Mathislesweihers wird von der Grau-Erle besiedelt.

Auf den nicht vermoorten Hängen und Geländerücken wächst von Natur aus ein Buchen-Tannen-Mischwald, aufgrund der Förderung durch den Menschen weist die Fichte jedoch größere Anteile auf.

Im Westen und Nordwesten des Schutzgebiets hat sich in quelligen Flachmoorbereichen ein kleinfächiges Mosaik aus Quellsümpfen, bachbegleitenden Hochstaudenfluren, bodensauren Braunseggensümpfen, schnabelseggenreichen Torfmoosteppichen und beginnenden Hochmoorbildungen entwickelt. Auf basenreichen Quellsümpfen nahe der Altenvogtshütte wachsen als große Besonderheit Bestände des Davallseggensumpfes mit der namengebenden Davall-Segge (*Carex davalliana*), dem Gemei-

16 Die Rosmarinheide (*Andromeda polifolia*) ist in den Hochmooren des Südschwarzwaldes verbreitet, jedoch selten in größerer Menge.

nen Fettkraut (*Pinguicula vulgaris*), der Floh-Segge (*Carex pulicaris*) und der Sumpf-Stendelwurz (*Epipactis palustris*).

Neben seiner floristischen Vielfalt hat das Eschengrundmoos besondere Bedeutung als Lebensraum für zahlreiche, teilweise geschützte Tierarten. Als seltenste Vogelart kommt das vom Aussterben bedrohte Auerhuhn vor. Auch verschiedene Schmetterlingsarten, Amphibien und Reptilien fühlen sich in dem abwechslungsreichen Vegetationsmosaik wohl. Vor allem für boreal-alpin verbreitete Moorlibellen hat das »Eschengrundmoos« herausragende Bedeutung, wie eine Untersuchung von STERNBERG (1985) belegt.

Besucherhinweise: Einen guten Einblick in die verschiedenen Bereiche des Moorgebiets erhalten Sie von den befestigten Wegen, die durch das Eschengrundmoos führen. Halten Sie sich bitte an das Wegegebot der Verordnung. Sie tragen damit wesentlich zur Erhaltung der trittempfindlichen Moorvegetation sowie der ruheliebenden Tierwelt bei. Trampelpfade sind keine Wege! Das Nordufer des Mathislesweihers gehört nur der Natur!

B. Hüttl

Feldberg

Landkreise: Breisgau-Hochschwarzwald, Lörrach, Waldshut
Gemeinden: Feldberg, Hinterzarten, Oberried; Todtnau; St. Blasien, Bernau
Gemarkungen: Feldberg, Hinterzarten, St. Wilhelm, Zastler; Todtnau, Todtnauberg, Geschwend; Bernau, Menzenschwand
Naturraum: Hochschwarzwald
Geschützt seit 1937 (erweitert 1991)
Größe: 4226 Hektar
Top. Karten: 8013 Freiburg Südost, 8014 Hinterzarten, 8113 Todtnau, 8114 Feldberg

Die Entstehungsgeschichte des Feldbergs reicht weit in die Erdgeschichte zurück. Im Erdaltertum enstanden die Granite und Gneise, die den geologischen Untergrund des Schwarzwaldes und des Feldbergs ausmachen. Als im Tertiär das Grundgebirge emporgehoben wurde, zerbrach die riesige Gesteinsmasse in einzelne Teile. Innerhalb des Schwarzwaldes wurde der Bereich um den heutigen Feldberg am weitesten nach oben gedrückt, der Westrand des Gebirges stärker als der Osten. Deshalb erscheint der östliche Schwarzwald von den Höhen des Feldbergs aus gesehen als vergleichsweise sanft geneigte Hochfläche. Anders gestaltet ist hingegen der steile Abfall des Gebirges nach Westen. In engen, tief eingeschnittenen Tälern rauschen zahlreiche Bäche dem Rhein zu, bewaldete Hänge erheben sich über mehrere hundert Höhenmeter und lassen den Feldberg als mächtigen Klotz erscheinen.

In den Eiszeiten war das gesamte Feldberggebiet mehrmals von Eis und Schnee überdeckt. Auf den Gipfeln lagen dicke Eiskappen, die in die umliegenden Täler ihre Gletscher entsandten. Heute prägen die für eine eiszeitlich überprägte Landschaft so typischen Kare die Hänge des Feldbergmassivs. Im »Zastler Loch« oder im »Napf« z.B. umringen steile, teilweise von Felsen durchsetzte Berghänge einen halbrunden Talschluß. Ein besonders schönes Beispiel ist das Feldsee-Kar. Es ist ein Kar von geradezu klassischer Schönheit. Die Felsen der senkrechten Seewand überragen den fast kreisrunden Feldsee, der von der letzten Endmoräne des Seebachgletschers aufgestaut wird. Weitere Zeugen der Eiszeit am Feldberg sind z.B. Firnmulden, Gletscherschliffe, Rundhöcker und Schmelzwasserrinnen. Blockhalden, die oft ganze Hänge überdecken, gehen ebenfalls auf die intensive Frostverwitterung während der Kälteperioden zurück.

Auch gegenwärtig formt die Erosion die Oberfläche des Feldbergs. In den baumfreien Rinnen des schattigen Zastler Lochs stürzen in schneereichen Wintern die überhängenden Wächten des Osterrains als Lawinen ins Kar und reißen dabei Vegetation und Erde mit sich. Besonders im Spätherbst und im Frühjahr, wenn der Boden nachts gefriert und tagsüber wieder auftaut, geraten die wassergetränkten, obersten Bodenschichten über dem gefrorenen Untergrund ins Fließen. Es bilden sich Rasenwülste, die die Hänge in eine »Buckelpiste« verwandeln.

Das Klima des fast 1500 m aufragenden Feldbergs ist äußerst rauh. Der Gipfel weist

17 Feldsee-Kar mit dem fast kreisrunden Feldsee, darüber der Steilabsturz des Seebucks mit der durch Lawinenabgänge markierten Tauern-Rinne. Mitte rechts der Einfluß des Seebachs mit Schwemmkegel.

eine Jahresdurchschnittstemperatur von nur 3,1 °C auf (zum Vergleich: Freiburg i. Br.: 10 °C). Das ist ausgesprochen kalt. Im Sommer steigt die Lufttemperatur nie über 27 °C, so daß dem Feldberg die heißen Tage der Niederungen erspart bleiben; im Winter verharrt das Thermometer oft monatelang unter dem Gefrierpunkt. Die Niederschläge sind mit 1900 mm/a sehr reichlich. Ein großer Teil fällt als Schnee in den Wintermonaten, zwischen November und April liegt eine geschlossene Schneedecke. In schattigen Lagen und in den Wächten hält sich der Schnee sogar bis Juli oder August!

Fast zu allen Jahreszeiten ist der exponierte Berg heftigen Stürmen ausgesetzt. Die starken Winde aus West oder Südwest, die mit kleinen Eiskristallen wie ein Sandstrahlgebläse wirken, sorgen dafür, daß Äste nur auf der windabgewandten Seite des Stammes wachsen. Vor allem Fichten, die am »Höchsten« des Feldbergs am weitesten aufsteigen, entwickeln bizarre Kampfformen. Bei winterlichen Inversionswetterlagen befindet sich der Gipfel über

18 Die Alpen-Troddelblume (*Soldanella alpina*), eine Art der Rieselfluren im NSG »Feldberg«. Die ledrigen Blätter überwintern, die Blüten erscheinen bald nach der Schneeschmelze.

kommen und daher »Alpenpflanzen« genannt werden. Auch unter den Tieren sind etliche Arten vorhanden, die man sonst nur in den Alpen antrifft.

Wie aber kamen diese Alpenpflanzen in den Schwarzwald? Während der Eiszeiten siedelten diese Arten in den tundra-ähnlichen Gebieten im Umkreis der vergletscherten Hochlagen. Als mit der beginnenden Erwärmung das Eis nicht mehr bis in die Täler vordringen konnte (sich gewissermaßen »in die Berge zurückzog«), folgten die Alpenpflanzen nach und eroberten die vom Eis befreiten Stellen. In den Niederungen wurden sie vom nachrückenden Wald verdrängt und starben aus. Nur auf den höchsten Schwarzwaldgipfeln konnten die Alpenpflanzen bis heute als »Eiszeitrelikte« überdauern. Das »Wahrzeichen« der Feldbergflora, die Alpen-Troddelblume (*Soldanella alpina*), ist eine solche Reliktpflanze. Sie wächst in den baumfreien Rieselfluren der Lawinenbahnen und in anmoorigen Hangbereichen, die ganzjährig von Quellwasser durchrieselt sind. In Deutschland kommt die Alpen-Troddelblume außerhalb der Alpen nur am Feldberg vor.

Wie eine Insel ragt der waldfreie Rücken des Feldbergs aus dem umgebenden Waldmeer. Die großen Weidfelder am Höchsten, Baldenweger Buck, Seebuck, Grafenmatt und Herzogenhorn waren jedoch nicht immer baumfrei. Bereits vor etwa 1000 Jahren wurden die ursprünglich lichten Wälder der höchsten Schwarzwald-Lagen durch den Menschen gerodet und in Weiden umgewandelt, auf die die Bauern der Umgebung im Sommer ihr Vieh trieben, wie sie das auch heute noch tun. In einer Urkunde aus dem Jahre 1065 ist vom »mons Veltperch« die Rede. Da das mittelhochdeutsche »velt« für eine größere, ebene und waldlose Fläche steht, muß also damals bereits ein Teil der offenen Weidfelder existiert haben.

der Nebeldecke in den Tälern. Man hat dann in der klaren Luft eine einzigartige Fernsicht über die Gipfel von Schwarzwald, Vogesen und Schweizer Jura. Die Bergkette der Alpen liegt am Horizont und ist dann in einer West-Ost-Erstreckung von 360 km zu sehen.

Am Feldberg gedeiht eine ganz außergewöhnliche Pflanzenwelt. Das Zusammenwirken von Klima, Gesteinen, Boden und Landschaftsgeschichte ließ eine einzigartige Flora entstehen, die in ihrer Zusammensetzung weder aus dem übrigen Schwarzwald, noch aus anderen Mittelgebirgen oder aus den Alpen bekannt ist. Hier wachsen neben den Pflanzenarten der oberen Bergstufe (hochmontane Pflanzen) auch viele Arten, die außerhalb der Hochlagen der Alpen nur am Feldberg vor-

Subalpine Borstgrasrasen bedecken oberhalb von ca. 1200 m ü. NN die weit geschwungenen Höhen. Im Sommer beeindrucken die Magerweiden durch ihren Blütenreichtum: Schweizer Löwenzahn (*Leontodon helveticus*), als Eiszeitrelikt besonders typisch für diese höchsten Lagen, Scheuchzers Glockenblume (*Campa-

19 Weidfeld am Baldenweger Buck mit Massenbestand vom Gelben Enzian (*Gentiana lutea*).

nula scheuchzeri), Alpen-Mutterwurz (*Ligusticum mutellina*), Gold-Fingerkraut (*Potentilla aurea*), Arnika (*Arnica montana*) und Bärwurz (*Meum athamanticum*) bestimmen das Bild. Zu großen Pflanzen wächst der Gelbe Enzian (*Gentiana lutea*) heran, den die Rinder wegen seiner Bitterstoffe verschmähen, und der deshalb auf manchen Weiden zu einem lästigen »Weideunkraut« geworden ist. Auf anderen Flächen herrschen eher Zwergsträucher wie Heidelbeere (*Vaccinium myrtillus*) oder Heidekraut (*Calluna vulgaris*) vor. An den exponiertesten Stellen, die von den heftigen Winden des Winters schneefrei geblasen werden, wachsen nur die widerstandsfähigsten Pflanzen. Solche sturmgefegten »Windheiden« sind das Reich niederwüchsiger Flechten und Moose, die strengem Frost und den austrocknenden Winden trotzen können.

Unterhalb von 1200 m ü. NN prägt der kleine Flügel-Ginster (*Genista sagittalis*) das Pflanzenkleid der Magerweiden. Die für die Gipfelbereich charakteristischen Eiszeitrelikte treten zurück. Intensiv genutzte Bereiche haben sich zu Fettweiden (Rotschwingelweiden) entwickelt, die dem Vieh reichlich Futter zur Verfügung stellen. Im Umkreis der Viehhütten, wo die Rinder längere Zeit verweilen und mit ihren Exkrementen den Boden mit Pflanzennährstoffen stark anreichern, entstanden sogenannte Lägerfluren. Hier finden stickstoffliebende Pflanzen wie der Alpen-Ampfer (*Rumex alpinus*) gute Lebensbedingungen.

Auf den ausgedehnten Freiflächen leben

vergleichsweise wenige Tierarten. Zitronengirlitz, Wasser- und Wiesenpieper brüten in den Extensivweiden, während die Ringdrossel sie zur Nahrungssuche nutzt; unter den Heuschrecken finden sich Gebirgs-Grashüpfer und Alpenschrecke.

Quellen und Feuchtgebiete sind am Feldberg sehr zahlreich – kein Wunder bei den hohen Niederschlägen. Bereits wenige Höhenmeter unterhalb der Kammbereiche kommt das Wasser in vielen Austrittsstellen ans Tageslicht. Im direkten Umkreis der Quellen wachsen Moosteppiche, die in den Ablaufrinnen vom Bitteren Schaumkraut (*Cardamine armara*) abgelöst werden. Wo das Wasser flächig aus dem Boden tritt, können sich im ganzjährig sehr kalten, nassen Sumpfboden nur wenige »Spezialisten« halten. Eis-Segge (*Carex frigida*) und die schon erwähnte Alpen-Troddelblume gehören zur Flora dieser Rieselfluren. In Niedermooren wachsen zwischen kleinen Seggen und Binsen Blauer Sumpfstern (*Swertia perennis*), Gewöhnliches Fettkraut (*Pinguicula vulgaris*) und Traunsteiners Knabenkraut (*Dactylorhiza traunsteineri*). Der Alpenhelm (*Bartsia alpina*) ist die kennzeichnende Art dieser artenreichen Niedermoore und im Schwarzwald auf das engere Feldberggebiet beschränkt. Im kalten Wasser der Quellen und Rinnsale leben zahlreiche Insekten und Wassertiere, die sonst nur in den Alpen oder in Nordeuropa zu finden sind. Dazu gehören Wassermilben sowie die Larven von Eintags- und Köcherfliegen.

In den tieferen Lagen des Feldbergs haben sich seit der Eiszeit in abflußgehemmten Senken einige Hochmoore entwickelt. Im ständig wasserdurchtränkten Torf herrscht dauernde Nährstoffknappheit, so daß hier nur wenige, sehr spezialisierte Pflanzenarten gedeihen können. Zwischen den vergleichsweise »trockenen«, erhobenen Torfbulten liegen kleine Schlenken, in deren braungefärbtem Wasser sehr seltene Arten wie Schlamm-Segge (*Carex limosa*), Sumpfbärlapp (*Lycopodiella inundata*) oder Weiße Schnabelbinse (*Rhynchospora alba*) vorkommen.

Zu den bekanntesten Plätzen des Feldbergs gehört der Feldsee. Der kühle und sauerstoffreiche Karsee wird von Bächen aus dem quellenreichen Ostabfall des Seebucks gespeist. Im klaren Wasser gibt es nur wenige Algen, den schlammigen Seeboden bedecken in lockeren Beständen Wasserpflanzen wie die seltenen Brachsenkräuter (*Isoëtes echinospora, I. lacustre*). Über dem See erhebt sich die aus dem Wald ragende Seewand. In den offenen, sonnigen Felsen sind viele Alpenpflanzen zu finden. Besonders bemerkenswert sind Arten, die normalerweise an Kalkfelsen gebunden sind. In der Seewand aber haben wir silikatische Gneisfelsen vor uns. Des Rätsels Lösung sind Kalzit (Kalkstein) führende, schmale Gesteinsklüfte, in deren unmittelbarer Umgebung Arten wie Alpen-Aurikel (*Primula auricula*) und Trauben-Steinbrech (*Saxifraga paniculata*) gedeihen können.

Die Lawinenbahnen sind eine weitere Besonderheit der Feldberghänge. In den Sturzschneisen der Schneebretter kann sich auf Dauer kein Baum entwickeln. Die abfahrenden Schneemassen reißen jedes Hindernis mit sich, das sich ihnen in den Weg stellt. Dieser Situation sind nur Sträucher gewachsen, die biegsam sind und sich daher beim Abgehen der Lawinen dem Boden anschmiegen. Schlucht-Weide (*Salix appendiculata*), Mehlbeere und Eberesche (*Sorbus aria* und *S. aucuparia*) bilden dichte, mit Stauden und hohen Gräsern durchsetzte Gebüsche. Unmittelbar angrenzend, auf den lawinensicheren Felsrippen, stehen dagegen ausgewachsene Bäume, die allenfalls wegen des langsam talwärts fließenden Bodens einen sogenannten »Säbelwuchs« aufweisen.

Den größten Teil des Naturschutzgebiets nehmen (Fichten-)Wälder ein. Die Fichte wurde hier wegen der vielseitigen Verwendbarkeit ihres Holzes seit dem 18. Jahrhundert forstlich sehr gefördert und angepflanzt. Von Natur aus würden die sogenannten echten Fichtenwälder nur an wenigen Stellen im Feldberggebiet vorkommen: in frostgefährdeten Geländemulden, in denen sich die Kaltluft der Umgebung sammelt oder auf den durchnäßten Torfböden am Rand der Hochmoore. Die fichtenreichen Wälder, die sich vornehmlich in den hochmontanen Bereichen über weite Flächen erstrecken, sind in ihrer heutigen Baumartenzusammensetzung vom Menschen beeinflußt. Die ausgedehnten Wälder sind der Lebensraum

20 Blick vom Baldenweger Buck auf den Osterrain im Zastler Kar. An der Oberkante bilden sich mächtige Schneewächten, die beim Abbrechen in den Lawinenbahnen zu Tal fahren. Die Fichten können nur auf den lawinensicheren Felsrippen zu großen Bäumen heranwachsen.

des Auerhuhns und des Rothirsches; in den mit Felsen durchsetzten Hanglagen trifft der Besucher gelegentlich auch Gemsen an. Ursprünglich standen hier Buchen-Tannenwälder, die von den beiden Baumarten in unterschiedlichen Mengenverhältnissen aufgebaut wurden und denen immer auch die Fichte beigemischt war.

In den höchsten Lagen auf den schattigen und auch kühlen Nord- und Osthängen stehen naturnahe Bergahorn-Buchenwälder. Sie nehmen zwar nur einen kleinen Teil der Waldfläche ein, bieten jedoch einen urwüchsigen Eindruck. Die artenreichen Wälder setzen sich aus mächtigen Exemplaren von Buche, Bergahorn, Tanne und Fichte zusammen. Unter dem lichten Schirm gedeihen Hochstauden wie Alpen-Milchlattich (*Cicerbita alpina*) und Grauer Alpendost (*Adenostyles alliariae*), an luftfeuchten Standorten kommen große Farne hinzu.

Der Feldberg ist das älteste Naturschutzgebiet Baden-Württembergs. Es steht bereits seit 1937 unter Schutz und wurde seitdem einmal erweitert. Dadurch ist es mit nunmehr 4226 ha das größte und mit dem höchsten Berg der deutschen Mittelgebirge auch das höchstgelegene Naturschutzgebiet in Baden-Württemberg! Dazu ist es sicher eines der reichhaltigsten und wertvollsten Schutzgebiete im deutschen Südwesten. Bei so vielen Superlativen ist es nicht verwunderlich, daß der Berg einem großen Besucherstrom ausgesetzt ist. Zahlreiche Erholungsuchende – als Wanderer im Sommer, als Skifahrer im Winter – besuchen das attraktive Gebiet und bringen Belastungen für die empfindliche Flora und Fauna mit sich. Besonders das Betreten der Borstgrasrasen hatte zu erheblichen Schäden in der Vegetationsdecke geführt. Diese sind in den letzten Jahren mit erheblichem finanziellen Aufwand von staatlicher Seite durch Auffül-

21 Im Raum Herzogenhorn-Menzenschwand liegt in einem eiszeitlichen Kar das Scheibenlechtenmoos, gesehen vom Großen Spießhorn aus. Die wassergefüllten (dunklen) Schlenken sind auf der offenen Moorfläche gut zu erkennen.

lung, Wasserableitung und Einzäunung der Weiden behoben oder gemildert worden.

Besucherhinweis: Die Naturschutzverwaltung beschäftigt einen hauptamtlichen Naturschutzwart, den »Feldberg-Ranger«. Er betreut und überwacht den Feldberg, informiert interessierte Besucher über den außergewöhnlichen Berg und bietet ihnen naturkundliche Wanderungen an. Nähere Auskünfte erhalten Sie bei der Naturschutzinformation Feldberg, Paßhöhe 13, 79868 Feldberg, Tel. 07676/256.

P. Lutz

Haselschacher Buck und Badberg

Landkreis: Breisgau-Hochschwarzwald
Gemeinde: Stadt Vogtsburg im Kaiserstuhl
Gemarkungen: Oberbergen, Schelingen
Naturraum: Kaiserstuhl
Geschützt seit 1969 (erweitert 1989);
Badberg 1979
Größe: 71,3 Hektar und 65 Hektar
Top. Karten: 7812 Kenzingen,
7912 Freiburg Nordwest

Dem Besucher bietet sich, wenn er den inneren Kaiserstuhl zum ersten Mal über den Einschnitt des Vogelsangpasses von Osten her erreicht, ein überraschender, atemberaubender Anblick: anstelle des Reblands und bewaldeter Hügel dominieren hier weitgehend kahle runde Bergrücken mit steilen Flanken.

Gleichsam als Herzstück des Zentralkaiserstuhls umrahmt das imposante Hufeisen gebildet von Haselschacher Buck und Badberg das Eichstetter Tal.

Die beiden zusammenhängenden Naturschutzgebiete ziehen sich vom Vogelsangpaß aus nach Norden über die Hänge der Eichelspitze zum Schelinger Eck und dann im Bogen über die Betzhalde nach Westen zum Badberg. Auf den Kämmen sind Wanderwege ausgewiesen.

Der vulkanische Untergrund (u.a. kalkhaltiger Karbonatit) ist je nach Exposition vielerorts seiner Lößauflage entkleidet; es sind aber auch noch stellenweise mächtige Lößschichten erhalten, die, z.B. wie beim Vogelsangpaß, als Steilwände aufgeschlossen sind. Ein großer Teil des abgeschwemmten Lösses bildet die flachen Sohlen der umgebenden Täler.

Besonders der Steilheit, Trockenheit und Flachgründigkeit ist es zu verdanken, daß hier eine großflächige, kaum terrassierte Wiesenlandschaft erhalten blieb. Nachdem man die Viehhaltung im Kaiserstuhl weitgehend aufgegeben hatte, fielen diese Wiesen wie inzwischen fast das gesamte Grünland im Naturraum der Biotoppflege zu. Das Wiesenheu wird heute gerne von Pferdehaltern abgeholt oder von den mit der Biotoppflege beauftragten Schwarzwaldbauern mitgenommen, nachdem der Maisanbau die Wiesenbewirtschaftung in der Oberrheinebene fast völlig verdrängt hat. Zum Verfüttern nicht mehr geeignetes Mähgut setzen die Winzer zur Bodenverbesserung ein. So gibt es hier keine Probleme bei der Mähgutverwertung. Sommerheu könnte sogar verkauft werden.

Neben ungedüngten und damit artenreichen Salbei-Glatthaferwiesen bestimmen Halbtrockenrasen das blumenbunte Bild dieser Flächen: Reiche Orchideenvorkommen mit Brand-Knabenkraut (*Orchis ustulata*), Affen-Knabenkraut (*Orchis simia*), Mücken-Händelwurz (*Gymnadenia conopsea*), Pyramiden-Orchis (*Anacamptis pyramidalis*), Bocksriemenzunge (*Himantoglossum hircinum*), verschiedenen Ragwurzarten u.a. machen den Kaiserstuhl und namentlich Badberg und Haselschacher Buck alljährlich zum Mekka der Orchideenfotografen, was leider oft mit Trittschäden verbunden ist.

23 Keine Wespe, sondern Schmetterling: Der Ziest-Glasflügler (*Chamaesphecia dumonti*) besiedelt nur heiße Plätze.

Auch Wiesen-Salbei (*Salvia pratensis*), Küchenschelle (*Pulsatilla vulgaris*), Kartäuser-Nelke (*Dianthus carthusianorum*), Ackerwitwenblume (*Knautia arvensis*), Wundklee (*Anthyllis vulneraria*), Steppen-Wolfsmilch (*Euphorbia seguierana*), Büschel-Glockenblume (*Campanula glomerata*), Kleiner Klappertopf (*Rhinanthus minor*) sind in den Halbtrockenrasen verbreitet und geben ihnen ihr optisches Gepräge. Außerdem zeigen die reichlich vertretene Futter-Esparsette (*Onobrychis viciifolia*) die Mähwiesennutzung, und jeweils dichte Vorkommen der Echten Schlüsselblume (*Primula veris*) eher »frische«, der Kugelblume (*Globularia elongata*) dagegen eher trockene Standorte an.

An entkalkten Stellen treten sogar Pflanzen saurer Standorte wie der Flügelginster (*Genista sagittalis*) hinzu.

Wo die Ränder nur spärlich ausgemäht werden, verdrängen Saumgesellschaften die Rasen. In ihnen dominieren Stauden wie Hirschwurz (*Peucedanum cervaria*), Berg-Haarstrang (*Peucedanum oreoselinum*), Kalk-Aster (*Aster amellus*), Blut-Storchschnabel

22 In Deutschland nur im Kaiserstuhl: das Südwestdeutsche Grünwidderchen (*Adscita manni*).

24 Deutschlandweit einmalig auf den Trockenhängen des Kaiserstuhls: der attraktive Labkrautbär (Eucharia deserta).

25 An warmen, der Sonne ausgesetzten Plätzen Süddeutschlands jagt die Röhrenspinnen-Art *Eresus niger*.

(*Geranium sanguineum*), Bunte Kronwicke (*Coronilla varia*), Schwalbenwurz (*Vincetoxicum hirundinaria*), Dost (*Origanum vulgare*), Feld-Beifuß (*Artemisia campestris*), Blaues Labkraut (*Galium glaucum*) u. a. Sie blühen überwiegend erst im Hochsommer, wenn die angrenzenden Wiesen bereits trocken stehen bzw. gemäht sind. Nach Brachfallen »versaumen« auf diese Weise ganze Wiesen.

Die besonders flachgründigen und trockenen Standorte nehmen die Trockenrasen ein. Sie sind nicht sehr ausgedehnt, sondern in die Halbtrockenrasen eingestreut, oft mit ausgedehnten Übergängen. Manche der vorkommenden Arten behaupten sich auch noch zerstreut in den Halbtrockenrasen gegen die schon erlahmende Wuchskraft ihrer anspruchsvolleren Konkurrenten. Auf festem Gestein sind Krustenflechten charakteristisch, während die erdigeren Stellen Standorte bieten für Edel-Gamander (*Teucrium chamaedrys*), Aufrechter Ziest (*Stachys recta*), Niedrige Segge (*Carex humilis*), Kugelblume (*Globularia elongata*), Kugel-Lauch (*Allium sphaerocephalon*), Krainer Thymian (*Thymus froelichianus*), Berg-Gamander (*Teucrium montanum*), Gold-Aster (*Aster linosyris*), Fetthennen-Arten, Federgras-Arten, Frühlings-Hungerblume (*Erophila verna*) u. a.

Auf bereits lange brachliegenden Parzellen gedeiht das wärmeliebende Schlehen-Liguster-Gebüsch mit Espe, Hasel und Feld-Ulme. Auch Flaumeiche und die unduldsame Robinie sind vertreten. Die Gebüsche müssen immer wieder zurückgedrängt werden, um die wertvollen Rasen zu erhalten. Besonders die Ausläufer bildenden Arten Schlehe, Espe und Robinie fordern den Pflegetrupp der Bezirksstelle. Die Mäharbeiten auf leichter befahrbarem Gelände werden vor allem von Landwirten aus dem Schwarzwald, die noch über die entsprechenden Geräte verfügen, erledigt.

Die meisten der für den Kaiserstuhl so bezeichnenden, wärmeliebenden Tierarten kommen im Schutzgebiet vor. Die Smaragd-Eidechse kann regelmäßig an den Gebüschrän-

26 Auch die vom Aussterben bedrohte Weißbindige Schmalbiene (*Lasioglossum albocinctum*) wurde in Deutschland nur im Kaiserstuhl gefunden.

27 Wo seltener gemäht wird, können sich Gold-Aster (*Aster linosyris*) und Wohlriechende Skabiose (*Scabiosa canescens*) durchsetzen.

28 Der innere Kaiserstuhl aus der Luft: vorne der Haselschacher Buck mit Alt-Vogtsburg, dahinter das Eichstetter Tal und der Badberg. Man erkennt das Mosaik der Pflegeflächen. Im Hintergrund flurbereinigtes (links) und altes Rebland.

dern im Bereich des Badlochs, einer der wenigen Quellen des Zentralkaiserstuhls, zwischen Altvogtsburg und Oberbergen beobachtet werden. Hier tritt schwach radioaktives Thermalwasser aus, das in einer Kneipp-Anlage gefaßt ist. Die Quelle selbst wird von einer erstaunlichen Anzahl verschiedener Tiere besiedelt.

Der Bienenfresser brütet im Gebiet, seine charakteristischen Bruthöhlen in Lößwänden wird der aufmerksame Wanderer nicht übersehen. Schmetterlingshafte (*Libelloides coccajus* und *L. longiconis*), Gottesanbeterin (*Mantis religiosa*) und viele der zahlreichen, charakteristischen Tagfalter können bei geeigneter Witterung immer beobachtet werden. Unter den Nachtfaltern, Bienen, Käfern und Spinnen gibt es etliche Vertreter, die hier bundesweit ihre einzigen, letzten oder noch größten Vorkommen haben. Die vielen Tiere und Pflanzen südlicher Herkunft, deren Vorkommen den Kaiserstuhl besonders von anderen Weinbau-Gegenden Mitteleuropas unterscheiden, sind im Zentralkaiserstuhl und z.T. nur hier, außergewöhnlich dicht und regelmäßig vorhanden. Bereits eingetretene Verluste auch im Kaiserstuhl müssen gerade hier anspornen, das Verbliebene besonders sorgfältig und konsequent zu bewahren.

Badberg und Haselschacher Buck wurden im Rahmen des betreffenden Förderprogramms des Bundes als Gebiet mit gesamtstaatlich repräsentativer Bedeutung anerkannt und aufgewertet. Träger des Projekts ist der Schwarzwaldverein, die konzeptionelle Betreuung liegt bei der Bezirksstelle für Naturschutz und Landschaftspflege. Neben der Erstellung eines Pflegeplans, der sich besonders an Tiergruppen, die normalerweise nicht tiefgehend untersucht werden können, ausrichtete, sind Grunderwerb sowie Maßnahmen der Besucherlenkung Inhalt dieses Projekts. So gilt im Gebiet Haselschacher Buck und Badberg zwar ein striktes Wegegebot, die Wanderwege sind aber so gelegt und erläutert, daß alle Besonderheiten vom Wege aus zugänglich sind. Beim Schwarzwaldverein ist eine informative Broschüre über das Gebiet erhältlich, weitergehende Informationen sind in einer Vielzahl von Büchern enthalten, besonders sei auf das Buch »Der Kaiserstuhl« sowie auf die einleitenden Kapitel in diesem Buch verwiesen.

J.-U. Meineke

Hinterzartener Moor

Landkreis: Breisgau-Hochschwarzwald
Gemeinde: Hinterzarten
Gemarkung: Hinterzarten
Naturraum: Hochschwarzwald
Geschützt seit 1941 (erweitert 1975)
(LSG »Hochschwarzwald« 1968)
Größe: 82 Hektar
Top. Karte: 8014 Hinterzarten

Der Schwarzwald ist den abtragenden Kräften des Wassers einschneidend ausgesetzt und weist daher kaum große Verlandungsmoore auf, die ebene Mulden benötigen. Eine Ausnahme ist der bedeutende Komplex des Hinterzartener Moors, das sich in einem flachen, weiträumigen Hochtal des Hochschwarzwaldes bilden konnte.

Ein vom Feldberg kommender Gletscher lagerte im Zuge mehrerer Vorstöße über einer bereits im Grundgebirge angelegten Einsenkung sein Material ab und formte so die Hinterzartener Mulde, die von der in ihrem Nordhang geführten Bundesstraße 31 aus gut zu überblicken ist.

Die Ausgangsstadien des heute knapp 100 ha großen Moorkomplexes waren mehrere kleine, verlandende Seen, deren Moore sich nach den Seiten ausdehnen konnten. Flaches Gelände, nährstoffarmer, undurchlässiger Untergrund des Grundgebirges, hochmontane Klimaverhältnisse mit hohen Niederschlägen (heute um 1300 mm/Jahr) und eine von der Eiszeit her bereits im Raum vorhandene, zur Torfbildung fähige Vegetation mußten zwangsläufig zur Moorbildung führen.

Das Moor liegt heute auf einer Wasserscheide innerhalb des Rhein-Einzugsgebiets: Sein westlichster Teil wird über den Rotbach unmittelbar durch das steile Höllental in Richtung Freiburg zum Oberrhein entwässert, während die Wässer der zunächst nach Osten fließenden Gutach und späteren Wutach als Teil des ehemaligen Donauoberlaufs zunächst mit niedrigem Gefälle nach Osten abfließen.

Infolge der Aufwölbung der vom mineralischen Grund- und Oberflächenwasser gespeisten Niedermoore (Bruchwälder) über den Grundwasserspiegel hinaus bildeten sich zwei größere Hochmoorschilde. Da die Oberfläche nur noch durch das Regenwasser beeinflußt werden kann, bildet sich eine eigenartige Lebewelt aus, die diese extremen Bedingungen zu ertragen und gleichzeitig zu erzeugen vermag: Hochmoore sind (im Alpenvorland und im Schwarzwald) typischerweise vom Spirkenfilz bedeckt, dessen nasse Schlenken und Zentralbereiche allerdings infolge randlicher Entwässerung im Hinterzartener Moor allmählich zugunsten der kaum noch torfbildenden Hochmoor-Bultgesellschaft abnehmen. Die allmähliche Entwicklung zum »stillstehenden« Hochmoor findet auch von Natur aus statt, allerdings in Jahrtausenden und nicht in Jahrzehnten. Im Bereich der Moorränder führt die zunehmende Austrocknung sogar zur Umwandlung in Beerstrauch-Bergkiefernwald, unter dem bereits Torfzersetzung stattfindet: Das Moor wird hier vom Kohlenstoff-Speicher zur Kohlenstoff-Quelle. Damit die Funktion des Hinterzartener Moors sowohl als Naturschutzgebiet im engeren Sinne als auch für den Landschaftshaushalt erhalten bleibt, ist es daher sehr wichtig, den Wasserabfluß zu verlangsamen oder zumindest zu stabilisieren.

Torfgewinnung wird im Hinterzartener Moor heute selbstverständlich nicht mehr betrieben; die bis zu drei Meter mächtigen Lagerstätten wurden früher von den Rändern her flach und ungeregelt abgetorft. Eine planmäßige Ausbeutung kam zum Glück nie zum Tragen. Aus den ehemaligen Torfstichen sind heute wertvolle Lebensräume geworden, verheidete Torfstichkanten werden z.B. gerne von der Kreuzotter

29 Im Winter bildet die Bult- und Schlenkenstruktur reizvolle Kontraste.

aufgesucht. Die Hochmoorschilde sind abschnittsweise von Bruchwaldgürteln umgeben. Ältere Fichtenforste im Moor werden hoffentlich einmal naturgemäßeren und ansprechenderen Beständen Platz machen.

Verbunden sind die nährstoffarmen Hochmoore durch Flachmoore und Naßwiesen, deren »ärmste« Bereiche heute nur noch gepflegt, nicht mehr genutzt werden. Ertrags- und Nährstoffarmut bedeuten hier einen Reichtum an seltenen Arten und damit einen hohen Naturschutzwert.

Besonders für die Tierwelt der Moore ist die Kombination von Hoch- und Niedermoor-Lebensräumen wichtig, was nicht verwundert, da sie naturbedingt fast immer entsteht. Können im Hochmoor »jeweils für sich« Scheidenwollgras (*Eriophorum vaginatum*), Rosmarinheide (*Andromeda polifolia*), Rauschbeere (*Vaccinium uliginosum*), Moosbeere (*Vaccinium oxycoccos*), Sonnentau (*Drosera rotundifolia*) und die torfbildenden bunten Torfmoose sowie im Flachmoor Fieberklee (*Menyanthes trifoliata*), Schmalblättriges Wollgras (*Eriophorum angustifolium*), Blutauge (*Comarum palustre*) und die verschiedenen torfbildenden Seggen leben, so benötigen Hochmoorgelbling (*Colias palaeno*), Moosbeeren-Perlmutterfalter (*Boloria aquilonaris*) oder Hochmoor-Mosaikjungfer (*Aeshna subarctica*) das eine als Brutstätte, das andere als Nahrungsrevier für die erwachsenen Insekten. Aber das Hochmoor kennt auch sehr standorttreue Tiere, die es in keinem Entwicklungsstadium verlassen, z.B. den Moosbeeren-Bläuling (*Vacciniina optilete*) und den Hochmoor-Glanzflachläufer (*Agonum ericeti*). Ausschließlich in den Flachmooren des Hinterzartener Moors leben der Randring-Perlmutterfalter (*Proclossiana eunomia*) oder der Westliche Scheckenfalter (*Mellicta parthenoides*), der interessanterweise auch die Trockenrasen des Kaiserstuhls besiedelt hat.

Neben vielen »gängigen« Arten, deren Existenz in Mooren auf das Ende der Kaltzeiten zurückgeht, gibt es im Hinterzartener Moor einige spezielle Eiszeitrelikte, die dem Schwarzwald sonst offenbar fehlen. Dies hängt wahrscheinlich mit der Nähe des ehemaligen

Hirschenmoor

Landkreis: Breisgau-Hochschwarzwald
Gemeinde: Breitnau
Gemarkung: Breitnau
Naturraum: Hochschwarzwald
Geschützt seit 1983
Größe: 9,8 Hektar
Top. Karte: 8014 Hinterzarten

Das Naturschutzgebiet »Hirschenmoor« liegt auf ca. 880 m ü. NN in einer eiszeitlich geformten Mulde zwischen Hinterzarten und Breitnau. Im Süden führt die Bundesstraße 31 vorbei, im Osten die Bundesstraße 500 und im Westen verläuft eine kleine Fahrstraße Richtung Ravenna.

Das Hirschenmoor liegt im Luv des Schwarzwaldes. Es fallen deshalb hohe Niederschläge von durchschnittlich 1265 mm/Jahr, die eine Vermoorung begünstigen. Das Klima gilt insgesamt als subatlantisch begünstigt, die Jahresdurchschnittstemperatur im nahen Hinterzarten beträgt 5,9 °C.

Das Hirschenmoor gehört zu den besterhaltenen Hochmooren im Südschwarzwald. Die zonale Vegetationsgliederung ist noch hervorragend ausgebildet. Der unbewaldete, zentrale Moorkörper weist einen sehr gut entwickelten Bult-Schlenken-Komplex mit einem regen Wachstum der Torfmoos-Polster auf. Nach außen schließt sich ein Spirkenwald-Gürtel an, der am Rande des Moorkörpers von einem Karpatenbirken-Fichten-Bruchwald abgelöst wird. Am Süd- und Nordrand werden einige feuchte Wiesen auf anmoorigen Böden landwirtschaftlich genutzt.

Im Zentrum des Moors können nur anspruchslose Spezialisten wie z.B. Torfmoose der Gattung Sphagnum überdauern. Die Torfmoose bilden dichte Polster, die unten absterben, oben aber kontinuierlich weiterwachsen. In den Bultbereichen sind nur wenige Gefäßpflanzen wie z.B. der Rundblättrige Sonnentau (*Drosera rotundifolia*), die Rosmarinheide (*Andromeda polifolia*), die Wenigblütige Segge (*Carex pauciflora*) und die Moosbeere (*Vaccinium oxycoccos*) anzutreffen.

In den Schlenkenbereichen zwischen den Bulten dominiert die an den nassen Standort

30 Der Hochmoor-Bläuling (*Vacciniina optilete*) vollzieht seinen kompletten Lebenszyklus im Hochmoor.

Feldberg-Gletschers und dem Alter des Moores zusammen.

Torflager sind Archive in der Landschaft. In ihren Pflanzenresten und konservierten Stäuben, vor allem Pollen, liest der Wissenschaftler wie in einem Geschichtsbuch. Die ersten pollenanalytischen Untersuchungen im Hinterzartener Moor von 1928 zählen zu den ersten ihrer Art in Mitteleuropa überhaupt.

Besucherhinweis: Das Hinterzartener Moor ist für Besucher zugänglich. Von Hinterzarten aus führen gut beschilderte und mit vorbildlicher Besucherinformation ausgestattete Wanderwege durch das Moor, von denen aus alle Schönheiten und Besonderheiten besichtigt werden können, ohne die empfindlichen Moorbereiche selbst zu betreten.

Die Bezirksstelle für Naturschutz und Landschaftspflege Freiburg hat gemeinsam mit der Gemeinde die Broschüre »Naturschutzgebiet Hinterzartener Moor« herausgegeben, die weitere Informationen und Wandervorschläge enthält. Sie kann über die Gemeinde bezogen werden. *J.-U. Meineke* angepaßte Schlamm-Segge (*Carex limosa*), die zusammen mit der Rasen-Binse (*Trichophorum cespitosum*) ausgedehnte lückige Rasen bildet. Die Schlammseggengesellschaft ist eng verzahnt mit dem Schnabelried, das die etwas trockeneren Standorte besiedelt. Kennart ist die in Herden auftretende Weiße Schnabelbinse (*Rhynchospora alba*).

Dort, wo vom Rand her mineralreiches Quellwasser ins Moor sickert, mischen sich Mineralwasserzeiger wie Fieberklee (*Menyanthes trifoliata*), Schmalblättriges Wollgras (*Eriophorum angustifolium*), Schnabel-Segge (*Carex rostrata*) und Sumpf-Herzblatt (*Parnassia palustris*) unter die Schlenkengesellschaften.

Großseggengesellschaften beherrschen die Naßflächen am Rande des Hochmoorkörpers. Vorzugsweise in alten, zugewachsenen Entwässerungsgräben gedeiht das Schnabelseggenried, auf etwas trockeneren Bereichen siedelt das Braunseggenried mit der namengebenden Braun-Segge *(Carex fusca)*, der Stern-Segge (*Carex echinata*), der Grau-Segge (*Carex canescens*), dem Hunds-Straußgras (*Agrostis canina*) und dem Sumpf-Veilchen (*Viola palustris*).

Die zentrale, offene Hochmoorfläche wird von einem bis zu 100 Meter breiten Spirkenwaldgürtel umschlossen. Vorherrschende Baumart ist die Spirke, die aufrechte Form der Bergkiefer, wobei Höhe und Kronenschluß zum nassen Zentrum des Moores hin abnehmen. Unter der ca. 12 bis 15 Meter hohen Baumschicht wächst in erster Linie die Rauschbeere (*Vaccinium uliginosum*), an trockeneren Stellen kommt die Heidelbeere (*Vaccinium myrtillus*) hinzu. Kleinflächig aufgelichtete, nasse Partien werden verstärkt von den o. g. typischen Moorarten besiedelt. In den trockeneren Randbereichen des Spirkenwaldes treten einige Fichten sowie Faulbaum- und Birkenbüsche auf, in der Krautschicht dominiert die Heidelbeere.

An den nährstoffreicheren Moorrändern hin sind den Spirkenwäldern Fichten-Karpatenbirken-Bruchwälder vorgelagert. Die Baumschicht bildet hier die in den Schwarzwald-

31 Die Arktische Smaragdlibelle (*Somatochlora arctica*) entwickelt sich in erster Linie in torfmooshaltigen Hoch- oder Zwischenmoorgewässern. Die Abbildung zeigt ein Weibchen.

Hochlagen verbreitete Karpaten-Birke zusammen mit vereinzelten Fichten, in der Strauchschicht kommen Faulbaum-Büsche hinzu. Die Krautschicht ist artenreicher als im Spirkenwald.

In den Randbereichen des Moors treten kleinflächig Faulbaum-Grauweiden-Gebüsche auf, wobei die Grau-Weide – teilweise auch in Bastarden mit der Ohr-Weide – vorherrscht.

Das Hirschenmoor stellt auch einen besonderen Lebensraum für spezialisierte Tierarten dar, die sich dem sauren, zeitweise sauerstoffarmen und hohen Temperaturschwankungen unterliegenden Wasser der Schlenken angepaßt haben. So konnten mehrere geschützte Moorlibellenarten wie z.B. die Torf-Mosaikjungfer (*Aeshna juncea*) nachgewiesen werden. Auch typische Moorschmetterlinge fühlen sich im Hirschenmoor wohl.

Schutzzweck des Naturschutzgebiets ist die Erhaltung des Hochmoors als landschaftstypisches Feuchtgebiet und Lebensraum zahlreicher seltener und vom Aussterben bedrohter Tier- und Pflanzenarten.

In jüngerer Zeit gefährdeten Straßenbauarbeiten im Süden einen Teilbereich des Moores, der infolge des Anschnitts des Torfkörpers trockenfiel, und stellen auch für die Zukunft ein Gefährdungspotential dar: Zum Glück blieb der zentrale Hochmoorbereich weitgehend unbeeinträchtigt. Außerdem zerstörte die Anlage einer Hausmüll- und Erddeponie, die bis Ende der 70er Jahre genutzt wurde, den Spirkenwald-Gürtel im Westen und komprimierte den Torfkörper stark. Mit dem Sickerwasser gelangen auch weiterhin Nährstoffe in das von Natur aus nährstoffarme Moor, so daß die Vegetation in nordöstlicher Richtung durch Eutrophierung nachhaltig geschädigt wurde.

Der von der Bezirksstelle für Naturschutz und Landschaftspflege Freiburg erstellte Bestands- und Pflegeplan sieht Pflegemaßnahmen v.a. in den von den Menschen nachhaltig beeinflußten Randbereichen vor. Hierzu zählt die möglichst extensive Nutzung der Wiesen durch einschürige Mahd und ein Düngeverzicht. Die ehemalige Deponie sollte schnellstmöglichst entfernt werden, um die Eutrophierung der Moorvegetation in Grenzen zu halten.

Besucherhinweis: Innerhalb des Schutzgebiets verlaufen keine Wege. Das Betreten des Moores ist laut Verordnung verboten, denn bereits eine einmalige Begehung hinterläßt deutliche Spuren in der Vegetation und beeinträchtigt vor allem die Bult- und Schlenkengesellschaften. Ein Begang der Schlenken kann die dort gerade eingegrabenen Moorlibellen-Larven oder Moorschmetterlings-Raupen zertreten. Seien Sie ein echter Naturliebhaber, nehmen Sie Rücksicht! Außerhalb des Schutzgebiets verlaufen mehrere Wege, die guten Einblick in das Moor gewähren, ohne daß es betreten werden muß.
B. Hüttl

Hochstetter Feld

Landkreis: Breisgau-Hochschwarzwald
Gemeinde: Stadt Breisach
Gemarkung: Breisach
Naturraum: Markgräfler Rheinebene
Geschützt seit 1985
Größe: 6,5 Hektar
Top. Karte: 7911 Breisach am Rhein

Das Naturschutzgebiet »Hochstetter Feld« liegt auf einer trockenen Niederterrassenplatte zwischen Breisach und Ihringen. Es handelt sich um eine ehemalige Kiesgrube inmitten von Ackerland, in der im Trockenabbau Kies gewonnen wurde. Nach Inbetriebnahme des Kulturwehrs im Rhein bei Breisach stiegen die Grundwasserstände soweit an, daß sich – bedingt durch eine wellige Grubensohle – mehrere von Grundwasser gespeiste Teiche bildeten. Die Vegetation umfaßt deshalb sowohl Arten trockener und amphibischer Standorte als auch solche von Stillgewässern.

Die trockenen Hänge werden einerseits von fragmentarischen Halbtrockenrasen oder ähnlichen grasigen Gesellschaften eingenommen; andererseits kommen auf sehr offenen Standorten z.B. Feld-Beifuß (*Artemisia campestris*) oder Weißer Steinklee (*Melilotus alba*) vor. An manchen Stellen haben sich auch Herden der Späten Goldrute (*Solidago gigantea*) oder Schlehen-Ligustergebüsch etabliert.

Im Grubeninneren haben sich neben Röhrichten aus Schilfrohr (*Phragmites australis*) oder Schmalblättrigem Rohrkolben (*Typha an-*

32 Von Schilfröhricht gesäumter Teich auf der Kiesgrubensohle.

gustifolia) vor allem Feldgehölze oder Gebüsche aus Silber-, Bruch- und Lavendel-Weide, Silber- und Schwarz- oder Hybridpappel sowie Robinie entwickelt.

In den offenen Wasserflächen finden sich nur wenige Pflanzenarten, unter der Wasseroberfläche das Ährige Tausendblatt (*Myriophyllum spicatum*), das Kamm-Laichkraut und das Krause Laichkraut (*Potamogeton pectinatus* und *P. crispus*), mit Schwimmblättern das Knoten-Laichkraut (*P. nodosus*). Der Grund für diese Artenarmut dürfte in der zunehmenden Verschlammung der Gewässersohle, der Trübung des Wassers durch gründelnde Fische, v. a. Karpfen, sowie dem Verbiß durch Fische und Bisamratten zu suchen sein. Die Verschlammung – meist Faulschlamm – wird hervorgerufen durch zu starken Laubeintrag, Einsickern von Düngemitteln aus den umgebenden Äckern und zu geringe Durchlüftung des Wassers. Die Schlammflächen fallen, da der Grundwasserstand wegen des Kulturwehres in Breisach nicht sehr stark schwankt, offensichtlich nie trocken, weshalb ein Abbau des Faulschlamms nicht möglich ist. Ebenso leidet das Schilf unter dem fehlenden Sauerstoff im Wurzelraum.

Die allmähliche Verschlechterung der Lebensbedingungen im Gebiet ist ein Grund dafür, daß auch bei der Tierwelt Veränderungen eingetreten sind. Früher hier brütende Vögel wie Drosselrohrsänger, Zwergdommel oder Zwergtaucher sind inzwischen verschwunden, wobei zumindest bei den ersten beiden Arten ein ganz allgemeiner starker Rückgang in Mitteleuropa, beim Zwergtaucher zumindest in Baden-Württemberg eine Rolle spielt. Das Gebiet hat aber trotzdem noch eine große Bedeutung für die Vogelwelt. Neben Brutvögeln wie Teichrohrsänger, Turteltaube, Dorngrasmücke, Pirol oder Nachtigall kommen auch viele Durchzügler vor, von denen der eine oder andere doch einmal zum Brüten im Gebiet bleibt, wie der Brutversuch eines Beutelmeisenpaares zeigt. Das konzentrierte Auftreten von Durchzüglern ist auf die anziehende Wirkung der Wasserflächen und Gebüsche, zusätzlich auf deren Insellage inmitten einer weithin ausgeräumten Ackerlandschaft zurückzuführen.

Die Bedeutung für die Vogel- und Amphibienwelt bewog dann auch bereits lange vor der Unterschutzstellung den damaligen Deutschen Bund für Vogelschutz, die Kiesgrube für Naturschutzzwecke zu kaufen. Seither wurden immer wieder Maßnahmen zur Verbesserung des Gebietes durchgeführt, sei es nun das Fällen von Bäumen, die übermäßig zur Verschlammung der Teiche beitrugen, sei es Mahd und Enthurstung zur Pflege der wiesenähnlichen Vegetation und zur Zurückdrängung von Später Goldrute und wucherndem Gebüsch oder schließlich das Abfischen der Teiche, um Wasserpflanzen wieder bessere Entfaltungsmöglichkeiten zu schaffen. Eine Entschlammung scheiterte bisher aus Kostengründen.

Besucherhinweis: Damit das Naturschutzgebiet seine Funktion als Ruhezone für Vögel bewahren kann, ist es u.a. verboten, das Gebiet zu betreten. Außerdem ist Jagd nur eingeschränkt zulässig. *W. Kramer*

Innerberg

Landkreis: Breisgau-Hochschwarzwald
Gemeinden: Stadt Müllheim, Badenweiler
Gemarkungen: Zunzingen, Niederweiler, Oberweiler
Naturraum: Markgräfler Hügelland
Geschützt seit 1983
Größe: 18,7 Hektar
Top. Karten: 8111 Müllheim, 8112 Staufen

Nicht unweit der Schloßruine von Badenweiler liegt in ca. einem Kilometer Entfernung nach Norden das Naturschutzgebiet »Innerberg«. Es erstreckt sich in steiler, süd- bis südostexponierter Hanglage von der ca. 405 m ü. NN gelegenen Kuppe des Innerbergs bis in die Kammlage des auf fast 530 m ü. NN ansteigenden Steinbergs. Der größere Teil des Schutzgebiets ist bewaldet, während der vornehmlich aus aufgelassenen Weinbergen bestehende südwestliche Teil im Süden an die heute noch mit Reben bestockten Hänge des Klemmbachs grenzt. Östlich des Schutzgebiets verläuft die von Südost nach Nordost ziehende sogenannte »Schwarzwald-Randverwerfung«, die den kristallinen Schwarzwald von der sedimentären Vorbergzone trennt. Im Westen fällt die scharfe Grenze zwischen den Vorbergen und der Rheinniederung auf, wo die Bruchschollen der Vorberge unter den Rheinschottern verschwinden. Dort beherrscht die Kuppe des Eichwaldes das Landschaftsbild, an dessem steilem Südhang das Naturschutzgebiet zu finden ist. Der Untergrund besteht aus 150 bis 200 m mächtigen Meeresablagerungen des Tertiär über Juragesteinen. Am Fuße der Erhebung sowie im Westen verschwinden die Gesteine unter einer Decke aus Löß und Lößlehm.

Hier hat sich in sonnenexponierter Lage eine interessante Pflanzengesellschaft entwickelt, deren Fülle an seltenen Arten sich seit langer Zeit kaum verändert hat. Der Innerberg gilt deshalb als klassischer Standort für eine Vielzahl seltener, wärmeliebender Pflanzenarten. Die Vegetation besteht im wesentlichen aus drei verschiedenen Komplexen: Den mit ca. 16 ha größten Teil nimmt ein wärmeliebender Wald, der vornehmlich mit Flaum-Eichen bestockt ist, ein. Er ging wahrscheinlich aus einem ehemaligen Eichenschälwald hervor und gilt als letztes Relikt dieser alten Wirtschaftsweise. Die Flaum-Eiche tritt zumeist als Bastard mit anderen Eichenarten auf. In geringer Deckung treten daneben Elsbeere, Winter-Linde, Hainbuche und Buche auf. In der Strauch- und Krautschicht finden sich zahlreiche wärmeliebende Saum- und Mantelarten.

Im Südwesten wird das Bild auf terrassierten Hängen von kunstvollen Weinbergsmauern und ausgedehnten Gebüschen sowie von kleinen Flächen wertvoller Trockenrasen bestimmt. Das ursprünglich kleinparzellierte, ehemalige Weinbergsgelände ist seit Aufgabe der Nutzung vor 20 bis 50 Jahren großflächig verbuscht. Hier hat sich wärmeliebendes Schlehen-Ligustergebüsch angesiedelt, in dem neben diesen beiden Hauptarten Roter Hartriegel, Ein- und Zweigriffliger Weißdorn, Wolliger Schneeball und Wildrosen zu finden sind. Hier im Südwesten des Schutzgebiets erfolgte früher neben dem Weinbau sehr wahrscheinlich seit langem eine Wiesennutzung. Deshalb konnten sich einige seltene Wiesenorchideen halten. Die mageren, flachgründigen Böden

33 In Bildmitte das NSG »Innerberg« an der Grenze zwischen Schwarzwald und Vorbergzone.

werden von Halbtrockenrasen eingenommen, die aufgrund ihres Orchideenreichtums hervorstechen. Unter den 28 besonders bemerkenswerten Blütenpflanzen, die am Innerberg vorkommen, befinden sich 13 seltene und gefährdete Arten, deren Bestände überall zurückgehen. Besonders eindrucksvoll zeigen sich zur Blütezeit Purpur-Knabenkraut (*Orchis purpurea*), Blasses Knabenkraut (*O. pallens*), Helm-Knabenkraut (*O. militaris*), Stattliches Knabenkraut (*O. maculata*) und Hummel-Ragwurz (*O. fuciflora*).

Die größte Gefahr für das Schutzgebiet geht heute von der natürlichen Wiederverbuschung bzw. Wiederbewaldung der Rasenflächen und der Umwandlung der Eichenwälder in Buchenwälder aus. Deshalb wird seit Jahren mit pflegerischen Eingriffen dieser Entwicklung entgegengewirkt. Solange man diese Pflegemaßnahmen konsequent einhält, können der thermophile Flaumeichenwald im Norden und Osten des Innerbergs und die strukturreichen Magerwiesen im Südwesten erhalten werden.

J. Dreher

Jennetal

Landkreis: Breisgau-Hochschwarzwald
Gemeinde: Ebringen
Gemarkung: Ebringen
Naturraum: Freiburger Bucht
Geschützt seit 1937 (erweitert 1995)
Größe: 22,8 Hektar
Top. Karte: 8012 Freiburg Südwest

Südlich der Freiburger Bucht erhebt sich der Schönberg. Er ist Teil der Vorbergzone, die den Schwarzwald an seinem westlichen Abbruch in den Oberrheingraben begleitet. Durch seine

Lage am Rande der klimatisch begünstigten Rheinebene zählen vor allem die süd- und westexponierten Hänge des vielgestaltigen Berges zu den wärmsten Gebieten des Landes. Bis in eine Höhenlage von ca. 400 m ü. NN sind die Winzerdörfer von Weinbergen umgeben. Oberhalb der Höhengrenze des Weinbaus schließen sich meist Wiesen an, durchsetzt von Kleingärten, Streuobstbeständen, Hecken, Steinrasseln.

Das Naturschutzgebiet »Jennetal« zählte zu den ersten des damaligen Landes Baden und wurde bereits 1937 ausgewiesen. Die Initiative zum Schutz des nur 70,95 ar großen Wiesenstücks geht auf den in Merzhausen gebürtigen Dr. Erwin Sumser zurück, der die betreffenden Grundstücke bereits 1931 kaufte, auf seine Kosten pflegen ließ und in der Folge auch die Schaffung des Naturschutzgebiets anregte. Er war damit seiner Zeit um Jahrzehnte voraus. Im Jahre 1995 wurde das Naturschutzgebiet »Jennetal« auf nunmehr 22,8 ha erheblich erweitert. Es umfaßt das gesamte Jennetal und die steilen, die nach Süden und Westen gerichteten Hänge oberhalb von Ebringen mit Magerwiesen, Hecken und Wäldern. Die Gemeinde Ebringen hat ganz im Westen des Naturschutzgebiets, im Gewann »Bohl«, ein Gedenkkreuz aufgestellt, das an die »Schlacht am Bohl« erinnert. Bei diesem Gefecht im Zuge des Dreißigjährigen Krieges verloren am 3. August 1644 zahlreiche Bayern und Franzosen ihr Leben.

34 Blick von Süden über das Dorf Ebringen zu dem oberhalb der Weinberge gelegenen Vegetationsmosaik aus artenreichen Hecken auf Steinriegeln, aus Magerrasen, Saumgesellschaften und wärmeliebenden Waldgesellschaften. Im Bild hinten rechts das Jennetal; nach oben anschließend ein strauchreicher Kalk-Buchenwald.

Der geologische Untergrund des Schutzgebiets besteht aus tertiären Kalkgesteinen der ursprünglichen Deckgebirge des Schwarzwaldes. Diese wurden abgetragen, von den Bächen in die entstehende Rheinebene befördert und als grober Kies und feineres Sediment im Gebiet des heutigen Schönbergs abgelagert. In der Folgezeit verfestigte sich das aufgeschüttete Material zu einem harten Gestein, dem Tertiärkonglomerat. Bis heute hat es seine an Flußschotter erinnernde Struktur behalten, wie man an den Aufschlüssen entlang der Waldwege im Naturschutzgebiet gut sehen kann. Da das Konglomerat schlecht verwittert, sind die Böden im größten Teil des Schutzgebiets recht flachgründig. Die Hänge sorgen außerdem für einen raschen Abfluß des Niederschlagswassers, so daß das Gebiet insgesamt recht trocken ist.

Dies macht sich natürlich in der Vegetation bemerkbar. An den steilsten, nach Süden hin orientierten und deshalb trockenheißen Hängen im Gewannn »Fährnau« stockt ein Elsbeeren-Eichenwald. Die nur 10 bis 15 m hohe Baumschicht besteht überwiegend aus Zwischenformen von Trauben-Eiche und Flaum-Eiche: Fast alle Exemplare besitzen eine mehr oder weniger starke Behaarung von Blättern, Knospen und Zweigen. Im »Fährnau« kommen noch schön gestaltete Elsbeer- und Mehlbeerbäume hinzu. Eine Besonderheit des Jennetals sind einige Speierling-Bäume. Die kleinen, gerbstoffreichen Früchte dieses seltenen Obstbaums wurden früher dem Most und Wein zur Klärung und besseren Haltbarkeit zugesetzt. Im Trockenwald haben sich einige knorrige Exemplare erhalten. Auch die anderen Baumarten sind aufgrund des extremen Standorts krüppelwüchsig und haben durchweg krumme, stark verzweigte Stämme. Das lockere Kronendach läßt viel Licht durch, so daß sich neben einer undurchdringlichen Schicht oft dorniger Sträucher zahlreiche lichtbedürftige Kräuter und Stauden ansiedeln konnten.

Auf den weniger extremen Standorten wächst Eichen-Hainbuchenwald. Die Baumschicht, die deutlich höherwüchsig ist, besteht hauptsächlich aus der Trauben-Eiche. Diese wurde sicher durch die frühere Nutzung so gefördert, daß sie zur herrschenden Baumart geworden ist. Beigemischt ist die Hainbuche, ihr behagt der an der Oberfläche leicht versauerte Boden. Weitere Baumarten sind Feld-Ahorn und Elsbeere. Durch das dichter werdende Kronendach dringt zwar weniger Licht als beim Elsbeeren-Eichenwald, trotzdem kommen lichtbedürftige Arten vor. Waldmeister (*Galium odoratum*), Stattliches Knabenkraut (*Orchis mascula*) und Vielblütige Weißwurz (*Polygonatum multiflorum*), um nur die häufigsten zu nennen, deuten jedoch an, daß auch hier die Buche konkurrenzfähig wäre, hätte man sie nicht durch Niederwaldwirtschaft benachteiligt.

Der strauchreiche Seggen-Buchenwald stockt auf den flachsten Stellen im Naturschutzgebiet »Jennetal«. Die Baumschicht dieser ebenfalls wärmeliebenden Waldgesellschaft dominiert eindeutig die Buche. Es ist jedoch erstaunlich, daß viele weitere Arten vorkommen: Neben den bereits erwähnten Baumarten stoßen auch Winter-Linde, Vogel-Kirsche, Wald-Kiefer und sogar der Speierling mit in die Kronenschicht vor, Elsbeere und Mehlbeere bleiben dagegen im Unterstand zurück. Dies ist ein Zeichen dafür, daß die zeitweiligen Trockenzeiten der Buche trotz ihrer Dominanz an diesem Standort zu schaffen machen; ihre Wuchsleistung ist deshalb nur mäßig. Im Gegensatz dazu verjüngt sie sich recht freudig, in der Jugend scheint sie (noch) keine größeren Probleme mit der Wasserversorgung zu haben. Auf dem kalkreichen Boden sammelt sich reichlich Laubstreu an, die die Ansiedlung von bestimmten Orchideen wie Nestwurz (*Neottia nidus-avis*), Rotem und Weißem Waldvöglein (*Cephalanthera rubra, C. damasonium*) begünstigt. Weitere typische Buchenwald-Arten sind Maiglöckchen (*Convallaria majalis*) und Seidelbast (*Daphne mezereum*).

Die besondere Zierde des Naturschutzgebiets sind jedoch die Halbtrockenrasen und Saumbestände. Die einschürigen und artenreichen Wiesen bevorzugen die hängigen Lagen in den Südexpositionen. Die Bestände beherbergen zahlreiche z.T. seltene Orchideenarten mediterraner Herkunft; besonders der »Sumsergarten« ist dafür weithin bekannt. Verschiedene Knabenkraut- und Ragwurz-Arten, Riemenzunge (*Himantoglossum hircinum*) und Hundswurz (*Anacamptis pyramidalis*) seien stellvertretend

35 Blütenstand des Ohnsporns bzw. der Puppen-Orchis (*Aceras anthropophorum*) im NSG »Jennetal«. Namengebend die spornlose, an ein hängendes Püppchen erinnernde Orchideenlippe.

erwähnt. Auf brachliegenden Flächen und auch im Randbereich der Gehölze, wo nicht regelmäßig gemäht wird, haben sich Saumbestände etabliert. Ausgehend von Gebüschen breitet sich vor allem der Doldenblütler Hirsch-Haarstrang (*Peucedanum cervaria*) über die Fläche aus, hinzu kommen Weiden-Alant (*Inula salicina*), Schwalbwurz (*Vincetoxicum hirundinaria*) und seltene Arten wie Abgebissener Pippau (*Crepis praemorsa*), Kalk-Aster (*Aster amellus*) und Mücken-Händelwurz (*Gymnadenia conopsea*).

Gerade im Frühjahr überzieht ein farbenprächtiges Blütenmeer die heckenreichen Wiesenhänge. Dann finden viele nektarsuchende Insekten Nahrung in den Blüten. Unter den Schmetterlingen sind das Schwalbenschwanz (*Papilio machaon*), Zwerg-Bläuling (*Cupido minimus*) und Hufeisenklee-Widderchen (*Zygaena transalpina*), um nur einige wenige Vertreter aus dieser Gruppe zu nennen. Selbst die ausgesprochen wärmeliebende Gottesanbeterin (*Mantis religiosa*) ist im Jennetal gefunden worden. 33 Vogelarten brüten im Naturschutzgebiet, das mit 116 Brutpaaren auf ca. 20 ha (erfaßt 1983) eine außerordentlich hohe Besiedlungsdichte aufweist. Dies ist auf die nahezu idealen Lebensbedingungen im strukturreichen Heckengelände zurückzuführen. In den kleinräumig gegliederten Wiesen leben u.a. Neuntöter, Zaunammer, Zaunkönig und Heckenbraunelle, in den angrenzenden Laubwäldern Hohltaube, Kleiber und mehrere Spechtarten.

Zur Hauptentwicklungszeit der Wiesenvegetation ist das Jennetal ein Anziehungspunkt für viele Besucher. Dabei ist der »Sumsergarten« mit seinen prächtigen Magerwiesen dem Besucherstrom besonders ausgesetzt. In der sensiblen Zeit überwachen daher ehrenamtliche Naturschutzwarte die wertvolle Vegetation zum Schutz vor Schädigungen. Größere Bereiche des Wiesengeländes werden seit langem gepflegt und vor dem Verbuschen bewahrt.

P. Lutz

Kastelberg

Landkreis: Breisgau-Hochschwarzwald
Gemeinde: Ballrechten-Dottingen
Gemarkung: Dottingen
Naturraum: Freiburger Bucht
Geschützt seit 1977
Größe: 10 Hektar
Top. Karte: 8112 Staufen

Am Rande des Markgräfler Hügellandes erhebt sich der Kastelberg als Vorberg des Schwarzwaldes bis zu einer Höhe von 439 m ü. NN. Von hier bietet sich ein hervorragender Blick über das Rheintal.

Die Kuppe ist aus 40 bis 90 m mächtigem, oligozänem Küstenkonglomerat (Kalksteine und Kalksandsteine) aufgebaut und stellt eine erdgeschichtlich bedeutsame Erhebung in der Schwarzwald-Vorbergzone dar. Sie steht wegen ihrer Geologie sowie als Standort seltener Gehölz- und Halbtrockenrasengesellschaften und ausgedehnter Gebüschflächen, die zahl-

36 Flaumeichenwald auf der Kuppe des Kastelbergs; links im Hintergrund der Fohrenberg.

reichen Vogel- und Insektenarten Lebensraum bieten, unter Naturschutz.

Auch in kultureller Hinsicht mißt man dem Kastelberg hohe Bedeutung zu, da hier schon seit der Römerzeit Befestigungsanlagen errichtet wurden. Die heutigen Reste einer ehemaligen Burganlage stammen aus dem Mittelalter und sind im Sinne des Denkmalschutzes ein Kulturdenkmal.

Der Kastelberg ist einer von wenigen Flaumeichenwald-Standorten und zeugt von einer ehemals wärmeren Zeit. So bevorzugt die dürreresistente Flaum-Eiche, die durch frühere niederwaldartige Nutzung meist etwas krüppelig wächst, den Südteil der Kuppe. Vermischt mit Elsbeere und Mehlbeere bildet sie einen lichten Bestand, unter dem die Strauchschicht reich entwickelt ist. An den steinigen und recht trockenen West- und Nordwesthängen herrscht der Eichen-Hainbuchenwald vor. Er wird als »Bauernwald« bezeichnet, da die Bauern ihn früher zur Brennholzgewinnung nutzten. In den Beständen dominiert die Hainbuche. Vermehrt tritt aber auch der Feld-Ahorn auf, von dem es einige sehr alte und hohe Exemplare gibt. In der Krautschicht kommen neben Busch-Windröschen (*Anemone nemorosa*) und Einbeere (*Paris quadrifolia*) auch der Türkenbund (*Lilium martagon*) vor.

Außer den flächenmäßig dominierenden Wäldern können am Kastelberg zwei Gebüschgesellschaften unterschieden werden. Das wärmeliebende Schlehen-Ligustergebüsch, das heiße, sonnenexponierte Hänge bevorzugt und das Haselbusch-Feldgehölz, das an den schattigeren Waldrändern in nördlichen Lagen anzutreffen ist, bieten zahlreichen Vogel- und Insektenarten Unterschlupf.

Eine reiche floristische Artenfülle kann man heute auf den Halbtrockenrasen am Ost- und Westhang des Gebiets bewundern. Durch gezielte Pflegemaßnahmen konnten Arten wie z.B. Helm-Knabenkraut (*Orchis militaris*), Mücken-Handwurz (*Gymnadenia conopsea*) und Hundswurz (*Anacamptis pyramidalis*) erhalten werden.

In den bunt entwickelten Saumgesellschaften am Rande der Halbtrockenrasen, der Wälder und Gebüsche finden sich Hirsch-Haarstrang (*Peucedanum cervaria*), Akelei (*Aquilegia vulgaris*), Aufrechter Ziest (*Stachys recta*) sowie in reichem Vorkommen die Pfirsichblättrige Glockenblume (*Campanula persicifolia*).

Am Südzipfel des Naturschutzgebiets existiert ein kleinflächiger Volltrockenrasen mit charakteristischen Arten wie Sonnenröschen (*Helianthemum nummularium*), Zarter Lein (*Linum tenuifolium*) und Weiße Fetthenne (*Sedum album*).

Als einzige landwirtschaftlich noch genutzte Fläche befindet sich westlich des Kastelhofs eine artenreiche Fettwiese, die als Schafweide dient. Durch die Beweidung stellen sich an einzelnen Stellen aber Magerrasenarten, wie z.B. Feld-Thymian (*Thymus pulegioides*) und Zittergras (*Briza media*) ein.

An der Beschreibung läßt sich erkennen, daß das Naturschutzgebiet »Kastelberg« über eine reich strukturierte und vielfältige Vegetation verfügt und sowohl auf floristischem als auch auf faunistischem Gebiet hervorsticht. Um diese Vielfalt zu erhalten, bedarf es einer Pflege durch Mahd und Beweidung der Wiesenflächen, sowie einer extensiven Waldbewirtschaftung durch »Auf-den-Stock-setzen«. J. Faisst

Neuershausener Mooswald

Landkreis: Breisgau-Hochschwarzwald
Gemeinde: March
Gemarkung: Neuershausen
Naturraum: Freiburger Bucht
Geschützt seit 1979
Größe: 48 Hektar (LSG 81 Hektar)
Top. Karte: 7912 Freiburg Nordwest

Der Neuershausener Mooswald liegt nördlich von Neuershausen zwischen der Dreisam im Westen und dem Nimberg im Osten auf einer Meereshöhe von ca. 188 m ü. NN. Er stellt ein isoliertes Waldvorkommen in der sonst überwiegend landwirtschaftlich genutzten Rheinebene dar. Der geologische Untergrund besteht vorwiegend aus silikatischen Ablagerungen aus dem Einzugsgebiet der Dreisam, die im östlichen Teil des Waldes durch Lößlehmablagerungen des Nimberges überdeckt werden.

37 Im zeitigen Frühjahr ist der Mooswald am schönsten, wenn dichte Blütenteppiche von Busch-Windröschen (*Anemone nemorosa*) und Scharbockskraut (*Ficaria verna*) den Boden überziehen.

Im Bereich des Waldes und der weiteren Umgebung der Ebene steht das Grundwasser ganzjährig hoch an.

Der Neuershausener Mooswald selbst besteht aus einem Mosaik aus Traubenkirschen-Erlen-Eschenwald auf den feuchteren und Waldziest-Stieleichen-Hainbuchenwald mit eingestreuten Pappeln auf den trockeneren Standorten. Flächenmäßig überwiegt der feuchte Traubenkirschen-Erlen-Eschenwald. Im Westen sind die Waldbestände noch deutlich von der ehemaligen Mittelwaldwirtschaft mit breitkronigen Stieleichen geprägt. Wo als Folge früherer Nutzungen die oberste Baumschicht lückig ist, wuchert ein dichtes, stellenweise schwer durchdringbares Unterholz. Im Osten wurden die alten Bestände z.T. geerntet und mit Esche, Erle und Schwarzpappelhybriden verjüngt. Besonders erwähnenswert ist das Vorkommen der seltenen Flatter-Ulme. Die für grundwasserbeeinflußte Laubwälder typische Bodenvegetation besteht v.a. aus Gewöhnlichem Hexenkraut (*Circaea lutetiana*), Scharbockskraut (*Ficaria verna*) und Großer Schlüsselblume (*Primula elatior*).

Im Westen des Mooswaldes schließen sich zwischen Waldrand und einem wasserführenden, mit Erlen, Weiden und Pappeln gesäumten Graben Feuchtwiesen an, die man den wechselfeuchten Glatthaferwiesen zuordnen kann. Die Wiesenflächen werden heute mit Rindern und Schafen beweidet.

Die Ausweisung des Neuershausener Mooswaldes als Naturschutzgebiet wird mit dem Vorkommen seltener Vogelarten begründet. So heißt es in der Naturschutzverordnung vom 14.12.1979 in § 6: »Wesentlicher Schutzzweck ist die Erhaltung des Mooswaldes und seiner näheren Umgebung... als Lebensraum, insbesondere als Brut- und Nahrungsgebiet einer schutzwürdigen Vogelwelt mit seltenen, zum Teil vom Aussterben bedrohten Vogelarten«.

Die Vogelwelt des Neuershausener Mooswaldes zeichnet sich vor allem durch das Vorkommen einer Graureiher-Kolonie im Südwesten aus. Die früheste Angabe über die Zahl der besetzten Horste stammt aus dem Jahr 1954, als man acht Horste zählte. Zu Beginn der 70er Jahre dürfte die Anzahl der besetzten Horste 8 bis 15 betragen haben. Nach einem Tiefstand in den Jahren 1972–1974 mit nur 1 bis 6 Brutpaaren vergrößerte sich der Bestand kontinuierlich auf ca. 120 Brutpaare im Jahr 1991. 1995 wurden 89 besetzte Horste gezählt, nach dem strengen Winter 1996/97 waren allerdings nur noch 65 Horste besetzt (Beobachter: J. Rupp). Damit zählt diese Graureiherkolonie zu den größeren in Baden-Württemberg. Als wichtigster Grund für die Zunahme des Graureiherbestandes ist das ganzjährige Jagdverbot für diesen Vogel zu nennen.

Ihre Nahrung, zu der neben Fischen auch Amphibien, Mäuse und Insekten zählen, suchen die Graureiher in der Dreisamniederung und in den Gewässern der Rheinauewälder. Eine große Bedeutung bei der Nahrungssuche kommt den in unmittelbarer Nähe der Kolonie gelegenen wechselfeuchten Wiesen zu. Sie bieten den Reihern ein reiches Angebot an Beutetieren.

Darüberhinaus kommen im Neuershausener Mooswald noch andere seltene und gefährdete Vogelarten vor. So brüten hier regelmäßig der Schwarzmilan, die Turteltaube, der Mittel- und Kleinspecht, die Nachtigall und der Pirol. An dem in 50 bis 150 m westlich des Waldrandes verlaufenden Wassergraben, der die Grenze des Naturschutzgebiets markiert, brüten noch Sumpfrohrsänger und Rohrammer. Ein in der Nordostecke des Wiesengeländes von der Gemeinde March angelegter flacher Teich mit zwei Inseln soll zu einer Vergrößerung der Biotopvielfalt führen. Insbesondere soll er der Ansiedlung von Schwimmvögeln und Rohrbrütern und von Amphibien dienen. Erwähnenswert ist auch das Muschelvorkommen in einem Quellgewässer direkt am westlichen Waldrand.

Zeitgleich mit dem Neuershausener Mooswald wurde auch ein gleichnamiges Landschaftsschutzgebiet mit einer Größe von 81 Hektar rings um das Naturschutzgebiet ausgewiesen. Es dient als Puffer des Schutzgebiets und soll störende Einflüsse von ihm fernhalten.

G. Hüttl

Oberbergener Scheibenbuck

Landkreis: Breisgau-Hochschwarzwald
Gemeinde: Stadt Vogtsburg im Kaiserstuhl
Gemarkung: Oberbergen
Naturraum: Kaiserstuhl
Geschützt seit 1991
Größe: 5,2 Hektar
Top. Karte: 7911 Breisach am Rhein

Die weithin sichtbare, mit Wiesen und Feldgehölzen bedeckte Kappe des sonst mit Reben bestockten Scheibenbucks von Oberbergen im Westen des Zentralkaiserstuhls ist ein Ausläufer des Totenkopfmassivs.

Für den in Südbaden einst verbreiteten Fastnachtsbrauch des Scheibenschlagens wählte man natürlich derart exponierte »Buckel« oberhalb des zugehörigen Ortes.

Obwohl kaum größer als ein Naturdenkmal ist die Standortvielfalt groß: Nach Lößabtrag entstanden sehr flachgründige Böden, vielfach tritt der Vulkanit zutage und verwittert zu grusigem Rohboden. An anderen Stellen wurde der Löß in Mulden zusammengeschwemmt.

Das Gebiet ist überwiegend sonnenexponiert, es gibt aber auch schattige Bereiche, darunter einen kleinen Hohlweg. Auch einige Sickerwasseraustritte sind vorhanden.

Da man die landwirtschaftliche Wiesennutzung wie fast überall im Kaiserstuhl völlig aufgegeben hatte, entwickelten sich bis 1986 von Fiederzwenke (*Brachypodium pinnatum*) und Stauden dominierte Brachen. Die Gebüsche dehnten sich aus. Heute unterliegt auch die Kuppe des Scheibenbucks einer regelmäßigen Biotoppflege, so daß der Zustand der verschiedenen Magerrasen- und Wiesengesellschaften dem Schutzzweck entspricht.

Trespen-Halbtrockenrasen mit Aufrechter Trespe (*Bromus erectus*), Esparsette (*Onobrychis viciifolia*), Echtem Schwingel (*Festuca ovina*), Blutrotem Storchschnabel (*Geranium sanguineum*), Berg-Haarstrang (*Peucedanum oreoselinum*), Kalkaster (*Aster amellus*), Karthäuser-Nelke (*Dianthus carthusianorum*) usw. nehmen die trockenen und sonnenexponierten Bereiche ein, wobei die vorkommenden Stauden anzeigen, daß die Pflegemahd nicht jährlich auf jeder Teilfläche stattfindet. Bunte

38 Oberbergen und sein Scheibenbuck.

39 Auch im Kaiserstuhl selten ist der Purpurbär (*Rhyparia purpurata*).

40 Eine eben geschlüpfte Ameisenjungfer enfaltet ihre Flügel.

41 Die Beobachtung dieses Segelfalters (*Iphiclides podalirius*) auf dem Oberbergener Scheibenbuck über mehrere Tage im Mai 1998 läßt hoffen, daß sich diese prächtige Art wieder fest im Kaiserstuhl etabliert.

Salbeiwiesen bedecken die tiefgründigeren und etwas weniger sonnenexponierten Hangbereiche.

Neben den verbreiteten »Kaiserstuhl-Orchideen« kommt im Gebiet ein großer Bestand des sonst im Naturraum sehr seltenen Stattlichen Knabenkrauts (*Orchis mascula*) vor. An Wegen und Böschungen sind stellenweise Rohbodenstellen offengelegt, auf denen Fetthenne (*Sedum album*), Frühlings-Fingerkraut (*Potentilla verna*), Feld-Beifuß (*Artemisia campestris*) und Arznei-Thymian (*Thymus pulegioides*) Fuß fassen. Die Kuppe trägt ein altes Wäldchen, in dem auch Flaumeichen, Elsbeeren und Mehlbeerbäume vertreten sind.

Außerordentlich artenreich für die kleine Insel in den Reben ist die Insektenwelt. Von 29 gefährdeten Schmetterlingsarten sollen Blaukernauge (*Minois dryas*), Thymian-Ameisenbläuling (*Maculinea arion*), der hier an Dost, und nicht wie andernorts an Thymian vorkommt, Großer Waldportier (*Hipparchia fagi*) und Purpurbär (*Rhyparia purpurata*) erwähnt werden.

Im Schutz der Überhänge der Wegeinschnitte legen die Larven der Ameisenjungfer (*Myrmeleon* spec.) zahlreich ihre Fangtrichter im immertrockenen Substrat an und Libellen-

Schmetterlingshafte (*Libelloides coccajus*) schwirren im Frühsommer über die Sonnenhänge bis hinunter zu den hohen Steilböschungen der Rebberge.

Besucherhinweis: Der Oberbergener Scheibenbuck liegt weit vom nächsten Parkplatz entfernt. Er bietet dem Wanderer ungestörtes Verweilen mit großartigem Ausblick über die Rheinebene, an klaren Tagen bis zu den Vogesen.
J.-U. Meineke

Ochsenberg-Litzelstetten

Landkreis: Breisgau-Hochschwarzwald
Gemeinde: Stadt Löffingen
Gemarkungen: Löffingen, Seppenhofen
Naturraum: Baar
Geschützt seit 1991
Größe: 60 Hektar (abhängiges LSG 70 Hektar)
Top. Karten: 8115 Lenzkirch, 8116 Löffingen

Das rund 60 ha große Schutzgebiet liegt im Südwesten der Baar zwischen Rötenbach und Löffingen. Der Name deutet schon darauf hin, daß es sich um zwei Teilgebiete handelt, »Ochsenberg« (48 ha) im Osten auf einer Höhe von 860 m und »Litzelstetten« (12 ha) im Westen auf rund 830 m Höhe gelegen. Die beiden Teilgebiete sind durch ein abhängiges Landschaftsschutzgebiet miteinander verbunden.

Weithin sichtbar sind die bunten, mit Heckenreihen durchsetzten Wiesen am Ochsenberg. Es handelt sich um sehr gut ausgeprägten Trespen-Halbtrockenrasen und frühlingsenzianreiche Halbtrockenwiesen. Bis auf kleine, steile Bereiche werden diese Flächen regelmäßig einmal im Jahr gemäht. Neben den häufigeren Arten wie Aufrechte Trespe (*Bromus erectus*), Gemeines Sonnenröschen (*Helianthemum nummularium*), Kleiner Wiesenknopf (*Sanguisorba minor*), Hügelmeister (*Asperula cynanchica*), Heilziest (*Stachys officinalis*) oder Echtes Labkraut (*Galium verum*) finden sich auch seltenere Arten wie Gemeine Küchenschelle (*Pulsatilla vulgaris*), Kugelige Teufelskralle (*Phyteuma orbiculare*) und der namengebende Frühlingsenzian (*Gentiana verna*). Besonders bemerkenswert ist das Vorkommen des stark gefährdeten Kleinen Knabenkrauts (*Orchis morio*).

Die Hänge des südlich an den »Ochsenberg« anschließenden »Wiesenbergs« werden seit Jahren nicht mehr genutzt. Hier befinden sich Brachen vom Typ des Enzian-Halbtrockenrasens. Zahlreiche Gebüschgruppen bilden ein abwechslungsreiches Mosaik auf der Fläche. Sie wachsen zumeist auf Lesesteinriegeln und -haufen – ein Beweis dafür, daß das Gebiet früher als Ackergelände genutzt wurde. Aus den steinigen Äckern klaubte man die bei der Bewirtschaftung hinderlichen Steine und warf sie an den Feldrand. Dadurch entstanden die z.T. langgestreckten Steinhaufen. Im Laufe der Zeit siedelten sich dann Gehölze an und entwickelten sich zu Hecken. Nach Aufgabe der Ackernutzung entstanden die Wiesen dazwischen. Die Gebüsche setzen sich im wesentlichen aus Rosen, Weißdorn, Schlehe und Hasel zusammen. Sie sind häufig von blumenbunten Säumen umgeben. Charakteristische Arten dieser Säume sind Heil-Ziest (*Stachys officinalis*), Pfirsichblättrige Glockenblume (*Campanula persicifolia*) und Mittlerer Klee (*Trifolium medium*). An verschiedenen Stellen wachsen auch die seltenen Saumarten Hirsch-Haarstrang (*Peucedanum cervaria*) und Verschiedenblättrige Platterbse (*Lathyrus heterophyllus*). An den Rändern zu den intensiv genutzten Wiesen und Äckern, die das Naturschutzgebiet umgeben, sind die Säume nährstoffreicher. Hier findet man hochwüchsige Stauden wie Gold-Kälberkropf (*Chaerophyllum aureum*) und Schmalblättrigen Arznei-Baldrian *(Valeriana wallrothii)*.

Besonders attraktiv ist diese reichausgestattete Landschaft für Vogelarten, die auf Hecken und Grünland angewiesen sind. In erster Linie sind hier Heckenbrüter wie Baumpieper, Goldammer und Neuntöter zu nennen, aber auch seltene Vertreter anderer Tiergruppen, zum Beispiel Schmetterlinge und Heuschrecken, wie z.B. der Warzenbeißer (*Decticus verrucivorus*), der im Sommer nach dem zweiten Wiesenschnitt in den ungemähten Säumen um die Hecken anzutreffen ist. An sonnigen Plätzen findet man oft Blindschleichen und Eidechsen beim Aufwärmen oder Lauern auf Insekten.

Dieses in seiner Größe auf der Baar einmalige Magerrasen- und Heckengebiet entstand

42 Vor den Häusern Löffingens bildet die Hügelkette Kreuzbuck-Ochsenberg-Weisebühl mit ihren Heckenriegeln eine auffällige Landschaftsstufe; hier beginnt der Obere Muschelkalk. In der breiten Mulde rechts davor liegen die Feuchtwiesen des Gewanns »Litzelstetten«.

durch jahrhundertelange extensive landwirtschaftliche Nutzung der Wiesen und Hecken. Der Ochsenberg war Teil eines Triebwegs der Wanderschäfer, auf dem sie ihre Tiere im Herbst von der Schwäbischen Alb hinunter in die Rheinebene auf die Winterweiden und im Frühjahr wieder hinauf trieben. Diese Art der Schäferei wurde in den letzten Jahrzehnten immer unrentabler, was dazu führte, daß man sie aufgab und die Weiden am »Ochsenberg« brachfielen. Um das Gebiet mit seiner überdurchschnittlich abwechslungsreichen Naturausstattung zu erhalten, müssen die Flächen regelmäßig gemäht und die Gehölze ungefähr alle zehn bis 15 Jahre auf den Stock gesetzt werden. Diese Pflegearbeiten werden heute von ansässigen Landwirten durchgeführt.

Beim Teilgebiet Litzelstetten handelt es sich um einen völlig anderen Lebensraum. Der Kernbereich, eine flache Mulde im Mittleren Muschelkalk, besteht aus Feuchtwiesen, die früher als Streuwiese genutzt wurden, d.h. die Wiesen wurden gemäht und das Heu in die Viehställe eingestreut. Seit ca. 25 Jahren werden sie allerdings nicht mehr regelmäßig bewirtschaftet. Das Brachliegen und die in früheren Jahren angelegten Entwässerungsgräben führten dazu, daß sich die Vegetation veränderte. Noch in den 50er Jahren wurde das Gebiet von OBERDORFER als ein von Niedermoorgesellschaften geprägter Talgrund beschrieben. Heute bestimmen Pfeifengras- und Bachkratzdistelwiesen die Senke. Dort findet man die typischen Arten der Streuwiesen wie Pfeifengras (*Molinia caerulea*), Färber-Scharte (*Serratula tinctoria*), Niedrige Schwarzwurzel (*Scorzonera humilis*), Bachkratzdistel (*Cirsium rivulare*) und Trollblume (*Trollius europaeus*).

43 Ausgedehnte Halbtrockenrasen mit einzelnen Gebüschgruppen bestimmen das Bild des Westhangs zwischen Ochsenberg und Weisebühl.

Besonders zu erwähnen ist das Vorkommen der Sibirischen Schwertlilie (*Iris sibirica*). Diese Art scheint sich in den letzten Jahren hier zu vermehren. Ebenfalls bemerkenswert sind die großen Bestände der stark gefährdeten Busch-Nelke (*Dianthus seguieri*). Entlang der alten Entwässerungsgräben und im Osten des Gebiets, dort wo die Gräben nahe eines künstlich angelegten Teiches zusammenlaufen, breiten sich von Mädesüß (*Filipendula ulmaria*) dominierte Hochstaudenfluren aus. Mädesüß profitierte am meisten von der aufgegebenen Bewirtschaftung. Ihre dichten Bestände verdrängten weitgehend andere Arten, verhindern sogar erfolgreich das Aufkommen von Gehölzen. Nur im Westen, unterhalb einer quelligen Geländekante, an der kalkreiches Grundwasser austritt, befinden sich auch heute noch kleinflächige Reste artenreicher Niedermoorwiesen.

Es handelt sich dabei um ein Davall-Seggen-Quellmoor, u.a. mit Braun-Segge (*Carex nigra*), Floh-Segge (*Carex pulicaris*), Breitblättrigem Knabenkraut (*Dactylorhiza majalis*) und Schmalblättrigem Wollgras (*Eriophorum angustifolium*).

Die strukturreichen Brachflächen sind der ideale Lebensraum für Braunkehlchen. Diese in Baden-Württemberg stark gefährdete Art ist mit mehreren Brutpaaren im Gebiet vertreten. Der kleine, störungsempfindliche Vogel nutzt gern die über die umgebende Vegetation aufragenden Stengel der Hochstauden als Singwarte; von hier aus jagt er auch nach kleinen Insekten. Sein Nest baut er versteckt im Gestrüpp der Brachen. In den umgebenden Wiesen wurden Feldschwirl, Grauammer und Feldlerche beobachtet. Bergmolch und Grasfrosch sind ebenfalls im Dickicht der Vegetation auf

Nahrungssuche. Auch zahlreiche Insektenarten leben in den Feuchtwiesen. Bisher sind zehn Libellenarten, vor allem in der Umgebung des am Rande gelegenen Weihers, entdeckt worden. Unter den Schmetterlingen kommt neben anderen der Randring-Perlmutterfalter vor, der auf den reichlich vorhandenen Schlangen-Knöterich als Futterpflanze für die Larve und als Nektarspender für die erwachsenen Tiere angewiesen ist. Sumpfgrashüpfer und Wanstschrecke sind zwei der in den Feuchtwiesen beheimateten Heuschreckenarten.

Der hier vorhandene Biotopkomplex ist in dieser Größe selten anzutreffen. Im Biotopverbund dient die feuchte Senke als Trittstein zu den großen Feuchtwiesen bei Rötenbach.

H. Bogenschütz

Ohrberg

Landkreis: Breisgau-Hochschwarzwald
Gemeinde: Stadt Vogtsburg im Kaiserstuhl
Gemarkung: Schelingen
Naturraum: Kaiserstuhl
Geschützt seit 1976
Größe: 9,6 Hektar
Top. Karte: 7812 Kenzingen

Das rund 9,6 ha große Schutzgebiet liegt inmitten des Kaiserstuhls. Der sich vom Bahlinger Eck im Norden bis zum Ortsrand von Schelingen im Süden erstreckende Bergrücken ist Teil des hufeisenförmigen Kaiserstühler Zentralkamms. Dieser Hauptkamm ist nicht der Kraterrand eines gewaltigen Vulkans, wie bei seinem Anblick vielleicht vermutet werden könnte, vielmehr handelt es sich um Abtragungsformen, die erst lange nach der vulkanischen Tätigkeit im Kaiserstuhl entstanden sind. Die West- und Osthänge des Ohrbergs bilden die Flanken zweier für das Lößgebiet des Kaiserstuhls typischen Kastentäler.

Die Gesteine des Höhenrückens sind subvulkanischen Ursprungs. Die aufsteigende Magma erreichte niemals die Erdoberfläche, sondern blieb im Inneren des Vulkans stecken und erstarrte langsam. Immense Abtragungen legten am Ohrberg diese Gesteine bloß. Sie vermitteln heute wichtige Erkenntnisse über das Innere eines Vulkans (vgl. Beitrag von GENSER).

Den subvulkanischen Gesteinen am Ohrberg schließen sich nach Süden intrusive Phonolithe an. Sie werden als »intrusiv« bezeichnet, weil sie als flüssige Magma nachträglich in Ritzen und Spalten älterer Gesteine eindrangen. Am Südhang des Bergrückens treten subvulkanische Breccien auf, die von Karbonatiten durchsetzt sind. Diese wurden in fünf Steinbrüchen bis ins Jahr 1952 hinein abgebaut. Außerhalb der Steinbrüche sind die Gesteine mit einer unterschiedlich mächtigen Lößschicht bedeckt, die nur an wenigen, besonders steilen Stellen fehlt.

Über die südexponierten Hänge des Ohrbergs erstrecken sich ausgedehnte, blumenbunte Halbtrockenrasen, die zu den artenreichsten des Kaiserstuhls zählen. Im zeitigen Frühjahr bestimmt die Blüte der Küchenschelle (*Pulsatilla vulgaris*) den Aspekt der noch graubraunen Wiesen, im Sommer erwartet den interessierten Besucher eine Fülle unterschiedlicher Orchideenarten, und schließlich im Herbst bedeckt ein gelber Blütenteppich aus Gold-Astern (*Aster linosyris*) den gesamten Südhang des Bergrückens. Zahlreiche Gebüschgruppen, die von wärmeliebenden bunten Saumgesellschaften umgeben sind, erhöhen den Strukturreichtum und damit den ökologischen Wert des Gebiets. An besonders flachgründigen und trockenen Stellen treten auch kleine Bestände von Trockenrasen auf. Trockenrasen sind von Natur aus waldfreie Rasengesellschaften in extrem trocken-heißer Lage. Die Bestände am Ohrberg enthalten zahlreiche für die Trockenrasen bezeichnende Arten, die aufgrund ihrer Seltenheit als gefährdet gelten, u.a. Zwerg-Sonnenröschen (*Fumana procumbens*), Kugelblume (*Globularia elongata*), Grauscheidiges Federgras (*Stipa joannis*) und Kugel-Lauch (*Allium sphaerocephalon*). Die Bestände sind sehr lückig, so daß immer wieder der anstehende Fels sichtbar wird. Er wird stellenweise von bunten Erdflechten bedeckt, die charakteristisch für diese extrem warmen und felsigen Standorte sind.

Im Norden des Schutzgebiets schließt ein Buchenwald an die Halbtrockenrasen an. Die Naturschutzgebietsgrenze verläuft oben auf

Ohrberg 215

44 Blick von Süden über Rebterrassen hinweg zum Ohrberg mit seinen fünf Karbonatit-Steinbrüchen, Trockenrasen und Gebüschgruppen. Der bewaldete Kamm verläuft hin zum »Bahlinger Eck«.

dem Bergrücken, so daß am Südosthang ein 30 bis 50 m breiter Streifen des Waldes mit unter Schutz steht. Der Waldrand wird von einem strauchreichen Buchenwald eingenommen. Die Baumschicht bilden Rotbuche, Trauben-Eiche, Elsbeere, Feld-Ahorn und Hainbuche. In der gut ausgebildeten Strauchschicht findet man Zweigriffligen Weißdorn, Hasel, Wolligen Schneeball und Feld-Rose. Der Wald mit dem strukturreichen Waldrand ergänzt die Lebensräume der angrenzenden Wiesen.

Die warmen südexponierten Hänge des Naturschutzgebiets mit ihren blütenreichen Säumen und dem Waldrand sind ideale Lebensräume für eine Vielzahl seltener Tierarten. Als typisch für die Halbtrockenrasen des Kaiserstuhls gelten die stark gefährdeten Arten Gottesanbeterin (*Mantis religiosa*) und Weinhähnchen (*Oecanthus pellucens*). Besonders bemerkenswert sind die seltenen Schmetterlingsarten Großer und Weißer Waldportier (*Hipparchia fagi, Brintesa circe*). Eine ausführliche Untersuchung über die Spinnenfauna am Ohrberg

45 Der Flockenblumen-Scheckenfalter (*Melitaea phoebe*) kann auch im Kaiserstuhl nur noch an wenigen Stellen beobachtet werden.

weist 33 Arten der Roten Liste nach. Besonders an Bestandsrändern zwischen Wald, Gebüsch und Wiesen findet man hohe Arten- und auch Individuenzahlen. Für die Artenvielfalt ist es demnach von großer Bedeutung, das Mosaik aus Wald, Gebüsch und Halbtrockenrasen zu erhalten.

Die Halbtrockenrasen werden in regelmäßigen Abständen vom Pflegetrupp der Bezirksstelle für Naturschutz und Landschaftspflege Freiburg gemäht, damit die artenreichen Bestände und bunten Saumgesellschaften mit ihren zum Teil stark gefährdeten Tier- und Pflanzenarten nicht verloren gehen.

H. Bogenschütz

Ölberg Ehrenstetten

Landkreis: Breisgau-Hochschwarzwald
Gemeinde: Ehrenkirchen
Gemarkung: Ehrenstetten
Naturraum: Freiburger Bucht
Geschützt seit 1996
Größe: 23,9 Hektar
Top. Karte: 8012 Freiburg Südwest

Das Naturschutzgebiet »Ölberg Ehrenstetten« liegt östlich der Ortschaft Ehrenstetten am Südrand der Schönberggruppe. Es umfaßt die Süd- und Südosthänge des Ölbergs von Ehrenstetten und erstreckt sich in einer Höhenlage zwischen 265 und 415 m ü. NN. Die Kuppe des Ölbergs sowie der nördlichste Abschnitt des Südosthanges sind mit Wald bestockt. Im übrigen bestanden die Hänge vor allem aus Rebgelände. Bedingt durch die Steilheit fielen hier jedoch große Bereiche brach und sind heute überwiegend von Gebüschen und Buschwäldern bedeckt.

Bei den Wäldern des Ölbergs handelt es sich größtenteils um Eichen-Hainbuchenwälder. Oft ist ein hoher Anteil an Trauben-Eichen charakteristisch, aber auch Hainbuche und Winter-Linde sind wichtige Bestandsbildner. An weiteren Gehölzen kommen u.a. die seltenere Elsbeere und der Mehlbeere, der Feld-Ahorn oder zwei Weißdornarten vor. In der Krautschicht gedeihen Waldmeister (*Galium odoratum*), Arznei-Schlüsselblume (*Primula veris*), Vielblütige Weißwurz (*Polygonatum multiflorum*) oder Schwarzwerdende Platterbse (*Lathyrus niger*). Eine Besonderheit des Ölbergs ist das Immenblatt (*Melittis melissophyllum*), ein Lippenblütler mit auffallend großen, weißen bis lilafarbenen Bluten. Sein Vorkommen in diesem Waldtyp ist in der Vorbergzone zwischen Basel und Emmendingen auf den Ölberg beschränkt.

Im nordöstlichen Teil des Ölbergs stocken auch Buchenwälder. Sie enthalten u.a. die auffallenden Orchideenarten Rotes Waldvögelein (*Cephalanthera rubra*) und Stattliches Knabenkraut (*Orchis mascula*), außerdem Türkenbund (*Lilium martagon*), Seidelbast (*Daphne mezereum*) und Maiglöckchen (*Convallaria majalis*). Bei der Nestwurz (*Neottia nidus-avis*), einer weiteren Orchideenart, ist die ganze Pflanze einschließlich der Blüten hellbraun, das Blattgrün fehlt, die Blätter sind zu Schuppen reduziert. Sie ist zum Aufbau von Zellulose und Eiweiß vollständig auf einen Wurzelpilz angewiesen, da sie die Vorstufen dafür nicht selbst synthetisieren kann. Letztendlich lebt sie also von dem, was im Boden an organischem Material abgebaut wird. Man nennt diese Lebensweise »saprophytisch«.

An felsigeren Standorten kommen auch kleinflächig Eichen-Elsbeerenwälder z.B. mit der Schmerwurz (*Tamus communis*), dem Einblütigen Perlgras (*Melica uniflora*) oder dem Blauroten Steinsamen (*Lithospermum purpurocaeruleum*), einem Rauhblattgewächs mit zuerst roten, dann azurblauen Blüten und kleinen, steinharten Früchten vor. Die in diesem Waldtyp sonst öfters erscheinende seltene Flaum-Eiche (*Quercus pubescens*) fehlt am Ölberg. Stattdessen ist nur die bei uns weiter verbreitete Trauben-Eiche (*Quercus petraea*) vorhanden.

Die im Rebland oft großflächig eingestreuten Ligustergebüsche mit Liguster, Schlehe und Eingriffligem Weißdorn haben sich teilweise bereits zu jungen Eichen-Hainbuchenwäldern weiterentwickelt. Die Entwicklung von einem Vegetationstyp zu anderen, die sich einstellt, wenn der Mensch nicht eingreift, nennt man Sukzession.

An wenigen anderen Stellen haben sich nach

46 Reben zwischen Wald (oben) und einem ausgedehnten Feldgehölz (unten), typisch für den Ölberg.

der Aufgabe der landwirtschaftlichen Nutzung Fragmente von Halbtrockenrasen eingestellt. Besonders schöne und auffällige Pflanzen sind hier das gelbblühende Gewöhnliche Sonnenröschen (*Helianthemum nummularium*), die rote Karthäuser-Nelke (*Dianthus carthusianorum*) oder die Golddistel (*Carlina vulgaris*) mit metallisch hellgolden schimmernden Hüllblättern um das Blütenköpfchen. Daneben kommt auch noch eine Vegetationsform mit Hochstauden vor. Sie kann sich ausbilden, wenn Grünland nicht mehr gemäht oder beweidet wird. Es dominieren dann höhere Stauden und andere Arten, die Mahd oder Beweidung nicht ertragen. Im Fall des Ölbergs handelt es sich um den Hirschwurzsaum mit dem Hirsch-Haarstrang (*Peucedanum cervaria*), einem Doldengewächs, der auffällig großblütigen Pfirsichblättrigen Glockenblume (*Campanula persicifolia*), der (einheimischen) Gewöhnlichen Goldrute (*Solidago virgaurea*) oder dem nach ätherischen Ölen duftenden Gewöhnlichen Dost (*Origanum vulgare*), einem Lippenblütler.

Auch die Rebgrundstücke auf alten Rebterrassen und die Ränder von Wegen und Pfaden weisen eine interessante Flora auf. So kommen noch der Weinbergs-Lauch (*Allium vineale*), der Dolden-Milchstern (*Ornithogalum umbellatum*) und die Weinbergs-Traubenhyazinthe (*Muscari racemosum*) bzw. der Schöne Pippau (*Crepis pulchra*), ein Korbblütler, oder die Ranken-Platterbse (*Lathyrus aphaca*) vor.

Bei den Vögeln profitiert eine Anzahl von Hecken- und Gebüschbrütern wie die Dorngrasmücke vom Vorhandensein größerer Gebüschbereiche.

Am sonnigen Hang kommt als Besonderheit die ungiftige Glatt- oder Schlingnatter vor.

Die Insektenfauna umfaßt einige wärmeliebende Arten, z.B. die Bergzikade (*Cicadetta montana*) oder die Gemeine Ameisenjungfer (*Myrmeleon formicarius*), von der die im Sand gegrabenen Fangtrichter der Larven (»Ameisenlöwen«) besonders auffallen. Bei den Käfern sind eine ganze Reihe seltener holz- bzw. mulmbewohnender Arten wie der Hirschkäfer (*Lucanus cervus*) oder der Kleine

Eichenbock (*Cerambyx scopoli*) nachgewiesen.

Der Ölberg stand schon früh unter dem Einfluß des Menschen: In Felshöhlen des Südosthanges befinden sich steinzeitliche Wohnplätze. Die ausgedehnten Ringwälle um den Gipfel gehören zu einer vorgeschichtlichen Befestigungsanlage.

Ein bewahrenswertes Erbe einer traditionellen Reblandschaft sind die kleinparzellierten Grundstücke, die Trockenmauern, Hecken und Einzelbäume, die sich von den großflächig angelegten neuen Rebterrassen auf der anderen Seite des Ölbergs abheben.

Wesentlicher Schutzzweck ist die Erhaltung der landschaftlich reizvollen Süd- und Südosthänge des Ölbergs, die Erhaltung und Förderung ihrer ökologisch bedeutsamen Strukturvielfalt und der damit einhergehenden seltenen wärmeliebenden Tier- und Pflanzengemeinschaften mit ihren z.T. gefährdeten Arten.

Um die alte Reblandschaft zu erhalten, ist es durch die Schutzgebietsverordnung u.a. verboten, die Rebterrassen zu verändern. Auch darf die Grundstücksnutzung nicht intensiviert werden. Bei der Anlage neuer Rebterrassen ist darauf zu achten, daß nach dem Naturschutzgesetz von Baden-Württemberg besonders geschützte Biotope nicht zerstört werden. Was den Wald betrifft, so ist vorgeschrieben, bei der Bestandsverjüngung nur im Gebiet heimische Laubbaumarten zu verwenden. Dies ist vor allem im Hinblick auf ein paar kleinere jüngere Bestände, z.B. mit Spitz-Ahorn, wichtig, die als Fremdkörper in den Wäldern am Ölberg wirken. *W. Kramer*

Rappennestgießen

Landkreis: Breisgau-Hochschwarzwald
Gemeinde: Vogtsburg im Kaiserstuhl
Gemarkung: Burkheim
Naturraum: Markgräfler Rheinebene
Geschützt seit 1985
Größe: 53 Hektar
Top. Karten: 7811 Wyhl, 7911 Breisach am Rhein

Westlich der Stadt Burkheim liegt eingebettet in die Rheinauenlandschaft das Schutzgebiet »Rappennestgießen«. Nur wenige Meter von der »Rheinhalde Burkheim« entfernt repräsentiert es einen Lebensraum, der sich vom angrenzenden, bezüglich Tier- und Pflanzenwelt mediterran anmutenden Kaiserstuhl als vollkommen verschiedenartiger Biotop abhebt. Auf einer Fläche von 53 ha erstreckt er sich zwischen Hochwasserdamm und Rhein als ein von fließendem und stehendem Wasser geprägtes Areal, in dem sich Quellteiche, Schluten, Altwasserbereiche, Uferzonen und Wälder kleinflächig abwechseln.

Während der Eiszeiten lagerten die Schmelzwasserströme der Gletscher aus den vereisten Gebirgen Kiese und Sande in der Oberrheinebene ab. Die Schotterfluren der Würmeiszeit bildeten die bis zu 350 m mächtige Niederterrasse, in die sich der Rhein allmählich eintiefte und dabei die mehrere Kilometer breite Rheinaue schuf. In diesem Bett mäandrierte der Rhein im Rhythmus der Hochwasserereignisse, verlagerten einzelne Flußarme ihren Lauf, während Rinnen verschüttet und andere erweitert wurden. Als Folge der Rheinkorrektur blieben die Überschwemmungen mit ihren landschaftsformenden Auswirkungen aus, und der Grundwasserspiegel sank. In diesem intensiv gestalteten Bereich befindet sich das Schutzgebiet Rappennestgießen, das seine Bezeichnung vom gleichnamigen, rheinwassergespeisten Altwasserarm erhielt.

Der Bau der Staustufe Marckolsheim führte zusammen mit der Verlegung des Altwasserarmes Rappennestgießen und der Erweiterung des angrenzenden Baggersees noch einmal zu einer leichten Anhebung des Grundwassers. Da der Grundwasserspiegel unter den jetzigen

47 Klares, kühles Wasser kennzeichnet den Gießen, einen Quellwasseraustritt im NSG »Rappenestgießen«. Der Wasserlauf, begleitet von einer Schwarzerlenaue bzw. einem Eichen-Hainbuchenwald, mündet in einen Altrheinarm.

Voraussetzungen jedoch ganzjährig unverändert bleibt, können die früheren Verhältnisse, die bei extrem wechselnden Wasserständen eine gute Sauerstoffversorgung des Bodens gewährleisteten, nicht mehr imitiert werden. Die Zusammensetzung der Pflanzenwelt entspricht deshalb nicht genau jener, die man in einem ursprünglichen Auenbereich vorfinden würde. Reliefunterschiede fallen in einer Größenordnung von drei Metern nur geringfügig auf, verändern die Standortverhältnisse jedoch erheblich.

Der in den Rappenestgießen mündende Quellteich zählt zu den größten noch existierenden Grundwasseraustritten der Rheinaue und stellt das Zentrum des Schutzgebiets dar. Vermutlich handelt es sich um den Austritt eines Grundwasserstroms, der aus dem Münstertal im Schwarzwald in Richtung Rheinebene fließt. Die farbenprächtigen, durchscheinenden Effekte des Quellteiches sind auf die Aktivität von Protozoen, Bakterien und Blaualgen zurückzuführen, die das nährstoffarme, im Jahresgang acht bis zwölf Grad kalte Wasser besiedeln. Die außergewöhnlichen chemischen und physikalischen Eigenschaften des Quellwassers bieten zusammen mit seiner Klarheit und einer Sichttiefe von mehreren Metern hochspezialisierten Pflanzen wie der Armleuchteralge *Chara hispida,* der Wasserfeder (*Hottonia palustris*) und dem Tannenwedel (*Hippuris vulgaris*) letzte Existenzmöglichkeiten.

Die rheinwassergespeisten, fischreichen Altwasserarme, in denen schnell- und langsamfließende Zonen abwechseln, sind neben üppigen Wasserpflanzengesellschaften mit einer artenreichen uferbegleitenden Vegetation ausgestattet. In den Verlandungsbereichen und Schluten dominieren Röhrichte und Steifseggenriede, daran anschließend im Weichholzauenbereich Silber-Weide mit Schwarz-Pappel,

48 Die rotbraunen Thalli der Rotalge *Hildenbrandia* sitzen den ständig von kühlem und sauerstoffreichem Wasser umströmten Kieselsteinen im Gießen auf. Der größte Thallus hat einen Durchmesser von 2 cm.

Mandel-Weide, Korb-Weide und Purpur-Weide. In der uferferneren Hartholzaue gedeiht der Traubenkirschen-Eschenwald mit Esche, Traubenkirsche, Schwarz-Erle, Schwarz-Pappel, Flatter-Ulme, Feld-Ulme, Stiel-Eiche u. a. Die höhergelegene Hartholzaue läßt sich anhand des Eichen-Ulmenwaldes und des Eichen-Hainbuchenwaldes lokalisieren, in dem vor allem Stiel-Eiche und Feld-Ulme bzw. Stiel-Eiche und Hainbuche mit beigemischter Winter-Linde, Süßkirsche u. a. vertreten sind. Edellaubholz- und Koniferenforste sind im Schutzgebiet nur kleinräumig anzutreffen und beeinträchtigen den Gesamtaspekt dieses Lebensraums nur geringfügig.

Die Vielgestaltigkeit des Gebiets bietet zahlreichen Tierarten einen Lebensraum. Insbesondere die unzugänglichen Fließgewässer, Tümpel, Kiesbänke, Uferbereiche, Röhrichte, Weidenbestände und die Eichenwälder gehören auch in der Rheinebene zu den seltenen Biotopen und begründen damit den hohen faunistischen Wert des »Rappennestgießen«. So beherbergen gerade die artenreichen Altholzbestände eine Vielzahl seltener Käferarten, wobei vor allem Stiel-Eiche und brüchige Stämme von besonders großer Bedeutung sind. Zahlreiche Schmetterlings- und Libellenarten zeigen die Vielfalt an Strukturelementen und Biotoptypen an, während seltene Libellenarten und andere wassergebundene Insekten die Bedeutung des Gebiets als Lebensraum zwischen Wasser und Land herausstellen. Schluten und Tümpel beherbergen die Amphibienwelt, die u. a. von Wasserfrosch und Teichmolch vertreten wird. In der Vogelwelt ist das Schutzgebiet Brutbiotop für Wasserralle, Krickente, Neuntöter und Zwergtaucher bzw. Nahrungsbiotop für Eisvogel, Teichrohrsänger, Turteltaube und Wespenbussard.

Besucherhinweis: Die Bedeutung des Schutzgebiets für die Tier- und Pflanzenwelt begründet sich vor allem in seiner Ungestörtheit und der Vielzahl an unzugänglichen Rückzugsräumen. Deshalb stellt insbesondere der Badebetrieb an den Quelltöpfen und anderen Kleingewässern eine Gefährdung dar, da Bereiche mit uferbegleitenden Pflanzengesellschaften und flächigen Schilfröhrichten nicht betreten werden sollten. An den entsprechenden Stellen wurden 1993 Hinweisschilder aufgestellt, die den Besucher auf besonders störungsempfindliche Gewässerzonen hinweisen.

B. Koch

Rheinhalde Burkheim

Landkreis: Breisgau-Hochschwarzwald
Gemeinde: Vogtsburg im Kaiserstuhl
Gemarkung: Burkheim
Naturraum: Kaiserstuhl
Geschützt seit 1965
Größe: 1,986 Hektar
Top. Karte: 7811 Wyhl

Am Nordwestabfall des Kaiserstuhls bildet das Naturschutzgebiet »Rheinhalde Burkheim« den Übergang zum Rheintal. Gegensätzlicher könnte sich das direkte Nebeneinander zweier Lebensräume kaum darstellen: der steil abfallende Hang des Burgberges mit seinen sonnenexponierten, verschiedenartigen Trockenbiotopen und der üppig wuchernde Auenwald, der ins Naturschutzgebiet »Rappennestgießen« übergeht. Im Umfeld des ehemaligen Steinbruchs finden sich Biotoptypen mit zahlreichen Ausprägungen. Offene Felswand und lückige Felsgrusgesellschaften, Trockenrasen, lichtes und undurchdringliches Gebüsch bis hin zu waldartigen Gehölzbeständen finden sich auf einer Fläche von weniger als zwei Hektar vereint. Eine randlich durch Nährstoffeinträge geprägte Ruderalflur bildet den Übergang zur Rebflur des Kaiserstuhls.

Den geologischen Unterbau der Rheinhalde bilden mehrere übereinanderliegende Ströme von Tephritlava, die verwitternd zu dunkelbraunem, sandartigem Grus zerfällt. Stellenweise kann das dunkle Gestein an der Oberfläche betrachtet werden, während andere Bereiche von Löß bedeckt sind. Im Bodenbildungsprozeß des tephritischen Ausgangsmaterials entsteht ein flachgründiger, wasserdurchlässiger Skelettboden, der sich nur in Senken und Mulden halten kann, bei steilen Hangneigungen jedoch nicht über das Initialstadium hinauskommt. Die Bodenbeschaffenheit, die primäre Nährstoffarmut und die Neigung des Geländes führen deshalb zu extrem trockenen Verhältnissen, die das Aufkommen von Arten begünstigen, welche sonst vorwiegend im

49 Blick über die Rheinhalde bei Burkheim. Schlehenhecken, Feldulmen- und Eichengebüsch wechseln mit artenreichen Trockenrasen-Gesellschaften. Im Vordergrund blühende Gold-Aster (*Aster linosyris*). Links ein aufgelassener Tephrit-Steinbruch, hinten die Ruine des Burkheimer Schlosses über Rebterrassen.

50 Die Traubige Graslilie (*Anthericum liliago*) hat im NSG »Rheinhalde Burkheim« ein für das Kaiserstuhlgebiet besonders reiches Vorkommen.

Mittelmeerraum und in kontinentalen Steppengebieten vorkommen. Am Kaiserstuhl stellen sie Reliktgesellschaften wärmerer, nacheiszeitlicher Klimaverhältnisse dar und konnten sich nur an geschützter Stelle erhalten. Die veränderten Klimaverhältnisse mit deutlich geringeren Durchschnittstemperaturen müssen für diese Lebensgemeinschaften durch vielerlei begünstigende Standortfaktoren ausgeglichen werden, die unter dem Einfluß menschlicher Nutzung stehen. An der »Rheinhalde Burkheim« ist dies die Verhinderung von Gehölzaufwuchs durch Schafbeweidung, welche den natürlichen Ablauf der Sukzession unterbricht. Das Auftreten kleinerer Ulmengebüsche in den Randbereichen und inmitten der Halde deuten darauf hin, daß sich diese Trockenrasengesellschaft bei ausbleibender Nutzung und dem steten Verbiß durch Schafe zu einem Flaumeichengebüsch entwickeln könnte.

Die Trockenrasen dieses Schutzgebiets bilden mit ihrer Pflanzen- und Tierwelt einzigartige, extrem seltene Lebensgemeinschaften und kommen nur noch an wenigen Stellen in Baden-Württemberg vor. Einige Arten sind sogar ausschließlich auf die Rheinhalde beschränkt. Neben Gewöhnlicher Küchenschelle (*Pulsatilla vulgaris*), Gold-Aster (*Aster linosyris*) und Traubenhyazinthe (*Muscari racemosum*) finden Amethyst-Sommerwurz (*Orobanche amethystea*), Zarter Lein (*Linum tenuifolium*), Sand-Sommerwurz (*Orobanche arenaria*) und Gamander-Sommerwurz (*Orobanche teucrii*) auf dem Trockenrasen ihren Lebensraum. Steppen-Wolfsmilch (*Euphorbia seguierana*), Gewöhnliche Eselsdistel (*Onopordum acanthium*), Wohlriechende Skabiose (*Scabiosa canescens*) und Gewöhnliche Kugelblume (*Globularia punctata*) zählen zu den gefährdeten und potentiell gefährdeten Arten, die außerhalb der Rheinhalde kaum noch zu finden sind. Auf felsigen Kuppen und den entblößten Steilhängen gedeihen Scharfer Mauerpfeffer (*Sedum acre*) und Weiße Fetthenne (*Sedum album*), in den extrem flachgründigen Bereichen Zwerg-Sonnenröschen (*Fumana procumbens*) und Gelbscheidiges Federgras (*Stipa pulcherrima*). Die Vielzahl der Blütenpflanzen verleiht dem Schutzgebiet zur Vegetationsperiode einen farbenprächtigen, abwechslungsreichen Aspekt, der sich sogar in milden Wintern fortsetzt, wenn Gewöhnliches Sonnenröschen (*Helianthemum nummularium*) oder Sand-Fingerkraut (*Potentilla arenaria*) zu einer späten bzw. frühen Blüte ansetzen. Das reiche Nahrungsangebot bietet ideale Voraussetzung für eine ebenso reiche Insektenwelt und deren Jäger, die Gottesanbeterin (*Mantis religiosa*) und die Smaragdeidechse, die wie die umgebende Pflanzenwelt Vertreter eines mediterranen Lebensraums sind.

Die herausragende, artenreiche Vielgestaltigkeit dieses exponierten Schutzgebiets wird durch vielerlei Faktoren bedroht. Angrenzende Waldflächen und hochwüchsige Gehölzbestände können Trockenrasenbereiche beschatten und die auf die extremen Standortbedingungen angewiesenen Pflanzen zugunsten konkurrenzstärkerer Arten verdrängen. Auch der Eintrag von Nährstoffen und Bioziden aus den oberhalb der Halde angrenzenden Rebfluren führt zu veränderten Umweltbedingungen. Trittschäden in der Vegetationsdecke, verursacht von Besuchern des Schutzgebiets, haben in den letzten Jahren massiv zugenommen und müssen durch entsprechende Maßnahmenplanung zur Besucherlenkung so gering wie möglich gehalten werden. Die Nutzung der Rheinhalde als Rampe zum traditionellen, fasnächtlichen Scheibenschlagen hat in den vergangenen Jahren immer wieder zu kleineren Bränden in der trockenen, winterlichen Vegetation geführt. Derartige Einflüsse verursachen die Bildung vegetationsfreier Bodenbereiche, die unter entsprechenden Voraussetzungen von konkurrenzstarken, anspruchslosen Pflanzen besiedelt werden können und die artenreiche Vielzahl der bisher ansässigen »Überlebenskünstler« verdrängen.

Besucherhinweis: Verbinden Sie den Besuch der »Rheinhalde Burkheim« mit einem kurzen Spaziergang zum NSG »Rappennestgießen«, das sich in unmittelbarer Nähe befindet. Auf diese Weise lernen Sie zwei charakteristische und dennoch gegensätzliche Lebensräume der Oberrheinebene und des Kaiserstuhls kennen.

B. Koch

51 Die Erdflechte (*Fulgensia fulgens*) besiedelt trockene Bereiche im NSG »Rheinwald Neuenburg«.

Rheinwald Neuenburg

Landkreis: Breisgau-Hochschwarzwald
Gemeinde: Stadt Neuenburg am Rhein
Gemarkung: Neuenburg
Naturraum: Markgräfler Rheinebene
Geschützt seit 1968 (seit 1981 Schonwald nach § 32 Landeswaldgesetz)
Größe: 34 Hektar
Top. Karte: 8111 Müllheim

Südlich der Abfahrt Bad Krozingen fallen beiderseits der Autobahn A 5 schon im Vorbeifahren eigenartige Wälder auf: Der deutsche Teil der »Trockenaue« des Oberrheins. Wipfeldürre Bäume überragen mittelhohe, noch vitale, darunter erkennt man undurchdringliche Gebüsche. Kümmerliche Kiefernwälder zeugen von den vergeblichen Versuchen, hier Nutzholz zu erzeugen. Häufig wird alles vom Geschling der Waldrebe überwuchert. Erst bei genauem Hinsehen erkennt man, daß diese Wälder auch viele Lichtungen haben.

Diese »Wildnis« ist eine der wertvollsten Landschaften für den Naturschutz nördlich der Alpen; aus Sicht des Artenschutzes kommt sie dem Kaiserstuhl gleich, freilich überwiegend mit anderen Arten als jener.

Ein Abschnitt dieser Markgräfler »Trockenaue«, der zwar repräsentativ aber keinesfalls umfassend ist, steht als Naturschutzgebiet »Rheinwald Neuenburg« zwischen Autobahn und Rest-Rhein auf Höhe der Ortschaft Grißheim unter Schutz.

Die Entwicklung der »Trockenaue« ist auch die des Naturschutzgebiets, sie muß daher kurz geschildert werden: Der unregulierte Rheinstrom war hier im Bereich der Furkationszone, die von Basel bis unterhalb von Rastatt reichte, ein mehrere Kilometer breites Band sich verzweigender und wieder zusammenfließender Wasserläufe, die sich mit der Hauptrinne dauernd verlagerten. Hochwässer führten zu einer steten Abfolge von Umlagerungen. Je nach Stärke und örtlicher Richtung der Wassermassen wurden Schotter und Schwemmsand aufgelandet oder abgeschwemmt. Manche Bereiche waren in kurzen Abständen, andere in Jahrzehnten oder noch seltener betroffen. Besonders gewaltige episodische Hochwässer

52 Der Hundsbraunwurz-Mönch (*Cucullia caninae*), hier eine Raupe, wurde erst vor kurzem in der Trockenaue neu für Deutschland entdeckt.

schufen Anlandungen, deren Oberfläche weit über dem Grundwasserspiegel lag. Eine »dynamische Konstante« dieses Landschaftssystems waren die alljährlichen Sommerhochwässer nach der alpinen Schneeschmelze. Teil dieser Stromaue ist aber auch einer der großen Grundwasserkörper Europas; er durchdringt den Kieskörper, den der Urstrom zu Zeiten abschmelzender Alpen-, Schwarzwald- und Vogesen-Gletscher aufgeschottert hat.

Diese Auenlandschaft war also vom Wasser und seiner Gewalt, aber auch von der periodischen, stellenweise sehr lange andauernden Abwesenheit von Wasser geprägt. Die Gewässer und sumpfigen Lebensräume waren immer von offenen Kies- und Sandbänken durchsetzt, die gerade wegen ihrer Trockenheit nur sehr zögernd von Pflanzen besiedelt werden konnten. Diese trockene Komponente der Rheinaue erfuhr eine immense Ausweitung nach der Tieferlegung des Stroms im 19. Jahrhundert und seiner nachfolgenden Selbsteintiefung sowie durch den späteren Bau des Rhein-Seiten-Kanals. Der Grundwasserspiegel fiel dauerhaft in selbst für Bäume unerreichbare Tiefe. Heute sind Oberflächenwasser und Grundwasser weitgehend getrennt, und die Hochwässer werden abgeführt ohne ausufern zu können. Die regelmäßige Nährstoffzufuhr durch das Rheinwasser für die Auen unterbleibt. So verschwanden die Randgewässer, Altarme, Tümpel und Feuchtwälder. Die vorhandenen, an offene trocken und warme Lebensbedingungen angepaßten Lebensgemeinschaften konnten sich ausbreiten. Zusätzlich konnten weitere Tiere und Pflanzen von außerhalb, z.B. vom Isteiner Klotz und den Hardtwäldern der elsässischen Rheinebene in die »Trockenaue« einwandern, wie die Flaumeiche, die den Rheinwald Neuenburg allerdings noch nicht erreicht hat.

Das Naturschutzgebiet bietet das Bild eines aufgelockerten, parkartigen Waldes. Einzelne Stieleichen und Schwarz- und Silber-Pappeln erreichen Baumgröße, stellenweise ist auch lichter Weißseggen-Stieleichenwald mit Winterlinde ausgebildet. Die Bäume zeigen oft Trockenschäden bzw. Krüppelwuchs. Ulmen, die das Absterben des Auenwaldes überlebten, trotzen dem Ulmensterben als immer wieder austreibende Gebüsche.

Die Gehölze schließen sich zu dichten und sehr hohen Vorwäldern zusammen, vielfach dominiert der aus den Alpen stammende Sanddorn, der sich unter diesen extremen Bedingungen sichtlich wohlfühlt. Neben dem Sanddorn-Gebüsch ist das Liguster-Schlehen-Gebüsch hier sehr artenreich mit Berberitze, Kreuzdorn, Wolligem Schneeball, Faulbaum, Feldulme, Weißdorn, Hasel u.a. ausgebildet. Der Arten- und Strukturreichtum der Gehölze ist Grundlage des Vorkommens einer immensen Zahl pflanzenfressender Insektenarten und damit einer komplexen Nahrungskette. Unter Kennern sind die hier zu findenden Holzkäfer-Arten berühmt.

In gehölzfreien Bereichen sind xerothermophile Pioniervegetation und Trockenrasen ausgebildet, die stellenweise lückig und flechtenreich sind und sich komplex durchdringen. Durch intensive Wühltätigkeit von Wildschweinen und Kaninchen in Verbindung mit der Durchlässigkeit des Kiesbodens werden die verlorengegangenen Wirkungen der Hochwasser funktional in geringem Umfang ersetzt. Die Gehölzentwicklung erfordert allerdings auch hier Pflegeeingriffe zugunsten der verschwindenden offenen Stellen.

Pioniergesellschaften der Trockenaue sind die Hornkraut-Gesellschaft und der Federschwingel-Rasen. In den Trockenrasen wachsen Kugelblume (*Globularia punctata*), Berg-Gamander (*Teucrium montanum*), Sonnenröschen (*Helianthemum nummularium*), Rispen-Flockenblume (*Centaurea stoebe*), Hunds-Braunwurz (*Scrophularia canina*) u.a. Die bei uns absolut standorttreue und ausbreitungsunfähige Erdflechte (*Fulgensia fulgens*) besiedelt die trockenen Teile der Rheinaue seit der postglazialen Wärmezeit. Sie beweist mit vielen anderen Arten ähnlicher Ökologie bzw. Ausbreitungsgeschichte, daß die trockene Komponente hier immer eine große Rolle gespielt haben muß. Das seltene Alpen-Leinblatt (*Linaria alpina*), das schon als verschollen galt, kommt in diesen Rasen ebenfalls vor.

Im Gebiet wesentlich ausgedehnter sind die Halbtrockenrasen, in denen infolge fehlender

53 Im Rheinwald Neuenburg.

54 Das Naturschutzgebiet zwischen Restrhein (Vordergrund) und Autobahn.

Nutzung Fiederzwenke (*Brachypodium pinnatum*) und Stauden wie Dost (*Origanum vulgare*) dominieren. In ihnen kommen neben vielen anderen Blütenpflanzen die Orchideen Pyramiden-Hundswurz (*Anacamptis pyramidalis*), Bienen-Ragwurz (*Ophrys apifera*), Hummel-Ragwurz (*Ophrys holosericea*) (in einer lokalen Rasse), Helm-Knabenkraut (*Orchis militaris*), Mücken-Händelwurz (*Gymnadenia conopsea*) vor.

Großes Windröschen (*Anemone sylvestris*) und Diptam (*Dictamnus albus*) bilden vitale Bestände, sie wurden aber wahrscheinlich als unangebrachter »Artenschutz« unerlaubt eingebracht.

Bedeutung für ganz Deutschland hat das Gebiet als Tierlebensraum. Hier kommen Arten vor, die nur oder nur noch in der Trockenaue anzutreffen sind, wie der Mückenhaft (*Bittacus italicus*), die Buntkäfer-Art *Tarsostenus univittatus*, der Vierzähnige Mistkäfer (*Bolbelasmus inicornis*), der Brombeer-Perlmutterfalter (*Brenthis daphne*), der Hunds-Braunwurz-Mönch (*Cucullia caninae*), der Fledermaus-Schwärmer (*Hyles vespertilio*) und viele andere. Vieles harrt hier noch der Entdeckung. Die größten Ziegenmelker-Brutvorkommen im Land und die wohl größten Bestände des Gelbring-Augenfalters (*Lopinga achine*) und der Gottesanbeterin (*Mantis religiosa*) finden sich hier. Nur ein kleiner Teil der Markgräfler Trockenaue steht bis jetzt förmlich unter Naturschutz. Kiesgewinnung, Hochwasserschutzmaßnahmen, Autobahn- und Eisenbahnausbau, neue Rheinübergänge, Hafenanlagen usw. greifen in die Natur ein oder sind in Planung bzw. angedacht. Es ist daher notwendig, wenigstens die am besten ausgeprägten

Bestände in wesentlich größerem Umfang als bisher als Naturschutzgebiete auszuweisen oder ansonsten eingriffsmindernd zu planen und Kompensationsmaßnahmen, die aufgrund der Eigenschaften dieser Ökosysteme teilweise möglich sind zu ergreifen. Eine deutliche Erweiterung des Naturschutzgebiets »Rheinwald Neuenburg« sowie die Erweiterung und Neuausweisung weiterer Naturschutzgebiete in der Trockenaue ist vorgesehen. Die im Rahmen des Integrierten Rheinprogramms kommenden Hochwasserschutz-Maßnahmen eröffnen ebenfalls die Chance eines wirklich integrierten Vorgehens, bei dem der Naturschutz gleichberechtigt mit den anderen Ansprüchen an die Landschaft behandelt wird. *J.-U. Meineke*

Rotmeer

Landkreis: Breisgau-Hochschwarzwald
Gemeinde: Feldberg
Gemarkungen: Altglashütten, Falkau, Feldberg
Naturraum: Hochschwarzwald
Geschützt seit 1995
Größe: 46 Hektar
Top. Karte: 8114 Feldberg

Das Naturschutzgebiet »Rotmeer« liegt südöstlich von Feldberg-Bärental beiderseits der Bahnlinie Titisee – Schluchsee in einer Höhe von 960 bis 990 m ü. NN. Es handelt sich um eine asymmetrische Senke im Bereich der Wasserscheide zwischen dem Seebach- und dem Haslachtal. Im zentralen Teil liegen Beckentone und vor allem Hochmoor- und Pseudohochmoortorfe in einer Mächtigkeit von bis zu 14 m, die ihre Entstehung einem früheren See und einem sich dann in der Nacheiszeit entwickelnden Schwingrasen-Verlandungsmoor verdanken.

An mehreren Stellen des Gebietes – am besten ausgeprägt im zentralen Teil der Senke – finden sich Nieder-, Übergangs- und Hochmoore.

Bei den Hochmooren handelt es sich um ein Bergkiefern-Hochmoor mit der baumförmig wachsenden, im Gegensatz zur Wald-Kiefer dunkelborkigen Berg-Kiefer oder Spirke, verschiedenen Torfmoosarten, z.B. dem meist etwas rötlich angehauchten *Sphagnum magellanicum*, mit Rauschbeere (*Vaccinium uliginosum*), Gewöhnlicher Moosbeere (*Vaccinium oxycoccos*), Rosmarinheide (*Andromeda polifolia*), Heidekraut (*Calluna vulgaris*) – die letzten vier Arten alle zur Familie der Heidekrautgewächse gehörend –, mit Scheidigem Wollgras (*Eriophorum vaginatum*), das zur Fruchtzeit einen weißen Haarschopf besitzt, oder mit Sumpf-Wachtelweizen (*Melampyrum pratense* ssp. *paludosum*), einer Halbschmarotzerpflanze. Dieses Bergkiefern-Hochmoor sieht sehr urwüchsig aus. An den nässesten Stellen fällt die Spirke (*Pinus rotundata*) aus, und die Torfmoose gelangen zu alleiniger Dominanz. Einige kleine Wasserlöcher, sogenannte »Kolke«, inmitten dieser Flächen sind von einer Schwingrasendecke umgeben, in der neben den Torfmoosen die Schlamm-Segge (*Carex limosa*) oder die Blumenbinse (*Scheuchzeria palustris*) vorkommen. Bei Schwingrasen ist der Boden öfters nicht vollständig von Pflanzen bewachsen. Beim Betreten schwankt er, weil es sich nämlich nur um eine mehr oder weniger dicke, verfilzte Pflanzendecke handelt, die einen noch vorhandenen Wasserkörper überwachsen hat. Zu Beginn ihrer Entwicklung hat sie keine Verbindung zum festen Untergrund. Diese stellt sich erst im weiteren Verlauf der Verlandung ein, wenn die Kolke gänzlich verschwinden.

Das »Hochmoor« des Rotmeers ist genau genommen ein Pseudohochmoor. Im Gegensatz zu einem echten Hochmoor, bei dem die Pflanzen ausschließlich mit Regenwasser auskommen müssen, steht ihnen beim Rotmeer – da von den Rändern des Beckens Wasser einfließen kann – auch mineralhaltiges Wasser zur Verfügung. An einer Stelle ist deshalb sogar ein Braunseggensumpf, eine Pflanzengesellschaft der Niedermoore, ausgebildet. Die dort wachsenden Pflanzen sind auf die Zulieferung von mineralhaltigem Wasser angewiesen. Neben der Braunen Segge (*Carex nigra*) kommen hier u.a. die Stern-Segge (*Carex echinata*) und das Schmalblättrige Wollgras (*Eriophorum angustifolium*) vor, das zur Fruchtzeit mehrere Haarschöpfe ausbildet.

Aufgrund des kalten Lokalklimas der Rotmeer-Senke bildet der Peitschenmoos-Fichten-

55 Offener Bereich des Hochmoors, umgeben von Spirken (im Hintergrund) mit Rauschbeeren in Herbstfärbung; im Vordergrund die auf ihrer Unterseite weißen Blätter der Rosmarinheide (*Andromeda polifolia*).

56 Herz-Zweiblatt (*Listera cordata*) in einem Peitschenmoos-Fichtenwald.

wald in der Nachbarschaft zum Moor die natürliche Waldgesellschaft. Er ist benannt nach dem Peitschenmoos (*Bazzania trilobata*), einem kleinen Lebermoos mit dreispitzigen Blättern. Überhaupt ist der Moosreichtum dieses Waldes bemerkenswert. Die Fichte bildet hier fast reine Bestände, was im vorliegenden Fall von Natur aus so ist und nicht – wie vielerorts im Schwarzwald – auf menschliche Aktivitäten zurückgeht. Dieser Waldtyp hat seine Hauptverbreitung in den Hochlagen des Schwarzwaldes, die durch ein kühl-ozeanisches Klima mit hohen Niederschlägen und hoher Luftfeuchtigkeit gekennzeichnet sind. Er kommt dort jedoch nur in Becken- und Muldenlagen, an Moorrändern, feuchtschattigen Felsabstürzen o. ä. vor und ist deshalb von Natur aus selten.

In den Peitschenmoos-Fichtenwald sind Waldkiefern-Moorwälder eingestreut, z. T. schieben sie sich auch in einem schmalen Band zwischen die engeren Moorbereiche und den Fichtenwald. In diesen lichten Wäldern kommt neben der rotborkigen Wald-Kiefer die Fichte vor. Rausch-, Heidel- und Preiselbeere (*Vaccinium uliginosum*, *V. myrtillus* und *V. vitis-idaea*), verschiedene Torfmoos- und andere Moosarten sowie das Herz-Zweiblatt (*Listera cordata*), eine unscheinbar gefärbte kleine Orchidee, sind bezeichnend für die Kraut- und Moosschicht. Der Waldkiefern-Moorwald hat einen östlichen Verbreitungsschwerpunkt und besitzt in den Mooren des östlichen und damit auch subkontinentalen Schwarzwaldes seine westlichsten Vorposten.

Weitere, im Schwarzwald häufiger anzutreffende Waldgesellschaften sind der Preiselbeer-Fichten-Tannenwald und der Hochstauden-Buchenwald mit Tanne, Fichte und Berg-Ahorn. Sie runden das Ensemble ab, das die Vegetationsabfolge in Richtung auf ein kaltes, nasses Zentrum hin dokumentiert.

Die Tierwelt des Rotmeers ist wenig bekannt, doch kommen z.B. zwei Moorlibellen, die Kleine Moosjungfer (*Leucorrhinia dubia*) mit rot gefärbtem und die Torf-Mosaikjungfer (*Aeshna juncea*) mit blau gefärbtem Männchen, vor.

Wesentlicher Schutzweck ist die Erhaltung eines Hoch- und Niedermoorkomplexes und umgebender montaner Wälder der Rotmeer-Senke mit dem Vorkommen vieler seltener und gefährdeter Tier- und Pflanzenarten und einem besonders schönen, urwüchsigen Landschaftsbild.

Besucherhinweis: Durch die Schutzgebietsverordnung ist es u.a. verboten, die Wege zu verlassen. Auch Trampelpfade dürfen nicht begangen werden. Letzteres ist vor allem im eigentlichen Hochmoor wichtig.

Was die jagdliche Nutzung betrifft, so sind Futterstellen und Salzlecken verboten, weil sonst in der näheren Umgebung sowohl mit übermäßiger Trittbelastung als auch mit dem Eintrag von Nährstoffen durch den Kot des Wildes zu rechnen wäre, was sich negativ auf das Gebiet auswirken würde (Trittbelastung nur in Moorbereichen). Bei der Verjüngung und Bestandspflege von Wäldern müssen standortgemäße, naturnahe Bestände aus heimischen Arten begründet bzw. ausgeformt werden, damit naturfernere Bestände mit der Zeit wieder eine ökologische Aufwertung erfahren.

Eine Loipe, die auch Teile des Hochmoors berührte, ist inzwischen aus dem empfindlichen Bereich herausverlegt worden. Zwei kleine frühere Hausmülldeponien am nördlichen Rand des Naturschutzgebietes sind noch vorhanden. Bei einer von ihnen, die in einem kleineren Hochmoor angelegt worden war, konnte bereits ein deutlicher schädlicher Einfluß auf den Rest dieses Moores nachgewiesen werden. Bei der anderen sind die Auswirkungen vermutlich nicht so gravierend. Ob hier für Abhilfe gesorgt werden kann, hängt jedoch möglicherweise allein von der Höhe der für solche Fälle zur Verfügung gestellten Geldmittel ab.

W. Kramer

Sandkopf

Landkreis: Breisgau-Hochschwarzwald
Gemeinde: Stadt Neuenburg
Gemarkung: Zienken
Naturraum: Markgräfler Rheinebene
Geschützt seit 1983
Größe: 19 Hektar
Top. Karte: 8111 Müllheim

Südlich der Ortschaft Zienken, etwa zwei Kilometer nördlich von Neuenburg am Rhein, liegt in der ehemaligen Rheinaue das Naturschutzgebiet »Sandkopf«. Es befindet sich genau an der Grenze zur höhergelegenen Niederterrasse, welche durch eine bis zu sieben Meter hohe Geländekante deutlich zu erkennen ist.

Die Rheinkorrektion und insbesondere der Bau des im benachbarten Elsaß befindlichen Rhein-Seitenkanals führten in der gesamten Aue zu drastischen Veränderungen. Der Grundwasserspiegel sank um viele Meter ab; wo früher Hochwasser den von zahlreichen Nebenarmen des Rheins durchzogenen, üppigen Auewald überflutete, findet man heute auf großer Fläche eine an Trockenheit angepaßte Pioniervegetation. Auf den flachgründigen Kiesböden etablierten sich Trockenbiotope von hohem naturkundlichem Wert, insbesondere mit einer Vielzahl seltener Arten mit submediterranem Verbreitungsschwerpunkt. Aus diesem Grund stellte man 1983 die überwiegend mit Trockengebüsch, Wäldern und kleinflächigen Auewaldresten bestandenen Gewanne »Sandkopf«, »Sandgrün« und »Obere Wiese« unter Naturschutz.

In dem jetzigen Trockengebiet herrschen relative Niederschlagsarmut und hohe Sommerwärme. Daher konnte sich ein außerordentlich interessanter Vegetationskomplex mit zahlreichen schützenswerten Pflanzenarten entwickeln. Im Nord- und Mittelteil des Gebiets sind es Pionier- und Halbtrockenrasen, die auf kalkhaltigen, extrem flachgründigen Kiesrohböden einige für Deutschland einmalige Pflanzenvorkommen darbieten. Neben einer besonders interessanten Hornkrautgesellschaft sind Filzkraut-Federschwingelrasen auf oberflächlich leicht entkalkten Böden und eine Bitterlingsgesellschaft kleinflächig auf verdichtetem, wechseltrockenem Boden anzutreffen. Ebenfalls kleinflächig, im Kontakt zu lichtem Eichenbuschwald und Sanddorngebüsch, hat sich Halbtrockenrasen angesiedelt. In fließenden Übergängen zu den Pionierfluren kommen einige Orchideenarten, vorwiegend Helm-Knabenkraut (*Orchis militaris*) und Pyramiden-Hundswurz (*Anacamptis pyramidalis*) vor. Ganz im Norden des Sandkopfes zum angrenzenden Wildgehege hin ist Sanddorn und Schlehen-Ligustergebüsch anzutreffen. Das Sanddorngebüsch als Besiedler trockener Kiesbänke hat hier entlang des Rheins sein einziges Vorkommen in Baden-Württemberg. Da aufgrund der veränderten Flußdynamik keine Neubildung von Kiesbänken mehr erfolgt, findet im Schutzgebiet eine Sukzession der Bestände in Richtung des wärmeliebenden Schlehen-Ligustergebüschs mit den namengebenden Arten sowie Wolligem Schneeball, Berberitze, Hundsrose und den seltenen Wildrosenarten Kleinblütige Rose, Acker-Rose und Weinbergs-Rose statt.

Das stark abgesunkene Grundwasser ließ zudem die meisten der tiefwurzelnden Bäume absterben, was zu einer starken Veränderung des ehemaligen Rheinauewaldes führte. Gegenwärtig bestimmt deshalb vor allem der Feinerdegehalt der Böden und damit ihre Wasserspeicherfähigkeit die Artenzusammensetzung der Wälder.

Im Süden des Schutzgebiets, wo noch schluffreiche Auelehmböden anzutreffen sind, stocken vor allem Eichen-Hainbuchenwälder, in alten Schluten auch noch eschenreiche Wälder mit einigen Relikten des früheren Auewaldes wie Traubenkirsche, Sumpf-Segge (*Carex acutiformis*), Gelbweiderich (*Lysimachia vulgaris*) und als floristische Besonderheit die Akeleiblättrige Wiesenraute (*Thalictrum aquilegifolium*). Auf den trockenen, kiesreichen Böden im Bereich der Altrheinarme geht die Entwicklung zu einem Seggen-Winterlindenwald mit dominierender Winter-Linde und Stiel-Eiche. Diese Waldentwicklung ist von hohem wissenschaftlichen Interesse und sollte ungestört so weiter verlaufen, was am besten durch eine zurückhaltende Waldbewirtschaftung mit nur einzelstammweiser Nutzung und Förderung der Naturverjüngung erfolgen könnte. Im Bereich der Trockenbiotope wäre eine weitere Ausweitung der Halbtrockenrasen und des lichten Buschwaldes anzustreben. Dies wird durch konsequente Fortführung der im Jahre 1988/89 begonnenen Pflegemaßnahmen erreicht.

J. Dreher

Scheibenbuck-Bluttenbuck

Landkreis: Breisgau-Hochschwarzwald
Gemeinde: Stadt Vogtsburg im Kaiserstuhl
Gemarkung: Schelingen
Naturraum: Kaiserstuhl
Geschützt seit 1978
Größe: 7,4 Hektar
Top. Karte: 7812 Kenzingen

Das Naturschutzgebiet »Scheibenbuck-Bluttenbuck« liegt in 320 bis 415 m ü. NN nordöstlich der Ortschaft Schelingen im Zentralen Kaiserstuhl. Es besteht aus drei Teilflächen. Zwei davon erstrecken sich an der südöstlichen und östlichen Flanke des Schelinger Scheibenbucks, einer nimmt – durch ein Tälchen vom Scheibenbuck getrennt – den Südhang des Bluttenbucks ein. Beide Erhebungen sind aus Essexiten und Theralithen – Gesteinen des Kaiserstuhlvulkanismus – aufgebaut und von einer Lößauflage überdeckt, die am Bluttenbuck mehrere Meter mächtig ist.

Das Gebiet ist vor allem wegen seiner gut ausgeprägten, in mehreren Formen auftreten-

57 Halbtrockenrasen am südwestlichen Scheibenbuck.

den Halbtrockenrasen unter Schutz gestellt worden. Im zeitigen Frühjahr erscheinen hier bereits die Arznei-Schlüsselblume (*Primula veris*) und die violetten Blüten der Gewöhnlichen Küchenschelle (*Pulsatilla vulgaris*). Im Mai und Juni sind die Halbtrockenrasen dann ausgesprochen blumenbunt. So leuchtet etwa das Goldgelb des Gewöhnlichen Sonnenröschens (*Helianthemum nummularium*) und des Hufeisenklees (*Hippocrepis comosa*) weithin, das Azurblau des Wiesen-Salbeis (*Salvia pratensis*) kontrastiert dazu, und dazwischen sind als Farbtupfer in den verschiedensten Rottönen die Karthäuser-Nelke (*Dianthus carthusianorum*) und Orchideen wie Helm-, Affen- oder Brand-Knabenkraut (*Orchis militaris, O. simia* oder *O. ustulata*) eingestreut. Der Blütenstand des Affen-Knabenkrauts zeigt dabei ein seltenes Verhalten: Im Gegensatz zu der bei den Orchideen üblichen Regel entfalten sich bei ihm die Blüten an der Spitze zuerst.

In trockeneren Partien kommen z.B. die Steppen-Wolfsmilch (*Euphorbia seguierana*), die Gewöhnliche Kugelblume (*Globularia*

58 Affen-Knabenkraut (*Orchis simia*), Blüten mit affenähnlich zerteilter Lippe

punctata) oder der Berg-Gamander (*Teucrium montanum*) vor. Im Spätsommer sieht ein Teil dieser Hänge von weitem wie mit einem gelben Teppich bedeckt aus: Es sind große Herden der Gold-Aster (*Aster linosyris*).

In die trockeneren Halbtrockenrasen eingestreut sind auch kleinere Flecken mit Volltrockenrasen. Sie enthalten neben den drei letztgenannten Arten z.B. auch noch Wohlriechende Skabiose (*Scabiosa canescens*), Feld-Beifuß (*Artemisia campestris*), Sand-Fingerkraut (*Potentilla arenaria*), an lückigeren Stellen auch Steinquendel (*Calamintha acinos*), mehrere Fetthennenarten (*Sedum* spp.) und an Trockenheit angepaßte Moosarten wie *Tortula ruralis*.

In Gebüschnähe finden sich in den Halbtrockenrasen auch häufig sogenannte Saumpflanzen, z.T. höherwüchsige Arten, die ein Mähen nicht oder nicht besonders gut vertragen und von denen manche später als die übrigen Arten der Halbtrockenrasen blühen. Zu nennen sind hier u.a. Ästige Graslilie (*Anthericum ramosum*), Hirsch- und Berg-Haarstrang (*Peucedanum cervaria* und *P. oreoselinum*), Blut-Storchschnabel (*Geranium sanguineum*), Heil-Ziest (*Stachys officinalis*) und Pfirsichblättrige Glockenblume (*Campanula persicifolia*).

Eine große Zahl von blütenbesuchenden Insekten auch seltener Arten nutzt das Angebot der in Fülle vorhandenen Nahrungsquellen. So wurde eine Wildbienenart der Gattung Furchenbiene (*Lasioglossum*) hier erstmals für die alte Bundesrepublik Deutschland nachgewiesen. Dieser Fund ist der westlichste Verbreitungspunkt der betreffenden Art. Neben den verschiedenen Schmetterlingen kann man z.B. auch den Schmetterlingshaft (*Libelloides coccajus*) beobachten, ein auffallend gelb gefärbtes, schmetterlingsähnliches Insekt, das jedoch näher mit den Florfliegen und Ameisenjungfern verwandt ist.

Größere Bereiche des Scheibenbucks werden von wärmeliebenden Schlehengebüschen mit Schlehe, Liguster, Weißdorn u.a. eingenommen.

Im nördlichsten Abschnitt des Scheibenbucks sowie den Teil des Naturschutzgebiets am Bluttenbuck einrahmend kommen kleinflächig wärmeliebende und trockenheitsertragende Eichenwälder mit der Flaum-Eiche und deren Bastard mit der Trauben-Eiche, mit Elsbeere und Mehlbeere, Feld-Ahorn und Winter-Linde vor. Das stellenweise lichte Kronendach ermöglicht eine artenreiche Krautschicht, in der sich sogar Pflanzen, die sonst überwiegend in Halbtrockenrasen zu finden sind, entfalten können.

Wesentlicher Schutzweck ist die Erhaltung der wärmeliebenden Tier- und Pflanzengemeinschaften der beiden Berghänge mit ihren zahlreichen, z.T. seltenen Arten, sowie die Bewahrung der naturhaften Flächen, die eine Bereicherung der Kulturlandschaft des Kaiserstuhls darstellen.

Besucherhinweis: In der Schutzgebietsverordnung ist u.a. festgelegt, daß das Gebiet in der Vegetationszeit nicht betreten werden darf (es gibt dort keine Wege), und daß der Flaumeichenbestand erhalten werden muß.

Die Bezirksstelle für Naturschutz und Landschaftspflege setzt ihren Pflegetrupp schon seit einer ganzen Reihe von Jahren dazu ein, die Halbtrockenrasen durch eine geeignete Mahd zu erhalten und ein weiteres Vordringen von Gebüschen zu verhindern. Dies ist notwendig, da sich sonst nach der Aufgabe der früheren Wiesennutzung letztendlich wieder ein Wald entwickeln würde.

W. Kramer

Schneckenberg

Landkreis: Breisgau-Hochschwarzwald
Gemeinde: Stadt Vogtsburg im Kaiserstuhl
Gemarkung: Achkarren
Naturraum: Kaiserstuhl
Geschützt seit 1978
Größe: 3 Hektar
Top. Karte: 7911 Breisach am Rhein

Der südwestliche Kaiserstuhl besteht aus einer Vielzahl an Kuppen und langgezogenen Rücken, die durch kleine Talzüge, flache Mulden, Lößschluchten und Erosionsrinnen voneinander getrennt sind. Sein geologischer Unterbau ist aus rein vulkanischen Gesteinen zusammengesetzt, die von einer 20 bis 25 m mächtigen Lößschicht bedeckt sind. Hier be-

59 Durch Pflegemaßnahmen konnte das Areal der Pionierfelsflur über Tephrit erheblich vergrößert werden.

findet sich zwischen den Erhebungen des Achkarrer Schloßbergs und des Bitzenbergs das Schutzgebiet »Schneckenberg« auf einer Höhe von 350 bis 360 m ü. NN. Der Gipfel des Schneckenbergs tritt als anstehender Tephrit zutage; auch in den nördlich gelegenen aufgelassenen, kleinen Steinbrüchen kann das vulkanische Gestein festgestellt werden. Die eher einheitliche, sanft geschwungene Oberfläche des Umlands weist auf eine mehr oder minder mächtige Überdeckung mit Löß hin.

Schon aus der Ferne läßt sich das Gebiet als herausragende, baumbestandene Insel inmitten einer intensiv genutzten Rebflur erkennen. Wie an keiner anderen Stelle des Kaiserstuhls finden sich hier auf engstem Raum verschieden ausgeprägte, wärmeliebende Wald- und Pflanzengesellschaften. Den nackten Tephritfels besiedelt eine Silikatflechtengesellschaft, welche die Verwitterung des dunklen Gesteins fördert. Das dabei entstehende feinkörnige Verwitterungsmaterial sammelt sich mit organischen Bestandteilen in Felsklüften und -vertiefungen, wo es zunächst Moosen, später einjährigen Blütenpflanzen und Sukkulenten als Lebensgrundlage dient. Frühlings- und Feld-Ehrenpreis (*Veronica verna* und *V. arvensis*), Frühlings-Hungerblümchen (*Erophila verna*), Bärtiges Hornkraut (*Cerastium brachypetalum*) und verschiedene Mauerpfefferarten haben sich bezüglich ihrer Umweltanforderungen diesem kargen Lebensraum angepaßt, indem sie die sommerliche Trockenheit, Wärme und Nährstoffarmut ihres Standorts tolerieren. Jede dieser Pflanzen erzeugt durch ihre Lebensaktivitäten weiteres Substrat, auf dem zusätzliche, anspruchsvollere Pflanzenarten wie Ausdauerndes Knäuelkraut (*Scleranthus perennis*), Knolliges Rispengras (*Poa bulbosa*), Hügel-Vergißmeinnicht (*Myosotis ramosissima*), Ähriger Ehrenpreis (*Veronica spicata*) und Hasen-Klee (*Trifolium arvense*) gedeihen können. Eine botanische Besonderheit ist dabei der Berg-Lauch (*Allium montanum*), der hier einen in der Freiburger Umgebung einzigartigen Bestand darstellt.

Angrenzend an diesen Extremstandort stockt ein fast reiner Bestand des Flaumeichenwalds. Die Flaum-Eiche, Charakterart dieser Pflanzengesellschaft, hat ihr Hauptverbreitungsgebiet im Mittelmeerraum. Ihre wenigen, inselartigen Standorte am Kaiserstuhl zählen zu den bekanntesten in Mitteleuropa, wobei die mit Feld-Ahorn und Feld-Ulme vergesellschafteten Flaumeichen am Schneckenberg und am Büchsenberg bei Oberrotweil zu den reinsten Beständen zählen. Wahrscheinlich sind diese Standorte Überreste einer einstmals am Kaiserstuhl weiter verbreiteten Pflanzengesellschaft, die allmählich durch Rebkulturen verdrängt wurde. Auch heute ist die ehemalige Nutzung des Waldes als Niederwald noch zu erkennen, da die lichten Bestände in den Felsbereichen noch Arten wie den Kamm-Wachtelweizen (*Melampyrum cristatum*) beherbergen, die ansonsten eher in Saumgesellschaften der Wiesen, Gebüsche und Waldränder zu finden sind.

Im nordwestlichen Teil des Schutzgebiets gedeiht auf tiefgründigerem Boden ein Eichen-Hainbuchenwald mit Trauben-Eiche, Hainbuche und vereinzelten Exemplaren von Süßkirsche, Elsbeere und Feld-Ulme. Auch die Arten den Krautschicht weisen auf eine stärkere Wasserversorgung hin. Mandelblättrige Wolfsmilch (*Euphorbia amygdaloides*), Wald-Labkraut (*Galium sylvaticum*) und Nickendes Perlgras (*Melica nutans*) kommen auf Standorten des Flaumeichenwalds allenfalls als kümmernde Exemplare vor.

Kleinflächige Bereiche des Schutzgebiets sind mit Esparsetten-Halbtrockenrasen bestanden, der ebenfalls mehrere botanische Besonderheiten aufweist: Spinnen-Ragwurz (*Ophrys sphecodes*), Affen-Knabenkraut (*Orchis simia*), Brand-Knabenkraut (*Orchis ustulata*), Helm-Knabenkraut (*Orchis militaris*), Mücken-Handwurz (*Gymnadenia conopsea*), Gewöhnliche Küchenschelle (*Pulsatilla vulgaris*), Kalk-Aster (*Aster amellus*) und Steppenfenchel (*Seseli annuum*) sollen nur stellvertretend genannt werden. Die frühere Nutzung als Mähwiese verhinderte, daß randlich Gehölze in die Fläche eindringen und der Halbtrockenrasen einer Gebüschgesellschaft weichen mußte. Durch regelmäßige Pflegemahd kann diese Entwicklung verhindert werden.

Eine Gefährdung des Schutzgebiets ist vor allem in seiner Lage inmitten der Rebfluren zu sehen, die sich im Eintrag von Bioziden äußert. Einen wirksamen Schutz bietet dabei das nördlich angrenzende, rund 3,3 ha große Landschaftsschutzgebiet gleichen Namens auf den Gemarkungen Bickensohl und Oberrotweil. Seine Wald- und Gebüschbestände bilden einen wirksamen Puffer zwischen intensiv bewirtschafteten Flächen und den empfindlichen Pflanzengesellschaften des Naturschutzgebiets.

Besucherhinweis: Bitte betreten Sie das Schutzgebiet nicht! Artenreichtum und Strukturvielfalt sind insbesondere eine Folge seiner ungestörten Entwicklung. Vom Dreiländerweg zwischen Oberrotweil und Achkarren erhalten Sie einen Überblick über Lage und Einbindung des Gebiets in intensivst bewirtschafteten Raum. Von Oberrotweil, Achkarren oder Bickensohl als Ausgangspunkt sind etliche kleine und größere Rundwanderungen möglich, in deren Verlauf die Naturschutzgebiete »Schneckenberg« und »Bitzenberg« gesehen werden können. *B. Koch*

Schollacher Moor

Landkreis: Breisgau-Hochschwarzwald
Gemeinde: Eisenbach
Gemarkung: Schollach
Naturraum: Südöstlicher Schwarzwald
Geschützt seit 1939
Größe: 3,0 Hektar
Top. Karte: 8015 Titisee-Neustadt

Das Naturschutzgebiet »Schollacher Moor« liegt zwischen den beiden Siedlungen Hinter- und Mittelschollach in einem vorwiegend von West nach Ost verlaufenden Tal im südöstlichen Schwarzwald. Der nächste größere Ort ist das ca. 3,5 km südöstlich gelegene Eisenbach. Das Moor entwässert über die Schollach und den Eisenbach in die Breg, einen Quellfluß der Donau. Die Tallagen in der unmittelbaren Umgebung werden landwirtschaftlich genutzt, während die steilen Hänge des Schollacher Tals überwiegend mit Fichtenwäldern bestockt sind.

Beim Schollacher Moor handelt es sich um die einzige Hochmoorrestfläche weit und breit. Den größten Teil des Naturschutzgebiets nimmt ein im Naturraum seltener Spirkenwald ein, der leider aufgrund jahrzehntelanger Entwässerung sehr trocken ausgeprägt ist. Hauptbaumart ist die namengebende Spirke, zum Rand des Moors hin kommen verstärkt Fichten dazu. Die Vogelbeere ist vereinzelt eingestreut. In der Krautschicht förderte die Entwässerung die Heidelbeere (*Vaccinium myrtillus*) und die Preiselbeere (*Vaccinium vitis-idaea*). Typische Hochmoorarten wie die Moosbeere (*Vaccinium oxycoccos*), die Rauschbeere (*Vaccinium uliginosum*) oder das vereinzelt vorkommende

Scheidige Wollgras (*Eriophorum vaginatum*) wachsen nur noch auf wenigen feuchten und lichten Stellen. Im Norden des Schutzgebiets findet man am Rand des Hochmoors einzelne Waldkiefern und den Sprossenden Bärlapp (*Lycopodium annotinum*).

Der Wald ist allseits von kleinen Gräben umgeben. Im Westen schließt eine ökologisch sehr hochwertige Streuwiese an, die der Besitzer einmal jährlich mäht. In dem nicht abgetorften, noch gewölbten ehemaligen Hochmoor kommen vereinzelt geschützte Arten wie Arnika (*Arnica montana*), Geflecktes Knabenkraut (*Dactylorhiza maculata*), Berg-Waldhyazinthe (*Platanthera chlorantha*), Schmalblättriges Wollgras (*Eriophorum angustifolium*), Scheidiges Wollgras (*Eriophorum vaginatum*) und Waldläusekraut (*Pedicularis sylvatica*) vor. Ansonsten überwiegen Sauergräser, Binsen und niedrigwüchsige Süßgräser wie z.B. Braun-Segge (*Carex fusca*), Stern-Segge (*Carex echinata*), Grau-Segge (*Carex canescens*), Flatterbinse (*Juncus effusus*), Knäuelbinse (*Juncus conglomeratus*) und Wohlriechendes Ruchgras (*Anthoxanthum odoratum*).

Im Norden grenzt eine schlechtwüchsige Fichtenaufforstung an das Schutzgebiet an. An lichten Stellen wachsen hier Arnika, Scheidiges Wollgras und Trollblume (*Trollius europaeus*), auf Magereseninseln innerhalb der Fichtenaufforstung kommen Moosbeere und Heidekraut (*Calluna vulgaris*) vor.

Das Naturschutzgebiet und seine Umgebung bieten Lebensraum für zahlreiche Vogelarten. Innerhalb des Waldes leben z.B. Wacholderdrossel, Baumpieper, Zaungrasmücke, Buchfink, Girlitz, Erlenzeisig, Fichtenkreuzschnabel, Hauben- und Tannenmeise, Eichelhäher sowie Sommer- und Wintergoldhähnchen. Auch Rotmilan und Mäusebussard kreisen über dem Spirkenwald. In der angrenzenden Streuwiese fühlt sich der Wiesenpieper wohl.

Das Schollacher Moor ist trotz seines insgesamt relativ schlechten Zustandes aufgrund seiner Einzigartigkeit als Hochmoorrestfläche und insbesondere wegen des im Naturraum seltenen Spirkenwaldes weiterhin schutzwürdig. Der Pflege- und Entwicklungsplan der Bezirksstelle für Naturschutz und Landschaftspflege Freiburg, der auch die umliegenden Flächen miteinbezieht, sieht vor, den Wasserhaushalt durch Zuwachsenlassen der Entwässerungsgräben zu verbessern, die Spirken durch das Entfernen eindringender Fichten zu fördern und die wertvollen Magerrasenflächen im Norden durch Aushieb der Fichtenaufforstung auszudehnen. Eine jährliche Mahd nach der Vegetationsperiode mit Abräumen des Heus ist für die Erhaltung der Streuwiese erforderlich. Eine Erweiterung des Naturschutzgebiets im Westen und im Norden wäre sehr zu begrüßen.

Besucherhinweis: Einen sehr schönen Überblick über den Spirkenwald und die angrenzende Streuwiese bietet ein Spaziergang am Waldrand oberhalb des Laulishofs.

B. Hüttl

Steinbruch Niederrotweil

Landkreis: Breisgau-Hochschwarzwald
Gemeinde: Stadt Vogtsburg im Kaiserstuhl
Gemarkung: Oberrotweil
Naturraum: Kaiserstuhl
Geschützt seit 1991
Größe: 10,2 Hektar
Top. Karte: 7911 Breisach am Rhein

Bei dem bekannten Weindorf Oberrotweil im Westen des inneren Kaiserstuhls liegt ein großer Steinbruch. Abgebaut wurde hier der Phonolithstock des Kirchbergs. Phonolithische Magma ist im westlichen Kaiserstuhl an keiner anderen Stelle bis in die Tephrite aufgedrungen. Sie enthält verschiedene Komponenten, denen das wissenschaftliche Interesse der Mineralogen und Vulkanologen gilt.

Die Flanken des Kirchberges blieben weitgehend als Kulisse stehen, so daß der Steinbruch nur von Westen auffällt. Beeindruckend ist vor allem der östliche Teil mit seinen bis 60 m hohen Wänden; der westliche »Gemeindebruch« wurde weniger tief abgebaut. Da die Aufschlüsse häufig Ziel wissenschaftlicher Untersuchungen und Exkursionen über den Kaiserstuhlvulkanismus sind, ist die Erhaltung des Steinbruchs als Objekt geowissenschaftlicher Forschung ausdrücklich Teil des Schutzzwecks.

Auf der Steinbruchsohle und den Bermen hat

60 Das tief in das Vulkangestein gegrabene Loch kommt aus der Vogelperspektive eindrucksvoll zur Geltung.

sich sehr lückige Pioniervegetation eingestellt, die hier sogar stabil erscheint, da der steinige und spaltenreiche Untergrund kaum Bodenbildung zuläßt. Zusätzlich produktionshemmend wirkt die extreme Aufheizung des Steinbruchs im Sommer im ohnehin sehr warmen Kaiserstuhl, sowie der Abbau im mild-feuchten Winterklima. Ausgedehnte Flächen nimmt die Pflanzengesellschaft »Rosmarin-Weidenröschen-Hundsbraunwurzflur« ein, die früher eventuell auf jungen Kiesbänken des Rheins natürlich vorkam und am Oberrhein heute vor allem trockene Schuttstellen besiedelt. Das Rosmarin-Weidenröschen (*Epilobium dodonaei*) stammt aus den Alpen und strahlt bis in das Oberrheingebiet aus. Es konnte von den

61 Vom Aussterben bedroht: die Rotflügelige Ödlandschrecke (*Oedipoda germanica*).

menschlichen Aktivitäten in der Landschaft profitieren und hat sich bei uns in den letzten Jahrzehnten ausgebreitet. Mitglied der Lebensgemeinschaft dieser lückigen bis vegetationsfreien Standorte ist im Steinbruch Oberrotweil die vom Aussterben bedrohte Rotflüglige Ödlandschrecke (*Oedipoda germanica*), die nur noch ein weiteres Vorkommen am Limberg und damit in der gesamten Oberrheinebene hat. Sie ist also bei weitem nicht so anpassungsfähig und kolonisationsfreudig wie das Rosmarin-Weidenröschen (*Epilobium dodonaei*) und die Hundsbraunwurz Hundswurz (*Anacamptis pyramidalis*), die sie hier begleitet. Außerdem kommt die am Oberrhein, namentlich am Kaiserstuhl noch verbreitete, landesweit aber bereits gefährdete Blauflüglige Ödlandschrecke (*Oedipoda caerulescens*) vor.

An den tiefsten Stellen sammelt sich periodisch Wasser; hier können Flaches Rispengras (*Poa compressa*), Land-Reitgras (*Calamagrostis epigejos*), Blaugrüne Segge (*Carex flacca*) und Pioniergehölze wie Schwarz- (bzw. Hybrid-)Pappel, Silber-Pappel, Weiden, Feld-Ulme und Faulbaum Fuß fassen. Auch diese Pioniervegetation weist Ähnlichkeit mit der der ehemaligen dynamischen Rheinaue auf. Folgerichtig sind Laichplätze und Sommerlebensraum von Bergmolch, Grasfrosch, Gelbbauchunke, Erdkröte und Kreuzkröte vorhanden.

Sie sind für den Kaiserstuhl eher untypische, für den Artenschutz dennoch sehr wertvolle Vorkommen.

Auf unzugänglichen Bermen und Schutthalden breiten sich ausgedehnte Rasen des trittempfindlichen Weißen Mauerpfeffers (*Sedum album*) aus.

Die Wände werden von »Felsenvögeln« bewohnt: Dohlen und Turmfalken brüten hier, Mauerläufer sind regelmäßig im Winter zu Gast, und sogar der Uhu wurde schon beobachtet.

Als sinnvolle Abgrenzung, aber auch um ihrer selbst schutzwürdig, wurden die äußeren Flanken des Kirchberges in das Schutzgebiet einbezogen. Reste des vor dem Abbau ausgedehnten, wärmeliebenden Eichen-Hainbuchenwaldes und des frischeren Hainbuchenwaldes mit Winter-Linde an schattigeren Stellen sind Lebensraum des Schwarzspechtes. Auf den äußeren Abraumhalden kamen Haselgebüsche auf. Hier werden öfters Wiedehopfe beobachtet.

Sekundärlebensräume wie dieser unterliegen oft einer sehr stürmischen Vegetationsentwicklung. Die wertvollen Strukturen sind jedoch aufgrund ihrer extremen Bedingungen hier so »stabil«, daß Pflegeeingriffe zur Erhaltung der Lebensbedingungen der wichtigen Arten nur selten nötig sind und nicht sehr aufwendig erfolgen müssen.

J.-U. Meineke

Ursee

Landkreis: Breisgau-Hochschwarzwald
Gemeinde: Lenzkirch
Gemarkungen: Lenzkirch, Raitenbuch
Naturraum: Hochschwarzwald
Geschützt seit 1940, Erweiterung 1992
Größe: 30,9 Hektar
Top. Karte: 8115 Lenzkirch

»Das Urseetal bei Lenzkirch ist ein Zungenbecken des Feldberggletschers, das von der Endmoräne der ersten Rückzugsphase der Würmvereisung, der Pulverhausmoräne, abgeriegelt und zu einem See von etwa 30 ha Fläche aufgestaut wurde. Der Durchbruch des Wassers durch die Pulverhausmoräne, die Zufuhr von Moränenschutt und Geschiebe von den Talflanken, von Gletschertrübe des zurückweichenden Würmgletschers schränkten die Seefläche ein, Pflanzen und Tierwelt taten ein Übriges, so daß heute die Seefläche 1/80 der früheren beträgt, ein kleiner Restsee inmitten eines Hochmoos. Dieser Restsee mit seinem Hochmoor ist allerdings ein landschaftliches Juwel, dessen Erhaltung von größter Bedeutung ist«. Diese Aussage im Gutachten von SCHURHAMMER (1939) bewirkte den förmlichen Schutz des Ursees und hat dieses landschaftliche Kleinod bis heute erhalten.

Der Bereich um den Ursee weist eine geradezu lehrbuchartige Zonierung von Moorpflanzengesellschaften auf. Im Norden und Westen ist das Moor von Goldhaferwiesen umgeben, die in Moornähe in Silikatbinsenwiesen übergehen. Auf torfigem Untergrund folgt dann ein Gürtel mit Niedermoorgesellschaften (v.a. Braunseggensumpf) und Großseggenriedern (Schlankseggenried, Blasenseggenried und Schnabelseggenried). Auf der Nordseite ist zwischen Niedermoorgürtel und dem Bult-Schlenken-Komplex des Moorkerns ein ausgedehntes Fadenseggenried entwickelt. Neben der bestandsbildenden Faden-Segge (*Carex lasiocarpa*) treten hier Teich-Schachtelhalm (*Equisetum fluviatile*), Fieberklee (*Menyanthes trifoliata*) und das Torfmoos *Sphagnum subsecundum* auf. Der Bult-Schlenken-Komplex

62 Der Bult-Schlenken-Komplex geht randlich in einen Spirken-Moorwald über.

63 Der Sumpf-Bärlapp (*Lycopodiella inundata*) besiedelt die Ränder der Schlenken.

schließlich wird ganz von verschiedenen Torfmoosarten dominiert. Auf den Bulten, die von der Bunten Torfmoosgesellschaft eingenommen werden, sind es vor allem *Sphagnum magellanicum* und *Sphagnum rubellum*. Dazu gesellen sich einige höhere Pflanzen wie Rosmarinheide (*Andromeda polifolia*), Gewöhnliche Moosbeere (*Vaccinium oxycoccos*), Rundblättriger Sonnentau (*Drosera rotundifolia*) sowie krüppelige Moor-Kiefern. In den meist wassergefüllten Schlenken dominiert *Sphagnum cuspidatum*. Auch hier gibt es einige Gefäßpflanzen, die – je nach Chemismus und Wassertiefe – verschiedene Schlenkengesellschaften charakterisieren, so Schlamm-Segge (*Carex limosa*), Blasenbinse (*Scheuchzeria palustris*), Langblättriger Sonnentau (*Drosera anglica*), Weiße Schnabelbinse (*Rhynchospora alba*) und Sumpfbärlapp (*Lycopodiella inundata*). Diese Schlenken sind auch Lebensraum hochspezialisierter Libellenarten, deren Larven ausschließlich in solchen Moorschlenken leben – einem extremen Lebensraum, wenn man bedenkt, daß der Säuregrad des Wassers dem von Küchenessig vergleichbar ist. Umgeben ist der offene Hochmoorbereich von einem Ring des Spirken-Moorwalds, der neben der dominierenden Spirke auch vereinzelt Moor-Birke enthält und im Unterwuchs einen dichten Zwergstrauchfilz aus Moorbeere (*Vaccinium uliginosum*), Heidelbeere (*Vaccinium myrtillus*), Preiselbeere (*Vaccinium vitis-idaea*) und Heidekraut (*Calluna vulgaris*) aufweist.

Der Ursee selbst ist von Schwarz-Erlen gesäumt, zwischen denen einige bezüglich des Nährstoffbedarfs etwas anspruchsvollere Sumpfpflanzen wachsen: Rispen-Segge (*Carex paniculata*), Sumpf-Haarstrang (*Peucedanum palustre*), Wasserschierling (*Cicuta virosa*), Bittersüß (*Solanum dulcamara*). Im Ursee selbst hat sich bis heute ein Vorkommen der Kleinen Teichrose (*Nuphar pumila*) gehalten, das aus dem (ehemaligen) Schluchsee in den 30er Jahren hierher verpflanzt wurde, als durch die Inbetriebnahme der Schluchseetalsperre das dortige Vorkommen (zusammen mit dem einzigartigen Schluchseemoor) vernichtet wurde.

Die Kleine Teichrose gilt als Glazialrelikt und kommt nur in Gebieten vor, die in der letzten Eiszeit vergletschert waren. Im Schwarzwald sind inzwischen durch Eutrophierung, Wasserkraft- und Freizeitnutzung alle natürlichen Vorkommen der Art in den Bergseen (Feldsee, Titisee, Schluchsee) erloschen.

Besucherhinweis: Von der Straße Lenzkirch-Raitenbuch aus hat man einen schönen Blick auf das Urseemoor mit seiner charakteristischen Vegetationsabfolge. Ein Betreten des Moorkörpers ist aufgrund der besonderen Empfindlichkeit der Pflanzendecke nicht gestattet und es gibt auch keinerlei Wege zum Moor. Mit viel Mühe gelang es der Naturschutzverwaltung vor einigen Jahren, die stark in Mitleidenschaft gezogene Moor- und Ufervegetation vor der Beeinträchtigung durch Angler und Badende zu schützen.

F. Kretzschmar

Vogelsang

Landkreis: Breisgau-Hochschwarzwald
Gemeinde: Schallstadt
Gemarkung: Wolfenweiler
Naturraum: Freiburger Bucht
Geschützt seit 1967
Größe: 2,4 Hektar
Top. Karte: 8012 Freiburg Südwest

Das Naturschutzgebiet »Vogelsang« befindet sich am östlichen Ortsrand von Leutersberg an den Nordwesthängen des Schönbergs in einer Höhenlage von 320 bis 365 m ü. NN. Den Untergrund bilden Konglomerate aus dem Oligozän (Tertiär), die hier in einem stillgelegten kleinen Steinbruch aufgeschlossen sind.

Der überwiegende Teil des Gebiets ist mit einem Wald bestanden, der sich in einer Übergangsphase von einem wärmeliebenden Eichenwald zu einem Strauchbuchenwald befindet. Charakteristisch ist hier der hohe Anteil der Trauben-Eiche und der Elsbeere in der niedrigen Baumschicht, während die Rotbuche eher noch im Unterwuchs steht, dort aber hohe Deckungswerte erreicht. Bei der Elsbeere gibt es im übrigen bemerkenswert große Baumgestalten. Der Wald ist in der heutigen Ausbildung noch ziemlich licht, es besteht jedoch die Gefahr, daß zuerst durch die noch genügend Licht empfangende Strauchschicht die Krautschicht ausgedunkelt wird. So bedeckte Mitte der 80er Jahre in Teilen des Waldes der Liguster fast vollständig den Boden. An Stellen, wo die Buche im Unterstand vermehrt aufwächst, ist später möglicherweise vereinzelt sogar die Ausdunklung sowohl der Kraut- als auch der Strauchschicht zu befürchten. Dem ist durch entsprechende forstliche Pflegemaßnahmen immer wieder entgegenzuwirken. Da der Schönberg ein Buchenwaldgebiet ist, sollten die in weit geringerem Umfang vorhandenen Bestände, in denen lichtliebende Baumarten dominieren, nach Möglichkeit erhalten werden. Dies kommt auch der Krautschicht zugute, in der wir am Vogelsang z.B. das Rote Waldvögelein (*Cephalanthera rubra*), eine Orchidee mit großen roten Blüten, die Pfirsichblättrige Glockenblume (*Campanula persicifolia*), das Wald-Labkraut (*Galium sylvaticum*) oder als Saumarten Hirsch-Haarstrang (*Peucedanum cervaria*) und Rauhaariges Veilchen (*Viola hirta*) finden. Als frühester Blüher im Jahreskreis kommt auch der Seidelbast (*Daphne mezereum*) vor.

An einer Stelle wurden Waldkiefern gepflanzt. Sie wachsen jedoch nicht gut. Die zwischen ihnen bereits aufkommenden Laubgehölze zeigen den Weg an, den dieser Nadelholzbestand, der als solcher nicht erhalten werden soll, gehen wird.

Ganz im Norden des Naturschutzgebiets ist auf wenigen kleinen Grundstücken ein versaumter Halbtrockenrasen ausgebildet, der aufgrund der geringen Größe und der Nähe zum Wald immer Gefahr läuft, von eindringendem Gebüsch überwachsen zu werden. So muß regelmäßig gemäht und in kürzeren Zeitabständen auch enthurstet werden. Besonders Schlehen, Brombeeren und stellenweise auch die nicht einheimische Späte Goldrute (*Solidago gigantea*) bedrohen diesen Halbtrockenrasen.

Der Steinbruch und seine nähere Umgebung sind teils noch offen, teilweise jedoch auch bereits von einem lichten Gebüsch mit einzelnen Bäumen bedeckt. Stellenweise ist auf die sich üppig ausbreitende Waldrebe zu achten; ebenso

64 Ehemaliger Steinbruch mit Tertiär-Konglomeraten; am Hang links Trockengebüsch, im Vordergrund von Gewöhnlicher Waldrebe (*Clematis vitalba*) überwachsen.

ist dort zu verhindern, daß sich die einzelnen Büsche zusammenschließen. Dies wäre z.B. für die hier vorkommende Riemenzunge (*Himantoglossum hircinum*), eine sehr seltene hochwüchsige Orchideenart mit bizarren, wenn auch unscheinbar gefärbten Blüten, letztendlich der Untergang.

Es ist noch zu erwähnen, daß laut Schutzgebietsverordnung der frühere Gesteinsabbau nicht wieder aufgenommen werden darf. Forst- und landwirtschaftliche Nutzung ist zwar erlaubt, sie ist jedoch im Einvernehmen mit der Bezirksstelle für Naturschutz und Landschaftspflege Freiburg zu regeln. Gegenwärtig findet kein Nutzung mehr statt. Sowohl im Wald als auch in den offenen Partien werden nur Pflegemaßnahmen durchgeführt.   *W. Kramer*

Wutachschlucht

Landkreise: Breisgau-Hochschwarzwald,
Schwarzwald-Baar-Kreis, Waldshut
Gemeinden (Gemarkungen):
Stadt Bonndorf (Gündelwangen, Boll),
Stadt Bräunlingen (Döggingen),
Stadt Hüfingen (Mundelfingen),
Stadt Löffingen (Göschweiler, Reiselfingen, Bachheim), Friedenweiler (Rötenbach),
Lenzkirch (Lenzkirch, Kappel),
Wutach (Ewattingen, Münchingen)
Naturraum: Baar
Geschützt seit 1939
Größe: 950 Hektar (LSG 415 Hektar)
Top. Karten: 8115 Lenzkirch, 8116 Löffingen

»Die Wutachschlucht ist ein Naturphänomen allerersten Ranges« (E. LIEHL). Kein Wunder, daß die rund 30 km lange Schlucht zwischen Neustadt und Lenzkirch im Westen und der Wutachmühle im Osten bereits 1939 als Naturschutzgebiet »Wutachschlucht-Gauchachtal« ausgewiesen wurde. Die Wutachschlucht zählt somit zu den ältesten Naturschutzgebieten Baden-Württembergs. Ziel der Unterschutzstellung war es, die einzigartige Wildflußlandschaft wegen ihrer Ursprünglichkeit, der geologischen Besonderheiten und aufgrund ihrer beeindruckenden Tier- und Pflanzenwelt als Naturrefugium, aber auch als Erholungsraum für künftige Generationen zu erhalten. 1989 wurde das Naturschutzgebiet inhaltlich überarbeitet und flächenmäßig auf 950 ha erweitert, das umgebende Landschaftsschutzgebiet umfaßt nochmals 415 ha. Seitentäler wie das Haslachtal, die Rötenbachschlucht, die Gauchachschlucht und zahlreiche andere kleinere Seitenbäche liegen im Schutzgebiet.

Die Wutach besitzt eine abwechslungsreiche Flußgeschichte. Ihre eigentliche Quelle liegt im Feldbergmassiv, wo einzelne Wasseradern die steilen Felswände des Feldseekars hinunterrinnen und den 1108 m ü. NN gelegenen Feldsee speisen. Als Seebach verlassen die Wasser den eiszeitlichen See und münden rund zehn Kilometer unterhalb in den Titisee. Aus diesem fließt die Gutach, um unterhalb von Neustadt und Lenzkirch mit der Haslach zusammenzutreffen; dort nennt sich der Fluß

65 Im verkarsteten Muschelkalk liegen mehrere Versinkungsstellen der Wutach, wie z.B. unterhalb des Rümmele-Stegs.

endlich »Wutach«. Auf rund 30 km Länge durchfließt er das Naturschutzgebiet von Westen nach Osten, um bei Achdorf mit scharfem Knick nach Süden zum Hochrhein hin umzubiegen.

Die Wutach ist im Schluchtbereich ein Wildfluß. Bis zum Mittelalter konnte die Wutach zwischen Kappel und Grimmelshofen nur auf Furten überquert werden. Alljährliche Hochwasserereignisse, Geländebewegungen und Hangrutschungen verhinderten lange Zeit den Bau von Brücken und Straßen. Ab dem 15. Jahrhundert finden sich Zeugnisse erster Holzbrücken. Doch auch dann wurden immer wieder Wege verschüttet oder überschwemmt, die Stege mitgerissen und selbst massiv gemauerte Pfeiler unterspült. So blieb die Wutachschlucht für den wirtschaftenden Menschen bis heute ein Hindernis.

Die Wasserkraft des Flusses wird in geringem Umfang genutzt, so z.B. bei der »Schattenmühle«. Das Kraftwerk Stallegg war längere Zeit stillgelegt, wurde aber wieder instandgesetzt und hat mit entsprechenden Auflagen zur Restwassermenge seinen Betrieb wieder aufgenommen.

Eine Besonderheit in der Wutachschlucht war der renommierte Kurort Bad Boll. An der seit dem späten Mittelalter wegen ihrer Heilwirkung bekannten Mineralquelle entstand im 19. Jahrhundert ein luxuriöses Kurbad, das seine Glanzzeit um die Jahrhundertwende hatte und gesellschaftlich eine große Attraktion darstellte. Im Laufe der Zeit verlor Bad Boll seine Bedeutung, die Gebäude wurden anderweitig genutzt, bis sie schließlich vom Land Baden-Württemberg, dem seit 1991 das gesamte Areal gehört, abgerissen und entfernt wurden.

Aus diesen geschichtlichen Hintergründen wird ersichtlich, daß die Wutachschlucht als »alte Kulturlandschaft« bezeichnet werden kann. Heute steht jedoch im Vordergrund, die Naturschönheiten der Schlucht zu schützen und sie dem Menschen in einem angemessenen Rahmen erlebbar zu machen.

Wer die Wutach entlang wandert, tritt eine abwechslungsreiche Reise durch mehrere hundert Millionen Jahre Erdgeschichte auf etwa 30 km Wegstrecke an. Die Wutach schneidet in ihrem Lauf wie in einem geologischen Lehrbuch nahezu alle Gesteinsschichten Südwestdeutschlands an. Von Neustadt her kommend fließt die Wutach im Grundgebirge mit Schwarzwälder Gneisen und Graniten. Wo Porphyrgänge die Schlucht queren, nähern sich die Felsen der Talseiten bis auf wenige Meter. Die Grundgebirgsschlucht wirkt düster und eng.

Ab der Schattenmühle tritt die Wutach in die geologische Formation der Trias ein. Die Gesteine der Rötenbachklamm bezeugen sehr deutlich die Gesteinsfärbung des Buntsandsteins.

Aus der Muschelkalkschlucht stammen die charakteristischen Bilder mit hellen, oft steil und unmittelbar aus dem Flußbett aufragenden, Kalkwände, die durchaus an einen »Canyon« erinnern. Hierher gehören auch Prozesse wie die Bildung von Kalktuff (vgl. Beitrag von WILMANNS, S. 83) Auch die Versinkungsstellen der Wutach und der Wiederaustritt flußabwärts sind in der Muschelkalkschlucht zu finden.

Etwa ab der Gauchachmündung gelangt die Wutach schließlich in den Keuper, wo sich das Bild des Tales völlig verändert. Die rutschfreudigen Keuperschichten lassen der Seitenerosion mehr Platz, das Talprofil wird breiter und rundlicher.

Weiter flußabwärts, ab der Wutachmühle und damit außerhalb des Naturschutzgebiets erreicht der Fluß schließlich die Juraschichten Lias und Dogger.

Bestimmen augenscheinlich Gesteinshärte, Schichtlagerung und Ausräumbarkeit der unterschiedlichen geologischen Schichten sehr unmittelbar die Talform der Schlucht, so sind im Wutachgebiet weitere, sehr landschaftsprägende Prozesse der Flußgeschichte wirksam. Sie spiegeln den Kampf um die Hauptwasserscheide zwischen Rhein und Donau wider, der selbst heute noch nicht abgeschlossen ist. Geradezu lehrbuchhaft ist die Ablenkung der Wutach bei Achdorf zu bezeichnen (vgl. Beitrag von GENSER, S. 37).

Besondere Klimaeinflüsse an den Nord- und Südhängen der Schlucht, unterschiedliches Ausgangsgestein und damit unterschiedliche Geländeformen und Böden führen zu einem stark differenzierten Mosaik von Lebensraumtypen. Diese reichen von extrem trockenen Standorten, z.B. an den Kalkfelsen, bis zu extrem nassen, z.B. in der Flußaue. Demzufolge sind in der Wutachschlucht die unterschiedlichsten Pflanzengesellschaften zu finden; es kommen von den in Süddeutschland erfaßten rund 2800 Farn- und Blütenpflanzen allein 1200 Arten im Bereich der Schlucht vor. Ein vegetationskundlicher Querschnitt durch die Muschelkalkschlucht (Abb. 13 auf S. 82) verdeutlicht die arten- und formenreiche Differenzierung:

Die südexponierten, warmen Sonnenhänge werden großflächig von schönen und artenreichen Laubmischwälder aus Edellaubhölzern eingenommen. Sie sind die eigentlichen Charaktergesellschaften der Muschelkalk-Schlucht und gehören zur Gruppe der Schluchtwälder im weiteren Sinne. Besonders hervor tritt jedoch der Berg- oder Ahorn-Lindenwald. Hier kommen Berg-Ahorn, Spitz-Ahorn, Sommer-

66 Das seltene Alpen-Maßliebchen (*Aster bellidiastrum*) als alpine Art wächst im Bereich von Felsbildungen in der Wutachschlucht.

Linden oder auch Eschen zur Vorherrschaft, unter deren Kronenschirm eine Fülle seltener Pflanzenarten gedeihen. Neben Wärmezeigern wie dem Blauroten Steinsamen (*Lithospermum purpurocaeruleum*) und dem Immenblatt (*Melittis melissophyllum*) treten andererseits auch z.T. flächendeckend Feuchtezeiger wie Bär-Lauch (*Allium ursinum*) oder der Märzenbecher (*Leucojum vernum*) auf. Aus der besonders artenreichen Krautschicht dieser Waldgesellschaft seien stellvertretend nur noch wenige weitere Arten genannt: Berg-Flockenblume (*Centaurea montana*), Frühlings-Platterbse (*Lathyrus vernus*), Seidelbast (*Daphne mezereum*), Türkenbund (*Lilium martagon*) u.a. Besonders von der Erosion herausgearbeitete, trockene und heiße Felspartien sind mehr oder weniger kiefernbestanden und beherbergen seltene Felsspaltgesellschaften. An diesen Felsen treten alpine Arten wie Kalk-Blaugras (*Sesleria varia*), Alpen-Maßliebchen (*Aster bellidiastrum*) oder Zwerg-Glockenblume (*Campanula cochleariifolia*) auf.

Auf den feuchten und kühlen, nordexponierten Schattenhängen oder auch an den Hangfüßen in der Tiefe der Schlucht treten an die Stelle der Ahorn-Lindenwälder verschiedene Ausbildungen des Ahorn-Eschen-Schluchtwaldes. In der Baumschicht ist er vor allem gekennzeichnet durch die Kombination von Berg-Ahorn und Berg-Ulme. Besonders typisch sind reiche Bestände von Hirschzunge (*Phyllitis scolopendrium*) und Ausdauerndem Silberblatt, auch Mondviole genannt (*Lunaria rediviva*). Sind die Böden tiefgründiger ausgebildet, ist die Krautschicht des Schluchtwaldes reich an Geophyten (Knollen- und Zwiebelpflanzen), die im ersten Frühlingsgrün einen bunten Blütenteppich auf die Hänge zaubern: Märzenbecher (*Leucojum vernum*), Hohler Lerchensporn (*Corydalis cava*), Bär-Lauch (*Allium ursinum*), Gelbes Windröschen (*Anemone ranunculoides*) und die Schuppenwurz (*Lathraea squamaria*). Besonders charakteristisch für die luftfeuchten Schluchtwälder ist auch das häufige Vorkommen des Wald-Geißbarts (*Aruncus dioicus*) sowie üppige Moosbehänge und Flechtenüberzüge an den Bäumen.

Am Hangfuß mit Quellaustritten und schmalen Rinnsalen offenen Wassers tritt der Bach-Eschenwald auf, in dem die Esche wohl vorherrscht, aber auch bereits die Grau-Erle erscheint, die zum eigentlichen Auewald überleitet. Im Unterwuchs treten zahlreiche feuchtigkeitsliebende Pflanzen auf wie die Winkel-Segge (*Carex remota*), die Hänge-Segge (*Carex pendula*) oder auch die auffälligen Herden des Riesen-Schachtelhalms (*Equisetum telmateia*). Die für diese Standorte typischen Kalktuffbildungen werden von einer kalkholden Moosgesellschaft, der Kalkquellflur, begleitet.

Auf der Talsohle selbst, aber nur dort, wo die zerstörende Dynamik des Flusses nicht mehr wirksam wird, bildet der Grauerlen-Auwald als typische Auewaldgesellschaft, das Endstadium der Vegetationsentwicklung. Auf den jungen, fruchtbaren kies-, schotter- oder sandreichen Tonböden, die ständig durch anstehendes Grundwasser oder durch seltene Überschwemmungen mit Feuchtigkeit gesättigt sind, entwickelt sich naturgemäß ein außerordentlich üppiges Vegetationsbild. An den Rändern des Auewaldes, bereits im Bereich des Mittelwassers der Wutach und damit mit stärkerer Umlagerungsdynamik, treten die nicht minder eindrucksvollen Herden der Pestwurzflur auf, wobei die Blätter der Gewöhnlichen Pestwurz (*Petasites hybridus*) im Sommer ein bis mannshohes Dach bilden können und fast tropische Üppigkeit vermitteln. In weiterer Abfolge treten am strömenden Fluß, am Rande von Kiesinseln und im Übergang zu den Pestwurzflächen Grasröhrichte auf, in denen das Rohr-Glanzgras (*Phalaris arundinacea*) bestandsbildend ist. Auf den allerjüngsten Kies- und Sandanschwemmungen an der Wutach treten endlich pionierhafte Gras- und Krautfluren auf, die von zwei bezeichnenden Arten, der Kriechenden Quecke (*Agropyron repens*) und dem Krausen Ampfer (*Rumex crispus*) bestimmt werden. Die Pflanzen sind hier zunächst nur locker über den offenen Kiesboden zerstreut und schließen sich erst zu einem Rasen zusammen, wenn sie längere Zeit von Hochwässern verschont bleiben.

Um das Bild der Vegetation des Naturschutzgebiets abzurunden, seien schlußendlich noch die »Wutachschlucht-Wiesen« erwähnt, die in einem Pflege- und Entwicklungsplan der Bezirksstelle für Naturschutz und Landschaftspflege Freiburg im Jahre 1996 besonders bearbeitet wurden. Es handelt sich dabei überwiegend um Wiesen in Flußnähe, die ehemalige Mähwiesen darstellen und heute brachliegen. Höher gelegene Wiesen, die gut erreichbar und in Hofnähe sind, werden auch heute noch genutzt, teils als Mähwiese teils als Weide. Weil es sich beim Naturschutzgebiet »Wutachschlucht« um ein fast reines Waldgebiet handelt, besitzen die flächenmäßig unbedeutenden offenen Wiesenkomplexe eine große ökologische Bedeutung. Die floristisch artenreichen Wiesen sind Lebensraum zahlreicher blütensuchender Insekten, die in dem waldreichen Gebiet sonst kaum Nahrungspflanzen finden. Je nach Standort und Exposition treten Wiesengesellschaften auf trockenen, aber auch frischen bis nassen Standorten auf. Auf Silikatgestein der Schlucht bilden sich dabei Magerrasen, die von Arnika (*Arnica montana*), Heide-Nelke (*Dianthus deltoides*), Flügel-Ginster (*Genista saggitalis*) und auch Bärwurz (*Meum athamanticum*) gekennzeichnet sind. Auf schattigen Standorten und frischen Hängen findet man schöne Wiesen mit Trollblume (*Trollius europaeus*) und Kleiner Traubenhyazinthe (*Muscari botryoides*), auf Aufschüttungen in der Wutachaue Wiesen mit Hochstaudenfluren aus Mädesüß (*Filipendula ulmaria*), Gewöhnlicher Pestwurz, Rohrglanzgras und Brennessel (*Urtica dioica*). Insbesondere die artenreichen Magerrasen an den Hängen müssen aus Artenschutzgründen weiterhin offengehalten werden. Erste Pflegemaßnahmen haben der Schwarzwaldverein und die Forstverwaltung im Auftrag der Bezirksstelle für Naturschutz und Landschaftspflege Freiburg in den letzten Jahren durchgeführt.

Die Tierwelt des Wutachgebiets ist äußerst vielfältig, arten- und individuenreich. Tiere, deren Hauptverbreitungareale naturbedingt weit auseinander liegen, kommen hier aufgrund der Standorts- und Lebensraumvielfalt in enger Nachbarschaft vor. Von Fachleuten wird geschätzt, daß rund 10 000 Tierarten (Wirbel-, Glieder- und Weichtiere) in der Wutachschlucht leben. Besonders hervorgehoben werden nachfolgend die Tiere, die in der Schlucht beobachtet werden können und gleichzeitig charakteristisch sind. Aus der Vogelwelt sind Rot- und Schwarzmilan zu nennen, die oft über die Wutachhänge streichen, ebenso Mäuse- und Wespenbussard, die besonders im Frühjahr zu beobachten sind. Am Fluß selbst ist immer wieder die Wasseramsel anzutreffen, die unter Wasser auf Beutefang geht. Der scheue Eisvogel kann nur mit viel Glück auf einer Sitzwarte über dem Wasser gesichtet werden. Seit einigen Jahren sind vor allem im Winter Gänsesäger beim Fischfang zu beobachten. Als Durchzügler sind Flußuferläufer, Flußregenpfeifer und Alpenstrandläufer anzusehen.

Als Vertreter der Amphibien ist der Feuersalamander sehr häufig; er ist auf den Wegen im Talgrund oder entlang der feuchten Schluchtwälder anzutreffen. In den wenigen stehenden Gewässern oder auch Altwässern der Wutach findet man zur Laichzeit Faden- und Berg-

67 Der Große Eisvogel (*Limenitis populi*) – ein seltener Tagfalter in der Schlucht.

molch, auch den Grasfrosch und die Erdkröte. Die Gelbbauchunke laicht in wassergefüllten Radspuren der Holzabfuhrwege. Ganz selten ist auch die recht kleine Geburtshelferkröte anzutreffen.

Die Vertreter der Insektenwelt machen rund 95 Prozent der in der Schlucht lebenden Tiere aus. Insbesondere bei den Tagschmetterlingen sind die eindrucksvollen Arten Kaisermantel (*Argynnis paphia*), Kleiner und Großer Eisvogel (*Limenitis camilla* und *L. populi*) oder auch Roter und Schwarzer Apollo (*Parnassius apollo* und *P. mnemosyne*) zu finden.

Stellvertretend für zahlreiche Käferarten sei hier nur noch der Faulrüßler, ein kleiner Rüsselkäfer, erwähnt, der die Blätter der Pestwurz durchlöchert.

Abschließend soll die vielgestaltige Tierwelt der Wutach selbst und ihrer Nebenflüsse kurz beschrieben werden. Dieser Unterwasserlebensraum wird ganz entscheidend geprägt von der heftigen, reißenden und turbulenten Strömung des Wassers. Alle Tierarten, die im Strömungsbereich leben, haben daher Anpassungen an diesen Umweltfaktor entwickelt. Sie haben z.T. flache, gerundete Körperformen, die der Strömung wenig Angriffsfläche bieten. Viele Insektenlarven, z.B. auch Eintagsfliegen-Larven und Zuckmücken-Larven finden sich auf der Unterseite von Geröllen. Andere Insektenarten wie Steinfliegen-Larven oder Bachflohkrebse leben dagegen in strömungsgeschützten Räumen in Pflanzenpolstern oder zwischen Flußgeröllen.

Bei der Fischfauna ist die Bachforelle zu nennen, die in der Wutach heimisch und ursprünglich ist und deren natürliche Fortpflanzungsmöglichkeiten durch entsprechende Hegemaßnahmen seitens der Fischereiberechtigten gefördert wird.

Besucherhinweise: Die Aufgabe der Naturschutzverwaltung ist es, die Naturschönheiten der Wutachschlucht und ihre einzigartige Tier- und Pflanzenwelt zu erhalten. Die Zahl der Besucher in der Schlucht ist jedoch sehr groß und nimmt weiter zu. Die Grenzen ihrer Belastung sind daher erreicht. Die Naturschutzverwaltung vertritt jedoch den Standpunkt, die Erlebbarkeit der Wutachschlucht auch weiterhin für die Bevölkerung zu erhalten. Doch müssen im Hinblick auf den Arten- und Landschaftsschutz deutliche Grenzen gezogen werden. Es ist daher einerseits erforderlich, ständige Kontrollen im Schutzgebiet durchzuführen, um bei Übertretungen der Schutzvorschriften eingreifen zu können. Diese Aufgabe wird bereits seit vielen Jahren von ehrenamtlichen Naturschutzwarten des Schwarzwaldvereins und der Bergwacht durchgeführt. Unterstützung erhalten sie seit 1995 durch eine hauptamtliche Naturschutzwartin (»Wutach-Rangerin«).

Andererseits wurden bereits im Jahre 1993 an verschiedenen Stellen in der Schlucht »Info-Pavillions« aufgestellt, die dem naturkundlich interessierten Wanderer detaillierte Informationen über das Schutzgebiet geben. Weiterhin wurde von der Bezirksstelle für Naturschutz und Landschaftspflege Freiburg ein bunt illustriertes Info-Faltblatt erstellt, das Erklärungen zur Geologie, zur Flußgeschichte, zur Geschichte und Kultur der Schlucht und zu ihren naturkundlichen Besonderheiten gibt. Natürlich wird auch auf Verhaltensregeln im Naturschutzgebiet eingegangen. Ein weiterer Schwerpunkt des Faltblatts liegt auf der Darstellung von Wandervorschlägen im Gebiet.

Zur Abrundung des Besucher-Informationskonzeptes für die Wutachschlucht werden 1998 an allen zentralen Eingängen zur Schlucht große Informationstafeln durch die Naturschutzverwaltung aufgestellt.

Das Info-Faltblatt ist bei den Gemeindeverwaltungen und den Verkehrsbüros im Bereich der Wutachschlucht zu erhalten.

E. Stegmaier

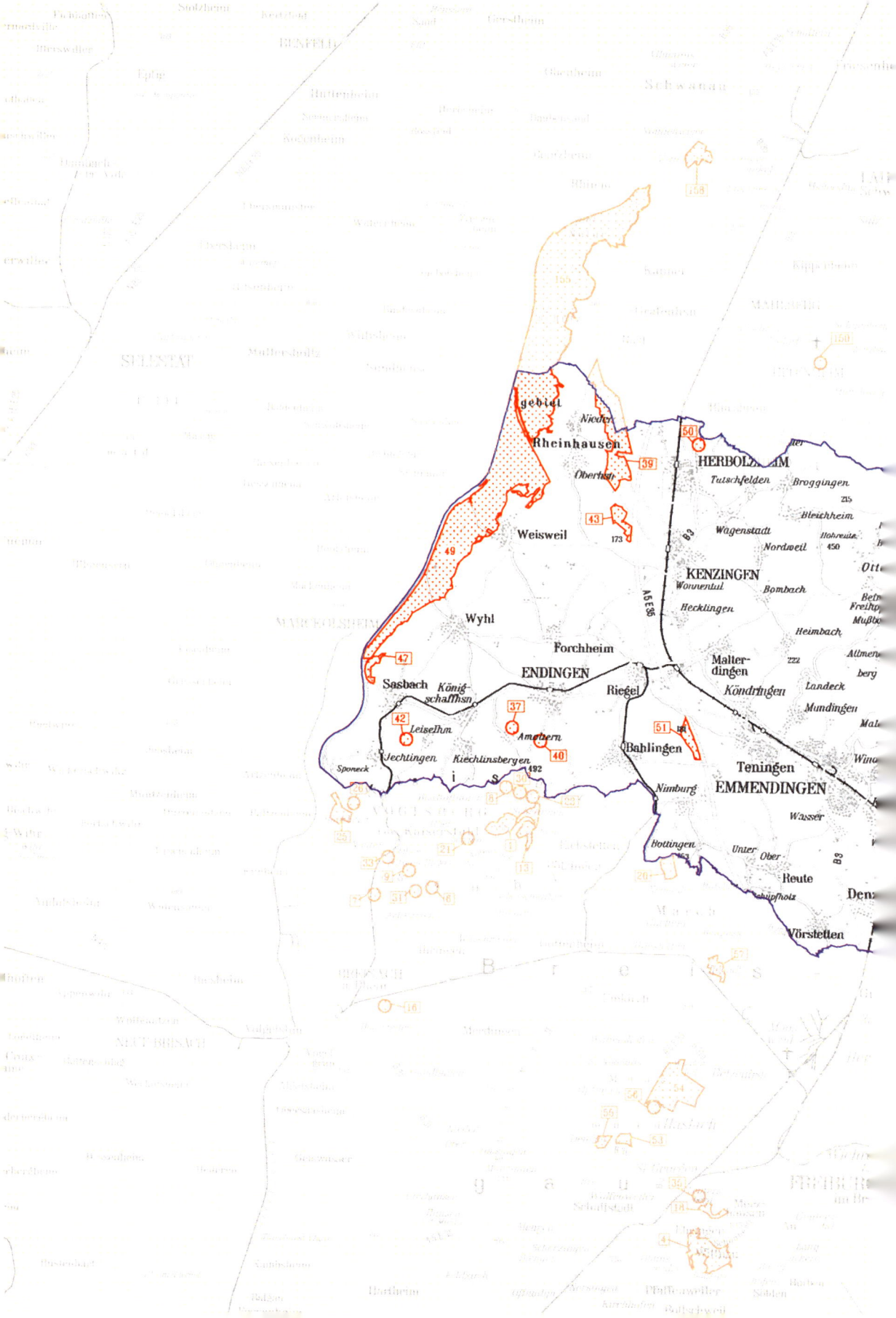

Landkreis
Emmendingen

Amolterer Heide

Landkreis: Emmendingen
Gemeinde: Stadt Endingen
Gemarkungen: Amoltern, Endingen
Naturraum: Kaiserstuhl
Geschützt seit 1939
Größe: 10,5 Hektar
Top. Karte: 7812 Kenzingen

Das Schicksal des ältesten Naturschutzgebiets im Kaiserstuhl zeigt besonders krass, daß selbst rechtskräftig festgesetzte Naturschutzgebiete bei entsprechendem »Zeitgeist« willkürlichen Eingriffen unterworfen sein können:

Die Verordnung sollte entsprechend dem ersten Gutachten eine für den damaligen Kaiserstuhl besonders typische, artenreiche Flora und Fauna schützen, namentlich den damals vorhandenen Trespenrasen flachgründiger Tephrit-Standorte. Folgerichtig wurde die landwirtschaftliche Nutzung nur in bisheriger Art und in bisherigem Umfang zugelassen – also in der Form, wie sie das Gebiet unter den standörtlichen Voraussetzungen hervorgebracht hatte.

Dennoch sind heute drei Viertel des bestehenden Naturschutzgebiets mit Reben bestockt und die restlichen Wiesenflächen infolge Düngung in Glatthaferwiesen (allerdings noch mit Fragmenten der ehemaligen Magervegetation) umgewandelt!

Aus alten Akten ist zu entnehmen, daß diese Nutzungsänderungen im Zuge von Rebumlegungen in den 50er Jahren entgegen der schriftlichen Einsprüche des Bezirksbeauftragten und des Landesbeauftragten für Naturschutz und Landschaftspflege vorgenommen wurden. Lediglich eine »Unbedenklichkeitserklärung« ohne weitere Begründung durch den damaligen Kreisbeauftragten diente als Legiti-

68 Auf dem nördlichen Ausläufer des Kaiserstuhls zwischen Endingen und Amoltern (vorne) liegen die Wiesen der Amolterer Heide zwischen Wald und Reben.

69 Nur auf Magerrasen, aber dann häufig ist der Silbergrüne Bläuling (*Lysandra coridon*).

mation. Eine Befreiung oder Aufhebung der Verordnung erfolgte nie!

Bis 1974 legte man ebenfalls entgegen dem Schutzzweck weitere Rebflächen an, so daß im Naturschutzgebiet lediglich 25 Prozent Wiesen verblieben. Daß dieser Rest zusammen mit angrenzenden, zum Glück noch verbliebenen Wiesen außerhalb des bestehenden Naturschutzgebiets durchaus noch naturschutzwürdig ist, belegen Bestandsaufnahmen aus den 80er Jahren. Hierbei spielt auch der Umstand eine Rolle, daß seinerzeit noch weit verbreitete, gut ausgebildete Salbei-Glatthaferwiesen heute selbst naturschutzwürdig sind. Infolge entsprechender Bewirtschaftung seit Mitte der 80er Jahre und evtl. auch durch Engerlingfraß des Feldmaikäfers, der hier massenhaft auftritt, sind diese Wiesen gegenwärtig (1997) sogar wieder deutlich magerer und damit wertvoller für den Naturschutz.

Neben bunten Salbei-Glatthaferwiesen, in denen der für die Gegend bemerkenswerte Knöllchen-Steinbrech (*Saxifraga granulata*) häufig ist, kommt Trespen-Halbtrockenrasen in der Ausbildung mit Echter Schlüsselblume (*Primula veris*) und Sonnenröschen (*Helianthemum nummularium*) vor. Auf wenigen Quadratmetern ist sogar noch Volltrockenrasen mit Kugelblume (*Globularia punctata*), Gold-Aster (*Aster linosyris*), Feld-Mannstreu (*Eryngium campestre*) und Zartem Lein (*Linum tenuifolium*) vorhanden.

Bemerkenswerte Pflanzenvorkommen sind Affen-Knabenkraut (*Orchis simia*), Brand-Knabenkraut (*Orchis ustulata*), Kleines Knabenkraut (*Orchis morio*), Küchenschelle (*Pulsatilla vulgaris*) und Bergklee (*Trifolium montanum*), an Säumen auch Ästige Graslilie (*Anthericum ramosum*), Kalk-Aster (*Aster amellus*), Berg-Haarstrang (*Peucedanum oreoselinum*) und das Große Windröschen (*Anemone sylvestris*). Besonders im nördlichen Kaiserstuhl sind solche Bestände nur noch an wenigen Stellen zu finden.

Die Wiesen der Amolterer Heide sind falterreich: Blaukernauge (*Minois dryas*), Alexis-Bläuling (*Glaucopsyche alexis*), Esparsetten-Bläuling (*Lysandra thersites*) und Kurzschwänziger Bläuling (*Everes argiades*).

Die Hecken und angrenzenden Waldränder ermöglichen Brutvorkommen des Neuntöters und anderer Gehölzbrüter.

Die geschilderte Vernichtung der schutzwürdigen Substanz im größten Teil des Naturschutzgebiets erfordert eine Neufassung der Verordnung. Seit einigen Jahren bemüht sich die höhere Naturschutzbehörde um eine Festsetzung des Naturschutzgebiets in der heute schutzwürdigen Abgrenzung, d.h. mit Einbezug der benachbarten Magerwiesen und Entlassung der Rebanlagen aus dem Schutzgebiet. So will man auch die immer noch als Möglichkeit diskutierte Umwandlung weiterer Wiesen in Rebland verhindern. *J.-U. Meineke*

Brai

Landkreis: Emmendingen
Gemeinde: Biederbach
Gemarkung: Biederbach
Naturraum: Mittlerer Schwarzwald
Geschützt seit 1979
Größe: 6,7 Hektar
Top. Karte: 7713 Schuttertal

Ein standörtlich vielfältiges Vegetationsmosaik von Flachmoorgesellschaften, Spitzbinsen-, Borstgras- und Glatthaferwiesen, ebenso wie die große Artenvielfalt und das Vorkommen seltener Pflanzen waren die Gründe für die Ausweisung des Naturschutzgebiets »Brai«. Es befindet sich in einer ca. 650 m ü. NN gelegenen Talmulde im Quellgebiet des Biederbachs, am Westrand des Mittleren Schwarzwaldes. Fichtenbestände und intensiv landwirtschaftlich genutztes Grünland umgeben das von einem dichten Grabensystem durchzogene Feuchtwiesengebiet.

Ohne die landwirtschaftliche Nutzung würde hier von Natur aus ein hauptsächlich von Eschen und Schwarz-Erlen aufgebauter Waldbestand vorkommen. Erst infolge der Rodungstätigkeit des Menschen zur Gewinnung von Wiesen- und Weideflächen entwickelte sich die Grünlandvegetation. Begünstigt durch die ortsferne Lage, das abschüssige Gelände und den meist sehr nassen, schlecht zu befahrenden Boden, wurden die seit 1979 unter Schutz stehenden Flächen im Gewann Brai schon immer nur sehr extensiv genutzt. Aus diesem Grund konnte sich hier sowohl die Artenvielfalt, als auch das stark ausgeprägte Vegetationsmosaik einer ansonsten im Naturraum selten vorkommenden Feuchtgebietsflora erhalten.

Standortprägender Faktor ist in erster Linie der ganzjährig hohe Wasserstand, der aus den hohen Niederschlagswerten, dem undurchlässigen Gesteinsuntergrund (Paragneis) und der Muldenlage resultiert.

70 Blick über das von Wirtschaftswiesen umgebene Naturschutzgebiet »Brai« mit extensiv genutzter Feuchtvegetation.

71 Der vom Aussterben bedrohte Herbst-Schraubenstendel (*Spiranthes spiralis*) im NSG »Brai«.

Flachgründige, magere Bereiche werden durch Borstgras (*Nardus stricta*) und Kleines Habichtskraut (*Hieracium pilosella*) angezeigt, während sehr nasse Stellen durch reichen Seggen- und Binsenbewuchs hervortreten.

Voraussetzung für die Erhaltung der artenreichen Feuchtvegetation ist, daß man den Wasserhaushalt des Gebiets nicht verändert; gleichzeitig muß eine regelmäßige Mahd gewährleistet sein.

Eine wesentliche Gefährdung der geschützten Wiesen geht daher von einer intensiveren Nutzung, verbunden mit stärkerer Entwässerung und Düngung aus. Beide Faktoren lieferten in der Vergangenheit mehrfach Anlaß für Konflikte zwischen Landwirten und Naturschützern.

Seit 1986 bestehen Pflegeverträge mit den Landwirten, die die Wiesen im Naturschutzgebiet nutzen. Abgestimmt auf das Vorkommen sehr seltener Pflanzenarten sorgen sie dafür, daß die Flächen zweimal im Jahr (ab Ende Juni und ab 1. Oktober) gemäht und nicht gedüngt werden.

F. Staub

Der größte Teil des Naturschutzgebiets wird daher von mageren Nasswiesen mit Sumpf-Pippau (*Crepis paludosa*), Wasser-Greiskraut (*Senecio aquaticus*), Sumpf-Hornklee (*Lotus uliginosus*), Wiesen-Knöterich (*Polygonum bistorta*) und Gewöhnlichem Teufelsabbiß (*Succisa pratensis*) eingenommen. Auf noch nässeren Flächen, wie zum Teil auch in den Gräben, gedeihen Niedermoorgesellschaften mit Fieberklee (*Menyanthes trifoliata*), Rundblättrigem Sonnentau (*Drosera rotundifolia*) und Herzblatt (*Parnassia palustris*). Kleinflächig kommen sogar Torfmoos-Polster vor.

Etwas trockenere, leicht gedüngte Bereiche sind durch das Vorkommen von Arten des Wirtschaftsgrünlandes, wie z.B. Wiesen-Sauerampfer (*Rumex acetosa*), Wolliges Honiggras (*Holcus lanatus*), Wiesen-Kerbel (*Anthriscus sylvestris*) oder Kuckucks-Lichtnelke (*Lychnis flos-cuculi*) und Sumpfdotterblume (*Caltha palustris*) gekennzeichnet.

Elzwiesen

Landkreise: Emmendingen, Ortenau
Gemeinden: Rust, Rheinhausen,
Stadt Kenzingen
Gemarkungen: Rust, Oberhausen,
Niederhausen, Kenzingen
Naturraum: Offenburger Rheinebene
Geschützt seit 1990
Größe: 370 Hektar (LSG 328 Hektar)
Top. Karte: 7712 Ettenheim

Das Natur- und Landschaftsschutzgebiet »Elzwiesen« liegt auf ca. 170 m ü. NN in der Elzniederung zwischen der Rheintalautobahn und den Ortschaften Rheinhausen und Rust. Die weiträumige Wiesenlandschaft des Naturschutzgebiets erstreckt sich über fünf Kilometer Länge und bis zu ca. einem Kilometer Breite beidseits entlang des kleinen Flüßchens »Alte Elz«. Im Westen und Osten bildet das anschließende Landschaftsschutzgebiet einen 328 ha großen »Schutzpuffer«.

Die ehemals ausgedehnten Wiesenland-

72 Nicht nur Naturschutz, sondern Zeugnis alter Bewitschaftungskultur: die Wiesenwässerung.

schaften in den Flußniederungen der Rheinebene gingen in den letzten Jahrzehnten stark zurück. Der Maisanbau verdrängte auf großer Fläche das Grünland und seine typischen Lebensgemeinschaften von Tieren und Pflanzen.

In der Elzniederung wird aber beispielhaft ein großes, zusammenhängendes Grünlandgebiet für die Zukunft erhalten. Zum maßgeschneiderten Naturschutzpaket für die Elzwiesen gehören neben der Unterschutzstellung u.a. Grunderwerb durch das Land Baden-Württemberg, Rückumwandlungen von Acker in Grünland, Ausgleichszahlungen an Landwirte für extensive Wiesennutzung, gezielte Pflegemaßnahmen und die Unterstützung der traditionellen Wiesenwässerung.

Um die Erträge der Wiesen zu steigern wurden in den Niederungen der Oberrheinebene im 19. Jahrhundert – oft in Fronarbeit – großflächige Bewässerungssysteme angelegt. Mittels eines ausgeklügelten Systems aus Wässergräben, Wehren und Stellfallen wurden die Wiesen regelmäßig gewässert. Mit dem zunehmenden Einsatz von Stall- und Kunstdünger und dem verstärktem Grünlandumbruch verlor die Wiesenwässerung aber ihre einst hochgeschätzte Bedeutung. Ein landwirtschaftliches Interesse an der aufwendigen Unterhaltung der Wässerungseinrichtungen ist heutzutage kaum noch vorhanden. Vielerorts sieht man daher verfallende Reste von alten Wässerungsanlagen.

Nur im Naturschutzgebiet »Elzwiesen« kann man noch ein großflächiges Bewässerungssystem in voller Funktion erleben. Es handelt sich hier um das größte, noch bestehende Wässerungsgebiet am Oberrhein. Im zeitigen Frühjahr, nach der Heuernte und im Spätherbst leitet der Wässerwart im Auftrag der örtlichen Wässerungsgenossenschaft Elzwasser in eine Wiesenparzelle nach der anderen. So wandern jeweils drei Wochen lang Wasserflächen über die Wiesenlandschaft.

Nach wie vor wirkt sich die Wässerung positiv auf die Grünlanderträge aus. Sie ist mittlerweile aber auch von großer Bedeutung für die Grundwasseranreicherung und für den Naturschutz.

Vor allem während der Frühjahrswässerungen von Mitte März bis Anfang April finden sich zahlreiche Zugvögel, v.a. Watvögel, an den Wasserflächen ein. Die Vögel suchen dabei bevorzugt die Randbereiche der Wasserflächen nach Kleintieren ab. Als regelmäßige Durch-

73 Der Große Brachvogel hat im NSG »Elzwiesen« das noch größte Brutvorkommen in Baden-Württemberg.

zügler können z.B. Kampfläufer, Waldwasserläufer, Dunkler Wasserläufer, Uferschnepfe, Bekassine, Bruchwasserläufer, Grünschenkel und seltener auch Flußregenpfeifer, Alpenstrandläufer oder Regenbrachvogel beobachtet werden. In manchen Jahren finden sich Hunderte von durchziehenden Kiebitzen ein. Außerdem suchen u.a. Graureiher, Weißstorch, verschiedenste Enten- und Möwenarten die Wasserflächen als bevorzugte Nahrungs- und Rastplätze auf. Von der Naturschutzverwaltung angelegte Flachwasserbereiche ergänzen dieses zeitlich begrenzte Wasserangebot.

Die Wiesen gehören vegetationskundlich größtenteils den Fuchsschwanz-Glatthaferwiesen an. Magere Wiesenstreifen mit dem vereinzelten Vorkommen von Karthäuser-Nelke (*Dianthus carthusianorum*) und Knöllchen-Steinbrech (*Saxifraga granulata*) finden sich entlang der Grundstücksgrenzen, an Grabenrändern und an Wiesenwegen. Hochstaudenfluren und Altgrasstreifen treten als weitere Randstrukturen auf.

Ufergehölze aus Silber-Weide, Schwarz-Erle, Stiel-Eiche, Schwarzem Holunder und einzelnen, alten Obstbäumen säumen die beiden Wasserläufe des Gebiets, die Alte Elz und den Hackgraben. Im Unterwuchs dominieren Schilf (*Phragmites communis*), Großer Wasserschwaden (*Glyceria maxima*), Brennessel (*Urtica dioica*) und Indisches Springkraut (*Impatiens glandulifera*). Außerdem sind an Wässergräben, Wegen und Straßen einzelne Obstbäume, Feldgehölze und kleinere Hecken anzutreffen. Der Anteil an Gehölzen im Gebiet ist insgesamt jedoch gering. Genau das aber entspricht den Ansprüchen der auf eine weiträumig offene Landschaft angewiesenen Wiesenbrüter.

Unter diesen ist der in Baden-Württemberg vom Aussterben bedrohte Große Brachvogel der auffallendste Vertreter. Vor der Brutzeit – ab Mitte März – kann man weithin seinen wohltönenden Trillergesang vernehmen. Mit über einem Dutzend Brutpaaren sind die Elzwiesen sein größtes Brutgebiet in ganz Südwestdeutschland. Rebhuhn, Wachtel und Grauammer sind weitere, hier noch regelmäßig anzutreffende Wiesenbrüter.

In Schilfflächen brüten Sumpf- und Teichrohrsänger und Rohrammer. An seltenen Greifvögeln sind je nach Jahreszeit mitunter z.B. Wespenbussard, Baumfalke, Merlin, Kornweihe, Rohrweihe oder Fischadler zu sehen.

74 Die deutschen Hauptvorkommen des Großen Ampferfeuerfalters (*Lycaena dispar*) sind am Oberrhein, so auch im NSG »Elzwiesen«.

Insgesamt wurden in den Elzwiesen schon 175 Vogelarten, davon ungefähr die Hälfte als Brutvögel, beobachtet.

Wesentlicher schwerer zu entdecken sind die seltenen Insektenarten des Gebietes wie z.B. Gebänderte Heidelibelle (*Sympetrum pedemontanum*), Helmazurjungfer (*Coenagrion mercuriale*), Sumpfschrecke (*Mecosthetus grossus*), Lauchschrecke (*Parapleurus alliaceus*), Großer Feuerfalter (*Lycaena dispar*) oder Kurzschwänziger Bläuling (*Everes argiades*). Besonders gut versteckt wachsen die Raupen des Dunklen Wiesenknopf-Ameisen-Bläulings (*Maculinea nausithous*) heran. Zuerst leben sie im Inneren der Blütenköpfchen vom Großen Wiesenknopf (*Sanguisorba officinalis*) und später in Ameisennestern.

Besucherhinweis: Das Gebiet ist v.a. für Ornithologen interessant. Außerdem bieten die Elzwiesen ein naturhaftes Grünlandschaftsbild, wie es in der Rheinebene nur noch selten anzutreffen ist. Als wichtigste Verhaltensregel für Besucher gilt, das Gebiet außerhalb der Wege und Straßen nicht zu betreten.

A. Ostermann

Erletal

Landkreis: Emmendingen
Gemeinde: Stadt Endingen
Gemarkung: Endingen
Naturraum: Kaiserstuhl
Geschützt seit 1991
Größe: 2,4 Hektar
Top. Karte: 7812 Kenzingen

Das Naturschutzgebiet »Erletal« südlich von Endingen ist das letzte noch verbliebene Gebiet im gesamten Kaiserstuhl, in dem Feuchtwiesen mit einer Vielzahl von seltenen und geschützten Arten vorkommen. Es liegt in einem Talgrund am Nordostrand des Kaiserstuhls. Rebberge und Wald begrenzen das Naturschutzgebiet nach oben und bilden den Talschluß, während nördlich, talabwärts, eine Sportplatzanlage der Stadt Endingen angrenzt.

Vom Wasser geprägte Vegetationstypen waren im Kaiserstuhl schon immer nur spärlich vertreten. Mit zunehmender Intensivierung der Landwirtschaft und der Ausdehnung von Siedlungsflächen wurden in den 50er Jahren im Ried-, Schambach- und Wihlbachtal die restlichen der bis dahin noch erhaltenen Feuchtgebiete des Kaiserstuhls entwässert und zerstört.

Grundlage für die Ausbildung der Feuchtgebietsvegetation sind staunasse Böden mit teilweise anstehendem Grundwasser. Diese entwickelten sich auf kalkhaltigem Schwemmlöß, der während der Eiszeiten in den Tälern abgelagert wurde. Im Gegensatz zu dem eingewehten, porösen Löß, der die Kuppen und Hänge des Kaiserstuhls überzieht, ist der Schwemmlöß dicht geschichtet und daher wenig wasserdurchlässig.

Sowohl die unterschiedlichen Feuchtigkeitsverhältnisse als auch Eingriffe des Menschen haben dazu beigetragen, daß im Naturschutzgebiet ein Vegetationsmosaik entstanden ist, in dem man ein kleinräumiges Nebeneinander von Kalkflachmooren, Pfeifengraswiesen, Großseggenrieden, Schilfröhrichten, feuchten und trockenen Wiesen, Hochstaudenfluren, Ufergehölzen und Bachvegetation bewundern kann.

Durch besonderen Blüten- und Orchideenreichtum zeichnen sich die gemähten Wiesen-

75 Frühjahrsaspekt mit roter Kuckucks-Lichtnelke (*Lychnis flos-cuculi*) und den dreizähligen Blattquirlen des Gewöhnlichen Gelbweiderichs (*Lysimachia vulgaris*).

bereiche aus. Bemerkenswert sind vor allem die großen Bestände von Breitblättrigem Knabenkraut (*Dactylorhiza majalis*) und Echter Sumpfwurz (*Epipactis palustris*). Auch andere hier vorkommende Arten, wie Großer Wiesenknopf (*Sanguisorba officinalis*), Kohldistel (*Cirsium oleraceum*) und Wald-Engelwurz (*Angelica sylvestris*) sind zwar andernorts gewöhnliche Feuchtigkeitszeiger, im Kaiserstuhl aber äußerst selten.

Als Besonderheit des Gebiets kommt auf sehr staunassen Böden ein Davallseggensumpf vor. Sowohl Davall-Segge (*Carex davalliana*), als auch Breitblättriges Wollgras (*Eriophorum latifolium*) gelten im Kaiserstuhl und in der umgebenden Rheinebene als vom Aussterben bedroht.

Nur auf den trockensten Standorten findet man dagegen die kaiserstuhltypischen Halbtrockenrasenarten. Aber auch Aufrechte Trespe (*Bromus erectus*), Bunte Kronwicke (*Coronilla varia*), Dorniger Hauhechel (*Ononis spinosa*) und Hundswurz (*Anacamptis pyramidalis*) gedeihen hier zusammen mit Wechselfeuchtezeigern wie Blaugrüne Segge (*Carex flacca*) und Mücken-Handwurz (*Gymnadenia conopsea*).

Schilf oder Hochstauden wie Gewöhnlicher Gelbweiderich (*Lysimachia vulgaris*), Riesen-Goldrute (*Solidago gigantea*) und Wasserdost (*Eupatorium cannabinum*), die auf nur unregelmäßig oder gar nicht gemähten Flächen vorkommen, bereichern im Herbst das Blüten- und Nahrungsangebot für viele Tiere.

Zusammen mit seiner strukturreichen Umgebung bietet das Naturschutzgebiet einer Vielzahl von Vögeln Lebensraum. Neben den Finkenvögeln, wie zum Beispiel Stieglitz, Hänfling und Girlitz, die die Hochstauden als Nahrungsbiotop nutzen, sind auch Pirol und Turteltaube regelmäßig anzutreffen.

Da Grünlandwirtschaft im Kaiserstuhl kaum mehr eine Rolle spielt, führt die Bezirksstelle für Naturschutz und Landschaftspflege Freiburg auf Teilflächen eine Pflegemahd durch. Sie sorgt dafür, daß auch in Zukunft geschützte niederwüchsige Arten wie Davall-Segge, Pracht-Nelke (*Dianthus superbus*) und Orchideen nicht von Schilf oder Goldrute verdrängt werden.

F. Staub

Häuslematt

Landkreise: Emmendingen, Breisgau-Hochschwarzwald
Gemeinden: Simonswald, St. Peter
Gemarkungen: Obersimonswald, St. Peter
Naturraum: Mittlerer Schwarzwald
Geschützt seit 1985
Größe: 7,2 Hektar
Top. Karte: 7914 St. Peter

Östlich des hoch aufragenden Kandelmassivs, das sich 800 m über die nahegelegene Oberrheinebene erhebt, liegt die sogenannte »Platte«, eine Hochfläche in der Nähe der Klostersiedlung St. Peter. Hier stehen in weitgeschwungenen Wiesentälern große Schwarzwaldhöfe, die seit Jahrhunderten im rauhen Höhenklima ihre Feldflur bewirtschaften. Der Zweribach – er entspringt in ca. 1030 m ü. NN dem Buchhornbrunnen inmitten des Kandelwaldes – fließt in einem flachen Muldental, in dem sich wegen des reichlichen Niederschlags (ca. 1500 bis 1600 mm jährlich!) und des geringen Gefälles eine breite Vermoorung gebildet hat. Dem Moor, das auch gern als »Plattenmoos« bezeichnet wird, strömt auch Grundwasser zu, so daß es das ganze Jahr gut durchfeuchtet ist.

Das Naturschutzgebiet »Häuslematt« ist fast auf allen Seiten von dichtem Nadelwald umgeben, nur in der Nähe des Plattenhäusles besteht nach Süden hin eine Verbindung zur offenen Feldflur. Die unter Schutz stehenden Flächen setzen sich zum überwiegenden Teil aus Mooren verschiedener Entwicklungsstadien zusammen. Im nördlichen Abschnitt ist die Moorentwicklung am weitesten fortgeschritten. Dort befindet sich ein Torfkörper, der sich bereits durch das Wachstum der Torfmoose über den Horizont des anstehenden Grundwassers erhoben hat. Diese Bereiche tragen eine Hochmoorvegetation, die ausschließlich vom Regen mit Wasser versorgt wird, weil nicht mehr alle Pflanzen mit ihren Wurzeln bis an das aus dem Mineralboden stammende Grundwasser heranreichen. In den Torfmoospolstern, die in der Hauptsache für das Moorwachstum verantwortlich sind, wachsen die Bulte des Scheidigen Wollgrases (*Eriophorum vaginatum*). Die Pflanze mit ihrem weißen Wollschopf kommt

76 Das Moor im NSG »Häuslematt« ist z.T. grundwasserbeeinflußt, z.T. aber ein echtes Hochmoor.

bevorzugt in Moorflächen vor, die durch Entwässerung oder extensive Nutzung nicht mehr ganz natürlich sind. An feuchten Standorten wachsen »Spezialisten« wie Rundblättriger Sonnentau (*Drosera rotundifolia*) oder Moosbeere (*Vaccinium oxycoccos*); sie sind an die Nährstoffarmut des Hochmoors gut angepaßt. Trockenere Bereiche werden vom Zwergstrauchgebüsch der Moor- oder Rauschbeere (*Vaccinium uliginosum*) eingenommen. Hier halten sich auch einige schlechtwüchsige Fichten, die sich aber erst in der vernäßten Randsenke zu einem Moorfichtenwald zusammenschließen. Im Schatten der Fichten gedeiht dann regelmäßig der Siebenstern (*Trientalis europaea*), eine kleine Blütenpflanze, die in nordischen Fichtenwäldern keine Seltenheit ist.

Anmoorige und bodensaure Quellbereiche, die von heranströmendem Hangwasser durchsickert werden, umgeben den Moorkern. Es handelt sich dabei um Niedermoorkomplexe, die sich je nach Nährstoffgehalt unterscheiden. Nährstoffarme Bereiche werden vom Braunseggensumpf, einer im Schwarzwald weit verbreiteten, überwiegend von Sauergräsern beherrschten Moorgesellschaft besiedelt. An Stellen mit basenreicherem Wasser befinden sich kleinflächige Bestände des Herzblatt-Braunseggen-Moores. Unter anderem wächst hier die im Schwarzwald äußerst seltene Sumpf-Stendelwurz (*Epipactis palustris*); sie ist eher in kalkreichen Niedermooren zuhause und fehlt daher dem Grundgebirge über weite Strecken. Da die Niedermoorflächen früher extensiv als Viehweiden genutzt wurden, sind sie immer von den Horsten der Flatter-Binse (*Juncus effusus*), einem Weidezeiger vernäßter Stellen, durchsetzt.

Der südliche Teil des Schutzgebiets grenzt an die offene Feldflur und wird heute als Weide extensiv genutzt. Auf dem anmoorigen Boden gibt es vergleichsweise großflächige Naßwiesen, die durch die dicht stehenden, dunkelgrünen Halme der Spitzblütigen Binse (*Juncus acutiflorus*) gekennzeichnet sind. Inmitten des Grünlands liegen unvermoorte Mineralhügel; sie werden von mageren Borstgrasrasen bedeckt. Im Übergang zu den ausgedehnten Wiesen und Weiden außerhalb des Naturschutzgebiets liegen gedüngte Goldhaferwiesen. Ingesamt ist die Vegetation in diesem Abschnitt des Schutzgebiets kleinflächig sehr vielfältig.

Der Zweribach durchfließt das Naturschutzgebiet der Länge nach und wird von üppigen Hochstaudenfluren aus Berg-Kälberkropf (*Chaerophyllum hirsutum*) und Eisenhutblättrigem Hahnenfuß (*Ranunculus aconitifolius*) gesäumt. In den Ablaufrinnen des kalten Quellwassers kommt das Bittere Schaumkraut (*Cardamine armara*) im zeitigen Frühling als eine der ersten Pflanzen zur Blüte und setzt in der noch von der Winterruhe geprägten Landschaft einen ersten Farbakzent. In nassen Senken und Gräben mit langsam fließendem, sogar stehendem Wasser gedeihen schließlich Schnabelsegge (*Carex rostrata*), Blutauge (*Comarum palustre*) und Fieberklee (*Menyanthes trifoliata*).

Die Moorwiesen sind der Lebensraum zweier besonderer Heuschreckenarten. Die Alpen-Gebirgsschrecke (*Miramella alpina*) ist ein Glazialrelikt und deshalb auf die höchsten Lagen des Schwarzwaldes beschränkt; die Sumpfschrecke (*Mecostethus grossus*) ist stark gefährdet und besitzt nur wenige Fundorte in Baden-Württemberg. Beide Arten bevorzugen Feuchtgebiete, erstere eher die üppigen Hochstaudenfluren, während letztere bis in die von den Seggen beherrschten Niedermoore vordringt. An Wirbeltieren konnten Grasfrosch und Mooreidechse gefunden werden. Die Tierwelt des abgelegenen Moores ist leider kaum erforscht.

Das Naturschutzgebiet befindet sich zum größten Teil im Eigentum des Plattenhäusles, das zusammen mit dem nahen Althäuslehof recht einsam auf der verkehrsfernen Hochfläche in 1000 m ü. NN steht. Die beiden Höfe gehören zum fernab gelegenen Obersimonswald und nicht, wie man vermuten könnte, zum vergleichsweise gut erreichbaren St. Peter. Seit das Naturschutzgebiet besteht, ist es umstritten. Bis 1985 wurden die ökologisch wertvollsten Bereiche um das Hochmoor beweidet. Erst mit der Ausweisung konnte diese der Moorentwicklung abträgliche Nutzung eingeschränkt werden. Trotz fehlender Beweidung ist aber nicht mit einem schnellen Aufkommen von Fichten zu rechnen. Bis heute werden die

Niedermoorflächen im südlichen Teil noch als Weiden mehr oder weniger extensiv genutzt. Seit Jahren befindet sich im Südabschnitt des Schutzgebiets eine kleinere Feuerstelle, die immer wieder Beeinträchtigungen der Umgebung mit sich bringt und die Lebewesen des Schutzgebiets beunruhigt. *P. Lutz*

Hochberg

Landkreis: Emmendingen
Gemeinde: Sasbach
Gemarkung: Leiselsheim
Naturraum: Kaiserstuhl
Geschützt seit 1979
Größe: 0,7 Hektar
Top. Karte: 7811 Wyhl

Eingebettet in intensiv bewirtschaftete Rebberge und Obstbaumkulturen zwischen Jechtingen und Leiselsheim liegt das Schutzgebiet »Hochberg« auf der gleichnamigen Anhöhe. Der geologische Untergrund besteht aus dem vulkanischen Gestein Tephrit, dem eine Lößdecke aufliegt. Die Klimagunst des Kaiserstuhls, die steile, südostexponierte Lage und die Nährstoffarmut des Bodens bieten zahlreichen wärmeliebenden Pflanzen- und Tierarten günstige Wuchs- und Lebensbedingungen, die im Umfeld des Schutzgebiets ihresgleichen suchen.

Nachdem die Grünlandnutzung in diesem Bereich des Kaiserstuhls zugunsten weiträumiger Rebkulturen aufgegeben wurde, hätte sich im Schutzgebiet ohne eine regelmäßige Mahd ein Eichen-Hainbuchenwald entwickelt, wie er sich an ähnlichen, brachgefallenen Stellen des Kaiserstuhls findet. Die traditionelle Bewirtschaftung in Form einer späten Mahd ohne Einsatz von Düngemitteln und der Abtransport des Mähguts verhinderten eine Verbuschung der Wiesenfläche und ließen im Laufe der Zeit einen artenreichen Halbtrockenrasen entstehen, der heute einen Großteil des Steilhanges einnimmt. Da der Bedarf an Mähgut für den bäuerlichen Betrieb nicht mehr besteht, muß diese Nutzungsform nun durch entsprechende Pflegemaßnahmen nachgeahmt werden. Auf diese Weise konnte ein Lebensraum bewahrt werden, der rund 130 Gefäßpflanzen und eine artenreiche Insektenfauna beherbergt.

Während sich im südlichen Bereich und randlich wärmeliebende Gehölze, insbesondere die Feld-Ulme, Eingriffliger Weißdorn, Berberitze (*Berberis vulgaris*), Rainweide (*Ligustrum vulgare*) und in vereinzelten Exemplaren Flaum-Eiche angesiedelt haben, die das Schutzgebiet gegen Feldwege abgrenzen, zeichnet sich der zentral gelegene Halbtrockenrasen durch eine enorme Artenvielfalt aus. Im späten Frühjahr ist der Hang mit zahllosen Blütenständen des Brand-Knabenkrauts (*Orchis ustulata*) übersät. Ein reiches Vorkommen von Steppen-Wolfsmilch (*Euphorbia seguierana*), Gold-Aster (*Aster linosyris*), Feld-Mannstreu (*Eryngium campestre*), die den besonders trockenen Bereich repräsentieren und die seltenen bis gefährdeten Arten Gewöhnliche Küchenschelle (*Pulsatilla vulgaris*), Helm-Knabenkraut (*Orchis militaris*), Spargelschote (*Tetragonolobus maritimus*) und Gelbe Sommerwurz (*Orobanche lutea*) sind am Hochberg vertreten. Rauher Alant (*Inula hirta*), Großes Windröschen (*Anemone sylvestris*), Kleine Wiesenraute (*Thalictrum minus*) und Steppenfenchel (*Seseli annuum*) kennzeichnen den Übergang zu Bereichen, die nicht einer regelmäßige Mahd unterliegen. Dort finden sich dann Skabiosen-Flockenblume (*Centaurea scabiosa*), Gewöhnlicher Dost (*Origanum vulgare*) und Ästige Graslilie (*Anthericum ramosum*).

Wirbeltiere sind aufgrund der geringen Größe des Schutzgebiets nur sporadisch vertreten. Während Dorngrasmücke, Baumpieper und Neuntöter im »Hochberg« nachgewiesen werden konnten, halten sich im Umland Pirol, Turteltaube und Wachtel auf. Seltene Besuche der Smaragdeidechse – ansonsten für den nördlichen Kaiserstuhl eher untypisch – zeigen die herausragende Bedeutung dieses naturbelassenen Raumes in einem agrarisch intensiv genutzten, biotoparmen Umfeld.

Die Insellage des Schutzgebiets inmitten der Rebfluren birgt leider die Gefahr der Artenverarmung, die durch mangelnden Austausch mit anderen Biozönosen besteht. Die Isolierung des genetischen Potentials schwächt die Anpassungsfähigkeit an sich verändernde Umweltbedingungen und kann nur durch Anbindung an andere »grüne« Inseln behoben werden. Heckenränder, unbewirtschaftete Ackerrandstreifen oder unbefestigte Feldwege mit Grünstreifen können dabei schon von großem Nutzen sein. *B. Koch*

Johanniterwald

Landkreis: Emmendingen
Gemeinden: Kenzingen, Rheinhausen
Gemarkungen: Kenzingen, Oberhausen
Naturraum: Offenburger Rheinebene
Geschützt seit 1979
Größe: 57 Hektar
Top. Karten: 7712 Ettenheim, 7812 Kenzingen

Das Naturschutzgebiet »Johanniterwald« liegt nordwestlich der Stadt Kenzingen in der Elzniederung zwischen Elz und Leopoldskanal. Es umfaßt nicht nur den gleichnamigen Walddistrikt der Gemeinde Kenzingen, sondern auch den Walddistrikt »Scheidhägle« der Gemeinde Rheinhausen. Die Ablagerungen der Elz bilden den geologischen Untergrund aus feinsandigen bis tonigen Lehmen, die vorwiegend einer aus Kiesgeröllen bestehenden unteren Schicht aufliegen. Der Johanniterwald ist nach allen Seiten von landwirtschaftlichen Flächen umgeben. Sie wurden mit einer Fläche von 95 ha als Landschaftsschutzgebiet ausgewiesen, um den Wald weitgehend vor schädlichen Einflüssen zu schützen.

Der Johanniterwald setzt sich aus unterschiedlich alten Waldbereichen zusammen. So findet sich im Südwesten ein zusammenhängender, ca. 17 ha großer Altholzkomplex. Dabei handelt es sich um einen bis 200jährigen, aus ehemaliger Mittelwaldwirtschaft hervorgegangenen Eichen-Hainbuchenwald mit einem Baumanteil von ca. 30 Prozent breitkronigen Stiel-Eichen, 30 Prozent Eschen, 15 Prozent Hainbuchen, und 25 Prozent sonstigen Laubbäumen, v.a. Berg-Ahorn, Robinie, Linde und Vogelkirsche. Große Teile der im Osten und Süden gelegenen Waldteile wandelte man hingegen bereits seit der ersten Jahrhunderthälfte in andere Laubwaldbestände um, u.a. auch in Eschen- und Eschen-Ahorn-Bestände. Zeiger-

77 Der seltene Mittelspecht ist im NSG »Johanniterwald« noch heimisch.

pflanzen wie Hexenkraut (*Circaea lutetiana*), Gundelrebe (*Glechoma hederacea*), Knoblauchsrauke (*Alliaria petiolata*) und Echte Nelkwurz (*Geum urbanum*) deuten auf einen frischen Standort hin.

Für den Naturschutz bedeutsam ist der Johanniterwald nicht nur wegen seiner alten Mittelwaldeichen, sondern auch wegen der darin lebenden, seltenen Vogelarten. So haben sich in dem oben beschriebenen Altholzbestand seit langem zwei Graureiherkolonien etabliert, die den ausschlaggebenden Grund für die Unterschutzstellung des Gebiets im Jahr 1979 liefertern. Die früheste Angabe über die Zahl der besetzten Horste stammt aus dem Jahr 1939. Bis 1944 wurden jährlich 25 bis 30 Horste gezählt. Nach einem Tiefstand mit nur noch 10 Brutpaaren im Jahr 1973 erholte sich der Bestand in den Folgejahren kontinuierlich. So brüteten 1975 bereits wieder 22, 1985 66, 1991 94 und im Jahr 1995 121 Paare, bevor die Zahl der besetzten Horste nach dem strengen Winter 1996/97 wieder auf 75 zurückging (Beobachter: J. Rupp). Damit zählt das Graureihervorkommen des Johanniterwalds inzwischen zu den größten Vorkommen in Baden-Württemberg. Reiche Nahrung finden die Graureiher u.a. in dem nördlich angrenzenden Naturschutzgebiet »Elzwiesen«.

Nachdem sich dank des ganzjährigen Jagdverbots der Graureiherbestand im Johanniterwald stabilisiert hat, rückt heute der Schutz anderer, seltener Vogelarten in den Vordergrund. Denn der Johanniterwald wäre auch ohne Vorkommen des Graureihers naturschutzwürdig. So nisten hier seit langem die beiden Greifvogelarten Schwarzmilan und Habicht. Beide zählen zur gefährdeten Avifauna Baden-Württembergs. Außerdem ist der Anteil der Höhlenbrüter in den älteren Eichen-Hainbuchenbeständen hoch. Regelmäßig zu beobachten sind fast alle einheimischen Spechtarten, nämlich Grün-, Grau- und Buntspecht sowie die selten gewordenen Arten Mittel- und Kleinspecht. Insgesamt brüten im Johanniterwald regelmäßig etwa 50 Vogelarten.

Sorgen bereitet heute – knapp 20 Jahre nach der Ausweisung des Naturschutzgebiets – der schlechte Gesundheitszustand der Mittelwaldeichen. Teilweise altersbedingt, teilweise aufgrund des erhöhten Schadstoffeintrags aus der Luft, teils aufgrund von Sturmwurf- und Eisbruch sterben die Mittelwaldeichen in den letzten Jahren vermehrt ab. Während noch in den 80er Jahren vereinzelt Bergahorn-, Eschen- und Hainbuchen-Naturverjüngung zu beobachten war, breitet sich seit Anfang der 90er Jahre die Brombeere flächendeckend aus und verhindert jede weitere Naturverjüngung. So können die Bestände nur noch durch Pflanzung verjüngt werden. Die Eichenverjüngung erfolgt kleinflächig, indem in Bestandeslücken, die gegebenenfalls noch erweitert werden, Eichenheister gepflanzt werden. Die forstlichen Maßnahmen in der Nähe der Graureiherkolonien erfolgen in enger Abstimmung mit der Bezirksstelle für Naturschutz und Landschaftspflege Freiburg, um die Verjüngungsmaßnahmen so schonend wie möglich für die Graureiherkolonie durchzuführen. Naturschutzziel und waldbauliches Ziel ist dabei der Erhalt eines artenreichen, naturnahen und standortsgemäßen Eichenmischwaldes mit über den gesamten Waldbestand verstreuten Alteichen, die als Ausweichquartiere für den Graureiher, aber auch als Nistmöglichkeiten für die anderen Vogelarten zur Verfügung stehen.

Alte Eichen sind jedoch nicht nur für die Vogelwelt von Bedeutung. Kein anderer Laubbaum Mitteleuropas bietet so vielen Insektenarten einen Lebensraum. Eichen beherbergen unzählige Ameisen-, Gallwespen-, Käfer-, Schmetterlings- und andere Insektenarten, so daß eine alte Eiche für sich allein bereits ein »Mikrobiotop« darstellt. Auch aus diesem Grund ist der Erhalt der Eichen im Johanniterwald aus Sicht des Naturschutzes eine notwendige und sinnvolle Maßnahme. *G. Hüttl*

Kohlersloch

Landkreis: Emmendingen
Gemeinde: Stadt Elzach
Gemarkung: Prechtal
Naturraum: Mittlerer Schwarzwald
Geschützt seit 1997
Größe: 18 Hektar
Top. Karte: 7714 Haslach im Kinzigtal

Dieses relativ kleine Naturschutzgebiet westlich von Elzach-Oberprechtal, das im Rahmen der Naturschutzkonzeption »Rohrhardsberg und Umgebung« (s. S. 149) ausgewiesen wurde, umfaßt ein struktur- und artenreiches Mosaik aus Magerweiden, Feuchtflächen, Gebüschen und verschiedenen Waldtypen.

Die im Gebiet durchgeführte Beweidung mit verschiedenen Tierarten (Rindern, Schafen und Ziegen) kann man beinahe als »archaisch« bezeichnen, zumal die beweidete Fläche teilweise fast Waldcharakter aufweist und so an die in

78 Auf der Luftaufnahme fällt – besonders im Kontrast zu den angrenzenden Aufforstungen – der kleinräumige Wechsel von Wald, Gebüsch und offenen Flächen im NSG »Kohlersloch« ins Auge.

79 Ein solch »vorbildlicher« Übergang von der offenen Fläche über verschiedene Gebüschstadien zum Wald kommt durch die Beweidung zustande.

früheren Zeiten verbreitete Waldweide erinnert. Eine derartige Beweidung ist heute selten und und kommt den Zielen des Naturschutzes in optimaler Weise entgegen: Die halboffenen, mageren und strukturreichen Flächen beherbergen eine Reihe gefährdeter Tier- und Pflanzenarten, darunter einige im Schwarzwald seltene wärmeliebende Arten wie Golddistel (*Carlina vulgaris*) und Kriechender Hauhechel (*Ononis repens*). Von besonderem Interesse für den botanischen Artenschutz ist das Vorkommen des vom Aussterben bedrohten Herbst-Schraubenstendels (*Spiranthes spiralis*).

Schutzzweck ist insbesondere die Aufrechterhaltung der bisherigen Nutzung (ohne bzw. mit geringfügiger Düngung) und Gewährleistung der erforderlichen Pflegemaßnahmen; hierfür wurde mit dem Bewirtschafter ein Pflegevertrag abgeschlossen. *B. Seitz*

Kostgefäll

Landkreis: Emmendingen
Gemeinde: Simonswald
Gemarkung: Haslachsimonswald
Naturraum: Mittlerer Schwarzwald
Geschützt seit 1997
Größe: ca. 450 Hektar
Top. Karte: 7814 Elzach

Das Naturschutzgebiet »Kostgefäll« stößt unmittelbar an die westliche Grenze des Natur- und Landschaftsschutzgebiets »Rohrhardsberg-Obere Elz« und wurde wie dieses im Rahmen der Naturschutzkonzeption »Rohrhardsberg und Umgebung« (s. S. 149) ausgewiesen. Es umfaßt insbesondere einige der großflächigsten, interessantesten und artenreichsten Magerweiden des Mittleren Schwarzwalds. Von

80 Am Kostgefäll findet man noch großflächige und vielfältige Magerweiden; sie gehören zum flächenmäßig größten Hofgut im Mittleren Schwarzwald.

81 In den Magerweiden wächst noch das vom Aussterben bedrohte Holunder-Knabenkraut (*Dactylorhiza sambucina*), das in einer gelben und einer roten Farbvariante vorkommt.

82 Das Holunder-Knabenkraut blüht am Kostgefäll Mitte Mai; um diese Zeit kann es im Schwarzwald durchaus noch Neuschnee geben.

großer Bedeutung sind die Bestände am Kostgefäll auch wegen des Vorkommens gefährdeter Arten, so z.B. des vom Aussterben bedrohten Holunder-Knabenkrauts (*Dactylorhiza sambucina*).

Auch die Magerwiesen weisen im Gebiet schöne Bestände auf, so z.B. die Goldhaferwiese, die in verschiedenen Ausprägungen vorkommt. Auf feuchteren Standorten findet sich die Silikatbinsenwiese, in die immer wieder kleine Niedermoore eingestreut sind; meist handelt es sich um den Herzblatt-Braunseggensumpf mit einer Reihe gefährdeter Pflanzenarten.

Vorherrschende Waldgesellschaften sind der Hainsimsen-(Tannen-)Buchenwald, an etwas nährstoffreicheren Standorten der Waldmeister-(Tannen-)Buchenwald. An Sonderstandorten kommen weitere Waldgesellschaften vor, so der Hochstauden-Bergmischwald an frischen Wuchsorten der Hochlagen, der Bergahorn-Eschen-Schluchtwald an Quellen, schluchtartig eingeschnittenen Bächen und feuchten Rinnen sowie der Birken-Traubeneichenwald und andere eichenreiche Wälder in tiefergelegenen Bereichen, insbesondere in der Umgebung von Felspartien.

Bemerkenswert sind auch die im Gebiet vorkommenden Felsen und Blockhalden mit ihrer charakteristischen Pflanzenwelt.

Diese Vielfalt in der Vegetation ist auch die Grundlage für eine artenreiche Tierwelt. Am besten untersucht ist die Vogelwelt, die etliche Besonderheiten aufweist. Neben den bereits beim Naturschutzgebiet »Rohrhardsberg-Obere Elz« aufgeführten Arten ist insbesondere das Haselhuhn zu erwähnen, das am Kostgefäll nachgewiesen wurde.

Als Felsbrüter kommen Wanderfalke und Kolkrabe im Gebiet vor. Auch der Steinadler wurde in den vergangenen Jahren mehrfach hier beobachtet.

Weitere erwähnenswerte Arten sind die Waldschnepfe, verschiedene Greifvögel (Habicht, Sperber, Mäusebussard) und stellvertretend für eine Vielzahl an Singvögeln der Wiesenpieper und die ehemals im Gebiet brütenden Arten Zippammer, Heidelerche und Steinschmätzer.

Die Heuschrecken (einschließl. Fangschrekken) und Ameisen als einzige bisher gründlicher untersuchte Insektengruppen weisen im Gebiet eine Reihe gefährdeter oder sogar vom Aussterben bedrohter Arten auf. Insbesondere durch das gemeinsame Auftreten subalpiner und ausgeprägt wärmeliebender Arten ist das »Kostgefäll« für die Heuschrecken von herausragender Bedeutung; es ist diesbezüglich das beste der im Rahmen der o. g. Naturschutzkonzeption untersuchten Gebiete.

Besonders bemerkenswert für diese Höhenlage ist der Fund einer Larve der wärmeliebenden Gottesanbeterin (*Mantis religiosa*), die in Baden-Württemberg normalerweise nicht über 500 m ü. NN vorkommt. Es ist allerdings nicht geklärt, ob am »Kostgefäll« eine stabile Population existiert.

Ebenfalls hervorzuheben ist das Vorkommen des vom Aussterben bedrohten Gebirgs-Grashüpfers (*Stauroderus scalaris*), der vor allem trockene, strukturreiche Bergwiesen und -weiden bewohnt. Eine charakteristische Heuschreckenart der Weidfelder im Schwarzwald ist der gefährdete Warzenbeißer (*Decticus verrucivorus*), der im Kostgefäll eine sehr große Population aufweist.

An trockene, vegetationsarme Lebensräume gebunden ist die Zweipunkt-Dornschrecke (*Tetrix bipunctata*), von der im Gebiet ein Einzelexemplar gefunden wurde. In ähnlichen Lebensräumen ist der für diese Höhenlage außergewöhnliche Buntbäuchige Grashüpfer (*Omocestus ventralis*) zu finden.

In feuchten Bereichen treten die gefährdeten Arten Sumpf-Grashüpfer (*Chorthippus montanus*) und Sumpf-Schrecke (*Stethophyma grossum*) auf. *B. Seitz*

83 In den südexponierten Magerweiden am Kostgefäll kommen sowohl wärmeliebende als auch subalpine Insektenarten wie der in Deutschland vom Aussterben bedrohte Gebirgs-Grashüpfer (*Stauroderus scalaris*) vor.

Kreuzmoos

Landkreise: Emmendingen, Breisgau-Hochschwarzwald
Gemeinden: Freiamt, Gutach im Breisgau
Gemarkungen: Freiamt, Siegelau
Naturraum: Mittlerer Schwarzwald
Geschützt seit 1986
Größe: 5,6 Hektar
Top. Karte: 7813 Emmendingen

Das Naturschutzgebiet »Kreuzmoos« liegt in der naturräumlichen Einheit »Hühnersedelplatte« der Haupteinheit »Mittlerer Schwarzwald« zwischen oberem Schuttertal und Elztal. Es handelt sich um zwei Niedermoor- und Feuchtwiesenflächen am Kamm eines vom Hühnersedelstock nach Süden ziehenden Höhenzugs in etwa 700 m ü. NN. Den geologischen Untergrund bilden Gneise, die hier mäßig basenreiche Böden liefern. Neben der für den Schwarzwald typischen Silikat-Binsenwiese und dem Braunseggensumpf kommt im Kreuzmoos auch der Herzblatt-Braunseggensumpf vor. Diese Niedermoorgesellschaft ist durch einige Basenzeiger gekennzeichnet wie Sumpf-Herzblatt (*Parnassia palustris*), Floh-Segge (*Carex pulicaris*), den seltenen Rundblättrigen Sonnentau (*Drosera rotundifolia*) und die Niedergebogene Segge (*Carex demissa*). Im Frühsommer sind die Naßwiesen von den weißen Tupfen des Schmalblättrigen Wollgrases (*Eriophorum angustifolium*) übersät. In besonders nassen Flächen findet sich der Fieberklee (*Menyanthes trifoliata*) und das Sumpf-Blutauge (*Comarum palustre*).

Als große floristische Kostbarkeit beherbergt das Naturschutzgebiet das einzige baden-württembergische Vorkommen des Efeu-Moorglöckchens (*Wahlenbergia hederacea*). Dieses unscheinbare Glockenblumengewächs erreicht im Kreuzmoos seine östliche Arealgrenze. Weiter westlich (im Hunsrück, Hohen Venn oder westlich der Vogesen) wird die Art häufiger und in Nordwestfrankreich ist sie durchaus nicht selten. Die atlantische Art findet im ver-

84 Wie nach einem Schneeschauer: die Fruchtstände des Schmalblättrigen Wollgrases (*Eriophorum angustifolium*).

85 Moorglöckchen (*Wahlenbergia hederacea*).

Limberg

Landkreis: Emmendingen
Gemeinde und Gemarkung: Sasbach
Naturraum: Kaiserstuhl
Geschützt seit 1973
Größe: 28,9 Hektar
Top. Karte: 7811 Wyhl

Geologische und botanische Besonderheiten waren die Gründe für die Ausweisung des Naturschutzgebiets »Limberg« am Kaiserstuhl. Durch einen breiten Taleinschnitt vom Kaiserstuhl getrennt, erhebt sich der 270 m hohe Limberg mit dem etwas niedrigeren Lützelberg über die Rheinebene. Die auf ihren Höhen abgeflachten und deshalb bereits frühzeitig besiedelten Hügel fallen im Westen und Südwesten steil zur Ebene ab, während die restlichen Hänge sanft auslaufen. Der geologische Unterbau der beiden Erhebungen, der in den zahlreichen Steinbrüchen zutage tritt, ist seit vielen Jahren Gegenstand wissenschaftlicher Untersuchungen und Ziel geologisch interessierter Besucher. Limberg und Lützelberg setzen sich bezüglich ihrer spornartig exponierten Lage nicht nur räumlich vom Kaiserstuhl ab, sondern auch hinsichtlich ihrer Gesteinssubstanz, ihres Aufbaus und möglicherweise auch ihres Alters. Ein am Limberg anstehendes und in einigen seiner Steinbrüche zutage tretendes vulkanisches Gestein, der sogenannte »Limburgit«, wurde hier entdeckt und benannt. Im Wechsel mit dem Limburgit gelagerte Aschen, Tuffe und Sedimentgesteine geben einen Hinweis auf eine lebhafte geologische Geschichte, in der sich intensive vulkanische Aktivitäten mit Ruheperioden abwechselten, in denen sich die Ablagerungen eines Flusses in einer Senke sammeln konnten, um von einer neuerlichen vulkanisch geprägten Periode abgelöst zu werden.

Der während der letzten Eiszeit abgelagerte Löß überzieht die schroffen Geländeformen in einer bis zu 30 m mächtigen Schicht und bildet die Grundlage für die Entwicklung einer interessanten und artenreichen Vegetationsdecke. Während der nacheiszeitlichen Wärmeperiode siedelten sich wärmeliebende Pflanzengesellschaften an, von denen sich auf dem Limberg zahlreiche Arten erhalten konnten. Die Flaum-

gleichsweise milden, aber niederschlagsreichen westlichen Mittleren Schwarzwald nochmals günstige Bedingungen vor. Aufgrund der im Schwarzwald weniger intensiven Mähwiesennutzung konnte sich das Efeu-Moorglöckchen hier halten, während die früher vorhandenen Vorkommen in der südlichen Oberrheinebene (z.B. bei Freiburg) längst erloschen sind. *Wahlenbergia* blüht erst im Spätsommer (Juli bis September) und ist vorher, im vegetativen Zustand, mit ihren niederliegenden Stengeln und winzigen, efeuähnlichen Blättchen kaum zu entdecken. Erst nach der Mahd, die im Kreuzmoos nach den Vorgaben der Naturschutzverwaltung Mitte Juli erfolgt, blüht die Art vor allem am Rand von Gräben und in den feuchtesten Ausbildungen der Wiesen.

F. Kretzschmar

86 Limberg bei Sasbach, Steinbruch VII; westlicher Teil des Steinbruchs. In der Mitte, z.T. verschüttet, der Limburgit-Lavastrom L_2, darüber gelblich-braune Kalksandsteine und Mergel des mittleren Miozän, ganz oben rechts Lößauflage. Oben links ist der Limburgit-Lavastrom L_3 aufgeschlossen, auf ihm stockt der Restbestand eines Flaumeichenwaldes.

Eiche, eine Einwanderin aus dem Mittelmeerraum, besiedelt zusammen mit Elsbeere und Feld-Ulme weite Bereiche der flachgründigen Hänge und bildet mit ihnen eines der größten und geschlossensten Vorkommen des Flaumeichenwaldes, das im Kaiserstuhl angetroffen werden kann. Einstmals als Niederwald zur Brennholzgewinnung genutzt, entwickelte sich aus dem hochstämmigen Bestand ein lichter Buschwald, der zahlreichen wärmeliebenden und lichtbedürftigen Pflanzen Lebensraum bietet. Blauroter Steinsame (*Lithospermum purpurocaeruleum*), Blut-Storchschnabel (*Geranium sanguineum*), Hügel-Klee (*Trifolium alpestre*) und Straußblütige Wucherblume (*Chrysanthemum corymbosum*) erscheinen ebenso wie der intensiv duftende Diptam (*Dictamnus albus*) in Rand- und Saumbereichen außerhalb dichteren Bewuchses.

Neben den Flaumeichenwäldern finden sich Haselbestände und lindenreiche Eichen-Hainbuchenwälder, deren Erscheinungen ebenfalls auf ihre ehemalige Nutzung als Niederwälder hinweisen. Nach der Nutzungsaufgabe haben sich mehrstämmige Stockausschläge gebildet, die in ihrer eigenartigen Erscheinungsform einen interessanten Aspekt der menschlichen Kulturgeschichte bewahrt haben.

87 Der Weißseggen-Eichen-Lindenwald (Carici albae-Tilietum) ist eine wärmezeitliche Reliktgesellschaft.

Auf besonders flachgründigem Boden hat sich eine lückige Pflanzendecke entwickelt, die äußerst seltene Pflanzenarten beherbergt. Schmale, sich einrollende Blättchen, deren dichte Behaarung, Wachsüberzüge auf Blättern und Stengeln und tief in Felsspalten hinabreichende Wurzeln sind Merkmale, die sich an heißen, feuchtigkeitsarmen Standorten für Pflanzen wie Kugel-Lauch (*Allium sphaerocephalon*), Feld-Beifuß (*Artemisia campestris*) und die Gold-Aster (*Aster linosyris*) bewährt haben und ihnen im Konkurrenzkampf mit anderen Arten Vorteile bieten. Moose und Flechten, welche diesen Lebensraum besiedeln, besitzen in ihren Zellen wasserspeichernde Organe und überstehen auch niederschlagsarme Wetterperioden.

Die mediterran geprägte Vielfalt im Pflanzenreich findet sich in der Fauna wieder: Smaragdeidechse, Gottesanbeterin (*Mantis religiosa*), Spinnenassel (*Scutigera coleoptrata*) und eine Vielzahl wärmeliebender Insekten finden sich vor allem in den lichten Trockenrasenbereichen. Sie bieten Nahrung für eine bisher kaum untersuchte Vogelwelt.

Um die Mannigfaltigkeit der Arten zu bewahren, müssen lückige Bereiche durch Pflegemaßnahmen wie jährliche Mahd oder behutsam durchgeführtes Auf-den-Stock-setzen einzelner Bäume und Sträucher freigehalten werden. Gerade in den Waldrandbereichen und an Wegrändern können solche Maßnahmen eingesetzt werden, ohne allzu intensiv in die natürliche Entwicklung einzugreifen.

Besucherhinweis: Ausgehend vom Besucherparkplatz am Rhein kann die vielfältige Pflanzen- und Tierwelt des Schutzgebietes »Limberg« entlang eines 6,2 km langen Lehrpfads erschlossen werden. Der Rundwanderweg erklärt anhand zahlreicher Lehrtafeln natur- und landschaftskundliche Gegebenheiten, wozu auch die Burganlage und die an das Schutzgebiet anschließenden Rebanlagen gehören. Vom gegenüberliegenden Rheinufer auf der französischen Seite erhält man einen schönen Gesamtüberblick vom Schutzgebiet und seiner Einbindung in die flußnahen, flachen Auenbereiche.

B. Koch

Prechtaler Schanze-Ecklesberg

Landkreis: Emmendingen
Gemeinde: Stadt Elzach
Gemarkung: Prechtal
Naturraum: Mittlerer Schwarzwald
Geschützt seit 1997
Größe: 230 Hektar
Top. Karten: 7714 Haslach im Kinzigtal
7715 Hornberg

Das Naturschutzgebiet östlich des Ortskerns von Elzach-Oberprechtal, das im Rahmen der Naturschutzkonzeption »Rohrhardsberg und Umgebung« (s. S. 149) ausgewiesen wurde, ist ein hervorragendes Beispiel für ein bäuerlich geprägtes Landschaftsmosaik, das noch deutliche Züge der ehemaligen Reutbergwirtschaft (vgl. Beitrag zur Vegetation von WILMANNS) und anderer historischer Nutzungsformen aufweist.

Zu den wichtigsten Zeugen der Reutweidewirtschaft gehören die Besenginsterweiden. Oberprechtal besitzt neben der ebenfalls zur Stadt Elzach gehörenden Ortschaft Yach noch die umfangreichsten und am besten ausgebildeten Besenginsterweiden des Mittleren Schwarzwalds.

Daneben kommen im Gebiet auch wertvolle Magerwiesen (Goldhaferwiesen), Feuchtwiesen und Niedermoore mit vielen seltenen und gefährdeten Arten – z.B. mehreren Orchideenarten – vor.

Wälder und Gehölze nehmen einen großen Teil des Gebiets ein. Naturnahe Buchenwälder, die ohne menschliche Einwirkungen nahezu das ganze Gebiet bedecken würden, sind nur kleinflächig vorhanden. Durch die bäuerliche Nutzung entstanden hier folgende Waldtypen, die besonders typisch für diese Landschaft sind:

88 Auf dem Luftbild ist gut das Mosaik aus verschiedenen Waldtypen, Magerweiden und Wiesen zu erkennen, wie es für das NSG »Prechtaler Schanze-Ecklesberg« charakteristisch ist.

89 Ein Problem stellt in vielen Magerweiden der Adlerfarn (*Pteridium aquilinum*) dar, der bei mangelnder Nutzung und Pflege zur Dominanz kommt und die übrige Vegetation verdrängt.

Die ehemaligen Eichenschälwälder stocken auf den flachgründigsten und trockensten Standorten, auf denen die Eiche auch von Natur aus zahlreich vertreten wäre.

Die haselreichen Niederwälder sind Zeugen der ehemaligen Reutwaldnutzung.

Die Sukzessionswälder auf ehemaligen Weidfeldern stellen eine natürliche Waldentwicklung dar, wie sie nur selten beobachtet werden kann.

Zudem tragen einige kleine Felsen, eine Blockhalde und eine alte Trockenmauer zur Vielfalt des Gebiets bei.

Der Arten- und Strukturreichtum der Vegetation spiegelt sich in der Tierwelt wider, wobei zunächst die Vogelwelt erwähnt werden soll:

An erster Stelle ist das in den letzten Jahrzehnten drastisch zurückgegangene, in Baden-Württemberg vom Aussterben bedrohte Haselhuhn zu nennen, das im Raum Oberprechtal noch die größten Bestände in Baden-Württemberg hat. Bemerkenswert ist das Vorkommen von sechs Spechtarten, darunter der im Schwarzwald nicht regelmäßig brütenden Mittelspecht. Weitere gefährdete bzw. im Rückgang begriffene Vogelarten sind Waldschnepfe, Baumpieper, Fitis, Neuntöter und Wasseramsel.

Auch bei den Heuschrecken, Ameisen und Käfern wurden etliche Besonderheiten registriert. Darunter befinden sich auch wärmeliebende Arten, von denen einige im Schwarzwald bisher nicht nachgewiesen wurden, wie z.B. eine südeuropäische Samenkäfer-Art (*Bruchidius lividimanus*).

Durch die Schutzgebietsausweisung sollen insbesondere die bisherige Nutzung aufrechterhalten und die erforderlichen Pflegemaßnahmen unterstützt werden; hierfür schloß die Naturschutzverwaltung mit den Bewirtschaftern Pflegeverträge ab. *B. Seitz*

Rheinniederung Wyhl-Weisweil

Landkreis: Emmendingen
Gemeinden: Rheinhausen, Weisweil, Wyhl, Sasbach
Gemarkungen: Niederhausen, Oberhausen, Weisweil, Wyhl, Sasbach
Naturraum: Offenburger Rheinebene
Geschützt seit 1998
Größe: NSG 1350 Hektar (LSG 135 Hektar)
Top. Karten: 7711 Weisweil, 7712 Ettenheim, 7811 Wyhl, 7812 Kenzingen

Das Natur- und Landschaftsschutzgebiet »Rheinniederung Wyhl-Weisweil« erstreckt sich auf einer Länge von zwölf Kilometern zwischen dem Limberg im Süden und der Mündung des Leopoldskanals im Norden auf der deutschen Rheinseite. Das 1350 ha große Naturschutzgebiet setzt sich aus Wäldern entlang des Rheinufers sowie aus einem im Gewann »Heiligenwörth« liegenden Gewässersystem mit Schilfbeständen zusammen. Innerhalb dieser Fläche liegt mit einer Größe von 305 ha der Bann- und Schonwald »Weisweiler Rheinwald«. Das Landschaftsschutzgebiet grenzt als Pufferfläche nördlich von Weisweil an und umschließt das Naturschutzgebiet im Gewann Heiligenwörth. Das gesamte Gebiet schließt im Süden an den »Limberg«, im Norden fast unmittelbar an den »Taubergießen« an. Die Westgrenze wird größtenteils von der Staatsgrenze zu Frankreich oder vom Rheinuferweg gebildet. Nach Osten reicht das Schutzgebiet bis zum Hochwasserdamm bzw. bis an das Hochgestade. Mit dem Natur- und Landschaftsschutzgebiet »Rheinniederung Wyhl-Weisweil« wurde im Jahr 1998 eine der ökologisch wertvollsten und vielfältigsten Landschaften der Oberrheinebene unter Schutz gestellt.

Den geologischen Untergrund bilden holozäne, kalkreiche Rheinschotter, auf die der Rhein bei den früher jährlich auftretenden Hochwässern Auenlehme abgelagert hat. Im Gebiet herrscht ein hoher, im Jahresverlauf weitgehend gleichbleibender Grundwasserstand vor. Ganzjährig tritt das Grundwasser in Quelltöpfen und deren Ablaufrinnen (»Gießen«) aus. Bei Hochwasser staut sich das Grundwasser und tritt in tiefliegenden Geländemulden und trockengefallenen Altrheinarmen zutage.

Die Oberrheinkorrektion durch Tulla und der Oberrheinausbau (1928 bis 1977) stellten jedoch tiefgreifende Eingriffe in das Gewässersystem dar. Der Bau von Rheinschlingen, Staustufen, Wasserkraftanlagen, Wehren und Leitdämmen führte zu einem fast vollständigen Verlust der auentypischen Überflutung und der dynamischen Prozesse des Gewässers, welche sich in Trockenfallen, Überflutung, Überschlickung und Erosion äußerten und die Lebensbedingungen der Rheinaue charakterisierten.

Die Vegetation des Schutzgebiets spiegelt andeutungsweise die typische Zonierung der Aue wider. Auf jungen, durch Abtrag und Auflandung gekennzeichneten Böden wächst der Silberweidenwald. Dieser ist jedoch auf-

90 Hartholzaue mit Stiel-Eiche, Esche, Silber-Pappel und Hainbuche im NSG »Rheinniederung Wyhl-Weisweil«. In grundwassernahen Mulden finden sich große Herden von Winter-Schachtelhalm (*Equisetum hyemale*).

grund der fehlenden Dynamik des heutigen Flusses nur noch als Streifen entlang des Gewässerrandes zu finden. Die dominierende Baumart ist hier die Silber-Weide, den Unterwuchs bilden Röhrichtarten.

Auf den nur wenige Dezimeter höher gelegenen Standorten wächst der Eichen-Ulmenwald, der die Hartholzaue kennzeichnet. Dieser Wald wurde ehemals von den jährlichen Sommerhochwässern des Rheins einige Tage bis zu mehreren Wochen überschwemmt. Der Eichen-Ulmenwald setzt sich aus zahlreichen Laubbaumarten wie Stiel-Eiche, Esche, Silber-Pappel und einem im Vergleich zur Weichholzaue krautreichen Unterwuchs zusammen. Einen flächenmäßig großen Anteil am Schutzgebiet nehmen die teilweise aus diesen Eichen-Ulmenwäldern hervorgegangenen, sowohl in der Baum- als auch in der Strauchschicht artenreichen Feldulmen-Eichen-Hainbuchenwälder ein. Viele der ehemals mittelwaldartig, zu Brennholz- und Faschinengewinnung genutzten Flächen sind heute in Edellaubholzbestände mit Berg-Ahorn und Esche umgewandelt worden. Auf den dauerfeuchten Standorten der Randsenken der Aue sind Erlen-Eschen-Wälder zu finden, auf anmoorigen Böden auch Erlenbrüche.

Als Besonderheit des Gebiets ist die Vegetation der Wasserläufe und Altrheinarme anzusehen, die so vielfältig ist wie kaum sonst in der südbadischen Rheinaue. Bekannt ist das Gebiet auch durch die Quelltöpfe und Gießen, wie die »Hansenkehle«, das »Amerikaloch« und die »Brendsandquelle«, in denen das saubere, nährstoffarme Grundwasser abfließt. Hier wachsen wenige, allerdings seltene und gefährdete Arten wie Dichtes Laichkraut (*Groenlandia densa*), Wasserfeder (*Hottonia palustris*) und Tannenwedel (*Hippuris vulgaris*).

Im Gegensatz zu den bisher beschriebenen, eher durch Wasser geprägten Standorten sind die im Gebiet vorhandenen Dämme durch trockenwarme Standortsbedingungen charakterisiert und bieten Sekundärlebensräume für viele Tier- und Pflanzenarten. Je nach Exposition und Untergrund haben sich auf den regelmäßig gemähten Böschungen der Dämme magere Wiesen und Halbtrockenrasen mit einigen Orchideenarten wie Bienen- und Hummel-Ragwurz (*Ophrys apifera* und *O. holosericea*) sowie Brand-Knabenkraut (*Orchis ustulata*) entwickelt. Die strukturreichen Gebüsche der Dammfüße leiten zu den angrenzenden Wäldern über.

Diese trockenen, warmen Dämme sind vor allem für Heuschrecken, Wildbienen, Laufkäfer und Schmetterlinge von großer Bedeutung. Durch die Nähe zum Kaiserstuhl sind einige wärmeliebende Tierarten in die Magerrasen des Gebiets eingewandert. Dagegen weisen die Altrheinarme durch ihre vielfältigen Lebensbedingungen eine große Zahl an wasserlebenden Wirbellosen und Amphibien auf. Begünstigt durch das milde Klima der Oberrheinebene besitzen zahlreiche Libellenarten hier ihren Verbreitungsschwerpunkt in Baden-Württemberg. Dazu zählen gefährdete Arten wie Gemeine Keiljungfer (*Gomphus vulgatissimus*), Spitzenfleck (*Libellula fulva*) und Kleine Mosaikjungfer (*Brachytron pratense*). Daneben spielen die strukturreichen Waldränder sowie die trockenfallenden Uferabschnitte und die Röhrichte eine wichtige Rolle für Vögel und Laufkäfer.

Der Verlust an durchgängigen Gewässern und der Wandel der Strömungsverhältnisse durch den modernen Rheinausbau haben zu großen Einbußen im Bereich der Fischfauna geführt. Während wandernde Arten wie Lachs, Stör, Maifisch, Meerforelle und an sauerstoffreiche Gewässer gebundene Arten (z.B. Nase, Strömer, Gründling, Bach-Schmerle) heute sehr selten bzw. nicht mehr zu finden sind, dominieren wenig anspruchsvolle Arten wie Aal, Flußbarsch, Barbe und Brasse.

Der Strukturreichtum des Gebiets, der durch die Wasserflächen, ausgedehnte Waldgebiete sowie durch Röhrichte und die in das Schutzgebiet aufgenommenen freien Feldfluren und Streuobstwiesen gegeben ist, spiegelt sich in einer artenreichen Vogelwelt mit teilweise hohen Bestandsdichten wider. Insgesamt leben in der Rheinniederung zwischen Wyhl und Weisweil etwa 100 Brutvogelarten wie Eisvogel, Mittelspecht und Teichrohrsänger. Etwa 190 Arten wurden als regelmäßige oder nur selten zu beobachtende Durchzügler registriert. Neben der Bedeutung als Brutgebiet für Vögel stellt v.a. der Restrhein ein Rastgebiet von internationaler Bedeutung dar. Verschiedene

Enten- und Sägerarten sowie Saatgänse sind hier zwischen Oktober und März zu beobachten. Die Wälder mit Altholzbeständen zeichnen sich u.a. durch das Vorkommen von vielen Spechtarten sowie zahlreichen Greifvögeln aus.

Eine weitere Gruppe von Tierarten, die vom großen Altholzbestand des Schutzgebiets profitiert, sind waldbewohnende Fledermäuse. Neben den zahlreich vorhandenen Spechthöhlen, die als Schlafplätze, Kinderstuben und Überwinterungsquartier genutzt werden, bieten die Waldlichtungen und freien Wasserflächen ein reichhaltiges Nahrungsangebot.

Das Gebiet unterliegt schon seit vielen Jahrhunderten einem vielfältigen Nutzungsdruck. Neben dem Landgewinn durch die Rheinkorrektion und der anschließenden landwirtschaftlichen Nutzung spielen Holzerzeugung und -gewinnung, aber auch der Abbau von Kies und Schotter eine Rolle. Das Naturschutzgebiet umfaßt ebenfalls die Fläche, auf der in den 70er Jahren die Errichtung eines Kernkraftwerkes geplant war. Daneben haben Freizeitnutzungen wie Bootsverkehr, Reiten, Angelsport und Wasservogeljagd in dem weitläufigen und vielseitigen Gebiet größere Bedeutung. Durch die Unterschutzstellung des Natur- und Landschaftsschutzgebiets Rheinniederung Wyhl-Weisweil wurden die Nutzungsansprüche geregelt, z.B. durch die Ausweisung von Rad-, Reit- bzw. Kanuwanderwegen, und somit ein Kompromiß zwischen den Bedürfnissen des Menschen und der Natur erzielt.

U. Herth

Steinbruch Ehrleshalden

Landkreis: Emmendingen
Gemeinde: Stadt Herbolzheim
Gemarkung: Herbolzheim
Naturraum: Lahr-Emmendinger Vorberge
Geschützt seit 1990
Größe: 6,2 ha
Top. Karte: 7712 Ettenheim

Der Steinbruch Ehrleshalden erschließt den recht selten in dieser Größe und Mächtigkeit aufgeschlossenen Hauptrogenstein des Dogger

91 Die besonnten Fels- und Lößsteilwände und Böschungen des Steinbruchs »Ehrleshalden« bieten zahlreichen Tierarten Nistmöglichenkeiten.

Delta. Der Steinbruch kann als geologisch-petrographisch hochinteressantes »geologisches Fenster« bezeichnet werden. Für die Wissenschaft ist dies gerade deshalb von Wichtigkeit, weil die Juragesteine der Vorbergzone des Oberrheingrabens sich in fazieller Hinsicht oft erheblich von denen anderer Gebiete, z.B. der Schwäbischen Alb, unterscheiden.

Neben der geologischen Bedeutung ist der Naturschutzwert des Gebietes vor allem in einer großen Struktur- und Biotopvielfalt begründet. So finden sich neben den bis zu 30 m hohen Felswänden, die teilweise stark angewittert sind und entsprechend eine Vielzahl von Löchern, Spalten und Nischen aufweisen, auch Löß-Steilwände, Felsblock-Schutthalden und Lößlehm-Hänge mit Quellwasseraustritt. Die Steilwände dienen verschiedenen Felsbrütern als Nistplatz, so einem Turmfalkenpaar und (zeitweilig) einer Dohlenkolonie. Besonnte Lößsteilwände fallen durch zahlreiche kleine Löcher auf, die eine dichte Besiedlung mit lößbewohnenden Wildbienen und Wespen anzeigen. Auch Erdflechten-Gesellschaften besiedeln diesen rohen Löß. Die besonnten Schutthalden und Böschungen sind Lebensraum der wärmeliebenden Schlingnatter und der Zauneidechse.

Verschiedene heute in der intensiv genutzten Weinberglandschaft der Umgebung verschwundene Pflanzenarten haben hier noch ein Refugium. Oberhalb der Steinbruchkante finden sich Reste von Halbtrockenrasen, die infolge aufgegebener Nutzung teilweise versaumt sind. Bezeichnende Arten sind hier Berg-Haarstrang (*Peucedanum oreoselinum*), Weiden-Alant (*Inula salicina*), Schwalbenwurz (*Vincetoxicum hirundinaria*), Dost (*Origanum vulgare*), Skabiosen-Flockenblume (*Centaurea scabiosa*), Gewöhnlicher Wundklee (*Anthyllis vulneraria*) und Helm-Knabenkraut (*Orchis militaris*). Auf den schon vor längerer Zeit abgebauten Terrassen des Steinbruchs hat sich inzwischen dichtes Buschwerk (teilweise schon Vorwald) eingestellt, das zahlreichen heckenbrütenden Vögeln Unterschlupf bietet. Insgesamt handelt es sich also um ein Gebiet von hoher biologischer Diversität, eine Art »Insel« in der intensiv landwirtschaftlich genutzten Umgebung.

F. Kretzschmar

Teninger Unterwald

Landkreis: Emmendingen
Gemeinde: Teningen
Gemarkung: Teningen
Naturraum: Freiburger Bucht
Geschützt seit 1982
Größe: 50,7 Hektar
Top. Karte: 7812 Kenzingen

Das Naturschutzgebiet »Teninger Unterwald« liegt westlich von Teningen in der Freiburger Bucht. Hier haben sich auf flachen Schuttkegeln der Glotter, Elz und Dreisam in Abhängigkeit vom jeweiligen Grundwasserstand verschiedene Waldgesellschaften entwickelt. In ihren vegetationskundlichen Ausprägungen besitzen sie Seltenheitswert für das südliche Oberrheingebiet und sollen deshalb in ihrer Zusammensetzung langfristig erhalten bleiben.

Im nördlichen Teil des Teninger Unterwaldes wächst ein Erlen-Eschenwald mit einem hohen Flatterulmenanteil in enger Verzahnung mit einem frischen »seegrasreichen« Eichen-Hainbuchenwald. In der Baumschicht fallen besonders die im Durchschnitt 150 bis 160jährigen Alteichen auf, deren breite Kronen Horstplätze für zahlreiche Großvögel wie Graureiher, Habicht, Mäusebussard und Schwarzmilan bieten. Sie sind aus der ehemaligen Mittelwaldwirtschaft hervorgegangen und weisen eine starke Altersstreuung auf. Einige Eichen sind über 200 Jahre alt und machen zusammen mit den Flatterulmen die Einzigartigkeit des Waldbildes aus.

Die alten Flatter-Ulmen weisen so imposante Brettwurzelbildungen auf, wie sie in der Umgebung Freiburgs nur ganz selten zu finden sind. Die Flatter-Ulme ist die einzige Baumart Mitteleuropas, die mit einer solchen Verbreiterung der Stammbasis ihre Standfestigkeit auf nassen, »schwimmenden« Böden erhöht. Weiterhin dominieren Esche und überwiegend im Unterstand die Schwarzerle.

Die zahlreichen Altbestände bieten Brutmöglichkeiten für viele Höhlenbrüter wie z.B. für fast alle einheimischen Spechtarten (Grau-, Grün-, Mittel-, Bunt- und Kleinspecht), für Waldkauz, und für Trauerschnäpper. Hirschkäfer und andere Insekten fühlen sich hier eben-

92 Der seltene Kleinabendsegler (*Nyctalus leisleri*), der in Altholzbeständen der Oberrheinebene vorkommt, benötigt ein ausreichendes Höhlenangebot.

falls wohl. In der üppigen Strauchschicht aus Hasel, Schlehe, Gemeinem Weißdorn und Brombeere sind über 50 Brutvogelarten nachgewiesen worden (KNOCH 1974) u. a. kommen Nachtigall, Dorngrasmücke und Laubsänger vor.

Der Reichtum an Baum- und Straucharten dieses noch relativ gut mit Grundwasser versorgten Teninger Unterwaldes äußert sich auch in einer Fülle holzbewohnender Pilzarten. Im Mai 1972 konnte hier erstmals für Baden der Nachweis des Harzigen Lackporlings (*Ganoderma resinaceum*), eines Eichen-Baumpilzes, erbracht werden.

Wesentlicher Schutzzweck ist die Erhaltung des Teninger Unterwaldes als Lebensraum verschiedener landschaftstypischer, in unterschiedlichem Ausmaß grundwasserabhängiger Waldbestände mit artenreicher Flora und Fauna.

Der kleinflächige Wechsel des grundwasserbeeinflußten Bodenreliefs führt zu einer ausgeprägten Mosaikbildung der Vegetation. Die Röhricht- und Riedflächen dominieren Sumpfsegge (*Carex acutiformis*), Gelbe Schwertlilie (*Iris pseudacorus*) und Rohr-Glanzgras (*Phalaris arundinacea*). Wald-Ziest (*Stachys sylvatica*), Hexenkraut (*Circaea lutetiana*), Hohe

93 Mit viel Glück kann der Hirschkäfer (*Lucanus cervus*), die größte mitteleuropäische Käferart, in totholzreichen, alten Eichenbeständen beobachtet werden.

Schlüsselblume (*Primula elatior*), Frauenfarn (*Athyrium filix-femina*) u.a. Pflanzenarten zeigen den fruchtbaren, gut mit Wasser und Basen versorgten Standort des eschen- und ulmenreichen Waldes an. Die trockeneren Standorte des Eichen-Hainbuchenwaldes beherrschen in der Krautschicht Seegras (*Carex brizoides*) und die Große Sternmiere (*Stellaria holostea*).

In der Naturschutzgebietsverordnung ist die ordnungsgemäße, forstwirtschaftliche Nutzung in der bisherigen Art und im bisherigen Umfang gestattet, jedoch mit verschiedenen Maßgaben verbunden. So dürfen zur Verjüngung der Waldbestände nur gebietseigene, standortgemäße Laubholzarten verwendet werden. Das Forstamt Emmendingen setzt dabei überwiegend auf Naturverjüngung. Wo diese nicht aufläuft, werden Großpflanzen aus der eigenen Saatschule bzw. von der Forstlichen Versuchs- und Forschungsanstalt in Freiburg (Flatter-Ulme) verwendet. Die Flatterulme scheint als einzige Ulmenart gegenüber dem sog. »Ulmensterben«, einer durch den Ulmensplintkäfer übertragenen Pilzkrankheit, resistent zu sein.

Im Norden des Teninger Unterwaldes entnimmt man nur die abgestorbenen Bäume und pflanzt die entstehenden Lücken u.a. mit den erwähnten Ulmen aus. Dies entspricht auch der Naturschutzgebietsverordnung, die eine kleinflächige Verjüngung (bis zu 0,3 ha Schlagfläche) zuläßt.

Im Süden dürfen die Bestände in ein- bis zweijährigen Abständen verjüngt werden, wobei die Schlagfläche bis zu 1 ha/Jahr betragen darf. Entscheidend ist auch hier, daß bei der Bestandsverjüngung wieder eine ähnliche Baumartenzusammensetzung angestrebt wird, so daß die für den Teninger Unterwald typischen Waldgesellschaften langfristig erhalten bleiben.

Besucherhinweis: Betreten Sie das Schutzgebiet nicht außerhalb der Wege. Nehmen Sie besonders während den Brut- und Aufzuchtzeiten zwischen dem 1. Februar und dem 31. August Rücksicht auf die Vogelwelt. Die Flatter-Ulmen mit ihren Brettwurzelbildungen sind gut von der Ecke Neumattenweg/Geisbachweg im Nordwesten des Teninger Unterwaldes zu erkennen.
B. Hüttl

Zweribach

Landkreise: Emmendingen, Breisgau-
Hochschwarzwald
Gemeinden: Simonswald, St. Peter
Gemarkungen: Obersimonswald, Wildgutach,
St. Peter
Naturraum: Mittlerer Schwarzwald
Geschützt seit 1969
Größe: 94,33 ha
Top. Karte: 7914 St. Peter

Das ca. 94 ha große Naturschutzgebiet »Zweribach« befindet sich am östlichen Rand einer etwa 1000 m ü. NN gelegenen Ebene, der sogenannten »Platte«. Nähert man sich dem geschützten Gebiet von Westen über die Wiesen und Felder der weiten Hochfläche, öffnet sich ein eindrucksvoller Blick in das urwüchsige Waldgebiet erst an einer markanten Geländekante. Hier bricht die sanft gewellte Platte abrupt in die tiefe Erosionsschlucht der Wildgutach ab. Im engen, nach Nordosten geöffneten Talkessel stürzen zwei Bäche, der Hirschbach und der Zweribach, in schluchtartig eingeschnittenen Rinnen zu Tal; sie überwinden Steilstufen in kleineren Wasserfällen. Zwar haben sich die Wasserläufe mit der Zeit in die Gneisfelsen eingesägt, die größten Erosionsleistungen erbrachten jedoch die Eiszeiten. In der Leelage des Gebirges reicherten sich damals im Gebiet des heutigen Zweribachs enorme Mengen von Eis und Schnee an. Der daraus entstandene Zweribachgletscher floß die steilen Abhänge hinab und hobelte den Talkessel aus. Schroffe Felsen, Blockhalden und steinige Moränendecken zeugen von der lang anhaltenden und intensiven Verwitterung. Nach dem Abschmelzen des Eises haben Hirschbach und Zweribach einen Teil der Moränen wieder entfernt und sich auch ins anstehende Gneisgestein eingefressen.

Über die Vegetation und die Nutzungsgeschichte des Zweribachgebiets wissen wir sehr gut Bescheid. Obwohl das Simonswäldertal schon früher besiedelt war, vergaben die Klöster von St. Märgen und St. Peter erst gegen Ende des 16. Jahrhunderts die Nutzungsrechte im bis dahin unberührten Urwald an Holzknechte, die wahrscheinlich aus Tirol einge-

94 Das NSG »Zweribach« wird geprägt durch ein buntes Vegetationsmosaik von naturnahen Bergwäldern und aufgelassenen Landwirtschaftsgütern. Bei der kleinen Schutzhütte (im Bild links) stand früher ein Bauernhof. Ein Teil der umliegenden Grünlandflächen wird heute noch beweidet und so weiterhin offen gehalten. Auf vielen anderen Flächen ist die spontane Sukzession zurück zum Wald bereits weit fortgeschritten.
Der hinter dem Hofgebiet liegende Haldenwald befindet sich an einem steinigen, von Blockhalden und Felsen durchsetzten Steilhang. Im Herbstaspekt ist besonders deutlich zu erkennen, daß das Laubdach dort nicht nur von den Hauptbaumarten Buche und Tanne aufgebaut wird. Vielmehr kommen in diesem Wald mit Ahorn, Eiche, Esche, Ulme, Linde, Fichte, Kirsche, Vogelbeere, Weide, Birke und Pappel die meisten einheimischen Baumarten vor. Darüber hinaus fällt in der Bildmitte, als Grauton im bunten Laub, der obere Rand einer ausgedehnten Blockhalde auf.

wandert waren. In der Folge wurde der Wald gerodet und »verschwand« als Brennstoff in den Glasbläsereien und Eisenwerken der Gegend. Das freie Gelände nutzten dann seßhafte Bauern als Weiden, Wiesen und Äcker, während die Holzknechte längst weitergezogen waren. Gegen Ende des 18. Jahrhunderts erreichte die Entwaldung schließlich die größte Ausdehnung. Kaum ein Sechstel des heutigen Naturschutzgebiets war damals mit Wald bedeckt, die steilen Hänge bestanden aus Reutfeldern und steinigen Weiden. Danach begann eine geregelte Forstwirtschaft, die das übernutzte und erosionsgefährdete Gelände durch Ansaat und Pflanzung erwünschter Baumarten wiederbewaldete. Inzwischen war der Zweribach durch die Säkularisation in staatliche Hände gelangt, in denen er sich heute noch befindet. Nach und nach entstand durch den Rückzug der landwirtschaftlichen Nutzung ein fast geschlossener, naturnaher Wald, der sich seit der Einrichtung des Naturschutzgebiets und der Erklärung zum Bannwald nun weitgehend unbeeinflußt vom Menschen entwickeln soll.

In dem engen Talkessel des Zweri- und Hirschbachs ist der Wald recht vielfältig. An Stellen mit wasserdurchsickertem, nährstoffreichem Boden – und diese sind nicht selten – wächst schöner Bergahorn-Eschenwald. Berg- und Spitz-Ahorn, Berg-Ulme, Esche und Sommer-Linde bauen das Kronendach dieses »Schluchtwaldes« auf. Im tiefgründigen Boden entwickeln sich Kräuter und Sträucher prächtig. Die aus der Erde hervortretenden Gesteinsbrocken sind wegen der oft großen Luftfeuchtigkeit mit dichten Moospolstern überzogen. In die Steilhangwälder eingestreut sind kleinere Blockhalden, auf denen vereinzelt Sträucher und Farne wachsen. Ausgedehntere Halden liegen dagegen offen; auf ihnen kommen nur spezialisierte Moose und Krustenflechten vor.

Tannen-Buchenwald überzieht den größten Teil des Zweribachgebiets. Die beiden bestimmenden Baumarten, Tanne und Buche, gedeihen gut und bringen bis zu 40 m hohe Individuen hervor. Diese Waldgesellschaft ist typisch für die montanen Lagen des Schwarzwaldes.

Felsrippen und Oberhänge, an denen der Boden durch die frühere Nutzung ausgehagert ist, tragen mit dem Hainsimsen-Buchenwald die trockenste und zugleich nährstoffärmste Buchenwaldgesellschaft des Naturschutzgebiets.

Am Rande der bis heute verbliebenen Freiflächen dehnen sich artenreiche Gehölze und sogenannter »Vorwald« aus. Erstbesiedler des offenen Geländes wie Birke, Hasel, Zitter-Pappel und Eberesche leiten eine natürliche Wiederbewaldung ein; die Baumarten des Hochwaldes stellen sich in diesem Dickicht erst zaghaft ein. Zeugen der ehemaligen Beweidung und Offenheit des Gebiets sind die ausladenden Buchen, die im Freistand zu beeindruckenden Exemplaren herangewachsen waren und nun vom jungen Wald eingeschlossen werden.

Das zahlreich vorhandene Totholz, der hohe Strukturreichtum der Wälder, die mächtigen Baumgestalten und die Abgelegenheit des Schutzgebiets vermitteln den Eindruck eines urtümlichen Waldes und lassen eigentlich vergessen, daß sich der wirtschaftende Mensch noch nicht ganz aus dem Zweribach verabschiedet hat. Daß das Gebiet nicht so unberührt ist, wie es auf den ersten Blick scheint, zeigt sich auch am Zweribach selbst. Sein Wasser wird zur Stromgewinnung im »Plattensee« oberhalb des Naturschutzgebiets aufgestaut. Im Bachbett verbleibt ein kümmerlicher Rest, und nur ein kleines Rinnsal stürzt über die Felsen des einst so beeindruckenden Zweribachfalls. Nur wenige Jahrzehnte sind vergangen, seit die Landnutzung in dem engen Talkessel aufgegeben wurde. Gemessen an den Zeiträumen der natürlichen Waldentwicklung hat sich auch die Forstwirtschaft erst »vor kurzem« zurückgezogen. Dennoch haben wir im Naturschutzgebiet Zweribach ein beeindruckendes Beispiel für ein naturnahes Stückchen Schwarzwald, für einen »Urwald von morgen« vor uns. *P. Lutz*

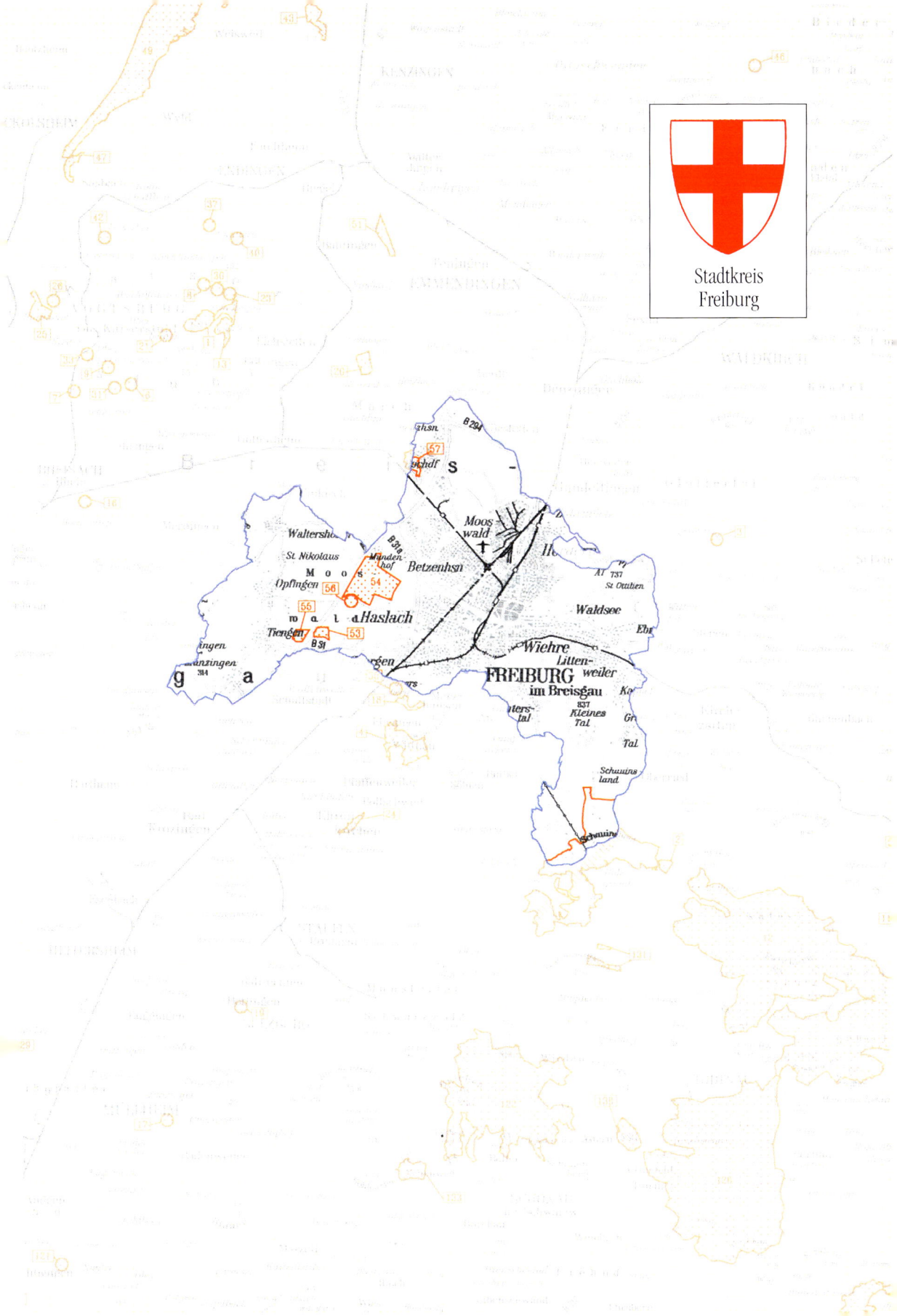

Stadtkreis Freiburg

Arlesheimersee

Stadtkreis: Freiburg
Gemeinde: Stadt Freiburg
Gemarkung: Tiengen
Naturraum: Freiburger Bucht
Geschützt seit 1966
Größe: ca. 23 Hektar
Top. Karte: 8012 Freiburg Südwest

Der Arlesheimersee ist einer von 40 Baggerseen, die Anfang der 60er Jahre beim Bau der Autobahn Karlsruhe – Basel durch Kiesentnahme entstanden. Er liegt wenige Kilometer westlich des Stadtrandes von Freiburg innerhalb des Mooswaldes nahe der Autobahn. Seinen Namen trägt das Gebiet nach dem Kloster Arlesheim bei Basel, das jahrhundertelang im Besitz dieses Waldstücks war.

Am 8. August 1966 wurde der Arlesheimersee mit dem angrenzendem Wald unter Schutz gestellt. Das Naturschutzgebiet umfaßt eine Fläche von ca. 23 ha, wobei der See etwa 8 ha ausmacht. Das Gebiet ist von einem Zaun umgeben und dadurch vor Störungen durch Besucher bewahrt. Durch gezielte Gestaltungs- und Pflanzmaßnahmen in den ersten Jahren und durch ständige Pflege wurde am See ein strukturreiches Vegetationsmosaik geschaffen, das verschiedenen Tierarten Lebensraum bietet. Ein Ziel der Unterschutzstellung war es, hier eine Vogelfreistätte zu schaffen, denn seit dem Verschwinden vieler Altrheinarme im Oberrheintal sind kaum noch geeignete Brutplätze für Wasservögel vorhanden. Ein weiteres Ziel entstand aus dem Wunsch, hier ein Reservat und Studienobjekt für die Wissenschaft bereitzustellen. So hat die Universität Freiburg die Möglichkeit, aus dem Arlesheimersee Kursmaterial zu entnehmen und Beobachtungen bei der Besiedlung des grundwassergefüllten Sees und seiner Uferbereiche durch die Tierwelt zu machen.

Der Arlesheimersee weist seit seiner Einzäunung einen großen Reichtum an verschiedenen Vogelarten auf. Mitglieder des Naturschutzbundes Deutschland (NABU) beobachten hier regelmäßig vor allem die Vögel, die den See

95 Das NSG »Arlesheimersee« im Mooswald ist von Wald umgeben und durch eine Umzäunung vor Störungen durch Besucher geschützt. Es ist ein Gebiet für sehr viele Vögel – vor allem Wasservögel –, die hier Lebensraum oder zumindest eine Raststätte auf ihrem Weg zum Winterquartier finden.

als Brutgebiet oder als Rast- und Nahrungsplatz nutzen. So ist in den letzten Jahrzehnten eine Artenliste erstellt worden, nach der über 130 verschiedene Vogelarten den Arlesheimersee zumindest zeitweise oder sporadisch aufsuchten. Fast 40 Vogelarten wurden in demselben Zeitraum als Brutvögel im Naturschutzgebiet beobachtet. Viele der hier brütenden Vogelarten sind gefährdet, wie Wasserralle, Teichhuhn, Eisvogel, Waldschnepfe, Mittelspecht und Kleinspecht.

Weiterhin wurde der Arlesheimersee in den letzten Jahrzehnten zu einem bedeutenden Lebensraum für eine arten- und individuenreiche Libellenfauna. Die libellenkundliche Bestandsaufnahme ergab 1997 insgesamt 28 Libellenarten. Hiervon sind 21 als sicher bodenständig und weitere fünf Arten als wahrscheinlich bodenständig anzusehen. Elf Arten werden nach der aktuellen Roten Liste Baden-Württemberg als »gefährdet« oder sogar »stark gefährdet« eingestuft, wie die Kleine Mosaikjungfer (*Brachytron pratense*), die Kleine Königslibelle (*Anax parthenope*), der Spitzenfleck (*Libellula fulva*) und die Kleine Zangenlibelle (*Onychogomphus forcipatus*).

Während man das Seeufer gezielt nach naturschutzfachlichen Vorschlägen gestaltet, stehen die Waldflächen unter geordneter forstlicher Bewirtschaftung. Diese setzte in den 50er und 60er Jahren im Mooswald allgemein und auch im Schutzgebiet verstärkt die nordamerikanischen Baumarten Douglasie und Rot-Eiche ein, was zu erheblichen Veränderungen der Waldstruktur und damit auch der Tiergemeinschaft führte. Teilbereiche wurden von dieser Entwicklung verschont und weisen einen durchgewachsenen Mittelwald mit alten Stiel-Eichen auf. Dieser Bereich zeichnet sich durch seinen Altholzbestand als Brutgebiet für den Mittelspecht aus.

Die Vegetation des Arlesheimersees weist nur wenige Rote-Liste-Arten auf. Viele Pflanzenarten im See und an seinen Ufern sowie im Wald wurden gepflanzt, um der Tierwelt ein reichhaltiges und vielfältiges Lebensraumgefüge anzubieten.

Im Jahre 1997 wurde ein Pflege- und Entwicklungskonzept für dieses Naturschutzgebiet erarbeitet, dessen Ziel es ist, den See und seine Ufer weiterhin fachkundig durch den Naturschutzbund Deutschland (NABU) pflegen zu lassen und die Strukturvielfalt zu optimieren. Zusätzlich ist künftig auch der Waldbereich nach naturschutzrelevanten Gesichtspunkten zu bewirtschaften. Hierzu gehört es, die fremdländischen Baumarten nach und nach wieder aus dem Gebiet zu entfernen und die standorttypischen heimischen Arten zu fördern.

J. Prinz

Freiburger Rieselfeld

Stadtkreis: Freiburg
Gemeinde: Stadt Freiburg
Gemarkungen: Freiburg, Opfingen, Waltershofen
Naturraum: Freiburger Bucht
Geschützt seit 1995
Größe: 257 Hektar
Top. Karten: 7912 Freiburg Nordwest, 8012 Freiburg Südwest

Das Naturschutzgebiet »Freiburger Rieselfeld« erstreckt sich zwischen dem Freiburger Stadtteil Haslach und der Bundesautobahn A 5. Es umfaßt in einer Höhenlage von 214 bis 230 m ü. NN einen großen Teil des ehemaligen Rieselfeldes von Freiburg sowie einige südlich und westlich angrenzende Waldbereiche. Das Rieselfeld wurde im 19. Jahrhundert angelegt, um die Abwässer von Freiburg durch Verrieseln im Boden zu klären. Die Verrieselung wurde erst 1985 endgültig eingestellt. Die zum damaligen Betrieb notwendigen Wasserzu- und -abführgräben sowie Dämme sind größtenteils bis heute erhalten.

Die Wälder liegen – soweit es sich um Feuchtwälder handelt – in einer z. T. versumpften Schwemmebene des Mooswaldes, die übrigen Wälder und das eigentliche frühere Rieselfeld auf trockeneren Niederterrassenresten mit groben Schottermassen des großen Schwemmfächers der Dreisam.

Das Offenland umfaßt Wiesen, Rinderweiden und Äcker. Das Grünland ist nicht besonders artenreich, z.T. besteht es aus erst vor kurzem neu eingesätem ehemaligem Ackerland. Nur entlang der ehemaligen Be- und Ent-

96 Das ehemalige Rieselfeld mit den noch erhaltenen Gräben und Dämmen; in der Bildmitte die Baustelle des neuen Stadtteils »Rieselfeld«, im Hintergrund Freiburg mit Dreisamtal und Schwarzwald.

wässerungsgräben und der niedrigen Dämme ist die Vegetation arten-, vor allem jedoch strukturreicher. Hochstauden, Gestrüpp und Obstbäume auf den Dämmen, zudem Röhricht und linienhafte Feldgehölze entlang der Gräben sind hier zu nennen. Die einzelnen Elemente des Gesamtbiotops sind durch Weg- und Feldränder vernetzt, so daß das Rieselfeld nicht in isolierte Einzelbiotope zerfällt.

Ein bereits seit längerem bestehender, von Gehölzen eingewachsener Teich sowie einige erst vor kurzem angelegte Flutmulden erweitern das Spektrum der Lebensräume im Gebiet.

Nachdem zu Zeiten der Nutzung als Rieselfeld vor allem die vielen durchziehenden Watvögel den hohen Naturschutzwert des Gebiets ausmachten, ist es seit Einstellung dieser Nutzung besonders für Vogelarten anziehend, die auf das Vorhandensein von Hecken, Gestrüpp, Röhricht, Hochstauden oder Altgras angewiesen sind. Diese Strukturen konnten sich seither verstärkt entwickeln, da die Dämme und Gräben nicht mehr so wie früher gewartet werden müssen. In erster Linie profitieren davon eine größere Anzahl von Brutpaaren des Neuntöters, der Dorngrasmücke und des Schwarzkehlchens. Charakteristische Brutvögel der offenen Feldflur sind Wachtel, Grauammer, Feldlerche und Kiebitz. Außerdem ist das Rieselfeld Nahrungsgebiet für die im nahegelegenen Stadtgut »Mundenhof« brütenden Weißstörche. Auch für Durchzügler oder Wintergäste wie Rotmilan oder Kornweihe ist das Rieselfeld von Bedeutung. Aufgrund der heute wieder besseren Wasserqualität in den beschickten Gräben und den deckungsreichen Grabenrändern haben sich mittlerweile etliche Paare des Teichhuhns eingefunden.

Auch für viele Libellen stellt das Gebiet einen geeigneten Lebensraum dar. Bisher konnten 26 Arten nachgewiesen werden, die sich hier erfolgreich fortpflanzen.

In den Wäldern im Süden und Westen entspringen einige kleine, träge fließende Bäche. An ihnen und an den tiefsten sumpfigen Stellen stockt ein Schwarzerlenbruchwald in kleinräumigem Wechsel mit einem Erlen-Eschenwald. An auffallenden Pflanzen kommen Große Schlüsselblume (*Primula elatior*), Sumpfdotterblume (*Caltha palustris*) und Gelbe Schwertlilie (*Iris pseudacorus*) vor.

An weniger feuchten Stellen ist ein Sternmieren-Eichen-Hainbuchenwald ausgebildet. Er wurde früher teilweise als Mittelwald betrieben, bei dem das Unterholz in etwa 20jährigen Abständen als Brennholz genutzt wurde. Im Gegensatz zur Niederwaldnutzung wurden aber immer einige Bäume – häufig Eichen – stehengelassen, die dann später der Möbel- oder Bauholzgewinnung dienten.

Ein Teil der Wälder besteht aus jüngeren Beständen nicht einheimischer Arten wie Rot-Eiche, Douglasie, Hybridpappel und Robinie. Sie sollen im Laufe der Zeit in Bestände mit überwiegend einheimischen Bäumen überführt werden.

Von den in den Wäldern des Naturschutzgebiets brütenden Vögel sind einige Spechte, z.B. der Mittel- und der Kleinspecht, außerdem der Pirol zu erwähnen.

Wesentlicher Schutzzweck ist die Erhaltung einer reizvollen Landschaft mit Gräben und Dämmen, die Anschauungsobjekte zur früheren Nutzung des Rieselfeldes sind. Des weiteren sind die z.T. großen Populationen seltener Pflanzen- und vor allem Tierarten zu erwähnen, ebenso die noch schön erhaltenen Feuchtwälder. Schließlich besitzt die Weiterentwicklung des Gesamtgebiets im Hinblick auf die Optimierung des Lebensraumes sowohl für Offenlandarten als auch für Arten der Feuchtwälder einen hohen Stellenwert.

Gerade für die Erfüllung des letzten Punktes muß sehr viel getan werden. Das Naturschutzgebiet »Freiburger Rieselfeld« umfaßt nur einen Teil des bis vor kurzem in seiner Gesamtheit vor allem für die besonders herausgestellten Vogelarten sehr bedeutenden ehemaligen Rieselfeldes. Die östlichsten Bereiche werden von der Stadt Freiburg dagegen für die Gründung eines ganz neuen Stadtteils mit etwa 12 000 Einwohnern benötigt. Die Populationen der einzelnen Arten haben es im Restgebiet deshalb schwerer, sich auf Dauer zu erhalten. Zum einen ist der Raum deutlich kleiner geworden, zum anderen können natürlich so viele Bewohner in nächster Nachbarschaft Störungen und Beeinträchtigungen ins Gebiet tragen; man denke nur an Spaziergänger, Jogger, Kinder, Hunde und Katzen. Um all dem zu begegnen, hat die Stadt Freiburg in Zusammenarbeit mit der staatlichen Naturschutzverwaltung ein Entwicklungskonzept erstellt, das zum Zeitpunkt der Drucklegung bereits teilweise umgesetzt war. Es sieht vor, zusätzliche Strukturen wie Hecken, Baumreihen oder kleinere Wasserflächen zu schaffen oder solche zu ergänzen. Die Bewirtschaftung durch das Stadtgut »Mundenhof« wird auf ökologische Erfordernisse ausgerichtet sein. Zur Schaffung von Ruhezonen für Vögel wird ein Teil des Wegenetzes zurückgebaut, um so den Besucherverkehr besser lenken zu können. Schließlich wird versucht, mit einem Naturerlebnispfad den Besuchern sowohl einige Besonderheiten des Gebiets näherzubringen als auch sie auf einige Bereiche zu konzentrieren, worauf sich die Tierwelt besser einstellen kann. Die Zukunft wird zeigen, ob das Wagnis gelingt.

Zur Unterstützung der Bemühungen um die Erhaltung des Rieselfeldes wurden auch in der Schutzgebietsverordnung einige Regelungen getroffen. Sie betreffen sowohl das Betreten des Gebiets durch Besucher oder weitere Freizeitaktivitäten als auch die landwirtschaftliche, forstwirtschaftliche oder jagdliche Nutzung.

Leider werden neben den Baugebieten auch noch weitere 15 ha dem Offenland des Rieselfeldes verloren gehen: Sie sollen zukünftig als Ausgleich für Waldverluste an anderer Stelle zu Wald werden. Zum Teil soll die Entwicklung dabei der spontanen Bewaldung überlassen bleiben.

Abschließend ist noch anzufügen, daß das

Naturschutzgebiet »Freiburger Rieselfeld« als 200stes Naturschutzgebiet im Regierungsbezirk Freiburg unter Schutz gestellt wurde, ein Umstand, der gerade im Hinblick auf die Ausnahmesituation des Gebiets bezüglich seiner Lage Symbolcharakter hat. *W. Kramer*

Gaisenmoos

Stadtkreis: Freiburg
Gemeinde: Stadt Freiburg
Gemarkung: Tiengen
Naturraum: Freiburger Bucht
Geschützt seit 1995
Größe: 25,5 Hektar
Top. Karte: 8012 Freiburg Südwest

Das Naturschutzgebiet »Gaisenmoos« liegt zwischen der Ortschaft Tiengen und der Bundesautobahn A 5 in einer Höhe um 210 m ü. NN und ist Teil des Freiburger Mooswaldes. Bedingt durch seine Lage am Saum des Schwemmfächers der aus dem Schwarzwald kommenden Dreisam gelangt hier Grundwasser nahe an die Erdoberfläche und tritt sogar in Quellen aus. Westlich des Gebiets befindet sich mit dem Blankenberg ein Schollenrest mit Juragestein, der den Grundwasserstrom anstaut. Das Gaisenmoos wird von einer breiten, von Osten kommenden Senke durchzogen. Sie weist als Ergebnis einer viele Jahrhunderte anhaltenden Vernässung einen torfigen Boden auf. Ein System verzweigter, stellenweise mehr als einen Meter tief eingeschnittener Rinnen führt von Norden in das Gebiet. Von Osten kommend fließen auch einige dauernd oder zeitweise wasserführende Bäche durch das Gaisenmoos. Ihre heutigen Bachbetten sind künstlich angelegt, der ehemalige, gewundene Bachlauf ist aber als Senke noch erkennbar. Da die Bäche und Abzugsgräben im Jahresverlauf fast ständig ins Grundwasser einschneiden, fließt meist auch dann Wasser, wenn von Osten her kein Zufluß ins Gebiet stattfindet.

Die hydrologischen Besonderheiten des Gaisenmooses lassen sich auch an der Vegetation

97 Von Bächen durchzogener Erlenwald im NSG »Gaisenmoos«.

ablesen. Die nässesten Partien werden von einem Schwarzerlenbruchwald eingenommen. In der Krautschicht kommen u.a. Sumpfdotterblume (*Caltha palustris*), der seltene Sumpf-Lappenfarn (*Thelypteris palustris*) und als weitere Besonderheit der Bastard zwischen Teich- und Acker-Schachtelhalm (*Equisetum fluviatile* und *E. arvense*) vor. In Teilbereichen finden sich außerdem die große Horste bildende Rispen-Segge (*Carex paniculata*) und der Sumpf-Haarstrang (*Peucedanum palustre*), ein Doldengewächs, in anderen die fast ausschließlich in Erlenbruchwäldern auftretende Walzen-Segge (*Carex elongata*). In gehölzfreien Senken mit anmoorig-moorigem Boden kommen als weitere Großseggenarten die Sumpf- und die Steif-Segge (*Carex acutiformis* und *C. elata*) vor.

Die flächenmäßig umfangreichste Waldgesellschaft ist im Gaisenmoos der Erlen-Eschenwald, in dem noch Traubenkirsche, Gewöhnlicher Schneeball und Moor-Birke vertreten sind. Zum Teil treten auch Stiel-Eichen auf. In den Übergängen zwischen Erlenbruchwald und Erlen-Eschenwald wächst an quelligen Stellen der seltene Königsfarn (*Osmunda regalis*). Diese Art fällt besonders dadurch auf, daß die Farnwedel zwei völlig unterschiedliche Abschnitte aufweisen. Der untere Teil umfaßt grüne Fiedern, der obere ist als braune Rispe dichtgedrängt stehender Sporangien ausgebildet. Da vielerorts in den letzten Jahrzehnten der Grundwasserstand gesunken ist, gehört dieser Standort in Tiengen zu den wenigen, die auf Dauer gesichert erscheinen. Die aus den Sporen keimenden Farnvorstufen, die sogenannten »Prothallien«, brauchen speziell bei dieser Art zu ihrer Entwicklung besonders viel Feuchtigkeit, mehr als viele andere heimische Farnarten.

Die am wenigsten vom Wasser beeinflußten Standorte des Gebiets werden von einem Sternmieren-Eichen-Hainbuchenwald eingenommen. Charakteristisch ist hier das Auftreten der Großen Sternmiere (*Stellaria holostea*) mit ihren auffallend großen, weißen Blüten und den grasartigen, steifen, dunkelgrünen Blättern. Zu ihrer Blütezeit kann der Boden von weitem wie von einem weißen Schleier bedeckt aussehen.

98 Sumpf-Lappenfarn (*Thelypteris palustris*), typisch für den Schwarzerlen-Bruchwald.

Einige forstlich stärker veränderte Waldbestände sollten im Laufe der Zeit wieder in die für das Gebiet typischen Wälder umgewandelt werden.

Die Bäche sind trotz ihres künstlich angelegten Laufs sehr interessant. In ihnen kommt auf Kiesuntergrund eine der wenigen Rotalgen des Süßwassers, *Hildenbrandia rivularis*, vor. An Tieren sind die heimische Bachforelle, der Stein- und der Dohlenkrebs anzutreffen, die Zeiger für sauberes Wasser sind. Als Nahrungsgast sucht gelegentlich auch der Eisvogel die Bäche auf. Die Vogelwelt ist auch durch zahlreiche waldbewohnende Arten vertreten, von denen Mittelspecht, Kleinspecht und Pirol hervorzuheben sind.

Das Gaisenmoos ist insgesamt das letzte noch größtenteils intakte Beispiel im Bereich des Dreisam-Schwemmfächers für einen früher noch öfter anzutreffenden Lebensraum, der von Quelligkeit geprägt ist. Ein weiterer wesentlicher Schutzzweck ist die Erhaltung der strukturreichen Feuchtwälder, insbesondere der Schwarzerlenbruchwälder, sowie der zahlreichen seltenen und gefährdeten Tier- und Pflanzenarten, insbesondere spezieller Farnarten.

Am meisten gefährdet sind im Gaisenmoos die quelligen Stellen und damit auch der Lebensraum für den Königsfarn. Deshalb wurden in der Schutzgebietsverordnung u. a. Regelungen getroffen, die besonders ihrer Erhaltung dienen. So ist hier das Befahren mit schweren Maschinen bei der forstwirtschaftlichen Nutzung nicht zulässig, ebenso das Fällen von Bäumen oder das Holzrücken bei aufgeweichtem Boden. Ablenkungsfütterungen für Wildschweine, die im Gebiet immer wieder ihren Einstand nehmen, sind an quelligen Stellen ebenfalls nicht erlaubt. Besucher des Naturschutzgebiets müssen auf den vorhandenen Wegen bleiben.

Eine kleine Geschichte soll noch zeigen, welche Gefahren einer seltenen Pflanze drohen können: Eine Zeitlang waren die Wedel des Königsfarns regelmäßig von Rehen abgefressen, allerdings nur im Gaisenmoos, nicht an anderen Standorten der Art in der Umgebung Freiburgs. Man versuchte, etliche der Pflanzen mit einem Zaun vor Verbiß zu schützen. Allerdings wucherten jetzt innerhalb des Zaunes junge Bäume und Sträucher derartig, daß die Königsfarnpflanzen wohl über kurz oder lang, da sie volle Beschattung bei uns nicht ertragen, verschwunden wären. Glücklicherweise konnten die Jäger im Zuge einer stärkeren Rehwildbejagung das Tier oder die Tiere, die sich das Fressen des Königsfarns angewöhnt hatten, zur Strecke bringen. Der Zaun konnte wieder entfernt werden; die Begleitpflanzen des Königsfarns werden wieder abgeäst.

In Zukunft ist weiter darauf zu achten, daß die Quelligkeit der Standorte erhalten bleibt. Möglicherweise müssen dazu einige der Abzugsgräben angestaut oder geschlossen werden.

W. Kramer

Honigbuck

Stadtkreis: Freiburg
Gemeinde und Gemarkung: Freiburg
Naturraum: Freiburger Bucht
Geschützt seit 1963
Größe: 7,52 Hektar
Top. Karten: 7912 Freiburg Nordwest, 8012 Freiburg Südwest

Vom Schönberg oder Tuniberg aus betrachtet, wirkt der zwischen dem westlichen Stadtrand Freiburgs und dem Tuniberg gelegene Freiburger Mooswald vollkommen eben. Der unauffällige, kleine Hügel östlich der Autobahn im Bereich der Opfinger Brücke bleibt den meisten Betrachtern verborgen.

Bei diesem Hügel mit dem Namen »Honigbuck« oder auch »Hunnenbuck« handelt es sich um einen etwa 350 m langen und 150 m breiten Rücken, dessen höchster Punkt rund 13 m über den umgebenden Mooswald ragt. Die Geländeform legt den Gedanken nahe, daß es sich um eine künstliche Aufschüttung, etwa einen Grabhügel handeln könnte. Diese Vermutung findet ihren Niederschlag in dem im Volksmund gebräuchlichen Namen »Hunnenbuck«.

Die geologische Untersuchung des Hügels widerlegt diese Vermutung jedoch eindeutig. Sie ergibt vielmehr, daß es sich beim Honigbuck um einen lößüberdeckten Kalkrücken handelt, dessen geologische Entstehungsgeschichte identisch ist mit der des Tuniberges, des Nimberges und des Lehener Berges. Diese Erhebungen blieben beim Absinken des Oberrheingrabens als Bruchschollen des sogenannten Deckgebirges inselartig stehen. Die geologische Unterlage des Hügels bildet der zur Formation des Braunen Juras zählende Hauptrogenstein, der sich jedoch unter einer starken Lößlehmdecke verbirgt. Damit wird klar, daß die Bezeichnung »Hunnenbuck« vermutlich auf eine Verballhornung des richtigen Namens »Honigbuck« zurückzuführen ist. Jedoch verlangt auch dieser Name nach einer Erklärung, die eng mit dem Baumbestand des Hügels zusammenhängt: Während auf den nassen und feuchten Standorten des Mooswaldes Erlen und Eschen, und auf den trockeneren Stand-

99 Im NSG »Honigbuck« steht eine der mächtigsten Flatterulmen des Freiburger Mooswaldes.

orten Eichen und Hainbuchen gedeihen, sieht der Wald auf dem Kalkboden des Hügels völlig anders aus. Nahezu alle einheimischen Laubbaumarten kommen hier vor (die Waldbiotopkartierung listet elf verschiedene Baumarten auf), darunter fallen einige stattliche Winterlinden besonders ins Auge. Diese locken zur Blütezeit von weit her Bienenvölker an und verhalfen so dem Hügel zu seinem »süßen« Namen.

Neben den Winterlinden gedeihen hier beeindruckende Stieleichen und Hainbuchen, alle drei einheimischen Ahornarten (mit starken Feld-Ahornen), Eschen, Buchen und Feld-Ulmen. Die größte Besonderheit im Baumbestand sind jedoch die seltenen, auch Iffen genannten Flatter-Ulmen, die sich durch ihre brettartig verbreiterte Stammbasis auszeichnen. Hier steht sogar eine der mächtigsten Flatterulmen des gesamten Mooswaldes. Im Unterstand finden sich zahlreiche Straucharten wie z. B.

Roter Hartriegel, Pfaffenhütchen, Liguster und Weißdorn, der hier sogar Baumhöhe erreicht. Sehr artenreich ist schließlich auch die Bodenvegetation ausgebildet, die u.a. eine Vielzahl an kalkliebenden Frühjahrsblühern wie den streng geschützten Märzenbecher (*Leucojum vernum*) und den Aronstab (*Arum maculatum*) enthält. Erwähnenswert ist auch das Vorkommen der Weißen Waldhyazinthe (*Platanthera bifolia*), des Großen Zweiblatts (*Listera ovata*) und des gern vom Wild verbissenen Türkenbunds (*Lilium martagon*).

Die geologische Besonderheit, der arten- und strukturreiche Baum- und Strauchbestand, sowie die seltene Bodenvegetation waren der Anlaß, diesen Hügel auf Antrag der Forstverwaltung im Jahr 1963 als Naturschutzgebiet auszuweisen.

So konnte im Lauf von 35 Jahren durch den Verzicht auf forstliche Nutzung und durch kleinere Pflegeeingriffe der prächtige Waldbestand und die artenreiche Bodenvegetation erhalten werden. Für die Zukunft bleibt zu hoffen, daß alle Besucher den kleinen Rundweg benutzen und so die Gefährdung von Pflanzenvorkommen durch Trittschäden, die stellenweise schon zu beobachten sind, wieder zurückgeht.

G. Hüttl

Mühlmatten

Stadt-/Landkreise: Freiburg, Breisgau-Hochschwarzwald
Gemeinden: March, Stadt Freiburg
Gemarkungen: Hugstetten, Hochdorf
Naturraum: Freiburger Bucht
Geschützt seit 1998
Größe: 39 Hektar (LSG 17 Hektar)
Top. Karte: 7912 Freiburg Nordwest

Bei den »Mühlmatten« handelt es sich um ein kombiniertes Natur- und Landschaftsschutzgebiet. Es liegt in einer Höhe von 205 bis 210 m ü. NN in der naturräumlichen Untereinheit »Mooswald« der »Freiburger Bucht« zwischen den Ortschaften Hugstetten und Hochdorf. Überwiegend wird es von größtenteils brachgefallenem Grünland eingenommen, daneben kommen zwei Wäldchen vor.

Die tektonische Scholle des im Norden an das Gebiet grenzenden Nimberges wirkt für den Grundwasserstrom aus dem Südosten als aufstauendes Hindernis, so daß der Grundwasserstand hier sehr hoch ist. Dies läßt sich auch an den vorhandenen Vegetationstypen erkennen. Neben Glatthaferwiesen unterschiedlicher Ausprägung nehmen Feuchtwiesen größere Flächen ein. Bei regelmäßiger, jedoch seit längerem jährlich nur noch einmal durchgeführter Mahd hat sich eine von der Kohldistelwiese abgeleitete Gesellschaft entwickelt, für die ein höherer Anteil des Mädesüß charakteristisch ist. Weitere wichtige Arten sind die Sumpfdotterblume (*Caltha palustris*), die Schlanke Segge (*Carex gracilis*), die Sumpf-Segge (*Carex acutiformis*), die Wald-Engelwurz (*Angelica sylvestris*), an selteneren Arten auch die speziell für die Freiburger Bucht bezeichnende Bach-Kratzdistel (*Cirsium rivulare*) und das Breitblättrige Knabenkraut (*Dactylorhiza majalis*). In Geländemulden tritt der Waldsimsensumpf auf, entlang von alten Entwässerungsgräben die Waldbinsenwiese mit der Spitzblütigen Binse (*Juncus acutiflorus*). Interessant ist, daß noch bis in die 50er Jahre hinein die Wiesen gewässert wurden, um einen früheren Vegetationsbeginn und einen gewissen Düngeeffekt zu erreichen.

Vor allem in einem Regenrückhaltebecken ist das Grünland brachgefallen. Es haben sich seither entweder Hochstaudenfluren mit Mädesüß (*Filipendula ulmaria*) oder Großseggenriede mit Sumpf- oder Schlanker Segge, kleinräumig auf noch stärker vernäßten Standorten auch mit Blasen-Segge (*Carex vesicaria*) herausgebildet.

Das Zentrum des Gebiets nimmt ein großflächiges Schilfröhricht ein.

Eines der beiden Wäldchen wird vor allem von der Hänge-Birke dominiert und ist strauchreich, beim zweiten handelt es sich um eine mit Hybridpappeln und Schwarz-Erlen aufgeforstete Fläche, in der z. T. schon Traubenkirsche, Schlehe und Stiel-Eiche beigemischt sind.

Einige stillgelegte Äcker mit mehreren selteneren Pflanzenarten offener Standorte, zwei klares Wasser führende Bäche mit reicher Wasservegetation sowie ein paar für verschiedene

100 Schilfröhricht um das zentral gelegene Birkenwäldchen.

Amphibien und Libellen sehr wichtige, künstlich angelegte Teiche und Tümpel runden die Biotopvielfalt ab.

Entsprechend artenreich ist die Tierwelt des Gebiets. Von den Vögeln seien vor allem Neuntöter und Dorngrasmücke, die vom Nebeneinander von Büschen und Grünland im zentralen Teil der Mühlmatten profitieren, erwähnt. Auch Rohrammer und Sumpfrohrsänger kommen hier vor, beide wie der Feldschwirl auch in den Hochstaudenfluren. Schließlich lebt im Schilfröhricht noch der Teichrohrsänger.

Zwei der Tümpel wurden speziell für die sehr seltene Wechselkröte angelegt, die im Regierungsbezirk nur in der Gegend von March vorkommt. Die Wiesen und Hochstaudenfluren stellen wichtige Nahrungshabitate der im Gebiet bodenständigen Libellen dar; in den Uferstreifen halten sich die frisch geschlüpften Tiere bis zur vollständigen Ausfärbung auf (Reifungshabitat).

Wesentlicher Schutzzweck ist die Erhaltung der größten noch zusammenhängenden feuchten Wiesenniederung in der Freiburger Bucht mit einer großen Biotopvielfalt und entsprechend artenreicher Fauna.

Die Hauptgefährdung für das Gebiet besteht darin, daß der Grundwasserstand noch stärker als bisher absinkt. Eine weitere Wohnbebauung am anschließenden Ortsrand von Hochdorf sowie der Bau einer Umgehungsstraße konnten glücklicherweise abgewehrt werden. Beunruhigungen und Schädigungen der Vegetation sind dagegen wegen der Nähe Hochdorfs kaum gänzlich auszuschließen.

Ein Teil der Hochstaudenfluren und Großseggenriede muß durch eine geeignete Pflegemahd wieder in Feuchtwiesen zurückgeführt werden, wie sie bis vor wenigen Jahren vor dem endgültigen Brachfallen im Regenrückhaltebecken noch vorhanden waren. Artenreiche Feuchtwiesen sind nämlich in Mitteleuropa bedeutend gefährdeter.

Durch die Schutzverordnung ist u. a. verboten, Grünland umzubrechen, Erstaufforstungen vorzunehmen oder Christbaumkulturen anzulegen. Auch müssen Besucher auf den Wegen bleiben, Radfahrer dürfen darüber hinaus nur auf befestigten Wegen fahren. *W. Kramer*

Schauinsland

Stadt-/Landkreis: Freiburg, Breisgau-Hochschwarzwald
Gemeinden: Stadt Freiburg, Bollschweil, Münstertal i. Schw., Oberried
Gemarkungen: Freiburg, Kappel, St. Ulrich, Obermünstertal, Oberried, Hofsgrund
Naturraum: Hochschwarzwald
Einstweilig sichergestellt 1996
Größe: 973 ha
Top. Karten: 8013 Freiburg Südost
8113 Todtnau

Der Schauinsland ist eines der beliebtesten Naherholungsgebiete in der Umgebung von Freiburg. Gerade einmal zwölf Kilometer liegt der im wahrsten Sinne »aussichtsreiche« Frei-

101 Die Weidfelder am Gegendrum auf dem Schauinsland mit Wacholder, Weidbuchen und Weidfichten sind auch im Winter bei schönem Wetter im Kontrast zu dem azurblauen Himmel von großem Reiz.

102 Arnika (*Arnica montana*) und Flügel-Ginster (*Genista sagittalis*) bilden im Juli mit ihrem Gelb den Hochsommeraspekt auf der Flügelginsterweide.

burger Hausberg von der Großstadt im Breisgau entfernt. Von seinem Gipfel reicht der Blick in die umgebenden Täler, über die anderen Berge des Schwarzwaldes bis hin zu den Vogesen und den Alpen. Die exponierte Lage des Berges nutzen auch wissenschaftliche Einrichtungen: Ein Fraunhofer-Institut zur Sonnenbeobachtung liegt nahe des Gipfels, und das Umweltbundesamt betreibt unweit davon eine Atmosphären-Meßstation.

Zu allen Jahreszeiten lohnt ein Besuch des Schauinslands. Dies liegt sicher auch an der weiten, offenen Landschaft im Gipfelbereich des Berges. Gewissermaßen im Zentrum des Naturschutzgebiets befinden sich die ausgedehnten Wiesen und Weiden der beiden, aus großen Schwarzwaldhöfen bestehenden Siedlungen – des Münstertäler Ortsteils Stohren und des Oberrieder Ortsteils Hofsgrund. Die stattlichen Bauernhöfe reichen bis in eine Höhe von 1150 m ü. NN. Die Freiflächen sind umgeben von großen Wäldern, die sich über die Hänge des Schauinslands und die teilweise tief eingekerbten Täler erstrecken. Hofsgrund liegt auf der Südseite des Berges in ca. 1050 m ü. NN, gut vor den rauhen Winden geschützt in einer weiten, wohl eiszeitlich geformten Mulde, und zählt zu den höchst gelegenen dörflichen Siedlungen des Schwarzwaldes.

Die derzeitige Feld-Wald-Verteilung geht noch auf den mittelalterlichen Silberbergbau im Schauinsland zurück, der ungeheure Mengen an Holz verbrauchte und zu einer weitgehenden Entwaldung der Schwarzwaldhöhen im Einzugsbereich der Bergwerke führte. Die freigewordenen Flächen werden bis auf den heutigen Tag landwirtschaftlich genutzt. Fotografien dokumentieren aber auch einen landschaftlichen Wechsel in den vergangenen Jahrzehnten: Während die Landschaft in den 20er Jahren noch von ausgedehnten Weiden bestimmt war, nehmen heute intensiv bewirtschaftete Mähwiesen den Hauptteil der Flächen ein. Auf den wenig genutzten oder sogar brachgefallenen Magerweiden breiten sich hingegen zunehmend Gehölze aus.

In den höchsten Lagen über ca. 1150 m ü. NN herrscht ein sehr rauhes Klima. Hier kommen daher hochmontan verbreitete Pflanzenarten in den Magerrasen vor, wie wir sie sonst nur von den höchsten Bergen des Schwarzwaldes kennen: Gold-Fingerkraut (*Potentilla aurea*), Scheuchzers Glockenblume (*Campanula scheuchzeri*), Weißzüngel (*Leucorchis albida*) und Schweizer Löwenzahn (*Leontodon helveticus*). Unterhalb dieser Höhengrenze treffen wir vor allem an den wärmebegünstigten Südhängen, z.B. am Gegendrum, im engen Rotlache-Kar und am landschaftlich sehr reizvollen Sittener Berg großflächige Flügelginsterweiden an, wie sie für den Südschwarzwald prägend sind. Oft sind die Magerweiden von Zwergsträuchern – Heidekraut (*Calluna vulgaris*) und Heidelbeere (*Vaccinium myrtillus*) – durchsetzt, die bei extensiver Beweidung dicht zusammenschließen und anderen Pflanzenarten wie Arnika (*Arnica montana*), Borstgras *(Nardus stricta)* und Silberdistel (*Carlina acaulis*) nur wenig Platz lassen. Teilweise sind jedoch ökologisch wertvolle Magerrasen bereits durch Düngung in ihrer Qualität beeinträchtigt und drohen bei weiterer Intensivierung verloren zu gehen.

Vor allem dieses strukturreiche, offene Gelände ist der Lebensraum von Zitronengirlitz, Dorngrasmücke, Wiesenpieper und Neuntöter, wobei die letztgenannte Art beachtenswert ist. Das Vorkommen des kleinen, als wärmeliebend bekannten Vogel in einer Höhenlage um 1100 m ü. NN ist außergewöhnlich, zeugt aber von der Wärmegunst der Schauinsland-Südhänge. Dazu paßt der Fund einer Gottesanbeterin (*Mantis religiosa*), die eigentlich nur an den wärmsten Stellen der Oberrheinebene zu finden ist, an demselben Hang in den 50er Jahren! Auch leben einige Schmetterlingsarten hier, die zwar in tieferen Lagen vergleichsweise häufig sind, deren Vorkommen auf beinahe 1200 m ü. NN jedoch eine Besonderheit darstellt.

Die Höhenlandschaft des Schauinslands wird besonders von zahlreichen einzelstehenden Windbuchen geprägt. Die von Wind und Wetter zu bizarrem Fahnenwuchs verzerrten Exemplare sind wohl die bekanntesten und am meisten fotografierten Bäume des Schwarzwaldes. Je näher sie am Kammbereich stehen, desto stärker ist die Baumkrone durch die zu allen Jahreszeiten heftig blasenden Winde und Stürme zur windabgewandten Seite verschoben. An ihren Stämmen gediehen früher sehr seltene Rindenflechten, die sich im nebelzügigen und luftfeuchten Klima des Schauinslands wohlfühlten. Doch inzwischen wurden aus den Weiden gedüngte Wiesen, so daß die bis auf die Baumstämme gespritzte Gülle die wertvolle Flora weitgehend vernichtet hat. Den Bereich der freien Kammlagen mit den einzelstehenden Bäumen nutzen viele Vögel als »Vogelzug-Pass« über den Schwarzwald. Schätzungen zufolge überqueren im Herbst bis zu 30 000 Vögel pro Tag den Schauinsland auf ihrem Weg in die südlichen Überwinterungsgebiete!

103 Nur im Winter tritt die wahre Gestalt der 200 bis 300 Jahre alten Weidbuchen in Erscheinung; es läßt sich erkennen, daß jede Buche aus mehreren verwachsenen Teilstämmen besteht.

104 Oft stehen die Weidbuchen nicht isoliert in der Weide, sondern in sogenannten »Weidbuchenhainen«.

Auf der großflächigen Gemeindeweide oberhalb von Hofsgrund hat sich im steilen, von Bergwerkshalden durchzogenen Gelände ein bemerkenswerter Buchenwald entwickelt. Breitkronige Bäume im Inneren des Waldes lassen erkennen, daß er durch Zusammenwachsen ehemaliger Weideschachen entstanden ist. Knorrige Äste und Stämme belegen, daß die alten Bäume früher zur Laubfütterung geschnitten (geschneitelt) wurden.

Ein Großteil der Grünlandflächen wird intensiv bewirtschaftet und teilweise über den in dieser Höhenlage angemessenen Umfang hinaus gedüngt. Die für Schwarzwälder Bergwiesen charakteristische Flora ist auf den Flächen mit Mehrschnittnutzung zugunsten düngetoleranter Arten verdrängt worden.

An den Hängen des Schauinslands tritt Wasser in zahlreichen Quellen zutage und hat Feuchtgebiete entstehen lassen. Am Haldenköpfle hat sich ein Hochmoor entwickelt; seine Vegetation ist aber durch die lang anhaltende Nutzung erheblich verändert. Neben seggenreichen Niedermooren, die sich in den extensiv genutzten Weiden entlang quelliger Rinnen ziehen, gibt es im stärker genutzten Grünland binsenreiche Feuchtwiesen. In den Mähwiesen wurden noch in den letzten Jahren Quellrinnen durch Auffüllungen beseitigt, um die Bewirtschaftung zu erleichtern.

Im Gegensatz zu den freien Höhenlagen des Schauinslands sind die tief hinabreichenden, oft blocküberschütteten Hänge von großen Wäldern bedeckt. Es sind montane Mischwälder aus Buchen, Tannen und Fichten. Oftmals handelt es sich dabei um fast reine Nadelholzbestände, in denen die Laubbäume aus Gründen der Bewirtschaftung nur einen geringen Anteil einnehmen. Auf geschützten Hängen der höchsten Lagen tritt uns als Besonderheit der hochstaudenreiche Bergahorn-Buchenwald entgegen. Dem artenreichen Waldtyp ist eine Reihe von auffälligen Hochstauden wie Alpen-Milchlattich (*Cicerbita alpina*), Grauer Alpendost (*Adenostyles alliariae*), Hain-Greiskraut (*Senecio nemorensis*) und Wald-Geißbart

(*Aruncus dioicus*) eigen, die wir nur aus regenreichen Kammlagen der Gebirge kennen. Am Gipfel des Berges befinden sich die Waldbäume in einer Extremsituation. Das ausgesprochen rauhe, wechselhafte und von Winden geprägte Klima schlägt sich in einer geringen Wuchsleistung und einer langsamen Entwicklung der Bäume nieder.

Die Hangwälder werden nur unterbrochen von Abraumhalden an den Stolleneingängen der Bergwerke. Die alten Halden sind weitgehend vegetationslos. Selbst nach Jahrzehnten (oder gar Jahrhunderten?) hat sich kein Pflanzenbewuchs eingestellt, allenfalls Krustenflechten und kleinere Moose besiedeln das grobe, unverwitterte Material, das aus dem Inneren des Berges stammt und vielleicht wegen seines Schwermetallgehaltes pflanzenfeindlich ist. Da im rutschenden Gesteinsschutt bisher keine Bodenbildung stattgefunden hat, konnten höhere Pflanzen nicht Fuß fassen. Nur vom Rand her dringen zögernd Sträucher vor, unter ihnen die Purpur-Weide (*Salix purpurea*), die am Fuß der Kappler Halde bei ca. 1080 m ü. NN ihren wohl höchsten Wuchsort in Baden-Württemberg erreicht.

Als beliebtes Naherholungsziel muß der Berg mit seiner empfindlichen Natur vor allem an Wochenenden zahlreiche Besucher verkraften. Schätzungsweise eine halbe Million Erholungssuchende kommen jedes Jahr, über drei Viertel erreichen den Schauinsland mit dem eigenen Auto. Im Gipfelbereich haben die vielen Besucher erhebliche Trittschäden verursacht. Derzeit informieren die anliegenden Gemeinden, die sich zu einer Interessengemeinschaft zusammengeschlossen haben, mit Schautafeln über die sensible Natur und lenken die Besucher auf begehbaren Wegen durchs Naturschutzgebiet.

Bereits 1938 hat man die Höhenlagen des Schauinslands als Landschaftsschutzgebiet ausgewiesen, um die außergewöhnliche Berglandschaft zu erhalten. Die höchsten Bereiche unterlagen dabei einem besonderen Schutz, der sich vor allem gegen eine Bebauung der freien Landschaft richtete. Er verhinderte jedoch nicht den zunehmenden Verlust wertvoller Lebensräume durch Intensivierung oder Aufgabe der Bewirtschaftung. Als im Kammbereich der Bau mehrerer Windkraftanlagen geplant war, wurde im April 1996 zum Schutz der einmaligen Landschaft, der hervorragenden Biotopausstattung und der gefährdeten Arten (bisher wurden 65 Pflanzen- und 66 Tierarten der Roten Liste gefunden) am Schauinsland ein Naturschutzgebiet in der Größe von ca. 973 ha für zwei Jahre einstweilig sichergestellt. Bei Drucklegung des vorliegenden Buches war das nachgeschaltete Verfahren zur endgültigen Ausweisung des Naturschutzgebiets noch nicht beendet. *P. Lutz*

105 Ende Oktober herrscht am Schauinsland meist Inversionswetter; zu dieser Zeit verfärben sich die Weidbuchen von flammendem Goldgelb zu rotbraun.

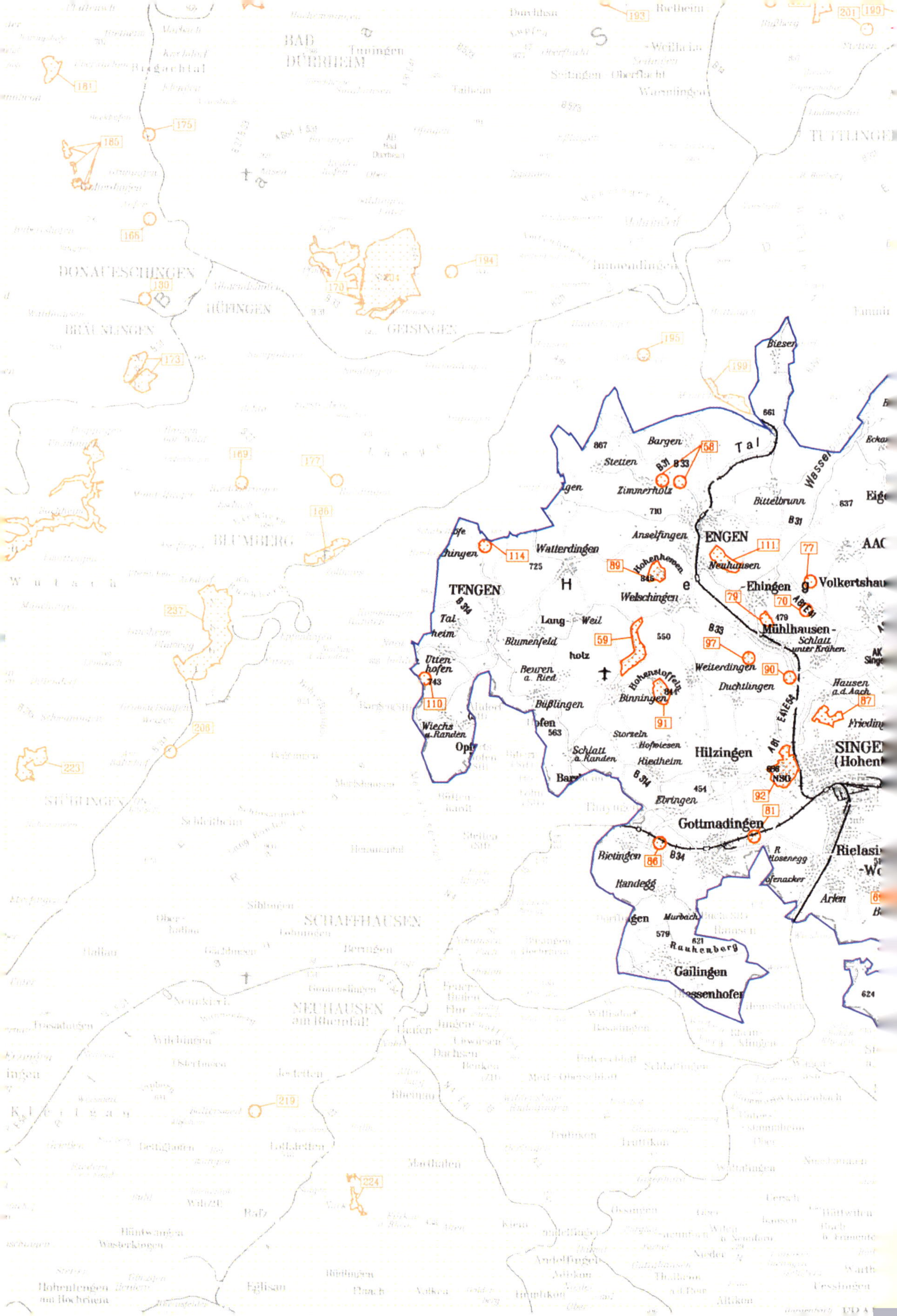

BAD DÜRRHEIM
Tuningen
Riedheim
193
201
199
181
175
185
166
DONAUESCHINGEN
130
HÜFINGEN
BRÄUNLINGEN
170
204
194
GEISINGEN
Immendingen
TUTTLINGEN
173
195
169
177
186
BLUMBERG
237
208
223
SCHAFFHAUSEN
NEUHAUSEN
am Rheinfall
219
224
Biesen
661
867
Bargen
Tal
58
Stetten
B 31
B 33
Zimmerholz
Wasser
Bittelbrunn
637
710
B 31
Anselfingen
ENGEN
111
77
Neuhausen
114
Watterdingen
725
89
Hohenhewen
846
TENGEN
H
e
Welschingen
-Ehingen
g
Volkertshau
70
79
479
Mühlhausen-
Schlatt
unter Krähen
Tal-
heim
Lang-
Weil
59
550
B 33
Blumenfeld
holz
97
Weiterdingen
90
Utten-
hofen
743
Beuren
a. Ried
Hohenstoffeln
844
Binningen
Duchtlingen
Hausen
a.d. Aach
87
110
Büßlingen
91
Wiechs
a. Randen
563
Storzeln
Hofwiesen
Schlatt
a. Randen
Riedheim
Hilzingen
NSG
B 314
92
454
Ebringen
81
Gottmadingen
Bietingen
86
B 34
Rosenegg
Randegg
Arlen
Murbach
579
621
Rauhenberg
Gailingen
624

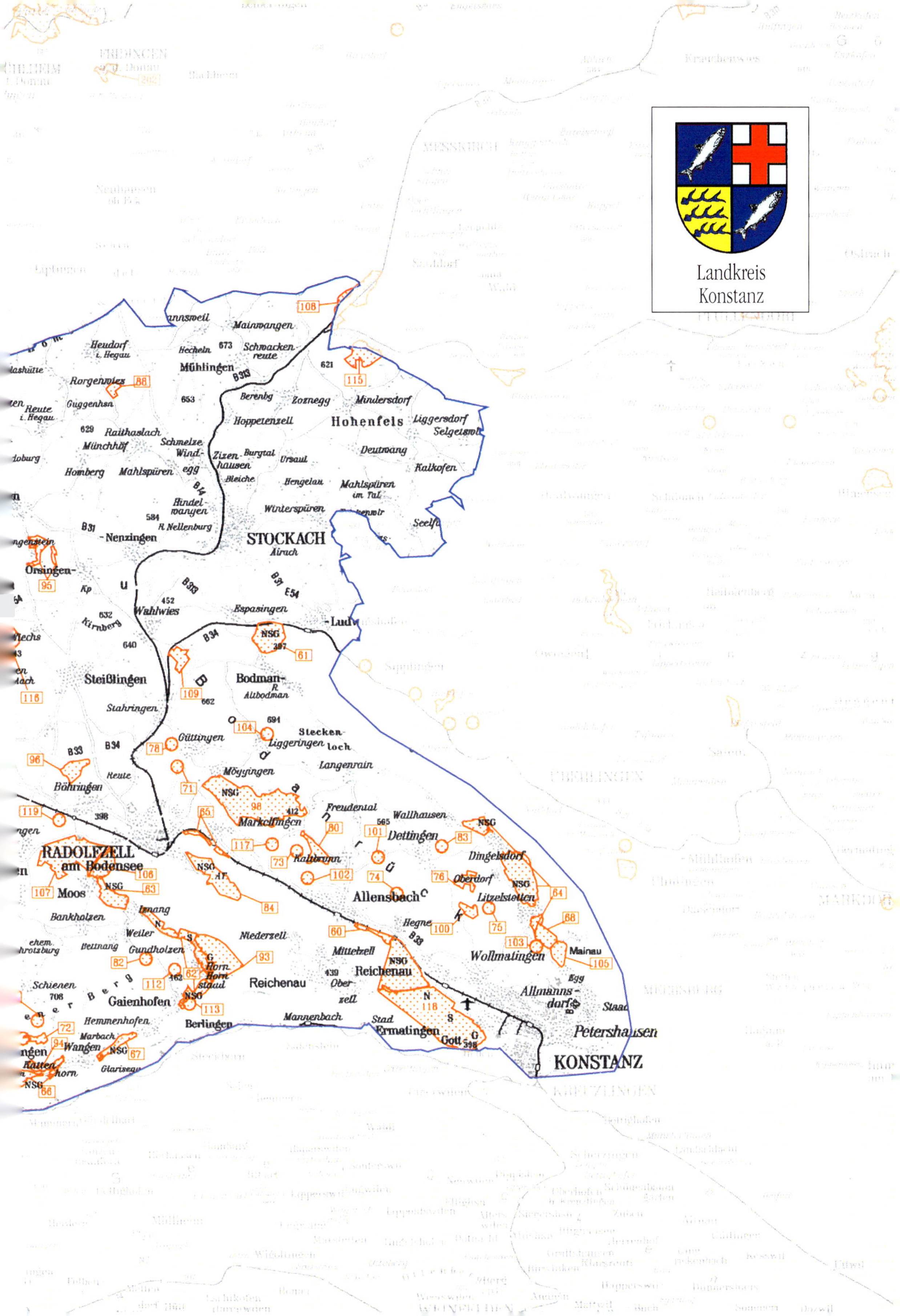

Landkreis
Konstanz
STOCKACH
RADOLFZELL
am Bodensee
KONSTANZ
Hohenfels
Mühlingen
Mainwangen
Schwacken-
reute
Heudorf
i. Hegau
Rorgenwies
Guggenhsn
Raithaslach
Münchhöf
Homberg
Mahlspüren
Schmelze
Wind-
egg
Zizen-
hausen
Burgtal
Bleiche
Hoppetenzell
Berenbg
Zoznegg
Mindersdorf
Liggersdorf
Selgetsw
Deutwang
Kalkofen
Mahlspüren
im Tal
Hengelau
Winterspüren
Hindel-
wangen
R. Nellenburg
Nenzingen
Orsingen-
Aach
Wahlwies
Espasingen
Kirnberg
Steißlingen
Stahringen
Bodman-
Altbodman
Güttingen
Liggeringen
Stecken-
loch
Langenrain
Möggingen
Markelfingen
Freudental
Wallhausen
Dettingen
Dingelsdorf
Oberdorf
Litzelstetten
Kaltbrunn
Allensbach
Hegne
Wollmatingen
Mainau
Egg
Allmanns-
dorf
Staad
Petershausen
Böhringen
Moos
Bankholzen
Iznang
Weiler
Gundholzen
Horn
Gaienhofen
Hemmenhofen
Berlingen
Reichenau
Niederzell
Mittelzell
Oberzell
Mannenbach
Ermatingen
Gottlieben
Schienen
Marbach
Wangen
Kattenhorn
Glarisegg
Radolfzeller Aach
B 31
B 33
B 34
B 313
B 14
E 54
NSG

Biezental-Kirnerberg

Landkreis: Konstanz
Gemeinde: Engen
Gemarkung: Zimmerholz
Naturraum: Hegau-Alb
Geschützt seit 1984
Größe: 17 Hektar
Top. Karte: 8118 Engen

Läßt man auf dem Weg nach Norden Hegauvulkane und die von Eiszeiten ausgeräumte Hegauniederung hinter sich, so eröffnet sich mit dem Anstieg zur Alb ein gänzlich anderes Landschaftsbild. Trockentäler und Wasserarmut, steinige Südhänge mit hellem Gestein und lückige Kiefernwäldchen sind die Kennzeichen eines Naturraums der mit floristischen und faunistischen Besonderheiten aufwartet. Der sicher schönste Einblick in diese Schatztruhe der Hegau-Alb gelingt im Naturschutzgebiet »Biezental-Kirnerberg« nahe dem sehenswerten Städtchen Engen.

An den Südhängen entlang des Zimmerholzer Wildbachs stehen sogenannte Zementmergel-Schichten (Weißjura-Zeta) an. Diese Bereiche sind zum herausragenden Refugium nacheiszeitlicher Steppen- und Wärmezeitrelikte geworden. Kleinere Steinbrüche lassen die ehemalige Nutzung des Gesteins als ideales Ausgangsmaterial für die Zementherstellung erkennen. Entscheidend ist diese Gesteinsschicht jedoch auch als Standortfaktor für Reliktarten trockenheißer Lebensräume. Die ungünstigen Wuchsbedingungen besonders für die Rotbuche dürften entscheidend dafür sein, daß sich der Wald nacheiszeitlich nie richtig schließen und die Waldkiefer als Lichtbaumart halten konnte. Diese außergewöhnlichen Verhältnisse ermöglichten es anspruchsvollen licht- und wärmebedürftigen Arten, die nach dem Einwandern der Buche um ca. 4000 bis 5000 v. Chr. aus fast allen Landesteilen verschwunden waren, bis in die heutige Zeit zu überleben. Bald folgte der Mensch mit seinen Weidetieren und vergrößerte magere offene

106 Weitläufige Kalkmagerrasen zwischen den Heckenzügen und lichte Kiefernwälder mit Reckhölderle (*Daphne cneorum*) – das NSG »Biezental-Kirnerberg«.

und halboffene Flächen. Damit bescherte er wärmeliebenden Lebensgemeinschaften eine Blütezeit, die bis in unser Jahrhundert andauerte. Die Veränderungen in der Landnutzung vor allem nach 1950 machen nun den Schutz dieses Erbes vergangener Jahrhunderte, wenn nicht Jahrtausende nötiger denn je.

Am eindrucksvollsten zeigt sich die Lebewelt der Südhänge im späten Frühjahr, wenn viele typische Arten der lichten Kiefernwälder und Trockenrasen zu blühen beginnen. Der aromatische Duft des Reckhölderles (*Daphne cneorum*), einer Seidelbast-Verwandten, bleibt in der Erinnerung untrennbar mit den blauen Blütenknäueln der Kugelblume (*Globularia punctata*) und dem leuchtenden Gelb des Hufeisenklees (*Hippocrepis comosa*) verbunden. Mit etwas Glück läßt sich im Juni sogar der Libellen-Schmetterlingshaft – eine seltene und wärmeliebende Netzflüglerart – im eleganten Flug über den Trockenrasen beobachten. Die Blütenpracht auf den Trocken- und Halbtrockenrasen, selbst in den Waldsäumen, reißt über den ganzen Sommer nicht ab und endet schließlich im Herbst mit Stauden wie Hirsch-Haarstrang (*Peucedanum cervaria*) oder Kalk-Aster (*Aster amellus*).

Die halboffenen und langsam verbuschenden Halbtrockenrasen des Biezentales werden durch jährliche Pflegemaßnahmen erhalten. Problematische ausläufertreibende Straucharten wie Schlehe oder Hartriegel werden regelmäßig zurückgeschnitten, die von langsamer Verfilzung bedrohten Magerrasen gemäht. Viele Flächen benötigen jedoch keine aufwendige Pflege, die Entnahme einiger Gehölze in mehrjährigen Abständen reicht für ihre Erhaltung aus.

Die Einzigartigkeit der ursprünglichen, wenn auch durch extensive Nutzung überprägten Standorte in einer vom Menschen immer stärker veränderten Kulturlandschaft begründet die Schutzwürdigkeit der Landschaft im Biezental und am Kirnerberg. Sie macht aber auch die Empfindlichkeit aus, die in der Verordnung zum Schutzgebiet angemessen berücksichtigt wird; das Verlassen der Wege ist nicht gestattet, für einen aufschlußreichen Spaziergang aber auch gar nicht notwendig.

J. Genser

Binninger Ried

Landkreis: Konstanz
Gemeinden: Hilzingen, Engen
Gemarkungen: Binningen, Welschingen
Naturraum: Hegau
Geschützt seit 1992
Größe: 73 Hektar
Top. Karte: 8118 Engen

Wie ein Adernetz durchziehen heute zahlreiche teils breite Talzüge ohne nennenswerte Fließgewässer den Hegau von Norden nach Süden. Durch sie flossen unter den würmeiszeitlichen Gletschern große Schmelzwasserströme zum Bodenseebecken hin ab. Die Vegetationsentwicklung in diesen Niederungen führte aufgrund des oft geringen Gefälles und des mit Feinsediment abgedichteten Untergrunds zu Rieden und Mooren mit Torfbildung. Eines dieser Moore war das Binninger Ried, das auf etwa 150 ha die eingetiefte Schmelzwasserrinne zwischen Hohenhewen und Hohenstoffeln einnahm. Aus einem natürlichen Stausee entstand durch Verlandungsprozesse nach und nach ein Moor, wobei bis zu drei Meter mächtige Mudden und sieben Meter mächtige Torfe abgelagert wurden. Der Restsee verschwand erst Mitte dieses Jahrhunderts. Daß das Moor vormals zumindest in kleineren Teilen Zwischen- bis Hochmoorcharakter hatte, bezeugen die noch zu Beginn des 20. Jahrhunderts dokumentierten Arten. Auch das Arteninventar der Kalkniedermoore, Quellmoore und Streuwiesen wies noch eine weitaus größere Anzahl seltener Pflanzen als heute auf. Vorausschauend schrieb der badische Botaniker Johannes Bartsch 1925: »...selbst Pedicularis sceptrum-carolinum (Karlszepter, Anm. des Autors) ist früher hier gefunden worden, aber seit langem verschwunden. Und infolge der weiteren Entwässerung durch den Riedgraben dürften bald andere seltene Carex-Arten das Schicksal dieser seltenen Sumpfpflanze teilen...«.

Die Verluste seit Beginn des 20. Jahrhunderts sind enorm. Schon im 19. Jahrhundert verschwanden die ersten Arten wie das oben erwähnte Karlszepter, das damit für das westliche Bodenseegebiet als ausgestorben gilt. Durch die seither erfolgten landwirtschaftlichen und forstlichen Eingriffe und in neuerer Zeit durch Flugplatzanlage und Schwemmlehmaufschüttung ist das nacheiszeitlich entstandene Moor fast überall massiv gestört, so daß sich im Gelände an vielen Stellen die ursprüngliche Vegetation nicht mehr erschließen läßt.

Dennoch müssen die aus dem Niedergang dieses Moors hervorgegangenen Lebensräume heute als schützenswert gelten. Ein reich gegliedertes Mosaik aus Feucht- und Intensivwiesen, Extensivweiden, Ruderalfluren, Röhrichten und Hochstaudengesellschaften bestimmt die offenen Teile des Schutzgebiets. Erwähnenswert sind hier die Vorkommen seltener Feuchtwiesenarten, zu denen das Fleischfarbene Knabenkraut (*Dactylorhiza incarnata*), die Trollblume (*Trollius europaeus*) und das Spatelblättrige Greiskraut (*Senecio helenitis*) gehören. Im Süden brechen die standortfremden Pappelforste allmählich zusammen und machen naturnahen Erlenbeständen Platz, wie sie in den benachbarten Erlenbruchwäldern mit Sumpffarn (*Thelypteris palustris*) und Walzen-Segge (*Carex elongata*) schon anzutreffen sind.

In der Vogelwelt haben sich in den letzten Jahren parallel zu vergleichbaren Feuchtgebieten des Bodenseeraums erhebliche Veränderungen abgespielt. Die Zahl der Brutvogelarten blieb zwar in etwa gleich, doch sind typische Wiesenbrüter wie Kiebitz, Bekassine und Braunkehlchen verschwunden. Auch andere Bewohner strukturreichen Extensivgrünlandes, z.B. Feldlerche, Schwarzkehlchen und Grauammer konnten nicht mehr beobachtet werden. Durch die Schutzgebietsverordnung, die eine Düngung auf sämtlichen Wiesen untersagt und

107 Über das Binninger Ried schweift der Blick nach Süden zum »Hohenstoffeln«. Im Mittelgrund die Feuchtwiesen, hinter dem Binninger Baggersee Erlenbruchwälder.

108 Ein ebenso attraktiver wie seltener Korbblütler der Feuchtwiesen des Binninger Riedes: das Spatelblättrige Greiskraut (*Senecio helenitis*).

die allmähliche Rückverlegung des Mähtermins auf Mitte Juni vorschreibt, wurden wichtige Voraussetzungen für eine Rückkehr der bedrohten Vogelarten geschaffen.   *J. Genser*

Bodenseeufer

Landkreis: Konstanz
Gemeinden: Stadt Konstanz, Stadt Radolfzell, Allensbach, Bodman-Ludwigshafen, Gaienhofen, Moos, Reichenau, Öhningen
Naturraum: Bodenseebecken
Geschützt durch Verordnungen von 1961, 1979, 1982 und 1984
Größe: 820 Hektar
Top. Karten: 8120 Stockach, 8219 Singen, 8220 Überlingen West, 8221 Überlingen Ost, 8319 Öhningen, 8320 Konstanz West

Das »Naturschutzgebiet Bodenseeufer« nimmt im Landkreis Konstanz in mehrfacher Hinsicht eine Sonderstellung ein: die Bezeichnung steht nicht für ein einzelnes Gebiet, sondern für acht, durch eigene Verordnungen definierte Teilgebiete, die insgesamt 15 Teilflächen umfassen. Diese Teilflächen sind über die gesamte, etwa 80 km lange Uferlinie zwischen der Staatsgrenze bei Öhningen und der Landkreisgrenze bei Ludwigshafen verteilt. Die Unterschutzstellung erfolgte abschnittsweise in der Zeit zwischen dem 19.1.1961 und dem 27.1.1984, wobei nicht ausschließlich das Vorkommen besonders schutzbedürftiger Pflanzen und Tiere im Vordergrund stand, sondern Anfang der 60er Jahre auch der Erhaltung der landschaftlichen Schönheit und ihrer besonderen Eigenart eine große Bedeutung beigemessen wurde.

Nachdem weite Teile der Bodenseeuferlandschaft 1952 zum Landschaftsschutzgebiet erklärt worden waren, zeigte es sich sehr bald, daß diese Schutzkategorie zu schwach war, um die sensible und gleichzeitig besonders attraktive Region vor weiterer »Verbauung und Verunstaltung« zu bewahren. Der engagierte Einsatz für die Naturschutzbelange des damaligen Landrats Dr. Seiterich führte schließlich dazu, daß 1961 weite Teile des Bodenseeufers als Naturschutzgebiet ausgewiesen werden konnten.

Das Landschaftsbild der Höri entlang des Bodenseeufers hat sich dank der Unterschutzstellung innerhalb der letzten 35 Jahre nur unwesentlich verändert. Im Süden und Südosten der Halbinsel schiebt sich der Molasserücken des Schiener Berges bis nahe an das Seeufer heran und fällt stufig zum bereits deutlich strömenden Wasserkörper des Untersees ab. Schon Anfang der 60er Jahre war mehr als die Hälfte der Uferstrecke von der Staatsgrenze bei Öhningen bis Gaienhofen verbaut. Der größte unverbaute Abschnitt liegt zwischen Hemmenhofen und Wangen, und selbst dieser ist durch den zwar ansprechenden, aber doch wenig naturnahen Park um Schloß Marbach unterbrochen. Der Park ist in ein Gelände mit zahlreichen Quellen und ausgedehnten Niedermooren eingebettet, die ehemals Vorkommen von Arten wie Mehlprimel (*Primula farinosa*) und Glanzstendel (*Liparis loeseli*) aufwiesen. Derzeit zeigen sie ein floristisch verarmtes Bild mit degradierten Kopfbinsenrieden und Pfeifengraswiesen, Röhrichten oder Gebüschen bzw. Vorwaldstadien von Sumpfwäldern, die bis zum kliffartig ausgespülten Ufer des Sees reichen. Im Anschluß folgen schmale Streifen von Uferröhricht, die auf sandig-kiesigem Untergrund gelegentlich unterbrochen sind.

109 Am Bodenseeufer liegen intensive Freizeitnutzung und äußerst naturnahe Bereiche sehr nahe beieinander.

Obwohl die für derartige Standorte typischen Strandrasenelemente weitestgehend fehlen, weisen diese im Sommer überfluteten Bereiche mit Buntem Schachtelhalm (*Equisetum variegatum*), Schwarzem Kopfried (*Schoenus nigricans*) und Sumpf-Löwenzahn (*Taraxacum palustre*) einige bemerkenswerte Pflanzenarten auf.

Generell zeichnet sich am Südostufer der Höri die Situation der Schutzgebietsabschnitte oberhalb der Wasserwechselzone durch einen Wechsel von landwirtschaftlich genutzten Flächen (Grünland, Acker- und Obstanbau, Baumschulen) und Brachen aus. Extensiv genutzte Mähwiesen oder Streuwiesen bilden eher die Ausnahme. Im Bereich von Gaienhofen, Horn und Gundholzen ändert sich dieses Bild allmählich. Das Umfeld der Siedlungen wird sehr stark von ausgedehnten Streuobstwiesen und kleinparzellierten, reich strukturierten Gartengebieten geprägt, die zum See hin abfallen. Dort schließen Uferwiesen, schmale Gehölzzonen und vorgelagerte Röhrichte an. Der Schiener Berg rückt in westlicher Richtung zunehmend vom See ab. Zwischen Hangfuß und See liegt eine fruchtbare Ebene, die nördlich von Moos in den Mündungsbereich der Radolfzeller Aach übergeht.

110 Das Bodensee-Vergißmeinnicht (*Myosotis rehsteineri*) – eine endemische Art der Strandschmielengesellschaft.

Der Anteil extensiv genutzter Futterwiesen ist hier deutlich höher, gleichzeitig finden sich gelegentlich kleine Überreste von Pfeifengraswiesen mit Sibirischer Schwertlilie (*Iris sibirica*) oder Lungen-Enzian (*Gentiana pneumonanthe*). Sie erreichen ihre größte Ausdehnung in der Ebene zwischen Moos und Radolfzell. Diesem besonders von ausgedehnten Röhrichten geprägten Bodenseeufer-Abschnitt kommt somit hinsichtlich des Landschaftsbildes und des Artenschutzes eine herausragende Bedeutung zu.

Die Uferzonen um Markelfingen fanden in der von Landrat Seiterich 1957 zur Ausweisung als Naturschutzgebiet vorgeschlagenen Liste keine Berücksichtigung. Obwohl der zuständige Naturschutzbeauftragte 1962 auf die bemerkenswerte Artenausstattung und die schleichenden Veränderungen hinwies, wurde das Gebiet erst 1982 unter Naturschutz gestellt. Grundlage hierfür waren Gutachten, in denen beispielsweise Vorkommen von Gnadenkraut (*Gratiola officinalis*), Sibirischer Schwertlilie, Lungen-Enzian, Schlauch-Enzian (*Gentiana utricularia*), Mehlprimel und Schwarzem Kopfried genannt wurden. Später wurde zusätzlich der Strandling (*Littorella uniflora*) als Vertreter der hochgradig gefährdeten Strandrasenelemente registriert. Schafstelze, Bekassine, Zwergdommel, Drosselrohrsänger, Schnatterente und Kolbenente zählten zu den faunistisch wertbestimmenden Brutvogelarten des Gebiets.

Die Ausweisung von Schutzgebieten entlang der unbebauten Uferabschnitte des Gnadensees zwischen Markelfingen und Hegne erwies sich ebenfalls als sehr problematisch und ist im Bereich Schlafbach bis heute noch nicht abgeschlossen. Nur das Gewann Galgenacker zwischen Allensbach und Hegne ist Naturschutzgebiet. Der Schutzstatus wird durch die Einzigartigkeit der Landschaft begründet. Gleichzeitig ist die Tatsache von Bedeutung, daß das Gebiet eine natürliche Fortsetzung des bereits in den 30er Jahren zum Naturschutzgebiet erklärten Wollmatinger Riedes darstellt. Die vorgelagerten Zonen stehen bei Hochwasserständen des Bodensees in den Sommermonaten periodisch unter Wasser, landseitig sorgen Sickerquellen für lokale Vernässungen. Die charakteristische Zonierung mit Uferstaudensäumen, Großseggenbeständen und Pfeifengraswiesen lassen sich auch heute noch an verschiedenen Stellen erkennen. Zu den herausragenden Florenelementen des Gebiets zählen die Strandrasenarten Strandling, Ufer-Hahnenfuß (*Ranunculus reptans*) und Bodensee-Vergißmeinnicht (*Myosotis rehsteineri*).

Auf den Gemarkungen der Stadt Konstanz sind es die siedlungsfreien Uferabschnitte zwischen der Mainau und Wallhausen, die 1961 vom Landschaftsschutzgebiet zum Naturschutzgebiet aufgewertet wurden. Von den drei Teilflächen erreicht der Bereich zwischen Litzelstetten und Dingelsdorf die größte Ausdehnung. Er läßt sich strukturell in zwei Komplexe untergliedern, die durch den Bodensee-Rundwanderweg voneinander getrennt sind. Der östliche seeseitige Bereich zeichnet sich durch ein abwechslungsreiches Mosaik aus Wiesen und Weiden, Staudenfluren, Röhrichten, Gebüschen und Wäldchen aus, wo beispielsweise das Henkerhölzle durch seinen hochgewachsenen Baumbestand besonders ins Auge fällt. Die direkte Ufersituation ist durch auenwaldartige Gehölzbänder gekennzeichnet, denen langgezogene Röhrichtgürtel und eingestreute Strandrasen vorgelagert sind. Westlich des Wanderwegs überwiegen intensiv genutzte Wirtschaftsflächen mit hohen Anteilen an Sonderkulturen. Einzig das Bonlandried, ein Niedermoor mit Großseggenbeständen, Staudenfluren, Kopfbinsenrieden und kleinen Pfeifengraswiesen, repräsentiert hier ein für den Artenschutz besonders wichtiges Landschaftselement. Die Grenze des Schutzgebiets zieht sich im Westen bis auf den Rücken des Langenberges, einer der zahlreichen Drumlins des Bodanrücks.

Aus heutiger Sicht erweist sich die seeseitige Abgrenzung der in den 60er Jahren ausgewiesenen Schutzgebiete als ökologisch problematisch. Da die Grenzlinie in der Regel mit der Parzellengrenze identisch ist, liegen die Röhrichtzonen nur teilweise und die vorgelagerten Flachwasserzonen größtenteils nicht im Geltungsbereich der Verordnung. Das hat zur Folge, daß der gesamte Biotopkomplex seine Funktion als (Teil-)Lebensraum für Wasser-

111 Bläßhühner finden – wie auch andere Vögel – einen reich gedeckten Nahrungstisch in der Flachwasserzone.

112 Der Laufkäfer *Odacantha melanura* bewohnt Pflanzenhalme im Uferröhricht.

vögel nur in sehr begrenztem Umfang erfüllen kann. Dies gilt bzw. galt insbesondere für den kleinen Schutzgebietsabschnitt südlich von Litzelstetten. Erst die zusätzliche Beruhigung der vorgelagerten Flachwasserzonen durch die Unterschutzstellung der Unteren Güll ermöglicht im Röhrichtbereich erfolgreiche Bruten von Arten wie Haubentaucher und Kolbenente und verleiht zu Zeiten der Großgefiedermauser den notwendigen Schutz vor Störungen.

Zwischen Dingelsdorf und Wallhausen schiebt sich das Klausenhorn in den Überlinger See. Diese exponierte Landspitze steht dem Bade- und Freizeitbetrieb zur Verfügung. Die Fläche des angrenzenden Campingplatzes wurde im Jahr 1979 vom Naturschutz- zum Landschaftsschutzgebiet zurückgestuft. Die im Sommer sehr beliebten Freizeiteinrichtungen sind in ein überwiegend als Grünland genutztes Gebiet (Hornwiesen) eingebettet, das sich jenseits der Landesstraße 219 noch weiter fortsetzt und einen der größten zusammenhängenden Wiesenkomplexe der Gemarkung Konstanz repräsentiert. Obwohl das Ufer zwischen dem Strandbad Klausenhorn und dem Strandbad Wallhausen nur schmal ist, bleibt die Ufervegetation des Schutzgebiets mit ihren Strandrasen, Röhrichten und Gehölzen relativ ungestört.

Das Niederungsgebiet zwischen Bodman und Ludwigshafen, am Westufer des Überlinger Sees, lag bis zur Verwaltungsreform im Landkreis Stockach. Erst Anfang der 70er Jahre rückte es stärker in das Bewußtsein der Naturschützer. In diesem, strukturell und standörtlich den Bodenseerieden zuzuordnenden Gebiet, das gleichzeitig die letzte Fließstrecke und den Mündungsbereich der Stockacher Aach umfaßt, machte ein enorm gewachsener Freizeitdruck auf Uferzonen und angrenzende Wiesen die Ausweisung als Naturschutzgebiet notwendig. Die größere Mobilität der Bevölkerung und die Bodenseeautobahn machte es Kurzurlaubern aus dem Ballungsraum Stuttgart immer einfacher, an schönen Wochenenden einen Badeausflug an den Bodensee zu unternehmen. Die Besucherströme mußten daher kanalisiert werden. Als Möglichkeit bot sich die Einrichtung eines 23 ha großen Freizeitparkes in der Nähe der Bahnlinie an. Die Planung zu diesem Vorhaben war bereits weit fortgeschritten und wurde von politischen Vertretern öffentlich befürwortet. Überraschenderweise formierte sich doch noch innerhalb kurzer Zeit in der einheimischen Bevölkerung eine Initiative für die Ausweisung eines Schutzgebiets und gegen den beabsichtigten Freizeitpark. Der Einfluß der Bürgerinitiative war so stark, daß der Flächennutzungsplan geändert und das Großvorhaben aufgegeben wurde.

Ab der Unterschutzstellung erfuhr das Gebiet eine ständige ökologische Aufwertung. Die Wasser- und Uferflächen waren für die Vogelwelt (z.B. für Limikolen oder auch Haubentaucher) schon immer von großer Bedeutung. Landseitig stellte Prof. Dr. Thielcke im Jahr 1972 allerdings fest, daß typische Riedpflanzen wie Enzian- und Orchideenarten oder auch die Sibirische Schwertlilie weitestgehend fehlten. Soweit es die standörtlichen Verhältnisse zuließen, wurde von den Landwirten Grünlandnutzung und Ackerbau betrieben. Nur stärker vernäßte Bereiche lagen brach und zeigten einen Bewuchs aus Röhrichten und Seggenrieden. Erst umfangreicher Grunderwerb durch das Land Baden-Württemberg verbunden mit freiwilligem Landtausch machte es möglich, Äcker in Grünland umzuwandeln, Mehrschnittwiesen zu extensivieren und eine umfangreiche Streuwiesenpflege aufzunehmen. Diese Maßnahmen steigerten die Bedeutung des Gebiets für den Artenschutz enorm. Nach Angaben des betreuenden Naturschutzbundes umfaßt heute allein der Bestand der Sibirischen Schwertlilie knapp 20000 Pflanzen. Eine ehemals als Sportplatz genutzte Streuwiese zählt nach ihrer Renaturierung auf Grund des Massenvorkommens der Schwertlilie sowie wegen kleinerer Bestände von Brandknabenkraut (*Orchis ustulata*) und Lungen-Enzian zu den wertvollsten Biotopen des Gebiete.

Aus heutiger Sicht kann festgehalten werden, daß die Zielsetzung für die Naturschutzgebiete entlang des Bodenseeufers im wesentlichen erreicht wurde. Auch wenn von privater Seite ein unvermindert großes Interesse am Erwerb von Ufergrundstücken besteht – das Land übt regelmäßig das Vorkaufsrecht im Grundstücksverkehr aus, konnte die einzigartige Landschaft größtenteils für das Allgemeinwohl erhalten werden. Sowohl vom See aus als auch auf Wander- und Radfahrwegen kann sie beobachtet und direkt erlebt werden. Das Angebot an Strandbädern und Campingplätzen erlaubt es einer Vielzahl von Erholungssuchenden, die Bodenseelandschaft in ihrer Freizeit zu genießen, ohne dabei die sensiblen Bereiche nachhaltig zu beeinträchtigen. *J. Kiechle*

Untere Güll und Obere Güll (Bodenseeufer)

Landkreis: Konstanz
Gemeinde: Stadt Konstanz
Gemarkungen: Litzelstetten, Konstanz
Naturraum: Bodenseebecken
Geschützt seit 1991 bzw. 1998
Größe: 50 bzw. 46 Hektar
Top. Karte: 8221 Überlingen Ost,
8321 Konstanz Ost

Der Überlinger See ist ein vom großen Rheingletscher ausgeformtes Becken und die langgestreckte, fingerartige Fortsetzung des Bodensees nach Nordwesten. Beiderseits säumen ihn hoch aufragende Molassehänge, die auch unter dem Seespiegel sehr steil bis in große Tiefe abfallen. In der Umgebung der weithin als »Blumeninsel« bekannten Mainau – sie liegt bereits am trichterförmigen Übergang in den breiten Obersee – sind die Ufer jedoch weitaus flacher. Erst seeseits der kleinen Insel sinkt der Seeboden in größere Wassertiefe ab. Zwischen Insel und Festland liegt eine ausgeprägte Flachwasserzone, die sich in zwei Buchten teilt. Nördlich der Insel liegt die »Untere Güll«, die 1991 als Naturschutzgebiet »Bodenseeufer – Untere Güll« ausgewiesen. Die südliche Bucht heißt »Obere Güll« und wurde zum 1. Juli 1998 in einer Größe von ca. 46 ha unter Schutz gestellt.

Flora und Fauna der beiden Buchten sind geprägt von den Wasserstandsschwankungen des Bodensees. Im Frühjahr steigt der Wasserspiegel durch die reichlich zuströmenden Schmelzwässer der Alpen um bis zu zwei Meter gegenüber dem niedrigsten Stand im Herbst an. Diesen Höchststand erreicht der See im allgemeinen im Juni/Juli. Danach fällt der Pegel des Sees kontinuierlich ab. Im Winter verbleibt er längere Zeit auf niedrigem Niveau, es fallen dann größere Bereiche der Flachuferzone trocken. Während des Sommers ist ihr Boden, am Bodensee auch als »Wysse« bezeichnet, von einer mehr oder weniger dichten Unterwasservegetation bedeckt. Bis zum Abbruch der Uferbank in die tieferen Zonen des Sees, der sogenannten »Halde«, bilden Laichkräuter und Armleuchteralgen auf dem hellen Untergrund einen lockeren Rasen. Im sauberen Wasser können die Arten bis in mehrere Meter Tiefe wachsen, wo sie noch genügend Sonnenlicht erreicht. Sie wurzeln in der weißen Seekreide, einer schlickigen, kalkreichen Ablagerung auf dem Grund der Flachwasserzone. An der sogenannten Halde, wo die Uferbank in größere Wassertiefen abfällt, hört der üppige Pflanzenbewuchs auf.

In der amphibischen Zone zwischen Land und See befindet sich ein fast geschlossenes Schilfröhricht, der vom Wasser aus wie ein Palisadenzaun erscheint. Da das Ufer sehr flach aus dem Wasser aufsteigt, ist das Röhricht recht ausgedehnt und erreicht an manchen Stellen über 100 m Breite. In den dichten Beständen des bis drei Meter hohen Schilfes kommen wenige weitere Pflanzenarten vor, nur wüchsige Hochstauden wie z.B. Blut-Weiderich (*Lythrum salicaria*) und Gelbweiderich (*Lysimachia vulgaris*) können mithalten. Jedes Jahr im Herbst sterben die oberirdischen Halme des Schilfes ab und bleiben den Winter über stehen; früher wurden sie zur Gewinnung von Einstreu sogar gemäht. Im Frühling treiben die Pflanzen aus den unterirdischen Rhizomen erneut aus und wachsen zu dem eintönig erscheinenden Röhricht heran. Während des sommerlichen Hochstandes, wenn die Schmelzwässer aus den Alpen den See füllen, sind die Ufer oft bis über das Schilfröhricht hinaus überschwemmt.

Diese Schilfzonen machen die beiden Naturschutzgebiete zu ungemein schützenswerten Bereichen. Sie sind die Lebensgrundlage für eine bemerkenswerte Tierwelt, insbesondere, was die Wasservögel anbetrifft. Unter den Brutvögeln ist der Haubentaucher mit über 50 Brutpaaren vertreten. Die seltene Art besitzt damit eine erfreulich große Population in den Buchten und ist allein aufgrund ihrer Größe von landesweiter Bedeutung. Im Sommer kann man häufig die erwachsenen Tiere beobachten, wie sie die jungen Haubentaucher vor dem Schilfgürtel, in dem geschützt das Nest liegt, ausführen. Auch Zwergtaucher, Tafelente, Kolbenente und Wasserralle brüten regelmäßig im Schilfgürtel der Oberen und Unteren Güll, allerdings nur in weit geringerer Zahl. Diese Arten sind alle auf der Roten Liste der Vögel in verschiedenen Gefährdungskategorien verzeichnet.

Im schützenden Gewirr der Halme brüten zahlreiche Paare des Teichrohrsängers. Er hat die Röhrichte in den beiden Naturschutzgebieten – offenbar ein idealer Lebensraum des Singvogels – in einer erstaunlichen Dichte besiedelt. Auch er zählt zu den seltenen und stark gefährdeten Vogelarten.

Insbesondere die empfindlichen Wasservogelarten benötigen einen ungestörten Lebensraum; das betrifft nicht das deckungsreiche Röhricht, in das sie sich bei Gefahr zurückziehen können, sondern auch die vorgelagerte Wasserfläche. Mit ihrem großen Sicherheitsbedürfnis reagieren Wasservögel besonders auf Störungen von der Wasserseite her sensibel. Aus diesem Grunde war es bei den Verfahren zur Unterschutzstellung außerordentlich wichtig, die windgeschützten Buchten möglichst vollständig vom Bootsverkehr zu befreien. Vorher waren sie sehr beliebte Ankerplätze für alle Arten von Wasserfahrzeugen. Besonders an schönen Sommertagen lagen so viele Boote vor Anker, daß die störungsempfindlichen Vögel es nicht wagten, das schützende Schilfröhricht zu verlassen. Manche Arten mieden die an sich für Wasservögel (und eben auch für den Menschen) sehr attraktive Bucht mit ihrer Flachwasserzone völlig. In der Oberen Güll wurde z.B. immer wieder beobachtet, daß sich brutwillige Wasservögel in der Bucht versammelten, aber durch den im Mai/Juni einsetzenden Freizeitbetrieb auf dem Wasser und an Land vertrieben wurden. Die Anwesenheit von zutraulichen Arten wie Stockenten oder Bläßhühnern, die sich durch die Anwesenheit des Menschen viel weniger beeinträchtigen lassen und daher auch in stark frequentierten Abschnitten des Sees vorkommen, darf hierbei nicht zum Maßstab werden.

Viele Wasservogelarten wechseln im Sommer ihr Gefieder und sind so für eine gewisse Zeit flugunfähig und sehr störungsempfindlich. Während dieser »Mauserzeit« benötigen sie geeignete Schutzzonen, in denen sie diese sensible Lebensphase unbeschadet überstehen können. Dafür suchen Taucher, Rallen und Entenvögel bevorzugt nahrungsreiche Flachwasserzonen auf, um Ruhe für die energieaufwendige Neubildung ihres Gefieders zu finden. Es ist daher nicht verwunderlich, daß sich in den Buchten eine »Mausertradition« für mehrere Arten herausgebildet hat. Die schilfumsäumten, aber dennoch weiten Buchten bieten dafür ideale Bedingungen. Während des Austausches ihres Federkleides ruhen in den Buchten deshalb Hunderte von Wasservögeln.

In der kalten Jahreszeit von September bis April besitzen die Naturschutzgebiete große Bedeutung als Durchzugs- und Überwinterungsplatz. Die Vögel nutzen die Flachwasserbereiche als Ruhezone und eventuell auch zur Nahrungsaufnahme, bevor sie auf ihrem Zug weiterfliegen. Dabei kann es vorkommen, daß sich während der Monate Oktober und November bis über 10 000 Tiere im Gebiet versammeln. Die beiden Buchten beherbergen damit einen erheblichen Teil der Zugvogelpopulation des Bodensees. Nach langjährigen Beobachtungen setzen sich die großen Schwärme aus bis zu 25 Schwimmvogel- und mehr als zehn Watvogelarten zusammen. Gemessen an ihrer Zahl sind die Reiher-, Schnatter-, Tafel-, Kolbenenten und Bläßhühner die wichtigsten durchziehenden Wasservogelarten, daneben finden sich aber auch ausgesprochen seltene Arten wie Gänsesäger, Alpenstrandläufer und Bekassine. Den flachsten Uferbereichen der im Winterniedrigwasser trockenfallenden Buchten kommt eine besondere Bedeutung zu; hier können vor allem die Watvögel nach Nahrung suchen. Gerade im Winter reagieren die Durchzügler empfindlich auf Störungen, was sich in einer erhöhten Fluchtdistanz äußert: Erscheint beispielsweise ein Mensch in Sichtweite der Tiere, fliegt der gesamte Schwarm auf, dreht vielleicht eine Runde über dem Wasser und verläßt dann das Gebiet. Daher ist es auch im Winter wichtig, die Buchten frei von unnötigen Beeinträchtigungen zu halten.

Vor der Front des Uferröhrichts wachsen im schlammigen Untergrund des knietiefen Wassers hochwüchsige Kräuter wie Gift-Hahnenfuß (*Ranunculus sceleratus*), Wald-Schaumkraut (*Cardamine flexuosa*) und Gauchheil-Ehrenpreis (*Veronica anagallis-aquatica*). Diese z.T. einjährigen Ufer-Pionierpflanzen sind an die Wasserstandsdynamik des Sees gut angepaßt: Da sie auf überschwemmtem Grund nur schlecht keimen können, bleiben sie nach einem nassen Winter mit vergleichsweise hohem Seepegel aus. In einem »trockenen« Frühling, wenn der Schlammboden nicht überschwemmt ist, keimen sie und entwickeln sich prächtig. Selbst eine spätere Überstauung kann den ausgewachsenen Pflanzen nicht viel anhaben kann.

Hinter dem Schilfgürtel, der die überflutete Zone landseits begrenzt, schließen sich strukturreiche Gehölze aus Schwarz-Erle, Bruch-Weiden und Esche an – Reste des natürlichen Silberweiden-Schwarzpappel-Uferauewaldes. Vor allem im Uferabschnitt der Oberen Güll ist der Ufervegetationskomplex aus Auwald und Röhricht so gut wie sonst selten am Bodensee ausgebildet. Als dominierende Art prägt die Silber-Weide diese vernäßten Bereiche. Größere Landflächen der Unteren Güll nehmen gedüngte Wiesen ein: Auf trockeneren Standorten kommen Glatthaferwiesen vor, an frischeren Stellen gedeihen Kohldistelwiesen, in kleinflächig quelligen Geländemulden wachsen Bestände mit der Stumpfblütigen Binse (*Juncus subnodulosus*).

Am Ufer der Oberen Güll bestand früher ein Campingplatz; bei seiner Renaturierung wurden kleinere Teiche angelegt. Hier ist die Vegetationsentwicklung noch in vollem Gange. Röhrichte, Hochstaudenfluren, Binsen-Bestände und aufkommende Gehölze befinden sich in einer lebhaften Sukzession, Jahr für Jahr verändert sich die Situation. An Quellaustritten gibt es Kalksümpfe mit Kleinseggen und Zwergbinsen; in der offenen Vegetation halten sich floristische Besonderheiten wie Erdbeer-Klee (*Trifolium fragiferum*), Kleines Tausendgüldenkraut (*Centaurium minus*) und Schwarze Kopfbinse (*Schoenus nigricans*). Diese Biotope sind der bevorzugte Lebensraum zweier seltener Heuschrecken, der sehr seltenen Sumpfgrille (*Pteronemobius heydenii*, nur wenige Funde in Baden-Württemberg!) und der Maulwurfsgrille (*Gryllotalpa gryllotalpa*).

Seit der Ausweisung der beiden Naturschutzgebiete sind die Buchten weitgehend vom Bootsverkehr befreit. Nachdem sich in der seit 1991 geschützten Unteren Güll die Zahl der Vögel erfreulicherweise stark erhöht hat, erhofft man durch die Beruhigung der Oberen Güll eine ähnliche positive Entwicklung. Es wurden jedoch nicht alle Störungen aus der zuletzt geschützten Bucht verbannt; die Universität Konstanz wird weiterhin den »äußeren« Teil der Oberen Güll zur Ruderausbildung ihrer Sportstudenten in den Sommermonaten nutzen, wenn auch der besonders sensible, ufernahe Abschnitt der Flachwasserzone für den gesamten Bootsverkehr ganzjährig gesperrt bleibt.

Obere und Untere Güll bilden eine ökologische Einheit, auch wenn sie durch Damm und Brücke zur Insel Mainau voneinander getrennt sind. Als größte Flachwasserbuchten des Überlinger Sees sind sie als Brutrevier sowie als Ruhe und Rastplätze für die zahlreichen Zugvögel unverzichtbar. Wegen der Populationsgröße der hier lebenden und auch auf dem Zug rastenden Vögeln sind die zwei Buchten aus ornithologischer Sicht von landesweiter Bedeutung. Nur ein konsequenter Schutz, der auch in die Freizeitaktivitäten der Bevölkerung eingreift und Ruhezonen für die gefährdeten Tierarten schafft, wird auch in Zukunft die ökologische Qualität beider Naturschutzgebiete sichern. *P. Lutz*

Bohlinger Aachried

Landkreis: Konstanz
Gemeinde: Stadt Singen
Gemarkung: Bohlingen
Naturraum: Hegau
Geschützt seit 1981
Größe: 22 Hektar
Top. Karte: 8219 Singen

Das 22 ha große Naturschutzgebiet »Bohlinger Aachried« liegt in der Flußniederung der Radolfzeller Aach zwischen Worblingen und Bohlingen auf 400 bis 420 m ü. NN. Auch die Wasserfläche der Aach liegt innerhalb der Schutzgebietsgrenzen. Fast den gesamten ebenen Bereich im Talboden nehmen stark grundwasserbeeinflußte Schilfbereiche, Großseggenriede, Pfeifengras-Wiesen und Feuchtwiesen ein. Ehemals wurde ein großer Teil dieser Flächen zur Streugewinnung genutzt. Heute liegen viele Flächen brach, werden jedoch seit 15 Jahren von Landwirten im Auftrag der Naturschutzverwaltung gepflegt. Der Untergrund des Rieds wird von würmeiszeitlichen Beckentonen gebildet, die im Bodensee-Untersee abgelagert wurden, der während der Eiszeit noch bis hierher reichte. Darüber folgen Tallehme und eine rund 80 cm mächtige Schicht schlickigen Seggentorfes, der stellenweise mit Lehm- und Tonschichten durchmischt ist.

Fast regelmäßig werden die tiefgelegenen Teile des Bohlinger Aachrieds überschwemmt, meist im Frühjahr sowie nach starken Regenfällen. Ursachen dafür sind das geringe Gefälle der Aach und eine Wehranlage im östlichen Teil des Schutzgebiets, die den Aachlauf anstaut und den Hauptteil der Abflußmenge über einen Triebwerkskanal zu einem kleinen Wasserkraftwerk in Bohlingen leitet. Die Wasserzügigkeit der Hangbereiche nördlich der Talaue sind auf kalkreiche Quellaustritte zurückzuführen.

Die Radolfzeller oder auch Hegauer Aach besitzt einen relativ hohen Nährstoffgehalt, den sie bereits an ihrer Quelle, dem Aachtopf, mitbringt. Die Nährstoffe stammen aus dem Donauwasser, das bei den Versinkungsstellen von Fridingen und Immendingen im verkarsteten Juragestein der Alb versickert und beim

113 Im NSG »Bohlinger Aachried« wechseln sich gemähte Feuchtwiesen mit Hochstaudenfluren und Gebüschzonen ab.

Städtchen Aach wieder zutage tritt. Die Wasserpflanzengesellschaft des Flutenden Hahnenfußes (*Ranunculus fluitans*) mit seinen charakteristischen weißen Blüten an der Wasseroberfläche bringt es bei diesen Nährstoffverhältnissen zu einer hohen Stoffproduktion – die Aach verkrautet im Sommer. Auf das mit Röhricht bestandene Aachufer folgt ein höchst abwechslungsreiches Mosaik von feuchten Wirtschaftswiesen, Streuwiesen und Brachflächen. Besonders auf den Streuwiesen sind je nach Feuchtigkeitsstufe des Standortes unterschiedliche Pflanzenbestände ausgebildet. Für das Auge sehr ansprechend sind vor allem die Streuwiesen, in denen die blaue Sibirische Schwertlilie (*Iris sibirica*) in großer Zahl auftritt, stellenweise sogar mit den gelben Farbtupfern der Gelben Sumpfschwertlilie (*Iris pseudacorus*) durchsetzt. Oftmals treten auch weitere Hochstauden wie Wiesen-Baldrian (*Valeriana pratensis*), Färberscharte (*Serratula tinctoria*), Teufelsabbiß (*Succisa pratensis*), Mädesüß (*Filipendula ulmaria*), Blutweiderich (*Lythrum salicaria*) und viele andere hinzu. In den z.T. stark verschilften, kalkreichen Hangquellmooren im Nordteil des Schutzgebiets treten ebenfalls eine ganze Reihe von gefährdeten Feuchtgebietspflanzen auf, neben der Sibirischen Schwertlilie u.a. Breitblättriges Knabenkraut (*Dactylorhiza majalis*) und Davall-Segge (*Carex davalliana*).

Durch den Wechsel und die Verzahnung verschiedener Pflanzengesellschaften auf engem Raum bietet das »Bohlinger Aachried« Brut- und Nahrungsraum für viele Vogelarten, die an Feuchtgebiete gebunden sind. So sind die Aach und die Riedgräben mit ihrer Pflanzenwelt Brutgebiet für Stockente, Teichhuhn und Bläßhuhn. Zu regelmäßigen Gästen gehören auch der Graureiher, der Eisvogel und das Blaukehlchen. In den anschließenden Röhrichtbeständen brüten Teichrohrsänger, Sumpfrohrsänger, die Rohrammer und zahlreiche Kleinvögel. In feuchteren Streuwiesenbereichen brütet gelegentlich die Bekassine, bis vor wenigen Jahren waren auch Kiebitz, Braunkehlchen und Grauammer hier Brutvögel.

Aufgrund der hohen Wasser- und Nährstoffverfügbarkeit sind durch langjähriges Brachliegen aus den früher großflächig verbreiteten Kohldistelwiesen und mageren Streuwiesen sehr üppige Hochstaudenfluren und Großseggenriede hervorgegangen. Da kein Nährstoffentzug mehr erfolgt, sind diese Wiesen in den letzten Jahren größtenteils an Arten verarmt. Manche seltene Pflanzen, die z.B. noch vor 20 Jahren in vegetationskundlichen Gutachten aufgeführt wurden, sind heute nicht mehr auffindbar. Der Pflege- und Entwicklungsplan der Bezirksstelle für Naturschutz und Landschaftspflege für das Naturschutzgebiet »Bohlinger Aachried« von 1995 sieht daher vor, die Wiesen schon ab Juli zu mähen, um einen stärkeren Austrag an Biomasse und damit Nährstoffen zu erreichen. Auf rund sechs Hektar werden die Streuwiesen ab Spätsommer von Landwirten gemäht, sofern es die Witterungs- und Bodenverhältnisse zulassen.

E. Stegmaier

Bruckried

Landkreis: Konstanz
Gemeinde: Mühlhausen-Ehingen
Gemarkung: Mühlhausen-Ehingen
Naturraum: Hegau
Geschützt seit 1978
Größe: 17, 5 ha
Top. Karten: 8118 Engen, 8119 Eigeltingen

Fährt man die Autobahn A 81 Richtung Singen, so fällt der Blick auf der Höhe Mühlhausen-Ehingen nicht nur auf die nahen markanten Vulkankegel des Hegau, sondern auch auf einen kleinen Autobahnrastplatz mit dem Namen »Bruckried«. Genau hier durchschneidet die Autobahn eine bis zu 200 m breite Rinne und zertrennt ein ehemals zusammenhängendes Niedermoorgebiet, das diesen Namen trägt. Während der östliche Teil des Moores als flächenhaftes Naturdenkmal ausgewiesen ist, ist der westliche, größere Teil seit 1978 Naturschutzgebiet.

Das Bruckried ist eines der vielen Zeugnisse der letzten Eiszeit im Hegau, als der von den Alpen kommende mächtige Rheingletscher weit in die Niederung vordrang und nach dem Rückzug zahlreiche, heute noch sichtbare Spuren hinterließ. Parallel zum Eisrand verlaufende Schmelzwässer formten hier ein sogenanntes »Eisrandtal«, eine langgezogene, tiefe Rinne. Durch den Aufstau des neu gebildeten Grabens kam es zur Bildung eines Sees, der in der Nacheiszeit vollständig verlandete. Im Verlauf des viele tausend Jahre dauernden Verlandungsprozesses entstanden teilweise mehrere Meter mächtige Torfschichten mit Einlagerungen von weißgrauen, weichen Kalken, auch »Seekreide« genannt. Wie in den meisten unserer Moore wurde auch im Bruckried noch bis zur Mitte dieses Jahrhunderts Torf zur Energiegewinnung abgebaut. Dadurch wurde die ursprüngliche Vegetation des Riedes weitgehend zerstört. Bedingt durch den unterschiedlichen Grad der Abtorfung entstand im Laufe der Zeit ein vielfältiges Mosaik verschiedener Pflanzengesellschaften mit Vorkommen zahlreicher seltener Arten.

Grob lassen sich drei Bereiche mit unterschiedlichen Vegetationskomplexen unterscheiden: Entlang der nördlichen Rinnenböschung und Torfabbaukante wechseln sich Halbtrockenrasen mit Feldgehölzen aus Eiche und Kiefer sowie artenreiche Gebüsche ab. Das westliche Drittel wurde noch vor der Schutzgebietsausweisung auf partiell entwässerten Moorböden mit Kiefern und Grauerlen aufgeforstet, wohingegen im Zentrum und Ostteil des Riedes verschiedene, ehemals als Streuwiesen genutzte Flachmoorgesellschaften vorherrschen.

Die Kalkflachmoor-Gesellschaften machen aus vegetationskundlicher Sicht den besonderen Wert des Naturschutzgebietes aus. In den sehr nassen Bereichen im Moorzentrum verzahnen sich verschiedene Ausbildungen der Knotenbinsen- und Pfeifengraswiese, die sehr artenreich sind und einige floristische Besonderheiten aufweisen. Neben der namengebenden Knoten-Binse (*Juncus subnodulosus*), die nur noch im westlichen Bodenseegebiet häufiger anzutreffen ist, zählen hierzu u.a. die Mehlprimel (*Primula farinosa*), der teilweise

114 Winteraspekt einer Streuwiese im NSG »Bruckried«.

bestandsbildende Fieberklee (*Menyanthes trifoliata*), das Spatelblättrige Greiskraut (*Senecio helenitis*) sowie die Orchideen Sumpf-Stendelwurz (*Epipactis palustris*), Fleischrotes Knabenkraut (*Dactylorhiza incarnata*) und der sehr seltene Glanzstendel (*Liparis loeselii*). Diese Wiesen werden heute wieder regelmäßig von Landwirten und dem Bund für Umwelt und Naturschutz (BUND), der vertraglich geregelt Betreuungsaufgaben im Gebiet übernimmt, nach Vorgaben des Naturschutzes gemäht. Nur über diese Pflege kann ihr Erhalt dauerhaft sichergestellt werden.

An diese zentralen Bereiche anschließend und entlang des Schwefelgrabens, der das Gebiet am Südrand durchfließt, vermitteln z. T. stark verbuschte Hochstauden- oder Schilfflächen zu den Faulbaumgebüschen und Gebüschen der trockeneren Standorte. Für viele im Bruckried vorkommende Vögel bieten diese Strukturen wichtige Lebensräume. Feldschwirl, Wasserralle, Rohrammer sowie Teich- und Sumpfrohrsänger halten sich vornehmlich in den Hochstauden- und Schilfflächen auf; Dorngrasmücke, Neuntöter oder Baumpieper sind dagegen auf die Gebüsche und Feldgehölze angewiesen. Von den offenen Wassserflächen des Schwefelgrabens profitieren zudem zahlreiche Libellen und Amphibien. *P. Jehle*

115 Das Fleischrote Knabenkraut (*Dactylorhiza incarnata*) ist im Gebiet in den Niedermoorwiesen noch häufig anzutreffen. Das Bild zeigt eine helle Variante.

Naturraum Bodanrück

Der Bodanrück stellt eine 22 km lange und 5 bis 7 km breite Halbinsel im Westteil des Bodensees dar, die durch ein sehr kleinteiliges und abwechslungsreiches Landschaftsmosaik gekennzeichnet ist. Dazu gilt der Bodanrück als geschichtsträchtig. Er bietet eine reiche Fülle historischer Schauplätze, darunter besonders die namengebende, am westlichen Ende des Überlinger Sees gelegene, einstige karolingische Königspfalz Bodman.

Von den Ufern des Überlinger Sees im Norden und dem Untersee im Süden steigt das »Bodanrück-Hügelland« von rund 395 m auf aussichtsreiche Höhen von rund 670 m ü. NN an, die oft den Blick auf die beiden Seeteile freigeben.

Der Bodanrück stellt eine typische Jungmoränenlandschaft (vgl. Beitrag von GENSER, S. 47) dar, die ihre endgültige Prägung erfuhr, als Eismassen des Rheingletschers in der Würmeiszeit zum letzten Mal den »Landschaftsrohling« bearbeiteten. Die Bildung von sogenannten »Drumlins« setzte ganz besondere, auch heute noch sichtbare, landschaftliche Akzente auf dem Bodanrück. Diese ovalen Hügel wurden während der Hauptphase der Würmvereisung unter dem strömenden Gletschereis geformt. Dabei gibt die Längsrichtung der Drumlins die Strömungsrichtung des Eises an (auf dem Bodanrück von Ost nach West).

Beim Abschmelzen des Eises wurden die Rinnen zwischen den Drumlins noch vertieft und die Hügelformen verstärkt. Oft entstanden abflußlose Senken, in denen sich zunächst noch Toteisreste hielten, die erst allmählich abschmolzen. Damit waren die Voraussetzungen geschaffen, daß zahlreiche, bis zu zehn Meter tiefe Seen entstehen konnten, die mit Wasser aus dem noch kalkreichen, frischen Moränenmaterial gespeist wurden. Mit wärmer werdendem Klima setzten Verlandungsprozesse ein, die je nach morphologischen, hydrologischen und standörtlichen Gegebenheiten zu unterschiedlichen Vegetationsformen führten.

Oftmals blieb die Verlandungsreihe bereits bei Niedermooren unterschiedlichster Prägung stehen, teilweise bildeten sich aber auch Übergangs- und Hochmoorstadien. Von vier echten Hochmooren »lebt« nur noch das »Winterried«. Hochmoor-Ansätze sind im »Durchenbergried« vorhanden. Ansonsten ist die Hochmoorflora zerstört und die Hochmoortorfe sind vollständig oder bis auf geringe Reste abgebaut (siehe GÖTTLICH 1972).

Auch fast alle anderen Bodanrück-Moore sind in ihrem heutigen Erscheinungsbild durch kleinbäuerliche Torfstiche geprägt. Ebenso ist für fast alle Moore eine ehemalige Streunutzung zu vermuten. Die verschiedenen menschlichen Einflüsse haben dazu geführt, daß heute 72 Prozent (300) der ursprünglich 416 Moore im westlichen Bodenseegebiet zerstört und nur noch 9 Prozent oder 36 Moore in einem guten bis sehr guten Zustand sind (nach Grüttner 1990).

Die Pflanzen- und Tiergemeinschaften des Bodanrücks sind durch eine lange Entwicklungsgeschichte seit der Eiszeit geprägt. Die Nähe zu den Alpen führte dazu, daß auf dem Bodanrück heute noch einige alpin-präalpine Pflanzen- und Tierarten leben. Dazu gehört z. B. die Mehlprimel (*Primula farinosa*), die im Frühjahr in den Streuwiesen zartrosa erblüht. Der Schwalbenwurz-Enzian (*Gentiana asclepiadea*) gibt ihnen dagegen im Herbst blaue Blütentupfer.

Die Moore des Bodanrücks mit ihrem wertvollen Arteninventar sind auch in Zukunft einer schleichenden Gefährdung ausgesetzt, z.B. durch Entwässerung, Intensivierung der landwirtschaftlichen Nutzung, Überbauung, Aufforstung oder Freizeitaktivitäten. Die konsequente Schutzgebietspolitik, die bereits seit Jahren die folgenden dreizehn Moor- und Feuchtgebiete auf dem Bodanrück als Naturschutzgebiete gesichert sowie weitere Gebiete als flächenhafte Naturdenkmale ausgewiesen hat, wird von der Naturschutzverwaltung auch die nächsten Jahre fortgesetzt. Neben dem bereits erwähnten Winterried und dem Durchenbergried zählen folgende Naturschutzgebiete zu den Bodanrück-Mooren: Buchenseen, Bündtlisried, Bussenried, Bussensee, Dingelsdorfer Ried, Fischerweihermoor, Hagstaffelweiher, Mindelsee, Mooswiese, Mühlhaldenweiher und Nägelried. Auch das Naturschutzgebiet »Ober Öschle« liegt auf dem Bodanrück, weist aber keine Feuchtgebietsstrukturen auf.

Buchenseen

Landkreis: Konstanz
Gemeinde: Radolfzell
Gemarkung: Güttingen
Naturraum: Bodenseebecken
Geschützt seit 1939
Größe: 11,5 Hektar
Top. Karte: 8219 Singen

Die Buchenseen liegen rund 3,5 km nördlich des Stadtzentrums von Radolfzell und etwa einen Kilometer südwestlich der Ortschaft Güttingen. Das Naturschutzgebiet umfaßt zwei Seen, die aus Toteislöchern der letzten Eiszeit (Würmeiszeit) entstanden sind. Diese bildeten ursprünglich eine zusammenhängende Wasserfläche, die allerdings durch Verlandungsprozesse allmählich geteilt wurde. Der im Norden liegende dritte See gehört wohl zu demselben Komplex, liegt aber nicht im Naturschutzgebiet und wird als Badesee genutzt.

Betrachtet man die Seen aus der Vogelperspektive, so fällt sofort ihre unterschiedliche Wasserfärbung auf. Während der nordwestliche und der mittlere See milchig-grün sind, ist die Wasserfläche des südöstlichen Sees schwarzbraun. Dies weist auf Unterschiede bei der Wassertiefe und beim Wasserchemismus hin. Die beiden hell gefärbten Seen erreichen Tiefen von bis zu zwölf Metern und haben sehr steil einfallende Ufer. Der südliche und dunkle See befindet sich bereits in einem starken Verlandungsprozeß. Er mißt an der tiefsten Stelle 2,5 m und erhält einen kleinen Zufluß vom mittleren See. Aufgrund der geringen Tiefe bedecken Seerosengruppen die gesamte Wasserfläche.

Die Buchenseen weisen eine sehr hohe Vielfalt naturnaher Lebensräume mit seltenen

116 Die Buchenseen entstanden als »Toteislöcher« am Ende der letzten Eiszeit.

Lebensgemeinschaften auf. Zu nennen ist hier insbesondere die Abfolge von den Verlandungszonen über die Ufervegetation mit fragmentarisch ausgebildetem Schneidbinsenried und Fadenseggenried (am südöstlichen See), bis hin zu teilweise verbuschten Pfeifengras- und Kohldistelwiesen (am nordwestlichen See). Sowohl im Naturschutzgebiet als auch auf den angrenzenden Flächen sind Übergänge von artenreichen Feuchtwiesen hin zu Halbtrockenrasen, aber auch dichte Schlehen-Liguster-Gebüsche mit verschiedensten Vegetationseinheiten ausgebildet. Von früheren Kartierungen her weiß man, daß sich die Gebüsche in den letzten Jahrzehnten stark ausgebreitet haben. Nach Nutzungsaufgabe eroberten sie vorwiegend die ehemals ausgedehnten Kohldistelwiesen, was den Verlust von Offenlandbiotopen mit ihren entsprechenden Pflanzen- und Tiergemeinschaften bedeutet.

Neben der starken Gehölzausdehnung gefährdet aber auch der intensive Besucherandrang am nördlichen See die Pflanzen und Tiere des Naturschutzgebiets. An warmen Sommertagen erfrischen sich Hunderte von Badegästen im See und lagern auf den angrenzenden Wiesenflächen. Nicht nur der Weißstorch, der hier öfter auf Nahrungssuche geht, wird hierdurch gestört.

Will man sich dem Zustand, wie er zum Zeitpunkt der Ausweisung des Naturschutzgebiets herrschte, wieder annähern, so sind dringend Maßnahmen zur Besucherlenkung, zur Entbuschung sowie zur Extensivierung der umgebenden landwirtschaftlichen Flächen erforderlich. Vieles wird jedoch nicht mehr rückgängig zu machen sein, insbesondere auch die dichte Umklammerung des Seengebiets durch den vierspurigen Bau der Bundesstraße 33 im Süden und durch die viel befahrene B 34 im Osten. Die Zustände, wie sie in der Bodensee-Rundschau vom 29.3.1939, Folge 75, anläßlich der Ausweisung des Naturschutzgebiets beschrieben werden, können daher nicht mehr erreicht werden: «Ein Stück Heimat bleibt uns erhalten .... vor wenigen Tagen sind die Buchenseen, im Volksmund »Güttinger Seen« genannt, unter Naturschutz gestellt worden ... wandert man von Radolfzell nach Güttingen, so überrascht uns ... plötzlich ein Ausblick auf ein langgedehntes Moor, das sich zwischen Waldrand und Hügeln hinzieht. Wie leuchtende Augen glitzern drei Seen in ihm, von Schilfdickicht umrahmt, und weithin grüßt die Homburg herab, die sich in ihnen spiegelt ... Seerosen, Wasserlilien, Schilf, blauschillernde Wasserjungfern und eine Unmenge grün befrackter Frösche, das sind die malerischen Belebungen der Seen. Begibt man sich in die Nähe des Gewässers, so hat man das sonderbare Gefühl, auf einem schwimmenden Teppich zu gehen. Es ist das sogenannte Schwingmoor ...«.

J. Faisst, E. Stegmaier

Bündtlisried

Landkreis: Konstanz
Gemeinde: Allensbach
Gemarkung: Allensbach
Naturraum: Bodenseebecken
Geschützt seit 1986
Größe: 15 Hektar
Top. Karte: 8220 Überlingen West

Das 15 ha große »Bündtlisried« liegt etwa drei Kilometer nordwestlich von Allensbach auf rund 435 m ü. NN. Das Ried entstand als ein typisches Verlandungsmoor zwischen Drumlins der Bodanrück-Landschaft. Ein kleiner Abfluß entwässert heute nach Osten in das naheliegende Naturschutzgebiet »Fischerweihermoor« – eine typische Erscheinung für den Bodanrück, wo zahlreiche Moore über kleine Fließgewässer in hydrologischer Verbindung stehen.

Besonders beeindruckend sind im Bündtlisried die großen freien Wasserflächen, die durch den Torfabbau im 19. Jahrhundert entstanden. Sie sind besonders deutlich auch aus der Vogelperspektive zu erkennen. Große Flächen dieser Torfstiche sind heute mit der Weißen Seerose (*Nymphaea alba*) bedeckt, die noch verschiedene pflanzliche Begleitarten besitzt. Als Verlandungsgesellschaften treten die Schneidgrasgesellschaft, das Steifseggenried und im Bündtlisried als Besonderheit das Schnabelseggenried auf. Es ist in den alten Torfstichen als Schwingrasen-Gesellschaft ausgebildet. Weitere Seggengesellschaften werden von den dominierenden Sauergräsern wie Wunder-Segge (*Carex appropinquata*) oder Draht-Segge (*Carex diandra*) gebildet. Das Vorkommen des Fadenseggenrieds als charakteristische Zwischenmoorgesellschaft im westlichen Bodenseeraum deutet darauf hin, daß die Verlandungsreihe vom Niedermoor zum Hochmoor bereits beim Übergangsmoor angekommen ist. Die weitere Entwicklung zu Hochmoorgesellschaften ist allerdings in absehbarer Zeit nicht zu erwarten, da konkrete Voraussetzungen für ein Hochmoorwachstum nicht gegeben sind. Zum einen sind die Niederschläge zu gering und die Jahresmitteltemperatur ist zu hoch, andererseits ist der Einfluß des Mineralbodenwassers noch zu stark (vgl. Beitrag zur Vegetation von WILMANNS).

Die Torfstiche und ihre Verlandungsbereiche werden größtenteils von großflächigen Schilfbeständen gesäumt. Nach außen hin folgen dann Pfeifen- und Kohldistelwiesen. Ertragreichere Wiesen werden auch noch von Landwirten gemäht, meist bestehen Extensivierungsverträge mit der Naturschutzverwaltung.

Besonders charakteristisch für das Bündtlisried ist das große Spektrum an unterschiedlichen Biotoptypen. Sie besitzen einen großen Feuchtegradient von der offenen Wasserfläche bis zu Grünlandgesellschaften auf mineralischem Boden. Entsprechend groß ist die Vielzahl teilweise sehr seltener Tier- und Pflanzenarten. Neben den verschiedenen Seggenarten sind aus der Pflanzenwelt insbesondere Arten wie das Schwarze Kopfried (*Schoenus nigricans*), das Herzblatt (*Parnassia palustris*), Orchideen wie die Mücken-Handwurz (*Gymnadenia conopsea*), das Fleischrote Knabenkraut (*Dactylorhiza incarnata*) oder auch das Fuchs' Knabenkraut (*Dactylorhiza fuchsii*) und die Sumpf-Stendelwurz (*Epipactis palustris*) zu nennen. Weiterhin erwähnenswert sind der Schwalbenwurz-Enzian (*Gentiana asclepiadea*), das Breitblättriges Wollgras (*Eriophorum latifolium*), der Fieberklee (*Menyanthes trifo-

117 Die heute noch großen Wasserflächen des NSG »Bündtlisried« entstanden aus Torfstichen des 13. Jahrhunderts.

liata) und der Echte und der Mittlere Wasserschlauch (*Utricularia vulgaris* und *U. intermedia*). Dies sind alles Arten der Roten Liste der gefährdeten Pflanzenarten Baden-Württembergs.

Da das Bündtlisried ein ausgedehntes Binnenried darstellt und relativ abgeschieden liegt, finden auch Vogelarten hier einen Lebensraum. Als Brutvogelarten sind Zwergtaucher, Kolben- und Reiherente sowie Lachmöwen und Teichrohrsänger zu nennen. Als Gastvögel werden immer wieder Zwergsäger, Baumfalke und Rohrweihe beobachtet, ganz abgesehen von Kleinvogelarten wie Fitis, Feldschwirl oder Teichrohrsänger. Die großen Wasserflächen stellen verständlicherweise ideale Laichplätze und Nahrungsräume für Amphibien dar. So trifft man auf Erdkröte, Laubfrosch, Grasfrosch, Wasserfrosch und Springfrosch. Groß ist auch das Artenspektrum bei den Libellen, Heuschrecken und den Schmetterlingen – hier ist der Schwalbenschwanz (*Papilio machaon*) zu nennen.

In den letzten Jahren wurden kleinere Pflegemaßnahmen im Naturschutzgebiet durchgeführt, vor allem mußten die Gehölzbestände zurückgedrängt werden. Das Gebiet betreut der Naturschutzbund (NABU) im Auftrag des Regierungspräsidiums Freiburg.

Besucherhinweis: Nordöstlich und südlich führen gut ausgebaute Forstwege am Rande des Bündtlisrieds vorbei. Von hier aus sind immer wieder sehr eindrucksvolle Blicke in das Naturschutzgebiet möglich. Das Betreten, vor allem der nassen Flächen, ist nicht anzuraten. Die Torfstiche sind z.T. mehrere Meter tief.

E. Stegmaier

Bussenried

Landkreis: Konstanz
Gemeinde: Allensbach
Gemarkung: Hegne
Naturraum: Bodenseebecken
Geschützt seit 1984
Größe: 10,5 Hektar
Top. Karte: 8220 Überlingen West

Bereits im Jahre 1957 waren sich Behördenvertreter der Landwirtschaft-, Forst- und Naturschutzverwaltung einig, das »Bussenried zwischen Dettingen und Hegne auf rund 440 m ü. NN unter Naturschutz zu stellen. Die damalige Beurteilung lautete: »Die Hochmoor-Torflager sind abgebaut, jedoch haben kleine Torfmoospolster sich wieder auszubreiten begonnen. Wasserschlaucharten, Schnabelried, ..., Alpenwollgras, Kriech-Weide, Sonnentau und wohl noch andere Hochmoorpflanzen dürften erhalten sein. Damit ist dieses Moor eines der wenigen noch erhaltenen, hochinteressanten kleinen Hochmoore zwischen den Drumlins des Bodanrück, die sonst alle mehr oder weniger durch Trockenlegung und Torfstiche vernichtet sind.« Trotz dieser Sachlage kam das Unterschutzstellungsverfahren erst Anfang der 80er Jahre wieder in Gange. Mit einer Fläche von 10,5 ha wurde das »Bussenried« im Jahre 1984 als Naturschutzgebiet ausgewiesen. Auch dieses Bodanrückmoor entstand durch Verlandung aus einem nacheiszeitlichen See. Die Mächtigkeit der Torfschichten beträgt in der Mitte des Moorkörpers rund sieben Meter.

Selbst wenn die botanischen Kostbarkeiten aus den 50er Jahren, und hier insbesondere die »Hochmoor-Arten«, heute im Gebiet nicht mehr vorkommen, so liegt doch aufgrund der standörtlichen Vielfalt (Grundwasserstand, Bodentypen, Torfabbau, Wiesenbewirtschaftung) im »Bussenried« ein reich strukturiertes Mosaik verschiedener Vegetationseinheiten vor. Spuren der ehemaligen Torfstiche sind heute die kleinen Wasserflächen, in denen vereinzelt der Kleine Wasserschlauch (*Utricularia minor*) vorkommt. Im Endstadium der Verlandung haben sich, wie so oft in den Bodanrück-Mooren, die Schneidgrasgesellschaft, das Steifseggen-, Rispenseggen- und Fadenseggenried ausgebildet. Eng verzahnt mit dem Fadenseggenried als Zwischenmoorgesellschaft hat sich im Bussenried ein Waldkiefern-Moorwald entwickelt, der wahrscheinlich die Endstufe der in dieser Region möglichen Moorentwicklung darstellt. Als sehr artenreiche und gefährdete Grünlandgesellschaft findet man im Bereich von Kalkquellen die Kalkbinsenwiese, mit typischen Arten wie Ge-wöhnlichem Fettkraut (*Pinguicula vulgaris*), Rostroter und Schwarzer Kopfbinse (*Schoenus ferrugineus* und *S. nigricans*). Diese geht in die Schwalbenwurz-Enzian-Pfeifengraswiese über, die zahlreichen Schmetterlingsarten als Nahrungs- und Fortpflanzungsbiotop dient. Hier wachsen Pflanzenarten wie das Nordische Labkraut (*Galium boreale*), der Färber-Ginster (*Genista tinctoria*), der Heilziest (*Stachys officinalis*) oder der Gewöhnliche Teufelsabbiß (*Succisa pratensis*).

Auf den trockeneren Randlagen der Senke sind verbreitet Kohldistelwiesen entwickelt, die je nach Feuchtegrad auch seggenreich oder verschilft sein können. Sie werden schwerpunktmäßig durch den das Gebiet betreuenden NABU gepflegt oder über Extensivierungsverträge von Landwirten noch genutzt. Besonders erwähnenswert für das Gebiet sind die zahlreichen Orchideenarten, in den Pfeifengraswiesen auch der Kanten- und der Wohlriechende Lauch (*Allium angulosum* und *suaveolens*). Fast unnötig zu sagen, daß diese Vielfalt an unterschiedlichen Pflanzenbeständen die besten Lebensbedingungen für die Tierwelt bieten. So sind u. a. zahlreiche Libellen- und Schmetterlingsarten nachgewiesen.

Lange Zeit befand sich allerdings das »Bussenried« in großer Gefahr. Es wird im Südteil von einer Starkstromleitung überspannt. Straßenplaner beabsichtigten, aus Bündelungsgründen entlang dieser Leitlinie die bodenseeferne Trasse der neu zu bauenden Bundesstraße 33 zwischen Allensbach und Konstanz zu führen. Erst vor kurzem haben sich die Planungsbehörden eindeutig und endgültig für den Ausbau der bestehenden B 33 im seenahen Bereich ausgesprochen. Gleichwohl gibt es in der Raumschaft noch viele Befürworter, die die Fortführung der »Bodensee-Autobahn« gerne im unberührten Hinterland des Bodanrücks gesehen hätten. *E. Stegmaier*

Bussensee

Landkreis: Konstanz
Gemeinde: Stadt Konstanz
Gemarkung: Litzelstetten
Naturraum: Bodenseebecken
Geschützt seit 1988
Größe: 13,5 Hektar
Top. Karte: 8220 Überlingen West

Bereits im Jahre 1984 beantragte die Arbeitsgemeinschaft Naturschutz Bodensee bei der Bezirksstelle für Naturschutz und Landschaftspflege Freiburg die Ausweisung des Gewannes »Bussensee« als Naturschutzgebiet. Als Schutzgründe wurden die floristische und faunistische Bedeutung des Gebiets und das unbedingt schutzwürdige Moorvorkommen genannt. Mit der Ausweisung im Jahre 1988 erhielt das rund 14 ha große Gebiet seinen förmlichen Schutz.

Das Naturschutzgebiet liegt in 470 m ü. NN etwa einen Kilometer westlich der Ortschaft Litzelstetten. Der Moorkörper hat sich in einer Senke zwischen Drumlins gebildet und ist auch heute noch gut erhalten. Er weist bis 8,5 m mächtige, torfige oder organische Ablagerungen auf mit der typischen Profilfolge von Seggen- und Schilftorfen an der Oberfläche, Torfmudde, Kalkmudde und Lebermudde in der Tiefe.

Das vielfältige Standort- und Vegetationsmosaik des Bussensees beruht auf den standörtlichen Unterschieden vor allem beim Feuchte- und Nährstoffhaushalt. Auch die starke Parzellierung der Grundstücke und damit die unterschiedlichen Nutzungsverhältnisse trugen hierzu bei. Ein Graben entwässert das Gebiet nach Westen hin zum Naturschutzgebiet »Mooswiese«. Im Zuge von früheren Entwässerungsmaßnahmen wurden hier Nadelholzforste angelegt, die großen Gebüschinseln haben sich nach Nutzungsaufgabe allein eingestellt. Weiter nach Osten hin, wo der Moorkörper mächtiger wird und früher Torf abgebaut wurde, sind noch kleine Reste von wassergefüllten Torfstichen vorhanden. Hier sind Schwimmblattgesellschaften mit der Weißen Seerose (*Nymphaea alba*), dem Quirlblütigen Tausendblatt (*Myriophyllum verticillatum*), mit

118 Der Bussensee mit seinen Riedbeständen liegt inmitten der bewaldeten Drumlins des Bodanrücks.

Armleuchteralgen (Characeae) und dem Echten Wasserschlauch (*Utricularia vulgaris*) ausgebildet. Auch der zentrale Entwässerungsgraben ist reich an Wasserpflanzen und beherbergt insbesondere den sehr seltenen Froschbiß (*Hydrocharis morsus-ranae*).

In den nassen, tiefer gelegenen Bereichen des Bussensees, die nicht bewirtschaftet werden, haben sich eine Reihe von Röhricht- und Großseggengesellschaften ausgebildet. Aus dem Verband der Großseggenriede, die im zentralen Teil des Moors wachsen, ist besonders das Rispenseggenried zu nennen, das mit seinen großen Horsten über weite Strecken den breiten Graben säumt. Vergleichbar schöne Ausbildungen gibt es sonst nirgendwo auf dem Bodanrück. Die Osthälfte des Bussensees wird teilweise noch extensiv landwirtschaftlich genutzt. Große Bereiche liegen allerdings auch brach. Hier wachsen Glatthaferwiesen und Hochstaudenfluren, die immer wieder von Gebüschflächen (Grau-Weiden, Faulbaum, Schneeball) durchdrungen werden.

Als herausragende Pflanzenarten sind im gesamten Moor die zahlreichen Seggen, Orchideenarten wie das Weiße Waldvögelein (*Cephalanthera damasonium*), das Fleischrote Knabenkraut (*Dactylorhiza incarnata*), der Glanzstendel (*Liparis loeselii*), die Mücken-Handwurz (*Gymnadenia conopsea*), weiter das Sumpf-Weidenröschen (*Epilobium palustre*), das Sumpf-Labkraut (*Galium palustre*) sowie das Blutauge (*Comarum palustre*) zu nennen. Auch die Gewöhnliche und die Graue Seebinse (*Schoenoplectus lacustris* und *S. tabernaemontani*) sowie der Mittlere und der Gemeine Wasserschlauch (*Utricularia vulgaris* und *U. intermedia*) sind erwähnenswert.

Durch die Vielzahl der verschiedenen Biotope stellt der Bussensee auch einen wertvollen Lebensraum für zahlreiche, teilweise sehr seltene Tierarten dar. Die ruhige Lage des Gebiets bietet Vogelarten wie dem Teichrohrsänger oder dem Neuntöter ungestörte Brutmöglichkeiten, auch der Baumfalke jagt regelmäßig hier. Das weist auf große Libellenvorkommen hin, denn die Hauptnahrung des Baumfalken besteht aus fliegenden Libellen. Auch für andere Insekten, Reptilien und Amphibien sind die Lebensbedingungen im »Bussensee« geradezu ideal. Neben verschiedenen Frosch- und Krötenarten sind insbesondere auch die drei Molcharten Kammolch, Bergmolch und Teichmolch im Gebiet zu finden.

Der durch die Bezirksstelle für Naturschutz und Landschaftspflege Freiburg erstellte Pflege- und Entwicklungsplan sieht Maßnahmen vor, um den Lebensraum der seltenen und geschützten Tiere und Pflanzen zu erhalten. Hierfür ist es erforderlich, im Ostteil des Riedes Grünlandbereiche durch Mahd offenzuhalten und im Westteil bereits verbuschte Bereiche wieder stärker zu öffnen. Hier sollte die Fläche vorzugsweise beweidet werden.

E. Stegmaier

Dingelsdorfer Ried

Landkreis: Konstanz
Gemeinde: Stadt Konstanz
Gemarkungen: Dettingen, Dingelsdorf
Naturraum: Bodenseebecken
Geschützt seit 1988
Größe: 25,1 Hektar
Top. Karte: 8220 Überlingen West

Das Dingelsdorfer Ried südöstlich von Dettingen stellt mit einer Fläche von rund 25 ha das größte zusammenhängende Riedgebiet auf dem östlichen Bodanrück dar. Es liegt auf 450 m ü. NN zwischen Drumlins.

In seinem Zentrum befinden sich große, künstlich aufgestaute Teiche, die das Gebiet besonders reizvoll machen, gerade auch für die Naherholung vor den Toren der Stadt Kon-

119 Seggenhorste bilden einen dichten Saum um die offenen Wasserflächen des NSG »Dingelsdorfer Ried«.

stanz. Die Wasserflächen und Uferbereiche weisen eine hohe Vielfalt von Tier- und Pflanzenarten auf.

Die freien Wasserflächen sind stellenweise dicht mit Arten der Seerosengesellschaft bewachsen, so z.B. mit Weißer Seerose (*Nymphaea alba*), Schwimmendem Laichkraut (*Potamogeton natans*), Quirlblättrigem Tausendblatt (*Myriophyllum spicatum*) und dem Teichschachtelhalm (*Equisetum fluviatile*). Vereinzelt findet man auch die seltene Wasserfeder (*Hottonia palustris*).

Der an die Wasserfläche anschließende Vegetationssaum wird von Zypernseggenröhricht eingenommen, das im Bodenseeraum sonst nur noch am Westufer des Mindelsees vorkommt, oder stellenweise auch vom Wunderseggenried besiedelt, das am Westlichen Bodensee nur noch sehr selten auftritt. Es ist sehr artenreich, vor allem an Sauergräsern wie der namengebenden und dominierenden Wunder-Segge (*Carex appropinquata*), der Steifsegge (*Carex elata*), Schnabel-Segge (*Carex rostrata*) und Sumpf-Segge (*Carex acutiformis*). Blutweiderich (*Lythrum salicaria*) und Gewöhnlicher Gelbweiderich (*Lysimachia vulgaris*) tragen u.a. zu einem bunten Hochstaudenaspekt bei.

Wo starke Wasserstandsschwankungen auftreten, haben sich Steifseggenriede ausgebildet, die im Dingelsdorfer Ried oftmals stark verschilft sind oder zu reinen Schilfröhrichten überleiten.

Das Drahtseggenried mit der seltenen Draht-Segge (*Carex diandra*) zeigt die beginnende Zwischenmoorbildung an. Es ist sehr empfindlich gegen Eutrophierung und daher in ganz Baden-Württemberg stark im Rückgang begriffen.

Im Bereich einzelner kalkreicher Quellaufschlüsse finden sich Kalkbinsenwiesen mit reichlich Knoten-Binse (*Juncus subnodulosus*), aus denen aber wegen fehlender Mahd verschiedene seltene Arten verschwunden sind.

Kleinflächig liegen auch Enzian-Pfeifengraswiesen brach. Sie sind von weit verbreiteten Wiesenpflanzen und Arten der Halbtrockenrasen wie Wiesen-Flockenblume (*Centaurea jacea*) und Zypressen-Wolfsmilch (*Euphorbia cyparissias*) durchsetzt und bieten zahlreichen Schmetterlingsarten ideale Nahrungs- und Eiablagemöglichkeiten.

Durch die Vielzahl an Biotopen aus Röhricht-, Flachmoor- und Gehölzbeständen, ist das Dingelsdorfer Ried auch aus ornithologischer Sicht das bedeutendste Feuchtgebiet des östlichen Bodanrücks. Das reichhaltige Nahrungsangebot und die störungsarmen Brutplätze ziehen als regelmäßige Brutvögel Krick-, Kolben- und Knäckente, sowie Wasserralle und Neuntöter an. Den stark gefährdeten Baumfalken kann man auf der Jagd nach Libellen beobachten. Auch für Arten, wie die vom Aussterben bedrohte Rohrdommel, das Tüpfelsumpfhuhn, die Bekassine und den Purpurreiher ist das Gebiet ein gerne aufgesuchter Nahrungs- und Rastplatz. Diese Vogelarten leben meist versteckt im Schilf und begeben sich erst bei Einbruch der Dämmerung auf Nahrungssuche.

An Amphibien und Reptilien sind Laubfrosch, Wechselkröte, See- und Teichfrosch nachgewiesen, die allesamt Arten der Roten Liste sind. Der Seefrosch ist mit einer Länge von bis zu 17 cm unser größter, in Europa heimischer Frosch.

Libellen wie z.B. die Gemeine Winterlibelle (*Sympecma fusca*), Hufeisen-Azurjungfer (*Coenagrion puella*), Große Königslibelle (*Anax imperator*) und Gefleckte Smaragdlibelle (*Somatochlora flavomaculata*) finden aufgrund der zahlreichen Wasserflächen gute Möglichkeiten zur Fortpflanzung.

Um diese Vielfalt zu erhalten, muß der Verbuschung und der Ausbreitung von Dominanzarten entgegengewirkt werden, wie z.B. Goldrute und Adlerfarn, die andere Arten verdrängen. Durch Pflegemahd und modellhafte Beweidungsprojekte werden diese Probleme derzeit von der Naturschutzverwaltung angegangen.

Auch der starke Besucherzustrom erfordert Maßnahmen, wenn der heutige Bestand an Arten gesichert werden soll. Dringend nötig ist ein Besucherlenkungs- und Informationskonzept, um bei Wanderern und Naherholungssuchenden den naturkundlichen Kenntnisstand und die Akzeptanz für Einschränkungen zu fördern.

J. Faisst, E. Stegmaier

Dohlen im Wald

Landkreis: Konstanz
Gemeinde: Mühlhausen-Ehingen
Gemarkung: Ehingen
Naturraum: Hegau
Geschützt seit 1985
Größe: 15 Hektar
Top. Karte: 8118 Engen

Die Entstehungsgeschichte mancher Naturschutzgebiete gleicht einem abenteuerlichen Ritt durch die Institutionen und endet manchmal sogar mit einem Happy-End. Die ehemalige Kiesgrube im Gewann »Dohlen« bietet ein gutes Beispiel für die verschlungenen Pfade bis zur Sicherung eines schützenswerten Gebietes.

In großen Teilen des in der Hegauniederung bei Mühlhausen-Ehingen liegenden ehemaligen Waldstücks war der Kiesabbau schon fast abgeschlossen, der darunter anstehende Jura-Kalk schon sichtbar, als 1980 die Schutzbemühungen begannen. Auf den fast vegetationsfreien Flächen hatte sich eine interessante Pionierflora eingestellt, in regelmäßig oder nur periodisch wasserführenden Gewässern waren bereits Amphibienarten wie Kreuzkröte, Gelbbauchunke und Laubfrosch zu beobachten. Seltenheiten wie Flußregenpfeifer und Heidelerche – die im Landkreis nur hier brütete – unterstrichen die Bedeutung des Gebiets für den Artenschutz. Doch die Bedrohung dieses »Paradieses« war allgegenwärtig. Mit Rekultivierungsmaßnahmen in Gestalt von Mutterbodenauftrag hatte man bereits begonnen und die Wiederaufforstung war ebenfalls Bestandteil der Auflagen zur Abbaugenehmigung. In intensiven Bemühungen wurde erreicht, daß weitere Auffüllungen unterblieben, der Abbau eingestellt und Aufforstungen für die sensiblen Bereiche zurückgenommen wurden. So konnten sowohl die Rohbodenflächen als auch die von Auffüllung bedrohten Toteislöcher erhalten werden.

Vier Toteislöcher weist das Naturschutzgebiet auf; sie sind späteiszeitlich entstanden und nacheiszeitlich verlandet. Die Vegetation besteht größtenteils aus Faden- und Steifseggenrieden. Nach den trockenen Sommern in der ersten Hälfte der 90er Jahre kam es in einigen dieser Toteislöcher zur Degradation der Moorvegetation. Inzwischen haben sich insbesondere die Steifseggenbulte wieder erholt, so daß der weiteren Entwicklung optimistischer entgegengesehen werden kann.

Auch auf den Abbauflächen haben sich Veränderungen eingestellt. Die natürliche Vegeta-

120 Von den Flußauen in die Kiesgruben: Auch die ehemaligen Abbauflächen im Gewann »Dohlen« sind zu Ersatzlebensräumen für Auenarten wie die Große Weiden-Sandbiene (Andrena vaga) geworden.

tionsentwicklung führte zu einem dichteren Schluß der Grasnarbe, so daß Kiebitz, Flußregenpfeifer und Heidelerche als Brutvögel verschwunden sind. Allerdings ziehen nun Baumpieper, Dorngrasmücke, Feldschwirl und Neuntöter ihre Jungen im Gebiet groß. Als weitere faunistische Besonderheit ist das Vorkommen der Sandbienen-Art *Andrena vaga* erwähnenswert. Diese Pionierart besiedelte früher die dynamischen Flußauen im Oberrhein- und Bodenseegebiet und ist heute gänzlich auf Ersatzlebensräume wie Kiesgruben angewiesen. Sie »nistet« in selbstgegrabenen Röhren in der Erde, in welche sie vier bis acht mit Pollenproviant beladene Brutzellen anlegt, diese jeweils mit einem Ei belegt und dann die Öffnung der Erdröhre nach Verlassen verschließt. Als Pollenquelle werden ausschließlich Weidenarten angeflogen.

Insgesamt verdeutlicht auch dieses Schutzgebiet die Dynamik, die in der floristischen und faunistischen Entwicklung von Kiesgruben steckt. Aus offenen Kiesböden haben sich Magerrasen entwickelt, manche Arten sind verschwunden, neue aufgetaucht. Ein Pflegeplan der Bezirksstelle hat ein Leitbild für das Schutzgebiet entworfen, mit dem ein möglichst breites Spektrum an Lebensräumen erhalten und entwickelt werden soll. Als Bereicherung darf mit Sicherheit auch die Umwandlung einer großen benachbarten Ackerfläche in Grünland angesehen werden, die 1997 gelang.

J. Genser

Durchenbergried

Landkreis: Konstanz
Gemeinde: Stadt Radolfzell
Gemarkung: Güttingen
Naturraum: Bodenseebecken
Geschützt seit 1939
Größe: 2,9 Hektar
Top. Karte: 8219 Singen

»Ruhig und still ist es im Ried, abgesehen vom Konzert der Frösche und dem Brausen der Motoren von Autos und Motorrädern, das von der Straße herunterdringt. Ganz in der Nähe ruft ein Kuckuck und lautlos schlängelt sich eine Ringelnatter durchs Streugras ins Wasser, in welchem ihre Hauptnahrung, die Frösche, quaken. So ganz verträumt und geheimnisvoll liegt das Ried vor uns. Kein Wunder, daß auch über dieses Ried Sagen raunen. ...« (aus der Bodensee-Rundschau vom 27.05.1939, Folge 122).

Wie würde sich der Beobachter aus dem Jahre 1939, in dem das Durchenbergried zum Naturschutzgebiet erklärt wurde, wundern, wenn er das »Treiben« im Ried in den kalten Februartagen des Jahres 1996 beobachtet hätte: Motorsägen kreischten, Freischneider heulten, Verbrennungsabgase lagen in der Luft. Kiefern und Birken wurden übers Eis ans Ufer gezogen. Ein Häcksler machte hier Kleinholz und ein Schlepper fuhr das Material ab.

Die Erklärung ist einfach: Die Landschaftspflegetrupps der Bezirksstelle für Naturschutz und Landschaftspflege Freiburg und des Naturschutzbundes führten einen Pflegeeinsatz im Ried durch. Der war erforderlich geworden, weil in den letzten zwei Jahrzehnten der Gehölzbestand im Ried immer dichter geworden war und den Hochmooransatz im Zentrum bedrohte.

Beim Durchenbergried, das auf 430 m ü. NN westlich der Ortschaft Güttingen am Fuße des Durchenbergs liegt, handelt es sich um ein vollständig verlandetes Toteisloch von 115 m Durchmesser. Nach der Eiszeit, also vor rund 10 000 Jahren, als der Rheingletscher langsam abschmolz und den Bodanrück freigab, blieb hier im Durchenbergried in einer Vertiefung ein letzter Eiskuchen liegen. Dieser schmolz nur langsam und füllte mit seinem Schmelzwasser allmählich die Senke. Eine Verlandungsreihe setzte ein, die heute beim Zwischenmoor mit Hochmooransatz angelangt ist. Am Rand umgeben Niedermoor- und Bruchwaldbereiche das Moor. Der Zentralbereich wird von der Hochmoorgesellschaft mit roten Torfmoosen (*Sphagnen*) und Rosmarinheide (*Andromeda polifolia*) gebildet. Weitere bestandsbildende Arten sind der Rundblättrige Sonnentau (*Drosera rotundifolia*), der Fieberklee (*Menyanthes trifoliata*), die Fadensegge (*Carex lasiocarpa*) und der Teichschachtelhalm (*Equisetum fluviatile*). Randwärts wird das Land-Reitgras (*Calamagrostis epigeios*) aspektprägend und weist auf Störungen des

121 Im Winter 1996 wurde das Moorzentrum vollständig entbuscht. Moorpflanzen, wie auch die Rosmarinheide, haben seither wieder bessere Entwicklungsmöglichkeiten.

Wasserhaushaltes hin. Ringförmig folgen verschiedene gestörte Pflanzengesellschaften. Neben dem Landreitgras dominieren hier Gelbe Schwertlilie (*Iris pseudacorus*), Steif- und Fadensegge (*Carex elata und lasiocarpa*), aber auch Ackerkratzdistel (*Cirsium arvense*) und Brennessel (*Urtica dioica*), wo sich randliche Nährstoffeinträge auswirken.

In den letzten Jahren sank der Grundwasserspiegel im Durchenbergried stark ab. Dies hat in der Vegetationsentwicklung zu Verbuschung geführt. Die seltenen Moorarten und ihre Lebensgemeinschaften werden verdrängt und stark gefährdet. Der aufkommende Gehölzbewuchs entzieht einerseits der Pflanzendecke das Wasser, ist andererseits aber sichtbares Zeichen für eine negative Veränderung des Gesamtwasserhaushaltes. Hydrologische Untersuchungen im Auftrag der BNL Freiburg haben ergeben, daß besonders in trockenen Jahren der Gehölzaufwuchs den Wasserhaushalt des Moors beeinträchtigt (Institut für Landschaftsökologie und Naturschutz ILN Singen 1996) In sehr nassen Jahren wird der Moorvegetation weniger Wasser entzogen. Andererseits liegt südlich des Moors ein Tiefbrunnen zur Wasserversorgung von Radolfzell. Bei der Förderung von geringen Wassermengen kann durch Modellrechnungen ein direkter Einfluß des Brunnens auf das Moor nicht abgeleitet werden. Eine Beeinträchtigung des Moorwasserspiegels durch die Grundwasserförderung ist aber nicht auszuschließen. Um einen kausalen Zusammenhang allerdings schlüssig formulieren zu können, sind die Kenntnisse über die hydrogeologischen Verhältnisse in der würmeiszeitlichen Schmelzwasserrinne zwischen Moor und Brunnen zu lückenhaft.

Nach dem Pflegeeinsatz haben die Moorpflanzen im Frühjahr erneut ausgetrieben und die Torfmoose sich weiter ausgebreitet. Deutlich zu erkennen ist nun das lichte Moorzentrum. Die weitere hydrologische und vegetationskundliche Entwicklung wird sich in den nächsten Jahren zeigen. *E. Stegmaier*

Ehinger Ried

Landkreis: Konstanz
Gemeinde: Mühlhausen-Ehingen
Gemarkung: Ehingen
Naturraum: Hegau
Geschützt seit 1985
Größe: 20,9 Hektar
Top. Karte: 8118 Engen

Unweit des Naturschutzgebiets »Bruckried« befindet sich das »Ehinger Ried« in der breiten Talaue zwischen Mühlhausen und Ehingen. Ebenfalls ein Niedermoor, ist doch seine Entstehung anders verlaufen als im Bruckried.

Die Talaue mit ihren Anschwemmungen aus Auelehmen, Kiesen und stellenweise Vermoorungen zählt zu den jüngsten, bereits nacheiszeitlichen Bildungen innerhalb der reich gegliederten würmeiszeitlichen Terrassenschotter- und Moränenlandschaft zwischen Singen und Engen (»Singener Becken«). Das Niedermoor des Ehinger Riedes bildete sich nicht durch Verlandung eines Sees, sondern ausschließlich durch Versumpfungsvorgänge innerhalb einer großen Senke, die durch austretendes Quellwasser ständig vernäßt war. Die teilweise bis zu drei Meter mächtigen Torflagen bestehen vor allem aus wenig zersetzten Seggen-Schilf-Torfen mit einem hohen Anteil von Schlick. Dies läßt darauf schließen, daß die Niederung häufig überschwemmt war. Torf wurde im Ehinger Ried nur in geringen Mengen abgebaut und beschränkte sich wohl auf bäuerlichen Handstich zur Gewinnung von Brenntorf.

Das Ehinger Ried wurde zu einer Zeit unter Schutz gestellt, als zunehmend Müllablagerungen, Auffüllungen und intensive Nutzungen das Moor mit seiner wertvollen und seltenen Pflanzen- und Tierwelt zu zerstören drohten. Erst durch Flächenaufkauf, teilweise aus Spendenmitteln und mit Mitteln des Landes finanziert, konnte diese Entwicklung gestoppt und das Ried mit Ausweisung zum Naturschutzgebiet langfristig gesichert werden. Die intensiven Bemühungen, das Ried zu erhalten und unter Schutz zu stellen, erlangten als »Koope-

122 Die stark gefährdete Wasserralle lebt gewöhnlich sehr verborgen im dichten Röhricht der Verlandungszonen; zu erkennen ist sie meist nur über ihre charakteristischen Rufe.

rationsmodell« zwischen Behörden, Gemeinden und privatem Naturschutz überregionale Bedeutung und Anerkennung.

Wie die meisten Feuchtgebiete und Niedermoore des Bodenseeraums wurde auch das Ehinger Ried bis etwa zur Mitte unseres Jahrhunderts auf der ganzen Fläche landwirtschaftlich genutzt. Dabei spielte vor allem die Gewinnung von Stalleinstreu der überwiegend aus Sauergräsern und Pfeifengras bestehenden Wiesen eine große Rolle. Einer kurzen Phase intensiverer Bewirtschaftung, verbunden mit Entwässerung und Düngung, folgte eine weitgehende Nutzungsaufgabe, in der die meisten Wiesen brachfielen. Erst seit Beginn der Schutzbemühungen werden wieder Teile des Riedes gemäht, aber in erster Linie mit dem Ziel, die artenreiche Pflanzen- und Tierwelt der erhalten gebliebenen Feucht- und Streuwiesen zu fördern. Diese Aufgabe übernehmen heute wieder Landwirte im Auftrag der Naturschutzverwaltung und auch der Bund für Umwelt und Naturschutz Deutschland (BUND), dessen Engagement für das Gebiet bis hin zur aktiven Mithilfe bei Pflegearbeiten reicht.

Das Ehinger Ried ist mit seinen vielfältigen Lebensräumen als Rückzugsgebiet vieler bedrohter Arten von herausragender Bedeutung. Wichtige landschaftliche Strukturen, vor allem für die Tiere des Gebietes, sind die in den 70er Jahren angelegten Teichanlagen mit ihren Verlandungs- und Röhrichtzonen sowie die ausgedehnten, undurchdringlichen Hochstaudenfluren. Hier hat sich eine sehr reichhaltige, von menschlichen Einflüssen weitgehend ungestörte Tierlebensgemeinschaft entwickelt. Amphibien wie der stark gefährdete Laubfrosch kommen hier noch in großen Populationen vor; auch Libellen, darunter einige seltene Arten, sind in großer Zahl anzutreffen. Seltene Ried- und Wasservögel wie z.B. Wasserralle, Teich- und Sumpfrohrsänger, Rohrammer, Feldschwirl oder Zwergtaucher kommen in z.T. erstaunlicher Dichte vor. Auch die »Diva« unter unseren Singvögeln, die Nachtigall, ist regelmäßig in den Hecken und Feldgehölzen zu hören, zusammen mit dem Gelbspötter, selbst ein Gesangskünstler, sowie Sumpfmeisen, Goldammern und vielen anderen mehr.

Für die Fauna und Flora gleichermaßen bedeutend sind die Wiesen des Schutzgebiets. Zu ihnen zählen die etwas nährstoffreicheren Glatthafer- und Kohldistelwiesen sowie die mageren Streuwiesen, die noch viele heute selten gewordene Pflanzenarten wie das Kleine Knabenkraut (*Orchis morio*), die Mehlprimel (*Primula farinosa*) oder die Davalls Segge (*Carex davalliana*) aufweisen.

Jenseits der Grenzen des Ehinger Riedes wird vorwiegend intensive Landwirtschaft betrieben; vergleichbare naturnahe Strukturen gibt es im gesamten Naturraum nur wenige und dann ebenfalls meist kleinflächig und von intensiven Nutzungen umgeben (z.B. das Naturschutzgebiet »Bruckried«). Der Rückgang bzw. das völlige Verschwinden vieler Tierarten – die meisten davon sind auf naturnahe Lebensräume mit hohem Nahrungsangebot angewiesen – wird sich auch weiterhin fortsetzen, wenn es nicht gelingt, innerhalb des Naturraumes zusätzliche naturnahe Strukturen zu schaffen. Folgerichtig bedarf es auch im Umfeld des Ehinger Riedes eines gebietsübergreifenden Schutzkonzeptes, wie z.B. die Extensivierung von angrenzenden Ackerflächen oder sinnvolle Maßnahmen zur Biotopvernetzung.

P. Jehle

Fischerweihermoor

Landkreis: Konstanz
Gemeinde: Allensbach
Gemarkung: Kaltbrunn
Naturraum: Bodenseebecken
Geschützt seit 1990
Größe: 54,5 Hektar
Top. Karte: 8220 Überlingen West

Das »Fischerweihermoor« stellt mit knapp 55 ha Fläche nach dem Mindelsee den zweitgrößten Moorkomplex auf dem Bodanrück dar. Es liegt in 440 m ü. NN rund zwei Kilometer von Kaltbrunn und nimmt die Sohle eines breiten Talzugs ein, dessen Vermoorung einstmals sehr viel größer war. Bereits der Name des Gebiets läßt darauf schließen, daß früher einmal Weiher für die Fischzucht angelegt worden waren, von denen heute nur noch ein Dammsystem zeugt. Auch die Torfnutzung erfolgte früher

123 Im Südteil des NSG »Fischerweihermoor« liegt eine charakteristische Zwischenmoorfläche mit einem Fadenseggenbestand.

flächenhaft und systematisch. Die ehemaligen Torfstiche sind aber nur noch an den nasseren Standortverhältnissen zu erkennen.

Als wertvollste Bereiche des Naturschutzgebiets sind heute drei unterschiedliche Moorkomplexe anzuführen. Im Südteil liegt eine charakteristische Zwischenmoorfläche, die sich aus einem eng verzahnten Mosaik aus Fadenseggenried mit Schnabelseggenried und Mehlprimel-Kopfbinsen-Ried zusammensetzt. Ein rund zwei Meter breiter alter Graben oder Torfstich durchzieht das Moor, ist mehr oder weniger stark verlandet und von einer schwingrasenartigen Ausbildung des Wunderseggenrieds mit viel Fieberklee (*Menyanthes trifoliata*) besiedelt. Randlich folgen Pfeifengraswiesen unterschiedlichster Prägung.

Im Ostteil, nahe dem »Fischerhaus« liegt ein kleiner Moorkörper, der durch ein artenreiches Mehlprimel-Kopfbinsenried, durchsetzt mit Inseln des seltenen Schneid-Binsenröhrichts geprägt wird. Er wird umgeben von Schilfflächen und Pfeifengraswiesen. Hier finden sich u. a. so typische Moorpflanzen wie Rostrotes Kopfriet (*Schoenus ferrugineus*), Alpen-Binse (*Trichophorum alpestris*), Sumpf-Stendelwurz (*Epipactis palustris*), Fleischfarbenes Knabenkraut (*Dactylorhiza incarnata*) und zahlreiche Seggen.

Im Westteil des Fischerweihermoores liegen schließlich großflächige Bestände der Pfeifengraswiesen mit Schwalbenwurz-Enzian (*Gentiana asclepiadea*), Prachtnelke (*Dianthus superbus*) und Davall-Segge (*Carex davalliana*) vor. Mit ihrem großen Blütenangebot bis in den Spätsommer hinein sind diese Streuwiesen für blütenbesuchende Insekten von großer Bedeutung.

Die Flächen zwischen diesen drei Moorkomplexen werden hauptsächlich von Glatthafer-Wiesen und Kohldistelwiesen eingenommen. Die Wiesen werden meist intensiv bewirtschaftet und weisen keinen besonderen Artenreichtum auf. Daher sind für einige Flächen Extensivierungsverträge abgeschlossen, um sie langsam auszuhagern und zu artenreicheren Beständen zurückzuführen. Besonders die zahlreichen Entwässerungsgräben stellen im Sinne der Biotopvernetzung eine wichtige Verbindung zwischen den einzelnen Moorbereichen dar. Meist werden sie von einem Röhrichtstreifen mit Schilf und anderen Pflanzen, wie z.B. Aufrechter Igelkolben (*Sparganium erectum*) oder Zungen-Hahnenfuß (*Ranunculus lingua*) gesäumt. Besonders Libellen finden an den Gräben Nahrung und Möglichkeiten zur Eiablage. Sie bilden letztlich wieder ein wichtiges Glied in der Nahrungskette, von dem die zahlreichen Amphibien und Vögel des Fischerweihermoors profitieren.

Die Offenhaltung besonders der artenreichen Streuwiesen wird heute durch Maßnahmen gewährleistet, die der Bund für Umwelt- und Naturschutz (BUND) im Rahmen des Landschaftspflegeprogramms der Naturschutzverwaltung durchführt. *E. Stegmaier*

Gras-Seen

Landkreis: Konstanz
Gemeinde und Gemarkung: Gottmadingen
Naturraum: Hegau
Geschützt seit 1985
Größe: 15,9 Hektar
Top. Karte: 8218 Gottmadingen

124 Der Teichrohrsänger ist ein charakteristischer Brutvogel der Schilfzone des NSG »Gras-Seen«; hier bevorzugt er Bestände mit vorjährigen Halmen.

Östlich der Stadt Gottmadingen liegt zwischen der Bahnlinie Schaffhausen-Singen und der Bundesstraße 34 eingebettet in einen Mischwald das Schutzgebiet »Gras-Seen«. Die beiden nahezu verlandeten Seen befinden sich in einer Senke, einem »Toteisloch« oder »Soll«, die ein erdgeschichtlicher Überrest der Würmvereisung ist. Der Gletschervorstoß der letzten Vereisungsperiode hinterließ im Raum der Westhegauer Talwannen verschiedene glaziale Relikte im Moränenmaterial. Eisblöcke, die sich beim Rückzug des Gletschers innerhalb des mittransportierten Schottermaterials erhalten hatten, tauten allmählich ab und hinterließen auf der Moränenoberfläche Vertiefungen und Kessel. Diese füllten sich entweder gleich mit Schmelzwasser oder später mit Niederschlagswasser und bildeten Seen. Nach und nach verlandeten diese kleinen, stehenden Gewässer und entwickelten sich weiter zu Mooren.

Der westlich gelegene Gras-See ist in eine etwa sechs Meter, der östlich gelegene in eine 1,5 m tiefe Mulde gebettet; beide Seen sind durch einen verrohrten Graben miteinander verbunden. Im westlichen wie im östlichen Bereich gibt es nur noch kleine Restwasserflächen, die hinter einem breiten Schilfgürtel verborgen sind und große Bedeutung als Laichplätze für die Laubfrosch-, Springfrosch- und Erdkrötenpopulationen haben. Um eine weitere Ausbreitung des Schilfröhrichts und eine vollständige Verlandung der offenen Wasserflächen zu verhindern, muß das Röhricht regelmäßig ausgemäht werden. Die verschilften Bereiche weisen einen reichen Bewuchs an Breitblättrigem Rohrkolben (*Typha latifolia*), Gelber Schwertlilie (*Iris pseudacorus*), seltenen Seggenarten, Binsen und zum Teil gefährdeten Sumpfpflanzen wie Blutauge (*Comarum palustre*), Wasser-Knöterich (*Polygonum am-*

phibium), Sumpf- und Moor-Labkraut (*Galium palustre* und *G. uliginosum*) auf. Schwarz-Erle, Schwarz-Pappel, Faulbaum, Traubenkirsche, Grau-, Bruch- und Salweide bilden begrenzende Gebüschinseln im Sumpfgebiet. Das auf den ersten Blick eher unscheinbar anmutende Gebiet ist für zahlreiche Brut- und Gastvögel wertvoller Rückzugsraum. Wasserralle, Gelbspötter, Teich- und Sumpfrohrsänger können als Brutvögel beobachtet werden, während Zwergrohrdommel, Knäkente, Neuntöter und Baumfalke das Gebiet sporadisch als Nahrungsbiotop nutzen.

Da die Gras-Seen abflußlose Becken auf einer wasserundurchlässigen Lehmschicht sind, muß jegliche Verschmutzung des Wassers vermieden werden. Der umgebende, teilweise forstwirtschaftlich genutzte Wald stellt deshalb einen idealen Puffer zwischen Bahntrasse, Bundesstraße und dem großen Industriegebiet im östlichen Teil Gottmadingens dar.

B. Koch

schichten des Schienerberges durch tektonische Einflüsse modelliert wurden. Erst in der Nacheiszeit entstanden in diesem Tal aufgrund von Vernässungen Moorflächen. Im Grauen Ried treten vor allem am Hangfuß der südlichen Talseite, wo Molassegestein ansteht, kalkhaltige Quellwässer aus. Hier haben sich Quellsümpfe gebildet. Wo die Quellschüttungen auch heute noch anhalten, sind die Standorte permanent wassergesättigt und die torfbildende Vegetation hat Quellmoore gebildet. An manchen Stellen kann man sogar die Bildung von Kalktuff feststellen. Neben der Sauerstoffarmut im Wurzelbereich bestehen auf diesen extremen Standorten auch sehr ungünstige Nährstoffverhältnisse aufgrund der einseitigen chemischen Zusammensetzung des Substrats. Nur wenige Pflanzenarten zeigen sich diesen schwierigen Lebensbedingungen gewachsen. Typisch für solche kalkreiche Flachmoore ist

Graues Ried

Landkreis: Konstanz
Gemeinden: Gaienhofen, Moos
Gemarkungen: Gaienhofen, Weiler
Naturraum: Bodenseebecken
Geschützt seit 1978
Größe: 12,5 Hektar
Top. Karten: 8219 Singen, 8319 Öhningen

Das »Graue Ried« mit liegt auf rund 430 m ü. NN, einen Kilometer südöstlich der Ortschaft Weiler in einer langgezogenen Talmulde auf der Höri am westlichen Bodensee. Eine Landschaftsbeschreibung aus dem Jahre 1957 lautet: »Vom oberen Ende aus gesehen faßt das linienschöne Bild des Tales in landschaftlich vollkommener Weise in seinem Ausblick auf den Hegau die hohen Waldhänge des Schiener Berges, die Hegauebene und die Vulkanhöhen zusammen. Der schwachfallende Talboden enthält zwischen Wiesen und Äckern einen ausgedehnten Streifen von kalkreichen Niedermooren, ...«.

Das beschriebene Mühlbächletal wurde im Tertiär angelegt, als die abgelagerten Molasse-

125 In den Kalkflachmooren des NSG »Graues Ried« wächst auch die lichtbedürftige Mehlprimel (*Primula farinosa*).

das Kopfbinsenried. Es wird im Aussehen bestimmt von den Horsten der Roten Kopfbinse (*Schoenus ferrugineus*). Zwischen den locker stehenden Horsten ist noch genügend Lebensraum für konkurrenzschwache, lichtbedürftige Pflanzen wie die namengebende Mehlprimel (*Primula farinosa*), den Schlauch-Enzian (*Gentiana utricularia*), das Gewöhnlichen Fettkraut (*Pinguicula vulgaris*), den Glanz-Stendel (*Liparis loeseli*), die Sommer-Drehwurz (*Spiranthes aestivalis*), die Simsen-Lilie (*Tofieldia calyculata*), das Sumpfherzblatt (*Parnassia palustris*) und das Breitblättrige Wollgras (*Eriophorum latifolia*). Auf etwas trockeneren Standorten steht das Kopfbinsenried in Kontakt mit der wechselfeuchten Enzian-Pfeifengraswiese. Diese Pflanzengesellschaft wurde früher als einschürige Streuwiese genutzt und zeigt im »Grauen Ried« mit der Ausbildung von Beständen des Fadenseggenrieds Ansätze zur Übergangsmoorbildung.

Wo der quellige Einfluß im Ried nachläßt, haben sich nach Aufgabe der landwirtschaftlichen Nutzung Schilf-, Großseggen- und Hochstaudenfluren eingestellt. Liegen sie bereits langjährig brach, so zeigen sie eine rasche Entwicklung zu weiden- und faulbaumreichen Gebüschformationen. Vor allem am Nord- und Westrand des Gebiets sind im Übergangsbereich zur landwirtschaftlich genutzten Fläche seggen- und knotenbinsenreiche Kohldistelwiesen ausgebildet. Auch Übergänge zur Glatthaferwiese sind vorhanden. Ein großes Problem stellen Ackerflächen außerhalb des Schutzgebiets im Norden und Osten dar, aus denen Nährstoffe ins Moor eingetragen werden.

Die Bestände bedrohter Tier- und Pflanzenarten im Grauen Ried haben sich in den letzten Jahren auf einem erfreulich hohen Niveau gehalten. Dies ist insbesondere der langjährigen und regelmäßigen Streuwiesenpflege zu verdanken. Rund sechs Hektar Kopfbinsenriede und Pfeifengrasstreuwiesen werden im Spätjahr, aufgrund der quelligen Verhältnisse oft erst bei Frost, vom Bund für Umwelt- und Naturschutz (BUND) im Rahmen des Landschaftspflegeprogramms der Naturschutzverwaltung und von einem Landwirt im Direktauftrag der BNL gemäht. Der BUND betreut das Schutzgebiet bereits seit vielen Jahren im Auftrage des Regierungspräsidiums Freiburg. Der von der Bezirksstelle für Naturschutz und Landschaftspflege Freiburg im Jahre 1994 erstellte Pflege- und Entwicklungsplan sieht für das Schutzgebiet weitere landschaftspflegerische Maßnahmen vor. So sollte die Streuwiesenpflege ausgedehnt und weitere landwirtschaftliche Flächen im Randbereich und außerhalb des Schutzgebiets extensiviert werden. Auch ein Biotopverbund mit Feuchtwiesen südlich und westlich des Grauen Rieds ist anzustreben.

E. Stegmaier

Hagstaffelweiher

Landkreis: Konstanz
Gemeinde: Stadt Konstanz
Gemarkung: Dettingen
Naturraum: Bodenseebecken
Geschützt seit 1988
Größe: 7,5 Hektar
Top. Karte: 8220 Überlingen West

Der Hagstaffelweiher liegt nordöstlich von Dettingen auf 465 m ü. NN zwischen zwei Drumlins. Der Weiher mit einer Wasserfläche von rund 2,5 ha wurde vermutlich über einem Flachmoor künstlich aufgestaut. Seine Ufer sind zumeist flach, so daß sich ein breiter und artenreicher Verlandungsgürtel bilden konnte. Nur nach Süden wird der Weiher von einem steilen, mit Erlen und Eichen bewachsenen Damm abgeschlossen.

Das nur 7,5 ha große Naturschutzgebiet »Hagstaffelweiher« gehört mit seiner weitestgehend störungsfreien Wasserfläche und seiner vielfältigen Schwimmblatt- und Ufervegetation zu den wertvollsten Schutzgebieten des Bodanrücks. Die offenen Wasserflächen werden von großen Beständen der Seerosen-Gesellschaft eingenommen. Die im Juli blühende Seerose (*Nymphaea alba*) bedeckt nahezu den ganzen Weiher mit ihren großen Schwimmblättern. Wie die anderen Pflanzen der Gesellschaft – Ähriges Tausenblatt (*Myriophyllum spicatum*) und Schwimmendes Laichkraut (*Potamogeton natans*) – wurzelt sie fest im schlammigen Untergrund. Der Echte Wasserschlauch (*Utricula-*

Hagstaffelweiher 331

126/127 Die Weiße Seerose (*Nymphaea alba*) bedeckt große Teile der Wasserfläche des NSG »Hagstaffelweiher«.

ria vulgaris) treibt frei zwischen den Schwimmblättern. Dem Uferbereich sind verschiedene Röhrichtgesellschaften vorgelagert. Je nach Wassertiefe, Untergrund und Uferbeschaffenheit sind lockere Bestände des Teich-Schachtelhalms (*Equisetum fluitans*), Gesellschaften mit Seebinse (*Schoenoplectus lacustris*), mit Schmalblättrigem Rohrkolben (*Typha angustifolia*) oder im Norden auch ausgedehnte Schilfröhrichte ausgebildet. Am Ufer sind Feuchtgebüsche, Steifseggenriede und Hochstaudenfluren zu finden. Die früher artenreiche und trockene Glatthaferwiese auf einem Drumlinhang ist heute stark verbuscht.

Eine Erhebung des Naturschutzbundes (NABU) im Jahre 1997 hat im Schutzgebiet 61 Vogelarten ergeben. Darunter sind knapp die Hälfte Brutvögel, 25 Arten sind als Gäste zu betrachten und bei fünf Arten besteht Brutverdacht. Besonders hervorzuheben sind die Brutvorkommen von Drosselrohrsänger, Wasserralle, Zwergtaucher und Feldschwirl. Im Winterhalbjahr dient der Hagstaffelweiher weiteren seltenen Vogelarten als Lebensraum. Rohrdommel, Gänsesäger, Schnatterente und Tafelente nutzen das Gewässer zur Rast und Nahrungsaufnahme. Flußseeschwalbe und Schwarzmilan sind unregelmäßige Gäste im Frühjahr.

Auch für die Amphibien stellt der Weiher einen wichtigen Lebensraum dar. Neben den gefährdeten Arten Erdkröte, Grasfrosch, Kammmolch und Laubfrosch kommen auch Bergmolch und Teichmolch vor. Allerdings sind die Bestandszahlen in den letzten Jahren stark rückläufig, obwohl an der nahen Landesstraße Amphibien-Leiteinrichtungen und Unterquerungstunnels gebaut worden sind. Als Erklärung dient vielleicht, daß der Weiher seit rund zehn Jahren nicht mehr fischereilich genutzt und auch nicht abgelassen wurde. Wild eingesetzte Goldfische und Schleien haben sich offensichtlich stark vermehrt, so daß möglicherweise aufgrund der hohen Besatzdichte der Amphibienlaich dezimiert wird. Es werden daher Überlegungen angestellt, den Weiher wieder extensiv fischereilich zu nutzen, ihn in gewissen Zeitabständen abzulassen und das Schlammpaket durchfrieren zulassen. So könnten für die Amhibien gefährliche Konkurrenten reduziert werden. Ein Angelsportverein will sich künftig dieser Aufgabe widmen.

Besucher sollten den Weiher nur von der Straße im Norden oder vom Damm im Süden beobachten, da die Ufer recht unzugänglich sind und auch nicht gestört werden sollten.

E. Stegmaier

Halbinsel Mettnau

Landkreis: Konstanz
Gemeinde: Stadt Radolfzell
Gemarkung: Radolfzell
Naturraum: Bodenseebecken
Geschützt seit 1984
Größe: 140 Hektar
Top. Karten: 8219 Singen (Hohentwiel), 8220 Überlingen West

Von der Radolfzeller Kernstadt erstreckt sich in südöstlicher Richtung in den Untersee des Bodensees hinein eine ca. 2 qkm große Halbinsel, deren Form und Untergrund Überbleibsel der vergangenen Eiszeit sind. Beim Zurückschmelzen der Gletscher bildeten sich mächtige Kies- und Tonschichten, die heute zusammen mit dem milden Bodenseeklima und den durch die Schneeschmelze in den Alpen hervorgerufenen wechselnden Wasserständen ganz besondere Lebensbedingungen schaffen, die vielerlei Pflanzen und Tieren Nahrungs-, Brut- und Fortpflanzungsgrundlagen bieten.

Das einschließlich Wasserflächen 140 ha umfassende Naturschutzgebiet »Halbinsel Mettnau« besteht bereits seit den 30er Jahren – heute jedoch mit weitaus größerem Umfang –, wobei mit jeder Neuverordnung ein weiterer Schwerpunkt in den Schutzzweck aufgenommen wurde. Während zu Beginn der Unterschutzstellung im wesentlichen die Vogelwelt und die Sicherung ihrer Lebensraumansprüche im Vordergrund standen, wurden insbesondere in der 1984 formulierten Verordnung auch die Erhaltung der Pflanzengesellschaften des Kerngebiets und der umgebenden Bereiche in die Schutzbestrebungen aufgenommen.

Die Humusschicht ist nur geringmächtig, die Entwicklung eines torfigen Untergrundes wurde und wird durch regelmäßig wechselnde

128 Blick vom Finckh-Turm auf den nordwestlichen Uferbereich des NSG »Halbinsel Mettnau«.

Wasserstände verhindert. Tiefgründigere Aueböden konnten sich lediglich an der Mettnauspitze bilden; auf ihnen stocken natürliche Auenwaldbestände wie Eichen-Ulmenwald – in seinem Umfeld gedeiht der Kanten-Lauch (*Allium angulosum*) – und Silberweidenwald. Pfeifengraswiesen mit üppigen Beständen der Mehlprimel (*Primula farinosa*), mit Sumpf-Stendelwurz (*Epipactis palustris*), Schlauch-, Schwalbwurz- und Lungen-Enzian (*Gentiana utriculosa, G. asclepiadea* und *G. pneumonanthe*) wurden erst im Zuge der letzten Verordnung in die Schutzgebietsgrenzen aufgenommen. Ihre ehemalige Nutzung muß heute in Form einer jährlichen späten Mahd nachgeahmt werden, um eine Verbuschung durch angrenzenden Gehölzjungwuchs zu verhindern. Auf einem Teilbereich sind seit einigen Jahren zu diesem Zweck Hinterwälder Rinder eingesetzt worden, die als Weidevieh nicht nur aufkommendes Gebüsch, sondern auch sich rasch ausbreitende Neophyten wie die Goldrute zurückdrängen können.

Weitaus vielgestaltiger und artenreicher sind die zahlreichen Ausbildungen der Strandrasen, Röhricht- und Großseggengesellschaften, die sich in den flachgründigen kiesigen und sandigen Uferbereichen entwickelten. Auch wenn die artenreichen und ausgedehnten Strandrasen nur noch in kleinen Resten überdauert haben, so kommen sie in Form der den Röhrichten vorgelagerten Strandling- und Nadelbinsengesellschaft und deren Begleitern Weißes Straußgras (*Agrostis stolonifera*), Ufer-Hahnenfuß (*Ranunculus reptans*) und Quellgras (*Catabrosa aquatica*) besonders in Jahren mit niedrigem Wasserstand im Winterhalbjahr in gut entwickelten Beständen vor.

Ausgedehnter sind die Straußgras-Rasen mit Wasserkresse (*Rorippa amphibia*) und Kriechendem Fingerkraut (*Potentilla reptans*), die im Gegensatz zur Strandling- und Nadelbinsengesellschaft durch nährstoffreiche Anschwemmungen in ihrer Entwicklung gefördert werden. Schilfröhrichte mit dem auffälligen Schmalblättrigen Rohrkolben (*Typha angustifolia*) und die Schneidegras-Gesellschaft mit Wasser-Minze (*Mentha aquatica*), Gewöhnlichem Gelbweiderich (*Lysimachia vulgaris*) und Sumpf-Labkraut (*Galium palustre*) besiedeln dauerhaft überschwemmte bzw. feuchte Bereiche, während die höher gelegenen und unregelmäßig überfluteten Stellen von den Großseggen-Gesellschaften wie Steif-, Ufer-, Schlank- und Sumpfseggenrieden eingenommen werden. Die Pflanzenvielfalt unter Wasser besitzt ebenso interessante Raritäten. Das Mittlere Nixenkraut (*Najas intermedia*) und der Gras-Froschlöffel (*Alisma gramineum*) können in von Jahr zu Jahr wechselnden Bestandsdichten beobachtet werden.

Diese große Spannbreite an Pflanzengesellschaften findet sich in der auf sie angewiesenen Vogelwelt wieder. Neben dem Rheindelta bei Bregenz, dem Wollmatinger Ried, dem Eriskircher Ried, dem Radolfzeller Aachried und dem Bodenseeufer zwischen Konstanz und Romanshorn gehört die Halbinsel Mettnau zu den sechs bedeutendsten Lebensräumen für die Vogelwelt am Bodensee. Zahlreiche vom Aussterben bedrohte Arten finden hier ihr Brutrevier: Zwergdommel, Schafstelze, Drosselrohrsänger, Bekassine, Reiher-, Schnatter-, Kolben- und Tafelente sind nur einige davon. Zur Zeit des Vogelzugs dient die Halbinsel ebenso zahlreichen Arten als Rastplatz vor dem Weiterzug.

Dabei finden hier nicht nur die Arten der Feuchtgebiete Ruhe und Nahrung; es können auch Vögel beobachtet werden, die außerhalb der Zugzeit trockene Biotope bevorzugen.

Da alle Schwimmvögel zur Mauserzeit im Hochsommer ihre Flugfedern verlieren und mehrere Wochen flugunfähig sind, benötigen sie einen Rückzugsraum, in dem sie diese Phase ungestört und sicher vor Feinden verbringen können. Seitdem die Südbuchten für den Bootsverkehr gesperrt sind, hat sich die Mettnau zu einem wichtigen Mauserplatz für diese Tiere entwickelt. Bläßhühner, Haubentaucher und verschiedene Entenarten nutzen nun alljährlich die gesperrten Schilfbuchten.

Die zahlreichen, dem Besucher verschlossenen Dickichte beherbergen zudem eine Vielzahl an Säugetieren (auch Fledermäuse), Reptilien, Amphibien und Insekten, deren Erfassung und Kartierung noch lange nicht abgeschlossen sein wird.

Besucherhinweis: Bitte benutzen Sie bei Ihrem Besuch der Halbinsel Mettnau den gut ausgeschilderten Weg, der die hier beschriebenen Lebensräume streift und dabei Tier- und Pflanzenwelt nicht beeinträchtigt. Vom

129 Die Krickente nutzt auf ihrem Durchzug die Flachwasserzonen und Schlickflächen zur Nahrungssuche.

Finckh-Aussichtsturm aus erhalten Sie einen wundervollen Eindruck dieses komplexen Schutzgebiets; von hier aus können Sie mit einem Fernglas die Wasservögel auf dem Untersee beobachten. Nähere Informationen und Führungen durch das Schutzgebiet bietet das seit 1986 bestehende Naturschutzhaus des NABU an, das sich am Eingang des Besucherwegs befindet. *B. Koch*

Hangried Schrännen und Bühler Moos

Landkreis: Konstanz
Gemeinde: Öhningen
Gemarkung: Öhningen
Naturraum: Bodenseebecken
Geschützt seit 1991 bzw. 1997
Größe: 13 Hektar bzw. 18 Hektar
Top. Karte: 8319 Öhningen

Zwischen dem Untersee und dem Zeller See erhebt sich trennend der Molasserücken des Schienerberges bis auf über 700 m ü. NN. Wegen seiner Ausblicke gen Norden über die Hegauvulkane und nach Süden über das Schweizer Mittelland zu den nahen Alpen wird er gerühmt und gerne erwandert. Die Höhen sind bis auf die Umgebung des Dorfes Schienen bewaldet, der sanft zum Untersee abfallende Südhang ist landwirtschaftlich genutzt. Die hier anstehenden Gesteine der sogenannten Süßwassermolasse zeichnen sich durch Ablagerungen aus, die auf kleinem Raum stark wechseln; tonig-mergelige Schichten folgen auf sandige, auch miteinander verbackene gröbere Sedimentbestandteile sind vertreten. Ein derart heterogener Untergrund bleibt naturgemäß nicht ohne Folgen für den Wasserhaushalt der Böden und die floristische Zusammensetzung der Krautschicht. Daher häufen sich in einer bestimmten Höhenlage, am westlichen Schienerberg bei etwa 530 m ü. NN, Quellhorizonte mit Wasseraustrittsstellen und damit auch Feuchtwiesen und Moorvegetation. Die beiden unmittelbar benachbarten Naturschutzgebiete »Hangried Schrännen« und »Bühler Moos« liegen in solch einem

130 Quellbereich im Bühler Moos mit kräftigen Horsten der Rispen-Segge (*Carex paniculata*).

Hangabschnitt oberhalb von Öhningen. Hier sind jedoch nicht nur feuchtigkeitsliebende Pflanzengesellschaften anzutreffen, sondern auch Glatthaferwiesen und Kalkmagerrasen. Gleichwohl sind die Pfeifengraswiesen und Kopfbinsenriede herausragend in ihrer Bedeutung für den Arten- und Biotopschutz. Die namengebenden Arten für das seltene Mehlprimel-Kopfbinsenried (*Primula farinosa* bzw. *Schoenus nigricans*) lassen sich ebenso finden wie die Simsenlilie (*Tofieldia calyculata*) und das Breitblättrige Wollgras (*Eriophorum latifolium*).

Besonders faszinierend ist für den Vegetationskundler der Übergang von diesen nassen Hangmooren zu den trockenen Kalkmagerrasen, der sich bisweilen kleinräumig auf wenigen Metern vollzieht. Plötzlich bestimmen ganz andere Pflanzenarten das Bild, Thymian, Hufeisenklee und niederwüchsige Disteln gehören dazu. Im »Bühler Moos« hält eine extensive Beweidung mit Rindern seit Jahren diese trockenen Flächen offen; hin und wieder werden Schlehe und Strauchweiden manuell zurückgedrängt. Im westlich angrenzenden »Hangried Schrännen« dominieren dagegen die Mähwiesen.

Nur dank der zurückhaltenden Nutzung – hofeigener Dünger (Stallmist) wurde traditionell eher auf ertragreichere Wiesen und vor allem Äcker verbracht – spiegeln sich hier die besonderen standörtlichen Gegebenheiten in der Pflanzendecke wider. In vielen anderen Landschaftsteilen hat die nivellierende Wirkung intensiver Düngung und mehrmaliger jährlicher Mahd diese feinen Standortunterschiede verwischt und »fettes« Einheitsgrün sprießen lassen.

In den letzten Jahren konnten viele Flächen, die in den 60er Jahren mangels Ertrag für die Landwirtschaft nicht mehr attraktiv waren, brachfielen und verfilzten, durch Grunderwerb und Pflegemaßnahmen gesichert werden. Die Landwirte vor Ort haben nach anfänglicher Zurückhaltung inzwischen Interesse an der Durchführung dieser naturschutzorientierten Pflege und helfen so, einen kleinen, aber repräsentativen Ausschnitt der Kulturlandschaft des Schienerberges zu erhalten. *J. Genser*

Hardtseen

Landkreis: Konstanz
Gemeinde und Gemarkung: Gottmadingen
Naturraum: Hegau
Geschützt seit 1978
Größe: 8 Hektar
Top. Karte: 8218 Gottmadingen

Eingebettet in ein Waldstück zwischen Bietigheim und Gottmadingen liegen die Hardtseen. Sie sind die letzten größeren, noch erhaltenen Moränenseen der Westhegauer Talwannen, deren Moränenlandschaft durch diluviale Aufschüttungen der letzten Eiszeit (Würm) gebildet wurde. Ähnliche Seen dieses Naturraums sind im Laufe der vergangenen Jahrzehnte verlandet und fielen einer intensiven landwirtschaftlichen Nutzung zum Opfer.

Die Eisenbahntrasse Schaffhausen – Singen durchschneidet das Schutzgebiet und gliedert es in die beiden nördlich gelegenen »oberen« Hardtseen und den südlichen »unteren« Hardtsee. Die schilfbestandenen Seen sind fast vollständig von Wald umgeben; nur an wenigen Stellen grenzt landwirtschaftlich genutzte Fläche unmittelbar an die Wasserflächen. Gerade der südliche Hardtsee vermittelt den Eindruck eines naturbelassenen Sumpfwaldgebiets, wozu neben dicht bewachsenen, nahezu undurchdringlichen Uferrändern umgestürzte Baumstämme und durch ein früheres Hochwasser abgestorbene Pappeln und Erlen beitragen.

Die Wasserführung der drei Seen hängt im wesentlichen von einer Quellschüttung im Bereich der oberen Hardtseen und von der Niederschlagsmenge ab. Die Seen sind durch Zu- und Abflußgräben miteinander verbunden, so daß sich Umfang und Tiefe der offenen Wasserflächen je nach Jahreszeit und Witterung ändern. So werden die Seen in trockenen Sommern zeitweise zu abflußlosen, stehenden Gewässern, trocknen jedoch nie vollständig aus. Unter diesen Bedingungen haben sich auf dem moorig-torfigen Untergrund in unmittelbarer Seenähe Rohrkolben-, Sumpfschwertlilien- und Wasserschwaden-Bestände entwickelt, die eine Vielzahl seltener Pflanzen wie Zartes Hornblatt (*Ceratophyllum submersum*), Sibirische Schwertlilie (*Iris sibirica*), Schlamm-Segge (*Carex limosa*), Spitzblättriges Laichkraut (*Potamogeton acutifolius*), Zungen-Hahnenfuß (*Ranunculus lingua*) und Einfache Wiesenraute (*Thalictrum simplex*) beherbergen. Uferbegleitende Totholzbestände zeigen die Ausbreitung von Erlen während einer früheren Trockenzeit in Richtung Seemitte an, die durch den ansteigenden Wasserstand jedoch unterbrochen wurde. Die Bäume starben ab und dienen nun als Nahrungsbiotop für Spechte und als Ruheplatz für Graureiher und durchziehende Kormorane. Trockenere Bereiche sind mit inselartig gruppierten Erlen und Grau-Weiden bestanden, während abgestorbene Grauweidengebüsche im näheren Umfeld darauf hindeuten, daß die Gehölzbestände einst aufgrund niedrigerer Wasserstände eine bedeutend größere Fläche eingenommen haben müssen. Ein großflächiger Erlenbruch und ein mit Birke, Eiche, Hartriegel, Holunder, Kirsche und Ulme durch-

131 Das NSG »Hardtseen« – eine üppige Oase inmitten landwirtschaftlich genutzter Flächen.

setzter Schwarzpappelbestand im näheren Umfeld der Seen prägen den waldartigen Charakter des Landschaftsbildes und schirmen diesen Lebensraum vor den Einflüssen der landwirtschaftlichen Nutzung ab. Unter diesem Schutz konnten sich die Hardtseen ihre Bedeutung als Brut-, Rast- und Nahrungsplatz zahlreicher seltener Vogelarten bewahren. Neben dem Graureiher, der als regelmäßiger Gast im Schutzgebiet anzutreffen ist, nutzen Eisvogel, Wasserralle, Schwarz- und Rotmilan das Schutzgebiet als Nahrungsbiotop. Ein reicher Fisch- und Amphibienbesatz, der u. a. von Kammolch, Erdkröte, Laub-, Gras- und Springfrosch vertreten wird, macht die Hardtseen zum idealen Rastplatz für den durchziehenden Kormoran. Kolbenente und Teichrohrsänger können sporadisch beobachtet werden, während das Schutzgebiet für Zwergtaucher, Bläßhuhn, Stockente und Teichhuhn dauerhafter Brutbiotop und Lebensraum in einer ansonsten ausgeräumten Landschaft darstellen.

Innerhalb des Schutzgebiets findet keine landwirtschaftliche Nutzung statt; die Auswirkungen des unmittelbar angrenzenden Ackerbaus sind jedoch eindeutig anhand der üppig wuchernden Brennnesselbestände im Uferbereich zu erkennen. Auch »wilde« Ablagerungen von Häcksel- und Mähgut führen im Zusammenhang mit der trichterartigen Lage der Seen zu einer übermäßigen Versorgung des Erdreichs mit Nährstoffen, was sich stellenweise im Auftreten der typischen, artenarmen Pflanzengemeinschaften äußert. Dies trifft insbesondere in Bereichen zu, in denen eine mehrere Meter breite Pufferzone fehlt, die den sensiblen, artenreichen Ufergürtel von den Mais- und Getreidefeldern trennen könnte. Auch die von Zeit zu Zeit praktizierte fischereiliche Nutzung behindert die Moränenseen in ihrer ungestörten Entwicklung. Trampelpfade, Köderreste und zurückgelassener Unrat beeinträchtigen vor allem am idyllischen »unteren« Hardtsee das empfindliche Gleichgewicht von Wasser-, Vogel- und Pflanzenwelt.

Ein wesentlicher Streitpunkt zwischen wirtschaftlichen und naturschutzorientierten Interessengruppen ist die »Vorräzenquelle«, welche

132 Die Männchen der Blauflügel-Prachtlibelle (*Calopteryx virgo*) nutzen Wasserpflanzen, Baumstämme und Uferbuchten im NSG »Hardtseen«, um ihre Reviere voneinander abzugrenzen.

die Seen speist und von der Gemeinde Gottmadingen seit etlichen Jahren zur Trinkwasserversorgung genutzt wird. Die zeitgleich beobachtete Senkung des Wasserspiegels hat innerhalb weniger Vegetationsperioden bereits zu großflächiger Austrocknung des Seengeländes und einer Beeinträchtigung der Pflanzen- und Tierwelt, insbesondere der vielfältigen Amphibienfauna geführt.

Besucherhinweis: Für Besucher des Schutzgebiets »Hardtseen« besteht die Möglichkeit, an einer vom ortsansässigen Bund für Umwelt und Naturschutz (BUND) angebotenen, fachkundigen Führung teilzunehmen. *B. Koch*

Hausener Aachried

Landkreis: Konstanz
Gemeinde: Stadt Singen
Gemarkung: Singen
Naturraum: Hegau
Geschützt seit 1979
Größe: 50 Hektar
Top. Karte: 8219 Singen

Als im Jahre 1973 die Niederung des Aachrieds bei Hausen von einem Straßenbauvorhaben durchschnitten werden sollte, gab die damalige Landesstelle für Naturschutz und Landschaftspflege in Ludwigsburg ein Gutachten zur Schutzwürdigkeit des Gebietes ab. Da diese Beurteilung auch heute noch in wesentlichen Zügen ihre Gültigkeit besitzt, sei sie auszugsweise als Zitat wiedergegeben: »Nördlich von Singen am Hohentwiel liegt in der Niederung der Aach das »Hausener Aachried« (425 bis 433 m ü. NN). Die vorherrschende Nutzungsart ist das Grünland. Etwa 90% des Rieds sind von Futterwiesen bedeckt, der Rest insbesondere an seinen Rändern von Ackerflächen. Ein gut funktionierendes Entwässerungssystem reguliert den Wasserhaushalt der an sich nicht leicht zu bewirtschaftenden Niedermoorböden so optimal, daß relativ ertragreiche Wiesen auf ihnen zu gedeihen vermögen. Als Feuchtigkeitszeiger treten regelmäßig die Wiesen-Silge (*Silaum silaus*), der Große Wiesenknopf (*Sanguisorba officinalis*) und der Wiesenknöterich (*Polygonum bistorta*) auf. In unterschiedlicher Menge ist fast stets der Wiesen-Fuchsschwanz (*Alopecurus pratensis*) beigemischt. Am Westrand des »Hausener Aachrieds« wurde in unmittelbarer Nähe der Stadt Singen früher Torf gestochen. Diese Stellen sind heute gekennzeichnet durch lockere Gruppen von Grau-Weiden (*Salix cinerea*), die wenigstens im Westteil das Landschaftsbild etwas beleben. In Stadtnähe werden in zunehmendem Umfang die Wiesen nicht mehr gemäht (Sozialbrache), so daß sich hier üppige Bestände von Mädesüß (*Filipendula ulmaria*) entwickeln konnten.«

Im Jahre 1979 konnte dann ein rund 50 ha großes Teilgebiet der Aachniederung als Naturschutzgebiet »Hausener Aachried« ausgewiesen werden. Der Grundwasserspiegel steht hier im Aachtal meist sehr hoch an, in niederschlagsreichen Zeiten kommt es regelmäßig zum Austritt an die Oberfläche und zu Überschwemmungen. Trotz eines weitläufigen Netzes offener Entwässerungsgräben war schon immer nur eine mäßige landwirtschaftliche Streuwiesen- und Grünlandnutzung möglich. Bei diesen Abfluß- und Grundwasserverhältnissen haben sich staunasse und wechselfeuchte Lehmböden gebildet, die nährstoff- und basenreich (kalkhaltig) sind. Wie auch die mäßig sauren Torfböden des Gebiets lassen sie ganz bestimmte, den Bodenverhältnissen angepaßte, Pflanzengesellschaften erwarten.

Den größten Teil des Naturschutzgebiets nehmen Futter- und Streuwiesen ein. Je nach Grundwassereinfluß und Bewirtschaftungsintensität handelt es sich dabei um mehr oder weniger feuchte und mehr oder weniger artenreiche Wiesen. Pflanzensoziologisch sind sie als feuchte Glatthaferwiesen, Kohldistelwiesen, Silgenwiesen und Pfeifengraswiesen anzusprechen. Auf kleinste Flächen zurückgedrängt existieren noch Ausbildungen des Kalkflachmoors, wo die Stumpfblütige Binse (*Juncus subnodulosus*), begleitet von der ziemlich seltenen Sumpfstendelwurz (*Epipactis palustris*), dem Breitblättrigen Knabenkraut (*Dactylorhiza majalis*) und der Gebirgs-Binse (*Juncus*

133 Das NSG »Hausener Aachried« an der Hegauer Aach weist unterschiedliche Feucht- und Streuwiesengesellschaften auf.

alpinus) und der Rostroten Kopfbinse (*Schoenus ferrugineus*) auftritt. Das Breitblättrige Wollgras (*Eriophorum latifolium*) prägt mit seinen weiß-wolligen Blütenschöpfen im Frühsommer das Bild dieser Moorwiesen. Auch die sonst im ganzen Hegau rare Simsenlilie (*Tofieldia calyculata*) wächst hier noch. Die verbliebenen Pfeifengras-Streuwiesen im nördlichen Ried sind reich an Beständen des Wohlriechenden Lauches (*Allium suaveolens*) und dem Schnitt-Lauch (*Allium schoenoprasum*). An trockeneren Stellen gedeiht hier auch noch das Kleine Knabenkraut (*Orchis morio*). Als besonders artenreich treten Mischbestände von Kohldistel mit Silgenwiesen auf. Diese Bestände zählen aus Artenschutzgründen mit zu den wertvollsten Wiesengesellschaften im Ried. Fallen die Feuchtwiesen brach, entwickeln sie sich nach und nach zu Hochstaudenfluren, in denen Arten wie Kohldistel (*Cirsium oleracea*), Mädesüß (*Filipendula ulmaria*), Blutweiderich (*Lythrum salicaria*), Ackerkratzdistel (*Cirsium arvense*) und Goldrute (*Solidago canadensis*) zur Dominanz gelangen können. Durch den im Vergleich zur Mahd ausbleibenden Nährstoffentzug können sich die konkurrenzstarken Pflanzen kräftig entwickeln und dadurch die schwachwüchsigen Arten unterdrücken. Auf Standorten mit guter Nährstoff- und Wasserversorgung wandert dann das Schilf ein.

Das verzweigte System schmaler und breiter Entwässerungsgräben sowie der Aachlauf bereichern das Vegetationsbild mit üppiger Sumpf- und Wasserflora besonderer Prägung. Fließ- und Stillwasserröhrichte sind noch hervorragend vertreten, die ausgedehnten Wiesenflächen waren früher idealer Brut- und Nahrungsraum für zahlreiche wiesenbrütende Vogelarten. Dazu zählen Kiebitz, Großer Brachvogel, Bekassine, Braunkehlchen und Grauammer. Allerdings haben diese Brutbestände in den letzten Jahrzehnten stark abgenommen, so daß heute nur noch der Kiebitz mit wenigen Brutpaaren angetroffen wird. Die Ursachen liegen zum einen in der intensiven Bewirtschaftung der Futterwiesen und im Brachfallen der ehemaligen Streuwiesen. Zum anderen erfolgen immer mehr Störungen durch Freizeitnutzungen (Jogger, Spaziergänger, streunende Hunde, Kleingartenanlage). Doch nach wie vor bietet das Hausener Aachried verschiedenen Brutvögeln, Rast- und Überwinterungsgästen einen ausreichenden Schutz. So sind hier regelmäßig Graureiher, Schwarz- und Rotmilan sowie die Kornweihe anzutreffen. Auf dem Durchzug ins Überwinterungsgebiet wurden schon bis zu 70 Krickenten, 600 Kiebitze oder 50 Wiesenpieper beobachtet. Brutvögel sind weiterhin die Rohrammer, Teich- und Sumpfrohrsänger, die Dorngrasmücke, Nachtigall und Pirol. Daß dieses Potential noch erhalten werden konnte, liegt letztendlich auch daran, daß große Flächen des Riedes von Landwirten im Sinne des Naturschutzes extensiv bewirtschaftet werden; es bestehen dafür Extensivierungsverträge mit der Stadt Singen und der Naturschutzverwaltung. Da Landschaftspflege bei den reduzierten Haushaltsmitteln der Naturschutzverwaltung nicht mehr unbegrenzt finanzierbar ist, wurde vor einigen Jahren im Hausener Aachried ein neues Modell der »Ried-Pflege« etabliert. Auf Initiative von Privatpersonen, des Naturschutzbundes (NABU) und eines Landwirtes, wurde eine Gesellschaft für Mutterkuhhaltung gegründet, die eine Herde von Schwarzwälder Hinterwälder-Rindern im Hausener Aachried als Landschaftspfleger weiden läßt. Die Erfolge lassen sich sehen. Auch wenn sich das beweidete Grünland nicht ohne weiteres mit einer gemähten Wiese vergleichen läßt, so zeigen sich über das Jahr hinweg doch immer wieder unterschiedlichste Blüh- und Pflanzenaspekte. Besonders für die Insektenwelt bietet der strukturreiche Bewuchs zahlreiche Nahrungsmöglichkeiten. Im übrigen sind die Hinterwälder-Rinder gesund, ihr Fleisch ist sehr schmackhaft und der Landwirt ist über den Absatz in der Direktvermarktung zufrieden. Die Beweidung muß verständlicherweise vor Flächen haltmachen, auf denen die nassen Bodenverhältnisse starke Trittschäden zur Folge hätten oder wo die Gefahr besteht, daß hochgradig gefährdete Pflanzen oder Pflanzengesellschaften, z.B. Silgen-Pfeifengras- oder Kalkflachmoorbestände, unter der Beweidung leiden würden.

Besucherhinweis: Die Freizeitnutzung im Aachried hat in den letzten 10 bis 20 Jahren enorm zugenommen. Das Hausener Aachried liegt vor den Toren der Stadt Singen und bietet sich als Raum für die Naherholung regelrecht an. Derzeit wird von der Naturschutzverwaltung eine Konzeption zur Besucherinformation erstellt, die große Informationstafeln an den Eingängen zum Ried, kleinere Hinweisschilder auf bestimmte Objekte im Ried selbst und ein Informationsfaltblatt vorsieht. Damit wird die Strategie verfolgt, daß nur derjenige Verständnis und Bereitschaft für Schutzmaßnahmen aufbringt, der die gefährdeten Tiere und Pflanzen und ihre Lebensräume kennt. Interessierte Besucher können das Hausener Aachried auf landwirtschaftlichen Wegen von der Singener Nordstadt oder von Hausen aus erkunden.

E. Stegmaier

Heudorfer Ried

Landkreis: Konstanz
Gemeinde: Eigeltingen
Gemarkung: Heudorf
Naturraum: Hegau
Geschützt seit 1983
Größe: 21,5 Hektar
Top. Karten: 8019 Neuhausen ob Eck, 8119 Eigeltingen

Im nordöstlichen Hegau, bereits nahe der nach Südosten abgedachten Albhochfläche, befindet sich die kleine Gemeinde Heudorf und das »Heudorfer Ried«. Hier, wo die gestaltenden Kräfte zweier Eiszeiten deutliche Spuren hinterlassen haben, bildete sich eines der größten und interessantesten Niedermoore des Hegau.

Naturräumlich zählt Heudorf und seine Umgebung zum Heudorf-Zoznegger-Bergland, eine Altmoränenlandschaft im Hinterland des Bodensees, die von Wald und kleinbäuerlicher Nutzung mit vielen Einzelhöfen und kleinen Dörfern geprägt ist. Der von den Alpen kommende Rheingletscher der Rißeiszeit, der vorletzten Kaltzeit, erreichte nördlich Heudorf seine größte Ausdehnung, während die größte Vereisung der Würmeiszeit unweit südlich endete.

Von Heudorf aus öffnet sich nach Südosten ein weites, von Grünlandnutzung geprägtes beckenförmiges Tal, in dessen Zentrum schilf- und seggenbestandene Wiesen, eine Teichfläche sowie ein umfangreiches Grabensystem auf großflächige Vernässungen und Vermoorungen hindeuten. Im »Heudorfer Becken«, wie dieser Talraum genannt wird, staute sich während der Würmeiszeit ein großer Schmelzwassersee des bis nahe an das Gebiet vorrückenden Rheingletschers. Nach dem Rückzug des Gletschers entleerte sich der Stausee, und die bis dahin abgelagerten Seesedimente wurden teilweise wieder abgetragen. Reste davon sind heute im Heudorfer Becken als flache, meist ackerbaulich genutzte Hügel zu erkennen. In den Geländemulden kam es in der Folge durch Verlandungs- und Versumpfungsvorgänge zur Bildung und Ablagerung von Mudden und Torfen. Die größte Vermoorung des Beckens, das Heudorfer Ried, erreicht immerhin eine Größe von ca. 85 ha und eine Mächtigkeit von bis zu 4,6 Metern.

Nur die zentralen Bereiche im Gewann »Hardtweiher« östlich und westlich der Kreisstraße 6113 (Heudorf-Raithaslach) sind heute noch als »typische«, mehr oder weniger intakte Niedermoore anzusprechen, wobei lediglich der östliche Teil als Naturschutzgebiet ausgewiesen ist. Diese Moorbereiche sind von einem ausgedehnten, bis vor wenigen Jahren noch intensiv bewirtschafteten Grünlandgürtel umgeben.

In den feuchtesten, zentralen Moorflächen ist das Fadenseggenried vorherrschend, wobei die Faden-Segge (*Carex lasiocarpa*) nur selten aspektbildend auftritt. Meist wird die Gesellschaft von der Steifen Segge (*Carex elata*) beherrscht. Der größere Teil der Kernfläche wird von den ursprünglich extensiv bewirtschafteten Pfeifengraswiesen eingenommen. Sie sind in verschiedenen Ausbildungen anzutreffen und beherbergen wie das Fadenseggenried einige floristische Besonderheiten wie Mehlprimel (*Primula farinosa*), Spatelblättriges Greiskraut (*Senecio helenitis*), Pracht-Nelke (*Dianthus superbus*), Schmalblättriges Wollgras (*Eriophorum angustifolium*), Rostrotes Kopfried (*Schoenus ferrugineus*) u. v. m. In beiden Gesellschaften hat sich auch das Schilfrohr (*Phragmites communis*) stark ausgebreitet und ist teilweise bereits aspektbildend. Am Rande des Moorkerns gehen die genannten Bestände teilweise in fließenden Übergängen in Hochstaudenfluren über, wobei das Mädesüß (*Filipendula ulmaria*), der Blut-Weiderich und der Gewöhnliche Gelbweiderich (*Lythrum salicaria* und *Lysimachia vulgaris*) sowie das Schilfrohr dominieren.

Die größte Ausdehnung im Gebiet – und weit über das eigentliche Naturschutzgebiet hinausgehend – erreichen jedoch die ehemals mehr oder weniger intensiv bewirtschafteten Wiesen. Auf den stark feuchten bis nassen Standorten ist die hier sehr artenreiche Kohldistelwiese mit der namengebenden Kohldistel (*Cirsium oleraceum*) vorherrschend, teilweise verzahnt mit Kleinseggenrieden. Begleiter sind die typischen Charakterarten der Naßwiesen wie Sumpfdotterblume (*Caltha palustris*), Bach-Nelkenwurz (*Geum rivale*), Wiesen-Knöterich (*Polygonum bistorta*), seltener die Bach-Kratzdistel (*Cirsium rivulare*) und als große Besonderheit des Gebiets die teilweise aspektbildend auftretende Trollblume (*Trollius europaeus*). Auf den stärker entwässerten bzw. höher gelegenen, trockeneren Standorten dominieren die stark gedüngten und mehrschürigen Wiesenfuchsschwanz- und Glatthaferwiesen.

Von herausragende Bedeutung sind die ausgedehnten Wiesen- und Niedermoorflächen südlich Heudorf auch für die Tierwelt. Neben Amphibien, Libellen und einer reichen Insektenfauna sind vor allem die Vögel in großer Zahl vertreten und gut dokumentiert. Eher unscheinbar und versteckt lebt hier das landesweit stark vom Rückgang betroffene Braunkehlchen noch in einer beachtlichen Population. Wachtel, Grauammer, Wiesenpieper, Feldschwirl und Feldlerche, wie das Braunkehlchen am Boden brütend, sind ebenso anzutreffen wie die im Schilf und am Wasser lebenden Teich- und Sumpfrohrsänger, Wasserralle

134 Das Heudorfer Becken mit dem zentral gelegenen NSG aus südöstlicher Richtung. Gut zu erkennen sind die ausgedehnten Niedermoorflächen und Wiesen sowie die überwiegend ackerbaulich genutzten Beckenränder.

135 Die sehr seltene Grauammer findet wie einige weitere Bodenbrüter noch günstige Lebensbedingungen in den extensiv genutzten Wiesen des Schutzgebiets »Heudorfer Ried«.

und Rohrammer. Der 1989 angelegte Teich randlich des Naturschutzgebiets ist längst ständige Heimat des seltenen Zwergtauchers geworden, er teilt sich hier das Revier meist mit dem Bläßhuhn. Im Herbst und Winter ist das Gebiet regelmäßig Rast- und Überwinterungsplatz für Arten wie Bekassine, Korn- und Rohrweihe, Raubwürger und viele andere.

Große zusammenhängende Bereiche des Niedermoors und der Wiesen des Heudorfer Beckens sind landeseigene Flächen der Staatsdomäne Heudorf. Im Rahmen der Flurbereinigung Eigeltingen-Heudorf konnten durch das Land noch weitere Flurstücke erworben und große Teile im Zuge von Biotopvernetzungs- und Extensivierungsmaßnahmen ökologisch erheblich aufgewertet werden. Die Wiesen werden inzwischen überwiegend erst in den Sommermonaten gemäht, und auch die Düngung wurde stark eingeschränkt. Die wertvollsten Niedermoorwiesen werden teilweise wieder über Pflegeverträge von Landwirten sowie dem Naturschutzbund Deutschland (NABU), der seit 1985 eine vertraglich geregelte Betreuung des Gebiets übernommen hat, gemäht. Die insgesamt sehr positive Entwicklung des Heudorfer Riedes als wichtiger Lebensraum gefährdeter Pflanzen- und Tierarten weit über die Schutzgebietsgrenzen hinaus ist sicherlich beispielhaft für eine naturschutzorientierte Entwicklung landeseigener Flächen. Daß dies nur unter Einbeziehung der ortsansässigen Landwirte funktioniert, versteht sich von selbst.

P. Jehle

Hohenhewen

Landkreis: Konstanz
Gemeinde: Stadt Engen
Gemarkung: Anselfingen
Naturraum: Hegau
Geschützt seit 1982
Größe: 39 Hektar
Top. Karte: 8118 Engen

»Zwischen dem 10. und 11. [März 1817] in der Nacht riß sich ein grosses Stük Waldung unter dem Höwemer Berg los, stürzte 10 Klafter [50 m] senkrecht und 80 Klafter [400 m] weit in die Tiefe hinunter, entwurzelte die größten Bäume, zerfiel in viele Schlünde, und diese ungeheure Erdmasse (durch ihren Druk) verschob die unten am Abhang gelegenen Aeker von mehreren Jucharten dergestalt in ihrer Lage, daß nicht nur viele Risse und Vertiefungen, sondern in den nemlichen Aekern lange und aufgeworfene, in Spälte verfallene Grundhügel entstanden, und oben ein grosses Stük verschüttete Waldung die Stelle des vorigen Akers eingenommen, rükwärts hingegen eine steile schauervolle Wand von obenbesagter Höhe und Weite zurükgelassen hat.« So berichtete der Allgemeine Schweizerische Korrespondent vom 26. März 1817.

Noch heute tritt diese fast vegetationslose, steile Abrißwand markant an der Ostflanke des Hohenhewen in Erscheinung. Ein vergleichbarer spektakulärer Bergsturz ereignete sich bereits in der Mitte des 18. Jahrhunderts.

Diese Vorgänge haben ihren Ursprung in der jüngeren Erdgeschichte. Während des Tertiärs waren im Hegau wiederholt Vulkane aktiv. Zunächst wurden auf Sedimenten von oberer Süsswassermolasse und Juranagelfluh bis zu 100 m mächtige Deckentuffe abgelagert. Anschließend drangen in den Schlot Basaltmassen ein, die bis an die damalige Erdoberfläche (ca.

136 Natürlich anstehender Basaltfels am Südhang des Hohenhewen.

900 m ü. NN) reichten. Durch gewaltige Erosionstätigkeit im Pliozän und anschließendem Pleistozän wurde der harte Basaltkern (Härtling) herausgeformt. Die Schmelzwasserströme in der ausklingenden Eiszeit übersteilten den Ostfuß des Hohenhewen derart, daß dort an der »schauervollen Wand« bis heute Rutschungen und Bergstürze stattfinden.

Durch Erosion wurde auch der Basalt-Schlot selbst auf seine heutige Höhe (846 m ü. NN) abgetragen. Der entstandene Basaltschutt lagert an den Steilhängen und bildet in den oberen, steilen Hangbereichen Blockhalden. Am Südhang steht gewachsener Fels an. Am Burggraben auf dem Gipfel des Berges sowie unter den Mauerresten der ehemaligen Burg sind noch typische Basaltsäulen zu erkennen.

Vegetationskundlich hat der Gipfelbereich des Hohenhewen herausragende Bedeutung. Insbesondere die süd- und südwestexponierten Hänge tragen Pflanzenbestände, die in der postglazialen Wärmezeit hierhin einwandern konnten, ohne später von hochwüchsigem Wald wieder verdrängt zu werden. Die nahezu vollständige Entwaldung des Berges durch den Menschen im Mittelalter unterstützte diese Entwicklung sicher auch. So konnten sich an Steilhängen und an Felsen Hochstauden, Kräuter, Gräser, Moose und Flechten bestandsbildend erhalten. An extremen Standorten haben sich sogar Trockenrasen entwickelt. Im lichten Trockenwald mit Kiefer, Eiche, Esche, Linde, Elsbeere (Steppenheidewald) bilden Hirschwurz-Saum und Hügelklee-Saum ausgedehnte Bestände. Die Südostflanke des Berges ist mit Eschen-Ahorn-Lindenwald bestockt. Im Nordosten wächst Schluchtwald. Am Nord- und Westhang stehen Fichtenwälder.

Die steile Ostflanke ist bedingt durch Rutschungen und Erosion nicht geschlossen bewaldet. Hier dominieren Arten der Felsgrusgesellschaften wie Weißer Mauerpfeffer (*Sedum album*), Steinquendel (*Acinos arvensis*), Kelch-Steinkraut (*Alyssum alyssoides*), Quendel-Sandkraut (*Arenaria serpyllifolia*) sowie der Schriftfarn (*Ceterach officinarum*).

Auf eine frühgeschichtliche Besiedlung des Hohenhewens deuten Bodenfunde und Teile eines steinernen Ringwalls am Gipfel hin. Auf dem schmalen Gipfelplateau sind heute noch ca. drei Meter hohe Mauerreste der mittelalterlichen Burganlagen auf 150 m Länge und 60 m Breite zu sehen. Ein ebenfalls erhaltener Turm mit einer zehn Meter hohen Aussichtsplattform bietet bei günstigem Wetter eine prächtige Aussicht auf die Hegauberge und über den Bodensee bis hin zu den Alpen.   *H. Engelke*

Hohenkrähen

Landkreis: Konstanz
Gemeinde: Hilzingen
Gemarkung: Duchtlingen
Naturraum: Hegau
Geschützt seit 1983
Größe: 12,6 Hektar
Top. Karten: 8118 Engen, 8218 Gottmadingen

Im Hegauer Kegelbergland tritt der Hohenkrähen besonders markant in Erscheinung. Er erhebt sich an der Talbiegung von Aach und

137 Der Phonolithkegel Hohenkrähen mit den nur schütter bewachsenen Süd- und Südosthängen.

Saubach mit steilen Hängen und schroffen Felsen unmittelbar aus der Niederung. Seine Gestalt wird deshalb auch gern als »keck« bezeichnet – obwohl er der niedrigste Kegelberg (642 m ü. NN) im Hegau ist.

Geologisch gehört der Hohenkrähen in die Reihe der Phonolith-Vulkane. Zur Genese des Berges sei deshalb auf die Geologie des Hegaus und das vergleichbare Naturschutzgebiet »Mägdeberg« verwiesen.

Die steilen Unterhänge des Hohenkrähen sind mit einem Schuttmantel aus abgewittertem Phonolithgestein bedeckt. Am besonders steilen Nord- und Osthang ist das Material stellenweise noch in Bewegung – es haben sich »Steinrasseln« gebildet. Man findet dort aber auch große Felsblöcke. Unterhalb des Gipfels mit der Burganlage steht der Phonolith in 50 bis 100 m hohen, offenen Felswänden an. Der den Phonolithstock kegelförmig umgebende Schuttmantel ist vollständig bewaldet. Es wächst dort ein Laubmischwald aus Linde, Esche, Traubeneiche, Buche und Hainbuche.

In Nord- und Nordostexposition gedeiht ein lockerer Fingerzahnwurz-Lindenwald, der in dieser Ausprägung als einmalig im Bodenseeraum bezeichnet werden muß. Im Frühjahr überzieht ein lila Blütenschleier von Fingerzahnwurz (*Dentaria pentaphyllos*) den Boden. Hier finden wir uralte, bizarr geformte Linden. Sie stammen aus der Zeit vor 300 bis 400 Jahren, als die Burganlage endgültig aufgegeben wurde. Davor hielt man die Hänge unterhalb der Burg wohl aus strategischen Gründen offen.

Im Südosten und Süden wird der Wald zunehmend lichter, Linde und Buche treten zurück. Insbesondere im Süden wachsen auch einzelne Kiefern. Extreme Standorte, insbesondere in oberen Hangpartien, werden von wärmeliebenden Gebüscharten wie Liguster und Wolligem Schneeball eingenommen. An den steilen Felswänden stehen nur einzelne Sträucher. Hier ist der Lebensraum der Felsband- und Felsgrus-Gesellschaften mit bemerkenswerten Pflanzen wie Wimper-Perlgras (*Melica ciliata*), Blauer Lattich (*Lactuca perennis*), Hohes Fingerkraut (*Potentilla recta*), Wermut (*Artemisia absinthium*) und Römische Kamille (*Chrysanthemum parthenium*).

Innerhalb der Burganlage haben u. a. folgende Pflanzen-Arten überdauert: Wildapfel, Wildbirne, Zwergmispel, Graues Fingerkraut (*Potentilla inclinata*), Zwerg-Schneckenklee (*Medicago minima*). Die Ruinenbereiche und oberen Felspartien sind aber auch ein Dorado für wärmeliebende Reptilien. Noch beherbergen sie Populationen von Mauer- und Zauneidechse sowie Blindschleiche.

Auf dem Gipfel des Berges erhob sich vom 12. bis ins 17. Jahrhundert eine mächtige Burg. Noch heute lassen umfangreiche Mauerreste, die mit dem Fels verwachsen scheinen, die damalige strategische Bedeutung der Anlage erahnen. Bevor die Burg im Dreißigjährigen Krieg endgültig geschleift wurde, diente sie auch als Sammelpunkt für Raubritter und Wegelagerer.

Die wechselvolle Geschichte und die einzigartige Form des Berges regte schon immer die Phantasie der Bewohner in den umliegenden Dörfern an. So vermutet man, daß vom Hohenkrähen aus der »Poppele«, eine Art Rübezahl des Hegaus, sein Unwesen treibt. Um Mitternacht soll man ihn in den unterirdischen Gewölben der Burg beim Kegeln beobachten können. Ungefährlich ist tagsüber die Besteigung des Berges, von wo aus sich eine ausgezeichnete Aussicht auf den Hegau bietet.

H. Engelke

Hohenstoffeln

Landkreis: Konstanz
Gemeinde: Hilzingen
Gemarkung: Binningen
Naturraum: Hegau
Geschützt seit 1941
Größe: 52,6 Hektar
Top. Karte: 8218 Gottmadingen

Das Badische Ministerium des Kultus und Unterrichts erließ am 9. Juni 1941 die Verordnung über das Naturschutzgebiet »Hohenstoffeln«. Damit zog es den endgültigen Schlußstrich unter Jahrzehnte dauernde Auseinandersetzungen über den Basaltabbau am Gipfel des Berges. Vertreter des Heimat- und Naturschutzes hatten sich unter der Leitung von Ludwig Finckh seit der Genehmigung des Abbaus im Jahre 1913 unermüdlich für die Erhaltung des höchsten Hegauberges eingesetzt. Aber erst als die Burgruine auf dem Gipfel einzustürzen drohte,

138 In den frischeren Ausbildungen der Buchenwälder, dort, wo die Buche teilweise durch die Esche verdrängt wird, sind große Bestände des Blassen Knabenkrauts (*Orchis pallens*) anzutreffen.

wurde der Gesteinsabbau nach 26 Jahren auf Veranlassung des Reichsinnenministers im Jahre 1939 endgültig beendet. Dieser Kampf fand seinerzeit »reichsweite« Beachtung.

Seine auch heute noch beherrschende Stellung im Hegau verdankt der 841 Meter hohe Berg mit den zwei Gipfeln seinem vulkanischen Ursprung. Aufgrund einer Schwächezone im tiefen Untergrund unter der anstehenden Juranagelfluhdecke kam es hier im Obermiozän zunächst zum Auswurf vulkanischer Tuffe, die an den Hängen des heutigen Berges noch stellenweise zutage treten. Im Pliozän stießen dann Basaltlagen durch die bestehenden Schlote bis nahe an die damalige Erdoberfläche vor. Während der nachfolgenden Eiszeiten modellierte die Erosion den Hohenstoffeln aus seiner Umgebung heraus und es entstanden die heutigen Landschaftsformen. Der harte Basaltkern des Berges widersetzte sich der Abtragung, so daß die markante Berggestalt erhalten blieb.

Am heutigen Gipfel und im ehemaligen Steinbruch an der etwa 100 Meter hohen Nordwand steht das Ergußgestein in vier- bis sechskantigen Säulen an, die am Gipfel bis drei Meter dick sind. Dieser Aufschluß »typischer« Basaltsäulen ist im Hegau einmalig.

An den Bergflanken kam es im Umkreis von etwa einem Kilometer um den Gipfel zur Ablagerung von basaltischem Hangschutt. Besonders eindrucksvoll sind diese Blockhalden am steilen Osthang des Nordgipfels zu sehen.

Die steileren Hangpartien des Hohenstoffeln sind bis zum Gipfel nahezu vollständig mit überwiegend arten- und strukturreichen Laubwäldern bewachsen, die in dieser Ausdehnung (über 400 ha) in der weiteren Umgebung selten sind.

Im Naturschutzgebiet, das etwa die oberen 100 m des Bergkegels einnimmt, haben sich um die Gipfel besonders beachtenswerte Waldgesellschaften ausgebildet. Direkt unterhalb des Gipfels auf dem extrem steilen nordostexponierten Steinschutthang stockt Eschen-Ahorn-Wald mit Berg-Ulme und Sommer-Linde. Auf steilem Süd- und Südosthang wächst Ahorn-Lindenwald, der im Bereich von Blockhalden urwüchsige Waldbilder bietet.

Die gesamte Südhälfte des Schutzgebiets wird überwiegend von Buchenwäldern in verschiedenen Ausbildungen eingenommen. Auf frischen Böden entwickeln Geophyten im Frühjahr artenreiche, bunte Blütenteppiche. Je nach Standort herrschen Bär-Lauch (*Allium ursinum*), Busch-Windröschen (*Anemone nemorosa*), Hohler Lerchensporn (*Corydalis cava*), Scharbockskraut (*Ranunculus ficaria*), Wald-Bingelkraut (*Mercurialis perennis*) oder Lungenkraut (*Pulmonaria obscura*) vor.

Die aufgelassene, nordexponierte Steinbruchwand ist sich selbst überlassen. Es faßten bisher nur an wenigen Stellen Pionierbaumarten wie Kiefer, Birke, Weide und Fichte Fuß. Große Bereiche der Wand sind vegetationsfrei. In Spalten und Ritzen wachsen Färberkamille (*Anthemis tinctoria*), Dost (*Origanum vulgare*), Kratz-Rose (*Rosa scabriuscula*), Gewöhnliche Küchenschelle (*Pulsatilla vulgaris*) und Weiße Fetthenne (*Sedum album*). Die der Wand vorgelagerte plateauartige, ca. zwei Hektar große ehemalige Steinbruchsohle wird von Magerrasen eingenommen, in dem Massenbestände der Mondraute (*Botrychium lunaria*) auftreten.

Der Hohenstoffeln war im Mittelalter gekrönt von drei »Schlössern«. Von diesen Burgen fiel die nördlichste dem Steinbruchbetrieb zum Opfer. Von den beiden südlichen Anlagen stehen nur noch bescheidene Reste, die gerade die ehemaligen Ausmaße der Burgen erkennen lassen. Geblieben ist die grandiose Aussicht vom Hauptgipfel – bei gutem Wetter vom Feldberg im Westen über den Hegau bis zum Bodensee. *H. Engelke*

Hohentwiel

Landkreis: Konstanz
Gemeinden: Singen am Hohentwiel, Hilzingen
Gemarkungen: Singen, Hilzingen
Naturraum: Hegau
Geschützt seit 1941
Größe: 108,1 Hektar
Top. Karte: 8218 Gottmadingen

Wie ein mächtiger Klotz erhebt sich der Hohentwiel ca. 250 m über der Stadt Singen. Sie schmiegt sich an des Fuß des Vulkanberges, hat sich in der weiten, fruchtbaren Aachniede-

139 Bei klarem Föhnwetter sind hinter dem Hohentwiel und Bodensee die Schweizer Alpen mit dem Säntis zu sehen.

rung in den letzten Jahrzehnten stark ausgedehnt und ist eine bedeutende Industriestadt geworden. Der Hohentwiel hingegen vermittelt, wie die anderen Hegauvulkane auch, das unverfälschte Bild eines weitgehend naturnahen Berges.

Der auffällige Berg ist wohl immer ein Anziehungspunkt für die Menschen gewesen. Erste Siedlungsspuren finden sich aus der Jungsteinzeit ab etwa 3000 v. Chr. Erst ab 900 n. Chr. ist eine Burg auf dem Gipfel verbürgt. Im Laufe der Jahrhunderte wurde sie zu einer Festung der schwäbischen Herzöge ausgebaut. Sie war oft Belagerungen ausgesetzt, ist aber wegen der exzeptionellen Lage nie erobert worden. Nachdem sie lange als württembergisches Gefängnis gedient und ihre militärische Bedeutung verloren hatte, gelangte sie im Jahre 1800 während der Napoleonischen Kriege in französische Hände und wurde völlig zerstört. In der Folge verblieb der Hohentwiel bei Württemberg und kam erst 1969 zur Stadt Singen. Bereits 1941 wurde die württembergische Exklave mit Ausnahme der Burg und des Domänenhofs auf halber Höhe zu einem ca. 108 ha umfassenden Naturschutzgebiet erklärt.

Die geologische Entstehung des Hohentwiels reicht bis ins Tertiär zurück. Damals war die Auffaltung der Alpen in vollem Gange. In das heutige Alpenvorland, an dessen nördlichen Rand der Hegau mit seinen Vulkanen liegt, flossen große Ströme vom entstehenden Faltengebirge heran und lagerten die mitgeschwemmten Schottermassen als sogenannte »Molasse« bis in eine Höhe von ca. 900 m ü. NN nach heutigem Niveau ab. Während des Miozäns, vor ca. 9 Millionen Jahren, suchte sich an der Stelle des heutigen Hohentwiels das Magma aus den tiefen Schichten der Erdkruste in einem bereits früher angelegten Vulkanschlot den Weg nach oben. Unter ungeheurem Druck quoll das glutflüssige Material empor, brach aber nicht bis zur damaligen Landoberfläche durch, sondern blieb als Pfropfen in den Molasseschichten stecken. In der Folgezeit erstarrte das Magma und verfestigte sich zu einem kompakten Phonolithstock. Erst die intensive Erosion in den Eiszeiten präparierte den harten Phonolithkern aus den Molasse-Deckschichten heraus. Der Rheingletscher, der von den Alpen kommend den Berg in der letzten Eiszeit sogar umschloß, und die Schmelzwässer trugen das weiche Molassematerial bis auf das heutige Niveau ab. Da der eisfreie Gipfel einem starken Frostwechsel ausgesetzt war, verwitterte der Phonolithklotz zu seiner heutigen schroffen Gestalt, während sich am Fuß des Berges größere Schutthalden aus dem herabfallenden Material bildeten.

Nach den Eiszeiten wanderten Pflanzen und Tiere aus ihren Rückzugsgebieten im Mittelmeerraum, westlich und östlich die noch vereisten Alpen umgehend, wieder nach Süddeutschland zurück. Im Gebiet des westlichen Bodensees trafen die Arten mit ihrer verschiedenen Herkunft aufeinander. Andererseits verharrten einige, sonst nur in den Höhenlagen der Alpen verbreitete, sogenannte »präalpine« Arten, die die Kaltzeiten im Umfeld des Gletschers überdauert hatten, am Hohentwiel. Daraus erklärt sich die hohe Artenvielfalt und die einmalige Zusammensetzung der Flora und Fauna des Vulkanberges. Besonders die botanischen Raritäten zeugen von der nacheiszeitlichen Einwanderungsgeschichte und sind von hohem wissenschaftlichen Wert.

Besonders die Phonolithfelsen und die Trockenrasen beherbergen seltene, in Deutschland oft nur von wenigen Stellen bekannte Arten und Pflanzengesellschaften. Gerade die Vegetation der sonnenexponierten Felsen ist sehr vielfältig. Je nachdem, ob es sich um herausragende Felsnasen oder -köpfe, um Simsen, schuttreiche Rinnen oder tiefgründige Felsspalten handelt, findet man verschiedene Pflanzenbestände mit speziell angepaßten Arten. Die Zusammensetzung der Vegetation erinnert stark an die Steppenheide, die am Hohentwiel auf zwar bodensaurem, aber basenreichem Phonolithgestein vorkommt. An den trockenheißen Extremstandorten zwängen sich die wenigen Pflanzen mit ihren Wurzeln in die senkrechten Felsspalten, die den Phonolith an seiner Oberfläche überall durchziehen. Hier finden wir die Alpenpflanzen, die vermutlich bereits während der Eiszeit an den Felsen »oberhalb des Gletschers« wuchsen. Trauben-Steinbrech (*Saxifraga paniculata*), Niedriges Habichtskraut (*Hieracium humile*) und Dickblättrige Fetthenne (*Sedum dasyphyllum*) gehören zu diesen, meist seltenen und gefährdeten Arten. Das Niedrige Habichtskraut besitzt aber an den von Menschenhand geschaffenen, »sekundären« Standorten, in den Mauerfugen der Burgruine, mittlerweile reichere Bestände als am natürlichen Fels. An weniger extremen Felspartien kommen vor allem größere Polster der Weißen Fetthenne (*Sedum album*) vor, dazwischen wachsen Berg-Steinkraut (*Alyssum montanum*), Berg-Lauch (*Allium montanum*), Graues Fingerkraut (*Potentilla inclanata*) und Siebenbürger Perlgras (*Melica transsilvanica*) – Arten mit eher östlicher Verbreitung – und trotzen den widrigen

140 Die an sehr unzugänglichen Stellen im Fels vorkommende Hauswurz (*Sempervivum tectorum*) muß als »Agriophyt« angesehen werden, der aus den mittelalterlichen Burggärten der Festung stammt; mit im Bild sind Weiße Fetthenne (*Sedum album*) und Roß-Lauch (*Allium oleraceum*).

Bedingungen am Fels. Eine besondere Zier des »Hontes«, wie der Hohentwiel bei den Einheimischen genannt wird, ist die Pfingstnelke (*Dianthus gratianopolitanus*), die sich in die Nischen der unzugänglichen Felswände zurückgezogen hat.

Sobald den Pflanzenwurzeln mehr Erde in den Gesteinsklüften zur Verfügung steht, siedeln sich Sträucher und Bäume an. An exponierten Felsköpfen haben sich Felsenbirne (*Amelanchier ovalis*) und Gewöhnliche Zwergmispel (*Cotoneaster interregimus*) eingenistet. Stiel-Eiche, Mehlbeere und Esche hingegen bevorzugen die weniger extremen Stellen und überziehen auf großer Fläche die sonnigen Phonolithfelsen. Sie wachsen jedoch kaum über Strauchhöhe hinaus, da sie auf dem ausgesprochen ungünstigen Standort in regenarmen, heißen Sommern völlig vertrocknen und absterben.

Als die Festung auf dem Hohentwiel noch militärische Bedeutung besaß, wurden die Hänge weitgehend von Waldwuchs freigehalten: Die Burgherren benötigten eine gute Übersicht und ein freies Schußfeld. Seit der Zerstörung der Burg im Jahre 1800 konnte sich, ausgehend von den degradierten Waldresten in der felsigen und schattigen Nordseite und auf den bis dahin nahezu freien Schutthalden wieder ein artenreicher Laubwald etablieren. Trotz einiger gescheiterter Aufforstungsversuche mit exotischen Hölzern im 19. Jahrhundert und einer bis in die 20er Jahre anhaltenden Beweidung entwickelte sich ein urwüchsig erscheinender Mischwald. Auf den warmen Südlagen stocken heute Bestände mit Winter- und Sommer-Linde, Hainbuche und Spitz-Ahorn, auf den frischeren Schattlagen gedeihen eher anspruchsvollere Arten wie Berg-Ulme, Esche und Berg-Ahorn. Insbesondere die Trockenwälder auf den Südseiten gelten als Endstadium der Sukzession auf diesen Sonderstandorten. Die Bodenvegetaion ist dank des reichhaltigen Untergrundes äußerst vielfältig: Dichter Strauchwuchs macht die Wälder fast undurchdringlich, auf kleineren Lichtungen findet man zahlreiche Saumpflanzen, und an den grundfeuchten Stellen zeigen sich zeitig im Jahr die Frühlingsgeophyten. In den strukturreichen Wäldern und den Gebüschen der Felsen brüten zahlreiche Vogelarten, die seit langem jährlich erfaßt werden. Während 1968 noch 43 Arten vorkamen, konnten 1989 nur noch 28 festgestellt werden. Dies ist ein Verlust von 35 Prozent und ein alarmierendes Zeichen für die sich verschlechternden Lebensbedingungen im Naturschutzgebiet. Aber auch die Bestände der verbliebenen Arten haben erhebliche Einbußen hinnehmen müssen. Vom gefährdeten Berglaubsänger – er war 1974 mit 14 singenden Männchen registriert worden, wurde 1989 nur noch eines beobachtet!

Das weitere Umfeld des felsigen Burgberges wird landwirtschaftlich genutzt: An den warmen Südosthängen befinden sich vom Staatlichen Weingut Meersburg betreute Rebberge. Durch das günstige Lokalklima reichen sie bis in die ungewöhnliche Höhenlage von ca. 520 m ü. NN! Viel ausgedehnter sind jedoch die Schafweiden. Ein Großteil – vor allem der Olgaberg südwestlich der Burg mit seinen gehölzdurchsetzten Magerrasen – ist aber seit Mitte der 70er Jahre nicht mehr beweidet worden, da für die besonders schützenswerte Vegetation Beeinträchtigungen befürchtet wurden. Inzwischen ist jedoch die Verbuschung weit fortgeschritten, und die Verfilzung der Grasnarbe verhindert zunehmend, daß niederwüchsige Pflanzenarten gedeihen können. Vor allem die Halbtrockenrasen sind von dieser Entwicklung betroffen, da sich auf ihren vergleichsweise tiefgründigen Standorten Fiederzwenke (*Brachypodium pinnatum*) und die rankenden Arten Bunte Kronwicke (*Coronilla varia*), Süßer Tragant (*Astragalus glycyphyllos*) sowie Vogelwicke (*Vicia cracca*) ausdehnen und für einen dichten Vegetationsschluß sorgen. Dennoch verfügen die großflächigen Brachflächen über das ganze Pflanzeninventar artenreicher Halbtrockenrasen. Besonders gefährdet durch das Überwachsen sind die sehr kleinflächig eingestreuten Volltrockenrasen. An flachgründigen und zugleich sonnenexponierten Stellen, deren Oberboden bei der früher betriebenen Beweidung durch den Tritt der Schafe freigelegt wurde, wachsen nur wenige, an Trockenheit und Hitze angepaßte Pflanzen: Gold-Aster (*Aster linosyris*), Ausdauernder Lattich (*Lactuca perennis*), Krainer Thymian (*Thymus*

141 Gold-Aster (*Aster linosyris*) und Ysop (*Hyssopus officinalis*) – ebenfalls ein Burggarten-Flüchtling – beherrschen den spätsommerlichen Blühaspekt im Xerobrometum.

froelichianus) und Färber-Hundskamille (*Anthemis tinctoria*); dies sind Arten, die den Hohentwiel nach der Eiszeit vermutlich von Osten her erreicht haben. Große floristische Besonderheiten wie Zottiger Spitzkiel (*Oxytropis pilosa*) oder Ohrlöffel-Leinkraut (*Silene otites*), die auf offene Pionierstandorte angewiesen sind, wurden leider seit einigen Jahren am Hohentwiel nicht mehr beobachtet, da selbst die für Gebüschwuchs ungünstigen Standorte langsam verbuschen. Hier zeigt sich exemplarisch das Problem, geeignete Pflegemaßnahmen zur Erhaltung solch sensibler Biotope festzulegen. Geradezu ein floristisches Wahrzeichen des Hohentwiels ist der Ysop (*Hyssopus europaeus*). Die Gewürzpflanze wurde früher kultiviert und und ist aus dem Burggarten in die trockenen Rasen verwildert. Jetzt wächst der duftende Zwergstrauch überall in den brachen Magerwiesen und ist im Hochsommer, wenn die meisten Arten bereits vertrocknet sind und abgestorben und bleich auf dem staubigen Boden stehen, eine der wenigen Pflanzen mit grünen Blättern und dunklen, blau-violetten Blüten.

Als attraktives Ziel lockt der Hohentwiel zahlreiche Besucher, überwiegend Tagestouristen, an. Die meisten reisen mit ihrem Wagen an, den sie auf halber Höhe des Berges auf den Parkplätzen des Domänenhofs abstellen. Dort informiert in einer großzügig ausgebauten Scheune eine Ausstellung des Landesdenkmalamtes über die wechselvolle Geschichte des Hohentwiels. Die herrliche Aussicht vom Berggipfel über Hegau, Bodensee und – bei entsprechender Sicht – auf die Schweizer Alpen, ist sehr beeindruckend. Seit Jahren zieht das Hohentwielfest alljährlich im Juli Tausende von Besuchern an, die alle auf dem Weg zur Burg das Naturschutzgebiet durchqueren müssen. Veranstaltungen und Konzerte dauern bis in die späten Abendstunden und wirken sich mit Lärm und künstlicher Beleuchtung bis weit ins empfindliche Naturschutzgebiet aus. Der oben erwähnte starke Rückgang der Brutvögel am Hohentwiel wird zu einem Gutteil diesen in den vergangenen Jahren stark ausgeweiteten Aktivitäten zugeschrieben. Auch die verstärkte Nutzung des Gastronomiebetriebes im Domänenhof und die damit verbundenen Begleiterscheinungen werden von der Naturschutzverwaltung mit Argwohn beobachtet. Zwar soll der Hohentwiel allen Besuchern auch in Zukunft offen stehen, jedoch darf eine Vermarktung dem unersetzlichen und einmaligen Naturschutzgebiet nicht auf Dauer schaden. Um diese Entwicklung zu verhindern, wird die Naturschutzverwaltung zusammen mit der Stadt Singen spätestens bis zum Jahr 2000, wenn die Landesgartenschau zu Füßen des Hohentwiels stattfinden soll, ein umfangreiches Konzept zur Besucherlenkung und -information umsetzen.

P. Lutz

Hornspitze auf der Höri

Landkreis: Konstanz
Gemeinde: Gaienhofen
Gemarkungen: Gundholzen, Horn
Naturraum: Bodenseebecken
Geschützt seit 1958 (erweitert 1997)
Größe: 188 Hektar
Top. Karten: 8219 Singen, 8319 Öhningen, 8220 Überlingen West, 8320 Konstanz West

Die äußerste Ostspitze der Halbinsel Höri im Untersee wird vom Naturschutzgebiet »Hornspitze auf der Höri« eingenommen. Das Schutzgebiet erstreckt sich vom Badeplatz in Gundholzen bis zum Schlössle in Hornstaad auf ca. 2,2 km am Seeufer entlang.

Der weitaus größte Teil des Schutzgebiets (ca. zwei Drittel) umfasst die dem Ufer vorgelagerten Wasserflächen. Es handelt sich um Flachwasserzonen, die im Sommer ein bis drei Meter tief sind und im Winter weitgehend trockenfallen. Bei extrem niedrigem Wasserstand im Winterhalbjahr fällt die Uferbank in einer Breite bis zu 800 m trocken.

Der am Horn zeitweise heftige Wellengang und besondere Strömungsverhältnisse führen am Ufer zu langgestreckten Anhäufungen von Schnecklisanden. Dieser »Strandwall« zieht sich knapp einen Kilometer an der exponierten Hornspitze und am Nordwestufer entlang und ragt einige Dezimeter über das umgebende Gelände hinaus. Sein Verlauf ist auf dem Luftbild deutlich als gehölzbestandene Linie in der Ried- und Röhrichtzone zu erkennen. Vor dem Strandwall, am Ufer des Hörnle wurden gut erhaltene Reste jungsteinzeitlicher Dörfer gefunden. Die Ausgrabungen ergaben, daß auf der damals vegetationsfreien Uferplatte erstmals um 3900 v. Chr. 40 Häuser in Pfahlbauweise auf etwa der Fläche eines Fußballfeldes standen. Diese Funde dokumentieren anschaulich die Bauweise der Häuser und die Lebensumstände der Menschen am See im Neolithikum. Sie belegen, daß umfangreich Ackerbau und Fischfang betrieben wurde, und Viehzucht zunächst nur eine untergeordnete Rolle spielte. Zusammen mit bodenkundlichen Untersuchungen konnte man am Ufer oberhalb der heutigen Naßwiesen eine Rodungsinsel von ca. 30 ha rekonstruieren. Sie bestand aus einem Mosaik aus Feldern, Gebüschen und Jungwald.

Heute wächst am Ufer des Schutzgebiets – hauptsächlich in der Wasserwechselzone – durchgehend ein Schilfröhricht in einer Breite von wenigen Metern bis zu 100 Meter, das landseits in ein verschilftes Steifseggenried übergeht. Hier sind auch die Standorte des seltenen Gottes-Gnadenkrauts (*Gratiola officinalis*).

In der typischen Zonierung für flache Bodensee-Ufer schließen sich landseits Streuwiesen als Knotenbinsen-, Kopfbinsen- oder Pfeifengraswiesen an. Diese liegen ausschließlich auf Anlandungen aus kalkhaltiger Seekreide und Schnecklisanden. Der Übergang dieser Sedimente zu den nur wenig höher liegenden Geschiebemergeln der würmeiszeitlichen Grundmoräne wird im Gelände deutlich durch einen 20 bis 30 m breiten Gehölzstreifen markiert. Er durchzieht das ganze Schutzgebiet von Norden nach Süden. Dieser besteht vorwiegend aus Weiden-Schneeball-Gebüsch mit einzelnen markanten Schwarz- oder Pyramidenpappeln. Westlich schließen sich Glatthaferwiesen, auf feuchten Standorten mit Übergängen zu Pfeifengraswiesen an.

142 Das NSG »Hornspitze auf der Höri« – den Ortschaften Horn und Gundholzen vorgelagert. Deutlich ist die Flachwasserzone in der unteren Bildhälfte erkennbar.

143 Schilfreiche Flachwasserzonen und ein reiches Fischangebot kennzeichnen den Lebensraum des Haubentauchers.

Aus avifaunistischer Sicht zählt die Hornspitze zu den herausragendsten Uferabschnitten des Untersees. Im Schutzgebiet brüten zahlreiche Wasser- und Landvögel. Erwähnt seien beispielhaft Brutpopulationen von Haubentaucher, Schwarzhalstaucher und Zwergtaucher sowie von Teichrohrsänger, Drosselrohrsänger und Wasserralle. Die Flachwasserzone ist darüber hinaus wichtiger Mauserplatz und im Winterhalbjahr Vogel-Rastplatz von internationaler Bedeutung. Bei den jährlichen Wasservogelzählungen wurden hier z.B. schon über 5000 Tafelenten, 10000 Bläßhühner sowie über 10000 Reiherenten beobachtet, doch schwanken diese Zahlen jedes Jahr erheblich. Die außergewöhnliche Bedeutung des Gebiets für die Vogelwelt liegt sicher in den im Winter ausgedehnten Flachwasserzonen und den dort eigentümlichen Strömungsverhältnissen, die für ein großes Nahrungsangebot sorgen.

Die Hornspitze blickt auf eine bewegte naturschutzrechtliche Geschichte zurück. Bereits 1938 wurden große Teile des Bodenseeufers als Landschaftsschutzgebiet sichergestellt. Grund dafür war schon damals, die Ufer von illegaler Bebauung freizuhalten (»die Staatsautorität muß wiederhergestellt werden«). Nach dem Zweiten Weltkrieg setzte erneut ein starker Druck auf die Ufergrundstücke ein. Eine neue Landschaftsschutzverordnung erging bereits 1952. Da sie das Bodenseeufer nur unvollständig schützte, wurden die Ried- und Uferflächen wegen ihrer naturkundlichen Besonderheiten 1958 unter strengen Naturschutz gestellt. 1961 folgten die angrenzenden Teile der Uferlandschaft bis hinauf zur Bebauung ebenfalls als Naturschutzgebiet »Bodenseeufer«. Aufgrund der hohen avifaunistischen Bedeutung der Wasserflächen dehnte man das Naturschutzgebiet nach langwierigen Verhandlungen 1997 erheblich aus.

Besucherhinweis: Das Schutzgebiet ist weitgehend unzugänglich. Einen guten Eindruck und Überblick erhält man vom Bodenseerundwanderweg, der von Gundholzen nach Horn entlang der Westgrenze des Gebiets verläuft. Fundstücke der neolithischen Bodensee-Siedler können in den Ausstellungsräumen des Landesdenkmalamtes in Hemmenhofen besichtigt werden.   *H. Engelke*

Kattenhorner Bühl

Landkreis: Konstanz
Gemeinde: Öhningen
Gemarkungen: Öhningen, Wangen
Naturraum: Bodenseebecken
Geschützt seit 1996
Größe: 32,6 Hektar
Top. Karte: 8319 Öhningen

Wo der Rhein den Bodensee in einem schmalen Trichter verläßt, erhebt sich am deutschen Ufer der Schiener Berg. Seine dem Seerhein zugewandten Hänge sind nach Süden exponiert, klimatisch begünstigt und landwirtschaftlich meist intensiv genutzt. Jene Bereiche, die besonders steil sind oder durch Rutschungen des Untergrundes, der Oberen Süßwassermolasse, über eine bewegte Oberfläche verfügen, erlauben nur eine extensive Bewirtschaftung. Hier befindet sich meist ein Laubwald oder ein sehr vielfältiger und hochgradig schützenswerter Biotopkomplex. Ein solches strukturreiches Gebiet aus Streuobstwiesen, Magerrasen, Weiden, Hecken, Brachflächen und Waldstücken liegt beim kleinen Weiler Kattenhorn, einem Ortsteil der Gemeinde Öhningen. Es ist 1996 als Naturschutzgebiet »Kattenhorner Bühl« mit ca. 32,6 ha ausgewiesen worden. Oberhalb der wenigen einzelstehenden Häuser von Kattenhorn schließt sich ein kleinparzelliertes Gelände an, das vor der Ausweisung des Schutzgebiets bereits unter Landschaftsschutz stand. Dieser Status hatte verhindert, daß die begehrten Flächen mit Seeblick nicht durch Neubaugebiete erschlossen worden sind.

Das Schutzgebiet besteht zu einem großen Teil aus Wiesen und Weiden. Die Vielfalt der Grünlandtypen in dem vergleichsweise kleinen Gebiet ist erstaunlich hoch. Über weite Bereiche des unruhigen und hängigen Geländes dominieren Glatthaferwiesen, die teilweise mit schönen Streuobstbäumen bestanden sind. Intensiv genutzte Abschnitte zeichnen sich durch einen hohen Anteil an wüchsigen Obergräsern aus, während magere Wiesen mit stark bewegter Oberfläche sehr kräuterreich sind. Margerite (*Chrysanthemum leucanthemum*), Wiesen-Bocksbart (*Tragopogon pratensis*), Zottiger Klappertopf (*Rhinanthus alectorolophus*), Wie-

144 Blumenbunte, magere Glatthaferwiese mit Salbei, Margerite, Zottigem Klappertopf und Wiesen-Pippau; auf dem Zaun ein Neuntöter.

sen-Witwenblume (*Knautia arvensis*) und Wiesen-Pippau (*Crepis biennis*) verleihen den Beständen zur Blütezeit ein prächtiges Aussehen, das man im Bodenseegebiet nur noch selten antrifft. An trockeneren Stellen treten Wiesen-Salbei (*Salvia pratensis*) und Knolliger Hahnenfuß (*Ranunculus bulbosus*) hinzu. Diese Arten leiten über zu den wertvollsten Wiesen des Schutzgebiets, den Halbtrockenrasen. Sie befinden sich an den steilsten Hangabschnitten, auf denen eine Wiesenbewirtschaftung schon immer schwierig war. In ihren Beständen konzentriert sich das Vorkommen besonders schützenswerter Orchideenarten. Auch zahlreiche Schmetterlinge – bisher wurden 28 Arten am Kattenhorner Bühl festgestellt – bevorzugen diese trockenwarmen Wiesen als Lebensraum.

Im Randbereich der zahlreichen Gehölze zeigen die Magerrasen Übergänge zu den thermophilen Saumgesellschaften. Vor allem auf seit längerem brachliegenden Flächen haben sich aus den Halbtrockenrasen artenreiche Hirschhaarstrang-Säume entwickelt. Hier herrschen vergleichsweise hochwüchsige Stauden vor, die erst im Hochsommer zur Blüte kommen und deshalb die frühzeitig gemähten Heuwiesen meiden. Ästige Graslilie (*Anthericum ramosum*), Hirsch-Haarstrang (*Peucedanum cervaria*) und Kalk-Aster (*Aster amellus*) sind die kennzeichnenden Pflanzen der ungemähten Gebüschränder. Sobald der Untergrund ein wenig durchsickert ist, treten Spargel-Schote (*Tetragonolobus maritimus*), Herbst-Zeitlose (*Colchicum autumnale*) und Mücken-Handwurz (*Gymnadenia conopsea*) in den Vordergrund. Sie sind charakteristisch für wechselfeuchte Standorte. Bei fehlender Pflege überwuchert die Brombeere mit ihren Ranken solche Staudenfluren. Mit der Zeit entwickeln sich aus ihnen strukturreiche Gehölze, die durch das Aufkommen von Bäumen bereits waldartigen Charakter annehmen können. Dann brüten zahlreiche Vögel, die z.T. selten und gefährdet sind: Baumpieper, Dorngrasmücke, Neuntöter, Zilpzalp u.a.

Im Einflußbereich von Quellaustritten, die häufig am Kattenhorner Bühl auftreten, sind Naßwiesen vorhanden; Kohldistel (*Cirsium oleraceum*) oder Knoten-Binse (*Juncus subnodulosus*) kennzeichen solche, meist nur kleinflächigen Bestände. Aus der Sicht des Naturschutzes sind diese Übergangsbereiche bedeutend, weil sie der Lebensraum der in Baden-Württemberg vom Aussterben bedrohten Sumpfgrille (*Pteronemobius heydenii*) sind. Im Sommer bewohnt die wärmeliebende Art kurzrasige Vernässungszonen, während sie zur Überwinterung hochwüchsige Schilfbestände benötigt. Auch die gefährdete Lauchschrecke (*Parapleurus alliaceus*) lebt bevorzugt in den wenigen Feuchtwiesen des Schutzgebiets.

Am Kattenhorner Bühl gibt es auch eine größere Hangquelle, in der das Grundwasser flächig zutage tritt. Auf dem durchrieselten Anmoorboden hat sich ein ausgedehntes Kopfbinsenried entwickelt. Es liegt zwar innerhalb einer Weidefläche, ist dem Vieh aber kaum zugänglich. Durch die fehlende Nutzung ist die Schwarze Kopfbinse (*Schoenus nigricans*) zu dicht stehenden Bulten herangewachsen. Die abgestorbene Streu, die heute nicht mehr entfernt wird, bedeckt den Boden vollständig, so daß die seltenen und niederwüchsigen Arten wie Mehlprimel (*Primula farinosa*), Davall-Segge (*Carex davalliana*) und Fettkraut (*Pinguicula vulgaris*) nur eine untergeordnete Rolle spielen. Hier müssen Pflegemaßnahmen helfen, den gefährdeten Arten wieder mehr Platz im Dickicht der Halme zu verschaffen.

Ebenfalls sehr vielfältig sind die Gehölze und Wälder des Gebiets. An den flachgründigen Molassehängen, an deren steilsten Stellen der sandige Untergrund kleinflächig entblößt sein kann, stockt meist Seggen-Buchenwald. Neben Buche treten auch Vogelkirsche, Trauben-Eiche und Kiefer auf. Den Übergang zu den schönen Wiesen bilden artenreiche Waldmäntel. An verlichteten Stellen im Wald oder entlang von Wegen überziehen die Lianen von Waldrebe (*Clematis vitalba*) und Jelängerjelieber (*Lonicera caprifolium*) die Kronen der Bäume. Entlang der Bachläufe stehen Eschen und Erlen.

Die enge Verflechtung der als Weiden genutzten Trockenhänge, der Streuobstwiesen, der Quellstandorte, der Heckenzüge und der Waldstücke am Kattenhorner Bühl ergibt einen ökologisch sehr wertvollen Biotopkomplex. Die bemerkenswerte Strukturvielfalt auf kleinem Raum ist die Lebensgrundlage vieler Tierarten, die im Laufe ihres Lebens unterschiedlich gestaltete Biotope benötigen. Bisher sind im Gebiet 39 Pflanzen- und 16 Tierarten, die in der Roten Liste als »gefährdet« eingetragen sind, nachgewiesen worden. Diese Tatsache unterstreicht die Schutzwürdigkeit des Kattenhorner Bühls.

P. Lutz

Langensteiner Durchbruchstal

Landkreis: Konstanz
Gemeinde: Stadt Stockach
Gemarkungen: Eigeltingen, Orsingen-Nenzingen
Naturraum: Hegau
Geschützt seit 1986
Größe: 42 Hektar (LSG 12,6 Hektar)
Top. Karte: 8119 Eigeltingen

Bereits im Jahr 1933 wurde durch den Landkreis Stockach das »Durchbruchstal beim Felsen von Langenstein« als Naturdenkmal ausgewiesen. Im Jahr 1986 kam es dann zur Ausweisung des rund 50 ha großen Naturschutzgebiets, dessen wesentlicher Schutzzweck wie folgt formuliert wurde: Erhaltung des »Langensteiner Durchbruchstälchens« als einzigartiges erdgeschichtliches Dokument, das in seiner Eigenart und Schönheit von besonderer Bedeutung für die Bodensee-Hegau-Landschaft ist, und als Lebensraum für eine Vielzahl seltener Pflanzenarten und Pflanzengesellschaften.

Das Durchbruchstal liegt zwischen Eigeltingen und Orsingen auf etwa 450 m ü. NN in einem Übergangsgebiet zwischen der Jurahochfläche im Norden und dem tertiären Molassebergland um den westlichen Bodensee. Eiszeitliche Ablagerungen und mächtige Schmelzwasserströme des Rheingletschers haben im wesentlichen zur Bildung der heutigen Oberflächenform dieses Raums beigetragen. Entscheidend für die Reliefbildung war die

Tätigkeit des Rheingletschers, der in der Rißeiszeit das Gebiet um Eigeltingen in breiter Front überströmte und mächtige Moränen hinterließ. Die letzte Modellierung der Umgebung Langensteins erfolgte in der Würmeiszeit, als der Rheingletscher tiefe Talrinnen ausfurchte und z.B. im Raum Eigeltingen eine dreigliedrige, äußere Jungmoräne hinterließ. Während des Eishöchststandes der Würmzeit war das Eigeltinger Becken von einer Gletscherzunge erfüllt, die vom Überlinger See bis hierher vorstieß. Da die ansteigenden Jurahöhen den Abfluß der Schmelzwässer verhinderten, suchte sich der Schmelzwasserstrom einen Weg nach Südwesten, hoch über dem Niveau des heutigen Langensteiner Tals. Der Strom tiefte sich zunächst in die relativ weichen Moränenablagerungen ein. Dadurch war eine Rinne vorgegeben, deren Verlauf auch beibehalten wurde, als in der Folge härtere Jurakalke angeschnitten wurden. Aufgrund der hohen Wiederstandskraft des Juragesteins konzentrierte sich die Erosionskraft des Schmelzwasserstroms auf die Tiefenerosion, wodurch die sehr steile, nahezu schluchtartige Talform (Durchbruchstal) zu erklären ist. In der ausgehenden Würmeiszeit erfolgte bei nachlassender Wasserführung wieder eine Aufschotterung des Talbodens. Niedermoorbildungen in der Nacheiszeit sorgten zusätzlich dafür, daß heute die Talform eines Kerbsohlentales vorliegt. Die sich abwechselnden Verengungen und Weitungen im Talquerprofil sind auf unterschiedliche Härten des anstehenden Gesteins zurückzuführen. Bei der angeschnittenen Juraformation handelt es sich um geschichtete Kalke. Es treten aber auch massige Schwammkalke, sogenannte Massenkalke auf, die im Jurameer als Algen-Schwammriffe aufgewachsen sind. Engstellen des Tälchens sind dort angelegt, wo harter Massenkalk ansteht, z.B. am schmalen Taleingang im Nordosten. Von der Erosion freigelegte Massenkalkbildungen, sogenannte »Schwammstotzen«, findet man an mehreren Stellen im Schutzgebiet. Schüsselförmige Weitungen erfährt das Langensteiner Tal dort, wo

145 Hoch über dem Langensteiner Durchbruchstal erhebt sich auf mächtigen Kalkfelsen die namengebende Schloßanlage.

die weicheren Schichtkalke angeschnitten wurden.

Große Flächen des Naturschutzgebietes, vor allem die Talflanken und die Randhöhen, sind bewaldet. Hier stocken artenreiche Buchenwälder, die neben der typischen Krautschicht auch besondere Arten wie Maiglöckchen (*Convallaria majalis*), Türkenbund-Lilie (*Lilium martagon*) und Sumpf-Stendelwurz (*Epipactis palustris*) aufweisen. In kleinflächiger Ausbildung treten an den steilwandigen, südexponierten Massenkalkfelsen auch thermophile Felsgrus-Gesellschaften mit typischen Vertretern wie Weiße Fetthenne (*Sedum album*), Berg-Lauch (*Allium montanum*), Steinquendel (*Calamintha acinos*) und Frühlings-Fingerkraut (*Potentilla tabernaemontana*) auf. Das noch Anfang des 19. Jahrhunderts hier angegebene Haarfedergras (*Stipa capillata*) gilt heute als verschollen.

Das Langensteiner Durchbruchstal und die angrenzenden Randhöhen stellen eine Landschaft dar, der aus geologischer und geomorphologischer Sicht eine hohe regionale Bedeutung zukommt. Die hohen und steilen Felsbildungen mit ihren seltenen Pflanzengesellschaften sind in ähnlicher Form im Bereich des Juras erst wieder im Donautal zu finden.

Die Umgebung von Schloß Langenstein war auch bereits in frühgeschichtlicher Zeit von Menschen besiedelt. Dies lassen Reste einer Wallanlage vermuten. Um das Jahr 1100 errichtete die Abtei Reichenau auf dem »Langenstein« für ihren Dienstmann eine Turmburg. Die Familie der ersten Besitzer nannte sich nach dem Felsen, der den Bergfried trug, »von Langenstein«. Spätere Schloßherren erweiterten mehrfach die Burganlage und schufen die ausgedehnte Parklandschaft rings um den Adelsitz. Nachdem im Jahre 1826 Schloß Langenstein durch Kauf an den Großherzog Ludwig von Baden gelangte, kam es schließlich im Zuge der Erbfolge in den Besitz der aus Schottland stammenden Familie Douglas.

Doch nicht nur in geschichtlicher Zeit erlebte die Herrschaft Langenstein unterschiedlichste Veränderungen, das Durchbruchstal fand auch, nachdem es unter Schutz gestellt worden war, keine Ruhe. Bereits zwei Jahre nach der Schutzgebietsausweisung trug der Schloßbesitzer der Naturschutzverwaltung das Anliegen vor, um Schloß Langenstein einen Golfplatz anzulegen. Trotz heftiger Widerstände von Naturschutzseite konnte dieses Vorhaben – gerade auch im politischen Raum – nicht mehr aufgehalten werden. Letztendlich wies das Umweltministerium in Stuttgart die Verwaltung an, das Naturschutzgebiet in neuer Form abzugrenzen, wobei Teile des Tals, die für den Golfplatz beansprucht wurden, in ein Landschaftsschutzgebiet umgewidmet wurden. Als gewisser Ausgleich wurden an anderer Stelle zusätzliche Flächen in das Naturschutzgebiet einbezogen. Nach der neuen Verordnung aus dem Jahre 1990 besitzt es nun eine Größe von 42 ha mit zusätzlichen 13 ha Landschaftsschutzgebiet.

E. Stegmaier

Litzelsee

Landkreis: Konstanz
Gemeinden: Stadt Radolfzell, Steißlingen
Gemarkung: Böhringen
Naturraum: Bodenseebecken
Geschützt seit 1981
Größe: 55,4 Hektar
Top. Karte: 8219 Singen (Hohentwiel)

Die heutige Gestalt der Singener Niederung als westliche Fortsetzung des Bodensee-Beckens ist maßgeblich durch die Würmeiszeit geprägt. An vielen Stellen sind deutliche Spuren dieser letzten Eiszeit anzutreffen. Besonders markante und für die Landschaftsgeschichte aufschlußreiche Bildungen sind im Naturschutzgebiet »Litzelsee« erhalten.

Dort finden wir auf engstem Raum Endmoränenwälle, Schotterterrassen, Toteislöcher und ehemalige Schmelzwasserrinnen. Um die Entstehung dieser Formen zu verstehen, müssen wir auf die Zeit vor 60 000 bis 10 000 Jahren (Würmeiszeit) zurückblicken. Noch gegen Ende dieser Zeit vor etwa 20 000 Jahren bedeckten mächtige Eismassen des Rheintalgletschers die gesamte Niederung. In den folgenden 10 000 Jahren wurde das Klima deutlich wärmer. Die Eismassen schmolzen ab und gaben von Norden nach Süden die zuvor unter dem Gletscher verborgene Erdoberfläche wie-

146 Die Fledermaus-Azurjungfer (*Coenagrion pulchellum*), hier ein Männchen, ist eine anpassungsfähige, aber dennoch gefährdete Art, die die verschilften Flachwasserbereiche des Litzelsees besiedelt.

der frei. Die damit einhergehenden, gewaltigen Schmelzwässer lagerten gleichzeitig mächtige Schichten von Kiesen und Sanden vor dem Nord- und Nordwestrand des schmelzenden Gletschers ab. Dieses Material stammte überwiegend aus den Alpen.

Entsprechend der schrittweisen Erwärmung des Klimas entstanden Endmoränen und Schotterterrassen. Diese Erhebungen und Geländekanten sind in nahezu klassischer Form im Naturschutzgebiet zu erkennen. Sie dokumentieren, wie sich der würmeiszeitliche Schmelzwasserstrom mit dem Abschmelzen des Gletschers stufenartig in das Gelände eingrub.

Toteislöcher sind eine weitere geologisch bedingte Geländeform, deren Entstehen eng mit dem Abschmelzen und dem Rückgang des Gletschers zusammenhängt. Dabei zerfiel die Eismasse an ihrem Rand häufig in Blöcke verschiedener Größe. Einige dieser Blöcke wurden von Kiessand, der von Schmelzwässern am Rand des Gletschers mitgeführt wurde, eingeschottert und schließlich vollkommen überdeckt. Diese Toteisblöcke wurden dadurch zunächst gegenüber der Atmosphäre isoliert. Erst bei weiterer Erwärmung des Klimas während der Spätglazialzeit schmolzen die Eisblöcke. Die sie überdeckende Kiesschicht sackte ab und es entstanden tiefe Senken. Im Naturschutzgebiet gibt es sieben derartige Toteislöcher mit 30 bis 200 m Durchmesser. Stellenweise liegen diese so eng beieinander, daß sich ein verwirrendes Netz von Vertiefungen und Graten bildete. Der Litzelsee selbst ist die tiefste und – als einzige – wassergefüllte Mulde.

Das Schutzgebiet ist heute fast vollständig bewaldet. Es handelt sich zu etwa gleichen Teilen um Waldmeister-Buchenwald sowie um Bestände, die von Fichten bzw. Nadelholz dominiert werden. Der etwa 1,3 ha große Litzelsee im äußersten Nordosten des Gebiets ist von einer schmalen Verlandungszone mit einem nur ein bis zwei Meter breiten Schneide- und Schilfröhricht und anschließendem Traubenkirschen-Erlen-Eschenwald umgeben. Faunistisch ist der See vor allem für Libellen von Bedeutung.

Die Bedeutung des Schutzgebiets ist hauptsächlich geologisch begründet. Die Häufung der Toteislöcher in Verbindung mit Endmoräne und »Terrassentreppe« zur Schmelzwasserrinne bezeichnete das Geologische Landesamt als einzigartig in Baden-Württemberg. Als in den 70er Jahren massive Zerstörungen das Gebiet bedrohten – im Norden wurde die Autobahn geplant, von Süden rückte der Kiesabbau immer näher an die schutzwürdigen Bestände heran – strebte man im Interesse der Öffentlichkeit verstärkt den Schutz dieses einzigartigen Gebiets an. Es wurde 1981 als Naturschutzgebiet ausgewiesen. Der eigentliche Litzelsee mit Umgebung war bereits seit 21. Oktober 1939 Naturdenkmal. Er hatte die Nr. 1 in der Liste der Naturdenkmale im ehemaligen Landkreis Stockach. *H. Engelke*

Mägdeberg

Landkreis: Konstanz
Gemeinde: Mühlhausen-Ehingen
Gemarkung: Mühlhausen
Naturraum: Hegau
Geschützt seit 1984
Größe: 8,7 Hektar
Top. Karte: 8118 Engen

Der Mägdeberg gehört zu den markanten Kegelbergen, die im Hegau von der längst vergangenen Vulkanaktivität zeugen. Während des Tertiärs kam es wiederholt zu Eruptionen und damit zur Ablagerung von bis zu 150 m mächtigen Deckentuffen. Vor ca. acht bis neun Millionen Jahren schob sich der Phonolith-Pfeiler des Mägdebergs in diese Sedimente, ohne jedoch die damalige Landoberfläche zu erreichen. Im Pliozän und besonders im Pleistozän arbeitete die erodierende Kraft von Wasser und Eis die markante, heutige Bergform heraus. Heute überragt der Mägdeberg mit 664 m ü. NN die Hegauniederung um etwa 200 m. Zum Schutzgebiet gehört im Osten ein zweiter, kleinerer Phonolith-Stock, der »Schwindel«, der sich nur unwesentlich über die umgebende Landschaft erhebt.

Die etwa kreisrunden Phonolith-Pfeiler des Mägdebergs im Norden und des Schwindels im Süden sind fast vollständig bewaldet. Sie heben sich deutlich von den umgebenden landwirtschaftlich genutzten Flächen ab. Die Hänge sind überwiegend mit Schutt bedeckt, der in den oberen Partien unmittelbar ansteht. Im Süden und Westen liegen am Hangfuß z. T. mächtige Felsblöcke, darüber erheben sich im Süden und Westen bis zu 15 Meter hohe, senkrechte Wände. Der eigentliche Phonolith-Pfeiler des Mägdebergs ragt aus dem Schuttkegel deutlich heraus.

Am Mägdeberg entwickelte sich aufgrund der besonderen geologischen Entstehung und der jahrhundertelangen Besiedlung der Berg-

147 Der Mägdeberg von Süden mit der Burgruine.

kuppe eine bemerkenswerte Pflanzen- und Tierwelt. Auf den steilen Hängen des Bergkegels wachsen naturnahe Laubmischwälder, die von Esche, Bergahorn, Winterlinde und Bergulme dominiert werden. Die Felswände und insbesondere die Phonolith-Köpfe sind Standorte seltener Felsspalten- und Felsrasengesellschaften.. Sie zeichnen sich besonders durch Pflanzenarten aus, die nach der Eiszeit auf waldfreie Standorte angewiesen waren (sog. »Reliktstandorte«), z.B. Berg-Lauch (*Allium montanum*), Bleicher Schöterich (*Erysimum crepidifolium*), Wimper-Perlgras (*Melica transsilvanica*) oder Sprossendes Nelkenköpfchen (*Petrorhagia prolifera*).

Dieser Phonolith-Pfeiler wird gekrönt von der Ruine Mägdeberg. Sie gilt nach dem Hohentwiel als die besterhaltene und schönste Burganlage des Hegaus.

Im ehemaligen Burggarten oberhalb der Felsen gedeihen noch heute etliche Arten, die von der früheren Besiedlung des Berges zeugen, z.B. Holunder-Schwertlilie (*Iris sambucina*), Gelbrote Taglilie (*Hemerocallis fulva*), Wermut (*Artemisia absinthium*), Pontischer Beifuß (*Artemisia pontica*) oder Römische Hundskamille (*Chrysanthemum parthenium*).

Funde aus der Hallstattzeit (ca. 800 v. Chr.) belegen, daß das Areal um den Berg schon früh besiedelt war. Der Berggipfel diente wohl auch schon lange als Fluchtburg, bevor man im 13. Jahrhundert die erste Burganlage errichtete. Im Dreißigjährigen Krieg wurde die Befestigung niedergebrannt, später aber wieder hergestellt. Der endgültige Verfall und Abbruch begann Anfang des 18. Jahrhunderts.

Heute ist der Berg beliebtes Ausflugsziel mit herrlicher Aussicht auf den Hegau. Der Fernwanderweg Freiburg-Bodensee tangiert das Naturschutzgebiet. An der Westwand unterhalb der Ruine ist das schon seit langem praktizierte Klettern offiziell erlaubt. Die mit diesen Freizeitaktivitäten einhergehenden Belastungen sind der Preis für den Reiz dieses Berges.

H. Engelke

Mindelsee

Landkreis: Konstanz
Gemeinden: Allensbach, Stadt Radolfzell
Gemarkungen: Kaltbrunn, Liggeringen, Markelfingen, Möggingen
Naturraum: Bodenseebecken
Geschützt seit 1938
Größe: 411 Hektar (abhängiges LSG 48 Hektar)
Top. Karten: 8219 Singen, 8220 Überlingen West

Zwischen den Ortschaften Möggingen im Norden und Markelfingen im Süden erstreckt sich langgezogen nach Osten hin das Naturschutzgebiet »Mindelsee«. Die Höhenlage des Geländes reicht von rund 406 m ü. NN des Seespiegels bis auf rund 460 m ü. NN der nordöstlichen Randhöhen.

Das Naturschutzgebiet wurde bereits 1938 mit einer Fläche von 301 ha ausgewiesen. Die gesamte Schutzfläche erweiterte man bei einer Überarbeitung der Verordnung im Jahre 1984 auf 459 ha, wobei 48 ha ein abhängiges Landschaftsschutzgebiet darstellen. Der Mindelsee ist heute das zweitgrößte Naturschutzgebiet (neben dem Wollmatinger Ried) im Landkreis Konstanz.

»Der Mindelsee auf dem Bodanrück zwischen Untersee und Überlinger See ist ein landschaftlich hervorragend wirksamer Zeuge der Eiszeit.« Mit diesen Worten beschrieb 1937 Erich Oberdorfer, einer der namhaftesten deutschen Botaniker, den von Höhenzügen umgebenen, malerisch gelegenen See. Er liegt in einer tektonisch angelegten Senke, der Mindelseefurche, die durch eiszeitliche Erosions- bzw. Ablagerungsvorgänge umgeformt wurde. Nachdem die mächtigen Gletscherzungen des Rheingletschers abgeschmolzen waren, entstand durch Verlandung des ehemals fast neun Kilometer langen Schmelzwasserstausees der heutige Mindelsee, eingebettet in eine nacheiszeitliche Hügellandschaft. Das Grundmaterial der rings um den See sanft ansteigenden Hügel besteht dabei aus Kies- und Schottermassen.

Die wichtigsten Zuflüsse in den Mindelsee sind der Krebsbach und der Adernbach im Osten sowie der Fällgraben im Westen. Sie

148 Der Mindelsee auf dem Bodanrück ist von ausgedehnten Feucht- und Streuwiesen umgeben.

durchziehen bis zur Mündung in den See jeweils einen Kilometer lange Verlandungsebenen. Der Markelfinger Mühlbach verläßt den Mindelsee im Südwesten und fließt in den rund elf Meter tiefer gelegenen Zeller See des Bodensees.

Der heutige Mindelsee nimmt eine Seefläche von 115 ha ein und ist an der tiefsten Stelle knapp 14 m tief. In den meisten Jahren friert der See im Winter zu, im Sommer kann er Wassertemperaturen von bis zu 24 °C erreichen. Limnochemische Untersuchungen der Nährstoffe (Stickstoff, Ammonium, Phosphat) ergaben, daß der See eutroph (= nährstoffreich) ist. Insbesondere in den Zeiten stabiler Wasserschichtung – im Winter unter dem Eis und im Sommer – erfährt die Tiefenwasserzone eine starke Sauerstoffzehrung.

Noch bis Ende des 15. Jahrhunderts war die offene Wasserfläche des Sees um einiges größer als heute, da bis zu dieser Zeit nur natürliche Verlandungsprozesse stattgefunden hatten. Die erste große, vom Menschen herbeigeführte Veränderung des Seespiegels erfolgte im Jahr 1490. Zur Vergrößerung der landwirtschaftlichen Nutzfläche, zur Schaffung von Wiesen, wollte man ein großes Riedgelände entwässern. Für diesen Zweck wurde der Mühlgraben angelegt und der Wasserspiegel des Sees abgesenkt. Eine weitere Absenkung um 1,4 m erfuhr der See zwischen 1845 und 1847, als man den Graben eintiefte, um mehr Futter- und Streuwiesen zu gewinnen und vor allem um die Torflager ausbeuten zu können.

Den größten Flächenanteil im Naturschutzgebiet nehmen, neben der Wasserfläche, die Niedermoorbereiche mit 84 ha ein. Etwa ein

Drittel der Fläche ist mit Wald bestanden (140 ha).

Das vielgestaltige Naturschutzgebiet Mindelsee besitzt ein sehr großes Spektrum unterschiedlicher Biotoptypen und eine äußerst artenreiche Vegetation mit rund 670 höheren Pflanzen und 120 Moosen.

Die ufernahen Wasserflächen des Sees sind meist mit Teich- und Seerosen (*Nuphar lutea* und *Nymphaea alba*) bedeckt. Diese beiden Schwimmblattpflanzen sind Charakterarten der Teichrosengesellschaft, in der auch untergetauchte Arten, wie z.B. das Ährige Tausendblatt (*Myriophyllum spicatum*), vorkommen. Weiter landeinwärts folgt ein Röhrichtgürtel mit Schilf, Schmalblättrigem Rohrkolben (*Typha angustifolia*) und eingestreuten Gruppen des Schneidgrases (*Cladium mariscus*). Mit zunehmender Entfernung zum See treten Großseggenriede auf, mit Sauergräsern wie der Steifen Segge (*Carex elata*) und der Faden-Segge (*Carex lasiocarpa*), sowie Hochstaudenfluren mit Mädesüß (*Filipendula ulmaria*) und anderen typischen Feuchtgebietspflanzen.

Generell sind die West-, Nord- und Ostufer des Mindelsees durch eine sehr komplexe Vegetationszonierung gekennzeichnet. Hier stellen die Kalkquellsümpfe, die von kalkführenden Sickerquellen (sogenannte »Hartwasser-Helokrenen«) gespeist werden, ein charakteristisches und ökologisch wertvolles Element im Biotopspektrum des Mindelseegebiets dar. Die Vegetation wird vom Mehlprimel-Kopfbinsenried bestimmt, das einige bemerkenswerte und seltene Pflanzenarten aufweist. Vorherrschend sind Schoenus-Arten (Kopfbinsen), aber auch verschiedene Seggen, nennenswert besonders die Davall-Segge (*Carex davalliana*). Weiterhin typisch für diese Hangquellmoore sind Arten wie Mehlprimel (*Primula farinosa*), Breitblättriges Wollgras (*Eriophorum latifolia*), Herzblatt (*Parnassia palustris*), Gewöhnliches Fettkraut (*Pinguicula vulgaris*) und Simsen-Lilie (*Tofieldia calyculata*). Besonders seltene und schützenswerte Vertreter sind der Schlauch-Enzian (*Gentiana utricularia*), der Langblättrige Sonnentau (*Drosera anglica*) und Orchideen wie das Fleischfarbene Knabenkraut (*Dactylorhiza incarnata*), die Herbst-Drehwurz (*Spiranthes aestivalis*) oder der Glanzstendel (*Liparis loeslii*).

149 Der Lungen-Enzian (*Gentiana pneumonanthe*) wächst in den gemähten Streuwiesen.

Im Anschluß an die Ufer- und Verlandungsvegetation folgen ebenfalls sehr artenreiche Ried- und Streuwiesen, die entweder von Landwirten bewirtschaftet oder von ihnen im Auftrag der Naturschutzverwaltung gepflegt werden.

Im Westried werden zudem auch große Flächen beweidet. Hier haben sich besonders feuchte und seggenreiche Kohldistel-, Glatthafer- und Weidelgraswiesen herausgebildet.

Brachliegende Ried- und Wiesenflächen verbuschen rasch und entwickeln sich zu Weiden- und Faulbaumgebüschen. Der Übergang zu feuchtigkeitsliebenden Waldgesellschaften ist fließend.

Das steile Südufer des Sees weist einen lückigen Schilfbewuchs auf, an den sich unmittelbar der Wald anschließt. Die Waldbestände um den Mindelsee zeichnen sich besonders durch ihre Vielseitigkeit aus. An verschiedenen Stellen ist noch ein naturnaher Auenwald mit Eschen, Erlen und vereinzelt auch mit bis zu 300 Jahre alten Eichen vorhanden. Daneben findet man an den nördlich und südlich ansteigenden Hängen weitere wertvolle Laubholzbestände mit Buchen, Bergahorn, Stieleichen und Hainbuchen.

Diesem äußerst vielfältigen Vegetationsmosaik ist es zu verdanken, daß viele und auch selten gewordene Tierarten am Mindelsee noch immer einen Lebensraum finden. So konnten an die 2200 verschiedene Tierarten nachgewiesen werden, von denen viele auf der Roten Liste der in Baden-Württemberg gefährdeten Tiere stehen. Große Kostbarkeiten der Vogelwelt finden sich alljährlich am Mindelsee zur Brut, zur Nahrungssuche oder während der Zugzeiten ein. Hierzu zählen Wasserralle, Rohrschwirl, Schwarzkehlchen, Pirol, Baumfalke und die weltweit gefährdete Moorente, aber auch Fischadler, Schwarzstorch, Großer Brachvogel, Bekassine und Braunkehlchen. Letztere machen allerdings nur während des Vogelzugs Halt am Mindelsee. Jedes Jahr suchen mehr als 20 000 Reiherenten den Mindelsee zur Mauser auf. Von den 182 bisher am Mindelsee beobachteten Vogelarten besitzen allein 77 einen mehr oder weniger hohen Gefährdungsgrad.

Eine offizielle Auszeichnung erfuhr das Schutzgebiet 1976, als man ihm den Status als »International bedeutsames Feuchtgebiet für Wat- und Wattvögel« verlieh. Inzwischen hat die Europäische Kommission den Mindelsee in die Liste der bedeutenden Vogelgebiete (»Important bird area«) aufgenommen und als »Natura 2000-Gebiet« ausgewiesen.

Auch die übrige Tierwelt ist mit 600 Käferarten, 450 Schmetterlings- und 40 Libellenarten reich vertreten, um nur einige Artengruppen zu nennen. Als echte Raritäten gelten z.B. die Europäische Sumpfschildkröte, Sumpfschrecke (*Stethophyma grossum*) und Sumpfgrille (*Pteronemobius heydeni*), Goldener Scheckenfalter (*Eurodryas aurinia*), Helmazurjungfer (*Coenagrion mercuriale*), Kleiner Blaupfeil (*Orthetrum coerulescens*) und Späte Adonislibelle (*Ceriagrion tenellum*).

Zu erwähnen sind natürlich auch die Fische im Mindelsee, deren natürlicher Bestand jedoch seit Jahrhunderten durch die fischereiliche Bewirtschaftung beeinflußt ist. Heute sind 15 Fischarten im See zu finden, hierbei u.a. Brachse, Döbel, Plötze, Schleie, Hecht und Aal. Besonders aus früheren Jahren sind z.T. sensationelle Fänge von sehr großen, urtümlich anmutenden Welsen bekannt. Ein Prachtexemplar dieser Art mit 1,20 m Länge ist im Bodensee-Naturmuseum Konstanz ausgestellt.

Im Kern auch heute immer noch Naturlandschaft, stellt das Mindelsee-Gebiet den überkommenen Rest einer alten Kulturlandschaft dar, deren extensive Bewirtschaftung im Zusammenspiel mit den natürlichen Gegebenheiten eine charakteristische Tier- und Pflanzenwelt hervorgebracht hat.

Seinen guten ökologischen Zustand verdankt das Gebiet vor allem dem Umstand, daß man schon früh seine Bedeutung erkannte und seinen Schutz (1938) durchsetzen konnte. So kann das Naturschutzgebiet im Jahre 1998 seinen 60. Geburtstag feiern. Langjährige intensive Schutzbemühungen, Pflegeeinsätze und Betreuungsaufgaben haben sich gelohnt. Der Mindelsee nimmt im Schutzgebietsverbund des Bodanrücks eine zentrale Funktion im »Hinterland« des Bodensees ein, auch wenn Gefährdungen verschiedener Art immer wieder abzuwenden sind.

Besonders hervorzuheben ist hierbei die intensive Zusammenarbeit zwischen staatlicher Naturschutzverwaltung und privatem Naturschutzverband. Der Bund für Umwelt- und Naturschutz (BUND) übernimmt bereits seit Jahren im Auftrag des Regierungspräsidiums Freiburg wichtige Betreuungsaufgaben für das Schutzgebiet, wie z.B. Kontrollen und Bestandsaufnahmen von Pflanzen und Tieren, naturkundliche Führungen und Berichterstattung über das Gebiet. Nicht zuletzt führt der BUND mit seinem Pflegetrupp umfangreiche Pflegemaßnahmen durch, die Teil einer detaillierten Pflegekonzeption sind, die 1992 von der Bezirksstelle für Naturschutz und Landschaftspflege Freiburg (BNL) erstellt wurde. Die BNL koordiniert, organisiert und finanziert Pflegemaßnahmen auf annähernd 100 ha Grünland, die zwischen Juli und Februar jeden Jahres von Landwirten und dem BUND mit Traktor, Balkenmäher, Motor- und Handsense gemäht werden.

Besucherhinweis: Weitere Informationen über das Naturschutzgebiet und über das Angebot von Führungen sind vor Ort im BUND-Naturschutzzentrum Möggingen erhältlich. Anregungen zu Wanderstrecken können den Informationstafeln an den Zugängen zum Naturschutzgebiet entnommen werden.

G. Fertöszögi, E. Stegmaier

Moor am Oberbühlhof

Landkreis: Konstanz
Gemeinde: Öhningen
Gemarkung: Schienen
Naturraum: Bodenseebecken
Geschützt seit 1970
Größe: 2 Hektar
Top. Karte: 8319 Öhningen

»Auf dem Schiener Berg ist etwa 600 m westlich des Hofes Oberbühl ein auf drei Seiten von Hochwald eingeschlossenes Moor auf der

150 Über die zahllosen braunen Horste des Scheidigen Wollgrases (*Eriophorum vaginatum*) im Moor am Oberbühlhof erheben sich im Vordergrund Bulte, die von Torfmoosen erobert worden sind.

Höri bekannt unter dem Namen Nägelesee. Bei verschiedenen Tagfahrten mit der höheren Naturschutzbehörde kam es zur Sprache, daß man es wegen seiner Einzigartigkeit und landschaftlich schönen Lage zum Naturschutzgebiet erklären solle.«

Dies teilte am 3. Juli 1957 der damalige Landrat des Kreises Konstanz Dr. Seiterich dem Regierungspräsidium Südbaden mit und legte gleich noch ein Kurzgutachten der unteren Naturschutzbehörde bei. Die damalige Beurteilung des Gebiets besitzt noch heute Gültigkeit, erkennbar hat sich kaum etwas geändert.

Das Moor am Oberbühlhof ist wie viele Moore des Bodenseegebiets aus einem verlandeten See hervorgegangen. Dieser See entstand durch die Auskleidung der abflußlosen Geländemulde hoch oben am Schienerberg mit Ton und Tonmudde sowie Schlick. Die Verlandung verlief von einem Steifseggenried über Kleinseggenriede bis hin zu den heutigen an Hochmoor-Initialstadien erinnernde Flächen. Moorstratigraphische Untersuchungen haben ergeben, daß im nördlichen Teil eine etwa zwei Meter starke Wasserblase als Überbleibsel des ehemaligen Seewasserkörpers erhalten ist, über die sich ein fester Schwingrasen aus dem Wurzelfilz der sie überwachsenden Pflanzen spannt. Bemerkenswert ist auch die scharfe Grenze, mit welcher der Mineralboden der Umgebung ans Moor stößt. Sie dürfte Folge der ehemaligen Torfnutzung im westlichen Teil des Moors sein, die glücklicherweise nur geringen Einfluß auf den Wasserhaushalt hatte. Die Torfnutzung führte zur Entstehung einer freien Wasserfläche, die noch bis Anfang der 50er Jahre mit einem Boot befahrbar gewesen sein soll. Hieraus erklärt sich wohl auch der Name Nägelesee.

Im Kern des Naturschutzgebiets vermittelt die Pflanzendecke zwischen den beiden Typen Nieder- und Hochmoor und dies in unmittelbarer räumlicher Durchmischung. Verursacht wird dieses Phänomen einerseits durch die Muldenlage, die das Gebiet dem Zustrom von Mineralbodenwasser aussetzt, andererseits durch eine Aufwölbung des Zentrums über das Niveau der Randsenke, so daß es zu einem Wassergefälle nach außen kommt.

Diese zentralen Bereiche werden locker von Waldkiefern überschirmt und zeichnen sich durch kräftige Bulte des Scheidigen Wollgrases (*Eriophorum vaginatum*) aus, die bis zu 40 cm über den dazwischen verlaufenden Schlenken aufragen. Hier findet offensichtlich sehr langsame Torfakkumulation und allmähliche Aufwölbung statt – Voraussetzung für die Bildung eines Hochmoors. Diesem vergleichsweise artenarmen Bereich stehen die randlichen Niedermoorflächen gegenüber mit Blutauge (*Comarum palustre*), Fieberklee (*Menyanthes trifoliata*) und Sonnentau (*Drosera* spec.). Reste ehemaliger Streuwiesen sowie Hochstaudenfluren und Weidengebüsche kennzeichnen den Übergang zum östlich angrenzenden, landwirtschaftlich genutzten Gelände und dem das Gebiet dreiseitig umgebenden Buchenwald.

Die Bedeutung des Naturschutzgebiets erschließt sich im wesentlichen aus der geringen Einflußnahme des Menschen, denn weder wurden tiefgreifende Entwässerungen durchgeführt, noch hat jemals eine intensive Nutzung stattgefunden, die den Moorcharakter unwiederbringlich zerstört hätte – für ein Gebiet dieser Größe ein historischer Glücksfall.

J. Genser

Mooswiese

Landkreis: Konstanz
Gemeinde: Stadt Konstanz
Gemarkung: Konstanz
Naturraum: Bodenseebecken
Geschützt seit 1938
Größe: 20,5 Hektar
Top. Karte: 8220 Überlingen West

Die »Mooswiese« ist aufgrund ihrer Unterschutzstellung im Jahre 1938 eines der ältesten Naturschutzgebiete in Baden-Württemberg. Sie liegt eingebettet in einer Drumlinmulde des Bodanrücks zwischen Dettingen im Norden und Wollmatingen im Süden auf rund 460 m ü. NN. Das Moor wurde früher lange Zeit zur Gewinnung von Brenntorf genutzt. Die verwertbaren Torflager sind heute weitgehend abgebaut. Der größte Torfstich ist fast 400 m lang, rund 100 m breit und ist aufgrund der nassen Standortverhältnisse mit einem leicht verschilften Steifseggenried bestanden. Östlich davon liegen zwei weitere kleine Torfstiche, die den nässesten Teil der Mooswiese darstellen. So finden sich hier Ausbildungen von Steifseggenried, Schneidried und Schilfbeständen sowie auch offene Wasserflächen. Ausgedehnte Seerosendecken und Schnabelseggen-Schwingrasen konnten sich hier entwickeln. Südlich der Abtorfungsflächen nehmen lockerwüchsige Pfeifengraswiesen, z.T. mit Steifseggen- und Kopfbinsenrieden durchsetzt, große Flächen ein. In einer Waldschneise im Nordteil sind relativ nährstoffarme Kohldistelwiesen ausgebildet, die allerdings durch Verbuschung bedroht sind.

Die offenen Moorflächen werden bereits heute zum größten Teil von Gebüschbeständen, meist Erlen-Eschen-Wäldchen oder Grauweidengebüschen, gesäumt.

Durch die Vielgestaltigkeit des Schutzgebiets konnten sich zahlreiche Pflanzengesellschaften mit seltenen Arten, wie z.B. Gewöhnliches Fettkraut (*Pinguicula vulgaris*), Herzblatt (*Parnassia palustris*) und entwickeln. Sie bilden allerdings sehr kleine Bestände und stellen stark gefährdete Arten dar. Weiterhin kommen u.a. die Sumpf-Stendelwurz (*Epipactis palustris*), das Fleischfarbene Knabenkraut (*Dactylorhiza majalis*), der Märzenbecher (*Leucojum vernum*) und der Froschbiß (*Hydrocharis morsus-ranae*) vor.

Der Froschbiß verdankt seinen Namen dem Umstand, daß Frösche gerne Wasserpflanzen nach kleinen Wassertieren wie Schnecken und Würmern absuchen. In Ostfriesland wird er »Poggengeld« oder »Poggendaler« (niederdeutsch »Pogge« = Frosch) genannt, nach den rundlichen, etwa talergroßen Schwimmblättern.

Die Tierwelt weist im Gebiet ebenfalls einige Kostbarkeiten auf. Bekassine und Wasserralle, für die ein aktueller Brutnachweis nicht vorliegt, werden als Nahrungsgäste beobachtet, ebenso wie die Waldarten Schwarzspecht, Dohle und Hohltaube. Auch Vögel wie Baumpieper und Feldschwirl haben hier einen Lebensraum gefunden.

Als Vertreter der Amphibien sind Kammolch

151 Die Ringelnatter (*Natrix natrix*) liebt sonnige Stellen nahe der offenen Wasserflächen des NSG »Mooswiese«.

und Laubfrosch zu nennen, Ringelnatter und Mooreidechse als Reptilien.

Für das Vorkommen einer artenreichen Insektenfauna ist einerseits die hohe pflanzliche Vielfalt sowie das breite Biotopspektrum der Mooswiese verantwortlich. Doch sind diese Populationen durch eine zunehmende Verbuschung und Verschilfung bedroht. Nur durch regelmäßige Mahd und Enthurstungsmaßnahmen kann dieser Entwicklung entgegengewirkt und die Artenvielfalt erhalten werden.

J. Faisst, E. Stegmaier

Mühlhaldenweiher

Landkreis: Konstanz
Gemeinde: Stadt Konstanz
Gemarkung: Dettingen
Naturraum: Bodenseebecken
Geschützt seit 1991
Größe: 19 Hektar
Top. Karte: 8220 Überlingen West

Der »Mühlhaldenweiher« liegt in 450 m ü. NN eingebettet in die Drumlinlandschaft des mittleren Bodanrücks zwei Kilometer westlich von Dettingen. Das knapp 19 ha große Naturschutzgebiet bildet das westliche Ende eines ehemals weitaus größeren Moorgebiets. Heute

152 Das NSG »Mühlhaldenweiher« besitzt ausgedehnte Schilfröhrichte und Seerosenbestände auf der Wasserfläche.

nimmt der Maisanbau große Flächen ein. Nach Göttlich 1972, entstand das Moor nicht wie so häufig auf dem Bodanrück als nacheiszeitlicher Schmelzwassersee, sondern sehr viel später aus der Verlandung eines flachen Grundwassersees.

Den Kern des Schutzgebiets bildet im Westen der durch einen Damm aufgestaute Weiher. Die Flurnamen deuten an, daß er früher zur Gewinnung von Wasserkraft für den Betrieb einer Mühle diente. Heute werden weite Teile der Wasserfläche von der Weißen Seerose (*Nymphaea alba*) eingenomen. Im Sommer bietet dann der See mit seinem außer am Damm geschlossenen Röhrichtgürtel einen besonderen landschaftlichen Reiz. Zu erwähnen ist noch, daß auf einer dem Röhricht vorgelagerten Schlammbank der Tannenwedel (*Hippuris vulgaris*) in kleinem Bestand zu finden ist. Doch seien interessierte Naturfreunde gewarnt, die Stelle ist absolut unzugänglich. Im östlichen Teil des Schutzgebiets, durch die Kreisstraße getrennt, sind weite Flächen mit Landschilf ausgebildet. Eingestreut finden sich auch Großseggenbestände, besonders Steifseggen- und Wunderseggenriede. Den Übergang zu den umliegenden Intensivwiesen bilden Feuchtwiesen mit Sumpf-Dotterblume (*Caltha palustris*), Reste von Pfeifengraswiesen und binsenreiche Naßwiesen. Westlich des Weihers sind auf einem Drumlinhang noch bunte, artenreiche Glatthaferwiesen mit viel Gemeiner Flockenblume (*Centaurea jacea*) und Wilder Möhre (*Daucus carota*) ausgebildet.

Was die Tierwelt betrifft, so ist aufgrund des vielfältigen Vegetationsmosaiks ein breites Artenspektrum an Insekten, u.a. Libellen, und Amphibien vorhanden. Dies ist die Grundlage für eine mannigfaltige Vogelwelt. Genannt seien nur die Zwergdommel und der Drosselrohrsänger, sowie verschiedene Entenarten.

Der große Amphibienbestand am Weiher (Erdkröte, Frösche und Molche) wird bereits seit Jahren bei der Wanderung von einer privaten Initiative aus Dettingen betreut. Annähernd 10 000 Tiere wurden früher schon erfaßt, heute hat sich die Gesamtpopulation auf knapp 4000 reduziert. Wie auch am Hagstaffelweiher fragt man sich nach den Gründen des starken Rückgangs. So erwägt man auch hier, den Weiher abzulassen und die großen eingeschwemmten Schlammassen zu entfernen. *E. Stegmaier*

Nägelried

Landkreis: Konstanz
Gemeinde: Allensbach
Gemarkung: Allensbach
Naturraum: Bodenseebecken
Geschützt seit 1978
Größe: 4,5 Hektar
Top. Karte: 8220 Überlingen West

Die Schutzbemühungen für das »Nägelried« gehen auf das engagierte Schreiben eines Allensbacher Bürgers im Jahre 1962 an den damaligen »Kreisbeauftragten für Naturschutz und Landschaftspflege«, Baron Nikolaus von Bodman, zurück: »...Es handelt sich um einen Weiher, etwa ein Kilometer nördlich vom Westende des Dorfes Allensbach gelegen. Etwa 5 ha groß, liegt dieser Teich zwischen Hügeln und Wälder eingebettet, bewachsen mit Seggen, Schilf, Seerosen und anderen Wassergewächsen, die seltene Kolbenente sowie Stockente und anderes Wassergeflügel, haben hier ihren Brutplatz. Wahrscheinlich ist dieser Teich in der Eiszeit entstanden. Nun läuft die Trasse der Umgehungsstraße etwa 100 m südlich des Teiches vorbei und es ist zu befürchten, daß im Zuge des Straßenbaues der Wasserspiegel gesenkt wird, oder der Teich als Schuttablage benutzt wird.«

Ganz unbegründet waren die Befürchtungen des einheimischen Naturschützers tatsächlich nicht. Lagen doch zu dieser Zeit Straßenausbaupläne vor, die eine Trassenführung der Bundesstraße 33 mitten durch das Ried vorsahen. So dauerte es auch weitere 16 Jahre, bis eine alternative Linienführung gefunden war und das Naturschutzgebiet ausgewiesen werden konnte.

153 Steifseggenhorste (*Carex elata*) nehmen große Teile des NSG »Nägelried« ein.

154 Die Wolfsspinne *Arctosa leopardus* (hier ein Weibchen mit Kokon) hat ihren Lebensraum in den lichten Riedbeständen des NSG »Nägelried«.

Auf etwa 415 m ü. NN liegend ist das Nägelried auf drei Seiten von eiszeitlichen Drumlins umgeben. Im Südwesten fällt das Gelände flach zum Gnadensee ab. In der Muldenlage hat sich seit der Eiszeit typischerweise ein Verlandungsmoor gebildet, das ein abwechslungsvolles Mosaik aus Wasserflächen, Röhricht- und Schneidriedbeständen zeigt. Neben der Seerosengesellschaft, den Fadenseggen- und Steifseggenrieden ist besonders das Schneidseggenried zu nennen, eine charakteristische, aber bedrohte Verlandungsgesellschaft kalkreich-oligotropher Gewässer in sommerwarmen Gebieten. Gegen den Rand des Riedes sinkt der Grundwasserstand ab, so daß sich hier unter dem Einfluß früherer extensiver Grünlandnutzung einschürige Wiesentypen eingestellt haben. Nasse und quellige Stellen werden von der Kalkbinsengesellschaft eingenommen, auf etwas trockeneren Standorten wird sie von Pfeifengrasbeständen abgelöst. Den Rand des Riedes markiert größtenteils ein Faulbaum-Grauweidengebüsch.

Im Ried werden als Besonderheiten immer wieder Kolbenente, Wasserralle und Teichrohrsänger beobachtet, daneben auch zahlreiche Insekten- und Amphibienarten.

Neueste Überlegungen der Naturschutzverwaltung gehen dahin, das Nägelried als »Prozeßschutzgebiet« auszuweisen. So werden Naturgebiete bezeichnet, wenn Standort und Vegetation sich ohne jegliche Störung natürlich weiterentwickeln können, wie beim Nägelried der Verlandungsprozess. Der Weg ist dann das Schutzziel.

E. Stegmaier

Nördliches Mainauried

Landkreis: Konstanz
Gemeinde: Stadt Konstanz
Gemarkungen: Konstanz, Litzelstetten
Naturraum: Bodenseebecken
Geschützt seit 1989
Größe: 11,4 Hektar
Top. Karte: 8221 Überlingen Ost

Nahe des umtriebigen Parkplatzes, auf dem die zahlreichen Besucher der bekannten Blumeninsel Mainau ihre Wagen abstellen, liegt verborgen hinter dichten Gehölzen aus Weiden, Pappeln und Eschen die offene Riedfläche des Naturschutzgebiets »Nördliches Mainauried«. Es handelt sich dabei um ein ausgedehntes Flachmoor, das im Übergangsbereich des Bodanrücks zur Uferzone des Bodensees angesiedelt ist. Am Fuß des Bodanrück-Hügellands dringt in breiter Front das Grundwasser bis nahe an die Bodenoberfläche und strebt dem unweit gelegenen Bodensee zu. Da das reichlich zufließende Quellwasser in dem flachen Gelände nur schlecht abfließen kann, hat sich im vernäßten Ried eine Niedermoorschicht gebildet. Während des sommerlichen Hochwassers im Bodensee staut sich das einströmende Wasser im ufernahen Riedbereich.

Zwar wurde immer wieder – zuletzt in den 60er Jahren – versucht, den hohen Wasserstand durch die Anlage von Abzugsgräben dauerhaft zu senken, doch dies gelang nicht im erwünschten Maße. So unterblieb eine intensive Landbewirtschaftung. Aus diesem Grund trägt das Nördliche Mainauried zum großen Teil noch die Pflanzengesellschaften, die auf eine frühere Streunutzung zurückgehen. Ursprünglich war der gesamte Uferbereich jedoch mit bruchwaldartigem Erlen-Eschen-Laubwald bedeckt. Erst dessen Rodung durch den Menschen verwandelte dieses seenahe Gebiet in Feuchtwiesen. Die früher einschürigen, nach ihrer Nutzung benannten Streuwiesen sind nun seit langem nicht mehr bewirtschaftet und drohen, von feuchtigkeitsliebenden Gebüschen zurückerobert zu werden.

Die standörtliche Vielfalt im Mainauried bedingt ein reich strukturiertes Mosaik verschiedener Vegetationseinheiten. An den feuchtesten Stellen, wo Kalkquellen sauerstoffreiches und nährstoffarmes Wasser zutage fördern, findet man das Kopfbinsenried. Die bestentwickelten Bestände dieser Niedermoorgesellschaft liegen direkt unterhalb der quelligen Geländekante am Rande des Riedes. Hier wächst die Schwarze Kopfbinse (*Schoenus nigricans*) zu auffälligen, dunkelgrünen Bulten heran. Allerdings wird sie ohne Pflege stark vom aufkommenden Schilf bedrängt, da die hochwüchsigen Halme die vergleichsweise niedrige Pflanze überwuchern. Zwischen den Bulten der Schwarzen Kopfbinse findet man gelegentlich den seltenen Sumpf-Lappenfarn (*Thelypteris palustris*).

Auf den Flächen zwischen den Abzugsgräben haben sich Pfeifengrasbestände etabliert. Auch hier ist die Vegetationsschicht in ungemähtem Zustand sehr bultig, denn das Pfeifengras bildet große Horste. Dazwischen finden sich so typische Pflanzenarten wie Teufelsabbiß (*Succisa pratensis*), Silge (*Selinum carvifolia*), Schnitt-Lauch (*Allium schoenoprasum*) und Sumpf-Haarstrang (*Peucedanum palustre*). Eine Besonderheit für den Bodenseeraum ist das gleichzeitige Vorkommen von Schwalbwurz- und Lungen-Enzian (*Gentiana asclepiadea, G. pneumonanthe*), letzterer in einer erfreulich großen Population.

In sehr hochwüchsigen Beständen wächst die Schneide (*Cladium mariscus*), die ihren Namen wegen ihrer Blätter mit dem messerscharf gezähnelten Rand erhalten hat. Die vergleichsweise kleinen, inselartigen Bestände stehen im Mainauried an den länger überfluteten Mulden. Das »Schneide-Ried« gilt am Bodensee als Relikt der nacheiszeitlichen Wärmezeit, es bevorzugt in Süddeutschland kalkreiche Standorte in sommerwarmen Gebieten.

Im Mainauried haben sich viele Feuchtgehölze seit der Aufgabe der Bewirtschaftung ausgebreitet. Faulbaum, Grau-Weide und Kreuzdorn sind zu einem undurchdringlichen Gebüsch herangewachsen. Obwohl durch das dichte Gewirr der Sträucher kaum Licht dringt, keimen gelegentlich Erlen und Eschen im anmoorigen Boden. Im Schutz der Sträucher wachsen sie zu Bäumen heran und leiten den Übergang zu einem Erlenbruchwald ein, dem Endstadium der natürlichen Sukzession. Im Nördlichen Mainauried zerschneiden dagegen Gehölzanpflanzungen mit Kanadischer Pappel die zusammenhängende, offene Riedfläche. Auf weniger nassen Standorten, vor allem auf dem Hangfuß der Süßwassermolasse, wachsen artenreiche Laudwälder. An frischen Standorten stockt Ahorn-Eschenwald, der gut am reichlichen Vorkommen des Bär-Lauchs (*Allium ursinum*) zu erkennen ist. Dieser vollzieht seine gesamte Entwicklung im Frühjahr, treibt vor dem Laubaustrieb der Bäume aus unterirdischen Zwiebeln aus und blüht auch bald danach. Wenn die Bäume und Sträucher ihr Blätterdach entfalten, vergilbt der Frühlingsgeophyt bereits und streut seine Samen aus. Durch die Strauchschicht windet sich die Schmerwurz (*Tamus communis*), eine wärmeliebende, vorwiegend mediterran verbreitete Liane. An quelligen Stellen steht Bacheschenwald, hier dominieren in der üppigen Krautschicht ausgesprochene Feuchtigkeitszeiger wie Sumpfdotterblume (*Caltha palustris*), Hänge-Segge und Sumpf-Segge (*Carex pendula, C. acutiformis*).

Bisher wurden im Naturschutzgebiet 20 seltene und gefährdete Pflanzenarten registriert. Sie wachsen hauptsächlich in den von Verbuschung und Bewaldung bedrohten Riedwiesen. Es ist daher aus Gründen des Biotop- und Artenschutzes notwendig, die noch offenen, schutzwürdigen Flächen durch eine gelegentliche Herbstmahd zu pflegen. Nur wenn die konkurrenzkräftigen Feuchtgebüsche und das Schilf zurückgedrängt werden, besteht die Chance, die wertvolle Niedermoorvegetation mit ihren charakteristischen Arten langfristig zu erhalten. Derzeit wird das Ried vom BUND Konstanz im Rahmen des Landschaftspflegeprogramms durch eine regelmäßige Streuwiesenmahd gepflegt. P. Lutz

Ober Öschle

Landkreis: Konstanz
Gemeinde: Radolfzell am Bodensee
Gemarkung: Liggeringen
Naturraum: Bodenseebecken
Geschützt seit 1984
Größe: 6,95 Hektar
Top. Karte: 8220 Überlingen West

Auf dem westlichen Bodanrück liegt nördlich des Ortes Liggeringen das Schutzgebiet »Ober Öschle«. Ein Großteil des geschützten, südexponierten Molassehanges wird von Wiesenflächen eingenommen, die hangaufwärts in einen lockeren Laubwaldbestand übergehen. Ein kleines Trockental teilt das Gebiet in zwei gleichartig gestaltete Bereiche, den westlichen und den östlichen Molassehügel. Die Lage und die Exposition des »Ober Öschle« führen dazu, daß das Gebiet im Winterhalbjahr oft aus dem Nebel herausragt, der häufig das gesamte Seebecken füllt. Die Sonneneinstrahlung ist so fast ganztägig möglich. Diese Klimagunst äußert sich im Auftreten zahlreicher thermophiler Tier- und Pflanzenarten.

Die Vegetation spiegelt eine traditionelle Nutzung durch den Menschen wider, die über Jahrhunderte hinweg unverändert betrieben wurde. Der in Ortsnähe gelegene Wald wurde gerodet und in Wiesen umgewandelt, die aufgrund der schlechten Bodenverhältnisse wenig Ertrag brachten und nur extensiv genutzt wurden. So konnten sich im Laufe der Zeit Halbtrockenrasen mit einer reichen floristischen Ausstattung entwickeln und bis heute erhalten. Es handelt sich im wesentlichen um Enzian-Halbtrockenrasen, in denen zahlreiche gefährdete Arten vertreten sind. Insbesondere Orchideen finden auf den mergeligen, wechseltrockenen Böden gute Lebensbedingungen. Neben Brand-Knabenkraut (*Orchis ustulata*) und Riemenzunge (*Himantoglossum hircinum*) gedeihen Helm-Knabenkraut (*Orchis militaris*) und Fliegen-Ragwurz (*Ophrys insectifera*) in großer Individuenzahl. Regelmäßig vertreten sind unter anderem Gewöhnliche Küchenschelle (*Pulsatilla vulgaris*), Karthäuser-Nelke (*Dianthus carthusianorum*) und Kalk-Aster (*Aster amellus*). Die Enzianarten Frühlings-Enzian (*Gentiana verna*), Deutscher Enzian (*G. germanica*) und Gefranster Enzian (*G. ciliata*) sind in starken Populationen anzutreffen. Im unteren Hangbereich und auf den tiefgründigeren Böden des Trockentälchens gehen die Magerwiesen in blumenreiche Glatthaferwiesen über, die mit Wiesen-Salbei (*Salvia pratensis*), Wiesen-Flockenblume (*Centaurea jacea*), Wiesen-Bocksbart (*Tragopogon pratensis*) u.a. bestanden sind. Den Übergang zum Wald bilden hochwüchsige Stauden, die dem Gebüschmantel lichtbedürftiger Sträucher vorgelagert sind und bei ausbleibender Mahd flächig in die Magerrasen vordringen.

Auch die Wälder des Schutzgebiets sind von einer traditionellen Nutzung geprägt. Ein Großteil des Bestandes diente der Brennholznutzung und hat niederwaldartigen Charakter. Kiefer und Fichte sind forstwirtschaftlich eingebrachte Bäume, die den ursprünglich standortgerechten Buchenwald durchsetzen bzw. als Schonung einen großen Bereich der Waldfläche einnehmen. Zitter-Pappel und Robinie breiten sich insbesondere von lichten Waldbeständen ausgehend in die wertvollen Trockenrasen hinein aus.

Eine Pflege dieser unterschiedlichen Lebensgemeinschaften Wald und Wiese soll deshalb hauptsächlich bewahrender Natur sein,

155 In den ungedüngten Magerrasen des NSG »Ober Öschle« dominieren im Herbst Deutscher Enzian (*Gentiana germanica*) und Kalk-Aster (*Aster amellus*).

indem die aktuelle extensive Nutzung der Trockenrasen fortgesetzt bzw. in den betroffenen Bereichen durch zusätzlichen Düngeverzicht und einen späten Mähtermin reguliert wird. Auch dem Vordringen der Stauden am Rande der Feldgehölze und Wälder kann durch eine derartige Maßnahme erfolgreich begegnet werden. Eine zusätzliche Gefährdung des Schutzgebiets ist seine unmittelbare Nähe zur Ortschaft, die einen regen Besucherverkehr zur Folge hat. Auch wenn sich viele der Erholungssuchenden auf dem Wanderweg und den Sitzbänken am Waldrand aufhalten, entstehen hier und da Trampelpfade und Feuerstellen, an denen sich unerwünschte Ruderalarten ansiedeln und in die Rasengesellschaften eindringen. Eine gezielte Besucherlenkung soll einer großflächigeren Beeinträchtigung vorbeugen.

Besucherhinweis: Entlang des kleinen Hohlwegs im südwestlichen Teil des Schutzgebiets kann das schöne Beispiel einer ehemaligen Brennholznutzung beobachtet werden:

Ein Haselbestand wurde regelmäßig »auf den Stock gesetzt«, so daß sich eine niederwaldartige Strauchgesellschaft entwickelt hat.

B. Koch

Radolfzeller Aachmündung

Landkreis: Konstanz
Gemeinden: Moos, Stadt Radolfzell
Gemarkungen: Moos, Böhringen
Naturraum: Bodenseebecken
Geschützt seit 1996
Größe: 68,5 Hektar
Top. Karten: 8219 Singen,
8220 Überlingen West

Die Landesstraße von Radolfzell nach Moos trennt das Naturschutzgebiet »Radolfzeller Aachried« vom seewärts gelegenen Gebiet der »Radolfzeller Aachmündung«. Früher lag die Landfläche dieser schmalen Uferzone im Geltungsbereich des im Jahre 1961 ausgewiesenen

156 Die Radolfzeller Aach als Lebensader des Hegaus mündet zwischen Moos und Radolfzell in den Untersee.

Naturschutzgebietes »Bodenseeufer«. Eine Gebietsabgrenzung ohne Wasserflächen des Bodensees und mit nicht mehr zeitgemäßen Schutzbestimmungen machte allerdings eine neue Verordnung dringend notwendig. »Die Störungen durch diesen massierten Sportbootverkehr besonders für Wasservögel haben einen so hohen Grad erreicht, daß Maßnahmen unumgänglich sind, wenn gravierende Schäden in diesen schützenswerten Flachwasserzonen vermieden werden sollen«, schrieb der NABU 1982 an die Naturschutzverwaltung. Ein Schutzgebietsentwurf sah daher vor, große Teile der Flachwasserzone im Aachmündungsbereich zu sichern und für Wasserfahrzeuge aller Art, einschließlich Surfbrettern, zu sperren. Daraufhin brach ein Sturm der Entrüstung bei den Wassersportlern aus, die die Bucht schon immer zum Segeln, Ankern, Paddeln usw. nutzten. Erst nach zähen Verhandlungen konnte die Ausweisung als Naturschutzgebiet Ende 1996 mit folgenden Schutzzielen erreicht werden:

Erhaltung einer unbebauten Bodenseeuferzone mit ihrer charakteristischen Vegetation und den Lebensmöglichkeiten für eine große Zahl von Tieren, vor allem Wasservögeln; Erhaltung von vielen seltenen gefährdeten Tier- und Pflanzenarten; Fernhalten von Störungen für die in der Flachwasserzone vorkommenden und dort sehr gute Lebensbedingungen vorfindenden Wasservögel.

Zur Einhaltung des Schutzzweckes mußte verständlicherweise auch die Wasservogeljagd verboten und die Fischerei eingeschränkt werden. Berufsfischer dürfen nur mit einer maximalen Geschwindigkeit von 10 km/h in die gesperrten Wasserflächen einfahren, die Angel- und Sportfischerei darf nur auf einem kurzen, genau gekennzeichneten Uferabschnitt der Aach ausgeübt werden. Fast überflüssig zu sagen, daß um diese Kompromisse von allen Seiten zäh gerungen wurde.

Dennoch sind die Schutzvorschriften sehr wichtig für die Aachmündung. So konnten jüngst Bestrebungen, die natürliche und ungestörte Aachströmung durch Verbauungen so in den See abzuleiten, daß der nahe Mooser Sportboothafen weniger versandet, erfolgreich abgewehrt werden. Die Flachwasserzone – oft auch als Kinderstube der Fische bezeichnet – bleibt also mit ihren vielfältigen Funktionen uneingeschränkt erhalten. Wichtig für die Vogelwelt ist zudem, daß die Bucht windgeschützt ist und im Winter eisfrei bleibt. Große Schlammbänke vor der Mündung im Winterhalbjahr sind ideale Ruheplätze. Die Zahlen von Schnatter-, Tafel- und Reiherente übertreffen daher regelmäßig sogar diejenigen des Wollmatinger Rieds. Auch die Krickente ist oft mit bis zu 1000 Tieren vertreten. Ferner muß die Bedeutung der Aachmündung als Rastplatz für Watvögel (Limikolen) erwähnt werden, da diese Artengruppe auf ihrem Flug von Nordeuropa und Sibirien nach Afrika im dicht besiedelten Mitteleuropa nur noch wenige ungestörte Gebiete zum Rasten findet. Die Flachwasserzone, der Ufersaum sowie die ausgedehnten Röhrichte, Ried- und Streuwiesen stellen daher mit die wichtigsten Brutplätze für Wasservögel in Baden-Württemberg dar. Daneben sind sie hevorragende Nahrungsplätze, Rückzugs- und Mauseräume.

Wirkungsvoller Naturschutz kann aber nur großflächig und vernetzt funktionieren. Dies ist gerade am Bodensee-Untersee der Fall, wo im sogenannten »Schutzgebietsverbund Westlicher Untersee« sieben Naturschutzgebiete mit rund 1000 ha Fläche auf etwa 20 km Uferlänge zusammengefaßt sind und im Auftrag des Regierungspräsidiums Freiburg seit 1997 vom NABU betreut werden. *E. Stegmaier*

Radolfzeller Aachried

Landkreis: Konstanz
Gemeinden: Moos, Stadt Singen, Stadt Radolfzell
Gemarkungen: Moos, Bohlingen, Singen, Böhringen
Naturraum: Bodenseebecken
Geschützt seit 1973
Größe: 275 Hektar
Top. Karte: 8219 Singen

Das Naturschutzgebiet »Radolfzeller Aachried« auf 400 m ü. NN umfaßt den Unterlauf der Radolfzeller Aach kurz vor deren Mündung in den Zeller See (Bodensee). Mit 275 ha stellt es das drittgrößte Naturschutzgebiet im Landkreis Konstanz dar.

Die Entstehung des großen Riedgebiets kann man sich folgendermaßen vorstellen: Beim Abschmelzen des Rheingletschers nach der letzten Eiszeit entstand am westlichen Ende des heutigen Unterseebeckens ein Eisstausee. In diesem lagerten sich Beckentone und Seekreide ab, was zur Abdichtung führte. Die einsetzende Verlandung des damals viel größeren Seebeckens wurde einerseits durch Einschwemmung mächtiger Sedimentlagen, andererseits durch das Aufwachsen eines Versumpfungsmoores gefördert. Neben Niedermooren entwickelten sich aber im Einflußbereich des schwankenden Wasserspiegels auch kalkreiche wechselfeuchte Böden mit teils hohem Ton- und Schluffanteil.

Fast die ganze Niederung des Aachrieds wird heute von ausgedehnten, stark grundwasserbeeinflußten Schilfröhrichten, Großseggenrieden, Pfeifengraswiesen und Feuchtwiesen eingenommen. Der stark mäandrierende, von Silberweiden gesäumte Lauf der Radolfzeller Aach gibt dieser Landschaft noch ein zusätzliches, sehr stimmungsvolles Gepräge. Hierzu tragen ganz besonders im Spätsommer und Herbst die gold-braun gefärbten Streuwiesen bei. Speziell die Duftlauch-Pfeifengraswiesen sind sehr artenreich. Auf regelmäßig von Bodenseewasser überschwemmten Bereichen bilden sich auch Bestände mit der Rostroten Kopfbinse (*Schoenus ferrugineus*) aus. An seltenen und geschützten Pflanzen kommen in

157 Silberweiden und Schilf begleiten den Unterlauf der Aach.

großer Zahl der namengebende Wohlriechende Lauch (*Allium suaveolens*), der Lungen-Enzian (*Gentiana pneumonante*), das Fleischfarbene Knabenkraut (*Dactylorhiza incarnata*), die Mehlprimel (*Primula farinosa*) und die faszinierende blaue Sibirische Schwertlilie (*Iris sibirica*) vor – annähernd 9000 Pflanzen dieser Lilienart wurden vom NABU im Sommer 1997 gezählt. Diese Riedwiesen sind als Lebensräume gefährdeter Arten besonders wertvoll und am Bodensee in dieser Ausdehnung sonst nur noch im Wollmatinger Ried zu finden.

Der Wasserhaushalt des Rieds ist ganz entscheidend vom Wasserstand des Bodensees abhängig. In Zeiten sommerlichen Hochwassers können große Teile des Aachrieds überschwemmt werden.

Durch den Wasserstandswechsel, die Verzahnung verschiedener Pflanzengesellschaften auf engem Raum und der relativ großen Flächenausdehnung ist das Radolfzeller Aachried als Brut- und Nahrungsraum für viele an Feuchtstandorte gebundene Vogelarten von überregionaler Bedeutung. Brutbestände gibt

158 Sibirische Schwertlilien (*Iris sibirica*) in den Pfeifengraswiesen des NSG »Radolfzeller Aachried«.

es z.B. von Teichrohrsänger, Rohrammer, Feldschwirl, Kiebitz, Neuntöter, Bartmeise und Nachtigall. Ebenso wichtig sind die Überwinterungsplätze von Kornweihe, Wanderfalke und Wasserpieper. Von Bekassine, Braunkehlchen und Grauammer wird das Ried als Durchzugs- und Rastquartier regelmäßig besucht.

An Säugetieren, Amphibien und Reptilien werden u.a. Dachs, Großes Wiesel, Hermelin, Großer Abendsegler, Laubfrosch und Ringelnatter beobachtet. Die Heuschreckenfauna ist besonders arten- und individuenreich ausgebildet; es seien nur als Beispiel die Sumpfschrecke und Lauchschrecke genannt. Eine systematische Erfassung der Libellenfauna von 1984 ergab elf Klein- und zwölf Großlibellenarten (insgesamt sechs Arten der Roten Liste). Etwa 15 Fischarten sind aus der Aach und ihren Seitengewässern bekannt.

Aufgrund des hoch anstehenden Grundwassers und der häufigen Überschwemmungen konnte das Radolfzeller Aachried von jeher nur extensiv bewirtschaftet werden. Dies umfaßt die Nutzung von zweischürigen Heuwiesen und einschürigen Öhmdwiesen, die unregelmäßige Mahd von Streuwiesen im Herbst bis hin zum winterlichen Schnitt von Schilfbeständen. Mit der Modernisierung der Landwirtschaft, die kaum noch Einstreu für die Ställe benötigt, sank das Interesse an den »sauren Wiesen« und der Streunutzung. Heute werden etwa 80 ha Streuwiesen durch Landwirte im Rahmen von Landschaftspflegeaufträgen gemäht, um die große Artenvielfalt zu erhalten. Dies ist eines der Ziele der Pflege- und Entwicklungskonzeption, die von der Naturschutzverwaltung für das Radolfzeller Aachried erarbeitet wurde. Weiterhin werden im Zentrum des Gebiets die großflächigen Röhricht- und Großseggengesellschaften nicht gemäht und zusammen mit dem Aachlauf und seinem begleitenden Silberweidengürtel als ungestörte Kernzone gesichert. Randlich endet das Naturschutzgebiet mit einer Extensivierungszone, in der leider teilweise immer noch intensiv Landwirtschaft betrieben wird. Hier gilt es daran zu arbeiten, einen extensiv genutzten Grünlandgürtel zu installieren.

Beeinträchtigungen des Schutzgebiets gab es früher häufig durch die Ausübung der Fischerei und der Jagd. Die Situation hat sich aber entscheidend gebessert, seit im Rahmen der Überarbeitung der Schutzgebietsverordnung im Jahre 1990 intensive Gespräche und Abstimmungen mit Fischern und Jägern erfolgten und Problemlösungen erarbeitet wurden. Interessanterweise ist bei solchen Gesprächen auch immer die Schweiz mit von der Partie, weil die Aach mit ihrem Unterlauf bereits in den Tätigkeitsbereich der internationalen Unterseefischerei-Kommission fällt.

E. Stegmaier, C. Weiß

Sauldorfer Baggerseen

Landkreise: Sigmaringen, Konstanz
Gemeinden: Sauldorf, Mühlingen
Gemarkungen: Sauldorf, Mainwangen
Naturraum: Donau-Ablach-Platten
Geschützt seit 1993
Größe: 144 Hektar, davon 20 Hektar im Regierungsbezirk Freiburg
Top. Karte: 8020 Meßkirch

In den 80er Jahren begann bei Sauldorf im Tal der Ablach von Norden her der groß angelegte Kiesabbau. Angesichts des hoch anstehenden Grundwassers entstanden im Laufe der Zeit zehn Kiesseen, die Naßbaggerung am letzten dieser Seen hält auch 1998 noch an. Die jungen Sekundärlebensräume entwickelten sich in erstaunlich kurzer Zeit zu einem überregional bedeutsamen Areal für Brutvögel, Durchzügler und Überwinterer. Dies bewog das Regierungspräsidium Tübingen, wesentliche Teile des Talraums als Naturschutzgebiet auszuweisen (vgl. hierzu auch ausführliche Beschreibungen in: 250 Naturschutzgebiete im Regierungsbezirk Tübingen, Thorbecke, 1995). Das Schutzgebiet umfaßt nicht nur die fünf auf Sauldorfer Gemarkung entstandenen Seen und ihre Uferbereiche, sondern auch Teile des im Talraum verbliebenen Grünlandes. In diesen Bereichen brütet beispielsweise das Braunkehlchen. Der Raubwürger ist ein regelmäßiger Durchzügler, der länger im Gebiet verweilt. Etwa 20 ha dieses Grünlandes liegen im Landkreis Konstanz, also im Regierungsbezirk Freiburg. Darüber hinaus haben sich die in den

Schanderied

Landkreis: Konstanz
Gemeinden: Bodman-Ludwigshafen, Stadt Radolfzell, Stadt Stockach
Gemarkungen: Bodman, Stahringen, Wahlwies
Naturraum: Bodenseebecken
Geschützt seit 1981
Größe: 54 Hektar (LSG 57 Hektar)
Top. Karte: 8119 Singen

Die Unterschutzstellung des »Schanderieds« geht auf einen Antrag der Arbeitsgemeinschaft Naturschutz Bodensee Anfang der 70er Jahre zurück. Das Naturschutzgebiet besitzt zusätzlich ein abhängiges Landschaftsschutzgebiet mit rund 57 ha und wurde letztendlich im Jahre 1981 ausgewiesen. Es liegt nördlich von Radolfzell und südöstlich von Wahlwies auf 405 m ü. NN. Der doch etwas seltsam anmutende Name des Moorgebiets läßt sich aus der Tatsache ableiten, daß die früheren Landeigentümer, die Freiherrn von Bodman zusammen mit der Nellenburgischen Landgrafschaft, die hohe Gerichtsbarkeit über das Gebiet besaßen. Die Rechte dieser Blutgerichtsbarkeit waren eng mit dem Galgen verbunden. So läßt sich in Geschichtsbüchern auch folgender Hinweis finden: »... in dem Moos, welches sumpfigsten Waidgang, Wiesen und Krautländer enthält, steht noch der alte nun größtenteils zerfallene Galgen zum Beweis ...«. Es gereichte also jedem, der jenes Gebiet zum Blutgericht betreten mußte, zu seiner größten Schande!

Friedlicher ging es wohl in den Torfstichen zu, die in den nördlichen Teilen des Rieds angelegt wurden. Moorleichen wurden bis heute keine gefunden. Der Torfstich fand jährlich zwischen »Heuet« und der Ernte statt. Da das Ried in jenem Teil Gemeindeeigentum ist, sind die Torfsticharbeiten von der Gemeinde vergeben worden. Den Torf erhielt man kostenlos als Bürgernutzen in »Losen«. Der bäuerliche Torfabbau wurde im Jahre 1935 eingestellt.

Die großflächige Vermoorung des Schanderiedes konnte sich in einer nahezu abflußlosen, flachen Hohlform bilden, die eingebettet in einer würmeiszeitlichen Grundmoräne liegt. Der Torfkörper besteht überwiegend aus Bruch-

159 Schnell hat sich in den nur flach gebaggerten Kiesseen bei Sauldorf eine Verlandungsgesellschaft eingestellt: hier Rohrkolben am Ufer, Tausendblatt auf der Wasserfläche.

90er Jahren im südlichen Ablachtal entstandenen Seen ähnlich gut entwickelt, so daß auch hier die Ausweisung eines Schutzgebiets gerechtfertigt und auch geplant ist. Beide Gebiete würden dann unmittelbar aneinandergrenzen und damit auf großer Fläche einen neu entstandenen Lebensraum sichern können.

J. Genser

und Seggentorfen und besitzt noch heute eine Mächtigkeit von bis zu sechs Metern.

Rund die Hälfte des Schutzgebiets wird von Wald oder Gebüsch eingenommen. Großflächig haben sich vor allem der Faulbaum- und Grauweidenbusch entwickelt. Im Osten des Gebiets kommt auch ein Birken-Pionierwald vor. Vermutlich handelte es sich früher durchweg um offene Grünlandbereiche, die als Streuwiesen genutzt wurden.

Die gehölzfreien Riedbereiche setzen sich aus den unterschiedlichsten Pflanzengemeinschaften zusammen. Im Zentrum des Gebietes machen sich vor allem schilfdominierte Bestände breit. Großseggengesellschaften und das Steifseggenried kommen nur kleinflächig vor. Dafür nehmen im Schanderied die Pfeifengraswiesen größeren Raum ein. Sie stehen häufig im Kontakt mit Mädesüß-Hochstaudenfluren. An wenigen Stellen finden sich auf kalkreichen und quelligen Standorten Ausbildungen mit Quellmoorarten wie Mehlprimel (*Primula farinosa*), Simsenlilie (*Tofieldia calyculata*), Glanzstendel (*Liparis loeseli*) und Davall-Segge (*Carex davalliana*), die aus floristischer Sicht besonders wertvoll sind. Diese Bestände sind teilweise mit Schlenken durchsetzt, in denen Schnabel-Segge (*Carex rostrata*) und Schmalblättriges Wollgras (*Eriophorum angustifolium*) gedeihen. Eine ähnliche Artenzusammensetzung, was wohl an den vergleichbaren Standortverhältnissen liegt, zeigt die Knotenbinsenwiese, die neben den genannten Arten Glanzstendel und Simsenlilie noch den Sumpf-Dreizack (*Triglochin palustris*) beherbergt. An den Schutzgebietsgrenzen zwischen Intensivgrünland und Ried finden sich einerseits umfangreich Glatthaferwiesen, oft mit Kohldistel-Aspekten, andererseits aber auch nährstoffanzeigende Hochstauden- oder Brennesselfluren.

Vergleicht man Luftbilder der letzten 25 Jahre, so zeigt sich deutlich, daß die Verbuschung des Gebiets stark zugenommen hat. Auch die Streuwiesen sind sehr dichtwüchsig geworden, weil lange Zeit keine Nährstoffe in Form von Mähgut ausgetragen wurden. Nach Fertigstellung des Pflege- und Entwicklungsplanes der Bezirksstelle für Naturschutz und Landschaftspflege Freiburg wurde daher damit

160 Der Glanzstendel (*Liparis loeselii*) ist eine kleine Kostbarkeit aus dem Reich der Orchideen.

begonnen, wieder größere Flächen der Streuwiesen zu pflegen. Hierfür beauftragte die Naturschutzverwaltung eine Landschaftspflegefirma. Der Naturschutzbund (NABU) als betreuender Verband des Schutzgebiets mäht bereits seit Jahren vor allem die äußerst empfindlichen und vom Artenbestand höchst gefährdeten Spezialstandorte der Quellmoore. Nach anfänglich notwendigen Entbuschungsmaßnahmen werden heute wieder jährlich großflächig Streuwiesenbereiche vor allem im Zentralteil des Rieds gemäht. Dies kommt sicher auch der Tierwelt zugute, die auf diesen Offenlandstandorten wieder ideale Lebensraummöglichkeiten findet. So wurde z.B. auch im Jahre 1996 erstmals die Große Rohrdommel im Gebiet beobachtet. Auch die Bekassine findet sich wieder ein, die bis 1985 Brutvogel im Gebiet war.

In früheren Jahren brachten Flugveranstaltungen auf dem unmittelbar am Südrand des Naturschutzgebiets liegenden Segelfluggelände immer wieder Störungen für das Riedgebiet. Während zweitägiger Flugtage, an denen das Ried von Fluglärm massiv beschallt wurde, wirkte die Vogelwelt dort wie ausgestorben. Nach einer gerichtlichen Entscheidung dürfen seit wenigen Jahren bei den Flugtagen nur noch Vorführungen abgehalten werden, bei denen die Lärmauswirkung auf das Ried minimiert werden kann. *E. Stegmaier*

Schönebühl

Landkreis: Konstanz
Gemeinde: Stadt Tengen
Gemarkung: Wiechs a. Rh.
Naturraum: Hegau-Alb
Geschützt seit 1984
Größe: 6 Hektar
Top. Karte: 8217 Tengen-Wiechs a. R.

Ein Naturschutzgbiet, das seinem Namen alle Ehre macht, ist der »Schönebühl«, liegt er doch auf einer Kuppe nahe dem Schaffhauser Randen und beschert dem Besucher bei günstiger Wetterlage einen herrlichen Blick über den Hegau bis hin zum Alpenkamm.
Schlecht zu beackern waren solche Kuppenlagen schon immer, da sie meist aus harten, widerstandsfähigen Gesteinen wie hier Juranagelfluh und Weißjurakalken bestehen. So entwickelte sich auf diesem Höhenrücken nahe dem Städtchen Tengen nach Aufgabe der Ackernutzung eine Hutung, die wohl regelmäßig mit Schafen beweidet wurde und sich allmählich locker mit Kiefern bestockte. Der Vergleich topographischer Karten zwischen 1930 und 1990 zeigt allerdings, daß in diesem Zeitraum wieder eine rückläufige Entwicklung einsetzte. Bis auf kleine Wiesenreste an der höchsten Erhebung – das heutige Schutzgebiet – wurde das Grünland wieder umgebrochen, so daß inzwischen wesentlich intensiver genutzte Äcker das Gebiet »eingekreist« haben. Seit Jahrzehnten wird natürlich auch die kleine Heidefläche nicht mehr beweidet, so daß inzwischen ein noch stellenweise lichter und schwachwüchsiger aber doch weitgehend geschlossener Kiefernbestand im Alter von etwa 35 bis 100 Jahren entstanden ist, dessen forstliche Nutzung nicht lohnt und der sich daher ungestört entwickelt.

Berühmt gemacht haben den Schönebühl seine phantastischen Orchideenbestände, die trotz eines vergleichsweise dichten Filzes aus Fieder-Zwenke (*Brachypodium pinnatum*) große Individuenzahlen aufweisen. 17 Orchideenarten sind bisher im Gebiet gefunden worden, darunter in günstigen Jahren massenhaft das Schwertblättrige Waldvöglein (*Cephalanthera longifolia*). Und schließlich darf ein Wiesenstreifen nicht unterschlagen werden, der das Schutzgebiet mit seinem Arten- und Blütenreichtum in idealer Weise ergänzt.

Was wird aus dem Kiefernwald wohl werden? Seine weitere Entwicklung ist in der Kraut- und Strauchschicht schon abzulesen. Laubbäume sind unter dem Kiefernschirm gekeimt, profitieren von den halbschattigen Verhältnissen unter Nadelbäumen, die teils Pilzbefall aufweisen oder deren chlorotisch gilbende Nadeln nicht mehr ausreichend photosynthetisch aktiv sind. Spätere Besuchergenerationen werden dann wohl schon einem Orchideen-Buchenwald begegnen und die wenigen morschen Altkiefern als Überhälter vergangener Zeit bewundern. *J. Genser*

Schoren

Landkreis: Konstanz
Gemeinde: Stadt Engen
Gemarkung: Neuhausen
Naturraum: Hegau-Alb
Geschützt seit 1942
Größe: 64 Hektar
Top. Karte: 8118 Engen

Vielleicht könnte man ihn neben dem Hohenhewen als zweiten Hausberg des mittelalterlichen Städtchens Engen bezeichnen. Zumindest ist der Schoren auch als Naherholungs- und Naturschutzgebiet bekannt und beliebt und fast jeder Engener weiß um die botanischen Kostbarkeiten, die dieser bewaldete Rücken zu bieten hat. Südlich der Stadt gelegen, erhebt er

161 Farbenpracht am Waldrand des Schoren: Blutstorchschnabelsaum (*Geranium sanguineum*) mit Diptam (*Dictamnus albus*).

sich eher sanft als markant schroff auf über 593 m ü. NN und schiebt sich als südlichster Jurakalkberg am weitesten in die von nacheiszeitlichen Kiesen und Sanden aufgefüllte Hegauniederung vor.

Der Schoren gehört zu den Schutzgebieten der ersten Stunde. Die Bedeutung seiner Steppenheidevegetation entlang der sonnenexponierten Waldränder wurde schon früh erkannt, die Häufung seltener Arten mit östlich-submediterraner Verbreitung diente als fachliche Grundlage für die Ausweisung als Naturschutzgebiet.

Seit damals konnten etliche Gefährdungen wie z.B. eine geplante Steinbrucherweiterung abgewehrt werden, zahlreiche Grundstücke gingen in das Eigentum des Landes über, und dank der Beseitigung von Nadelholzaufforstungen seit den 80er Jahren hat sich die Situation aus der Sicht des Arten- und Biotopschutzes deutlich gebessert.

Wie die Trockenhänge im Naturschutzgebiet »Biezental« muß auch der Südabfall des Schorens als Reliktstandort aufgefaßt werden. Wie dort stehen auch hier keine Felsen an wie im Donautal oder am Albtrauf und doch darf man vermuten, daß an den flachgründigen Stellen im Bereich der Zementmergelschichten ursprünglich nur lückige Wälder gedeihen konnten. Reste der nacheiszeitlichen Steppenflora konnten sich halten und später – vielleicht zeitgleich mit den Aktivitäten des Menschen, der die Wälder aufzulichten begann – kamen wärmeliebende Arten hinzu.

Die dem südexponierten Wald vorgelagerten mageren Rasengesellschaften können schon fast als Volltrockenrasen bezeichnet werden. Schon im Frühsommer kann über diesem Streifen die Hitze flimmern. Mai und Juni sind die Monate mit der auffälligsten Blütenfülle. Zunächst blühen die Kugelblume (*Globularia punctata*), sowie der Hufeisen- (*Hippocrepis comosa*) und Wundklee (*Anthyllis vulneraria*), später folgen Zarter Lein (*Linum tenuifolium*) und Berg-Gamander (*Teucrium montanum*) und schließlich im Herbst die Gold-Aster

(*Aster linosyris*). Die farbenprächtigen und artenreichen Saumgesellschaften – oft unter krummschäftigen Kiefern oder Eichen zu finden – suchen im Hegau ihresgleichen. Neben Reckhölderle (*Daphne cneorum*) und Ästiger Graslilie (*Anthericum ramosum*) wachsen Blut-Storchschnabel (*Geranium sanguineum*) und Schwarzwerdender Geißklee (*Cytisus nigricans*). Die Blütezeit des Diptam (*Dictamnus albus*) wird von der Bevölkerung gerne als Anlaß zu einem Sonntagsspaziergang auf den Berg genommen.

Als bezeichnendes Element der sogenannten Steppenheide durchquert man auf dem Weg ins Waldesinnere die ebenfalls artenreichen Gebüschmäntel, die z.B. mit dem Felsen-Kreuzdorn (*Rhamnus saxatilis*) oder der Filzigen Zwergmispel (*Cotoneaster tomentosus*) Erwähnung verdienen. Die Wälder selbst nehmen den größten Teil des Schoren ein und werden überwiegend forstlich genutzt. Nachdem in früheren Jahrhunderten Eiche, Hainbuche und Wald-Kiefer zu Lasten der Buche gefördert worden waren, kann man seit einigen Jahrzehnten eine umgekehrte Entwicklung feststellen. Für die Kraut- und Strauchschicht bedeutet dies: Die Konkurrenz ums Licht wird härter – es wird dunkler. Erhaltenswert sind daher die eichenreichen Bestände am Südhang, die auch Flaum-Eiche und Elsbeere enthalten. Weite Teile des Schoren jedoch würden von Natur aus mit Sicherheit von Kalkbuchenwäldern eingenommen – eine Entwicklung, der Forstwirtschaft und Naturschutz nicht im Wege stehen sollten. Eine Erweiterung des Schutzgebiets und die Neufassung der Verordnung, die den heutigen Verhältnissen nicht mehr gerecht wird, sind für die nahe Zukunft geplant.

J. Genser

Segete

Landkreis: Konstanz
Gemeinde: Gaienhofen
Gemarkungen: Gaienhofen, Gundholzen, Horn
Naturraum: Bodenseebecken
Geschützt seit 1991
Größe: 7 Hektar
Top. Karte: 8319 Öhningen

Das »Seegertenmoos« liegt in die schwach hügelige Grundmoränenlandschaft der sanft zum Bodensee hin abfallenden Ostspitze der Halbinsel Höri eingebettet. Die Luftlinienentfernung zum Bodenseeufer beträgt nach Norden, Süden und Westen nur jeweils etwa zwei Kilometer, so daß das Klima des Feuchtgebiets ganzjährig unter dem Einfluß des Bodensees steht. Ausgeglichene Lufttemperaturen mit niedrigen Extremwerten, weniger als 100 Frosttage pro Jahr und geringere Niederschläge als die Umgebung sind unmittelbare Folge dieser räumlichen Lage. Die Segete entstand als Verlandungsmoor in einer abflußlosen, mit Tonen ausgekleideten Senke, in der sich Wasser aus der Umgebung sammelte und bis heute sammelt. Im Laufe des allmählichen Verlandungsprozesses entwickelten sich Schilf-, Seggen- und Bruchwaldbestände und bildeten eines der wenigen, noch intakten Zwischenmoore des westlichen Bodenseegebiets.

In den letzten Jahren unterlag das Gebiet jedoch vielen rücksichtslosen Eingriffen des Menschen. So wurde ein Teil des Seegertenmooses zur Mülldeponie, ein weiterer Teil aufgefüllt; der südwestliche Bereich wurde mit einem Fußballplatz überbaut. Diese Maßnahmen führten zu einem Anstieg des Wasserspiegels in den anderen Gebietsteilen, so daß der übriggebliebene Bereich des Zwischenmoors heute unter einer Wasserfläche von ca. einem Meter Höhe verschwunden ist.

Trotzdem beherbergt das Schutzgebiet noch immer eine große Anzahl an Pflanzengesellschaften mit zahlreichen seltenen Arten. Während die offenen Wasserflächen vom Gemeinen Wasserschlauch (*Utricularia vulgaris*) und der Kleinen Wasserlinse (*Lemna minor*) eingenommen werden, dominiert in den zentra-

162 Der rosarote Aspekt des Wasser-Knöterichs (*Polygonum amphibium*) weist auf ein nährstoffreiches Gewässer hin.

163 Die Herbst-Mosaikjungfer (*Aeshna mixta*), hier ein Männchen, jagt oft in einiger Entfernung vom Wasser auf Wiesen, Waldwegen und Lichtungen.

len Bereichen eine typische Ausbildung des Steifseggenrieds mit den charakteristischen und bis zu 1,5 m hohen Horsten der Steif-Segge (*Carex elata*). Große Herden des Fieberklees (*Menyanthes trifoliata*) und des Blutauges (*Comarum palustre*) zwischen einzelnen Horsten sind die letzten Überbleibsel des hier einstmals ausgebildeten Zwischenmoors. In den Randbereichen verzahnen sich Röhricht- und Großseggengesellschaften mit den Sumpfbinsengesellschaften, den Schlank- und Blasenseggenrieden der nasseren Standorte. Die Akeleiblättrige Wiesenraute (*Thalictrum aquilegifolium*) findet sich hier als Begleitart. Auf den zeitweise überschwemmten Wegrändern und bewirtschafteten Flächen siedeln große Bestände des gefährdeten Sumpfquendels (*Peplis portula*).

Der unterschiedlich strukturierte Aufbau und der teilweise anzutreffende Blütenreichtum dieser Bestände haben trotz ihrer geringen Größe eine große Bedeutung für die Tierwelt. Wie in vielen Feuchtgebieten finden hier zahlreiche Libellen- und Amphibienarten Nahrung und Lebensraum. Große Binsenjungfer (*Lestes viridis*), Gebänderte Prachtlibelle (*Calopteryx splendens*), Herbst-Mosaikjungfer (*Aeshna mixta*) und Gefleckte Heidelibelle (*Sympetrum flaveolum*) besiedeln insbesondere die ausgeprägten Flachwasserzonen, während Erdkröten, Gras-, Grün- und Laubfrösche, Berg-, Teich- und Kammolche bei ihren jährlichen Wanderungen beobachtet werden können. Das reichhaltige Angebot, das Wasservegetation, Arthropoden- und auch Amphibienfauna gewährleisten, bildet die Lebensgrundlage für verschiedene Wasservogelarten, von denen einige wie Zwergtaucher, Wasserralle, Schnatter-, Knäk- und Tafelente im Schutzgebiet brüten.

Besucherhinweis: Das Naturschutzgebiet läßt sich auf teilweise gut befestigten Feldwegen umrunden und kennenlernen. Links an den Sportanlagen vorbei führt ein Weg entlang der Seeumzäunung in Richtung Osten und erreicht nach kurzer Zeit einen befestigten Wirtschaftsweg, auf dem Sie – das Schutzgebiet immer rechter Hand – bald wieder Ihren Ausgangspunkt erreichen. Auf diesem Spaziergang lernen Sie die meisten hier beschriebenen Pflanzengesellschaften und Biotoptypen des »Segete« kennen, ohne sich durch das Unterholz zu mühen. *B. Koch*

Stehlwiesen

Landkreis: Konstanz
Gemeinde und Gemarkung: Gaienhofen
Naturraum: Bodenseebecken
Geschützt seit 1941
Größe: 9,5 Hektar
Top. Karte: 8319 Öhningen

1941 hatte Hermann Hesse Gaienhofen schon lange verlassen und schrieb am »Glasperlenspiel«, Otto Dix hingegen lebte noch im Nachbarort Hemmenhofen und litt unter dem rigiden Ausstellungsverbot für seine Bilder. Der badische Minister des Kultus und Unterrichts unterschrieb am 2. Juli im selben Jahr die Verordnung über das Naturschutzgebiet »Stehlwiesen« und erließ damit schon das achte Schutzgebiet im Kreis Konstanz. Vor allem Moore waren in jenen Anfangsjahren des behördlichen Naturschutzes Gegenstand von Interesse und Schutzbemühungen.

Unter dem malerischen Titel »Das Sonnentaugebiet bei Gaienhofen am Untersee« verfaßte A. Bachmeister 1938 sein botanisches Gutachten. Vieles hat sich seit knapp 60 Jahren am See verändert, die damals zu Papier gebrachten Beschreibungen eines einzigartigen Flachmoors haben ihre Gültigkeit in keinem Punkt verloren: »Im Molassegebiet tritt an nassen Stellen häufig eine sich durchaus von allen sonstigen hier verbreiteten Pflanzenvereinen abhebende Gesellschaft auf, die Kopfbinsenwiese. Sie beruht auf der Ausbreitung einer Algengesellschaft, die den Kalk des Wassers zur Fällung bringt und je nach dessen Fließgeschwindigkeit, nach Licht- und Sauerstoffverhältnissen feste Tuffe oder mehr oder weniger weichen Kalkbrei zu Folge hat...Das vollkommenste aus der Gegend bekannte Beispiel einer solchen Kopfbinsengesellschaft sind die Mühle- und Stehlwiesen bei Gaienhofen ... Wahrscheinlich hat hier einmal eine Seebucht bestanden, von der der größte Teil durch die Anspülung eines Strandwalles vom See abge-

164 Ausgedehntes Kopfbinsenried im NSG »Stehlwiesen«; Schilf durchsetzt dieses Hangmoor.

schnitten wurde ... Auf den Schwingrasen und den langsam in den Hang übergehenden Kalktuffmassen hat sich die Kopfbinsenwiese ... mit großer Artenfülle ausgebreitet. Fast überall finden sich dichte Rasen des Schmalblättrigen Sonnentaus, besonders üppig in flachen Wasseransammlungen zusammen mit dem kleinen Wasserschlauch.« Das Gutachten endet schließlich mit dem Hinweis: »Diese Angaben ergänzt Herr Kunstmaler Waentig durch die folgende Liste bemerkenswerter Pflanzenarten...« Die Erfassung floristischer und faunistischer Besonderheiten war zu jener Zeit die Domäne von Apothekern, Pfarrern, Lehrern und offensichtlich auch Kunstmalern.

Das Naturschutzgebiet befindet sich heute dank regelmäßiger Pflegemaßnahmen, welche die Gemeinde Gaienhofen im Auftrag der Bezirksstelle Freiburg durchführt, in einem hervorragenden Zustand, obwohl die Moorgesellschaften stellenweise vom eindringenden Schilfröhricht bedrängt werden. Zahlreiche Untersuchungen in den vergangenen Jahren haben die überregionale Bedeutung des Gebiets weiter unterstrichen. Die unscheinbare wärmeliebende Sumpfgrille (*Pteronemobius heydenii*) mit ihren sehr spezifischen Lebensraumansprüchen hat hier offensichtlich ihr größtes Vorkommen nördlich der Alpen.

Auffälligere Tier- und Pflanzenarten können von einem Fußweg, der vom Ortsrand durch die Stehlwiesen hinunter zum Seeufer führt, beobachtet werden.

Vielleicht lassen sich auch zukünftige Künstlergenerationen inspirieren vom Morgennebel, der vom See den Hang hinauf zieht und zwischen den Schilfhalmen hängen bleibt.

J. Genser

Tiefenried

Landkreis: Konstanz
Gemeinde und Gemarkung: Tengen
Naturraum: Hegau-Alb
Geschützt seit 1962
Größe: 6,3 Hektar
Top. Karte: 8117 Blumberg

Das Naturschutzgebiet »Tiefenried« ist sicherlich eines der abgelegensten Schutzgebiete im Landkreis Konstanz. Fernab von Siedlungen liegt es nördlich der kleinen Hegaustädte Tengen und Blumenfeld. Aus dem Hegau betrachtet, befindet sich das Gebiet schon »hinter« der Alb jenseits der europäischen Hauptwasserscheide und entwässert damit über Breitentalbach und Aitrach zur Donau.

Bekannt geworden ist das Tiefenried wegen des Vorkommens des Blauen Sumpfsterns (*Swertia perennis*), auch »Tarant« genannt. Die seltene Pflanzenart gehört zu den Enziangewächsen und kommt in wenigen basenreichen Flach- und Quellmooren Baden-Württembergs vor. Unter den Gräsern dominieren wie immer auf feuchten bis nassen und nährstoffarmen Standorten die Sauergräser, insbesondere Seggenarten. Alle diese Pflanzengesellschaften wie Sumpfseggen-, Schnabelseggen-, Steifseggen- oder Davallseggenried beherbergen eine Fülle seltener und landesweit gefährdeter Tier- und Pflanzenarten. Die Artenfülle wird noch dadurch verstärkt, daß sich in einigen Bereichen kleine trockne Rücken aus dem wasserdurchrieselten Hang erheben und Halbtrockenrasen tragen. Hier stößt man dann auf Enzianarten, die das wärmere und trockenere Grünland bevorzugen wie Deutscher und Gefranster Enzian (*Gentiana germanica* und *G. ciliata*).

Lange Zeit wurde das Tiefenried mangels besserer Möglichkeiten als Streuwiese genutzt. Das Pfeifengras mit seiner attraktiven, rötlichgelben Herbstfärbung ist durch diese Bewirtschaftung gefördert worden und daher auch hier im Gebiet weit verbreitet. Einmal im Jahr, oft erst im Spätherbst oder gar Winter erfolgte eine Mahd meist nach Abschluß der wichtigen

165 Ende Mai bestimmen die roten Blüten des Blutauges (*Comarum palustre*) das Erscheinungsbild im Tiefenried. Links Blütenstände des Spatelblättrigen Greiskrauts (*Senecio helenitis*).

166 Größte Besonderheit des Tiefenrieds: der Blaue Sumpfstern (*Swertia perennis*), ein Enziangewächs.

Ernte- und Aussaatarbeiten. Zum Verfüttern eignete sich das gewonnene Material nie und diente daher als Einstreu in die Ställe. Angereichert mit dem Dung der Tiere gelangte es im nächsten Frühjahr auf Äcker und Wiesen. Bis in die 40er und 50er Jahre hielt diese extensive und äußerst schonende Nutzung an, dann verlor sie durch den Strukturwandel in einer zunehmend intensivierten Landwirtschaft an Bedeutung – die Flächen fielen brach. Typisch war auch die geplante Folge«nutzung»: Entwässerung und Aufforstung des gesamten Rieds mit Fichten. 1956 ergriff der Apotheker Hufenüssler aus Engen als Mitglied der Arbeitsgemeinschaft für Naturschutz die Initiative und schlug das Tiefenried als Naturschutzgebiet vor. Mit Unterstützung des damaligen Landrats Konstanzer gelang es schließlich sogar, die Flächen ins Eigentum des Landes zu überführen und einen Großteil der bereits gepflanzten Fichten aus dem Kerngebiet zu entfernen. Die Aufforstungswelle, die damals das extensive und als wertlos betrachtete Grünland im ganzen Land erfaßte, konnte allerdings auch im Breitental und damit der unmittelbaren Umgebung des Tiefenrieds nicht verhindert werden. Die früher ausgedehnten Wiesen des Talraums, in die das Tiefenried harmonisch eingebettet war, sind inzwischen gleichaltrigen Fichtenbeständen oder aus Wiesenumbruch entstandenen Äckern gewichen. Damit ist heute eine für das nur sechs Hektar große Schutzgebiet fatale Situation eingetreten. Zum einen unterbindet der Wald die Wandermöglichkeiten schützenswerter Tier- und Pflanzenarten und damit ihre Chance zum Populationsaustausch mit der Umgebung. Das Erlöschen eines Vorkommens im Schutzgebiet ist im Extremfall die Konsequenz dieser Isolation. Zum zweiten wächst die Gefahr einer negativen Veränderung des Wasser- und Nährstoffhaushalts im Schutzgebiet, wenn das Umfeld entwässert und aufgeforstet oder beackert wird. Beide Vorgänge können die Wertigkeit eines kleinen Gebiets für den Arten- und Biotopschutz vermindern, sie können aber auch wichtige Erkenntnisse für die aktuelle Naturschutzarbeit liefern und werden z.B. bei der Abgrenzung von Schutzgebieten berücksichtigt.   *J. Genser*

Waltere Moor

Landkreis: Konstanz bzw. Sigmaringen im Regierungsbezirk Tübingen
Gemeinde: Hohenfels bzw. Sauldorf
Gemarkung: Mindersdorf bzw. Sauldorf
Naturraum: Donau-Ablach-Platten
Geschützt seit 1986
Größe: 97 Hektar (davon 72,6 ha im Landkreis Konstanz und 24,4 ha im Landkreis Sigmaringen)
Top. Karte: 8020 Meßkirch

An der Grenze zum Oberschwäbischen Hügelland zwischen Meßkirch und Stockach befindet sich auf den nach Norden abgeflachten Donau-Ablach-Platten eine flache Geländesenke, die zwischen die umgebenden Moränenhügel eingebettet ist. Kein Abfluß entwässerte die Senke, so daß sich auf den eiszeitlichen Geschiebemergeln über die Jahrhunderte hinweg ein Moor bilden

167 Es gibt in Baden-Württemberg nur noch neun Vorkommen der stark gefährdeten Strauch-Birke (*Betula humilis*).

konnte. Heute zeigt sich das Waltere Moor als unübersichtliches, schwer zugängliches und nasses Übergangsmoor- und Bruchwaldgelände, dessen Ränder strahlenförmig durch noch unverbuschte Sumpfwiesen und Magerrasen zergliedert werden. In den Jahren von 1812 bis 1925 wurde im Moor Torf abgebaut, wovon heute noch die zahlreichen Torfrücken zeugen. Danach wurde ein Großteil der Flächen bis Mitte der 50er Jahre als Streuwiesen genutzt, die sich jedoch nach der Nutzungsauflassung bald bewaldeten und heute den Charakter des Schutzgebiets prägen. Moorwald mit Fichte, Birke und Rauschbeere (Moorbeere) (*Vaccinium uliginosum*), Bruchwaldgebüsch mit der seltenen Strauchbirke (*Betula humilis*), Faulbaum und Erle bedecken rund 85% des Moores. Auf stark entwässertem oder höher gelegenem Gelände finden sich Magerrasen mit Schaf- und Rotem Schwingel (*Festuca ovina* und *F. rubra*), während sich Sumpfdotterblumen- und Pfeifengraswiesen zusammen mit Mädesüßbeständen auf den randlich gelegenen, etwas feuchteren und leicht vom Nährstoffeintrag der angrenzenden Wirtschaftswiesen beeinflußten Flächen ausgebreitet haben. Moortypische Schnabelseggenriede und Braunseggensümpfe haben sich als Schwingrasen lediglich auf den noch unverbuschten Torfstichen erhalten.

Gerade die offenen Bereich sind Heimat vieler seltener Pflanzenarten: Ranken-Segge (*Carex chordorrhiza*), Rundblättriger Sonnentau (*Drosera rotundifolia*), Sumpf-Haarstrang (*Peucedanum palustre*), Herzblatt (*Parnassia palustris*) und Pracht-Nelke (*Dianthus superbus*) kommen vor allem in den Braunseggensümpfen und Pfeifengraswiesen der Randlagen vor und sind an dieser Stelle durch das Aufkommen von Gehölzjungwuchs gefährdet, eine Entwicklung, die sich im Waltere Moor ohne menschliches Zutun innerhalb der nächsten Jahrzehnte flächig fortsetzen würde. Damit gingen jedoch auch die Lebens- und Nahrungsgrundlagen unzähliger Schmetterlingsarten ver-

168 Wie sein heller Vetter ist auch der Dunkle Wiesenknopf-Ameisenbläuling (*Maculinea nausithous*) auf Naßwiesen tiefer und mittlerer Höhenlagen anzutreffen, so auch im NSG »Waltere Moor«.

loren, die auf diese Pflanzen angewiesen und im dichten Moorwald selbst kaum mehr anzutreffen sind. In den blütenreichen Halbtrockenrasen leben Rotbraunes Wiesenvögelchen (*Coenonympha glycerion*), Schwarzgefleckter Bläuling (*Lycaena arion*) und Blauäugiger Waldportier (*Minois dryas*) auf ihren Futterpflanzen Thymian, Vogel-Wicke (*Vicia cracca*), Sumpf-Hornklee (*Lotus uliginosus*) oder Acker-Minze (*Mentha arvensis*).

Dagegen ist die Vogelwelt im Waltere Moor relativ artenarm, Sumpf- und Watvögel sind nur spärlich vetreten. Das ist vor allem auf den hohen Flächenanteil des Moorwaldes bzw. auf den geringen Anteil kurzrasiger, übersichtlicher Moorbereiche zurückzuführen. Trotzdem können fast 40 verschiedene Vogelarten beobachtet werden, 27 davon als Brutvögel, z.B. Rohrammer, Wiesenpieper, Schafstelze, Weidenmeise, Sperber, Turmfalke und Mäusebussard.

Diese Tiere könnten im Waltere Moor ohne das vielgestaltige Bild, welches das Schutzgebiet mit seinen verschiedenartigen Vegetationskomplexen bietet, keine Lebensgrundlage finden. Eine regelmäßige Pflege des Gebiets, die im wesentlichen aufkommendes Gehölz zurückdrängt und blütenreiche Freiflächen bewahrt, ist deshalb unumgänglich, wenn auch aus Kostengründen kaum zu realisieren.

B. Koch

Weitenried

Landkreis: Konstanz
Gemeinden: Stadt Singen a. H., Steißlingen, Volkertshausen
Gemarkungen: Beuren a. d. A., Steißlingen, Volkertshausen
Naturraum: Hegau
Geschützt seit 1978
Größe: 205 Hektar
Top. Karte: 8119 Eigeltingen

Zwischen Volkertshausen und Beuren a. d. A. erweitert sich das Tal der Radolfzeller Aach auf etwa 1,5 km Breite, beidseitig begrenzt von flachwelligen, teilweise bewaldeten Rücken, Überreste einer von der Würmeiszeit zurückgelassenen Grundmoräne. In der weiten Ebene lagerten sich allmählich Tallehme ab, die die Bildung von anmoorigen Böden und Niedermooren begünstigten. Von alters her wird dieses Land als Wiese und Weide genutzt, da Boden- und Wasserverhältnisse eine ackerbauliche Bewirtschaftung behindern. Auch Be- und Entwässerungsversuche und die Aachbegradigung konnten diese Gegebenheiten nicht wesentlich verbessern, so daß selbst ehemals genutzte Flächen wieder brachfielen. Auf diese Weise konnte sich jedoch ein Landschaftstyp entwickeln, der Lebensraum vieler seltener Tier- und Pflanzenarten und im Hegau in dieser Ausdehnung nur noch an wenigen Stellen anzutreffen ist.

Im Weitenried ist das Nebeneinander verschiedener Entwicklungsstadien der Pflanzengemeinschaften auf die unterschiedlichen Standortbedingungen und die jeweilige Brachedauer der einzelnen Flurstücke zurückzu-

169 Schilfbestände, Hochstaudenfluren und Gehölzinseln bieten zahlreichen Vogelarten im NSG »Weitenried« Lebensraum.

führen. Feuchte Flächen mit ehemaligen Pfeifengrasbeständen haben sich zu Hochstaudenfluren entwickelt, in denen Mädesüß (*Filipendula ulmaria*), Kohldistel (*Cirsium oleraceum*) und Schilfrohr (*Phragmites communis*) dominieren. Trockenere Standorte wurden allmählich von Faulbaum und Kreuzdorn besiedelt, während die sehr nassen Bereiche von Großseggenrieden eingenommen werden. Parzelliert werden diese Lebensbereiche von den heute noch sichtbaren Entwässerungsgräben, die ihrerseits Lebensraum verschiedener Pflanzenarten sind, so Zungen-Hahnenfuß (*Ranunculus lingua*) und Schein-Zypergras-Segge (*Carex pseudocyperus*). Wenn auch die Vegetation des Weitenrieds nicht die Bedeutung anderer Riedgebiete des Hegaus erreicht, so bietet sein Grünlandmosaik dennoch zahlreichen gefährdeten Arten einen Rückzugsraum. Zu ihnen zählen Pracht-Nelke (*Dianthus superbus*), Sumpf-Haarstrang (*Peucedanum palustre*), Spatelblättriges Greiskraut (*Senecio helenitis*), Fleischfarbenes und Breitblättriges Knabenkraut (*Dactylorhiza incarnata* und *D. majalis*).

Wiedehopfe und Graureiher nutzen die feuchten, weitgehend ungestörten Grünland- und Riedbereiche von ihren nahegelegenen Brutplätzen zur Nahrungssuche, während Großer Brachvogel, Bekassine und Braunkehlchen als gelegentliche Gäste beobachtet werden können. Vor wenigen Jahren noch fanden sich von Juni bis August mehrere Hundert Kiebitze regelmäßig zur Gefiedermauser ein, ein Phänomen, das bedauerlicherweise nur noch historischen Charakter hat. Artenreich ist jedoch die Liste der Durchzügler und Wintergäste, wobei gerade unter den Greifvögeln in manchen Wintern einzigartige Massenansammlungen zu beobachten sind, die den Mäusereichtum des Gebiets zu schätzen wissen. Neben unzähligen Mäusebussarden und Turmfalken können regelmäßig Rohr-, Korn- und Wiesenweihen, Schwarz- und Rotmilan angetroffen werden. Auch die Wachtel ist ein steter Durchzügler, die ebenso wie der nordische Regenbrachvogel und der Kampfläufer die Feuchtwiesen im Frühjahr aufsucht. Birkhuhn und Kranich gehören zumindest zu den selte-

170 Der nordische Regenbrachvogel sucht im Frühjahr die Feuchtwiesen des Weitenrieds auf seinem Durchzug auf.

nen Gästen. Zu jeder Jahreszeit beherbergt das Gebiet eine bemerkenswerte Vogelwelt mit rund 70 Arten, die in einer derartigen Zusammensetzung lediglich am Oberrhein oder in den östlich von Ulm gelegenen Donauniederungen anzutreffen ist.

1996 begann im Weitenried unter der Federführung des Regierungspräsidiums Freiburg und der Bezirksstelle für Naturschutz und Landschaftspflege Freiburg beispielhaft die Umsetzung des »WÖK«, des »Wasserwirtschaftlich-Ökologischen Entwicklungskonzeptes für die Radofzeller Aach«. Das Konzept verfolgt das Ziel, die im Rahmen der Aachbegradigung entstandenen Nachteile für die Ökologie des Gewässers und seiner unmittelbaren Umgebung rückgängig zu machen und in den dafür geeigneten Gebieten ursprüngliche Verhältnisse wiederherzustellen. Da die Aach ihre flußeigene Dynamik verloren hat, ging die einst permanente Schaffung neuer Landschaftsstrukturen verloren. Ursprünglich feuchte, gewässernahe Lebensräume fielen trocken, und die Aach büßte als begradigter, optisch eintöniger Flußlauf ihre Attraktivität für Erholungssuchende ein. Das Entwicklungskonzept sieht vor, diese negativen Aspekte durch die Anlage von Mäanderzonen, die Ausweisung von Überschwemmungsflächen und die Schaffung von Fischaufstiegen zu ersetzen. Das Flußbett der Aach im Weitenried erhielt jetzt mit einer geschwungenen Linienführung, einer langgezogenen Rampe, auf der Fische und Kleinlebewesen flußaufwärts wandern können, wechselnden Böschungsneigungen und variierenden Sohlbreiten ein völlig neues Gesicht. Die Natur kann sich diesen Abschnitt der Aach nun ohne wesentliche weitere Eingriffe durch den Menschen zurückerobern und allmählich in eine natürliche Flußlandschaft mit gewässerbegleitendem Auenwald verwandeln.

B. Koch

Winterried

Landkreis: Konstanz
Gemeinde: Allensbach
Gemarkung: Allensbach
Naturraum: Bodenseebecken
Geschützt seit 1962
Größe: 4,4 Hektar
Top. Karte: 8220 Überlingen West

Das »Winterried« liegt rund zwei Kilometer östlich von Markelfingen inmitten der typischen Drumlin-Landschaft des Bodanrücks. Nach Abschmelzen der letzten Toteismassen am Ende der Eiszeit entstand zunächst ein zwölf Meter tiefer See, aus dem durch Verlandungsprozesse das heutige Winterried hervorging. Schon 1962 wurde es als eines der ersten Moore im Gebiet unter Naturschutz gestellt.

Das Winterried ist neben dem Durchenbergried das einzige Moor mit Zwischenmoorgesellschaften und Ansätzen zur Hochmoorbildung auf dem Bodanrück. Auf den zentralen Flächen ist der Hochmoorcharakter, der sich in typischen Pflanzengesellschaften widerspiegelt, am ausgeprägtesten. So kommen auf den Bulten und in Schlenken verschiedene Arten der Hochmoorgesellschaft vor. Dies sind insbesondere rote Torfmoose wie *Sphagnum magellanicum* und *Sphagnum angustifolium* und das Peitschenmoos (*Polytrium strictum*), aber auch Scheidiges Wollgras (*Eriophorum vaginatum*) und Rundblättriger Sonnentau (*Drosera rotundifolia*). In den Schlenken ist als Besonderheit die Schnabelbinse (*Rhynchospora alba*), vereinzelt die Schlamm-Segge (*Carex limosa*) und der Fieberklee (*Menyanthes trifoliata*) zu finden. Das Pfeifengras bildet verbreitet typische Horste. Überschirmt werden diese Flächen von einem lichten, bis 20 m hohen Kiefern-Altbestand. Randlich schließen sich niedrigere Jungbestände der Kiefer an.

Auf den ehemals gehölzfreien Flächen (im Westteil des Moores), die heute stark von Schwarzerlen bewachsen sind, stellt sich die Vegetation sehr heterogen dar. So finden sich Übergänge vom Fadenseggen- zum Pfeifengrasried, das hier sehr artenreich ausgebildet

171 Das Übergangsmoor des NSG »Winterried« wird von einem lichten Kiefernbestand überschirmt.

172 Die Weiße Schnabelbinse (*Rhynchospora alba*) wächst in den nassen Schlenken des Winterrieds.

ist. In den besonders feuchten Teilen der Pfeifengraswiese sind z.B. das Schmalblättrige Wollgras (*Eriophorum angustifolia*), das Hunds-Straußgras (*Agrostis canina*) oder das Blutauge (*Comarum palustre*) zu finden. In sämtlichen Flächen breiten sich aber insbesondere Schwarzerle, Kiefer und Faulbaum aus.

Am Rande des Moors ist fast durchgängig ein »Randlagg« ausgebildet. In der Moorkunde bezeichnet man hiermit den Übergangsbereich zwischen den mineralischen Böden der Umgebung und dem eigentlichen Moorkörper. Das Randlagg des Winterrieds weist fast immer sehr hohe Wasserstände auf und bildet damit einen nahezu unüberwindbaren Schutzstreifen für das Moor, den man auch respektieren sollte.

Im Lagg hat sich ein Steifseggenried mit Vorkommen des Echten Wasserschlauchs (*Utricularia vulgaris*) gebildet. In etwas trockeneren Bereichen sind Sumpfseggenriede mit lückigen Beständen von Gelber Schwertlilie (*Iris pseudacorus*) und Sumpf-Kratzdistel (*Cirsium palustre*) vorhanden.

Vergleicht man den Vegetationsbestand des Moores mit Untersuchungen aus den 60er Jahren (Lang, G. 1961–1963), so ist festzustellen, daß sich der Gehölzbewuchs stark verdichtet und ausgedehnt hat. Besonders im nordwestlichen Teil des Moores steht heute ein Erlenbruchwald, wo Lang noch ein gehölzfreies Wunderseggenried beschreibt. Zu einfach wäre es, die Ursachen in einer veränderten Riednutzung oder in einem stärker ziehenden Entwässerungsgraben zu suchen. Doch offensichtlich liegen Veränderungen im Wasserhaushalt des Moors vor. Man weiß, daß der Wald in der Umgebung des Winterrieds über Jahrhunderte hinweg – wie in ganz Mitteleuropa – durch starke Holzentnahme und Streunutzung degradiert wurde. Erst in diesem Jahrhundert ließ die starke Nutzung nach, die Wälder konnten kräftig wachsen und eine Humusschicht aufbauen. Abgesehen von größerer Verdunstung und Transpiration im Kronendach wird das Regenwasser auch im Wurzelhorizont stärker zurückgehalten. Dies könnte erklären, wieso die Veränderungen vorwiegend am Moorrand auftreten, der Moorkern hingegen als Übergangs- und Hochmoor vom Grundwasser weitgehend unabhängig bleibt.

Die Naturschutzverwaltung hat sich 1996 entschlossen, mit Pflegemaßnahmen auf kleinen Flächen am Moorrand der Bewaldungstendenz entgegenzuwirken. Bei Frost im Winter entfernten Mitarbeiter des Forstamts Konstanz Erlen mitsamt des Wurzelstrunkes. Den z.T. hochgradig gefährdeten und seltenen Tier- und Pflanzenarten des Pfeifengras-, Fadenseggen- und Wunderseggenrieds soll so wieder zu besseren Lebensbedingungen verholfen werden.

J. Faisst, E. Stegmaier

Wollmatinger Ried-Untersee-Gnadensee

Landkreis: Konstanz
Gemeinden: Stadt Konstanz, Reichenau, Allensbach
Gemarkungen: Konstanz, Reichenau, Allensbach
Naturraum: Bodenseebecken
Geschützt seit 1938
Größe: 767 Hektar, davon 10 Hektar Landschaftsschutzgebiet (Reichenauer Damm) und 270 Hektar Wasserfläche (Teile des Ermatinger Beckens und der Hegnebucht)
Top. Karten: 8220 Überlingen West, 8320 Konstanz West

Das Naturschutzgebiet »Wollmatinger Ried-Untersee-Gnadensee« zwischen Konstanz und Allensbach zählt zu den ältesten und höchst dekorierten Naturschutzgebieten im Land. Mehrere internationale Auszeichnungen, darunter das europaweit nur an wenige bedeutende Gebiete verliehene »Europadiplom« des Europarates in Straßburg (seit 1968) oder die Einstufung als »Feuchtgebiet internationaler Bedeutung« nach der RAMSAR-Konvention von 1971 (»RAMSAR-Gebiet«) unterstreichen eindrucksvoll dessen herausragenden Stellenwert als Naturreservat.

Den außerordentlich hohen Pflanzen- und Tierartenreichtum verdankt das Wollmatinger Ried der besonderen geographischen und naturräumlichen Lage im Mündungsbereich des Seerheins und den daraus resultierenden, v. a. vom Wasser geprägten Standortbedingungen. In der von eiszeitlichen Gletschern vorgeformten Landschaft waren es besonders die gestaltenden Kräfte des Seerheins – der hier den Ober- mit dem Untersee verbindet – sowie der stark schwankenden Wasserstände des Sees, die hier eine breite und reich strukturierte Uferlandschaft geschaffen haben. Teilweise mehr als ein Kilometer breit und über fünf Kilometer lang erstreckt sich das Ried von Konstanz entlang des deutschen Bodenseeufers bis Allensbach, unterbrochen nur vom 1838 aufgeschütteten Reichenauer Damm.

173 Vom Hochwasser überflutete Streuwiese des NSG »Wollmatinger Ried«.

174 Mehlprimelwiese (*Primula farinosa*).

Auch heute noch ist das Wollmatinger Ried wesentlich von den unterschiedlichen Wasserständen des Sees geprägt: Jährlich überfluten ab dem späten Frühjahr mitunter stark ansteigende Hochwässer, gespeist v.a. von der Schneeschmelze in den Alpen, große Teile des Riedes. In extremen Hochwasserjahren ragen wochen- oder sogar monatelang nur die landseitigen Randzonen und einige Strandwälle als Inseln aus dem überschwemmten Ried heraus. Entsprechend den unterschiedlichen hydrologischen Gegebenheiten entwickelte sich eine vielfältige und reich strukturierte Vegetation, dominiert von den ausgedehnten natürlichen Schilfröhrichten und Großseggenrieden sowie den vom Menschen geschaffenen Streuwiesen. Zwei flache Seebecken, das Ermatinger Becken und die bereits zum Gnadensee zählende Hegnebucht nördlich des Reichenauer Dammes schließen sich wasserseitig an. Deren sehr nahrungsreiche Flachwasserzonen sind jährlich von Tausenden von Wasser- und Watvögeln bevölkert.

Bereits 1930 wurden Teile des Wollmatinger Riedes für fünf Jahre vorläufig unter Schutz gestellt, bevor es 1938 auf einer Fläche von 435 ha endgültig als Naturschutzgebiet ausgewiesen wurde. Eine wesentliche Erweiterung erfuhr das Gebiet 1980. Große Flachwasserbereiche des Ermatinger Beckens und der Hegnebucht wurden einbezogen, so daß das Natur- und Landschaftsschutzgebiet »Wollmatinger Ried-Untersee-Gnadensee« heute insgesamt 767 ha umfaßt.

Das Wollmatinger Ried ist auch – und nicht nur angesichts der benachbarten und berühmten Insel Reichenau – ein geschichtsträchtiger Ort: Jungsteinzeitliche Siedlungen und Reste bronzezeitlicher Pfahlbauten zählen zu den ältesten Zeugnissen menschlicher Besiedlung im Bodenseeraum. Auch während des Mittelalters bis ins vorige Jahrhundert war das Ried Schauplatz mehrerer kriegerischer Aufmärsche und Auseinandersetzungen. Erst Mitte des vorigen Jahrhunderts begann auch die großflächige, meist landwirtschaftliche Nutzung des Wollmatinger Riedes. Sie reichte bis weit in die Schilfzonen hinein (Schilf war ein begehrter Rohstoff!), und ihr fielen bis auf wenige Reste die noch vorhandenen Auewälder und Gebüsche zum Opfer. Ein auch heute noch teilweise vorhandenes dichtes Netz von Entwässerungsgräben zeugt von dem Bemühen der damaligen Bauern, Teile des Riedes zu entwässern und leichter bewirtschaftbar zu machen. An eine Mahd war dennoch auf den meisten Flächen nur im Herbst oder Winter zu denken, wenn sich die sommerlichen Hochwässer zurückgezogen hatten. Diese einschürigen Wiesen lieferten fast ein Jahrhundert lang die sehr begehrte Stalleinstreu (daher der Name »Streuwiesen«!), bis die stetig moderner und intensiver betreibende Landwirtschaft diesen Rohstoff überflüssig machte. Dank umfangreicher Pflegemaßnahmen des Naturschutzes konnten jedoch über 200 ha der sehr wertvollen Streuwiesen erhalten und teilweise wiederhergestellt werden.

Auch im Umfeld des Wollmatinger Riedes ist die Zeit nicht stehen geblieben. So rückte die Stadt Konstanz bis an die Grenzen des Schutzgebietes und anstelle extensiv genutzter landwirtschaftlicher Flächen sind heute Straßen, Gewerbegebiete, ein Flugplatz und eine Kläranlage getreten, deren breiter Regenwasserkanal mitten durch das Ried gebaut wurde. Wichtige Pufferflächen gingen dadurch verloren. Auch von der Wasserseite her verstärkte sich der Druck durch den stetig steigenden Boots- und Freizeitverkehr. Es kann als ein großer Erfolg des restriktiven Gebietsschutzes – so gilt z.B. ein weitgehendes Betretungsverbot im Naturschutzgebiet – und der intensiven Betreuungsarbeit gewertet werden, wenn heute trotz dieser Belastungen eine positive Bilanz bei der Entwicklung des Wollmatinger Riedes gezogen werden kann.

Von den über 600 festgestellten Pflanzenarten des Schutzgebiets sind mehr als 100 in der Roten Liste Baden-Württembergs aufgeführt, nicht wenige davon sind in ihrem Bestand landes- oder bundesweit stark gefährdet oder gar vom Aussterben bedroht. Zu den artenreichsten und weit verbreiteten Pflanzengesellschaften des Wollmatinger Riedes zählen die durch die Streunutzung entstandenen Pfeifengraswiesen. Sie kommen im Gebiet entsprechend der unterschiedlichen Standortverhältnisse in vielen Ausbildungen vor. Neben dem namengebenden und oft dominierenden Blauen Pfeifengras (*Molinia caerulea*) sind Massenvorkommen von ansonsten seltenen Pflanzen wie der Sibirischen Schwertlilie (*Iris sibirica*), des Lungen-Enzians (*Gentiana pneumonanthe*), des Wohlriechenden Lauchs (*Allium suaveolens*) oder verschiedener Orchideen keine Seltenheit; auch die in Baden-Württemberg nur aus dem Wollmatinger Ried bekannte, wunderschön blühende Sumpf-Siegwurz (*Gladiolus palustris*) hat einen gesicherten Bestand. Schon vom Aspekt her stark unterschiedlich sind die eher niedrigwüchsigen und floristisch ebenfalls sehr wertvollen Wiesen der quelligen Standorte des Riedes. Hier sind Arten wie die Schwarze oder Rostrote Kopfbinse (*Schoenus nigricans* und *S. ferrugineus*) z.T. bestandsbildend, oft begleitet von der Mehlprimel (*Primula farinosa*), dem Gewöhnlichen Fettkraut (*Pinguicula vulgaris*), der Gewöhnlichen Simsenlilie (*Tofieldia calyculata*) und vielen weiteren, z.T. sehr seltenen Pflanzen. Das eigentliche Kopfbinsenried kommt nur kleinflächig vor und zählt wie die Röhrichte und Großseggenriede der Seeufer zu den ursprünglichen Vegetationseinheiten des Gebiets. Nicht nur aus floristischer Sicht bemerkenswert sind die zahlreichen Strandwälle des Wollmatinger Rieds. Als flache, oft langgezogene Rücken und mit Gewannamen wie »Wäglirain« oder »Felbenrain« versehen, durchziehen sie parallel zur Uferlinie und in mehreren Reihen fast das gesamte Ried. Ihre Entstehung verdanken sie den sogenannten »Schnegglisanden«, hauptsächlich aus Kalk und darin eingelagerten Schneckenhäuschen (Name!) bestehenden Bodenseesedimenten, die im Ried großflächig abgelagert und vom Wellenschlag bis zu mehreren Meter hohen Wällen angehäuft wurden. Weiter vom Grundwasser entfernt und oft von Hochwässern verschont, etablierte sich auf den sandig-kiesigen Rainen eine ausgesprochene Trockenvegetation: Arten wie Gewöhnliche Küchenschelle (*Pulsatilla vulgaris*), Gewöhnliche Kugelblume (*Globularia punctata*), Brand-Knabenkraut (*Orchis ustulata*), Bienen-Ragwurz (*Ophrys apifera*) oder der Frühlings-Enzian (*Gentiana verna*) stehen in scharfem Kontrast zu der ansonsten vom Wasser geprägten umgebenden Vegetation.

175 Eine der großen Raritäten des Wollmatinger Riedes: die Sumpf-Siegwurz oder Sumpf-Gladiole (*Gladiolus palustris*).

Über das gesamte Gebiet verteilt und meist in engem Kontakt zu den Röhrichten finden sich weiterhin verschiedene Seggen- und Binsenriede sowie Hochstaudenfluren, die im Gegensatz zu den o.g. Wiesen in der Regel nicht gemäht oder bewirtschaftet werden. Im östlichsten Teil des Schutzgebiets sind auf einer Fläche von mehreren Hektar auch ehemals intensiv bewirtschaftete Wiesen anzutreffen. In diesem relativ hoch gelegenen Riedteil dominieren in den Beständen noch Arten der Fettwiesen, wobei die seit vielen Jahren erfolgende extensive Bewirtschaftung bereits eine artenreichere Flora erkennen läßt. Wie am gesamten Bodensee sind auch im Naturschutzgebiet die Bestände der ursprünglich weit verbreiteten Strandrasengesellschaft auf einen kleinen Rest zusammengeschrumpft. Die hier vorkommenden, stark spezialisierten Pflanzen – die bekannteste unter ihnen ist das endemische Bodensee-Vergißmeinnicht (*Myosotis rehsteineri*) – sind auf nährstoffarme Kiesufer angewiesen, die es inzwischen fast nicht mehr gibt. Über ein Drittel der Schutzgebietsfläche wird von meist zusammenhängenden Röhrichten und Großseggenrieden eingenommen, wobei das Schilf bei weitem den Gesamtaspekt dominiert. Diese vom Menschen fast unberührte Landschaft, die den hier sehr breiten Übergangsbereich Wasser/Land markiert, ist v.a. für die Tierwelt des Riedes von großer Bedeutung.

Die Artenlisten der bislang im Naturschutzgebiet nachgewiesenen Tiere, ob Schmetterlinge oder Libellen, Amphibien oder Vögel, sind sehr umfangreich. Ihnen ist vor allem eines gemeinsam: Für viele der Arten zählt das Ried mit seinen vielfältigen, naturnahen Strukturen zu den letzten Lebensräumen, in denen sie noch geeignete Brut- und Nahrungsplätze finden können; entsprechend groß ist die Anzahl jener, die in den Roten Listen als gefährdet und bedroht eingestuft sind.

Am besten und über einen langen Zeitraum fast lückenlos dokumentiert ist die Vogelwelt des Gebietes. Dabei beherbergt das Wollmatinger Ried nicht nur viele Brutvögel, sondern ist als eines der zentralen Rast- und Überwinterungsgebiete im süddeutschen Raum von europäischer Bedeutung. Auf den sehr nahrungsreichen Wasserflächen der Hegnebucht und des Ermatinger Beckens sammeln sich jährlich bis zu 40 000 Wasservögel, darunter z.B. große Bestände von Reiher-, Tafel-, Löffel-, und Schnatterenten sowie verschiedenen Tauchern wie Zwerg- oder Haubentaucher. Die ausgedehnten Schlammbänke, die bei Niedrigwasser hervortreten, bieten für Watvögel reichlich Nahrung, so den oft in großen Trupps auftretenden Kiebitzen, Großen Brachvögeln, Kampfläufern, Bekassinen, Alpenstrandläufern und vielen mehr. Die ausgedehnten Schilfbestände sind beispielsweise wichtige Rast- und Nahrungsflächen von Rauch- und Uferschwalben, die hier vor dem anstrengenden Alpenflug noch einmal kräftig auftanken. Weit über 250 Vogelarten wurden bisher registriert, etwa ein Drittel davon hat im Gebiet schon gebrütet. Die Kolbenente, die hier einen ihrer Verbreitungsschwerpunkte in Europa hat, brütet bevorzugt in der ufernahen, großen Teichanlage,

176 Beobachtungsplattform beim Campingplatz Hegne.

die Anfang der 80er Jahre als hochwassersicherer Brutplatz für Wasservögel angelegt wurde. Der Schwarzhalstaucher, eine weitere Rarität, brütet dagegen fast ausschließlich in den verschlungenen, nur schwer einsehbaren Schilfzonen des Ermattinger Beckens und der Hegnebucht. Den Röhrichtbewohnern bietet das Ried idealen Lebensraum: Der Teichrohrsänger, der gleich in mehreren hundert Paaren vorkommt sowie der Drosselrohrsänger und die Rohrweihe, beides vom Aussterben bedrohte Arten, seien hier stellvertretend genannt. Ungewiß ist dagegen die zukünftige Entwicklung der typischen Arten der Streuwiesen. Nachdem in den 60er Jahren bereits der Große Brachvogel als Brutvogel verschwunden ist, droht nun der Bekassine und dem Kiebitz trotz großer Anstrengungen, die Biotopqualität zu erhalten bzw. zu verbessern, das gleiche Schicksal. Mit der in den letzten Jahrzehnten wieder zunehmenden Verbuschung des Riedes haben stattdessen typische Park- und Waldvögel stark zugenommen.

Das Wollmatinger Ried ist auch als Lebensraum für Schmetterlinge und Libellen eines der bedeutendsten Gebiete in Südwestdeutschland. Über 330 Tag- und Nachtfalterarten konnten bisher registriert werden, und mit weit über 40 verschiedenen hier nachgewiesenen Libellenarten wird eine für mitteleuropäische Verhältnisse außergewöhnlich hohe Artendichte erreicht. Weitere inzwischen gut untersuchte Insektengruppen oder auch die vorkommende Vielfalt der Amphibien und Mollusken bestätigen eindrücklich diesen Trend.

Nur in wenigen Naturschutzgebieten des Landes wird ein vergleichbar hoher Einsatz für die ständige Pflege und Betreuung geleistet wie im Wollmatinger Ried. In starkem Maße ist dabei der Naturschutzbund Deutschland e.V. (NABU, ehemals Deutscher Bund für Vogelschutz) eingebunden, deren Ortsgruppe Konstanz vor Ort ein Naturschutzzentrum unterhält (s. u.) und vertraglich geregelt wichtige und umfangreiche Betreuungs- und Pflegeaufgaben im Naturschutzgebiet übernimmt.

Seit 1989 wird das Wollmatinger Ried als ein Gebiet von »gesamtstaatlich repräsentativer

177 Von europäischer Bedeutung: die vorgelagerten Wasserflächen des Wollmatinger Riedes als Rast- und Überwinterungsgebiet für Wasservögel.

Bedeutung« mit Mitteln in beträchtlicher Höhe aus dem Bundesumweltministerium gefördert (Laufzeit bis 1998). Im Rahmen dieses »Naturschutzgroßprojektes« konnten u. a. umfangreiche zusätzliche Entbuschungs- und Mäharbeiten, ein Flachwasserteich, neue Besuchereinrichtungen sowie der Bau von Grünbrücken über den Regenwasserkanal (der Kläranlage), der bis dahin ein stark beeinträchtigendes Element in Ried war, umgesetzt werden.

Wer die zeitweise prachtvoll blühenden Streuwiesen und die interessante Tierwelt des Riedes beobachten und erleben möchte, kann dies unter fachkundiger Leitung auf einer der ganzjährig vom Naturschutzzentrum Wollmatinger Ried angebotenen Führungen tun (Anschrift s. u.). Auf eigene Faust ist das ansonsten für die Öffentlichkeit gesperrte Naturschutzgebiet nur an zwei Stellen zugänglich: Der Gottlieber Weg, beginnend bei der Kläranlage Konstanz, führt den Besucher entlang des inzwischen teilweise renaturierten Regenwasserkanals durch große Wiesenbereiche bis zum Seerhein gegenüber Gottlieben, während der Fußweg entlang des Reichenauer Dammes weite Einblicke in das Ermatinger Becken und die Hegnebucht gewährt.

Besucherhinweis: Umfangreiche Informationen in Form einer ständigen Ausstellung und einer Dia-Multivisionsschau zum Gebiet sowie ein Führungsprogramm bietet das Naturschutzzentrum Wollmatinger Ried (im ehemaligen Bahnhof Reichenau) des Naturschutzbund Deutschland, Ortsgruppe Konstanz e.V., Kindlebildstr. 87, 78479 Reichenau, Tel.: 07531/78870. *P. Jehle*

Ziegeleiweiher Rickelshausen

Landkreis: Konstanz
Gemeinden: Stadt Singen a.H.,
Stadt Radolfzell
Gemarkungen: Überlingen, Böhringen
Naturraum: Bodenseebecken
Geschützt seit 1993
Größe: 18,5 Hektar
Top. Karte: 8219 Singen (Hohentwiel)

Nachdem der über die Hegauniederung nach Nordosten vorgestoßene Rheingletscher im Würm-Spätglazial wieder zurückgeschmolzen war, hinterließ er in seinem Schmelzwassersee Sedimente aus tonreichem, sandigem Silt mit hohem Kalkgehalt. Zwischen Böhringen und Überlingen wurde dieses Material in der Mitte dieses Jahrhunderts abgebaut und von der Ziegelei Böhringen-Rickelshausen weiterverarbeitet. Eine der beiden dabei entstandenen großen Ziegeleigruben wurde bald darauf als Mülldeponie genutzt und zugeschüttet, die andere wurde zum hier beschriebenen Schutzgebiet, dem »Ziegelweiher Rickelshausen«. Der Weiher und sein Umfeld zeichnen sich wie viele andere Schutzgebiete, bei denen das Wasser als prägendes Element beteiligt ist, durch ein reichhaltiges Mosaik an verschiedenartigen Biotopen aus, die nicht selten und so auch hier auf ehemalige Nutzung durch den Menschen zurückzuführen sind. Wasser, Ufer, Riede, Wiesen, Wald und deren Saumbereiche sind eng verzahnt und bieten zahlreichen Tier- und Pflanzenarten mit unterschiedlichsten Ansprüchen Lebensraum.

Den Weiher umsäumt ein schmales Band von Schilfröhricht, in das vereinzelt Steif-Segge (*Carex elata*), Stumpfblütige Binse (*Juncus subnodulosus*), Graue Seebinse (*Schoenoplectus tabernaemontani*) und Tannenwedel (*Hippuris vulgaris*) eingestreut sind. In kleineren Bereichen der Wasserfläche gedeihen Weiße Seerose (*Nymphaea alba*) und Schwimmendes Laichkraut (*Potamogeton natans*). Ehemals genutzte Pfeifengraswiesen im

178 Der Angelsport darf im NSG »Ziegeleiweiher Rickelshausen« nur noch in eingeschränktem Ausmaß ausgeübt werden.

Nordwesten des Sees ähneln in ihrer Zusammensetzung jenen des Radolfzeller Aachrieds; neben dem namengebenden Blauen Pfeifengras (*Molinia caerulea*) prägen auch die gefährdeten Arten Wohlriechender Lauch (*Allium suaveolens*), Knollige Kratzdistel (*Cirsium tuberosum*), Lungen-Enzian (*Gentiana pneumonanthe*), Kümmelsilge (*Selinum carvifolia*), Sumpf-Stendelwurz (*Epipactis palustris*), Sumpf-Haarstrang (*Peucedanum palustre*) u.a. diese Pflanzengesellschaft. Eine regelmäßige späte Mahd verhindert hier das Aufkommen von Hochstauden und Gebüsch.

Weiden, Faulbaum, Gewöhnlicher Schneeball und Echter Kreuzdorn bilden zusammen mit dem dichten Schleier der Gewöhnlichen Waldrebe (*Clematis vitalba*) ein nahezu undurchdringliches Dickicht zwischen See und Zufahrtstraße, das westlich des Weihers in einen Stieleichen-Hainbuchen-Wald übergeht. Die teilweise bestandsbildende Grau-Erle wurde wahrscheinlich angepflanzt, da sie im Bodenseegebiet selten ist und nicht zur ursprünglich heimischen Vegetation gehört.

Über die Schutzgebietsverordnung konnten die ehemals durch Angelsport verursachten Störungen wesentlich eingeschränkt werden, so daß die 43 nachgewiesenen geschützten Vogelarten (auf weniger als 20 ha Fläche!) während der Brutzeit kaum beeinträchtigt werden. Auffällig ist, daß keine Vogelart besonders dominant auftritt, was auf eine reiche Strukturierung des Gebiets hinweist. Während Hauben- und Zwergtaucher, Kolbenente, Schwarzmilan, Drossel- und Teichrohrsänger, Dorngrasmücke, Beutelmeise und Pirol als Brutvögel auftreten, können Rohrdommel, Kuh- und Seidenreiher, Fischadler, Trauerseeschwalbe und zahlreiche Enten- und Limikolenarten als Gäste beobachtet werden, die den Weiher als Rastgebiet nutzen.

17 Libellenarten, darunter Blauflügel-Prachtlibelle (*Calopteryx virgo*) und Kleine Königslibelle (*Anax parthenope*), besiedeln insbesondere die ausgeprägten Flachwasserzonen und nutzen die mit submerser Vegetation bewachsenen kleinen Gewässer im Südwesten des Weihers. Seltene mediterrane Arten wie Frühe Heidelibelle (*Sympetrum fonscolombei*) und Feuerlibelle (*Crocothermis erythraea*) unterstreichen die erstaunliche Artenvielfalt und die herausragende Bedeutung des Schutzgebiets.

Besucherhinweis: Bitte beachten Sie, daß der Weiher nicht als Badesee genutzt werden darf, um die hier brütenden oder rastenden Vögel nicht zu beunruhigen. *B. Koch*

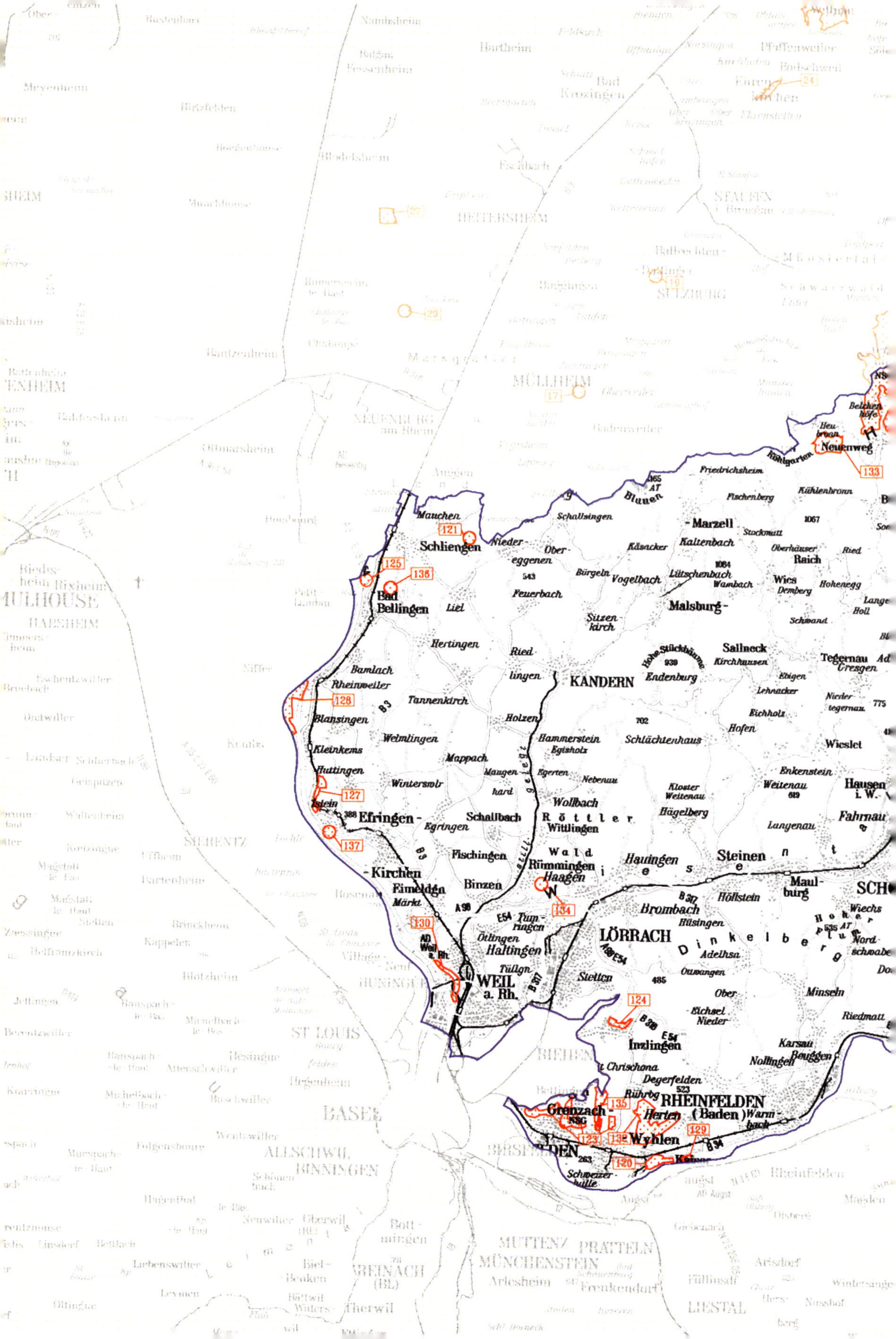

Mauchen
121
Schliengen
125
136
Bad Bellingen
Liel
Nieder-eggenen
Ober-eggenen
Feuerbach
Schallsingen
Blauen
Friedrichsheim
Kühlgarten
Neuenweg
133
Belchen höfe
Heubronn
Fischenberg
Kühlenbronn
Marzell
Stockmatt
Käsacker
Kaltenbach
Oberhäuser
Raich
Ried
Bürgeln
Vogelbach
Lütschenbach
Wambach
Wies
Demberg
Hohenegg
Malsburg-
Sitzen-kirch
Schwand
Hertingen
Ried-lingen
KANDERN
Hohe Stückbäume
939
Endenburg
Sallneck
Kirchhausen
Tegernau
Gresgen
Ebigen
Lehnacker
Bamlach
Rheinweiler
128
Tannenkirch
Holzen
702
Schlächtenhaus
Eichholz
Hofen
Nieder-tegernau
775
Blansingen
Welmlingen
Hammerstein
Egisholz
Wieslet
Kleinkems
Mappach
Maugen-hard
Egerten
Nebenau
Enkenstein
Weitenau
Hausen i. W.
Huttingen
127
Wintersweiler
Wollbach
Kloster Weitenau
Istein
388
Efringen-
Egringen
Schallbach
Rötteler Wald
Wittlingen
Hägelberg
Langenau
Fahrnau
137
Fischingen
Rümmingen
Haagen
Hauingen
Steinen
Maul-burg
Kirchen
Efringen
Märkt
Binzen
134
Höllstein
Brombach
Hüsingen
Wiechs
Dinkelberg
130
AD Weil a. Rh.
Tum-ringen
Ötlingen
Haltingen
LÖRRACH
Adelhsa
Nord-schwaben
Tüllingen
WEIL a. Rh.
Stetten
485
Ottwangen
Minseln
124
Ober
Eichsel
Nieder
Riedmatt
Inzlingen
Karsau
Nollingen
Beuggen
St. Chrischona
Degerfelden
523
Rührberg
RHEINFELDEN (Baden)
Warmbach
135
Grenzach
NSG
Herten
123
138
Wyhlen
129
120
Schweizer-halle
263
MÜLLHEIM
17
HEITERSHEIM
27
29
19
SULZBURG
STAUFEN
Bad Krozingen
24
NEUENBURG am Rhein
MULHOUSE
BASEL
ST LOUIS
HUNINGUE
RIEHEN
BIRSFELDEN
ALLSCHWIL
BINNINGEN
MUTTENZ
PRATTELN
MÜNCHENSTEIN
LIESTAL
REINACH (BL)
Therwil
SIERENTZ

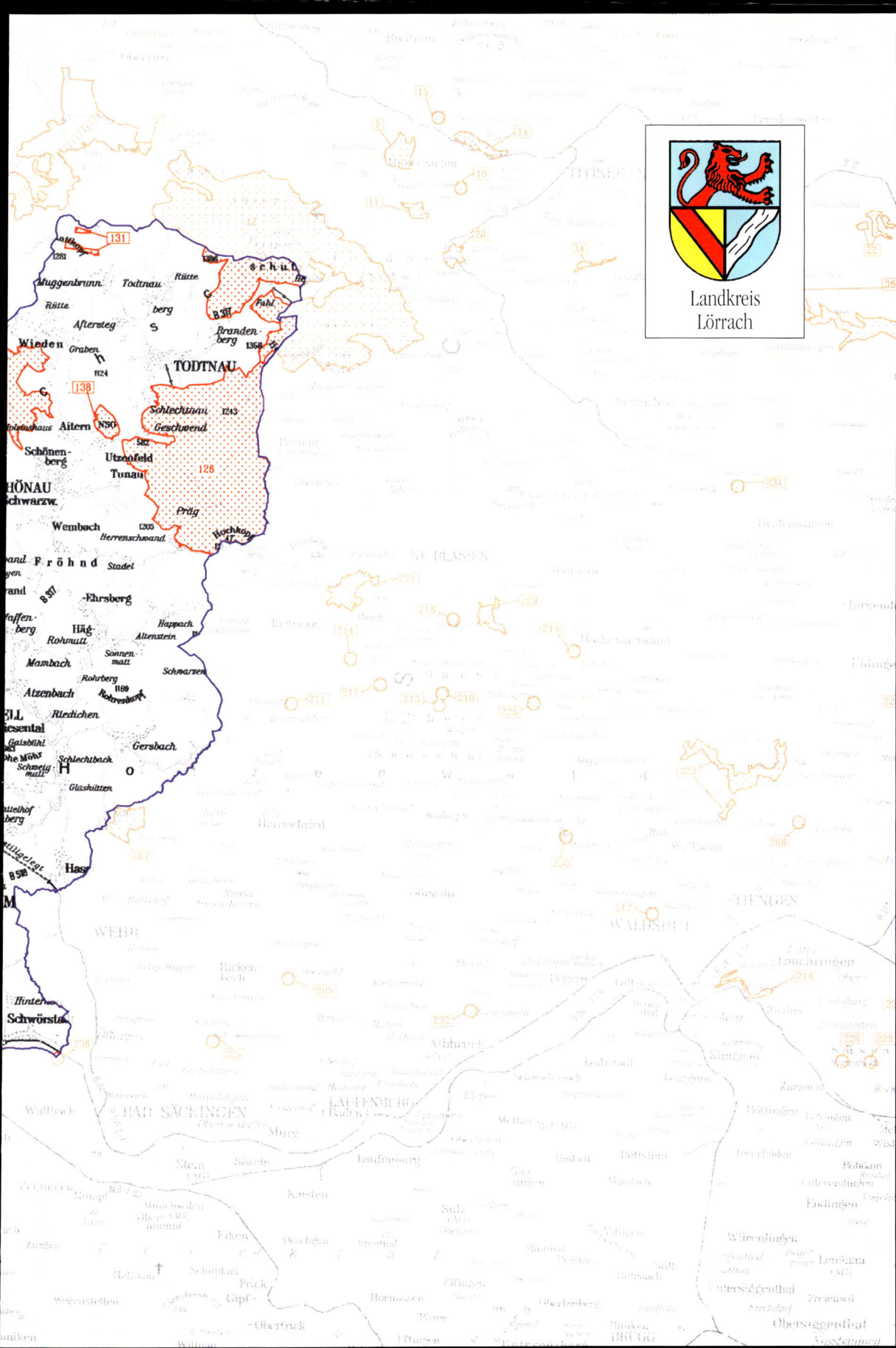

Landkreis Lörrach

Altrhein-Wyhlen

Landkreis: Lörrach
Gemeinde: Grenzach-Wyhlen
Gemarkung: Wyhlen
Naturraum: Hochrheintal
Geschützt seit 1975
Größe: 26 Hektar
Top. Karte: 8412 Rheinfelden (Baden)

Etwa 400 m oberhalb der Staustufe des Kraftwerks Augst-Wyhlen am Hochrhein liegt das Naturschutzgebiet »Altrhein-Wyhlen«. Auf einer Fläche von gut 26 ha umfaßt es einen ehemaligen Altrheinarm mit Verlandungszonen und Uferrandstreifen sowie die Insel Gewerth. Die Entstehung des Naturschutzgebiets ist eng mit den baugeschichtlichen Vorgängen um das Wasserkraftwerk Augst-Wyhlen verknüpft. Mit dem Bau der heute noch existierenden Staustufe in den Jahren 1907 bis 1912 und der damit verbundenen Anhebung des Wasserspiegels erhielt der zuvor durch wasserbauliche Maßnahmen vom Flußgeschehen abgeschnittene und trockengefallene Altrheinarm wieder Anschluß an die Wasserführung des Hochrheins. Aus dem Staubereich heraus ragt heute einzig und allein die Insel Gewerth.

Nicht nur wegen seiner Einzigartigkeit am Hochrhein und im Landkreis Lörrach, sondern auch aus Sicht des Vogelschutzes ist dieser strömungsberuhigte Bereich heute besonders schützenswert. Neben seiner großen Bedeutung als Rast- und Überwinterungsgebiet zahlreicher Wasservogelarten – bei Zählungen im Winter konnten mehr als 30 Arten beobachtet werden, von denen viele auf der Roten Liste stehen – dient der Altrheinarm mit seinen Uferbereichen auch im Sommer vielen Vogelarten als Brut-, Nahrungs- und Schlafplatz. Bei-

179 Der ehemalige Altrheinarm mit seinen Verlandungszonen und der Insel Gewerth; im Hintergrund ist die Staustufe des Wasserkraftwerks Augst-Wyhlen zu erkennen.

180 Der Hecht (*Esox lucius*) gehört zu den größten Raubfischen stehender und fließender Gewässer. Im NSG »Altrhein-Wyhlen« liegen wichtige Laichplätze dieser Art.

spielsweise sind die Flachwasserzonen ideales Jagdgebiet für den prächtig gefärbten Eisvogel und der sich ausschließlich von Fischen ernährende Kormoran nutzt die Bäume auf der Insel Gewerth als Schlafplatz.

Für viele Fischarten ist der aufgestaute Bereich Laichgebiet und Kinderstube. Vorwiegend Jungfische suchen Schutz, um den starken Strömungen im Rhein auszuweichen; tiefere Stellen werden von den Weißfischen (Cypriniden) genutzt, um hier in der kalten Jahreszeit eine Art Winterschlaf zu halten.

Gefährdet werden die verschiedenen ökologischen Funktionen des Altrheinarms vor allem durch den starken Besucherdruck. Deshalb mußte der Badebetrieb räumlich beschränkt und der Bootsverkehr zum Schutz der sehr störempfindlichen Tierwelt neu geregelt werden. Da das Gebiet auch Schongebiet für Fische ist, gelten besondere Regelungen hinsichtlich der Fischerei. *U. Kerkhof*

Auf der Eckt

Landkreis: Lörrach
Gemeinde: Schliengen
Gemarkungen: Mauchen, Liel
Naturraum: Markgräfler Hügelland
Geschützt seit 1981
Größe: 3,2 Hektar
Top. Karte: 8211 Kandern

Im Markgräfler Hügelland liegt nördlich der Kreisstraße Schliengen-Liel das sich in zwei Teilgebiete gliedernde 3,2 ha große Naturschutzgebiet »Auf der Eckt«. Da es von intensiven Kultivierungsmaßnahmen verschont blieb, konnte sich hier am Rande einer ausgedehnten Weinbergzone eine kleine, aber intakte Insel mit naturnaher Vegetation erhalten.

Der wechselnde geologische Untergrund des Gebiets bedingt auf engem Raum völlig verschiedene Standortverhältnisse. So konnte sich im südwestlichen Teilgebiet auf Kalkgestein des Oligozäns mit flachgründigen, trockenen Böden an einer Steilböschung ein kleiner Volltrockenrasen halten. In den noch nicht verbuschten Trockenrasenfragmenten finden sich heute noch seltene Arten wie die Gewöhnliche

Kugelblume (*Globularia punctata*) oder die Kalk-Aster (*Aster amellus*).

Die zweifellos botanisch hochwertigste Fläche befindet sich im nordöstlichen Teilbereich des Naturschutzgebiets. Auf wechselfrischen tonreichen Kalkböden findet man unter einem lockeren Kiefernschirm einen gut entwickelten Pfeifengras-Halbtrockenrasen, der von einem überaus reichen Orchideenvorkommen geprägt ist. Im Hochsommer nach der Orchideenblüte bestimmt hier jedoch das namensgebende hochwüchsige und Feuchtigkeit anzeigende Pfeifengras (*Molinia caerulea*) den Aspekt. Durch regelmäßige Mahd wird diese Fläche heute gepflegt und vor dem Verbuschen geschützt.

Um die wertvollen Bestände der seltenen Orchideenarten vor Trittschäden zu bewahren, wurde entlang eines bestehenden Pfads das Gelände eingezäunt. Wenn ein Zaun auch nicht die ideale Besucherlenkung darstellt, so kann er doch ein Betreten der Halbtrockenrasen verhindern und Besucher daran erinnern, die bestehenden Wege zum Schutz der Natur nicht zu verlassen.

Unterhalb dieser Wiese schließt sich in Hanglage ein artenreiches Gebüsch an, in dem u.a. Bastarde der selten gewordenen Flaumeiche gedeihen. Der angrenzende Wald zeigt das Bild eines ehemals ungeregelt genutzten, schlechtwüchsigen Bauernwaldes mit einer Baumartenzusammensetzung, die sicherlich nicht der potentiellen natürlichen Vegetation entspricht. *U. Kerkhof*

Belchen

Landkreise: Lörrach, Breisgau-Hochschwarzwald
Gemeinden: Aitern, Böllen, Neuenweg, Schönenberg, Wieden, Münstertal
Naturraum: Hochschwarzwald
Geschützt seit 1949, Neufassung 1993
Größe: 1618 ha
Top. Karten: 8112 Staufen, 8113 Todtnau, 8212 Malsburg-Marzell, 8213 Zell i. W.

Der Belchen gilt als der schönste Berg des Schwarzwalds. Mit 1414 m ü. NN ist er nach dem Feldberg (1493 m) und dem Herzogenhorn (1415 m) der dritthöchste Gipfel dieses südwestdeutschen Mittelgebirges. In weiten Kreisen der Bevölkerung ist er vor allem als herausragender Aussichtsberg bekannt, insbesondere wegen der an manchen Tagen einmaligen Alpensicht.

181 Die Belchen-Südseite mit ihrem Mosaik aus Magerweiden, Felsen und Gehölzen ist Lebensraum für zahlreiche seltene und gefährdete Tier- und Pflanzenarten.

Der abrupte Anstieg – vom Münstertal beträgt er in knapp 4 km Luftlinie über 1000 Meter – und die steilen, felsdurchsetzten Flanken lassen den Belchen besonders imposant erscheinen und verleihen ihm einen alpinen Charakter. Auch die Tier- und Pflanzenwelt der Gipfelregion erinnern an die Alpen, so daß der Belchen neben dem Feldberggebiet als »subalpine Insel« im Schwarzwald bezeichnet wird. Seit langem ist der Belchen deshalb Gegenstand intensiver naturwissenschaftlicher Forschungen.

Aufgrund dieser und anderer Besonderheiten wurde die Umgebung des Belchengipfels bereits 1949 als Naturschutzgebiet ausgewiesen; 1993 wurde die geschützte Fläche von knapp 6 qkm auf etwa 16 qkm erweitert.

Während der Eiszeit war das Belchengebiet vergletschert. Davon zeugen heute noch Trogtäler, Rundhöcker oder Moränen. Zum nacheiszeitlichen Formenschatz gehören die baumfreien Lawinenbahnen, in denen im Hochwinter und Frühjahr z.T. große Schneemassen durch abbrechende Wächten (überhängende Schneebretter) talwärts fahren.

Der Belchen wird hauptsächlich aus verschiedenen Gneisen und Graniten aufgebaut, daher sind die Böden kalkarm bzw. sauer.

Das extreme Klima sowie die unterschiedlichen Landschaftsformen und Höhenlagen brachten eine einzigartige Flora hervor. Besonders bemerkenswert ist das Vorkommen von Pflanzen, die sonst fast nur in den Alpen wachsen und deren Verbreitung im Schwarzwald unmittelbar mit der letzten Eiszeit verknüpft ist. In jener Zeit besiedelten diese Arten weite Teile der tieferen Lagen außerhalb der vergletscherten Gebiete. Am Ende der Eiszeit vor ca. 10 000 Jahren drängte der sich ausbreitende Wald diese Pflanzen in die höheren Regionen auf Extremstandorte wie Felsen, windexponierte Kämme, Lawinenbahnen und Schutthalden zurück. Auf solchen von Natur aus waldfreien Flächen konnten diese Arten als Eiszeitrelikte bis heute überdauern.

Die Gipfelbereiche des Belchen sowie einige Hänge sind weitgehend baumfrei. Von Natur aus unbewaldet ist jedoch nur ein geringer Teil.

Vor ca. 1000 Jahren entstanden durch all-

182 Die felsbewohnende »Belchen-Hauswurz« (*Sempervivum arachnoideum x montanum*) wurde vermutlich vor etwa 130 Jahren vom Apotheker Vulpius »angesalbt«.

183 Die Einjährige Fetthenne (*Sedum annuum*) gehört zu den arktisch-alpin verbreiteten Pflanzenarten, die neben den süd- und mitteleuropäischen Hochgebirgen auch in Skandinavien, Island und Grönland vorkommen; in Deutschland ist sie nur im Schwarzwald und an einer Stelle im Allgäu zu finden.

184 Die blaugrüne Desvauxs Hainsimse (*Luzula desvauxii*), die am Belchen ihr einziges Vorkommen in Deutschland besitzt, kann man an der Belchen-Nordseite direkt am Weg antreffen.

185 Das Weißzüngel (*Leucorchis albida*), eine recht unscheinbare Orchideenart, ist vereinzelt in den Borstgrasrasen der Schwarzwald-Hochlagen zu finden.

mähliche Rodung des z.T. schon lichten Waldes Hochweiden, auf denen hauptsächlich Rinder grasten. Auf dem Belchen findet man zwei Ausprägungen von Hochweiden:

Oberhalb von ca. 1200 m herrschen die subalpinen Borstgrasweiden vor. Hier bestimmen Pflanzen wie Bärwurz (*Meum athamanticum*), Schweizer Löwenzahn (*Leontodon helveticus*), Scheuchzers Glockenblume (*Campanula scheuchzeri*) und Arnika (*Arnica montana*) das Bild. Von Borstgras (*Nardus stricta*) dominierte Bestände wechseln ab mit Flächen, auf denen die Zwergsträucher Heidelbeere (*Vaccinium myrtillus*) oder Heidekraut (*Calluna vulgaris*) vorherrschen.

Unterhalb von etwa 1200 m geht die Borstgrasweide in die Flügelginsterweide über. Ihre Vegetation prägt der gelb blühende Flügel-Ginster (*Genista sagittalis*), auch »Ramsele« genannt, begleitende Arten sind Silberdistel (*Carlina acaulis*) und Hunds-Veilchen (*Viola canina*).

Feuchtgebiete kommen am Belchen vor allem in Form von kleinflächigen Quellfluren vor, da das Wasser aufgrund der steilen Hänge rasch zu Tal fließt, so daß sich flächige Feuchtstellen kaum ausbilden können. Moore sind daher im Belchengebiet selten.

Der Belchen-Nordhang ist so steil, daß in schneereichen Jahren Lawinen abgehen. Im Laufe der Jahrhunderte haben sich so Lawinenrinnen herausgebildet, die eine ganz eigene Vegetation aufweisen. Direkt am Weg kann man z.B. die blaugrüne Desvauxs Hainsimse (*Luzula desvauxii*) betrachten, die am Belchen ihr einziges Vorkommen in Deutschland besitzt. Ein typischer Strauch der Lawinenrinnen ist die elastische Schlucht-Weide (*Salix appendiculata*).

Felsen sind am Belchen recht verbreitet und

treten sowohl an der Nordseite als auch am Südhang oder z.B. am Hochkelch auf. Aufgrund der extremen Standortsbedingungen weisen auch sie eine ganz besondere Flora auf. Besonderheiten sind u.a. der Trauben-Steinbrech (*Saxifraga paniculata*), die »Belchen-Hauswurz« (*Sempervivum arachnoideum × montanum*) – vermutlich vor etwa 130 Jahren vom Apotheker Vulpius »angesalbt« – der Felsen-Ehrenpreis (*Veronica fruticans*) und die Alpen-Aurikel (*Primula auricula*).

Der überwiegende Teil des Belchengebiets ist von Wäldern bedeckt. Die häufigste Waldgesellschaft ist von Natur aus der Hainsimsen-Buchenwald mit einer artenarmen, meist schwach entwickelten Krautschicht. Etwas besser mit Nährstoffen versorgte Standorte werden von Tannen-Buchenwäldern eingenommen. In den höchsten Lagen werden diese von Bergahorn-Buchenwäldern abgelöst, die einen urwüchsigen, eindrucksvollen Anblick bieten. Der Boden ist oft von üppig wachsenden Hochstauden und Farnen bedeckt. Heute ist jedoch nicht mehr die Buche, sondern die Fichte die häufigste Baumart. Sie wird wegen ihrer vielseitigen Verwendbarkeit seit dem letzten Jahrhundert im großen Stil angepflanzt. Urwüchsige, natürliche Fichtenwälder findet man am Belchen nur kleinflächig an steilen, flachgründigen Nordhängen mit langer Schneebedeckung. Besonders vielfältig ausgebildet sind im Belchengebiet Gehölze, welche die Schritte der natürlichen Entwicklung (Sukzession) von offenen Weidfeldern zum Wald aufzeigen, mit Arten wie Mehlbeere (*Sorbus aria*), Eberesche (*Sorbus aucuparia*), Hänge-Birke (*Betula pendula*) u.a.

Dem aufmerksamen Naturbeobachter fallen an Bäumen, an Felsen oder am Boden immer wieder die unterschiedlichsten Flechten auf. Es gibt nur wenige Orte in Mitteleuropa außerhalb der Alpen, die einen derartigen Artenreichtum an Flechten aufweisen wie der Belchen. Einige Arten haben hier ihren einzigen Fundort in Deutschland.

Neben einer interessanten Kleintierwelt, u.a. mit seltenen Schmetterlings- und Käferarten, bietet der Belchen auch Lebensraum für viele Vögel. Das Auerhuhn kommt am Belchen zwar vor, es lebt aber sehr verborgen. Dafür kann

186 Der Belchen ist bekannt für seinen Reichtum an Flechtenarten, von denen einige in Deutschland nur hier vorkommen; etwas weiter verbreitet ist die Strauchflechte *Cladonia uncialis*, die auf sauren Böden wächst.

man manchmal den Kolkraben oder den Wanderfalken im Flug oder mit etwas Glück auch die Ringdrossel bei der Nahrungssuche auf den Weiden beobachten; weitere typische Vögel der Hochlagen sind Zitronengirlitz und Wasserpieper. Eine Besonderheit am Belchen-Südhang ist die seltene und sehr versteckt lebende Zippammer.

Gemsen sind am Belchen erst seit 30 bis 40 Jahren heimisch. Sie stammen von den 21 Tieren ab, die in den 30er Jahren im Feldberggebiet ausgesetzt wurden. Besonders gerne halten sie sich in den Lawinenbahnen und Schutthalden der Belchen-Nordseite auf.

Besucherhinweis: Der Belchen ist wegen seiner einzigartigen Natur und Landschaft ein sehr beliebtes Ausflugsziel. Von den Besuchern müssen daher bestimmte Regeln beachtet wer-

187 Bei der Erweiterung des Naturschutzgebiets im Jahr 1993 wurden insbesondere die Flügelginsterweiden in der Umgebung des Belchen einbezogen; der kennzeichnende Flügel-Ginster (*Genista sagittalis*) wird vom Vieh verschmäht.

188 Der Graublaue Bläuling *(Pseudophilotes baton)* hat die landesweit besten Vorkommen auf den Weidfeldern des Südschwarzwaldes.

den, um Störungen und Belastungen der Tier- und Pflanzenwelt zu vermeiden.

Schwere Schäden verursacht das Betreten der Borstgrasweiden, das bis zum Absterben der Grasnarbe führen kann. Ist die schützende Vegetationsdecke erst einmal zerstört, tragen Wind und Wasser den Boden teilweise bis auf den Fels ab; diesen Vorgang bezeichnet man als Erosion. Erosionsschäden wurden in den letzten Jahren mit erheblichem finanziellem Aufwand durch Auffüllung, Wasserableitung, Einzäunung und Begrünung behoben oder abgemildert. An besonders stark betretenen Stellen ist eine Sanierung jedoch oft kaum mehr möglich.

Durch das Betreten empfindlicher Bereiche wird die Tier und Pflanzenwelt auch dann gestört und beeinträchtigt, wenn nicht gleich deutlich sichtbare Erosionsschäden entstehen, z.B. durch einzelne Querfeldeinwanderer, Naturfotografen usw. Bleiben Sie daher bitte auf den markierten Wegen! *B. Seitz*

Buchswald bei Grenzach

Landkreis: Lörrach
Gemeinde: Grenzach-Wyhlen
Gemarkungen: Grenzach, Wyhlen
Naturraum: Dinkelberg
Geschützt seit 1939
Größe: 94 Hektar
Top. Karten: 8411 Weil am Rhein,
8412 Rheinfelden (Baden)

Wer die steil zum Hochrheingraben abfallenden Hänge des Dinkelbergs zwischen dem Grenzacher Horn und dem ehemaligen Kloster Himmelspforte in Wyhlen durchwandert, dem eröffnet sich an mehreren Stellen ein umfassender Ausblick auf das dicht besiedelte, von steilen Berghängen begrenzte Hochrheintal zwischen Basel und Rheinfelden. Das charakteristische dieser Landschaft steht ihm dabei immer wieder vor Augen. Zu beiden Seiten des Rheins liegen in enger Nachbarschaft Industrieanlagen, Öltanks, Warenlager und Wohnsiedlungen. Im schroffen Gegensatz dazu stehen die Wälder der angrenzenden Berge. Zwischen Grenzach und Wyhlen vermitteln sie zugleich den Eindruck des Naturhaft-Ursprünglichen. Hier liegt das aus vier Teilgebieten bestehende, ca. 94 ha umfassende Naturschutzgebiet »Buchswald bei Grenzach«. Den geologischen Untergrund der überwiegend bewaldeten Hänge bilden hauptsächlich Schichten des Oberen Muschelkalks des Dinkelbergmassivs. Vereinzelt ragen Kalkfelsen aus den Südhängen, unter ihnen ist der Rödelstein der Größte und Bekannteste. In den bewaldeten Bereichen findet man unter dem lockeren Schirm von meist niedrigen Eichen, Buchen und Kiefern eine üppige Strauchschicht, die der immergrüne Buchs (*Buxus sempervirens*) auf großen Flächen fast allein aufbaut. Ihm verdankt das Schutzgebiet seinen Namen. Der Buchs, hier an der nördlichen und östlichen Grenze seiner natürlichen Verbreitung, zählt durch sein flächenhaftes Auftreten zu den floristischen Besonderheiten Süddeutschlands. Die naturwissenschaftliche Bedeutung des Grenzach-Wyhlener-Buchsvorkommens führte dazu, daß das Naturschutzgebiet weit über die Grenzen Deutschlands hinaus bekannt wurde. Schon früh hatte man sich um

189 Den meisten Menschen ist der Immergrüne Buchs (*Buxus sempervirens*) als Ziergehölz aus Gärten und Parkanlagen bekannt. Seine größten natürlichen Vorkommen Deutschlands finden sich im Buchswald bei Grenzach.

einen rechtsverbindlichen Schutz dieses einmaligen Gebiets bemüht, zumal die Buchsbestände an Gärtnereien, Händler usw. verpachtet waren und genutzt wurden, was auf Dauer gesehen ihren Bestand beeinträchtigt hätte. Aufzeichnungen über die Nutzung des Buchswaldes reichen etwa bis in das Jahr 1848 zurück. Doch gibt es einen Beweis, daß der Buchs schon vor 500 Jahren in der südwestlichen Ecke der Deutschlands heimisch war. Am südöstlichen Rand des Naturschutzgebiets, direkt oberhalb des Ortsteils Wyhlen, befindet sich das heutige Diözesenexerzitienhaus der Erzdiözöse Freiburg. Zu den Kostbarkeiten, die die Wallfahrtskirche der angeschlossenen Pension »Himmelspforte« beherbergt, zählt das herrliche Gnadenbild »Maria in Buchs«. Diese Statue wurde von einem unbekannten Meister etwa im 14. Jahrhundert geschaffen.

Einzigartig in Deutschland sind im Buchswald noch weitere mediterrane Seltenheiten. Hierzu ist der im Jahre 1934 entdeckte Frühlings-Ahorn (*Acer opalus*) unterhalb des Rödelsteins zu zählen, dessen hauptsächliche Verbreitung im Mittelmeergebiet liegt. Bis heute konnte jedoch erst ein einziges Exemplar dieser Art nachgewiesen werden. Auch so manche weitere aus dem Süden stammende Tier- und Pflanzenart wie z.B. die Gottesanbeterin (*Mantis religiosa*) und die Flaum-Eiche findet man in dem wärmebegünstigten Gebiet.

Mit der zunehmenden Besiedlung zwischen Basel und Rheinfelden stieg auch der Wert dieses exotisch erscheinenden Waldgebiets als Naherholungsgebiet für die Bevölkerung. So laden die vom Buchs gesäumten Wanderwege am Oberberg zu ausführlichen und auch naturkundlich interessanten Spaziergängen ein.

U. Kerkhof

Buttenberghalde

Landkreis: Lörrach
Gemeinde: Inzlingen
Gemarkung: Inzlingen
Naturraum: Dinkelberg
Geschützt seit 1996
Größe: 18 Hektar
Top. Karte: 8412 Rheinfelden (Baden)

Wer der Straße von Grenzach-Wyhlen über den Rührberg folgt, erblickt nicht nur die kleine Ortschaft Inzlingen mit seinem bekannten und malerischen Wasserschlößchen, sondern jenseits der Bebauungsgrenze auch größere Streuobstbestände. Diese sind Teil des 18 ha großen Naturschutzgebiets »Buttenberghalde«, das sich hier über den Hangbereich des Buttenbergs erstreckt.

Auf Schichten des Oberen Muschelkalks findet man in dem Gebiet jedoch nicht nur

190 Oberhalb der Bebauungsgrenze von Inzlingen liegt die Buttenberghalde mit ihren ausgedehnten Streuobstbeständen und Magerrasen.

191 Der Wendehals gehört zu den Spechten und ist unter ihnen der einzige ausgeprägte Zugvogel. Seine Nahrung besteht nahezu ausschließlich aus Insekten, davon wiederum überwiegend aus Ameisen. Die Waldränder am Südhang der Buttenberghalde mit ihren angrenzenden Streuobstbeständen sind idealer Lebensraum für diesen Vogel.

Streuobstbestände, sondern auch weitere regional charakteristische Biotoptypen, die trotz ihrer allgemeinen Gefährdung hier noch anzutreffen und von ihrer Größe und Ausdehnung für den westlichen Dinkelberg einmalig sind. Zu ihnen zählt der im Zentrum des Naturschutzgebiets gelegene Halbtrockenrasen (Mesobrometum) mit seltenen und gefährdeten Pflanzenarten wie z.B. Bienen-Ragwurz (*Ophrys apifera*), Großes Zweiblatt (*Listera ovata*) und Stattliches Knabenkraut (*Orchis mascula*) aus der Familie der Orchideen. Die aus Sicht des Naturschutzes äußerst wertvolle Pflanzengesellschaft des Halbtrockenrasens verdankt ihre Entstehung der südexponierten, sommerwarmen Lage und den kalkhaltigen Böden sowie einer bis heute extensiven Bewirtschaftungsform.

Im Übergangsbereich dieser Magerrasen zu den ebenfalls im Naturschutzgebiet liegenden naturnahen Trockenwaldresten konnten sich im Laufe der Zeit schutzbedürftige Saumgesellschaften mit weiteren seltenen und schonungsbedürftigen Pflanzenarten wie z.B. Hirsch-Haarstrang (*Peucedanum cervaria*), Ästiger Graslilie (*Anthericum ramosum*) und Weißem Waldvögelein (*Cephalanthera damasonium*) entwickeln.

Weiter am Hangfuß stocken die bereits erwähnten, landschaftsprägenden Streuobstbestände auf etwas nährstoffreicheren und somit stärkerwüchsigen Glatthaferwiesen. Angesichts der allgemeinen Intensivierung in der Landnutzung mit verstärktem Dünge- und Spritzmitteleinsatz kommt aber gerade solchen Obstwiesen, die seit Jahrhunderten die Kulturlandschaft prägen, eine erhöhte ökologische Bedeutung aus Sicht des Tierartenschutzes zu. In den hochstämmigen alten Obstbäumen finden z.B. viele Höhlenbrüter wie Meisen, Rotschwanz und Spechte ideale Lebensräume. Mit Wendehals, Grauspecht, Grünspecht und Buntspecht ist hier an der Buttenberghalde die Gruppe der Spechtvögel allein mit vier Arten vertreten.

Es ist keinesfalls Ziel der Schutzverordnung, die hier wirtschaftenden Menschen zu vertreiben, wie häufig während des Ausweisungsverfahrens befürchtet wurde. Im Gegenteil ist die Kulturlandschaft auf eine regelmäßige und nachhaltige Pflege angewiesen. Dies gilt sowohl für die Bewirtschaftung der mageren Grünlandflächen als auch für die Erhaltung der Streuobstwiesen. So ist es für viele unserer heimischen Tier- und Pflanzenarten geradezu lebensnotwendig, daß die Wiesenflächen durch regelmäßiges Mähen offengehalten und vor der

Verbuschung geschützt werden. Alternativ bietet sich auch die extensive Beweidung mit Schafen an, wie sie schon seit Jahren im Bereich der Buttenberghalde praktiziert wird.

U. Kerkhof

Galgenloch

Landkreis: Lörrach
Gemeinden: Bad Bellingen, Schliengen
Gemarkungen: Bad Bellingen, Schliengen
Naturraum: Markgräfler Rheinebene
Geschützt seit 1996
Größe: 12 Hektar
Top. Karte: 8211 Kandern

Das zwölf Hektar große Gebiet liegt nördlich der Gemeinde Bad Bellingen zwischen der Rheintalautobahn im Westen und der Rheinstraße im Osten. Es wurde als eines der letzten Naturschutzgebiete im Landkreis Lörrach im Februar 1996 unter Naturschutz gestellt.

Wie für das Naturschutzgebiet »Kapellengrien« führten auch hier die nach der Rheinbegradigung deutlich tieferen Grundwasserstände dazu, daß die für das Gebiet ehemals typischen und auf Feuchtigkeit angewiesenen Arten der Weich- und Hartholzaue heute nur noch in kleinen Restbeständen vorhanden sind. An ihrer Stelle hat sich im Laufe der Zeit ein Mosaik aus Trockengebüsch und Halbtrockenrasen herausgebildet.

Der Halbtrockenrasen, der sich im Schutzgebiet über mehrere Teilflächen erstreckt, verdankt seine herausragende Bedeutung u.a. dem Vorkommen zahlreicher Orchideenarten. Schon die Ehefrau von Altbundeskanzler Helmut Schmidt zeigte sich seinerzeit bei einem Besuch des Gebiets von dessen Orchideenreichtum so begeistert, daß der Volksmund bis heute eine Teilfläche als sogenannte »Loki-Wiese« bezeichnet. Allein schon das gleichzeitige Vorkommen der drei Orchideenarten Bienen-, Hummel- und Spinnen-Ragwurz (*Ophrys apifera*, *O. holoserica* und *O. sphecodes*) ver-

192 Die Ackerflächen im NSG »Galgenloch« sind ein letzter Rückzugsraum für zahlreiche gefährdete Ackerwildkräuter. Um ihren Ansprüchen gerecht zu werden, ist eine extensive Bewirtschaftung der Äcker nötig. Von Zeit zu Zeit werden Brachejahre eingeschoben, wie auf diesem Bild zu erkennen ist.

193 Bisher konnte der Brombeer-Perlmutterfalter (*Brenthis daphne*) nur an drei Stellen am Südlichen Oberrhein festgestellt werden. Eines dieser Vorkommen befindet sich im Galgenloch. Es gibt Hinweise darauf, daß sich diese Art möglicherweise weiter ausbreitet und in den nächsten Jahren mit weiteren Vorkommen gerechnet werden kann.

dient Erwähnung. Zu ihrer Erhaltung werden die landwirtschaftlich nicht mehr genutzten Halbtrockenrasen heute durch regelmäßige Mahd gepflegt.

Die Halbtrockenrasenflächen werden von den für die Trockenaue typischen Gebüschformationen eingesäumt, die u.a. aus Schlehe, Liguster, Weißdorn und Sanddorn bestehen. Dieser kleinflächige Wechsel aus Halbtrockenrasen und kalk- und wärmeliebendem Gebüsch trägt wesentlich zur Strukturvielfalt des Gebiets bei und stellt die Lebensgrundlage einer artenreichen Tierwelt dar. So findet sich hier das nördlichste Brutvorkommen des Orpheusspötters (*Hippolais polyglotta*), einer ansonsten im Mittelmeerraum verbreiteten Singvogelart. Auch Kostbarkeiten aus der Welt der Schmetterlinge konnten nachgewiesen werden. Das Blaukernauge (*Minois dryas*), eine auffällig große Tagfalterart, legt seine Eier bevorzugt in den höherwüchsigen Grassäumen der Halbtrockenrasen ab.

Zweifellos eine besondere Rarität aus Sicht des Artenschutzes stellt die im Zentrum des Gebiets gelegene Ackerfläche dar. Jahrzehntelang pestizidfrei und extensiv bewirtschaftet, gedeihen hier noch zahlreiche seltene und gefährdete Getreide- bzw. Ackerwildkräuter. Ackergauchheil, Kornblume, Gelber Günsel oder Ackerrittersporn stellen hier keine Besonderheit dar. Die Ackerfläche kann daher auch als kulturhistorisches Dokument der ehemaligen Bewirtschaftungsweise betrachtet werden.

U. Kerkhof

Gletscherkessel Präg

Landkreis: Lörrach
Gemeinden: Todtnau, Schönau, Tunau
Gemarkungen: Schlechtnau, Geschwend, Präg, Schönau, Tunau
Naturraum: Hochschwarzwald
Geschützt seit: 1994
Größe: 2855 Hektar
Top. Karten: 8113 Todtnau, 8114 Feldberg (Schwarzwald), 8213 Zell im Wiesental, 8214 St. Blasien

»Es ist nicht übertrieben, wenn gesagt wird, daß das Tal um Präg ein nahezu unberührtes landschaftliches und wissenschaftliches Juwel

194 Blick auf das alte Schwarzwalddorf Präg im Zentrum des NSG »Gletscherkessel Präg«.

ist, das uns die letzte Eiszeit, die sogenannte Würmeiszeit, hinterlassen hat«. Mit diesen Worten beantragte Professor Pfannenstiel, ehemaliger Direktor des Geologisch-Paläontologischen Instituts der Universität Freiburg, bereits 1959 die Unterschutzstellung des Präger Gletscherkessels. Die Ausweisung zum Naturschutzgebiet erfolgte schließlich 1994. Mit über 2800 ha ist es nach dem unmittelbar angrenzenden Naturschutzgebiet »Feldberg« das zweitgrößte Naturschutzgebiet Baden-Württembergs. Es liegt östlich des Wiesentals auf dem Gebiet der Städte Todtnau und Schönau sowie der Gemeinde Tunau. Seine Nord-Süd-Ausdehnung beträgt sieben Kilometer, seine West-Ost-Ausdehnung fünf Kilometer. Die Höhendifferenz zwischen tiefstem (570 m ü. NN bei Geschwend) und höchstem Punkt (1309 m ü. NN am Blößlinggipfel) beträgt über 700 Meter.

Während der letzten Vereisung vor ca. 10 000 bis 20 000 Jahren flossen im Präger Kessel in einem weltweit einmaligen Vorgang sechs Einzelgletscher zusammen. Ihr Vorrücken ins Wiesental wurde jedoch durch den großen Wiesentalgletscher versperrt, so daß sich das Eis im Präger Kessel bis zu einer Höhe von 500 Metern staute, der größten bisher aus dem Schwarzwald bekannten Mächtigkeit der Würmvereisung. Diese einzigartige Vergletscherung hat die Landschaft um Präg entscheidend »geprägt«: Zum Beispiel schürfte das Eis des Weißenbachgletschers ein neues Seitental unmittelbar westlich von Präg aus. Beim Abschmelzen des Eises entstanden hier die »Präger Seen«, drei mit Wasser gefüllte Eiserosionskolke. Sie zählen zusammen mit den in der Umgebung von Präg gelegenen Geländebildungen »Ellbogen«, »Seehalde« und der beim Rückzug des Eises entstandenen »Präger Terrasse« zu den eindrucksvollsten Zeugen der früheren Vereisung im Schwarzwald.

Die Besiedlung und Urbarmachung des ursprünglich völlig bewaldeten Präger Tals erfolgte mit Sicherheit ab dem 12. Jahrhundert durch das Kloster St. Blasien. Durch die jahrhundertelange landwirtschaftliche Nutzung entstand im Naturschutzgebiet eine vielfältige und strukturreiche Kulturlandschaft. Ihre Erhaltung und nachhaltige Entwicklung ist vorrangiges Naturschutzziel. Insbesondere die extensive Beweidung der ortsfernen, nicht gedüngten Weidfelder (»Wildes Feld«) mit dem heimischen Hinterwälder Rind führte zu einer Vielzahl von unterschiedlichen Lebensräumen (Biotopen) und schuf damit die Voraussetzung für das Vorkommen seltener Tiere und Pflanzen.

Weidfelder mit markanten Weidbuchen, Lesesteinhaufen, Quellen, kleinen Bachläufen und anderen Kleinbiotopen sind ökologisch besonders wertvoll. Aufgrund ihrer Nährstoffarmut wachsen hier Arnika (*Arnica montana*), Silberdistel (*Carlina acaulis*), Weiße Waldhyazinthe (*Platanthera bifolia*) und das seltene Katzenpfötchen (*Antennaria dioica*). Nach

195 Im Juni färbt der Flügel-Ginster (*Genista sagittalis*) die Weidfelder bei Präg – wie hier den Schweinebuck – ganz gelb. Nach ihm werden diese Weidfelder pflanzensoziologisch als »Flügelginsterweiden« bezeichnet.

196 Die Seehalde bei Präg ist eine der größten Blockhalden im Südschwarzwald.

197 Der Krause Rollfarn (*Cryptogramma crispa*) kommt nur an wenigen Blockhalden im Südschwarzwald vor.

dem gelb blühenden Flügel-Ginster (*Genista sagittalis*) werden die Weidfelder auch als Flügelginsterweiden bezeichnet. Hier fühlen sich seltene Vogelarten wie z.B. die vom Aussterben bedrohte Zippammer und seltene Schmetterlings- und andere Insektenarten noch wohl. In den kleinen Feuchtgebieten auf den Weidfeldern blühen Herzblatt (*Parnassia palustris*), Fettkraut (*Pinguicula vulgaris*), Rundblättriger Sonnentau (*Drosera rotundifolia*) und Orchideenarten wie Geflecktes und Breitblättriges Knabenkraut (*Dactylorhiza maculata* und *D. majalis*).

In den laubwaldreichen Wäldern, die 80 Prozent des Naturschutzgebiets bedecken, sind noch Auerhuhn, Zitronengirlitz und Schwarzspecht heimisch. Für den Naturschutz von besonderer Bedeutung sind die an steilen Hängen gelegenen, naturnahen Buchen-Tannen-Altbestände mit einem hohen Anteil abgestorbener Bäume. Eine botanische Besonderheit ist der kleinflächig am Prägbach vorkommende, im Schwarzwald seltene Grauerlenwald.

Typische Bewohner der klaren, schnell fließenden Bergbäche im Naturschutzgebiet sind die durch ihre weiße Brust gekennzeichnete Wasseramsel und die Gebirgstelze.

Die zahlreichen Blockhalden im Naturschutzgebiet, die zusammen mit den Felsen zu den sogenannten »Urlebensräumen« zählen, entstanden in Folge der letzten Eiszeit durch Spaltenfrost und Frostsprengung. An die extremen Lebensbedingungen hat sich eine große Zahl von Flechten, Moosen und Farnen, wie z.B. der äußerst seltene Krause Rollfarn (*Cryptogramma crispa*), angepaßt. Typische Pflanzenarten der sauren Gneis- und Granitfelsen im Südschwarzwald sind der Nordische Strichfarn (*Asplenium septentrionale*) und das Felsen-Leimkraut (*Silene rupestris*). Da im Naturschutzgebiet jedoch auch basenreiche geologische Schichten auftreten, gedeihen hier u.a. Mauerraute (*Asplenium ruta-muraria*) und Trauben-Steinbrech (*Saxifraga paniculata*). An den Felsen im Gletscherkessel Präg brüten Kolkrabe und Wanderfalke.

198 Der »Wäldiburhof« in Präg ist einer der ältesten Schwarzwaldhöfe in Präg. Seine rußgeschwärzte Rauchküche besitzt bis heute keinen Kamin.

Da die Erhaltung der einzigartigen Kulturlandschaft langfristig auch weiterhin nur durch die landwirtschaftliche Nutzung gewährleistet werden kann, arbeitet die Naturschutzverwaltung eng mit den Landwirten vor Ort sowie mit der Staatlichen Weideinspektion in Schönau zusammen. Oberste Priorität besitzt die Offenhaltung der Weidfelder. Hierbei kommt der Beweidung mit dem Hinterwälder Rind eine besondere Rolle zu. Die kleinste Rinderrasse Europas, deren zartes Fleisch bei Feinschmeckern sehr geschätzt ist, verursacht aufgrund ihres geringen Körpergewichts nur sehr geringe Trittschäden und eignet sich deshalb bestens zur Landschaftspflege. Wo Weidfelder bereits verbuscht sind, vergibt die Naturschutzverwaltung entweder Pflegeaufträge an örtliche Vereine und Landwirte oder spricht die Pflege dieser Flächen mit dem Weide- und Landschaftspflegezweckverband Oberes Wiesental ab.

Besucherhinweis: Die Bezirksstelle für Naturschutz und Landschaftspflege Freiburg gibt seit 1996 ein Faltblatt über das Naturschutzgebiet heraus. Neben naturkundlichen Informationen enthält es auch eine Beschreibung von sieben mit der Arnika markierten Rundwanderwegen sowie eine gute Wanderkarte. Zusätzlich werden naturkundliche Führungen für Feriengäste und interessierte Gruppen angeboten. Die Ausgangspunkte der Rundwanderwege und der Führungen sind gut mit dem öffentlichen Nahverkehr (SBG-Buslinie Todtnau-Todtmoos) zu ereichen.

Dieses Engagement der Bezirksstelle für Naturschutz und Landschaftspflege Freiburg im Bereich der Öffentlichkeitsarbeit wird auch von den örtlichen Gemeinden sehr begrüßt, weil dadurch auch für die Feriengäste ein attraktives Angebot geschaffen wird. Somit kommen die »neuen Wege des Naturschutzes«, d.h. der angestrebte Einklang von Naturschutz, Landwirtschaft und Fremdenverkehr, nicht nur den Tieren und Pflanzen, sondern auch den im Naturschutzgebiet gelegenen Gemeinden zugute.
G. Hüttl

Isteiner Klotz

Landkreis: Lörrach
Gemeinde: Efringen-Kirchen
Gemarkungen: Huttingen, Istein, Kleinkems
Naturraum: Markgräfler Hügelland
Geschützt seit 1986
Größe: 25,2 Hektar
Top. Karte: 8311 Lörrach

Die steil zum Rheintal abfallende Weißjurascholle des Isteiner Klotz hat aufgrund ihrer bemerkenswerten Flora schon seit Anfang des letzten Jahrhunderts Botaniker und Naturliebhaber aus allen Ecken Deutschlands angezogen. Davon zeugen noch die zahlreichen Herbarbelege, die in jedem größeren Herbarium Europas und in fast allen deutschen Herbarien liegen. Allerdings erlebte der Besucher nur bis etwa 1850 die Landschaft am Oberrhein so intakt, wie sie im Gemälde von Peter Birmann dargestellt ist. Rheinkorrektion, Eisenbahnbau, Anlage von Steinbrüchen und Festungsbauten, sowie zahlreichen Sprengungen haben das Bild in den vergangenen 150 Jahren dramatisch verändert. Was übrigblieb – die natürlich waldfreien Felsstandorte waren inzwischen auf rund ein Zehntel der ursprünglichen Größe zusammengeschrumpft – konnte nach 66 Jahre währenden Bemühungen um den Schutz des Gebietes endlich 1986 als 500. Naturschutzgebiet ausgewiesen werden.

Das Naturschutzgebiet bietet dem interessierten Besucher einen guten Einblick in die wärmeliebende Pflanzenwelt des südlichen Oberrheingebiets. Nicht ohne Grund wird man an die Verhältnisse im Mittelmeerraum erinnert, haben doch eine ganze Reihe hier vorkommender Arten ihren eigentlichen Verbreitungsschwerpunkt im Mittelmeergebiet. Der größte Teil des Naturschutzgebietes ist bewaldet; es lassen sich rund zehn verschiedene, naturnahe Wald- und Gebüschgesellschaften im Gebiet unterscheiden. Hinzu kommen mehrere Pflanzengesellschaften der natürlich waldfreien Felsstandorte. Pflanzengeographisch besonders bedeutsam ist der Flaumeichenwald zwischen Klotzenfelsen und Buchgraben. Er

199 Isteiner Klotz mit der St. Veitskapelle.

200 Xerobrometum mit Kugel-Lauch (*Allium sphaerocephalon*) und Federgras (*Stipa eriocaulis* ssp. *lutetiana*).

enthält viel Elsbeere, Pimpernuß (*Staphylaea pinnata*) und Strauchwicke (*Coronilla emerus*). Vor einigen Jahren wurde damit begonnen, den überalterten Flaumeichenbestand wieder auf den Stock zu setzen. In der gegen Rehverbiss eingezäunten Fläche hat sich die Flaumeiche inzwischen wider Erwarten gut verjüngt, so daß dieses Vorgehen auch für weitere Teilflächen im Flaumeichenwald geplant ist. Noch weitgehend unerforscht ist der Weißseggen-Eichen-Lindenwald, der ebenso wie der Flaumeichenwald ein wärmezeitliches Relikt darstellt. Ebenfalls eine submediterrane Waldgesellschaft stellt der strauchreiche und verhältnismäßig lichtdurchlässige Weißseggen-Buchenwald dar, der nur an wenigen weiteren Stellen in Süddeutschland anzutreffen ist. Bemerkenswert ist auch das Tieflagenvorkommen des Ahorn-Linden-Blockschuttwalds im Buchgraben.

Eng verzahnt mit dem Felsbirnen-Gebüsch in den Flühen ist die farbenprächtige Hochstaudengesellschaft des Diptam-Blutstorchschnabelsaums. Diese natürliche Saumgesellschaft stellt sehr hohe Ansprüche an Licht und Wärme und ist bei uns entsprechend selten. Auf kleinen Felsbändern der südexponierten Malmkalkfelswände an der Klotzenspitze wächst ein sehr lückiger, hauptsächlich aus Blassem Schwingel (*Festuca pallens*), Berg-Steinkraut (*Alyssum montanum*), Wimper-Perlgras (*Melica ciliata*) und Weißem Mauerpfeffer (*Sedum album*) zusammengesetzter Trockenrasen. Diese Bleichschwingel-Felsflur fehlt im gesamten übrigen Oberrheingebiet und ist als wärmezeitliches Relikt zu verstehen.

Die Gesellschaft der Trespen-Trockenrasen (Xerobrometum) wurde 1931 von BRAUN-BLANQUET erstmalig vom Isteiner Klotz beschrieben, der somit »locus classicus« dieser Gesellschaft ist. Trotz zahlreicher gemeinsamer Züge weichen aber die Trockenrasen des Schutzgebiets erheblich von denen des Kaiserstuhls ab. Das unterschiedliche Artengefüge ist teils florengeschichtlich, teils geologisch bedingt. Die Vegetation der Trespen-Trockenrasen am Klotzen setzt sich hauptsächlich aus Erd-Segge (*Carex humilis*), Federgras (*Stipa eriocaulis* ssp. *lutetiana*), Bartgras (*Bothriochloa ischaemum*), Zwergsträuchern, Winterannuellen und seltenen Moos- und Flechtenarten zusammen. Faserschirm (*Trinia glauca*), Kugel-Lauch (*Allium sphaerocephalon*) und Rispen-Flockenblume (*Centaurea stoebe*) bilden jeweils eigene Blühaspekte. Das Areal der Trespen-Trockenrasen hat aufgrund der in den vergangenen 150 Jahre stark in Anspruch genommenen Felsstandorte wohl die größten Einbußen von allen Pflanzengesellschaften am Isteiner Klotz erfahren.

Auch bei den im Schutzgebiet vorkommenden Tierarten ist der Wärmeinselcharakter des Isteiner Kotz erkennbar. Viele Arten gelten als Relikte nacheiszeitlicher Wärmeperioden, die auf derartigen Habitatinseln überdauerten, nachdem die Umgebung ihre allgemeine Eignung für diese Arten durch Klimaänderung verlor.

Ausgestorben wie wohl im ganzen Land ist der Rotbindige Samtfalter (*Arethusana arethusa*), der noch in den 60er Jahren beobachtet werden konnte, während andere gefährdete Augenfalter, die ebenfalls buschige, steppenheideähnliche Vegetation bewohnen wie Blauäugiger Waldportier (*Minois dryas*), Weißer Waldportier (*Brintesia circe*) und Samtbinde (*Hipparchia semele*) noch vorkommen. Erwähnenswert sind insbesondere noch die Vorkommen des Schmetterlingshafts (*Libelloides coccajus*), der Gottesanbeterin (*Mantis religiosa*), der Blauflügeligen Ödlandschrecke (*Oedipoda caerulescens*), der Sandbienenart *Andrea lagopus*, der Mauerbienenart *Osmia athopogoides* und der Maskenbiene *Hylaeus punctulatissimus*. M. Witschel

Kapellengrien

Landkreis: Lörrach
Gemeinden: Bad Bellingen, Efringen-Kirchen
Gemarkungen: Rheinweiler, Kleinkems
Naturraum: Markgräfler Rheinebene
Geschützt seit 1994
Größe: 70 Hektar
Top. Karten: 8211 Kandern, 8311 Lörrach

Westlich der Ortschaften Rheinweiler und Kleinkems direkt neben dem Rhein erstreckt sich das 70 ha große Naturschutzgebiet »Kapellengrien«. Innerhalb der naturräumlichen Einheit »Markgräfler Rheinebene« liegt das Schutzgebiet in der Untereinheit »Hartheim-Isteiner Trockenaue«. Bereits der Name der naturräumlichen Untereinheit weist auf den trockenen Charakter des Gebiets als Folge der Tulla'schen Rheinbegradigung und damit verbundenen Veränderungen im Wasserhaushalt des Rheins hin.

Durch diese Veränderungen erinnern die Wälder im Bereich der ehemaligen Aue heute kaum mehr an typische, auf Feuchtigkeit angewiesene Auwälder. An ihrer Stelle wachsen Trockenwälder mit charakteristischen Baumarten wie Stiel-Eiche und Winter-Linde. Als Besonderheit dieser Trockenwälder ist zweifellos das Vorkommen der Flaumeiche bzw. ihrer Bastarde zu erwähnen. Sie konnte sich offenbar von den trockenen, flachgründigen Hangwäldern beispielsweise des nahegelegenen Isteiner Klotzes in die durch Trockenfallen der Aue entstandenen Freiräume hinein ausbreiten. Eine besondere Form der Trockenwälder sind die sogenannten »Buschwälder«, d.h. Bestände mit einer dichten Strauchschicht von drei bis sieben Metern Höhe und einer mehr oder weniger großen Anzahl höherwüchsiger Bäume. Diese Bestände sind Sukzessionsstadien, die wohl in den meisten Fällen zum Eichen-Lindenwald führen werden. Neben den Buschwäldern trifft man hier aber auch auf das typische Gebüsch der Trockenaue bestehend aus Schlehe, Weißdorn, Liguster und Wolligem Schneeball. Als charakteristisches, stellenweise in Reinbeständen auftretendes, landschaftsprägendes Element der Trockenaue fällt auch der

201 Zwischen der Autobahn Karlsruhe-Basel und dem Restrhein liegt das NSG »Kapellengrien«. Das Gebiet umfaßt neben der zentral gelegenen Kiesgrube auch die Anlandungsflächen des Restrheins mit einer noch typisch ausgeprägten Weichholzaue.

vermutlich von den Alpenflüssen her eingewanderte Sanddorn auf. Typisch für das Sanddorngebüsch ist die enge Verzahnung mit Trockenrasenfragmenten. Im Bereich dieser wenig verbuschten Flächen konnte sich an sehr trockenen Standorten sogar ein Volltrockenrasen entwickeln, an Stellen mit etwas günstigerem Wasserhaushalt findet man Halbtrockenrasen.

Nur unmittelbar im Bereich des Restrheins findet man heute noch die charakteristischen Arten der Weich- und Hartholzaue. Die typischen Arten der Weichholzaue, verschiedene Weiden und Pappeln, gedeihen hier im Bett des Restrheins auf angeschwemmten Material besonders gut. Sie stellen am südlichen Oberrhein in ihrer Ausdehnung und Geschlossenheit eine große Besonderheit dar.

Eine aufgelassene Kiesgrube südwestlich von Rheinweiler zeugt vom Abbau alluvialer Kiese und Schotter. Da der Abbau erst vor relativ kurzer Zeit beendet wurde, ist die Vegetation noch recht lückig. An tiefgelegenen Stellen tritt das Grundwasser zutage und bildet ganzjährige Wasserflächen, die vom Wasserfrosch und der Erdkröte als Laichgewässer genutzt werden. Im Bereich der offenen Kiesflächen brütet der selten gewordene Flußregenpfeifer, in den steileren Abbaukanten im Süden der Kiesgrube nistete 1990 eine über 100 Brutpaare umfassende Uferschwalbenkolonie.

Die in vorbildlicher Weise als Sekundärbiotop erhaltene und entwickelte Kiesgrube befindet sich heute in der Obhut der »Arbeitsgruppe Naturschutz Markgräflerland« des Schwarzwaldvereins. Die ehemalige Abbaufläche ist inzwischen eingezäunt, Beobachtungen sind jedoch von einem überdachten Stand am Westrand der Grube möglich.

Bezeichnend für das Gebiet ist auch das Vorkommen zahlreicher wärmeliebender Tierarten. So trifft man schon im zeitigen Frühjahr bei entsprechender Witterung auf die Mauereidechse und mit viel Glück kann der Besucher sogar die sehr versteckt lebende Schlingnatter zu Gesicht bekommen. Aus der Gruppe der Heuschrecken entdeckt man seltene Arten wie die Gottesanbeterin (*Mantis religiosa*), die Blauflügelige Sandschrecke (*Sphingonotus caerulans*), die Blauflügelige Ödlandschrecke (*Oedipoda caerulescens*) und die Italienische Schönschrecke (*Calliptamus italicus*).

U. Kerkhof

202 Eine ausgesprochen wärmeliebende Art im Kapellengrien ist die Italienische Schönschrecke (*Calliptamus italicus*), deren Hauptverbreitungsgebiet im Mittelmeerraum liegt. Sie gilt in Baden-Württemberg als vom Aussterben bedroht.

Kiesgrube Weberalten

Landkreis: Lörrach
Gemeinde: Rheinfelden
Gemarkung: Herten
Naturraum: Hochrheintal
Geschützt seit 1997
Größe: 6,2 Hektar
Top. Karte: 8412 Rheinfelden (Baden)

Erst nach achtjährigem Verfahren und nach Verzichtserklärungen des Landesamtes für Straßenwesen und der Stadt Rheinfelden, das Grubenareal nicht mit Erdaushubmaterial der geplanten Bundesautobahn A 98 (Hochrhein-Autobahn) aufzufüllen bzw. als Monodeponiestandort für dioxinbelastetes Erdreich zu nutzen, wurde die 6,2 ha große »Kiesgrube Weberalten« endgültig als Naturschutzgebiet ausgewiesen.

Mit der Unterschutzstellung 1997 gelang es, ein Kleinod zwischen der Bundesstraße 34 und dem Hochrhein südlich von Rheinfelden-Herten zu retten. Die durchschnittlich 20 bis 25 m tiefe, ehemalige Kies- bzw. Schiefergrube verdankt ihren aus Sicht des Naturschutzes hohen Stellenwert einer im östlichen Randbereich liegenden Quellschüttung. Sie garantiert im Gegensatz zu vielen anderen Kiesgruben am Hochrhein, daß Teilbereiche der Grubensohle ganzjährig vom Wasser bedeckt sind.

203 Der Südliche Blaupfeil (*Orthetrum brunneum*) ist unter den Libellen eine typische Pionierart, die trotz ihrer allgemeinen Gefährdung in Baden-Württemberg in der Kiesgrube noch recht häufig vorkommt.

Durch den geringen Nährstoffeintrag des relativ sauberen Quellwassers verläuft die Vegetationsentwicklung (Sukzession) im Bereich der Grubensohle recht langsam, so daß sich dort auch Pionierarten über einen längeren Zeitraum halten können bzw. noch vegetationsfreie Teilbereiche vorhanden sind. Dieses Mosaik aus ganz verschiedenen Standortfaktoren und eine

204 Charakteristischer Lebensraum der Kiesgrube Weberalten: flach überschwemmte, stellenweise leicht durchströmte Tümpel mit spärlicher Vegetationsbedeckung.

aufgrund der Kessellage günstige klimatische Situation ermöglichen auf engem Raum eine beachtlich hohe Artenzahl. Während die Pflanzenwelt der »Kiesgrube Weberalten« nur wenige Besonderheiten aufweist, verleiht in erster Linie eine bemerkenswerte Tierwelt dem Gebiet seine große Bedeutung. Insbesondere zählen dazu die bisher 19 nachgewiesenen Libellenarten, von denen etwa die Hälfte ihren Verbreitungsschwerpunkt im Mittelmeergebiet hat, und die in Deutschland z.T. äußerst selten sind. Stellvertretend erwähnt sei hier nur das Vorkommen von drei Blaupfeilarten, dem Südlichen-, Östlichen- und Kleinen Blaupfeil (*Orthetrum brunneum*, *O. albistylum* und *O. coerulescens*). Von der guten Biotopqualität profitieren aber auch einige Amphibienarten, wie die Gelbbauchunke und Kreuzkröte, die hier optimale Fortpflanzungsgewässer vorfinden. In den trockenen Teilbereichen findet auch die stark gefährdete und wärmeliebende Mauereidechse ein wichtiges Rückzugsgebiet.　　*U. Kerkhof*

Krebsbachtal

Landkreis: Lörrach
Gemeinde: Stadt Weil am Rhein
Gemarkungen: Weil, Haltingen
Naturraum: Markgräfler Rheinebene
Geschützt seit 1990
Größe: 22,4 Hektar
Top. Karten: 8311 Lörrach,
8411 Weil am Rhein

Das Naturschutzgebiet »Krebsbachtal« grenzt unmittelbar an den bebauten Bereich der Stadt Weil am Rhein und folgt dem Lauf des – namengebenden – Krebsbaches bis kurz vor den Soldatenfriedhof auf der Gemarkung Haltingen. Der Krebsbach fließt meist am Fuß einer hohen Böschung, der Stufe zwischen zwei Feldern der Niederterrasse des Rheins über quartären Schottern und anderen alluvialen Bildungen. Die Böden sind meist sandig-kiesig, im Einflußbereich des Grundwassers vergleyt.
Näheres zur Entstehung der für dieses Gebiet ursprünglich typischen Vegetation ist in den einführenden Kapiteln (Oberrheinebene) zu lesen.

205 Diese Luftaufnahme verdeutlicht den »Inselcharakter« des Schutzgebiets. Restbestände naturnaher Lebensräume sind allseits von Autobahn, Bahngleis, Straßen oder Siedlungsraum umgeben.

Das Schutzgebiet gliedert sich in mehrere unterschiedliche, z.T. durch Bahndämme und Straßen voneinander getrennte Teilgebiete. Mit seinen Restbeständen aus naturnahen Lebensräumen, die es für seltene Tiere und Pflanzen zu erhalten gilt, bildet es geradezu eine Insel im stark zersiedelten und intensiv genutzten Raum.

Als einer der letzten grundwassernahen Wälder im Übergangsbereich zwischen Oberrhein und Hochrhein ist das Krebsbachtal für zahlreiche – z.T. gefährdete Tier- und Pflanzenarten – der einzig verbliebene Rückzugsraum in der Region.

Reste des für diesen Bereich der Rheinebene ursprünglich typischen Auwaldes (Sternmieren-Eichen-Hainbuchenwald) sind hier gut erhalten und artenreich. Zu Füßen von Hainbuche, Stieleiche, Esche, Berg-Ahorn, Feld-Ahorn und Vogel-Kirsche verkündet der Blaustern (*Scilla bifolia*) als einer der zeitigsten Frühjahrsboten manchmal schon ab März das Ende des Winters. Diese Botschaft bestätigen Hohler Lerchensporn (*Corydalis cava*), Busch-Windröschen (*Anemone nemorosa*), Scharbockskraut (*Ficaria vena*), Moschuskraut (*Adoxa moschatellina*), Aronstab (*Arum maculatum*), Einbeere (*Paris quadrifolia*) und Vielblütige Weißwurz (*Polygonatum multiflorum*). Etwas später erwacht auch in der reich entwickelten Strauchschicht Zweigriffliger Weißdorn, Rote Heckenkirsche, Pfaffenhütchen, Trauben-Kirsche, Wasser-Schneeball, Blutroter Hartriegel, Schwarzer Holunder, Stachelbeere und Brombeere zu neuem Leben.

Für die amphibische Tierwelt von besonderer Bedeutung sind die im Schutzgebiet vorkommenden – und in diesem Teil der Niederterrasse einzigen – kleineren stehenden Gewässer und Tümpel. Sie werden als Laichgewässer bzw. als ständiger Lebensraum von Grasfrosch, Wasserfrosch, Gelbbauchunke, Erdkröte und Bergmolch genutzt.

Die wohl auffallendsten Tiere, die Vögel, sind mit zahlreichen Arten vertreten. Darunter finden sich u.a. Zaunkönig, Gartenrotschwanz, Pirol, Nachtigall, Kuckuck, Habicht, Schwarzer Milan und Eisvogel. *S. Schreiber*

Langenbach-Trubelsbach

Landkreis: Lörrach
Gemeinde: Stadt Todtnau
Gemarkung: Muggenbrunn
Naturraum: Hochschwarzwald
Geschützt seit 1995
Größe: 37,8 Hektar
Top. Karte: 8113 Todtnau

Langenbach und Trubelsbach entspringen zwischen Notschrei und Trubelsmattkopf nordwestlich von Todtnau-Muggenbrunn. Diese zwei kleinen Bäche weisen einige Besonderheiten auf: Vor allem die Moore, die sich an ihrem Oberlauf gebildet haben, sind mit ihrer ganz besonderen Tier- und Pflanzenwelt bemerkenswert. Hinzu kommen artenreiche Magerrasen, Hochstaudenfluren und naturnahe Wälder. Pflanzenarten wie Arnika (*Arnica montana*), Silberdistel (*Carlina acaulis*), verschiedene Orchideen, typische Moorpflanzen wie der »fleischfressende« Sonnentau (*Drosera rotundifolia*), aber auch viele verschiedene Tierarten sind an Langen- und Trubelsbach zuhause.

Am Langenbach ist vom Weg aus die Kante eines Torfstichs zu sehen. Bis zum Jahr 1947 stach man hier noch gewerbsmäßig Torf, der in Gärtnereibetrieben und zur Herstellung von Torfbriketts für Heizzwecke Verwendung fand.

An der mächtigen Torfschicht ist zu erkennen, daß es sich um ein Hochmoor handelt. Die dort lebenden Pflanzen haben keinen Kontakt zu mineralhaltigem Wasser, so daß Nährstoffe nur durch Regenwasser oder Flugstaub eingetragen werden. Neben den moorbildenden Torfmoosen leben in einem Hochmoor nur wenige spezialisierte Pflanzenarten, wie z.B. der Sonnentau (s.o.), die Rosmarinheide (*Andromeda polifolia*) und die Moosbeere (*Vaccinium oxycoccos*).

Die Vegetation in der Umgebung der beiden Bäche ist sehr vielfältig. Unter anderem finden sich hier bachbegleitende Hochstaudenfluren, Flachmoore und Borstgrasrasen. Die unbewal-

206 Am Langenbach ist vom Weg aus die Kante eines Torfstichs zu sehen.

207 Die unverwechselbare Raupe des Trauermantels (*Vanessa antiopa*) ist im Schwarzwald vor allem an Büschen rundblättriger Weidenarten zu finden.

deten Flächen am Langenbach entstanden durch ehemalige Beweidung und werden heute durch Pflegemaßnahmen offengehalten, da viele seltene Tier- und Pflanzenarten auf waldfreie Standorte angewiesen sind. Im Gegensatz dazu werden größere Flächen am Trubelsbach noch immer beweidet. Durch diese im Schwarzwald traditionelle Form der extensiven Rinderbeweidung sind die vielfältigen Borstgrasrasen überhaupt erst entstanden, so daß deren Fortführung im Einklang mit dem Naturschutz steht. Neben dem Borstgrasrasen mit Arten wie Arnika und Silberdistel sind am Trubelsbach verschiedene Feuchtgebiete ausgebildet, wie z.B. Moore und Quellrinnen.

Besucherhinweis: Um Besuchern die Besonderheiten des Gebiets nahezubringen, richtete die Bezirksstelle für Naturschutz und Landschaftspflege zusammen mit der Stadt und dem Forstamt Todtnau einen Naturpfad ein. Entlang eines etwa fünf Kilometer langen Rundwegs informieren verschiedene Tafeln über die Tier- und Pflanzenwelt sowie die historische und aktuelle Nutzung der beiden Täler.
B. Seitz

Leuengraben

Landkreis: Lörrach
Gemeinden: Grenzach-Wyhlen, Rheinfelden
Gemarkungen: Wyhlen, Herten
Naturraum: Dinkelberg
Geschützt seit 1988
Größe: ca. 140 Hektar
Top. Karte: 8412 Rheinfelden (Baden)

Mit der 1988 erlassenen Rechtsverordnung zum 140 ha großen Naturschutzgebiet »Leuengraben« fanden die Bemühungen der Naturschutzverwaltung, die geologischen Besonderheiten und die naturnahen Waldgesellschaften des südwestlichen Dinkelbergs unter gesetzlichen Schutz zu stellen, vorerst ihren Abschluß.

Im südwestlichen Dinkelberg prägen tektonische Vorgänge der Erdoberfläche das Erscheinungsbild. Ebenso wie weitere, von Norden nach Süden verlaufende Gräben am Rand des Dinkelbergs, entstand auch der dem Naturschutzgebiet seinen Namen gebende Leuengraben als Folge von Einbrüchen der oberen Muschelkalkschichten.

Beim Durchwandern dieses kleinen, tief eingeschnittenen Grabens vom Markhof (Gemeinde Herten) bis auf die Höhen der Rührbergs spürt der Besucher beim Eintritt in die

Schlucht sofort das merklich feuchtere und kühlere Klima. Diesem Klima ist es zu verdanken, daß hier je nach Höhenstufe und Feuchtigkeit ein Ahorn-Eschen-Schluchtwald in unterschiedlichen Varianten dominiert. Den Unterwuchs prägen zahllose derbe, wintergrüne, zungenförmige Blätter, die mit ihrem herzförmigen Grund zunächst gar nicht an eine Farnpflanze erinnern. Betrachtet man aber die Rückseite, dann beseitigen die länglichen Sporenhäufchen jeden Zweifel. Die Hirschzunge (*Phyllitis scolopendrium*) wächst hier zu Tausenden, so daß man leicht vergessen könnte, wie gefährdet diese Art in ihrem Fortbestand ist. Im weiteren Verlauf des Tals, insbesondere, wo sich die im Mittelteil sehr enge Schlucht wieder weitet, wachsen an etwas wärmeren und trockeneren Standorten Buchenmischwälder mit einer artenreichen Strauch- und Krautschicht. Besonders beeindruckend ist hier der Blühaspekt im zeitigen Frühjahr, wenn sich der Waldboden in einem blauen Teppich aus Blausternen (*Scilla bifolia*) verwandelt.

In das Naturschutzgebiet miteinbezogen wurden aber auch die östlich und westlich an den Graben angrenzenden, bewaldeten Gewanne »Augstberg« und »Schloßkopf«, die durch eigene Klima- und Standortverhältnisse geprägt sind. Entsprechend wandelt sich das Erscheinungsbild der süd- bis südostexponierten Hangwälder von einem eher auf etwas kühlere Standorte angewiesenen Winterlinden-Mischwald über einen Eichen-Lindenwald bis zu einem nur an sonnigen und warmen Standorten vorkommenden Flaumeichenwaldrelikt. Bezeichnend für den letztgenannten Waldtyp ist das natürliche Vorkommen der Pimpernuß (*Staphylea pinnata*), einer seltenen Strauchart, die aufgrund der gefiederten Blätter eher an eine Esche erinnert. Besonders augenfällig ist die eigenartige Fruchtform dieser bisweilen auch als Paternosterbaum bezeichneten Pflanze. Ihre Frucht, eine kugelige, aufgeblasene, dünnhäutige, grünliche zwei bis drei Zentimeter breite Kapsel mag der Grund gewesen sein, daß diese Pflanze früher auch mancherorts als Zierstrauch angebaut wurde.

208 Die Hirschzunge (*Phyllitis scolopendrium*) erinnert mit ihren zungenförmigen Blättern zunächst nicht an eine Farnart. Im NSG »Leuengraben« wächst sie zu Tausenden, so daß man ihre Gefährdung kaum nachvollziehen kann.

Durchsetzt wird das Waldgebiet von einigen Steinbrüchen mit Felsterassen und Blockhalden, die Zeugnis des ehemaligen Gipsabbaus sind und die Strukturvielfalt des Gebiets erhöhen. Diese große Vielfalt an unterschiedlichen Standorten und Biotopen hat auch eine artenreiche Tierwelt zur Folge. In erster Linie sind hier die Singvögel zu nennen, von denen 21 Arten als Brutvögel nachgewiesen werden konnten. Eine Besonderheit ist der seltene Berglaubsänger (*Phylloscopus bonelli*), der hier zum Zeitpunkt der Unterschutzstellung noch mit ein bis zwei Brutpaaren vorkam. In den schwer zugänglichen und daher nahezu störungsfreien Steinbrüchen brüten verschiedene Greifvogelarten wie z.B. Rot- und Schwarzmilan. *U. Kerkhof*

Nonnenmattweiher

Landkreis: Lörrach
Gemeinde und Gemarkung: Neuenweg
Naturraum: Hochschwarzwald
Geschützt seit 1987
Größe: rund 70 Hektar
Top. Karte: 8212 Malsburg-Marzell

Das Naturschutzgebiet »Nonnenmattweiher« liegt wenige Kilometer südwestlich des Belchen und ist zunächst aus geologischer Sicht bemerkenswert: Das hervorragend ausgebildete Kar mit seinen rund 100 m hohen Karwänden, dem eindrucksvollen Karsee und den deutlich erkennbaren Moränenwällen ist der deutlichste Beweis für die eiszeitliche Vergletscherung des Köhlgartenmassivs. Andere ebenso gut entwickelte Kare fehlen im weiteren Belchengebiet.

Durch den künstlichen Aufstau des Karsees Anfang des 18. Jahrhunderts löste sich ein Teil des vermoorten Karbodens ab, so daß eine schwimmende Torfinsel entstand. Bei diesem für den Schwarzwald einmaligen Phänomen

209 Der Nonnenmattweiher mit seiner schwimmenden Torfinsel.

210 Der Sumpfbärlapp (*Lycopodiella inundata*) ist nur in wenigen Hoch- und Übergangsmooren des Schwarzwaldes zu finden.

handelt es sich um eine sogenannte Schwingdecke mit der Vegetation von Flach- und Übergangsmooren. Dieser nährstoffarme Moortyp tritt hier im Südwestschwarzwald isoliert auf, so daß etliche daran gebundene Pflanzenarten am Nonnenmattweiher ihre südwestlichste Fundstelle im Schwarzwald haben, wie z.B. der seltene Sumpfbärlapp (*Lycopodiella inundata*).

Die Ufervegetation des Nonnenmattweihers ist nur als schmaler, oft unterbrochener Gürtel ausgebildet. Infolge des relativ steilen Ufers kommt es nicht zu einer deutlichen Entwicklung unterschiedlicher Verlandungszonen. Schilfröhricht spielt nur eine untergeordnete Rolle; ausgedehnter sind die Bestände des Flutenden Süßgrases (*Glyceria fluitans*). Sie zeigen neben dem stellenweise sogar auf der schwimmenden Insel auftretenden Breitblättrigen Rohrkolben (*Typha latifolia*) den relativ hohen Nährstoffgehalt dieses ehemals sicher nährstoffarmen (oligotrophen) Gewässers an. Ursachen für die Nährstoffanreicherung sind u.a. das in früheren Zeiten praktizierte Einbringen von Schlachthofabfällen als Fischfutter, das Füttern von Enten durch Touristen und der Badebetrieb.

Im Weiher leben verschiedene Amphibienarten wie Erdkröte, Bergmolch und Fadenmolch.

Die steilen Karwände und Hänge tragen naturnahe Laubmischwälder. Zumeist handelt es sich um Tannen-Buchenwälder mit mächtigen Tannen. Im Steilhang unterhalb des Weiherfelsens wächst ein reich strukturierter Bergahorn-Buchenwald auf Hangschutt. Der Sichelwuchs der markanten Berg-Ahorne (*Acer pseudoplatanus*) verrät, daß die Gesteinsmassen sich langsam talwärts schieben.

Bemerkenswert sind vor allem die Vorkommen der Alpen-Heckenrose (*Rosa pendulina*) und der Lungenflechte (*Lobaria pulmonaria*). Im Bereich der offenen Felsen siedeln verschiedene Felsbewohner wie Nordischer Strichfarn (*Asplenium septentrionale*) und Felsen-Leimkraut (*Silene rupestris*).

In den Wäldern um den Nonnenmattweiher kann regelmäßig der Schwarzspecht beobachtet oder gehört werden.

Im flachen nördlichen Teil und auf der Moräne befindet sich ein Weidfeld, das zumindest randlich noch sehr wertvolle Magerrasen einschließt, u.a. mit Wacholder (*Juniperus communis*), Silberdistel (*Carlina acaulis*) und Arnika (*Arnica montana*). Als gefährdete Vogelart kann hier der Neuntöter angetroffen werden.

Besucherhinweis: Der Nonnenmattweiher ist ein bekanntes Ausflugsziel und wird vor allem im Sommer gerne zum Baden genutzt, was in einem abgegrenzten Teil des Weihers nach wie vor erlaubt ist. Obwohl die negativen Auswirkungen der Erholungsnutzung durch Verlegung des Parkplatzes, Besucherinformation und -lenkung, Streifendienste ehrenamtlicher Naturschützer und andere Maßnahmen abgemildert werden konnten, kommt es nach wie vor zu Beeinträchtigungen der Tier- und Pflanzenwelt sowie der Wasserqualität des Nonnenmattweihers.

B. Seitz

Rümminger Moos

Landkreis: Lörrach
Gemeinde: Rümmingen
Gemarkung: Rümmingen
Naturraum: Markgräfler Hügelland
Geschützt seit 1939
Größe: 12,3 Hektar
Top. Karte: 8311 Lörrach

Der im Kandertal östlich von Rümmingen gelegene Auenwald steht schon seit dem Jahr 1939 unter Naturschutz. Es handelt sich somit um das älteste Naturschutzgebiet des Landkreises Lörrach. Die Unterschutzstellung erfolgte seinerzeit nach dem Reichsnaturschutzgesetz von 1935. Das ca. 12 ha große Waldstück wurde als zwölftes Schutzgebiet in das Reichsnaturschutzbuch für das Land Baden eingetragen. In seinem botanischen Gutachten über das Naturschutzgebiet führte der renommierte Botaniker OBERDORFER 1938 aus: »Das Rümminger Moos ist als sumpfiges Waldgebiet vegetationskundlich von besonderem Interesse. Es gehört zu den wenigen Fällen, bei denen nicht nur extreme und wirtschaftlich belanglose Lebensgemeinschaften, sondern auch für unsere oberrheinische Landschaft schlechthin typische und normale Waldgesellschaften unter Schutz gestellt werden. Dabei handelt es sich um einen Auenwald von feuchtem Eichen-Hainbuchen-Eschentyp, der sich durch charakteristische Seegrasrasen und sehr schöne Bestände des Riesenschachtelhalmes u. a. auszeichnet. Im bekannten Bild fehlt es außerdem nicht an üppig entwickeltem Unterholz und den bezeichnenden und immer wiederkehrenden Arten und schönen efeuumrankten Exemplaren der Stieleiche.«

Auch wenn die von OBERDORFER zitierten ca. 200 Jahre alten und das Landschaftsbild prägende Stieleichen zwischenzeitlich der

211/212 Nur an feuchten Stellen, wie hier im Rümminger Moos, gedeiht der Riesen-Schachtelhalm (*Equisetum telmateia*). Unter allen einheimischen Schachtelhalmen hat er die stattlichste Form. Auf den Abbildungen sind die sporangientragenden Triebe (links) und die sterilen Triebe (rechts) zu erkennen.

Motorsäge zum Opfer fielen, entspricht die heute anzutreffende Baumartenzusammensetzung durch Neupflanzungen weitgehend dem damaligen Zustand, so daß die bezeichnende, schutzwürdige Waldgesellschaft weiterhin erhalten bleibt.
U. Kerkhof

Rütscheten

Landkreis: Lörrach
Gemeinde: Bad Bellingen
Gemarkung: Bad Bellingen
Naturraum: Markgräfler Hügelland
Geschützt seit 1988
Größe: 5,5 Hektar
Top. Karte: 8211 Kandern

Etwa einen Kilometer Luftlinie entfernt vom Naturschutzgebiet »Galgenloch« liegt in östlicher Richtung das Naturschutzgebiet »Rütscheten«. Das mit Wiesen und Hecken reich strukturierte Gebiet der Gewanne »Rütscheten« und »Steingrüble« nördlich von Bad Bellingen wurde 1988 auf einer Fläche von 5,5 ha als Naturschutzgebiet ausgewiesen. Es handelt sich unstrittig um einen der wertvollsten Magerwiesen-Biotope des gesamten Markgräfler Hügellandes. Es war wohl der klein parzellierten und kleinflächig terrassierten Geländestruktur sowie den teilweise zu Staunässe neigenden Böden zu verdanken, daß man die landwirtschaftliche Nutzung auch nach dem zweiten Weltkrieg nicht intensivierte, sondern sie im Lauf der 50er und 60er Jahre sogar größtenteils ganz aufgab. Überlegungen in den 70er Jahren in diesem Gebiet eine groß angelegte Flurbereinigung durchzuführen, wurden glücklicherweise verworfen.

So blieben die für den Naturschutz besonders wertvollen Lebensräume erhalten. Unter ihnen nimmt die artenreiche Wiesengesellschaft des Halbtrockenrasens im Naturschutzgebiet die größte Fläche ein. Aus floristischer Sicht ist besonders ihr Orchideenreichtum auffallend. Probleme in diesem Bereich bereitete jedoch lange Jahre die aus Nordamerika stammende, spätblühende Goldrute (*Solidago gigantea*), die in die brachliegenden Halbtrockenrasen vordrang und die ursprüngliche

213 Seine typische Haltung in der Ruhestellung mit den vor dem Kopf zusammengefalteten Vorderbeinen, die an einen im Gebet versunkenen Menschen erinnern, hat dem Tier seinen Namen gegeben. Die Gottesanbeterin (*Mantis religiosa*) aus der Gruppe der Fangheuschrecken ist ein typisches Faunenelement der Magerrasen in der wärmebegünstigten Südlichen Oberrheinebene.

Vegetation gefährdete. Durch die Wiederaufnahme einer regelmäßigen Mahd im Rahmen von Pflegemaßnahmen konnte die Goldrute jedoch weitestgehend zurückgedrängt werden.

Im Süden des Naturschutzgebiets trifft der Besucher auf landwirtschaftlich noch bewirtschaftete Grünlandflächen. Die mäßig nährstoffreichen Glatthaferwiesen dürfen seit der Ausweisung des Gebiets als Naturschutzgebiet jedoch nicht mehr gedüngt werden. Dank dieser Maßnahme haben sich recht blumenbunte Bestände mit einem hohen Blütenangebot erhalten, die zahlreichen blütenbesuchenden Insekten ein breites Nahrungsspektrum bieten.

Die Böschungskanten zwischen den einzelnen Terrassen bzw. nicht mehr bewirtschaftete oder gepflegte Flächen werden meist von Gebüschen und größeren Gehölzen eingenommen. Obwohl diese Bestände für sich gesehen keine Seltenheit sind, tragen sie wesentlich zur Vielfalt und zum Strukturreichtum des Gebiets bei. Dieses Mosaik bietet vielen Tierarten einen Lebensraum, den sie in der intensiv genutzten Kulturlandschaft nur noch selten vorfinden. Bezeichnend für die abwechslungsreiche Landschaft aus Wiesen und Hecken ist das Vorkommen zahlreicher auf der Roten Liste stehende Vogelarten. *U. Kerkhof*

Ruschbachtal

Landkreis: Lörrach
Gemeinde: Grenzach-Wyhlen
Gemarkung: Wyhlen
Naturraum: Dinkelberg
Geschützt seit 1985
Größe: 30,5 Hektar
Top. Karte: 8412 Rheinfelden (Baden)

Eingebettet zwischen zwei Teilgebieten des Naturschutzgebiets »Buchswald bei Grenzach« liegt das 30,5 ha große, vorwiegend bewaldete Naturschutzgebiet »Ruschbachtal«. Die Unterschutzstellung von Teilbereichen des südwestlichen Dinkelbergs wäre unvollständig, hätte nicht auch der Ruschbachgraben mit seinen interessanten geologischen Phänomenen und besonders seiner dem Buchswald so entgegengesetzten Pflanzenwelt den Status eines Naturschutzgebiets verliehen bekommen.

Beim Ruschbach- oder Rustelgraben, dessen Name wohl auf das Vorkommen der Rüster (Berg-Ulme) zurückzuführen ist, handelt es sich wie bei den anderen Keilgräben am Südrand des Dinkelbergs um einen spaltenähnlichen Einbruch im dort anstehenden Oberen Muschelkalk. Nach neuerer Auffassung ist die Grabenvertiefung im Mitteltertiär zu einer Zeit lebhafter tektonischer Bewegungen als Ergebnis einer West-Ost-gerichteten Dehnung und eines in Nord-Süd-Richtung verlaufenden Schubs entstanden. Im Graben sind die jüngeren, auf der Dinkelberg-Hochfläche inzwischen weitgehend abgetragenen Keuperschichten erhalten. Das Bett des Rustelbachs oder Ruschbachs verläuft heute durchgehend in den Bunten Mergeln des Oberen Hauptkeupers, gespeist wird der Ruschbach mit Wasser aus dem Wielenbach und dem Oberen Rustelbach, die ihrerseits aus fünf Quellen gespeist werden. Die größte Wasserschüttung weist hierbei eine Karstquelle im Wielengraben auf, deren Wasser über zwei markante Felstiefen in die Tiefe stürzt, kurz bevor sich die beiden Bäche im Hauptgraben vereinen. Sind die Wasserfälle an sich schon sehenswert, wird deren Attraktivität noch durch moosüberwachsene Kalksinterungen erhöht. Wenig unterhalb des tiefergelegenen Wasserfalls ist eine abgerutschte Muschelkalkscholle bemerkenswert.

Während die beiden oberen Gräben nicht überall zugänglich sind, kann der Hauptgraben bequem über einen schmalen Fußweg begangen werden. Der Verlauf des Wegs ist sehr abwechslungsreich, er kreuzt über kleine Holzbrücken mehrfach den Bach und vermittelt dem Wanderer einerseits herrliche Einblicke in die landschaftliche Schönheit des Gebiets, zum anderen aber auch einen Überblick über die deutlich verschiedenen Vegetationsformen.

Neben dem Buchenhochwald mit dem immergrünen Buchs im Unterwuchs, wie er auch im Naturschutzgebiet »Buchswald« vorkommt, gehört der größte Teil der im Graben wachsenden Gehölzformation dem Ahorn-Eschenwald an. Verantwortlich dafür ist das Mikroklima mit seiner gleichmäßig hohen Luftfeuchtigkeit und ebenso ausgeglichenen Temperaturen. Mit ihrer artenreichen Krautschicht zeigt diese Waldgesellschaft einen typischen Ausbildungsgrad, der allein schon aus vegetationskundlichen Gründen erhaltenswert ist. Besonders erwähnenswert ist hier die Hirschzunge (*Phyllitis scolopendrium*), ein Farn, der im Rustel-, Leuen- und Wolfsgraben seine einzigen Vorkommen im südlichen Dinkelberggebiet hat.

Daß der Ruschbachgraben bis heute eine von menschlichen Einflüssen weitgehend unversehrte, naturnahe Vegetation mit weiteren bemerkenswerten und seltenen Pflanzen aufweist, verdankt er wohl seiner Topographie, die keine forstwirtschaftliche Nutzung des Waldes zuließ und auch keine Bebauung ermöglichte. *U. Kerkhof*

Totengrien

Landkreis: Lörrach
Gemeinde: Efringen-Kirchen
Gemarkung: Istein
Naturraum: Markgräfler Rheinebene
Geschützt seit 1973
Größe: 2,8 Hektar
Top. Karte: 8311 Lörrach

Das sich in Tropfenform von Norden nach Süden erstreckende Naturschutzgebiet liegt ca. 50 km südlich von Freiburg in der Markgräfler Rheinebene. Im Westen grenzt es fast bis an die Bundesautobahn A 5, im Osten bildet die Landesstraße L 378 die Gebietsgrenze.

Sein Name leitet sich wohl von einer in der Nähe des jetzigen Schutzgebiets gelegenen Insel im Rhein ab (Grien kommt von Grün und bedeutet »bewaldete Insel«), auf der angeschwemmte Leichen beerdigt wurden.

Während der Eiszeiten war die Oberrheinische Tiefebene ein riesiger Kies- und Sandfang für das von den Schmelzwasserströmen der Gletscher aus den vereisten Gebirgen herantransportierte Gesteinsmaterial. Als der Rhein im Postglazial verstärkt Wasser führte, tiefte er sich in die eiszeitlichen Terrassenschotter ein und schuf so den ursprünglich mehrere Kilometer breiten Bereich der Aue.

Einst lag das Schutzgebiet in der Hauptrinne des Rheins, wo sich aufgrund der starken Strö-

214 Umgeben von Gebüsch (Liguster, Weißdorn, Wolliger Schneeball) und einigen Bäumen (Robinie, Schwarz-Pappel, Trauben-Eiche) dehnen sich im NSG »Totengrien« blumenbunte Halbtrockenrasen aus mit wärmeliebenden Orchideen, darunter die prächtig blühende Riemenzunge (*Himantoglossum hircinum*).

mung kein Feinmaterial, sondern ausschließlich grobe Kiese ablagern konnten. Auf diesem Substrat mit seinem hohen Skelettanteil konnte sich nur eine flachgründige Feinerdeauflage entwickeln. Der Boden verfügt daher nur über eine geringe Wasserspeicherkapazität. Die jährlich fallenden Niederschläge (ca. 700 mm) können diese geringe Speicherleistung nicht kompensieren. Folglich stellt die Wasserversorgung an diesem Standort einen Minimumfaktor für das Pflanzenwachstum dar, so daß nur bestimmte, gegen Trockenheit unempfindliche Pflanzen gedeihen. Verstärkend kommt hinzu, daß die Fläche nicht mehr durch das Grundwasser beeinflußt ist, da seit Beginn der Tullaschen »Rheinkorrektur« der Rheinwasserspiegel (Sohlenerosion etc.) und damit auch die Grundwasserstände absanken. Dadurch bedingt wichen auch hier – wie in der gesamten südlichen Rheinebene – ursprünglich vorhandene Auwälder einer steppenartigen Trockenvegetation. Daneben ist für die Vegetation besonders der Kalkgehalt des – aus den Alpen stammenden – bodenbildenden Ausgangsmaterials bedeutend.

Die Pflanzengemeinschaft des Schutzgebiets »Totengrien« ist in ihrer Form charakteristisch für den südbadisch-südelsässischen Raum. Die üblichen und verbreiteten Halbtrockenrasenpflanzen wie Esels-Wolfsmilch (*Euphorbia esula*), Spargelschote (*Tetragonolobus maritimus*), Karthäuser-Nelke (*Dianthus carthusianorum*), Wundklee (*Anthyllis vulneraria*), Sonnenröschen (*Helianthemum nummularium*), Tauben-Skabiose (*Scabiosa columbaria*) u.a. finden genauso ideale Bedingungen wie fast alle einheimischen Orchideenarten, z.B. Brand-Knabenkraut (*Orchis ustulata*), Hummel-Ragwurz (*Ophrys holoserica*) und Mücken-Handwurz (*Gymnadenia conopsea*). Notwendige Pflegearbeiten zur Erhaltung der artenreichen Halbtrockenrasen umfassen sowohl die Mahd als auch das Entfernen von einigen Gehölzen.

Detaillierte Untersuchungen zur Tierwelt existieren nicht, jedoch läßt die submediterran geprägte Pflanzendecke entsprechende Tiere erwarten.

Besucherhinweis: Das Gebiet unterliegt insbesondere zur Blütezeit einem regen Besucherandrang. Bleiben Sie deshalb im Schutzgebiet bitte ausschließlich auf den Pfaden, da Sie sonst die trittempfindliche Pflanzendecke mit ihren vom Aussterben bedrohten Arten zerstören. Besonders gefährdet sind Jungpflanzen und Blattrosetten ohne Blütentriebe, weil diese kaum auffallen. Bringen Sie aus diesem Grunde bitte auch keine Hunde mit! Alle sehenswerten Pflanzen wachsen direkt am Weg und können von dort aus fotografiert werden.

S. Schreiber

Utzenfluh

Landkreis: Lörrach
Gemeinde: Utzenfeld
Gemarkung: Utzenfeld
Naturraum: Hochschwarzwald
Geschützt seit 1940
Größe: 84 Hektar
Top. Karte: 8113 Todtnau

Eines der gleichermaßen für Botaniker und Zoologen interessantesten Felsgebiete des Südschwarzwaldes ist die Utzenfluh oberhalb der kleinen Gemeinde Utzenfeld im Wiesental. Vor allem zwei Standortbedingungen sind für die Besonderheiten in Fauna und Flora der Utzenfluh von Bedeutung: das kalkführende Gestein und die lokalklimatische Begünstigung. So liegen die Felsen der Großen und Kleinen Utzenfluh im Bereich der sogenannten »Südschwarzwälder-Kulm-Mulde«, in der paläozoische Sedimente (vor allem Schiefer und Grauwacken) im Wechsel mit den Schwarzwaldgraniten auftreten. Das silikatische Gestein der Utzenfluh enthält damit stellenweise (in Klüften) Kalk, Voraussetzung für die Ausbildung einer artenreichen Fels- und Schuttflora. Die thermische Begünstigung erklärt sich durch die ausgeprägte Südexposition, die wärmespeichernde Wirkung der schwärzlichen (karbonischen) Gesteine und den ungehinderten Warmluftzustrom durch das nach Süden geöffnete Wiesental.

Die Felsspaltenflora enthält zahlreiche auch im Schwarzwald recht seltene Arten, darunter einige, die dem nordisch-alpinen Florenelement zugerechnet werden und teilweise als Glazialrelikte gelten, so Felsen-Leimkraut

215 Die trocken-heißen Felsstandorte sind von einem lichten Birken-Traubeneichenwald besiedelt, der im Herbst schon frühzeitig das Laub verliert. Die senkrechten Felsstufen der Großen Utzenfluh ragen aus dem Wald heraus.

216 Der Südliche Wimperfarn (*Woodsia ilvensis*) ist durch Sammler stark dezimiert worden und kommt nur noch an kaum zugänglichen Felsstandorten vor.

(*Silene rupestris*), Trauben-Steinbrech (*Saxifraga paniculata*), Einjährige Fetthenne (*Sedum annuum*) und Nordischer Strichfarn (*Asplenium septentrionale*), aber auch südlich verbreitete Arten wie Dickblättrige Fetthenne (*Sedum dasyphyllum*). Der Südliche Wimperfarn (*Woodsia ilvensis*) kommt im Schwarzwald sogar nur noch in der Utzenfluh vor. Etwas größere Felssimse oder -spalten werden vom Felsenbirnengebüsch mit der Felsenbirne (*Amelanchier ovalis*) als namengebender Art besiedelt. Auf den felsigen Steilhängen stockt ein lichter Birken-Traubeneichenwald, ein Relikt der postglazialen Wärmezeit, als diese Waldgesellschaft im Schwarzwald weiter verbreitet war. Im blütenreichen Saum dieses Waldes konnten einige wärmeliebende Arten, die damals aus wärmeren Gebieten in den Schwarzwald einwanderten, bis heute überdauern: Schwalbenwurz (*Vincetoxicum hirundinaria*), Großblütiger Fingerhut (*Digitalis grandiflora*), Hain-Flockenblume (*Centaurea nemoralis*) und Gewöhnlicher Odermennig (*Agrimonia eupatoria*). Die ausgedehnten Schutthalden, entstanden aus Verwitterungsprodukten der oberhalb liegenden Felsen, beherbergen eine interessante Vegetation, die neben wenigen höheren Pflanzen wie beispielsweise Gelblichem Hohlzahn (*Galeopsis segetum*) zahlreiche seltene Flechten und Moose enthält (ausführlich beschrieben bei WIRTH 1975).

Die bereits erwähnte Wärmebegünstigung spiegelt sich auch in der Fauna der Utzenfluh wieder. Zu erwähnen ist das Brutvorkommen der Zippammer, die nur wenige schutt- und felsdurchsetzte, südexponierte Hänge im Schwarzwald besiedelt. Unter den Insekten ist

217 Berg-Zottelbiene (*Panurgius banksius*), Weibchen am Blütenstand eines Habichtskrauts. Im NSG »Utzenfluh« ist diese Hochsommerart v.a. in Saumgesellschaften anzutreffen, wo das Wald-Habichtskraut (*Hieracium sylvaticum*) die wichtigste Pollenquelle darstellt.

der wärmeliebende Libellen-Schmetterlingshaft (*Libelloides coccajus*) (ein auffällig gefärbter Netzflügler) zu nennen, der sich mit etwas Glück im Frühsommer beim Jagdflug am Gipfel der Kleinen Utzenfluh beobachten läßt. Auf den größeren Schutthalden lebt die Rotflügelige Ödlandschrecke (*Oedipoda germanica*) und die heute leider verschollene Italienische Schönschrecke (*Calliptamus italicus*). Bedauerlicherweise sind auch zwei unserer schönsten Tagfalter (Apollo- und Segelfalter), die früher die fels- und schuttbedeckten Südhänge der Utzenfluh besiedelten, heute hier wie überall im Schwarzwald verschwunden. Fragt man warum diese Arten in diesem doch weitgehend ungestörten Gebiet verschwunden sind, so lautet die Antwort: In früherer Zeit wurden selbst die steilsten Hänge vom Menschen genutzt, einerseits als Viehweide (teilweise mit Ziegen), andererseits zur Gewinnung von Brennholz, wenn trotz Beweidung Gehölze aufkamen. Erst in unserem Jahrhundert ging diese wenig ergiebige Nutzung der Steilhänge zurück und wurde in den 50er Jahren ganz eingestellt. Innerhalb weniger Jahrzehnte bedeckte Gebüsch und später Wald die ehemals offenen Flächen und nur die größten Felsmassive blieben verschont. Die Habitatansprüche für die oben genannten Arten waren damit nicht mehr gegeben. Die beschattenden Gehölze veränderten das Lokalklima und die Vegetation der Schutthalden, so daß die auf trocken-heiße Schutthaldenstandorte angepaßte Italienische Schönschrecke der Konkurrenz weniger spezialisierter Heuschreckenarten erlag. Die Weiße Fetthenne (*Sedum album*), Raupennahrungspflanze des Apollofalters, wurde auf kleine Felssimse zurückgedrängt, zu wenig, um die Schmetterlingspopulation zu erhalten. Krüppelig wachsende Schlehen (*Prunus spinosa*), wie sie vom Segelfalter als Eiablageort gewählt werden, wurden durch aufkommende Gehölze überwachsen. Die Scharen von Schmetterlingssammlern, die noch in den 50er Jahren auf der Utzenfluh Jagd auf Apollofalter machten (NIKUSCH in EBERT 1991), verschlimmerten die Situation für diese Art zusätzlich. Die Naturschutzverwaltung ist heute bemüht, durch gezielte Pflegemaßnahmen und Wiedereinführung einer vorsichtigen Nutzung (Brennholzeinschlag durch Selbstwerber) die Schutthalden und Felsstandorte offenzuhalten. Zum Schutz seltener Pflanzen ist dabei eine intensive Betreuung durch Fachleute erforderlich.

Eine Beschreibung der Utzenfluh wäre unvollständig ohne Erwähnung der ausgedehnten Weidfelder und der einzigartigen Wiesen. Die infolge nachlassender Beweidung in den 60er und 70er Jahren von Adlerfarn und Gebüschen eroberten Extensivweiden wurden in neuerer Zeit mit Unterstützung der Naturschutzverwaltung von der Weideinspektion gepflegt und werden heute wieder mit Hinterwälder Rindern beweidet. Neben den für die südschwarzwälder Extensivweiden charakteristischen Arten siedeln auf flachgründigen, grusigen Standorten Vogelfuß (*Ornithopus perpusillus*), Ausdauerndes Knäuelkraut (*Scleranthus perennis*) und Bauernsenf (*Teesdalia nudicaulis*), die im Schwarzwald äußerst selten sind. Auch für seltene Heuschreckenarten, die auf schüttere Vegetation angewiesene sind, wie der Kleine Heidegrashüpfer (*Stenobothrus stigmaticus*) und der Rotleibige Grashüpfer (*Omocestus haemorhoidalis*) sowie verschiedene Wildbienenarten bieten diese durch Viehtritt und -biß immer wieder aufgerissenen Stellen günstige Voraussetzungen.

Der steile Hang im Gewann »Utzenfeld« wird traditionell nicht als Weide, sondern als Mähwiese genutzt. Hier finden sich äußerst arten- und blütenreiche Glatthaferwiesen, die mit dem Vorkommen von Arten wie Aufrechter Trespe (*Bromus erectus*), Kleinem Knabenkraut (*Orchis morio*), Kleinem Wiesenknopf (*Sanguisorba minor*) und Duftender Schlüsselblume (*Primula veris*) bereits zu den Halbtrockenrasen überleiten. Auch im Spektrum der Wiesenarten zeigt sich also die thermische Begünstigung des Gebiets und der Basenreichtum der Böden. Kleinflächig sind an Quellaustritten auch Niedermoorgesellschaften vertreten.

Besucherhinweis: Auf dem steilen, schmalen Weg von Utzenfeld vorbei am Kriegerdenkmal gelangt man hinauf zur Kleinen Utzenfluh, von wo sich die Landschaftseindrücke am besten erleben lassen. Tief unten im Tal liegt der Ort Utzenfeld, am Ortsrand im Ausgang des Wiedenbachtals sieht man einige Rundhöcker als Zeugen der Eiszeit. Auf der anderen Seite – noch höher gelegen – thront das Felsmassiv der Großen Utzenfluh mit der mächtigen Schutthalde, die sich einst bis hinunter in den Ort zog. Ein weiterer Aufstieg sollte aufgrund fehlender Wege und aus Rücksicht auf die Natur nicht erfolgen. Stattdessen gelangt man über das untere Weidfeld (mit schönen Arnika-Vorkommen) in die steile Furche zwischen Großer und Kleiner Utzenfluh (die als Schmelzwasserrinne am Rande des Wiesentalgletschers entstanden ist) und vorbei an der großen Schutthalde wieder nach Utzenfeld.

F. Kretzschmar

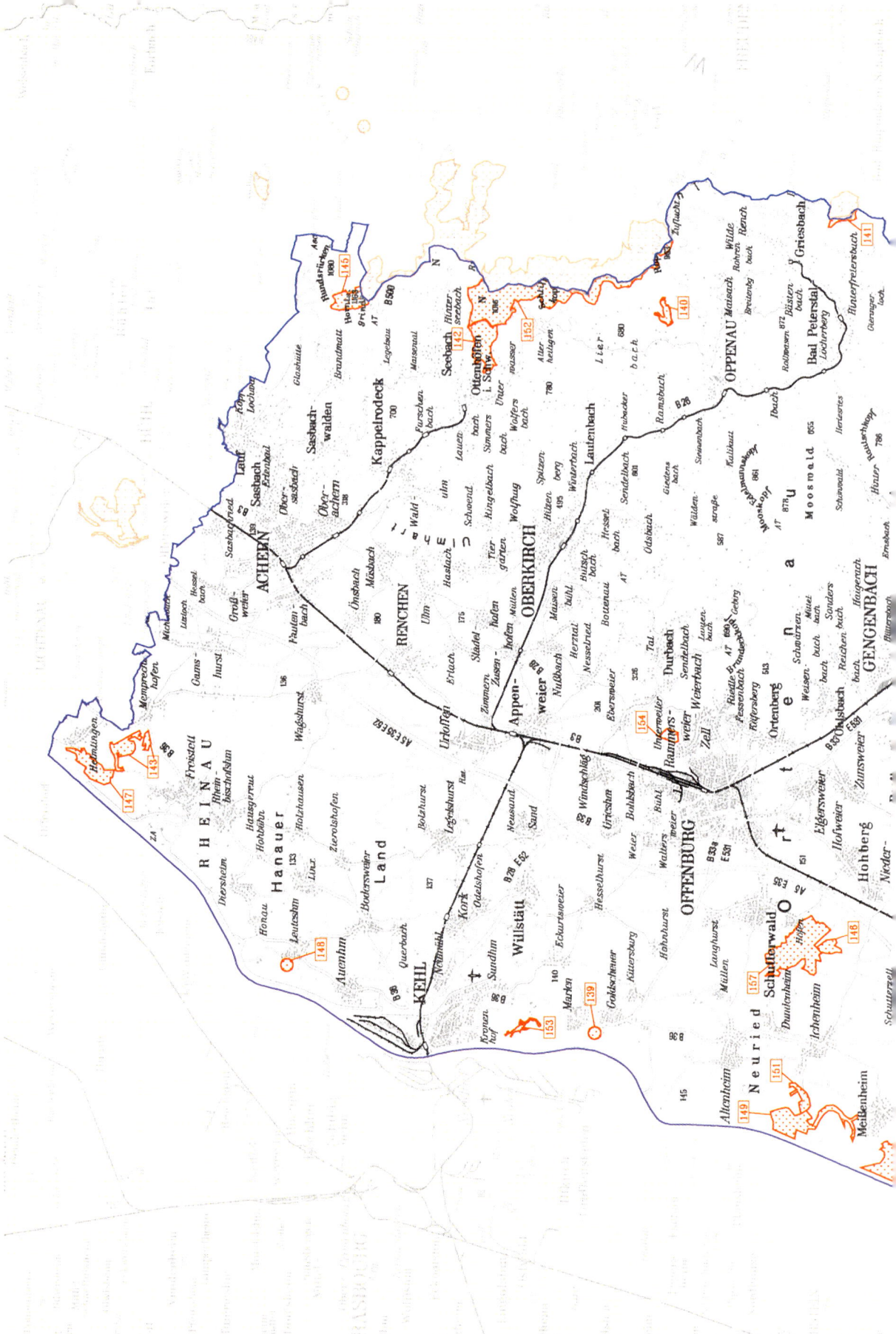

Map of the Offenburg / Ortenau region showing municipalities including ACHERN, RENCHEN, OBERKIRCH, OPPENAU, KEHL, RHEINAU, HANAUER LAND, WILLSTÄTT, APPENWEIER, OFFENBURG, GENGENBACH, NEURIED, and numbered areas: 139, 140, 141, 142, 143, 145, 146, 147, 148, 149, 151, 152, 153, 154, 157.

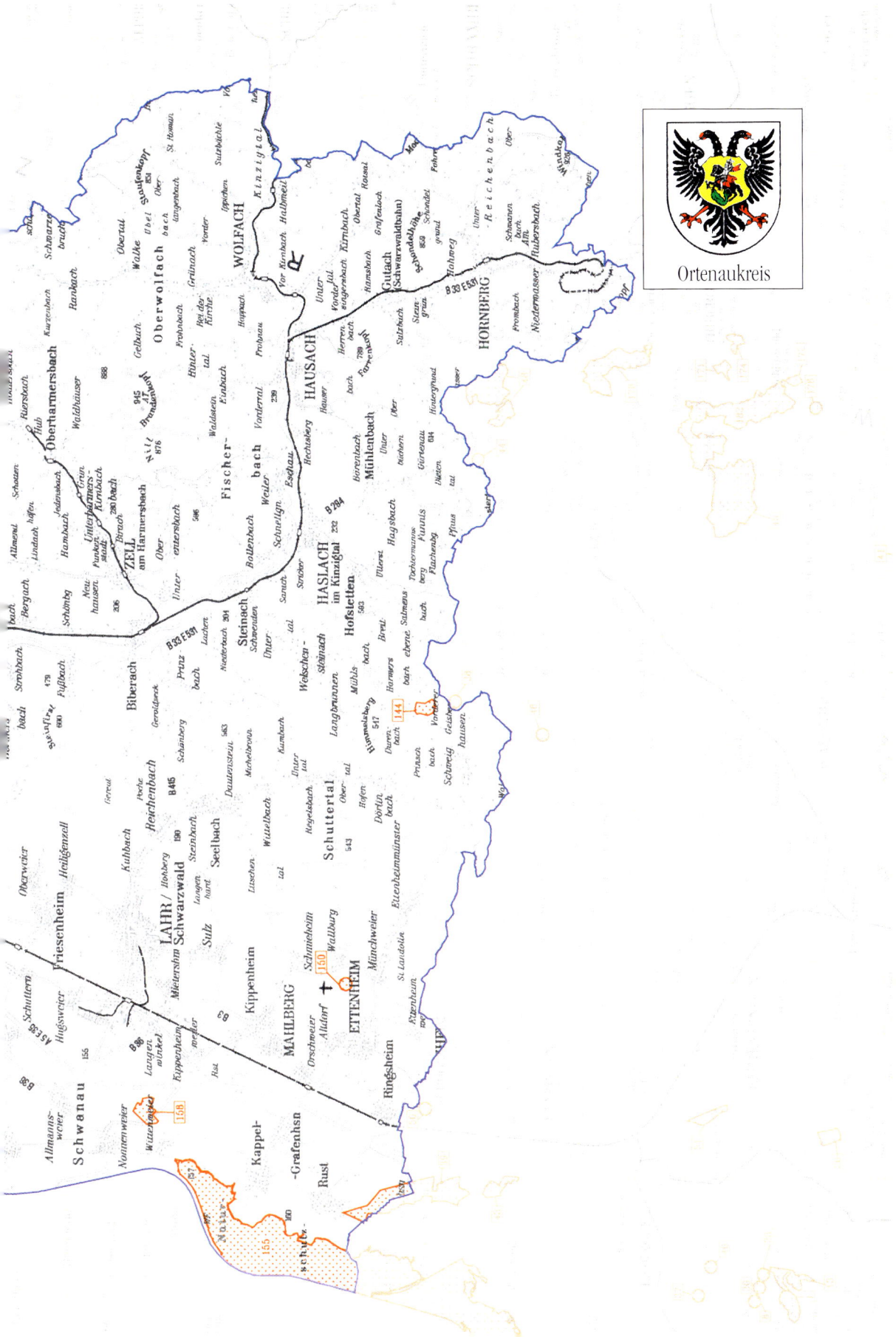

Ortenaukreis

Altwasser Goldscheuer

Landkreis: Ortenaukreis
Gemeinde: Stadt Kehl
Gemarkung: Goldscheuer
Naturraum: Offenburger Rheinebene
Geschützt seit 1993
Größe: 6 Hektar (LSG 2,8 Hektar)
Top.Karte: 7412/7413 Kehl

Das Natur- und Landschaftsschutzgebiet »Altwasser Goldscheuer« liegt direkt nordwestlich der Ortschaft Goldscheuer südlich von Kehl in etwa 140 m ü. NN in der Oberrheinniederung zwischen einem höheren, zum Rhein hin gelegenen Hochwasserdamm und einem niedrigeren landeinwärts. Es handelt sich um einen vor allem von Rheinwasser gespeisten Altrheinarm mit begleitender Uferzone. Landwirtschaftlich genutztes Gelände mit Wiesen, Obstwiesen, Streuwiesen und Äckern runden das Bild ab.

Der Altrheinarm variiert stark in Breite und Fließgeschwindigkeit. In Buchten und seitlichen Ausläufern befinden sich Stillwasserzonen. In den etwas rascher fließenden Bereichen fallen vor allem die Schwaden des weißblühenden Flutenden Hahnenfußes (*Ranunculus fluitans*) ins Auge, in langsam fließenden oder stehenden Gewässerabschnitten herrscht die Gelbe Teichrose (*Nuphar lutea*) mit ihren großen Schwimmblättern vor. Als Besonderheit kommt hier auch die Seekanne (*Nymphoides peltata*) vor.

Am Ufer wächst Schilf, das z.T. von Gelber Schwertlilie (*Iris pseudacorus*), Riesen-Ampfer (*Rumex hydrolapathum*) und Sumpf-Greiskraut (*Senecio paludosus*) durchsetzt ist. Landschaftsprägend sind die Ufergehölze, die stellenweise von baumförmigen Silber-Weiden gebildet werden, sonst von kleineren Weidenarten. In gewässerferneren, trockeneren Bereichen gehen sie in Gebüsche mit Rotem Hartriegel, Schlehe und Liguster über. In Senken kommen Großseggen wie die Sumpf- oder die Schlanke Segge (*Carex acutiformis* und *C. gracilis*), andernorts auch kleinere Sauergräser vor.

Die Streuwiesen, die nur einmal im Jahr spät gemäht und nicht gedüngt werden, weisen

218 Altwasser mit Gelber Teichrose (*Nuphar lutea*), Schilfröhricht und Silber-Weiden.

219 Idyllische Stelle am Altwasser.

einige botanische Raritäten auf, so z.B. zwei Orchideen, die Echte Sumpf-Stendelwurz (*Epipactis palustris*) und das Fleischrote Knabenkraut (*Dactylorhiza incarnata*), oder die Färberscharte (*Serratula tinctoria*).

An Vogelarten der Gebüsche und ihrer Ränder sind Turteltaube und Fitis zu nennen. Die Schilfröhrichte werden von Teichrohrsänger und Rohrammer bewohnt. Am Gewässer kommen neben Stockenten und Bläßhühnern auch Wasserralle, Reiherente und Eisvogel vor.

In den Streuwiesen findet sich der Dunkle Wiesenknopf-Ameisenbläuling (*Maculinea nausithous*), dessen Raupen zuerst in den Blütenköpfchen des Großen Wiesenknopfs (*Sanguisorba officinalis*) und dann in den unterirdischen Nestern von Ameisen leben. Es ist deshalb wichtig, daß die Streuwiesen erst spät gemäht werden, wenn sich der Entwicklungszyklus dieser Insekten unter die Erdoberfläche verlagert hat.

Der bereits erwähnte Riesen-Ampfer ist Fraßpflanze für die Raupen einer weiteren seltenen Schmetterlingsart, des Großen Feuerfalters (*Lycaena dispar*).

Wesentlicher Schutzzweck des Naturschutzgebiets ist die Erhaltung eines Altrheinarmes und der angrenzenden Flächen, von denen die Streuwiesen besonders hervorzuheben sind, als Lebensraum einer Reihe von seltenen und gefährdeten Pflanzen- und Tierarten und der von ihnen aufgebauten Lebensgemeinschaften. Die beiden angrenzenden Teilflächen des Landschaftsschutzgebiets, bei denen – abgesehen von der Bedeutung der Obstwiesen als Bruthabitat für den Wendehals und der Wiesen als Nahrungsgebiet und Jagdrevier verschiedenster Insekten – kein so hoher ökologischer Wert festzustellen ist, sind vor allem zur Absicherung des Naturschutzgebiets wichtig.

Um Störungen von der Tierwelt fernzuhalten, sind verschiedene Verbote notwendig geworden; so dürfen z.B. die Wege nicht verlassen werden, auf dem Gewässer darf nicht mit Booten gefahren werden, es dürfen auch keine Stege errichtet werden. Die Fischerei darf nur noch in besonderen Fischereizonen ausgeübt werden, ebenso gibt es Beschränkungen bei der Jagd.

Eine Gefahr für das Gebiet sind die Verschlammungen im Altwasser. Es muß eine Möglichkeit gefunden werden, sie ohne Schaden für die Lebewelt zu beseitigen.

W. Kramer

Eckenfels

Landkreis: Ortenaukreis
Gemeinde: Stadt Oppenau
Gemarkung: Lierbach
Naturraum: Nördlicher Talschwarzwald
Geschützt seit 1997
Größe: 32 Hektar
Top.Karte: 7515 Oppenau

Beim Eckenfelsen handelt es sich um ein imposantes, langgestrecktes Felsmassiv aus Vulkaniten des Rotliegenden (Quarzporphyr). Das Naturschutzgebiet umfaßt darüber hinaus die dazugehörenden Blockschutthalden und umgebende Wälder. Es liegt nordöstlich von Oppenau in einer Höhe zwischen 430 und 655 m ü. NN.

In den tieferen Felsspalten können noch einzelne knorrige Trauben-Eichen und Wald-Kiefern wurzeln, außerdem Mehl- und Vogelbeere, in den senkrechten Wänden oder auf den Felsköpfen mit ihren engen Klüften auch Gewöhnliche Felsenbirnen. Bei etwas mehr Bodenauftrag wachsen an lichten Stellen z.B. Draht-Schmiele (*Deschampsia flexuosa*) oder Salbei-Gamander (*Teucrium scorodonia*), im Schatten Farne wie der Nordische Strichfarn (*Asplenium septentrionale*). Die nackte Felsoberfläche wie auch die Steine im Zentrum der Blockhalden sind häufig mit verschiedenen Flechten überzogen.

Die lichten Wälder mit dominierender Trauben-Eiche unterhalb der Blockhalden wurden bis vor etwa 50 Jahren als Schälwälder zur Gewinnung der Eichenrinde als Gerberlohe genutzt. Sie wurden in kürzeren Abständen (10 bis 20 Jahre) abschnittsweise immer wieder auf den Stock gesetzt, dann ließ man die Stockausschläge wieder aufwachsen. Man bezeichnet dies als Niederwaldbetrieb. Vor allem die Trauben-Eiche wurde damit gegenüber nicht bzw.

220 Das Quarzporphyr-Massiv des Eckenfelsens.

kaum stockausschlagfähigen Baumarten wie der Tanne bzw. der Rotbuche gefördert. Die Artenzusammensetzung dieses Waldes hat sich bis heute im großen und ganzen erhalten. Erste eindringende Tannen deuten jedoch bereits darauf hin, daß der ohne Zutun des Menschen sich einstellende Wald hier ein Tannen-Buchenwald wäre, wie er in anderen Teilen des Naturschutzgebiets und auch in dessen Umgebung vorherrscht. Arten der Krautschicht im Traubeneichenwald sind z.B. Wiesen-Wachtelweizen (*Melampyrum pratense*), Doldiges und Wald-Habichtskraut (*Hieracium umbellatum* und *H. sylvaticum*), Arten, die es gern etwas sonniger lieben. In den Tannen-Buchenwäldern kommen dagegen eher schattenertragende Arten wie Wald-Frauenfarn (*Athyrium filix-femina*), Rippenfarn (*Blechnum spicant*), Wald-Hainsimse (*Luzula sylvatica*) und Wald-Sauerklee (*Oxalis acetosella*) vor.

Auch in der Tierwelt der Traubeneichenwälder finden sich lichtliebende Arten, so z.B. Kreuzotter und Schlingnatter. Die Kreuzotter ist im Schwarzwald inzwischen vom Aussterben bedroht und verdient deshalb erhöhten Schutz. Sie ist im Gegensatz zur Schlingnatter zwar giftig, kann dem Menschen aber kaum einmal gefährlich werden, weil sie sich normalerweise rechtzeitig vor ihm zurückzieht.

Das Vorkommen lichtliebender, z.T. seltener Tier- und Pflanzenarten ist neben der Bedeutung als Überbleibsel einer historischen Nutzungsform der Grund für den hohen Naturschutzwert des Traubeneichenwaldes. Ein weiterer wesentlicher Schutzzweck ist die Erhaltung des Felsmassivs und der Blockhalden u.a. für mehrere dort brütende Vogelarten.

Das Felsmassiv wird bereits seit langem beklettert. Um Ausuferungen des Klettersports begegnen zu können, wurden in der Schutzgebietsverordnung u.a. sowohl räumliche als auch zeitliche Einschränkungen ausgesprochen. Auch dürfen Gleitschirme oder Drachen nicht benutzt werden.

Um die schützenswerten Waldbilder zu erhalten, ist außerdem die Neuanlage von Douglasien- oder Fichtenbeständen verboten.

W. Kramer

Glaswaldsee

Landkreise: Ortenaukreis, Freudenstadt
Gemeinden: Bad Peterstal-Griesbach, Bad Rippoldsau-Schapbach
Gemarkungen: Bad Peterstal, Schapbach
Naturraum: Nördlicher Talschwarzwald/ Mittlerer Schwarzwald
Geschützt seit 1960
Größe: 124,3 Hektar
Top. Karte: 7515 Oppenau

Das Naturschutzgebiet »Glaswaldsee« liegt zwischen den Orten Bad Peterstal und Bad Rippoldsau innerhalb der Regierungsbezirke Freiburg und Karlsruhe. Der westliche Teil gehört zur Region Südlicher Oberrhein, der größere Ostteil mit dem eigentlichen See zur Region Nordschwarzwald.

Der Glaswaldsee ist der südlichste Karsee des nördlichen Schwarzwaldes. Kare sind Bildungen der letzten Eiszeit: Kleine Hängegletscher formten durch ihr langsames Abfließen die Hohlnischen der Kare mit ihren steilen Rück- und Seitenwänden, einem flachen Karboden und einem meist aus Moränenmaterial aufgebauten Karriegel. Dieser staute das in der Nacheiszeit abfließende Schmelzwasser zu Karseen auf. So entstand auch der Glaswaldsee. Er liegt im Bereich des mittleren Buntsandsteins, der zu extrem nährstoffarmen Sanden verwittert. Im Nordschwarzwald gab es früher rund 40 Karseen, die aber zum größten Teil verlandeten oder ausbrachen. Heute sind nur noch Mummelsee, Wildsee, Schurmsee, Huzenbacher See, Herrenwieser See, Ellbachsee, Buhlbachsee und Glaswaldsee erhalten.

Namensgebend für den Glaswaldsee war der ihn umgebende Wald, dessen Holz einst in den Glashütten Verwendung fand. Um das Wasser zum Flößen zu nützen, wurde der See durch eine Staumauer mit eingebauter Schleuse aufgestaut. Der See wurde im 17. Jahrhundert von Johann Jakob Mentzinger folgendermaßen beschrieben: ».. dass das Wasser nit lauter, sondern bestendig Laugenfarben, und der See gleichsam schwartz aussiehet. Und eben deßwegen, weil es ein faules, verlegnes wasser, wirt auch kein fisch darinnen gefunden, und da man etwan gesunde fisch darein zu tun probi-

221 Blick auf den Glaswaldsee im Nordschwarzwald.

ren wollen, sind solche alsobald umgefallen und verdorben. ...« (GÖLLER 1937). Im Jahre 1898 führte eine Messung zu einer mittleren Wassertiefe von vier Meter, die größte Tiefe wurde mit elf Meter festgestellt. Im Vergleich zu den übrigen Karseen des Schwarzwaldes ist der Glaswaldsee somit relativ flach; er war vermutlich einst viel tiefer und büßte durch Einstürze von oben und Schlammanhäufung auf dem Seegrund immer mehr von seiner Tiefe ein. Im Jahr 1743 erfolgte ein gewaltiger Dammbruch, der im Seebachtal große Verheerungen anrichtete und Brücken und Wege zerstörte (GÖLLER 1937).

Über den »Glaswaldsee« gibt es mehrere Sagen, die die einzigartige Schönheit, Wildheit und Unberührtheit wiedergeben. So erzählt man Geschichten von einer Seenixe mit einer goldenen Leier sowie einem Seemännlein als gutem Geist des Seebenhofes, der nach tragischen Geschehnissen für immer in den Fluten des Sees verschwand. Die Sagen spiegeln die melancholische Stimmung des Sees mit seiner düsteren Umgebung und seinem dunklen Wasser wider.

Auf den Karwänden wachsen teilweise noch sehr ursprüngliche Wälder. An den nicht zu steilen Hängen findet man den artenarmen Hainsimsen-Fichten-Tannenwald. Die Baumschicht setzt sich aus Tanne, Fichte, Buche und Vogelbeere zusammen. Die artenarme Bodenvegetation weist typische Säurezeiger auf und wird von der Wald-Hainsimse (*Luzula sylvatica*), der Weißen Hainsimse (*Luzula luzuloides*) und der Drahtschmiele (*Avenella flexuosa*) dominiert. An den sehr steilen, teilweise felsigen Karwänden herrscht der Echte Fichtenwald vor. Die Hauptbaumart Fichte wird von der Weißtanne und der Kiefer begleitet, in der meist lückigen Strauchschicht ist vereinzelt die Vogelbeere, die Himbeere oder auch der Faulbaum zu finden. An feuchten Hängen ist der Boden von einer artenreichen Moosschicht mit dem Peitschenmoos (*Bazzania trilobata*) bedeckt. Im Übergang zum Tannen-Buchenwald gesellen sich noch Wald-Hainsimse, Wald-Sauerklee (*Oxalis acetosella*), Rippenfarn (*Blechnum spicant*) und Preiselbeere (*Vaccinium vitis-idaea*) hinzu. Auf den teilweise überrieselten Felsen und Steinblöcken der Karwände haben sich artenreiche Moos- und Flechtengesellschaften angesiedelt. Auf der Buntsandsteinhochfläche steht ein Kiefern-Tannenmischwald mit der Preiselbeere und der Kranzmoosart *Rhytidiadelphus loreus*.

Der Glaswaldsee wurde 1960 wegen seiner geologischen Besonderheit, wegen der für den Schwarzwald typischen Bestockung der Karwände, wegen der artenreichen Moos- und Flechtengesellschaften und wegen seiner Unberührtheit unter Naturschutz gestellt.

Die frühere Abgeschiedenheit, die ihm auch den Namen Wildsee verlieh, ist jedoch heute nicht mehr gegeben. Der See ist Ziel zahlreicher Besucher, der ursprüngliche Charakter wird durch Nichtbeachtung der Naturschutzgebietsverordnung stark beeinträchtigt. Bitte folgen Sie deshalb den an Informationstafeln angebrachten Verhaltensregeln im Naturschutzgebiet, um die Schönheit des Glaswaldsees zu erhalten.

Besucherhinweis: Der See ist am besten vom Wanderparkplatz am Ende des Seebachtales zu erreichen. Von dort aus laufen Sie noch – je nach Kondition! – ca. eine halbe Stunde bergauf. Festes Schuhwerk wird empfohlen, da das letzte Teilstück über Wurzeln und Steine führt. Vom See aus schlängelt sich ein Wanderweg mit schönen Ausblicken auf die Karwand hinauf zur Buntsandsteinhochfläche.

B. Hüttl

Gottschlägtal-Karlsruher Grat

Landkreis: Ortenaukreis
Gemeinde und Gemarkung: Ottenhöfen
Naturraum: Nördlicher Talschwarzwald
Geschützt seit 1975
Größe: 154 Hektar
Top. Karte: 7415 Seebach

Dieses geologisch und landschaftlich einmalige Schutzgebiet liegt zwischen Ottenhöfen und dem Ruhestein auf einer Höhe von 400 m ü. NN im Westen bis auf 830 m ü. NN im Osten. Es umfaßt die wilde Schlucht des »Gottschlägtals« und den zerklüfteten Fels-

222 Hinter dem tiefen Taleinschnitt des Gottschlägtals ragt der felsige Porphyrrücken des Karlsruher Grates empor.

kamm des »Karlsruher Grats«. Der Grat verläuft auf einem Porphyrstock, der entstand, als im Erdaltertum Magma in eine vier Kilometer lange und 750 m breite Gesteinsspalte eindrang und erkaltete. Durch Erosion des umgebenden Gesteins wurde der widerstandsfähigere, härtere Porphyr als markanter Grat herausgebildet.

Die Boden- und Klimaverhältnisse sind an der Nord- bzw. Südseite des Grats sehr unterschiedlich. Dementsprechend findet man auch verschiedenste Pflanzen- und Tierarten.

Der größte Teil des Gebiets ist mit forstwirtschaftlich geprägten Wäldern aus Fichte, Tanne, Douglasie, Buche und Bergahorn bestockt. Am Südhang des Karlsruher Grats befinden sich dagegen lichte und vielgestaltige Waldbestände mit Buchen, Eichen, Kiefern und Eßkastanien, die schon lange nicht mehr bewirtschaftet werden. Die waldfreien Felsbereiche und die Geröllhalden stellen besonders wertvolle, seltene Biotope dar. Hier sind nur Pflanzenarten anzutreffen, die mit der geringen Bodenauflage, der teilweise extremen Trockenheit und den starken Temperaturschwankungen leben können. Hierzu gehören z.B. Felsenbirne (*Amelanchier ovalis*), Heidekraut (*Calluna vulgaris*) oder Schafschwingel (*Festuca ovina*).

Am Gottschlägbach mit seinen bis zu acht Meter hohen Wasserfällen sticht hingegen der Reichtum an Farnen und Moosen ins Auge. Hier liegt auch das sagenumwobene »Edelfrauengrab«, eine natürliche Auskolkungshöhle.

Besucherhinweis: Der ausgeschilderte Hauptweg durch das Gebiet geht von Ottenhöfen (Edelfrauengrab) zum Bosensteiner Eck hinauf. Über den Grat führt daneben ein reizvoller Felsenweg. Seine Begehung erfordert aber besonders bei Nässe Vorsicht und Trittsicherheit. Das Felsenklettern ist im Schutzgebiet nur an einer Stelle, dem »Eichhaldenfirst«, erlaubt.

A. Ostermann

Hinterwörth-Laast

Landkreis: Ortenaukreis
Gemeinde: Stadt Rheinau
Gemarkungen: Freistett, Helmlingen, Memprechtshofen
Naturraum: Offenburger Rheinebene
Geschützt seit 1992
Größe: 82 Hektar
Top. Karte: 7312/7313 Rheinau

Das aus zwei Teilen bestehende Naturschutzgebiet »Hinterwörth-Laast« liegt westlich der Ortschaft Memprechtshofen in etwa 125 m ü.NN in einer von Rhein und Rench gemeinsam gebildeten Niederung zwischen Niederterrassenplatten. Hier sind rezente Ablagerungen beider Flußsysteme miteinander verzahnt. Das Gebiet ist geprägt durch hochstehendes Grundwasser, das im Verlauf ehemaliger Flußschlingen – z.B. am Südrand des Teilgebiets »Hinterwörth« – und in anderen Geländesenken als stehendes oder langsam fließendes Gewässer zutage tritt. Seit Inbetriebnahme der Staustufe Iffezheim im Jahre 1977 ist der Grundwasser-

223 Die Felsenbirne (*Amelanchier ovalis*), eine charakteristische Pflanze an felsigen, trockenen Standorten des NSG »Gottschlägtal-Karlsruher Grat«.

224 Großseggenreicher Erlenbruchwald.

stand nach einer zwischenzeitlichen Absenkung wieder gestiegen, so daß Teile des Gebiets bei Hochwasser der Flüsse durch Druckwasser höher und länger unter Wasser stehen. Ein größeres Gewässer stellt das »Hellewasser« am Nordrand des Gebiets dar.

Der weitaus überwiegende Teil des Naturschutzgebiets ist bewaldet. Den aus Naturschutzsicht wertvollsten Wald stellt dabei der Erlenbruchwald im südlichen Teilgebiet »Laast« dar. Er stockt dort in einer nassen Randsenke der Rheinniederung, deren Grenze zur Niederterrasse hier durch einen etwa fünf Meter hohen Geländesprung, das sogenannte Hochgestade, deutlich sichtbar wird. Er ist einer der ganz wenigen ursprünglichen Erlenbruchwälder der Oberrheinniederung. Charakteristische Arten sind neben der Schwarz-Erle die hier wild wachsende Schwarze Johannisbeere (*Ribes nigrum*), die Walzen-Segge (*Carex elongata*) oder der Sumpf-Lappenfarn (*Thelypteris palustris*), außerdem Großseggen wie Steif- und Sumpf-Segge (*Carex elata* und *C. acutiformis*). Der Erlenbruchwald profitiert von der stagnierenden Nässe und den länger anhaltenden Überflutungen. Im nördlichen Teil haben sich – nicht in der Randsenke gelegen – aufgrund des gestiegenen Grundwasserstandes weitere Erlenwälder entwickelt, die jedoch erst einen Teil der charakteristischen Artengarnitur besitzen.

Auf etwas weniger nassen Standorten finden sich Erlen-Eschenwälder. Eichen- und eschenreiche Bestände im nördlichen Teilgebiet haben mit ihren alten, dickborkigen Eichen große Bedeutung für den stark gefährdeten Mittelspecht. Außerdem bieten sie verschiedenen Greifvogelarten sowie dem Schwarzspecht Brutmöglichkeiten. In der Krautschicht kommen z.B. der Zweiblättrige Blaustern (*Scilla bifolia*) und die windende Schmerwurz (*Tamus communis*), der einzige einheimische Vertreter der vorwiegend tropischen Familie der Dioscoreaceen, vor.

Ein größerer Teil der Wälder ist hauptsächlich aus Baumarten wie Berg- und Spitz-Ahorn oder Hybridpappel aufgebaut, Gehölze, die erst in jüngster Zeit von den Forstleuten in viel

225 Blaustern (*Scilla bifolia*) im Erlen-Eschenwald; die eingekerbten Blätter rechts gehören zur Gundelrebe (*Glechoma hederacea*), die herzförmigen Blätter links zum Scharbockskraut (*Ficaria verna*).

stärkerem Umfang als früher bzw. sogar erstmalig eingebracht wurden. Die Krautschicht zeigt jedoch noch Arten, die bereits für die feuchten Böden des ursprünglichen Auewaldes charakteristisch waren, so z.B. den Bär-Lauch (*Allium ursinum*), der bei massivem Auftreten die Luft mit seinem markanten Lauchgeruch erfüllt.

Ein paar eingestreute Schilfröhrichte sowie Wiesen, darunter auch eine artenreiche Streuwiese mit dem gelbblühenden Sumpf-Greiskraut (*Senecio paludosus*), der Kümmel-Silge (*Selinum carvifolia*) – einem Doldengewächs – und der Gelben Wiesenraute (*Thalictrum flavum*), bei deren Blüten anstelle der bald abfallenden Blütenhüllblätter die zahlreichen, langen, gelb gefärbten Staubblätter besonders ins Auge fallen.

Das bereits erwähnte Hellewasser führt in seinem westlichen Teil klares Wasser und weist hier eine artenreiche Wasserpflanzengesellschaft auf, deren charakteristische Vertreter die Gelbe Teichrose (*Nuphar lutea*), das gefährdete Quirlblütige Tausendblatt (*Myriophyllum verticillatum*) mit kammförmig zerteilten Unterwasserblättern und der Tannenwedel (*Hippuris vulgaris*) sind. Der Ostabschnitt ist dagegen an Klarwasserarten verarmt, da dort bei Rückstau der Rench verschmutztes Renchwasser eindringen kann. Häufigste Art ist hier das Rauhe Hornblatt (*Ceratophyllum demersum*), ebenfalls mit kammförmig zerteilten Unterwasserblättern.

Der aus dem Teilgebiet Laast nach Westen ziehende Graben weist einen großen Bestand der Wasserfeder (*Hottonia palustris*) auf, einem Schlüsselblumengewächs mit auffallenden, großen, hellrosa Blüten.

Das Artenspektrum der Vögel ist – bedingt durch die unterschiedlichen Vegetationstypen – breit. Brutvögel der Wälder sind z.B. mehrere Greifvogelarten, Schwarz- und Mittelspecht oder der Pirol, bei dem das Männchen leuchtend goldgelb gefärbt ist, was in Mitteleuropa fremd anmutet. Kein Wunder, leben doch die Vettern unseres Pirols in den Tropen! Auch der Eisvogel, der »fliegende Edelstein«, mit seinem metallisch schimmernden Gefieder, hat eine tropische Verwandtschaft. Er hält sich im Gebiet regelmäßig zur Nahrungssuche auf. In Gebüschen an den Waldrändern oder am Hellewasser brüten Turteltaube und Sumpfrohrsänger, im Schilf Teichrohrsänger und Rohrammer. Auf dem Hellewasser zieht der Zwergtaucher seine Jungen auf.

Die Gewässer, allen voran das Hellewasser, bieten die besten Voraussetzungen für eine große Artenvielfalt bei den Libellen. Es sind ganz überwiegend Arten, die an stehenden Gewässern vorkommen. Besonders erwähnenswert sind die Kleine Mosaikjungfer (*Brachytron pratense*), die Feuerlibelle (*Crocothemis erythraea*) und der Spitzenfleck (*Libellula fulva*).

Wesentlicher Schutzzweck ist die Erhaltung der Altwässer, Wälder und ökologisch wertvollen Grünlandformen im Verzahnungsbereich zwischen den Auen des Rheins und der Rench mit ihren vielfältigen Tier- und Pflanzenge-

226 Frisch geschlüpfte Kleine Mosaikjungfer (*Brachytron pratense*); die Art bevorzugt stehende Gewässer mit schilfreichen Ufern in den Flußauen des NSG »Hinterwörth-Laast«.

meinschaften und den dort vorkommenden, z. T. seltenen und gefährdeten Arten, von denen die Libellen besonders hervorzuheben sind.

Für die besonders trittempfindlichen Schilfröhrichte und die Streuwiese wurde in der Schutzgebietsverordnung ein Betretungsverbot ausgesprochen. Zur Schonung des Schilfs und der dort brütenden Vögel wurden einschränkende Regelungen für die Jagd getroffen. Dies betrifft auch die jährlich dort durchgeführten Jagdhundeprüfungen. Ebenso wurden das Ankirren von Enten sowie die Jagd auf dem Entenstrich untersagt.

Um die Erlenbruchwälder und die Erlen-Eschenbestände zu erhalten, wurden Hiebsbeschränkungen ausgesprochen. Um einer Überfremdung der Wälder zu begegnen, wurde das Einbringen von Hybridpappeln, Berg- und Spitzahorn eingeschränkt bzw. ganz untersagt.

Außerdem ist darauf zu achten, daß die alten Eichen wegen ihrer Bedeutung für den Mittelspecht möglichst lang erhalten werden. Die besten Siedlungsgebiete dieser Art am südlichen Oberrhein gehören sehr wahrscheinlich zu den Gebieten mit den höchsten Siedlungsdichten in Baden-Württemberg.

Es stehen noch einige Maßnahmen zur Verbesserung des Ostteils des Hellewassers und zur Verhinderung übermäßiger Verlandung im Altwasser am Südrand des Teilgebiets Hinterwörth aus. Außerdem sind noch Verbesserungen entlang des Hellewassers zur Verhinderung von Dünger- und Biozideintrag durchzuführen.

W. Kramer

Hoher Geisberg

Landkreis: Ortenaukreis
Gemeinde: Schweighausen
Gemarkung: Schweighausen
Naturraum: Mittlerer Schwarzwald
Geschützt seit 1940 (geändert 1994)
Größe: 21 Hektar
Top. Karte: 7713 Schuttertal

Nordöstlich von Schweighausen im Mittleren Schwarzwald erhebt sich der Hohe Geisberg, im Volksmund kurz »die hohe Geis« genannt, bis in eine Höhe von 726 m ü. NN. Der heute eher unauffällige Berg ist nach dem unweit gelegenen Hünersedel die zweithöchste Erhebung in diesem Teil des Schwarzwaldes. Seine im wahrsten Sinne herausragende Lage verdankt der Hohe Geisberg dem vergleichsweise verwitterungsbeständigen Untergrund. Vor ca. 240 Millionen Jahren, im Zeitalter des sogenannten Rotliegenden, waren größere Vulkane in der Gegend tätig, die ihr Magma über das Gneisgestein des damaligen Schwarzwaldes ergossen. Als das vulkanische Material erstarrte, entstand an der Stelle des heutigen Hohen Geisbergs ein massiver Porphyrstock. Er bildet zusammen mit dem Hünersedel das Zentrum der stark zerfurchten Landschaft im westlichen Teil des Mittleren Schwarzwaldes (»Hünersedelplatte«).

Das 21 ha umfassende Natuschutzgebiet »Hoher Geisberg« befindet sich auf den nach

227 Niederwaldreste auf Porphyrschutt im NSG »Hoher Geisberg«.

Süden und Westen gerichteten Hängen des Berges. Während die Hochfläche um 720 m ü. NN ausgedehnte Fichtenwälder trägt, werden die steilen Hänge des Porphyrstockes von Laubwäldern und Niederwaldresten bedeckt. Früher muß der Hohe Geisberg jedoch ein ganz anderes Bild geboten haben: Der Berg war wahrscheinlich von Weide- und Ackerland überzogen; wie im gesamten Mittleren Schwarzwald wurde auch hier die Reutbergwirtschaft betrieben. Dabei schlugen die Bauern den in Jahren aufgewachsenen Niederwald ab, verbrannten das Holz und bewirtschafteten die Flächen kurzzeitig als Acker. Durchwachsende Reste dieser Niederwälder sind bis heute im Naturschutzgebiet erhalten, wenn auch die altertümliche Wechselwirtschaft längst aufgegeben wurde.

Meist handelt es sich um einen artenreichen Laubwald, in dem unter dem lichten Schirm hochgewachsener Birken und Trauben-Eichen zahlreiche Haselsträucher gedeihen. Diese sind teilweise zu vielschäftigen, übermannshohen Büschen herangewachsen. Der Boden ist über und über mit moosbewachsenen Porphyrsteinen bedeckt. Die Trauben-Eiche erreicht am Hohen Geisberg eine außergewöhnliche Höhe. Das ist der relativen Klimagunst des Berges zu verdanken, der sich noch im ausklingenden Einflußbereich der warmen, kaum 15 km entfernten Oberrheinebene befindet. Zwar machen Birke und Trauben-Eiche den Hauptteil der Baumschicht aus, abschnittsweise sind jedoch auch andere Baumarten am Aufbau des Laubwaldes beteiligt. Zu Zeiten der Reutbergwirtschaft wurde ein solcher, oft beweideter (Nieder-)Wald alle 15 bis 25 Jahre geschlagen, die Eichenrinde von den Stämmen abgeschält und als Gerberlohe verwendet. Heute sind die durchweg sehr steinigen Flächen seit langer Zeit ungenutzt. Neben der Eiche und der Birke haben sich auch Bergahorn, Esche, Vogelkirsche, Hainbuche und Eberesche eingestellt. Besonders erwähnenswert am Hohen Geisberg sind die Vorkommen von Mehlbeere und Stechpalme; manche sind zu beeindruckenden Exemplaren herangewachsen. Unter dem etwas lückigen Kronendach der Laubbäume sind neben der Hasel noch Sal-Weide, Eingriffeliger Weißdorn, Zitter-Pappel und Roter Hartriegel in der Strauchschicht vertreten.

Aufkommende Buchen in dem strukturreichen Laubwald zeigen eine langsame Entwicklung zu einem standortgemäßen Buchenwald an. Am Hohen Geisberg kommen überwiegend Buchen vor; die für den montanen Bereich des Schwarzwaldes typische Tanne fehlt. Da der Boden wegen des Basenreichtums des Porphyrs recht gut mit Nährstoffen versorgt ist, wachsen hier einige anspruchsvolle Buchenwald-Arten, die man eher auf kalkreichen Böden erwartet: Seidelbast (*Daphne mezereum*), Vielblütige Weißwurz (*Polygonatum multiflorum*), Aronstab (*Arum maculatum*), Einbeere (*Paris quadrifolia*) und Waldmeister (*Galium odoratum*).

Eine Besonderheit des Naturschutzgebiets »Hoher Geisberg« stellen die offenen Flächen mit Gesteinsschutt dar. Aufgrund seiner Schichtstruktur verwittert der Porphyrstock an seiner Oberfläche in Platten. Der rotviolette Porphyrschutt überdeckt ganze Hänge und bildet feinerdearme, sich noch in Bewegung befindliche Steinrasseln. Hier findet man auch kleinere Achatknollen, die früher gesammelt und zu Edelsteinen geschliffen wurden; heute ist das Sammeln solcher Knollen aufgrund der Naturschutzverordnung verboten. In dem beweglichen Material wachsen Bäume nur schwer. Daher bedeckt lockeres Haselgebüsch (»Haselbosch«) die Steinrasseln. Unter dem Schirm der ausladenden Sträucher ist der aus Porphyrplatten bestehende Boden dicht mit Moosen überzogen. Da sich die Halden im Sonnenschein stark aufheizen, finden sich nur spärlich Kräuter wie Wald-Sanikel (*Sanicula europaea*), Wald-Erdbeere (*Fragaria vesca*) oder Salbei-Gamander (*Teucrium scorodonia*). Vom Rand der Rasseln schieben sich oft Brombeerranken auf die freien Plätze vor. Die heißesten Stellen sind vollkommen ohne höhere Pflanzen, dort sind die Porphyrplatten nur mit trockenresistenten Krustenflechten bewachsen.

Große Teile des Hohen Geisbergs außerhalb des Naturschutzgebiets sind mit Nadelwald bestockt. Selbst seit der Errichtung des Naturschutzgebiets im Jahre 1940 wurden einzelne Flächen im geschützten Gebiet, vor allem an den Südhängen, mit Fichte und der an solchen Standorten gut wachsenden Douglasie aufgeforstet. Dadurch wurde der Zusammenhang der reizvollen und ökologisch wertvollen Niederwälder und Haselgebüsche zerstört. Damit einher ging eine empfindliche Beeinträchtigung des Landschaftsbildes. Die früher für den Mittleren Schwarzwald so typischen Weidfelder, die aus einer mit Besenginster durchsetzten Magerrasenvegetation bestanden, sind durch Anpflanzung von Nadelwäldern verschwunden. Außerhalb des eigentlichen Schutzgebiets ist jedoch eine größere Besenginsterweide am Nordhang des Hohen Geisbergs erhalten. Um der schleichenden Entwertung des Schutzgebiets begegnen zu können, wurde 1994 die NSG-Verordnung erneuert und die Abgrenzung den aktuellen Verhältnissen angepaßt. *P. Lutz*

Hornisgrinde-Biberkessel

Landkreis: Ortenaukreis
Gemeinden: Sasbach, Sasbachwalden
Gemarkungen: Obersasbach, Sasbachwalden
Naturraum: Grindenschwarzwald und Enzhöhen
Geschützt 1992
Größe: 95 Hektar
Top. Karte: 7315 Bühlertal

Das Naturschutzgebiet »Hornisgrinde-Biberkessel« liegt im äußersten Nordosten des Regierungsbezirks und bildet zusammen mit dem unmittelbar angrenzenden Schutzgebiet »Wilder See-Hornisgrinde« (im Regierungsbezirk Karlsruhe gelegen) einen wichtigen Baustein des Schutzgebietssystems im Grindenschwarzwald.

Die Hornisgrinde selbst, mit 1163 m ü. NN die höchste Erhebung des Nordschwarzwaldes, ist vom Rheintal aus imposant anzusehen und wäre auch ohne die militärischen Bauten und den Sendeturm am markanten »Sargdeckel-Profil« erkennbar. Dies ist eine typische Verwitterungsform für die aus Buntsandstein aufgebauten Höhenrücken im nördlichen Schwarzwald. Die Buntsandstein-Schichten sind bei der Hornisgrinde etwa 250 Meter mächtig. Der nicht ganz zwei Kilometer lange

228 Grinden-Vegetation mit Rasenbinsen-Hochmoor (Eriophoro-Trichophoretum cespitosi) und Rasenbinsen-Feuchtheide (Sphagno compacti-Trichophoretum germanici). Die teilweise wassergefüllten Erosionsrinnen (»Torfschlammschlenken«) gehen zum Teil auf menschliche Tätigkeiten zurück, sind aber auch als natürlicher Alterungsprozeß zu verstehen. Nach dem Ende der landwirtschaftlichen Nutzung konnten sich Gehölze ausbreiten, wie hier Moor-Birke, Fichte und Berg-Kiefer.

Hornisgrinderücken fällt in alle Richtungen steil ab; im Süden, Osten und Nordosten sind Kare ausgebildet. Die eindrucksvollste Karbildung – wohl des gesamten Nordschwarzwaldes – ist dabei der Biberkessel, genauer gesagt der Kleine und der Große Biberkessel, auf der Ostseite der Hornisgrinde.

Das Klima ist durch eine Jahresmitteltemperatur von nur etwa 5 °C und ausgesprochen hohe Niederschläge von über 2000 mm jährlich gekennzeichnet.

Das Naturschutzgebiet Hornisgrinde-Biberkessel läßt sich in drei Teile gliedern: die Hochfläche mit ihrer Grindenvegetation, die Karwand und die Karböden mit den angrenzenden Wäldern.

Die Hochfläche präsentiert sich als weitgehend offene, d.h. gehölzarme Landschaft mit großflächigen Vermoorungen. Im Volksmund werden die Grindenflächen auch »Bockserflächen« genannt, nach dem vorherrschenden »Bocksergras«, der Rasenbinse (*Trichophorum cespitosum*). Die Entstehung der Grinden geht zum größten Teil, wenn auch nicht ausschließlich, auf die Tätigkeit des Menschen zurück: Mittelalterliche Brandrodungen zur Schaffung von Weideland, zeitweise intensive Beweidung sowie die klimatischen Verhältnisse und die daraus resultierenden Bodenbildungsprozesse führten zu Vernässungen und Vermoorungen. Das große Hochmoor auf dem Südgipfel der Hornisgrinde jedoch ist von Natur aus waldfrei. Die bis zu fünf Meter mächtigen Torfschichten werden auf ein Alter von mindestens 6000 Jahren geschätzt. Damit gehört dieses Plateaumoor zu den größten des Nordschwarzwaldes.

Auf den kargen Böden über Buntsandstein gedeiht keine üppige und vielfältige Vegetation. Dennoch besitzen auch die Grinden ihre landschaftlichen Reize, zum Beispiel im Spätsommer: Die Bockserflächen bieten dann, wenn sich die Triebe der Rasenbinse rostrot verfärben, einen prächtigen Anblick.

Die Grindenvegetation setzt sich in erster Linie zusammen aus Hochmoor und Feuchtheide. Das Rasenbinsen-Hochmoor, das auf der Hornisgrinde im Gegensatz zu den anderen Grinden des Nordschwarzwaldes große Flächen einnimmt, wächst auf tiefgründigen Torfböden. Neben dem Bocksergras fällt vor allem das Scheidige Wollgras (*Eriophorum vaginatum*) auf, dessen weiß behaarte Fruchtstände sich im Frühjahr von der braun-grauen Umgebung deutlich abheben. Auf etwas trockeneren Standorten geht das Hochmoor in die Rasenbinse-Feuchtheide (Moorheide) über. Hier treten die typischen Moorarten wie Wollgras oder Moosbeere (*Vaccinium oxycoccos*) nicht mehr auf, wohl aber noch verschiedene Torfmoosarten. Das Heidekraut (*Calluna vulgaris*), das Pfeifengras (*Molinia caerulea*) und auch das Borstgras (*Nardus stricta*) sind stete Begleiter. Die Rasenbinse ist mit einer Unterart vertreten, die im Nordschwarzwald die Südgrenze ihrer Verbreitung erreicht. Eine weitere floristische Besonderheit des Nordens erreicht gerade noch die Grinden: die Schwarze Krähenbeere (*Empetrum nigrum* ssp. *nigrum*).

Landschaftsprägend sind vor allem aber die Legföhren-Gebüsche bzw. das Bergkiefern-Hochmoor. Sie leiten bereits über zu den Fichtenwäldern der Biberkessel-Karwand.

Obwohl die Vegetation der Grinden nur ein kärgliches Futtermittel abgab, waren die Hochflächen früher bei den Landwirten begehrt. Nachdem zu Beginn dieses Jahrhunderts die Beweidung mehr oder weniger eingestellt wurde, mähten die Bauern aus der Acherner Gegend die Grinden in mühsamer Handarbeit in erster Linie zur Streunutzung. Selbst auf der abgelegenen Hornisgrinde wurden dabei Meliorationen versucht, wie an mehreren Gräben, die heute noch erkennbar sind, abzulesen ist. Gelegentlich wurde auch Torf gestochen. Darüber hinaus werden auch natürliche Alterungsprozesse der Moorheiden vermutet. Alles zusammen ist wohl die Ursache für die Erosionskomplexe in der Nähe des sogenannten »Alten Turms«, die treffend als »Torfschlammschlenken« bezeichnet werden. Die regelmäßige Nutzung bewirkte, daß die gesamte Hochfläche nahezu gehölzfrei war, so daß alte Schilderungen von einem »urtümlichen Eiszeitcharakter« sprechen.

Diese Nutzung endete abrupt nach dem Zweiten Weltkrieg, als die Hornisgrinde-Hochfläche militärisches Sperrgebiet wurde. Noch bis 1996 war eine knapp 20 Hektar große Fläche auf dem Südgipfel gesperrt, so daß man diesen Bereich auch bei der Ausweisung des Naturschutzgebiets im Jahr 1992 aussparte. Nun soll aber das Naturschutzgebiet um diese Fläche erweitert werden, um zukünftig das gesamte Gipfelplateau zu schützen. Dies stellt die Naturschutzverwaltung vor neue Aufgaben, denn Besucherlenkung und Pflegemaßnahmen sind dringend erforderlich.

Denkbar groß ist der Übergang von der Hochfläche in das Biberkessel-Kar. Die imposante, etwa 130 Meter hohe Karwand mit ihren mächtigen Felsbildungen aus Buntsandstein birgt eine gänzlich andere Vegetation, die vom Menschen (nahezu) unbeeinflußt ist. Man fühlt sich hier in eine Urlandschaft versetzt. Neben subalpinen Hochstaudenfluren und Gebüschen in Lawinenbahnen finden sich Felsspalten- und Quellflurvegetation, kleine Vermoorungen und (echte) Fichtenwälder auf engem Raum nebeneinander. Die prächtigen Hochstauden Alpendost (*Adenostyles alliariae*) und Alpen-Milchlattich (*Cicerbita alpina*), der im Nordschwarzwald extrem selten ist, stehen dabei im Gegensatz zu kleinwüchsigen Farnen, beispielsweise dem Grünen Strichfarn (*Asplenium viride*), der eigentlich nur aus Kalkgebieten bekannt ist. Eine besondere Kostbarkeit des Biberkessels ist der Stern-Steinbrech (*Saxifraga stellaris*), der sonst nur noch an einer weiteren Stelle im Nordschwarzwald wächst. Auffallend ist auch der Moos- und Flechtenreichtum auf Bäumen und Felsen, der durch das ganzjährig kühle und luftfeuchte Klima zu erklären ist.

Nochmals ein anderes Bild bieten die Karböden. Während der Kargrund des südlich gelegenen Großen Biberkessels bewaldet ist, ist der nördliche Teil im Kleinen Biberkessel weitgehend vermoort. Der Große Biberkessel beeindruckt durch seine Karwand, der Kleine Biberkessel, der durch mehrere Moränen in sich gestaffelt ist, zeigt vor allem hier seine

Reize. Neben einem schon vor längerer Zeit verlandeten (»blinden«) See liegt ein kleiner Restsee, dessen Schicksal ebenfalls schon absehbar ist. Die Verlandungszonen werden in der Hauptsache von einem Rasenbinsen-Hochmoor, das schon von der Hochfläche her bekannt ist, gebildet. Daneben tritt auch die Schnabel-Segge (*Carex rostrata*) in Erscheinung. Neben den Verlandungsmooren wächst das Bergkiefern-Hochmoor, das von den umgebenden Fichtenwäldern langsam aber stetig verdrängt wird. Dabei handelt es sich teils um echte Fichtenwälder mit zahlreichen Torfmoosen, teils aber auch um Preiselbeer-Tannen-Fichtenwälder. Letztere stocken auf trockeneren Böden, die stellenweise auch durch menschliches Zutun entstanden sind. Die Wälder des Biberkessel sind als Schonwald ausgewiesen.

Die vielfältig strukturierten Lebensräume des Naturschutzgebiets beherbergen auch eine reiche Fauna mit zahlreichen seltenen und gefährdeten Arten. Stellvertretend seien einige Vogelarten genannt. Auf der Hochfläche kann man hochmontan bzw. subalpin verbreitete Arten beobachten, wie den Wasserpieper oder den Zitronengirlitz. Die Felswände des Biberkessels sind ideal für Felsenbrüter; Wanderfalke und Kolkrabe wurden im Naturschutzgebiet beobachtet. Die ausgedehnten Fichtenwälder wiederum sind Rückzugsgebiete für Rauhfußkauz und Auerhuhn. *Ch. Huber*

Langwald

Landkreis: Ortenaukreis
Gemeinde: Hohberg
Gemarkung: Niederschopfheim
Naturraum: Offenburger Rheinebene
Geschützt seit 1957
Größe: 34 Hektar
Top. Karte: 7513 Offenburg

Das Naturschutzgebiet »Langwald« liegt nordwestlich von Niederschopfheim in einer flachen, vernäßten Talsenke der oberrheinischen Niederterrasse. Hier hat sich auf Schwemmlehmen der Schutter ein artenreicher Erlen-Eschenwald entwickelt. In der Baumschicht dominieren Esche und Schwarz-Erle, darunter hat sich eine üppige Strauchschicht mit Traubenkirsche, Hasel und Gemeinem Schneeball entwickelt. In der Krautschicht weisen Sumpfsegge (*Carex acutiformis*), Sumpfdotterblume (*Caltha palustris*), Rasenschmiele (*Deschampsia cespitosa*) und Brennessel (*Urtica dioica*) auf feuchte und nährstoffreiche Böden hin.

Die Standortverhältnisse im Langwald sind aber nicht einheitlich. In trockeneren Bereichen werden Eschen und Erlen von Stieleichen und Hainbuchen abgelöst. In der Krautschicht kommen die Große Sternmiere (*Stellaria holostea*) und die Wald-Sternmiere (*Stellaria nemorum*) regelmäßig vor. Sie treten aber gegenüber dem Seegras (*Carex brizoides*), das ganze Rasen bildet, stark zurück.

Die zum Teil reich strukturierten Wälder mit bizarren Altbeständen und einer üppigen Strauchschicht bieten Lebensraum für zahlreiche Vogelarten. Hier brüten z.B. Rot- und Schwarzmilan, Hohltaube, Waldohreule, Mittelspecht, Kleinspecht, Pirol und die Nachtigall. Auch der Graureiher findet hier sehr gute Lebensbedingungen vor, so daß sich auf den mächtigen Alteichen eine Kolonie mit zahlreichen Brutpaaren entwickelt hat. In den 50er und 60er Jahren hatte man hier wie in anderen Brutkolonien auch einen starker Rückgang verzeichnet. Durch die Naturschutzgebietsverordnung von 1957 wurde zwar die Bejagung des Graureihers innerhalb des Langwaldes verboten, er konnte jedoch jederzeit bei der Nahrungssuche in den Feuchtgebieten außerhalb der Schutzgebietsgrenzen abgeschossen werden. Erst nach der bundesweiten Einführung der ganzjährigen Schonzeit in den 70er Jahren erholte sich die Kolonie wieder und wuchs bis 1979 zur größten Kolonie in Baden-Württemberg an (HÖLZINGER 1987). 1994 wurden 205 besetzte Horste gezählt, nach dem strengen Winter 1996/97 noch 159 besetzte Horste (mdl. Mitteilung J. Rupp).

Die Umgebung bietet viele geeignete Nahrungsstätten in stehenden und fließenden Gewässern, in Naß- und in Feuchtwiesen. Die Nahrung besteht neben den bevorzugten Fischen aus Kleinsäugern, Amphibien, Reptilien, Insekten, Krebstieren, Weichtieren, Würmern und gelegentlich auch kleineren Vögeln.

Während der Brutzeit entfernen sich Graureiher maximal 30 km von ihrer Kolonie (BAUER & GLUTZ VON BLOTZHEIM, 1966).

Die ehrenamtliche Betreuung des Naturschutzgebiets Langwald erfolgt schon seit vielen Jahren durch die NABU-Ortsgruppe Offenburg. Zu ihren wichtigsten Aufgaben zählt dabei die Besucherinformation zur Vermeidung von Störungen, die zahlenmäßige Erfassung der Brutpaare und das Anbringen und die Kontrolle von Nisthöhlen für kleinere Vogelarten.

Besucherhinweis: Der Bruterfolg der Graureiher und der übrigen Vogelarten hängt entscheidend von einem störungsfreien Brutverlauf ab. Halten Sie deshalb unbedingt das Wegegebot der Naturschutzgebietsverordnung ein. Im Einklang mit dem Schutzweck der Verordnung verfügte das Landratsamt Ortenaukreis unter Einverständnis des Regierungspräsidiums Freiburg ein absolutes Betretungsverbot außerhalb der Wege für die Zeit vom 1. Februar bis 31. August. Die Graureiher sind mit einem Fernglas gut vom Weg zwischen Langwald und dem nördlich angrenzenden Naturschutzgebiet »Unterwassermatten« zu beobachten. *B. Hüttl*

Bei Rheinhochwasser werden vor allem die nördlichen Bereiche des Naturschutzgebiets durch Rückstau der Rench überflutet.

Das bis zu 60 m breite Rubenkopf-Altwasser beginnt mit zweifacher Wurzel und führt relativ klares Wasser. Die artenreiche Wasserpflanzenwelt ist bemerkenswert. Neben Weißer Seerose (*Nymphaea alba*) und Gelber Teichrose (*Nuphar lutea*) kommt auch der nur in klarem Wasser gedeihende Tannenwedel (*Hippuris vulgaris*) vor. Die wie Nadeln aussehenden Blätter sind in dichtstehenden, vielzähligen Quirlen angeordnet. Der Mühlbach weist ausgedehnte Bestände des weißblühenden Flutenden Hahnenfußes (*Ranunculus fluitans*) auf. Außerdem fallen im langsamer fließenden Wasser des Bachrandes die Blütenstände des Pfeilkrauts (*Sagittaria sagittifolia*) mit großen, weißen, am Grund purpurnen Blüten ins Auge.

Mittelgrund Helmlingen

Landkreis: Ortenaukreis
Gemeinde: Stadt Rheinau
Gemarkungen: Freistett, Helmlingen
Naturraum: Offenburger Rheinebene
Geschützt seit 1995
Größe: 102 Hektar
Top. Karten: 7213 Lichtenau-Scherzheim, 7312/7313 Rheinau

Der »Mittelgrund Helmlingen« liegt westlich und südwestlich der Ortschaft Helmlingen in etwa 125 m ü. NN in der Oberrheinniederung. Es handelt sich um ein Waldgebiet, das im Osten von der Rench, im Westen vom Mühlbach durchflossen wird. Zentral durchzieht das Rubenkopf-Altwasser das Gebiet. Im Norden ist seit dem Bau der Rheinstaustufe Iffezheim 1977 eine vorher nicht ganzjährig unter Wasser stehende Schlute ständig mit Wasser gefüllt.

229 Aus altem Stamm neu austreibende Silber-Weide auf einem seit 1977 überfluteten Standort.

230 Aufblühende Sumpf-Wolfsmilch (*Euphorbia palustris*), unsere größte einheimische Wolfsmilch-Art (bis 1,5 m hoch).

Die Ufer der Gewässer sind zum Teil mit Silber-Weiden bestanden, besonders am Rubenkopf-Altwasser sind sie jedoch auch von Schilfröhrichten (*Phragmites australis*) und Steifseggengürteln (*Carex elata*) gesäumt. Besonders fällt eine sehr große, bis 1,5 m hoch werdende Wolfsmilch-Art mit gelben Hochblättern, die Sumpf-Wolfsmilch (*Euphorbia palustris*), auf.

Es sind noch einige alte Waldbestände vorhanden. Dazu zählen aus früherer Mittelwaldnutzung hervorgegangene Wälder mit Stiel-Eichen, Eschen und vereinzelt auch Silber-Pappeln und einheimischen Schwarz-Pappeln. Die früher hier ebenfalls vorkommenden Feld-Ulmen sind dagegen größtenteils einer Krankheit, dem sog. »Ulmensterben« zum Opfer gefallen. Auf etwas höher gelegenen, trockeneren Standorten stocken auch Eichen-Hainbuchenwälder. Daneben wurden vor allem im südlichen Teil wegen der geänderten Standortverhältnisse aufgrund fehlender Überschwemmungen seit der Tulla'schen Rheinkorrektion auch Bestände mit Berg- und Spitz-Ahorn sowie Wald-Kiefer, nach dem Zweiten Weltkrieg wegen des großen Holzbedarfs auch solche mit Hybridpappeln begründet.

Eine feuchte Wiese westlich des Rubenkopf-Altwassers, die in größeren Bereichen sehr artenreich ist, rundet das Bild des Naturschutzgebiets ab.

Vogelarten der Schilfgebiete sind Teichrohrsänger und Wasserralle, im Rubenkopf-Altwasser brüten Hauben- und Zwergtaucher. Die Gewässer nutzt auch der Eisvogel als Nahrungshabitat. Der Mittelspecht ist auf die alten Stiel-Eichen angewiesen, da er vor allem in ihrer grobrissigen Borke seine Nahrung findet. Alte Bäume sind bevorzugte Horstplätze für Greifvögel.

Die Gewässer sind reich an verschiedenen Libellenarten, darunter auch die auffallende Gebänderte Prachtlibelle (*Calopteryx splendens*) mit ihrem flatternden Flug.

Wesentlicher Schutzzweck ist die Erhaltung der ehemaligen Rheinaue mit ihren Gewässern und Uferzonen sowie Wäldern als Lebensraum für vielfältige Tier- und Pflanzengemeinschaften und die in ihnen vorkommenden, z. T. seltenen und gefährdeten Arten. Wichtig ist das Gebiet auch für wissenschaftliche Untersuchungen, da hier die Entwicklung verfolgt werden kann, die sich seit dem Bau der Rheinstaustufe Iffezheim angebahnt hat.

Um Störungen vom Rubenkopf-Altwasser und seiner Tierwelt fernzuhalten, sind Regelungen für die Freizeitnutzung – z.B. Verbot des Befahrens mit Booten, Betretungsverbot für den Uferbereich oder Beschränkung des Eislaufens – und für die Fischerei – z.B. Verbot der Benutzung von Booten bei der Sportfischerei – getroffen worden.

Für die forstliche Bewirtschaftung wurden Maßgaben festgeschrieben, die als Ziel die Entwicklung artenreicherer Waldbestände haben. Früher in der Rheinaue kaum vorkommende, inzwischen jedoch z.T. dominierende Baumarten sollen dabei wenigstens nicht mehr aktiv gefördert werden. Außerdem sollen die alten Stiel-Eichen wegen ihrer Bedeutung für den stark gefährdeten Mittelspecht noch lange erhalten werden. *W. Kramer*

Roßwört

Landkreis: Ortenaukreis
Gemeinde: Stadt Kehl
Gemarkung: Leutesheim
Naturraum: Offenburger Rheinebene
Geschützt seit 1989
Größe: 13,5 Hektar
Top. Karte: 7312/7313 Rheinau

Das Naturschutzgebiet »Roßwört« befindet sich etwa sieben Kilometer nördlich von Kehl in unmittelbarer Nähe des kleinen Ortes Leutesheim, der heute zur Stadt Kehl gehört. Das Schutzgebiet liegt, nur durch den Hochwasserdamm vom alten Ortskern am Hochgestade abgetrennt, am äußersten Rand der mehrere Kilometer breiten Rheinaue.

231 Blick auf den Altrheinarm Roßwört mit Pappeln, Weiden und Schilfröhricht. Auf der Wasserfläche schwimmen die Blätter der Gelben Teichrose (*Nuphar lutea*).

232 Gelbe Teichrose (*Nuphar lutea*) mit ihren großen Schwimmblättern.

Zentrum des Naturschutzgebiets ist ein Altrheinarm, der bei der ersten Rheinkorrektion vom Hauptstrom abgetrennt wurde und seitdem keine direkte Verbindung mehr zu ihm besitzt. Davor war dieser Wasserlauf einer der vielen Furkationsarme des Rheins. Heute besitzt der ca. 900 m lange, bogenförmig geschwungene Wasserlauf keinen ständigen, oberirdischen Zulauf mehr, sondern wird hauptsächlich über das Grundwasser gespeist. Die früheren starken Wasserstandsschwankungen, wie sie für die unberührte Rheinaue typisch waren, sind seit der Korrektion und dem nachfolgenden Rheinausbau zurückgegangen. Durch ein rheinabwärts gelegenes Wehr wird der Wasserspiegel im Gebiet kontrolliert und das ganze Jahr über auf hohem Niveau gehalten. Deshalb zeigt das Wasser einen ausgeprägten jahresperiodischen Temperaturgang mit früher Erwärmung im Frühling, hohen Temperaturwerten in den Sommermonaten und Vereisung im Winter.

Der ehemalige Rheinarm stellt die östliche Begrenzung einer früheren Aueinsel, des »Roßwört«, dar (die Endung »-wört«, oder »-werth« steht für eine flache Insel aus Kiesen und Sanden inmitten des Rheinbetts). Das Gewässer besitzt, bedingt durch seinen geschwungenen Verlauf, zwei unterschiedlich geformte Ufer: Die östliche »Kurvenaußenseite« besteht aus einem vergleichsweise steilen, durch Abtragung früher ständig erneuerten Prallhang, während sich auf der Innenseite ein durch Ablagerung von Schlick und Sand flach geformter Gleithang gebildet hat.

Am Gleithang wächst ein breites Schilfröhricht, das selbst für die Oberrheinebene als ungewöhnlich ausgedehnt gelten kann. Daher stellt der »Roßwört« einen sehr wichtigen Lebensraum zahlreicher Vogelarten dar, die hier entweder brüten oder auf dem Durchzug Rast machen. Von den Brutvögeln seien der Drosselrohrsänger und der Teichrohrsänger herausgegriffen. Sie gelten in Baden-Württemberg als gefährdete Vogelarten, die stark unter dem Verlust ihrer angestammten Bruthabitate in Feuchtgebieten leiden. Auch die Tafelente brütet regelmäßig und erfolgreich im breiten Schilfgürtel. Zusammen mit weiteren, seltenen Vogelarten machen sie den Roßwört zu einem überregional bedeutenden Brutgebiet. Natürlich werden die attraktive Wasserfläche und ihre Umgebung auch von zahlreichen Vögeln aufgesucht, die hier nach Nahrung suchen. So kann man über dem Gebiet Mäusebussard, Schwarzmilan, Wespenbussard und Turmfalke jagen sehen. Im Winter rasten viele Vögel beim Durchzug auf den Wasserflächen oder nehmen im Naturschutzgebiet ihr Winterquartier.

Das Schilf bildet am Flachufer im schwach eutrophen Wasser des Roßwört Reinbestände, die landeinwärts immer stärker mit Großseggen oder Hochstauden durchsetzt sind. Dazu gehört die seltene, bis 1,5 m hohe Sumpf-Wolfsmilch (*Euphorbia palustris*), die in Baden-Württemberg nur in der Oberrheinebene vorkommt. Auf schon festerem, nicht dauerhaft überschwemmtem Grund wachsen große und alte Silber-Weiden und säumen die Ufer. Einige von ihnen sind Kopfweiden, die früher zur Gewinnung von Ruten regelmäßig geschnitten wurden. Inzwischen wird im Rahmen der Schutzgebietspflege diese vielerorts ausgestorbene Nutzung wieder durchgeführt. Im Schatten der Silber-Weiden (*Salix alba*) dringen Lavendel- und Purpur-Weide (*Salix elaeagnos, S. purpurea*) auf nicht überstauten Flächen in das Schilfröhricht vor. Am gegenüberliegenden, steileren Ufer ist der Schilfgürtel naturgemäß nur wenige Meter breit, denn dort taucht das abschüssige Prallufer schnell in größere Wassertiefen ab.

Während der Vegetationsperiode bedecken große Wasserpflanzenbestände die Oberfläche des eutrophen Altrheinarms und prägen das Erscheinungsbild des Gewässers. Im Sommer sind die leuchtend gelben Blüten der Gelbe Teichrose (*Nuphar lutea*) besonders auffällig. Sie schickt ihre großen Schwimmblätter aus mehreren Metern Tiefe, wo sich die Wurzeln im schlammigen Boden befinden, bis an die Wasseroberfläche. Im Wasser darunter entfalten sich Rauhes Hornblatt (*Ceratophyllum demersum*) und verschiedene Armleuchteralgen. Näher ans Ufer gerückt, in flacherem Wasser, kommen zwischen vereinzelten Schilfhalmen Quirlblütiges Tausendblatt (*Myriophyllum verticillatum*), Wasserfeder (*Hottonia palustris*) und Echter Wasserschlauch (*Utricularia vulgaris*) vor. Die stark von den Silber-Weiden beschatteten Gewässerbereiche sind dagegen fast frei von höheren Wasserpflanzen.

Die sonnigen Wasserflächen sind das Jagdgebiet der Libellen. Trotz der geringen Größe des Schutzgebiets leben hier 31 Arten. Besonders erwähnenswert sind die Vorkommen der Feuerlibelle (*Crocothemis erythraea*), der Kleinen Königslibelle (*Anax parthenope*) und der Keilfleck-Libelle (*Anaciaeschna isosceles*). Von besonderer Bedeutung ist für sie die frühzeitige Erwärmung des Gewässers im Frühjahr und der erstaunliche Biotopreichtum des Feuchtgebiets. Der Altrheinarm ist deshalb für Libellen ein geradezu idealer Lebensraum, den sie auch in großer Artenvielfalt besiedeln.

Östlich des Rheinarmes schließt sich ein landschaftlich sehr schönes Streuobstgelände an. Als Bestandteil der Aue ist es geprägt von feuchten Rinnen und trockeneren Rücken. Die Wiesen zwischen den alten Obstbäumen werden recht unterschiedlich bewirtschaftet, da das nur vier Hektar große Gelände sehr kleinparzelliert ist. In den Rinnen, in denen zeitweise das Grundwasser zutage tritt, befinden sich Hochstaudenfluren, kleine Röhrichte und Seggenriede. Sie sind aus ehemaligen Streuwiesen hervorgegangen, die nicht mehr gemäht wurden und sich zu hochwüchsigen Brachflächen entwickelt haben.

Auf kleinem Raum haben wir im Naturschutzgebiet verschiedenste Biotoptypen dicht nebeneinander – offene Wasserflächen mit Schwimmblattpflanzen, Uferröhrichte, alte Kopfweiden und extensiv genutzte Streuobstwiesen mit hochstämmigen Obstbäumen. Sie bieten zahlreichen Tier- und Pflanzenarten in der vom Menschen stark umgestalteten, intensiv genutzten Rheinaue einen naturnahen und unverzichtbaren Lebensraum.

P. Lutz

Salmengrund

Landkreis: Ortenaukreis
Gemeinden: Neuried, Meißenheim
Gemarkungen: Ichenheim, Meißenheim
Naturraum: Offenburger Rheinebene
Geschützt seit 1995
Größe: 186 Hektar
Top. Karte: 7512 Neuried

Westlich von Ichenheim liegt auf etwa 150 m ü. NN in der Oberrheinniederung das sehr gewässerreiche Waldgebiet des Salmengrundes. Der Name deutet noch auf das ehemals reiche Vorkommen des Lachses (Salm) hin. Nach Süden schließen sich bis Meißenheim außerhalb des Waldes noch weitere Wasserläufe an.

Der mittlere Grundwasserstand ist etwa noch der gleiche wie vor der Tulla'schen Rheinbegradigung. Bis zum Bau der Rheinstaustufe Straßburg fanden noch regelmäßige Überflutungen statt, seither sind sie praktisch nicht mehr vorhanden. Im Salmengrund dominieren grundwassernahe Standorte. Nur kleinflächig finden sich trockene Kiesrücken.

Unter Naturschutzgesichtspunkten ist der Quellteich im »Schanzfeld« bei Meißenheim das wertvollste Gewässer. Er zählt zu den größten noch gut erhaltenen Grundwasseraustritten der rechtsrheinischen Oberrheinniederung. Mehrere Quellen füllen hier einen langgestreckten »Gießen«. Armleuchteralgen (Characeae) oder der Tannenwedel (*Hippuris vulgaris*) als spezialisierte Pflanzenarten sind charakteristisch für diesen Gießen. Zwei weitere, kleinere Quelltöpfe befinden sich im Süden und in der Mitte des Salmengrundes. Den äußersten Norden durchzieht ein Klarwasserabfluß. Auf den Steinen der Gewässersohle kommt hier als eine der wenigen Rotalgen des Süßwassers *Hildenbrandia rivularis* vor. Die häufigsten Gewässer sind Trübwasserabflüsse. Dazu zählt der von Meißenheim kommende Mühlbach, der am Nordende des nördlichen der beiden angrenzenden großen Baggerseen in den über weite Strecken sehr breiten »Holländerrhein« übergeht. Vor allem die begleitenden Schilfzonen stellen bedeutende Brutgebiete für einige z.T. sehr seltene Wasservögel dar. Besonders zu erwähnen ist dabei die Schnatterente, für die der

233 Fischerkähne am »Holländerrhein«, am jenseitigen Ufer Schilfröhricht.

Abschnitt der Rheinniederung um Meißenheim und Ottenheim das Zentrum der oberrheinischen Population darstellt. Die Schilfröhrichte des Gebiets gehören zu den ausgedehntesten im Bereich der rechtsrheinischen südlichen Oberrheinniederung. Der in großer Dichte vorkommende Teichrohrsänger profitiert davon. Nach dem Ausbau des nördlichen Baggersees wird sich dessen nordöstliches Ufer samt einigen Metern der davorliegenden Wasserfläche im Naturschutzgebiet befinden. Der zwischen dem Baggerseeufer und dem parallel fließenden Mühlbach noch verbleibende Landstreifen wird dann vor Störungen weitgehend geschützt sein. Das Ufer selbst soll hier für Naturschutzzwecke reserviert bleiben. Ein weiterer, kleinerer Baggersee liegt östlich des Holländerrheins südlich der Ichenheimer Rheinstraße. In verlandenden Altwassern und Schluten stehen hohe Horste der Steif-Segge (Carex elata). In den Silberweidenstreifen entlang der Wasserläufe sind vereinzelt Silber-Pappeln eingestreut.

Im Salmengrund sind bis heute noch auf großer Fläche ehemalige Mittelwälder und durchgewachsene Faschinenwälder erhalten. Dies hat zwei Gründe: Zum einen ließ es die Erwartung wasserwirtschaftlicher Maßnahmen durch den Bau der Staustufe Straßburg ratsam erscheinen, von forstlicher Seite keine größerflächigen Änderungen der Waldbestände durchzuführen, zum anderen war dies wegen vergleichsweise geringer Beschußschäden im Zweiten Weltkrieg auch nicht notwendig. Bei den älteren Waldbeständen ist das Walddach nur selten geschlossen. Dies ist darauf zurückzuführen, daß hier noch bis in die 50er Jahre dieses Jahrhunderts Gras- und Streunutzung durchgeführt wurden, wobei dann die lockere Stellung der Bäume vor allem aufgrund der früheren Mittelwaldnutzung erhalten blieb. Es dominieren hier auch heute noch kurzschäftige, breitkronige – weil früher solitär gewachsene – Bäume. Die Waldungen sind reich an Stiel-Eichen, Eschen und Schwarz-Pappeln. Die Bestände sind stufig aufgebaut, ihre ausgeprägte Strauchschicht läßt den Eindruck eines Urwaldes entstehen, obwohl dies wegen der früheren, mit sehr starken Eingriffen verbundenen Bewirtschaftung ganz und gar nicht der Fall ist.

Diese Wälder besitzen jedoch einen hohen landschaftlichen Reiz.

Durch die große Anzahl alter Bäume gibt es auch für mehrere Arten von Spechten und Greifvögeln günstige Brutmöglichkeiten. Außerdem nutzt eine große Zahl von Libellenarten das Gebiet zur Fortpflanzung und zum Nahrungserwerb.

Wesentlicher Schutzzweck ist die Erhaltung eines für die Rheinaue charakteristischen Gebietes mit Gewässern, Uferzonen und Wäldern als Lebensraum für zahlreiche Tier- und Pflanzengemeinschaften und die in ihnen vorkommenden, z.T. seltenen und gefährdeten Arten, wobei Wasservögel besonders hervorzuheben sind.

Um für brütende und rastende Wasservögel und Schilfbewohner Zonen zu schaffen, wo sie nicht oder wenig gestört werden, wurde durch die Schutzgebietsverordnung das Tauchen untersagt, das Bootfahren und die Fischerei sind räumlich und zeitlich eingeschränkt. Flankierend wurden auch für die Wasservogeljagd gewisse Beschränkungen ausgesprochen. Zur Erhaltung der Waldbilder und der Brutmöglichkeiten der Höhlen- und sonstigen Baumbrüter wurden außerdem Regelungen für die forstliche Bewirtschaftung getroffen. Eine Änderung der Artenzusammensetzung des Waldes wird sich jedoch nicht völlig ausschließen lassen, da sich auch die Standorteigenschaften der Böden gewandelt haben. *W. Kramer*

Saure Matten

Landkreis: Ortenaukreis
Gemeinde: Stadt Ettenheim
Gemarkungen: Altdorf, Ettenheim, Wallburg
Naturraum: Lahr-Emmendinger Vorberge
Geschützt seit 1995
Größe: 19 Hektar
Top. Karte: 7713 Schuttertal

Das Naturschutzgebiet »Saure Matten« liegt im Tal zwischen Ettenheim und Wallburg am Ostrand der Ettenheimer Vorberge des Schwarzwaldes in ca. 200 m ü. NN. Erfaßt sind der feuchte bis nasse Talgrund samt einem zu

234 Das Vegetationsmosaik der »Sauren Matten« zwischen Fischteichanlage (im Vordergrund) und der Ortschaft Wallburg (im Hintergrund).

einer Fischteichwirtschaft gehörenden Teich sowie einige Abschnitte am terrassierten nordseitigen Talhang. Die Flächen liegen zum größten Teil entweder brach oder werden als Wiese bzw. Obstwiese genutzt. Das Schutzgbebiet erscheint als ein kleinräumiges Mosaik aus Feldgehölzen, Gebüschen und Hecken, Schilfröhrichten, Großseggenrieden, Hochstaudenfluren, Naßwiesen, frischen Wirtschaftswiesen, mageren und eher trockeneren Wiesen mit Anklängen von Halbtrockenrasen, Obstwiesen, einem kleinen Bachlauf, dem bereits erwähnten Teich sowie zwei weiteren kleineren Teichen in den Brachen im Zentrum und im Osten des Gebiets. Zum einen ergibt dies ein besonders reizvolles Landschaftsbild, zum anderen eröffnet es einer großen Zahl von Tier- und Pflanzenarten die Möglichkeit, einen ihnen zusagenden Lebensraum vorzufinden.

Was die Pflanzenwelt betrifft, seien exemplarisch zwei Vegetationstypen angesprochen, die bezüglich ihrer Pflanzenvielfalt und der Zahl seltener und gefährdeter Arten herausragen. Dies sind zum einen die Naßwiesen im Westen des Gebiets, die sich z.B. durch das Vorkommen einiger seltener Orchideenarten, des Spatelblättrigen Greiskrautes (*Senecio helenitis*) und einiger Seggen auszeichnen. Zum anderen enthalten die Grünlandbrachen noch einige Besonderheiten wie das Breitblättrige Knabenkraut (*Dactylorhiza majalis*) und die Natternzunge (*Ophioglossum vulgatum*), einen kleinen Farn mit einem einzigen, nicht gefiederten, sondern zungenförmigen Blatt. Diese Arten können auf Dauer jedoch nur überleben, wenn sie nicht von hochwüchsigen Pflanzen ausgedunkelt werden. Die Flächen müssen deshalb durch regelmäßiges Mähen gepflegt werden.

Das auffallende Vegetationsmosaik bietet besonders Tierarten, die auf ein Nebeneinander von zwei oder mehreren bestimmten Vegetationstypen angewiesen sind, beste Lebensbedingungen. So brütet der hier vorkommende Neuntöter in (Dorn-)Hecken und nutzt die umgebenden Wiesen zum Fangen seiner Beutetiere, nämlich den verschiedensten Insektenarten. Er spießt dabei Tiere, die er nicht gleich verzehrt oder an die Jungen verfüttert, zuerst einmal auf Dornen auf. Dies hat ihm auch seinen Namen eingebracht. Die Dorngrasmücke ist ebenfalls auf das Nebeneinander von Hecken und Grünland angewiesen. Ähnlich verhält es sich bei der Turteltaube: Sie brütet in Weidendickichten und geht im Offenland auf Nahrungssuche. Für die Libellen, deren Larven im Bach oder in den Teichen leben, bieten die Wiesen, die Grünlandbrachen und der Ufer- und Gewässerbewuchs die notwendigen Ruheplätze und Jagdhabitate. An selteneren Arten sind die Gefleckte Heidelibelle (*Sympetrum flaveolum*), die Kleine Pechlibelle (*Ischnura pumilio*) und die Gemeine Winterlibelle (*Sympecma fusca*) anzuführen.

Von den artenreich vorhandenen Schmetterlingen sei nur der stark gefährdete Kurzschwänzige Bläuling (*Everes argiades*) genannt, dessen baden-württembergischer Vorkommensschwerpunkt sich gerade hier in der Lahr-Emmendinger Vorbergzone befindet.

Ein Kleinod des Gebiets ist der Zwergtaucher, der auf dem westlichen, zur Fischzuchtanstalt gehörenden Teich in zwei bis drei Paaren brütet. Die Art ist in Baden-Württemberg vielerorts stark zurückgegangen. Der Teich dient als Ausgleichsbecken für die westlich anschließenden Fischteiche. Er wird deshalb bei Wasserbedarf abgelassen. In der Zeit der Absenkung – meist Hochsommer bis Herbst – ist er dann Anziehungspunkt für eine ganze Reihe von Watvogelarten, die sich auf dem Durchzug befinden.

Wesentlicher Schutzzweck ist die Erhaltung eines Talabschnitts mit großer, ökologisch bedeutsamer Strukturvielfalt, insbesondere mit Feuchtbereichen, Wiesen, Obstwiesen und trockenen Hanglagen als Lebensraum von seltenen und gefährdeten Tier- und Pflanzenarten.

Um die Biotop- und Artenvielfalt auf Dauer

235 Natternzunge (*Ophioglossum vulgatum*) in einer Naßwiese. Der sterile Blattabschnitt ist ungeteilt, der sporentragende Teil besitzt einen ährenförmigen Sporangienstand.

zu erhalten, wurden in der Schutzgebietsverordnung einige spezielle Verbote ausgesprochen. So dürfen z.B. Obstbäume nur entfernt werden, wenn unverzüglich neue gepflanzt werden. Wenn dies Hochstämme, die aus ökologischer Sicht anderen Formen vorzuziehen sind, betrifft, sind auch wieder Hochstämme zu pflanzen. Wiesen, Obstwiesen und Brachen dürfen nicht umgebrochen werden.

Zur zusätzlichen Absicherung gingen eine Reihe von Grundstücken im Zuge einer Flurneuordnung und durch Ankauf an das Land über. Die regelmäßige Pflege der Grundstücke, die auf spezielle Biotopeigenschaften oder Artenvorkommen abgestimmt sein muß, ist in diesem Gebiet sehr wichtig. Für die Grundstücke, die länger brachlagen, ist die Pflege dabei – wenn erforderlich – von Zeit zu Zeit zu modifizieren. In erster Linie kommt dabei Mahd in Frage, die in bestimmten Zeiträumen und im richtigen Umfang durchgeführt werden muß. Daneben ist aber auch Heckenpflege notwendig.

Pläne für eine Hochwasserrückhaltung in diesem Tal, die besonders durch die Existenz des Fischteichbetriebs notwendig wird, könnten für das Naturschutzgebiet ein gewisses Gefahrenpotential beinhalten. *W. Kramer*

Sauscholle

Landkreis: Ortenaukreis
Gemeinde: Neuried
Gemarkung: Ichenheim
Naturraum: Offenburger Rheinebene
Geschützt seit 1956
Größe: 57,6 ha
Top. Karte: 7512 Neuried

Westlich von Ichenheim, ca. 12 km rheinaufwärts des Ballungsraums um Straßburg und Kehl, befindet sich am Rand der Rheinaue das Naturschutzgebiet »Sauscholle«. Bei der Rheinkorrektion im letzten Jahrhundert wurde der Altrheinarm durch den Bau eines Dammes vom Hauptstrom abgetrennt. Beim Ausbau des Rheins zu einer internationalen Schiffahrtsstraße geriet die Sauscholle völlig aus dem Einflußbereich des Stromes und verlor durch die Regulierung den bis dahin schwankenden Grundwasserstand. Heute ist die bogenförmige Rheinschlinge weitgehend verlandet und versumpft. Durch die Lage der Sauscholle in der Randsenke der Aue verfügt sie über einen hohen Grundwasserstand. In den tiefsten Geländeteilen steigt das Wasser zeitweise über die Bodenoberfläche an, wenn bei Hochwasser das seitlich herandrängende Grundwasser gestaut wird und zwangsläufig in den Rinnen aufquillt.

Die Vegetation der Sauscholle besteht aus Riedwiesen, Schilfröhricht und Weidengehölzen und vermittelt einen naturnahen Eindruck. Ganz im Gegensatz dazu steht das umgebende Gelände, das sich dem Besucher als weitgehend strukturarme Ackerlandschaft darstellt. Das schmale Naturschutzgebiet ist wegen der langen Außengrenzen erheblichen Belastungen ausgesetzt, da keine Pufferflächen zwischen intensiv bewirtschafteten Grundstücken und hochwertigen Biotopflächen vorhanden sind.

236 Biotopkomplex im NSG »Sauscholle« mit Moorwiesen, Weidengebüsch und Schilfröhricht.

237 Im Frühsommer sind die zierlichen Blütenstände der Weißen Waldhyazinthe (*Platanthera bifolia*) in den Streuwiesen des Schutzgebiets häufig.

238 Besiedler der Streuwiesen tieferer Lagen: Heller Wiesenknopf-Ameisenbläuling (*Maculinea teleius*).

Als sich die Sauscholle noch im Überschwemmungsbereich des Rheins befand, wurden die Riedflächen als Streuwiesen zur Gewinnung von Stalleinstreu für die Viehhaltung genutzt. Ursprünglich war das Gebiet mit Hartholz-Auenwald bewachsen, der in der versumpften Randsenke den Charakter eines Erlenbruchwaldes angenommen hatte. Erst die Rodung durch den Menschen schuf in diesen Bereichen offenes Gelände, das als Feuchtwiesen, sogar teilweise als Acker genutzt wurde. Der Aufwuchs des nassen Grünlands konnte kaum als Futter gebraucht werden, allenfalls in Notjahren verfütterten die Bauern das nährstoffarme Mähgut an das Vieh. Die ungedüngten Bestände lieferten jedoch enorme Mengen an zellulosehaltiger Einstreu, weshalb solche Flächen im Gegensatz zu heute bei den Landwirten sehr geschätzt waren. Aber auch andere Nutzungen fanden in der Sauscholle statt: Teile dienten als Sauweide und Suhlplatz (Schutzgebietsname!); im Gewann »Hanfrötzen« wurde der in der Gegend früher angebaute Hanf in Wasser eingeweicht (»geröstet«), um die begehrten Hanffasern vom unbrauchbaren Gewebe, das beim Rösten verrottete, zu befreien.

Nähert man sich dem Naturschutzgebiet von Ichenheim her, so fallen jedem Besucher zunächst die Schilfröhrichte als vorherrschende Vegetationseinheit auf. Da große Teile der Sauscholle schon lange nicht mehr zur Streugewinnung gemäht werden, hat Schilf die Feuchtwiesen durchwuchert. Unter diesen Umständen kann sich die niederwüchsige Streuwiesenflora im Dickicht der hohen Halme kaum entwickeln. Die Naturschutzverwaltung hält deshalb durch Pflegemaßnahmen, bei denen man die Flächen im Herbst mäht und aufkommendes Weidengebüsch entfernt, die wertvollsten Bereiche offen.

Da die naturnahen Wiesen sehr genau auf den wechselnden Wasserstand im Untergrund reagieren, hat sich in der Sauscholle ein sehr vielfältiges Vegetationsmosaik herausgebildet.

Besonders die ehemaligen Streuwiesen, die aktuell gepflegt werden, stellen sich als Komplexe aus Pfeifengraswiesen und Kalk-Niedermooren dar. Sie sind der Standort zahlreicher gefährdeter und z.T. sehr seltener Pflanzenarten. Ihre ganze Pracht entfalten diese seggenreichen Wiesen erst im Sommer. Dann blühen in den Pfeifengrasbeständen charakteristische Arten wie Färber-Scharte (*Serratula tinctoria*), Silge (*Selinum carvifolia*), Heil-Ziest (*Stachys officinalis*), Knollige Kratzdistel (*Cirsium tuberosum*) und Nordisches Labkraut (*Galium boreale*). Die Hauptmasse des Aufwuchses und damit die größten Einstreumengen erzeugt das Pfeifengras (*Molinia arundinacea*). Niederwüchsiger ist hingegen die Pflanzendecke der Kalk-Niedermoore. Hier wachsen viele Seggen und kleine Binsen, die zu den Besonderheiten des Naturschutzgebiets zählen. In den offenen, teilweise rasenartigen Beständen sind auch seltene Orchideen feuchter Standorte anzutreffen. An solchen Stellen war auch der Kleefarn (*Marsilea quadrifolia*) zu finden. Der einem vierblättrigen Kleeblatt täuschend ähnliche, kleine Farn ist bereits um 1900 aus der Sauscholle – einem der wenigen Fundorte in der Oberrheinebene – verschwunden und inzwischen auch in ganz Deutschland ausgestorben. Die Art bevorzugte die offenen, schlammigen Plätze, wie man sie an Suhlplätzen (s.o.!) oder Teichufern finden kann.

Die tiefsten Stellen der verlandeten Rheinschlinge werden von Großseggenried besiedelt. Die bestandsbildende Steif-Segge (*Carex elata*) entwickelt je nach Wasserstand unterschiedlich große Horste. Auch sie lieferte früher wertvolle Streu; heute hingegen bleiben ihre Bestände ungenutzt. Die Blätter sammeln sich zwischen den Horsten an und sind das Ausgangsmaterial für die Niedermoorbildung. Daneben kommen die ebenfalls horstförmige Rispen-Segge (*Carex paniculata*) und die eher rasenbildende Rasen-Segge (*Carex cespitosa*) vor.

In den letzten Jahrzehnten ist die Altrheinschlinge zunehmend verbuscht, und es entstanden Faulbaumdickichte, Grauweidengebüsche und artenreiche Gebüsch-Wald-Übergangsbereiche. Hier spielt sich auch die Sukzession zum naturnahen Eichen-Hainbuchenwald ab, wie er vor allem auf den ans Naturschutzgebiet grenzenden Flächen entwickelt ist. Da diese unterschiedlich strukturierten Biotope sehr eng beieinander liegen, kommen im Gebiet 46 Vogelarten vor. Neben Arten der offenen Feldflur sind natürlich zahlreiche Heckenbrüter vorhanden. Enten und Röhrichtbewohner trifft man in den Schilfbeständen, Raubvögel nutzen das Gelände als Jagdrevier. In den unterholzreichen Wäldern nisten Pirol, Eichelhäher und mehrere Spechtarten.

Im Naturschutzgebiet ist die naturnahe Riedvegetation wie nirgendwo sonst in der Oberrheinebene erhalten. Früher waren die Streuwiesen ein regelmäßiger Bestandteil der oberrheinischen Auenlandschaft. Der Nutzungsumstellung und der flächendeckenden Intensivierung der Landwirtschaft sind die ökologisch wertvollen Feuchtwiesen und Seggenriede fast überall zum Opfer gefallen. Die Sauscholle ist mit ihrem Vorkommen zahlreicher, sehr seltener Pflanzenarten eines der letzten Beispiele dieser inzwischen historisch gewordenen Riede und für den Arten- und Biotopschutz unverzichtbar.

P. Lutz

Schliffkopf

Landkreise: Ortenaukreis, Freudenstadt (im Regierungsbezirk Karlsruhe)
Gemeinden: Stadt Oppenau, Ottenhöfen, Seebach, Baiersbronn
Gemarkungen: Lierbach, Maisach, Ottenhöfen, Seebach, Baiersbronn
Naturräume: Grindenschwarzwald und Enzhöhen, Nördlicher Talschwarzwald
Geschützt seit 1938
Größe: 1387 Hektar
Top. Karten: 7415 Seebach, 7515 Oppenau

Das Naturschutzgebiet »Schliffkopf«, das innerhalb der Regierungsbezirke Freiburg und Karlsruhe liegt, zählt zu den ältesten Naturschutzgebieten Baden-Württembergs. Man stellte den 1055 m hohen Gipfel bereits 1938 unter Schutz. 1986 wurde das Naturschutzgebiet auf 1387 ha vergrößert. Die Wälder am Schliffkopf sind Teil eines 423 ha großen Schonwaldes mit dem Namen »Schliffkopf«.

Das Naturschutzgebiet Schliffkopf erstreckt

239 Legföhren am Schliffkopf.

sich auf einem Großteil des Höhenrückens, der sich von der Hornisgrinde (1164 m ü. NN) im Norden bis zum Kniebis (ca. 900 m ü. NN) im Süden hinzieht. Der Buntsandsteinrücken ist Wasserscheide und wird durch zahlreiche Bäche in kleinere Rücken und Platten gegliedert. So fließen die Quellbäche der Murg in östlicher Richtung nach Baiersbronn ab, während sich im Westen Rench, Lierbach und Acher in den Buntsandstein samt dem darunterliegenden Grundgestein einschneiden. Kraft des Wassers entstand so ein abwechslungsreicher Höhenzug mit einem deutlichen Sattel beim Ruhestein und einer aussichtsreichen Kammlinie, die sich rund 450 m über den Tallagen erhebt.

Die Bäche entspringen oft in Karen bzw. Karseen, charakteristischen Zeugen der früheren Vergletscherung des Schwarzwaldes. Einer der schönsten Karseen im Nordschwarzwald ist der Buhlbachsee, der innerhalb des Naturschutzgebiets Schliffkopf liegt. Weitere Zeugen der Eiszeit sind Blockhalden, die häufig an den Westabfällen des Höhenzugs zu finden sind.

Die steilen, feuchten Hänge und damit der überwiegende Teil des Naturschutzgebiets sind mit fichtenreichen Nadelwäldern bestockt. Tanne, Buche und Wald-Kiefer sind nur in geringen Anteilen beigemischt. Die charakteristische Besonderheit der Kammlagen des Schliffkopfgebiets besteht jedoch in seiner offenen Heide- und Grindenlandschaft mit einzelnen Legföhrengruppen und tief beasteten, bizarren Solitärfichten.

Die Grinden sind das Ergebnis der extremen Klimabedingungen mit langen schneereichen Wintern und sehr hohen Jahresniederschlägen sowie des menschlichen Einflusses: Aufgrund der Bevölkerungszunahme im Oberrheintal und in der weiteren Umgebung von Freudenstadt wurden die Bergrücken vom 15. bis 18. Jahrhundert immer mehr als Viehweiden genutzt. Durch Brandrodungen sowie durch Tritt und Fraß der Weidetiere wurde der ursprüngliche Tannen-Buchen-Wald zurückgedrängt. Das weidende Großvieh und die extremen Witterungsverhältnisse verhinderten eine Wiederbewaldung. Der von Natur aus nährstoffarme Buntsandsteinboden verarmte weiter und verdichtete sich. Wo sich auf diesen Böden Wasser ansammelte, bildeten sich Feucht- oder Moorheiden mit geringer Torfmächtigkeit. Das heute noch typische Landschaftbild der sog. »Grinden« im Nordschwarzwald entstand. Ab Mitte des letzten Jahrhunderts löste die Streunutzung die Weidewirtschaft ab. Erst nach der weitgehenden Einstellung der landwirtschaftlichen Nutzung siedelte sich in den Randlagen der Hochflächen – z.T. durch Naturverjüngung, z.T. durch Aufforstung – wieder Wald an.

Der Gipfelbereich des Schliffkopfes und des Vogelkopfes werden zum großen Teil von Bocksergesellschaften eingenommen. Kennzeichnend ist das sog. »Bocksergras« (Rasenbinse, *Trichophorum cespitosum* ssp. *germanicum*), dessen Namen vermutlich von der Ähnlichkeit der gebleichten Büschel mit Bocksbärten herrührt. Weitere charakteristische Pflanzen der Freiflächen sind das Heidekraut (*Calluna vulgaris*), das Pfeifengras (*Molinia caerulea*) und in den wenigen trockeneren Bereichen das Borstgras (*Nardus stricta*). In den Feuchtheiden und Mooren haben sich Polster aus Torfmoosen (*Sphagnum*) gebildet. Sie zeichnen sich durch eine hohe Wasserspeicherkapazität aus und bilden mit ihren 17 Arten die größte Artengruppe im Naturschutzgebiet. Weitere Moorspezialisten sind die Moosbeere (*Vaccinium oxycoccos*), die Rosmarinheide (*Andromeda polifolia*), das Scheidige Wollgras (*Eriophorum vaginatum*) und der Rundblättrige Sonnentau (*Drosera rotundifolia*).

An gefährdeten Tierarten kommen im Naturschutzgebiet u.a. die Kreuzotter, das Auerhuhn und der Große Schillerfalter (*Apatura iris*) vor.

Das Schliffkopfgebiet war bis Anfang dieses Jahrhunderts nicht erschlossen und somit für den Menschen nahezu unzugänglich. 1931/32 erfolgte trotz schwerster Bedenken der Naturschutzverwaltung der Bau eines sog. Gedächtnishauses für Kriegsgefallene, das später immer wieder erweitert und letztendlich zum 1991 abgebrannten Schliffkopfhotel ausgebaut wurde. Der Neubau an gleicher Stelle konnte trotz massiver Bedenken von amtlichem und privatem Naturschutz aus rechtlichen Gründen (ein kleiner Gebäudeteil blieb bei dem Brand stehen) nicht verhindert werden.

Die Erschließung für den Autoverkehr begann 1938 mit dem Bau der Schwarzwaldhochstraße für militärische Zwecke kurz nach der Ausweisung des Schliffkopfes zum Naturschutzgebiet. Nach Kriegsende nahm der Erholungsverkehr rapide zu und es kam zu zahlreichen Flächenverlusten durch den Bau von Parkplätzen, Sprungschanzen und von Ski- und Sesselliften. Heute hat sich der Schliffkopf zu einem überregional bedeutsamen Erholungsgebiet entwickelt, das durch vielfältige Beeinträchtigungen ernsthaft gefährdet ist. Die empfindliche Vegetation ist erheblichen Trittbelastungen ausgesetzt, es haben sich zahlreiche Trampelpfade gebildet. Der überwiegend durch den Autoverkehr verursachte Stickstoffeintrag führt zu einer weiteren Versauerung der Böden. Zusätzlich werden die Flächen durch Abfälle und Exkremente gedüngt, wodurch sich die Zusammensetzung von Flora und Fauna ändert.

Ein umfangreiches Pflege-, Entwicklungs- und Besucherlenkungskonzept der Bezirksstelle für Naturschutz und Landschaftspflege Karlsruhe soll zur Erhaltung der Schönheit und Schutzwürdigkeit des Gebiets beitragen. Hierzu zählen die Sperrung der Trampelpfade, der Rückbau des Wegenetzes und die Reduzierung des Parkplatzangebots für Autotouristen bei gleichzeitiger Förderung der Streckenwanderer. Die Grindenflächen werden bereits seit über zwanzig Jahren durch Pflegearbeiten von verschiedenen Organisationen offengehalten. Eine der wichtigsten Pflegemaßnahmen besteht darin, die sich nach Aufabe der Weidewirtschaft wieder ansamenden Gehölze zu entfernen. Seit 1997 weidet erstmals seit langer Zeit wieder eine Herde von Hinterwälder Rindern, der kleinsten Rinderrasse Europas, auf der Grindenfläche gegenüber dem Schliffkopfhotel. Durch die Beweidung soll diese Fläche weiterhin gehölzfrei gehalten werden.

Besucherhinweis: Seit Anfang 1993 ist ein hauptamtlicher Naturschutzwart (»Ranger«) für das Naturschutzgebiet Schliffkopf zuständig. Seine Aufgabe besteht in der Besucherinformation, in der Überwachung der Naturschutzbestimmungen sowie in sonstigen Naturschutzaktivitäten. Er ist Mitarbeiter des »Naturschutzzentrums Ruhestein im Schwarzwald«, das im Herbst 1997 als Stiftung des bürgerlichen Rechts gegründet wurde. Träger des Naturschutzzentrums sind das Land Baden-Württemberg, die Landkreise Ortenau und Freudenstadt sowie die Gemeinden Seebach und Baiersbronn. Das Zentrum ist in der ehemaligen »Villa Klumpp« auf dem Ruhestein an der Schwarzwaldhochstraße B 500 untergebracht. Somit liegt es an der Nahtstelle der zwei größten Naturschutzgebiete des Nordschwarzwaldes: den Naturschutzgebieten »Schliffkopf« und »Hornisgrinde-Biberkessel«. Die Aufgabe des sechsten von der öffentlichen Hand betriebenen Naturschutzzentrums in Baden-Württemberg liegt zum einen in der Besucherinformation durch Ausstellungen, Vorträge, Seminare und Führungen, zum anderen in der Betreuung von sechs Naturschutzgebieten mit einer Fläche von rund 2600 Hektar. Die Erhaltung der einmaligen Natur und Landschaft mit ihrer reichen Tier- und Pflanzenwelt im Schliffkopfgebiet gelingt aber nur durch die Mithilfe aller Besucher. Beherzigen Sie bitte deswegen die an den Informationstafeln aufgeführten Hinweise. Im übrigen ist der Besuch des Naturschutzzentrums sehr empfehlenswert.

B. Hüttl

Sundheimer Grund

Landkreis: Ortenaukreis
Gemeinden: Stadt Kehl, Willstätt
Gemarkungen: Kehl, Goldscheuer, Eckartsweier
Naturraum: Offenburger Rheinebene
Geschützt seit 1996
Größe: 21 Hektar
Top. Karte: 7412/7413 Kehl

Das Naturschutzgebiet »Sundheimer Grund« liegt nur wenige Kilometer südlich der Kehler Kernstadt. Ebenso wie beim benachbarten Naturschutzgebiet »Altwasser Goldscheuer« läßt der durchgängige Altrheinarm über eiszeitlichen, kalkhaltigen Rheinablagerungen die ehemals typische Strukturvielfalt der badischen Rheinaue noch erahnen. Das von Rheinwasser gespeiste Fließgewässer, dessen Breite und Fließgeschwindigkeit stark variieren, bietet mit seinen stillen seitlichen Buchten und der begleitenden Uferzone einer Vielzahl von stark gefährdeten Tier- und Pflanzenarten Lebensraum. Die Ausweisung des Schutzgebiets ist Teil der Umsetzung des »Rheinauenschutzkonzepts«.

Besonders schön ist in diesem Gebiet das relativ schmale Band der Silberweidenaue ausgebildet. Die Silber-Weide als vorherrschende Baumart wurde früher zumeist als Kopfweide genutzt. Heute sind die Bäume z.T. überaltert, machen aber immer noch den landschaftsprägenden Reiz der Gegend aus. An den Rändern des Silberweidenwaldes, teilweise auch an dessen Stelle, wachsen je nach Feuchte des Standorts Weiden- oder Schlehen-Ligustergebüsche. Stellenweise trifft man auf kleinflächige Röhrichtgesellschaften oder Großseggenriede. Nur noch in Resten vorhanden sind die überall in der Rheinebene durch Nutzungsänderung oder Nutzungsaufgabe stark zurückgegangenen Streu- oder Pfeifengraswiesen mit Arten wie Knollige Kratzdistel (*Cirsium tuberosum*), Kanten-Lauch (*Allium angulosum*), Prachtnelke (*Dianthus superbus*) und Natternzunge (*Ophioglossum vulgatum*).

Der Vielfalt der Vegetationsformen und Strukturen entspricht auch eine artenreiche Tierwelt. So berichtete 1903 der Heimatautor Oberländer: »In den Wiesen schnarrt der Wachtelkönig, und aus dem wasserreichen Rheinwalde ertönt das schauerliche »Prumb, prumb!« der großen Rohrdommel.« Ferner erwähnte er über drei Dutzend Großtrappen, die im Winter das Gebiet überflogen. Die drei namentlich erwähnten Arten sind zwar heute nicht mehr zu finden, doch nutzen besonders Vögel weiterhin die mannigfaltigen Vegetationszonen des »Sundheimer Grundes« als Brut-, Nahrungs-, Rast- oder Überwinterungsstätten. Neben Wald- und Gebüscharten wie die Turteltaube und die verschiedenen Grasmückenarten dominieren unter den Brutvögeln Schilfbewohner. Zu ihnen zählt auch der hier seltene Teichrohrsänger, dem wir die Redewendung »schimpfen wie ein Rohrspatz« verdanken. Die Reiherente und der stark gefährdete Zwergtaucher brüten ebenfalls hier. Nahrungs- und Wintergäste sind in erster Linie zahlreiche Entenarten, aber auch Flußuferläufer und der wieder häufiger anzutreffende

240 Der Altrheinarm bildet das Herzstück des Sundheimer Grundes.

Graureiher. Neben diesen und anderen Vögeln beherbergt das Gebiet verschiedene gefährdete Amphibien-, Libellen- und Schmetterlingsarten.

Wesentlicher Schutzzweck ist die Erhaltung eines für die Rheinaue charakteristischen Altrheinarmes und seiner Lebensgemeinschaften mit z.T. stark gefährdeten Tier- und Pflanzenarten, insbesondere auch seine Erhaltung als Rastplatz für eine Vielzahl durchziehender und überwinternder Vogelarten.

Die Lage des relativ kleinen Gebiets inmitten von landwirtschaftlich intensiv genutzten Flächen unterstreicht seine Bedeutung als Rückzugsfläche und Trittstein im Biotopverbund, macht es aber zugleich anfällig gegenüber zahlreichen Störungen: Düngung, Pflanzenschutzmittel und wilde Müllablagerungen gefährden die Gewässergüte, die Ufer und die Streuwiesenreste. Steigender Besucherdruck aus den angrenzenden Städten erforderte zum Schutz der lärmempfindlichen Brutvögel ein striktes Wegegebot und ein Paddelverbot auf dem Altrheinarm. Allerdings kann auch ein Naturschutzgebiet nichts gegen die dauerhaft höheren Wasserstände durch das Kulturwehr Kehl-Straßburg ausrichten. Sie ermöglichen, daß Fische aus dem Altrheinarm in die seitlichen Schlute vordringen und die Kinderstube der Amphibien als Nahrungsquelle nutzen; so ist der früher häufige Laubfrosch hier inzwischen vom Aussterben bedroht. Damit bei den seltenen Arten der Pfeifengraswiesen keine ähnliche Entwicklung eintritt und dieser historisch gewachsene Wiesentyp auch zukünftigen Generationen erhalten bleibt, werden die wenigen kleinen Flächen einmal im Herbst gemäht.

Besucherhinweis: Der »Sundheimer Grund« ist Lebensraum für viele seltene und gefährdete Tier- und Pflanzenarten. Er ist Brutgebiet, Nahrungsraum, Rastplatz und Winterquartier für zahlreiche Vogelarten. Verlassen Sie deshalb nicht die vorhandenen Wege und vermeiden Sie Lärm. Bei Interesse an natur- oder vogelkundlichen Führungen können Sie sich an die Ortsgruppe des Naturschutzbundes Deutschland (NABU) in Kehl, Fax 07851–482419, wenden.

F. Tribukait

Talebuckel

Landkreis: Ortenaukreis
Gemeinde: Stadt Offenburg
Gemarkung: Rammersweier
Naturraum: Ortenau-Bühler Vorberge
Geschützt seit 1995
Größe: 37 Hektar
Top. Karte: 7513 Offenburg

Das kleine Naturschutzgebiet »Talebuckel« nordöstlich von Offenburg verdankt seine Existenz dem »militärischen Schutz« durch einen bis 1991 betriebenen Standortübungsplatz. In der Offenburger Vorbergzone mit ihrem warmen Klima, den fruchtbaren Lößlehmböden und der entsprechend intensiven Nutzung durch Wein-und Obstbau, Ackerkulturen oder Kleingärten ist dieses Gebiet eine einmalige Rarität.

Aus dem bewegten Relief und den Geländeveränderungen durch die frühere militärische Nutzung resultieren im Zusammenspiel mit Sukzessionsvorgängen und der Schafbeweidung unterschiedlichste Kleinstandorte und Vegetationsstrukturen.

Das an strukturreiche Waldränder anschließende Grünland ist durchsetzt mit zahlreichen Hecken, Feldgehölzen, Einzelbäumen und Totholz. Der Streuobstbestand besteht aus über 80 alten, hochstämmigen Bäumen. Des weiteren sind Hochstaudenfluren, Schilfröhrichte und Großseggenbestände vorzufinden. Quellaustritte, wassergefüllte Fahrspuren und nasse Geländemulden werden von binsen- und seggenreicher Naßvegetation eingenommen. Böschungen, Lößanrisse und Trockenstandorte mit lückiger Vegetation erhöhen zusätzlich die Biotopvielfalt. Über ein Dutzend wassergefüllte bzw. mit Gehölzen eingewachsene Bom-

241 Tümpel und Lößanrisse, durch frühere Nutzung als Panzerübungsplätze entstandene Sekundärbiotope.

242 Ein Weibchen der Großen Weiden-Sandbiene (*Andrena vaga*) kehrt bepackt mit Weidenpollen, der ausschließlichen Nahrung, zum Erdnest zurück.

bentrichter aus dem zweiten Weltkrieg sind eine eigene Besonderheit des Gebiets.

Neuntöter und Dorngrasmücke nutzen z.B. das Extensivgrünland zur Nahrungssuche und die Feldgehölze zur Brut. Zahlreiche kleine Feuchtgebiete und Tümpel stellen Lebensräume für Ringelnatter, Amphibien und Libellen dar. Der Große Feuerfalter ist an die Feuchtgebiete und der Nierenfleck-Zipfelfalter (*Thecla betulae*) an die gehölzreiche, offene Landschaft gebunden. An sonnenexponierten Stellen mit lückiger Vegetation sind seltene Heuschrecken wie die Blauflügelige Ödlandschrecke (*Oedipoda caerulescens*) anzutreffen.

Eine herausragende Bedeutung verleiht dem Gebiet das Vorkommen von Wildbienen. Die große Zahl von 99 Arten, davon allein 33 Rote-Liste-Arten ergibt sich neben der klimatischen Begünstigung vor allem aus dem reichen Angebot unterschiedlicher Nistgelegenheiten und Nahrungspflanzen. Lößanrisse und andere vegetationsfreie Stellen werden von bodenbrütenden Arten genützt, Totholz dient der Nestanlage von Holzbienen und in Brombeerhecken finden sich Stengelnister. Verschiedene Schmetterlingsblütler, Weiderichgewächse, Korbblütler und vor allem die pollenreichen Weidenbestände bieten auch spezialisierten Wildbienen-Arten geeignete Nahrungsquellen.

A. Ostermann

Taubergießen

Landkreise: Ortenaukreis, Emmendingen
Gemeinden: Rheinhausen, Rust, Kappel-Grafenhausen, Rhinau, Schwanau
Gemarkungen: Oberhausen, Niederhausen, Rust, Kappel, Rhinau, Wittenweier
Naturraum: Offenburger Rheinebene
Geschützt seit 1979, Neufassung 1997
Größe: 1682 Hektar
Top. Karten: 7612 Lahr/Schwarzwald West, 7711/7712 Ettenheim

Am Rhein, südwestlich von Lahr liegt eines der größten und bekanntesten Schutzgebiete des Landes. Das Naturschutzgebiet »Taubergießen« umfaßt hier auf ca. 12 km Länge und bis zu 2,5 km Breite einen beispielhaften und naturkundlich einmaligen Ausschnitt der Rheinauelandschaft. Zwei Drittel der Fläche nehmen geschlossene Waldbestände ein. Ein Drittel be-

243 Die grundwassergespeisten »Gießen«, hier das »Blaue Loch«, frieren nie zu.

244 Altrhein mit Silberweidensaum, Schilfröhricht und Nußfrüchtigem Wasserstern (*Callitriche obtusangula*).

steht aus Gewässern und Wiesen, die mit Ackerflächen und Feldgehölzen durchsetzt sind.

Bis vor 150 Jahren erstreckte sich hier eine Wildstromlandschaft, die mit jedem Hochwasser ihr Gesicht veränderte. Sie war geprägt durch sich immer wieder verlagernde Gewässerläufe, zahllose Inseln, Sand- und Kiesbänke, Gebüsch und Niederwald. Hochwald und Wiesen gab es nur auf kleinen Flächen. Die häufigen Gewannbezeichnungen auf »-grund« (nasse Senke) oder auf »-kopf« (Insel) erinnern heute noch an diese Zeit.

Mitte des 19. Jahrhunderts wurde der verästelte Wildstrom in einem künstlichen Mittelwasserbett zusammengefaßt. Nach dieser »Rheinkorrektion« setzte mit dem Bau von Hochwasserdämmen und einer zunehmenden Erschließung die planmäßige land- und forstwirtschaftliche Nutzung des Gebiets ein. Im Zuge des modernen »Rheinausbaus« leitete man schließlich 1964 bis 1967 auch im Bereich des Taubergießen die Hauptwassermenge zur Stromgewinnung über einen Seitenkanal mit Staustufe ab.

Überflutungen des Auewaldes treten seitdem kaum mehr als einmal jährlich und nicht mehr mit der geländeverändernden Dynamik früherer Zeiten auf. Einst typische Arten wie Schwarzstorch, Fischadler, Lachs oder Otter verschwanden ebenso wie die früher häufige Tamariske aus der »kultivierten« Rheinauelandschaft.

Heute bedecken Wasserflächen immer noch ein Achtel des Gebiets, Sand- und Kiesbänke sind dagegen längst überwachsen. Statt Gebüsch und Niederwälder bestimmen schon seit langem geschlossene Mittel- bzw. Hochwälder das Landschaftsbild. Die Wiesenbereiche sind trotz des teilweisen Umbruchs in Ackerflächen insgesamt großflächiger als vor der Rheinkorrektion.

In den zahlreichen Altarmen und »Gießen«, in dem bewegten Auenrelief mit unterschiedlichsten Bodenverhältnissen und in den naturnahen Silberweidenbeständen findet man aber immer noch typische Auenelemente. Selbst in den Magerrasen binnenseits des Hochwasserdamms (und auf dem Damm) kommen Tier-

245 An den alten Hochwasserdämmen sind u. a. Orchideen und seltene Insektenarten zu entdecken.

und Pflanzenarten vor, die ursprünglich auf den trockenen Kiesrücken der Stromtalaue beheimatet waren.

Diese vielfältige Kulturlandschaft beherbergt in verschiedensten Biotopstrukturen eine außergewöhnlich hohe Zahl an sonst seltenen Tier- und Pflanzenarten. Die Wälder zeichnen sich durch ihre Baumartenvielfalt (Eiche, Esche, Erle, Weide, Pappel, Ulme, Hainbuche, Wildobst u.a.m.), hochrankende Waldreben, Weidensäume an den Gewässerläufen und durch mächtige Eichen aus. Hier kann man das tropisch anmutende Flöten des Pirols oder das klagende Rufen des Mittelspechts hören. In den besonders naturnahen Bannwäldern findet auf 170 ha seit 1982 keine forstliche Nutzung mehr statt, es entstehen hier die »Urwälder von Morgen«.

Auf der durch den Rückstau der Staustufe Gerstheim entstandenen großen Wasserfläche im Bereich der Innenrheinmündung finden sich alljährlich Tausende von Wasservögeln als Durchzügler und Wintergäste ein. Allein über ein Dutzend Entenarten können hier beobachtet werden. Flußseeschwalben brüten in einem Flachwasserbereich auf dort verankerten, künstlichen Nistflößen.

Von den 683 Farn- und Blütenpflanzen des Schutzgebiets sind die Orchideen der Magerrasen für viele Naturfreunde die größte Besonderheit. Arten wie Hummel-Ragwurz (*Ophrys holosericea*), Spinnen-Ragwurz (*O. sphecodes*) oder Helm-Knabenkraut (*Orchis militaris*) sind hier keine Seltenheit und von den Wegen aus, unter anderem an den alten Hochwasserdämmen, gut zu sehen.

Beeindruckend ist auch die Artenfülle unter den Insekten in den bunt blühenden Magerwiesen. Zahlreiche bestandsgefährdete Heuschrecken-, Spinnen-, Laufkäfer-, Wildbienen- oder Schmetterlingsarten haben hier noch gesicherte Lebensräume. Der Schwalbenschwanz (*Papilio machaon*) oder das Schachbrett (*Melanargia galathea*) zählen dabei nicht einmal zu den Raritäten. In den verstreut liegenden Feldgehölzen und Hecken brüten z.B. Neuntöter und Turteltauben.

An den Altarmen fallen im Sommer beson-

246 Halbtrockenrasen mit Knolliger Kratzdistel (*Cirsium tuberosum*).

247 Das Wald-Wiesenvögelchen (*Coenonympha hero*) ist einer der seltenen Schmetterlinge des Taubergießen.

ders die zahlreichen Libellen wie z.B. die Blauflügel-Prachtlibelle (*Calopteryx virgo*) auf. Mit etwas Glück kann man auch eine Ringelnatter oder den scheuen Eisvogel zu Gesicht bekommen. Die schwimmenden Teppiche des Flutenden Hahnenfußes (*Ranunculus fluitans*) sind besonders attraktiv, wenn seine weißen Blüten die Wasserfläche bedecken.

Ein nur in der Rheinauelandschaft vorkommendes Naturphänomen sind die »Gießen«. Bestimmte Pflanzen, z.B. Armleuchteralgen (*Chara spec.*) und Tannenwedel (*Hippuris vulgaris*) kommen nur in diesen nährstoffarmen und glasklaren Quellgewässern vor. Der bekannteste der hier zahlreichen Gießen ist das »Blauloch«.

Die Bemühungen, diesen einzigartigen Landschaftsbereich unter Schutz zu stellen, reichen bis 1930 zurück. Seit 1955 ist der Taubergießen Landschaftsschutzgebiet und seit 1979 Naturschutzgebiet. Mit einer neuen Verordnung wurde 1997 der rechtliche Schutz nochmals verstärkt. Die 1982 erfolgte Ausweisung von insgesamt 337 ha großen Schon- und Bannwäldern trägt auf beispielhafte Weise zum Gebietsschutz bei.

Ein Großteil des Naturschutzgebiets (ca. 1000 ha) befindet sich im Eigentum der elsässischen Gemeinde Rhinau. Dazu zählen der überwiegende Teil der Wiesen und der Schon- und Bannwälder. Um jahrelange Konflikte über Nutzungsvorstellungen und Naturschutzinteressen beizulegen, wurden 1982 zwischen der Gemeinde und dem Land Baden-Württemberg vertragliche Vereinbarungen über eine extensive Bewirtschaftung der Wiesen und eine naturschutzgerechte Behandlung des Waldes getroffen.

Jagd und Fischerei sind im Taubergießen nicht ausgeschlossen, unterliegen aber naturverträglichen Regelungen. Der Kiesabbau im Bereich der großen Wasserfläche war bereits genehmigt, bevor man die herausragende Bedeutung des Sees für die Wasservogelwelt erkannte und bevor das Naturschutzgebiet ausgewiesen wurde. Das abschnittsweise auf den Stock setzen der Feldgehölze erhält dagegen als traditionelle Brennholznutzung die für Heckenbrüter notwendige Stufigkeit der Gehölzbestände.

Besucherhinweis: Informationstafeln an den Hauptzugängen erleichtern Ihnen die Orientierung in dem weitläufigen Gelände. Sie enthalten u.a. Hinweise zu den Rundwanderwegen, die durch einen repräsentativen Querschnitt der Wiesen, Gewässer und Wälder führen, zu den wichtigsten Verbindungswegen

248 Der Eisvogel findet an den Altrheinarmen ideale Nahrungs- und Nistmöglichkeiten.

und zu den im Gebiet zu beachtenden Verhaltensregeln (Wegegebot usw.). An der Rheinfähre Kappel befindet sich als zentrale Informationsstelle das »Zollhaus Taubergießen«. Es beherbergt eine kleine Naturschutzausstellung und dient dem überwachenden Naturschutzdienst als Stützpunkt.

Bootsfahren innerhalb des Gebiets ist nur auf einem gekennzeichneten Gewässerlauf (festgelegte Ein- und Aussatzstellen u. a. beachten!) erlaubt. Gewerblich veranstaltete Bootsfahrten sind auf naturkundliche Fahrten mit den traditionellen Fischernachen beschränkt.

A. Ostermann

Thomasschollen

Landkreis: Ortenaukreis
Gemeinden: Meißenheim, Schwanau
Gemarkungen: Meißenheim, Ottenheim
Naturraum: Offenburger Rheinebene
Geschützt seit 1996
Größe: 221 Hektar
Top. Karten: 7512 Neuried, 7612 Lahr/Schwarzwald West

Westlich von Meißenheim und nordwestlich von Ottenheim liegt auf etwa 150 m ü. NN in der Oberrheinniederung der Nordteil des Ottenheimer Rheinwaldes. Im Südosten schließt als Fortsatz außerhalb des Waldes ein Abschnitt des Mühlbaches an.

Nach der Tulla'schen Rheinbegradigung ging der mittlere Grundwasserstand leicht zurück. Seit dem Bau der Rheinstaustufe Gerstheim bleiben die früher regelmäßigen Überflutungen aus. Grundwassernahe Standorte herrschen vor.

Das Gebiet ist außerordentlich gewässerreich. Im Südosten und Nordosten finden sich zwei Quellaustritte. Zu den zahlreichen Trübwasserabflüssen zählen der Mühlbach im Südosten und ein unterhalb anschließender breiter Gewässerabschnitt, der als »Brand« bezeichnet wird. An ihm finden sich Buchten mit Stillgewässercharakter und ausgedehnten Schilfröhrichten, die vor allem große Bedeutung als Brutgebiet für verschiedene, z. T. sehr seltene Wasservögel und für Schilfbewohner haben.

Ein niedriges Wehr im Brand ist der Grund dafür, daß oberhalb davon eine ausgedehnte Flachwasser- und Verlandungszone entstanden ist. Kleine Stillgewässer wurden in jüngerer Zeit bei der Räumung und Entschlammung einiger der Schluten angelegt. Schließlich befinden sich im Gebiet zwei kleine Baggerseen. Im Süden ist ein Teil der Wasserfläche eines angrenzenden großen Baggersees in das Naturschutzgebiet einbezogen. Hier wie in dahinterliegenden geschützten Buchten existiert ein reiches Wasservogelleben.

Langsam durchflossene Altwasser und einige Schluten weisen ausgedehnte Flächen mit Weißer Seerose (*Nymphaea alba*) oder Gelber Teichrose (*Nuphar lutea*) auf.

Im Thomasschollen ist nahezu das gesamte Spektrum der in der Rheinniederung vorkommenden Bodentypen vertreten, wobei grundwassernahe Standorte vorherrschen. Wälder ähnlich denen in der tiefen Hartholzaue nehmen dabei über die Hälfte der Fläche ein.

Aus Naturschutzsicht besonders wertvoll sind heute ehemalige Mittelwälder und durchgewachsene Faschinenwälder. Sie enthalten zum einen Stiel-Eiche und Esche, zum anderen an Silber-Weide, Silber- und Schwarz-Pappel reiche Altbestände mit großkronigen – da früher solitär gewachsenen – Baumgestalten. Jüngere, vor allem eschenreiche Waldbestände entsprechen in weiten Bereichen der Naturschutzzielsetzung, das Schutzgebiet als »Naturwaldzelle« zu erhalten und zu entwickeln.

Der »Schützenkopf« im Norden des Gebietes trägt auf teilweise sehr kiesigem Untergrund einen Trespen-Halbtrockenrasen. Neben einer ganzen Reihe von Orchideenarten kommen hier z.B. auch die Pracht-Nelke (*Dianthus superbus*) oder die Knollige Kratzdistel (*Cirsium tuberosum*) vor, die darauf hindeuten, daß der Boden im Jahresverlauf stellenweise auch über längere Zeit feuchter sein kann. Der Halbtrockenrasen erhält jährlich eine Mahd als Pflege. Nur so ist diese Besonderheit zu erhalten.

Im Naturschutzgebiet brüten einige, z. T. seltene Wasservogelarten. Das Zentrum der oberrheinischen Brutpopulation der Schnatterente liegt im Gebiet um Ottenheim und Meißenheim. Schilfbrüter sowie verschiedene Specht-

249 Wechselfeuchter Trespen-Halbtrockenrasen im »Schützenkopf« mit der rotblühenden Hundswurz (*Anacamptis pyramidalis*), einer Orchideenart, dem gelbblühenden Gewöhnlichen Hornklee (*Lotus corniculatus*) und (etwa in Bildmitte) einigen Köpfen der Knolligen Kratzdistel (*Cirsium tuberosum*).

und Greifvogelarten, die von den Altholzbeständen profitieren, runden das Bild einer an seltenen Arten reichen Vogelwelt ab. Außerdem dient das Gebiet einer Vielzahl von Libellenarten als Fortpflanzungs- und Nahrungshabitat. Auch aus botanischer Sicht ist das Gebiet durch das Vorkommen von einigen seltenen Arten bemerkenswert.

Wesentlicher Schutzzweck ist die Erhaltung eines für die Rheinaue charakteristischen Gebiets mit Gewässern, Uferzonen, Wäldern und Halbtrockenrasen als Lebensraum für zahlreiche Tier- und Pflanzengemeinschaften und die in ihnen vorkommenden, z.T. seltenen und gefährdeten Arten, wobei Wasservögel besonders hervorzuheben sind.

Besucherhinweis: Um Störungen von Tieren möglichst fernzuhalten, sind einige Vorschriften erlassen worden. Vor allem während der Brut- und Aufzuchtzeit, aber auch sonst, sind Vögel – und hier insbesondere Wasservögel – besonders störanfällig. So darf nur ein einziger Wasserlauf mit Booten befahren werden. Das Tauchen und Baden ist verboten (Baden nur an einem kleinen Baggersee erlaubt). Für die Wasservogeljagd gibt es ebenfalls gewisse Regelungen. Außerdem ist das Verlassen der Wege eingeschränkt. Fischer und Angler dürfen Stege und Bootsanlegestellen nicht ohne weiteres anlegen.

Um den naturschützerischen Wert des Waldes zu erhalten und zu entwickeln, sind auch für die forstliche Bewirtschaftung Regelungen getroffen worden. Ein wichtiger Punkt ist dabei die Pflege der uferbegleitenden Vegetation. Außerdem sind vor allem Baumarten, die seit jeher im Gebiet heimisch waren, zu fördern.

W. Kramer

Unterwassermatten

Landkreis: Ortenaukreis
Gemeinden: Hohberg, Neuried, Schutterwald
Gemarkungen: Hofweier, Niederschopfheim, Dundenheim, Schutterwald
Naturraum: Offenburger Rheinebene
Geschützt seit 1997
Größe: 317 Hektar
Top. Karte: 7513 Offenburg

Das Naturschutzgebiet »Unterwassermatten« erstreckt sich westlich des Ortsteils Höfen von Schutterwald in einer Höhe von 146 bis 148 m ü. NN in der Schutterniederung. Es handelt sich um ein Wiesengebiet mit einigen Ackeranteilen. Es ist geprägt durch einen hohen Grundwasserstand und gelegentliche Überflutungen. Bei anhaltenden Regenfällen kann das Wasser nicht mehr zügig abfließen, so daß das Grundwasser an der Oberfläche zutage tritt. Mehrere Gewässer fließen durch das Gebiet: Schutter,

Schütterle, Oberschopfheimer Allmendkanal, Bruchgraben und weitere Gräben. Außerdem befinden sich in ehemaligen Bombentrichtern zahlreiche Stillgewässer. Bis zum Aufkommen der Mineraldüngung wurden die Wiesen, um über das Wasser eine gewisse Nährstoffzufuhr zu erzielen, noch bis zu dreimal jährlich gewässert. Die Unterwässer- und Schutterwiesen-Wässergenossenschaft wurde jedoch letztendlich 1962 aufgelöst. Heute dienen die Gräben nur noch der Entwässerung. Sie sind mit Gehölzen bestanden oder von Schilfröhrichten gesäumt. An einigen feuchten, nicht bewirtschafteten Stellen hat sich Schilfröhricht auch flächig ausgebreitet.

In den nässesten Bereichen der noch gemähten Wiesen dominieren verschiedene Seggenarten wie Schlank- und Kamm-Segge (*Carex gracilis* und *C. disticha*). Sie werden als Streuwiesen einmal jährlich im Spätsommer oder Herbst gemäht. Stellenweise sind auch Arten der Pfeifengraswiesen wie das Blaue Pfeifengras (*Molinia caerulea*), der Gewöhnliche Teufelsabbiß (*Succisa pratensis*) oder die Pracht-Nelke (*Dianthus superbus*) eingestreut.

Auf nicht ganz so nassen Standorten sind artenreiche und sehr blumenbunte Wiesenknopf-Silgenwiesen mit dem Großen Wiesenknopf (*Sanguisorba officinalis*) und der Wiesensilge (*Silaum silaus*) ausgebildet. Sie werden jährlich zweimal gemäht. Auf noch trockeneren, jedoch immer noch feuchten Böden kommen schließlich Glatthaferwiesen mit der Kohldistel (*Cirsium oleraceum*) oder dem Wiesen-Fuchsschwanz (*Alopecurus pratensis*) vor. Auch diese Wiesen sind artenreich.

Sehr große Flächen wurden erst vor wenigen Jahren wieder als Wiesen eingesät, nachdem auf ihnen über mehrere Jahre hinweg Mais angebaut worden war. Die Flächen gehörten zum privaten Marienhof in Schutterwald und wurden vom Land Baden-Württemberg für Naturschutzzwecke erworben (165 ha am Stück!).

Die ausgedehnte Wiesenlandschaft hat große Bedeutung für das Vorkommen einiger Wiesenbrüter unter den Vögeln. Allen voran ist der Große Brachvogel zu nennen, ein Watvogel mit auffallend langem, gebogenem Schnabel, mit dem er im weichen Boden nach Nahrung – vor allem verschiedenste Insekten samt ihren Larven und Würmer – stochern kann.

Auch der Kiebitz als weitere Watvogelart oder Limikole brütet hier, z.T. auch auf Äckern, jedoch immer in der Nähe von Grünland. Die Art fällt im Frühjahr vor allem durch ihre reißend-gaukelnden Balzflüge auf, bei

250 Schilfröhricht mit angrenzendem Gehölz inmitten der Wiesenlandschaft der Unterwassermatten.

251 Jungvogel der Rohrweihe.

denen sie weithin hörbare Rufe, nach denen sie ihren Namen erhalten hat, ertönen läßt. In Jahren mit besonders hohen Grundwasserständen im Frühjahr brütet auch die Bekassine, eine Schnepfenart, im Gebiet; sonst ist sie regelmäßig als Durchzügler zu sehen.

Das Nebeneinander von Hecken und Gebüschen sowie Wiesen ist wichtig für die hier vorkommenden Vogelarten Neuntöter und Dorngrasmücke. Die regelmäßige Brut von ein bis drei Paaren der sehr seltenen Rohrweihe macht das Gebiet ganz besonders wertvoll. Die Art nistet in Schilfröhrichten. Beim Jagen fliegen die Vögel wie auch andere Weihenarten ziemlich nahe über dem Boden. Bei der als Durchzügler oder Wintergast auftretenden Kornweihe ist dies noch extremer ausgeprägt. Im übrigen sind die »Unterwassermatten« ein bedeutsames Durchzugs- bzw. Überwinterungsgebiet für weitere Vogelarten.

Die übrige Tierwelt ist z.B. mit einer beachtlichen Zahl von Heuschrecken- und Tagfalterarten vertreten. Das libellenreichste Gewässer ist das Schütterle mit bisher 16 nachgewiesenen Arten, darunter auch dem gefährdeten Südlichen Blaupfeil (*Orthetrum brunneum*).

Im eher artenärmeren Oberschopfheimer Allmendkanal sticht das Vorkommen der europaweit gefährdeten Helm-Azurjungfer (*Coenagrion mercuriale*) und des Spitzenflecks (*Libellula fulva*) heraus.

Die Wasserschnecken- und Großmuschelarten sind bemerkenswert zahlreich. Besonders hervorzuheben sind dabei die Bestände der stark gefährdeten Arten Malermuschel und Kleine Flußmuschel (*Unio pictorum* und *U. crassus*). Letzere besitzt eines ihrer beiden besten Vorkommen in Baden-Württemberg in der Schutter.

Wesentlicher Schutzzweck ist die Erhaltung eines weiträumigen, von natürlichen und künstlichen Gewässern durchflossenen Wiesengebiets mit hohen Grundwasserständen und gelegentlichen Überflutungen von Teilflächen als Lebensraum mehrerer z.T. gefährdeter Tier- und Pflanzenarten. Dabei ist besonders die Eigenschaft als Brut-, Durchzugs- und Überwinterungsgebiet zahlreicher Vogelarten hervorzuheben.

Besucherhinweis: Durch die Schutzgebietsverordnung sind einige Punkte geregelt, die Beunruhigungen vor allem von der Vogelwelt fernhalten sollen. Dazu gehören z.B. die Verbote, die Wege zu verlassen, zu reiten, zwischen 1. März und 30. September Wanderungen oder ähnliches mit mehr als 40 Teilnehmern durchzuführen, aber auch zeitlich befristete Einschränkungen bei der landwirtschaftlichen Nutzung (Frühjahrsbodenpflege), der Jagd (Regelung für Jagdhunde), der Fischerei (Angelverbot für bestimmte Gewässerabschnitte) und bei Unterhaltungsarbeiten an Gewässern.

Zur Erhaltung der Lebensräume darf z.B. Dauergrünland und Ödland nicht umgebrochen werden. Ins Schilf dürfen außerdem keine Schneisen für die Jagdausübung gemäht werden.

Im übrigen ist die Entwicklung der neu eingesäten Wiesen zu verfolgen. Es ist zu hoffen, daß das Gebiet für Wiesenbrüter mittelfristig nach einer zwischenzeitlichen Verschlechterung durch den Umbruch alter Wiesen wieder besser wird. Eine Aufwertung könnten auch das Anlegen von Flutmulden (als Tränke z.B. für den Großen Brachvogel und als Anziehungspunkt für durchziehende Limikolen) sowie die Wiedereinrichtung der Wiesenwässerung zumindest in einem Teilgebiet bringen. Möglicherweise stehen dem jedoch wasserwirtschaftliche Maßnahmen, die zur Abwendung von Hochwasserschäden bei den unterhalb liegenden Ortschaften getroffen werden müssen, entgegen. *W. Kramer*

Waldmatten

Landkreis: Ortenaukreis
Gemeinde: Schwanau
Gemarkungen: Wittenweier, Nonnenweier
Naturraum: Offenburger Rheinebene
Geschützt seit 1985
Größe: 48 Hektar
Top. Karte: 7612 Lahr/Schwarzwald West

Fährt man durch die heutige, vor allem vom Maisanbau geprägte Ackerlandschaft der südlichen Oberrheinebene, fallen vielerorts beiderseits des Rheins schwarze Moorböden auf. Meist sieht man in solchen Gebieten auch noch kleinere Schilfbestände entlang von Wegen und Gräben. Ist die Landschaft nicht völlig trockengelegt, sind hier stellenweise sogar noch Feuchtwiesen vorhanden.

Die aus Schwarzwald und Vogesen kommenden Flüsse und Bäche flossen dem Rhein nicht auf kurzem Weg zu, sondern begleiteten ihn noch auf langen Strecken. Hohe Grundwasserstände und langsamer Abfluß besonders auch der Hochwässer führten zu großflächigen Versumpfungen. Es entstanden die ausgedehnten Riedlandschaften, aus denen das Wasser allerdings heute nach Kulturbaumaßnahmen am Rhein und seinen Seitenflüssen beschleunigt abgeführt wird.

Zwischen den Talvermoorungen von Dreisam, Glotter und Elz im Süden und der Kinzig-Murg-Rinne im Norden bildeten die kleine Unditz mit Seitenbächen und die Schutter kaum weniger ausgedehnte Sumpflandschaften. Die bis heute trotz verstärkter Entwässerung feuchten und stellenweise sogar noch nassen, großflächigen Wälder beiderseits der Autobahn zwischen Ettenheim und Lahr sind nach wie vor eindrucksvolle Überbleibsel dieser Landschaft. Das tieferliegende Offenland wurde in dieser Gegend bis in jüngste Zeit durch kunstvolle Verteilung des Wassers über viele Markungen und sogar Wasserscheiden hinweg als Wiesenland bewirtschaftet. Heute durchziehen trockengefallene Wassergräben mit funktionslosen Stellfallen die Maisäcker. Mächtige solitäre Eichen und Silber-Weiden, diese oft als durchgewachsene Kopfbäume, erinnern noch an die alte Landschaft. Die der Luft und den Niederschlägen ausgesetzten Moorböden zersetzen sich in wenigen Jahren oder werden weggeschwemmt und Lehm, oft auch nackter Kies kommen zum Vorschein. Sie können dennoch mit intensiver Düngung ertragbringend bewirtschaftet werden.

Zum Glück konnten einige Beispiele dieser Wiesenlandschaften der Rheinebene – wenngleich ramponiert – bis in die heutige Zeit hinübergerettet werden, hierunter auch Teile der »Waldmatten« von Wittenweier und Nonnenweier. Dort findet man noch ausgedehnte und zusammenhängende Wiesen. Erhebliche Bereiche sind so naß, daß sie früher nur als Streuwiesen genutzt wurden, was am Oberrhein eher selten war, da es Stroh gab. Unterbleibt die Streumahd, bildet sich unter den produktiven Bedingungen der Oberrheinebene sehr schnell mehrere Meter hohes Schilfröhricht, das später von Gebüschen abgelöst wird, die die Entwicklung zu Wäldern einleiten. Diese Prozesse läßt man auf einem Teil der Waldmatten bewußt zu, um Lebensräume z.B. für Teichrohrsänger, Laubfrosch und Neuntöter zu erhalten. Der größte Teil der Naßwiesen wird allerdings gemäht, um Großseggenriede und andere Feuchtvegetation mit ihren charakteristischen Pflanzen und Tieren zu erhalten. Die Waldmatten gehören zu den wertvollsten Feuchtwiesen am südlichen Oberrhein, mit großen Beständen des Breitblättrigen Knabenkrauts (*Dactylorhiza majalis*), der Gelben Wiesenraute (*Thalictrum flavum*), der Gewöhnlichen Natternzunge (*Ophioglossum vulgatum*) sowie etlichen gefährdeten Sauergräsern. In den Naßwiesen brütet die Bekassine und hier lebt auch der in der Rheinebene sonst kaum noch vorkommende Mädesüß-Perlmutterfalter (*Brenthis ino*).

Die westlichen Bereiche des Naturschutzgebiets sind nicht so naß, sie werden von Kohldi-

252 Scharf ist der Kontrast zwischen Intensiv-Landwirtschaft und Naturschutz...

253 Hoher Wasserstand in den Waldmatten.

254 Das Ufer des Kiessees mit Sumpf-Greiskraut (*Senecio paludosus*).

stel-Wiesen mit kleineren Seggenbeständen und Röhrichten an Gräben und Senken eingenommen. Diese Wiesen liefern auch heute noch als Futter nutzbares Heu und werden im Rahmen des Vertragsnaturschutzes bewirtschaftet. Hier brüten Großer Brachvogel und Grauammer und im Winter sind fast immer Kornweihen zu Gast. Großer Feuerfalter (*Lycaena dispar*), Großer Heufalter (*Colias hyale*) und Kurzschwänziger Bläuling (*Everes argiades*) sind hier Charakterfalter. Die im Spätwinter oft überschwemmten Flächen sind für rückziehende Vögel wichtig, oft halten sich große Trupps von Kiebitzen hier auf.

In den fast dauernd wasserführenden Gräben und Senken finden 25 Libellenarten (darunter neun gefährdete Arten) sowie Gelbbauchunke und Laubfrosch Brutgewässer.

Unter der südlichen Oberrheinebene liegen große Kiesvorkommen, bei deren Abbau zahlreiche Baggerseen entstanden. Einer dieser Seen grenzt im Süden an das Naturschutzgebiet. An seinem nördlichen Ufer konnten sich gut strukturierte Verlandungszonen entwickeln.

Die nördlich daran anschließenden Naßwiesen werden infolge der artesischen Spannung des Wassers des Baggersees in den letzten Jahren durch Druckwasser von unten zunehmend vernäßt. Noch ist es jedenfalls möglich, diese Bereiche im Herbst bei niedrigem Wasserstand zu mähen.

Der Baggersee selbst ist Winterquartier der am Oberrhein üblichen Schwimmvögel. Das Nordufer ist als Teil des Naturschutzgebiets für Besucher gesperrt und mußte abgezäunt werden, da sich manche Badegäste nicht mit dem weitaus größeren und bequemeren Badestrand begnügen wollen. Leider wird der Zaun dauernd niedergerissen, was zeigt, wie gering die Einsicht mancher Zeitgenossen ist, der Natur ebenfalls Ruhezonen und Entwicklungsraum zuzugestehen.

Die Ortsgruppe Lahr des Naturschutzbunds Deutschland betreut das Schutzgebiet mit großem Engagement und dokumentiert die Entwicklungen der wichtigen Tier- und Pflanzenbestände in vorbildlicher Weise in jährlichen Berichten.
J.-U Meineke

OPPENAU

GENGENBACH

141

814
Kalt-
brunn
Hinter AL
heubach Wutachen
Vortal
AT Schenke
Kuhberg
der Berg
bach 337

B 294
SCHI
Lehengerich
670
Rapvasser
Diesenhof
AT 825
879
swaldkopf Lauterbach
bühl Hinterbach
Bremenloch
SCHRAMB
Falken Purpen
888 Eich R
bach
Gersbach
Tennenbronn
Unter
Schwarzen Bruck schli
buch

144

138

44
143

128

171
182 174

45
172
176

41

52

Landkreis Rottweil

Albeck

Landkreis: Rottweil
Gemeinde: Stadt Sulz
Gemarkung: Sulz
Naturraum: Obere Gäue
Geschützt seit 1971
Größe: 11,6 Hektar
Top. Karte: 7617 Sulz am Neckar

Ältestes Naturschutzgebiet im Landkreis Rottweil ist die Schafweide unterhalb der Ruine Albeck bei Sulz am Neckar. Anlaß der Unterschutzstellung war die Euphorie einer Aufforstungswelle in den 50er Jahren, die auch den schönen Weidehang zwischen der Domäne Geroldseck und der Ruine Albeck zu erfassen drohte. So wurde der Hang 1959 als Landschaftsschutzgebiet ausgewiesen, das dann nach Ankauf durch das Land Baden-Württemberg in ein Naturschutzgebiet umgewandelt wurde.

Das Schutzgebiet liegt wie alle schutzwürdigen Schafweiden des Oberen Neckartals im Oberen Muschelkalk. Nur im Norden, dem tiefstgelegenen Teil des Gebiets, steht Mittlerer Muschelkalk an. Die Felskanzel aus Trigonodus-Dolomit unterhalb der Ruine Albeck wird im Westen von einem tiefen, vermutlich künstlich geschaffenen Graben begrenzt. Die Steinschutthalde unterhalb des Grabens stammt aus dem Aushubmaterial dieses Grabens.

Auf dem größten Teil des Schutzgebiets wachsen artenreiche Enzian-Halbtrockenrasen in verschiedenen Ausbildungen. Die typische Ausbildung der Gesellschaft ist kurzrasig und zeichnet sich durch verschiedene Enzian-Arten (*Gentiana germanica, G. ciliata*) sowie Stengellose Kratzdistel (*Cirsium acaule*) und Silberdistel (*Carlina acaulis*) aus. An besonders trockenen, lückigen Stellen blühen im zeitigen Frühjahr die Küchenschelle (*Pulsatilla vulgaris*) und das Frühlings-Fingerkraut (*Potentilla tabernaemontani*), auf etwas frischerem Untergrund finden sich ausgedehnte Bestände der Arznei-Schlüsselblume (*Primula veris*). Die im Frühsommer blühenden Orchideenarten Bienen-Ragwurz (*Ophrys apifera*) und Rie-

255 Artenreicher Enzian-Schillergras-Halbtrockenrasen mit Wacholder.

menzunge (*Himantoglossum hircinum*) sind floristische Kostbarkeiten des Gebiets. Beide Arten finden sich gehäuft in versaumten Bereichen am Rande der Gebüsche und einzeln stehender Wacholder. Mit zum überraschend buntblumigen Aspekt der Schafweide tragen Büschel-Glockenblume (*Campanula glomerata*), Edel-Gamander (*Teucrium chamaedrys*), Sonnenröschen (*Helianthemum nummularium*), Karthäuser-Nelke (*Dianthus carthusianorum*), Aufrechter Ziest (*Stachys recta*), Wiesen-Salbei (*Salvia pratensis*) und Feld-Thymian (*Thymus pulegioides*) bei.

Eine äußerst lückige Ausbildung der Gesellschaft findet sich auf Steinschutt und anstehendem Fels in der Steilhalde unterhalb der Ruine Albeck. Hier treten zu den bereits genannten Arten zahlreiche attraktive Saumarten hinzu wie Großes Windröschen (*Anemone sylvestris*), Ästige Graslilie (*Anthericum ramosum*), Kalk-Aster (*Aster amellus*), Sichelblättriges Hasenohr (*Bupleurum falcatum*), Blut-Storchschnabel (*Geranium sanguineum*) und Dost (*Origanum vulgare*). Auf den eingestreuten Felstreppen siedeln Arten der Felsgrus- und Felsbandgesellschaften wie Weißer und Scharfer Mauerpfeffer (*Sedum album* und *S. acre*).

Durch Hunderte von Einzel-Wacholdern, markante Solitärbäume, Dornengebüsche und flächige Vorwaldgesellschaften ist die Heide reich strukturiert und bietet insbesondere im Zeitraum der Herbstverfärbung der Bäume ein ungeheuer buntes Bild. Heute ist es kaum mehr vorstellbar, daß sich früher in dem Bereich, wo sich die meisten Bäume, insbesondere auch alte Obstbäume konzentrieren, Weinberge befanden; doch gibt es neben schriftlichen Quellen dazu auch noch konkrete Hinweise im Gelände wie senkrecht zum Hang verlaufende, mächtige Steinriegel. Wie der hier gewachsene Wein allerdings schmeckte, wurde nicht überliefert, doch ist bekannt, daß der Weinbau bei uns früher ganz allgemein wesentlich größere Flächen einnahm und neben anderen Gründen schon von daher davon ausgegangen werden muß, daß an die Qualität dieses Produktes zwangsläufig kein so hoher Anspruch gestellt wurde.

Bis zu fünfmal jährlich wird das Naturschutzgebiet heute von einem Schäfer beweidet, um es in dem derzeitigen Zustand zu erhalten. Doch ist diese Nutzung heute lediglich eine notwendige Bedingung, um einer Veränderung der Artenzusammensetzung in der Wacholderheide entgegenzuwirken. Hinreichende Bedingung zum langfristigen Erhalt dieses floristischen und faunistischen Kleinods im Oberen Neckartal sind regelmäßige Entbuschungs- und Enthurstungsmaßnahmen, die jetzt schon seit vielen Jahren und mit beträchtlichem Aufwand, aber auch sichtbarem Erfolg durchgeführt werden.
M. Witschel

Brandhalde

Landkreis: Rottweil
Gemeinde: Stadt Oberndorf
Gemarkung: Aistaig
Naturraum: Obere Gäue
Geschützt seit 1981
Größe: 10 Hektar
Top. Karte: 7617 Sulz am Neckar

Im Vergleich zur Schwäbischen Alb mit ihren zahlreichen Jurafelsen weist das im wesentlichen im Muschelkalk verlaufende Obere Neckartal nur wenige eindrucksvolle Felsen auf. Der Bollerfels im Naturschutzgebiet »Brandhalde« ist das größte Felsmassiv im Gebiet und unstrittig eines der ökologisch interessantesten und wertvollsten. Derart große Felskomplexe sind in einer potentiellen Waldlandschaft von besonderem vegetationskundlichem, pflanzengeographischem und arealhistorischem Wert. Die als »mitteleuropäische Grundsukzession« bezeichnete Abfolge von Waldtypen nach dem Rückgang des Eises im Spätglazial ist hier in den Anfangsstadien stehengeblieben. Baum- und Krautarten des Spätglazials und vor allem der postglazialen Wärmezeit konnten einwandern, ohne später bei verändertem Klima von höher- und raschwüchsigeren, konkurrenzkräftigeren Arten wieder verdrängt zu werden. Licht- und wärmeliebende Arten hatten hier ein Refugium.

Die Vegetation am Bollerfels läßt sich am treffendsten mit dem von Robert Gradmann geprägten Begriff der »Steppenheide« charak-

256 Die Vegetation am Bollerfels läßt sich am treffendsten mit dem Begriff »Steppenheide« charakterisieren.

terisieren. Sie besteht aus einem Gemisch von Hochstauden, niederen Kräutern, Gräsern, Moosen und Flechten mit spärlich eingestreuten Sträuchern und einzelnen krüppelwüchsigen Bäumen, wobei der Pflanzenbewuchs den Boden selten vollständig bedeckt. Die unzugänglichsten Stellen am Fels, in Nischen und Vorsprüngen, aber auch kleine Schuttkegel werden von der Kelchsteinkraut-Mauerpfeffergesellschaft gleichsam überzogen. Sind die Felsspalten tiefer, können sich vereinzelt Horste des Kalk-Blaugrases (*Sesleria varia*), der Skabiosen-Flockenblume (*Centaurea scabiosa*) oder des Berg-Haarstranges (*Peucedanum oreoselinum*), aber auch Einzelsträucher der Felsbirne (*Amelanchier ovalis*) und Zwergmispel (*Cotoneaster integerrimus*) halten. Dort, wo sich diese Gebüscharten bestandsbildend zusammenschließen, bilden sie eine eigene Gesellschaft, das Felsenbirnengebüsch.

An Stellen mit stärkerer Abwitterung sind größere Schutthalden entstanden, auf denen das Kalk-Blaugras dominiert. Die einzelnen Blaugrashorste sind in der Lage, den Gehänge-schutt mit ihrem dichten Wurzelwerk festzuhalten und treppenartig zu stauen. Sehr gut vertragen wird die Schuttüberrollung auch vom Edel-Gamander (*Teucrium chamaedrys*). Kleine Büsche der Mehlbeere (*Sorbus aria*) und des Schwarzwerdenden Geißklees (*Cytisus nigricans*) stehen auf verbliebenen Felsvorsprüngen, dazwischen sehr locker eingestreut einige wärmeliebende Hochstauden; auffällig sind zur Blütezeit auch Blauer Lattich (*Lactuca perennis*), Roß-Lauch (*Allium oleraceum*) und Weißer Mauerpfeffer (*Sedum album*).

An der Hangoberkante mit konsolidierten Bodenverhältnissen wächst ein zur Blütezeit ungemein farbenprächtiger Hirschwurz-Saum, in dem hin und wieder eine knorrige und nur wenige Meter hohe Kiefer oder Mehlbeere steht. Es ist anzunehmen, daß die Kiefer an derartigen Standorten autochthon ist und somit wenigstens fragmentarisch von einem echten Geißklee-Föhrenwald gesprochen werden kann.

Am Fuße des Bollerfels befinden sich zwischen vereinzelten Gebüschgruppen unterschiedliche Stadien blaugrasreicher Rasenbestände, in denen die Erd-Segge (*Carex humilis*) und die Ästige Graslilie (*Anthericum ramosum*) vorherrscht. Auf feinerdearmem Grobschuttmaterial wächst an wärmeexponierten, unbeschatteten Stellen die artenarme Pioniergesellschaft des Schmalblättrigen Hohlzahns (*Galeopsis angustifolia*), die in halbschattiger Lage in die Ruprechtsfarnflur übergeht. Noch weiter hangabwärts sind Reste ehemaliger Magerrasen mit Küchenschelle (*Pulsatilla vulgaris*) und verschiedenen Enzian- und Orchideenarten anzutreffen.

Da der Blockschutt am Fuße der Felsen nicht vollständig konsolidiert ist, spielt die Buche in diesen Wäldern keine Rolle, sondern es dominieren in den wärmeliebenden Hangschuttwäldern Bergahorn und Sommerlinde.

Aufgrund ihres landschaftlichen Reizes ist die Brandhalde ein Wander- und Klettergebiet. Durch eine zeitliche und räumliche Einschränkung dieser Aktivitäten, aber auch forstlicher Arbeiten auf die zweite Jahreshälfte konnte eine deutliche Beruhigung des Gebiets erreicht werden, so daß die besonders wertvollen Habitate, vor allem jene felsbrütender Vögel, ausreichend gesichert sind. *M. Witschel*

Hungerbühl-Weiherwiesen

Landkreis: Rottweil
Gemeinde: Stadt Sulz
Gemarkung: Mühlheim am Bach
Naturraum: Obere Gäue
Geschützt seit 1996
Größe: 39,5 Hektar
Top. Karte: 7618 Haigerloch

Die Gäu-Landschaft ist als schwach nach Südosten geneigte Hochebene ausgebildet, die hier durch etwa in West-Ost-Richtung verlaufende, flache Senken und Hügelzüge gegliedert ist und in die sich Neckar und Eyach nahezu 100 m tief eingeschnitten haben. Das Naturschutzgebiet umfaßt eine derartige Senke, die Talaue des Weiherbächle mit den Weiherwie-

257 Schilfbestände in der Talaue, Streuobstwiesen, Weiden, Wacholderheiden und Äcker am Hang prägen das NSG »Hungerbühl-Weiherwiesen«.

sen, die nach Westen hin zum Mühlbach entwässert, der wiederum in den Neckar mündet und Teile eines derartigen Hügelzugs in Form des nach Westen auslaufenden Sporns des Hungerbühls. Die tiefsten Teile der Talaue des Weiherbächles bestehen aus lehmig-tonigen alluvialen Aufschüttungen, die meist als Wiesen oder Weiden genutzt werden. Die Bereiche südlich und westlich der Talniederung, die zum Wald hin sanft ansteigen, sowie der Fuß des Hungerbühlspornes und die westlich anschließende Hochfläche sind aus Lehmböden über Oberer Lettenkohle aufgebaut. Der Hungerbühl selbst und der am Weiherhof von Südosten her auslaufende Hügel werden von darüber anstehendem Gipskeuper gebildet, in dem sich am Fuß des nach Westen vorragenden Hungerbühlspornes Gipslager und Steinmergelbänke finden.

Der Weiherhof und der zugehörige Grundbesitz gehörten bis zur Säkularisierung im Jahr 1806 zum Kloster Kirchberg und wurden danach Staatsdomäne. Der Weiherhof wurde um 1470 angelegt, die Weiher in der Talaue noch früher. Das Weiherbächle wurde einst in zwei hintereinander- liegenden Weihern aufgestaut, die sich westlich unterhalb des Weiherhofs befanden und bis auf Höhe des schluchtartigen Durchbruchs zum Mühlbachtal reichten. Nach Dammbruch und Überschwemmung im Jahre 1738 wurden die Weiher nicht mehr aufgestaut. Das Gelände wurde in der Folge als Wiese genutzt.

Der Hungerbühl scheint seit alters vor allem als Weideland genutzt worden zu sein, wofür auch der Name spricht. Eine Nutzung als Acker erfolgte nur in den Bereichen, die mit den damaligen Pferdegespannen am leichtesten bzw. gerade eben noch gepflügt werden konnten. Auf schweren Tonmergelböden oder flachgründigen Steinmergelböden war mit den Pferden beim Pflügen kein Durchkommen möglich. Heute ist der größere Teil am Hungerbühl Acker, der in den höher gelegenen Bereichen mit kalkreichen Böden des Gipskeupers noch interessante Ackerwildkrautgesellschaften beherbergt mit Möhren-Haftdolde (*Caucalis platycarpos*), Sommer-Adonisröschen (*Adonis aestivalis*), Finkensame (*Neslia paniculata*) und Acker-Rittersporn (*Consolida regalis*).

Zur langfristigen Erhaltung der Ackerwildkrautarten ist der Pächter verpflichtet, entlang der Ackerfläche fünf Meter breite Ackerrandstreifen ohne Düngung und ohne Herbizideinsatz zu bewirtschaften. Gleichzeitig wurden in der Ackerfläche auf einer Länge von rd. 350 m zwei zehn Meter breite Brachestreifen angelegt, wodurch die ehemals einheitliche Ackerfläche in drei ungefähr gleich breite Streifen untergliedert ist. Auf den Brachestreifen wurden künstliche Steinriegel angelegt, die für Kleinsäuger und eine Vielzahl seltener Vogelarten von großer Bedeutung sind. Etwa 70 der insgesamt 170 ausgebrachten Tonnen Steinmaterial bestehen aus vor rd. 2000 Jahren behauenen Steinen von einem ausgegrabenen römischen Gutshof. Der Rest ist Haufwerk aus einem Steinbruch, das ebenso wie die römischen Handquader aus Oberem Muschelkalk stammt.

Auch eine sehr schöne Wacholderheide befindet sich am Hungerbühl, doch wird diese seit 10 bis 20 Jahren nicht mehr mit Schafen beweidet, sondern mit Rindern. Diese extensive Nutzung als Rinderweide ist auch weiterhin zulässig, da sie den gegenwärtigen Artenbestand des Enzian-Schillergrasrasens mit verschiedenen Enzian-Arten und Silberdistel nicht zu gefährden scheint. Die Weideflächen wurden allerdings zu Lasten der Ackerfläche etwas vergrößert, und es wird sich zeigen müssen, welchen Zeitraum es in Anspruch nimmt, bis sich die Wacholderheide hier entsprechend gut entwickelt hat bzw. ob es nicht doch irgendwann erforderlich ist, zur Gewährleistung des Schutzziels auf eine Schafbeweidung umzustellen.

Die Talaue des Weiherbächle ist, vor allem im Bereich des ehemaligen oberen Weihers, stark vernäßt und weist nördlich vom Weiherbächle größere Ried- und Röhricht-Bestände auf. In anderen Bereichen wachsen Seggen-Riede und bachbegleitende Hochstauden-Gesellschaften. Überall verstreut stehen Busch- und Baumgruppen mit Mandel-Weide, Grau-Weide, Sal-Weide, Purpur-Weide, Bruch-Weide und Silber-Weide. Naturgemäß hat ein solches Gebiet für eine Vielzahl seltener Vogelarten eine ganz besondere Bedeutung als Brut- und Nahrungsplatz sowie als Rast- und

Überwinterungsplatz. Im Durchschnitt sind es rund 50 verschiedene Brutvogelarten, die hier über das Jahr hinweg beobachtet werden können. *M. Witschel*

Kälberhalde

Landkreis: Rottweil
Gemeinde: Stadt Oberndorf
Gemarkung: Altoberndorf
Naturraum: Obere Gäue
Geschützt seit 1984
Größe: 4 Hektar
Top. Karte: 7717 Oberndorf am Neckar

Die Kälberhalde liegt an einem für das Gebiet des oberen Neckartals charakteristischen Steilhang auf Oberem Muschelkalk. Die landwirtschaftliche Nutzung dieser Steilhänge erfolgte früher überwiegend durch Beweidung mit Schafen. Von dieser ehemaligen Nutzungsform sind im Raum Oberndorf noch zwei kleine, aber gute Beispiele erhalten geblieben: Eines davon ist die Kälberhalde. Noch zu Anfang der 80er Jahre war zu befürchten, daß diese Heide der Wiederbewaldung, insbesondere durch selbstangesamte Kiefern, zum Opfer fällt. Heute präsentiert sie sich nach intensiver Pflege und Nutzung wieder in einem guten Zustand.

Die Heidefläche weist eine charakteristische, wärmeliebende Flora auf, die in ihrer Artenzusammensetzung stark durch den jahrhundertelangen Tritt und Verbiß im Zusammenhang mit der Schafbeweidung geprägt ist. So sind gegen diese einseitige Nutzung resistente Arten wie verschiedene Distelgewächse, giftige Pflanzen und Pflanzen mit scharf-würzigem Geruch oder bitterem Geschmack besonders zahlreich vertreten. Die Anzahl der geschützten Arten und Arten der Roten Liste ist beachtlich. Es befinden sich darunter viele Orchideen- und einige Enzianarten. Auch für zahlreiche seltenere Vogel- und Schmetterlingsarten stellt die Heide einen geeigneten Lebensraum dar. Diese für das kleine Gebiet

258 Noch vor 20 Jahren war diese artenreiche Wacholderheide im NSG »Kälberhalde« fast vollständig mit Kiefern und Schlehen zugewachsen.

relativ hohe Artenvielfalt ist insbesondere darauf zurückzuführen, daß die zwar nicht mehr im Naturschutzgebiet liegenden, aber unmittelbar an die Heide angrenzenden Waldbestände forstlich so bewirtschaftet werden, daß sie mit ihren sehr lichten Randzonen funktional in den Lebensraum Heide integriert sind.

M. Witschel

Linsenbergweiher

Landkreis: Rottweil
Gemeinde: Stadt Rottweil
Gemarkungen: Göllsdorf, Rottweil
Naturraum: Obere Gäue
Geschützt seit 1981
Größe: 20,5 Hektar
Top. Karten: 7817 Rottweil, 7818 Wehingen

Am Rande des Schotterfangs der im Rottweiler Talknoten zusammenfließenden Gewässer von Neckar, Eschach, Prim und mehrerer kleiner Bäche liegt unmittelbar vor den quellenreichen Rutschhängen aus Keupermergeln des Prim-Albvorlands das Naturschutzgebiet »Linsenbergweiher«, eines der wenigen großflächigen Feuchtgebiete im Landkreis Rottweil. Der Weiher selbst wurde erst vor etwa 25 Jahren zu Angelzwecken künstlich angelegt.

Die Vegetation des Schutzgebiets besteht aus drei deutlich zu unterscheidenden Einheiten: Schilfbeständen, Großseggenrieder und feuchten Wirtschaftswiesen. Bei näherem Hinsehen offenbart sich in den scheinbar gleichförmigen Beständen aber ein reiches Mosaik verschiedener Durchdringungskomplexe, Sukzessionsstadien und Fragmentkomplexe. Die Vielfalt an Pflanzenarten ist naturgemäß eher bescheiden, und Arten der Roten Liste fehlen fast vollständig. Dies ändert sich zwar deutlich in den Randbereichen, wie z.B. dem Enzian-Halbtrockenrasen im Osten, doch konnte dieser seinerzeit aus heute nur schwer nachvollziehbaren, formaljuristischen Gründen nicht in das Schutzgebiet einbezogen werden.

259 Das Herzstück des Schutzgebiets ist der Linsenbergweiher, der insbesondere in den Morgenstunden noch sehr beschaulich ist.

Der eigentliche Wert des Gebiets liegt in seiner Bedeutung als Lebensraum für eine Fülle seltener und gefährdeter Tierarten. Die Vielfalt an Lebensräumen, wie sie ufernahe Wasserflächen, hohe geschlossene Röhrichte, Großseggenriede, Hochstauden- und Hochgrasfluren, feuchte bis nasse Weiden, Auegehölze und niedere Weidenbuschgruppen darstellen, bringt eine entsprechend reiche Vogelwelt, aber auch eine vielfältige Insekten- und Amphibienfauna mit sich. Allerdings sind in den letzten 20 Jahren unter den Brutvögeln einige seltene Arten offener Wasserflächen wie Zwergtaucher, Krickente und Teichhuhn verschwunden. Die Ursachen für manche Verschlechterung werden in dem deutlich verstärkten Besucherdruck auf dieses Naherholungsgebiet der Stadt Rottweil, in Veränderungen des Wasserspiegels im Weiher und einer zu peniblen Pflege des Weiherufers gesehen.

Die ursprüngliche Idee bei der Schutzgebietsausweisung, hier beispielhaft zu belegen, wie Angelsport und Naturschutz problemlos miteinander oder wenigstens nebeneinander leben können, war von zu hohen Erwartungen getragen. Die Wirklichkeit sieht heute so aus, daß durch eine Vielzahl unzulässiger Eingriffe in die Uferbereiche und ihre Vegetation der unmittelbare Bereich um den Weiher und der Weiher selbst als Lebensraum für seltene Arten stark an Bedeutung eingebüßt haben. Das allein ist noch keine irreversible Katastrophe, zeigt aber deutlich, daß eine auch nur 15 Jahre alte Naturschutzverordnung durch eine derartige Entwicklung überholt werden kann. Die anstehende Neufassung der Verordnung wird sich räumlich über einen etwas größeren Geltungsbereich erstrecken als bisher, und inhaltlich – was man eigentlich vermeiden wollte – muß vieles präzise geregelt werden, da sonst eine langfristige Gewährleistung des Schutzziels nicht mehr gesichert ist. *M. Witschel*

Mittlere Bollerhalde

Landkreis: Rottweil
Gemeinde: Stadt Oberndorf
Gemarkung: Altoberndorf
Naturraum: Obere Gäue
Geschützt seit 1985
Größe: 3,3 Hektar
Top. Karte: 7717 Oberndorf am Neckar

Die früher im Bereich des oberen Neckartals weit verbreiteten und das Landschaftsbild prägenden Wacholderheiden sind heute bis auf wenige Reste verschwunden. Sie wurden systematisch aufgeforstet oder wuchsen zu bzw. gingen durch Überbauung oder Nutzungsänderungen verloren.

An einigen südexponierten, besonders steilen und flachgründigen Stellen mit z.T. anstehendem Fels verlief die Sukzession zum Wald so langsam, daß es trotz der bereits seit einigen Jahrzehnten eingestellten Schafbeweidung lohnend schien, die in den 80er Jahren noch verbliebenen Heidereste nun auch formal zu schützen und durch regelmäßige Pflegemaßnahmen gezielt zu erhalten.

Es überrascht, wie unterschiedlich die Artenausstattungen der einzelnen Heiden im Oberen Neckartal trotz ihrer geringen Entfernungen voneinander sind. Dies fällt insbesondere bei der Mittleren Bollerhalde auf, deren charakteristische Pflanzengesellschaft, der Enzian-Halbtrocken-Rasen, in weiten Bereichen einen recht wüchsigen und floristisch verarmten Eindruck macht und erst im späten Sommer und frühen Herbst durch den hohen Anteil an Stauden des wärmeliebenden Blutstorchschnabelsaums so richtig bunt wird. In dieser Zeit suchen auch viele Schmetterlingsarten nach ergiebigen Nahrungsquellen, so daß der Heide mit ihrem reichen Nektarangebot dann eine ganz besondere Bedeutung zukommt.

Das Gesicht der Mittleren Bollerhalde hat sich in den vergangenen 20 Jahren gewaltig verändert. Bot sich ursprünglich für den Besucher ein Bild mit scharfen und geradlinigen Grenzen zum Wald hin, wie es die Schutzgebietsgrenzen im Plan noch erkennen lassen, so ist dieser Lebensraum inzwischen mit dem angrenzenden Wald organisch verwoben. Die

260 Auch diese Heide im NSG »Mittlere Bollerhalde« ist nur ein Rest der früher weite Bereiche des oberen Neckartales prägenden Wacholderheiden.

früher dominierenden Solitärfichten, die für viel Schatten und günstige Wuchsbedingungen, vor allem unerwünschter Arten sorgten, sind weitgehend verschwunden, so daß sich die Heide inzwischen wieder viel ansprechender in das Landschaftsbild fügt und auch funktional besser in die Umgebung integriert ist. Damit besteht gute Aussicht, daß dieses Schutzgebiet trotz seiner geringen Größe weiterhin eines der ganz wichtigen Refugien für seltene, wärmeliebende Arten im oberen Neckartal bleiben kann.

M. Witschel

Neckarburg

Landkreis: Rottweil
Gemeinde: Stadt Rottweil
Gemarkung: Rottweil
Naturraum: Obere Gäue
Geschützt seit 1988
Größe: 64 Hektar
Top. Karten: 7717 Oberndorf am Neckar, 7817 Rottweil

Zwischen den Eschach-Platten im Westen und der Keuperstufe des Kleinen Heubergs im Osten liegen die Oberndorfer Gäuplatten. In diese Platten ist das Neckartal etwa 150 bis 180 m tief eingeschnitten. Im südlichen Teil zwischen Rottweil und Epfendorf ist es als ein mäandrierendes Kastental im Hauptmuschelkalk mit zahlreichen Umlaufbergen und einer straßenlosen Talenge ausgebildet. Die beiden schönsten und zweifellos auch eindrucksvollsten Umlaufberge liegen im Naturschutzgebiet »Neckarburg«. Die Doppelschleife ist das Ergebnis von Seitenerosion, die ihren Ausgangspunkt in den vorgeformten Flußmäandern nahm. Bei fortgesetzter Ausweitung erfolgte die Verschneidung der Prallhänge, anschließend eine starke Erniedrigung des Spornhalses und schließlich seine Durchtrennung und dadurch das Abschnüren des Sporns. Dieser wurde zum isolierten Umlaufberg, dem »Bergle«, während der Fluß nun die kürzere Strecke nahm. Der Talboden der verlassenen Flußschlinge wurde durch Schuttzufuhr von den umgebenden Hängen erhöht. Gleichzeitig grub sich der Neckar noch tiefer ein, so daß sein Bett heute 20 bis 25 m unter dem jetzigen Niveau der abgehängten Schlinge liegt. Infolge des großen Mäanderbogens um das »Bergle« war die Fließrichtung des Neckars nach Nordosten verlegt worden, wodurch der nächste Mäander entstand, der zur Bildung des Sporns – er trägt noch Reste der mittelalterlichen Neckarburg – führte. Die fast abgeschlossene Verflachung

261 Die beiden schönsten und eindrucksvollsten Umlaufberge des oberen Neckartals liegen im NSG »Neckarburg«.

des »Schloßbergs« zum abgehängten Umlaufberg, die sich vor allem in der starken Erniedrigung des Spornhalses abzeichnet, ist in jüngster Zeit zum Stillstand gekommen.

Die steilen Hänge am Bergle tragen eine der schönsten Wacholderheiden im ganzen Oberen Neckartal. Ihr besonderer Wert liegt neben den floristischen Kostbarkeiten insbesondere in dem reichen Mosaik verschiedenster, wärmeliebender Pflanzengesellschaften des Offenlandes.

Auf den flachgründigsten Stellen mit z.T. anstehendem Fels dominieren Arten der Felsband- und Felsgrusgesellschaften, die im zeitigen Frühjahr für farbenprächtige Tupfer in den ansonsten noch winterlich braungrauen Rasenflächen sorgen. In dieser durch jahrhundertelange Schafbeweidung entstandenen Halbtrockenrasengesellschaft wird es eigentlich erst im Juli/August wirklich bunt, wenn Ästige Graslilie (*Anthericum ramosum*), Stengellose Kratzdistel (*Cirsium acaule*), Mücken-Handwurz (*Gymnadenia conopsea*), Kalk-Aster (*Aster amellus*) und die ersten Enziane als Vorboten des nahenden Herbstes gemeinsam blühen.

Alte Photos aus der Jahrhundertwende zeigen das Bergle wie auch den Prallhang noch in völlig kahlem, baum- und strauchfreien Zustand, wie er durch regelmäßige und intensive Schafbeweidung in Hütehaltung entstanden war. Ab dieser Zeit nahm die Beweidung sukzessive ab bzw. wurde ganz eingestellt, was dazu führte, daß sich an den frischesten und eher nordexponierten Stellen geschlossene Fichtenwaldinseln etablierten. Seit kurzem ist das Bergle wieder waldfrei und wird ebenso wie der Prallhang regelmäßig mit Schafen beweidet. Allerdings fällt auf, daß die Wüchsigkeit von Bäumen und Sträuchern gegenüber dem letzten Jahrhundert wesentlich zugenommen hat und es auf dem stellenweise sickerfeuchten Oberen Muschelkalk allein mit Schafbeweidung heute unmöglich wäre, die prachtvollen Halbtrockenrasen auf Dauer zu erhalten. Hier muß ergänzend und regelmäßig mit dem Freischneider intensiv nachgepflegt werden.

Wegen ihrer größeren Reliefenergie eigneten sich die Hänge an der östlichen Neckarschleife auch traditionell nur in kleinerem Umfang für die Schafbeweidung. Mittlerweile sind auch diese Flächen zum größten Teil verbuscht bzw. in Wald überführt. Lediglich am Spornhals dieses Umlaufberges befindet sich noch ein gestörter, aber artenreicher Magerrasen mit einigen floristischen Kostbarkeiten wie Deutscher Ziest (*Stachys germanica*) und Rauhes Berufs-

262 Der Große Sonnenröschen-Bläuling (*Aricaria artaxerxes*) lebt bevorzugt auf Wacholderheiden und Schafweiden.

kraut (*Erigeron acris*). In Nordwestexposition geht dieser Magerrasen in eine moosreiche Blaugrashalde mit Kalk-Blaugras (*Sesleria varia*) und Edel-Gamander (*Teucrium chamaedrys*) über.

Es ist anzunehmen, daß aus strategischen Gründen die gesamten Hänge unterhalb der Neckarburg zumindest bis ins 16. Jahrhundert waldfrei waren. Erst nachdem die Burg zum Schloß umgebaut war und nicht mehr Verteidigungszwecken dienen mußte, konnte sich wieder Wald einstellen. Die Baumartenzusammensetzung dieses Waldes entspricht heute mit Sommer-Linde, Berg-Ulme, Buche und Esche annähernd der potentiell natürlichen Vegetation.

Zwischen Schloßberg und Zwielhalde liegt die Neckaraue mit weitflächigen Fettwiesen und -weiden. Der Neckar selbst ist von mächtigen Silber-Weiden, Bruch-Weiden und Grau-Erlen gesäumt und bietet dem Besucher ein beschauliches Landschaftsidyll, das sich seit dem letzten Jahrhundert nur unwesentlich gewandelt haben dürfte. In starkem Kontrast dazu steht die sehr steile Zwielhalde mit ihren nahezu unzugänglichen, hoch aufragenden Felsen. Aufgrund der Steilheit der Hänge bleibt der lindenreiche Laubmischwald mit Esche, Berg-Ahorn, Berg-Ulme und Sommer-Linde forstlich nahezu unberührt. Dasselbe gilt für den oberhalb der Felsköpfe kleinflächig ausgebildeten Steppenheidewald mit Wald-Kiefer, Stiel-Eiche, Mehlbeere, Wild-Birnbaum, Felsenbirne und Wacholder.

Unzugängliche Stellen an den Felsen, aber auch kleine Schuttkegel werden von der Kelchsteinkraut-Mauerpfeffergesellschaft gleichsam überzogen. Dazwischen wachsen eingestreut Fragmente der Pfingstnelkenflur mit den auffällig graublauen Horsten des Blassen Schwingels (*Festuca pallens*). An Stellen mit stärkerer Abwitterung sind kleine Schutthalden entstanden, auf denen Kalk-Blaugras dominiert. Toleriert wird die Schuttüberrollung auch vom Wimper-Perlgras (*Melica ciliata*) und vom Edel-Gamander. Niedrige Büsche des Mehlbeerbaums und der Felsenbirne stehen auf verbliebenen Felsvorsprüngen, dazwischen locker eingestreut wärmeliebende Saumarten wie Schwarzwerdender Geißklee (*Cytisus nigricans*), Berg-Haarstrang (*Seseli montanum*) und Blut-Storchschnabel (*Geranium sanguineum*). Wo es die Bodenverhältnisse zulassen, bildet die Erd-Segge (*Carex humilis*) im Unterwuchs der lockeren Baum- und Strauchschicht einen geschlossenen Rasen, den wegen der großen Absturzgefahr wohl noch nie eines Menschen Fuß betreten hat. Welch ein erhabener Gedanke in unserer sonst nirgendwo mehr unberührt gebliebenen Kulturlandschaft! *M. Witschel*

Schlichemtal

Landkreis: Rottweil
Gemeinden: Epfendorf, Dietingen
Gemarkungen: Harthausen, Epfendorf, Böhringen, Irslingen
Naturraum: Obere Gäue
Geschützt seit 1993
Größe: 216,5 Hektar
Top. Karte: 7717 Oberndorf am Neckar

Das Naturschutzgebiet erfaßt den Unterlauf der Schlichem zwischen Böhringer Mühle und der Mündung in den Neckar bei Epfendorf auf einer Länge von rd. 3,5 km einschließlich der Talflanken bis zur Hangoberkante.

Die Schlichem hat ihr steilwandiges, windungsreiches Tal in den Hauptmuschelkalk gekerbt und dabei eindrucksvolle Felswände herauspräpariert. Einer der Talsporne, der heutige Umlaufberg beim Butschhof, wurde an seiner schmal gewordenen Wurzel durchschnitten; an der Durchbruchstelle ermöglichte die Laufverkürzung einen Gefällegewinn von zehn Metern, damit erhöhte Erosionskraft und erneutes Eintiefen des Baches. So entstand die Schlichemklamm mit ihren Wasserstürzen. Die Schlichem ist ein typischer Mittelgebirgsbach mit großem Gefälle und hoher Fließgeschwindigkeit. Der Wasserstand ist stark schwankend. Der Bachlauf ist mit seinen zahlreichen Mäandern und deutlich ausgebildeten Prall- und Gleitufern noch weitgehend naturnah erhalten.

Die Glatthaferwiesen der Talaue auf den meist frischen Standorten sind artenreich und werden noch regelmäßig genutzt; das gilt auch für die Ausbildung mit Kohldistel (*Cirsium oleraceum*), die schon zu den typischen Naßwiesen überleitet. Keine Nutzung findet dagegen bei den bachbegleitenden Hochstaudenbeständen statt, die entlang der Schlichem wachsen. Kennzeichnende Art ist der Gold-Kälberkopf (*Chaerophyllum aureum*). An einigen Gräben tritt auch Mädesüß (*Filipendula ulmaria*) zusammen mit dem Sumpf-Storchschnabel (*Geranium palustre*) auf. Der land-

263 Die Schlichemklamm mit ihren Wasserstürzen vermag vor allem bei Hochwasser mächtig zu beeindrucken.

schaftsbildprägende Galeriewald entlang der Schlichem setzt sich überwiegend aus Eschen und Schwarz-Erlen zusammen.

Die Magerrasen an den Hängen nehmen heute nur noch einen Bruchteil ihrer früheren Flächen ein, als noch weite Gebiete des Südhanges als Schafweide genutzt wurden. In extrem steilem Gelände, z.B. im Gewann Steinethalde, wurde früher sogar ausschließlich mit Ziegen geweidet. Das würde sich heute – abgesehen von der fehlenden Wirtschaftlichkeit – wohl niemand mehr zutrauen. So wächst auch dieser größte Felshang im Schutzgebiet ganz langsam zu, da manuelle Pflegemaßnahmen hier wegen der Kosten, aber auch wegen der Gefährlichkeit bzw. Unmöglichkeit der Arbeit von vornherein ausscheiden. Nur bei der Ramsteiner Mühle gibt es noch eine Wacholderheide, die regelmäßig mit Schafen beweidet wird.

Für die seltenen, lichtliebenden Arten der Felsfluren, die sich mit Hilfe des Menschen und Viehs sekundär auf den beweideten steilen Felshängen ausbreiten konnten, bedeutet das eine langsame Verdrängung auf die ursprünglichen, d.h. primären Standorte, von denen sie sich einstmals ausbreiteten. An solchen Primärstandorten, insbesondere in Gestalt hoher Felswände, mangelt es im Naturschutzgebiet nicht. Dort finden wir noch in guter Ausbildung die dafür charakteristischen Gesellschaften der Bleichschwingelflur (Diantho-Festucetum pallentis), des Blutstorchschnabel-Hirschwurz-Saums (Geranio-Peucedanetum cervariae) und Felsbirnen-Gebüschs (Cotoneastro-Amelanchieretum). Sie stellen an diesem Standort Dauergesellschaften dar, die keiner Sukzession unterliegen. Natürlich sind sie auch in den angrenzenden Trockenwäldern anzutreffen, wo sie zusammen mit der sehr lichten Baumschicht ein stabiles Vegetationsmosaik aufweisen können. Dieses Vegetationsmosaik der Steppenheide ist wegen seinem Zeigerwert für Reliktstandorte eine ganz besondere, aber nur kleinflächig vorkommende Kostbarkeit des Schutzgebiets.

Großflächig kommt am Südhang vor allem der ebenfalls noch sehr urwüchsig wirkende Lindenmischwald (Aceri-Tilietum) vor. Der Nordhang des Schutzgebiets war vermutlich immer mit Wald bestockt. Es dominiert der Platterbsen-Buchenwald (Lathyro-Fagetum) mit Tanne. An besonders schattigen und bewegten Steilhängen stockt der artenreichere Bergahorn-Eschen-Schluchtwald (Aceri-Fraxinetum).

Bei der Größe des Schutzgebiets und seiner hohen strukturellen Diversität verwundert es nicht, daß hier eine Gesamtzahl von 566 verschiedenen Pflanzenarten festgestellt werden konnte. Davon stehen 53 Arten, also fast zehn Prozent, auf der Roten Liste, womit auch in quantitativer Sicht der hohe Wert des Gebiets belegt ist. *M. Witschel*

Schwarzenbach

Landkreise: Rottweil, Zollernalbkreis (im Regierungsbezirk Tübingen)
Gemeinden: Stadt Rottweil, Stadt Schömberg, Zimmern u.d.B.
Gemarkungen: Neukirch, Zepfenhan, Schömberg, Zimmern u.d.B.
Naturräume: Südwestliches Albvorland und Obere Gäue
Geschützt seit 1996
Größe: 84,6 Hektar (davon 40,6 Hektar im Regierungsbezirk Freiburg, 44 Hektar im Regierungsbezirk Tübingen)
Top. Karte: 7718 Geislingen

Das Naturschutzgebiet »Schwarzenbach« erstreckt sich über rund 3,2 km entlang verschiedener Wasserläufe in einer Breite zwischen 50 und 600 m. Die anzutreffende Biotop- und Artenvielfalt ist unmittelbarer Ausdruck der geologischen Verhältnisse am Übergang von der Jura-Trias-Formation. Die im Schutzgebiet liegenden Gewässer durchschneiden im Oberlauf den Schwarzen Jura und im Unterlauf die Knollenmergel des Keupers bis zu den Steinbänken des Stubensandsteins.

Der in leicht gewellter bis sanft hügeliger Wiesen- und Ackerlandschaft langsam abfließende, noch wenig Wasser führende Schmellbach nimmt am Anfang des Schutzgebiets einen von Süden kommenden namenlosen Seitenbach auf, ehe er die Trasse der Bundesstraße 27 unterquert. An das von Ufergehölzen gesäumte, leicht mäandrierende

Bachbett stoßen in der relativ breiten Talaue bewirtschaftete Naßwiesen und mit Hochstauden-, Seggenfluren und Auegehölzen bestandene Brachflächen.

Kurz nach dem Bundesstraßen-Durchlaß quert der Bach zunächst einen Feldweg und gleich anschließend einen alten Vizinalweg. Hier säumen das Ufer in sich teilweise durchdringender Form Ufergehölze, Seggenriede und Röhrichtbestände. Das inzwischen als Zimmerner Talbach bezeichnete Gewässer beginnt nun stärker zu mäandrieren und gewinnt an Gefälle. Bereits nach kurzer Fließstrecke hat es sich unter Bildung steiler Talhänge und harter Hangkanten tief in die umliegenden Plateaus eingegraben. Die bachbegleitende Talaue ist hier meist relativ schmal ausgebildet und trägt wiederum Naßwiesen, Hochstaudenfluren, Seggenriede, Auegehölze und einzelne Fichtenaufforstungen. Die ausgedehnten Talhänge bedeckt zunächst ein aus Mähwiesen, Schaftriften und Fichtenaufforstungen bestehendes Mosaik. Entlang der Hangkanten stocken Heckenzeilen.

Ca. 300 m westlich des Zimmerner Talhauses erreicht der Bach ein geschlossenes, weit ausgedehntes Waldgebiet; er hat sich mittlerweile noch stärker in das Gelände eingegraben und noch großflächigere Hangzonen ausgebildet. Zunächst setzt er seinen Lauf noch stark mäandrierend und später eher gestreckt in westlicher Richtung fort. Das Ende dieses Bachabschnitts bildet ein extrem schmaler Mäander, den der Bach in nach Norden gedrehter Fließrichtung wieder verläßt. An dieser Stelle mündet der von Südwesten kommende, eine enge und steile Waldklinge mäandrierend durchfließende Reifentalbach. In den nun wesentlich mehr Wasser führenden Bach mündet nach weiteren 600 m dann das von Westen kommende Schwaderbächle ein. An dessen Mündung ändert das nun als Schwarzenbach bezeichnete Gewässer abermals seine Richtung und fließt jetzt in nordöstlicher Richtung weiter. Nach der Einmündung des Schwaderbächles endet alsbald das geschlossene Waldgebiet. Am westlichen Bachufer grenzt nun ein teilweise mit Streuobstbeständen bestocktes und von Fichtenaufforstungen unterbrochenes Wiesengewann an.

Aufgrund der außergewöhnlichen Vielfalt an miteinander verzahnten Biotopstrukturen stellt das Naturschutzgebiet in seiner Gesamtheit einen bedeutenden Lebensraum für an Fließgewässer, extensiv genutztes Offenland und naturnahe Waldbestände gebundene Tier- und Pflanzenarten dar. Bislang wurden rund 290 Pflanzenarten und 95 Tierarten nachgewiesen. Unter den besonders bemerkenswerten Tierarten sind neben sehr vielen geschützten Vogelarten die Kleine Flußmuschel (*Unio crassus*), der Steinkrebs (*Austropotamobius torrentium*) und die Groppe (*Cottus gobio*).

M. Witschel

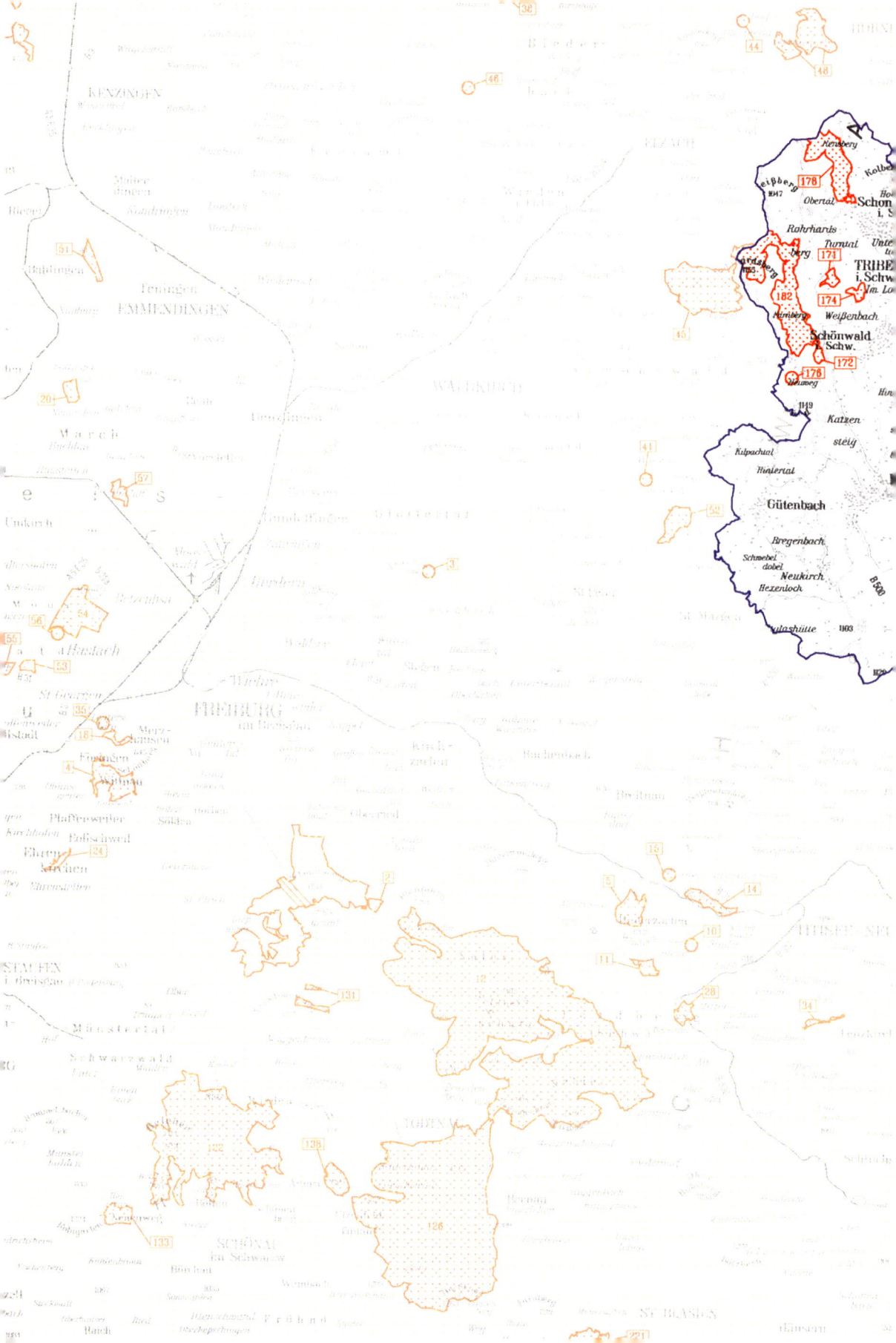

Schwarzwald-Baar-Kreis

Betzenbühl

Landkreis: Schwarzwald-Baar-Kreis
Gemeinde: Stadt Donaueschingen
Gemarkung: Donaueschingen
Naturraum: Baar
Geschützt seit 1969
Größe: 2 Hektar
Top. Karte: 8016 Donaueschingen

Das Naturschutzgebiet »Betzenbühl« liegt unmittelbar am westlichen Rand des Ortsteils Aufen der Stadt Donaueschingen an einem ostexponierten Hang des Brigachtals. Es umfaßt einen kleinen Ausschnitt der für die westliche Baar bezeichnenden Heckenlandschaft auf Muschelkalk. Schutzziel ist vor allem die Erhaltung des ortsnahen Vorkommens der Küchenschelle (*Pulsatilla vulgaris*), die auf der Baar auch »Osterglocke« genannt wird.

Weitere bezeichnende Arten der Mager- bzw. Halbtrockenrasen sind u.a. Silberdistel (*Carlina acaulis*), Gefranster Enzian (*Gentianella ciliata*) und Deutscher Enzian (*Gentianella germanica*). Der Türkenbund (*Lilium martagon*) verleiht den Hecken und Feldgehölzen im Frühsommer eine besondere Farbenpracht.

Der Bestand an Küchenschellen ging seit der Schutzgebietsausweisung drastisch zurück: Gibt REICHELT 1967 noch ein Vorkommen von 400 bis 500 Exemplaren an, konnten vor einigen Jahren auf einem brachliegenden Halbtrockenrasen im Süden des Naturschutzgebiets nur noch 30 Stöcke gefunden werden. Hauptursache für diesen Rückgang ist die seitherige Nutzungsänderung: auf einem Teil der Flächen wurde die Nutzung aufgegeben, andere Bereiche werden heute intensiver genutzt. Beides führte zu einem Rückgang der Küchenschelle und weiterer seltener und gefährdeter Tier- und Pflanzenarten. Hier zeigt sich exemplarisch, daß es nicht ausreicht, ein Gebiet unter Schutz zu stellen, um bestimmte Arten oder Lebensgemeinschaften zu erhalten. Auch die in der Schutzgebietsverordnung festgeschriebene »landwirtschaftliche Nutzung in der bisherigen Art und im bisherigen Umfang« schließt eine Nutzungsaufgabe oder geringfügige, für den Schutzzweck nachteilige Nutzungsänderung nicht aus. Im Fall des Betzenbühl führen zudem die unmittelbare Siedlungsnähe und die Anlage eines Grillplatzes mit Schutzhütte zu einem regen Besucherzulauf und damit zu einer Belastung der Pflanzen- und Tierwelt.

Nachdem die Bezirksstelle für Naturschutz und Landschaftspflege Freiburg einen Pflege- und Entwicklungsplan erstellt hatte, konnten 1991 in Zusammenarbeit mit der Stadt Donaueschingen, dem Landratsamt Schwarzwald-Baar-Kreis und dem Bund für Umwelt- und Naturschutz (BUND) verschiedene Maßnahmen in die Wege geleitet werden; erstmals nach jahrzehntelanger Brache wurde der Halbtrockenrasen mit dem Küchenschellen-Vorkommen gemäht.

Zukünftig sollen die gedüngten Flächen nur noch extensiv bewirtschaftet werden, so daß sich wieder artenreiche Bestände ausbilden können. Um Besucher und Fahrzeuge von den empfindlichen Magerrasen fernzuhalten, wurde ein Holzzaun errichtet.

Bleibt zu hoffen, daß diese Maßnahmen noch rechtzeitig erfolgten, um den Bestand an gefährdeten Pflanzen und Tieren zu erhalten bzw. wieder auszudehnen.

B. Seitz

264 Schutzziel des NSG »Betzenbühl« ist vor allem die Erhaltung der Küchenschelle (*Pulsatilla vulgaris*), die auf der Baar auch »Osterglocke« genannt wird.

Billibuck

Landkreis: Schwarzwald-Baar-Kreis
Gemeinde: Stadt Blumberg
Gemarkung: Riedböhringen
Naturraum: Baar-Alb und Oberes Donautal
Geschützt seit 1993
Größe: 11,2 Hektar
Top. Karte: 8117 Blumberg

Der geologische Aufbau des Billibuck entspricht dem des angrenzenden Albkörpers, d.h. er trägt eine Kappe aus Weißjura Beta-Kalken und zeugt damit von der früheren Zugehörigkeit zur Alb. Der größere Teil des Naturschutzgebiets liegt im Bereich des stark mergeligen Weißjura Alpha. Die südexponierte Lage und die sehr ungünstigen Bodenverhältnisse erlaubten hier von jeher nur eine ganz extensive Weidenutzung mit Schafen. Diese findet allerdings seit rund 50 Jahren nicht mehr statt. Nur noch einige mit Maschinen befahrbare Einmäher werden für Zwecke des Naturschutzes regelmäßig genutzt.

Gegenwärtig bestimmen einige magere, früher vermutlich teilweise leicht gedüngte, blütenreiche Wiesen sowie Wiesenbrachen das Bild am Fuße des Zeugenbergs, während die am Hang gelegenen schwachwüchsigen Trockenrasen locker mit Kiefern und verschiedenen Gebüscharten bestockt sind. Diese Kiefern wurden nicht gepflanzt, sondern haben sich selbst in den letzten 100 Jahren ausgesamt. Entsprechend bizarr und urwüchsig ist ihre Wuchsform. In Bereichen mit besonders hohem Mergelanteil und im Umkreis uralter kleinbäuerlicher Steinentnahmeflächen ist die Vegetationsdecke oft besonders lückig. Hier halten sich bevorzugt seltene und wärmeliebende Insektenarten auf. Im Westteil des Schutzgebiets wachsen auf einst regelmäßig genutzten Wiesengrundstücken wärmeliebende Gebüsch- und Hochstaudengesellschaften, u.a. mit Kalk-Aster (*Aster amellus*), Berg-Leinblatt (*Thesium bavarum*) und Breitblättrigem Laserkraut (*Laserpitium latifolium*).

Trotz der schon lange ausbleibenden Nutzung sind nur sehr geringe Veränderungen im Artenbestand der Magerrasen zu beobachten. Die sehr zahlreich vorkommenden Orchideen

265 Das Breitblättrige Laserkraut (*Laserpitium latifolium*) wächst bevorzugt am Rande von Gebüsch oder Bäumen.

dürften sogar eher davon profitiert haben. Jedoch scheinen sich auch für die Küchenschelle (*Pulsatilla vulgaris*) und die verschiedenen Enzianarten die Standortbedingungen auf dem mergelhaltigen Boden nicht verschlechtert zu haben. Dasselbe gilt sogar bis jetzt für die extrem mageren und schlechtwüchsigen Trockenrasen, in denen konkurrenzschwache, niedrigwüchsige Arten wie Berg-Gamander (*Teucrium montanum*), Kugelblume (*Globularia punctata*) und Erd-Segge (*Carex humilis*) dominieren.

Die zahlreichen nutzungs- und/oder geländebedingten Strukturen des Gebiets wie Böschungen, Erdanrisse, Abraumhalden, Lesesteinhaufen, Gebüschgruppen und Solitärbäume stellen ein vielfältiges Nahrungs- und Lebensraumangebot für zahlreiche Tierarten dar. Hinzu kommen die Südexposition des Geländes, die insbesondere seltene, trockenheits- und wärmeliebende Tierarten begünstigt, sowie das reiche Nektarangebot der artenreichen und blumenbunten Einmäder. So kommt dem Billibuck auch faunistisch eine ganz wichtige Funktion als Rückzugsraum für seltene und gefährdete Insektenarten zu, die in der intensiv genutzten Landschaft der Umgebung heute keine Überlebensmöglichkeiten mehr besitzen.

M. Witschel

Birken-Mittelmeß

Landkreis: Schwarzwald-Baar-Kreis
Gemeinden: Stadt Donaueschingen, Stadt Bad Dürrheim
Gemarkungen: Pfohren, Neudingen, Unterbaldingen
Naturraum: Baar
Geschützt seit 1996
Größe: ca. 170 Hektar
Top. Karte: 8017 Geisingen

Das Natur- und Landschaftsschutzgebiet »Birken-Mittelmeß« liegt unmittelbar östlich von Donaueschingen-Pfohren. Trotz verschiedener massiver Eingriffe in der Vergangenheit handelt es sich um eines der bedeutendsten und größten Feuchtgebiete der Baar.

Nach großflächiger Abtorfung und Entwäs-

266 Die weitläufige Wiesenlandschaft des »Mittelmeß« ist Lebensraum für Wiesenbrüter wie das Braunkehlchen.

serung der ehemals ausgedehnten Moore entwickelte sich auf engem Raum ein Mosaik aus unterschiedlichen Vegetationstypen. Während Hochmoorvegetation nur noch kleinflächig vorkommt, sind ausgedehnte Flachmoore, Feuchtwiesen und Großseggenriede vorhanden, die wegen ihrer Ausprägung oder Großflächigkeit teilweise überregionale Bedeutung haben. Erwähnenswert sind z.B. die Bestände der Faden-Segge (*Carex lasiocarpa*) und die auffälligen Horste der in Süddeutschland seltenen Wunder-Segge (*Carex appropinquata*).

Eine Besonderheit stellt auch das Vorkommen des Strauchbirken-Kriechweiden-Gebüschs im Birkenried dar. Die Strauch-Birke (*Betula humilis*) ist ein Eiszeitrelikt, das in der Baar – wo aktuell nur dieses eine Vorkommen bekannt ist – die Südwestgrenze seiner Verbreitung erreicht.

Auf stark entwässerten Moorböden am Rand von Torfabbauflächen sind die Wasser- und Nährstoffbedingungen extrem ungünstig. Hier sind lückige, blumenbunte Magerrasen ausgebildet, sogenannte Thymian-Schafschwingel-Rasen.

267 Bis in die 80er Jahre wurde im Birkenried noch kleinflächig Torf gestochen.

268 Die Strauch-Birke (*Betula humilis*) ist ein Eiszeitrelikt, das in der Baar die Südwestgrenze seiner Verbreitung erreicht.

269 Der Blauschillernde Feuerfalter *(Lycaena helle)* hat sein letztes Refugium in Baden-Württemberg im Bereich der Naturschutzgebiete »Birken-Mittelmeß« und »Unterhölzer Wald«.

Im Gebiet konnten fast 60 nach der Roten Liste gefährdete oder schonungsbedürftige Pflanzenarten nachgewiesen werden, davon sind acht stark gefährdet, so z.B. die bereits erwähnte Strauch-Birke, die Busch-Nelke *(Dianthus seguieri)*, der Kammfarn *(Dryopteris cristata)* und das Spatelblättrige Greiskraut *(Senecio helenitis)*.

Von besonders großer Bedeutung ist das Gebiet für die Vogelwelt. Unter den Vogelarten der Riede und Feuchtwiesen ist in erster Linie das stark gefährdete Braunkehlchen hervorzuheben, das mit rund 60 Brutpaaren im Gebiet vorkommt; es handelt sich dabei um eine der größten Populationen in Baden-Württemberg. Bemerkenswerte Brutvögel sind weiterhin Wachtel, Kiebitz, Grauammer, Wiesenpieper, Sumpfrohrsänger, Feldschwirl und Rohrammer.

Das Gebiet ist außerdem einer der bedeutendsten Überwinterungsplätze der Kornweihe in Baden-Württemberg. Zahlreiche Nahrungsgäste, Durchzügler und Wintergäste vervollständigen das Bild.

Um die Vögel in ihrem Brutgeschäft nicht zu stören, dürfen einige Wege während der Brutzeit nicht begangen werden. Ein Betreten des Naturschutzgebiets abseits der Wege ist generell untersagt.

Obwohl man das Gebiet bereits vor langer Zeit als schutzwürdig erkannte, wurde es erst 1996 zum Naturschutzgebiet. Dies hängt damit zusammen, daß sich der überwiegende Teil der Flächen im Eigentum ortsansässiger Landwirte befand, die Einwände gegen eine Unterschutzstellung hatten. Durch ein Flurbereinigungsverfahren gingen dann die wertvollsten Flächen in das Eigentum der Stadt Donaueschingen über, die der Unterschutzstellung positiv gegenüberstand.

Zusätzlich wies man zur Vernetzung der Teilflächen des Naturschutzgebiets und zur Sicherung von Nahrungsbiotopen verschiedener Vogelarten (z.B. Braunkehlchen) ein »abhängiges« Landschaftsschutzgebiet (vgl. Beitrag von MEINEKE und SEITZ) aus.

Dank der Schutzgebietsausweisung konnten bereits bestehende Extensivierungsverträge mit den Landwirten gesichert und auf weitere Flächen ausgedehnt werden. *B. Seitz*

Blindensee

Landkreis: Schwarzwald-Baar-Kreis
Gemeinde: Schönwald
Gemarkung: Schönwald
Naturraum: Südöstlicher Schwarzwald
Geschützt seit 1960
Größe: 28 Hektar
Top. Karte: 7815 Triberg

Das 28 ha große Schutzgebiet liegt im Granitmassiv des mittleren Schwarzwaldes zwischen Schönwald und Schonach etwa vier Kilometer westlich von Triberg auf einer Höhe von rund 1000 m ü. NN. Es umfaßt zwei Hochmoore und eine sie trennende Niedermoorrinne. Die Moorentwicklung im Blindensee-Moor begann im Präboreal (8200 bis 6800 v. Chr.). Der grobsandige Verwitterungs-Granitgrus läßt Regenwasser normalerweise schnell versickern. Nur in Mulden sammeln sich fortgeschwemmte feinere Bestandteile und bilden eine wasserundurchlässige Schicht. Dies geschah in der Einsenkung südwestlich der Blindenhöhe und führte schließlich zur Vermoorung der Senke. Es entwickelten sich zwei Hangmoore, die durch die o. g. Rinne nach Osten zum Schwarzenbachtal entwässern. Die Torfdecke erreicht im größeren südlichen Hochmoorkörper eine Mächtigkeit von über sieben Metern. Auf einem Holzsteg kann der Besucher das Hochmoor durchqueren. Der Steg führt direkt am sagenumwobenen Blindensee vorüber, der hier nicht, wie in anderen Mooren, einen verlandenden Restsee darstellt. Durch abrutschende Torfschichten am Hang entstand ein Riß, der sich mit Wasser füllte. Frost schuf vermutlich die kreisrunde Form und die steilen Ufer. Unter dem knapp drei Meter tiefen Wasser lagert nochmals Torf.

Da man die Entstehung dieses Sees lange nicht erklären konnte, verbreitete sich eine Sage darüber: »Einst standen an der Stelle, wo heute der Blindensee zu finden ist, zwei uralte Schwarzwaldhöfe. Ihre Bewohner waren in gottlosem Haß miteinander verfeindet. Da zer-

270 Blick über den sagenumwobenen Blindensee. Zwischen dichtem Fichtenwald und Seeufer wachsen die schlanken, graugrünen Spirken, auch »Moor-Kiefern« genannt.

271 Der Hochmoor-Perlmutterfalter (*Boloria aquilonaris*) setzt seine Eier an die Blattunterseite der Gewöhnlichen Moosbeere (*Vaccinium oxycoccos*). Der Falter gilt als Eiszeitrelikt und ist nur in den Mooren Oberschwabens und des Schwarzwaldes zu finden.

störte ein rächender Blitz beide Gehöfte. In der zurückbleibenden Senke sammelte sich allmählich Wasser an, und der Blindensee entstand. Vor langer Zeit drohte der See die ganze Gegend zu überschwemmen. Aber da kam die Gottesmutter von Schonach und spannte ein dichtes Netz von Fäden vor das Wasser, so daß es wie von einem Damm zurückgehalten wurde. Doch Jahr für Jahr verfault ein Faden nach dem anderen. Wenn der letzte zarte Moosfaden verwest ist, wird das Wasser hervorbrechen. Das geschieht an einem Bartholomäustag, wenn in Triberg Jahrmarkt gehalten wird.«

Da der See sehr dunkel und der Seegrund wegen der Vermoorung schwer zu lokalisieren ist, wurde auch über die Tiefe des Wassers viel spekuliert: »Einst wollte ein alter Jägersmann die Tiefe des Sees messen. Er fuhr deshalb mit einem Schifflein hinaus bis zur Mitte des Sees, band einen Stein an eine Schnur und ließ ihn in die Tiefe sinken. Aber da rief eine Stimme aus dem Grund: »Willst du mich messen, so muß ich dich fressen.« Von dieser Geisterstimme erschreckt, ruderte er ans Ufer zurück und verließ fluchtartig den unheimlichen Ort.« Einen »Beweis« für die »grundlose Tiefe« des Sees erbringt eine weitere Sage: »Einst verirrten sich zwei weidende Kühe im Moor. Als sie an das Ufer des Blindensees herantraten, um zu trinken, brachen sie ein und verschwanden in der grundlosen Tiefe. In der Gegend von Mainz wurden sie einige Tage später aus dem Rhein gezogen.«

Der See verdankt seinen Namen nicht der Undurchsichtigkeit seines Wassers und auch nicht der Tatsache, daß keine Fische in ihm zu entdecken sind. Vielmehr rührt der Name von der Zugehörigkeit zum Hofgut »Blindenhof«. Der 1908 abgebrochene Hof erhielt seinen Namen vom sechsten Hofbesitzer, einem erblindeten Bauern, der im 18. Jahrhundert lebte.

Das Hochmoor um den See wurde im Gegensatz zu den meisten anderen Hochmooren des Schwarzwaldes wegen seiner Lage in einer Wanne nicht künstlich entwässert. Aus diesem Grund wurde im Blindensee-Moor auch nie in größerem Umfang Torf abgebaut. Selbst die Niedermoorrinne zwischen den beiden Hochmoorkörpern ist nicht, wie früher vermutet wurde, durch Torfabbau entstanden. Sie wirkte schon immer als natürliche Entwässerungsrinne für die beiden Hangmoore, wodurch sich kein Hochmoor entwickeln konnte. So ist das Blindensee-Moor heute eines der wenigen noch intakten und wachsenden Hochmoore im Schwarzwald, in dem auch noch zahlreiche typische Moorarten vorkommen, die heute selten geworden sind.

Den größten Teil der Hochmoorkörper nimmt ein lockerer Spirkenwald ein. Die Spirke (*Pinus rotundata var. arborea*) ist die aufrechte Form der Moorkiefer. Im feuchten Zentrum des Moors erreicht sie allerdings nur eine geringe Höhe. In diesen lichten Beständen wachsen gefährdete Hochmoorarten wie Rundblättriger Sonnentau (*Drosera rotundifolia*), Gewöhnliche Moosbeere (*Vaccinium oxycoccos*), Rosmarinheide (*Andromeda polifolia*) und Wenigblütige Segge (*Carex pauciflora*). An zwei kleinen Stellen gibt es Bult-Schlenken-Komplexe mit dem Torfmoos *Sphagnum cuspidatum*. Hier breitet das Scheidige Wollgras (*Eriophorum vaginatum*) im Sommer mit seinen Früchten einen weißen Schleier über den Teppich aus Torfmoosen. An wenigen Stellen in den Schlenken tritt als Besonderheit die Blumenbinse (*Scheuchzeria palustris*) auf.

Völlig anders ist das Erscheinungsbild der Moorrandbereiche. Hier fallen vor allem die farbenfrohen Arten Fieberklee (*Menyanthes trifoliata*), Blutauge (*Comarum palustre*), Breitblättriges Knabenkraut (*Dactylorhiza majalis*) und Schmalblättriges Wollgras (*Eriophorum angustifolium*) auf. Nur die bis Ende der 80er Jahre beweideten Flächen am Rand, deren Böden durch den Tritt der Rinder verdichtet sind, zeigen ein eintönigeres Vegetationsbild. Hier dominiert die Flatter-Binse (*Juncus effusus*).

Das Gebiet beherbergt nicht nur seltene Pflanzen, auch gefährdete Vögel wie der Zitronengirlitz (*Serinus citrinella*) und der Baumpieper (*Anthus trivialis*) haben hier ihre Reviere. Und wo soviel Wasser zu finden ist, fehlen auch die Libellen nicht. Charakteristisch für diese Gewässer sind die äußerst seltene Hochmoor-Mosaikjungfer (*Aeshna subarctica*) und die Alpen-Smaragdlibelle (*Somatochlora alpestris*). Im Randbereich kann man die ebenfalls auf Moore spezialisierte Torf-Mosaikjungfer (*Aeshna juncea*) beobachten.

Mit zahlreichen moorspezifischen Pflanzen- und Tierarten, die im mittleren Schwarzwald nur wenige Vorkommen aufweisen, ist das Blindensee-Moor wohl das wertvollste Moor dieses Naturraums. *H. Bogenschütz*

Briglirain

Landkreis: Schwarzwald-Baar-Kreis
Gemeinden: Stadt Furtwangen,
Schönwald i. Schw.
Gemarkungen: Furtwangen, Schönwald
Naturraum: Südöstlicher Schwarzwald
Geschützt seit 1985
Größe: 27 Hektar
Top. Karten: 7815 Triberg, 7915 Furtwangen

Zwischen Furtwangen und Schönwald liegt auf etwa 1000 m ü. NN das Naturschutzgebiet »Briglirain« (auch »Brücklerain« oder »Furtwänglemoor« genannt). Die europäische Wasserscheide zwischen Rhein und Donau durchschneidet das Naturschutzgebiet und teilt es in zwei Bereiche: Während der südliche Teil über die Breg in die Donau entwässert, wird das Wasser des nördlichen Teils über die Elz dem Rhein zugeführt. Auf beiden Seiten liegen Moore, die vor allem im Süden als Hoch-, Nieder- und Übergangsmoore gut ausgeprägt sind. Daneben finden sich in den trockeneren Bereichen Flügelginsterweiden. Das Naturschutzgebiet Briglirain zeigt kleinflächig noch bis heute, wie die Landschaft der Täler dieser Region vor Jahrhunderten weiträumig ausgesehen hat.

Der geologische Untergrund wird von Paragneis und Granit sowie von dem im Schwarzwald selten anstehenden Rotliegenden gebildet. In den Talsenken sammeln sich die tonigen Verwitterungsprodukte des Granits und bilden wasserstauende Schichten. Sowohl die Staunässe als auch das Klima mit Jahresniederschlägen um 1700 mm begünstigen die Moorbildung in dieser Lage. Daneben finden sich als charakteristische Elemente des Gebiets große, angerundete Granitblöcke, die aufgrund ihrer Form als »Wollsäcke« bezeichnet werden. Sie sind durch chemische und physikalische Verwitterung an Ort und Stelle entstanden und zeichnen sich durch eine interessante Moos- und Flechtenvegetation aus. Besonders schön sind diese Verwitterungsprodukte des Granits im nahegelegenen Naturschutzgebiet »Günterfelsen« zu sehen.

Den zentralen Bereich des Naturschutzgebiets nimmt ein Hochmoor mit Spirkenfilz ein. Der Moorkörper wölbt sich bis zu vier Meter über die Umgebung auf. Die Spirke oder Moor-Berg-Kiefer bildet hier einen lockeren Bestand, in dessen Unterwuchs Zwergsträucher wie Heidelbeere (*Vaccinium myrtillus*), vereinzelt auch Rosmarinheide (*Andromeda polifolia*) und Gewöhnliche Moosbeere (*Vaccinium oxycoccos*) dominieren. Der angrenzende Peitschenmoos-Fichtenwald mit Moorbeere (*Vaccinium uliginosum*) und Moor-Wollgras (*Eriophorum vaginatum*) in der Krautschicht geht in einen Moorrandbereich über, der vor allem auf der Westseite schön ausgeprägt ist. Die Ausdehnung und der Erhaltungszustand dieser das Hochmoor umgebenden Senke ist einzigartig für den Schwarzwald. Dem Spirkenfilz nördlich vorgelagert ist ein Birkenmoor.

In den nassen Randbereichen, welche von zahlreichen kleinen Quellbächen durchzogen

272   Links der beiden Höfe liegt das NSG »Briglirain« mit Hoch-, Nieder- und Übergangsmoorbereichen und Flügelginsterweiden.

273   Der Natterwurz-Perlmutterfalter (*Clossiana titania*) bewohnt Moorränder und Naßwiesen der montanen Höhenstufe.

274 Blühende Blumenbinse (*Scheuchzeria palustris*) in einer wassergefüllten Moorschlenke. Die Blüten sind unauffällig mit sechs grünlich-gelben Blütenblättern.

275 Fruchtende Blumenbinse (*Scheuchzeria palustris*). Die Fruchtblätter sind blasig aufgetrieben, weshalb der Pflanze auch der Name »Blasenbinse« gegeben wird.

werden, wachsen Fieberklee (*Menyanthes trifoliata*), Sumpfdotterblume (*Caltha palustris*), Breitblättriges Knabenkraut (*Dactylorhiza majalis agg.*) und Sumpf-Veilchen (*Viola palustris*). Die anschließenden mageren und trockenen Bereiche bilden blütenreiche Flächen mit Flügel-Ginster (*Genista sagittalis*), Schwarzer Flockenblume (*Centaurea nigra*), Zittergras (*Briza media*) u.a., die vor allem für blütenbesuchende Insekten von Bedeutung sind.

Der nördliche, im Einzugsgebiet der Elz liegende Bereich des Naturschutzgebiets ist stärker entwässert und besitzt nur noch einen kleinen Hochmoorrest. Im Gebiet dominiert das Blaue Pfeifengras (*Molinia caerulea agg.*), am westlichen Rand findet sich vereinzelt der Siebenstern (*Trientalis europaea*).

Im Gegensatz zu heute wurden früher größere Bereiche des Naturschutzgebiets landwirtschaftlich als Mähwiese und Sommerweide bewirtschaftet bzw. forstwirtschaftlich genutzt. Kleinflächig wurde bis etwa 1925 auch Torf gestochen, der aufgrund der hohen Niederschläge jedoch nur schwer abtrocknete. Die Pflegemaßnahmen zur Erhaltung dieses landschaftlich schönen und aus Sicht des Naturschutzes wertvollen Gebiets werden heute in enger Zusammenarbeit mit den ansässigen Landwirten durchgeführt. Die extensive Beweidung dient der Erhaltung und Förderung des blütenreichen Grünlandes und dessen artenreicher Tierwelt. Weiterhin werden hierdurch Flächen offengehalten, in denen sich sonst vermehrt die Fichte ansiedeln würde. Innerhalb des zentralen Moorkomplexes sind keine Pflegemaßnahmen notwendig. Es ist jedoch dafür zu sorgen, daß dieser empfindliche Lebensraum nicht durch Nährstoffeinträge oder durch Veränderungen des Wasserhaushaltes gestört wird.

U. Herth

Deggenreuschen-Rauschachen

Landkreis: Schwarzwald-Baar-Kreis
Gemeinde: Stadt Hüfingen
Gemarkung: Hüfingen
Naturraum: Baar
Geschützt seit 1941
Größe: 125,8 ha
Top. Karte: 8016 Donaueschingen

Ein kurzer Blick auf die Landkarte zeigt es: Die Baar – eine hochgelegene Ebene zwischen Schwarzwald und Schwäbischer Alb – ist eine weitgehend waldfreie Landschaft. Die klimatisch rauhe Gegend besitzt seit alters einen geringen Waldanteil; auch heute liegen nur wenige Wälder auf der von Acker und Grünland geprägten Hochfläche. Der bekannteste unter ihnen ist der 126 ha große »Deggenreuschen-Rauschachen« auf den Muschelkalkhügeln südwestlich von Hüfingen. Wie der Doppelname des Naturschutzgebiets schon andeutet, besteht es aus zwei ausgedehnten Waldstücken, die durch die vielbefahrene Bundesstraße 31 getrennt werden.

Der überwiegend auf den Schichten des Oberen Muschelkalks stockende Wald wird von der Fichte dominiert. Tanne, Kiefer, Buche, Esche und Bergahorn spielen beim Aufbau der Baumschicht eine untergeordnete Rolle. Viele Bereiche bestehen aus reinem Fichtenwald, den man seit dem Zweiten Weltkrieg pflanzte, nachdem Kahlhiebe, Windbrüche und Käferbefall die alten Baumbestände stark reduziert hatten.

Daneben gibt es noch in größerer Ausdehnung bis 140jährige Altbestände. Sie stammen aus einer Zeit, als der Gemeindewald beweidet wurde und auch schmale Äcker im aufgelockerten Baumbestand eingestreut waren. Diese Nutzungen beeinflußten die Zusammensetzung des Waldes. Ursprünglich war der Deggenreuschen-Rauschachen wohl ein von Natur aus nadelbaumreicher Wald, wie er für diese montane Höhenlage in spätfrostgefährdeten Lagen typisch ist. In der Baumschicht dominierte zwar die Tanne, aber auch Buche und Fichte waren am Aufbau des Waldes beteiligt. Unter dem Einfluß des Menschen breiteten Fichte und Kiefer sich aus, unter Waldweide und Holzentnahme litten vor allem

276 Der Frauenschuh (*Cypripedium calceolus*) steht im NSG »Deggenreuschen-Rauschachen« einzeln oder in kleinen Gruppen vor allem dort, wo der Wald etwas aufgelichtet ist.

Tanne und Buche. In den letzten ca. 150 Jahren machten gezielte Aufforstungen den Deggenreuschen-Rauschachen schließlich zu einem fast reinen Fichtenwald.

Das Naturschutzgebiet ist weit über die Region hinaus als »Hüfinger Orchideenwald« bekannt. Im Wald und in den angrenzenden Magerrasen wachsen 25 Orchideenarten, eine außerordentliche Zahl für ein Nadelwaldgebiet. Eine Erklärung für das z.T. massenhafte Auftreten der Orchideen liegt in der früheren Ackernutzung und Beweidung, die auf dem sogenannten Trigonodus-Dolomit des Oberen Muschelkalkes nachhaltige Oberbodenschäden hinterlassen hat. Viele der im Deggenreuschen-Rauschachen vorkommenden Orchideen, die nicht als »Anzeiger« eines sehr naturnahen Waldes gewertet werden dürfen, bevorzugen offenbar solche Standorte. Dieser Umstand hat auch Einfluß auf die Bewirtschaftung des Waldes im Naturschutzgebiet, deren vordringlichstes Ziel es ist, die großen Bestände der seltenen Arten zu erhalten.

Gewissermaßen das Wahrzeichen des Deggenreuschen-Rauschachen ist der Frauenschuh (*Cypripedium calceolus*). Diese Orchidee bevorzugt die fichtenreichen Althölzer, die bereits durch den natürlichen Abgang etwas verlichtet sind. Tannen oder Laubbäume finden sich praktisch nie in der Baumschicht. Der Boden ist von einer bezeichnenden Krautschicht mit Fieder-Zwenke (*Brachypodium pinnatum*), Blaugrüner Segge (*Carex flacca*), Schattenblümchen (*Maianthemum bifolium*), Seidelbast (*Daphne mezereum*) und Steinbeere (*Rubus saxatilis*) bedeckt. Gelegentlich kann man Wintergrün-Arten wie Einblütiges Wintergrün (*Moneses uniflora*) oder Nickendes Wintergrün (*Pyrola secunda*) entdecken; sie gelten als typische Pflanzen nadelholzreicher Wälder. Unter den Kräutern ist eine mehr oder weniger geschlossene Moosschicht vorhanden. In dunkleren, meist jüngeren Nadelholzbeständen kommen floristische Besonderheiten wie Korallenwurz (*Corallhoriza trifida*), Widerbart (*Epipogium aphyllum*) und Kriechstendel (*Goodyera repens*) vor.

In den kleinen, den Wald durchziehenden Tälchen sind die Böden ganz anders gestaltet. Durch die tiefere Gründigkeit und die bessere Nährstoffversorgung sind die Standorte hier wüchsiger. Das kommt in einer Strauchschicht aus Schwarzem Holunder (*Sambucus nigra*) und Trauben-Holunder (*Sambucus racemosa*) zum Ausdruck. Dichte Herden von Brennessel (*Urtica dioica*) oder seltener das Christophskraut (*Actaea spicata*) nehmen die Lücken ein. Auch hier wird die Baumschicht durch die Fichte dominiert.

Besondere Aufmerksamkeit verdienen die Waldränder und die wenigen Wiesenflecken, die sich noch innerhalb des geschützten Gebiets befinden. Trotz seiner geringer Ausdehnung sind im »Saum« des Waldes zahlreiche Arten der Halbtrockenrasen erhalten, die sich zwischen dem Waldtrauf und den angrenzenden Wegen und Äckern drängen. Frühlings-Enzian (*Gentiana verna*), Silberdistel (*Carlina acaulis*), Kugel-Rapunzel (*Phyteuma orbiculare*), Busch-Nelke (*Dianthus seguieri*) und Wiesen-Leinblatt (*Thesium pyrenaicum*) seien stellvertretend genannt. Aber auch die für Waldränder typischen Stauden haben sich eingestellt: Süßer Tragant (*Astragalus glycyphyllos*), Odermennig (*Agrimonia eupatoria*), Breitblättriges Laserkraut (*Laserpitium latifolium*) oder Mittlerer Klee (*Trifolium medium*).

277 Der blattlose Widerbart (*Epipogium aphyllum*) ist eine saprophytisch lebende Orchidee. Die besonderen morphologischen Merkmale sind die nach oben gerichtete Lippe und der sackförmige Sporn. Die Art vermehrt sich im wesentlichen vegetativ.

Angesichts des großen Reichtums an floristischen Besonderheiten ist es verständlich, daß der Deggenreuschen-Rauschachen schon früh unter Naturschutz gestellt wurde. Dies geht vor allem auf das Engagement von Dr. Erwin Sumser zurück, der sich bereits in den 30er Jahren intensiv um Erhaltung der Orchideen im Hüfinger Gemeindewald kümmerte. Auf seine Bemühungen ist es auch zurückzuführen, daß der Deggenreuschen-Rauschachen 1941 in der für damalige Verhältnisse außergewöhnlichen Größe von 126 ha unter Naturschutz gestellt wurde. Bis heute hat der artenreiche Fichtenwald kaum etwas von seiner Attraktivität eingebüßt. Dies stellt aber gleichzeitig ein Problem dar. Viele Menschen besuchen zur Blütezeit der Orchideen das Waldgebiet. Mit einem Naturlehrpfad wird versucht, die Besucherströme zu lenken; es kann jedoch nicht ausgeschlossen werden, daß besonders empfindliche Pflanzenarten durch das Betreten des Waldes generell beeinträchtigt werden. Durch den geplanten vierspurigen Ausbau der B 31 ist das Naturschutzgebiet in erheblichem Maße gefährdet. Eine Verbreiterung der vielbefahrenen Straße würde stark in die orchideenreiche Altholzbestände eingreifen und den ohnehin schon merklichen Zerschneidungseffekt der Straße noch vergrößern. P. Lutz

Elzhof

Landkreis: Schwarzwald-Baar-Kreis
Gemeinde: Schönwald im Schwarzwald
Gemarkung: Schönwald
Naturraum: Südöstlicher Schwarzwald
Geschützt seit 1990
Größe: 29,5 Hektar
Top. Karte: 7815 Triberg

278 Moorschlenke im Hochmoorteil des NSG »Elzhof«.

Das Elzhof-Moor liegt nicht im benachbarten oberen Elztal, sondern im landschaftlich nicht minder reizvollen Tal des Schwarzenbachs. Wie alle Täler des südöstlichen Schwarzwaldes hat es noch das sanfte danubische Relief, obwohl das Wasser selbst bereits dem Rhein über die Gutach zufließt, die wenige Kilometer unterhalb durch die Triberger Wasserfälle der Kinzig entgegenstürzt.

Der südöstliche Schwarzwald gehört infolge seiner Flachtäler und Mulden zu den moorreicheren Mittelgebirgslandschaften. In der breiten und flachen Talsohle und auf den seitlichen Hängen konnten sich infolge der hohen Niederschläge (gegenwärtig rund 1500 mm/a) auch im Schwarzenbachtal mehrere Moore bilden, die in ihren zentralen Bereichen Regenmoorcharakter aufweisen, also aus dem Einfluß des im Grundgebirge ohnehin relativ nährstoffarmen Grundwassers herausgewachsen sind. Kerngebiete des Naturschutzgebiets sind zwei Bergkiefern-Moore, die von ausgedehnten Niedermooren und Naßwiesen umgeben sind, durchflossen vom z.T. verästelten Weißenbach. Im Luftbild ist die frühere Wiesenbewässerung der Talmulde noch deutlich erkennbar. Noch vielseitiger wird dieser Komplex durch randliche, trockene Flügelginsterweiden mit großen Arnika- und Borstgrasbeständen. Wie alle gering beeinträchtigten Moorgebiete – zumal, wenn es sich um einen so vielfältig strukturierten Komplex wie diesen handelt – beherbergt das Naturschutzgebiet viele gefährdete Tier- und Pflanzenarten, darunter etliche Relikte der Kaltzeiten. Im Bergkiefern-Hochmoor und Fichten-Moorwald wachsen für den Schwarzwald extreme Seltenheiten wie Europäischer Siebenstern (*Trientalis europaea*). An schattig stehenden Rauschbeeren leben die Raupen des Rauschbeer-

279 Im Raum Schönwald-Schonach kommt der Hochmoor-Gelbling (*Colias palaeno*) noch in einigen Mooren vor.

280 Die Niedrige Schwarzwurzel (*Scorzonera humilis*) ist in feuchten Magerwiesen des südöstlichen Schwarzwaldes selten.

Spanners (*Arichanna melanaria*), einer Falterart der Waldhochmoore. Die offenen Hochmoorbereiche sind mit bunten Torfmoosrasen bedeckt. Hier wachsen Schlamm-Segge (*Carex limosa*) und Blumenbinse (*Scheuchzeria palustris*), beide im Schwarzwald sehr selten. Moosbeere (*Vaccinium oxycoccos*), Rosmarinheide (*Andromeda polifolia*), Scheiden-Wollgras (*Eriophorum vaginatum*), Rundblättriger Sonnentau (*Drosera rotundifolia*) und die torfbildenden bunten Torfmoose (*Sphagnum*) wachsen hier wie in allen Schwarzwaldmooren.

Hochmoor-Gelbling (*Colias palaeno*) und Moosbeeren-Perlmutterfalter (*Boloria aquilonaris*) haben ihre Bruthabitate im offenen Hochmoor und besuchen die mageren, angrenzenden blütenreichen Flachmoore und Feuchtwiesen zur Nahrungsaufnahme. Verbreitet kommen Fieberklee (*Menyanthes trifoliata*), Wald-Läusekraut (*Pedicularis sylvatica*), Schmalblättriges Wollgras (*Eriophorum angustifolium*), Sumpf-Herzblatt (*Parnassia palustris*), Blutauge (*Comarum palustre*), Gewöhnliches Fettkraut (*Pinguicula vulgaris*), Wiesen-Knöterich (*Polygonum bistorta*) und verschiedene Orchideenarten in diesen Sumpfwiesen vor. Sehr auffällige Blüten der Wiesen sind im Sommer die Wilde Schwarzwurzel (*Scorzonera humilis*) und die Trollblume (*Trollius europaeus*). Ihren ganzen Lebenszyklus vollziehen in den Naßwiesen und Flachmooren Randring-Perlmutterfalter (*Proclossiana eunomia*), Sumpfveilchen-Perlmutterfalter (*Clossiana selene*), Natterwurz-Perlmutterfalter (*Clossiana titania*), Lilagold-Feuerfalter (*Lycaena hippothoe*) und Fieberklee-Rindeneule (*Acronycta menyanthidis*).

Mehrere Braunkehlchenpaare haben im Naturschutzgebiet noch Brutreviere. Dieser

Wiesenbrüter hat weite Landschaften in Europa bereits verlassen.

Im klaren Wasser des Schwarzenbachs lebt die Europäische Bachforelle, die hier wohl noch nicht von der aus Amerika eingebürgerten Regenbogenforelle bedrängt wird.

Besucherhinweis: Das Naturschutzgebiet liegt in einer stark besuchten »Bilderbuchlandschaft«. Im Sommer darf es nicht betreten werden, ist aber von den Wanderwegen aus gut einsehbar. Im Winter kann man es auf einer traditionellen Loipe auf Skiern durchwandern.

J.-U. Meineke

Grüninger Ried

Landkreis: Schwarzwald-Baar-Kreis
Gemeinden: Stadt Donaueschingen, Brigachtal
Gemarkungen: Grüningen, Klengen
Naturraum: Baar
Geschützt seit 1994
Größe: 10,8 Hektar
Top. Karte: 8016 Donaueschingen

Das Naturschutzgebiet »Grüninger Ried« liegt im Brigachtal zwischen Donaueschingen und Villingen nördlich von Grüningen, von der Brigach aus gesehen jenseits (östlich) der Bahnlinie.

Mehrere Quellschüttungen zwischen Mittlerem und Oberem Muschelkalk führen in diesem Bereich zur Durchfeuchtung der Talsohle des Brigachtals, wobei die Bahnlinie einen Rückstau des Wassers im Grüninger Ried bewirkt.

Das Grüninger Ried zeichnet sich durch ein äußerst vielfältiges und strukturreiches Mosaik unterschiedlicher Wiesentypen, Brachflächen, Großseggenriede, Röhrichte und einzelner Gehölze aus. Diese inzwischen meist selten gewordenen Vegetationstypen weisen eine ganze Anzahl von gefährdeten Tier- und Pflanzenarten auf.

Vor allem in der Nordhälfte des Gebiets finden sich teilweise noch genutzte Feuchtwiesen unterschiedlicher Ausprägung; besonders bemerkenswert sind die verschiedenen Ausbildungen der Bachkratzdistel-Wiese, die neben der namengebenden Bach-Kratzdistel (*Cirsium rivulare*) durch die Trollblume (*Trollius europaeus*) gekennzeichnet wird. Je nach Standort kommen weitere Arten hinzu, so z.B. das Spatelblättrige Greiskraut (*Senecio helenitis*) oder das Schmalblättrige Wollgras (*Eriophorum angustifolium*), an trockeneren Stellen sogar der Frühlings-Enzian (*Gentiana verna*).

281 Die Bulte der Rispen-Segge (*Carex paniculata*) werden teilweise bis zu einem Meter hoch.

Auf nicht mehr genutzten Wiesenflächen haben sich Großseggenriede und Röhrichte entwickelt. Besonders auffällig sind die Bulte der Steifen Segge (*Carex elata*) und der Rispen-Segge (*Carex paniculata*); letztere werden teilweise bis zu einem Meter hoch!

Die Tierwelt des Grüninger Rieds wurde bisher nicht systematisch untersucht. Am meisten ist über die Vogelwelt bekannt. Hervorzuheben ist vor allem das stark gefährdete Braunkehlchen, von dem einige Paare im Gebiet brüten. Recht gut vertreten ist der Sumpfrohrsänger, seltener sind Teichrohrsänger, Feldschwirl und Rohrammer. *B. Seitz*

Günterfelsen und Umgebung

Landkreis: Schwarzwald-Baar-Kreis
Gemeinde: Stadt Furtwangen
Gemarkung: Furtwangen
Naturraum: Südöstlicher Schwarzwald
Geschützt seit 1956
Größe: 1,7 Hektar
Top. Karte: 7914 St. Peter

Westlich des Höhenwegs zwischen Brend und Martinskapelle liegt der »Günterfelsen«, eine imposante Felsburg im Triberger Granit. Der Ausweisung dieser Felsgruppe als Naturschutzgebiet ging ein langer Disput um die Entnahme von Steinmaterial aus der Umgebung des Günterfelsens voraus, der in ein Gerichtsverfahren mündete. Das Gericht »erachtete als festgestellt«, daß die Schönheit des Granits »den in der ganzen Umgebung vorkommenden Granit weit übertrifft« und daß die Felsgruppe »in ihrer Ganzheit und Geschlossenheit eine eigenartige und seltene Naturschönheit darstellt, die zur Zierde und Belebung des Landschaftsbildes beiträgt und deshalb im allgemeinen Interesse Erhaltung verdient.«

Auffallend sind die abgerundeten Formen der Granitblöcke, die aus diesem Grund auch »Wollsackblöcke« genannt werden. Es handelt sich im Fall des Günterfelsens nicht etwa um Findlinge, die während der Eiszeit von ihrem Entstehungsort wegtransportiert wurden. Die »Wollsäcke« entstanden an Ort und Stelle, und

282 Als eindrucksvolle »Felsburg« taucht der Günterfelsen unvermittelt aus dem umgebenden Wald auf.

zwar im Tertiär (vgl. Beitrag zur Geologie) unter tropischen Klimabedingungen, unter denen eine intensive Verwitterung der oberen Gesteinsschichten einsetzte. Während das zu Granitgrus verwitterte Material im Laufe der Zeit ausgeschwemmt wurde, blieben die abgerundeten Gesteinsblöcke übrig und sind heute stellenweise als »Felsburgen« mit angrenzenden Blockhalden zu bewundern. Der Günterfelsen übertrifft an Größe alle anderen Felsburgen des Mittleren (einschließlich des Südöstlichen) Schwarzwalds bei weitem, und auch der Durchmesser der Einzelblöcke mit bis zu acht Metern wird im weiteren Umkreis nirgendwo erreicht. *B. Seitz*

Hondinger Zisiberg

Landkreis: Schwarzwald-Baar-Kreis
Gemeinde: Stadt Blumberg
Gemarkung: Hondingen
Naturraum: Baar-Alb und Oberes Donautal
Geschützt seit 1937
Größe: 1,8 Hektar
Top. Karte: 8117 Blumberg

Der »Hondinger Zisiberg« ist eines der ersten Naturschutzgebiete von Südbaden; es wurde 1983 um etwa das Doppelte erweitert. Trotz seiner immer noch sehr gering erscheinenden Ausdehnung beherbergt das Gebiet überregional bedeutsame und bedrohte Trockenbiotope mit einer Fülle seltener und z.T. hochgradig gefährdeter Arten, darunter rund 40 Pflanzenarten der Roten Liste.

In der Bevölkerung ist der Zisiberg insbesondere bei den Orchideenliebhabern bekannt und berühmt, da es auf der Baar-Alb in einer Höhe von etwas weniger als 800 m ü. NN nur wenige Plätze gibt, an denen diese attraktiven, aber auch besonders anspruchsvollen, submediterranen Pflanzen so reichlich und regelmäßig blühen. Sie waren letztlich auch der Grund, daß dieses kleine Gebiet überhaupt bis heute überleben konnte, denn der Arzt und Orchideenliebhaber Dr. E. Sumser kaufte bereits 1932 das Grundstück, das dann 1937 als Naturschutzgebiet ausgewiesen wurde.

Das Naturschutzgebiet liegt an einem süd- bis südwestexponierten, steilen Hang nordöstlich von Hondingen. Die Abgrenzung folgt im wesentlichen einem schmalen, hangparallelen Band der verschwammten Lochen-Schichten im Weißjura Alpha. Der hangaufwärts angrenzende geschlossene Wald stockt schon auf den Wohlgebankten Kalken des Weißjura Beta. Der sehr steinige und trockene Boden ist äußerst ertragsarm und erlaubte von jeher nur eine sehr extensive Nutzung, die im wesentlichen aus einer Beweidung mit Schafen bestand. Seit mehreren Jahrzehnten ist auch diese Nutzung entfallen, und es finden lediglich in größeren Zeitabständen kleinere Pflegemaßnahmen statt.

Großflächig wird das Bild von Kalkmagerrasen bestimmt, die von kleineren Gehölzgruppen durchsetzt sind. An einzelnen Stellen steht Kalkschutt an der Oberfläche an; dort ist die Vegetationsdecke extrem lückig und wird von Spezialisten wie Berg-Hellerkraut (*Thlaspi montanum*), Berg-Gamander (*Teucrium montanum*) und Blaugras (*Sesleria varia*) aufgebaut.

283 Im Sommer sind die Kalkmagerrasen übersät mit Mücken-Handwurz (*Gymnadenia conopsea*) und Weidenblättrigem Ochsenauge (*Buphthalmum salicifolium*).

284 Der Weißdolch-Bläuling (*Agrodiaetus damon*) lebt an der Esparsette und ist in Baden-Württemberg vom Aussterben bedroht.

285 Eine ganz große Kostbarkeit ist die Spinnen-Ragwurz (*Ophrys sphecodes*).

Auffallend ist besonders an diesen Stellen, aber auch im übrigen Schutzgebiet der Reichtum an dealpinen und praealpinen Arten mit geringer Ausbreitungsfähigkeit. Vieles deutet darauf hin, daß hier früher ein sehr lichter Steppenheidewald wuchs, in dem diese Arten einige Jahrtausende als Relikte überdauern konnten, bevor sie durch die Rodung des Waldes ihre schon einmal unmittelbar nach der Eiszeit größerflächigen Wuchsorte wieder etwas ausdehnen konnten.

Dort, wo die flachgründigen Böden etwas feinerdereicher sind, wachsen geschlossene Trockenrasen mit reichen Vorkommen der Gewöhnlichen Küchenschelle (*Pulsatilla vulgaris*), Kugelblume (*Globularia punctata*), Zwergbuchs (*Polygala chamaebuxus*) und der Erd-Segge (*Carex humilis*) als Rasenbildner. Im Nordteil des Schutzgebiets, wo die Böden etwas mergeliger und wasserzügiger sind, treten in diesem Rasen verstärkt Blaugras, Alpen-Maßliebchen (*Aster bellidiastrum*) und vereinzelt Umscheidete Kronwicke (*Coronilla vaginalis*) auf. Gehölze kommen trotz jahrzehntelanger Brache kaum hoch.

Entlang des Waldrandes sind die Trockenrasen von wärmeliebenden Hochstauden durchsetzt, so dem Hirsch-Haarstrang (*Peucedanum cervaria*), Heilwurz (*Seseli libanotis*), Breitblättrigem Laserkraut (*Laserpitium latifolium*), Ästiger Graslilie (*Anthericum ramosum*) und dem Berg-Leinblatt (*Thesium bavarum*). Besonders auffällig ist hier im Hoch- und Spätsommer der Insektenreichtum, der letztendlich bestätigt, was die Vegetation schon klar andeutet: Dieses Gebiet stellt trotz seiner geringen Größe sehr wohl einen intakten Biotop dar, der alle Voraussetzungen zum langfristigen Überdauern der hier vorkommenden seltenen Arten bietet. Aber es wäre falsch, diese Aussage auch auf andere Schutzgebiete auszudehnen; sie kann selbstverständlich nur für Sonderstandorte gelten, die in unserer Kulturlandschaft schon immer sehr kleinflächig vorkamen und auf die sich die dort lebende Tier- und Pflanzenwelt eingestellt hat. M. Witschel

Laubeck-Rensberg

Landkreis: Schwarzwald-Baar-Kreis
Gemeinde: Schonach i. Schw.
Gemarkung: Schonach
Naturraum: Südöstlicher Schwarzwald
Geschützt seit 1996
Größe: 234 Hektar
Top. Karten: 7814 Elzach, 7815 Triberg im Schwarzwald

Das Naturschutzgebiet »Laubeck-Rensberg« umfaßt einen Höhenrücken nordwestlich der Gemeinde Schonach i. Schw., der durch ausgedehnte Nadelwälder, Moore, Wiesen und Weiden gekennzeichnet ist.

Geologisch ist das Gebiet durch Granite geprägt, worauf die zahlreichen abgerundeten »Wollsackblöcke« hinweisen, die teilweise regelrechte Felsburgen bilden (s. Erläuterungen beim NSG »Günterfelsen und Umgebung«).

Ein Hauptgrund für die Unterschutzstellung des Gebiets waren die unterschiedlichen und vielfältig ausgebildeten Moore. Das Spektrum reicht vom Bergkiefern-Hochmoor über die sogenannte »Bunte Torfmoosgesellschaft« bis zu verschiedenen Niedermooren. Obwohl die Moore in der Vergangenheit teilweise stark beeinträchtigt wurden, sind sie Lebensraum für eine Vielzahl seltener und gefährdeter Tier- und Pflanzenarten.

Zum typischen Bild der traditionell genutzten Kulturlandschaft des Schwarzwalds gehören die Magerweiden, die im Naturschutzgebiet bezüglich ihres Arteninventars eine Mischung zwischen den Borstgrasrasen der Hochlagen, den Flügelginsterweiden des Südschwarzwalds und den Besenginsterweiden

286 Das Weidfeld am Reinerhof ist ein buntes Mosaik aus Magerrasen, kleinen Feuchtgebieten und Gehölzen; rechts im Vordergrund eine fruchtende Eberesche.

des Mittleren Schwarzwalds darstellen; zudem besteht teilweise eine enge Verzahnung mit Niedermooren. Ein solches Mosaik findet man z.B. beim Reinerhof, wo Arten- und Strukturreichtum durch eingestreute Gehölze, Steinriegel, Staudenfluren u.a. besonders groß sind.

Auch Magerwiesen kommen in verschiedenen Ausprägungen vor und sind oft sehr bunt und artenreich.

Für die naturschutzkonforme Bewirtschaftung der Flächen erhalten die Landwirte einen finanziellen Ausgleich über Pflegeverträge.

Der überwiegende Teil des Naturschutzgebiets ist von Wald bedeckt. Vorherrschende Waldgesellschaft wäre von Natur aus der Beerstrauch-Tannenwald, heute dominiert allerdings meist die Fichte. An Sonderstandorten kommen noch weitere Waldtypen vor, so der Bach-Eschenwald entlang von Dobeln und an quelligen Standorten, der Peitschenmoos-Fichtenwald an Moorrändern und in Mulden mit schlechtem Kaltluftabfluß und der Ohrweiden-Birkenbruch im Bereich von Waldmooren und Moorrändern. Am Abhang zum Elztal wachsen Tannen-Buchenwälder und niederwaldartige, von der Hasel dominierte Bestände.

Das Naturschutzgebiet Laubeck-Rensberg zeichnet sich also durch eine große Vielfalt unterschiedlicher, ökologisch bedeutsamer Vegetationstypen mit vielen seltenen und gefährdeten Pflanzenarten aus; über 50 dieser Arten sind in der Roten Liste aufgeführt.

Diese Vielfalt ist auch die Grundlage für eine artenreiche Tierwelt. Am besten untersucht ist die Vogelwelt, die etliche Besonderheiten aufweist, so z.B. das vom Aussterben bedrohte Haselhuhn, die hochmontanen Arten Zitronengirlitz und Tannenhäher, die Höhlenbrüter Schwarzspecht und Rauhfußkauz sowie Waldschnepfe und Braunkehlchen. *B. Seitz*

Mühlhauser Halde

Landkreis: Schwarzwald-Baar-Kreis
Gemeinde: Stadt Villingen-Schwenningen
Gemarkung: Mühlhausen
Naturraum: Baar
Geschützt seit 1995
Größe: 52,2 Hektar
Top. Karte: 7917 Villingen-Schwenningen Ost

Die Mühlhauser Halde liegt auf der Baar östlich von Villingen-Schwenningen. Die Keuper-Lias-Stufe der Südwestdeutschen Schichtstufenlandschaft erhebt sich hier von 680 auf 770 m ü. NN. Talgrund und Hangfuß sind bis etwa 700 m ü. NN aus dem weichen, mergeligen Gipskeuper aufgebaut. Darüber liegen in dichter Folge Schilfsandstein, Bunte Mergel und Stubensandstein. Letztere Sandsteinschicht ist etwa zehn Meter mächtig und bildet durch ihre Härte eine oft deutlich sichtbare Hangterrasse. Über dieser Bank liegen 25 m mächtige Knollenmergel, die stark zu Rutschungen neigen, bei Nässe aufquellen und bei Trockenheit stark schrumpfen.

Entsprechend dieser abwechslungsreichen geologischen Verhältnisse haben sich sehr unterschiedliche Böden ausgebildet, denen eines gemeinsam ist: Eine intensive landwirtschaftliche Nutzung ist auf diesen Heide- und Weideflächen aus heutiger Sicht unrentabel. Das war nicht immer so. Teile der Wacholderheide sind bis in unser Jahrhundert wiederholt gepflügt worden. Die Spuren davon lassen sich noch deutlich an den ehemaligen Feldrainen erkennen – am besten im Nachmittagslicht, wenn man oberhalb von Mühlhausen auf die gegenüberliegende Wacholderheide blickt.

Der größte Teil des Naturschutzgebiets wird heute von Kalkmagerrasen besiedelt. Aufgrund der verschiedenen früheren Nutzungsformen, unterschiedlichen Nutzungsintensitäten und dem wechselnden geologischen Untergrund ist die Vegetation reich strukturiert und stark differenziert. Wer allerdings jetzt große Massenvorkommen von Orchideen und anderen seltenen Pflanzen erwartet, wird enttäuscht sein. Zwar wachsen hier sehr wohl viele seltene Arten, doch sie müssen mühsam gesucht werden. Regelmäßiger Verbiß und Tritt der Schafe sor-

287 Diese Wacholderheide auf Keuperböden ist sehr wüchsig und bedarf intensiver Nutzung und Pflege.

gen dafür, daß sich hier kein Blütenmeer wie in einem Halbtrockenrasen entfalten kann. Das wäre auch nicht gewollt, da es nur einen entsprechend zusätzlichen Pflegeaufwand mit sich brächte und die charakteristischen Tier- und Pflanzenlebensgemeinschaften der Schafweide verdrängen würde. Dafür bietet sich aber ohne Mühe und zu allen Jahreszeiten dem Besucher ein einmaliges Landschaftserlebnis.

Die Zahl der im Gebiet vorkommenden Vogelarten zeigt deutlich, wie wichtig eine reich gegliederte Landschaft für die Vogelfauna ist. Insbesondere der Wechsel zwischen offener Weidefläche und dichtem Gebüsch ermöglicht diesen Artenreichtum. Die hohe Lebensraumqualität zeigt sich nicht allein in der Artenzahl, sondern vor allem im hohen Anteil bedrohter und gefährdeter Arten, die hier noch den entsprechenden Lebensraum finden. So ist z.B. eine wesentliche Voraussetzung für das Vorkommen von Raubwürger und Neuntöter ein Lebensraum mit offenen und geschlossenen Bereichen, wobei die offenen, kurzrasigen Flächen wichtig sind für das Erkennen der Kleinsäuger, während die geschlossenen Bereiche dichtwuchernde, dornige Sträucher enthalten müssen, an denen die Beute aufgespießt werden kann. Auch die Heidelerche benötigt offene, kurzrasige Flächen, die mit kleineren Baumgruppen durchsetzt sind, auf denen sie ihre Ansitzwarten hat. Dorn- und Klappergrasmücke haben ihren Brutplatz im dornigen Gestrüpp, während Zilpzalp, Fitis und Baumpieper am Boden oder im unteren Bereich des Gebüschs brüten. Zur Deckung und als Unterschluß werden die Hecken und Gebüsche von fast allen Arten aufgesucht.

Verglichen mit anderen Wacholderheiden im Regierungsbezirk wird die Mühlhauser Halde relativ intensiv mit Schafen beweidet. Dies führte auch schon bei Naturschützern zu Bedenken, da sie um das Überleben einzelner seltener Arten fürchteten. Wie sich aber herausgestellt hat, sind diese Befürchtungen unbegründet. Auf der Mühlhauser Halde hat sich in wirklich typischer Form die für Schafweiden charakteristische Flora und Fauna bewahren lassen.

M. Witschel

Palmenbuck

Landkreis: Schwarzwald-Baar-Kreis
Gemeinde: Stadt Bräunlingen
Gemarkung: Bräunlingen
Naturraum: Baar
Geschützt seit 1958
Größe: 0,3 Hektar
Top. Karte: 8016 Donaueschingen

Zwischen Bräunlingen und Hüfingen erhebt sich nördlich der Breg die Anhöhe des Palmenbucks. Sie ist Teil der schon früh besiedelten, fruchtbaren Muschelkalklandschaft zwischen Schwarzwald und Schwäbischer Alb, die durch ihren Heckenreichtum auffällt. Das kleinste Naturschutzgebiet des Regierungsbezirks liegt an einem südexponierten Wiesenhang und zeichnet sich durch artenreiche Mager- bzw. Halbtrockenrasen aus, die im Frühjahr durch die Blüten zahlreicher Küchenschellen (*Pulsatilla vulgaris*) ins Auge fallen, die auf der Baar auch »Osterglocken« genannt werden. Weitere typische Pflanzen sind Sonnenröschen (*Helianthemum nummularium*), Gefranster Enzian (*Gentianella ciliata*), Silberdistel (*Carlina acaulis*), Kalk-Aster (*Aster amellus*) und vor allem das »Reckhölderle« (*Daphne cneorum*), das mit dem Seidelbast verwandt ist. Das Reckhölderle war einst neben der Küchenschelle ein volkstümlicher Frühlingsbote der westlichen Baar, heute existieren hier nur noch wenige kleine Vorkommen. Dies hängt wie bei vielen anderen Arten mit Änderungen in der landwirtschaftlichen Nutzung zusammen; sowohl eine Intensivierung als auch eine Nutzungsaufgabe führen früher oder später zum Verschwinden dieser Pflanzen.

Neben den Magerrasen prägen einzeln stehende Kiefern sowie Hecken das Landschaftsbild des Palmenbucks. Insbesondere die Schlehe rückt immer wieder in die Magerrasen vor und muß von Zeit zu Zeit zurückgedrängt werden. *B. Seitz*

Plattenmoos

Landkreis: Schwarzwald-Baar-Kreis
Gemeinden: Brigachtal, Stadt Villingen-Schwenningen
Gemarkungen: Überauchen, Pfaffenweiler, Tannheim
Naturräume: Baar und Südöstlicher Schwarzwald (Grenzbereich)
Geschützt seit 1986
Größe: 56 Hektar
Top. Karte: 7916 Villingen-Schwenningen West

An der Grenze zwischen Schwarzwald und Baar liegt zwischen den Ortschaften Pfaffenweiler und Tannheim das »Plattenmoos«. Im Randbereich heute fast überall von Fichtenaufforstungen umgeben, beherbergt der Kernbereich noch ausgedehnte Hoch- und Übergangsmoorgesellschaften. Es handelt sich um das letzte noch »lebende« (im Wachstum begriffene) Hochmoor auf der einst so moorreichen Baar.

Der geologische Untergrund wird im westlichen Teil von Buntsandstein gebildet, im östlichen Teil vom Unteren Muschelkalk. Darüber wurde in der Nacheiszeit infolge der Verlandung eines flachen Sees Niedermoortorf und Bruchwaldtorf abgelagert, auf den später Hochmoortorf folgte. Die Torfschicht ist heute – dort wo sie nicht abgebaut wurde – bis über vier Meter mächtig. Dieses Torflager war für die Gemeinden früher von großer Bedeutung. So ist beispielsweise aus Eintragungen im Einrichtungswerk von 1863 über den Gemeindewald Überauchen zu entnehmen: »Die Gemeinde besitzt ein großes Torflager, welches einen schönen Ertrag abwirft«. Der Überauchener Torfstich (im Plattenmoos) wurde erst 1936 aufgegeben und ist noch heute gut im Gelände zu erkennen.

Die von der Abtorfung verschont gebliebenen Teile des Moors weisen auch heute noch eine typische Hochmoorflora auf. So finden sich hier die letzten Vorkommen von Moorkiefer bzw. Spirke (*Pinus rotundata*) und Rosmarinheide (*Andromeda polifolia*) auf der Baar; Mitte Mai leuchten die zentralen Bereiche von den schneeweißen Fruchtständen des Scheidigen Wollgrases (*Eriophorum vaginatum*). Im

288 Nach Auflichtung im Moorkern haben sich hochmoortypische Arten wieder stark ausgebreitet, hier das Scheidige Wollgras (*Eriophorum vaginatum*) zur Fruchtzeit im Mai.

Randbereich des Moors wachsen über Buntsandstein bodensaure Niedermoorgesellschaften wie das Braunseggenried, über Muschelkalk dagegen basiphytische (also kalkliebende) Gesellschaften wie die Lungenenzian-Pfeifengraswiese, das Davall-Seggenried und ehemals auch das Mehlprimel-Kopfbinsenried. Leider ist diese vielfältige Niedermoorvegetation nach Aufgabe der Streuwiesennutzung vor 30 bis 40 Jahren zum größten Teil der Aufforstung mit Fichten und Kiefern zum Opfer gefallen. Durch teilweise Entnahme der Bäume und Etablierung einer regelmäßigen Pflegemahd bemüht sich die Naturschutzverwaltung die wertvollsten Flächen zu erhalten. Durch Verschließen der Entwässerungsgräben, die das Moor durchziehen, versucht man, eine Regeneration des Moorwachstums einzuleiten.

F. Kretzschmar

Rohrhardsberg-Obere Elz

Landkreise: Schwarzwald-Baar-Kreis, Emmendingen
Gemeinden: Schonach i. Schw., Schönwald i. Schw., Furtwangen, Elzach, Simonswald
Gemarkungen: Schonach, Schönwald, Furtwangen, Yach, Alt- und Haslachsimonswald
Naturräume: Mittlerer und Südöstlicher Schwarzwald
Geschützt seit 1997
Größe: 556 Hektar
Top. Karten: 7814 Elzach, 7815 Triberg im Schwarzwald, 7914 St. Peter

Das Natur- und Landschaftsschutzgebiet »Rohrhardsberg-Obere Elz«, das im Dezember 1997 als 900. Naturschutzgebiet Baden-Württembergs ausgewiesen wurde, ist das Herzstück der Naturschutzkonzeption »Rohrhardsberg und Umgebung« (s. S. 149), die Nahtstelle zwischen Mittlerem Talschwarzwald und Südöstlichem Hochflächenschwarzwald, zwischen

289 Der Schänzlehof am Rohrhardsberg, das höchstgelegene Hofgut im Mittleren Schwarzwald, ist von vielfältigen Wiesen, Magerweiden und Wäldern umgeben.

Rhein- und Donausystem. Gleichzeitig weist der Rohrhardsberg im untersuchten Gebiet bezüglich Vegetation und Tierwelt die deutlichsten Beziehungen zum Hochschwarzwald auf, so daß von einem nach Norden vorgeschobenen subalpinen Posten gesprochen werden kann. Darauf weisen die verschiedenen Arten mit hochmontaner bzw. alpiner Verbreitung hin, wie Alpen-Frauenfarn (*Athyrium distentifolium*), Grün-Erle (*Alnus viridis*), Alpen-Ampfer (*Rumex alpinus*), Berg-Sauerampfer (*Rumex alpestris*), Alpen-Rose (*Rosa pendulina*), Hain-Greiskraut (*Senecio nemorensis*), Alpen-Milchlattich (*Cicerbita alpina*), Alpendost (*Adenostyles alliariae*) und Rasenbinse (*Trichophorum cespitosum*). Unter den Tierarten sind dies Zitronengirlitz, Ringdrossel, Tannenhäher, Gebirgs-Grashüpfer (*Stauroderus scalaris*) und Alpine Gebirgsschrecke (*Miramella alpina*).

Die Moore des Gebiets sind von überregionaler Bedeutung; zahlreiche moorbewohnende Pflanzen- und Tierarten kommen im Mittleren Schwarzwald nur im Rohrhardsberg-Gebiet vor, wie z.B. Siebenstern (*Trientalis europaea*), Sumpfbärlapp (*Lycopodiella inundata*) oder der stark gefährdete Tagfalter Hochmoor-Gelbling (*Colias palaeno*).

Zum typischen Bild der traditionell genutzten Kulturlandschaft des Schwarzwalds gehören die Magerweiden. Insbesondere die Flügelginsterweiden sind im Zusammenwirken mit begleitenden Strukturen wie Quellrinnen, Weidebäumen, Gehölzen, Wollsackblöcken und Staudensäumen von hohem ökologischem und landschaftsästhetischem Wert. Hervorzuheben sind hier die Bestände am Rohrhardsberg-Gipfel mit ihrem reichen Vorkommen von Arnika und anderen gefährdeten Arten.

Auch Feucht- und Magerwiesen nehmen noch recht große Flächen ein. Eine der artenreichsten und buntesten Wiesengesellschaften ist die Goldhaferwiese, die in verschiedenen Ausprägungen anzutreffen ist.

Sehr vielfältig ausgebildet sind die Hochstaudenfluren; am auffälligsten sind die an Bachufern und in Quellmulden vorkommende

Quellstaudenflur und die in einer Höhenlage ab ca. 1000 m ü. NN auftretende Subalpine Hochstaudenflur mit Alpendost und Alpen-Milchlattich. Hochstaudenbestände sind Lebens- und Nahrungsgrundlage für eine Reihe von Tierarten.

Das Gebiet wird vom Oberlauf der Elz und anderen Bächen durchzogen, die noch einen naturnahen Zustand aufweisen und sowohl im Wasser als auch im Uferbereich eine vielfältige Tier- und Pflanzenwelt beherbergen.

Von Natur aus wäre fast das gesamte Gebiet von Wäldern mit unterschiedlicher Zusammensetzung bedeckt. Vorherrschend wäre der Hainsimsen-Buchenwald, an etwas nährstoffreicheren Standorten der Hochstauden-Bergmischwald. Durch die starke forstwirtschaftliche Förderung der Fichte kommen beide Gesellschaften nur noch kleinflächig vor. Der Hochstauden-Bergmischwald mit Bergahorn und Buche als vorherrschende Baumarten und verschiedenen Hochstauden und Farnen im

290 Die Wiesen und Weiden um den Schänzlehof zeichnen sich durch reiche Arnika-Vorkommen (*Arnica montana*) aus.

291 Das obere Elztal ist relativ breit und schwach geneigt; es weist zahlreiche Vermoorungen auf.

292/293 Am Rohrhardsberg wachsen etliche Pflanzenarten, die ihren Schwerpunkt in den Alpen haben, z.B. der Alpen-Milchlattich (*Cicerbita alpina*) und die Grün-Erle (*Alnus viridis*).

Unterwuchs ist eine der ökologisch wertvollsten und artenreichsten Waldgesellschaften in den Hochlagen des Schwarzwalds.

An Sonderstandorten sind noch weitere Waldgesellschaften anzutreffen, so der Bergahorn-Eschen-Schluchtwald an Quellen, schluchtartig eingeschnittenen Bächen und feuchten Rinnen sowie der Peitschenmoos-Fichtenwald an Moorrändern und in Mulden mit schlechtem Kaltluftabfluß.

Im Mittleren Schwarzwald ist das Rohrhardsberggebiet eines der Verbreitungszentren des Auerhuhns. Charakteristisch ist das Auftreten hochmontaner bzw. alpiner Vogelarten wie Zitronengirlitz, Ringdrossel und Tannenhäher. Eine weitere ökologische Gruppe unter den Vögeln sind die Höhlenbrüter, wobei insbesondere der Schwarzspecht »Höhlenlieferant« für weitere Arten ist, die selbst keine Höhlen bauen, wie z.B. den Rauhfußkauz.

Weitere erwähnenswerte Arten sind die Waldschnepfe, verschiedene Greifvögel (Habicht, Sperber, Mäusebussard, Wespenbussard, Wanderfalke als Nahrungsgast, Kornweihe als Durchzügler) und stellvertretend für eine Vielzahl von Singvögeln der Wiesenpieper.

Die Fischfauna der Oberen Elz weist mit der Bachforelle und der Groppe zwei typische Arten der Bergbäche auf.

Die Schmetterlinge und die Heuschrecken als einzige bisher gründlicher untersuchte Insektengruppen sind im Gebiet mit einer Reihe gefährdeter oder sogar vom Aussterben bedrohter Arten vertreten.

Die Tatsache, daß das Gebiet um den Rohrhardsberg zu den schneesichersten Lagen im Schwarzwald zählt, machten diesen Bereich schon vor längerer Zeit zu einem Zentrum für den Wintersport. Hier kam es in der Vergangenheit zu Konflikten mit dem Naturschutz. Auch im Sommer führte die starke Frequentierung durch Erholungsuchende zu Störungen und Beeinträchtigungen der Tier- und Pflanzenwelt.

Mit dieser Problematik befaßte sich eine Arbeitsgruppe aus Vertretern des Skisports, der Naturschutzverbände sowie der Forst- und Naturschutzverwaltung im Rahmen des »Integralen Modellprojekts Rohrhardsberg/Martinskapelle«. Unter anderem konnten eine Reduzierung und partielle Verlegung von Loipen und markierten Wanderwegen sowie eine Verlagerung einer Skirollerstrecke und eines Jugendzeltplatzes aus dem Gebiet heraus erreicht werden. Auch Maßnahmen zur Erhaltung des Auerhuhns sind Bestandteil dieses Projekts.

In der Schutzgebietsverordnung ist daher insbesondere das Verlassen der Wege bzw. die Ausübung des Wintersports außerhalb markierter Loipen, Pisten und Wanderwege reglementiert. Das Radfahren ist nur auf befestigten Wegen bzw. speziell ausgewiesenen Fahrradwegen gestattet.

Die landwirtschaftliche Nutzung ist weitgehend extensiv und konnte nach Ausweisung des Naturschutzgebiets im wesentlichen beibehalten werden. Für den Düngeverzicht auf ökologisch besonders wertvollen Flächen und die Einhaltung bestimmter Mähzeitpunkte bzw. Viehbesatzdichten wurden den Landwirten Pflegeverträge angeboten und auf großen Flächen auch abgeschlossen. Sehr gut ist die Zusammenarbeit von Naturschutzverwaltung und dem Bewirtschafter des höchstgelegenen Hofguts im Mittleren Schwarzwald, des »Schänzlehofs« (ca. 1030 m ü. NN), der das Naturschutzgebiet befürwortet.   *B. Seitz*

Schwenninger Moos

Landkreis: Schwarzwald-Baar-Kreis
Gemeinden: Stadt Bad-Dürrheim,
Stadt Villingen-Schwenningen
Gemarkungen: Bad Dürrheim, Schwenningen, Villingen
Naturraum: Baar
Geschützt seit: 1939, Erweiterung 1985
Größe: 97,5 Hektar
Top. Karte: 7917 Villingen-Schwenningen Ost

Wer heute über eine der zahlreichen groß ausgebauten Bundesstraßen die Schwenninger Messe oder die Sportanlagen angefahren hat und von dort zum Schwenninger Moos läuft, kann sich kaum vorstellen, hier noch ein ruhiges Plätzchen in naturnaher Landschaft zu finden. Und doch eröffnet der Moorrundweg durch das Naturschutzgebiet dem interessierten Besucher noch die Möglichkeit, verschiedene Moorpflanzen kennenzulernen und – bei etwas Geduld – moortypische Tiere zu beobachten.

Das Schwenninger Moos ist das größte der noch erhaltenen Moore der Baar. Es liegt un-

294 Im Spätsommer verwandelt die Besenheide die trockenen Moorteile des NSG »Schwenninger Moos« in ein rosarotes Blütenmeer.

mittelbar südlich des Ortsrandes von Schwenningen auf der Hauptwasserscheide zwischen dem Einzugsgebiet des Rheins und dem der Donau. So bildet ein im nördlichen Teil gelegener, ehemaliger Torfstich den Neckarursprung, während die südlichen Teile des Moors über den Talbach zur Brigach entwässern. Entstanden ist dieses Moor in einer flachen, abflußlosen Senke, wie die limnischen Sedimente am Grund des Moorkörpers beweisen. Die Torfschichten des ehemals bis zu vier Meter mächtigen Moors wurde seit 1748 in mehreren Schritten zur Brenn- und Streutorfgewinnung abgebaut, zuletzt in der Not der Nachkriegszeit, als sogar der bestehende Status eines Naturschutzgebiets kein Tabu war. Beschreibungen über den Torfabbau sind der ausführlichen Monographie »Das Schwenninger Moos« zu entnehmen, ein Ausschnitt aus der Arbeit von STURM (1823) sei im folgenden wiedergegeben: »Das Torfmoor bei Schwenningen bildet eine ebene Fläche von 300 Morgen, die ganze Fläche gewährt einen eigentümlichen Anblick, indem sie mit tausenden von kleinen Hügeln etwa von 1 Schuh Höhe bedeckt ist, hierzu kommen noch viele hundert Haufen von Torf, die künstlich zu je 1000 Stück aufeinandergelegt sind. Die Oberfläche des Moores ist von einem dichten Gewebe verschiedener Pflanzen bewachsen, von welchen sich vorzüglich im Sommer die Wollgräser auszeichnen, durch deren weiße seidenartige Samenwolle oft die ganze Fläche weiß, einer Bleiche ähnlich, aussieht; übrigens ist die Oberfläche sumpfig, so daß man beim Gehen oft zu versinken glaubt.«

Dieser Torfabbau führte zu drastischen Änderungen in der Vegetation der Mooroberfläche: während ursprünglich auf großer Fläche ein lichter Moorkiefernwald stockte, war das Moor nach Beginn des Torfabbaus (und der Rodung der Bäume) von ausgedehnten Beständen der Bunten Torfmoosgesellschaft sowie der Gesellschaft des Weißen Schnabelrieds bedeckt. Mit fortschreitendem Torfabbau (und zunehmender Entwässerung) wurden diese hochmoortypischen Pflanzengesellschaften auf immer kleinere Bereiche zurückgedrängt, wobei einige der charakteristischen Pflanzenarten verschwanden, so die hübsche Rosmarinheide (*Andromeda polyfolia*) und das Weiße Schnabelried (*Rhynchospora alba*). Eine floristisch äußerst bemerkenswerte Angabe stellt das von RÖSLER (1788) erwähnte Vorkommen der Moltebeere dar: »sie tragen insonderheit viele gegen das Spätjahr reifwerdende, und von Kindern gierig zur Speise aufgesuchte rothe Beere, Rubus Chamaemorus, Multbeere ...«. Diese arktisch-nordisch verbreitete Art fehlt im südlichen Mitteleuropa und den Alpen vollständig und die Angabe von RÖSLER wurde daher von vielen Floristen angezweifelt. Andererseits ist die Art jedoch mit keiner anderen Pflanze zu verwechseln. Wahrscheinlich hatte sich die Moltebeere im Schwenninger Moos als Relikt der letzten Eiszeit gehalten (wie auch im Riesen- und im Isergebirge in Tschechien), bevor sie im 18. Jahrhundert dem Torfabbau zum Opfer fiel. Heute finden wir auf der einstmals einheitlichen Mooroberfläche eine Vielzahl unterschiedlicher Vegetationstypen, die immer noch zahlreiche aus Naturschutzsicht wertvolle Elemente enthalten, wenn sie auch die vielfältigen Eingriffe in das Moor widerspiegeln.

Der infolge intensiver Pflegemaßnahmen heute wieder weitgehend von Waldkiefern, Fichten und Birken befreite Kernbereich des Moors wird von einem Mosaik verschiedener Pflanzengesellschaften eingenommen. In den feuchteren Bereichen der ehemaligen Torfstiche finden sich kleinflächig die Bunte Torfmoosgesellschaft sowie Moor-Wollgras (*Eriophorum vaginatum*)-Bestände. Die Torfmoosbulte sind gelegentlich vom haarfeinen Geflecht der nur wenige Zentimeter hohen Gewöhnlichen Moosbeere (*Vaccinium oxycoccos*) überzogen. Oberhalb der Torfstich-Kanten gedeihen dagegen ausgedehnte Heidekraut (*Calluna vulgaris*)-Bestände, die dem Moor im Spätsommer einen ausgeprägten rosaroten Blühaspekt verleihen.

Der im Rahmen erster Renaturierungsbemühungen aufgestaute Neckarursprung ist heute von einem Rohrkolbenröhricht umgeben, das mehreren Paaren der Krickente als Brutplatz dient. Durch den gewollten Anstieg des Moorwasserspiegels sind die früher vorhandenen Waldkiefern abgestorben und bilden heute eine bizarre Kulisse, die die ersten Erfolge bei der Renaturierung anzeigen. Wie behutsam

295 Der Wechsel von offenen Wasserflächen, Niedermoorwiesen und Pfeifengrasbeständen sowie Gebüsch- und Baumgruppen sorgt für ein harmonisches Landschaftsbild.

mit weiteren Aufstaumaßnahmen umgegangen werden muß, zeigt jedoch das bis nahe an den sogenannten Schwenninger Quellsee vorgedrungene Rohrkolbenröhricht. Bei dem Quellsee handelt es sich um einen Bereich mit austretendem kalk- und sulfatreichen Quellwasser, der entsprechend kalkliebende Niedermoorgesellschaften beherbergt. So finden sich hier Arten wie Fleischrotes Knabenkraut (*Dactylorhiza incarnata*), Sumpf-Dreizack (*Triglochin palustre*), Floh-Segge (*Carex pulicaris*) und Salz-Teichbinse (*Schoenoplectus tabernaemontani*). Bei weiterer Überstauung würden diese auch von verschiedenen Moorlibellen sowie der seltenen Sumpfschrecke (*Mecostetus grossus*) besiedelten Flächen mit ihrer ganzen Vielfalt in einem dichten Rohrkolbenbestand untergehen.

Auf die offenen Kernbereiche folgt nach außen ein Moorwald-Gürtel, der entweder aus verschiedenen Weiden-Arten und Moor-Birke aufgebaut wird, oder von der Waldkiefer dominiert ist. Im Westteil hat sich infolge der Austrocknungsprozesse bereits ein Fichten-Waldkiefern-Moorwald entwickelt. Die eigentlichen Moorränder sind wieder waldfrei und (soweit noch von Schafen beweidet) von Magerrasen bedeckt. Dabei sind besonders die über entwässerten Torfböden wachsenden Thymian-Schafschwingel-Rasen zu erwähnen, die im Spätsommer durch den Farbkontrast des Gelben Labkrauts (*Galium verum*) und der roten Heide-Nelke (*Dianthus deltoides*) auffallen.

Eine Arbeitsgruppe aus Vertretern der Bezirksstelle für Naturschutz und Landschaftspflege Freiburg, des Landratsamtes, der Städte Villingen-Schwenningen und Bad Dürrheim, des Bundes für Umwelt und Naturschutz (BUND), sowie der Bad Dürrheimer Mineralbrunnen GmbH als bedeutendem Sponsor erarbeitet zur Zeit ein Maßnahmenpaket für das Schwenninger Moos auf der Grundlage des Pflege- und Entwicklungsplans sowie eines wissenschaftlichen Gutachtens. Erstes Ergebnis dieser Bemühungen ist eine Besucherinformation mit mehreren ansprechenden Schautafeln über Geschichte und Natur des Mooses.

F. Kretzschmar

Tannhörnle

Landkreis: Schwarzwald-Baar-Kreis
Gemeinde: Stadt Villingen-Schwenningen
Gemarkung: Villingen
Naturraum: Baar
Geschützt seit 1982
Größe: 24 Hektar
Top. Karte: 7916 Villingen-Schwenningen West

Das »Tannhörnle« ist eine Huteweide, die aus jahrhundertelanger extensiver Beweidung hervorgegangen ist. Das Bild einer solchen Hutelandschaft ist uns kaum noch vertraut, da es Seltenheitswert in unserer Kulturlandschaft besitzt. Mehrere Hundert Jahre alte Huteeichen, Fichten- und Kieferngruppen und Sträucher – in Gruppen oder einzeln – lockern einen Rasen auf, der vielfach als »nutzloses Ödland« bezeichnet wird. Durch die unterschiedlichen

Bodenverhältnisse über Unterem und Mittlerem Muschelkalk haben sich zwei leicht zu unterscheidende Vegetationsausbildungen herausgebildet. Über dem Mittleren Muschelkalk im oberen Teil des Naturschutzgebiets trifft man im Frühjahr den Frühlings-Enzian (*Gentiana verna*) und das Rötliche Fingerkraut (*Potentilla heptaphylla*) neben frühblühenden Seggen (*Carex caryophyllea* und *C. montana*). Im Laufe des Sommers folgen Orchideenarten, später übertönen wieder Enziane (*Gentiana germanica* und *G. ciliata*) den bereits fahlgelben Rasen. Von diesem hebt sich deutlich die übrige Fläche durch einen höheren, üppigeren Bewuchs und einen dichteren Moosteppich ab. Auf diesen Flächen bestimmen im Sommer Gräser das Bild, unter ihnen der Rote Schwingel (*Festuca rubra*).

Der Rotschwingelrasen auf dem größten Teil des Tannhörnle zeigt sein schönstes Kleid, wenn die Weißdornbüsche in voller Blüte stehen und der Rasen saftig-grün die vergilbte vorjährige Streu überdeckt. Von Frühsommer bis Herbst wechseln sich die Farben ab: Hunderte, ja Tausende von Blütenständen des Kleinen Knabenkrauts (*Orchis morio*) überziehen den Rasen; hier finden wir die selten gewordene Niedrige Schwarzwurzel (*Scorzonera humilis*) und als Kostbarkeit das Spatelblättrige Greiskraut (*Senecio helenitis*). Später folgen Katzenpfötchen (*Antennaria dioica*), lila blühend der Teufelsabbiß (*Succisa pratensis*) und – vor allem als Saum an den Wegrändern – Enzianarten (*Gentiana germanica* und *G. ciliata*), schließlich das rosa blühende Heidekraut (*Calluna vulgaris*) und der Heil-Ziest (*Stachys officinalis*) – letzterer ab und zu auch in weißer Form.

Nicht weniger eindringlich wird aber die Stimmung im pastellfärbenden Spätherbstlicht, wenn unzählige Grashalme über die bereits niederliegenden Blätter aufragen. Es bietet sich uns ein Anblick, der die ringsum im Dunst verschwimmende, intensiv genutzte Kulturlandschaft vergessen läßt. Doch auch jetzt herrscht nicht Eintönigkeit: Die strohfarbenen Flecken der Fieder-Zwenke (*Brachypodium pinnatum*) heben sich deutlich heraus, auffallend groß erscheinen jetzt die noch verbliebenen Halme des Dreizahns (*Danthonia decumbens*). Das Borstgras (*Nardus stricta*) fällt oft erst jetzt auf, wenn es seine bizarr gekrümmten Kämme gegen den Himmel streckt. Nur der selten gewordene Trift-Hafer (*Avena pratensis*) zeigt als eines der letzten Gräser noch blaugrüne Bereifung.

296 Das NSG »Tannhörnle« ist eine Huteweide, die aus jahrhundertelanger Beweidung hervorgegangen ist.

Erwartungsgemäß ist ein derart extensiv genutzter Biotop wie das Tannhörnle besonders reich an Vögeln. Es können insgesamt rund 50 Vogelarten wie Wachtel, Wachtelkönig, Mittelspecht, Heidelerche, Raubwürger, Neuntöter, Dorngrasmücke und Braunkehlchen beobachtet werden, was auf die Vielzahl an Kleinstandorten zurückzuführen ist, wie sie durch Halbtrockenrasen, Magergrasfluren, vernässende Erosionsspuren, Hochstaudenfluren, aufgelockerte Eichengruppen und alte Einzelbäume, offene Weidfichtengruppierungen, bachbegleitende Gehölzstreifen aus Bruchweide und Schwarzerle, periodisch mit Niederschlagswasser aufgefüllte Bodenmulden und Gebüschgruppen bedingt sind.

Neben diesen naturkundlichen Besonderheiten besitzt das Tannhörnle als Modell der hallstattzeitlichen Vegetation am Westrand der Baar eine überregionale Bedeutung. In einer Entfernung von ca. einem Kilometer Luftlinie befindet sich der Magdalenenberg, ein hallstattzeitlicher Grabhügel eines keltischen Fürsten, der hier vor rd. 2500 Jahren begraben wurde. Mit Hilfe der Dendrochronologie konnte als genaues Fälljahr der die zentrale Grabkammer bildenden Holzstämme das Jahr 577 v. Chr. bestimmt werden. Diese Grabkammer maß acht auf fünf Meter. Um die Grabkammer waren Buntsandsteinblöcke geschüttet, die aus mindestens zwei Kilometern Entfernung herangeschleppt werden mußten; vermutlich wurden Ochsenkarren verwendet – waren es doch insgesamt 2500 qm^3 Gestein, darunter bis zu acht Zentner schwere Exemplare. Um diese Steinschüttung wurden Rasenziegel aufgeschichtet; als äußerste Hülle folgte ein Erdmantel aus Lockermaterial, das einem Graben rings um den Grabhügel entnommen war. Nur ein mächtiger Fürst mit großem Einzugsbereich konnte ein Monument von über 100 m Durchmesser und 10 m Höhe mit einer Gesamtüberschüttungsmasse von 46 000 qm^3 errichten lassen, den mit Abstand größten vorgeschichtlichen Grabhügel Mitteleuropas.

Neben archäologischen Kostbarkeiten und für die Dendrochronologie wichtigen Holzfunden kamen große Mengen nur wenig zersetzter Pflanzenreste ans Licht. Man fand sie in dem Teil des Grabhügels, der aus Rasenziegeln besteht. Die Rasenstücke wurden, wie Bodenkundler ermitteln konnten, in unmittelbarer Umgebung abgegraben und samt den darauf befindlichen Pflanzenteilen zu der sogenannten »Packung« im Grabhügel aufgeschichtet. Daß es sich um eine Rasenfläche gehandelt hat, bezeugten schon wenige Proben. Aber wie hat dieser Rasen ausgesehen und was ergab die detaillierte Auswertung der außergewöhnlich gut erhaltenen Großrestfunde? Aus der Kombination der Moosfunde mit den Samenfunden höherer Pflanzen ergibt sich, daß auf dem Magdalenenberg bei oder bis kurz vor Beginn der Bauarbeiten ein beweideter Rasen wuchs. Die Weidenutzung war auf keinen Fall so lange eingestellt wie am Tannhörnle, was durch einige Moosarten und Weidezeiger unter den Blütenpflanzen belegt wird. Das Vorkommen von Gehölzen ist nicht direkt durch Funde belegt, muß aber aktualistisch geschlossen werden. Insgesamt lassen sich Verhältnisse ähnlich denen im Tannhörnle rekonstruieren: eine Differenzierung des Rasens in zwei verschieden dichte, sich vor allem im Moosbewuchs unterscheidende Bestände. Aufgrund der wenigen Proben läßt sich allerdings der dichtere Bestand nicht so sicher belegen wie der lückigere mit den Arten der Halbtrockenrasen. Eine eindeutige Zuordnung zu heutigen Pflanzengesellschaften ist nicht möglich, denn nicht einmal die Bestände des Tannhörnle lassen sich eindeutig syntaxonomisch fassen. Sicher ist aber die Aussage, daß es sich am Magdalenenberg um einen Magerrasen der Festuco-Brometea handelt. Die Magdalenenbergfunde liefern uns damit den ersten eindeutigen Nachweis und die erste Lokalisierung eines Magerrasens der Klasse Festuco-Brometea aufgrund von Subfossilien. Doch wurde diese Aussage erst durch die rezente Vergleichsvegetation des Tannhörnle ermöglicht.

Großrestauswertungen und die Rekonstruktion jahrtausendealter Landschaftsbilder haben neben wichtigen Aussagen für die Vegetationsgeschichte und für die Achäologie auch Wert für das Verständnis heutiger Lebensgemeinschaften. Die am Magdalenenberg und Tannhörnle gewonnenen Ergebnisse zeigen, wie wertvoll Bestände sein können, die wirtschaftlich gesehen unrentables Ödland darstellen.

Doch die Eingriffe des Menschen in die Vegetation waren nicht immer schädlich oder vernichtend, sie haben viele Vegetationstypen überhaupt erst entstehen lassen und damit die Mannigfaltigkeit unserer mitteleuropäischen Pflanzengesellschaften geschaffen. So ist es besonders wichtig, daß auch künftig durch die richtige Form der Nutzung und/oder Pflege dieses einzigartige Gebiet erhalten werden kann. *M. Witschel*

Weiherbachtal

Landkreis: Schwarzwald-Baar-Kreis
Gemeinde: Stadt Donaueschingen
Gemarkung: Wolterdingen
Naturraum: Baar
Geschützt seit 1996
Größe: 38,7 Hektar
Top. Karte: 8016 Donaueschingen

Beim Weiherbachtal handelt es sich um eine Talniederung östlich bzw. nördlich von Donaueschingen-Wolterdingen; der in die Breg mündende kleine Bach, der streckenweise eher an einen Graben erinnert, hat seinen Namen von einem ebenfalls im Naturschutzgebiet liegenden Stauweiher.

Der Hauptgrund für die Unterschutzstellung des Gebiets waren aber weder der Weiherbach selbst noch der Stauweiher, sondern vor allem die ausgedehnten Trollblumenwiesen, die man hier vorfindet. Diese inzwischen selten gewordenen Feuchtwiesen kommen im Weiherbachtal in sehr unterschiedlicher Ausprägung vor – von gedüngten Ausbildungen, in denen man neben der Trollblume (*Trollius europaeus*) den Löwenzahn (*Taraxacum officinale*) findet, bis hin zu mageren, sehr artenreichen Beständen.

Neben den Trollblumenwiesen sind Seggenriede, Röhrichte, Hochstaudenfluren, Niedermoore und Streuwiesen vorzufinden. Erwähnenswert ist das Vorkommen der stark gefährdeten Mehl-Primel (*Primula farinosa*), die im Weiherbachtal vermutlich ihren westlichsten Vorposten in Deutschland hat.

Die Großflächigkeit und Strukturvielfalt des Gebiets ist dafür verantwortlich, daß u.a. das stark gefährdete Braunkehlchen als charakteristische Art der Feuchtwiesen hier noch in bemerkenswerter Dichte vorkommt. Dies weist darauf hin, daß sowohl die notwendigen Strukturen (Wiesen, Hochstauden) als auch die Nahrungsgrundlage (überwiegend Insekten) in nahezu optimaler Weise vorhanden sind.

Als weitere Arten der Wiesen und offenen Landschaften brüten im Gebiet Grauammer, Wachtel, Wiesenpieper und Feldlerche; hinzu kommen Sumpfrohrsänger, Feldschwirl und Rohrammer als Arten der Röhrichte, Großseggenriede und Hochstaudenfluren.

Als Brut-, Rast- und Überwinterungsbiotop für eine Reihe gefährdeter Vogelarten, als Laichgewässer für Amphibien und Lebensraum für Libellen sind vor allem der »Obere Weiher« und seine Umgebung von Bedeutung. Als Wasservögel brüten dort u.a. Stockente, Reiherente, Teichhuhn und Bläßhuhn, gelegentlich auch der gefährdete Zwergtaucher und der Haubentaucher, ferner seit etwa 1990 die Graugans als Gefangenschaftsflüchtling.

297 Das NSG »Weiherbachtal« zeichnet sich insbesondere durch seine ausgedehnten Trollblumenwiesen (*Trollius europaeus*) aus.

298 In einem kleinen, sehr artenreichen Niedermoor kommt im Weiherbachtal neben der Mehl-Primel (*Primula farinosa*) auch die Niedrige Schwarzwurzel (*Scorzonera humilis*) vor.

Die Bereiche zwischen den Teilflächen des Naturschutzgebiets und die südlich angrenzenden Flächen wurden als Landschaftsschutzgebiet ausgewiesen, da ihnen eine wichtige Funktion im Rahmen der Biotopvernetzung und als Nahrungsraum für verschiedene Vogelarten (z.B. Braunkehlchen) zukommt.

Wichtig für die Erhaltung des Gebiets ist insbesondere eine extensive Nutzung der Wiesen (keine oder nur geringe Düngung, relativ späte Mähtermine). Hierfür erhalten die ortsansässigen Landwirte über Verträge mit der Naturschutzverwaltung einen finanziellen Ausgleich. *B. Seitz*

Zollhausried

Landkreis: Schwarzwald-Baar-Kreis
Gemeinde: Stadt Blumberg
Gemarkungen: Blumberg, Hondingen, Riedöschingen
Naturraum: Baar-Alb und Oberes Donautal
Geschützt seit 1985
Größe: ca. 76 Hektar
Top. Karte: 8117 Blumberg

Das Zollhausried bei Blumberg gilt als das wertvollste Flachmoor der Baar-Alb. Obgleich zahlreiche Eingriffe wie Entwässerung, Torfabbau und die Anlage eines Flugplatzes zu massiven Beeinträchtigungen geführt haben, weist das Gebiet auch heute noch eine sehr vielfältige Lebensgemeinschaft mit zahlreichen seltenen und gefährdeten Arten auf.

Ein historischer Damm verläuft auf der Höhe des Krebsbachzuflusses in Nord-Süd-Richtung mitten durch das Moor und trennt das »Hondinger Ried« im Osten vom Hauptgebiet, dem »Unteren Ried«, ab. Er diente im späten Mittelalter zum Aufstau einer großen Wasserfläche, die sich im Westen bis zur Stadt erstreckte, wo noch bis Ende der 60er Jahre im Bereich der heutigen Weiherdammstraße ein weiterer Damm existierte.

Das für ein so kleines Gewässer auffallend breite Aitrachtal wurde früher von der »Feldbergdonau« durchflossen, bis die heutige Wutach vor etwa 20 000 Jahren bei Achdorf zum Hochrhein hin abgelenkt wurde (vgl. Beitrag von GENSER). Im Bereich der dadurch neu entstandenen Wasserscheide zwischen Rhein und Donau bildeten sich Wasserflächen und später eine ausgedehnte Vermoorung, die insgesamt 130 ha einnahm.

Bohrungen verschiedener Forscher geben wichtige Aufschlüsse über die Entwicklungsgeschichte des Moores. Bereits vor etwa 10 000 Jahren setzte im Spätglazial die Verlandung des Gewässers ein, und um das Jahr 7000 v. Chr. hatte sich flächendeckend Schilfröhricht entwickelt.

In den oberen Torfschichten nimmt der Anteil der Seggen sehr stark zu, so daß offensichtlich seggenreiche Flachmoore das Bild beherrschten. Stellenweise erreichte das Zoll-

299 Obwohl das Zollhausried durch Siedlungen, Straßen und einen Flugplatz regelrecht bedrängt wird, weist es noch zahlreiche seltene und gefährdete Tier- und Pflanzenarten auf.

hausried das Stadium eines Hoch- oder Übergangsmoors, was aus dem Auftreten typischer Hochmoorpflanzen geschlossen werden kann.

Man kann davon ausgehen, daß im Zollhausried bereits seit Jahrhunderten Torf abgebaut wurde. Hierbei wurde allerdings nur die oberste, den bäuerlichen Abbauverfahren zugängliche Torfschicht vollständig entfernt. Die industrielle Torfnutzung im großen Stil begann nach dem Zweiten Weltkrieg und endete erst im Jahr 1991; hiervon betroffen ist eine Fläche von rund sechs Hektar.

Heute herrschen im Zollhausried Bestände aus unterschiedlichen Sauergräsern vor, sogenannte Seggenriede. Da stellenweise Grundwasser an die Oberfläche tritt, konnten sich Kalkquellmoore bilden, die zu den Besonderheiten des Zollhausrieds zählen. Neben sogenannten »Kleinseggen« wie Davalls Segge (*Carex davalliana*), Floh-Segge (*Carex pulicaris*), Schuppen-Segge (*Carex lepidocarpa*) und Saum-Segge (*Carex hostiana*) treten dort auch verschiedene Orchideen, das »fleischfressende« Fettkraut (*Pinguicula vulgaris*), die Mehl-Primel (*Primula farinosa*) und das seltene Alpen-Wollgras (*Trichophorum alpinum*) auf.

Hochwüchsige Seggenarten kennzeichnen die Großseggenriede, die im Zollhausried große Flächen einnehmen. Es handelt sich teilweise um recht seltene, schützenswerte Pflanzengemeinschaften. Während die Wunder-Segge (*Carex appropinquata*) in markanten Horsten auftritt, wachsen Faden-Segge (*Carex lasiocarpa*) und Draht-Segge (*Carex diandra*) rasenartig.

300 Ausgedehnte Seggenriede mit eingestreutem Weidengebüsch kennzeichnen weite Teile des Zollhausrieds.

Lediglich im Ostteil der Naturschutzgebiets und im angrenzenden Landschaftsschutzgebiet werden die Wiesen noch genutzt. Die für die Baar früher so bezeichnenden Bachkratzdistel-Wiesen kommen leider nur noch in Restbeständen vor. Heute beherrschen die nährstoffreicheren Kohldistel-Fettwiesen das Bild.

Gebüsch- und Waldflächen haben sich in den letzten Jahrzehnten im Zollhausried stark ausgedehnt; dies ist zum einen auf eine natürliche Zunahme des Weidengebüschs, zum anderen auf Aufforstungen mit Nadelbäumen und Grauerlen zurückzuführen. Eine weitere Ausdehnung der Gehölze ist aus der Sicht des Naturschutzes nicht erwünscht, da hierdurch seltene Tier- und Pflanzenarten zurückgedrängt werden.

Bemerkenswert unter den Gehölzen ist die seltene Strauch-Birke, die zusammen mit der Kriech-Weide eine für Kaltluftgebiete typische niedrigwüchsige Strauchgesellschaft bildet.

Auch die Tierwelt des Zollhausrieds ist bemerkenswert. Es handelt sich ohne Zweifel um eines der wichtigsten Brut- und Rastgebiete für Ried- und Wasservögel in der Region, das in seiner Bedeutung lediglich von der Riedbaar zwischen Donaueschingen und Geisingen (vgl. NSG »Birken-Mittelmeß«) übertroffen wird.

So brütet das Braunkehlchen hier noch in einem recht guten Bestand, während die vom Aussterben bedrohte Bekassine nur noch unregelmäßig auftritt.

Das Schwarzkehlchen hat hier möglicherweise sein höchstgelegenes Brutvorkommen in Baden-Württemberg. Neben den Brutvögeln ist das Zollhausried auch als Rastplatz für Durchzügler und als Winterquartier von Bedeutung. Typische Nahrungsgäste, die in der Umgebung brüten, sind u. a. Rot- und Schwarzmilan sowie Graureiher. Bemerkenswert ist auch das Vorkommen von mindestens zehn Amphibien- und drei Reptilienarten, während die Kleintierwelt (Wirbellose) des Gebiets noch wenig untersucht ist.

Um die einmalige Vegetation und Tierwelt des Zollhausrieds zu erhalten, sind verschiedene Pflegemaßnahmen erforderlich. So müssen die verstärkt aufkommenden Gehölze zurückgedrängt werden, einige Flächen sind regelmäßig zu mähen. In jüngerer Zeit wurden diesbezüglich von der Naturschutzverwaltung umfangreiche Arbeiten in Auftrag gegeben; so wurde z. B. eine ältere Aufforstung mit Kiefern und Fichten entfernt, große Flächen wurden nach längerer Unterbrechung wieder gemäht.

B. Seitz

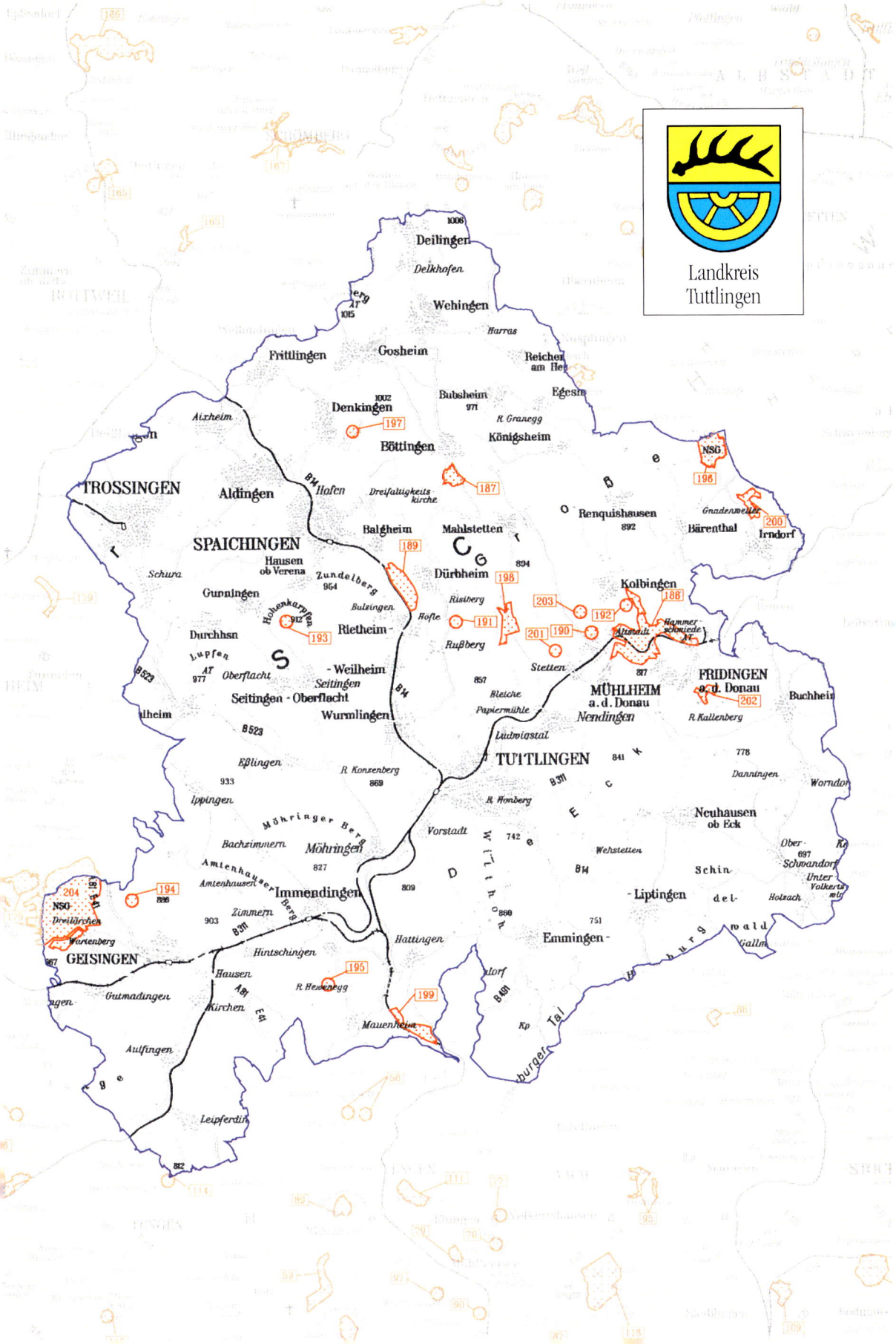

Landkreis Tuttlingen

Alter Berg

Landkreis: Tuttlingen
Gemeinde und Gemarkung: Böttingen
Naturraum: Hohe Schwabenalb
Geschützt seit 1996
Größe: 41,5 Hektar
Top. Karte: 7918 Spaichingen

Die Hohe Schwabenalb ist bei Böttingen zwischen 940 und 980 m ü. NN hoch und durch Kuppen und wasserlose Hochtäler geprägt. Die Oberflächenform dieser Landschaft mit Kuppen und Senken ist entstanden, als eine bis zum Schwarzwald nach Nordwesten reichende Weißjura-Hochfläche noch zur Ur-Donau hin entwässerte. Im Bereich der damaligen Unterläufe der Flüsse ist die Landschaft daher weitgehend ausgeräumt und zeichnet sich durch eher geringe Höhenunterschiede aus. Durch Verkarstung und Hebung donaunaher Teile der Albtafel wurde den Zuflüssen ebenfalls Wasser entzogen, so daß heute zumindest die oberen Abschnitte der Täler wasserlos sind.

Die Kuppe des Alten Bergs ist aus den geologischen Schichten des Weißjura Gamma und Delta aufgebaut; die südlich und östlich anschließende Hochfläche ist als besondere, grob kristalline Fazies (Zuckerkorn-Fazies) des Weißjura Delta ausgebildet. Das Schutzgebiet ist z. T. Allmende und teils ehemaliges Ackergelände, wovon noch die Lesesteinriegel zwischen den schmalen Wiesenparzellen zeugen. Vor 70, sogar noch vor 40 Jahren war die gesamte Fläche des Naturschutzgebiets nahezu völlig baum- und strauchfrei. Die frühere Nutzung hat sich aufgrund der extremen Flachgründigkeit der Böden bis heute fortgesetzt, wobei die Nutzungsintensität in der Wacholderheide abgenommen hat und das Gebiet sich ohne ergänzende Pflegeeingriffe nicht mehr offenhalten läßt.

Die Wacholderheide auf der Kuppe ist als Kalk-Magerweide aufgrund kleinräumig wechselnder Standortverhältnisse sehr differenziert aufgebaut. An Stellen mit anstehendem Fels und auf Felsgrus dominiert eine Pflanzengesellschaft mit Mauerpfeffer (*Sedum acre*), Flü-

301 Die Kuppe des NSG »Alter Berg« wird von einer Kapelle gekrönt, zu der im Sommer regelmäßig Prozessionen ziehen – ohne das Schutzziel zu gefährden.

gelginster (*Genista sagittalis*) und Sonnenröschen (*Helianthemum nummularium*). Wo sich zwischen den Steinen etwas mehr Humus ansammeln konnte, wächst eine kurzrasige und artenreiche Ausbildung mit Berg-Esparsette (*Onobrychis montana*), Katzenpfötchen (*Antennaria dioica*), Kugel-Rapunzel (*Phyteuma orbiculare*), Hügel-Meister (*Asperula cynanchica*) und Enzianarten. An wüchsigeren Stellen enthalten die jetzt hochrasigen Bestände Berg-Hahnenfuß (*Ranunculus montanus*), Ungleichblättriges Labkraut (*Galium anisophyllum*) und Blutwurz (*Potentilla erecta*).

Die Unterhänge und die sich daran anschließenden flachen Senken werden als Wiesen bewirtschaftet. Es handelt sich um Goldhafer-Bergwiesen, die teilweise noch Übergänge zu echten Kalk-Magerwiesen zeigen. Kennzeichnende Arten in diesen Beständen sind Kleine Traubenhyazinthe (*Muscari botryoides*), Büschel-Glockenblume (*Campanula glomerata*), Flaum- (*Avena pubescens*) und Goldhafer (*Trisetum flavescens*). Auf den Lesesteinwällen zwischen den Wiesenparzellen siedeln je nach Alter und Überwachsungsgrad der Wälle Magerrasenfragmente, Odermennig-Säume, Goldkälberkropf-Säume oder Rosen-Hasel-Gebüsch. Vor allem im Süden des Schutzgebiets stehen einzelne, landschaftsbildprägende Kieferngruppen und extrem lichte Kiefernbestände, in denen der Schäfer ebenfalls weidet.

Der halboffene Charakter der Landschaft am Alten Berg ist als Vogellebensraum nahezu ideal. Die blumenreiche Kalk-Magerweide mit eingestreuten kleineren Büschen, Bäumen und lückigen Stellen dient wenigstens zwölf Kleinvogel- und sieben Greifvogelarten als Brut- und/oder Nahrungsplatz. Typisch unter den Kleinvögeln sind Hänfling und Baumpieper, unter den Greifvögeln Wespenbussard und Baumfalke. An den stark aufgelockerten Kiefern-Hutewald sind mindestens 23 der im Gebiet vorkommenden Vogelarten enger gebunden. Jüngere Bestände werden von Fitis und Fichtenkreuzschnabel besiedelt, ältere Baumgruppen sind bevorzugter Horstbereich von Greifvögeln und verschiedenen Meisenarten. Die verschiedenen Sukzessionsstadien auf den Steinriegeln werden von ganz unterschiedlichen Vogelarten genutzt: reine Steinwälle vom Steinschmätzer; Steinriegel mit kleinen Einzelbüschen von Dorngrasmücke und Hänfling; die mit größeren Hecken bewachsenen Lesesteinwälle von Neuntöter, Klappergrasmücke und Goldammer. Auf den extensiv bewirtschafteten Magerwiesen zwischen den Steinriegeln nehmen wenigstens 35 Vogelarten zumindest gelegentlich Nahrung auf.

Die Mehrzahl der im Schutzgebiet beobachteten Schmetterlinge sind Arten der Kalk-Magerweiden und Magerwiesen, deren Raupen sich oft von krautigen Pflanzen der Rasendecke ernähren, während die Falter selbst eher in Saumbereichen mit großblumigen Hochstauden leben. Für einige größere Tagfalterarten ist auch die Übersichtlichkeit des Geländes von Bedeutung, da die Paarbildung hier auf den höchsten, waldfreien Punkten der Landschaft abläuft, wo die Männchen zeitweise Reviere besetzen, in denen sie von den Weibchen zur Paarung aufgesucht werden. Der Alte Berg wird in dieser Weise z.B. von Schwalbenschwanz (*Papilio machaon*), Distelfalter (*Cynthia cardui*), Tagpfauenauge (*Inachis io*) und Kleinem Perlmutterfalter (*Isoria lathonia*) genutzt. An die verschieden dicht bewachsenen Bereiche auf der Kalk-Magerweide sind unterschiedliche Arten mehr oder minder eng gebunden: an felsige, lückige Stellen der Rote Würfel-Dickkopffalter (*Spialia sertorius*); an blumenreiche und zeitweise nicht beweidete Flächen Regensburger Widderchen (*Polymorpha elegans*), Wachtelweizen-Scheckenfalter (*Mellicta athalia*), Feuriger Perlmutterfalter (*Fabriciana adippe*), Rotbraunes Wieselvögelchen (*Coenonympha glycerion*), Hauhechel-Bläuling (*Polyommatus icarus*) und Silbergrüner Bläuling (*Lysandra coridon*); an hochwüchsige Saumbereiche und Waldränder Kaisermantel (*Argynis paphia*), Weißbindiger Mohrenfalter (*Erebia ligea*), Distelfalter (*Cynthia cardui*) und Schachbrettfalter (*Melanargia galathea*).

Die Kuppe des Alten Bergs ist ein beliebtes Ausflugsziel: im Sommer für Abendspaziergänger und Sport-Querfeldeinläufer, im Winter für Skilangläufer und Alpen-Fernsehsüchtige; auch Fasnets- und Sonnenwendfeuer werden hier bestaunt. Zwei auf der Nordseite angelegte

Parkplätze wirken zusätzlich anziehend. Zur Vermeidung weiterer Trittschäden und unnötiger Beunruhigung der Tierwelt verbietet die Schutzgebietsverordnung generell das Verlassen der Wege. Örtliches Brauchtum wie das traditionelle Funkenfeuer oder die im Sommerhalbjahr stattfindenden Monatsprozessionen zur Kapelle mögen zwar auch eine Gefährdung für einzelne seltene Arten im Schutzgebiet darstellen, doch bleibt dessen Ausübung im Schutzgebiet weiterhin uneingeschränkt zulässig. Diese Regelung macht die Schutzverordnung erst zu einer guten Verordnung: So kann die Bevölkerung den Naturschutzgedanken mittragen. Sollte es dann doch einmal zu einer konkreten Gefährdung des Schutzzieles kommen, so läßt sich Verständnis hierfür wesentlich leichter im Gespräch als durch ein rigoroses Verbot erreichen. *M. Witschel*

Buchhalde-Oberes Donautal

Landkreis: Tuttlingen
Gemeinden: Fridingen, Mühlheim
Gemarkungen: Fridingen, Mühlheim
Naturraum: Baar-Alb und Oberes Donautal
Geschützt seit 1989
Größe: 303,5 Hektar
Top. Karte: 7919 Mühlheim an der Donau

Das Naturschutzgebiet erfaßt das gesamte Durchbruchstal der Donau zwischen Mühlheim und Fridingen auf etwa 3,5 km Länge. Nur im Bereich des zum größten Teil miteinbezogenen Naturschutzgebiets Hintelestal ist zusätzlich ein Seitental eingegliedert worden. Die landschaftlichen Elemente, aus denen sich das Gebiet in der Hauptsache aufbaut, sind zum einen die Talsohle mit dem hin- und herpendelnden Flüßchen und seinen gelegentlichen Altwassern, zum anderen die Steilhänge mit ihren Felswänden, die durch Felsbänder, Terrassen, Höhlennischen und Felstürme gegliedert sind. Am Fuße der Felswände befinden sich oft ausgedehnte Schutthalden. Diese sind immer wieder von steilen Trockentälern, die zur Albhochfläche hinaufführen, unterbrochen. Die eindrucksvollen Felsbildungen gehören geologisch zum Weißjura Delta. Diese Schicht leitet im Schutzgebiet gewöhnlich von den Talhängen zur Hochfläche über. Lediglich im Bereich der Espachhalde und der Felsenhalde bei Mühlheim stehen noch ältere Schichten aus dem Weißjura Beta an.

Während an den nördlichen Talhängen mit meist südlicher Exposition Buchenwälder mit licht- und wärmeliebender Krautschicht wachsen, stockt am südlichen Talhang ein Mosaik verschiedener Waldgesellschaften. Bemerkenswert sind vor allem die urwaldartig anmutenden Hangschutt-Wälder mit Esche, Ulme, Sommer-Linde, Berg-Ahorn und Buche, die teils dem Klebwald, teils dem Schluchtwald, der hinsichtlich Luftfeuchtigkeit anspruchsvollsten Waldgesellschaft der Schwäbischen Alb, zuzuordnen sind. In diesen Wäldern wachsen Mondviole (*Lunaria rediviva*), Hirschzunge (*Phyllitis scolopendrium*), Gelber Eisenhut (*Aconitum vulparia*) und eine Vielzahl von Frühjahrsgeophyten wie Märzenbecher (*Leucojum vernum*) und Hohler Lerchensporn (*Corydalis cava*). Die von Steinschlag und Rutschungen gezeichneten Baumstämme und viel Totholz weisen auf zahlreiche Nischen für Tiere hin. Die hier mehr nordexponierten, mächtigen Felsen zeigen an der Oberkante Steppenheidevorkommen. Wegen der Glattheit der Felsen sind Felsspaltengesellschaften nur spärlich entwickelt. Dafür ist unter Felsüberhängen die sehr seltene Balmengesellschaft mit Scharfkraut (*Asperugo procumbens*) und Österreichischer Rauke (*Sisymbrium austriacum*) gut entwickelt.

Einen ganz anderen Lebensraum stellt die Espachhalde dar, die früher auch in den steilsten Lagen mit Schafen und Ziegen beweidet wurde. In dem Mosaik von Felsen, Wiesen, Gebüschen, alten Obstbäumen und Waldrändern wachsen viele seltene Orchideenarten. Ähnlich, aber aufgrund der Südexposition doch wieder anders, ist die Artenvielfalt auf der Felsenhalde, deren wahre Größe sich jetzt allmählich erschließt, weil trotz jährlich intensiver Pflegemaßnahmen der Eindruck entsteht, hier niemals ein Ende zu finden. Ein großer Teil der im Gebiet vorkommenden, seltenen, wärmeliebenden Schmetterlings- und Heuschreckenarten konzentriert sich aber genau

302 Das NSG »Buchhalde-Oberes Donautal« erfaßt das gesamte Durchbruchstal der Donau zwischen Mühlheim und Fridingen auf etwa 3,5 km Länge.

303 Wacholderheiden und Steppenheide prägen die Vegetation an den südexponierten Talhängen.

hier, so daß es auch zukünftig keine Pause in den aufwendigen Pflegeeinsätzen geben darf.

Keiner Pflege dagegen bedürfen die zahlreichen südexponierten Felsen mit Steppenheidevegetation. Die Steppenheide besteht immer aus einem Gebüsch von Hochstauden, niederen Kräutern, Halmgewächsen, Moosen und Flechten mit spärlich eingestreuten Sträuchern und oft auch einzelnen, krüppelwüchsigen Bäumen, wobei der Pflanzenbewuchs den Boden niemals vollständig bedeckt. Steppenheide darf nicht mit Trockenrasen verwechselt werden, sondern muß als die Gesamtheit des vom Menschen nicht beeinflußten Pflanzenbewuchses auf den freien, südexponierten Felsen bis zum angrenzenden Wald verstanden werden. Gewöhnlich findet an den Steppenheidestandorten keine Sukzession mehr statt, da es sich meist um lokale Trockengrenzen des Waldes handelt. Hier haben die vielen licht- und wärmeliebenden Arten einen ihnen zusagenden Standort gefunden, da sie Trockenheit leichter als Konkurrenz vertragen. Im Verhältnis zur oberirdischen Masse ist das Wurzelwerk der Pflanzen sehr ausgedehnt, so daß aufgrund des unterirdischen Wettbewerbs die Bestände sehr offen erscheinen.

Im einzelnen setzt sich der Vegetationskomplex der Steppenheide im Naturschutzgebiet aus folgenden Gesellschaften und bezeichnenden Arten zusammen: Kelchsteinkraut-Mauerpfeffer-Gesellschaft, Habichtskrautfelsflur mit Hasenohr-Habichtskraut (*Hieracium bupleuroides*), Niedrigem Habichtskraut (*Hieracium humile*) und Trauben-Steinbrech (*Saxifraga paniculata*), Pfingstnelkenflur mit Pfingst-Nelke (*Dianthus gratianopolitanus*), Blassem Schwingel (*Festuca pallens*) und Blauem Lattich (*Lactuca perennis*), Grau-Löwenzahn-Erdseggen-Trockenrasen mit Küchenschelle (*Pulsatilla vulgaris*) und Grauem Löwenzahn (*Leontodon incanus*), Kugelblumen-Blaugrashalde mit Kugelblume (*Globularia elongata*), Hirschwurzsaum mit Schwarzwerdendem Geisklee (*Cytisus nigricans*) und Bibernell-Rose (*Rosa spinosissima*), Felsbirnen-Gebüsch, Reliktföhrenwald mit Umscheideter Kronwicke (*Coronilla vaginalis*) und Reckhölderle (*Daphne cneorum*), Schwalbwurz-Gesellschaft auf kleinsplittrigem Steinschutt und Schildampferflur auf etwas gröberem Schutt.

Mit seinen großflächigen Steppenheidevorkommen, höhlenreichen Felsmassiven, natürlichen Schlucht- und Klebwäldern und als Lebensraum einiger unserer seltensten Vogelarten, Fledermausarten, Reptilien und Insekten ist das Gebiet nur noch vergleichbar mit der Fortsetzung des Oberen Donautals östlich von Fridingen. Dennoch nimmt es innerhalb des gesamten Durchbruchtals der Donau zwischen Mühlheim und Inzigkofen insofern eine Sonderstellung ein, als eine stellenweise gut entwickelte Aue der Donau und des Wolfbachs mit Gehölzgalerien und ein breiter Talboden mit artenreichen Fettwiesengesellschaften vorhanden sind – und dies alles ohne Belastung mit Durchgangsverkehr. *M. Witschel*

Dürbheimer Moos

Landkreis: Tuttlingen
Gemeinde und Gemarkung: Dürbheim
Naturraum: Baar-Alb und Oberes Donautal
Geschützt seit 1994, Teilflächen (18 ha) seit 1955
Größe: 64,5 Hektar
Top. Karte: 7918 Spaichingen

Am Westrand der geschlossenen Albtafel des Großen Heubergs, zwischen Hoher Schwabenalb und Baaralb, liegt am Oberlauf des Faulenbachs das Dürbheimer Moos. Es ist aus einem in der Nacheiszeit verlandeten See entstanden. Allerdings ist das ehemalige Hochmoor im Nordteil des Schutzgebiets weitgehend abgetorft: Vor allem im 19. Jahrhundert und nach den beiden Weltkriegen wurde hier verstärkt Torf als Brennmaterial gestochen. Die ehemalige Abbaukante ist noch am Nordostrand als Geländestufe zu erkennen. 1976/77 wurde das Gebiet leicht aufgestaut. Das Flachmoor im Süden wurde bis vor kurzem noch als Streuwiese bewirtschaftet und ist von zahlreichen Entwässerungsgräben, die 1925/26 angelegt wurden, durchzogen.

Das Gebiet mit den ehemaligen Torfstichen ist heute überschwemmt und verlandet allmählich. Der Wasserstand schwankt jahreszeitlich stark, und das Wasser ist eutrophiert. Die Verlandung ist am Nordrand des Egelseegebiets am weitesten fortgeschritten. Dort umschließt ein Gebüsch- und Baumgürtel mit Bruchwaldcharakter aus Weiden, Erlen, Eschen das ehemalige Moor von drei Seiten. Daran schließt sich ein rund 200 m breiter Zwischenmoorgürtel an, der als Rispenseggenried mit Brauner Segge (*Carex fusca*), Schmalblättrigem Wollgras (*Eriophorum angustifolium*) und Sumpf-Herzblatt (*Parnassia palustris*) ausgebildet ist. Mit zunehmender Vernässung nach Süden hin geht das Seggenried in Schwingrasen mit Fieberklee (*Menyanthes trifoliata*) und Blutauge (*Comarum palustre*) und schließlich in ausgedehnte, reine Bestände des Teich-Schachtelhalmes (*Equisetum fluviatile*) über. Der eigentliche Egelsee ist durchsetzt mit abgestorbenen Fichten und Weiden, um deren Wurzelstöcke sich schwimmende Schwingrasen-Gürtel mit Fieberklee oder Schlamminseln mit Ästigem Igelkolben (*Sparganium erectum*), Wasser-Ampfer (*Rumex aquaticus*), Blutauge, Zungen-Hahnenfuß (*Ranunculus lingua*), Wolfstrapp (*Lycopus europaeus*) und Grauweiden-Büschen angesiedelt haben.

Unmittelbar südlich des Egelsees verlief bis 1994 die Grenze des Naturschutzgebiets. Mittlerweile liegt das daran angrenzende Flachmoor ebenfalls im Schutzgebiet. In diesem Flachmoor dominiert das Sumpfseggenried, das mit zunehmendem Wasserstand in Geländesenken als Schlankseggenried oder an verlandeten Gräben als Schnabelseggenried ausgebildet ist. Am Ostrand geht das Flachmoor in genutztes Grünland über. Je nach Nutzungsintensität und Feuchtigkeitsgrad finden sich vielfältige Übergänge zu Kohldistelwiesen und Feuchtbrachen mit Rasen-Schmiele (*Deschampsia cespitosa*) und Glatthafer (*Arrhenatherum elatus*).

Neben den Wasserflächen und Seggenrieden sind vor allem die Randbereiche des Moores für die artenreiche Fauna von großer Bedeutung. Insgesamt 104 Vogelarten, davon 65 brütend, konnten hier nachgewiesen werden. Im Überschwemmungsgebiet im Norden brüten Krickente, Knäkente, Reiherente, Tafelente,

304 Das ehemalige Hochmoor im Norden des Schutzgebiets ist abgetorft und aufgestaut; das Wasser ist eutroph.

305 Der Randring-Perlmutterfalter (*Proclossiana eunomia*) lebt in Moorkomplexen und Großseggenrieden. Er ist stark gefährdet.

Schnatterente, Wasserralle, Tüpfelsumpfhuhn, Teichralle und Zwergtaucher. Die Seggenzone wird von Kiebitz und Rohrammer besiedelt. Typische Bewohner des Schilfröhrichtgürtels am Westrand des Egelsees sind zur Brutzeit Teichrohrsänger und Rohrammer. Die großflächigen Seggenriede im Südteil des Schutzgebiets sind Brutgebiete von Braunkehlchen, Neuntöter, Feldschwirl, Wachtelkönig und Wiesenpieper. Im Bruchwaldgürtel kommen neben häufigeren Waldvögeln auch typische Auenwaldarten wie Grauschnäpper und Gelbspötter vor.

Auch die Libellenfauna ist aufgrund der Strukturvielfalt des Gebiets sehr artenreich. Stark vernäßte Tümpel im Zwischenmoor werden bevorzugt von Gefleckter Smaragdlibelle (*Somatochlora flavomaculata*), Glänzender Smaragdlibelle (*S. metallica*), Gemeiner Binsenjungfer (*Lestes sponsa*), Gemeiner Heidelibelle (*Sympetrum vulgatum*) und Schwarzer Heidelibelle (*S. danae*) aufgesucht. Die häufigste Art der Seggenriede ist im Frühjahr der Vierfleck (*Libellula quadrimaculata*) und im Herbst die Schwarze Heidelibelle.

Im Randbereich des Dürbheimer Mooses liegt der Lebensraum des Randring-Perlmutterfalters (*Proclossiana eunomia*). Diese Schmetterlingsart ist streng an Flachmoore in halboffenen Landschaften gebunden und stellt ein Eiszeitrelikt dar, das im süddeutschen Raum nur vereinzelte Vorkommen aufweist, die durch den sukzessiven Rückgang von Mooren heute lokal voneinander isoliert sind. Im Bereich der südwestlichen Schwäbischen Alb ist die Art auf wenige Talmoore beschränkt. Flächendeckend kommt im gesamten Schutzgebiet die Wanstschrecke (*Polysarcus denticauda*) vor. Diese flugunfähige Heuschrecke lebt in Deutschland fast ausschließlich auf der Baar und der Südwestalb.

In allen Teilen des Moores sind reiche Amphibienpopulationen, insbesondere von Erdkröte, Teichmolch, Bermolch und Wasserfrosch, anzutreffen und bestätigen damit ebenfalls die Einmaligkeit dieses großen zusammenhängenden Moor- und Feuchtwiesenkomplexes für den Landkreis Tuttlingen.

M. Witschel

Galgenberg

Landkreis: Tuttlingen
Gemeinde und Gemarkung: Mühlheim a. D.
Naturraum: Baar-Alb und Oberes Donautal
Geschützt seit 1994
Größe: 13,2 Hektar
Top. Karte: 7919 Mühlheim an der Donau

Wer heute über den Galgenberg wandert, wird kaum noch einen Gedanken an jene Zeiten und Jahrhunderte verschwenden, in denen sich hier auf dem gemeindeeigenen Land die Richterstätte der Stadt Mühlheim befand. Ehrbare Menschen hielten sich der Stätte tunlichst fern; nicht aber die Hirten aus der Gemeinde, die das Vieh hier weiden ließen. Später dann und noch bis in unser Jahrhundert hinein wurde in den etwas weniger steilen Hanglagen Ackerbau betrieben, während sich Teilbereiche zu einem schlechtwüchsigen Wald entwickelt hatten bzw. aufgeforstet worden sind. Von dieser

306 In recht kurzer Zeit hat sich am Galgenberg durch gezielte Pflegemaßnahmen wieder eine wunderschöne Wacholderheide entwickelt.

ganzen bewegten Vergangenheit, die mit die Voraussetzung für den heutigen schutzwürdigen Zustand des Gebietes bildet, ist praktisch nichts mehr zu sehen. Am Galgenberg wächst nun als Relikt früherer Nutzungsformen eine Wacholderheide, wie es sie im Kreis Tuttlingen noch mehrfach – aber mit jeweils ganz eigener Geschichte – gibt.

Neben der aspektbestimmenden Wacholderheide wird das Bild von Hochstaudensäumen, Brachen, Hecken, Feldgehölzen und Steppenheidewald bestimmt. Besonders erwähnenswert sind die Vorkommen einiger recht seltener Arten wie Erd-Segge (*Carex humilis*), Kreuz-Enzian (*Gentiana cruciata*), Wiesen-Leinblatt (*Thesium pyrenaicum*), Berg-Gamander (*Teucrium montanum*) und Weidenblättriges Ochsenauge (*Buphthalmum salicifolium*). Weit verbreitet ist in diesen Beständen auch die Mücken-Händelwurz (*Gymnadenia conopsea*).

Die westliche Teilfläche der Wacholderheide ist stark mit Hochstauden wärmeliebender Säume und mit Schlehe durchsetzt. Für Schafweiden eher ungewöhnlich dominieren hier Arten wie Sichelblättriges Hasenohr (*Bupleurum falcatum*) und Hirsch-Haarstrang (*Peucedanum cervaria*). Im übrigen konzentrieren sich die Arten wärmeliebender Säume als schmales Band am Nordrand des Schutzgebiets sowie um größere Schlehen- und Kiefernbestände im mittleren und östlichen Teil. Trotz ihrer geringen Ausdehnung enthalten diese Säume eine große Anzahl seltener Arten, die insbesondere zur Blütezeit im Juli/August wichtigste Nektarquelle für zahlreiche blütenbesuchende Insekten darstellen. Dazu gehören neben den schon erwähnten Arten insbesondere Blut-Storchschnabel (*Geranium sanguineum*), Ästige Graslilie (*Anthericum ramosum*), Heilwurz (*Seseli libanotis*), Immenblatt (*Melittis melissophyllum*), Großer Ehrenpreis (*Veronica teucrium*) und Pfirsichblättrige Glockenblume (*Campanula persicifolia*).

Auf der Verebnungsfläche im Nordwesten des Schutzgebiets liegt eine intensiv genutzte Glatthaferwiese. Zwar fehlen hier seltene

Pflanzenarten, doch ist die Wiese blumenbunt und bietet schon recht früh im Jahr ein reiches Nektarangebot für blütenbesuchende Insekten.

Am Westabfall des Galgenbergs zum Lipbach hin stockt ein Laubmischwald, dessen Artenzusammensetzung mit vielen licht- und wärmeliebenden Arten zum einen auf einen Seggen-Buchenwald als potentiell natürliche Waldgesellschaft, zum anderen auf frühere Weidenutzung hinweist. Wegen der günstigen Licht- und Wärmeverhältnisse wachsen in der Krautschicht zahlreiche Orchideen wie Weißes Waldvögelein (*Cephalanthera damasonium*), Rotes Waldvögelein (*C. rubra*) und Weiße Waldhyazinthe (*Platanthera bifolia*). Eine Nutzung findet in diesem sekundären Steppenheidewald allein schon wegen der hohen Reliefenergie nicht statt.

Um den schutzwürdigen Zustand des Galgenbergs zu erhalten bzw. noch zu verbessern, ist die Fortsetzung der Beweidung mit Schafen die geeignete Methode. Allerdings darf dabei nicht übersehen werden, daß die Schafherden heute in der Regel größer und vor allem die Schafrasse nicht mehr dieselbe ist. Die Tiere werden heute wird überwiegend zur Fleischproduktion gezüchtet. Das Interesse des Schäfers, etwas länger auf der mageren Wacholderheide zu weiden, ist dadurch sehr gering geworden. Mechanisches Offenhalten der Fläche ist also bei moderner Schafbeweidung ohnedies erforderlich, wäre jedoch ungleich aufwendiger, wenn keine Beweidung mehr stattfände. Durch Mahd in bestimmten Abständen läßt sich ebenfalls ein gewisser Nährstoffentzug erreichen. Andererseits verändert sich ohne Beweidung der Charakter der Heide, die Artenzusammensetzung verschiebt sich, und es kommen höherwüchsige, konkurrenzkräftigere Arten zur Dominanz, während mit Bitterstoffen versehene und dornenbewehrte Pflanzen ihren Konkurrenzvorteil verlieren.

Durch intensive Pflegemaßnahmen wurde der Zustand des Schutzgebiets in den vergangenen Jahren deutlich verbessert, und das Entfernen zahlreicher Gehölzinseln führte zu einer erheblichen Vergrößerung der baum- und gebüschfreien Zonen. Die gegenwärtige räumliche Verteilung von Gebüsch- und Freiflächen ist optimal. Es müßte eigentlich für jeden Schäfer reizvoll sein, hier regelmäßig zu weiden – wenn da nicht die wirtschaftlichen Zwänge wären und ein Überangebot an besserem Grünland für gesicherte Zuwachsraten in der Schaffleischproduktion. *M. Witschel*

Grasmutter

Landkreis: Tuttlingen
Gemeinde und Gemarkung: Dürbheim
Naturraum: Hohe Schwabenalb
Geschützt seit 1995
Größe: 10,2 Hektar
Top. Karte: 7918 Spaichingen

Das Naturschutzgebiet »Grasmutter« liegt am westlichen Rand der Alb-Hochfläche auf dem großen Heuberg, nur rd. 600 m von der Traufkante entfernt. Der Name »Grasmutter« ist vermutlich eine Bezeichnung für in Feld-Gras-Wirtschaft betriebene Äcker, die aus der dorffernen Allmende ausgegliedert und auf die Abgaben zu entrichten waren. Seit wann das Gebiet als Schafweide genutzt wurde, ist nicht bekannt. Diese Weidenutzung wurde aber in den letzten 50 Jahren ebenfalls aufgegeben. Es lassen sich drei verschiedene Vegetationstypen unterscheiden, die kleinräumig miteinander verzahnt sind. Der größte Teil ist Schafweide, an die sich im Randbereich Magerwiesen anschließen. Im Südosten, gegen den Hochwald zu, steht ein Kiefern-Fichten-Aufwuchswald in stark verbrachter bzw. versaumter Kalk-Magerweide.

Die Kalk-Magerweide im Schutzgebiet ist gekennzeichnet durch kleinräumig wechselnde Ausprägungen. So finden sich in kurzrasigen Bereichen artenreiche Gesellschaften mit Flügel-Ginster (*Genista sagittalis*), Hügel-Meister (*Asperula cynanchica*), Niederem Labkraut (*Galium pumilum*), Kleinem Habichtskraut (*Hieracium pilosella*), Deutschem Enzian (*Gentiana germanica*), Schopfiger Kreuzblume (*Polygala comosa*), Kriechendem (*Ononis repens*) und Dornigem Hauhechel (*O. spinosa*), Zypressen-Wolfsmilch (*Euphorbia cyparissias*), Kleinem Wiesenknopf (*Sanguisorba minor*), Silberdistel (*Carlina acaulis*), Zitter-

307 Auch auf der »Grasmutter« konnte durch Unterschutzstellung und rigorose Pflegemaßnahmen eine Wacholderheide vor dem Untergang bewahrt werden.

gras (*Briza media*) und Schafschwingel (*Festuca ovina*).

In den hochrasigen Säumen wachsen Gamander-Ehrenpreis (*Veronica chamaedrys*), Märzen-Veilchen (*Viola odorata*), Echtes Labkraut (*Galium verum*), Skabiosen-Flockenblume (*Centaurea scabiosa*), Weiße Waldhyazinthe (*Platanthera bifolia*). An nährstoffreicheren Stellen, insbesondere mit offenem, beim Roden der Gehölze entblößtem Boden, stehen auch Scharfer Hahnenfuß (*Ranunculus acris*), Sauerampfer (*Rumex acetosa*), Mehlige Königskerze (*Verbascum lychnitis*) und Wiesen-Schafgarben (*Achillea millefolium*). Der Kiefern-Fichten-Aufwuchswald am südöstlichen Gebietsrand enthält bereits typische Arten des Buchenwaldes wie Einbeere (*Paris quadrifolia*), Haselwurz (*Asarum europaeum*), Waldmeister (*Galium odoratum*) und Wald-Bingelkraut (*Mercurialis perennis*). An den Nord-, Süd- und Ostrand der Schafweide grenzen Wiesen, die Übergänge zwischen Kalk-Magerrasen und Goldhafer-Bergwiesen zeigen. Insbesondere auf dem unmittelbar an die Wacholderheiden angrenzenden Wiesenstreifen dominieren Magerkeitszeiger wie Aufrechte Trespe (*Bromus erectus*), Flaum-Hafer (*Avena pubescens*), Kammschmiele (*Koeleria pyramidata*), Berg-Segge (*Carex montana*), Flügel-Ginster und Rauhe Gänsekresse (*Arabis hirsuta*).

Die artenreiche Tierwelt des Schutzgebiets zeigt eine auffällige Häufung solcher Arten, die vom kleinräumigen Wechsel von Gehölzen und Magerrasen abhängig sind. Häufige Vogelarten der halboffenen Landschaft sind Baumpieper, Goldammer und Hänfling. Sie nutzen die Gehölzgruppen als Brutplatz und die kurzrasigen, lückigen Flächen zur Nahrungssuche. An den Kiefern-Aufwuchswald sind mindestens 16 Vogelarten enger gebunden; so an stark gestufte, mit Büschen durchsetzte Bereiche Fitis, Garten- und Mönchsgrasmücke, an ältere Bestände Fichtenkreuzschnabel und Tannenmeise, an bereits abgestorbene, stehende Totholzstämme die Haubenmeise. Ungewöhnlich ist das gemeinsame Vorkommen von Zwitscher-Heupferd (*Tettigonia cantans*) und Grünem Heupferd (*T. viridissima*), denn letztere Art lebt normalerweise im Flachland, während die erstgenannte eine Gebirgsform ist.

Durch geschicktes Weidemanagement ist es dem Wanderschäfer im vergangenen Jahr gelungen, die eher artenarmen, schon lange brachliegenden, hochgrasigen Flächen, in denen die Fieder-Zwenke (*Brachypodium pinnatum*) dominiert, wieder in kurzrasige Flächen umzuwandeln. Damit präsentiert sich das Gebiet wieder als intakte Schafweide, so wie sie 1957 zum Zeitpunkt ihrer ersten Unterschutzstellung als Landschaftsschutzgebiet ausgesehen hatte. Bereits seinerzeit war nur eine Nutzung als Schafweide zulässig, was aber nicht verhindern konnte, daß das Gebiet durch aufkommende Bäume und Büsche völlig zuzuwachsen drohte. Die Ausweisung als Naturschutzgebiet, rigorose Pflegemaßnahmen und die Wiederaufnahme der Beweidung kamen hier gerade noch rechtzeitig, um diese Heide vor dem sicheren Untergang zu bewahren. *M. Witschel*

Hintelestal

Landkreis: Tuttlingen
Gemeinde und Gemarkung: Kolbingen
Naturraum: Baar-Alb und Oberes Donautal
Geschützt seit 1937
Größe: 19,5 Hektar
Top. Karte: 7919 Mühlheim an der Donau

Das Naturschutzgebiet ist 1989 zum größeren Teil im Naturschutzgebiet »Buchhalde-Oberes Donautal« aufgegangen und ist daher auch dort beschrieben. Damit gehört der reizvollste Teil mit eindrucksvollen Felsbildungen und einem Schluchtwald, in dem jedes Frühjahr Tausende von Märzenbechern (*Leucojum vernum*) blühen – die Einheimischen sprechen von Schneeglöckchen – gar nicht mehr zum »Hintelestal«. Verblieben sind im Hintelestal der Gemeindewald von Kolbingen und einige Privatwaldparzellen. Der Schluchtwaldcharakter mit Wildem Silberblatt (*Lunaria rediviva*), Gelbem Windröschen (*Anemone ranunculoides*), Hohlem Lerchensporn (*Corydalis cava*) u.a. klingt hier nach Norden zu rasch aus, und das einheitliche Waldbild eines nur wenig bewirtschafteten, naturnahen Waldes weicht Altersklassenwäldern, die z.T. durch den Anbau mit standortfremder Fichte stark entwertet wurden. Da diese Umwandlungen noch im Einklang mit den Bestimmungen der sehr alten und wenig reglementierenden Schutzverordnung von 1937 standen, war es umso wichtiger, die wertvollsten Märzenbecherstandorte durch Einbeziehen in das neue Naturschutzgebiet mit präzisen Vorgaben über die künftige forstliche Nutzung dauerhaft zu sichern. Im Restschutzgebiet Hintelestal besteht aber aufgrund des verbliebenen Schutzstatus durch Einflußnahme bei Durchforstungsmaßnahmen weiterhin die Möglichkeit, die Krautschicht mit Schluchtwaldcharakter zu fördern.
M. Witschel

308 Jedes Jahr im Frühling pilgern die Einheimischen zu ihren Märzenbechern (*Leucojum vernum*), die sie »Schneeglöckchen« nennen, ins Hintelestal.

Hohenkarpfen

Landkreis: Tuttlingen
Gemeinde und Gemarkung: Hausen o. V.
Naturraum: Baar
Geschützt seit 1984
Größe: 13,5 Hektar
Top. Karte: 7918 Spaichingen

Im Nordosten der Baar liegt einer der reizvollsten Zeugenberge der Schwäbischen Alb, der »Hohenkarpfen«. Mit einer Höhe von 909 m ü. NN ist er nur rd. 100 m niedriger als der Lemberg, der höchste Berg der Schwäbischen Alb. Aus der flachwelligen Braunjura-Landschaft des Albvorlandes ragt der Hohenkarpfen als symmetrischer Kegel heraus und bildet so einen weithin sichtbaren, markanten Landschaftspunkt. Vom Gipfel genießt man einen herrlichen Rundblick, nach Norden entlang dem Albtrauf über das Albvorland, nach Westen und Süden über die Baar bis zum Schwarzwald.

Der geologische Aufbau des Hohenkarpfens als Zeugenberg entspricht dem des angrenzenden Albkörpers. Mit seinem Fuß reicht der Berg im Süden und Westen bis in die Opalinustone des Unteren Braunjura. Auf diesen lagert die vollständige Schichtenserie bis zu den Wohlgebankten Kalken des Weißjura Beta. Daß ein derart markanter Kegel auch strategisch interessant war und sich für den Bau einer Burg geradezu anbot, liegt auf der Hand. Um etwa 1000 n. Chr. begann der Adel seine befestigten Höfe inmitten der Dörfer zu verlassen und feste Höhenburgen zu errichten. In diese Zeit fällt auch der Bau der Hohenkarpfenburg. Auch wenn die Herren von Karpfen später zwei Karpfen im Wappen trugen, hat der Name nichts mit den Fischen zu tun, denn das Geschlecht hieß ursprünglich »Calphen«, was als Ableitung von Calvarienberg gedeutet wird. Im 15. Jahrhundert war die Burg zu einem Raubritternest heruntergekommen und wurde im Dreißigjährigen Krieg völlig zerstört. Vor 100 Jahren waren noch acht Meter hohe Mauern und Reste eines Turmes zu sehen. Heute sind nur noch die Burggräben andeutungsweise zu erkennen, und lediglich das Immergrün kündet noch immer von der früheren Anwesenheit des Menschen.

Die am Aufbau des Hohenkarpfens beteiligten geologischen Schichten bedingen durch wechselnde Kalk-, Ton- und Mergelanteile Bö-

309 Der weithin sichtbare Kegelberg des Hohenkarpfen ist nicht vulkanischen Ursprungs, sondern ein Zeugenberg im Weißen Jura.

den mit unterschiedlichen Mächtigkeiten und Wasserspeicherfähigkeiten und bestimmen somit die Gesetzmäßigkeiten des Vegetationsmosaiks, das den Berg überzieht. Die nach allen Himmelsrichtungen schroff abfallenden Hänge der Weißjura-Bergkuppe tragen einen Magerrasen, der in seiner Artenzusammensetzung und in seinem Artenreichtum dem auf der Alb weit verbreiteten Halbtrockenrasen ähnlich ist. Von den ihn aufbauenden Arten seien besonders die Silberdistel (*Carlina acaulis*), der Gefranste Enzian (*Gentiana ciliata*) und das Frühlings-Fingerkraut (*Potentilla tabernaemontani*) hervorgehoben. Auffällig ist der hohe Anteil der Fieder-Zwenke (*Brachypodium pinnatum*), der wohl auf gelegentliches Abbrennen zurückzuführen ist. Früher wurde dieser Magerrasen beweidet wie u.a. einige schöne, baumförmige Exemplare des Wacholders und solitäre Weißdornbüsche mit charakteristischer Verbißform zeigen.

Dort, wo der Boden etwas tiefgründiger ist, haben sich Gebüschgruppen angesiedelt, die teilweise Elemente des Waldes mit Blaugrüner Rose (*Rosa vosagiaca*), Hartriegel, Feldahorn, Mehlbeere, Hasel, Esche und Berg-Ulme enthalten. An der Grenze zwischen Braun- und Weißjura ist der Boden besonders wasserzügig, hier erinnert die Krautschicht im Rosen-Hasel-Gebüsch an diejenige von Laubwäldern frischer Standorte mit Märzenbecher (*Leucojum vernum*), Gelbem Windröschen (*Anemone ranunculoides*), Lungenkraut (*Pulmonaria obscura*), Hohlem Lerchensporn (*Corydalis cava*), Türkenbund (*Lilium martagon*) und Wald-Bingelkraut (*Mercurialis perennis*).

Aufgrund seiner exponierten, freien Lage bietet der Hohenkarpfen hervorragende Thermikverhältnisse für Greifvögel, welche die offene, kleinsäugerreiche Feld- und Wiesenlandschaft der Umgebung als Nahrungsraum nutzen. So sind sowohl während als auch außerhalb der Brutzeit regelmäßig Mäusebussard, Rotmilan, Turmfalke und Sperber zu beobachten, gelegentlich auch Schwarzmilan, Wanderfalke und Durchzügler wie Korn- und Rohrweihe. Die Aufwinde verführen auch immer wieder einzelne Besucher dazu, im Naturschutzgebiet verbotenerweise Modellflugzeuge zu starten oder selbst an der Nordseite mit Hängegleitern zu starten. Die Ausreden, die sich die Ertappten dann einfallen lassen, weshalb sie sich an das Verbot speziell in dieser Form und gerade an diesem Tag nicht gebunden fühlen, sind abenteuerlich, zeigen aber, wie wichtig es ist, auch diese Bedürfnisse – natürlich außerhalb von Naturschutzgebieten – angemessen zu berücksichtigen und immer wieder Verständnis für den Naturschutzgedanken zu wecken. Das kann dann eben auch mal bedeuten, daß die Interessen des Einzelnen hinter die der Allgemeinheit zurücktreten müssen.
M. Witschel

Hörnekapf

Landkreis: Tuttlingen
Gemeinde und Gemarkung: Geisingen
Naturraum: Baar-Alb und Oberes Donautal
Geschützt seit 1983, Teilflächen (3,6 Hektar) seit 1962
Größe: 6,7 Hektar
Top. Karte: 8017 Geisingen

Nordwestlich von Geisingen in einer Höhe von 750 bis 790 m ü. NN liegen in Südost- bis Südwestexposition im Grenzbereich zwischen Weiß- und Braunjura auf den Impressa-Mergeln des Weißjura Alpha Magerrasen, deren floristische Vielfalt schon in den 50er Jahren zahlreiche Liebhaber und Photographen anzog. Die Zeiten preiswerter Bücher mit farbigen Hochglanzbildern von Orchideen und anderen seltenen und beliebten Pflanzen waren noch nicht angebrochen, dafür aber die ersten ordentlichen Farbfilme auf dem Markt, so daß jeder seine eigenen Bilder herstellen konnte. Da konzentrierten sich dann zwangsläufig die Photographen zur Blütezeit ihrer Lieblinge auf bestimmte Gebiete in einem für die Natur nicht mehr verträglichen Maße. So auch am Hörnekapf, was dann die Naturschützer auf den Plan rief. Da diese aber von der Ortsgruppe des Schwäbischen Albvereins aus Schwenningen kamen, fühlten sich die meist badischen Photographen in einem angestammten Recht beschnitten, was dann fast zu einer Art Orchideenkrieg eskalierte. Als Relikt aus diesen hitzigen Zeiten kann der stabile Zaun angesehen

310 Trotz der Wacholder wird der Hörnekapf nicht beweidet, sondern gemäht, was der Orchideenvielfalt zugute kommt.

werden, der noch heute das Betreten des Kerngebiets unmöglich macht. Die Gemüter haben sich beruhigt, die Zeiten sich geändert, und der Zaun ist allgemein akzeptiert, da sich auch außerhalb des Zaunes genügend Möglichkeiten bieten, alle seltenen, im Gebiet vorkommenden Arten zu bewundern. Das muß ja nicht unbedingt gleich mit der gesamten Körperlänge geschehen, da das zu Recht verboten ist, weil beim Photographieren oft unabsichtlich Jungpflanzen in der Nähe des begehrten Objekts zerdrückt und zertrampelt werden.

In den flachgründigsten und trockensten Bereichen des Naturschutzgebiets wachsen montane Trockenrasen mit Küchenschelle (*Pulsatilla vulgaris*), Kugelblume (*Globularia elongata*), Buchsblättrigem Kreuzblümchen (*Polygala chamaebuxus*) und Erd-Segge (*Carex humilis*). Teilweise treten in diesem Rasen verstärkt Blaugras (*Sesleria varia*) und Alpen-Maßliebchen (*Aster bellidiastrum*) auf. Dort, wo Kalkschutt unmittelbar ansteht, gesellen sich Berg-Hellerkraut (*Thlaspi montanum*) und Berg-Gamander (*Teucrium montanum*) dazu.

Es handelt sich um gut ausgebildete Fragmente der Kugelblumen-Blaugrashalde (Bromo-Seslerietum), einer reliktischen Pflanzengesellschaft, die als Hinweis dafür dienen kann, daß sich seit der letzten Eiszeit in der näheren Umgebung immer einige natürlich waldfreie Flächen befanden.

Den flächenmäßig größten Anteil im Schutzgebiet nehmen die Halbtrockenrasen ein, die deutlich wüchsiger sind. Es dominieren höherwüchsige Gräser wie Aufrechte Trespe (*Bromus erectus*) und Fieder-Zwenke (*Brachypodium pinnatum*), daneben Ochsenauge (*Buphthalmum salicifolium*), Esparsette (*Onobrychis montana*), Helm-Knabenkraut (*Orchis militaris*), Mücken-Handwurz (*Gymnadenia conopsea*) und Zeiger wechseltrockener Böden mit hohem Mergelanteil wie Spargelschote (*Tetragonolobus maritimus*) und Knollige Kratzdistel (*Cirsium tuberosum*).

Am Rande der Gebüschgruppen und des Waldes wachsen farbenprächtige Bestände wärmeliebender Saumgesellschaften mit Hirschwurz (*Peucedanum cervaria*), Schwarzwerdendem

Geißklee (*Cytisus nigricans*), Ästiger Graslilie (*Anthericum ramosum*), Blut-Storchschnabel (*Geranium sanguineum*), Schwalbwurz (*Vincetoxicum hirundinaria*) und Weidenblättrigem Alant (*Inula salicina*). Das Breitblättrige Laserkraut (*Laserpitum latifolium*) mit seinen mächtigen Blütendolden und die auffälligen Stauden des Gelben Enzians (*Gentiana lutea*) verleihen diesen Säumen insbesondere im Nordosten einen montanen Charakter.

Im Ostteil des Schutzgebiets tritt Quellwasser aus, so daß sich hier – eigentlich völlig unerwartet – kleinere Schilfflächen mit Kohldistel (*Cirsium oleraceum*), Rispen-Segge (*Carex paniculata*), Blaugrüner Binse (*Juncus inflexus*), Weiden-Alant (*Inula salicina*) und Spatelblättrigem Greiskraut (*Senecio helenitis*) ausgebildet haben. Aufgrund dieser trockenen bis wechselfeuchten Standortverhältnisse ist nicht nur generell die floristische Artenvielfalt sehr hoch, sondern auch ihre Qualität bemerkenswert, was durch 55 Arten der Roten Liste belegt wird.

Neben dem Neuntöter brüten auch Baumpieper und Goldammer im Gebiet, das mit seinen einzelstehenden, mächtigen Wacholdern, kleinen Gebüschgruppen und randlichen Kiefern viele Strukturen aufweist. Da der Hang sehr sonnenexponiert ist, sind auch unter den Insekten einige Vertreter sehr seltener, wärmeliebender Arten wie die Berg-Zikade (*Cicadetta montana*) und die Röhrenspinne (*Eresus niger*) anzutreffen.

Der größte Teil des Naturschutzgebiets ist Eigentum des Landes Baden-Württemberg, der Rest gehört der Stadt Geisingen. Genutzt wird das Gebiet seit den 60er Jahren nicht mehr. Davor war es Schafweide, was aber die Orchideenliebhaber nicht dulden wollten; in der Tat vergrößerten sich die einzelnen Orchideenpopulationen nach Aufgabe der Schafbeweidung auffällig. Zuletzt zeigte sich aber, daß bei der Fixierung auf die Orchideen der Blick fürs Ganze verloren ging und das Gebiet in beängstigendem Maße mit Büschen und Bäumen zuwuchs. Die Halbtrockenrasen verfilzen auf tiefgründigeren Standorten und die Standortverhältnisse verschlechtern sich insbesondere für die konkurrenzschwachen Ragwurz-Arten. Inzwischen finden regelmäßige Pflegemaßnahmen statt, und das Gebiet befindet sich gegenwärtig in einem nahezu optimalen Zustand.

M. Witschel

Höwenegg

Landkreis: Tuttlingen
Gemeinde und Gemarkung: Immendingen
Naturraum: Hegau-Alb
Geschützt seit 1983
Größe: 20,5 Hektar
Top. Karte: 8018 Immendingen

Der »Höwenegg« ist der nördlichste der berühmten Hegauvulkane, der im Vergleich zu den anderen Hegaubergen weniger stark abgetragen und weniger markant herauspräpariert wurde. Dieser Tatsache haben wir es zu verdanken, daß der gesamte vulkanische Oberbau, der aus einer Ansammlung von sechs Kratern besteht, über die Jahrmillionen erhalten blieb. Erst der Basaltabbau in jüngerer Zeit hatte diesen gut erhaltenen Vulkankomplex gründlich gestört und verändert. Andererseits haben die mit dem Abbau verbundenen Aufschlüsse wertvolle Einblicke in die Genese des Höwenegg ermöglicht. Vor allem für die Mineralogie und die Paläonthologie ergaben sich einzigartige Funde, die ohne den Basaltabbau nicht denkbar gewesen wären. Verschwunden ist durch den Abbau mitsamt dem Hauptgipfel die Hauptburg Höwenegg. Sicheren Annahmen zufolge befand sich auch ein keltischer Ringwall als Fliehburg auf der damals noch unbeschädigten Höhe. Im Nordosten des Steinbruchs stand noch eine weitere Burg, die bis auf verstreutes Mauerwerk und Grabenüberreste ebenfalls verschwunden und vergessen ist.

In der engeren Umgebung des Höwenegg bilden die leicht mergeligen, plattigen Kalksteine des Weißjura Zeta die Unterlage der tertiären Sedimente aus Juranagelfluh und Meeresmolasse. Darüber lagert in unterschiedlicher Mächtigkeit vulkanisches Material aus dem Miozän und Pliozän. Mit Ausnahme des Hauptschlots, in dem sich der Basalt trichterförmig in die Tiefe fortsetzt, wurde er an den anderen fünf Ausbruchstellen in der Tiefe von Basalttuffen unterlagert. All diese basaltischen

311 Der Basaltabbau hat am Höwenegg einen tiefen Krater hinterlassen, in dem sich ein sekundärer Kratersee gebildet hat.

Kraterfüllungen sind mit einer Ausnahme bis auf randliche Reste abgebaut. Besonders eindrucksvoll ist der 80 m tiefe Abbau im heute teilweise mit Wasser gefüllten Hauptkrater.

Bekannt sind die seltenen Mineralvorkommen am Höwenegg. Das gebräuchlicherweise als Basalt bezeichnete Gestein der Vulkanschlote besteht aus einer Grundmasse aus Titanaugit, Melilith und Nephelin. Weitere Bestandteile dieses sogenannten Basalts sind Olivin, Augit, Magnetit, Perowskit, Apatit und Biotit. Seine besondere Bedeutung erhält das Gestein durch die zahlreichen, z.T. sehr seltenen Mineralien aus der Gruppe der Zeolithe. Amicit, ein Zeolith-Mineral, wurde am Höwenegg neu entdeckt und hat hier sein einziges Vorkommen auf der Erde. Mountainit, ein weiteres Zeolith-Mineral, ist nur vom Höwenegg und von einer Mine in Südafrika bekannt.

Weltweit berühmt wurde der Höwenegg durch die hier gefundenen vollständigen Skelette von Hipparion, einem dreizehigen Pferdevorfahren. Südöstlich vom Hauptkrater erfolgte im Pliozän der Ausbruch von Hornblendetuff, wobei ein Krater ausgesprengt wurde. In diesem bildete sich ein Maarsee, in den vom steilen Nordwestufer Basaltblöcke rollten. Vorwiegend in diesen Bereich des Sees gelangten auch die in dem See ertrunkenen Säugetiere zur Ablagerung. Die Grabungen führte das Staatliche Museum für Naturkunde in Karlsruhe durch, das in seinen Schausammlungen auch die wichtigsten Vertreter der einzigartigen Hipparion-Fauna zeigt. Aus rechtlichen Gründen konnte die Fossilfundstätte nicht in das Naturschutzgebiet einbezogen werden, sondern mußte separat als Grabungsschutzgebiet gemäß § 22 Denkmalschutzgesetz ausgewiesen werden.

Floristisch nimmt das Gebiet des Höwenegg keine Sonderstellung wie die meisten anderen Hegauvulkane ein. Bei den Hochwäldern handelt es sich i.d.R. um einen Waldmeister-Buchenwaldtyp, dem durchgängig ein gewisser Fichtenanteil beigemischt ist. In der üppigen Krautschicht dominieren Müllbodenzeiger und weisen auf den basenreichen Vulkanitstandort hin. Vegetationskundlich besonders interessant sind vor allem die Pionierstandorte an den Steinbruchwänden und Steinbruchsohlen sowie auf den Basaltblock-Schutthalden. Letztere sind vor allem durch ihren Kryptogamenreichtum bemerkenswert. Auch bieten sich hier Wuchsmöglichkeiten für seltene wärmeliebende Pflanzen wie Gras-Platterbse (*Lathyrus nissolia*), Orientalisches Zackenschötchen (*Bunias orientalis*) und Acker-Lichtnelke (*Melandrium noctiflora*). Ungleich höher ist allerdings der faunistische Artenreichtum auf eben diesen Sonderstandorten, seien sie nun natürlich oder anthropogener Natur.

Ursprünglich bestand die Absicht, den abgebauten Hauptkrater mit Schlamm aus dem Neckar aufzufüllen und eine Mülldeponie einzurichten. Dieses Projekt scheiterte glücklicherweise an einer möglichen Grundwassergefährdung. So wurde das gesamte Gebiet vom Land Baden-Württemberg aufgekauft, das damit auch die Verkehrssicherungspflicht übernahm. Das Betreten des ehemaligen Steinbruchs im Hauptkrater ist mit Lebensgefahr verbunden und durch solide Zäune praktisch unmöglich gemacht. Betreut wird der Howenegg vom Staatlichen Forstamt Immendingen, das durch regelmäßige Kontrollen erreichen konnte, daß sich in dem abgeschiedenen Gebiet erst gar kein wilder Tourismus und Freizeitrummel entwickeln konnte. Davon profitieren Flora und Fauna wie der an der Steinbruchwand im Hauptkrater jetzt regelmäßig brütende Kolkrabe. *M. Witschel*

Irndorfer Hardt

Landkreis: Tuttlingen
Gemeinde und Gemarkung: Irndorf
Naturraum: Hohe Schwabenalb
Geschützt sei 1938
Größe: 103 Hektar
Top. Karten: 7819 Meßstetten, 7919 Mühlheim an der Donau

Das Irndorfer Hardt liegt auf der Hochfläche der südwestlichen Donaualb in einer Höhenlage von 855 bis etwa 880 m ü. NN. Das Gelände ist flachwellig mit mehreren Muldenzügen, in denen sich auch Dolinen befinden. Die Sohlen dieser Dolinen sind die tiefsten Punkte des Naturschutzgebiets. Das ganze

312 Seit dem 18. Jahrhundert ist das Irndorfer Hardt eine Holzwiese, auf der zwischen den Bäumen gemäht wird.

313 Die seltene Perücken-Flockenblume (*Centaurea pseudophrygia*) kommt im Hardt noch reichlich vor.

Gelände ist fast parkartig von Solitärbäumen, Baumgruppen und kleinen Wäldchen durchsetzt. Solche Holzwiesen sind heute weitestgehend aus dem Landschaftsbild der Schwäbischen Alb verschwunden. Mehr als die Hälfte des Gebiets besteht auch heute noch aus ungedüngten, einmähdigen Magerrasen. Die übrigen Wiesen werden erst seit dem Abschluß von Extensivierungsverträgen mit den privaten Grundstücksbesitzern nicht mehr gedüngt und sind deutlich artenärmer.

Den geologischen Untergrund bilden im ganzen Hardt die Felsenkalke des Weißjura Delta und Epsilon. Anstehendes Gestein ist allerdings nur in den Dolinen und im Bereich einzelner Kuppen anzutreffen. In den weiten und flachen Mulden zwischen den Kuppen ist das Kalkgestein von tiefgründigen, entkalkten Lehmböden bedeckt. An den Hängen der Kuppen gehen die Lehmböden allmählich in Kalkverwitterungslehme über. Entsprechend findet man dann in der Vegetation einen Übergang von den bodensauren Magerrasen der Mulden zu den Kalk-Halbtrockenrasen der Kuppen.

Ursprünglich war das ortsfern gelegene Irndorfer Hardt ein aufgelichteter Weidewald, der zur Allmende der Gemeinde Irndorf gehörte und in den das Vieh getrieben wurde. Diese Wirtschaftsweise dürfte viele Jahrhunderte zurückreichen. Als Relikte aus der Waldweidezeit können einige Pflanzen wie Weißer Germer (*Veratrum album*) und Gelber Enzian (*Gentiana lutea*), die regelmäßige Mahd nicht vertragen, gedeutet werden. Daß das Naturschutzgebiet jemals in der Nacheiszeit mit dichtem, geschlossenen Wald bestanden war, ist kaum anzunehmen. Zwar handelt es sich bei den Standorten zweifellos um potentielle Waldstandorte, doch kann man sich das Überdauern einzelner, schon vor der nacheiszeitlichen Bewaldung vorhandener Reliktarten wie der Bleich-Weide (*Salix starkeana*) in einem geschlossenen Waldgebiet kaum vorstellen. Als aus dem stark aufgelichteten Weidewald durch Parzellierung unter Aufgabe der Allmende Holzwiesen entstanden, bei denen zwischen den Bäumen mit der Sense gemäht wurde, hatte dies nur geringe Auswirkungen auf den Artenbestand. Der Übergang zu den Holzwiesen stand vermutlich im Zusammenhang mit der Einführung der Stallfütterung und ist erst im 18. Jahrhundert erfolgt.

Von besonderer Bedeutung für den Naturschutz sind im Hardt die Magerwiesen bodensaurer Standorte. Sie waren früher auf der Schwäbischen Alb viel weiter verbreitet als heute. Durch Düngung ließen sich aber die recht günstigen Böden leicht in ertragreiches

314 Mit ihren großen Blüten wirkt die Busch-Nelke (*Dianthus seguieri*) wie eine Gartenpflanze; sie bevorzugt kalkarme Lehmböden.

Grün- oder Ackerland umwandeln. Viele seltene und geschützte Pflanzenarten kommen hier vor, von denen beispielhaft nur einige wie Arnika (*Arnica montana*), Busch-Nelke (*Dianthus seguieri*), Feld-Enzian (*Gentiana campestris*), Knöllchen-Knöterich (*Polygonum viviparum*), Moor-Klee (*Trifolium spadiceum*), Perücken-Flockenblume (*Centaurea pseudophrygia*) und Niedrige Schwarzwurzel (*Scorzonera humilis*) angeführt sein mögen. Aber auch die Kalk-Magerrasen zeichnen sich durch ihre ungewöhnliche Blütenpracht und zahlreiche seltene Arten aus. So kommt z.B. nur auf diesen Standorten die Gewöhnliche Küchenschelle (*Pulsatilla vulgaris*) vor.

An den nicht oder nur unregelmäßig gemähten Randstreifen der Gehölzgruppen und Waldbereiche sowie zwischen locker stehenden Solitärbäumen haben sich Brache- und Sukzessionsstadien der Wiesenflora entwickelt, die wesentlich zur Artenvielfalt sowohl in der Pflanzenwelt wie auch der Tierwelt beitragen. Diese sogenannten »Altgrasinseln« sind besonders wichtig, da nach der Mahd großer Flächen ein ausgesprochener Nahrungsmangel für viele Tiere besteht. Auch überwintern viele Kleintiere in den Hohlräumen abgestorbener Halme und Stengel.

Zwei Drittel der Grundstücke im Naturschutzgebiet sind inzwischen im Besitz der Gesellschaft für Naturkunde in Württemberg. Die ersten Ankäufe wurden 1932 getätigt, als man bereits die starke Gefährdung der Magerwiesenflora zu erkennen begann. Nur diesem Umstand ist es zu verdanken, daß die artenreiche Flora in ihrer Einmaligkeit erhalten bleiben konnte, denn die Schutzverordnung allein bot nie eine ausreichende Handhabe gegen die Entwertung der Wiesen durch Düngung. Die Wiesen der Gesellschaft werden einmal jährlich ab 1. August gemäht und abgeräumt, wobei rund ein Drittel der Mähflächen in alternierendem Turnus jeweils ausgespart wird. Dieser Modus hat sich sehr bewährt, wie langjährige Untersuchungen von SEBALD (1992) bestätigt haben und wird daher auch zukünftig so beibehalten. Ein wirkliches Pflegeproblem stellen lediglich die Sukzessionsflächen dar, soweit sich hier Birken ansiedeln konnten. Der Birkenaufwuchs in diesen Flächen ist von einer derartigen Dynamik, daß fast jährlich neu enthurstet werden muß. Mit einem gewissen Aufwand ließen sich diese Flächen selbstverständlich in regelmäßig gemähte Wiesenflächen überführen, was jedoch zu einer Artenverschiebung und zum Verlust dieser an sich hoch wertvollen Sukzessionsflächen führen würde.

M. Witschel

Klippeneck

Landkreis: Tuttlingen
Gemeinde und Gemarkung: Denkingen
Naturraum: Hohe Schwabenalb
Geschützt seit 1996
Größe: 9,2 Hektar
Top. Karte: 7818 Wehingen

Am Trauf der Alb-Hochfläche in einer Höhe zwischen 890 und 970 m ü. NN unterhalb der Gaststätte Klippeneck mit der bei klaren Tagen wundervollen Sicht über das ganze Albvorland bis tief ins Württembergische hinein liegt ein kleines Naturschutzgebiet, dessen Kern zwei natürlich waldfreie Steilhalden inmitten größerer Waldbestände bilden. Auf den trotz hoher Reliefenergie zum größten Teil konsolidierten Böden wachsen verschiedene, z.T. reliktische Pflanzengesellschaften, die eine Fülle dealpiner Sippen enthalten.

An Stellen wo über den anstehenden Wohlgebankten Kalken des Weißjura Beta Mergelschutt liegt, der hin und wieder etwas ins Fließen kommt, siedelt als Pioniergesellschaft die Wundklee-Rauhlöwenzahnflur. Diese Gesellschaft ist charakterisiert durch locker stehende Einzelpflanzen oder kleine Trupps des Rauhen Löwenzahns (*Leontodon hispidus* ssp. *hyoseroides*). Mit ihren Pfahlwurzeln sind die Pflanzen fest im Untergrund verankert. Die Blätter liegen dem Boden eng an und sind damit vor mechanischen Verletzungen geschützt. Ebenfalls von großer Massenentfaltung und mit kräftigen, tiefgehenden Wurzelstöcken ausgestattet, ist der Alpen-Wundklee (*Antyllis vulneraria* ssp. *alpestris*). Weitere Arten der extrem lückigen Krautschicht sind Berg-Wucherblume (*Chrysanthemum adustum*), Blaugrüne Segge (*Carex flacca*), Hornklee (*Lotus corniculatus*), Buntes Reitgras (*Calamagrostis varia*) und Blaugras (*Sesleria varia*). Diese hochspezialisierte Pflanzengesellschaft besitzt in Baden-Württemberg nur ganz wenige Vorkommen.

Hangaufwärts ist die Wundklee-Rauhlöwenzahnflur mit der Blaugras-Halde auf dem

315 Natürlich waldfreier Sonderstandort mit wärmezeitlichen Relikten wie Amethyst-Schwingel (*Festuca amethystina*).

316 Das Rundblättrige Wintergrün (*Pyrola rotundifolia*) liebt schwache Beschattung durch Fichten.

317 Das Bergkronenwicken-Widderchen (*Zygaena fausta*) kann als Indikator intakter Steppenheidefelder gelten.

typisch getreppten Fels der Weißjura-Betakalke verzahnt. Hinzu kommt, daß die einzelnen Blaugras-Horste in der Lage sind, den Hangschutt mit ihrem dichten Wurzelwerk festzuhalten, so daß dadurch die treppenartigen Strukturen noch gefördert werden. Ebensogut wird die Schuttüberrollung von den beiden ausläufertreibenden Zwergsträuchern Edel-Gamander (*Teucrium chamaedrys*) und Berg-Gamander (*Teucrium montanum*) toleriert, die regelmäßig in den Beständen anzutreffen sind. Im Vergleich zur Wundklee-Rauhlöwenzahnflur ist der Grobschuttanteil in der Blaugras-Halde höher.

Den größten Raum in den natürlich waldfreien Flächen nehmen die Hochgrasfluren ein. Dominierende Art in diesen Beständen ist der Amethyst-Schwingel (*Festuca amethystina*), der hier erst 1967 als eines der wenigen Vorkommen in Baden-Württemberg entdeckt wurde. Dieses seltene Gras kommt nur auf der Südwest-Alb vor. Der Amethyst-Schwingel ist eine Art lichter Reliktföhrenwälder, die im Postglazial während der jüngeren Birken-Kiefernzeit eingewandert ist. Sie besiedelt bevorzugt besonders wuchsfeindliche, nicht mehr fließende Rohmergelböden. Auf diesen extrem unwirtlichen Standorten vermag sie große Bestände zu bilden und die Besiedlung durch andere, konkurrenzkräftigere Arten wirkungsvoll zu verhindern. Aber nur auf den ersten Blick entsteht der Eindruck, daß dieser Grasfilz mit dem sehr eintönig wirkenden fahlen, silbergrauen Glanz dicht geschlossen sei. In Wirklichkeit gibt es immer ausreichend große Lücken, in denen andere seltene und geschützte Arten, vielfach alpiner Herkunft, siedeln können, wie Gelber Enzian (*Gentiana lutea*), Gefranster Enzian (*G. ciliata*), Deutscher Enzian (*G. germanica*), Alpen-Distel (*Carduus defloratus*), Weidenblättriges Ochsenauge (*Buphthalmum salicifolium*), Kugel-Rapunzel (*Phy-*

teuma orbiculare), Berg-Leinblatt (*Thesium bavarum*), Wald-Knautie (*Knautia dipsacifolia*), Salzburger Augentrost (*Euphrasia salisburgensis*), Frühblühender Thymian (*Thymus praecox*), Hochgebirgs-Hahnenfuß (*Ranunculus oreophilus*), Mücken-Handwurz (*Gymnadenia conopsea*), Alpen-Maßliebchen (*Aster bellidiastrum*) und Rotbraune Stendelwurz (*Epipactis atrorubens*). An etwas tiefgründigeren Stellen kommen in dieser dealpinen Hochgrasflur auch vereinzelt Baumgruppen aus Fichte, Kiefer, Mehlbeere und Berg-Ahorn vor, an deren Randzonen sich Hochstauden wärmeliebender Saumgesellschaften konzentrieren. Hier wachsen reichlich Breitblättriges Laserkraut (*Laserpitium latifolium*), Heilwurz (*Seseli libanotis*), Sichelblättriges Hasenohr (*Bupleurum falcatum*), Blut-Storchschnabel (*Geranium sanguineum*), Pfirsichblättrige Glockenblume (*Campanula persicifolia*) und Schwalbwurz (*Vincetoxicum hirundinaria*).

Die waldfreien Felshalden liegen eingebunden in Waldbestände unterschiedlicher Artenzusammensetzung. Der dominierende Buchen-Tannen-Hangwald geht in Nordwestexposition in besonders steiler Lage in den Waldschwingel-Buchen-Tannenwald auf ruhendem Rohboden über. In Südwestexposition dominiert unter diesen Bedingungen ein Buchen-Steppenheide-Wald, der in den hier stark mergeligen Bereichen Buntes Reitgras (*Calamagrostis varia*) im Unterwuchs enthält. In diesen steileren Lagen entfällt auch eine regelmäßige forstwirtschaftliche Nutzung, so daß die aktuelle Baumartenzusammensetzung mit der hier als natürlich angesehenen weitgehend übereinstimmt. Lediglich der Buchen-Tannen-Hangwald ist stellenweise stark mit der in dieser Gesellschaft ursprünglich nicht vorhandenen Fichte durchsetzt.

Neben seiner erdgeschichtlichen Bedeutung und der Vielzahl seltener Pflanzenarten liegt der besondere Wert des Naturschutzgebiets in der Tatsache, daß es sich hier um einen z.T. natürlich waldfreien Sonderstandort handelt, in dem sich Reste einer wärmezeitlichen Reliktflora des Präboreals halten konnten. Solchen Reliktarten wie dem Amethyst-Schwingel und ihrem entsprechenden Standort kommt daher eine besondere Schutzwürdigkeit zu. Es handelt sich um lebende Dokumente der Vegetationsgeschichte, die wegen ihrer Seltenheit von unschätzbarem Wert sind und auch für wissenschaftliche Fragestellungen, die vielleicht erst künftige Generationen formulieren, bewahrt werden müssen.

M. Witschel

Kraftstein

Landkreis: Tuttlingen
Gemeinde: Stadt Mühlheim a. d. Donau
Gemarkung: Stetten
Naturraum: Baar-Alb und Oberes Donautal
Geschützt seit 1986
Größe: 58 Hektar
Top. Karten: 7918 Spaichingen, 7919 Mühlheim an der Donau

Eine der schönsten Wacholderheiden des Großen Heubergs liegt südlich von Mahlstetten am Rande der Hochebene, im Westen vom felsigen Ursental und im Osten vom Stettner Tal begrenzt. Aufgrund der ortsfernen Lage konnte sich hier eine zusammenhängende Heidefläche erhalten, die für den Regierungsbezirk Freiburg einmalig ist. Während man den Westteil des Naturschutzgebiets seit Jahrhunderten als Weide nutzte, diente der östliche Teil bis in die 30er Jahre noch dem Ackerbau und der Wiesenwirtschaft. Erst ab ca. 1940 wurde auch dieser Teil zur Schafweide und entwickelte sich seitdem zu einer sehr mageren Heide. Erkennbar ist die frühere Ackernutzung noch heute an den schnurgeraden Lesesteinwällen, die bis heute kaum von der Heidevegetation überwachsen sind.

Auch wenn der Vegetationskundler auf einer Wacholderheide im wesentlichen nur die Pflanzengesellschaft des Enzian-Halbtrockenrasens erwartet, läßt sich hier doch eine große kleinstandörtliche Vielfalt feststellen. Unter den Gehölzen dominieren vor allem tausende nadelblättriger Wacholder, die als einzige kaum durch die Schafe verbissen werden. Im Schutze größerer Wacholder können gelegentlich andere Sträucher oder Bäume aufwachsen: werden sie nicht von der Schippe des Schäfers beseitigt, so können einige Bäume aus dem verbißgefährdeten Bereich herauswachsen. Im

318　Im Süden des NSG »Kraftstein« prägen mächtige Weidbuchen das Bild der Wacholderheide.

319　Die Strukturvielfalt einer Wacholderheide läßt sich gerade im Winter gut erkennen: am Boden schneebedeckte Ameisenhaufen, in der Strauchschicht einzeln stehende Wacholder und Gebüsche und darüber solitäre Kiefern.

Südteil des Naturschutzgebiets konnten sich so einige schöne Weidbuchen ausbilden, unter denen die Schafe gerne Schatten suchen. Der Boden erhält hier etwas Düngung durch ihren Kot, so daß sich Nährstoffzeiger anreichern. Auffällig ist hier auch das vermehrte Auftreten von Gelbem Enzian (*Gentiana lutea*). Diese Art wird aufgrund giftiger Inhaltsstoffe von den Schafen gemieden und hat daher gegenüber anderen Arten einen Konkurrenzvorteil. Demgegenüber weisen besonders flachgründige Standorte im Zentrum der Heide eine sehr niederwüchsige Vegetation auf, die sich jedoch durch einen ungeheuren Blütenreichtum auszeichnet. Zu nennen sind die Blütenteppiche aus Arznei-Thymian (*Thymus pulegioides*), Gewöhnlichem Hornklee (*Lotus corniculatus*), Gewöhnlichem Wundklee (*Anthyllis vulneraria*), Rundblättriger Glockenblume (*Campanula rotundifolia*), Kleinem Habichtskraut (*Hieracium pilosella*) und Abführ-Lein (*Linum catharticum*). Als floristische Kostbarkeiten kommen vereinzelt Gewöhnliches Katzenpfötchen (*Antennaria dioica*) und Kreuz-Enzian (*Gentiana cruciata*) vor. Bei sehr genauer Suche kann man auch die seltene Echte Mondraute (*Botrychium lunaria*) entdecken, einen kleinen Farn, der nur noch in sehr magerem Grünland zu finden ist. Die zahlreich vorhandenen Ameisenhaufen sind ebenfalls von einer niederen Vegetationsdecke überzogen, die vor allem aus Arznei-Thymian (*Thymus pulegioides*), Acker-Hornkraut (*Cerastium arvense*) und Rotem Straußgras (*Agrostis tenuis*) besteht. Wo nicht oder nur selten beweidet wird, breiten sich Brachegräser wie die Fieder-Zwenke (*Brachypodium pinnatum*) stark aus und verdrängen die blütenreiche Magerrasenvegetation.

Die große und noch relativ wenig gestörte Heide ist Lebensraum einiger inzwischen seltener Vogelarten. Die Heidelerche brütet am Boden – zum Schutz vor dem Schaftritt wahrscheinlich meist auf Ameisenhügeln – dort, wo die Wacholder besonders weit voneinander entfernt stehen. Sie benötigt einen steppenartigen Lebensraum mit höchstens vereinzelten Büschen und ist noch mit mehreren Brutpaaren vertreten. Dagegen ist der Raubwürger auf eine halboffene, übersichtliche Landschaftsstruktur angewiesen, in der sich niedrige Büsche, höhere Bäume und gehölzlose Flächen abwechseln. Er tritt im Naturschutzgebiet Kraftstein als Brutvogel und als Wintergast auf. Weitere Vogelarten, die regelmäßig im Gebiet beobachtet werden, sind Baumpieper und Neuntöter, mit etwas Glück wird man auch den Baumfalken oder einen überfliegenden Wanderfalken zu Gesicht bekommen.

Besucherhinweis: Im Naturschutzgebiet gibt es einige wenige markierte Wanderwege, von denen aus die Wacholderheide überblickt werden kann. Die Loipe für Skilangläufer führt am Rand des Gebits entlang. Durch Einhalten des Wegegebotes kann jeder Besucher dazu beitragen, daß die störempfindlichen Vogelarten so wenig wie möglich beeinträchtigt werden.

F. Kretzschmar

Ramberg-Rehletal

Landkreis: Tuttlingen
Gemeinde: Immendingen
Gemarkungen: Hattingen, Mauenheim
Naturraum: Hegau-Alb
Geschützt seit 1973
Größe: 66,8 Hektar
Top. Karten: 8018 Tuttlingen, 8118 Engen

So wie im Naturschutzgebiet »Hörnekapf« haben sich in den 50er und 60er Jahren auch im Naturschutzgebiet »Ramberg-Rehletal« die Gemüter an den hier wachsenden Pflanzen erhitzt. Anlaß war die Beliebtheit und Berühmtheit dieses Standorts zahlreicher seltener Pflanzen, der damals an frühsommerlichen Wochenenden, insbesondere zur Blütezeit der Orchideen, Tausende von Besuchern anzog, die den lichten Wald mit ihrer Begeisterung für die Blumenpracht überschwemmten. Dabei wurde vieles unabsichtlich zertrampelt und zerstört, aber auch gezielt die größten Frauenschuh-Stöcke mit bis zu 90 Blüten geräubert oder ausgegraben. Auch hier hat sich insbesondere die Naturschutzgruppe aus Schwenningen bei der Bewachung der seltenen Pflanzen und der Anlage eines Lehrpfades zur Kanalisierung der Besucherströme große Verdienste erworben. Inzwischen ist auch in diesem Gebiet nach der

320 Eine der schönsten, aber auch äußerst gefährdeten Pflanzen der Baar- und Hegaualb ist das Reckhölderle (*Daphne cneorum*).

Unterschutzstellung wieder der Alltag eingekehrt. Die Sensationen haben ihren Reiz verloren, da fast alle Pflanzenliebhaber im Rahmen der heutigen Mobilität schon wesentlich großartigere Pflanzenvorkommen woanders gesehen und photographiert haben. Auch sind heute ganz andere Attraktionen stärker gefragt. Nicht zuletzt ist auch die Einsicht bei den Besuchern gewachsen, daß man durch häufige Besuche nicht unbedingt zur Schonung der Pflanzenbestände beiträgt.

Das Naturschutzgebiet liegt in der obersten Schicht des Weißjura Zeta und zeichnet sich vor allem durch reliktische Pflanzengesellschaften wie den wärmegetönten Reliktföhrenwald (Cytiso-Pinetum) mit vielen seltenen Arten überwiegend dealpiner Herkunft aus. An süd- bis südwestexponierten Waldrändern, aber auch in den lichten Kiefernwäldern wachsen gut entwickelte Trockenrasen, in denen Erd-Segge (*Carex humilis*), Kugelblume (*Globularia elongata*), Zarter Lein (*Linum tenuifolium*), Berg-Gamander (*Teurium montanum*), Küchenschelle (*Pulsatilla vulgaris*) und Geschnäbeltes Leinblatt (*Thesium rostratum*), Reckhölderle (*Daphne cneorum*) und Buchsblättriges Kreuzblümchen (*Polygala chamaebuxus*) auf ganz flachgründigen Boden hinweisen und vermuten lassen, daß diese Gesellschaft in ihrem Kern hier schon immer wuchs und der Mensch durch Rodung und Weidenutzung lediglich zu einer Vergrößerung der Standorte beigetragen hat. Einzelne Arten wie Buchsblättriges Kreuzblümchen, Reckhölderle und Geschnäbeltes Leinblatt zeigen die Nähe dieser Trockenrasen zum Wald auch dadurch an, daß sie gleichzeitig als Kennarten des Reliktföhrenwaldes gelten.

Auf größeren Lichtinseln inmitten des Kiefernwaldes und bevorzugt in den Übergangsbereichen zwischen dem Wald und den Trockenrasen wachsen farbenprächtige Saumgesellschaften mit Blut-Storchschnabel (*Geranium sanguineum*), Alant (*Inula salicina*), Tragant (*Astragalus glycyphyllos*), Laserkraut (*Laserpitium latifolium*), Ästiger Graslilie (*Anthericum ramosum*) und Hirschwurz (*Peucedanum cervaria*). Die wärmeliebende Gebüschgesellschaft des Schlehen-Ligusterbuschs, in dessen unmittelbarer Nähe die Saumarten oft konzentriert wachsen, zeichnet sich vor allem durch einige seltene Rosenarten wie die Kleinblütige- und Bibernell-Rose (*Rosa micranta* und *R. pimpinellifolia*) aus. Als ganz große Besonderheit, die bei oberflächlichem Hinsehen leicht mit der Schlehe verwechselt werden kann, gilt das Vorkommen des Felsen-Kreuzdorns *(Rhamnus saxatilis)*, der ebenfalls als Kennart der Reliktföhrenwälder angesehen wird. Eine weitere bemerkenswerte, wenn auch nicht so extrem seltene Strauchart wie der Felsen-Kreuzdorn ist die Filzige Zwergmispel (*Cotoneaster tomentosus*).

Die über das ganze Schutzgebiet verteilten seltenen und lichtliebenden Pflanzenarten weisen darauf hin, daß die Wälder, die heute den allergrößten Teil des Schutzgebiets einnehmen, vor 100 bis 200 Jahren völlig anders ausgesehen haben müssen. Es waren lichte Hutewälder, in denen die Baumschicht kaum mehr einen Einfluß auf die Artenzusammensetzung der Krautschicht hatte. Die Böden wurden durch den jahrhundertelangen Nährstoffentzug durch Beweidung auf dem ohnedies trockenen und flachgründigen Substrat sogar regelrecht

321 Bekannt ist das Naturschutzgebiet vor allem durch seine reichen Frauenschuhvorkommen (*Cypripedium calceolus*).

devastiert. Aufgrund der blockierten Bodenreifung konnte sich der ursprünglich nur kleinflächig vorhandene Reliktföhrenwald sekundär wieder weiter ausbreiten. Will man heute primäre von sekundären Reliktföhrenwäldern unterscheiden, so ist das aufgrund der bewegten und in der Regel unbekannten Geschichte der Bestände nicht einfach. Ein relativ sicherer Hinweis auf sekundäre Bestände – auch wenn die reliktischen Kennarten der Krautschicht alle vorhanden sind – kann eine sich stärker entwickelnde Strauchschicht sein. Nur in seltenen Einzelfällen kann diese auch in gesicherten Primärbeständen beobachtet werden. Umgekehrt kann aber nicht bei straucharmen Beständen auf primäre Vorkommen geschlossen werden. Daß die Rolle des Wildes beim Kurzhalten von Sträuchern oft unterschätzt wird, zeigte sich auch am Ramberg-Rehletal. Eine zum Schutze des Frauenschuhs (*Cypripedium calceolus*) eingezäunte Fläche konnte jetzt zwar nicht mehr von den Besuchern betreten und beschädigt werden, aber eben auch nicht vom Wild. Innerhalb weniger Jahre nahm das Gebüsch in der eingezäunten Fläche derart zu, daß der Frauenschuh durch diesen Faktor jetzt stärker als früher gefährdet war. Der Zaun wurde daraufhin wieder abgebaut.

Große Flächen im Naturschutzgebiet werden heute schon von Fichten-Kiefern-Mischbeständen eingenommen, denen die Buche als Nebenholzart beigemengt ist. Typische Kiefernwaldarten der Krautschicht werden vielerorts bereits von nährstoffliebenden Buchenwaldarten verdrängt. Auch kann sich die Kiefer nicht mehr verjüngen, während die konkurrenzstarke Fichte stark zunimmt. Es gibt auch einige reine Fichten-Altersklassenwälder, die aber wieder langsam umgebaut werden. Im Norden und Nordosten stocken auf etwas frischeren und tiefgründigeren Böden Buchenwälder vom Typ des Platterbsen-Buchenwaldes und kleinflächig auf trockenen Hängen der Seggen-Buchenwald. Da sich über 90 Prozent der Schutzgebietsfläche heute im Landeseigentum befinden, kann durch gezielte Waldpflegemaßnahmen die Erhaltung und Förderung der schützenswerten Flora angestrebt werden. Ob es aber langfristig gelingt, den schon seit mindestens 100 Jahren fehlenden Nährstoffentzug durch andere Maßnahmen ausreichend zu kompensieren, bleibt noch abzuwarten. *M. Witschel*

Simonstal

Landkreis: Tuttlingen
Gemeinde und Gemarkung: Irndorf
Naturraum: Hohe Schwabenalb
Geschützt seit 1993
Größe: 47 Hektar
Top. Karte: 7919 Mühlheim an der Donau

Das Simonstal liegt auf der Hochfläche der südwestlichen Donaualb an der östlichen Grenze des Regierungsbezirks Freiburg in einer Höhe von 830 bis 870 m ü. NN. Der geologische Untergrund wird von Massenkalken des Weißjura Epsilon gebildet. Geomorphologisch läßt sich das Gebiet in einen nördlichen Teil mit dem eigentlichen Trockental, das ein Seitental des tief eingeschnittenen, zur Donau ziehenden Finstertals darstellt, und einen südlichen Teil auf der Hochfläche gliedern.

Der Aspekt und die Artenzusammensetzung des Schutzgebietes sind am ehesten mit dem Irndorfer Hardt vergleichbar und stellen einen bis in jüngste Zeit noch durch Nadelholzaufforstungen gefährdeten Landschaftsteil dar, wie er aus dem Landschaftsbild der Schwäbischen Alb weitgehend verschwunden ist. Der besondere Wert des Gebiets liegt in der engen Verzahnung verschiedener Typen von Magerrasen und Brachen mit intensiv genutzten Berg-Fettwiesen und einer reichen Strukturierung der Landschaft, die sich aus einer Vielzahl von Steinriegel-Hecken und Einzelbäumen sowie größeren Feldgehölzen zusammensetzt.

Die Magerrasen der Schwäbischen Alb sind in den letzten Jahrzehnten rapide zurückgegangen, da sie meist häufig durch Düngung in Intensivgrünland überführt wurden. Auch im Simonstal waren die meisten Flächen bis zum Abschluß von Extensivierungsverträgen intensiv genutzte Goldhafer-Wiesen, die sich nach fast 10jähriger Umstellung auf einmalige Mahd ohne Düngung wieder hervorragend entwickelt haben. Dies geschah nicht zuletzt deshalb, weil sich zwischen diesen Wiesen immer wieder schöne Magerrasen-Bestände mit ausreichendem Samenvorrat befinden.

Der artenreichste, aber zugleich auch seltenste Wiesentyp im Simonstal sind die Fragmente bodensaurer Magerrasen, die sowohl wegen der außerordentlichen Bedrohung dieser Gesellschaft als auch wegen der Seltenheit und Gefährdung einzelner Arten besonders schützenswert sind. Sie enthalten noch alle charakteristischen Arten wie Busch-Nelke (*Dianthus seguieri*), Arnika (*Arnica montana*), Borstgras (*Nardus stricta*), Hunds-Veilchen (*Viola canina*), Wiesen-Leinblatt (*Thesium pyrenaicum*), Katzenpfötchen (*Antennaria dioica*) und Knöllchen-Knöterich (*Polygonum viviparum*). Dazu kommen als Frischezeiger neben einigen häufigeren Arten Trollblume (*Trollius euro-*

322 Seit zehn Jahren werden die meisten Wiesen im Simonstal zum Schutz der seltenen Pflanzenarten nur noch extensiv genutzt.

paeus), Berg- und Perücken-Flockenblume (*Centaurea montana* und *C. pseudophrygia*).

Ein Teil der ehemals als Weiden oder einmähdige Magerwiesen genutzten Flächen liegt heute brach. Dies sind vorwiegend die steilen Hangbereiche im eigentlichen Trockentalbereich des Simonstals und die ungünstig liegenden Flächen zwischen den Heckenelementen oder an den Waldrändern. Gerade in diesen Brachen konzentrieren sich konkurrenzschwache Arten wie Frühlings-, Gefranster und Deutscher Enzian (*Gentiana verna*, *G. ciliata* und *G. germanica*), Erdsegge (*Carex humilis*), Schopfige Kreuzblume (*Polygala comosa*) und Hügel-Meister (*Asperula cynanchica*). Auch einige der botanischen Kostbarkeiten wie Küchenschelle (*Pulsatilla vulgaris*), Purpur-Klee (*Trifolium rubens*) und Steppen-Lieschgras (*Phleum phleoides*) wachsen hier. Gelber Enzian (*Gentiana lutea*) und Silberdistel (*Carlina acaulis*) kommen bevorzugt in einer fiederzwenkenreichen Ausbildung dieser Brachen vor und weisen auf frühere Beweidung hin. Ihre zahlreichen Vorkommen bestimmen den ästhetischen Wert des Schutzgebiets maßgeblich, so daß diesen Bracheflächen trotz ihres außerhalb der Blütezeit wenig ansprechenden Erscheinungsbildes ein hoher Wert zukommt.

Auch der Anteil gemähter Kalk-Halbtrockenrasen ist im Vergleich zu den Goldhafer-Wiesen eher gering. Die Bestände sind sehr artenreich und enthalten floristische Seltenheiten wie Kleines Knabenkraut (*Orchis morio*), Stattliches Knabenkraut (*Dactylorhiza majalis*), Gefranster und Deutscher Enzian. Sehr häufig ist auch die Karthäuser-Nelke (*Dianthus carthusianorum*). Im Frühsommer fallen die mageren Bereiche besonders durch das leuchtende Blau der Kleinen Traubenhyazinthe (*Muscari botryoides*) auf. Weitere Magerkeitszeiger sind Wiesen-Augentrost (*Euphrasia rostkoviana*), Rauher Löwenzahn (*Leontodon hispidus*), Feld-Thymian (*Thymus pulegioides*), Zittergras (*Briza media*) und Kleiner Wiesenknopf (*Sanguisorba minor*).

Den größten Flächenanteil im Schutzgebiet nehmen die Goldhafer-Wiesen ein. Sie enthalten noch teilweise Arten, die ihre Herkunft aus ursprünglichen Magerwiesen eindeutig erkennen lassen, so daß allein schon aus diesem Grunde die Rückverwandlung in den früheren Zustand erfolgversprechend war. Daß dies vor allem bei den intensiv genutzten und gedüngten Beständen noch einige Zeit in Anspruch nehmen wird, liegt auf der Hand. Wesentlich schneller geht bzw. ging es auf den nicht zu stark gedüngten Flächen mit Rotem Schwingel (*Festuca rubra*). Diese artenreiche Ausbildung ist gekennzeichnet durch eine insgesamt niedrigere Wuchshöhe und meist hohe Deckungsgrade des Rotschwingels sowie das Auftreten von Wald-Rispengras (*Poa chaixii*), Wald-Storchschnabel (*Geranium sylvaticum*), Rote Straußgras (*Agrostis tenuis*) und der Kleinen Traubenhyazinthe (*Muscari botryoides*). Eine noch artenreichere Ausbildung mit Aufrechter Trespe (*Bromus erectus*), Wiesen-Salbei (*Salvia pratensis*) und Zottigem Klappertopf (*Rhinanthus alectorolophus*) vermittelt bereits zu den Kalk-Magerrasen. Sie wurde ebenfalls weniger intensiv genutzt und gedüngt und zeigt die trockeneren und kalkreicheren Standorte an.

Die hohe floristische Artenvielfalt ist nicht zuletzt durch die zahlreichen Hecken und Feldgehölze bedingt, die durch ihre reiche Krautschicht mit vielen Waldarten überraschen. Typisch sind Quirlblättrige Weißwurz (*Polygonatum verticillatum*), Berg-Flockenblume (*Centaurea montana*), Frühlings-Platterbse (*Lathyrus vernus*), Ährige Teufelskralle (*Phyteuma spicatum*), Türkenbund (*Lilium martagon*), Akeleiblättrige Wiesenraute (*Thalictrum aquilegifolium*), Trollblume (*Trollius europaeus*), Gelber Eisenhut (*Aconitum vulparia*), Große Sterndolde (*Astrantia major*) und Weißer Germer (*Veratrum album*). Im Bereich des Trockentals sind die Hecken Lebensraum des Neuntöters; im Südteil des Gebiets auf der Hochfläche ist dagegen die Goldammer der charakteristische Heckenvogel. Im Herbst nutzen besonders die jungen Tannenhäher aus den umgebenden Wäldern die Hasel-Hecken zur Nahrungssuche. Das reiche Insektenleben machen sich dort die in der Abenddämmerung in großer Zahl jagenden Rauch- und Mehlschwalben und die Zwergfledermäuse zunutze.

Fast alle betroffenen Landwirte im Schutzgebiet haben seit 1988 Extensivierungsverträge mit dem Land Baden-Württemberg abgeschlossen. und alle haben – wenn auch nicht gleich von Anfang an – der Unterschutzstellung zugestimmt und die Bereitschaft gezeigt, durch ihren eigenen Beitrag den Naturschutzgedanken mitzutragen. Das ist nicht selbstverständlich und muß daher umso mehr gewürdigt werden, denn wo in unserer dicht besiedelten und intensiv genutzten Landschaft ist es noch möglich, fast 50 Hektar historische Wiesenlandschaft auf der Alb-Hochfläche unverändert für den Naturschutz, für uns und für künftige Generationen zu erhalten. *M. Witschel*

Stettener Halde

Landkreis: Tuttlingen
Gemeinde: Stadt Mühlheim a. D.
Gemarkung: Stetten
Naturraum: Baar-Alb und Oberes Donautal
Geschützt seit 1996
Größe: 8,2 Hektar
Top. Karte: 7919 Mühlheim an der Donau

Eine kleine, aber besonders schön ausgebildete Wacholderheide der Stadt Mühlheim liegt im Stettener Tal nahe der Ortschaft Stetten. Der geologische Untergrund der südwestexponierten steilen Halde besteht aus den Wohlgebankten Kalken des Weißjura Beta, der zum größeren Teil von Hangschutt höherer, abgetragener Weißjuraschichten überrollt ist. In den letzten Jahrzehnten fand auf dieser Halde keine regelmäßige Beweidung mit Schafen mehr statt. Dadurch haben viele Mähwiesenarten und seltene Pflanzenarten, insbesondere Orchideen, große Populationen ausbilden können, die allerdings durch starke Verbuschung in den letzten Jahren zunehmend bedroht wurden. Das bunte und abwechslungsreiche Mosaik aus Halbtrockenrasen, Hochstaudensäumen, Sträuchern, Gebüschgruppen und Bäumen ist das Ergebnis jahrhundertelanger Schafbeweidung. Tritt und Verbiß der Tiere haben die Artenzusammensetzung entscheidend mitbestimmt. Eine Düngung fand nie statt, sondern es wurden den ohnehin flachgründigen Böden immer nur Nährstoffe entzogen.

Von der früheren Beweidung mit Schafen zeugen viele Pflanzen auf der Stettener Halde: dornenbewehrte Pflanzen wie Silberdistel (*Carlina acaulis*), Stengellose Distel (*Cirsium acaulon*), Dornige Hauhechel (*Ononis spinosa*) und Wacholder (*Juniperus communis*); giftige Pflanzen wie Nieswurz (*Helleborus foetidus*) und Schwalbwurz (*Vincetoxicum hirundaria*); Pflanzen mit scharf-würzigem Geruch oder bitterem

323 Aufgrund fehlender Beweidung haben sich auf der Stettener Halde sehr bunte Magerrasen entwickelt.

Geschmack wie Schafgarbe (*Achilla millefolium*), Zypressen-Wolfsmilch (*Euphorbia cyparissias*) und die verschiedenen Enzianarten.

Im ganzen Schutzgebiet – bevorzugt am Oberhang – steht immer wieder etwas Fels an bzw. ist der Boden so flachgründig, daß sich hier nur sehr niedrigwüchsige und konkurrenzschwache Arten wie Berg-Gamander (*Teucrium montanum*) und Erd-Segge (*Carex montana*) gut entwickeln konnten. An anderen Stellen befinden sich größere Schutthalden, auf denen Schwalbwurz und Schlehenjungwuchs in ausgedehnten Herden wachsen. Der größte Teil der Wacholderheide besteht aus Magerrasen, in denen die Aufrechte Trespe (*Bromus erectus*) das dominierende Gras ist und der blumenbunte Hochsommeraspekt mit dem Gelb des Weidenblättrigen Ochsenauges (*Buphthalmum salicifolium*), dem Rot der Stengellosen Distel (*Cirsium acaulon*), dem Blau des Schopfigen Kreuzblümchens (*Polygala comosa*) und dem Rotblau verschiedener Orchideenarten nicht nur für den Besucher von hohem Erlebniswert ist, sondern insbesondere eine sehr ergiebige Nahrungsquelle für zahlreiche blütenbesuchende Insektenarten darstellt.

Da die Schafweiden immer im Kontakt zum Wald standen, konnten zahlreiche Arten wärmeliebender Saumgesellschaften, vor allem Kalk-Aster (*Aster amellus*), Schwalbwurz (*Vincetoxicum hirundaria*), Pfirsichblättrige Glockenblume (*Campanula persicifolia*), Ästige Graslilie (*Anthericum ramosum*), Blut-Storchschnabel (*Geranium sanguineum*) und Sichelblättriges Hasenohr (*Bupleurum falcatum*) überdauern. Aufgrund der seit längerem fehlenden Beweidung stehen diese Arten nicht nur am Waldrand, sondern auf der gesamten Fläche, jeweils bevorzugt am Rande von Wacholdern oder anderen Gebüschen.

Die Nutzungs- und/oder geländebedingten Strukturen des Naturschutzgebiets stellen ein vielfältiges Nahrungs- und Lebensraumangebot für zahlreiche Tierarten dar. Hinzu kommt die Südwestexposition des sehr steilen und flachgründigen Geländes, die insbesondere seltene, trockenheits- und wärmeliebende Tierarten begünstigt. So ist das Gebiet auch faunistisch sehr artenreich, wobei insbesondere die Vielfalt bei den Tagschmetterlingen und den Heuschrecken jedem Besucher sofort auffällt. Allerdings muß sich der Naturfreund damit abfinden, daß das, was dem Schäfer nur zu gerne erlaubt wird, hier für ihn verboten ist, nämlich das Betreten des Schutzgebiets. Da es in der Nähe noch mehrere und z.T. größere Wacholderheiden-Schutzgebiete gibt, in denen sich jeder auf Wegen hineinbegeben darf, wird dieses Verbot auch gerne akzeptiert. *M. Witschel*

Stiegelesfels

Landkreis: Tuttlingen
Gemeinde und Gemarkung: Stadt Fridingen an der Donau
Naturraum: Baar-Alb und Oberes Donautal
Geschützt seit 1938
Größe: 28 Hektar
Top. Karte: 7919 Mühlheim an der Donau

Unweit von Fridingen erhebt sich der fast 200 m hohe imposante Felszirkus mit Laibfelsen, Burgstall und Stiegelesfels. Von den einzelnen Felsen rieselt der Schutt herab und stürzen Blöcke zu Tal, so daß sich mächtige Gehängeschutthalden von eindrucksvoller Kahlheit bis in den Talboden herunterziehen, an dessen Rand oft große Blockschüttungen vorhanden sind. Geologisch besteht das Gebiet aus ungeschichteten Massenkalken des Weißjura Delta und Epsilon sowie den Massenkalken des Weißjura Zeta 1. Die imposanten Felsen entstanden, als auf dem Meeresboden Schwammriffe emporwuchsen, zwischen denen sich nachträglich die geologisch jüngeren Zementmergel des Weißjura Zeta 2 ablagerten. Bei der späteren Erosion durch die Donau im Tertiär und Quartär wurden bevorzugt die weichen Mergel abgetragen, so daß mit den heute sichtbaren Felsen kleinflächig ein dem jurassichen Meeresboden ähnliches Relief herausgearbeitet worden ist.

Das auf den südexponierten Felsen wachsende Mosaik von Steppenheidevegetation ist mit dem im Naturschutzgebiet »Buchhalde-Oberes Donautal« vergleichbar. Es fehlen lediglich die schattenseitigen Ausbildungen. Stattdessen ist der Vegetationskomplex der Steppenheide im Naturschutzgebiet »Stiegeles-

324 Die Pfingstnelkenflur (Diantho-Festucetum) ist ein wichtiger Bestandteil der Steppenheide.

fels« auf verhältnismäßig kleinem Raum in so hoher Qualität und derart eindrucksvoll vertreten, daß sich schon Anfang des Jahrhunderts Naturschützer um eine dauerhafte Sicherung des Gebiets bemühten. Rund 130 Pflanzenarten der Roten Liste, deren systematische Erfassung schon in den 20er Jahren durch Oberlehrer E. Rebholz erfolgte, wachsen hier an weitgehend naturnahen und natürlichen Standorten. Die ersten naturschützerischen Impulse kamen vom Deutschen Bund für Vogelschutz, der das Gebiet seit 1916 von der Stadt Fridingen gepachtet hatte, um einer weiteren Gefährdung des damals vermutlich letzten in Südwestdeutschland brütenden Uhus durch Jäger, Holzhauer, Pflanzenräuber und Kletterer vorzubeugen. Selbst am fast unzugänglichen Fels wurden die Pflanzen durch junge Burschen aus Fridingen dezimiert, die als Mutprobe für ihre Auserwählte einen Strauß mit Felsennägele oder Felsenfeder, die hier im Donautal ebenso symbolträchtig wie das Edelweiß in den Alpen war, pflückten. Trotzdem wurde weiter geklettert, und die Fridinger holten weiterhin Holz aus dem Banngebiet, als ob es gar nicht verpachtet sei. Wegen des sehr hohen Pachtpreises kam es auch zu Kaufverhandlungen, die aber letztlich an den horrenden Preisforderungen und an den Emotionen der Bürger von Fridingen scheiterten.

Nach langwierigen Vorarbeiten konnte 1938 endlich die Unterschutzstellung erfolgen. Aus heutiger Sicht ist diese Abgrenzung aber zu klein gewählt, da sowohl einige ganz seltene Pflanzenstandorte außerhalb des Schutzgebiets verblieben wie auch eine ganze Reihe von schattseitigen Standorten, die untrennbar zum Gesamtmosaik der Vegetation gehören. Auch unter Berücksichtigung der Erhaltung intakter Tierlebensräume widerspricht die alte Abgrenzung modernen Erkenntnissen. Einzelne Bestimmungen der Schutzverordnung müssen heute anders formuliert werden und wie das Verbot der Jagd neu überdacht werden. Um hier zu einer wirklich modernen und schutzzielorientierten Verordnung zu kommen, bedarf es aber eines guten Gespürs für die biozönotischen Zusammenhänge. Angesichts der Gefährdung seltener Felspflanzen in vom Menschen nie betretenen Nischen und Spalten durch Gemsen macht deren Bejagung im Schutzgebiet Sinn. Andererseits konzentriert sich wegen des Jagdverbots das Rehwild im Schutzgebiet und richtet dort größere Verbißschäden als außerhalb an. Davon mag auch schon einmal ein Türkenbund (*Lilium martagon*) betroffen sein, doch ist es in der Hauptsache der die seltene Flora bedrohende Baumjungwuchs, der darunter zu leiden hat. Noch

325 Bereits 1938 wurde der Stiegelesfels unter Naturschutz gestellt.

weit bis in unser Jahrhundert hinein weideten Schafe, Ziegen und Gänse in großen Teilen des Schutzgebiets, und die Armen holten Gras und Totholz aus den Flächen. Dies alles wurde 1938 endgültig verboten. Heute fände sich ohnehin niemand mehr zu diesen Nutzungen bereit, so daß das Verbot hinfällig ist. Doch wird die entfallene Nutzung teilweise vom hier geschonten Rehwild kompensiert was dazu beiträgt, daß die Verbuschung und Verwaldung des Gebiets nicht noch zügiger voranschreitet. Die frühere Holzentnahme unterbleibt inzwischen ebenfalls, weil sie verboten, zu mühsam und zu teuer ist und Brennholz überall günstig erworben werden kann.

Allgemein wird die Aussicht vertreten, daß die natürliche Dynamik eines ursprünglichen bzw. natürlichen Steppenheidekomplexes zu vernachlässigen und eine Pflege des Gebiets nicht notwendig ist. Das ist grundsätzlich richtig, denn eine falsch eingesetzte Maßnahme hätte in solchen lebenden Dokumenten der Erd- und Landschaftsgeschichte bei den heutigen technischen Möglichkeiten fatale Auswirkungen. Dennoch muß die Pflege des Stiegelesfelsens in aller Behutsamkeit angegangen werden. Zu Anfang des Jahrhunderts gemachte Fotos zeigen ein in weiten Bereichen baum- und strauchfreies Schutzgebiet von einer derartigen Kargheit, daß jeder einzelne Baum vom Auge als Wohltat empfunden wird. An Bäumen und Büschen mangelt es heute im Schutzgebiet – abgesehen von den eigentlichen Felsstotzen – nicht mehr und vom ästhetischen Empfinden wird der heutige Anblick von den meisten Menschen bevorzugt. Doch wer nach den wirklichen Ursachen für den starken Rückgang vieler seltener Schmetterlinge und Pflanzen wie Reckhölderle (*Daphne cneorum*), Zierliches Federgras (*Stipa eriocaulis* ssp. *austriaca*) und Pfingst-Nelke (*Dianthus gratianopolitanus*) sucht, der darf weniger die am Stiegelesfels noch in der ersten Jahrhunderthälfte zweifellos stärkere Pflanzenräuberei verantwortlich machen, sondern stattdessen die innerhalb von nur hundert Jahren stattgefundenen dramatischen Veränderungen der Standortbedingungen. Durch zunehmende Beschattung und fehlenden Nährstoffentzug werden das Mikroklima immer ausgeglichener und das Pflanzenwachstum immer stärker begünstigt. Wie man diesem, nicht nur am Stiegelesfels, sondern auf vielen Sonderstandorten zu beobachtenden Problem effektiv begegnen kann und ob die Umsetzung der erforderlichen Pflegemaßnahmen realisierbar ist, wird sich zu einer immer entscheidenderen Grundsatzfrage des Naturschutzes entwickeln. *M. Witschel*

Triebhalde

Landkreis: Tuttlingen
Gemeinde: Stadt Mühlheim a. D.
Gemarkung: Mühlheim a. D.
Naturraum: Baar-Alb und Oberes Donautal
Geschützt seit 1993
Größe: 9,2 Hektar
Top. Karte: 7919 Mühlheim an der Donau

Unweit des Stettener Tals liegt das Lipbachtal mit seinem natürlich mäandrierenden Bach, der im Frühjahr nach der Schneeschmelze noch regelmäßig über die Ufer treten darf und dabei auch schon mal bis dicht an die sich auf einer Länge von mehr als einem Kilometer erstreckenden Wacholderheide kommen kann. Der Charakter dieser Wacholderheide ist jener im Stettener Tal sehr ähnlich. Der geologische Untergrund besteht aus den Wohlgebankten Kalken des Weißjura Beta, die überwiegend von Weißjuraschutt jüngerer Schichten überrollt sind. Eine regelmäßige Schafbeweidung findet schon seit einigen Jahrzehnten nicht mehr statt, und es zeichnete sich in den 80er Jahren ab, daß einzelne engagierte Pflegeeinsätze privater Naturschützer die Heide vor dem völligen Zuwachsen nicht retten können. Inzwischen wurden über mehrere Jahre hinweg umfangreiche und intensive Pflegemaßnahmen durchgeführt und dabei der Bestand an Wacholder, Schlehe, Kiefer, Fichte und Gebüschgruppen drastisch reduziert und Teilflächen gemäht. Die Wuchsbedingungen für die Pflanzenarten in dem Kalkmagerrasen haben sich dadurch wieder erheblich verbessert. Kreuz-, Frühlings-, Gefranster und Deutscher Enzian (*Gentiana cruciata, G. verna, G. ciliata* und *G. germanica*), Mücken-Handwurz (*Gymnadenia conopsea*), Bienen- und Fliegen-Ragwurz (*Ophrys apifera* und *O. insectifera*), Weißes Waldvögelein (*Cephalanthera damasonium*), Weiße Waldhyazinthe (*Platanthera bifolia*) und andere Kostbarkeiten der heimischen Flora gehören wieder zu den regelmäßig blühenden Arten. Damit das auch so bleiben kann, wird die Wacholderheide gelegentlich – aber eigentlich noch zu extensiv – mit Schafen beweidet und aufkommender Gebüschjungwuchs regelmäßig entfernt. Haben die Pflegemaßnahmen dann das eine Ende der Heide erreicht, sind sie am anderen Ende schon wieder dringlich geworden.

Die Wüchsigkeit der Wacholderheide hat im Gegensatz zu früheren Verhältnissen auffällig

326 Der Name »Triebhalde« läßt auf eine schon sehr lange betriebene Schafbeweidung schließen.

zugenommen, so daß ihr Überleben im Kreis Tuttlingen davon abhängt, ob das Land Baden-Württemberg auch in Zukunft ausreichend finanzielle Mittel für deren Pflege zur Verfügung stellen kann. Schon jetzt beschränken sich die durchgeführten Maßnahmen auf die artenreichsten und ökologisch wertvollsten Heiden. Deren Erhaltung dient nicht nur der Tier- und Pflanzenwelt, sondern bewahrt auch ein kulturhistorisches Dokument und einen unverzichtbaren, typischen Landschaftsteil, der von der erholungsuchenden Bevölkerung sehr geschätzt wird. Es gibt zwar im Kreis Tuttlingen noch einige Schäfer, doch ist die Beweidung kleiner Heiden wie der Triebhalde wegen fehlender Triebwege dorthin und weiteren Schwierigkeiten, mit denen die Schäfer konfrontiert werden, unrentabel geworden. Ohne ein umfassenderes Konzept wird sich daher die Position des Schäfers im Landkreis Tuttlingen als unentbehrlicher und preiswerter Landschaftspfleger auch in nächster Zeit kaum verbessern lassen.

Im Gegensatz zur benachbarten Stettener Halde läßt sich die Triebhalde in ihrer ganzen Länge auf einem breiten Weg durchwandern und das bunte Treiben der Insekten und die Artenvielfalt und Formenfülle der hier wachsenden Pflanzen aus nächster Nähe beobachten und genießen. Ganz im Süden endet der komfortable Weg allerdings recht plötzlich, da der Lipbach hier einen gewaltigen Prallhang schuf, der ein unüberwindliches Hindernis für den Wegebau darstellte. Nur auf einem schmalen Fußweg in luftiger Höhe läßt sich die Wanderung durch den hier wachsenden Steppenheidewald fortsetzen.

M. Witschel

Unterhölzer Wald

Landkreise: Tuttlingen, Schwarzwald-Baar-Kreis
Gemeinden: Stadt Geisingen, Stadt Bad Dürrheim, Stadt Donaueschingen
Naturraum: Baar-Alb und Oberes Donautal
Geschützt seit 1939 (erweitert 1969)
Größe: 639 Hektar
Top. Karte: 8017 Geisingen

Am Rand der Schwäbischen Alb, zwischen Pfohren und Geisingen, liegt das Naturschutzgebiet »Unterhölzer Wald«. Es umfaßt ausgedehnte Waldflächen mit alten Eichen- und Buchenbeständen, eine zentral gelegene Grün-

327 Wasser, Sumpf und Fichtenwälder bestimmen den Charakter des Schutzgebiets »Unterhölzer Wald«.

328 Die Feuchtflächen schützen sich selbst; sie sind nur schwer zugänglich.

landfläche (Königswiese mit Talgraben), ein Stillgewässer (Unterhölzer Weiher) sowie einen Moorbereich (östlicher Teil des Birkenrieds). Die schon im Jahre 1939 als Naturschutzgebiet ausgewiesene Fläche wurde 1969 um das südlich angrenzende Gewann »Weiherhölzle« erweitert. Im Rahmen dieser Schutzgebietserweiterung nahm man eine kleine, zum Abbau von Opalinuston vorgesehene Fläche aus dem Naturschutzgebiet heraus.

Der geologische Untergrund wird großflächig von Braunem Jura mit Opalinuston, in höheren Lagen auch von Sandsteinbänken und Mergelkalken bestimmt. Auf den schweren Tonböden bilden sich vom Wasser beeinflußte Böden wie Pseudogleye und Gleye sowie im Bereich des Birkenrieds auch Moorböden.

Nahezu das gesamte Naturschutzgebiet befindet sich im Besitz des Fürsten von Fürstenberg. Dieser ließ bis zur Mitte des 18. Jahrhunderts keine forstwirtschaftlichen Eingriffe zu, so daß sich Naturwälder mit der Stiel-Eiche als dominierende Baumart entwickeln konnten. Im Jahre 1782 wurde in einem Teil des heutigen Naturschutzgebiets ein Wildgehege mit Rot-, Dam-, Schwarz- und Rehwild eingerichtet, das bis 1918 bestehen blieb. Sowohl der hohe Wildbesatz als auch die zum Schutz vor plündernden Soldaten Anfang des 19. Jahrhunderts in den Wald eingetriebenen Hausviehbestände der umliegenden Gemeinden führten in Teilbereichen des Naturschutzgebiets zu einer starken Schädigung des Waldes.

Heute findet man im Unterhölzer Wald auf etwa 180 ha »Urwaldreste« mit 300 bis 400 Jahre alten Eichen- und Buchenbeständen; daneben dominiert in feuchten Senken die Esche. Die Altholzbestände mit ihrem hohen Totholzanteil sind ökologisch wertvolle Lebensräume für Insekten und eine Vielzahl von Höhlenbrütern wie verschiedene Spechtarten und die Hohltaube sowie für Greifvögel. Die durch das Vieh devastierten Flächen wurden dagegen zum größten Teil mit Fichte aufgeforstet; sie ist ökologisch weniger wertvoll und aufgrund der Bodenverhältnisse stark windwurfgefährdet. Eine langfristige Umwandlung dieser Flächen in standortgerechte Laub- und

329 Eine ganz große Besonderheit stellen die 400jährigen Huteeichen dar.

Mischwälder wäre aus Naturschutzsicht wünschenswert.

Auf der zentral gelegenen Königswiese mit dem nach Süden anschließenden Talgraben dominieren gedüngte Fettwiesen. Durch eine Aushagerung sowie einen späten Mahdtermin können diese Flächen ökologisch aufgewertet werden.

Der Unterhölzer Weiher wurde im Mittelalter aufgestaut und stellt heute den wichtigsten Brut- und Mauserplatz für Wasservögel auf der Baar dar. Zudem besitzt er eine hohe Bedeutung als Rastplatz für durchziehende Vögel. Floristisch bietet das Gewässer einen schön ausgebildeten Verlandungsgürtel mit Laichkraut, Schmalblättrigem Rohrkolben (*Typha angustifolia*) und verschiedenen Seggen-Arten.

Die Moor- und Feuchtwiesenflächen des Birkenrieds grenzen im Westen unmittelbar an das Naturschutzgebiet »Birken-Mittelmeß« an, das Teile des westlichen Birkenrieds einschließt. Das gesamte Birkenried wurde in den vergangenen Jahrhunderten großflächig abgetorft. Im westlichen Teil wurde sogar bis Mitte der 80er Jahre dieses Jahrhunderts noch Torf gestochen. Partiell konnte sich im Unterhölzer Wald das Moor regenerieren und befindet sich heute im Zustand eines Übergangsmoors. Durch den Torfabbau und die damit verbundene Entwässerung konnten sich auf den moorigen und anmoorigen Böden Bruchwälder stark ausbreiten. Für das Birkenried hervorzuheben ist das einzige Vorkommen einer seltenen Bläulingsart in Baden-Württemberg. Dieser Schmetterling ist, wie eine Vielzahl weiterer Falterarten, auf blütenreiche Feuchtwiesen angewiesen. Faden-Segge (*Carex lasiocarpa*), Kammfarn (*Dryopteris cristata*) und die auf trockenen Torfstichkanten wachsende Kriech-Weide sind floristische Besonderheiten dieses Teils des Naturschutzgebiets. *U. Herth*

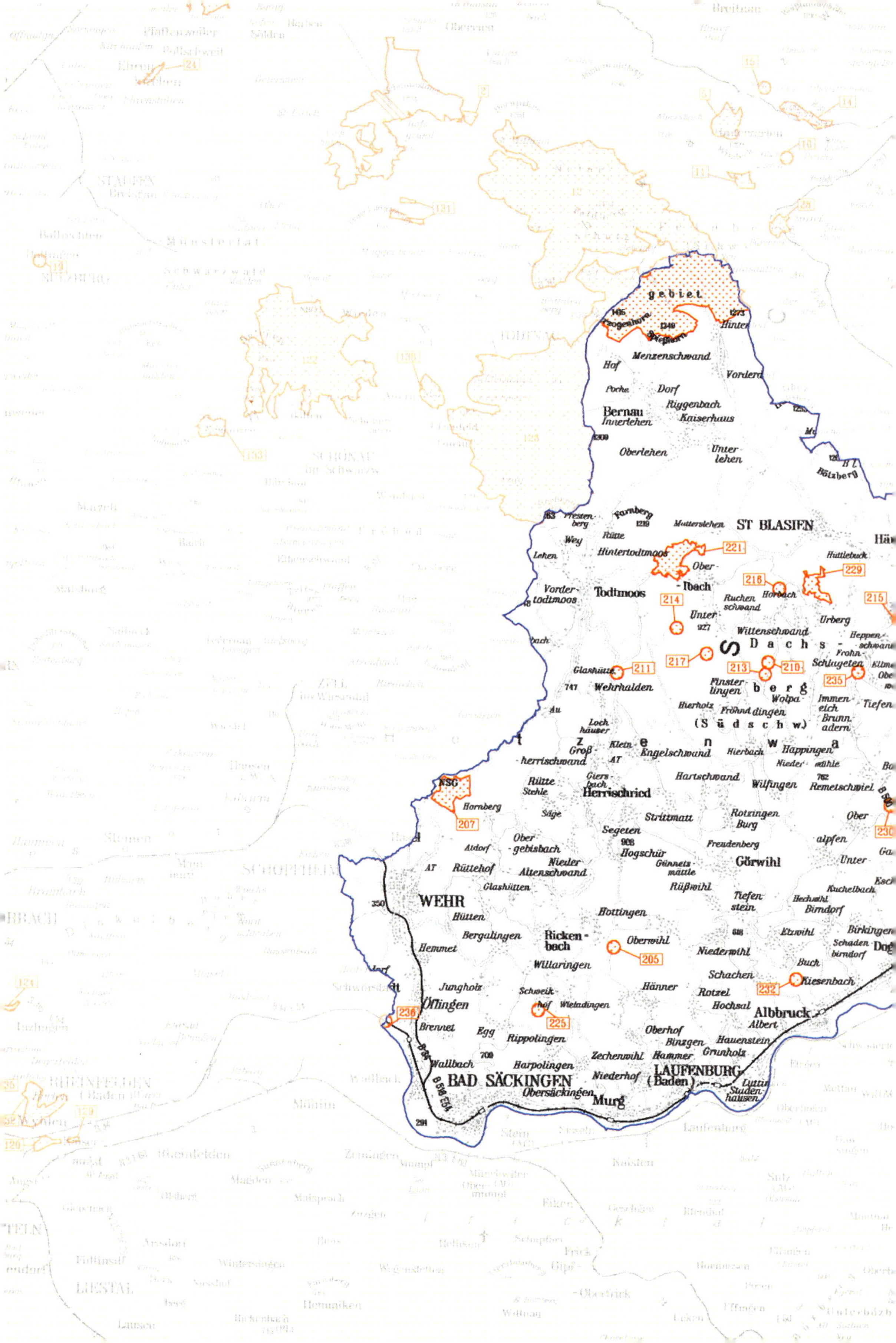

gebiet
Hinter
Menzenschwand
Hof
Vorderd
Poche
Dorf
Riggenbach
Bernau
Innerlehen
Kaiserhaus
Oberlehen
Unter lehen
Bötzberg
Farnberg
ST BLASIEN
Wey
Rütte
Hintertodtmoos
221
Lehen
Ober-Ibach
218
Horbach
229
215
Vorder-todtmoos
Todtmoos
214
Ruchenschwand
Unter
Urberg
Wittenschwand
Dachsberg
217
213
210
Schlageten
235
Glashütte
211
Wehrhalden
Finsterlingen
Wolpadingen
Immeneich
Brunnadern
Hierholz
Frohnd
Lochhäuser
Groß-herrischwand
Klein
Engelschwand
Hierbach
Happingen
Hartschwand
Wilfingen
Remetschwiel
Rütte
Stehle
Giersbach
Herrischried
NSG
Hornberg
207
Säge
Strittmatt
Rotzingen
Burg
Segeten
Hogschür
Freudenberg
Ober-gebisbach
Atdorf
Nieder Altenschwand
Görwihl
Rüttehof
Glashütten
Rüßwihl
Tiefenstein
WEHR
Hütten
Hottingen
Birndorf
Bergalingen
Rickenbach
Oberwihl
205
Niederwihl
Etzwihl
Hemmet
Willaringen
Schachen
Buch
Kiesenbach
232
Jungholz
Hänner
Rotzel
Hochsal
Albbruck
Albert
Öflingen
236
225
Brennet
Egg
Rippolingen
Oberhof
Binzgen
Hauenstein
Hammer
Grunholz
Wallbach
Zechenwihl
Harpolingen
BAD SÄCKINGEN
Niederhof
LAUFENBURG (Baden)
Obersäckingen
Murg

Landkreis Waldshut

Alter Weiher

Landkreis: Waldshut
Gemeinden: Murg, Rickenbach
Gemarkungen: Hänner, Hottingen
Naturraum: Hochschwarzwald
Geschützt seit 1990
Größe: 17 Hektar
Top. Karte: 8314 Görwihl

Fährt man auf der Landstraße von Hottingen nach Hänner, so sieht man bald linker Hand die randlichen Feuchtwiesen des heute 17 ha großen Naturschutzgebiets »Alter Weiher«. Die weitaus größeren Moorbereiche liegen allerdings hinter Gebüsch und Wald versteckt. Der ausgedehnte Moorkomplex auf etwa 660 bis 685 m ü. NN entwickelte sich auf dem basenarmen oberen Buntsandstein bei hohen Niederschlägen (ca. 1400 mm mittlerer Jahresniederschlag).

Kleinere Teile des Moors im Süden wurden bereits 1965 als Naturschutzgebiet ausgewiesen. Nachdem bekannt wurde, daß private Investoren im nördlichen Bereich nahe der Straße einen Campingplatz planten, bemühte sich die Naturschutzverwaltung um die Erweiterung des Gebiets und wies im Jahre 1990 mit 17 ha ein deutlich vergrößertes Naturschutzgebiet aus. Aus einer Flurkarte des Jahres 1941 ist ersichtlich, daß im Kernbereich des Moors einmal Torf abgebaut wurde. Die umliegenden waldfreien Flächen in der Senke nutzte man früher als Streuwiese, daneben finden sich aber auch Wiesen, Feld- und Weideland. Die Ränder des Naturschutzgebiets »Alter Weiher« werden heute größtenteils von Nadelholzbeständen eingenommen. Im Nordteil durchzieht ein bachbegleitender Erlenwald den Talgrund. Im Südteil, zugleich der älteste Teil des Naturschutzgebiets, treten überwiegend Schwingrasen und Großseggenriede auf.

330/331 Blutauge (*Comarum palustre*) und Fieberklee (*Menyanthes trifoliata*) sind typische Pflanzen des Zwischenmoors im NSG »Alter Weiher«.

Es sind die feuchtesten und botanisch wertvollsten Flächen des Gebiets. Hier sind vor allem die Sonnentau-Fieberklee-Gesellschaft mit Schlamm-Segge (*Carex limosa*) und die Schnabelseggen-Gesellschaft zu nennen. Die erste Gesellschaft ist floristisch und moorkundlich besonders eindrucksvoll, da sie einerseits ausgedehnte Sonnentau-Polster (*Drosera rotundifolia*) aufweist und zum anderen ausgeprägte Schwingrasen entwickelt hat. Auch dichte Torfmoosdecken nehmen z.T. große Flächen ein. Daneben sind Fieberklee (*Menyanthes trifoliata*), Schnabelbinse (*Rhynchospora alba*), Schmalblättriges Wollgras (*Eriophorum angustifolia*), Blutauge (*Comarum palustre*) und Sumpf-Veilchen (*Viola palustris*) vertreten. An höheren und trockeneren Stellen treten auch die Moosbeere (*Vaccinium oxycoccos*) und Pfeifengras (*Molinia caerulea*) auf. Auch die Schnabelseggen-Gesellschaft ist sehr eindrucksvoll, da das namengebende Sauergras hier in hoher Dominanz auftritt. Wo der Mineralbodenwassereinfluß geringer wird, findet man auch wieder die Moosbeere und Torfmoose. Randlich gibt es fließende Übergänge zu Teichschachtelhalm- und Fieberklee-Gesellschaften. Im zentralen Bereich des Moors auf den ehemaligen Torfstichen bildet das Wollgras (*Eriophorum vaginatum*) große Bestände. Besonders im Spätsommer und Herbst geben diese Flächen einen sehr schönen Aspekt ab, wenn das dichtstehende Wollgras und das Pfeifengras eine goldbraune Färbung annehmen. Malerisch gruppierte, verkrüppelte Kiefern bewirken ein übriges.

Im Randbereich, wo die Wasser- und Nährstoffverhältnisse günstiger sind, entwickeln sich Hochstaudenfluren stellenweise mit viel Mädesüß (*Filipendula ulmaria*). Außerhalb des eigentlichen Moorkörpers sind für den Südschwarzwald typische Silikatbinsenwiesen mit der Spitzbinse (*Juncus acutifloris*) ausgebildet. Diese Feuchtwiesen werden entweder von Landwirten noch für den Eigenbedarf genutzt, oder sie werden im Auftrag der Naturschutzverwaltung (durch die Forstverwaltung) gemäht. Die nährstoffreicheren Mineralböden ermöglichen das Wachstum zahlreicher Feuchtwiesenblumen wie Kuckuckslichtnelke (*Lychnis flos-cuculi*), Sumpfdotterblume (*Caltha palustris*), Wiesenknöterich (*Polygonum bistorta*) und Sumpfkratzdistel (*Cirsium palustre*). Wo der Standort magerer wird, treten typischerweise das Borstgras (*Nardus stricta*), das Ruchgras (*Anthoxanthum odoratumo*) oder das Zittergras (*Briza media*) als Magerkeitszeiger auf. Auch sind Übergänge zu Glatthafer- und Goldhaferwiesen vorhanden.

Im Zentrum des Gebiets wurde vor rd. 15 bis 20 Jahren ein Weiher angelegt, dessen Wasserfläche fast vollständig bedeckt ist mit Schwimmendem Laichkraut (*Potamogetum natans*) und der Krebsschere (*Stratiotes aloides*). Auch der Gemeine Froschlöffel (*Alisma plantago-aquatico*), der Flutende Wasserschwaden (*Glyceria fluitans*), der Ästige Igelkolben (*Sparganium erectum*) und der Breitblättrige Rohrkolben (*Typha latifolia*) sind zu finden.

Auch wenn keine detaillierten Untersuchungen über die Tierwelt des Gebiets vorliegen, kann man doch aufgrund der Biotopvielfalt einen guten Bestand besonders bei den Libellen und den Schmetterlingen erwarten. Brutvorkommen des Neuntöters und des Zwergtauchers werden vermutet.   *E. Stegmaier*

Auäcker

Landkreis: Waldshut
Gemeinde: Stadt Stühlingen
Gemarkungen: Grimmelshofen, Weizen
Naturraum: Alb-Wutach-Gebiet
Geschützt seit 1980
Größe: 13,7 Hektar
Top. Karte: 8216 Stühlingen

Unmittelbar an der Staatsgrenze zwischen der Bundesrepublik Deutschland und der Schweiz liegt das knapp 14 ha große Naturschutzgebiet »Auäcker«. Es umfaßt im wesentlichen den Flußlauf der Wutach auf knapp zwei Kilometern Länge sowie die auf deutscher Seite angrenzenden Wälder. Im Westen schließen außerhalb des Schutzgebiets Äcker und einige intensiv genutzte Wiesen an (»Auäcker«). Auf der Ostseite der Wutach grenzt das schweizerische Reservat »Seldenwies« an das Naturschutzgebiet.

332 Im NSG »Auäcker« ist das Wutachufer noch sehr naturnah und von Auewäldern gesäumt (hier links Bruchweidenwald, rechts Grauerlenwald). Nach Hochwässern bleiben in der Flußmitte Kiesinseln zurück.

Die Bedeutung des Naturschutzgebiets liegt vor allem in der Erhaltung des noch weitgehend unverbauten Flußabschnitts der Wutach und den beiderseits angrenzenden Auwaldgesellschaften. Diese heute seltenen und äußerst schützenswerten Waldgesellschaften sind außerdem von besonderem Wert für die Wissenschaft, da hier geradezu modellhaft die Sukzession in Abhängigkeit von der Dynamik eines Flusses studiert werden kann. Die Dynamik in der Wasserführung der Wutach ist außerordentlich hoch. Bei einsetzender Schneeschmelze oder Starkregen kann der Wasserstand extrem ansteigen. Im Uferbereich solcher Wildflüsse findet sich eine ausgeprägte Zonation von Pflanzengesellschaften. Obwohl das Wutachufer (auch im Bereich des NSG) durch wasserbauliche Maßnahmen teilweise befestigt ist, läßt sich der Wildflußcharakter mit der typischen Vegetationsabfolge vielerorts noch gut erkennen.

Sand- und Kiesbänke, die bei Niedrigwasser trocken fallen, tragen offene Pioniergesellschaften mit Knöterich- und Ampferarten.

Im Bereich der Mittelwasserlinie entwickeln sich – meist saumartig – dichte Bestände des Glanzgrasröhrichtes. Wenige Dezimeter darüber ist die Domäne der Weidengesellschaften. Zuerst siedelt sich, auch in stärkerer Strömung, das Uferweidengebüsch mit der Korb-Weide an. Nur wenig höher, der Strömung nicht so ausgesetzt und vorwiegend auf sandigem Material, können sich die Charakterarten des Bruchweidenwaldes entwickeln. In der Regel ist die Bruch-Weide vorhanden, daneben der Bastard mit der Silber-Weide.

Über dem lichten Weidenwaldstreifen siedelt der Grauerlenwald meist in dichten gleichförmigen Beständen etwa 50 bis 150 cm über dem Mittelwasser. Unter den Grau-Erlen sind hier in der Regel Kratzbeere (*Rubus caesius*) und Winter-Schachtelhalm (*Equisetum hyemale*) besonders gut entwickelt. Die Bestände werden regelmäßig von mittleren Hochwässern überflutet. Etwa 150 bis 250 cm über dem Mittelwasserstand wächst ein Bergulmen-Eschenwald, den das Wasser nur noch bei sehr hohen Abflüssen erreicht. Außer den namengebenden Arten enthält die Baumschicht vereinzelt den Bergahorn und an lichten Stellen regelmäßig die Grau-Weide mit Stammstärken bis zu 40 cm.

Außerhalb des Einflusses von Überflutung und Grundwasser – etwa 250 bis 400 cm über der Mittelwasserlinie – findet man eine wärmeliebende Buchenwald-Gesellschaft, den sogenannten Seggen-Buchenwald. Ein großer Teil der Waldflächen, die außerhalb des regelmäßig überfluteten Bereichs liegen, ist jedoch mit Fichten-Stangenholz bestockt. Ein wichtiges Ziel der Naturschutz- und Forstverwaltung ist es, die in der Zeit vor der Ausweisung des Naturschutzgebiets mit Fichten aufgeforsteten Privatwaldflächen aufzukaufen und sie in Richtung naturnaher Laubwaldbestände zu entwickeln.
F. Kretzschmar

Bannwald Wehratal

Landkreis: Waldshut
Gemeinde: Stadt Wehr
Gemarkung: Wehr
Naturraum: Hochschwarzwald
Geschützt seit 1982
Größe: ca. 127 Hektar
Top. Karte: 8313 Wehr

Ein Bannwald ist ein sich selbst überlassener Wald, aus dem kein Holz entnommen werden darf. Einige der von der Forstverwaltung eingerichteten Bannwälder wurden zusätzlich als Naturschutzgebiete ausgewiesen, wenn ihre besondere naturkundliche Bedeutung oder bestimmte Gefährdungen dies nahelegten.

333 Die Wälder am Abhang zum Wehratal sind von eindrucksvollen Felsen und Blockhalden durchsetzt.

Der »Bannwald Wehratal« erstreckt sich nördlich der Stadt Wehr im großartigsten Abschnitt des Wehratals, das hier klammartig in das kristalline Grundgebirge des Schwarzwalds eingeschnitten ist. Zwischen mehreren beherrschenden Felstürmen fallen Blockhalden und steile Seitentäler zur Wehra ab.

Die Felsen erreichen mit ihren bis über 30 m hohen Steilwänden teilweise alpine Dimensionen. In den Felsspalten wachsen u.a. verschiedene Streifenfarne, der Stein-Baldrian (*Valeriana tripteris*) und die seltene Dickblättrige Fetthenne (*Sedum dasyphyllum*).

Aufgrund des feuchten Klimas finden sich insbesondere östlich der Wehra gut ausgebildete Schluchtwälder, die vor allem von Berg-Ahorn, Esche und Berg-Ulme aufgebaut werden. Letztere ist allerdings durch das »Ulmensterben« weitgehend abgestorben.

Die Blockhalden werden in feuchten Lagen von dichten Moospolstern überzogen; wo sie von nährstoffreichem Hangwasser durchsickert werden, kommt vereinzelt die Hirschzunge (*Phyllitis scolopendrium*) vor, ein sonst auf Kalkfelsspalten beschränkter Farn.

Den frischen Schluchtwäldern und Blockhalden stehen in Südexposition die trockenen Felsköpfe und Steilhänge gegenüber. Hier dominieren lichte Traubeneichenwälder mit einer von Nährstoffarmut gekennzeichneten Bodenvegetation. In den trockeneren Blockhalden sind Linde und Bergahorn die bezeichnenden Baumarten.

Auf mittleren Standorten wächst der Buchen-Tannenwald in unterschiedlichen Ausprägungen.

Noch ist die Wasserführung der Wehra im Bereich des Naturschutzgebiets nicht durch ein Wasserkraftwerk gemindert. Durch die Ablehnung entsprechender Anträge konnte der Wildflußcharakter bisher erhalten werden.

B. Seitz

Berghaus

Landkreis: Waldshut
Gemeinde: Stadt Waldshut-Tiengen
Gemarkung: Krenkingen
Naturraum: Alb-Wutach-Gebiet
Geschützt seit 1962
Größe: 1,5 Hektar
Top. Karte: 8315 Waldshut-Tiengen

Das aus zwei Teilgebieten bestehende Naturschutzgebiet liegt auf der Muschelkalk-Hochfläche zwischen Steina- und Schlüchttal nördlich von Tiengen.

Es handelt sich um kleine Kiefernwäldchen mit vorgelagerten Resten von Halbtrockenrasen. Zum Zeitpunkt der Unterschutzstellung wies noch ein »einmaliger Wacholderbestand« (Angabe Prof. L. Mayer 1955) mit Baumgröße erreichenden Exemplaren auf die ehemalige Weidenutzung hin.

334 Im lichten Kiefernwald des NSG »Berghaus« findet man u.a. das Schwertblättrige Waldvöglein (*Cephalanthera longifolia*).

Heute dominiert die Kiefer, mit der die Flächen bereits lange vor der Ausweisung des Naturschutzgebiets bepflanzt wurden. Der flachgründige und nährstoffarme Boden ermöglichte jedoch nur einen schlechten und lückigen Wuchs der Kiefern, so daß sich unter den Bäumen viele Pflanzenarten der ehemaligen Weide halten konnten. Dort finden sich z. B. verschiedene Orchideenarten wie das Schwertblättrige Waldvöglein (*Cephalanthera longifolia*) und die Berg-Waldhyazinthe (*Platanthera chlorantha*), außerdem Akelei, Silber- und Golddistel (*Carlina acaulis* und *C. vulgaris*) und etliche weitere Arten.

Im Laufe der Zeit bildete sich jedoch in manchen Bereichen ein dichter Bestand aus Heckenkirsche, Liguster und anderen Sträuchern; als Baumart kommt zunehmend die Buche auf.

Ohne pflegende Eingriffe würde diese Entwicklung dazu führen, daß viele der gefährdeten, lichtbedürftigen Pflanzenarten zurückgedrängt werden oder gar verschwinden. Daher werden im Auftrag der Naturschutzverwaltung von Zeit zu Zeit Maßnahmen durchgeführt, die ein »Zuwachsen« der Bestände verhindern sollen. *B. Seitz*

Braunhalden-Schlattboden

Landkreis: Waldshut
Gemeinden: Stadt Stühlingen, Stadt Bonndorf
Gemarkungen: Bettmaringen, Wittlekofen
Naturraum: Alb-Wutach-Gebiet
Geschützt seit 1997
Größe: 57 Hektar (abhängiges LSG 33 Hektar)
Top. Karte: 8216 Stühlingen

Entlang des Übergangs vom Schwarzwald zu den Gäulandschaften des Wutachgebiets harren selbst in Zeiten scheinbar flächendeckenden Fremdenverkehrs Landschaften der Entdeckung. Im Schatten der Erlebnis-Höhepunkte Wutachschlucht und -flühen und Schluchsee bietet das offene, von Hecken und Waldstücken durchsetzte Muschelkalkland südlich der Wutach auf den ersten Blick nichts Spektakuläres. Die Täler von Steina und Ehrenbach und die sie trennenden Plateaus vermitteln jedoch Einblicke in eine traditionelle Kulturlandschaft und Ausblicke auf die Schwäbische Alb, den Randen und die Alpen. Das Natur- und Landschaftsschutzgebiet »Braunhalden-Schlattboden« soll auf 90 ha einen Ausschnitt dieses überlieferten Kulturlandes sichern. In der Umgebung des noch stark ländlich geprägten Stühlinger Teilorts Bettmaringen hat sich die nahe Steina tief in die Muschelkalk-Hochfläche eingegraben und damit die Gesteine vom Oberen Muschelkalk bis hinunter ins Grundgebirge aufgeschlossen. Diese Gesteinsvielfalt drückt sich bei einer vergleichsweise extensiven Grünlandnutzung auch in der Vegetation aus. Entlang kleiner der Steina zustrebender Bäche wechseln darüber hinaus häufig die Expositionen, so daß trockenwarme Standorte mit Halbtrockenrasen an den Südhängen direkt neben feuchtkühlen Flachmooren in den Talböden entstehen konnten.

Wacholder, Silberdistel, und Thymian weisen noch auf eine ehemals in der Region verbreitete Nutzung als extensive Schaf- und Rinderweide hin. Heute dominieren Wiesen oder Mähweiden; die früher auch in ungünstigen Hanglagen angelegten Äcker beschränken sich jetzt auf die maschinell gut zu bearbeitende Hochfläche. Die von Gebüschen und durchwachsenden Hecken gegliederten Magerrasen an den Steilhängen lassen sich nur noch über Pflegeverträge mit der Naturschutzverwaltung offenhalten. Ihre artenreiche Flora, z. B. mit Vorkommen von Küchenschelle (*Pulsatilla vulgaris*) und Pyrenäen-Leinblatt (*Thesium pyrenaicum*), rechtfertigt das Bemühen ebenso wie die Bedeutung als Lebensraum für seltene Heuschrecken- und Tagfalterarten. Der Neuntöter ist mit einer außerordentlich hohen Populationsdichte vertreten und weist damit auf optimale Habitatstrukturen hin. Auch Goldhaferwiesen sind im Schutzgebiet anzutreffen. Erst in jüngerer Zeit hat die Naturschutzverwaltung die große Bedrohung dieser blumenbunten Wiesengesellschaft erkannt und die Schutzbemühungen verstärkt. Die weder besonders trockenen noch besonders feuchten Wuchsorte der nur montan verbreiteten Gesellschaft lassen sich durch vermehrte Düngung gut in mehrschnittige ertragreiche Fettwiesen

335 Blumenbunte Wiese und blühender Weißdorn in den Hecken – das Gewann »Schlattboden« im Mai.

umwandeln. Lange Zeit schien der Intensivierungsdruck als Folge des landwirtschaftlichen Strukturwandels vor den Berggebieten haltzumachen, doch inzwischen ist der Anteil von Goldhaferwiesen am montanen Grünland dramatisch zurückgegangen. Sie werden seit einigen Jahren sogar in den Listen schutzwürdiger europäischer Lebensräume geführt und sind Bestandteil der Flora-Fauna-Habitat-Richtlinie der Europäischen Union. Als typische Pflanzenarten können im Schutzgebiet »Braunhalden-Schlattboden« die Kleine Traubenhyazinthe (*Muscari botryoides*), der Wiesen-Bocksbart (*Tragopogon pratensis*) und die Kugel-Rapunzel (*Phyteuma orbiculare*) genannt werden. Auch die Büschel-Glockenblume (*Campanula glomerata*) ist eine Art mittlerer Standorte und ansonsten weder auf Halbtrockenrasen noch in Feuchtwiesen zu finden.

Im Jahr 1992 erfolgte hier bei Bettmaringen durch die Anlage eines Golfplatzes auf 120 ha ein gewaltiger Eingriff in die gewachsene Landschaft. Die von der Landwirtschaft für dieses Vorhaben zur Verfügung gestellten Flächen wachsen nicht ohne weiteres nach, sodaß der Nutzungsdruck auf Flächen in der Umgebung zunimmt. Diese veränderten Rahmenbedingungen verzögerten das Unterschutzstellungsverfahren. Erst nach mehreren Jahren intensiver Diskussion mit den Betroffenen konnte es abgeschlossen werden. *J. Genser*

Bruggmatt

Landkreis: Waldshut
Gemeinde: Dachsberg
Gemarkung: Wittenschwand
Naturraum: Hochschwarzwald
Geschützt seit 1969
Größe: 2,1 Hektar
Top. Karte: 8214 St. Blasien

Auf dem Dachsberg liegt in 930 m ü. NN inmitten eines Waldgebiets südlich von Wittenschwand das Naturschutzgebiet »Bruggmatt«.

336 Das NSG »Bruggmatt« – Lichtblick im Buchen-Tannenwald. Gut sind die vermoorte Senke und die gemähte Magerwiese zu unterscheiden.

Seine Erhaltung und Ausweisung verdankt es der seit den 50er Jahren im südöstlichen Hotzenwald einsetzenden Aufforstungswelle, die viele aus Sicht der Landwirtschaft »unproduktive« Flächen erfaßte und zerstörte. Zahlreiche Feuchtwiesen und Moore wurden seitdem entwässert und aufgeforstet, ebenso Weidfelder mit montanen Magerrasen und hängige Wiesen. Der Eigentümer der »Bruggmatt« hatte schon begonnen, Teile des Grundstücks mit Fichten zu bepflanzen, als es durch das Land Baden-Württemberg erworben wurde; dieses Vorgehen ist bis heute oft die einzige Möglichkeit, schutzwürdige Flächen zu sichern.

Obgleich die »Bruggmatt« nur eine geringe Größe aufweist, hat die standörtliche Vielfalt doch zu einem bemerkenswerten Mosaik an seltenen und gefährdeten Pflanzengesellschaften geführt. Die zentrale Senke – etwa die Hälfte des Schutzgebiets – ist vermoort. Reich entwickelte Quellmoore basenhaltiger und nährstoffarmer Standorte stehen in engem räumlichen Kontakt mit Braunseggensümpfen, die ihrerseits eher »saure« Standorte anzeigen.

Aus dieser vermoorten von Kleinseggen dominierten Senke erheben sich einzelne Torfmoosbulte. Sie stehen nicht mehr in gleichem Maße wie die Umgebung mit dem Grundwasser in Verbindung und lassen sich möglicherweise als erste Entwicklung hin zu einem Übergangs- und Hochmoor deuten, das dann nur noch vom Regenwasser gespeist wird. Scheidiges Wollgras (*Eriophorum vaginatum*) und Moosbeere (*Vaccinium oxycoccos*) haben sich in diesem entstehenden Bult-Schlenken-Komplex wie er für Hochmoore typisch ist, bereits etablieren können. Neben dem in basenreichen Flachmooren verbreiteten Breitblättrigen Wollgras (*Eriophorum latifolium*) ist auch das viel seltenere Alpen-Wollgras (*Trichophorum alpinum*) verbreitet. Mit Herzblatt (*Parnassia palustris*), Breitblättrigem Knabenkraut (*Dactylorhiza majalis*) und Blutauge (*Comarum palustre*) gesellen sich weitere typische Moorpflanzen hinzu.

Die verbleibende Schutzgebietsfläche steigt von den Rändern der vernässten Senke sanft zum Waldrand der angrenzenden Buchen-Tan-

337 Die Feuer-Lilie (*Lilium bulbiferum*) ist eine Seltenheit in Baden-Württemberg, aber auch das Vorkommen im NSG »Bruggmatt« ist wohl nicht urwüchsig.

nen- Plenterwälder an. Jahrzehnte ohne Düngereinsatz haben artenreiche Magerwiesen entstehen lassen, die einmal jährlich gemäht werden. Eine Probefläche von ca. 25 Quadratmetern weist bei genauem Hinsehen bis zu 50 verschiedene Pflanzenarten auf. Einige botanische Raritäten wie Feld-Enzian (*Gentiana campestris*) oder die im Schwarzwald nur noch äußerst selten anzutreffende Mondraute (*Botrychium lunaria*) unterstreichen die floristische Bedeutung der »Bruggmatt«.

Die Insellage des kleinen Gebiets im geschlossenen Hochwald minimiert die Bedeutung für die Tierwelt. Reich vertreten ist noch die Heuschreckenfauna mit den für montane Magerwiesen und -weiden charakteristischen Vertretern Warzenbeißer (*Decticus verricivorus*) und Gebirgsgrashüpfer (*Stauroderus scalaris*). Für Arten mit »gehobenen« Ansprüchen an die Größe ihres Lebensraums ist die offene Fläche schlicht zu klein. Einziger Brutvogel im Gebiet ist der Baumpieper, der mit etwa zwei Hektar Optimalhabitat noch zurechtkommt. Optimal heißt für ihn: kurzrasiges Grünland mit üppiger Insektenwelt (v. a. Heuschrecken) und vereinzelte Bäume und Gebüsche als Singwarte. In der »Bruggmatt« sind diese Voraussetzungen erfüllt. Andere Vogelarten nutzen die Lichtung im Wald als Teillebensraum. Die Waldschnepfe zur Balz, Greifvögel und Eulen als Jagdrevier – Tag und Nacht. *J. Genser*

Brunnmättlemoos

Landkreis: Waldshut
Gemeinde: Herrischried
Gemarkung: Wehrhalden
Naturraum: Hochschwarzwald
Größe: 8,5 Hektar
Geschützt seit 1951
Top. Karte: 8214 St. Blasien

»Im Staatswald Großfreiwald des Forstbezirkes Todtmoos..., entspringt etwa auf 1000 m Meereshöhe beim Steinernen Kreuz der Brunnmättlebach, ein Nebenbach des Schwarzenbächle (Ibach-Zufluß). Er erhält insbesondere vom Norden noch einige Zuflüsse und windet sich besonders im Mittellauf mit schwachem, unten mit starkem Gefälle durch eine breite, z.T. stark versumpfte Mulde. In dieser Mulde haben sich teils Flachmoor-, teils Hochmooranflüge gebildet, die überaus interessante Pflanzenbestände tragen.«

So wurde das kleine Moor, das ca. fünf Kilometer nördlich von Herrischried und drei Kilometer südöstlich von Todtmoos liegt, im Jahre 1949 von Oberregierungsrat Schurhammer aus Bonndorf beschrieben. Damals waren die Widerstände gegen die Ausweisung von Naturschutzgebieten offensichtlich weniger stark als heute, denn bereits zwei Jahre später wurde die Rechtsverordnung für das acht Hektar große und vom Menschen kaum beeinflußte Gebiet erlassen.

Der Hochschwarzwald zwischen Todtmoos und St. Blasien weist auf engem Raum einen ungewöhnlich hohen Moorreichtum auf. Dies ist zum einen darauf zurückzuführen, daß das kühl-feuchte Klima den Wuchs der Torfmoose fördert, zum anderen begünstigt das glazial

338 Inmitten der Moorfichtenwälder öffnen sich immer wieder Lichtungen mit Pfeifengrasbeständen.

überformte Landschaftsrelief mit Senken und weiten Tälern die Stauwasserbildung und eine damit einhergehende Vermoorung.

Das Naturschutzgebiet weit ab von menschlichen Siedlungen ist selbst durch keinen befestigten Weg erschlossen. Eine Begehung ist daher nicht zu empfehlen, da die Orientierung sehr schwierig ist und immer wieder tiefgründige Moorbereiche auftreten. Die »überaus interessanten Pflanzenbestände« im »Brunnmättlemoos« setzen sich vor allem aus Hochmoor, randlichen Flachmoorgesellschaften und natürlichen Moorfichtenwäldern zusammen. Vor allem letztere sind neben wüchsigen Buchen-Tannenwäldern, in denen die Fichte nur als Nebenbaumart auftritt, im Naturschutzgebiet besonders schön entwickelt. Der Peitschenmoos-Fichtenwald stockt auf anmoorigen Böden entlang des Baches sowie im trockeneren Randbereich des Hochmoors. Es handelt sich hierbei um einen der wenigen Standorte der Fichte im Schwarzwald, wo diese unstritig von Natur aus zur Vorherrschaft gelangt. Die Buche fehlt völlig, die Tanne tritt in einigen Beständen in geringer Zahl auf. Die Krautschicht nimmt ein dichtes Heidelbeergebüsch (*Vaccinium myrtillus*) ein, zu der sich nur wenige weitere Gefäßpflanzen gesellen, so z.B. die Preiselbeere (*Vaccinium vitis-idaea*), die Drahtschmiele (*Deschampsia flexuosa*), das Herzblättrige Zweiblatt (*Listera cordata*) und der Sprossende Bärlapp (*Lycopodium annotinum*). Als Besonderheit tritt im Übergangsbereich zur offenen Moorfläche der in Südwestdeutschland sehr seltene Siebenstern (*Trientalis europaea*) auf, eine arktisch-nordische Art der borealen Nadelwälder. Die im Schwarzwald nur recht kleinflächig vorhandenen Bestände des Moorfichtenwaldes sind in hohem Maße schutzwürdig. Hervorzuheben ist besonders ihr Moosreichtum und ihre Bedeutung für seltene Arten der Vogelwelt.

Besitzt der Moorfichtenwald noch deutlichen Anschluß an den Mineralboden, so läßt der Einfluß des Mineralbodenwassers im angrenzenden Spirkenwald (Pino mugo-Spha-

339 Der Siebenstern (*Trientalis europaea*) ist eine typische Pflanzenart der Hotzenwaldmoore.

gnetum) immer mehr nach. Die Spirke (*Pinus rotundata*), die aufrechte Form der Bergkiefer, ist hier die einzige Baumart. Zum Zentrum des Moorkörpers hin werden allerdings auch die Spirken immer niedrigwüchsiger. Dafür nehmen die Bulte mit Torfmoosen immer mehr zu. In der Krautschicht dominiert auf großen Flächen die Rauschbeere (*Vaccinium uliginosum*), jedoch sind auch wenige andere Arten wie das Scheidige Wollgras (*Eriophorum vaginatum*) und der Wiesen-Wachtelweizen (*Melampyrum pratense*) typisch. Nur kleinflächig findet man im »Brunnmättlemoos« vollkommen unbewaldete Moorflächen. Man geht davon aus, daß diese kleinen Bereiche seit jeher natürlicherweise waldfrei sind. Dies ist der Lebensraum der im Schwarzwald vorherrschenden Hochmoor-Bultgesellschaft. Bezeichnende Arten sind neben dominierenden Torfmoosen (*Sphagnum magellanicum, Sphagnum rubellum*) die Rosmarinheide (*Andromeda polifolia*), der Rundblättrige Sonnentau (*Drosera rotundifolia*), die Moosbeere (*Vaccinium oxy-*

coccos) und das Scheidige Wollgras (*Eriophorum vaginatum*). Am Rande dieser Hochmoorbereiche findet sich auf bodensauren und nassen Flächen der Braunseggensumpf. Er ist bereits wieder sehr viel artenreicher mit seltenen Pflanzen wie der Braun-Segge (*Carex fusca*), dem Schmalblättrigen Wollgras (*Eriophorum angustifolium*), der Schnabel-Segge (*Carex rostrata*), dem Blutauge (*Comarum palustre*) und dem Fieberklee (*Menyanthes trifoliata*).

Das ausgedehnte Waldgebiet im Raum Ibach-Lindau-Dachsberg, an dessen Rand das »Brunnmättlemoos« liegt, besitzt für einige Vogelarten eine landesweite Bedeutung. Zu nennen sind hier nur als Beispiel der Schwarzspecht, Rauhfuß- und Sperlingskauz, die Waldschnepfe oder die Ringdrossel. Auch einige andere, hochgradig gefährdete Arten sind hier als Brutvögel vorhanden.

Ein kleines Naturschutzgebiet kann selbstverständlich nicht den ausreichend großen Lebensraum für ein dauerhaftes Überleben von Populationen seltener Tier- und Pflanzenarten sichern. Die Naturschutzverwaltung will daher im Rahmen des sogenannten »Hotzenwald-Projektes« die ausgedehnten Moorwälder mit ihren Einzelmoorbildungen und eingelagerten Offenlandbiotopen als zusammenhängende Naturschutzflächen ausweisen.   *E. Stegmaier*

Eibenkopf

Landkreis: Waldshut
Gemeinde: Stadt Waldshut-Tiengen
Gemarkung: Waldshut
Naturraum: Alb-Wutach-Gebiet
Geschützt seit 1962
Größe: 0,8 Hektar
Top. Karte: 8315 Waldshut-Tiengen

Der Name dieses Naturschutzgebiets nördlich von Waldshut weist bereits auf seinen wesentlichen Schutzzweck hin: Hier wachsen die größten natürlichen Bestände unseres seltensten Nadelbaums, der Eibe, in Baden-Württemberg.

Das harte, aber biegsame Holz der Eibe fand während des Mittelalters vor allem in der Armbrustherstellung Verwendung. So auch in

Waldshut, wo den »Armbrustern« ausdrücklich die Erlaubnis erteilt wurde, Eiben aus dem Stadtwald zu schlagen. Bereits auf einer Karte von 1775 wird der Eibenkopf als »Ibenkepfen« bezeichnet. Die stärkeren Stämme des heutigen Bestands werden auf ein Alter von ungefähr 150 bis 200 Jahren geschätzt, der älteste Baum auf ca. 300 Jahre. Eine Eibe kann über 1000 Jahre alt werden!

In der Umgebung des Naturschutzgebiets wurde 1994 durch die Forstverwaltung ein großflächiger Schonwald ausgewiesen, in dem »die naturnahen Hangbuchenwälder mit Eibenvorkommen auf bewegten Hängen des Muschelkalks« langfristig erhalten werden sollen. Insgesamt wachsen am Eibenkopf derzeit etwa 400 Eiben.

Im Gegensatz zu den anderen heimischen Nadelbäumen, die Zapfen tragen, sind die Früchte der Eibe rote Beeren; sie sind übrigens die einzigen ungiftigen Teile dieses Nadelbaums.

Besucherhinweis: Der Eibenkopf kann auf dem »Walderlebnispfad Waldshut« besucht werden, den die Stadt Waldshut-Tiengen und das Staatlichen Forstamt Waldshut einrichtete. Auf diesem Pfad haben Erwachsene und Kinder die Möglichkeit, »den Wald hautnah zu erleben«. Das Begleitheft ist beim Staatl. Forstamt Waldshut, Untere Haspelstr. 32, 79761 Waldshut bzw. am Kiosk im Wildgehege erhältlich. *B. Seitz*

Ennersbacher Moor

Landkreis: Waldshut
Gemeinde: Dachsberg
Gemarkung: Wolpadingen
Naturraum: Hochschwarzwald
Geschützt seit 1990
Größe: 17,5 Hektar
Top. Karte: 8214 St. Blasien

In dem als moorreich geltenden Gebiet des Hotzenwaldes liegt unmittelbar westlich der Straße Wolpadingen – Wittenschwand in ca. 925 bis 965 m ü. NN das Naturschutzgebiet Ennersbacher Moor. Das Gebiet umfaßt mit insgesamt 17,5 ha zwei unterschiedlich ausgeprägte Bereiche: ein im Süden gelegenes Regenwassermoor mit Moorrandwäldern sowie ein sich nördlich anschließender, dem Ennersbacher Tälchen folgender Komplex aus

340 Große Teile des Ennersbacher Moors sind von einem ganz lückigen Spirkenbestand geprägt.

Naßwiesen und verschiedenen Moorgesellschaften. Das gesamte Gebiet ist weiträumig von Tannen-Fichten-Buchenwäldern, stellenweise auch von der naturnahen Waldgesellschaft des Peitschenmoos-Fichtenwaldes umgeben.

Den geologischen Untergrund bildet eine würmeiszeitliche Moräne, die im südlichen Teil des Gebiets von einer Torflage überdeckt wird. Durch das atlantisch geprägte Klima des Hotzenwaldes mit hohen Niederschlagswerten wird besonders in Bereichen mit wasserstauenden Bodenschichten die Moorbildung stark begünstigt.

Das im Süden des Gebiets gelegene Regenwassermoor ist bisher von menschlichen Eingriffen wie Aufdüngung und Torfabbau verschont geblieben und weist daher einen naturnahen Zustand auf. Das kleinflächige Zentrum des Hochmoores ist nahezu baumfrei und wird von der Gesellschaft der Bunten Torfmoose (Sphagnetum magellanici) eingenommen. Randlich haben sich schöne Schlenken mit der für sie typischen Vegetation und Fauna ausgebildet. Neben den flächendeckenden Torfmoosen können Zwergsträucher, Wollgras und Sauergräser auf der Fläche gefunden werden. Diese Bereiche wurden, ebenso wie die nördlich anschließenden Offenlandflächen, bis Anfang bzw. Mitte dieses Jahrhunderts zur Streugewinnung gemäht.

Den größten Teil des südlichen Gebiets nimmt jedoch ein Spirken-Moorwald ein. Dieser ist eng mit der vorherigen Gesellschaft verzahnt und weist in der Strauch- und Baumschicht die Spirke (*Pinus rotundata*) in stellenweise dichten Beständen auf. Daneben bedecken Zwergsträucher wie Gewöhnliche Moosbeere (*Vaccinium oxycoccos*), Heidelbeere (*Vaccinium myrtillus*) und Heidekraut (*Calluna vulgaris*) den Boden.

Nach Norden schließt sich an den Hochmoorbereich ein feuchter Peitschenmoos-Fichtenwald sowie ein kleinräumiges Mosaik aus verschiedenen Moor- und Naßwiesengesellschaften an. Die Flächen sind stellenweise sehr feucht und werden von kleinen Bächen durchzogen. An quelligen, basenreichen Standorten siedelt die artenreich entwickelte Gesellschaft des Herzblatt-Braunseggen-Sumpfes (Parnassio-Caricetum fuscae). Daneben finden sich Fadenseggenmoor (Caricetum lasiocarpae), Braunseggen-Sumpf (Caricetum fuscae) und Schnabelseggenried (Caricetum rostratae), welche die Naßwiesen stark durchdringen. Diese teilweise blumenreichen Gesellschaften stellen in der durch Wald geprägten Umgebung wichtige Nektarhabitate für blütenbesuchende Insekten dar, z. B. den Hochmoor-Gelbling (*Colias palaeno*).

Fichten-Aufforstungen in einzelnen Bereichen des Ennersbacher Tals bedrängen heute die wertvolle Vegetation der Feuchtwiesen und Niedermoore. Aufgrund der ausbleibenden Nutzung dringt die Fichte immer weiter in die Flächen vor. Um diese wertvollen Bereiche zu erhalten, werden in Abstimmung mit den Grundstückseigentümern im Rahmen von Pflegemaßnahmen die Fichten und andere Gehölze entfernt.

U. Herth

Fohrenmoos

Landkreis: Waldshut
Gemeinde: Ibach
Gemarkung: Ibach
Naturraum: Hochschwarzwald
Geschützt seit 1951
Größe: 3,4 Hektar
Top. Karte: 8214 St. Blasien

Einer floristisch-soziologischen Untersuchung aus dem Jahr 1937 von A. Schumacher ist folgende Kurzbeschreibung des »Fohrenmooses« zu entnehmen: »In dem Walde zwischen »Brühl« und »Fohrenmoos« sind vielfach Hochmooranflüge... Sie wechseln ab mit Frauenhaarteppiche..., Riedgrasflächen, Farnbeständen usw. Es sind einzelne Wälder von schöner Ursprünglichkeit der Bodenflora, da Entwässerungsgräben fehlen.«

Das seit 1951 unter Naturschutz gestellte Moor mit 3,4 ha Fläche liegt ca. 2 km südwestlich von Ibach auf knapp 990 m ü. NN in einer flachen Quellmulde des Franzenbächles. Der Moorkörper ist wenig aufgewölbt. Die Landschaft besteht hier aus zahlreichen Kuppen und Wannen, die in der Eiszeit mehrfach überformt wurden. Meist überzieht eine

341/342 Das NSG »Fohrenmoos« ist bekannt für seine dichten Zwergstrauchbestände – hier die Moor- oder Rauschbeere (*Vaccinium uliginosum*) in blühendem und fruchtendem Zustand.

Grundmoränendecke die Hochfläche. Durch die Ablagerung von Moränenmaterial sowie durch die Sedimendation von glazialen Tonen wurde der Wasserabfluß gehemmt, die Staunässe gefördert, die Moorentwicklung entsprechend begünstigt.

Ende der 30er Jahre wurden tiefe Gräben im Moor angelegt, die zu einer sehr wirkungsvollen Entwässerung des Moorkörpers führten. 1986 ließ die Naturschutzverwaltung in diese Entwässerungsgräben stauende Riegel aus Holz und Torfmaterial einbauen, die vor allem den Abfluß nach Südosten in den Ibach unterbinden sollen. Allerdings wird man wohl kaum eine vollständige Wiedervernässung erreichen können. Dafür sind die Gräben zu tief und die Austrocknung und Mineralisierung des Torfes dauerten bereits zu lang.

Das Naturschutzgebiet »Fohrenmoos« ist weiträumig von einem Tannen-Fichten-Buchen-Wald umgeben. Weißtanne und Rotbuche stellen die natürlichen Hauptbaumarten im Hotzenwald dar. Am Rand des Moores, auf anmoorigen oder quelligen Muldenstandorten tritt aus Konkurrenzgründen die Fichte fast allein auf und bildet in der Höhenlage des Hotzenwaldes und auch hier im Fohrenmoos den Peitschenmoos-Fichtenwald. Im Unterwuchs dominiert die Heidelbeere (*Vaccinium myrtillus*), vereinzelt findet man auch den Sprossenden Bärlapp (*Lycopodium annotinum*) und die Preiselbeere (*Vaccinium vitis-idaea*). In der Moosschicht wachsen verschiedene Torf- und Laubmoose, hier u. a. das namengebende Peitschenmoos (*Bazzania trilobata*). Der Spirken-Moorwald nimmt als lockerer, lichter Wald den größten Teil des Naturschutzgebiets ein. Die Spirke wächst hier in Baumform bis zu einer Höhe von 20 m und besitzt z.T. ein stattliches Alter von 150 oder möglicherweise mehr Jahren. Als Folge der Entwässerung konnte besonders die Fichte weit in den Spirkenbestand vordringen. In der Strauch- und Krautschicht dominiert die Heidelbeere, aber auch andere Zwergsträucher wie Preiselbeere, Rauschbeere (*Vaccinium uliginosum*) und Heidekraut (*Calluna vulgaris*), auch das Scheidige Wollgras (*Eriophorum vaginatum*), das Herzblättrige

Zweiblatt (*Listera cordata*) und der Wiesenwachtelweizen (*Melampyrum pratense*) treten auf. Den eigentlichen Hochmoorarten wie Rosmarinheide (*Andromeda polifolia*) oder Moosbeere (*Vaccinium oxycoccos*) ist es offensichtlich zu trocken geworden; man findet sie nur noch in wenigen Exemplaren.

Im Rahmen von Untersuchungen zur Naturschutzkonzeption »Oberer Hotzenwald« wurde auch die Vogelwelt im Bereich des »Fohrenmooses« erfaßt. Die Vorkommen von in Baden-Württemberg sehr seltenen Vogelarten wie Sperlingskauz, Rauhfußkauz oder Schwarzspecht, Waldschnepfe sowie zahlreichen anderen Vogelarten bescheinigen dem Gebiet einen überdurchschnittlich hohen ökologischen Wert. Als Trittsteinbiotop mit Vernetzungsfunktion zu anderen im näheren Umfeld liegenden Mooren kann das »Fohrenmoos« eine wichtige Funktion für verschiedene Tierarten wahrnehmen. Als Schutzziel ist die Erhaltung eines »schönen Spirkenhochmoors« mit einem Bestand an stattlichen, alten Spirken zu sehen. Durch ein langsames Anheben des Wasserspiegels mittels zusätzlicher Grabensperren sollen die Wasserverhältnisse verbessert werden. Langfristig kann so das bislang unaufhaltsame Vorrücken der Fichte verhindert und eine Moorregeneration eingeleitet werden. Dieses Ziel wird man allerdings nur erreichen, wenn das Moor auch weiterhin nur aus der Ferne, z.B. vom Parkplatz bei der Straße nach Ibach, beobachtet wird. *E. Stegmaier*

Höchenschwander Moor

Landkreis: Waldshut
Gemeinde: Höchenschwand
Gemarkung: Höchenschwand
Naturraum: Hochschwarzwald
Geschützt seit 1995
Größe: 10 Hektar
Top. Karte: 8215 Ühlingen-Birkendorf

Das Höchenschwander Moor ist das östlichste der Hotzenwald-Moore und liegt bereits jenseits des Albtals auf dem sogenannten Höchenschwander Berg. Anders als im eigentlichen Hotzenwald – also zwischen Wehra- und Albtal – sind die Voraussetzungen für die Moorentstehung hier nicht mehr optimal und Hochmoore äußerst selten (vgl. »Tiefenhäuser Moor«). Zum einen nimmt die Niederschlagssumme nach Osten und Süden stetig ab (in Höchenschwand rund 1000 mm/Jahr), zum anderen war die Schwarzwald-Vereisung hier weniger ausgeprägt und hat dementsprechend weniger geeignete Strukturen hinterlassen.

Die Kernzone des Naturschutzgebiets liegt in einer Kaltluftsenke unmittelbar unterhalb des bekannten Kurortes. Die seit dem Ende der Eiszeit entstandenen Torfschichten waren für die Bewohner des nahen Ortes ein willkommener Brennstoff für den heimischen Herd. Infolgedessen war in unserem Jahrhundert die Torfgewinnung im Gebiet abgeschlossen und der wasserstauende Untergrund vielfach freigelegt. Wir können nur vermuten, daß vor Beginn der menschlichen Besiedelung hier ein halboffenes Übergangsmoor im ansonsten geschlossenen Urwald der Umgebung lag.

Heute ist die vermoorte Senke umgeben von Grünland, und im ehemals abgetorften zentralen Bereich kann man an manchen Stellen beobachten, wie sich eine Moorregeneration, d.h. -neubildung abspielen könnte. Eine wichtige Rolle spielt hierbei naturgemäß der Wasserhaushalt. Günstig wirkt sich aus, daß die alten Entwässerungsgräben seit Jahrzehnten nicht mehr unterhalten werden und das mooreigene Wasser vergleichsweise lange im Gebiet verbleibt. Alte Torfstiche werden so von moortypischer Vegetation wie Torfmoosen, Schnabel-Segge (*Carex rostrata*) und Fieberklee (*Menyanthes trifoliata*) überwachsen. An den Rändern sind die Torfmoospolster von der Moosbeere durchwoben, zusammen mit dem Scheidigen Wollgras (*Eriophorum vaginatum*) gilt sie immerhin schon als Art der Übergangsmoore. Unklar ist die Entwicklung von Pfeifengrasbeständen, die im Gebiet relativ weit verbreitet sind. Die gewaltigen Streumengen, die von dieser Art nach Ende jeder Vegetationsperiode angehäuft werden, lassen kaum eine Chance zur Vegationsveränderung. Konkurrenzschwache Moorarten können sich in diesem dichten Filz kaum etablieren. Lediglich ein deutlich nasserer Untergrund wird sich mittelfristig nachteilig auf das Pfeifengras (*Molinia caerulea*) auswirken.

343 In der vermoorten Senke unterhalb von Höchenschwand bildet das Scheidige Wollgras (*Eriophorum vaginatum*) schon im Mai seine fruchtenden weißen Haarkränze aus.

Anders als bei älteren Schutzgebietsverfahren für Hochmoore wurde hier das umgebende Grünland in das Naturschutzgebiet einbezogen. Der Übergang vom Moor ins Wirtschaftsgrünland wird durch bunte Hochstaudenfluren entlang der kleinen Bäche nachgezeichnet. Trollblume (*Trollius europaeus*) und Eisenhutblättriger Hahnenfuß (*Ranunculus aconitifolius*) setzen im Frühsommer auffällige Akzente. Im anschließenden leicht hängigen Grünland ist bis auf eine kleine Teilfläche die Düngung nicht gestattet, um Nährstoffeinträge in den sich regenerierenden Moorkern zu minimieren. Pflegeverträge mit den Bewirtschaftern sollen die Vorgaben der Verordnung finanziell abfedern. *J. Genser*

Horbacher Moor

Landkreis: Waldshut
Gemeinde: Dachsberg
Gemarkung: Wittenschwand
Naturraum: Hochschwarzwald
Geschützt seit 1939
Größe: 10,8 Hektar
Top. Karte: 8214 St Blasien

Das »Horbacher Moor« ist ein Naturschutzgebiet der »Ersten Stunde«. Die Verordnung kam 1939 zustande, als dem Moor die Gefahr drohte, durch Torfabbau zerstört zu werden. Der bekannte Botaniker Erich Oberdorfer schrieb damals in einem wissenschaftlichen Gutachten: »Das Horbacher Moor gehört vegetationskundlich und floristisch zu den wertvollsten Hotzenwaldmooren. Mit seiner oval-runden Form und

344 Das NSG »Horbacher Moor« im winterlichen Schneekleid.

gleichmäßig urglasförmigen Aufwölbung wird es geradezu zum Schulbeispiel eines typischen Schwarzwaldhochmoores«.

Das knapp 11 ha große Naturschutzgebiet liegt ca. 3 km südwestlich von St. Blasien und 1,5 km nördlich von Dachsberg/Wittenschwand. Das Moor entstand in einer durch die Gletschertätigkeit ausgehobelten Geländemulde, die heute noch kleine Abflüsse nach Norden und Süden besitzt. Bei einer Höhenlage von ca. 990 m ü. NN, Niederschlägen um 1500 mm und 5,9 °C durchschnittlicher Jahrestemperatur (Station St. Blasien) liegen ideale Voraussetzungen für das Wachstum eines echten Hoch- oder Regenwassermoors vor. Die anfangs vorhandene Niedermoorvegetation, die durch Bohrprofile nachgewiesen ist, wuchs langsam über den mineralischen Grundwasserspiegel hinaus. Damit erfolgte die Wasserversorgung der Pflanzen nur noch über das nährstoffarme Regenwasser. Aufgrund des Mangels an Nährstoffen, v. a. Kalzium, Kalium und Phosphor, verarmte die Vegetation zusehends. Nur noch Torfmoose (Sphagnen), Wollgras (*Eriophorum vaginatum*), Sonnentau (*Drosera rotundifolia*) und wenige Seggen konnten sich halten. Ein solches »Regenwassermoor« ist in der Regel in seinem zentralen Bereich aufgewölbt, sein Torfkörper besitzt ein eigenes Moorwassersystem. Typisch für Hochmoore ist auch eine räumliche Gliederung von innen nach außen, die auf dem Luftbild recht deutlich zu erkennen ist. Eine zentrale, nur mit einigen krüppelförmigen Spirken bestockte, offene Hochmoorfläche wird von einem schönen Moorwaldgürtel umgeben, der im wesentlichen aus Spirken aufgebaut wird. Nördlich und westlich des Moores stocken – bereits auf Mineralboden – sehr wüchsige Fichten-Buchen-Tannenwälder. Im Norden und Südwesten des eigentlichen Moorkörpers sind Weidfelder vorhanden, die heute allerdings größtenteils brachliegen, aufgeforstet sind oder einer natürlichen Wiederbewaldung unterliegen.

Die Pflanzen im Zentrum des Moors müssen an die extremen Lebensbedingungen mit ständiger Staunässe, Sauerstoff- und Nährstoffarmut sowie an das saure Milieu des Moorwassers angepaßt sein. Nur wenige Gefäßpflanzen

345 Die Blasenbinse (*Scheuchzeria palustris*) wächst in den Schlenken des Moores.

sind dazu in der Lage, so daß in der Hochmoor-Bultgesellschaft Torfmoose vorherrschen. Als bezeichnende Arten sind das Scheidige Wollgras, die Rosmarinheide (*Andromeda polifolia*), der Rundblättrige Sonnentau (*Drosera rotundifolia*), die Moosbeere (*Vaccinium oxycoccos*) und die Armblütige Segge (*Carex pauciflora*) zu nennen. Obwohl sich einzelne Spirken – schlechtwüchsig und nur 1 bis 2 m hoch, auf höheren Bulten angesiedelt haben, werden diese wohl in absehbarer Zeit nicht zu einem geschlossenen Wald heranwachsen, da die zentrale Moorfläche hydrologisch ungestört ist. In den zwischen den Bulten liegenden Vertiefungen, den Schlenken, bestimmen zwei Pflanzengemeinschaften das Bild: Die Schlammseggen-Gesellschaft und die Schnabelried-Gesellschaft. Neben den namengebenden Arten Schlamm-Segge (*Carex limosa*) und Schnabelried (*Rhynchospora alba*) sind v.a. die Blumenbinse (*Scheuchzeria palustris*) und der Rundblättrige Sonnentau regelmäßig zu finden, ansonsten herrschen auch hier Torfmoose vor.

Flachmoor-Gesellschaften sind im Horbacher Moor nur kleinflächig am Rande des Hochmoorkörpers entwickelt. Der Einfluß von mineralreicherem Wasser erlaubt es einer größeren Zahl von Sumpfpflanzen wie etwa Fieberklee (*Menyanthes trifoliata*), Schmalblättrigem Wollgras (*Eriophorum angustifolia*), Sumpf-Veilchen (*Viola palustris*), Wald-Schachtelhalm (*Melampyrum sylvaticum*) und verschiedenen Seggen, hier zu gedeihen. Es handelt sich dabei um den Braunseggensumpf und das Schnabelseggenried.

Wo die extreme Nässe des Hochmoorkerns nachläßt, konnte sich im Horbacher Moor – wie auch in anderen Hotzenwald-Mooren – ein typischer Spirkenwald entwickeln. Die Spirke ist hier im allgemeinen die einzige Baumart. Die Fichte kann nur eindringen, wenn durch Entwässerung eine Störung auftritt. Zwischen dem Spirkenwald auf Torfböden und den zwergstrauchreichen Buchen-Tannenwäldern auf Mineralboden außerhalb des eigentlichen Moorkörpers stockt der natürliche Moor-Fichtenwald. Die Fichte gibt hier fast ausschließlich den Ton an, und läßt nur einer artenarmen Krautschicht Raum. Neben Moosen – darunter das namengebende Peitschenmoos (*Bazzania trilobata*) bestimmt vor allem die Heidelbeere (*Vaccinium myrtillus*) das Bild. Weitere Arten sind der Sprossende Bärlapp (*Lycopodium annotinum*) und die Draht-Schmiele (*Deschampsia flexuosa*). Auf den nicht vermoorten Mineralböden zeigt insbesondere die Weißtanne sehr gute Wuchsleistungen.

Im Norden und im Südwesten des Moors liegen ehemalige Weidfeldkomplexe, die ursprünglich von der Flügelginsterweide eingenommen wurden. Obwohl heute nur noch wenige dieser Flächen vorhanden sind, ist die ursprüngliche Vegetation mit Heidekraut und Flügel-Ginster (*Genista sagittalis*) durchaus noch erkennbar. An schattigen Stellen bildet die Heidelbeere dichte Bestände. Auch geschützte Arten wie die Silberdistel (*Carlina acaulis*), die Arnika (*Arnica montana*) und der Wacholder (*Juniperus communis*) kommen vor und weisen ebenso wie alte Weidbuchen auf die frühere Nutzungsform der Beweidung hin.

Gerade der Übergang von trockenen und mageren Weidflächen zu nassen Moorbiotopen begünstigt eine äußerst artenreiche und gleichzeitig seltene Tierwelt. Neben der großen Bedeutung des Moors als Lebensraum für verschiedene hochbedrohte Waldvogelarten sind im Horbacher Moor vor allem auch die Libellen und Schmetterlinge zu erwähnen. Als typische Libellen des Hochmoors können die Torf-Mosaikjungfer (*Aeshna juncea*), die Alpen- und Arktische Smaragdlibelle (*Somatochlora alpestris* und *S. arctica*), die Kleine Moosjungfer (*Leucorrhinia dubia*) genannt werden, ein typischer Verteter der Schmetterlinge ist der Hochmoor-Gelbling (*Colias palaeno*).

Biotoppflegemaßnahmen sind für den weiteren Erhalt des Moors kaum notwendig. Allenfalls könnte der Entwässerungswirkung durch den nördlichen Abfluß dort mit einer Grabenabsperrung entgegengewirkt werden. Um die Biotopvielfalt außerhalb des Moors zu erhalten, müßten allerdings dringend die ehemaligen Weidfelder offengehalten bzw. wieder freigestellt werden.

Auch die Besucherinformation spielt – wie in anderen Mooren des Schwarzwaldes – eine sehr wichtige Rolle. Mehrfach wurde bereits erwähnt, wie empfindlich Moore auf Störungen, vor allem auf Betreten reagieren. Daß dies auch nicht anzuraten ist, schildert recht eindrucksvoll der folgende Auszug eines Artikels über das Horbacher Moor von I. Litzelmann in der Badischen Zeitung vom 18./19. April 1964: »...Denn schon beim nächsten Schritt versinken die Beine bis über die Knöchel in eine trügerische Moosdecke, in der es vor Nässe quatscht und schwabbelt. Hat man eine nicht besonders glückliche Einstiegsstelle getroffen, so kann man beim unversehenen Einbruch über die Knie oder gar bis über die Hüften versinken. Dann gluckst, quietscht und seufzt es bei den mühseligen und oft erbarmungswürdigen Versuchen, die Hinterextremitäten mit allem daranhängenden Plunder wieder herauszukriegen. Die muntere Arbeit wird von einer Begleitmusik aus blubbernden Tönen umspielt, erzeugt von Blasen aus Sumpf- und Fäulnisgasen, die aus tiefem Grund aufsteigen...«.

E. Stegmaier

Ibacher Moor

Landkreis: Waldshut
Gemeinde und Gemarkung: Ibach
Naturraum: Hochschwarzwald
Geschützt seit 1938
Größe: 15 Hektar
Top. Karte: 8214 St. Blasien

Das Naturschutzgebiet »Ibacher Moor« umfaßt nur den deutlich aufgewöbten Hochmoorkern der großflächig vermoorten, flachen Talsohlen des Ibachs und seiner Zuflüsse. Anlaß für die Ausweisung des Schutzgebiets waren 1936 die Bestrebungen von landwirtschaftlicher Seite, den Torf der Hotzenwaldmoore abzubauen und als Stalleinstreu zu verwenden. Durch die »Meliorierung« des Stallmistes sollte der Humusmangel in den landwirtschaftlich genutzten Böden des Hotzenwaldes ausgeglichen werden. Für Menschen, die sich seit Mitte der 30er

346 Der größte Teil des NSG »Ibacher Moor« wird von einem dichten Spirken-Moorwald eingenommen.

347 Die Raupen des Hochmoor-Gelblings (*Colius palaeno*) entwickeln sich an der Rauschbeere. Die Falter benötigen zur Nahrungsaufnahme jedoch blumenbunte Wiesen, wie sie sich hier noch im angrenzenden Extensivgrünland finden.

Jahre zunehmend für den Schutz der Natur einsetzten, waren die Pläne zum Abtorfen der Moore ein Alarmsignal. Bei der folgenden Begutachtung der Moore auf ihre Naturschutzwürdigkeit kam OBERDORFER (1937) für das Ibacher Moor zu folgendem Ergebnis: »Die Hauptfläche ... ist ein nährstoffarmes, in lebhaftem Wachstum begriffenes und im Zusammenhang damit artenarmes Hochmoor mit allerdings entwicklungsgeschichtlich betrachtet prächtig entwickelten Sphagnumbultgesellschaften«.

Der bis heute weitgehend von menschlichen Einflüssen verschonte Hochmoorkörper ist von einem Spirken-Moorwald bedeckt, der durch besonders mächtige Exemplare der Spirke (*Pinus rotundata*) auffällt, die hier bis über 450 Jahre alt sein sollen (LITZELMANN 1967). Man erkennt deutlich das uhrglasförmig aufgewölbte Moor mit dem steilen Randgehänge auf der Ostseite. Die wenigen hochmoortypischen krautigen Pflanzenarten wie Rosmarinheide (*Andromeda polifolia*), Gewöhnliche Moosbeere (*Vaccinium oxycoccos*), Moorbeere (*Vaccinium uliginosum*) und Moor-Wollgras (*Eriophorum vaginatum*) – an trockeneren Stellen auch Heidekraut (*Calluna vulgaris*) – kommen in großen Beständen vor, am Moorrand dominieren Heidelbeere (*Vaccinium myrtillus*) und Preiselbeere (*Vaccinium vitis-idaea*). Schlenkengesellschaften sind im Hochmoor, das sich zweifellos schon im Endstadium der Moorentwicklung befindet, nicht zu finden. Sie sind dafür aber in unmittelbarer Umgebung des Naturschutzgebiets in seltener Vielfalt und oft in Verzahnung mit basiphytischen Niedermoorgesellschaften entwickelt. So finden sich hier die Schlammseggen-Gesellschaft (Caricetum limosae), die Sumpfbärlapp (*Lycopodiella inundata*)-Gesellschaft, die Schnabelried-Schlenke (Rhynchosporetum albae), das Drahtseggenmoor (Caricetum diandrae), der Herzblatt-Braunseggensumpf (Parnassio-Caricetum fuscae) und das Davallseggenried (Caricetum davallianae). In den an das Hochmoor angrenzenden Moorfichtenwäldern findet man den seltenen Siebenstern (*Trientalis europaea*) und das Herzblättrige Zweiblatt (*Listera cordata*). Das Hochmoor und die angrenzenden Plenterwälder sind Lebensraum des Auerhuhns und der seltenen, baumhöhlenbewohnenden Eulen Rauhfußkauz und Sperlingskauz.

Am Westrand des Moors entdeckt der aufmerksame Beobachter einen heute unter Fichten versteckten Wall, der den Ibach kreuzt. Dieser diente bis ins letzte Jahrhundert dem Aufstau eines Flößereiweihers. Das gestaute Wasser zwischen dem aufgewölbten Torfkörper und dem Berghang konnte durch Öffnen einer Dammschleuse abgelassen werden und beförderte so das im Bachbett lagernde Holz im Schwellbetrieb zu Tal. Auf dem ehemaligen Grund des Weihers »entstand nach Entleerung des Staubeckens eine von Seggen durchsetzte, torfige Sumpfwiese. Fichten, aus Flugsamen aufgekommen und unregelmäßig darin verteilt, gestalten zusammen mit dem durchfließenden Ibach das Gelände zu einer der architektonisch bezauberndsten Moorlandschaften.« (LITZELMANN 1967).

F. Kretzschmar

Kadelburger Lauffen-Wutachmündung

Landkreis: Waldshut
Gemeinden: Küssaberg, Stadt Waldshut-Tiengen
Gemarkungen: Kadelburg, Waldshut, Tiengen, Gurtweil
Naturraum: Hochrheintal
Geschützt seit 1993
Größe: 38,5 Hektar
Top. Karte: 8315 Waldshut-Tiengen

Das Naturschutzgebiet liegt am Hochrhein zwischen Waldshut und Kadelburg. Es erstreckt sich vom Gewann »Weidengrien« südöstlich von Ettikon (ehemaliger Altrheinarm) über den »Kadelburger Lauffen« bis zum Mündungsbereich der Wutach; der Unterlauf der Wutach ist bis zur alten Bannschacher Brücke einbezogen.

Beim Kadelburger Lauffen (auch »Laufen«), dem Herzstück des Naturschutzgebiets, handelt es sich um eine Stromschnelle des Rheins, etwa drei Kilometer oberhalb der Aaremündung. Sie entstand da, wo harte Schichten des Oberen Muschelkalks als Schwelle das Rheinbett kreuzen. Diese Gesteine, teilweise auch die darüber lagernden Kiessande der eizeitlichen Rheinniederterrasse, sind an einer bis zu 15 m hohen Steilwand aufgeschlossen, die durch einen in den Fels gehauenen Absatz zugänglich ist. Im südöstlichen Teil der Felswand fräste der Rhein eine »Brandungshohlkehle« in das Gestein. Die Untiefe erstreckt sich durch das Flußbett als mehrere 100 m breite Zone bis zum Schweizer Ufer. Sie ist in der Strommitte durch einen Bereich größerer Wassertiefe unterbrochen, der für die Schiffahrt und Flößerei früherer Jahrhunderte hergestellt und durch natürliche Erosionsvorgänge verstärkt wurde.

Vor allem im Bereich der Flachwasserzonen östlich der Wutachmündung hat sich ein für den Hochrhein bemerkenswerter Bestand an Wasserpflanzen entwickelt. Die dominierende Art ist der Flutende Hahnenfuß (*Ranunculus fluitans*), daneben kommen aber auch andere Arten wie das Quirlblütige Tausendblatt (*Myriophyllum verticillatum*) und das Krause Laichkraut (*Potamogeton crispus*) vor.

In periodisch überfluteten Bereichen wachsen Auwälder – entlang des Rheins nur stellenweise als schmaler Streifen, etwas großflächiger im Bereich der Wutachmündung und am Altrheinarm im Gewann »Weidengrien«. Im Kontakt zu diesen Wäldern finden sich z.T. Röhrichte, Seggenrieder und Hochstaudenfluren.

Die typische Waldgesellschaft höhergelegener Standorte, die nicht mehr von den periodischen Hochwassern des Rheins erreicht werden, bildet der Sternmieren-Eichen-Hainbuchenwald.

An steilen, teilweise felsigen Muschelkalkhängen über dem Rhein stockt ein lichter Geißklee-Kiefernwald. Das Kadelburger Vorkommen ist deshalb von besonderer Bedeutung, da diese Pflanzengesellschaft hier ihre südwestliche Verbreitungsgrenze erreicht. Auch wenn man die Charakterart Schwarzwerdender Geißklee (*Cytisus nigricans*) hier bereits nicht mehr findet, besitzt sie einige Vorkommen wenige Kilometer weiter östlich und nördlich.

In der Krautschicht finden sich verschiedene Trockenrasen-Arten wie die Erd-Segge (*Carex humilis*) und der Edel-Gamander (*Teucrium chamaedrys*). In halbschattigen Bereichen wachsen vor allem Arten der wärmeliebenden Saumge-

348 Der »Kadelburger Lauffen« mit Brandungshohlkehle im Muschelkalk.

sellschaften, z.B. Blut-Storchschnabel (*Geranium sanguineum*), Hirsch-Haarstrang (*Peucedanum cervaria*) sowie Ästige und Traubige Graslilie (*Anthericum ramosum* und *A. liliago*).

In extrem steilen, teils sogar überhängenden Lagen ist eine Bodenbildung kaum möglich, der Fels steht unmittelbar an. Hier siedelt das Felsenbirnen-Gebüsch, das jeweils nur wenige Quadratmeter einnimmt und in engem räumlichem Kontakt mit dem Geißklee-Kiefernwald steht.

Bemerkenswert ist dabei, daß dieses eng verzahnte Mosaik aus Felsfluren, Trockenrasen-Fragmenten, Saumgesellschaften und Geißklee-Kiefernwald nicht infolge menschlicher Nutzung entstand, sondern sich durch natürliche Faktoren wie Exposition und Gründigkeit des Bodens ausbildete. Hier also haben die genannten Arten und Gesellschaften, die heute meist an vom Menschen beeinflußten Sekundärstandorten siedeln (z.B. an Waldrändern), ihren ursprünglichen (Primär-)Standort.

Die Tierwelt des Gebiets wurde bisher nicht näher untersucht, lediglich zur Vogelwelt können einige Angaben gemacht werden: So kommt im Naturschutzgebiet z.B. die Nachtigall vor, die am Hochrhein nur selten anzutreffen ist. Das Schilfröhricht im Gewann »Weidengrien« und an der Wutachmündung beherbergt einen bemerkenswerten Brutbestand des Teichrohrsängers. In diesem Bereich wurden von der Gemeinde Küssaberg in Zusammenarbeit mit örtlichen Naturschutzgruppen Maßnahmen zur ökologischen Aufwertung durchgeführt: So wurden z.B. Tümpel und Verbindungsgräben im Bereich des ehemaligen Altrheinarms angelegt, größere Ackerflächen in Grünland umgewandelt und standortgerechte Laubbaumarten und Sträucher angepflanzt.

Erwähnenswert ist außerdem, daß der entsprechende Abschnitt des Hochrheins einschließlich der angrenzenden Wälder auf Schweizer Seite bereits 1977 in das Bundesinventar der Landschaften und Naturdenkmäler von nationaler Bedeutung aufgenommen wurde. *B. Seitz*

Kapellenhalde-Wüster See

Landkreis: Waldshut
Gemeinden: Jestetten, Dettighofen
Gemarkung: Jestetten, Baltersweil
Naturraum: Alb-Wutach-Gebiet
Geschützt seit 1981
Größe: 17,3 Hektar
Top. Karte: 8317/8417 Jestetten

Direkt an der deutsch-schweizerischen Grenze im Wangental liegt das Naturschutzgebiet »Kapellenhalde-Wüster See«. Es besitzt eine Größe von etwa 17 ha und erstreckt sich von 430 bis 490 m ü. NN. Neben den Feuchtwiesen, Ried- und Wasserflächen des »Wüsten Sees« schließt das Naturschutzgebiet die mit Laubwald bewachsenen Hänge der »Kapellenhalde« ein.

Der geologische Untergrund des Gebiets wird von Weißjura-Kalken und Tertiärgesteinen aufgebaut. Das Wangental wurde während der letzten Zwischeneiszeit als glaziale Schmelzwasserrinne eines ehemaligen Seitenarms des Rheins gebildet. Hierbei enstanden auch die teilweise steil abfallenden Hänge

349 Zum Schutzgebiet gehören zum einen das ausgedehnte Feuchtgebiet mit dem »Wüsten See«, zum anderen die Buchenwälder an der »Kapellenhalde«.

der heutigen Kapellenhalde. Das Becken des Wüsten Sees wurde durch die Auflandung und Abdämmung des flachen Tals mit Material aus den Bächen der Seitentäler geschaffen, wobei innerhalb des Tals eine Wasserscheide aufgeschüttet wurde.

Zur besseren Nutzung des Talraums wurden in den letzten Jahrhunderten immer wieder Entwässerungsversuche im Bereich des Wüsten Sees unternommen. Die Trockenlegung des Gewässers gelang jedoch nur teilweise, so daß der nördliche Teil als Fischteich genutzt wurde. Den südlichen Teil des Feuchtgebiets bewirtschaftete man bis etwa 1950 als Streuwiese.

Der Wüste See ist heute ein im fortgeschrittenen Verlandungsstadium befindlicher Flachsee, der durch ein ausgedehntes Steifseggen-Ried (Caricetum elatae) geprägt ist. Im Frühjahr sind die Blatt- und Blütentriebe der Steifen Segge (*Carex elata*) steif aufgerichtet und verleihen der Pflanze ihr namengebendes Aussehen. Zur Blütezeit der Pflanze verwandelt sich der Wüste See in einen gelben Teppich. In den Randbereichen finden sich Schilfröhrichte und Hochstaudenfluren, die zu einem Gehölzmantel überleiten.

Die hauptsächlich mit Rotbuche (*Fagus sylvatica*) bewachsenen Hänge der Kapellenhalde sind vor allem durch die Vorkommen des Märzenbechers (*Leucojum vernum*) bekannt. Im Frühjahr bildet die Pflanze stellenweise dichte weiße Blütenteppiche im Unterholz der noch kahlen Bäume aus. Die Blütenpracht kann von einem kurzen Fußweg, der von der Landstraße abzweigt, bewundert werden. Nach dem Abblühen des Märzenbechers verwandeln andere Frühjahrsgeophyten wie Bär-Lauch (*Allium ursinum*), Buschwindröschen (*Anemone nemorosa*), Große Schlüsselblume (*Primula elatior*) und Frühlings-Platterbse (*Lathyrus vernus*) den Waldboden in einen buntes Blütenmeer, bevor die Bäume ihr Blätterdach schließen.

Faunistisch ist das Naturschutzgebiet vor allem aufgrund seiner Amphibien von Bedeutung. Gefährdete Arten wie Laubfrosch und Kammolch bilden neben Gras-, Wasser-/Teichfrosch, der Erdkröte und zwei weiteren Molcharten eine vielfältige Amphibienlebensgemeinschaft. Während die genannten Arten

350 Der Teichfrosch (*Rana* kl. *esculenta*) kommt zusammen mit dem Kleinen Wasserfrosch (*R. lessonae*) im Schutzgebiet vor; die Unterscheidung beider Arten ist oft nicht einfach.

im Wüsten See ihren Laichplatz haben, bieten die umliegenden Wälder gute Sommer- und Winterlebensräume. Aufgrund der fast unmittelbar östlich an das Naturschutzgebiet angrenzenden Landesstraße besteht für die an- und abwandernden Tiere in jedem Jahr die Gefahr, beim Überqueren der Straße zu Tode zu kommen. Durch eine Amphibienschutzgemeinschaft, die alljährlich in Zusammenarbeit mit schweizerischen Kollegen einen grenzübergreifenden Amphibienzaun aufstellt und betreut, konnten die Amphibienbestände bislang gehalten werden.

U. Herth

Katzenbuck-Halde

Landkreis: Waldshut
Gemeinde: Ühlingen-Birkendorf
Gemarkung: Untermettingen
Naturraum: Alb-Wutach-Gebiet
Geschützt seit 1997
Größe: 46 Hektar
Top. Karten: 8216 Stühlingen, 8316 Klettgau

Zwischen Bonndorf und Detzeln hat sich die Steina über weite Strecken tief in den Grundgebirgskörper des Südostschwarzwaldes eingegraben. Nur bei den Dörfern Untermettingen und Endermettingen weitet sich das Tal ein wenig und gibt den Blick frei auf die sanft ansteigenden Hänge einer weitgehend offenen, von kleinen Waldstücken gegliederten Muschelkalklandschaft. Oberhalb der beiden Orte, entlang eines von den harten Schichten des Oberen Muschelkalks gebildeten Steilhanges, befindet sich das Naturschutzgebiet »Katzenbuck-Halde«.

Die Abfolge der Gesteinsschichten vom Muschelkalk an der Hangkante bis hinunter zum Buntsandstein ermöglichte eine enorme Vielfalt an Vegetationseinheiten. Die Rodungstätigkeit des Menschen zur Anlage von Wiesen und Weiden führte zu verschiedenen Grünlandgesellschaften, die in ortsferner Lage kaum in den Genuß von Düngergaben kamen. Seit der Nachkriegszeit konnten die Landwirte die Nährstoffversorgung vieler gut befahrbarer Flächen verbessern, der Preis für höheren Ertrag bestand in einer Verarmung an Arten und eintönigem Grün. Dagegen lohnte sich in ungünstigen steilen Hanglagen und vernäßten Wiesen eine Intensivierung des Grünlands kaum. So läßt sich noch heute im Naturschutzgebiet der Arten- und Blütenreichtum von Kalkmagerrasen, Feuchtwiesen und sogar Flachmooren (z.B. mit Teufels-Abbiß (*Succisa pratensis*), Breitblättrigem Wollgras (*Eriophorum latifolium*) und Davall-Segge (*Carex davalliana*)) bewundern.

Mahd und Beweidung wechseln sich im Naturschutzgebiet harmonisch ab und führen zu einem abwechslungsreichen Landschaftsbild. Als Besonderheit der extensiven Rinderweiden dürfen z.B. die großen Bestände des Kleinen Knabenkrauts (*Orchis morio*) und das Vorkommen des im Naturraum überaus seltenen Zartblättrigen Leins (*Linum tenuifolium*) gelten.

Die Magerwiesen des Schutzgebiets gehören vor allem zu den blumenbunten Salbei-Glatthaferwiesen, die nur zweimal jährlich gemäht werden und z.T. eine leichte Düngung erhalten. Die Kalkmagerrasen sind zum größten Teil

351 Wie das Gebiet um Untermettingen beherbergt auch auch das NSG »Katzenbuck-Halde« noch blütenreiche Wiesen mit dem Kleinen Knabenkraut (*Orchis morio*).

352   Fast in ganz Baden-Württemberg ausgestorben: der Goldene Scheckenfalter (*Eurodryas aurinia*). Auf einem Kalkmagerrasen im Schutzgebiet »Katzenbuck-Halde« fliegt noch eine kleine Population.

brachgefallen, sie müssen durch gezielte Pflegeeinsätze offengehalten werden. Sie sind nicht nur Lebensraum von Enzianarten, Silberdistel und Schlüsselblume, sondern beherbergen auch überregional bedeutsame Vorkommen von Schmetterlingen insbesondere Scheckenfalterarten.

Häufigste Baumart in den kleinen Waldstücken ist die Wald-Kiefer, oft mächtig im Wuchs und tiefbeastet – ein Hinweis auf die frühere Beweidung der wenig produktiven Steilhänge. Die Kiefer gönnt ihrem Unterwuchs ausreichend Licht und Wärme, so daß sich artenreiche Waldsäume entwickeln können, die sowohl in das Waldinnere, als auch einige Meter in die genutzte Wiese hineinreichen. Die Waldränder entfalten ihre Blütenpracht vor allem in wärmebegünstigter Exposition und erst im Spätsommer, eine willkommene Ergänzung für blütenbesuchende Insekten zu einer Zeit, in der das gemähte Land oft trocken und strohfarben daliegt. Die Ausbreitung vieler Arten dürfte durch die Lage des Gebiets im Bereich alter Schaftriebwege vom Hochrhein dem Steinatal folgend zur Baar begünstigt worden sein. Unter

Sträuchern wie Felsenbirne (*Amelanchier ovalis*) und Zwergmispel (*Cotoneaster integerrimus*) gedeihen hier Kalk-Aster (*Aster amellus*), Ästige Graslilie (*Anthericum ramosum*) oder der seltene Berg-Haarstrang (*Peucedanum oreoselinum*). J. Genser

Kohlhütte-Lampenschweine

Landkreis: Waldshut
Gemeinde: Ibach
Gemarkung: Ibach
Naturraum: Hochschwarzwald
Geschützt seit 1996
Größe: 140 Hektar
Top. Karte: 8214 St. Blasien

Die rauhe Landschaft zwischen Wehra und Alb nennt sich Hotzenwald. Das klingt zurecht deutlich abgelegener und einsamer als die Bezeichnung »Südschwarzwald«. Touristenattraktionen wie Titisee oder Feldberg fehlen – man ist geneigt hinzuzufügen: glücklicherweise. Große geschlossene Waldgebiete mit abwechs-

353 Weidfeldlandschaft im NSG »Kohlhütte-Lampenschweine« mit Solitärfichte und Wacholderbüschen.

354 Die Männchen des Dukaten-Feuerfalters (*Lycaena virgaureae*) gleichen fliegenden Edelsteinen.

lungsreichen Buchen-Tannen-Plenterwäldern gehören zum Charakter dieser Landschaft wie ebenso große offene Wiesen und Weiden. Kleinstrukturiert ist sie nicht, eher klar und grob gegliedert. Der Blick nach Süden gegen die Alpen wird von keinem Schwarzwaldgipfel mehr verstellt, im Gegenteil: von hier geht es langsam aber sicher hinunter zum Hochrhein an die Landesgrenze zur Schweiz.

Die Gemeinde Ibach umgibt sich mit einem waldarmen Mosaik aus Mooren und Feuchtwiesen, Wirtschaftsgrünland und Weiden in den Hanglagen. Die Beweidung erfolgt traditionell mit Rindern, oft ist sogenanntes Pensionsvieh aus den tiefergelegenen Dörfern in den Herden vertreten. Der Weidegang beginnt angesichts der weit ins Frühjahr reichenden Schneedecke häufig erst im Mai und endet schon wieder im Oktober. Dank der jahrhundertelangen Nutzung ohne Düngereinsatz hebt sich diese gemeindeeigene »Allmend« heute aus Sicht des Arten- und Biotopschutzes deutlich ab vom Einheitsgrün der intensiv genutzten Wiesen, die auch im Schwarzwald Einzug gehalten haben. Wenn auch einige dieser

355 Der Violette Feuerfalter (*Lycaena alciphron*) hat bundesweit die bedeutendsten Vorkommen im Südschwarzwald. Im NSG besiedelt er die Übergangsbereiche von Flachmoor und Flügelginsterweide.

Flächen – insbesondere die gut befahrbaren – in ertragreiches Grünland umgewandelt wurden und an Steilhängen monotonen Fichtenpflanzungen zum Opfer fielen, so blieben doch gerade bei Ibach bis heute herausragende Lebensräume für Pflanzen und Tiere durch das Festhalten an der herkömmlichen Bewirtschaftung erhalten.

In besonderem Maß trifft dies auf das ganz im Norden der Ibacher Rodungsinsel gelegene Gebiet »Kohlhütte-Lampenschweine« zu. Auf über 140 Hektar wechseln sich wacholderbestandene Extensivweiden mit Wiesen, Flach- und Hochmooren ab. Insgesamt sechs Moorkomplexe umfaßt das Schutzgebiet, darunter zwei Hochmoore und ein für den Grundgebirgs-Schwarzwald ungewöhnlich artenreiches »Kalkflachmoor«. Die Hochmoore liegen schon über 1000 m Meereshöhe und sind daher im Unterschied zu den meisten anderen im Hotzenwald durch das fast vollständige Fehlen der Spirke charakterisiert (vgl. NSG »Fohrenmoos«, »Brunnmättlmoos« und »Ibacher Moor«).

Den größten Flächenanteil im Schutzgebiet nehmen Allmendweiden ein, deren Vegetation überwiegend aus artenreichen mageren Flügelginsterweiden besteht. Neben dem Flügel-Ginster (*Genista saggitalis*) als namengebender Art sind als Besonderheiten Weißzüngel (*Pseudorchis albida*) und Katzenpfötchen (*Antennaria dioca*) zu nennen. Die außerhalb des Südschwarzwaldes stark zurückgehende Arnika (*Arnica montana*) bildet besonders in weniger stark beweideten Bereichen dichte Bestände. Der Neuntöter, ansonsten mehr aus den heckenreichen Gäulandschaften bekannt, erreicht dank der zahlreichen Wacholderbüsche hohe Populationsdichten. Zitronengirlitz und Alpen-Ringdrossel lassen sich ebenfalls beobachten und sogar das Auerwild findet in den Moorgebieten optimale Teillebensräume.

Ein akustischer Genuß ist die Wanderung auf den Wegen des Schutzgebiets im Spätsommer. Neben dem metallisch scharfen und lauten Zirpen des Warzenbeißers (*Decticus verrucivorus*) ist die Luft erfüllt vom deutlich weicheren Schnarren des Gebirgs-Grashüpfers (*Stauroderus scalaris*), der nicht nur im Sitzen, sondern auch im Flug zu »singen« vermag. Die

Art ist in den Alpen noch weitverbreitet, in Deutschland jedoch bis auf ganz wenige Ausnahmen außerhalb des Südschwarzwaldes ausgestorben. Der Gebirgs-Grashüpfer gehört damit zu den weniger auffälligen Beispielen stark gefährdeter Tierarten in Baden-Württemberg, um deren Erhaltung sich die Naturschutzverwaltung bemüht.
J. Genser

Küssaberg

Landkreis: Waldshut
Gemeinde: Küssaberg
Gemarkung: Bechtersbohl
Naturraum: Alb-Wutach-Gebiet
Geschützt seit 1941
Größe: 6,3 Hektar
Top. Karte: 8316 Klettgau

Der Geschäftsführer und Landesbeauftragte für Naturschutz Dr. Erich Oberdorfer fällte ein eindeutiges Urteil und teilte es dem Landrat des Landkreises Waldshut mit: »Die Einleitung der Maßnahmen zum Schutz des Küssaberges duldet keine Verzögerung.« Diesem Brief vom 31. März 1939 folgte wenige Wochen später ein vegetationskundliches Gutachten des namhaften Pflanzensoziologen, welches hier in Auszügen zitiert werden soll: »Der Hochrhein zwischen Basel und dem Bodensee wird von einer ganzen Reihe der hervorragendsten Standorte östlicher und südlicher Steppen- und Trockenpflanzen begleitet. Die fernere Zusammensetzung der Pflanzengesellschaften ist von besonderem Interesse, weil sich gerade in dem in Frage stehenden Gebiet ein Wanderstrom aus dem Südwesten Europas mit einem solchen aus dem Osten trifft. Ein Gang rheinaufwärts ergibt aus kurzer Entfernung die größten Gegensätze. Die Muschelkalkfelsen des Grenzacher Horns tragen mit Buchs (*Buxus sempervirens*), Schneeballblättrigem Ahorn (*Acer opalus*) und Flaumeichenbeständen ausgesprochen mediterranen Charakter. Rund 50 km rheinaufwärts, östlich von Waldshut, tragen die steil zur Rheinniederung abfallenden südexponierten Jurakalke eine Vegetation stark kontinentalen Gepräges. An die Stelle der allerdings noch nicht ganz verschwundenen Flaumeiche tritt die Waldkiefer. In der Krautschicht steht die Österreichische Schwarzwurzel (*Scorzonera austriaca*) innerhalb ihres ost- und mitteleuropäischen Areals an ihrer absoluten Westgrenze.

Die Reliktnatur der Kiefer an der Küssaburg hat zuerst ... Braun-Blanquet nachgewiesen. Er beschrieb die Gesellschaft als Föhren-Geißklee-

356 Flachgründiger Kalkboden, ein lichter Wald und zahlreiche Saumarten, hier die Ästige Graslilie, kennzeichnen den Südhang unterhalb der Küssaburg.

Gesellschaft ... und lenkte damit die Aufmerksamkeit weiterer Fachkreise auf die Standorte am Hochrhein, von denen die Küssaburg zweifellos zu den interessantesten gehört ...«

Die Verhältnisse am Steilhang unterhalb der Küssaburg bei Bechtersbohl haben sich in den vergangenen 60 Jahren offensichtlich verändert. Eine Dominanz der Waldkiefer kann heute nicht mehr festgestellt werden, Laubbäume haben nicht nur im Unterholz an Vitalität zugenommen. Auch ist die Flaumeiche im Gebiet des Klettgaurückens wesentlich weiter verbreitet als von Oberdorfer angenommen. Der lange Zeit vernachlässigte, historische Einfluß des Menschen ist auf diesen Standorten doch deutlich höher als bisher angenommen.

Von den Römern schon als Standort für einen Wachturm genutzt, galt es über Jahrhunderte hinweg, den Gehölzaufwuchs an den Hängen des Küssaberges – wie an anderen Burgbergen auch – aus strategischen Gründen zu verhindern. Dies geschah z.B. durch mechanische Beseitigung und/oder Beweidung. Erosion und große Vegetationslücken dürften angesichts der Steilheit eher die Regel statt die Ausnahme gewesen sein. Die Kiefer als Pionierholzart fand, nachdem die Burgen ihre militärische Bedeutung verloren hatten, an den aufgelassenen Hängen ideale Standortbedingungen vor und konnte sich rasch ausbreiten. Darstellungen aus dem frühen 19. Jahrhundert zeigen den Hang der Küssaburg stilisiert mit einem lockeren Kiefernwald bestockt. Die Beweidung hielt noch eine zeitlang an und erschwerte die Ansiedlung von Laubgehölzen. Da die Vegetationsentwicklung an trockenwarmen Südhängen nur sehr langsam vor sich geht und der Laubwald sich auf seine standörtliche Grenze zubewegt, läßt sich erst in unserer Zeit die Ablösung des Kiefernwaldes durch Laubwald beobachten. Der Reichtum an Reliktarten und wärmeliebenden Saumarten weist damit nicht nur auf die Besonderheiten des Wuchsortes hin, sondern auch auf die jahrhundertelange unbewußte Förderung durch den Menschen.

J. Genser

Lindenberg-Spießenberg

Landkreis: Waldshut
Gemeinde: Stühlingen
Gemarkungen: Stühlingen, Schwaningen, Unterwangen
Naturraum: Alb-Wutach-Gebiet
Geschützt seit 1995
Größe: 84 Hektar
Top. Karte: 8216 Stühlingen

Das etwa 150 ha große Waldgebiet »Lindenberg-Spießenberg« befindet sich auf der ansonsten waldarmen Muschelkalk-Hochfläche ca. drei Kilometer nordwestlich der am Hang über der Wutach liegenden Stadt Stühlingen. Nur der Taleinschnitt des Weilerbachs sorgt für ein stärkeres Relief. Der Lindenbergweg, Teil des Wegenetzes des Schwarzwaldvereins, durchzieht von Schwaningen und dem Kreuzweg am Kalvarienberg kommend Richtung Bettmaringen den geschlossenen Hochwald.

Mit einer Verordnung aus dem Jahre 1954 sollten die üppigen Orchideenvorkommen, insbesondere die des Frauenschuhs, auf etwa 16 ha geschützt werden. Die Launen der Natur ließen sich jedoch von Schutzgebietsgrenzen nicht beschränken, so daß sich nach kurzer Zeit der Schwerpunkt schützenswerter Pflanzenarten in die außerhalb liegenden Waldstücke verlagerte. Offensichtlich hatten sich die Lichtverhältnisse bedingt durch Alterungsvorgänge der nadelholzreichen Bestände im Schutzgebiet negativ und jenseits der Grenze positiv verändert. Dieser natürlichen Dynamik eines Wald-Ökosystems versuchte die Naturschutzverwaltung durch ein vergrößertes Schutzgebiet gerecht zu werden. Das Naturschutzgebiet erscheint nun mit einer Fläche von fast einem Quadratkilometer groß genug, um zeitliche und räumliche Veränderungen von Tier- und Pflanzenpopulationen ungestörten Lauf zu lassen.

Die Wälder der Hochfläche werden heute von der Fichte bestimmt. Lediglich die Waldkiefer erreicht noch – zumeist als älterer sogenannter »Überhälter« – einen hohen Deckungsgrad. Die Rotbuche spielt derzeit noch eine untergeordnete Rolle, ihr Auftreten gewinnt im Unterwuchs aber deutlich an Dynamik, und

357 Eine der weniger auffälligen Orchideenarten im NSG »Lindenberg-Spießenberg«: die Korallenwurz (*Corallorhiza trifida*), ein typischer Nadelholzbegleiter.

man muß davon ausgehen, daß sie in den nächsten Baumgenerationen dominieren wird. Berühmt sind die auf den ersten Blick unscheinbar wirkenden Nadelwälder durch ihre reiche Bodenflora, v.a. durch stattliche Bestände an Orchideen und Wintergrün-Arten. Das nordisch-boreale Verbreitungsgebiet vieler dieser Arten läßt sie in unseren gemäßigten Breiten nur auf Sonderstandorten mit einer ganz eigenen geschichtlichen Entwicklung gedeihen. Am Lindenberg wurden durch Ackernutzung den heute mit Wald bestockten Flächen bis ins 19. Jahrhundert hinein Nährstoffe entzogen. Der Aufforstung mit Nadelbäumen etwa um 1820 bis 1850 folgte vermutlich die damals übliche Nutzung der Streu und damit eine weitere Aushagerung des Waldbodens. Die Kiefer als Pionierbaumart konnte sich etablieren und so entstanden im Zusammenspiel mit den örtlichen rauhen Klimaverhältnissen im Laufe der Jahrzehnte Verhältnisse, welche an die nährstoffarmen, moos- und flechtenreichen Nadelwälder nördlicher Breiten erinnern. Immer wieder erstaunlich ist, daß diese nordisch-borealen Arten einwandern konnten zumal sie in der weiteren Umgebung schon damals recht selten waren. Zu diesen Arten gehören z.B. Nickendes Wintergrün (*Orthilia secunda*), Grünes Wintergrün (*Pyrola chlorantha*) oder Einblütiges Wintergrün (*Moneses uniflora*). Unter den Orchideen, die aufgrund ihrer Symbiose mit Wurzelpilzen auf modrigen Böden gedeihen, ist das große Vorkommen des Frauenschuhs (*Cypripedium calceolus*) zu nennen, aber auch das von Nadelholzbegleitern wie Netzblatt (*Goodyera repens*) und Korallenwurz (*Corallorhiza trifida*).

Ganz anders der Eindruck in den Hängen zum Weilerbachtal, wo die Fichte völlig fehlt und alte Buchenwälder dominieren. An feuchten Taleinschnitten sind Esche und Berg-Ahorn beteiligt, die zum Zeitpunkt des zu ihren Füßen sich ausbreitenden Blütenteppichs noch unbelaubt sind. Als besondere Kostbarkeit finden sich neben Schlüsselblume, Teufelskralle und Lungenkraut Massenbestände des Märzenbechers (*Leucojum vernum*). Im Talgrund wurden die früheren, ebenfalls märzenbecherreichen Wiesen bedauerlicherweise in standortfremde Fichtenforste umgewandelt, die entlang des Bachlaufs von Natur aus zu erwartenden Erlenwälder sind daher nur fragmentarisch entwickelt.

J. Genser

Nacker Mühle

Landkreis: Waldshut
Gemeinde: Lottstetten
Gemarkung: Lottstetten
Naturraum: Hochrheintal
Geschützt seit 1994
Größe: 30 Hektar
Top. Karte: 8317/8417 Jestetten

Das Hochrheintal ist aufgrund seiner Topographie, seiner Verkehrswege zu Wasser, auf Straße und Schiene sowie der intensiven landwirtschaftlichen Nutzung und des Kiesabbaus arm an größeren Biotopflächen. Einer der weni-

358 Freies Spiel der Kräfte im »Teufelsloch«, dem nördlichen Teil des NSG »Nacker Mühle«. Der Bach schneidet sich tief in die Niederterrassenkante ein.

gen naturnahen Bereiche ist das Umfeld des Weilers Nack nahe der Landesgrenze zum schweizerischen Rafz. Auf der Niederterrasse, die sich etwa 50 m über die heutige Talsohle des Rheins erhebt, liegen Ortschaften wie Lottstetten oder Jestetten, verlaufen Bahnlinie und B 27 und rattern die Transportbänder in den Kiesgruben. Ihr nach Osten gerichteter Steilabfall zum Rhein hinunter weckt nicht nur den Eindruck der Abgeschiedenheit, sondern birgt auch flächige Hangquellen, die Schutzgegenstand des Naturschutzgebiets »Nacker Mühle« sind.

Den Untergrund der Niederterrasse bilden eiszeitlich abgelagerte Kiesbänke des vor über 15 000 Jahren weit im Tal mäandrierenden Rheins und der Thur. An ihrem Rand kann das oberhalb versickernde Grundwasser leicht an die Oberfläche austreten. Der größte Teil der Niederterrassen-Abhänge wird von Wald eingenommen, jedoch immer wieder hat der Mensch versucht, Teile des Gebiets zu kultivieren. Ansatzpunkt waren die ursprünglich wohl baumarmen Hangmoore. Ihre v. a. von Sauergräsern dominierte Vegetation wurde vermutlich im Spätjahr gemäht und als Stallstreu verwendet. So entstanden größere Lücken im Wald, die allerdings nach dem Zweiten Weltkrieg infolge der Nutzungsaufgabe einer allmählichen Veränderung unterworfen waren. Das hier vorkommende Mehlprimel-Kopfbinsenmoor besiedelt die Standorte unmittelbar um die Quellaustritte, die aufgrund des kalkreichen Wassers durch üppige Kalksinterbildungen gekennzeichnet sind. Diese Flachmoorgesellschaft ziert sich mit so reizvollen Arten wie Mehlprimel (*Primula farinosa*) und Glanzstendel (*Liparis loeselii*), Fettkraut (*Pinguicula vulgaris*) oder Simsenlilie (*Tofieldia calyculata*). Diese Arten sind dem Botaniker vor allem aus den präalpinen Mooren Oberschwabens und des Bodenseegebiets vertraut. Am Hochrhein gelten Moore dieser Ausprägung als große Besonderheit, da sie hier ihre äußerste westliche Verbreitungsgrenze erreichen.

Neben weiteren Grünlandgesellschaften feuchter bis nasser Standorte wie den Stumpfbinsen- und Sumpfseggenrieden sowie ausgedehnten Schilfröhrichten finden sich auch trockene Glatthaferwiesen mit Wiesen-Salbei (*Salvia pratensis*) und Kleinem Wiesenknopf (*Sanguisorba minor*). In den Wäldern südlich der ehemaligen Mühle, die dem Schutzgebiet ihren Namen verliehen hat, dominieren am Hang noch Fichtenbestände, deren Laubholzanteil dank Umbaumaßnahmen allmählich zunimmt. In fast ganzjährig nassen Mulden des Talbodens – wahrscheinlich Reste eines alten Gerinnes des nacheiszeitlichen Rheins – gedeihen Schwarzerlen-Bruchwälder mit Steif-Segge (*Carex elata*). Ganz anders das Erscheinungsbild nördlich der Nacker Mühle. Im sogenannten »Teufelsloch« verzichtete man glücklicherweise auf eine Intensivierung der forstlichen Nutzung. Durch den urwüchsigen Ahorn-Ulmen und Ahorn-Lindenwald plätschern allerorten kleine Rinnsale den Hang hinunter, verlieren sich zwischen kalkigen Aufsinterungen, bilden kleine Sümpfe mit Riesenschachtelhalm und münden schließlich am Hangfuß in einen Hauptgraben, der dann dem Rhein zufließt. *J. Genser*

Oberer Schwarzenbach

Landkreis: Waldshut
Gemeinden: Rickenbach, Stadt Bad Säckingen
Gemarkungen: Willaringen, Rippolingen
Naturraum: Hochschwarzwald
Geschützt seit 1992
Größe: 3,2 Hektar
Top. Karte: 8413 Bad Säckingen

Das Naturschutzgebiet zeichnet sich in erster Linie durch den einzigen aktuellen Nachweis des Zarten Gauchheils *(Anagallis tenella)* in Baden-Württemberg aus. Um die fachliche Betreuung und Finanzierung der Pflegemaßnahmen zu gewährleisten, wurde das Gebiet trotz einer Flächengröße von weniger als fünf Hektar nicht als Flächenhaftes Naturdenkmal, sondern als Naturschutzgebiet ausgewiesen.

359 An Bächen mit guter Wasserqualität wie dem »Oberen Schwarzenbach« lebt die Zweigestreifte Quelljungfer (*Cordulegaster boltoni*).

Das ehemals wesentlich häufigere Vorkommen des Zarten Gauchheils und des ebenfalls stark gefährdeten Kleinen Helmkrauts (*Scutellaria minor*) im Hotzenwald ist eng mit der früher in dieser Gegend verbreiteten Wiesenwässerung verknüpft. An den Wässergräben fanden diese Arten offenbar sehr günstige Bedingungen vor. Heute findet man Restbestände dieser Arten hauptsächlich in Binsenwiesen (an offenen Stellen) und an flachen Wiesengräben, die allerdings mehr der Entwässerung als der Bewässerung dienen. Auch am oberen Schwarzenbach handelt es sich um ehemalige Wässerwiesen, wie an den hangparallelen Gräben zu erkennen ist.

Die Schutzwürdigkeit des Gebiets ist jedoch nicht allein durch das Vorkommen des Zarten Gauchheils gegeben, sondern auch durch zahlreiche andere seltene und gefährdete Arten, schützenswerte und vielfältig ausgebildete Pflanzengesellschaften und einen großen Strukturreichtum.

Der naturnahe Bachlauf ist u.a. Lebensraum der Zweigestreiften Quelljungfer (*Cordulegaster boltoni*), einer gefährdeten Großlibelle.

Zwingend notwendig für die Erhaltung des Zarten Gauchheils und anderer gefährdeter Arten ist eine extensive Bewirtschaftung bzw. Pflege, die vor der Ausweisung des Naturschutzgebiets nicht mehr überall gewährleistet war. Für einige Flächen wurden Pflegeverträge mit Landwirten im Rahmen des Grünlandprogramms Waldshut abgeschlossen, andere werden im Auftrag der Naturschutzverwaltung gepflegt.
B. Seitz

Orchideenwiese Küßnach

Landkreis: Waldshut
Gemeinde: Küssaberg
Gemarkung: Küßnach
Naturraum: Alb-Wutach-Gebiet
Geschützt seit 1962
Größe: 0,9 Hektar
Top. Karte: 8316 Klettgau

Die Wiesen im Gewann »Kugeläcker« unterscheiden sich auf den ersten Blick kaum von anderen Magerwiesen auf dem Klettgaurücken östlich der Ruine Küssaburg. Ein Besuch lohnt nicht nur wegen der Fernsicht über den Hochrhein zu den Alpen oder über die Klettgaurinne zum Schwarzwald, sondern auch wegen des noch ungewöhnlich weit verbreiteten artenreichen Grünlands. Der zweite Blick in das Naturschutzgebiet hinein erklärt dann die Bemühungen der Naturschutzverwaltung um Grunderwerb (1959) und Unterschutzstellung dieser drei kleinen Grundstücke. Artenreichtum und die Vielzahl an Orchideenarten ließ seinerzeit die Herzen der Verantwortlichen höher schlagen, zumal sie eine Intensivierung der Nutzung befürchteten. Zurecht muß man dem Standort Kugeläcker aus landwirtschaftlicher Sicht ein größeres Potential zubilligen, als das eines einschürigen Halbtrockenrasens. Der Untergrund vieler Flächen am Klettgaurücken ist nämlich keineswegs so flachgründig wie die magere kurzrasige Vegetation glauben macht. Das Juragestein steht hier nicht unmittelbar an wie an den Hängen des Randen oder der Schwäbischen Alb. Eine mehr oder weniger dicke Schicht aus tertiärem Abtragungsmaterial, »Juranagelfluh« genannt, überkleidet mit Lehm und kalkhaltigen Geröllen die jurassischen Kalke. Diese Umstände verbessern den Wasserhaushalt während sommerlicher Trockenzeiten und ermöglichen bei guter Düngerzufuhr ertragreiche Wirtschaftswiesen. Glückliche Umstände und die Anstrengungen der Naturschutzverwaltung sind die Gründe für das kleine »Magerwiesen-Wunder« auf dem Klettgaurücken.

Im Naturschutzgebiet selbst wachsen allein fünf Arten der Gattung Orchis, Fliegen- und Spinnen-Ragwurz (*Ophrys insectifera* und *O. sphecodes*) sowie die Hundswurz (*Anacamptis pyramidalis*). Insgesamt 15 Arten dieser Pflanzenfamilie tauchen mehr oder weniger regelmäßig in der Krautschicht auf und bereichern das ohnehin bunte Bild. Pflanzensoziologisch müssen die Bestände aufgrund der oben beschriebenen Verhältnisse eher zu den Salbei-Glatthaferwiesen als zu den Halbtrockenrasen gestellt werden. Fatal wirkte sich daher der in

360 Häufigste Orchideenart in den Magerrasen des Klettgaurückens: die Hundswurz (*Anacamptis pyramidalis*).

den 80er Jahren bewußt in den Spätsommer verschobene Mähtermin aus. Verfilzung und Verarmung waren die Folge auf einem für die Augustmahd zu wüchsigen Standort. Mit einem neuen Pflegevertrag wurde 1993 auf die gewonnenen Erkenntnisse reagiert, die Flora erholt sich seitdem unverkennbar. Zur weiteren Pflege müssen in mehrjährigen Abständen Hecken und Gebüsche zurückgeschnitten werden, um eine zunehmende Beschattung der dreiseitig von Wald umgebenen Wiese zu verhindern.
J. Genser

Pulsatilla-Standort Dangstetten und Orchideenwiese

Landkreis: Waldshut
Gemeinde: Küssaberg
Gemarkung Dangstetten
Naturraum: Hochrheintal
Geschützt seit 1962 und 1964
Größe: 0,6 und 1,6 Hektar
Top. Karte: 8415 Küssaberg-Dangstetten

361 Über flachgründigem Kies auf den Abhängen der Niederterrasse sind die größten Küchenschellenvorkommen im Hochrheintal zu finden.

Die Naturschutzgebiete »Pulsatilla-Standort Dangstetten« und »Orchideenwiese« sind zwei ca. 700 m voneinander entfernte, sehr kleine Schutzgebiete auf einem Abhang der Niederterrasse am Hochrhein. Nur an wenigen aufgeweiteten Stellen des Hochrheintals ist die Niederterrassenkante, das sogenannte Hochgestade, gut erhalten. Vor allem im Bereich der Küssaberger Ortsteile Kadelburg, Rheinheim und Dangstetten ist sie als fünf bis acht Meter hoher Absatz in der offenen Kulturlandschaft deutlich erkennbar. In die mächtigen Geröllschichten, die der damals breit im Tal mäandrierende Rhein während der Eiszeit ablagerte, haben sich dann nach der Eiszeit große Schmelzwassermengen eingeschnitten und das sogenannte Hochgestade als Erosionskante geschaffen. Profitabel auszubeutende Kiesvorkommen bilden jedoch schon seit den 60er und verstärkt seit den 70er Jahren die Grundlage für eine florierende Kiesindustrie, was den landschaftstypischen Gesamteindruck inzwischen stark beeinträchtigt.

Als verhängnisvoll erwies sich der historisch bedingte kleinräumige Ansatz des Naturschutzes, der das Hauptaugenmerk auf die Art und weniger auf Lebensgemeinschaften mit ihren größeren Raumansprüchen gelegt hatte. Die Verbindung artenreicher Magerrasen entlang der v.a. südexponierten Hangkante ist heute durch den Kiesabbau unterbrochen, das Landschaftsbild unwiederbringlich verändert. Schon die Namen der Schutzgebiete weisen auf den damals verfolgten Schutzzweck hin, die Küchenschelle (*Pulsatilla vulgaris*) und Orchideenarten. In beiden Gebieten sind zudem die Vorkommen des Bartgrases (*Botriochloa ischaemum*) erwähnenswert, im »Pulsatilla-Standort Dangstetten« das der Kugelblume (*Globularia elongata*). Beide Arten besiedeln Halbtrocken- und Trockenrasen und besitzen im Landkreis Waldshut nur wenige Wuchsorte. Das östlich gelegene Naturschutzgebiet »Orchideenwiese« zeichnet sich bis heute durch bunte Magerwiesen und -rasen aus und beherbergt Orchideenarten wie Brand-Knabenkraut (*Orchis ustulata*) oder Riemenzunge (*Himantoglossum hircinum*), deren Auftreten von Jahr zu Jahr stark schwankt. Die extrem flachgründigen Kiesböden durchzieht das Wurzelgeflecht von Kriechsträuchern wie dem Edel-Gamander (*Teucrium chamaedrys*), der den Boden im Frühsommer mit einem bienenumsummten dunkelrosa Blütenteppich bedeckt. An der oberen Hangkante markiert das vereinzelte Auftreten des Flügelginsters (*Genista saggitalis*) eine leichte Oberbodenversauerung.

Nach Abschluß der Auskiesungen zwischen beiden Schutzgebieten wird es nötig sein, die weitere Entwicklung der neu entstandenen Kiesböschungen so zu steuern, daß der ehemalige klassische Biotopverbund wenigstens in Ansätzen wiederhergestellt werden kann. Durch den Verzicht auf Mutterboden und mit Hilfe von Mähgut aus den benachbarten Schutzgebietsflächen soll versucht werden, Initialstadien von Magerrasen zu schaffen, die im Laufe der Zeit die ökologische Funktion des alten Hochgestades in Teilen wieder erfüllen können. *J. Genser*

haftes Relief hinterlassen. Die nacheiszeitliche Vegetationsentwicklung führte in den Senken zur Bildung verschiedener Moortypen und fichtenreicher Waldgesellschaften. Die weniger feuchten und frostgefährdeten Hanglagen beherrschten Buche und Tanne. Hier hat der wirtschaftende Mensch in den letzten 1000 Jahren verändernd eingegriffen und durch Mahd und Beweidung halboffenes und offenes Grünland geschaffen.

Aufgrund der nachlassenden Beweidungsintensität – ein Problem aller Extensivweiden im Schwarzwald – sind die Weidfelder heute dichter bestockt als früher. Wacholderbüsche sind verbreitet und ausgehend von alten, tief beasteten Weidfichten haben mancherorts zahlreiche Jungfichten die vorher offenen Magerrasen besiedelt.

Rüttewies-Scheibenrain

Landkreis: Waldshut
Gemeinde: Dachsberg
Gemarkung: Urberg
Naturraum: Hochschwarzwald
Geschützt seit 1997
Größe: 62 Hektar
Top. Karte: 8214 St. Blasien

Innerhalb des Hotzenwaldes nimmt der auf den Höhen zwischen den tief eingeschnittenen Tälern von Alb und Ibach liegende Dachsberg eine besondere Rolle ein. Hier lösen sich aufgrund der Eigentumsverhältnisse die großen zusammenhängenden Waldungen und Weidfelder, wie sie um Ibach zu finden sind (vgl. NSG »Kohlhütte-Lampenschweine«), auf und schaffen ein feingegliedertes Landschaftsbild. Nördlich von Urberg verzahnen sich die typischen Lebensräume des Dachsberges in einzigartiger Weise. Geologie und Klima haben mit würmeiszeitlichen Moränen und erosiv entstandenen Versteilungen im Granit ein leb-

362 Das Alpen-Wollgras (*Trichophorum alpinum*) ist eine Seltenheit der kalkoligotrophen Hangmoore im Hotzenwald, hier blühend im NSG »Rüttewies-Scheibenrain«.

363 Weidfeld im Gewann »Rüttewies« mit blühender Bärwurz (*Meum athamanticum*) und einem Steinriegel, der auf ehemalige Wiesen- oder gar Ackernutzung hinweist.

Ein gründlicher Blick in die Krautschicht der noch gut beweideten Hänge »Rüttewieshöh« oder »Scheibenrain« enthüllt die besondere Bedeutung für den Artenschutz. Zu den auf anderen Weidfeldern längst verschwundenen Arten gehören z.B. das Katzenpfötchen (*Antennaria dioica*) oder die Heide-Nelke (*Dianthus deltoides*). Die arktisch-alpin verbreitete Astflechte *Ramalina capitata* hat auf kleinen Felsen hier ihren einzigen bekannten Wuchsort in Südwestdeutschland. Für die Rotflügelige Schnarrschrecke (*Psophus stridulus*) als wärmeliebende Heuschreckenart ist das südexponierte, von Heidekraut und Felsen durchsetzte Weidfeld am »Scheibenrain« einer der ganz wenigen Lebensräume im Schwarzwald. Die auffällige Art, die im Flug die roten Hinterflügel zeigt und dabei ein weiches Schnarren vernehmen läßt, tritt aufgrund ihrer zweijährigen Larvalentwicklung oft in jährlich wechselnder Populationsgröße auf.

Individuenreiche Bestände des Alpen-Wollgrases (*Trichophorum alpinum*) kennzeichnen die basenarmen Übergangsbereiche von den vermoorten Senken zum Hochmoor, während in den basenreichen Niedermoorgesellschaften zwischen den aspektbestimmenden Kleinseggen Fettkraut (*Pinguicula vulgaris*), Herzblatt (*Parnassia palustris*) und Breitblättriges Wollgras (*Eriophorum latifolium*) zu finden sind.

Angesichts des Aufforstungsdrucks und Rückzugs der Landwirtschaft aus unrentablen Flächen werden Pflegemaßnahmen in Feuchtgebieten und auf Weidfeldern zunehmend eine Aufgabe der Naturschutzverwaltung. Ihre Dauerhaftigkeit hängt aber letztlich vom zukünftigen Interesse der Eigentümer ab.

J. Genser

Samlischbuck

Landkreis: Waldshut
Gemeinde: Weilheim
Gemarkungen: Bannholz, Remetschwiel
Naturraum: Alb-Wutach-Gebiet
Geschützt seit 1968
Größe: 3,5 Hektar
Top. Karte: 8314 Görwihl

Die Diskussion um die Sicherung einer kleinen Muschelkalkkuppe nahe der Bundesstraße 500 bei Bannholz dauerte viele Jahre. Zunächst hatte man versucht, möglichst oft Einigung mit den Grundstückseigentümern über die Ausweisung als Naturschutzgebiet zu erzielen. Im Falle eines der schützenswerten Grundstücke am »Samlischbuck« scheiterte dieser Versuch am hinhaltenden Widerstand des Eigentümers, der den Bau eines Wochenendhauses beabsichtigte. Die Naturschutzverwaltung reagierte 1961 zunächst mit einer sogenannten »Einstweiligen Sicherstellung« und schließlich mit der Zurückweisung des Widerspruchs, Grundstückstausch und Abschluß des regulären Unterschutzstellungsverfahrens im Jahre 1968.

Schutzobjekt ist eine aus Oberem Muschelkalk gebildete, harte Kuppe, die sich aus den weicheren Schichten des Mittleren Muschelkalkes erhebt und nie einer intensiven landwirtschaftlichen Nutzung unterzogen wurde. Die sie umgebende, ausgeräumte und vielfach als Acker genutzte Feldflur unterstreicht die Bedeutung des »Samlischbuck« als naturnahe Insel in der Agrarlandschaft. Grünland nimmt heute etwa ein Viertel der Gesamtfläche von 3,5 Hektar ein. Das war nicht immer so, denn der Zuwachs an Hecken, Gebüschen und Wald setzte erst nach der Jahrhundertwende und verstärkt nach 1950 ein. Die verbliebenen Wiesen können als Halbtrockenrasen und Glatthaferwiesen angesprochen werden. In den mageren Beständen über flachgründigem Untergrund mit schlechter Nährstoffversorgung ist die Artenvielfalt am größten. Zwischen 35 und 55 höhere Pflanzenarten (d.h. ohne Moose und Flechten) lassen sich auf einer Probefläche von 25 qm zählen. Darunter sind auffallend viele Saumarten wie Akelei oder Gamander-Ehrenpreis (*Veronica chamaedrys*). Als schnittempfindliche Stauden konnten sie sich wahrscheinlich etablieren, weil die Flächen lange Jahre brachgefallen waren. Umgekehrt waren die Vorkommen konkurrenzschwacher Arten – also Einjährige oder Pflanzen mit kleiner Blatt-

364 Dem Löwenzahn-Gelb auf den Fettwiesen im Mittelgrund stehen die Magerrasen des NSG »Samlischbuck« mit Stattlichem Knabenkraut (*Orchis mascula*) und Schlüsselblume (*Primula veris*) gegenüber.

spreite oder Rosette – durch die Zunahme an Streu stark zurückgegangen. Beispiele sind der Hufeisenklee (*Hippocrepis comosa*) und die Kugel-Rapunzel (*Phyteuma orbiculare*). Die seit Anfang der 80er Jahre in Zusammenarbeit mit dem Staatlichen Forstamt regelmäßig vorgenommenen Pflegemaßnahmen, d. h. Entbuschung und jährliche Mahd, vermochten den Bestand zahlreicher schützenswerter Arten zu sichern und zu vergrößern.

In den kleinen Waldstücken erreicht die Baumschicht kaum Höhen über 15 m. Die Vielfalt an Gehölzarten ist beachtlich, ein Hinweis auf ihre natürliche Ansiedlung und Entwicklung. Keine Art dominiert, einzelne Pionierbaumarten wie Sal-Weide oder Vogelkirsche sind ebenso vertreten wie Feld-Ahorn, Esche, Buche, Stiel-Eiche, Mehlbeere und die seltenere Elsbeere. Die Kiefer, die ehemals einen lockeren Schirm über die Magerrasen spannte, wird nun allmählich durch die Konkurrenz des Laubholzes verdrängt. *J. Genser*

Schlüchtsee

Landkreis: Waldshut
Gemeinde: Grafenhausen
Gemarkung: Grafenhausen
Naturraum: Hochschwarzwald
Geschützt seit 1940, Erweiterung 1991
Größe: 8,5 Hektar
Top. Karte: 8215 Ühlingen-Birkendorf

Es darf schon als Besonderheit gewertet werden, wenn die Naturschutzbehörde einen Brief erhält, in dem es heißt: »Als Eigentümerin des Grundstücks Lgb-Nr. Bleiche 2/143 der Gemarkung Grafenhausen, Amt Neustadt, beantrage ich die Erklärung dieses Grundstücks zum Naturschutzgebiet.« So geschehen im April 1935 im Schreiben der Helene von Ernest an die damalige Bezirksnaturschutzstelle. Diese griff den Vorschlag auf und bemerkte zum Schutzzweck treffend: »Es ist der Schlüchtsee als See mit seinen Ufern, dem

365 Blick über den noch gefrorenen Schlüchtsee zum Verlandungsbereich und in eines der beiden einsamen Wiesentäler.

Baumbestand an seinen Ufern, den Laichkraut-Seerosenfeldern im oberen Teil und dem Ried ... sowohl für das Gebiet selbst, für die Seele der Landschaft, als auch – etwas materieller gedacht – für den Fremdenverkehr ein unersetzliches Gebiet, ein Gut für die Allgemeinheit, ebenso, wie er gerade in seiner Stille und Abgeschiedenheit ein wesentlicher Bestandteil des Anwesens Schlüchtseehof ist, das ohne den See seinen besonderen Wert verliert.« Im Vergleich mit anderen Schwarzwaldseen wie Titisee, Windgfällweiher und dem seinerzeit noch nicht aufgestauten Schluchsee kam man zu dem Schluß, daß der Schlüchtsee eines der wenigen Beispiele sei »die noch nicht verschandelt sind«.

Merkwürdig, daß ein Besuch am Schlüchtsee noch heute diese nur schwer zu fassende Gefühlsmischung aus Abgeschiedenheit, Melancholie und Zeitlosigkeit vermittelt. Harmonie zwischen belebter und unbelebter Natur, könnte man gleichfalls empfinden. Der statische, fast geschlossene Gesamteindruck, den der See mit seinen alten Uferbäumen inmitten der dunklen Wälder, einzelner Felsen und Riedwiesen abgibt, wirkt als Kontrapunkt zu den tagtäglich erlebten äußeren Veränderungen, mit denen der Mensch konfrontiert ist. Der Schlüchtsee als lebendes Fossil einer Landschaft wie sie romantisiert von Caspar David Friedrich ins Bild gesetzt wurde.

Ursprünglich hatte man nur den vor über 200 Jahren aufgestauten See unter Schutz gestellt. Die naturschutzfachliche Bedeutung der beiden kleinen Wiesentäler, die Y-förmig in den See »münden« konnte vor über 60 Jahren noch nicht erkannt werden. Entlang eines Feuchtegradienten haben sich zum Seeufer hin artenreiche Feuchtwiesen, Silikat-Binsenwiesen und Flachmoore entwickelt. Sumpfdotterblume (*Caltha palustris*) und Trollblume (*Trollius europaeus*) sowie Breitblättriges Knabenkraut (*Dactylorhiza majalis*) sind verbreitete Blütenpflanzen. Die offensichtlich seit langem kaum veränderte Stauhöhe – der See wird nur in mehrjährigen Abständen im Winter abgelassen – machte die Ausbildung einer ausgedehnten Verlandungszone möglich, wie sie für entsprechende natürliche Moorgewässer typisch ist. Schnabel-Segge (*Carex rostrata*) und Teich-Schachtelhalm (*Equisetum fluviatile*) sind ebenso vertreten wie Fieberklee (*Menyanthes trifoliata*) und Aufrechter Igelkolben (*Sparganium erectum*). Als botanische Kostbarkeit der Seefläche gilt die Mittlere Teichrose (*Nuphar x intermedia*), die alten Angaben zufolge vor dem Aufstau des Schluchsees hierher verpflanzt wurde, um ihren Bestand zu retten.

Der See wird von jeher als Badesee genutzt, der verlandende rückwärtige Teil ist mit einer schwimmenden Holzbarriere abgetrennt. Liebenswürdig anachronistisch wirken die kleinen hölzernen Umkleidekabinen, die unterstreichen, daß der Rummel des Massentourismus hier keinen Einzug gehalten hat. *J. Genser*

Schneeglöckchenstandort auf Gemarkung Buch

Landkreis: Waldshut
Gemeinde: Buch
Gemarkung: Buch
Naturraum: Hochschwarzwald
Geschützt seit 1953
Größe: 4,1 Hektar
Top. Karte: 8314 Görwihl

Zwischen Albbruck und Tiefenstein liegt in der Nähe der sogenannten »Salpeterer Höhle« ein Standort des seltenen *Galanthus nivalis*, des Schneeglöckchens. Höchstwahrscheinlich stellt der Bestand ein ursprüngliches Vorkommen dar und wurde nicht, wie häufig, angepflanzt.

Da das Schutzgebiet nicht durch Wege erschlossen ist, sind die Wuchsorte der Schneeglöckchen nur mühsam über die steil zur Alb abfallenden Felsen zu erreichen. Die hohe Feuchtigkeit des schon seit langem nicht mehr genutzten Eschen-Ulmenwaldes begünstigt das Wachstum von Moosen, die als dichter Filz die Felspartien überziehen und selbst wiederum von verschiedenen Farnen, v.a. dem Gewöhnlichen Tüpfelfarn (*Polypodium vulgare*), einem Schleier ähnlich verhüllt werden. Dazwischen, auf den kleinen, kaum sichtbaren Felssimsen, wachsen die Schneeglöckchen zusammen mit Aronstab (*Arum maculatum*) und

Schwarza-Schlücht-Tal

Landkreis: Waldshut
Gemeinden: Stadt Waldshut-Tiengen, Weilheim, Ühlingen-Birkendorf
Gemarkungen: Aichen, Nöggenschwiel, Weilheim, Berau, Riedern am Wald
Naturräume: Hochschwarzwald, Alb-Wutach-Gebiet
Geschützt seit 1992
Größe: ca. 243 Hektar
Top. Karte: 8315 Waldshut-Tiengen

366 Auf schmalem Felssims wächst das Schneeglöckchen (*Galanthus nivalis*), ober- und unterhalb Tüpfelfarn (*Polypodium vulgare*).

Efeu (*Hedera helix*). Vereinzelt stehen sie auch in den Schutthalden, wo sie sich jedoch nicht so gut entwickeln können, da sie immer wieder von nachrutschendem Geröll in Mitleidenschaft gezogen werden.

Die Abgelegenheit und Unzugänglichkeit des Gebiets tragen wesentlich zum Schutz des Schneeglöckchenstandorts bei, so daß auch in Zukunft und unter der Voraussetzung, daß keine forstwirtschaftlichen Eingriffe stattfinden, keine weiteren Schutz- und Pflegemaßnahmen zum Erhalt dieses floristischen Kleinods notwendig sein werden.   B. Koch

Das Naturschutzgebiet »Schwarza-Schlücht-Tal« liegt nördlich von Waldshut-Tiengen im Bereich der Einmündungen von Schwarza und Mettma in die Schlücht. Es umfaßt im wesentlichen die Steilhänge des unteren Schwarzatals, das unterste Mettmatal, das Schlüchttal von der Mettmamündung bis zur Schwarzamündung (Witznau) und – in einem zweiten Teilgebiet – Steilhangbereiche südlich von Witznau.

Der hier beschriebene Abschnitt des Schwarza- und des Schlüchttals ist in verschiedener Hinsicht einzigartig: Die Erosionsschluchten dieser zum Hochrhein hin entwässernden Flüsse weisen geradezu alpine Dimensionen auf und sind bis zu 200 m tief. Die Steilhänge sind von gewaltigen Felsen durchsetzt, die zum Teil über 100 m hoch aufragen.

Die Flora des Naturschutzgebiets ist mit weit über 400 Pflanzenarten sehr reich, insbesondere wenn man berücksichtigt, daß das gesamte Gebiet aus Urgestein aufgebaut ist, das in der Regel eine artenärmere Vegetation aufweist als Kalkgestein. Einige dieser Arten sind zumindest im Schwarzwald sehr selten; das Stengelumfassende Habichtskraut (*Hieracium amplexicaule*) hat hier sogar sein einziges natürliches Vorkommen in Deutschland außerhalb der Alpen. Zudem weist das Gebiet viele bemerkenswerte Pflanzengesellschaften auf; hervorzuheben sind in erster Linie die naturnahen, forstlich kaum genutzten Wälder.

Auf Felsrippen und Felskuppen wird stellenweise die Waldkiefer zur dominierenden Baumart. Mit hoher Wahrscheinlichkeit handelt es sich zumindest an diesen extremen Standorten um natürliche Reliktvorkommen der Kiefer. Natürliche Kiefernbestände sind im

367 An den Abhängen zu Schwarza- und Schlüchttal sind zahlreiche Blockhalden ausgebildet; in ihrem Zentrum haben Bäume keine Lebensmöglichkeit, während am Rand artenreiche Laubwälder wie der Spitzahorn-Lindenwald wachsen.

westlichen Deutschland selten und treten nur an Sonderstandorten – etwa am Rand von Mooren oder an Felsen – auf, wo sie sich gegen die konkurrenzstarken Arten Buche und Tanne behaupten können.

Auf sehr flachgründigen und trockenen Standorten wachsen natürliche Traubeneichenwälder, die – besonders in der hier vorkommenden wärmeliebenden Ausbildung – zu den buntesten und artenreichsten Wäldern Mitteleuropas zählen.

Bei besserer Wasser- und Nährstoffversorgung stellt sich an schuttreichen Steilhängen der Spitzahorn-Lindenwald ein, der in ganz Deutschland selten ist und nur kleinflächig in sommerwarmen Lagen vorkommt; die Bestände im Schwarza-Schlücht-Tal zählen ohne Zweifel zu den prächtigsten des ganzen Schwarzwalds.

An vergleichbaren Standorten in schattiger Lage sind Schluchtwälder ausgebildet, in denen Berg-Ahorn, Berg-Ulme, Sommer-Linde und Esche oft zu eindrucksvoller Größe heranwachsen.

Insbesondere in der Umgebung der Felsen findet man ein Vegetationsmosaik aus Wäldern, Gebüschen und Saumgesellschaften, das an die »Steppenheide« der Schwäbischen Alb erinnert. Vor allem die Säume bieten ein für den Schwarzwald überraschend buntes Bild, wie man es sonst in erster Linie aus Kalkgebieten kennt.

Auf den Felsen selbst können weder Bäume noch Sträucher gedeihen, und auch viele Arten der Säume erreichen die Grenze ihrer Existenzmöglichkeit. Die Böden erreichen im Sommer bei voller Sonneneinstrahlung Temperaturen von mehr als 60 °C. Diesen Extrembedingun-

368 In der Umgebung der Felsen sind blütenreiche Säume entwickelt, hier mit der Edlen Schafgarbe (*Achillea nobilis*) und der Traubigen Graslilie (*Anthericum liliago*).

gen sind nur wenige höhere Pflanzen gewachsen.

Die vielfältigen Vegetationskomplexe bieten einer artenreichen Tierwelt Lebensraum; wärmeliebende, submediterrane Arten sind besonders bezeichnend.

Unter den Brutvogelarten des Gebiets sind etliche in der Roten Liste aufgeführt. Der stark gefährdete Berglaubsänger hat hier seine größte Population im Schwarzwald.

Die Reptilien sind mit sieben Arten vertreten, was eine für mitteleuropäische Verhältnisse ungewöhnliche Vielfalt darstellt.

Das Naturschutzgebiet Schwarza-Schlücht-Tal liegt abseits der großen Touristenzentren des Schwarzwalds, so daß sich der Besucherstrom zum Wohl der Natur in Grenzen hält.

Auch das Klettern an den Felsen wurde durch die Schutzgebietsverordnung auf ein für den Naturschutz akzeptables Maß festgeschrieben.

B. Seitz

Steppenheide Hardt

Landkreis: Waldshut
Gemeinde: Bonndorf
Gemarkungen: Bonndorf, Wellendingen
Naturraum: Alb-Wutach-Gebiet
Geschützt seit 1939, Erweiterung 1991
Größe: 9 Hektar
Top. Karten: 8116 Lenzkirch, 8216 Stühlingen

Die ausgedehnte Hochfläche des Oberen Muschelkalkes im Mittleren Wutachland löst sich nahe der Stadt Bonndorf in einzelne Rücken und isolierte Kuppen auf. Östlich der Stadt beginnt dann der Schwarzwald mit den unproduktiven und daher vornehmlich waldbedeckten Buntsandsteinflächen. Zusätzlich zu dieser Randlage des Muschelkalkgebiets hat die Erosionskraft der Wutach und ihrer Zuflüsse wesentlich zur Zerschneidung der heute ackerbaulich genutzten Hochfläche beigetragen. Die »Hardt«, wie das Schutzgebiet von Einheimischen genannt wird, liegt auf einem solchen steil nach Westen abfallenden Rücken in etwa 830 m ü. NN. Auf dem klüftigen Ausgangsgestein konnten sich im steilen Gelände nur flachgründige Böden entwickeln, die vermutlich jahrhundertelang als Allmendwiese und -weide genutzt worden sind.

Klimatisch zeichnet sich das Gebiet aus folgenden Gründen bereits durch eine vergleichsweise starke Kontinentalität aus:
1. An den vorgelagerten Schwarzwaldhöhen regnen sich atlantische, feuchte Luftmassen ab, so daß die Niederschlagswerte im Lee (Regenschatten) deutlich abfallen.
2. Die Leelage bewirkt eine Tendenz zur Wolkenauflösung bei Westwindlagen: Dies bedeutet einerseits schnelle Erwärmung tagsüber, aber auch starke nächtliche Abkühlung mit häufiger Frostgefahr.
3. Von Nordosten können insbesondere im Winter trocken-kalte Luftmassen von der Baar-Hochfläche ungehindert ins Gebiet vorstoßen.

»Man könnte meinen, die Steppenheide mache hier noch einmal eine äußerste Kraftentfaltung, um den ganzen Reichtum ihrer Blütenpracht zu zeigen, bevor der Buntsandstein ihr ein jähes Ende bereitet«, schreibt der Geschäftsführer der Landesnaturschutzstelle Schurhammer 1938. In der Tat ist der Reichtum von submediterran, subkontinental und alpin-montan verbreiteten Pflanzenarten im Naturschutzgebiet bestechend. Allein fünf Enzianarten sind im Gebiet vertreten, die Magerrasen blumenbunt und artenreich. Frühlings-Enzian (*Gentiana verna*) und Grüne Hohlzunge (*Coeloglossum viride*) verleihen manchen Beständen einen präalpinen Einschlag. Auf den wechselfeuchten Standorten am Hangfuß treten Arten der Pfeifengraswiesen wie Nordisches Labkraut (*Galium boreale*) und Färberscharte (*Serratula tinctoria*) hinzu. Neben Blut-Storchschnabel (*Geranium sanguineum*) und Ästiger Graslilie (*Anthericum ramosum*) bestimmen in den Saumgesellschaften v. a. die hochgewachsenen Dolden des Breitblättrigen Laserkrauts (*Laserpitium latifolium*) das Bild.

Zum Zeitpunkt der Unterschutzstellung waren die gemeindeeigenen Magerwiesen noch von interessierten Landwirten einschürig genutzt worden. Spätestens 1950 setzte dann die natürliche Gebüschentwicklung ein und ver-

369 Am Westrand des baden-württembergischen Areals liegen die üppigen Vorkommen des Breitblättrigen Laserkrauts (*Laserpitium latifolium*) in der »Hardt« bei Bonndorf.

kleinerte das Grünland zu isolierten Inseln. Seit 1980 wird durch Pflegemaßnahmen allmählich das Gehölz zurückgedrängt, so daß die Magerwiesen inzwischen wieder miteinander verbunden sind. Seit wenigen Jahren besteht ein Pflegevertrag mit einem Wellendinger Landwirt, der durch jährliche Mahd dazu beiträgt, wichtige Flächen im Schutzgebiet zu erhalten. *J. Genser*

Tiefenhäuser Moos

Landkreis: Waldshut
Gemeinde: Höchenschwand
Gemarkung: Tiefenhäusern
Naturraum: Hochschwarzwald
Geschützt seit 1951
Größe: 4,7 Hektar
Top. Karte: 8214 St. Blasien

Das »Tiefenhäuser Moos« liegt etwa drei Kilometer südlich von Höchenschwand auf 915 m ü. NN in einer Geländemulde auf Schottern der Würmeiszeit. Gegen Ende der letzten Vereisungsperiode reichten einzelne Gletscherströme von den Gipfeln des Hochschwarzwaldes weit den Hotzenwald hinunter. Sie lagerten Moränenmaterial und Schmelzwassersedimente ab. Sie bildeten den Untergrund, auf dem sich in Jahrtausenden ein Moorkörper aufbaute, der heute mehrere Meter mächtig ist. Erst in den letzten beiden Jahrhunderten beeinträchtigte der Mensch die ungestörte Entwicklung – er fing an, den Torf abzubauen und partiell Entwässerungsmaßnahmen durchzuführen.

Hochmoore wie das Tiefenhäuser Moos sind bezüglich ihres Wasser- und Nährstoffhaushaltes Extrembiotope. Das intakte Hochmoor erhält das Lebenselexier Wasser nur über die Niederschläge. Auf diesem Weg gelangen auch ausschließlich die Nährstoffe in die Pflanzendecke. Nur wenige Pflanzen, die sich an die Nährstoffarmut anpassen können, leben daher in diesen »Regenwassermooren«. Beispielsweise verschafft sich der Sonnentau (*Drosera rotundifolia*) als fleischfressende Pflanze sein »Zubrot« durch den Fang von kleinen Insekten.

Obgleich das »Tiefenhäuser Moos« bis etwa 1918 teilweise als Torfstich genutzt wurde, konnte es sich wieder regenerieren und kann heute als annähernd intaktes, wachsendes Hochmoor bezeichnet werden. So ist in den natürlich waldfreien, offenen Bereichen des Moorzentrums die Hochmoor-Bultgesellschaft vorherrschend. Typische Pflanzen sind hier

370 Der Bohlenweg durch das Tiefenhäuser Moos.

die Rosmarinheide (*Andromeda polifolia*), die Moosbeere (*Vaccinium oxycoccos*), das Scheidige Wollgras (*Eriophorum vaginatum*), der Rundblättrige Sonnentau und Torfmoose wie *Sphagnum magellanicum* und *Sphagnum rubellum*. Bei zunehmender Trockenheit verheiden die Torfmoosbulte mit Zwergsträuchern wie Heidekraut (*Calluna vulgaris*) und Rauschbeere (*Vaccinium uliginosum*). Zwischen den Bulten oder auch in den alten Torfstichen und Gräben treten Schlenken auf, die von der Gesellschaft des Weißen Schnabelrieds eingenommen werden. Neben dem Schnabelried (*Rhynchospora alba*) und seinen Begleitern tritt hier die botanische Kostbarkeit, das Alpen-Wollgras (*Trichophorum alpinum*) auf. Das nur an wenigen Stellen ausgebildete Randlagg des Hochmoors weist Bestände des Braunseggenrieds auf, einer Pflanzengesellschaft, die von Kleinseggen geprägt wird und auf nassen, sauren und nährstoffarmen Standorten gedeiht. Am trockeneren Rand des Moores, wo der mineralische Einfluß größer wird, haben sich Gehölzbestände angesiedelt. Sehr schön ausgeprägt ist im Tiefenhäuser Moor der Spirkenwald, wo die Spirke z.T. Höhen von bis zu zehn Metern erreicht. Fast alle im Naturschutzgebiet liegenden Wälder stocken auf Moor- und Anmoorböden. Lediglich im äußersten Süden wächst kleinflächig auf Mineralboden ein Altholzbestand mit Fichten und Tannen. Am Ostrand des Schutzgebiets, außerhalb des Moorkörpers, erstreckt sich zwischen dem Moorwald und der Bundesstraße 500 ein Magerrasenstreifen. Dieser wird seit langem nicht mehr genutzt. Gehölze haben daher die brachgefallenen Flächen erobert, vor allem Faulbaum, Sal-Weide und Vogelbeere. Diese Magerrasen sind aus Artenschutzgründen sehr wertvoll, da ihr Blütenangebot zahlreichen Insekten Nahrung bietet. Man findet hier Schmetterlinge, die ihren spezifischen Lebensraum Moor nur zur Nektarsuche verlassen. Seltene Falter des Tiefenhäuser Moores sind der Hochmoor-Gelbling (*Colias palaeno*), der Große Eisvogel (*Limenites populi*) und der Natterwurz-Perlmutterfalter (*Clossiana titania*). Ihre Nahrungspflanzen sind vor allem die Heidelbeere, das Gefleckte Johanniskraut (*Hypericum maculatum*), der Salbei-Gamander

371 Als botanische Besonderheit wächst im Tiefenhäuser Moos das Alpen-Wollgras (*Trichophorum alpinum*).

(*Teucrium scorodonia*), die Bärwurz (*Meum athamanticum*) und die Arnika (*Arnica montana*). Um den offenen Charakter dieser Magerrasen zu erhalten, entfernte die Forstverwaltung im Spätjahr 1997 im Auftrag der Bezirksstelle für Naturschutz und Landschaftspflege die aufgekommenen Gehölze. Da es sich um sehr nährstoffarme Standorte handelt, wird der »Offenlandcharakter« wieder eine Zeitlang erhalten bleiben.

Die vorbeiführende Bundesstraße und ein Waldparkplatz bringen häufig Besucher in das Gebiet. Um weitere Schäden durch unkontrolliertes Begehen zu verhindern, baute 1979 das Forstamt Waldshut im Auftrag der Naturschutzverwaltung einen Bohlenweg durch Teile des Moores. Wenngleich diese Maßnahme anfangs umstritten war, so können heute entlang des Wegs keine negativen Veränderungen der Moorvegetation festgestellt werden. Im übrigen Moor findet man indessen kaum noch menschliche Spuren. Offensichtlich hat der Weg eine kanalisierende Wirkung und kann den Besuchern sicheren und trockenen Fußes eindrucksvolle Blicke auf das Hochmoor bieten. Schön wäre es, wenn anhand von Tafeln weitere Informationen über die Moorgeschichte, die ökologische Bedeutung und den Schutz des Moores gegeben werden könnten.

E. Stegmaier

Wehramündung

Landkreise: Waldshut, Lörrach
Gemeinden: Stadt Wehr, Schwörstadt
Gemarkungen: Öflingen, Schwörstadt
Naturraum: Hochrheintal
Geschützt seit 1997
Größe: 11 Hektar (abhängiges LSG 9 Hektar)
Top. Karte: 8413 Bad Säckingen

Mit der Unterschrift des Regierungspräsidenten unter die Verordnung zum Natur- und Landschaftsschutzgebiet »Wehramündung« fanden im Herbst 1997 die wohl längsten Bemühungen um den Schutz eines südbadischen Gebietes ein erfreuliches Ende. Bis dahin waren drei Generationen auf Seiten der Eigentümer und der Naturschutzverwaltung mit diesem komplizierten Verfahren beschäftigt.

Begonnen hatte alles in den frühen 30er Jahren, als Naturbegeisterte vor Ort auf den Vogelreichtum im Mündungsbereich der Wehra in den Hochrhein westlich von Bad Säckingen aufmerksam machten. Die Staustufe Ryburg-Schwörstadt war schon erbaut, so daß der ehemals zügig fließende Rhein von 1930 an mehr den Charakter eines Stausees mit Uferröhricht trug. Einige Wiesen nahe der Wehramündung wurden flach überflutet – es entstand die sogenannte »Wehrabucht«. Noch aber hatten viele Arten der ungezähmten Flußlandschaften auf die Veränderungen ihres Lebensraumes nicht reagiert. Die alten Briefe lesen sich wie das »Who-Is-Who« der Wasservogelwelt: Flußseeschwalben und Trauerseeschwalben brüteten ebenso auf den damals noch vorhandenen Kiesbänken wie der Flußuferläufer. Als regelmäßige Gäste wurden Rothals-, Schwarzhals- und Zwergtaucher genannt sowie Fischadler und Rotfußfalke. Aber schon damals gab es Auseinandersetzungen mit Fischern und Jägern, die in manchen Arten »Nahrungskonkurrenten« sahen und nicht bereit waren, Ein-

372 Regelmäßiger Brutvogel im Schilfgürtel des Hochrheins an der Wehrabucht ist der Zwergtaucher.

schränkungen ihres Hobbys durch die Ausweisung eines Naturschutzgebiets hinzunehmen.

Der Krieg warf die Planungen zurück und veränderte die Stimmung und die Rahmenbedingungen vor Ort. »So sehr auch die Herren Gemeinderäte die Natur lieben und den Vögeln jeden Schutz zusprechen, möchten wir bitten doch nicht unberücksichtigt zu lassen, dass es in der heutigen zwangsbewirtschafteten Zeit schwerfällt, einem solchen Antrag seine Zustimmung zu geben«, so die Gemeinde Öflingen 1947. Ein Vertreter der Fischer bemerkte 1948 gar: »Es ist kaum verständlich, dass in einer so ernsten Zeit der Antrag gestellt werden kann, fischereilich wichtige und wertvolle Rheinstrecken zu Vogelschutzgebieten zu erklären« ... »Die Fischerei in Baden... ist heute...schon dadurch erheblich erschwert, dass die Besatzungsmacht für sich das Mitnutzungsrecht in Anspruch genommen hat« ... »Auch kommt es heute nicht darauf an, ideale Tummelplätze für allerlei Sumpf- und Wasservögel, Enten, Fischreiher, Fischadler, Milan, Weihen und Säger oder andere fischereischädliche Vögel zu schaffen...«

1968 wurde die Wehrabucht durch einen Damm von Wehra und Hochrhein getrennt, die Sedimentationsrate verringert und dadurch die Verlandung des Flachgewässers etwas verlangsamt. Die Planung für verschiedene Varianten der Hochrhein-Autobahn kippte in den 80er Jahren die bereits unterschriebene Verordnung. Die Klärung und Lösung aller Probleme zwischen Naturschutz- und Straßenbauverwaltung, Gemeinden, Eigentümern, Angelsportverein und privaten Naturschützern dauerte schließlich bis in das Jahr 1997. Trotz zahlreicher Veränderungen und dem Abwandern vieler Arten zählt der nun geschützte Uferbereich immer noch zu den vogelkundlich bedeutendsten Gebieten am Hochrhein. Zwerg- und Haubentaucher brüten regelmäßig im Gebiet, unregelmäßig sogar die Zwergdommel; Teichrohrsänger besiedeln das Schilf in großer Dichte und bereichern manchen sommerlichen Anglermorgen. *J. Genser*

Wutachflühen

Landkreise: Waldshut, Schwarzwald-Baar-Kreis
Gemeinden: Stadt Blumberg, Stadt Stühlingen
Gemarkungen: Fützen, Achdorf, Blumegg
Naturraum: Alb-Wutach-Gebiet
Geschützt seit 1979
Größe: 374 Hektar
Top. Karten: 8116 Löffingen, 8117 Blumberg, 8216 Stühlingen, 8217 Tengen-Wiechs a. R.

Die »Wutachflühen« stellen den Teil der Wutachschlucht dar, der südlich des sogenannten Wutach-Knies bei Achdorf liegt und bis Grimmelshofen noch Schluchtcharakter zeigt. Gegenüber dem Naturschutzgebiet »Wutachschlucht« weist die Flüheschlucht einen andersartigen Landschaftscharakter auf. Die Talhänge steigen unmittelbar neben dem Fluß auf, so daß ein Auewald (mit Grau-Erle) meist fehlt und auch kaum größere Kiesbänke vorhanden sind. Entsprechend deutlich ist an den Wutachufern bei Hochwasser der Wildflußcharakter zu erkennen. So werden die steilen Ufer regelmäßig unterwaschen. Ganze Baumgruppen stürzen dann in das Flußbett und werden vom Hochwasser mitgerissen. Wenn sich die Baumstämme an besonders engen Stellen auftürmen, entstehen natürliche Staudämme, deren Bruch zu noch größerer Erosionskraft führt. So wurde im letzten Jahrhundert die am Wutachufer gelegene Moggerenmühle hinweggerissen. Felsen finden sich erst im oberen Bereich der Hänge und direkt hinter der Hangkante beginnt die landwirtschaftlich intensiv genutzte Hochfläche.

Obgleich weniger lehrbuchhaft als die Wutachschlucht, haben auch die Wutachflühen geologisch Interessantes zu bieten. Im nördlichen Teil bei der ehemaligen Moggerenmühle quert die südliche Randverwerfung des Bonndorfer Grabens die Schlucht. Südlich dieser Verwerfung bildet die Schlucht den größten und vollständigsten natürlichen Aufschluß des gesamten Muschelkalks in Südwestdeutschland. Der Talgrund wird von weichen Schichten des mittleren und unteren Muschelkalks gebildet, die der Fluß leicht ausräumen kann. Die harten Schichten des oberen Muschel-

373 Standörtliche Vielfalt in den Wutachflühen: Kiesinseln, Uferanrisse und Grauerlenwald entlang der Wutach, Schluchtwälder am Steilhang und Felsstandorte im oberen Muschelkalk an der Hangkante.

kalks, die teilweise beeindruckende Felswände bilden, stürzen gelegentlich nach und bedecken in mächtigen Felstrümmern die Talhänge. Nördlich der Moggerenmühle verläuft die Schlucht in tonigen Schichten des Keupers, Lias und Opalinuston. Die Talhänge sind hier überall von Rutschungen gekennzeichnet. Das durch diesen Bereich verlaufende Sträßchen von Achdorf (im Tal) nach Fützen (auf der Hochfläche) hat aufgrund seines welligen, nach Rutschungen immer wieder geflickten Verlaufs im Volksmund den Namen »Wellblechwegle« erhalten.

Die weniger steilen Hangbereiche auf der Talwestseite werden von Kalk-Buchenwäldern eingenommen. Vielerorts sind hier jedoch in den 40er Jahren nach einer verheerenden Borkenkäferkalamität in Verbindung mit Sturmwurf Fichtenreinbestände gepflanzt worden. Von besonderer Vielfalt sind die Wälder auf der steileren Ostseite. Auf fels- und blockreichen, warm-trockenen, meist süd- bis westexponierten Hängen stockt der Ahorn-Lindenwald mit Sommer-Linde, Spitz-Ahorn und Berg-Ahorn. In der Krautschicht kennzeichnen Wunder-Veilchen (*Viola mirabilis*), Hecken-Wicke (*Vicia dumetorum*) und Wald-Wicke (*Vicia sylvatica*) das kontinentale Florenelement (diese Arten erreichen hier die Westgrenze ihres Massenvorkommens), während

374 Die Schlucht ist Lebensraum von mindestens acht Fledermausarten, darunter der seltenen Fransenfledermaus (*Myotis nattereri*).

Schmerwurz (*Tamus communis*) und Purpurroter Steinsame (*Lithospermum purpurocaeruleum*) submediterranen Ursprungs sind. Zu den praealpinen Arten gehört die Berg-Flockenblume (*Centaurea montana*). Weitere floristische Besonderheiten sind das seltene Blasse Knabenkraut (*Orchis pallens*) und der Gelbe Eisenhut (*Aconitum vulparia*). Die entsprechende Waldgesellschaft schattiger, frischer Hänge ist der Bergahorn-Eschen-Schluchtwald, der in der Baumschicht aus Berg-Ahorn, Berg-Ulme und Esche aufgebaut ist. In der Krautschicht finden sich als bezeichnende Arten Wald-Geißbart (*Aruncus dioicus*) und Silberblatt (*Lunaria rediviva*), an besonders schuttreichen Stellen auch Hirschzunge (*Phyllitis scolopendrium*) und Gelappter Schildfarn (*Polystichum aculeatum*). Feinerdereiche Hangfüße zeigen eine interessante Geophytenflora, insbesondere ausgedehnte Bestände des Märzenbechers (*Leucojum vernum*), aber auch Moschuskraut (*Adoxa moschatellina*), Wald-Gelbstern (*Gagea lutea*) und Hohler Lerchensporn (*Corydalis cava*).

An den sonnigen Felspartien und in den freien, südexponierten Hängen zeigt sich die wärmeliebende Trockenwaldflora des Reliktföhrenwaldes. Die Wald-Kiefer säumt in einem schmalen Band den oberen Rand der Schlucht. Die Krautschicht beherbergt Steppenheidepflanzen wie Berg-Heilwurz (*Seseli libanotis*), Hirsch-Haarstrang (*Peucedanum cervaria*), Breitblättriges Laserkraut (*Laserpitium latifolium*), Schwärzender Geißklee (*Cytisus nigricans*), Blut-Storchschnabel (*Geranium sanguineum*), Schwarze Akelei (*Aquilegia atrata*), Braunrote Stendelwurz (*Epipactis atrorubens*) und Erd-Segge (*Carex humilis*). Stellenweise finden sich auf flachgründigen Felsköpfen auch kleinere Eichen-Buschwäldchen mit Stiel- und Trauben-Eiche, Elsbeere und Mehlbeere. Auf sonnigen Felsbändern wächst die Pfingstnelkenflur mit Pfingst-Nelke (*Dianthus gratianopolitanus*), Bleichem Schaf-Schwingel (*Festuca pallens*), Kalk-Blaugras (*Sesleria varia*) und Alpen-Distel (*Carduus defloratus*). Die Blasenfarngesellschaft in schattigen Spalten und auf feuchten Felsen enthält neben den Charakterarten Zerbrechlicher Blasenfarn (*Cystopteris fragilis*) und Grüner Strichfarn (*Asplenium viride*) als floristische Kostbarkeiten die beiden Alpenpflanzen Lanzen-Schildfarn (*Polystichum lonchitis*) und Alpen-Gänsekresse (*Arabis alpina*).

375 Ganz unvermittelt bricht die Muschelkalk-Hochfläche in die Flühenschlucht ab. In diesen, bis zu 80 m hohen Felswänden brüten Uhu, Wanderfalke, Kolkrabe und Dohle.

Wiesen kommen in der Flüheschlucht nur im Nordteil auf den weniger stark geneigten Hängen über Keuper und Lias vor sowie auf einer flacheren Scholle am Westhang der Wutach. Auf trockenen Standorten sind blumenbunte, artenreiche Halbtrockenrasen entwickelt, an schattigen Waldrändern und in feuchten Mulden finden wir noch schöne Glatthaferwiesen mit Trollblume (*Trollius europaeus*).

Bei Betrachtung der Fauna sind vor allem die felsbewohnenden Tierarten hervorzuheben. So brüten in den ausgedehnten Felsmassiven des oberen Muschelkalks Wanderfalke, Uhu, Kolkrabe und Dohle. Der Wanderfalke hatte Mitte der 60er Jahre hier eines seiner letzten Brutvorkommen in Baden-Württemberg, bevor sich die Art durch konsequenten Schutz der Brutplätze wieder ausbreiten konnte. Die zahlreichen Felsspalten und Höhlen des Gebiets werden von mindestens acht Fledermausarten zur Überwinterung und für soziale Kontakte im Herbst (Schwarmverhalten vor den Höhleneingängen) genutzt.

In Flußnähe hatte das letzte Gänsesägerpaar Baden-Württembergs seinen Brutplatz, bevor diese Art Anfang der 70er Jahre als Brutvogel verschwand. Die Tiere reagieren sehr empfindlich auf Störungen und blieben wahrscheinlich als Folge des gestiegenen Kanusportbetriebs aus. Nachdem das Paddeln verboten war, konnten in letzter Zeit immer wieder Gänsesäger beobachtet werden, bisher jedoch keine Bruten.

Besucherhinweis: Zum Schutz der Tierwelt an der Wutach dürfen die Wege nicht verlassen werden. Ein schöner Weg, die beindruckende Schlucht zu erleben, ist jedoch der sogenannte Felsenweg, der vom Parkplatz am »Wellblechwegle« bei Fützen durch die steilen Hänge entlang der Felsen zum Bahnhof Lausheim-Blumegg der Wutachtalbahn führt, von wo man mit der »Sauschwänzlebahn« zurückfahren kann. Der Weg erfordert jedoch Trittsicherheit und ist bei Regen nicht zu empfehlen.

F. Kretzschmar

Literaturhinweise

Für weitergehende Literaturstudien empfehlen wir die von der Landesanstalt für Umweltschutz Baden-Württemberg, Karlsruhe, 1994 zusammengestellte »Bibliographie der Naturschutzgebiete«, Teil 3, Regierungsbezirk Freiburg.

AICHELE, D. & R. HOFMANN (1991): Unsere Gräser: Süßgräser, Sauergräser, Binsen. 10. Aufl.; Stuttgart.
BÄRTELS, A. (1997): Farbatlas Mediterrane Pflanzen. Stuttgart.
BAUER, K.M. & U.N. GLUTZ VON BLOTZHEIM (1966): Handbuch der Vögel Mitteleuropas. Band 1; Frankfurt a.M.
BELLMANN, H. (1985): Heuschrecken: beobachten, bestimmen. Melsungen.
BERNAUER, A. & H. JACOBY (1994): Bodensee. Naturreichtum am Alpenrand. Natur-Reiseführer durch eine der vielfältigsten Landschaften Mitteleuropas. Radolfzell.
BERNER, H. (Hrsg.) (1957): Hohentwiel. Bilder aus der Geschichte des Berges. 2. Auflage; Konstanz.
Bezirksstelle für Naturschutz und Landschaftspflege Freiburg (Hrsg.): Naturpfad Langenbach-Trubelsbach. Faltblatt mit Karte.
Bezirksstelle für Naturschutz und Landschaftspflege Freiburg (Hrsg.) (1992): Der Feldberg im Schwarzwald – Natur und Naturschutz. Waldkirch.
Bezirksstelle für Naturschutz und Landschaftspflege Freiburg (Hrsg.) (1994): Der Belchen im Schwarzwald – Natur und Naturschutz. Waldkirch.
Bezirksstelle für Naturschutz und Landschaftspflege Freiburg (Hrsg.) (1995): 1. Yacher Symposium. Der Wandel in der Landschaft. Begleitheft zum Rüttibrennen vom 25. August bis 28. August 1995.
Bezirksstelle für Naturschutz und Landschaftspflege Freiburg et al. (Hrsg.) (1996): Die Strandrasen des Bodensees. Tips zu ihrem Schutz (Faltblatt).
Bezirksstelle für Naturschutz und Landschaftspflege Freiburg und Gemeinde Hinterzarten (Hrsg.) (1997): Naturschutzgebiet Hinterzartener Moor. Beispielhafte Projekte des Natur- und Artenschutzes in Baden-Württemberg. (Die Broschüre ist nur über die BNL Freiburg und die Gemeinde Hinterzarten zu beziehen! Schutzgebühr 3.– DM)
Bezirksstelle für Naturschutz und Landschaftspflege Freiburg (Hrsg.) (1998): Naturschutzgebiet Gletscherkessel Präg. Faltblatt mit Karte.
Bezirksstelle für Naturschutz und Landschaftspflege Freiburg (Hrsg.) (1998): Naturschutzgebiet Wutachschlucht. Faltblatt mit Karte.
Bezirksstelle für Naturschutz und Landschaftspflege Karlsruhe (Hrsg.) (1993): Naturschutzgebiet Schliffkopf. Faltblatt mit Karte.

BRAUN-BLANQUET, J. (1931): Zur Vegetation der oberrheinischen Kalkhügel. In: Pflanzensoziologisch-pflanzengeographische Studien in Südwestdeutschland. – Beitr. Naturdenkmalpflege 14 (3): 281–292.
BÜCKING W., OTT, W. & W. PÜTTMANN (1994): Geheimnis Wald. Waldschutzgebiete in Baden-Württemberg. Leinfelden-Echterdingen.
BÜCKING, W. (1985): Studien zur Vegetation und Ökologie des Bannwaldes »Conventwald« im mittleren Schwarzwald. – Tuexenia 5:461–471; Göttingen.
BURKHARDT, H. et al. (1988): Baden-Württemberg. Eine Heimat- und Landeskunde. Stuttgart.
CREUTZ, C.A.J. (1995): Orobanche. Die Sommerwurzarten Europas 1 (Mittel- und Nordeuropa); Maastricht.
DIERSSEN, B. & K. DIERSSEN, (1984): Vegetation und Flora der Schwarzwaldmoore. – Beih. Veröff. Naturschutz und Landschaftspflege Bad.-Württ. 39; Karlsruhe.
EBERT, G. (Hrsg.): (1991): Die Schmetterlinge Baden-Württembergs. Band 1 bis 7; Stuttgart.
ECKARDT, F. et al. (1997): Der Belchen. Schönster Berg im Schwarzwald. Waldkirch.
ELLENBERG, H. (1978): Vegetation Mitteleuropas mit den Alpen in ökologischer Sicht. 2. Auflage; Stuttgart.
Forstdirektion Freiburg (1994): Bannwalderklärung vom 12.09.1994. Bannwald Faulbach. Forstamtsbezirk Kirchzarten.
FRITZ, W. (1977): Subfossile pflanzliche Großreste aus dem hallstattzeitlichen Fürstengrabhügel »Magdalenenberg« bei Villingen – ein Beitrag zur Vegetations- und Siedlungsgeschichte. Diss. Universität Freiburg.
GAUCKLER, K. (1954): Schmetterlingshafte im östlichen Süddeutschland. – Nachrichtenblatt der bayerischen Entomologen 3 (2): 9–13.
GEYER, O.F. & M.P. GWINNER (1986): Geologie von Baden-Württemberg. 3. Auflage; Stuttgart.
GÖLLER, O. (1937): Der Glaswaldsee bei Rippoldsau. – Mein Heimatland, 2/1937.
GÖTTLICH, K. (1972): Moorkarte von Baden-Württemberg 1:50 000 – Erläuterungen zu Blatt Konstanz L 8320. Stuttgart.
GRÜTTNER, A. (1990): Die Pflanzengesellschaften und Vegetationskomplexe der Moore des westlichen Bodenseegebietes. – Dissertationes botanicae, 157; Berlin.

HOCKENJOS, F. (1964): Die Wutachschlucht. Wasser-, Wald- und Felsenparadies. Konstanz.

HÖLZINGER, J. (1987): Die Vögel Baden-Württembergs. Band 1.1 und 1.2; Karlsruhe.

HÖLZINGER, J. (1981/1987): Die Vögel Baden-Württembergs. Band 1 bis 7; Stuttgart.

HUTTER, C.-P. (Hrsg.) (1993): Seen, Teiche, Tümpel und andere Stillgewässer. – Biotope erkennen, bestimmen, schätzen; Stuttgart.

HUTTER, C.-P. (Hrsg.) (1994): Dünen, Heiden, Felsen und andere Trockenbiotope. – Biotope erkennen, bestimmen, schätzen; Stuttgart.

HUTTER, C.-P. (Hrsg.) (1996): Quellen, Bäche, Flüsse und andere Fließgewässer. – Biotope erkennen, bestimmen, schätzen; Stuttgart.

Institut für Landschaftsökologie und Naturschutz (ILN) Singen (1996): Untersuchungen zum Wasserhaushalt von 5 Mooren im Landkreis Konstanz. Abschlußbericht. Singen.

JACOBY, H. & M. DIENST (1987): Das Naturschutzgebiet »Wollmatinger Ried-Untersee-Gnadensee«: Bedeutung, Schutz und Betreuung. Naturschutzforum 1/2, 1987/88.

JACOBY, H. (1991): Errichtung und Sicherung schutzwürdiger Teile von Natur und Landschaft mit gesamtstaatlich repräsentativer Bedeutung, Beispiel Wollmatinger Ried. – Natur und Landschaft 66:567–572.

JACOBY, H. et al. (1970): Die Vögel des Bodenseegebiets. – Der ornithologische Beobachter. Beiheft zu Band 67; Sempach.

JEDICKE, L. & E. (1992): Farbatlas Landschaften und Biotope Deutschlands. Stuttgart.

KAULE, G. (1974): Die Übergangs- und Hochmoore Süddeutschlands und der Vogesen. – Dissertationes Botanicae 37.

KETTLER, D. (1970): Landschaftsplan Feldberg/Schwarzwald. Ein Beitrag zum Europäischen Naturschutzjahr 1970. – Schriftenreihe der Landesforstverwaltung Baden-Württemberg 32; Stuttgart.

KILIAN, D., HÖLZINGER, J., MAHLER, U. & R. STEGMAYER (1993): Verbreitung und Bestandsentwicklung des Graureihers (Ardea cinerea) in Baden-Württemberg von 1985 bis 1991 und Methoden der Bestandserfassung. – Ökol. Vögel 15, Sonderheft: 1–52.

KIRSCHBAUM, U. & V. WIRTH (1995): Flechten erkennen, Luftgüte bestimmen. Stuttgart.

KOHLHEPP, D. (1981): Die Wutachschlucht. Bild einer Urlandschaft. Freiburg.

KOHLHEPP, D. & W. VETTER (1983): Kaiserstuhl und Tuniberg in Wort und Bild. Freiburg.

KRETZSCHMAR, F. (1992): Die Wiesengesellschaften des Mittleren Schwarzwaldes: Standort-Nutzung-Naturschutz. – Dissertationes botanicae 189; Berlin.

KÜSTER, H. (1995): Geschichte der Landschaft in Mitteleuropa. München.

Landesanstalt für Umweltschutz (Hrsg.) (1978): Naturschutzgebiet Limberg am Kaiserstuhl. Begleiter zum Wissenschaftlichen Lehrpfad bei Sasbach a.Rh. – Führer durch Natur- und Landschaftsschutzgebiete Baden-Württembergs. Band 2; Karlsruhe.

Landesanstalt für Umweltschutz (Hrsg.) (1979): Der Buchswald bei Grenzach (Grenzacher Horn). – Die Natur- und Landschaftsschutzgebiete Baden-Württembergs. Band 9; Karlsruhe.

Landesanstalt für Umweltschutz (Hrsg.) (1981): Die Vögel Baden-Württembergs. Folienkarten. Avifauna Baden-Württemberg. Band 4; Karlsruhe.

Landesanstalt für Umweltschutz (Hrsg.) (1982): Der Feldberg im Schwarzwald. Subalpine Insel im Mittelgebirge. – Die Natur- und Landschaftsschutzgebiete Baden-Württembergs. Band 12; Karlsruhe.

Landesanstalt für Umweltschutz (Hrsg.) (1983): Der Mindelsee bei Radolfzell. Monographie eines Naturschutzgebietes auf dem Bodanrück. – Die Natur- und Landschaftsschutzgebiete Baden-Württembergs. Band 11; Karlsruhe.

Landesanstalt für Umweltschutz (Hrsg.) (1989): Der Belchen. Geschichtlich-naturkundliche Monographie des schönsten Schwarzwaldberges. – Die Natur- und Landschaftsschutzgebiete Baden-Württembergs. Band 13; Karlsruhe.

Landesanstalt für Umweltschutz (Hrsg.) (vorauss. 1998): Der Rohrhardsberg im Mittleren Schwarzwald. – Beih. Veröff. Naturschutz Landschaftspflege Bad.-Württ.; Karlsruhe.

Landesstelle für Naturschutz und Landschaftspflege Baden-Württemberg (Hrsg.) (1968): Das Schwenninger Moos. Der Neckarursprung. – Die Natur- und Landschaftsschutzgebiete Baden-Württembergs. Band 5; Ludwigsburg.

Landesstelle für Naturschutz und Landschaftspflege Baden-Württemberg (Hrsg.) (1974): Das Taubergießengebiet – eine Rheinauenlandschaft. – Die Natur- und Landschaftsschutzgebiete Baden-Württembergs. Band 7; Ludwigsburg.

Landesamt für Umweltschutz Sachsen-Anhalt (1997): Die Naturschutzgebiete Sachsen-Anhalts. Jena.

LANG, G. & E. OBERDORFER (1960): Vegetationskarte des oberen Wutachgebietes; MTB 8115 Lenzkirch. Karlsruhe.

LANG, G. (1971): Die Vegetationsgeschichte der Wutachschlucht und ihrer Umgebung. – Die Wutach – Naturkundliche Monographie einer Flußlandschaft: 323–349. Hrsg. im Auftrag des Badischen Landesvereins für Naturkunde und Naturschutz; Freiburg.

LANG, G. (1973): Die Vegetation des westlichen Bodenseegebietes. – Pflanzensoziologie 17; Jena.

LASCHINGER, R. (1966): Untersuchungen über Standortbedingungen einiger Orchideen des Hüfinger Waldes. – Schriften der Baar 26:138–161; Donaueschingen.

LENZ, N. (1995): Das Wollmatinger Ried bei Konstanz – ein Naturreservat von internationaler Bedeutung. – Badische Heimat, Heft 75: S. 49–63.

LIEHL, E. & W. D. SICK (1980): Der Schwarzwald. Beiträge zur Landeskunde. Bühl/Baden.

LIEHL, E. (1934): Morphologische Untersuchungen zwischen Elz und Brigach (Mittelschwarzwald). – Ber. Naturforsch. Ges. Freiburg i. Br. 34: 95–212.

LITZELMANN, E. u. M. (1967): Die Moorgebiete auf der vormals vereist gewesenen Plateaulandschaft des Hotzenwaldes. – Mitt. naturforsch. Ges.; Schaffhausen 28: 21–99.

LUDEMANN, Th. (1992): Im Zweribach – Vom nacheiszeitlichen Urwald zum »Urwald von morgen«. – Beih. Veröff. Naturschutz und Landschaftspflege Bad.-Württ. 63; Karlsruhe.

LÜTH, M. (1990): Moosgesellschaften und Gesellschaftskomplexe auf Blockhalden im Südschwarzwald in der Umgebung von Freiburg. – Beih. Veröff. Naturschutz und Landschaftspflege Bad.-Württ. 58; Karlsruhe.

MEINIG, R. (1977): Die würmeiszeitlichen Moränen in Alpirsbach und im Bistental westlich von Hinterzarten/Südschwarzwald. – Ber. naturforsch. Ges. Freiburg, 67: 189–201.

Ministerium für Ländlichen Raum, Ernährung, Landwirtschaft und Forsten Baden-Württemberg (MLR, Hrsg.) (1991): Allmendweiden im Südschwarzwald – eine vergleichende Vegetationskartierung nach 30 Jahren. Stuttgart.

MÜLLER, K. (1924): Das Wildseemoor bei Kaltenbronn im Schwarzwald – ein Naturschutzgebiet. Karlsruhe.

MÜLLER, K. (1948): Der Feldberg im Schwarzwald – Naturwissenschaftliche, landwirtschaftliche, forstwirtschaftliche, geschichtliche und siedlungsgeschichtliche Studien. Freiburg.

MURMANN, L. (1979): Die Vegetation im Naturschutzgebiet »Schliffkopf« und ihre Beeinflussung durch den Menschen. – Dipl.-Arb. Univers. Freiburg.

NOWAK, B. & B. SCHULZ (1995): Untersuchungen zur Wirkungskontrolle von Maßnahmen des Vertragsnaturschutzes auf Wiesen in Teilen des Regierungsbezirks Freiburg. Gutachten im Auftrag des Umweltministeriums Baden-Württemberg.

PLACHTER, H. (1991): Naturschutz. Stuttgart.

POTT, R. (1993): Farbatlas Waldlandschaften. Ausgewählte Waldgesellschaften unter dem Einfluß des Menschen. Stuttgart.

Regierungspräsidium Freiburg (Hrsg.) (1991): Radolfzeller Aach. Ein wasserwirtschaftlich-ökologisches Entwicklungskonzept. (Die Broschüre ist nur über die BNL Freiburg zu beziehen!).

Regierungspräsidium Tübingen (Hrsg.) (1995): 250 Naturschutzgebiete im Regierungsbezirk Tübingen. Sigmaringen.

REICHELT, G. (1978): Das Zollhausried bei Blumberg (Baaralb). – Schriften des Vereins für Geschichte und Naturgeschichte der Baar, 32; Donaueschingen.

REICHELT, G. (1990): Die Baar: Wo Donau und Neckar entspringen. 2. Aufl.; Donaueschingen.

RÖSLER, G. F. (1788): Beyträge zur Naturgeschichte des Herzogthums Wirtemberg. Band 1; Tübingen.

SAUER, K. F. & M. SCHNETTER (1971): Die Wutach. Naturkundliche Monographie einer Flußlandschaft. – Die Natur- und Landschaftsschutzgebiete Baden-Württembergs. Band 6; Freiburg.

SCHÄFER, H. & O. WITTMANN (Hrsg.): Der Isteiner Klotz. Zur Naturgeschichte einer Landschaft am Oberrhein. Freiburg.

SCHAEFER, M. & W. TISCHLER (1983): Ökologie. 2. Aufl. – Wörterbücher der Biologie; Stuttgart.

SCHLENKER, G. (1908): Das Schwenninger Zwischenmoor und zwei Schwarzwald-Hochmoore in bezug auf ihre Entstehung, Pflanzen- und Tierwelt. – Mitteilungen der Geologischen Abteilung des K. Württ. Statist. Landesamtes 5; Gutenberg.

SCHREINER, A. (1974): Geologische Karte des Landkreises Konstanz mit Umgebung 1:50000. Hrsg. v. Geologischen Landesamt BW; Freiburg.

SCHWABE-BRAUN, A. (1980): Eine pflanzensoziologische Modelluntersuchung als Grundlage für Naturschutz und Planung. Weidfeld-Vegetation im Schwarzwald: Geschichte der Nutzung – Gesellschaften und ihre Komplexe – Bewertung für den Naturschutz. – Urbs et Regio 18; Kassel.

SEBALD, O. (1992): Beobachtungen auf Dauerquadraten während der Jahre 1980–1990 im Naturschutzgebiet Irndorfer Hardt. – Jahreshefte der Gesellschaft für Naturkunde in Württemberg 147: 97–168.

SEBALD, O., SEYBOLD, S. & G. PHILIPPI (Hrsg.) (1990–1998): Die Farn- und Blütenpflanzen Baden-Württembergs. Band 1 bis 8; Stuttgart.

SEIFERT, B. (1996): Ameisen: beobachten, bestimmen. Augsburg.

STEFFNY, H. (1982): Biotopansprüche, Biotopbindung und Populationsstudien an tagfliegenden Schmetterlingen am Schönberg bei Freiburg. – Dipl. Arb. Univers. Freiburg.

STEINER, L. & R. BUCHWALD (1991): Vegetationskundliche und hydrochemische Untersuchungen im Naturschutzgebiet »Bisten« (Südschwarzwald). – Veröff. Naturschutz und Landschaftspflege Bad.-Württ., 66: 363–408.

STERNBERG, K. (1990): Autökologie von sechs Libellenarten der Moore und Hochmoore des Schwarzwaldes und Ursachen ihrer Moorbindung. – Diss. Univ. Freiburg.

STURM, F. W. (1823): Versuch einer Beschreibung von Schwenningen in der Baar am Ursprung des Neckar in geognostischer, landwirtschaftlicher und medicinischer Beziehung. Band VI: 1–120; Tübingen.

THIELCKE, G. et al. (1991): Rettet die Frösche. Das Standardwerk zum prktischen Amphibienschutz in Deutschland, Österreich und der Schweiz. Dortmund.

WAGNER, G. (1950): Einführung in die Erd- und Landschaftsgeschichte. 2. Auflage; Öhringen.

WAGNER, G. & A. KOCH (1961): Raumbilder zur Erd- und Landschaftsgeschichte Südwestdeutsch-

lands. Veröffentlichungen der Landesbildstellen Baden und Württemberg. Band III; Stuttgart.
WEIDEMANN, H.-J. (1995): Tagfalter: beobachten, bestimmen. 2. Aufl.; Augsburg.
WEIDEMANN, H.-J. (1996): Nachtfalter: Spinner und Schwärmer. Augsburg.
WESTRICH, P. (1989): Die Wildbienen Baden-Württembergs. Band 1 und 2; Stuttgart.
WILMANNS, O. (1976): Die Farnpflanzen Zentraleuropas. Gestalt-Geschichte-Lebensraum. 2. Aufl.; Stuttgart.
WILMANNS, O. (1998): Ökologische Pflanzensoziologie. Eine Einführung in die Vegetation Mitteleuropas. 6. Aufl.; Wiesbaden.
WILMANNS, O. & H. RASBACH (1973): Erläuterungen zur Karte schutzbedürftiger Gebiete im Kaiserstuhl. – Beihefte zu den Veröffentlichungen der Landesstelle für Naturschutz und Landschaftspflege Baden-Württemberg 2. Ludwigsburg.
WILMANNS, O., WIMMENAUER, W. & G. FUCHS (1989): Der Kaiserstuhl. Gesteine und Pflanzenwelt. 3. Auflage; Stuttgart.

WIRTH, V., (1975): Die Vegetation des Naturschutzgebietes »Utzenfluh« (Südschwarzwald), besonders in lichenologischer Sicht. – Beiträge Naturkundliche Forschung Südwestdeutschland 34:463–476.
WIRTH, V. (1995): Die Flechten Baden-Württembergs. Band 1 und 2. 2. Aufl.; Stuttgart.
WITSCHEL, M. (1980): Xerothermvegetation und dealpine Vegetationskomplexe in Südbaden. Vegetationskundliche Untersuchungen und die Entwicklung eines Wertungsmodells für den Naturschutz. – Beih. Veröff. Naturschutz Landschaftspflege Bad.-Württ. 17; Karlsruhe.
WOLF, R. (1993): Naturschutzgebiet Schliffkopf. Streiflichter aus der über fünfzigjährigen Geschichte eines Naturschutzgebietes. – Sonderdruck aus Schwäbische Heimat 2/1993.
ZINKE, F. & G. REICHELT (1976): Die Riedbaar – ihre Biotope und ihr Bestand bedrohter Vögel. – Schriften der Baar 31; Donaueschingen.

Autoren

Bogenschütz, Heide
Dreher, Jürgen
Engelke, Hartmut
Faisst, Judith
Fertöszögi, Gabriele
Fuchs, Gerhard
Genser, Joachim
Genser, Horst Prof. Dr.
Herth, Ulrike
Huber, Christoph
Hüttl, Birgit
Hüttl, Gerhard
Jehle, Peter
Kerkhof, Uwe
Kiechle, Josef
Knoch, Dieter
Koch, Bärbel
Kramer, Wolfgang Dr.
Kretzschmar, Friedrich Dr.
Lutz, Peter
Meineke, Jörg-Uwe Dr.
Ostermann, Alexander
Prinz, Juliane
Schreiber, Susanne
Seitz, Bernd Dr.
Staub, Frauke
Stegmaier, Ernst
Tribukait, Friederieke
Weiß, Clarissa
Wilmanns, Otti Prof. Dr.
Witschel, Michael Dr.
Witzleben, Job von

Fotografen und Bildnachweis

Bense, Ulrich: 13 (S. 113)
Berg, Rainer: 11 (S. 110)
Coch, Thomas: 46, 100
Dannenmayer, Harald: 6 (S. 106), 73, 77, 111, 122, 124, 129, 135, 170, 191, 248, 251, 372
Ebert, Günter: 247, 355
Fritz, Klemens: 3 (S. 102)
Genser, Joachim: 114, 130, 147, 150, 159, 335, 343, 351, 361, 363, 364
Geotechnik Wolf: 109
Götz: 5 (S. 134)
Gruber, Walter: 1 (S. 101), 181
Hafen, Andreas: 1 (S. 153), 110, 173, 174, 175, 176, 177
Hafner, Stefan: 347
Hartwig, Jürgen: 171, 340
Herrmann, René: 4 (S. 104), 7 (S. 106), 23, 52, 193
Hofmann, Axel: 22, 317
Huber, Christoph: 228
Hüttl, Birgit: 1, 15, 221
Hüttl, Gerhard: 3 (S. 155), 6 (S. 159), 198
Jamrowski, Eberhard: 188
Kersting, Gerhard: 13, 108, 300, 333, 367, 368, 370, 373
Kiechle, Josef: 112, 126, 127, 154
Klemm, Matthias: 242
Koch, Bärbel: 128, 131, 178
Köppler, Dietlinde: 338, 341, 345, 346, 353, 371
Kramer, Wolfgang: 229
Kretzschmar, Friedrich: 91, 92, 266, 288, 294, 332, 348, 374
Lehnert, Manfred: 151, 350

Ludemann, Thomas: 7, 8 (S. 72), 94
Lüth, Michael: 286
Lutz, Peter: 227
Mann, Paul: 195
Meineke, Jörg-Uwe: 12 (S. 112), 9 (S. 146), 11, 12, 16, 24, 30, 39, 40, 41, 45, 67, 69, 71, 74, 82, 93, 149, 158, 168, 218, 224, 233, 237, 238, 240, 249, 252, 253, 262, 271, 273, 278, 279, 280, 284, 305, 352, 354
Ostermann, Alexander: 241
Projektphoto Sach: 11 (S. 151), 28, 33, 42, 54, 60, 68, 80, 88, 96, 107, 116, 118, 133, 134, 137, 142, 148, 156, 179, 190, 201, 205, 234, 272, 289, 299, 327, 336, 349
Rasbach, Helga und Kurt: Schutzumschlag, (S. 13), 4 (S. 20), 5 (S. 21), 6 (S. 22), 8, 9 (S. 23), 10, 11 (S. 24), 12 (S. 25), 13 (S. 26), 14 (S. 27), 15 (S. 29), 17, 18 (S. 31), 20 (S. 34), 21 (S. 35), 22 (S. 36), 23 (S. 38), 26 (S. 41), 27 (S. 43), 28 (S. 46), 2, 4, 5, 8, 9, 10, 17, 18, 19, 20, 21, 27, 29, 32, 34, 35, 36, 37, 38, 43, 44, 47, 48, 49, 50, 51, 53, 55, 56, 57, 58, 62, 63, 64, 66, 75, 81, 85, 86, 90, 97, 98, 99, 106, 115, 125, 153, 160, 166, 172, 183, 184, 185, 186, 189, 192, 197, 208, 210, 211, 212, 213, 214, 215, 216, 220, 222, 223, 225, 230, 231, 232, 235, 236, 244, 250, 264, 270, 274, 275, 276, 277, 285, 292, 293, 298, 330, 331, 334, 339, 342, 344, 357, 358, 360, 362, 365, 375

Saumer, Fritz: 14, 31, 95, 132, 146, 163, 203, 219, 226, 243
Scharfe, Friederike: 5 (S. 105)
Schmitz, Wilfried: 143
Schreiber, Susanne: 7 (S. 161)
Schremmp, Heinz: 2 (S. 102), 9 (S. 108), 10 (S. 110), 14 (S. 115)
Seitz, Bernd: 8 (S. 107), 3 (S. 130), 4 (S. 131), 6 (S. 135), 2 (S. 154), 79, 83, 89, 182, 187, 194, 204, 206, 207, 281, 282, 290, 291, 297, 337, 359, 369
Stegmaier, Ernst: 65, 113, 119, 145, 169, 245
Steiner, Axel: 269
Touristinformation Feldberg: 10 (S. 147)
Westrich, Paul: 26, 120, 217
Wilmanns, Otti: 1 (S. 54), 2 (S. 56), 3 (S. 59), 4 (S. 62), 5 (S. 70), 6 (S. 71), 9 (S. 75), 11 (S. 76)
Witschel, Michael: 10 (S. 75), 12 (S. 76), 14 (S. 85), 15 (S. 89), 16 (S. 92), 17 (S. 94), 6, 7, 59, 70, 72, 76, 84, 87, 101, 102, 103, 104, 105, 117, 121, 123, 136, 138, 139, 140, 141, 144, 152, 155, 157, 161, 162, 164, 165, 167, 196, 199, 200, 209, 239, 246, 254, 255, 256, 257, 258, 259, 260, 261, 263, 265, 267, 268, 283, 287, 295, 296, 301, 302, 303, 304, 306, 307, 308, 309, 310, 311, 312, 313, 314, 315, 316, 318, 319, 320, 321, 322, 323, 324, 325, 326, 328, 329, 356, 366
Wolf, Andreas: 25, 61, 202
Zimmermann, Peter: 3

Naturschutzgebiete im Regierungsbezirk Freiburg

Landkreis Breisgau-Hochschwarzwald

1. Badberg
2. Bannwald Faulbach
3. Bannwald Konventwald
4. Berghauser Matten
5. Bisten
6. Bitzenberg
7. Büchsenberg
8. Dachslöcher Buck
9. Ebnet
10. Erlenbruckmoor
11. Eschengrundmoos
12. Feldberg
13. Haselschacher Buck
14. Hinterzartener Moor
15. Hirschenmoor
16. Hochstetter Feld
17. Innerberg
18. Jennetal
19. Kastelberg
20. Neuershausener Mooswald
21. Oberbergener Scheibenbuck
22. Ochsenberg-Litzelstetten
23. Ohrberg
24. Ölberg Ehrenstetten
25. Rappennestgießen
26. Rheinhalde Burkheim
27. Rheinwald Neuenburg
28. Rotmeer
29. Sandkopf
30. Scheibenbuck-Bluttenbuck
31. Schneckenberg
32. Schollacher Moor
33. Steinbruch Niederrotweil
34. Ursee
35. Vogelsang
36. Wutachschlucht

Landkreis Emmendingen

37. Amolterer Heide
38. Brai
39. Elzwiesen
40. Erletal
41. Häuslematt
42. Hochberg
43. Johanniterwald
44. Kohlersloch
45. Kostgefäll
46. Kreuzmoos
47. Limberg
48. Prechtaler Schanze-Ecklesberg
49. Rheinniederung Wyhl-Weisweil
50. Steinbruch Ehrleshalden
51. Teninger Unterwald
52. Zweribach

Stadtkreis Freiburg

53. Arlesheimersee
54. Freiburger Rieselfeld
55. Gaisenmoos
56. Honigbuck
57. Mühlmatten
S. Schauinsland

Landkreis Konstanz

58. Biezental-Kirnerberg
59. Binninger Ried
60. Bodenseeufer Allensbach-Hegne-Reichenau
61. Bodenseeufer Bodman-Ludwigshafen
62. Bodenseeufer Gaienhofen-Horn-Gundholzen
63. Bodenseeufer Iznang-Moos-Böhringen
64. Bodenseeufer Litzelstetten-Dingelsdorf-Dettingen
65. Bodenseeufer Markelfingen
66. Bodenseeufer Öhningen
67. Bodenseeufer Wangen-Hemmenhofen
68. Bodenseeufer-Untere Güll
69. Bohlinger Aachried
70. Bruckried
71. Buchenseen
72. Bühler Moos
73. Bündtlisried
74. Bussenried
75. Bussensee
76. Dingelsdorfer Ried
77. Dohlen im Wald
78. Durchenbergried
79. Ehinger Ried
80. Fischerweihermoor
81. Gras-Seen
82. Graues Ried
83. Hagstaffelweiher
84. Halbinsel Mettnau

85 Hangried Schrännen
86 Hardtseen
87 Hausener Aachried
88 Heudorfer Ried
89 Hohenhewen
90 Hohenkrähen
91 Hohenstoffeln
92 Hohentwiel
93 Hornspitze auf der Höri
94 Kattenhorner Bühl
95 Langensteiner Durchbruchstal
96 Litzelsee
97 Mägdeberg
98 Mindelsee
99 Moor am Oberbühlhof
100 Mooswiese
101 Mühlhaldenweiher
102 Nägelried
103 Nördliches Mainauried
104 Ober Öschle
105 Obere Güll
106 Radolfzeller Aachmündung
107 Radolfzeller Aachried
108 Sauldorfer Baggerseen
109 Schanderied
110 Schönebühl
111 Schoren
112 Segete
113 Stehlwiesen
114 Tiefenried
115 Waltere Moor
116 Weitenried
117 Winterried
118 Wollmatinger Ried
119 Ziegeleiweiher Rickelshausen

Landkreis Lörrach

120 Altrhein Wyhlen
121 Auf der Eckt
122 Belchen
123 Buchswald bei Grenzach
124 Buttenberghalde
125 Galgenloch
126 Gletscherkessel Präg
127 Isteiner Klotz
128 Kapellengrien
129 Kiesgrube Weberalten
130 Krebsbachtal
131 Langenbach-Trubelsbach
132 Leuengraben
133 Nonnenmattweiher
134 Rümminger Moos
135 Ruschbachtal
136 Rütscheten
137 Totengrien
138 Utzenfluh

Ortenaukreis

139 Altwasser Goldscheuer
140 Eckenfels
141 Glaswaldsee
142 Gottschlägtal-Karlsruher Grat
143 Hinterwörth-Laast
144 Hoher Geisberg
145 Hornisgrinde-Biberkessel
146 Langwald
147 Mittelgrund Helmlingen
148 Roßwört
149 Salmengrund
150 Saure Matten
151 Sauscholle
152 Schliffkopf
153 Sundheimer Grund
154 Talebuckel
155 Taubergießen
156 Thomasschollen
157 Unterwassermatten
158 Waldmatten

Landkreis Rottweil

159 Albeck
160 Brandhalde
161 Hungerbühl-Weiherwiesen
162 Kälberhalde
163 Linsenbergweiher
164 Mittlere Bollerhalde
165 Neckarburg
166 Schlichemtal
167 Schwarzenbach

Schwarzwald-Baar-Kreis

168 Betzenbühl
169 Billibuck
170 Birken-Mittelmeß
171 Blindensee
172 Briglirain
173 Deggenreuschen-Rauschachen
174 Elzhof
175 Grüninger Ried
176 Günterfelsen und Umgebung
177 Hondinger Zisiberg
178 Laubeck-Rensberg
179 Mühlhauser Halde
180 Palmenbuck
181 Plattenmoos
182 Rohrhardsberg-Obere Elz
183 Schwenninger Moos
184 Tannhörnle
185 Weiherbachtal
186 Zollhausried

Landkreis Tuttlingen

187 Alter Berg
188 Buchhalde-Oberes Donautal
189 Dürbheimer Moos
190 Galgenberg
191 Grasmutter
192 Hintelestal
193 Hohenkarpfen
194 Hörnekapf
195 Höwenegg
196 Irndorfer Hardt
197 Klippeneck
198 Kraftstein
199 Ramberg-Rehletal
200 Simonstal
201 Stettener Halde
202 Stiegelesfels
203 Triebhalde
204 Unterhölzer Wald

Landkreis Waldshut

205 Alter Weiher
206 Auäcker
207 Bannwald Wehratal
208 Berghaus
209 Braunhalden-Schlattboden
210 Bruggmatt
211 Brunnmättlemoos
212 Eibenkopf
213 Ennersbacher Moor
214 Fohrenmoos
215 Höchenschwander Moor
216 Horbacher Moor
217 Ibacher Moor
218 Kadelburger Lauffen-Wutachmündung
219 Kapellenhalde-Wüster See
220 Katzenbuck-Halde
221 Kohlhütte-Lampenschweine
222 Küssaberg
223 Lindenberg-Spießenberg
224 Nacker Mühle
225 Oberer Schwarzenbach
226 Orchideenwiese
227 Orchideenwiese Küßnach
228 Pulsatilla-Standort Dangstetten
229 Rüttewies-Scheibenrain
230 Samlischbuck
231 Schlüchtsee
232 Schneeglöckchenstandort auf Gemarkung Buch
233 Schwarza-Schlücht-Tal
234 Steppenheide Hardt
235 Tiefenhäuser Moos
236 Wehramündung
237 Wutachflühen